平成28年国民生活基礎調査（第2巻）　正誤表

「平成28年 国民生活基礎調査」第2巻につきまして、厚生労働省から正誤表が示されましたので、差し替えをお願い申し上げます。

一般財団法人　厚生労働統計協会

【誤】

19頁（健康）

項目名		推計値（千人）	標準誤差（千人）	標準誤差率（%）
主たる傷病の症状の状況	それ以外の治療をしている	1 304	24.4	1.88

20頁（健康）

項目名		推計値（千人）	標準誤差（千人）	標準誤差率（%）
通院者の状況 傷病名	その他の循環器系の病気	2 240	33.3	1.48
健康意識	よい	23 472	134.7	0.57

21頁（健康）

項目名		推計値（千人）	標準誤差（千人）	標準誤差率（%）
悩みやストレスの状況 原因	子どもの教育	4 082	53.5	1.31

22頁（健康）

項目名		推計値（千人）	標準誤差（千人）	標準誤差率（%）
ここ1月間の状態 合計点	9点	2 221	31.6	1.42
ここ1月間の状態 合計点	0～4点	72 259	174.4	0.24

23頁（健康）

項目名		推計値（千人）	標準誤差（千人）	標準誤差率（%）
飲酒の状況 月1～3日	1合未満	2 518	33.4	1.33
喫煙の状況	毎日吸っている	17 887	114.3	0.64
喫煙の状況	吸わない	71 379	203.8	0.29

【正】

19頁（健康）

項目名		推計値（千人）	標準誤差（千人）	標準誤差率（%）
主たる傷病の症状の状況	それ以外の治療をしている	1 304	24.4	1.87

20頁（健康）

項目名		推計値（千人）	標準誤差（千人）	標準誤差率（%）
通院者の状況 傷病名	その他の循環器系の病気	2 240	33.2	1.48
健康意識	よい	23 472	134.6	0.57

21頁（健康）

項目名		推計値（千人）	標準誤差（千人）	標準誤差率（%）
悩みやストレスの状況 原因	子どもの教育	4 082	53.4	1.31

22頁（健康）

項目名		推計値（千人）	標準誤差（千人）	標準誤差率（%）
ここ1月間の状態 合計点	9点	2 221	31.5	1.42
ここ1月間の状態 合計点	0～4点	72 259	174.3	0.24

23頁（健康）

項目名		推計値（千人）	標準誤差（千人）	標準誤差率（%）
飲酒の状況 月1～3日	1合未満	2 518	33.4	1.32
喫煙の状況	毎日吸っている	17 887	114.2	0.64
喫煙の状況	吸わない	71 379	203.7	0.29

「平成28年 国民生活基礎調査」第2巻につきまして、厚生労働省からの正誤表がだされましたので、差し替え方お願い申し上げます。

一般財団法人　厚生労働統計協会

平成28年国民生活基礎調査（第2巻）正誤表

【誤】

24頁（健康）

項目名			推計値（千人）	標準誤差（千人）	標準誤差率（%）
がん検診受診状況	過去1年 胃がん検診	受けたその他	8 317	78.3	0.94

25頁（介護）

項目名		介護を要する者数10万対	標準誤差（介護を要する者数10万対）	標準誤差率（%）
1票の要介護状況前の度	認定を申請中	1 350	220.5	16.33
介護と主ながった原因必要因	パーキンソン病	3 090	298.0	9.65
介護の利用状況ど	利用あり	76 966	777.6	1.01
	訪問系のサービス	49 290	1 032.3	2.09
	短期入所系のサービス	9 751	491.9	5.04
	小規模多機能型居宅介護	2 239	252.9	11.29

26頁（介護）

項目名		介護を要する者数10万対	標準誤差（介護を要する者数10万対）	標準誤差率（%）
主な介護者の同別居	同居	58 659	1 140.7	1.94
主な介護者の介護する者と続柄	子	30 986	884.1	2.85
	父母	684	159.3	23.30
主な介護者の年齢階級	20歳未満	60	27.6	45.97
	（再掲）75歳以上	15 993	654.9	4.10
主な介護の介護時間	その他	17 938	691.4	3.85
家族による親族介護・援助等案内と者容	食事介助	24 248	964.6	3.98

【正】

24頁（健康）

項目名			推計値（千人）	標準誤差（千人）	標準誤差率（%）
がん検診受診状況	過去1年 胃がん検診	受けたその他	8 317	78.2	0.94

25頁（介護）

項目名		介護を要する者数10万対	標準誤差（介護を要する者数10万対）	標準誤差率（%）
1票の要介護状況前の度	認定を申請中	1 350	220.4	16.33
介護と主ながった原因必要因	パーキンソン病	3 090	298.0	9.64
介護の利用状況ど	利用あり	76 966	777.5	1.01
	訪問系のサービス	49 290	1 032.2	2.09
	短期入所系のサービス	9 751	491.8	5.04
	小規模多機能型居宅介護	2 239	252.8	11.29

26頁（介護）

項目名		介護を要する者数10万対	標準誤差（介護を要する者数10万対）	標準誤差率（%）
主な介護者の同別居	同居	58 659	1 140.6	1.94
主な介護者の介護する者と続柄	子	30 986	884.0	2.85
	父母	684	159.3	23.29
主な介護者の年齢階級	20歳未満	60	27.6	45.96
	（再掲）75歳以上	15 993	654.9	4.09
主な介護の介護時間	その他	17 938	691.3	3.85
家族による親族介護・援助等案内と者容	食事介助	24 248	964.5	3.98

平成28年 国民生活基礎調査（第3巻）　正誤表

「平成28年 国民生活基礎調査」第3巻につきまして、厚生労働省から正誤表が示されましたので、差し替え方お願い申し上げます。

一般財団法人　厚生労働統計協会

【誤】

9頁
（世帯）

項目名		推計値（千世帯）	標準誤差（千世帯）	標準誤差率（％）
世帯業態	雇用者世帯	28 556	139.3	0.49
世帯構造	単独世帯	13 434	210.6	1.57
世帯人員	1人世帯	13 434	210.6	1.57
世帯種類	後期高齢者医療制度加入世帯	6 096	91.8	1.50
65歳以上の者のいる世帯	親と未婚の子のみの世帯	24 165 / 5 007	202.2 / 58.1	0.84 / 1.16
枠の定め	病院に長期入院している者がいる世帯	212	8.9	4.20

10頁
（世帯人員）

項目名	推計値（千人）	標準誤差（千人）	標準誤差率（％）
子への仕送りのある世帯	1 919	29.8	1.55
公的年金・恩給受給者　女	22 269	178.0	0.80
60歳以上の公的年金・恩給受給者　女	21 728	176.7	0.81
学校の種類　高校・旧制中	39 530	238.5	0.60

11頁
（世帯）

	推計値（千世帯）	標準誤差（千世帯）	標準誤差率（％）
都道府県			
奈良	513	8.4	1.63
（再掲）千葉市	395	9.6	2.42
北九州市	411	11.0	2.67

【正】

（世帯）

項目名		推計値（千世帯）	標準誤差（千世帯）	標準誤差率（％）
世帯業態	雇用者世帯	28 556	139.2	0.49
世帯構造	単独世帯	13 434	210.5	1.57
世帯人員	1人世帯	13 434	210.5	1.57
世帯種類	後期高齢者医療制度加入世帯	6 096	91.7	1.50
65歳以上の者のいる世帯	親と未婚の子のみの世帯	24 165 / 5 007	202.1 / 58.0	0.84 / 1.16
枠の定め	病院に長期入院している者がいる世帯	212	8.9	4.19

（世帯人員）

項目名	推計値（千人）	標準誤差（千人）	標準誤差率（％）
子への仕送りのある世帯	1 847	29.2	1.58
公的年金・恩給受給者　女	22 269	177.9	0.80
60歳以上の公的年金・恩給受給者　女	21 728	176.6	0.81
学校の種類　高校・旧制中	39 530	238.4	0.60

（世帯）

	推計値（千世帯）	標準誤差（千世帯）	標準誤差率（％）
都道府県			
奈良	513	8.3	1.63
（再掲）千葉市	395	9.5	2.42
北九州市	411	10.9	2.66

「平成28年 国民生活基礎調査」第4巻につきまして、厚生労働省から正誤表がだされましたので、差し替え方お願い申し上げます。

一般財団法人　厚生労働統計協会

平成28年国民生活基礎調査（第4巻）正誤表

【誤】

9頁（健康）

項目名			推計値（千人）	標準誤差（千人）	標準誤差率（%）
自覚症状の状況	主治医療症状の状況	それ以外の治療をしている	1 304	24.4	1.88

10頁（健康）

項目名			推計値（千人）	標準誤差（千人）	標準誤差率（%）
通院者の状況	傷病名	その他の循環器系の病気	2 240	33.3	1.48
健康意識		よい	23 472	134.7	0.57

11頁（健康）

項目名		推計値（千人）	標準誤差（千人）	標準誤差率（%）
悩みストレスの状況	原因 子どもの教育	4 082	53.5	1.31

12頁（健康）

項目名		推計値（千人）	標準誤差（千人）	標準誤差率（%）
こころの状態	合計点数 9点	2 221	31.6	1.42
	合計点数 0～4点	72 259	174.4	0.24

13頁（健康）

項目名		推計値（千人）	標準誤差（千人）	標準誤差率（%）
飲酒の状況	飲酒量 月1～3日 1合未満	2 518	33.4	1.33
喫煙状況	毎日吸っている	17 887	114.3	0.64
	吸わない	71 379	203.8	0.29

14頁（健康）

項目名		推計値（千人）	標準誤差（千人）	標準誤差率（%）
がん検診の受診状況	過去1年 胃検診 受けた その他	8 317	78.3	0.94

【正】

9頁（健康）

項目名			推計値（千人）	標準誤差（千人）	標準誤差率（%）
自覚症状の状況	主治医療症状の状況	それ以外の治療をしている	1 304	24.4	1.87

10頁（健康）

項目名			推計値（千人）	標準誤差（千人）	標準誤差率（%）
通院者の状況	傷病名	その他の循環器系の病気	2 240	33.2	1.48
健康意識		よい	23 472	134.6	0.57

11頁（健康）

項目名		推計値（千人）	標準誤差（千人）	標準誤差率（%）
悩みストレスの状況	原因 子どもの教育	4 082	53.4	1.31

12頁（健康）

項目名		推計値（千人）	標準誤差（千人）	標準誤差率（%）
こころの状態	合計点数 9点	2 221	31.5	1.42
	合計点数 0～4点	72 259	174.3	0.24

13頁（健康）

項目名		推計値（千人）	標準誤差（千人）	標準誤差率（%）
飲酒の状況	飲酒量 月1～3日 1合未満	2 518	33.4	1.32
喫煙状況	毎日吸っている	17 887	114.2	0.64
	吸わない	71 379	203.7	0.29

14頁（健康）

項目名		推計値（千人）	標準誤差（千人）	標準誤差率（%）
がん検診の受診状況	過去1年 胃検診 受けた その他	8 317	78.2	0.94

平成 28 年

国民生活基礎調査

第 1 巻
（訂 正 版）

結果の概要
全 国 編
（世帯、所得・貯蓄）

厚生労働省政策統括官（統計・情報政策、政策評価担当）編
一般財団法人厚生労働統計協会

ま　え　が　き

　この報告書は、平成28年6月及び7月に実施した「国民生活基礎調査」の結果を取りまとめたものです。

　本調査は、世帯の構造や、国民の保健、医療、福祉、年金、所得等に関する実態を世帯面から総合的に把握する調査であり、昭和61年を初年として毎年実施され、3年に一度大規模な調査が行われています。平成28年は、11回目の大規模調査を実施しました。しかしながら、平成28年は熊本地震の影響により熊本県において、調査の実施を見合わせざるを得ませんでした。

　近年、我が国では、高齢化とともに少子化が急速に進んでおり、社会保障制度改革について議論が進められております。本調査においても「高齢者世帯」は平成22年に1,000万世帯を超え、公的年金の受給者が増加傾向にある一方、「児童のいる世帯」は減少傾向にあるといった結果が得られています。

　こうした調査結果を踏まえ、本報告書が厚生労働行政施策の企画及び運営の基礎資料として利用されるとともに、関係各方面においても幅広く利用されれば幸いです。

　終わりに、この調査の実施に御尽力いただいた関係各位に深く感謝するとともに、今後一層の御協力をお願いする次第です。

平成30年12月

　　　　　　　　　厚生労働省政策統括官（統計・情報政策、政策評価担当）

　　　　　　　　　　　　　　　　　大　西　康　之

政策統括官付参事官付世帯統計室
電話：代表　（03）5253-1111

	担当係	内線
世帯票	国民生活基礎統計第一係	7587
所得票・貯蓄票	国民生活基礎統計第二係	7588
健康票・介護票	国民生活基礎統計第三係	7591

ダイヤルイン（03）3595-2974

目　　　　次

ま　え　が　き

第Ⅰ編　調査の概要

1	調査の内容及び沿革	40
2	結果の推計及び標準誤差	42
3	利用上の注意	62
4	調査票	64

第Ⅱ編　結果の概要

Ⅰ	世帯数と世帯人員の状況		99
	1	世帯構造及び世帯類型の状況	99
	2	65歳以上の者のいる世帯の状況	100
	3	65歳以上の者の状況	102
	4	児童のいる世帯の状況	103
Ⅱ	各種世帯の所得等の状況		106
	1	年次別の所得の状況	106
	2	所得の分布状況	107
	3	世帯主の年齢階級別の所得の状況	107
	4	所得の種類別の状況	108
	5	貯蓄、借入金の状況	109
	6	貧困率の状況	111
	7	生活意識の状況	113
Ⅲ	世帯員の健康状況		114
	1	自覚症状の状況	114
	2	通院の状況	115
	3	健康意識	116
	4	悩みやストレスの状況	117
	5	こころの状態	117
	6	睡眠と休養充足度の状況	118
	7	飲酒の状況	119
	8	喫煙の状況	121
	9	健診（健康診断や健康診査）や人間ドックの受診状況	122
	10	がん検診の受診状況	123
Ⅳ	介護の状況		124
	1	要介護者等のいる世帯の状況	124
	2	要介護者等の状況	125
	3	主な介護者の状況	126
	4	同居の主な介護者の悩みやストレスの状況	129

3

参考 ……………………………………………………………………………………………………… 131

第Ⅲ編　統計表

統計表一覧 ……………………………………………………………………………………… 154

第1章　世　帯

1　年次推移

第 1 表　世帯数－構成割合，世帯人員・年次別……………………………………………… 172

第 2 表　世帯数－構成割合，世帯構造・年次別……………………………………………… 176

第 3 表　世帯数－構成割合，世帯業態・年次別……………………………………………… 180

第 4 表　世帯数－構成割合，世帯類型・年次別……………………………………………… 186

第 5 表　単独世帯数，世帯主の性・年次別…………………………………………………… 189

第 6 表　世帯数－構成割合，地域ブロック・年次別………………………………………… 190

第 7 表　平均世帯人員，年次別………………………………………………………………… 192

第 8 表　世帯人員－構成割合，医療保険加入状況・年次別………………………………… 193

第 9 表　公的年金-恩給受給者数－受給割合，性・年次別………………………………… 194

第 10 表　夫婦ともに60歳以上－65歳以上の夫婦組数－構成割合，公的年金-恩給受給の有無・

　　　　　年次別…………………………………………………………………………………… 195

第 11 表　世帯数－指数，全世帯－高齢者世帯・年次別…………………………………… 196

第 12 表　高齢者世帯数－構成割合，世帯構造・年次別…………………………………… 196

第 13 表　高齢者世帯数－構成割合，世帯業態・年次別…………………………………… 197

第 14 表　世帯数－構成割合－平均児童数，児童の有－児童数－無・年次別…………… 198

第 15 表　65歳以上の者のいる世帯数－構成割合，世帯構造・年次別…………………… 199

第 16 表　65歳以上の者のみの世帯数－構成割合，世帯構造・年次別…………………… 200

第 17 表　65歳以上の者の数－構成割合，家族形態・年次別……………………………… 201

2　基本項目

第 18 表　世帯数，世帯人員・世帯類型・世帯構造別………………………………………… 202

第 19 表　世帯数，世帯構造・市郡・世帯業態別……………………………………………… 203

第 20 表　世帯数，世帯類型・市郡・世帯業態別……………………………………………… 207

第 21 表　世帯数，世帯種・市郡・世帯類型別………………………………………………… 211

第 22 表　世帯数，世帯人員・市郡・世帯主の年齢（5歳階級）別………………………… 212

第 23 表　世帯数，世帯構造・市郡・世帯主の年齢（5歳階級）別………………………… 214

第 24 表　世帯数，世帯人員・世帯主の性・世帯主の年齢（5歳階級）別………………… 216

第 25 表　世帯数，世帯構造・世帯主の性・世帯主の年齢（5歳階級）別………………… 217

第 26 表　世帯数，世帯構造・市郡・有業者構成別………………………………………… 218

第 27 表　世帯数，世帯人員・世帯業態・有業人員別……………………………………… 220

第 28 表　世帯数，有業人員・世帯類型・世帯人員別……………………………………… 223

第 29 表　同居の夫婦組数，夫の年齢（10歳階級）・夫の教育・妻の年齢（10歳階級）・

　　　　　妻の教育別………………………………………………………………………………… 224

第 30 表　世帯人員，配偶者の有無・性・年齢（5歳階級）別……………………………… 232

4

第31表　世帯人員，医療保険加入状況・性・年齢（5歳階級）別 ……………………………… 233

第32表　世帯人員，経済上の地位・性・年齢（5歳階級）別 ……………………………………… 234

3　住居の状況

第33表　世帯数，室数・世帯人員・住居の種類別 …………………………………………………… 235

第34表　世帯数，室数・世帯構造・住居の種類別 …………………………………………………… 236

第35表　世帯数，室数・世帯類型・住居の種類別 …………………………………………………… 237

第36表　世帯数，世帯主の教育・住居の種類・世帯主の年齢（5歳階級）別 ………………… 238

第37表　世帯数，世帯人員・住居の種類・住宅の床面積階級別 ………………………………… 240

第38表　世帯数，市郡・住居の種類・住宅の床面積階級別 ……………………………………… 241

第39表　世帯数，室数・住居の種類・住宅の床面積階級別 ……………………………………… 242

第40表　1世帯当たり平均室数－平均床面積－世帯人員1人当たり平均室数－平均床面積，

世帯構造別 …………………………………………………………………………………………… 243

4　平均世帯人員・平均有業人員

第41表　平均有業人員－平均世帯人員－有業率，世帯人員・世帯構造別 …………………… 244

第42表　平均有業人員－平均世帯人員－有業率，世帯人員・世帯主の年齢（5歳階級）別 ………… 244

第43表　平均有業人員－平均世帯人員－有業率，世帯人員・世帯業態別 …………………… 245

第44表　平均有業人員－平均世帯人員－有業率，世帯人員・市郡別 ………………………… 245

第45表　平均有業人員－平均世帯人員－有業率，世帯人員・世帯類型別 …………………… 245

5　家計支出の状況

第46表　世帯数，世帯人員・世帯類型・家計支出額（5万円階級）別 ………………………… 246

第47表　世帯数，世帯人員・世帯構造・家計支出額（5万円階級）別 ………………………… 248

第48表　世帯数，世帯人員・世帯主の年齢（5歳階級）・家計支出額（5万円階級）別 ………… 251

第49表　世帯数，世帯人員・世帯業態・家計支出額（5万円階級）別 ………………………… 256

第50表　世帯数，世帯人員・世帯種・家計支出額（5万円階級）別 …………………………… 262

第51表　世帯数，世帯人員・市郡・家計支出額（5万円階級）別 ……………………………… 265

第52表　1世帯当たり平均家計支出額，世帯人員・世帯主の年齢（5歳階級）別 …………… 267

第53表　1世帯当たり平均家計支出額，世帯構造・世帯主の年齢（5歳階級）別 …………… 267

第54表　1世帯当たり平均家計支出額，世帯人員・世帯類型別 ………………………………… 268

第55表　1世帯当たり平均家計支出額，世帯人員・世帯業態別 ………………………………… 268

第56表　世帯数，仕送りの有－仕送り先－無・世帯主の年齢（10歳階級）別 ……………… 269

第57表　仕送りをしている世帯数－1世帯当たり平均仕送り額，仕送り額階級・仕送り先別 ……… 269

第58表　世帯数－1世帯当たり平均仕送り額，仕送りの有－仕送り額階級－無・

家計支出額（10万円階級）別 …………………………………………………………………… 269

6　公的年金・恩給の状況

第59表　公的年金-恩給受給者のいる世帯数，世帯構造・世帯業態別 ………………………… 270

5

第60表　世帯人員，公的年金-恩給受給の有－公的年金受給の種類（複数回答）－無・性・年齢（5歳階級）別……………………………………………………………… 271

第61表　公的年金-恩給受給者数，世帯主との続柄・性・年齢（5歳階級）別………………… 272

第62表　同居の夫婦組数，夫の仕事の有無・夫の公的年金加入状況・妻の仕事の有無・妻の公的年金加入状況・同居児童の有－児童数－無別…………………………… 274

第63表　同居の夫婦組数，夫の公的年金-恩給受給の有無・夫の年齢（5歳階級）・妻の公的年金-恩給受給の有無・妻の年齢（5歳階級）別…………………………… 284

7　高齢者世帯・母子世帯・父子世帯

第64表　高齢者世帯数，世帯主の年齢（5歳階級）・公的年金-恩給受給の有無・世帯業態別……… 290

第65表　高齢者世帯数，世帯構造・世帯主の性・世帯主の仕事の有－勤めか自営かの別－無別…… 291

第66表　高齢者世帯数，世帯構造・世帯主の性・世帯主の年齢（5歳階級）別………………… 292

第67表　母子世帯数，母の仕事の有－勤めか自営かの別－無・母の年齢（10歳階級）別………… 292

第68表　父子世帯数，父の仕事の有－勤めか自営かの別－無・父の年齢（10歳階級）別………… 292

第69表　母子世帯数，母の年齢（10歳階級）・子（20歳未満未婚）の数別………………… 293

第70表　父子世帯数，父の年齢（10歳階級）・子（20歳未満未婚）の数別………………… 293

第71表　母子世帯数，母の年齢（10歳階級）・母の配偶者なしの状況別…………………… 293

第72表　父子世帯数，父の年齢（10歳階級）・父の配偶者なしの状況別…………………… 293

8　児童のいる世帯

第73表　児童のいる世帯数－平均児童数，児童数・市郡別…………………………………… 294

第74表　児童のいる世帯数－平均児童数，児童数・世帯主の年齢（5歳階級）別…………… 294

第75表　児童のいる世帯数－平均児童数，児童数・世帯構造別…………………………… 294

第76表　児童のいる世帯数，室数・住居の種類・児童数別…………………………………… 295

第77表　児童のいる世帯数，世帯主の年齢（5歳階級）・世帯構造・児童数別……………… 296

第78表　児童のいる世帯数，世帯主の年齢（5歳階級）・世帯業態・児童数別……………… 298

第79表　児童のいる世帯数，世帯主の年齢（5歳階級）・市郡・児童数別…………………… 304

第80表　児童のいる世帯数，末子の父母の就業状況・市郡・児童数別……………………… 306

第81表　児童のいる世帯数，末子の父母の就業状況・世帯構造・児童数別………………… 307

第82表　児童のいる世帯数，末子の父母の就業状況・世帯構造・末子の年齢階級別……… 308

第83表　児童のいる世帯数，末子の母の年齢（5歳階級）・末子の母の仕事の有無・末子の年齢階級別……………………………………………………………………… 310

第84表　児童のいる世帯数，末子の母の年齢（5歳階級）・児童数・末子の母の仕事の有－勤めか自営かの別－勤め先での呼称－無別……………………………………… 311

第85表　同居児童ありの父母の者数，1日の平均就業時間階級・父母・末子の年齢階級別………… 313

第86表　同居児童ありの父母の者数，仕事の有－勤めか自営かの別－勤め先での呼称－無・父母・末子の年齢階級別……………………………………………………… 314

第87表　乳幼児数，保育者等の状況（複数回答）・父母の就業状況・乳幼児の年齢（各歳）別……… 316

第88表　乳幼児のいる世帯数，育児にかかった費用階級・乳幼児数・世帯構造別……………… 318

第89表　乳幼児のいる世帯数，育児にかかった費用階級・乳幼児数・世帯業態別……………… 319

第90表　乳幼児のいる世帯数，育児にかかった費用階級・乳幼児数・
　　　　計支出額（10万円階級）別 ……………………………………………………… 321

第91表　乳幼児のいる世帯の１世帯当たり育児にかかった平均費用，世帯構造・
　　　　末子の母の仕事の有無・乳幼児数別 ……………………………………………… 322

第92表　乳幼児のいる世帯の１世帯当たり育児にかかった平均費用－平均家計支出額，
　　　　世帯構造・乳幼児数別 ……………………………………………………………… 322

第93表　乳幼児がひとりいる世帯の１世帯当たり育児にかかった平均費用，
　　　　乳幼児の年齢（各歳）・家計支出額（５万円階級）別 ………………………… 323

第94表　乳幼児がひとりいる世帯の１世帯当たり育児にかかった平均費用，
　　　　乳幼児の年齢（各歳）・保育者等の状況別 ……………………………………… 323

第95表　乳幼児のいる世帯の１世帯当たり育児にかかった平均費用，末子の父母の就業状況・
　　　　末子の保育者等の状況別 …………………………………………………………… 323

9　65歳以上の者のいる世帯

第96表　65歳以上の者のいる世帯数，世帯構造・公的年金-恩給受給の有無・有業人員別…………… 324

第97表　65歳以上の者のいる世帯数，65歳以上の者（高齢者）の構成・市郡・世帯業態別 ………… 325

第98表　65歳以上の者のいる世帯数，世帯構造・市郡・世帯主の年齢（５歳階級）別 ……………… 327

第99表　65歳以上の者のいる世帯数，室数・世帯構造・住居の種類別 ………………………………… 329

第100表　65歳以上の者のみの世帯数，世帯構造・世帯業態別 …………………………………………… 330

第101表　65歳以上の夫婦のみの世帯数，夫の年齢（５歳階級）・妻の年齢（５歳階級）別………… 330

第102表　65歳以上の者の数，性・配偶者の有無・市郡・家族形態別 ………………………………… 331

第103表　65歳以上の者の数，性・配偶者の有無・家族形態・年齢（５歳階級）別 ………………… 332

第104表　65歳以上の者の数，仕事の有－勤めか自営かの別－勤め先での呼称－無・性・
　　　　世帯構造別 …………………………………………………………………………… 334

第105表　65歳以上の者の数，子との同別居状況・世帯構造別……………………………………………… 336

第106表　65歳以上の者の数，子との同別居状況・性・年齢（５歳階級）別 ………………………… 336

第107表　65歳以上の者の数，子との同別居状況・性・配偶者の有無別 ……………………………… 336

第108表　75歳以上の者のいる世帯数，世帯構造・公的年金-恩給受給の有無・有業人員別………… 337

第109表　75歳以上の者の数，性・配偶者の有無・市郡・家族形態別 ………………………………… 338

10　手助けや見守りを要する者のいる世帯

第110表　手助けや見守りを要する者のいる世帯数，世帯構造・世帯主の年齢（10歳階級）別 ……… 339

第111表　手助けや見守りを要する者のいる世帯数，世帯構造・
　　　　手助けや見守りを要する者の年齢階級別 ………………………………………… 339

第112表　手助けや見守りを要する者のいる世帯数，日常生活の自立の状況・世帯構造別 …………… 340

第113表　手助けや見守りを要する者のいる世帯数，世帯構造・住居の種類別………………………… 340

第114表　手助けや見守りを要する者のいる世帯数，世帯構造・室数別 ……………………………… 340

第115表　手助けや見守りを要する者のいる世帯数，世帯人員・住居の種類別 ……………………… 341

第116表　手助けや見守りを要する者のいる世帯数，世帯人員・室数別 ……………………………… 341

第117表　手助けや見守りを要する者の数，日常生活の自立の状況・性・年齢階級別 ……………… 342

第118表　手助けや見守りを要する者の数，日常生活の自立の状況の期間・性・年齢階級別…………… 343

第119表　手助けや見守りを要する者の数，市郡・性・年齢階級別…………………………………………… 344

第120表　手助けや見守りを要する者の数，日常生活の自立の状況・市郡別…………………………………… 344

第121表　手助けや見守りを要する者の数，主な介護者の続柄・主な介護者との同別居状況・

　　　　　手助けや見守りを要する者の性・手助けや見守りを要する者の年齢階級別………………… 345

第122表　主な介護者数，手助けや見守りを要する者との続柄・

　　　　　手助けや見守りを要する者との同別居状況・主な介護者の性別……………………………… 348

第123表　同居の主な介護者数，手助けや見守りを要する者の年齢階級・

　　　　　主な介護者の年齢（10歳階級）別……………………………………………………………… 348

第124表　同居の主な介護者数，手助けや見守りを要する者との続柄・

　　　　　主な介護者の年齢（10歳階級）別……………………………………………………………… 348

11　入院者・特定の転出者のいる世帯

第125表　入院者のいる世帯数，世帯構造・世帯主の年齢（10歳階級）別………………………………… 349

第126表　特定の転出者のいる世帯数，特定の転出者の種類（複数回答）・世帯主の性・

　　　　　世帯主の年齢（10歳階級）別…………………………………………………………………… 349

12　就業状況

第127表　世帯人員（15歳以上），配偶者の有無・子どもの有無・仕事の有無・性・

　　　　　年齢（5歳階級）別……………………………………………………………………………… 350

第128表　世帯人員（15歳以上），就業状況・配偶者の有無・年齢（5歳階級）・性別………………… 352

第129表　世帯人員（15歳以上），仕事の有－勤めか自営かの別－勤め先での呼称－無・

　　　　　配偶者の有無・年齢（5歳階級）・性別……………………………………………………… 356

第130表　世帯人員（15歳以上の単独世帯の者），仕事の有－勤めか自営かの別－

　　　　　勤め先での呼称－無・性・公的年金-恩給受給の有無・年齢（10歳階級）別………………… 362

第131表　世帯人員（15歳以上），仕事の有－勤めか自営かの別－勤め先での呼称－無・

　　　　　公的年金加入状況・年齢（5歳階級）・性別………………………………………………… 366

第132表　世帯人員（15歳以上），仕事の有－勤めか自営かの別－勤め先での呼称－無・

　　　　　教育・年齢（5歳階級）・性別………………………………………………………………… 378

第133表　世帯人員（15歳以上），仕事の有－勤めか自営かの別－勤め先での呼称－無・

　　　　　同居児童の有無・年齢（5歳階級）・性別…………………………………………………… 396

13　有業人員

第134表　有業人員（15歳以上），職業分類・性・年齢（5歳階級）別…………………………………… 402

第135表　有業人員（15歳以上），配偶者の有無・就業状況・教育・年齢（5歳階級）・性別………… 404

第136表　有業人員（15歳以上）－平均就業期間，勤めか自営かの別－勤め先での呼称・

　　　　　就業期間階級・年齢（5歳階級）・性別……………………………………………………… 422

14　無業人員

第137表　無業人員（15歳以上），就業希望の有－すぐに仕事に就けるか否か－求職状況－
　　　　　希望する仕事の形－すぐには就けない理由（複数回答）－無・性・年齢（5歳階級）・
　　　　　非就業状況別 ··· 440

第138表　無業人員（15歳以上），配偶者の有無・非就業状況・教育・年齢（5歳階級）・性別 ········· 448

15　35歳未満のパート・アルバイト

第139表　35歳未満のパート・アルバイトをしている者及び希望している者のいる世帯数，
　　　　　世帯構造・世帯主の年齢（10歳階級）別 ·· 457

第140表　35歳未満のパート・アルバイトをしている者及び希望している者数，世帯構造・
　　　　　配偶者の有無・性・年齢（5歳階級）別 ··· 458

第141表　35歳未満のパート・アルバイトをしている者及び希望している者数，
　　　　　親との同別居状況・配偶者の有無・性・年齢（5歳階級）別 ···························· 459

第142表　35歳未満のパート・アルバイトをしている者及び希望している者数，
　　　　　公的年金加入状況・配偶者の有無・性・年齢（5歳階級）別 ···························· 460

第143表　35歳未満のパート・アルバイトをしている者及び希望している者数，
　　　　　医療保険加入状況・配偶者の有無・性・年齢（5歳階級）別 ···························· 461

第2章　所得・貯蓄

1　年次推移

第 1 表　平均所得金額－平均世帯人員－平均有業人員，年次別 ··································· 464

第 2 表　世帯数の相対度数分布－累積度数分布，年次・所得金額階級別 ······················ 466

第 3 表　1世帯当たり平均所得金額－構成割合，年次・所得の種類別 ··························· 470

第 4 表　当該所得のある世帯数の構成割合，年次・所得の種類別 ································· 474

第 5 表　当該所得のある1世帯当たり平均所得金額，年次・所得の種類別 ····················· 476

第 6 表　1世帯当たり平均所得金額－世帯人員1人当たり平均所得金額，所得五分位階級・
　　　　　年次別 ··· 478

第 7 表　所得五分位値－中央値，年次別 ·· 480

第 8 表　1世帯当たり平均所得金額－世帯人員1人当たり平均所得金額，世帯主の年齢（10歳階級）・
　　　　　年次別 ··· 482

第 9 表　1世帯当たり平均所得金額，世帯業態・年次別 ··· 484

第 10 表　1世帯当たり平均所得金額，世帯構造・年次別 ·· 485

第 11 表　1世帯当たり平均所得金額－平均等価可処分所得金額，
　　　　　世帯類型－児童のいる世帯－65歳以上の者のいる世帯・年次別 ····················· 486

第 12 表　高齢者世帯の平均所得金額－平均世帯人員－平均有業人員，年次別 ·················· 488

第 13 表　高齢者世帯数の相対度数分布－累積度数分布，年次・所得金額階級別 ··············· 490

第 14 表　高齢者世帯の1世帯当たり平均所得金額－構成割合，年次・所得の種類別 ··········· 494

第 15 表　公的年金-恩給を受給している高齢者世帯数の構成割合，公的年金-恩給の総所得に
　　　　　占める割合・年次別 ··· 498

第 16 表　児童のいる世帯の平均所得金額－平均世帯人員－平均有業人員，年次別 ············· 500

9

第17表　児童のいる世帯数の相対度数分布－累積度数分布，年次・所得金額階級別 …………………… 502

第18表　児童のいる世帯の1世帯当たり平均所得金額－構成割合，年次・所得の種類別 …………… 506

第19表　有業者（15歳以上）1人当たり平均所得金額，勤めか自営かの別－勤め先での呼称・
性・年次別 …………………………………………………………………………………………… 510

第20表　世帯数の構成割合，生活意識・年次別 ………………………………………………………… 514

2　所得の状況

第21表　世帯数の相対度数分布－1世帯当たり平均所得金額－世帯人員1人当たり平均所得金額－
中央値－平均所得金額以下の世帯の割合，世帯類型－児童のいる世帯－65歳以上の者の
いる世帯－標準4人世帯・所得金額階級別 …………………………………………………… 516

第22表　世帯数，世帯人員・所得金額階級別 ……………………………………………………… 517

第23表　世帯数，世帯業態・所得金額階級別 ……………………………………………………… 517

第24表　世帯数，世帯構造・所得金額階級別 ……………………………………………………… 518

第25表　世帯数，世帯類型－児童のいる世帯－65歳以上の者のいる世帯・所得金額階級別 ………… 518

第26表　世帯数，世帯主の年齢（10歳階級）・所得金額階級別 ………………………………… 519

第27表　世帯数，市郡・所得金額階級別 …………………………………………………………… 519

第28表　世帯数，地域ブロック・所得金額階級別 ………………………………………………… 520

第29表　世帯数，最多所得者の職業分類・所得金額階級別 ……………………………………… 521

第30表　世帯数，世帯主の年齢（10歳階級）・世帯人員1人当たり所得金額階級別 …………… 522

第31表　世帯数，所得五分位階級・世帯業態別 …………………………………………………… 522

第32表　世帯数，所得五分位階級・世帯類型－児童のいる世帯－65歳以上の者のいる世帯別 ……… 523

第33表　世帯数，所得五分位階級・世帯主の年齢（5歳階級）別 ……………………………… 523

第34表　世帯数，世帯人員・有業人員・所得五分位階級別 ……………………………………… 524

第35表　世帯数，世帯種・世帯人員・所得五分位階級別 ………………………………………… 525

3　平均所得金額

第36表　平均所得金額－平均有業人員，世帯人員別 ……………………………………………… 526

第37表　平均所得金額－平均世帯人員，有業人員別 ……………………………………………… 526

第38表　平均所得金額－平均世帯人員－平均有業人員，世帯業態別 …………………………… 527

第39表　平均所得金額－平均世帯人員－平均有業人員，世帯構造別 …………………………… 527

第40表　平均所得金額－平均世帯人員－平均有業人員，世帯類型－児童のいる世帯－
65歳以上の者のいる世帯別 ………………………………………………………………… 528

第41表　平均所得金額－平均世帯人員－平均有業人員，市郡別 ………………………………… 528

第42表　平均所得金額－平均世帯人員－平均有業人員，地域ブロック別 ……………………… 529

第43表　平均所得金額－平均世帯人員－平均有業人員，世帯主の年齢（10歳階級）別 ………… 529

第44表　平均所得金額－平均世帯人員－平均有業人員，最多所得者の年齢（10歳階級）別 ………… 530

第45表　平均所得金額－平均世帯人員－平均有業人員，所得五分位階級別 …………………… 530

4　所得の種類

第46表　世帯数，所得の種類（重複計上）・所得五分位階級・当該所得の総所得に占める割合別 …… 532

第 47 表　世帯数，基礎的所得の種類・世帯類型－児童のいる世帯－65歳以上の者のいる世帯・所得五分位階級別 …………………………………………………………… 534

第 48 表　世帯数，基礎的所得の種類・所得五分位階級・基礎的所得の割合別 ………… 536

第 49 表　世帯数，所得の種類（重複計上）・所得五分位階級・世帯業態別 …………… 538

第 50 表　世帯数，所得の種類（重複計上）・所得五分位階級・世帯構造別 …………… 540

第 51 表　世帯数，所得の種類（重複計上）・世帯類型－児童のいる世帯－65歳以上の者のいる世帯・所得五分位階級別 ……………………………………………………………… 544

第 52 表　世帯数，所得の種類（重複計上）・世帯主の年齢（10歳階級）・所得五分位階級別 ………… 546

第 53 表　1 世帯当たり平均所得金額－構成割合，所得の種類・世帯業態別 ………… 550

第 54 表　当該所得のある 1 世帯当たり平均所得金額，所得の種類・世帯業態別 ………… 550

第 55 表　1 世帯当たり平均所得金額－構成割合，所得の種類・世帯構造別 ………… 552

第 56 表　当該所得のある 1 世帯当たり平均所得金額，所得の種類・世帯構造別 ………… 552

第 57 表　1 世帯当たり平均所得金額－構成割合，所得の種類・世帯類型－児童のいる世帯－65歳以上の者のいる世帯別 …………………………………………………………… 554

第 58 表　当該所得のある 1 世帯当たり平均所得金額，所得の種類・世帯類型－児童のいる世帯－65歳以上の者のいる世帯別 …………………………………………………………… 554

第 59 表　1 世帯当たり平均所得金額－構成割合，所得の種類・世帯主の年齢（10歳階級）別 ……… 556

第 60 表　当該所得のある 1 世帯当たり平均所得金額，所得の種類・世帯主の年齢（10歳階級）別 … 556

第 61 表　1 世帯当たり平均所得金額－構成割合，所得の種類・所得五分位階級別 ………… 558

第 62 表　当該所得のある 1 世帯当たり平均所得金額，所得の種類・所得五分位階級別 ………… 558

5　可処分所得

第 63 表　世帯数，世帯人員・可処分所得金額階級別 ………… 560

第 64 表　世帯数，有業人員・可処分所得金額階級別 ………… 560

第 65 表　世帯数，世帯業態・可処分所得金額階級別 ………… 561

第 66 表　世帯数，世帯構造・可処分所得金額階級別 ………… 561

第 67 表　世帯数，世帯類型－児童のいる世帯－65歳以上の者のいる世帯・可処分所得金額階級別 … 562

第 68 表　世帯数，世帯主の年齢（10歳階級）・可処分所得金額階級別 ………… 562

第 69 表　世帯数，地域ブロック・可処分所得金額階級別 ………… 563

第 70 表　世帯数，世帯種・可処分所得金額階級別 ………… 564

第 71 表　世帯数，世帯主の年齢（10歳階級）・世帯人員 1 人当たり可処分所得金額階級別 ………… 564

第 72 表　世帯数，世帯類型－児童のいる世帯－65歳以上の者のいる世帯・可処分所得の総所得に占める割合別 ………… 565

第 73 表　世帯数，世帯人員・可処分所得の総所得に占める割合別 ………… 565

第 74 表　1 世帯当たり平均可処分所得金額，世帯人員・所得五分位階級別 ………… 565

6　家計支出の状況

第 75 表　世帯数，家計支出額階級・世帯主の年齢（10歳階級）・所得金額階級別 ………… 566

第 76 表　世帯数，家計支出額階級・世帯主の年齢（10歳階級）・可処分所得金額階級別 ………… 571

第 77 表　世帯数，仕送りの有－仕送り先（複数回答）－無・所得金額階級別 ………… 576

11

7 公的年金・恩給の状況

第78表 世帯人員（20歳以上）1人当たり平均所得金額，公的年金加入状況・所得の種類別 ········· 577

第79表 公的年金-恩給受給者のいる世帯の1世帯当たり平均所得金額，所得五分位階級・
世帯構造別 ·· 577

第80表 公的年金-恩給受給者のいる世帯数，公的年金-恩給の総所得に占める割合・市郡・
所得五分位階級別 ·· 578

第81表 世帯人員（15歳以上），年齢（5歳階級）・性・公的年金-恩給受給の有－
公的年金-恩給額階級－無別 ··· 579

第82表 公的年金-恩給を受給している世帯人員（15歳以上），教育・性・
公的年金-恩給額階級別 ··· 580

8 健康の状況

第83表 世帯人員（12歳以上），健康意識・世帯人員1人当たり所得金額階級別 ················· 581

第84表 世帯人員（12歳以上），平均睡眠時間・世帯人員1人当たり所得金額階級別 ·············· 581

第85表 世帯人員（12歳以上），休養充足度・世帯人員1人当たり所得金額階級別 ··············· 582

第86表 世帯人員（20歳以上），飲酒の状況・世帯人員1人当たり所得金額階級別 ··············· 584

第87表 世帯人員（20歳以上），喫煙の有－喫煙本数－無・世帯人員1人当たり所得金額階級別 ····· 586

第88表 世帯人員（20歳以上），日ごろ健康のために実行している事柄（複数回答）・
世帯人員1人当たり所得金額階級別 ·· 586

第89表 世帯人員（20歳以上），健診等の受診の有－受診機会（複数回答）－無－健診等を受けなかっ
た理由（複数回答）・世帯人員1人当たり所得金額階級別 ·· 588

第90表 世帯人員（20歳以上），がん検診受診状況（複数回答）・
世帯人員1人当たり所得金額階級別 ·· 590

9 所得者・稼働者の状況

第91表 稼働所得のある世帯数，世帯業態・世帯構造・稼働者構成別 ····························· 592

第92表 世帯数，世帯業態・所得者構成別 ·· 594

第93表 世帯数，世帯類型－児童のいる世帯－65歳以上の者のいる世帯・所得者構成別 ··········· 594

第94表 世帯数，所得五分位階級・所得者構成別 ·· 595

第95表 世帯数，世帯主の年齢（10歳階級）・世帯構造・所得者構成別 ·························· 596

第96表 世帯数－児童のいる世帯数，世帯主の仕事の有－勤めか自営かの別－勤め先での呼称－無・
所得者構成別 ·· 597

第97表 世帯数，最多所得者の総所得に占める割合・所得金額階級別 ···························· 598

第98表 世帯数，最多所得者の仕事の有－勤めか自営かの別－勤め先での呼称－無・
最多所得者の総所得に占める割合別 ·· 598

第99表 世帯数，最多所得者の仕事の有－勤めか自営かの別－勤め先での呼称－無・世帯構造・
稼働者構成－稼働者なし別 ·· 599

第100表 有所得者数（15歳以上）－児童のいる世帯の有所得者数（15歳以上），所得者構成・
仕事の有－勤めか自営かの別－勤め先での呼称－無別 ·· 601

第101表　有業人員（15歳以上）－児童のいる世帯の有業人員（15歳以上），稼働者構成・
勤めか自営かの別－勤め先での呼称別 ·· 602

第102表　有業人員（15歳以上），勤めか自営かの別－勤め先での呼称・配偶者の有無・性・
所得金額階級別 ·· 603

第103表　役員以外の雇用者数（15歳以上），勤め先での呼称・教育・性・年齢（10歳階級）・
所得金額階級別 ·· 606

第104表　有所得者1人当たり平均所得金額，所得の種類・性・年齢（5歳階級）別 ············· 618

第105表　有業者（15歳以上）1人当たり平均所得金額，勤めか自営かの別－勤め先での呼称・性・
年齢（10歳階級）別 ·· 620

第106表　役員以外の雇用者（15歳以上）1人当たり平均所得金額，教育・勤め先での呼称・性・
年齢（10歳階級）別 ·· 621

第107表　有業人員1人当たり平均稼働所得金額，勤めか自営かの別－勤め先での呼称・性・
年齢（10歳階級）別 ·· 622

10　65歳以上の者のいる世帯

第108表　65歳以上の者のいる世帯数，世帯業態・所得金額階級別 ····························· 623

第109表　65歳以上の者のいる世帯数，世帯構造・所得金額階級別 ····························· 623

第110表　65歳以上の者のいる世帯数，世帯人員・有業人員・所得五分位階級別 ············· 624

第111表　世帯人員（65歳以上），子との同別居状況・性・所得金額階級別 ···················· 625

第112表　65歳以上の者のいる世帯の平均所得金額－平均世帯人員－平均有業人員，世帯構造別 ······ 626

第113表　65歳以上の者のいる世帯の平均所得金額－平均有業人員，夫婦の年齢階級別 ··················· 626

第114表　65歳以上の者のいる世帯の1世帯当たり平均所得金額，世帯構造・所得の種類別 ············ 627

第115表　65歳以上の者のいる世帯の1世帯当たり平均所得金額，世帯構造・所得五分位階級別 ······ 627

第116表　65歳以上の者のいる世帯の1世帯当たり平均所得金額，最多所得者の職業分類・
所得五分位階級別 ·· 628

第117表　65歳以上の者のいる世帯の1世帯当たり平均所得金額，所得五分位階級・世帯業態別 ······ 628

11　高齢者世帯

第118表　高齢者世帯数，世帯主の子との同別居状況・子への仕送りの有無・所得金額階級別 ········· 629

第119表　高齢者世帯数，公的年金-恩給の総所得に占める割合・所得金額階級別 ················ 630

第120表　高齢者世帯数，所得五分位階級・可処分所得の総所得に占める割合別 ················· 630

12　児童のいる世帯

第121表　児童のいる世帯数，児童数・有業人員・所得五分位階級別 ···························· 631

第122表　児童のいる世帯数，世帯主の年齢（10歳階級）・所得金額階級別 ···················· 632

第123表　乳幼児のいる世帯数，末子の保育者等の状況（複数回答）・所得金額階級別 ·················· 632

第124表　乳幼児のいる世帯数，末子の保育所（施設）利用の有無・乳幼児数・所得金額階級別 ······· 633

第125表　乳幼児のいる世帯数，末子の保育所（施設）利用の有無・父母の就業状況・
所得金額階級別 ·· 634

第126表　児童のいる世帯の平均所得金額－平均世帯人員－平均有業人員，世帯構造別 ·················· 636

第127表　児童のいる世帯の平均所得金額－平均世帯人員－平均有業人員－平均児童数，市郡別……… 636

第128表　児童のいる世帯の平均所得金額－平均世帯人員－平均有業人員，

　　　　　世帯主の年齢（10歳階級）別………………………………………………………………… 637

第129表　平均所得金額－平均世帯人員－平均有業人員，児童の有－児童数－無別…………………… 637

第130表　児童のいる世帯の平均所得金額－平均世帯人員－平均有業人員，末子の年齢階級別……… 638

第131表　児童のいる世帯の有業人員1人当たり平均稼働所得金額，勤めか自営かの別－

　　　　　勤め先での呼称・性・年齢（10歳階級）別…………………………………………………… 639

第132表　1世帯当たり平均所得金額－全世帯の平均所得金額を100としたときの指数，

　　　　　児童の有無・世帯業態別…………………………………………………………………………… 640

第133表　児童のいる世帯の1世帯当たり平均所得金額，世帯業態・所得五分位階級別………………… 640

13　課税等の状況

第134表　世帯数－1世帯当たり平均金額，拠出金等の種類・世帯人員別…………………………………… 641

第135表　世帯数－1世帯当たり平均金額，拠出金等の種類・世帯業態別…………………………………… 641

第136表　世帯数－1世帯当たり平均金額，拠出金等の種類・世帯類型－児童のいる世帯－

　　　　　65歳以上の者のいる世帯別…………………………………………………………………………… 642

第137表　世帯数－1世帯当たり平均金額，拠出金等の種類・世帯主の年齢（10歳階級）別………… 642

第138表　世帯数－1世帯当たり平均金額，拠出金等の種類・所得五分位階級別………………………… 643

第139表　世帯数，世帯業態・拠出金の有－拠出金額階級－無別…………………………………………… 643

第140表　世帯数，世帯類型－児童のいる世帯－65歳以上の者のいる世帯・

　　　　　拠出金の有－拠出金額階級－無別…………………………………………………………………… 644

第141表　世帯数，所得五分位階級・拠出金の有－拠出金額階級－無別…………………………………… 644

第142表　世帯数，課税の状況・世帯類型－児童のいる世帯－65歳以上の者のいる世帯・

　　　　　所得金額階級別………………………………………………………………………………………… 645

第143表　世帯数，課税の状況・世帯業態別………………………………………………………………………… 647

第144表　世帯数，課税の状況・所得五分位階級別……………………………………………………………… 647

第145表　世帯数，課税の状況・世帯主の年齢（5歳階級）別………………………………………………… 648

第146表　世帯数，世帯主の年齢（10歳階級）・所得税額階級別……………………………………………… 648

第147表　世帯数，世帯主の年齢（10歳階級）・住民税額階級別……………………………………………… 649

第148表　世帯数，世帯業態・社会保険料額階級別……………………………………………………………… 649

第149表　世帯数，世帯類型－児童のいる世帯－65歳以上の者のいる世帯・社会保険料額階級別……… 650

第150表　世帯数，世帯主の年齢（10歳階級）・社会保険料額階級別……………………………………… 650

第151表　世帯数，所得五分位階級・社会保険料額階級別……………………………………………………… 651

第152表　社会保険料のある世帯の1世帯当たり平均社会保険料額－総所得に占める割合，

　　　　　世帯主の年齢（10歳階級）・社会保険料の種類別………………………………………………… 651

第153表　社会保険料のある世帯の1世帯当たり平均社会保険料額－総所得に占める割合，

　　　　　所得五分位階級・社会保険料の種類別…………………………………………………………… 652

第154表　世帯数，世帯類型－児童のいる世帯－65歳以上の者のいる世帯・固定資産税額階級別……… 652

第155表　世帯数，世帯主の年齢（10歳階級）・固定資産税額階級別……………………………………… 653

14 貯蓄の状況

第156表 世帯数－1世帯当たり平均貯蓄額，世帯主の年齢（10歳階級）・
貯蓄の有無－貯蓄額階級別 ··· 654

第157表 世帯数－1世帯当たり平均貯蓄額，世帯業態・貯蓄の有無－貯蓄額階級別 ················· 654

第158表 世帯数－1世帯当たり平均貯蓄額，世帯構造・貯蓄の有無－貯蓄額階級別 ················· 655

第159表 世帯数－1世帯当たり平均貯蓄額，世帯類型－児童のいる世帯－65歳以上の者のいる世帯・
貯蓄の有無－貯蓄額階級別 ··· 655

第160表 世帯数，貯蓄の有無－貯蓄額階級・所得金額階級別 ·· 656

第161表 世帯数，貯蓄の有無－貯蓄額階級・世帯業態・所得五分位階級別 ····························· 658

第162表 世帯数，貯蓄の有無－貯蓄額階級・世帯構造・所得五分位階級別 ····························· 660

第163表 世帯数，貯蓄の有無－貯蓄額階級・世帯類型－児童のいる世帯－65歳以上の者のいる世帯・
所得五分位階級別 ··· 662

第164表 世帯数，貯蓄の有無－貯蓄額階級・世帯構造・世帯主の年齢（10歳階級）別 ············· 664

第165表 世帯数，貯蓄の有無－貯蓄額階級・住居の種類・所得五分位階級別 ·························· 668

第166表 世帯数，世帯主の教育・貯蓄の有無－貯蓄額階級別 ·· 670

15 貯蓄の増減

第167表 世帯数，貯蓄の増減状況－減額理由（複数回答）・所得金額階級別 ··························· 671

第168表 世帯数，貯蓄の有無－貯蓄額階級・貯蓄の増減状況－減額階級別 ····························· 672

第169表 世帯数，貯蓄の有無－貯蓄額階級・世帯業態・貯蓄の増減状況－
減額理由（複数回答）別 ·· 674

第170表 世帯数，貯蓄の有無－貯蓄額階級・世帯構造・貯蓄の増減状況－
減額理由（複数回答）別 ·· 678

第171表 世帯数，貯蓄の有無－貯蓄額階級・世帯類型－児童のいる世帯－65歳以上の者のいる世帯・
貯蓄の増減状況－減額理由（複数回答）別 ·· 682

第172表 世帯数，貯蓄の有無－貯蓄額階級・世帯主の年齢（10歳階級）・貯蓄の増減状況－
減額理由（複数回答）別 ·· 686

第173表 貯蓄の減った世帯数，貯蓄の減額階級・所得五分位階級・
貯蓄の減額理由（複数回答）別 ··· 690

第174表 貯蓄の減った世帯数，貯蓄の減額階級・世帯業態・貯蓄の減額理由（複数回答）別 ········· 691

第175表 貯蓄の減った世帯数，貯蓄の減額階級・世帯構造・貯蓄の減額理由（複数回答）別 ········· 692

第176表 貯蓄の減った世帯数，貯蓄の減額階級・世帯類型－児童のいる世帯－65歳以上の者の
いる世帯・貯蓄の減額理由（複数回答）別 ·· 693

第177表 貯蓄の減った世帯数，貯蓄の減額階級・世帯主の年齢（10歳階級）・
貯蓄の減額理由（複数回答）別 ··· 694

16 借入金の状況

第178表 世帯数－1世帯当たり平均借入金額，世帯主の年齢（10歳階級）・借入金の有無－
借入金額階級別 ··· 695

第179表 世帯数－1世帯当たり平均借入金額，世帯業態・借入金の有無－借入金額階級別 ············ 695

15

第180表　世帯数－1世帯当たり平均借入金額，世帯構造・借入金の有無－借入金額階級別……………… 696

第181表　世帯数－1世帯当たり平均借入金額，世帯類型－児童のいる世帯－65歳以上の者の
　　　　　いる世帯・借入金の有無－借入金額階級別……………………………………………………… 696

第182表　世帯数，借入金の有無－借入金額階級・所得金額階級別………………………………………… 698

第183表　世帯数，借入金の有無－借入金額階級・住居の種類・所得五分位階級別…………………… 700

第184表　世帯数，貯蓄の有無－貯蓄額階級・世帯業態・借入金の有無－借入金額階級別…………… 702

第185表　世帯数，借入金の有無－借入金額階級・世帯構造・世帯主の年齢（10歳階級）別………… 706

17　65歳以上の者のいる世帯

第186表　65歳以上の者のいる世帯数－1世帯当たり平均貯蓄額，世帯構造・貯蓄の有無－
　　　　　貯蓄額階級別…………………………………………………………………………………………… 710

第187表　65歳以上の者のいる世帯数，世帯構造・貯蓄の増減状況－減額理由（複数回答）別……… 710

第188表　65歳以上の者のいる貯蓄の減った世帯数，世帯構造・貯蓄の減額階級別…………………… 711

第189表　65歳以上の者のいる世帯数－1世帯当たり平均借入金額，世帯構造・借入金の有無－
　　　　　借入金額階級別………………………………………………………………………………………… 711

18　児童のいる世帯

第190表　児童のいる世帯数，貯蓄の有無－貯蓄額階級・借入金の有無－借入金額階級別…………… 712

第191表　児童のいる世帯数，世帯業態・貯蓄の増減状況－減額理由（複数回答）別………………… 712

第192表　世帯数－1世帯当たり平均貯蓄額，児童の有－児童数－無・貯蓄の有無－貯蓄額階級別… 714

第193表　世帯数－1世帯当たり平均借入金額，児童の有－児童数－無・借入金の有無－
　　　　　借入金額階級別………………………………………………………………………………………… 714

19　手助けや見守りを要する者のいる世帯

第194表　世帯数－1世帯当たり平均貯蓄額，手助けや見守りを要する者の有－
　　　　　日常生活の自立の状況－無・貯蓄の有無－貯蓄額階級別………………………………………… 715

第195表　世帯数，手助けや見守りを要する者の有－日常生活の自立の状況－無・貯蓄の増減状況－
　　　　　減額理由（複数回答）別………………………………………………………………………………… 715

第196表　貯蓄の減った世帯数，貯蓄の減額階級・手助けや見守りを要する者の有無・
　　　　　貯蓄の減額理由（複数回答）別…………………………………………………………………… 716

20　入院・通院者のいる世帯

第197表　世帯数－1世帯当たり平均貯蓄額，入院者－通院者のいる世帯・貯蓄の有無－
　　　　　貯蓄額階級別…………………………………………………………………………………………… 717

第198表　世帯数，入院者－通院者のいる世帯・貯蓄の増減状況－減額理由（複数回答）別………… 717

21　就業状況

第199表　世帯数，最多所得者の仕事の有－勤めか自営かの別－勤め先での呼称－無・貯蓄の有無－
　　　　　貯蓄額階級別…………………………………………………………………………………………… 718

16

第200表　世帯数，最多所得者の仕事の有－勤めか自営かの別－勤め先での呼称－無・借入金の有無－借入金額階級別 ……………………………………………………………………………………… 718

22　生活意識の状況

第201表　平均所得金額－平均世帯人員－平均有業人員，生活意識別 ……………………………… 719

第202表　世帯数，世帯類型－児童のいる世帯－65歳以上の者のいる世帯・生活意識別 ……………… 719

第203表　世帯数，世帯主の仕事の有－勤めか自営かの別－勤め先での呼称－無・生活意識別 ……… 720

第204表　世帯人員（6歳以上），日常生活への影響の有－日常生活影響の事柄（複数回答）－無・生活意識別 ……………………………………………………………………………………… 720

第205表　世帯人員（6歳以上），健康意識・生活意識別 …………………………………………… 721

第206表　世帯人員（12歳以上），こころの状態（点数階級）・生活意識別 ……………………………… 721

第207表　有業人員（15歳以上），健康状態・性・生活意識別 ……………………………………… 722

第208表　65歳以上の者のいる世帯数，生活意識・世帯構造別 …………………………………… 723

第209表　高齢者世帯数，世帯主の公的年金-恩給受給の有－公的年金受給の種類（複数回答）－無・生活意識別 ……………………………………………………………………………………… 723

第210表　世帯数，児童の有－児童数－無・所得五分位階級・生活意識別 ……………………… 724

第211表　世帯数，入院者－通院者－手助けや見守りを要する者のいる世帯・所得五分位階級・生活意識別 ……………………………………………………………………………………… 725

第212表　世帯数，貯蓄の有無－貯蓄額階級・生活意識・借入金の有無－借入金額階級別 …………… 726

23　貧困の状況

第213表　貧困率－中央値－貧困線，年次・全世帯－子ども－子どもがいる現役世帯別 ………………… 730

第214表　世帯員の相対度数分布－累積度数分布，年次・全世帯－子ども－子どもがいる現役世帯・等価可処分所得金額階級（名目値）別 ……………………………………………………… 731

第Ⅳ編　用語の解説 ……………………………………………………………………… 737

第 2 巻　全国編（健康、介護）

目　　　　　次

第Ⅰ編　調査の概要
1　調査の内容及び沿革
2　標準誤差及び標準誤差率
3　調査票

第Ⅱ編　統計表
統計表一覧
第1章　健　康
1　世帯数
第 1 表　世帯数，入院者－通院者－有訴者－日常生活に影響のある者の有無・世帯業態・世帯人員別
第 2 表　世帯数，入院者－通院者－有訴者－日常生活に影響のある者の有無・世帯構造別
第 3 表　世帯数，入院者－通院者－有訴者－日常生活に影響のある者の有無・世帯類型別
第 4 表　世帯数，入院者－通院者－有訴者－日常生活に影響のある者の有無・世帯種・世帯人員別

2　世帯人員
第 5 表　世帯人員，医療保険加入状況・入通院の有無・性・年齢（5歳階級）別
第 6 表　世帯人員，自覚症状の有無・性・年齢（5歳階級）別
【6歳以上】
第 7 表　世帯人員（6歳以上），日常生活への影響の有－日常生活影響の事柄（複数回答）－
　　　　　無・性・年齢（5歳階級）別
第 8 表　世帯人員（6歳以上），健康意識・性・年齢（5歳階級）別
第 9 表　世帯人員（6歳以上），健康状態・性・年齢（5歳階級）別
第 10 表　世帯人員（6歳以上），健康状態・性・健康意識別
第 11 表　世帯人員（6歳以上），普段の活動ができなかった日数・性・年齢（5歳階級）別
【12歳以上】
第 12 表　世帯人員（12歳以上），悩みやストレスの有－悩みやストレスの原因（複数回答）－
　　　　　無・性・年齢（5歳階級）別
第 13 表　世帯人員（12歳以上），悩みやストレスの有－悩みやストレスの原因（複数回答）－
　　　　　無・性・健康意識別
第 14 表　世帯人員（12歳以上），悩みやストレスの有－悩みやストレスの原因（複数回答）－
　　　　　無・性・健康状態別
第 15 表　悩みやストレスのある者数（12歳以上），悩みやストレスの相談状況（複数回答）・
　　　　　性・年齢（5歳階級）別
第 16 表　悩みやストレスのある者数（12歳以上），最も気になる悩みやストレスの相談状況
　　　　　（複数回答）・性・年齢（5歳階級）・最も気になる悩みやストレスの原因別

第 17 表　世帯人員（12歳以上），平均睡眠時間・性・年齢（5歳階級）・休養充足度別

第 18 表　世帯人員（12歳以上），平均睡眠時間・性・健康意識・休養充足度別

第 19 表　世帯人員（12歳以上），平均睡眠時間・性・健康状態・休養充足度別

第 20 表　世帯人員（12歳以上），こころの状態（点数）・性・年齢（5歳階級）別

第 21 表　世帯人員（12歳以上），こころの状態（点数階級）・性・健康意識別

第 22 表　世帯人員（12歳以上），世帯構造・性・こころの状態（点数階級）別

第 23 表　世帯人員（12歳以上），世帯類型・性・こころの状態（点数階級）別

【15歳以上】

第 24 表　世帯人員（15歳以上），仕事の有－職業分類－無・性・健康状態別

第 25 表　世帯人員（15歳以上），日常生活への影響の有－日常生活影響の事柄（複数回答）－
　　　　　無・性・仕事の有－職業分類－無別

第 26 表　世帯人員（15歳以上），普段の活動ができなかった日数・性・仕事の有－職業分類－無別

第 27 表　世帯人員（15歳以上），悩みやストレスの有－悩みやストレスの原因（複数回答）－
　　　　　無・性・仕事の有－職業分類－無別

第 28 表　悩みやストレスのある者数（15歳以上），最も気になる悩みやストレスの原因・性・年齢
　　　　　（5歳階級）・仕事の有－勤めか自営かの別－無別

第 29 表　世帯人員（15歳以上），平均睡眠時間・性・仕事の有－職業分類－無・休養充足度別

第 30 表　世帯人員（15歳以上），こころの状態（点数階級）・性・仕事の有－職業分類－無別

第 31 表　世帯人員（15歳以上），こころの状態（点数階級）・性・仕事の有－勤めか自営かの別－
　　　　　勤め先での呼称－無別

第 32 表　世帯人員（15歳以上），仕事の有－週間就業時間階級－無・性・こころの状態
　　　　　（点数階級）別

第 33 表　無業人員（15歳以上），こころの状態（点数階級）・就業希望の有－求職状況－
　　　　　希望する仕事の形－すぐには就けない理由（複数回答）－無・性別

【20歳以上】

第 34 表　世帯人員（20歳以上），飲酒の状況・性・年齢（5歳階級）別

第 35 表　世帯人員（20歳以上），飲酒の状況・性・健康意識別

第 36 表　世帯人員（20歳以上），飲酒の状況・性・健康状態別

第 37 表　世帯人員（20歳以上），飲酒の頻度・性・仕事の有－職業分類－無別

第 38 表　世帯人員（20歳以上），喫煙の有－喫煙本数－無・性・年齢（5歳階級）別

第 39 表　世帯人員（20歳以上），喫煙の有－喫煙本数－無・性・健康意識別

第 40 表　世帯人員（20歳以上），喫煙の有－喫煙本数－無・性・健康状態別

第 41 表　世帯人員（20歳以上），喫煙の有－喫煙本数－無・性・仕事の有－職業分類－無別

第 42 表　世帯人員（20歳以上），日ごろ健康のために実行している事柄（複数回答）・
　　　　　性・年齢（5歳階級）・教育別

第 43 表　世帯人員（20歳以上），日ごろ健康のために実行している事柄（複数回答）・
　　　　　健康意識・自覚症状の有無別

第 44 表　世帯人員（20歳以上），日ごろ健康のために実行している事柄（複数回答）・
　　　　　健康意識・通院の有無別

第45表　世帯人員（20歳以上），日ごろ健康のために実行している事柄（複数回答）・
　　　　性・健康状態別

第46表　世帯人員（20歳以上），日ごろ健康のために実行している事柄（複数回答）・
　　　　仕事の有－職業分類－無別

第47表　世帯人員（20歳以上），健診等の受診の有無－健診等を受けなかった理由（複数回答）・
　　　　性・年齢（5歳階級）・教育別

第48表　世帯人員（20歳以上），健診等の受診の有無－健診等を受けなかった理由（複数回答）・
　　　　性・健康意識別

第49表　世帯人員（20歳以上），健診等の受診の有無－健診等を受けなかった理由（複数回答）・
　　　　性・健康状態別

第50表　世帯人員（20歳以上），健診等の受診の有無－健診等を受けなかった理由（複数回答）・
　　　　性・仕事の有－職業分類－無別

第51表　有業人員（20歳以上），健診等の受診の有無－健診等を受けなかった理由（複数回答）・
　　　　性・勤めか自営かの別－勤め先での呼称別

第52表　世帯人員（20歳以上），がん検診受診状況（複数回答）・性・年齢（5歳階級）・教育別

第53表　世帯人員（20歳以上），がん検診受診状況（複数回答）・性・健康状態別

第54表　世帯人員（20歳以上），がん検診受診状況（複数回答）・性・仕事の有－職業分類－無別

第55表　有業人員（20歳以上），がん検診受診状況（複数回答）・性・勤めか自営かの別

第56表　世帯人員（20歳以上），がん検診受診状況（複数回答）・受診機会（複数回答）・性・年齢（5
　　　　歳階級）・教育別

第57表　世帯人員（20歳以上），がん検診受診状況（複数回答）・受診機会（複数回答）・性・健康状態別

第58表　世帯人員（20歳以上），がん検診受診状況（複数回答）・受診機会（複数回答）・性・仕事の有
　　　　－職業分類－無別

3　有訴者数

第59表　有訴者数，年齢（5歳階級）・最も気になる症状・性別

第60表　有訴者数，最も気になる症状の治療状況（複数回答）・最も気になる症状・性別

第61表　有訴者数，最も気になる症状の治療状況（複数回答）・性・年齢（5歳階級）別

第62表　有訴者数（6歳以上），健康意識・最も気になる症状・性別

第63表　有訴者数（6歳以上），日常生活への影響の有－日常生活影響の事柄（複数回答）－
　　　　無・最も気になる症状別

第64表　有訴者数（12歳以上），悩みやストレスの有－悩みやストレスの原因（複数回答）－
　　　　無・最も気になる症状別

第65表　有訴者数（15歳以上），最も気になる症状の治療状況（複数回答）・性・仕事の有－
　　　　職業分類－無別

4　総症状数

第66表　総症状数－平均症状数，年齢（5歳階級）・症状（複数回答）・性別

第67表　総症状数（12歳以上），こころの状態（点数階級）・症状（複数回答）・性別

第68表　総症状数（15歳以上），仕事の有－職業分類－無・症状（複数回答）別

5 通院者数

第 69 表　通院者数，年齢（5歳階級）・最も気になる傷病・性別

第 70 表　通院者数（6歳以上），健康意識・最も気になる傷病・性別

第 71 表　通院者数（6歳以上），日常生活への影響の有－日常生活影響の事柄（複数回答）－無・最も気になる傷病別

第 72 表　通院者数（12歳以上），悩みやストレスの有－悩みやストレスの原因（複数回答）－無・最も気になる傷病別

第 73 表　通院者数（15歳以上），仕事の有－職業分類－無・最も気になる傷病・性別

6 総傷病数

第 74 表　総傷病数－平均傷病数，年齢（5歳階級）・傷病（複数回答）・性別

第 75 表　総傷病数（12歳以上），こころの状態（点数階級）・傷病（複数回答）・性別

第 76 表　総傷病数（15歳以上），仕事の有－職業分類－無・傷病（複数回答）別

7 有訴者率・通院者率・日常生活に影響のある者率

第 77 表　有訴者率（人口千対），年齢（5歳階級）・症状（複数回答）・性別

第 78 表　通院者率（人口千対），年齢（5歳階級）・傷病（複数回答）・性別

第 79 表　日常生活に影響のある者率（6歳以上・人口千対），日常生活影響の事柄（複数回答）・性・年齢（5歳階級）別

第2章　介　　護

1 介護を要する者のいる世帯数

第 1 表　介護を要する者のいる世帯数，世帯構造・世帯主の年齢階級・現在の要介護度の状況別

第 2 表　介護を要する者のいる世帯数，世帯人員・現在の要介護度の状況別

第 3 表　介護を要する者のいる世帯数，世帯構造・住居の種類・現在の要介護度の状況別

第 4 表　介護を要する者のいる世帯数，世帯構造・室数・現在の要介護度の状況別

第 5 表　介護を要する者のいる世帯数，世帯人員・室数・現在の要介護度の状況別

第 6 表　介護を要する者のいる世帯数，世帯構造・介護を要する者の年齢階級・現在の要介護度の状況別

2 介護を要する者数

第 7 表　介護を要する者数，世帯構造・性・年齢階級別

第 8 表　介護を要する者数，配偶者の有無・性・年齢階級別

第 9 表　介護を要する者数，悩みやストレスの有－悩みやストレスの原因（複数回答）－無・性・年齢階級別

第 10 表　介護を要する者数，主な介護者の介護を要する者との続柄・従たる介護者の有－従たる介護者の介護を要する者との続柄－無別

第 11 表　介護を要する者数，平均睡眠時間・休養充足度・性・年齢階級別

第 12 表　介護を要する者数，こころの状態（点数階級）・性・年齢階級別

第 13 表　介護を要する者数，平均睡眠時間・休養充足度・年齢階級・現在の要介護度の状況別

第14表　介護を要する者数，こころの状態（点数階級）・年齢階級・現在の要介護度の状況別

3　介護が必要となった主な原因

第15表　介護を要する者数，日常生活の自立の状況・介護が必要となった主な原因別

第16表　介護を要する者数，介護が必要となった主な原因・通院の有無・性・年齢階級別

第17表　介護を要する者数，現在の要介護度の状況・介護が必要となった主な原因別

4　要介護度の状況

第18表　介護を要する者数，現在の要介護度の状況・性・年齢階級別

第19表　介護を要する者数，現在の要介護度の状況・性・1年前の要介護度の状況別

第20表　介護を要する者数，この1年間の要介護度の変化・性・年齢階級別

第21表　介護を要する者数，現在の要介護度の状況・通院の有無・年齢階級別

第22表　介護を要する者数，悩みやストレスの有－悩みやストレスの原因（複数回答）－無・
現在の要介護度の状況・年齢階級別

5　日常生活の自立状況

第23表　介護を要する者数，日常生活の自立の状況・通院の有無・現在の要介護度の状況別

第24表　介護を要する者数，日常生活の自立の状況・悩みやストレスの有－
悩みやストレスの原因（複数回答）－無別

第25表　介護を要する者数，日常生活の自立の状況・日常生活の自立の状況の期間・性・年齢階級別

6　介護サービスの利用状況

第26表　介護を要する者数，世帯構造・介護サービスの利用状況・
利用した介護サービスの種類（複数回答）別

第27表　介護を要する者数，世帯人員・利用した介護サービスの種類（複数回答）別

第28表　介護を要する者数，日常生活の自立の状況・利用した介護サービスの種類（複数回答）別

第29表　介護を要する者数，性・年齢階級・介護サービスの利用状況・
利用した介護サービスの種類（複数回答）別

第30表　介護を要する者数，現在の要介護度の状況・介護サービスの利用状況・
利用した介護サービスの種類（複数回答）別

第31表　介護サービスの利用者数，主な介護者の介護時間・
利用した介護サービスの種類（複数回答）別

第32表　介護保険制度によるサービスを利用していない者数，介護を要する者の年齢階級・
この調査票の回答者・介護保険制度によるサービスを利用していない理由（複数回答）・性別

第33表　介護保険制度によるサービスを利用していない者数，現在の要介護度の状況・
この調査票の回答者・介護保険制度によるサービスを利用していない理由（複数回答）別

第34表　介護保険制度によるサービスを利用していない者数，世帯構造・この調査票の回答者・
従たる介護者の有無・介護保険制度によるサービスを利用していない理由（複数回答）別

7 介護サービスの費用

第35表　介護を要する者数－1人当たり平均介護サービス費用額，現在の要介護度の状況・
　　　　介護サービスの費用の有－介護サービスの費用額階級－無別

第36表　介護を要する者数－1人当たり平均介護サービス費用額，世帯構造・
　　　　介護サービスの費用の有－介護サービスの費用額階級－無別

8 介護費用の負担力

第37表　介護を要する者数，年齢階級・現在の要介護度の状況・介護費用の負担力
　　　　（複数回答）別

第38表　介護を要する者数，介護費用の負担力（複数回答）・介護サービスの費用の有－
　　　　介護サービスの費用額階級－無別

9 家族、親族の介護の状況

第39表　介護を要する者数，日常生活の自立の状況・主な介護者の同別居・
　　　　主な介護者の介護を要する者との続柄別

第40表　介護を要する者数，現在の要介護度の状況・
　　　　主な介護者の介護を要する者との続柄・世帯構造別

第41表　介護を要する者数，主な介護者の介護を要する者との続柄・従たる介護者数・
　　　　利用した介護サービスの種類（複数回答）別

第42表　同居の主な介護者数，主な介護者の介護を要する者との続柄・主な介護者の性・
　　　　主な介護者の年齢階級別

第43表　同居の主な介護者数，介護を要する者の性・介護を要する者の年齢階級・
　　　　主な介護者の性・主な介護者の年齢階級別

第44表　同居の主な介護者数，介護を要する者の現在の要介護度の状況・
　　　　主な介護者の性・主な介護者の年齢階級・主な介護者の健康意識別

第45表　同居の主な介護者数，介護を要する者の現在の要介護度の状況・主な介護者の性・
　　　　主な介護者の自覚症状の有－主な介護者の最も気になる症状－無別

第46表　同居の主な介護者数，介護を要する者の現在の要介護度の状況・主な介護者の性・
　　　　主な介護者の悩みやストレスの有－悩みやストレスの原因（複数回答）－無別

第47表　同居の主な介護者数，介護を要する者の現在の要介護度の状況・主な介護者の介護を要する者
　　　　との続柄・主な介護者の仕事の有－主な介護者の勤めか自営かの別－無別

第48表　同居の主な介護者数，主な介護者の健康意識・主な介護者の仕事の有無・
　　　　主な介護者の介護時間別

第49表　同居の主な介護者数，主な介護者の仕事の有無・主な介護者の介護時間・
　　　　主な介護者の自覚症状の有－主な介護者の最も気になる症状－無別

第50表　同居の主な介護者数，主な介護者の仕事の有無・主な介護者の介護時間・
　　　　主な介護者の悩みやストレスの有－悩みやストレスの原因（複数回答）－無別

第51表　同居の主な介護者数，主な介護者の仕事の有無・主な介護者の介護時間・
　　　　主な介護者の介護を要する者との続柄・利用した介護サービスの種類（複数回答）別

第52表　同居の主な介護者数，介護を要する者の日常生活の自立の状況・主な介護者の仕事の有無・
　　　　主な介護者の介護時間別

第53表　同居の主な介護者数，主な介護者の平均睡眠時間・主な介護者の休養充足度・主な介護者の性・
　　　　主な介護者の年齢階級別

第54表　同居の主な介護者数，主な介護者のこころの状態（点数階級）・主な介護者の性・
　　　　主な介護者の年齢階級別

第55表　同居の主な介護者数，主な介護者の平均睡眠時間・主な介護者の休養充足度・主な介護者の年
　　　　齢階級・主な介護者の介護時間別

第56表　同居の主な介護者数，主な介護者のこころの状態（点数階級）・主な介護者の年齢階級・
　　　　主な介護者の介護時間別

第57表　同居の主な介護者数，介護を要する者の現在の要介護度の状況・主な介護者の年齢階級・
　　　　主な介護者の平均睡眠時間・主な介護者の休養充足度別

第58表　主な介護者の続柄が家族－親族である介護を要する者数，世帯構造・主な介護者の同別居・
　　　　主な介護者の介護を要する者との続柄別

第59表　同居の主な介護者数，介護を要する者の性・介護を要する者の年齢階級・
　　　　主な介護者の性・主な介護者の介護を要する者との続柄別

第60表　同居の主な介護者数，介護を要する者の現在の要介護度の状況・主な介護者の介護時間別

第61表　同居の主な介護者数，主な介護者の健康状態・主な介護者の性・主な介護者の介護時間別

第62表　同居の主な介護者数，主な介護者の性・主な介護者の年齢階級・
　　　　主な介護者の悩みやストレスの有－悩みやストレスの原因（複数回答）－無別

第63表　従たる介護者数，従たる介護者の介護頻度・従たる介護者の同別居・
　　　　従たる介護者の介護を要する者との続柄別

10　家族、親族と訪問介護事業者による主な介護内容

第64表　介護を要する者数，世帯構造・主な介護内容（複数回答）・介護者の組合せ別

第65表　介護を要する者数，性・年齢階級・主な介護内容（複数回答）・介護者の組合せ別

第66表　介護を要する者数，現在の要介護度の状況・主な介護内容（複数回答）・介護者の組合せ別

第Ⅲ編　用語の解説

第 3 巻　都道府県編（世帯）

目　　　次

第Ⅰ編　調査の概要

1　調査の内容及び沿革

2　標準誤差及び標準誤差率

3　調査票

第Ⅱ編　統計表

統計表一覧

1　世帯数

第 1 表　世帯数，世帯構造・都道府県－21大都市（再掲）別

第 2 表　世帯数，世帯業態・都道府県－21大都市（再掲）別

第 3 表　世帯数－平均世帯人員，世帯人員・都道府県－21大都市（再掲）別

第 4 表　世帯数，世帯類型・都道府県－21大都市（再掲）別

第 5 表　世帯数，世帯種・都道府県－21大都市（再掲）別

第 6 表　世帯数，市郡・都道府県－21大都市（再掲）別

第 7 表　世帯数，世帯主の年齢（5歳階級）・都道府県－21大都市（再掲）別

第 8 表　世帯数，世帯構造・都道府県－21大都市（再掲）・世帯主の年齢（10歳階級）別

第 9 表　世帯数，世帯人員・都道府県－21大都市（再掲）・世帯主の年齢（10歳階級）別

第 10 表　世帯数，住居の種類・都道府県－21大都市（再掲）別

第 11 表　1世帯当たり平均室数－平均床面積－世帯人員1人当たり平均室数－平均床面積，
都道府県－21大都市（再掲）別

第 12 表　公的年金-恩給受給者のいる世帯数及び受給割合，全世帯－65歳以上の者のいる世帯
－高齢者世帯・都道府県－21大都市（再掲）別

第 13 表　1世帯当たり平均家計支出額，世帯人員・都道府県－21大都市（再掲）・
世帯主の年齢（10歳階級）別

第 14 表　1世帯当たり平均有業人員－平均世帯人員－有業率，都道府県－21大都市（再掲）別

第 15 表　世帯数－平均児童数，児童の有－児童数－無・都道府県－21大都市（再掲）別

第 16 表　児童のいる世帯数，世帯業態・都道府県－21大都市（再掲）別

第 17 表　児童のいる世帯数，世帯構造・都道府県－21大都市（再掲）別

第 18 表　児童のいる世帯数，末子の父母の就業状況・都道府県－21大都市（再掲）別

第 19 表　乳幼児数，保育者等の状況（複数回答）・都道府県－21大都市（再掲）別

第 20 表　乳幼児のいる世帯数，育児にかかった費用階級・都道府県－21大都市（再掲）別

第 21 表　1世帯当たり育児にかかった平均費用，乳幼児数・都道府県－21大都市（再掲）・
世帯主の年齢（10歳階級）別

第 22 表　高齢者世帯数，世帯主の子との同別居状況－居住場所・都道府県－21大都市（再掲）別

第 23 表　高齢者世帯数，世帯構造・都道府県－21大都市（再掲）別

第 24 表　65歳以上の者のいる世帯数，世帯構造・都道府県－21大都市（再掲）別

第 25 表　手助けや見守りを要する者のいる世帯数－手助けや見守りを要する者の数，
都道府県－21大都市（再掲）別

2　世帯人員数

第 26 表　世帯人員，配偶者の有無・性・年齢（10歳階級）・都道府県－21大都市（再掲）別

第 27 表　世帯人員，医療保険加入状況・都道府県－21大都市（再掲）・性・年齢（10歳階級）別

第 28 表　世帯人員，経済上の地位・都道府県－21大都市（再掲）・性・年齢（10歳階級）別

第 29 表　世帯人員（15歳以上），仕事の有－勤めか自営かの別－勤め先での呼称－無・
都道府県－21大都市（再掲）・年齢（10歳階級）別

第 30 表　65歳以上の者の数，家族形態・都道府県－21大都市（再掲）・年齢（5歳階級）別

第 31 表　65歳以上の者の数，子との同別居状況－居住場所・都道府県－21大都市（再掲）・
年齢（5歳階級）別

第Ⅲ編　用語の解説

第 4 巻　都道府県編（健康）

目　　　　　次

第Ⅰ編　調査の概要

1　調査の内容及び沿革

2　標準誤差及び標準誤差率

3　調査票

第Ⅱ編　統計表

統計表一覧

1　世帯数

　　第 1 表　世帯数，入院者－通院者の有無・都道府県－21大都市（再掲）・世帯構造別

　　第 2 表　世帯数，入院者－通院者の有無・都道府県－21大都市（再掲）・世帯業態別

　　第 3 表　世帯数，入院者－通院者の有無・都道府県－21大都市（再掲）・世帯類型別

2　世帯人員

　　第 4 表　世帯人員，入通院の有無・都道府県－21大都市（再掲）・性・年齢（5歳階級）別

【6歳以上】

　　第 5 表　世帯人員（6歳以上），自覚症状－通院の有無・健康意識・都道府県－
　　　　　　21大都市（再掲）別

　　第 6 表　世帯人員（6歳以上），性・年齢（3区分階級）・都道府県－21大都市（再掲）・
　　　　　　健康状態別

　　第 7 表　世帯人員（6歳以上），性・年齢（3区分階級）・都道府県－21大都市（再掲）・
　　　　　　普段の活動ができなかった日数別

　　第 8 表　日常生活に影響のある者数（6歳以上），性－年齢（5歳階級）・都道府県－
　　　　　　21大都市（再掲）・日常生活影響の事柄（複数回答）別

【20歳以上】

　　第 9 表　世帯人員（20歳以上），健診等の受診の有無－健診等を受けなかった理由（複数回答）・
　　　　　　性・年齢（5歳階級）・都道府県－21大都市（再掲）別

　　第 10 表　世帯人員（20歳以上），がん検診受診状況（複数回答）・性・年齢（5歳階級）・
　　　　　　都道府県－21大都市（再掲）別

3　有訴者数

　　第 11 表　有訴者数，都道府県－21大都市（再掲）・性・最も気になる症状別

4　総症状数

　　第 12 表　総症状数，性・年齢（3区分階級）・症状（複数回答）・都道府県－21大都市（再掲）別

5 通院者数

第13表　通院者数，都道府県－21大都市（再掲）・性・最も気になる傷病別

6 総傷病数

第14表　総傷病数，性・年齢（3区分階級）・傷病（複数回答）・都道府県－21大都市（再掲）別

7 有訴者率・通院者率・日常生活に影響のある者率

第15表　有訴者率（人口千対），年齢（5歳階級）・都道府県－21大都市（再掲）・性別

第16表　通院者率（人口千対），年齢（5歳階級）・都道府県－21大都市（再掲）・性別

第17表　日常生活に影響のある者率（6歳以上・人口千対），日常生活影響の事柄（複数回答）・
都道府県－21大都市（再掲）・性別

第Ⅲ編　用語の解説

閲覧公表統計表一覧

　次の統計表は、報告書に掲載していないが、政府統計の総合窓口（e-Stat）（URL:http://www.e-stat.go.jp）にて公表している。

1　世帯　閲覧公表統計表

第 1 表　世帯数－全世帯に占める割合－平均世帯人員－平均有業人員－
　　　　仕事ありの者がいる世帯の割合－平均家計支出額

第 2 表　同居の夫婦組数，夫の年齢（10歳階級）・世帯構造・妻の年齢（10歳階級）別

第 3 表　1世帯当たり平均家計支出額，世帯人員・児童の有－児童数－無別

第 4 表　1世帯当たり平均家計支出額，世帯人員・乳幼児の有－乳幼児数－無別

第 5 表　世帯数，世帯構造・別居の子の有無・仕送りの有無－仕送りの種類（複数回答）別

第 6 表　世帯数－1世帯当たり平均仕送り額，仕送り額階級・仕送りの有無－
　　　　仕送りの種類（複数回答）別

第 7 表　世帯数－1世帯当たり平均仕送り額，仕送り有－仕送り額階級－無・仕送りの種類（複数回答）・
　　　　世帯主の年齢（10歳階級）別

第 8 表　世帯数，世帯類型・公的年金-恩給受給の有無別

第 9 表　第3号被保険者の数（15歳以上），仕事の有－勤めか自営かの別－勤め先での呼称－無・性・
　　　　年齢（5歳階級）別

第 10 表　第3号被保険者の数（15歳以上），仕事の有－勤めか自営かの別－勤め先での呼称－無・
　　　　同居児童の有無・年齢（5歳階級）別

第 11 表　乳幼児数，保育者等の状況（複数回答）・父母の就業状況・世帯構造別

第 12 表　65歳以上の者のみの世帯数，世帯主の年齢（5歳階級）・世帯業態・
　　　　公的年金-恩給受給の有無別

第 13 表　特定の転出者のいる世帯数，家計支出額（10万円階級）・特定の転出者の種類（複数回答）・
　　　　特定の転出者の数別

第 14 表　特定の転出者のいる世帯数，仕送りの有－仕送り額階級－無・特定の転出者の種類（複数回答）・
　　　　特定の転出者の数別

第 15 表　世帯人員（15歳以上），年齢（10歳階級）・都道府県－21大都市（再掲）・性・
　　　　公的年金加入状況別

第 16 表　65歳以上の者のみの世帯数，世帯構造・都道府県－21大都市（再掲）別

第 17 表　世帯人員（15歳以上），就業状況・性・世帯類型別

第 18 表　世帯人員（15歳以上），就業状況・配偶者の有無・同居児童の有無・年齢（5歳階級）・性別

第 19 表　世帯人員（15歳以上），仕事の有－勤めか自営かの別－勤め先での呼称－無・年齢（5歳階級）・
　　　　教育（卒業・在学中別学校の種類・特別支援学校・特別支援学級（再掲））・性別

第 20 表　世帯人員（15歳以上），仕事の有－勤めか自営かの別－勤め先での呼称－無・同居児童の有無・
　　　　年齢（5歳階級）・教育（特別支援学校・特別支援学級（再掲））・性別

第 21 表　世帯人員（15歳以上），仕事の有－勤めか自営かの別－勤め先での呼称－無・年齢（5歳階級）・
　　　　教育（卒業・学校の種類－小学・中学－高校・旧制中－専門学校・短大・高専－大学・大学院・
　　　　特別支援学校・特別支援学級（再掲））・性別

第22表　世帯人員（15歳以上），仕事の有無・主に手助けや見守りをしているか否か・性・
　　　　年齢（5歳階級）別

第23表　有業人員（15歳以上），週間就業日数・年齢（5歳階級）・勤めか自営かの別－
　　　　勤め先での呼称・性別

第24表　有業人員（15歳以上）－平均就業期間，就業期間階級・配偶者の有無・年齢（5歳階級）・
　　　　性別

第25表　有業人員（15歳以上）－平均就業期間，就業期間階級・同居児童の有無・年齢（5歳階級）・
　　　　性別

第26表　有業人員（15歳以上）－平均就業期間，就業期間階級・主に手助けや見守りをしているか否か・
　　　　年齢（5歳階級）・性別

第27表　有業人員（15歳以上）の1日の平均就業時間，就業期間階級・勤めか自営かの別－
　　　　勤め先での呼称・性別

第28表　有業人員（15歳以上）の1日の平均就業時間，年齢（5歳階級）・勤めか自営かの別－
　　　　勤め先での呼称・性別

第29表　有業人員（15歳以上）の1日の平均就業時間，性・配偶者の有無・年齢（5歳階級）別

第30表　有業人員（15歳以上）の1日の平均就業時間，性・同居児童の有無・年齢（5歳階級）別

第31表　有業人員（15歳以上）の1日の平均就業時間，性・主に手助けや見守りをしているか否か・
　　　　年齢（5歳階級）別

第32表　有業人員（40歳以上），健康意識・性・年齢（5歳階級）別

第33表　有業人員（40歳以上），健診等の受診の有－受診機会（複数回答）－無・性・
　　　　年齢（5歳階級）別

第34表　有業人員（40歳以上），健診等の受診の有無－健診等を受けなかった理由（複数回答）・性・
　　　　年齢（5歳階級）別

第35表　無業人員（15歳以上），就業希望の有－求職状況－希望する仕事の形－無・世帯構造・
　　　　年齢（10歳階級）・性別

第36表　無業人員（15歳以上），就業希望の有－求職状況－希望する仕事の形－無・非就業状況・
　　　　医療保険加入状況・性別

第37表　無業人員（15歳以上），就業希望の有－求職状況－希望する仕事の形－無・乳幼児の有－
　　　　末子の保育者等の状況（複数回答）－無・性別

第38表　無業人員（15歳以上），就業希望の有－求職状況－希望する仕事の形－無・親との同別居の状況・
　　　　年齢（5歳階級）・性別

第39表　無業人員（15歳以上），就業希望の有－求職状況－希望する仕事の形－無・
　　　　主に手助けや見守りをしているか否か・年齢（5歳階級）・性別

第40表　無業人員（15歳以上），就業希望の有－求職状況－希望する仕事の形－無・健康状態・
　　　　年齢（5歳階級）・性別

第41表　就業希望はあるがすぐには仕事に就けない者数（15歳以上），
　　　　すぐには就けない理由（複数回答）・性・健康状態・年齢（5歳階級）別

第42表　無業人員（40歳以上），就業希望の有－求職状況－無・健康状態・年齢（5歳階級）・性別

第43表　無業人員（40歳以上），就業希望の有－求職状況－無・健康意識・年齢（5歳階級）・性別

第 44 表　無業人員（40歳以上），就業希望の有－求職状況－無・健診等の受診の有－
　　　　　受診機会（複数回答）－無・年齢（5歳階級）・性別

第 45 表　無業人員（40歳以上），就業希望の有－求職状況－無・健診等の受診の有無－
　　　　　健診等を受けなかった理由（複数回答）・年齢（5歳階級）・性別

第 46 表　35歳未満のパート・アルバイトをしている者及び希望している者数，教育・配偶者の有無・性・
　　　　　年齢（5歳階級）別

第 47 表　配偶者ありの女性の者数（15歳以上），同居児童の有－同居児童数－無・仕事の有－
　　　　　勤めか自営かの別－勤め先での呼称－無別

第 48 表　配偶者ありの女性の者数（15歳以上），同居児童の有－末子の年齢階級－無・仕事の有－
　　　　　勤めか自営かの別－勤め先での呼称－無別

第 49 表　配偶者ありの女性の者数（15歳以上），親との同別居の状況・同居児童の有無・仕事の有－
　　　　　勤めか自営かの別－勤め先での呼称－無別

第 50 表　配偶者ありの女性の者数（15歳以上），仕事の有－勤めか自営かの別－勤め先での呼称－無・
　　　　　同居している親の手助けや見守りの要否・年齢（10歳階級）別

第 51 表　配偶者ありの女性の者数（15歳以上），夫と同居－夫の仕事の有－勤めか自営かの別－
　　　　　勤め先での呼称－無－夫と別居・同居児童の有無・妻の仕事の有－勤めか自営かの別－
　　　　　勤め先での呼称－無別

第 52 表　配偶者ありの女性の者数（15歳以上），仕事の有無・同居児童の有－児童数－無・
　　　　　年齢（5歳階級）・教育（卒業・在学中別学校の種類）別

第 53 表　配偶者ありの女性の者数（15歳以上），健康状態・同居児童の有無・仕事の有－
　　　　　勤めか自営かの別－勤め先での呼称－無別

第 54 表　配偶者ありの女性の有業人員（15歳以上）－妻の1日の平均就業時間－
　　　　　夫の1日の平均就業時間，夫と同居－夫の仕事の有－週間就業日数－無－
　　　　　夫と別居・同居児童の有無・妻の週間就業日数別

第 55 表　配偶者あり同居の乳幼児ありの女性の者数（15歳以上），親との同別居の状況・
　　　　　末子の保育者等の状況（複数回答）・仕事の有無・年齢（5歳階級）別

第 56 表　同居児童ありの女性の者数，世帯構造・配偶者の有無・年齢（5歳階級）別

第 57 表　同居児童ありの女性の者数，主に手助けや見守りをしているか否か・年齢（5歳階級）別

第 58 表　同居児童ありの女性の者数，就業状況・年齢（5歳階級）別

第 59 表　同居児童ありの女性の者数，健康状態・年齢（5歳階級）別

第 60 表　同居児童ありの女性の者数，健診等の受診の有－受診機会（複数回答）－
　　　　　無・年齢（5歳階級）別

第 61 表　同居児童ありの女性の者数，健診等の受診の有無－健診等を受けなかった理由（複数回答）・
　　　　　年齢（5歳階級）別

第 62 表　同居児童ありの女性の有業人員，勤めか自営かの別－勤め先での呼称・世帯構造・
　　　　　年齢（5歳階級）別

第 63 表　同居児童ありの女性の有業人員，勤めか自営かの別－勤め先での呼称・乳幼児の有－
　　　　　末子の保育者等の状況（複数回答）－無・年齢（5歳階級）別

第 64 表　同居児童ありの女性の有業人員，勤めか自営かの別－勤め先での呼称・主に手助けや
　　　　　見守りをしているか否か・年齢（5歳階級）別

第65表　同居児童ありの女性の有業人員，週間就業日数・年齢（5歳階級）別

第66表　同居児童ありの女性の有業人員，週間就業時間階級・年齢（5歳階級）別

第67表　同居児童ありの女性の有業人員，勤めか自営かの別－勤め先での呼称・年齢（5歳階級）・
　　　　健康状態別

第68表　同居児童ありの女性の有業人員，勤めか自営かの別－勤め先での呼称・年齢（5歳階級）・
　　　　健診等の受診の有－受診機会（複数回答）－無別

第69表　同居児童ありの女性の有業人員，勤めか自営かの別－勤め先での呼称・年齢（5歳階級）・
　　　　健診等の受診の有無－健診等を受けなかった理由（複数回答）別

第70表　同居児童ありの母の有業人員，勤めか自営かの別－勤め先での呼称・1日の平均就業時間階級・
　　　　末子の年齢階級別

第71表　同居児童ありの女性の有業人員，週間就業時間階級・年齢（5歳階級）・世帯構造別

第72表　同居児童ありの女性の有業人員，週間就業時間階級・乳幼児の有－末子の保育者等の状況
　　　　（複数回答）－無別

第73表　同居児童ありの女性の有業人員，週間就業時間階級・主に手助けや見守りをしているか否か・
　　　　年齢（5歳階級）別

第74表　同居児童ありの女性の有業人員，週間就業時間階級・年齢（5歳階級）・健康状態別

第75表　同居児童ありの女性の有業人員，週間就業時間階級・年齢（5歳階級）・健診等の受診の有－
　　　　受診機会（複数回答）－無別

第76表　同居児童ありの女性の有業人員，週間就業時間階級・年齢（5歳階級）・
　　　　健診等の受診の有無－健診等を受けなかった理由（複数回答）別

第77表　同居児童ありの女性の無業人員，世帯構造・年齢（5歳階級）別

第78表　同居児童ありの女性の無業人員，就業希望の有－すぐには就けない理由（複数回答）－無・
　　　　乳幼児の有－末子の保育者等の状況（複数回答）－無別

第79表　同居児童ありの女性の無業人員，就業希望の有－すぐには就けない理由（複数回答）－無・
　　　　主に手助けや見守りをしているか否か・年齢（5歳階級）別

第80表　同居児童ありの女性の無業人員，就業希望の有－求職状況－希望する仕事の形－
　　　　すぐには就けない理由（複数回答）－無・年齢（5歳階級）別

第81表　同居児童ありの女性の無業人員，就業希望の有－すぐには就けない理由（複数回答）－無・
　　　　年齢（5歳階級）・健康状態別

第82表　同居児童ありの女性の無業人員，就業希望の有－すぐには就けない理由（複数回答）－無・
　　　　年齢（5歳階級）・健康意識別

第83表　同居児童ありの女性の無業人員，就業希望の有－すぐには就けない理由（複数回答）－無・
　　　　年齢（5歳階級）・健診等の受診の有－受診機会（複数回答）－無別

第84表　同居児童ありの女性の無業人員，就業希望の有－すぐには就けない理由（複数回答）－無・
　　　　年齢（5歳階級）・健診等の受診の有無－健診等を受けなかった理由（複数回答）別

第85表　同居児童ありの女性で就業希望はあるがすぐには仕事に就けない者数，
　　　　すぐには就けない理由（複数回答）・世帯構造・末子の年齢階級別

2 所得・貯蓄　閲覧公表統計表

第 1 表　当該所得のある1世帯当たり平均所得金額，所得の種類・世帯類型－児童のいる世帯－
65歳以上の者のいる世帯・年次別

第 2 表　世帯数，最多所得者の年齢（10歳階級）・世帯構造・所得者構成別

第 3 表　世帯数，最多所得者の仕事の有－勤めか自営かの別－勤め先での呼称－無・世帯構造・
所得者構成別

第 4 表　35歳未満のパート・アルバイトをしている者及び希望している者のいる世帯数，
所得五分位階級・所得者構成別

第 5 表　35歳未満のパート・アルバイトをしている者及び希望している者のいる世帯数，世帯構造・
所得者構成別

第 6 表　35歳未満のパート・アルバイトをしている者及び希望している者のいる世帯数，
最多所得者の年齢（10歳階級）・所得者構成別

第 7 表　35歳未満の主に仕事をしている者の1人当たり平均所得金額，勤めか自営かの別－
勤め先での呼称・性・配偶者の有無別

第 8 表　世帯数，仕送りの家計支出額に占める割合・所得金額階級別

第 9 表　公的年金-恩給受給者のいる世帯数，最年長者の家族形態・世帯主の年齢階級・
所得金額階級別

第 10 表　世帯数，最年長者の家族形態・世帯主の年齢階級・公的年金-恩給受給の有－公的年金-
恩給額階級－無別

第 11 表　公的年金-恩給受給者のいる世帯数，世帯構造・世帯主の年齢階級・所得金額階級別

第 12 表　世帯数，世帯構造・世帯主の年齢階級・公的年金-恩給受給の有－公的年金-
恩給額階級－無別

第 13 表　世帯数，公的年金-恩給受給の有－公的年金-恩給額階級－無・世帯主の年齢階級・
稼働所得金額階級別

第 14 表　夫婦ともに60歳以上の夫婦組数，妻の公的年金-恩給受給の有－公的年金-恩給額階級－無・
夫の年齢階級・夫の公的年金-恩給受給の有－公的年金-恩給額階級－無別

第 15 表　乳幼児のいる世帯数，育児にかかった費用の家計支出に占める割合・乳幼児数・
所得金額階級別

第 16 表　同居児童ありの女性のいる世帯数，乳幼児の有－末子の保育者等の状況（複数回答）－無・
所得金額階級別

第 17 表　同居児童ありの女性の有業人員，勤めか自営かの別－勤め先での呼称・所得金額階級別

第 18 表　同居児童ありの女性の有業人員，勤めか自営かの別－勤め先での呼称・所得者構成別

第 19 表　同居児童ありの女性の有業人員，末子の年齢階級・教育・所得者構成別

第 20 表　児童のいる夫婦組数，夫の仕事の有－勤めか自営かの別－勤め先での呼称－無・
末子の年齢階級・所得金額階級・妻の仕事の有－勤めか自営かの別－勤め先での呼称－無別

第 21 表　高齢者世帯数－1世帯当たり平均貯蓄額，公的年金-恩給の総所得に占める割合・
貯蓄の有無－貯蓄額階級別

第 22 表　高齢者世帯数，公的年金-恩給の総所得に占める割合・貯蓄の増減状況－
減額理由（複数回答）別

第 23 表　高齢者世帯数－１世帯当たり平均借入金額，公的年金-恩給の総所得に占める割合・
　　　　　借入金の有無－借入金額階級別

第 24 表　同居児童ありの女性のいる世帯数，世帯構造・末子の母の仕事の有無・貯蓄の有無－
　　　　　貯蓄額階級別

第 25 表　同居児童ありの女性のいる世帯数，末子の母の仕事の有－勤めか自営かの別－
　　　　　勤め先での呼称－無・末子の母の教育・貯蓄の有無－貯蓄額階級別

第 26 表　世帯数，最多所得者の仕事の有－勤めか自営かの別－勤め先での呼称－無・生活意識別

第 27 表　35歳未満のパート・アルバイトをしている者及び希望している者のいる世帯数，所得者構成・
　　　　　生活意識別

第 28 表　同居児童ありの女性のいる世帯数，乳幼児の有－末子の保育者等の状況（複数回答）－無・
　　　　　末子の母の仕事の有無・生活意識別

3　健康　閲覧公表統計表

【全国編】

第 1 表　日常生活に影響のある者数（12歳以上），こころの状態（点数階級）・
　　　　　日常生活影響の事柄（複数回答）別

第 2 表　世帯人員（12歳以上），悩みやストレスの有－悩みやストレスの原因（複数回答）－
　　　　　無・性・年齢（5歳階級）・平均睡眠時間別

第 3 表　世帯人員（12歳以上），悩みやストレスの有－悩みやストレスの原因（複数回答）－
　　　　　無・性・こころの状態（点数階級）別

第 4 表　悩みやストレスのある者数（12歳以上），こころの状態（点数階級）・性・
　　　　　悩みやストレスの相談状況（複数回答）別

第 5 表　世帯人員（12歳以上），平均睡眠時間・性・こころの状態（点数階級）・休養充足度別

第 6 表　世帯人員（12歳以上），こころの状態（点数階級）・性・年齢（5歳階級）・平均睡眠時間別

第 7 表　世帯人員（12歳以上），こころの状態（点数階級）・性・普段の活動ができなかった日数別

第 8 表　世帯人員（15歳以上），仕事の有－勤めか自営かの別－勤め先での呼称－
　　　　　無・性・年齢（5歳階級）・自覚症状の有無別

第 9 表　世帯人員（15歳以上），仕事の有－勤めか自営かの別－勤め先での呼称－
　　　　　無・性・年齢（5歳階級）・通院の有無別

第 10 表　世帯人員（15歳以上），仕事の有－勤めか自営かの別－勤め先での呼称－
　　　　　無・性・年齢（5歳階級）・悩みやストレスの有無別

第 11 表　有業人員（15歳以上），普段の活動ができなかった日数・性・勤めか自営かの別

第 12 表　世帯人員（15歳以上），健康意識・性・年齢（5歳階級）・教育別

第 13 表　世帯人員（15歳以上），悩みやストレスの有－悩みやストレスの原因（複数回答）－
　　　　　無・性・年齢（5歳階級）・教育別

第 14 表　世帯人員（15歳以上），平均睡眠時間・性・年齢（5歳階級）・教育別

第 15 表　世帯人員（15歳以上），こころの状態（点数階級）・性・年齢（5歳階級）・教育別

第 16 表　有業人員（15歳以上）－平均就業期間，こころの状態（点数階級）・性・就業期間階級別

第 17 表　一般常雇者数（15歳以上），こころの状態（点数階級）・性・企業規模別

第18表　世帯人員（20歳以上），悩みやストレスの有－悩みやストレスの原因（複数回答）－
　　　　無・性・年齢（5歳階級）・飲酒の頻度別

第19表　世帯人員（20歳以上），悩みやストレスの有－悩みやストレスの原因（複数回答）－
　　　　無・性・年齢（5歳階級）・喫煙の有無別

第20表　世帯人員（20歳以上），こころの状態（点数階級）・性・年齢（5歳階級）・飲酒の頻度別

第21表　世帯人員（20歳以上），こころの状態（点数階級）・性・年齢（5歳階級）・喫煙の有無別

第22表　世帯人員（20歳以上），飲酒の頻度・性・年齢（5歳階級）・教育別

第23表　世帯人員（20歳以上），飲酒の状況・こころの状態（点数階級）・性別

第24表　世帯人員（20歳以上），喫煙の有無・性・年齢（5歳階級）・教育別

第25表　世帯人員（20歳以上），喫煙の有－喫煙本数－無・性・こころの状態（点数階級）別

第26表　世帯人員（20歳以上），健診等の受診の有－受診機会（複数回答）－無・性・
　　　　年齢（5歳階級）・教育別

第27表　世帯人員（20歳以上），健診等の受診の有－受診機会（複数回答）－無・性・健康意識別

第28表　世帯人員（20歳以上），健診等の受診の有－受診機会（複数回答）－無・性・健康状態別

第29表　世帯人員（20歳以上），健診等の受診の有－受診機会（複数回答）－無・性・
　　　　仕事の有－職業分類－無別

第30表　有業人員（20歳以上），健診等の受診の有－受診機会（複数回答）－無・性・
　　　　勤めか自営かの別－勤め先での呼称別

第31表　35歳未満のパート・アルバイトをしている者及び希望している者数，
　　　　健康状態・配偶者の有無・性・年齢（5歳階級）別

第32表　有訴者数（15歳以上），最も気になる症状の治療状況（複数回答）・性・
　　　　仕事の有－勤めか自営かの別－勤め先での呼称－無別

第33表　総傷病数（12歳以上），こころの状態（点数階級）・傷病（複数回答）・
　　　　日常生活への影響の有無別

【都道府県編】

第1表　日常生活に影響のない者数（6歳以上），性－年齢（5歳階級）・都道府県－
　　　　21大都市（再掲）別

第2表　世帯人員（12歳以上），悩みやストレスの有－悩みやストレスの原因（複数回答）－
　　　　無・都道府県－21大都市（再掲）・性・年齢（10歳階級）別

第3表　悩みやストレスのある者数（12歳以上），悩みやストレスの相談状況（複数回答）・
　　　　都道府県－21大都市（再掲）・性・年齢（10歳階級）別

第4表　世帯人員（12歳以上），平均睡眠時間・都道府県－21大都市（再掲）・性・年齢（5歳階級）別

第5表　世帯人員（12歳以上），こころの状態（点数階級）・都道府県－21大都市（再掲）・
　　　　性・年齢（10歳階級）別

第6表　世帯人員（20歳以上），飲酒の頻度・都道府県－21大都市（再掲）・性・年齢（5歳階級）別

第7表　世帯人員（20歳以上），喫煙の有無・都道府県－21大都市（再掲）・性・年齢（5歳階級）別

第8表　世帯人員（20歳以上），日ごろ健康のために実行している事柄（複数回答）・
　　　　都道府県－21大都市（再掲）・性・年齢（5歳階級）別

第 9 表　世帯人員（20歳以上），健診等の受診の有－受診機会（複数回答）－無・都道府県－
　　　　　21大都市（再掲）・性・年齢（5歳階級）別

第10表　世帯人員（20歳以上），がん検診受診状況（複数回答）・受診機会（複数回答）・
　　　　　都道府県－21大都市（再掲）・性・年齢（5歳階級）別

4　介護　閲覧公表統計表

第 1 表　介護を要する者のいる世帯数，日常生活の自立の状況・世帯構造別

第 2 表　介護を要する者のいる世帯数，介護を要する者の年齢階級・現在の要介護度の状況・
　　　　　介護費用の負担力（複数回答）別

第 3 表　介護を要する者数，健康意識・性・年齢階級別

第 4 表　介護を要する者数，健康状態・性・年齢階級別

第 5 表　介護を要する者数，年齢階級・自覚症状の有－症状（複数回答）－無・性別

第 6 表　介護を要する者数，年齢階級・通院の有－傷病（複数回答）－無・性別

第 7 表　介護を要する者数，世帯構造・従たる介護者の有－
　　　　　従たる介護者の介護を要する者との続柄－無別

第 8 表　介護を要する者数，介護が必要となった原因（複数回答）・通院の有無・性・年齢階級別

第 9 表　介護を要する者数，日常生活への影響の有－日常生活影響の事柄（複数回答）－
　　　　　無・現在の要介護度の状況別

第10表　介護を要する者数，健康意識・現在の要介護度の状況別

第11表　介護を要する者数，現在の要介護度の状況・自覚症状の有－症状（複数回答）－無別

第12表　介護を要する者数，介護費用の負担力（複数回答）・介護サービスの利用状況・
　　　　　利用した介護サービスの種類（複数回答）別

第13表　介護保険制度によるサービスを利用していない者のいる世帯数，世帯構造・
　　　　　現在の要介護度の状況・介護保険制度によるサービスを利用していない理由（複数回答）別

第14表　介護保険制度によるサービスを利用していない者のいる世帯数，世帯構造・
　　　　　主な介護者の介護を要する者との続柄・介護保険制度によるサービスを利用していない理由
　　　　　（複数回答）別

第15表　介護を要する者数－1人当たりの平均介護サービス費用額，家計支出額階級・
　　　　　介護サービスの費用の有－介護サービスの費用額階級－無別

第16表　同居の主な介護者数，介護を要する者の現在の要介護度の状況・主な介護者の性・
　　　　　主な介護者の日常生活への影響の有－日常生活影響の事柄（複数回答）－無別

第17表　同居の主な介護者数，主な介護者の仕事の有無・主な介護者の介護時間・
　　　　　主な介護者の日常生活への影響の有－日常生活影響の事柄（複数回答）－無別

第18表　同居の主な介護者数，主な介護者の介護を要する者との続柄・主な介護内容（複数回答）・
　　　　　介護者の組合せ別

第19表　同居の主な介護者数，介護を要する者の現在の要介護度の状況・
　　　　　主な介護者の年齢階級・主な介護者のこころの状態（点数階級）別

第20表　従たる介護者数，介護を要する者の日常生活の自立の状況・従たる介護者数・
　　　　　従たる介護者の介護頻度別

第21表　従たる介護者数，従たる介護者の介護を要する者との続柄・従たる介護者の性・
　　　　従たる介護者の年齢階級別
第22表　同居の主な介護者数，主な介護内容（複数回答）・主な介護者の性・
　　　　介護者の組合せ別

第Ⅰ編　調　査　の　概　要

1　調査の内容及び沿革

(1)　調査の目的

　　本調査は、保健、医療、福祉、年金、所得等国民生活の基礎的事項を調査し、厚生労働行政の企画及び運営に必要な基礎資料を得るとともに、各種調査の調査客体を抽出するための親標本を設定することを目的としている。

(2)　調査の沿革

　　本調査は、厚生行政基礎調査（昭和28年～同60年）、国民健康調査（昭和28年～同60年）、国民生活実態調査（昭和37年～同60年）、保健衛生基礎調査（昭和38年～同60年）の４調査を統合することによって世帯の状況を総合的に把握し、併せて地域別に観察できるものとした調査であり、昭和61年を初年とし、３年ごとに大規模な調査を実施し、中間の各年には、世帯の基本的事項及び所得の状況について小規模で簡易な調査を実施している。平成28年は、第11回目の大規模調査を実施した。

　　なお、本調査は、平成20年まで旧統計法（昭和22年法律第18号）に基づく指定統計調査として実施してきたが、平成21年から現行の統計法（平成19年法律第53号）に基づく基幹統計調査として実施しており、調査の実施方法に関しては、国民生活基礎調査規則（昭和61年厚生省令第39号）による。

(3)　調査の対象及び客体

　　全国（熊本県を除く。）の世帯及び世帯員を対象とし、世帯票及び健康票については、平成22年国勢調査区のうち後置番号１及び８から層化無作為抽出した5,410地区内のすべての世帯（約29万世帯）及び世帯員（約71万人）を、介護票については、前記の5,410地区内から層化無作為抽出した2,446地区内の介護保険法の要介護者及び要支援者（約８千人）を、所得票・貯蓄票については、前記の5,410地区に設定された単位区のうち後置番号１から層化無作為抽出した1,963単位区内のすべての世帯（約３万世帯）及び世帯員（約８万人）を調査客体とした。

　　ただし、以下については調査の対象から除外した。

　世帯票・健康票・介護票

　　　次に掲げる、世帯に不在の者

　　　単身赴任者、出稼ぎ者、長期出張者（おおむね３か月以上）、遊学中の者、社会福祉施設の入所者、長期入院者（住民登録を病院に移している者）、預けた里子、収監中の者、その他別居中の者

　所得票・貯蓄票

　　　上記「世帯票」で掲げる不在の者、世帯票調査日以降に転出入した世帯及び世帯員、住み込み又はまかない付きの寮・寄宿舎に居住する単独世帯

　注：１　「後置番号」とは、国勢調査区の種類を表す番号であり、「１」は一般調査区、「８」はおおむね50人以上の単身者が居住している寄宿舎・寮等のある区域をいう。

　　　２　「単位区」とは、推計精度の向上、調査員の負担平準化等を図るため、一つの国勢調査区を地理的に分割したものである。

(4) 調査の時期

世帯票・健康票・介護票　　　平成28年6月2日（木）
所得票・貯蓄票　　　　　　　平成28年7月14日（木）

注：所得については、平成27年1月1日から12月31日までの1年間の所得を調査した。貯蓄・借入金については、平成28年6月末日現在の貯蓄額・借入金残高を調査した。

(5) 調査事項

世帯票……世帯員数、単独世帯の区分、世帯を離れている者の状況、住居の状況、5月中の家計支出総額、育児にかかった費用、仕送りの費用、最多所得者、世帯主との続柄、性、出生年月、配偶者の有無、医療保険の加入状況、公的年金・恩給の受給状況、乳幼児の保育状況、手助けや見守りの要否、日常生活の自立の状況・期間、要介護認定の有無、主に手助けや見守りをしている者の状況、教育、公的年金の加入状況、別居している子の有無、5月中の仕事の状況、1週間の就業日数・就業時間、就業開始時期、仕事の内容、勤めか自営かの別、勤め先での呼称、就業希望の状況等

健康票……性、出生年月、入院・入所の状況、自覚症状、症状名、治療の状況、通院・通所の状況、傷病名、日常生活への影響の有無、日常生活影響の状況、普段の活動ができなかった日数、健康意識、悩みやストレスの有無、悩みやストレスの原因、悩みやストレスの相談状況、平均睡眠時間、休養充足度、こころの状態、飲酒の状況、喫煙の状況、日ごろ健康のために実行している事柄、健診（健康診断や健康診査）や人間ドックの受診の有無、受診機会、受けなかった理由、がん検診の受診の有無

介護票……介護が必要な者の性・出生年月、要介護度の状況、介護が必要となった原因、主に介護する者の介護時間、その他の介護者の状況、家族等と事業者による主な介護内容、介護サービスの利用状況、介護サービスの費用、サービスを受けなかった理由、介護費用の負担力等

所得票……性、出生年月、所得の種類別金額、課税等の状況、生活意識の状況等

貯蓄票……貯蓄現在高、貯蓄の増減の状況、借入金残高

(6) 調査の方法

あらかじめ調査員が配布した調査票に世帯員が自ら記入し、後日、調査員が回収する方法により行った。ただし、貯蓄票については、密封回収する方法により行い、健康票・所得票については、やむを得ない場合のみ密封回収を行った。

(7) 調査の系統

世帯票・健康票・介護票

所得票・貯蓄票

厚生労働省 ── 都道府県 ──────────── 福祉事務所 ── 指導員 ── 調査員 ── 世帯
　　　　　　　　└─ 市・特別区及び福祉 ─┘
　　　　　　　　　　事務所を設置する町村

(8) 結果の集計及び集計客体

結果の集計は、厚生労働省政策統括官（統計・情報政策担当）において行った。

なお、調査客体数、回収客体数及び集計客体数は次のとおりであった。

	調査客体数	回収客体数	集計客体数 （集計不能のものを除いた数）
世帯票・健康票	289 470　世帯	224 641　世帯	224 208　世帯
所得票・貯蓄票	34 286　世帯	25 275　世帯	24 604　世帯
介護票	7 573　人	7 002　人	6 790　人

2　結果の推計及び標準誤差

(1) 推計方法

ア　世帯票・健康票

各県（指定都市のある県については指定都市とそれ以外の地域のそれぞれを県とみなした。以下同じ。）の推計値 $\hat{T}_k$ は、世帯人員を補助変量とする比推定により、下記のように算定した。

$$T_k = \frac{\sum_j X_{kj}}{\sum_j Y_{kj}} \cdot P_k$$

ただし、

　　　$\hat{T}_k$　：　k 県推計値

　　　X_{kj}　：　k 県 j 調査地区のある属性を持つ世帯（員）数

　　　Y_{kj}　：　k 県 j 調査地区内総世帯員数

　　　P_k　：　k 県推計日本人人口（平成28年 6 月 1 日現在）

$\hat{T}_k$ の分散の推計値は近似的に次式で与えられる。

$$V(\hat{T}_k) \fallingdotseq \hat{T}_k^2 \frac{(N_k - n_k)}{N_k n_k} \left\{ \frac{V_k(X)}{\bar{X}_k^2} - 2\frac{COV_k(X, Y)}{\bar{X}_k \cdot \bar{Y}_k} + \frac{V_k(Y)}{\bar{Y}_k^2} \right\}$$

ただし、

　　　N_k　：　k 県国勢調査区数（後置番号 1 及び 8 ）

　　　n_k　：　k 県調査地区数

$$V_k(X) = \frac{1}{n_k - 1} \sum_j (X_{kj} - \bar{X}_k)^2$$

$$V_k(Y) = \frac{1}{n_k - 1} \sum_j (Y_{kj} - \bar{Y}_k)^2$$

$$COV_k(X, Y) = \frac{1}{n_k - 1} \sum_j (X_{kj} - \bar{X}_k)(Y_{kj} - \bar{Y}_k)$$

$$\bar{X}_k = \frac{\sum_j X_{kj}}{n_k}, \quad \bar{Y}_k = \frac{\sum_j Y_{kj}}{n_k}$$

$\hat{T}_k$の標準誤差の推計値は

$$\sqrt{V(\hat{T}_k)}$$

であり、標準誤差率の推計値は

$$\frac{\sqrt{V(\hat{T}_k)}}{\hat{T}_k}$$

で与えられる。

全国推計値$\hat{T}$は各県の推計値の合計とした。

即ち

$$\hat{T} = \sum_k \hat{T}_k$$

$\hat{T}$ ： 全国推計値

$\hat{T}$の分散の推計値は

$$V(\hat{T}) = \sum_k V(\hat{T}_k)$$

で求めた。

$\hat{T}$の標準誤差の推計値は

$$\sqrt{V(\hat{T})}$$

であり、標準誤差率の推計値は

$$\frac{\sqrt{V(\hat{T})}}{\hat{T}}$$

で与えられる。

イ　所得票・貯蓄票

推計値（ある属性を持つ世帯の平均所得、貯蓄等）$\hat{R}$は比推定により、下記のように算定した。

$$\hat{R} = \frac{\sum_k \left(\dfrac{N_k M_k}{n_k m_k} \sum_j X_{kj} \right)}{\sum_k \left(\dfrac{N_k M_k}{n_k m_k} \sum_j Y_{kj} \right)}$$

ただし、

$\hat{R}$ ： 推計値

N_k ： k 県国勢調査地区数（後置番号１）

n_k : k県世帯票調査地区数（後置番号1）

M_k : k県のn_k個の調査地区から設定された単位区数

m_k : k県調査単位区数

X_{kj} : k県j単位地区のある属性をもつ世帯の総所得、貯蓄等

Y_{kj} : k県j単位地区のある属性をもつ世帯の総数

$\hat{R}$の分散の推計値は近似的に次式で与えられる。

$$V(\hat{R}) \doteqdot \hat{R}^2 \sum_k \left(\frac{L_k}{L}\right)^2 \left(\frac{1}{m_k} - \frac{1}{L_k}\right) \left\{ \frac{V_k(X)}{\bar{X}^2} - \frac{2COV_k(X, Y)}{\bar{X}\bar{Y}} + \frac{V_k(Y)}{\bar{Y}^2} \right\}$$

ここに、

$$L_k = \frac{N_k M_k}{n_k}, \quad L = \sum_k L_k$$

ただし、

$$V_k(X) = \frac{1}{m_k - 1} \sum_j (X_{kj} - \bar{X}_k)^2$$

$$V_k(Y) = \frac{1}{m_k - 1} \sum_j (Y_{kj} - \bar{Y}_k)^2$$

$$COV_k(X, Y) = \frac{1}{m_k - 1} \sum_j (X_{kj} - \bar{X}_k)(Y_{kj} - \bar{Y}_k)$$

$$\bar{X}_k = \frac{\sum_j X_{kj}}{m_k}, \quad \bar{Y}_k = \frac{\sum_j Y_{kj}}{m_k}, \quad \bar{X} = \sum_k \frac{L_k}{L} \bar{X}_k, \quad \bar{Y} = \sum_k \frac{L_k}{L} \bar{Y}_k$$

$\hat{R}$の標準誤差の推計値は

$$\sqrt{V(\hat{R})}$$

であり、標準誤差率の推計値は

$$\frac{\sqrt{V(\hat{R})}}{\hat{R}}$$

で与えられる。

ウ　介護票

推計値（介護保険法の要介護者及び要支援者のいる世帯のうち、ある属性を持つ個人・世帯の割合）$\hat{R}$ は比推定により、下記のように算定した。

（個人）　$$\hat{R} = \frac{\sum_k P_k \cdot \frac{\sum_j X_{kj}}{\sum_j Y_{kj}} \cdot \frac{\sum_i W_{ki}}{\sum_i V_{ki}}}{\sum_k P_k \cdot \frac{\sum_j X_{kj}}{\sum_j Y_{kj}}}$$

（世帯）　$\hat{R} = \dfrac{\sum\limits_{k} P_k \cdot \dfrac{\sum\limits_{j} X_{kj}}{\sum\limits_{j} Y_{kj}} \cdot \dfrac{\sum\limits_{i} W_{ki}}{\sum\limits_{i} V_{ki}}}{\sum\limits_{k} P_k \cdot \dfrac{\sum\limits_{j} X_{kj}}{\sum\limits_{j} Y_{kj}} \cdot \dfrac{\sum\limits_{i} W'_{ki}}{\sum\limits_{i} V_{ki}}}$

ただし、

$\hat{R}$ ： 推計値

P_k ： k 県推計日本人人口（平成28年6月1日現在）

X_{kj} ： k 県 j 調査地区における「要介護者及び要支援者」数（世帯票）

Y_{kj} ： k 県 j 調査地区内総世帯員数（世帯票）

W_{ki} ： k 県 i 調査地区のある属性を持つ世帯（員）数（介護票）

V_{ki} ： k 県 i 調査地区内介護票調査対象者総数（介護票）

W'_{ki} ： k 県 i 調査地区内介護票調査対象者のいる総世帯数（介護票）

ここで、

$A_k = P_k \cdot \dfrac{\sum\limits_{j} X_{kj}}{\sum\limits_{j} Y_{kj}} \cdot \dfrac{\sum\limits_{i} W_{ki}}{\sum\limits_{i} V_{ki}}$

$B_k = P_k \cdot \dfrac{\sum\limits_{j} X_{kj}}{\sum\limits_{j} Y_{kj}}$ （個人） 又は $B_k = P_k \cdot \dfrac{\sum\limits_{j} X_{kj}}{\sum\limits_{j} Y_{kj}} \cdot \dfrac{\sum\limits_{i} W'_{ki}}{\sum\limits_{i} V_{ki}}$ （世帯）

$T_k = P_k \cdot \dfrac{\sum\limits_{j} X_{kj}}{\sum\limits_{j} Y_{kj}}$

とおくと、$\hat{R}$ の分散の推計値は近似的に次式で与えられる。

（個人）

$$V(\hat{R}) \fallingdotseq \hat{R}^2 \left[\frac{V(A)}{A^2} + \frac{V(B)}{B^2} - \frac{1}{AB} \left[\sum_k \left\{ Tk^2 \cdot V\left(\frac{\sum\limits_{i} W_{ki}}{\sum\limits_{i} V_{ki}} \right) + \left(1 + \frac{\sum\limits_{i} W_{ki}}{\sum\limits_{i} V_{ki}} \right)^2 \cdot V(T_k) \right\} - V(A) - V(B) \right] \right]$$

（世帯）

$$V(\hat{R}) \fallingdotseq \hat{R}^2 \left[\frac{V(A)}{A^2} + \frac{V(B)}{B^2} - \frac{1}{AB} \left[\sum_k \left\{ Tk^2 \cdot V\left(\frac{\sum\limits_{i} (W_{ki} + W'_{ki})}{\sum\limits_{i} V_{ki}} \right) + \left(\frac{\sum\limits_{i} (W_{ki} + W'_{ki})}{\sum\limits_{i} V_{ki}} \right)^2 \cdot V(T_k) \right\} - V(A) - V(B) \right] \right]$$

ただし、

$A = \sum\limits_{k} A_k, \quad B = \sum\limits_{k} B_k$

$$V(A_k) = \left(P_k \cdot \frac{\sum\limits_{j} X_{kj}}{\sum\limits_{j} Y_{kj}} \right)^2 \cdot V\left(\frac{\sum\limits_{i} W_{ki}}{\sum\limits_{i} V_{ki}} \right) + \left(\frac{\sum\limits_{i} W_{ki}}{\sum\limits_{i} V_{ki}} \right)^2 \cdot V\left(P_k \cdot \frac{\sum\limits_{j} X_{kj}}{\sum\limits_{j} Y_{kj}} \right)$$

$V\left(P_k \cdot \dfrac{\sum\limits_j X_{kj}}{\sum\limits_j Y_{kj}}\right)$ は、世帯票の推計値の分散と同様の方法で算出する。

$$V\left(\frac{\sum\limits_i W_{ki}}{\sum\limits_i V_{ki}}\right) = \left(\frac{\sum\limits_i W_{ki}}{\sum\limits_i V_{ki}}\right)^2 \left(\frac{1}{n_k'} - \frac{1}{N_k}\right)\left\{\frac{V_k(W)}{\bar{W}_k^2} - 2\frac{COV_k(W, V)}{\bar{W}_k \cdot \bar{V}_k} + \frac{V_k(V)}{\bar{V}_k^2}\right\}$$

$V(B_k)$ は、個人の場合は世帯票の推計値の分散と同様の方法で算出する。世帯の場合は $V(A_k)$ と同様の方法で算出する。

$V(T_k)$ は、世帯票の推計値の分散と同様の方法で算出する。

$V\left(\dfrac{\sum\limits_i (W_{ki} + W_{ki}')}{\sum\limits_i V_{ki}}\right)$ は、$V\left(\dfrac{\sum\limits_i W_{ki}}{\sum\limits_i V_{ki}}\right)$ と同様の方法で算出する。

ただし、n_k' は k 県介護票調査地区数であり、$V_k(W)$、$V_k(V)$、$COV_k(W, V)$、$\bar{V}_k$ は、それぞれ $V_k(X)$、$V_k(Y)$、$COV_k(X, Y)$、$\bar{X}_k$ と同様の方法で算出する。

(2) 標準誤差及び標準誤差率

　この調査は、標本調査であるため、推計値のもつ誤差の一つとして、標本抽出に起因する標本誤差がある。標本誤差の大きさは、調査項目の種類によって異なるが、次の表はそれらを「標準誤差（推計値の分散の平方根）」及び「標準誤差率（推計値の大きさに対する標準誤差の百分率）」の推計値で示したものである。推計値を中心としてその前後に標準誤差の2倍ずつの幅をとれば、その中に、全数調査から得られるはずの値が約95％の確率で存在すると考えてよい。

表1 各項目別にみた全国推計値、標準誤差及び標準誤差率

（世帯）

項　目　名		推計値 （千世帯）	標準誤差 （千世帯）	標準誤差率 （％）
全　　世　　帯		**49 945**	**179.3**	**0.36**
世帯業態	雇用者世帯	28 556	139.2	0.49
	常雇者世帯	25 925	137.7	0.53
	会社・団体等の役員の世帯	2 177	36.0	1.66
	一般常雇者世帯	23 748	136.9	0.58
	契約期間の定めのない雇用者世帯	19 866	129.9	0.65
	契約期間が1年以上の雇用者世帯	3 882	45.5	1.17
	(再掲)企業規模　　1　～　　　4人	840	19.1	2.28
	5　～　　　29人	3 863	45.2	1.17
	30　～　　　99人	3 598	41.2	1.14
	100　～　　299人	3 272	40.0	1.22
	300　～　　499人	1 467	26.6	1.81
	500　～　　999人	1 711	29.7	1.74
	1000　～　4999人	2 806	52.0	1.85
	5000人以上・官公庁	4 790	86.4	1.80
	企　業　規　模　不　詳	1 402	26.8	1.92
	1月以上1年未満の契約の雇用者世帯	2 335	37.7	1.61
	日々又は1月未満の契約の雇用者世帯	295	11.3	3.83
	自営業者世帯	4 883	57.3	1.17
	雇人あり	1 672	27.9	1.67
	雇人なし	3 211	44.7	1.39
	その他の世帯	14 306	171.6	1.20
	所得を伴う仕事をしている者のいる世帯	2 650	37.7	1.42
	所得を伴う仕事をしている者のいない世帯	11 656	161.3	1.38
世帯構造	単独世帯	13 434	210.5	1.57
	住み込み・寄宿舎等に居住する単独世帯	965	121.4	12.57
	その他の単独世帯	12 469	169.7	1.36
	核家族世帯	30 234	105.2	0.35
	夫婦のみの世帯	11 850	97.3	0.82
	夫婦と未婚の子のみの世帯	14 744	99.7	0.68
	ひとり親と未婚の子のみの世帯	3 640	50.6	1.39
	三世代世帯	2 947	41.1	1.39
	その他の世帯	3 330	38.9	1.17
世帯人員	1人世帯	13 434	210.5	1.57
	2人世帯	15 723	115.2	0.73
	3人世帯	10 110	64.3	0.64
	4人世帯	6 953	66.4	0.95
	5人世帯	2 545	32.2	1.26
	6人以上世帯	1 178	22.6	1.92
世帯類型	高齢者世帯	13 271	153.8	1.16
	母子世帯	712	22.0	3.09
	父子世帯	91	6.2	6.88
	その他の世帯	35 871	151.0	0.42
世帯種	国保加入世帯	9 315	92.0	0.99
	被用者保険加入世帯	20 995	167.0	0.80
	国保・被用者保険加入世帯	4 134	43.5	1.05
	後期高齢者医療制度加入世帯	6 096	91.7	1.50
	国保・後期高齢者医療制度加入世帯	3 082	42.8	1.39
	被用者保険・後期高齢者医療制度加入世帯	2 923	38.3	1.31
	国保・被用者保険・後期高齢者医療制度加入世帯	1 054	22.0	2.09
	その他の世帯	974	35.5	3.65
高齢者のいる世帯	65歳以上の者のいる世帯	24 165	202.1	0.84
	単独世帯	6 559	104.0	1.59
	夫婦のみの世帯	7 526	85.9	1.14
	親と未婚の子のみの世帯	5 007	58.0	1.16
	三世代世帯	2 668	39.3	1.47
	その他の世帯	2 405	34.0	1.42
児童のいる世帯	児童のいる世帯	11 666	123.5	1.06
	1人いる世帯	5 436	94.5	1.74
	2人いる世帯	4 702	62.3	1.33
	3人いる世帯	1 320	25.0	1.89
	4人以上いる世帯	207	8.5	4.13
特定の転出者のいる世帯	特定の転出者のいる世帯	4 154	42.3	1.02
	単身赴任で世帯を離れている者がいる世帯	1 964	28.7	1.46
	学業のため世帯を離れている者がいる世帯	1 491	24.8	1.66
	老人福祉施設に入所している者がいる世帯	581	14.6	2.51
	障害者支援施設に入所している者がいる世帯	121	6.4	5.27
	その他の社会福祉施設に入所している者がいる世帯	67	4.7	7.00
	病院に長期入院している者がいる世帯	212	8.9	4.19
	特定の転出者のいない世帯	45 791	185.7	0.41

（世帯）

項　　目　　名		推計値 （千世帯）	標準誤差 （千世帯）	標準誤差率 （％）
仕送りのある世帯	親への仕送りのある世帯	1 202	25.1	2.08
	子への仕送りのある世帯	1 847	29.2	1.58
手助けや見守りを要する者のいる世帯	手助けや見守りを要する者のいる世帯	5 792	68.3	1.18
住居の種類	持ち家	34 131	219.8	0.64
	民間賃貸住宅	9 195	194.8	2.12
	社宅・公務員住宅等の給与住宅	1 275	87.1	6.83
	都市再生機構・公社等の公営賃貸住宅	2 658	203.0	7.64
	借間・その他	2 686	118.8	4.42

（世帯人員）

項　　目　　名		推計値 （千人）	標準誤差 （千人）	標準誤差率 （％）
公的年金・恩給受給者	公的年金・恩給受給者	39 689	308.6	0.78
	男	17 420	142.1	0.82
	女	22 269	177.9	0.80
	60歳以上の公的年金・恩給受給者	38 810	305.9	0.79
	男	17 083	140.4	0.82
	女	21 728	176.6	0.81
	65歳以上の公的年金・恩給受給者	33 548	281.8	0.84
	男	14 880	129.9	0.87
	女	18 668	163.3	0.87
高齢者	65歳以上の者	35 315	296.1	0.84
65歳以上の者の家族形態	単独世帯	6 559	104.0	1.59
	夫婦のみの世帯	13 721	160.9	1.17
	子と同居	13 570	128.3	0.95
	子夫婦と同居	4 034	64.0	1.59
	配偶者のいない子と同居	9 536	100.9	1.06
	その他の親族と同居	1 420	31.1	2.19
	非親族と同居	44	4.9	11.13
15歳以上の就業者	仕事あり	61 087	176.0	0.29
	契約期間の定めのない雇用者	32 583	160.8	0.49
	契約期間が1年以上の雇用者	7 891	69.1	0.88
	1月以上1年未満の契約の雇用者	6 287	61.9	0.98
	日々又は1月未満の契約の雇用者	803	19.1	2.38
	会社・団体等の役員	2 917	48.1	1.65
	自営業主（雇人あり）	2 082	33.8	1.62
	自営業主（雇人なし）	4 381	56.7	1.30
	家族従業者	2 506	51.5	2.06
	内職	208	9.3	4.49
	その他	955	22.0	2.30
	仕事なし	43 029	225.4	0.52
勤め先での呼称	正規の職員・従業員	29 334	159.6	0.54
	非正規の職員・従業員	18 197	115.9	0.64
	パート	9 368	72.7	0.78
	アルバイト	3 429	55.6	1.62
	労働者派遣事業所の派遣社員	1 060	23.7	2.24
	契約社員	2 664	35.8	1.34
	嘱託	1 088	21.6	1.99
	その他	588	16.7	2.84
役員以外の雇用者	男の役員以外の雇用者	25 707	123.7	0.48
	正規の職員・従業員	20 119	126.5	0.63
	非正規の職員・従業員	5 574	59.8	1.07
	女の役員以外の雇用者	21 857	107.8	0.49
	正規の職員・従業員	9 215	71.5	0.78
	非正規の職員・従業員	12 624	87.8	0.70
教育	教育	93 721	275.7	0.29
	卒業	86 116	292.6	0.34
	在学中	7 444	137.4	1.85
	在学したことがない	161	16.1	10.03
学校の種類	学校の種類	90 766	289.6	0.32
	小学・中学	12 121	162.8	1.34
	高校・旧制中	39 530	238.4	0.60
	専門学校	9 214	73.8	0.80
	短大・高専	7 575	68.0	0.90
	大学	20 491	210.4	1.03
	大学院	1 834	48.7	2.65

（世帯）

都　道　府　県	推計値 （千世帯）	標準誤差 （千世帯）	標準誤差率 （％）
全　　　　　国	49 945	179.3	0.36
北　海　道	2 475	57.0	2.30
青　森	519	13.5	2.61
岩　手	488	11.4	2.33
宮　城	875	13.6	1.55
秋　田	398	8.9	2.24
山　形	374	7.3	1.94
福　島	698	12.9	1.85
茨　城	1 068	17.4	1.63
栃　木	732	12.6	1.72
群　馬	751	15.3	2.04
埼　玉	2 879	47.7	1.66
千　葉	2 433	37.0	1.52
東　京	5 915	91.6	1.55
神　奈　川	3 671	56.2	1.53
新　潟	816	14.5	1.77
富　山	371	5.1	1.38
石　川	436	7.4	1.69
福　井	262	4.5	1.71
山　梨	313	5.5	1.76
長　野	791	12.5	1.58
岐　阜	693	10.7	1.55
静　岡	1 348	17.5	1.30
愛　知	2 871	57.6	2.01
三　重	690	14.3	2.08
滋　賀	526	13.4	2.54
京　都	1 068	20.0	1.87
大　阪	3 653	56.9	1.56
兵　庫	2 166	36.2	1.67
奈　良	513	8.3	1.63
和　歌　山	388	7.1	1.82
鳥　取	207	3.6	1.72
島　根	261	6.2	2.39
岡　山	737	13.7	1.86
広　島	1 171	20.5	1.75
山　口	593	11.7	1.97
徳　島	299	5.1	1.70
香　川	393	9.8	2.49
愛　媛	579	10.7	1.84
高　知	326	6.3	1.92
福　岡	2 088	28.7	1.38
佐　賀	303	6.3	2.07
長　崎	568	11.5	2.02
熊　本	…	…	…
大　分	480	8.5	1.76
宮　崎	462	8.4	1.81
鹿　児　島	749	14.5	1.94
沖　縄	547	8.7	1.58
（再掲） 東京都区部	4 096	71.2	1.74
札　幌　市	899	30.6	3.41
仙　台　市	442	9.9	2.23
さいたま市	513	18.4	3.60
千　葉　市	395	9.5	2.42
横　浜　市	1 481	38.5	2.60
川　崎　市	646	19.3	2.99
相　模　原　市	288	6.6	2.29
新　潟　市	303	7.5	2.48
静　岡　市	273	5.0	1.83
浜　松　市	285	6.1	2.13
名　古　屋　市	936	25.8	2.76
京　都　市	611	16.0	2.62
大　阪　市	1 198	36.5	3.05
堺　市	326	7.6	2.34
神　戸　市	666	18.8	2.82
岡　山　市	281	8.6	3.06
広　島　市	498	12.9	2.60
北　九　州　市	411	10.9	2.66
福　岡　市	670	17.4	2.60
熊　本　市	…	…	…

注：熊本県及び熊本市（再掲分）は調査を実施していない。

（健康）

項　　　　　　目			推計値 （千人）	標準誤差 （千人）	標準誤差率 （％）
入院状況	入院している		1 792	37.2	2.08
	入院していない		118 861	71.1	0.06
自覚症状の状況	自覚症状のある者（有訴者）		37 719	152.8	0.40
	症状名	熱がある	925	20.9	2.26
		体がだるい	5 706	53.7	0.94
		眠れない	3 533	41.5	1.18
		いらいらしやすい	3 329	39.7	1.19
		もの忘れする	4 246	50.8	1.20
		頭痛	4 503	47.2	1.05
		めまい	2 715	37.4	1.38
		目のかすみ	5 214	54.7	1.05
		物を見づらい	4 442	49.7	1.12
		耳なりがする	3 598	44.1	1.23
		きこえにくい	4 024	49.9	1.24
		動悸	2 290	34.8	1.52
		息切れ	2 295	34.6	1.51
		前胸部に痛みがある	1 115	22.5	2.01
		せきやたんが出る	5 997	54.0	0.90
		鼻がつまる・鼻汁が出る	6 164	58.2	0.94
		ゼイゼイする	1 166	24.1	2.06
		胃のもたれ・むねやけ	2 892	35.7	1.24
		下痢	2 025	30.5	1.51
		便秘	4 381	48.7	1.11
		食欲不振	1 112	21.6	1.94
		腹痛・胃痛	2 195	31.1	1.42
		痔による痛み・出血など	825	19.7	2.39
		歯が痛い	2 202	31.1	1.41
		歯ぐきのはれ・出血	2 281	32.5	1.43
		かみにくい	2 414	36.4	1.51
		発疹（じんま疹・できものなど）	2 272	32.4	1.43
		かゆみ（湿疹・水虫など）	4 592	49.3	1.07
		肩こり	10 902	73.9	0.68
		腰痛	12 833	92.1	0.72
		手足の関節が痛む	6 905	66.9	0.97
		手足の動きが悪い	3 720	46.8	1.26
		手足のしびれ	4 411	48.9	1.11
		手足が冷える	2 960	39.9	1.35
		足のむくみやだるさ	3 960	45.4	1.15
		尿が出にくい・排尿時痛い	1 046	21.5	2.05
		頻尿（尿の出る回数が多い）	3 610	48.1	1.33
		尿失禁（尿がもれる）	1 527	28.0	1.83
		月経不順・月経痛	1 090	22.3	2.04
		骨折・ねんざ・脱きゅう	1 300	24.0	1.84
		切り傷・やけどなどのけが	909	19.9	2.19
		その他	1 991	32.2	1.62
	主症状の治療状況	病院・診療所に通っている(往診、訪問診療を含む)	20 871	121.4	0.58
		あんま・はり・きゅう・柔道整復師(施術所)にかかっている	3 017	41.2	1.36
		売薬をのんだり、つけたりしている	6 726	56.5	0.84
		それ以外の治療をしている	1 304	24.4	1.87
		治療をしていない	8 888	65.5	0.74
	自覚症状のない者		80 047	165.7	0.21

（健康）

項　　　目			推計値 （千人）	標準誤差 （千人）	標準誤差率 （％）
通院者の状況		通院している	48 118	219.5	0.46
	傷病名	糖尿病	5 737	61.2	1.07
		肥満症	571	15.2	2.66
		脂質異常症（高コレステロール血症等）	5 802	61.1	1.05
		甲状腺の病気	1 476	26.0	1.76
		うつ病やその他のこころの病気	2 180	33.7	1.55
		認知症	799	19.7	2.46
		パーキンソン病	226	9.2	4.09
		その他の神経の病気（神経痛・麻痺等）	801	18.3	2.28
		眼の病気	6 324	69.5	1.10
		耳の病気	1 289	24.0	1.87
		高血圧症	14 549	120.9	0.83
		脳卒中（脳出血、脳梗塞等）	1 305	24.4	1.87
		狭心症・心筋梗塞	2 175	33.7	1.55
		その他の循環器系の病気	2 240	33.2	1.48
		急性鼻咽頭炎（かぜ）	541	16.2	2.99
		アレルギー性鼻炎	2 561	35.1	1.37
		慢性閉塞性肺疾患（COPD）	168	8.2	4.87
		喘息	1 539	27.2	1.77
		その他の呼吸器系の病気	1 178	21.8	1.85
		胃・十二指腸の病気	1 903	29.0	1.52
		肝臓・胆のうの病気	1 081	22.1	2.05
		その他の消化器系の病気	1 457	25.3	1.74
		歯の病気	6 477	59.3	0.92
		アトピー性皮膚炎	1 286	25.4	1.97
		その他の皮膚の病気	2 348	32.3	1.38
		痛風	1 105	21.3	1.93
		関節リウマチ	790	17.9	2.26
		関節症	2 523	36.2	1.43
		肩こり症	3 279	42.5	1.30
		腰痛症	6 081	63.2	1.04
		骨粗しょう症	2 133	35.7	1.67
		腎臓の病気	1 129	22.2	1.97
		前立腺肥大症	1 454	25.9	1.78
		閉経期又は閉経後障害（更年期障害等）	214	8.8	4.09
		骨折	832	18.7	2.24
		骨折以外のけが・やけど	800	19.3	2.42
		貧血・血液の病気	749	16.8	2.24
		悪性新生物（がん）	1 071	22.1	2.06
		妊娠・産褥（切迫流産、前置胎盤等）	154	8.7	5.69
		不妊症	113	7.4	6.60
		その他	2 937	37.8	1.29
		不明	182	9.0	4.94
		通院していない	69 804	229.4	0.33
日常生活への影響		日常生活に影響のある者	14 805	111.5	0.75
	影響の事柄	日常生活動作（起床、衣服着脱、食事、入浴など）	5 802	61.7	1.06
		外出（時間や作業量などが制限される）	5 469	60.7	1.11
		仕事、家事、学業（時間や作業量などが制限される）	6 478	61.0	0.94
		運動（スポーツを含む）	5 159	55.0	1.07
		その他	2 079	34.3	1.65
		日常生活に影響のない者	95 955	143.6	0.15
普段の活動ができなかった日数	あり		9 961	69.8	0.70
	日数	1～3日	4 687	47.2	1.01
		4～6日	1 234	22.9	1.85
		7～14日	1 596	26.5	1.66
		15日以上	2 103	32.0	1.52
	ない		101 361	134.9	0.13
健康意識		よい	23 472	134.6	0.57
		まあよい	20 182	103.6	0.51
		ふつう	53 235	162.2	0.30
		あまりよくない	12 728	89.3	0.70
		よくない	2 030	32.6	1.60

52

（健康）

項　　　　目			推計値 （千人）	標準誤差 （千人）	標準誤差率 （％）
悩みやストレスの状況		悩みやストレスがある者	50 940	157.0	0.31
	原因	家族との人間関係	7 261	64.4	0.89
		家族以外との人間関係	7 528	63.2	0.84
		恋愛・性に関すること	1 398	30.0	2.14
		結婚	1 217	25.4	2.09
		離婚	300	12.3	4.09
		いじめ、セクシュアル・ハラスメント	478	13.7	2.87
		生きがいに関すること	4 918	52.4	1.07
		自由にできる時間がない	4 585	47.9	1.05
		収入・家計・借金等	13 640	99.0	0.73
		自分の病気や介護	10 602	89.2	0.84
		家族の病気や介護	7 459	65.8	0.88
		妊娠・出産	554	20.3	3.67
		育児	2 410	44.3	1.84
		家事	2 969	37.0	1.25
		自分の学業・受験・進学	3 121	55.7	1.79
		子どもの教育	4 082	53.4	1.31
		自分の仕事	17 453	100.8	0.58
		家族の仕事	2 525	33.4	1.32
		住まいや生活環境（公害、安全及び交通事情を含む)	4 316	53.3	1.24
		その他	3 993	44.9	1.13
		わからない	1 175	23.8	2.03
	相談状況	家族に相談している	26 215	113.4	0.43
		友人・知人に相談している	19 708	102.7	0.52
		職場の上司・学校の先生に相談している	3 660	45.1	1.23
		公的な機関の相談窓口を利用している	1 721	31.8	1.85
		民間の相談機関の相談窓口を利用している	475	15.3	3.22
		病院・診療所の医師に相談している	7 389	72.1	0.98
		テレビ、ラジオ、新聞等の相談コーナーを利用している	645	17.0	2.64
		上記以外で相談している	749	19.1	2.54
		相談したいが誰にも相談できないでいる	2 343	33.0	1.41
		相談したいがどこに相談したらよいかわからない	1 414	25.7	1.82
		相談する必要はないので誰にも相談していない	9 267	74.8	0.81
		悩みやストレスがない者	54 149	176.2	0.33
平均睡眠時間		5 時間未満	8 735	67.4	0.77
		5 時間以上 6 時間未満	30 692	113.4	0.37
		6 時間以上 7 時間未満	34 490	117.3	0.34
		7 時間以上 8 時間未満	22 871	104.2	0.46
		8 時間以上 9 時間未満	6 639	61.1	0.92
		9 時間以上	2 011	30.7	1.53
休養充足度		充分とれている	18 545	102.5	0.55
		まあまあとれている	61 667	162.6	0.26
		あまりとれていない	21 959	104.3	0.47
		まったくとれていない	1 801	27.9	1.55

（健康）

項 目			推計値 （千人）	標準誤差 （千人）	標準誤差率 （％）
こころの状態	合計点（点数）	0 点	40 678	152.0	0.37
		1 点	10 092	67.0	0.66
		2 点	9 027	59.8	0.66
		3 点	6 672	52.1	0.78
		4 点	5 790	48.1	0.83
		5 点	4 618	42.8	0.93
		6 点	5 637	48.0	0.85
		7 点	3 336	37.0	1.11
		8 点	2 816	33.7	1.20
		9 点	2 221	31.5	1.42
		10 点	1 981	30.3	1.53
		11 点	1 492	24.0	1.61
		12 点	2 587	35.4	1.37
		13 点	916	19.8	2.16
		14 点	713	17.1	2.39
		15 点	530	15.0	2.83
		16 点	447	13.4	3.00
		17 点	349	11.6	3.31
		18 点	411	13.9	3.38
		19 点	189	8.8	4.65
		20 点	192	9.1	4.73
		21 点	120	7.0	5.79
		22 点	98	6.1	6.22
		23 点	55	4.5	8.21
		24 点	250	10.5	4.20
	合計点（点数階級）	0～4 点	72 259	174.3	0.24
		5～9 点	18 628	93.1	0.50
		10～14点	7 689	62.7	0.81
		15点以上	2 641	37.7	1.43

（健康）

項　　　　　　　　　　目			推計値 （千人）	標準誤差 （千人）	標準誤差率 （％）
飲酒の状況		毎日飲んでいる	16 017	88.4	0.55
	飲酒量	1合未満	4 077	43.1	1.06
		1合以上2合未満	5 893	50.6	0.86
		2合以上3合未満	3 653	39.4	1.08
		3合以上4合未満	1 465	25.7	1.76
		4合以上5合未満	393	13.3	3.38
		5合以上	428	13.6	3.18
		週5〜6日	5 360	50.1	0.94
	飲酒量	1合未満	1 918	30.1	1.57
		1合以上2合未満	1 990	29.0	1.46
		2合以上3合未満	949	20.7	2.19
		3合以上4合未満	326	12.9	3.97
		4合以上5合未満	83	6.0	7.25
		5合以上	64	5.5	8.69
		週3〜4日	5 907	53.6	0.91
	飲酒量	1合未満	2 405	33.1	1.38
		1合以上2合未満	2 008	28.8	1.44
		2合以上3合未満	915	20.4	2.22
		3合以上4合未満	341	12.9	3.78
		4合以上5合未満	93	6.7	7.16
		5合以上	99	6.8	6.81
		週1〜2日	7 676	64.2	0.84
	飲酒量	1合未満	3 310	38.7	1.17
		1合以上2合未満	2 518	35.2	1.40
		2合以上3合未満	1 046	22.2	2.12
		3合以上4合未満	418	13.6	3.26
		4合以上5合未満	146	8.9	6.11
		5合以上	167	8.9	5.33
		月1〜3日	5 999	54.1	0.90
	飲酒量	1合未満	2 518	33.4	1.32
		1合以上2合未満	1 737	28.1	1.62
		2合以上3合未満	921	20.5	2.22
		3合以上4合未満	399	13.2	3.30
		4合以上5合未満	147	8.2	5.61
		5合以上	195	9.6	4.91
		ほとんど飲まない	18 566	93.5	0.50
		やめた	1 959	30.7	1.57
		飲まない（飲めない）	34 337	167.0	0.49
喫煙の状況		毎日吸っている	17 887	114.2	0.64
	喫煙本数	10本以下	4 846	47.5	0.98
		11〜20本	9 830	77.0	0.78
		21〜30本	2 449	34.5	1.41
		31本以上	598	16.4	2.74
		時々吸う日がある	1 425	25.4	1.78
	喫煙本数	10本以下	1 286	24.0	1.87
		11〜20本	89	6.1	6.87
		21〜30本	4	1.0	26.33
		31本以上	3	0.7	24.13
		以前は吸っていたが1か月以上吸っていない	4 953	47.9	0.97
		吸わない	71 379	203.7	0.29
健康のために実行している事柄		規則正しい食事	51 326	202.7	0.39
		バランスの良い食事	35 630	179.3	0.50
		うす味	27 698	157.9	0.57
		食べ過ぎない	38 457	163.5	0.43
		適度な運動	34 350	173.8	0.51
		睡眠	32 578	154.3	0.47
		たばこを吸わない	41 058	160.0	0.39
		お酒を飲み過ぎない	25 215	120.4	0.48
		ストレスをためない	27 120	137.8	0.51
		その他	2 558	37.0	1.45
		何もしていない	13 178	88.8	0.67

（健康）

項目	推計値（千人）	標準誤差（千人）	標準誤差率（％）
健診や人間ドックを受けた	65 620	174.8	0.27
健診や人間ドックを受けなかった	30 527	162.2	0.53
市区町村が実施した健診	19 129	170.0	0.89
勤め先又は健康保険組合等の健診	37 240	172.6	0.46
学校が実施した健診	1 341	42.3	3.16
人間ドック	5 237	67.5	1.29
その他	5 935	65.9	1.11
知らなかったから	1 067	23.5	2.20
時間がとれなかったから	6 948	59.7	0.86
場所が遠いから	704	18.8	2.67
費用がかかるから	4 542	53.0	1.17
検査等（採血、胃カメラ等）に不安があるから	1 133	22.5	1.98
その時、医療機関に入通院していたから	2 943	42.9	1.46
毎年受ける必要性を感じないから	2 956	39.8	1.35
健康状態に自信があり、必要性を感じないから	2 535	35.7	1.41
心配な時はいつでも医療機関を受診できるから	10 239	95.4	0.93
結果が不安なため、受けたくないから	1 662	27.9	1.68
めんどうだから	6 168	58.4	0.95
その他	3 563	42.0	1.18
胃がん検診 受けた	31 680	157.4	0.50
市区町村が実施した検診	7 460	86.3	1.16
勤め先又は健康保険組合等が実施した検診	14 957	112.2	0.75
その他	8 317	78.2	0.94
受けなかった	61 976	207.2	0.33
肺がん検診 受けた	37 342	173.9	0.47
市区町村が実施した検診	10 130	113.3	1.12
勤め先又は健康保険組合等が実施した検診	19 610	124.3	0.63
その他	6 186	68.1	1.10
受けなかった	56 050	209.7	0.37
子宮がん（子宮頸がん）検診 受けた	14 479	83.2	0.57
市区町村が実施した検診	5 168	51.2	0.99
勤め先又は健康保険組合等が実施した検診	4 319	53.0	1.23
その他	4 538	44.6	0.98
受けなかった	34 355	151.1	0.44
乳がん検診 受けた	13 556	83.0	0.61
市区町村が実施した検診	5 108	51.6	1.01
勤め先又は健康保険組合等が実施した検診	4 568	54.4	1.19
その他	3 464	40.7	1.17
受けなかった	35 342	142.6	0.40
大腸がん検診 受けた	31 939	165.4	0.52
市区町村が実施した検診	10 101	111.3	1.10
勤め先又は健康保険組合等が実施した検診	14 371	110.7	0.77
その他	6 420	66.0	1.03
受けなかった	61 162	208.3	0.34
（過去2年）子宮がん（子宮頸がん）検診 受けた	18 206	90.2	0.50
市区町村が実施した検診	7 180	60.0	0.84
勤め先又は健康保険組合等が実施した検診	5 290	58.9	1.11
その他	5 873	50.7	0.86
受けなかった	30 621	152.4	0.50
乳がん検診 受けた	16 498	88.6	0.54
市区町村が実施した検診	6 912	60.6	0.88
勤め先又は健康保険組合等が実施した検診	5 444	59.6	1.10
その他	4 198	45.2	1.08
受けなかった	32 433	142.4	0.44
自覚症状あり・日常生活影響あり・通院あり	10 472	91.2	0.87
自覚症状あり・日常生活影響あり・通院なし	1 631	27.0	1.65
自覚症状あり・日常生活影響なし・通院あり	14 152	91.7	0.65
自覚症状あり・日常生活影響なし・通院なし	9 089	67.1	0.74
自覚症状なし・日常生活影響あり・通院あり	2 019	30.7	1.52
自覚症状なし・日常生活影響あり・通院なし	545	14.2	2.60
自覚症状なし・日常生活影響なし・通院あり	18 924	113.4	0.60
自覚症状なし・日常生活影響なし・通院なし	52 788	185.5	0.35

左側区分：
- 健診（健康診断や健康診査）や人間ドックの受診状況（受診機会／受けなかった理由）
- がん検診受診状況（過去1年／過去2年）
- 健康状態

（介護）

項　目　名		介護を要する者数 10万対	標準誤差（介護を要する者数10万対）	標準誤差率（％）
介護を要する者の性と年齢階級	男	34 328	775.8	2.26
	女	65 672	775.8	1.18
	40～64歳	4 098	355.1	8.67
	65～69歳	4 353	352.7	8.10
	70～74歳	7 732	462.5	5.98
	75～79歳	14 452	621.6	4.30
	80～84歳	24 588	728.0	2.96
	85～89歳	24 287	707.6	2.91
	90歳以上	20 491	683.7	3.34
	（再掲）60歳以上	97 880	257.6	0.26
	（再掲）65歳以上	95 902	355.1	0.37
	（再掲）75歳以上	83 817	689.6	0.82
現在の要介護度の状況	要支援1	14 839	657.6	4.43
	要支援2	17 075	697.1	4.08
	要介護1	18 746	635.5	3.39
	要介護2	19 938	709.4	3.56
	要介護3	11 636	559.2	4.81
	要介護4	8 367	449.4	5.37
	要介護5	6 077	423.4	6.97
1年前の要介護度の状況	要支援1	13 589	614.4	4.52
	要支援2	16 192	642.7	3.97
	要介護1	16 218	626.5	3.86
	要介護2	17 006	607.8	3.57
	要介護3	9 203	472.5	5.13
	要介護4	6 600	458.5	6.95
	要介護5	4 511	349.8	7.75
	自立と認定された	400	97.5	24.40
	認定を申請中	1 350	220.4	16.33
	認定申請をしてなかった	10 950	592.0	5.41
介護が必要となった主な原因	脳血管疾患（脳卒中）	16 582	646.3	3.90
	心疾患（心臓病）	4 633	346.6	7.48
	悪性新生物（がん）	2 385	263.6	11.05
	呼吸器疾患	2 167	262.5	12.11
	関節疾患	10 173	493.4	4.85
	認知症	17 989	1 016.0	5.65
	パーキンソン病	3 090	298.0	9.64
	糖尿病	2 739	309.0	11.28
	視覚・聴覚障害	1 325	178.8	13.49
	骨折・転倒	12 074	551.3	4.57
	脊髄損傷	2 268	243.7	10.75
	高齢による衰弱	13 295	549.9	4.14
	その他	8 210	487.6	5.94
	不明	1 059	192.0	18.13
介護サービスの利用状況	利用あり	76 966	777.5	1.01
	訪問系のサービス	49 290	1 032.2	2.09
	通所系のサービス	48 476	1 069.9	2.21
	短期入所系のサービス	9 751	491.8	5.04
	居住系のサービス	5 074	1 061.0	20.91
	小規模多機能型居宅介護	2 239	252.8	11.29
	配食サービス	5 979	412.7	6.90
	外出支援サービス	3 027	315.5	10.42
	寝具類等洗濯乾燥消毒サービス	1 680	249.1	14.83

（介護）

項　目　名		介護を要する者数 10万対	標準誤差（介護を要する者数10万対）	標準誤差率（％）
主な介護者の同別居	同居	58 659	1 140.6	1.94
	別居	12 185	612.0	5.02
主な介護者の介護を要する者との続柄	配偶者	25 310	804.5	3.18
	子	30 986	884.0	2.85
	子の配偶者	11 367	531.8	4.68
	父母	684	159.3	23.29
	その他の親族	2 497	264.1	10.58
	事業者	13 025	1 060.6	8.14
	その他	968	172.8	17.85
主な介護者の性と年齢階級	男	23 421	773.6	3.30
	女	47 042	1 051.1	2.23
	20歳未満	60	27.6	45.96
	20〜29歳	163	45.6	27.91
	30〜39歳	807	140.1	17.37
	40〜49歳	4 096	316.6	7.73
	50〜59歳	12 438	530.4	4.26
	60〜69歳	18 492	716.4	3.87
	70〜79歳	13 090	631.6	4.83
	80歳以上	9 461	514.2	5.44
	（再掲）60歳以上	41 042	1 001.1	2.44
	（再掲）65歳以上	31 614	869.7	2.75
	（再掲）75歳以上	15 993	654.9	4.09
主な介護者の介護時間	ほとんど終日	18 879	874.4	4.63
	半日程度	9 173	504.5	5.50
	2〜3時間程度	10 246	508.1	4.96
	必要な時に手をかす程度	35 554	876.7	2.47
	その他	17 938	691.3	3.85
家族、親族等による介護内容と訪問介護事業者	洗顔	21 016	976.0	4.64
	口腔清掃	21 342	978.7	4.59
	身体の清拭	32 031	978.2	3.05
	洗髪	40 590	997.4	2.46
	着替え	34 597	962.5	2.78
	入浴介助	50 728	1 012.9	2.00
	体位交換・起居	18 069	969.4	5.37
	排泄介助	27 014	1 050.1	3.89
	食事の準備・後始末	63 760	1 022.7	1.60
	食事介助	24 248	964.5	3.98
	服薬の手助け	45 222	1 029.5	2.28
	散歩	30 014	1 013.4	3.38
	掃除	63 160	970.0	1.54
	洗濯	57 740	989.0	1.71
	買い物	65 124	928.2	1.43
	話し相手	56 264	1 017.4	1.81
介護サービスを受けない理由	家族介護でなんとかやっていける	10 765	597.6	5.55
	介護の必要な者（本人）でなんとかやっていける	6 873	485.0	7.06
	他人を家にいれたくない	1 153	181.4	15.73
	外出するのが大変	2 051	241.2	11.76
	どのようなサービスがあるかわからない	696	148.3	21.30
	サービスを受ける手続きがわからない	569	143.9	25.27
	利用者負担が払えない	443	116.0	26.20
	受けたいサービスがない	904	162.8	18.01
	入院していた	1 977	236.9	11.98
	その他	2 130	220.1	10.34

（所得）

項　目　名		推計値 （万円）	標準誤差 （万円）	標準誤差率 （％）
1世帯当たり平均所得金額		545.4	5.3	0.97
世帯業態	雇用者世帯	661.8	6.4	0.97
	常雇者世帯	689.0	6.7	0.97
	会社・団体等の役員の世帯	1 076.5	42.8	3.98
	一般常雇者世帯	655.2	5.9	0.90
	企業規模　1　～　29人	500.1	7.5	1.51
	30　～　999人	616.3	6.8	1.10
	1000　～　4999人	778.9	15.6	2.01
	5000人以上・官公庁	853.3	11.7	1.37
	契約期間の定めのない雇用者世帯	672.2	6.1	0.91
	契約期間が1年以上の雇用者世帯	573.5	11.3	1.97
	1月以上1年未満の契約の雇用者世帯	416.2	10.0	2.41
	日々又は1月未満の契約の雇用者世帯	323.8	21.8	6.72
	自営業者世帯	622.1	18.6	2.99
	その他の世帯	308.1	4.4	1.41
世帯構造	単独世帯	255.2	4.9	1.91
	男の単独世帯	322.2	8.4	2.61
	女の単独世帯	202.4	4.3	2.12
	核家族世帯	601.7	5.7	0.95
	夫婦のみの世帯	499.0	7.0	1.40
	夫婦と未婚の子のみの世帯	731.1	7.8	1.06
	ひとり親と未婚の子のみの世帯	414.9	10.5	2.54
	三世代世帯	877.0	15.7	1.79
	その他の世帯	638.1	25.7	4.03
世帯人員	1人世帯	255.2	4.9	1.91
	2人世帯	477.2	6.1	1.27
	3人世帯	670.4	9.5	1.41
	4人世帯	775.2	12.7	1.64
	5人世帯	816.0	15.4	1.89
	6人以上の世帯	1 008.5	32.8	3.25
世帯類型	高齢者世帯	308.1	5.3	1.71
	母子世帯	270.1	12.0	4.43
	その他の世帯	644.7	6.1	0.95
	（再掲）児童のいる世帯	707.6	8.4	1.19
	（再掲）65歳以上の者のいる世帯	479.9	6.8	1.41
地域ブロック	北海道	440.4	21.0	4.77
	東北	531.5	15.4	2.90
	関東Ⅰ	593.3	12.8	2.16
	関東Ⅱ	565.3	12.6	2.23
	北陸	645.1	32.4	5.02
	東海	606.5	17.5	2.88
	近畿Ⅰ	494.3	13.0	2.62
	近畿Ⅱ	527.9	19.8	3.74
	中国	513.5	13.6	2.64
	四国	469.3	20.0	4.25
	北九州	496.1	15.7	3.17
	南九州	…	…	…
所得階級五分位	第Ⅰ	126.0	0.8	0.61
	第Ⅱ	271.7	0.7	0.26
	第Ⅲ	431.0	0.9	0.20
	第Ⅳ	654.4	1.3	0.20
	第Ⅴ	1 243.8	13.5	1.09

項　目　名	推計値 （％）	標準誤差 （％）	標準誤差率 （％）
相対的貧困率	15.7	0.3	2.1
子どもの貧困率	13.9	0.7	5.1
子どもがいる現役世帯	12.9	0.7	5.3
大人が一人	50.8	3.4	6.8
大人が二人以上	10.7	0.7	6.2

（貯蓄・借入金）

項　　目　　名		推計値 （万円）	標準誤差 （万円）	標準誤差率 （％）
1世帯当たり平均貯蓄金額		**1 031.5**	**18.9**	**1.84**
世帯構造	単独世帯	771.1	27.6	3.58
	男の単独世帯	744.4	44.1	5.92
	女の単独世帯	792.7	31.3	3.95
	核家族世帯	1 094.8	24.4	2.23
	夫婦のみの世帯	1 343.5	41.6	3.10
	夫婦と未婚の子のみの世帯	923.9	27.6	2.98
	ひとり親と未婚の子のみの世帯	930.9	56.5	6.06
	三世代世帯	1 109.1	47.6	4.29
	その他の世帯	1 225.8	57.1	4.66
世帯人員	1人世帯	771.1	27.6	3.58
	2人世帯	1 267.9	35.7	2.81
	3人世帯	1 124.1	36.7	3.26
	4人世帯	842.4	28.0	3.33
	5人世帯	751.2	37.4	4.98
	6人以上の世帯	1 153.7	86.5	7.50
世帯類型	高齢者世帯	1 221.6	39.6	3.24
	母子世帯	327.3	60.1	18.36
	その他の世帯	969.9	18.9	1.95
	（再掲）児童のいる世帯	679.9	19.9	2.93
	（再掲）65歳以上の者のいる世帯	1 265.8	28.7	2.27

項　　目　　名		推計値 （万円）	標準誤差 （万円）	標準誤差率 （％）
1世帯当たり平均借入金額		**430.1**	**13.3**	**3.09**
世帯構造	単独世帯	108.8	9.2	8.46
	男の単独世帯	188.3	17.8	9.43
	女の単独世帯	44.1	7.6	17.31
	核家族世帯	520.2	16.7	3.21
	夫婦のみの世帯	249.8	14.2	5.69
	夫婦と未婚の子のみの世帯	794.0	24.1	3.03
	ひとり親と未婚の子のみの世帯	288.3	51.0	17.69
	三世代世帯	635.5	51.8	8.16
	その他の世帯	423.3	55.3	13.07
世帯人員	1人世帯	108.8	9.2	8.46
	2人世帯	251.7	15.2	6.05
	3人世帯	535.9	27.1	5.06
	4人世帯	910.6	32.9	3.61
	5人世帯	858.1	47.3	5.52
	6人以上の世帯	871.0	93.6	10.74
世帯類型	高齢者世帯	67.7	7.1	10.50
	母子世帯	184.1	40.6	22.05
	その他の世帯	569.7	17.2	3.02
	（再掲）児童のいる世帯	947.6	30.6	3.23
	（再掲）65歳以上の者のいる世帯	216.8	14.3	6.59

(3) 全国推計世帯数と標準誤差率

　図1は主な調査項目ごとの全国推計世帯数とその標準誤差率をプロットしたものである。さらに、推計世帯の大きさ別の標準誤差率を平均的に評価するために傾向線を引いてある。したがって、表1の結果を視覚的にとらえることができるほか、表1に掲載されない項目の誤差についても大体の目安とすることができる。

　なお、表2はこの目安を数値表にまとめたものである。

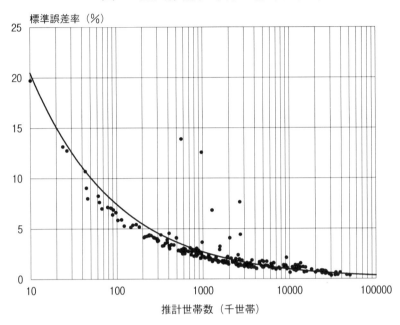

図1　全国推計世帯数と標準誤差率

表2　全国推計世帯数に対する標準誤差率の目安

推計世帯数 (千世帯)	標準誤差率 (%)
50	10.1
100	7.4
200	5.5
500	3.6
1 000	2.7
2 000	2.0
5 000	1.3
10 000	1.0
20 000	0.7
40 000	0.5

(4) 所得の分位値と標準誤差率

　(1)で示した所得推計値に対する標準誤差率の理論式は、所得の分位値の標準誤差率の推計に適用することはできない。このように、従来の理論式では分散推定が困難な推定量に対し、分散の評価を行う方法として「リサンプリング法」と呼ばれる推定法がある。ここでは、所得の分位値についても推定量の精度を示す観点から、リサンプリング法の一種である「ブートストラップ法（BWR法）」に基づいて標準誤差率を推計（ブートストラップ回数は100,000回とした）し、結果を表3に示した。

表3　所得の分位値の推計値と標準誤差率

	推計値（万円）	標準誤差率（%）
第Ⅰ四分位値	235	1.6
第Ⅱ四分位値（中央値）	427	1.3
第Ⅲ四分位値	718	0.8
第Ⅰ五分位値	200	0.9
第Ⅱ五分位値	346	1.3
第Ⅲ五分位値	529	1.2
第Ⅳ五分位値	800	0.8

3 利用上の注意

(1) 巻別内容

平成28年における「国民生活基礎調査」は4分冊にして編集している。

① 第1巻は、国民生活基礎調査の概要、結果の概要及び世帯、所得・貯蓄に関する全国編の統計表を収録した。

② 第2巻は、健康、介護に関する全国編の統計表を収録した。

③ 第3巻は、世帯に関する都道府県編の統計表を収録した。

④ 第4巻は、健康に関する都道府県編の統計表を収録した。

(2) 把握時期と過去の数値

① 把握時期

ア 世帯の事項については平成28年6月2日現在の状況である。

　　ただし、家計支出は平成28年5月中の支出である。

イ 所得は、平成27年1月1日から12月31日までの1年間の所得である。

ウ 貯蓄及び借入金は、平成28年6月末日の現在高及び残高である。

エ 生活意識は、平成28年7月14日現在の意識である。

オ 介護の事項については平成28年6月2日現在の状況である。

　　ただし、「介護サービスの利用状況」、「介護サービスの費用」、「介護費用」は平成28年5月中のものである。

② 過去の数値

世帯の年次推移に係る昭和60年以前の数値は「厚生行政基礎調査」（厚生省大臣官房統計情報部）による。

③ 平成7年は、阪神・淡路大震災の影響により、兵庫県については調査を実施しておらず、数値は兵庫県分を除いたものとなっている。

④ 平成23年は、東日本大震災の影響により、岩手県、宮城県及び福島県については調査を実施しておらず、数値はこれら3県分を除いたものとなっている。

⑤ 平成24年は、東日本大震災の影響により、福島県については調査を実施しておらず、数値は福島県分を除いたものとなっている。

⑥ 平成28年は、熊本地震の影響により、熊本県については調査を実施しておらず、数値は熊本県を除いたものとなっている。

(3) 表示方法及び表章記号等

① この報告書に掲載の数値は四捨五入しているため、内訳の合計が総数に合わない場合もある。

② 表章記号は次のとおりである。

ア 計数のない場合　　　　　　　　　　　　　　　　　　　　　－

イ 計数不明又は計数を表章することが不適当な場合　　　　　…

ウ 統計項目のありえない場合　　　　　　　　　　　　　　　・

エ 比率が微小（0.05未満）の場合　　　　　　　　　　　　0.0

オ 推計数が表章単位の2分の1未満の場合　　　　　　　　　0

⑷　集計上の誤差

調査項目の標準誤差は各巻に掲載してあるので、利用に当たっては参考とされたい。特に出現頻度が少ない調査項目は、誤差が大きくなるので、利用上に当たっては注意を要する。

⑸　その他

① 「第2章 所得・貯蓄」における平均世帯人員・平均有業人員及び世帯人員別、世帯構造別等の世帯数の割合は、調査対象にまかない付きの寮・寄宿舎等が含まれていないため、「第1章　世帯」における数値とは異なる。

② 「財産所得」は「家賃・地代の所得」、「利子・配当金」を統合したものである。昭和63年調査（同62年所得）までは「財産所得」で、平成元年（昭和63年所得）から平成15年（同14年所得）までは「家賃・地代の所得」、「利子・配当金」で把握している。

③ 「雇用保険」は平成16年調査（同15年所得）から「公的年金・恩給以外の社会保障給付金」より分離したものである。

④ 「児童手当等」は、平成22年調査（同21年所得）から「その他の社会保障給付金」より分離したものである。なお、平成23年調査（同22年所得）から平成24年調査（同23年所得）では「子ども手当等」で把握している。

⑤ 「企業年金・個人年金等」は平成16年調査（同15年所得）から「その他の所得」より分離したものである。なお、平成13年調査（同12年所得）から15年調査（同14年所得）までは「個人年金」で把握している。

⑥ 「不詳」を表章した調査項目があるため、年次推移の観察等に当たっては注意を要する。

4 調査票

国民生活基礎調査【世帯票】
（平成28年6月2日調査）

厚生労働省

---- 調査員記入欄 ----

| 地区番号 | | | | | 単位区番号 | | | | 世帯番号 | | |

この調査は、統計法に基づき国が実施する基幹統計調査です。
調査票情報の秘密の保護に万全を期していますので、ありのままを記入してください。

＜記入上の注意＞
- 『（世帯票・健康票）記入のしかた』をよくお読みになってから記入してください。
- もし記入方法がわからなかった場合は、調査員が受け取りにうかがったときにおたずねください。
- 選択肢は指示がない場合は、あてはまる番号1つに○をつけてください。
- 数字は右づめで記入してください。
- できるだけ黒のボールペンで記入してください。

あなたの世帯について、平成28年6月2日現在の状況をお答えください。

- 世帯とは、ふだん住居と生計を共にしている人々（世帯員）の集まりをいいます。
- 世帯員には、旅行や出張などで一時的（3か月以内）に自宅を離れている人や船員など就業場所を移動する人も含みます。
また、病院に入院している人も含みますが、住民登録を病院に移している人は除きます。さらに、単身赴任や学業で世帯を離れている人、老人福祉施設などの社会福祉施設に入所している人も除きます。

Ⅰ 世帯の状況

質問1 ふだん一緒にお住まいで、生計を共にしている方（世帯員）は、**あなたを含めて何人**ですか。
（一時的に不在の方を含みます。）

☐ 人

1人（単独世帯）の場合は、**補問1-1**にもお答えください。

補問1-1 1人（単独世帯）の方の場合は、その状況についてお答えください。

【単独世帯の状況】
1　住み込み、寄宿舎等に居住する単独世帯
2　その他の単独世帯

【単身赴任か否か】
1　単身赴任者である
2　単身赴任者でない

質問2 現在は、単身赴任などで世帯を離れているが、その前は、一緒にお住まいで生計を共にしていた方がいる場合は、**あてはまるすべての番号**に○をつけ、それぞれの人数を記入してください（いない場合は、7に○をつけてください。）。

1　単身赴任で世帯を離れている者がいる → ☐ 人
2　学業のため世帯を離れている者がいる → ☐ 人
　社会福祉施設に入所している者がいる
　　3　老人福祉施設に入所している者がいる → ☐ 人
　　4　障害者支援施設に入所している者がいる → ☐ 人
　　5　3,4以外の社会福祉施設に入所している者がいる → ☐ 人
6　病院に長期入院している（住民登録を病院に移している。）者がいる → ☐ 人
7　1～6の者はいない

※ 1～6に該当する方は、この調査の世帯員とはなりませんので、**質問1**の人数には含めないでください。

裏面に続きます。

質問3　お住まいの**住居の種類**と**建て方**についてお答えください。

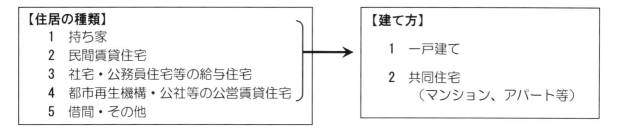

質問4　お住まいの住居の**室数**について、居住用の部屋数（玄関や風呂等は含めないでください。）を記入してください。
　　　　また、**床面積**は、玄関や廊下等も含めた住宅全体のおおよその床面積を記入してください。

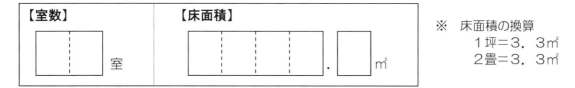

※　床面積の換算
　　1坪＝3.3㎡
　　2畳＝3.3㎡

質問5　**5月中の家計支出総額**（世帯の方全員の支出金額の合計額）を記入してください。

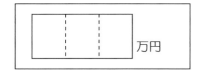

※　以下の費用は家計支出には含めないでください。

（税金、社会保険料、事業上の支払い(農家における肥料や農具、商店における商品の仕入れに使った金等)、貯蓄、借金や住宅ローンなどの返済、掛け捨て型以外の生命保険料・損害保険料）

補問5-1　小学校入学前の方がいる場合は、**5月中の家計支出総額**のうち、**育児にかかった費用**を記入してください。

※　育児にかかった費用とは、ミルク代、離乳食代、医療費、保育料、習い事の費用、衣服費、おもちゃ代、その他育児にかかった費用のすべてが入ります。

補問5-2　5月中の家計支出総額のうち、別居している親又は子への**仕送りの状況**をお答えください。
　　　　仕送りの目的については、**あてはまるすべての番号**に〇をつけてください。

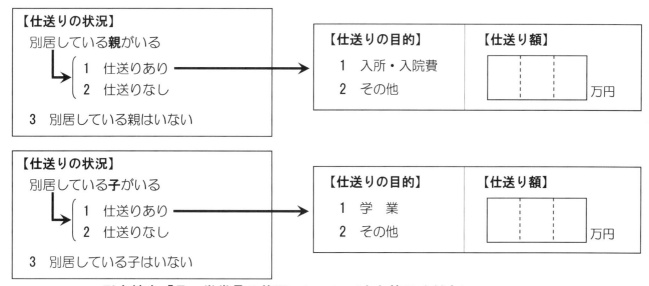

引き続き「Ⅱ　世帯員の状況」についてもお答えください。

㊙

国民生活基礎調査【世帯票】
(平成28年6月2日調査)

厚生労働省

調査員記入欄
地区番号　　　単位区番号　　　世帯番号　－

II 世帯員の状況

- すべての世帯員の方について、ひとり一列で記入してください。
- 世帯員の記入順序は、夫婦・親子の関係がある方を順に並べて記入してください。
- 選択肢は指示がない場合は、あてはまる番号1つに○をつけ、数字は右づめで記入してください。

		(世帯員番号) 01	(世帯員番号) 02	(世帯員番号) 03
質問1	最多所得者 調査日前1年間で所得(年金、仕送り等を含む。)が最も多かった方1名の世帯員番号に○をつけてください。			
質問2	世帯主との続柄 世帯主の配偶者(夫又は妻)の祖父母・兄弟姉妹はそれぞれ「09 祖父母」「10 兄弟姉妹」に含めます。 兄弟姉妹の配偶者は「10 兄弟姉妹」に含めます。 「配偶者」には、事実上夫婦として生活しているが、婚姻届を提出していない場合も含みます。	①01 世帯主　　07 世帯主の父母 02 世帯主の配偶者　08 配偶者の父母 03 子　　　　09 祖父母 04 子の配偶者　10 兄弟姉妹 05 孫　　　　11 その他の親族 06 孫の配偶者　12 その他(親族以外)	01 世帯主　　07 世帯主の父母 02 世帯主の配偶者　08 配偶者の父母 03 子　　　　09 祖父母 04 子の配偶者　10 兄弟姉妹 05 孫　　　　11 その他の親族 06 孫の配偶者　12 その他(親族以外)	01 世帯主　　07 世帯主の父母 02 世帯主の配偶者　08 配偶者の父母 03 子　　　　09 祖父母 04 子の配偶者　10 兄弟姉妹 05 孫　　　　11 その他の親族 06 孫の配偶者　12 その他(親族以外)
質問3	性	1 男　　2 女	1 男　　2 女	1 男　　2 女
質問4	出生年月	1 明治　3 昭和 2 大正　4 平成　　年　月	1 明治　3 昭和 2 大正　4 平成　　年　月	1 明治　3 昭和 2 大正　4 平成　　年　月
質問5	配偶者(夫又は妻)の有無 「配偶者」には、事実上夫婦として生活しているが、婚姻届を提出していない場合も含みます。	1 配偶者あり　2 未婚 3 死別 4 離別	1 配偶者あり　2 未婚 3 死別 4 離別	1 配偶者あり　2 未婚 3 死別 4 離別
質問6	医療保険の加入状況 保険証又は組合員証で確認してお答えください。 なお、後期高齢者医療制度に加入している方は、「5」のみに○をつけてください。	国民健康保険→1 市町村　2 組合 被用者保険(協会けんぽ、組合健保、共済組合等)→3 加入者本人　4 家族(被扶養者) 5 後期高齢者医療制度 6 その他	国民健康保険→1 市町村　2 組合 被用者保険(協会けんぽ、組合健保、共済組合等)→3 加入者本人　4 家族(被扶養者) 5 後期高齢者医療制度 6 その他	国民健康保険→1 市町村　2 組合 被用者保険(協会けんぽ、組合健保、共済組合等)→3 加入者本人　4 家族(被扶養者) 5 後期高齢者医療制度 6 その他
質問7	公的年金・恩給の受給状況 受給している場合、受給している年金等の**すべての番号**に○をつけてください。 なお、老齢年金のほか、障害年金、遺族年金なども含めてお答えください。	受給している 01 基礎年金 02 基礎年金と厚生年金 03 基礎年金と共済年金 04 基礎年金と厚生年金と共済年金 05 国民年金　08 共済年金 06 福祉年金　09 恩給 07 厚生年金　10 その他 11 受給していない	受給している 01 基礎年金 02 基礎年金と厚生年金 03 基礎年金と共済年金 04 基礎年金と厚生年金と共済年金 05 国民年金　08 共済年金 06 福祉年金　09 恩給 07 厚生年金　10 その他 11 受給していない	受給している 01 基礎年金 02 基礎年金と厚生年金 03 基礎年金と共済年金 04 基礎年金と厚生年金と共済年金 05 国民年金　08 共済年金 06 福祉年金　09 恩給 07 厚生年金　10 その他 11 受給していない

小 学 校 入 学 前 の 方 に つ い て お 答 え く だ さ い 。

質問8	乳幼児(小学校入学前)の保育状況 日中に保育をしている方及び乳幼児が通所・通園している施設の**すべての番号**に○をつけてください。	1 乳幼児の父母　5 幼稚園 2 乳幼児の祖父母　6 認定こども園 3 認可保育所　7 その他 4 認可外保育施設	1 乳幼児の父母　5 幼稚園 2 乳幼児の祖父母　6 認定こども園 3 認可保育所　7 その他 4 認可外保育施設	1 乳幼児の父母　5 幼稚園 2 乳幼児の祖父母　6 認定こども園 3 認可保育所　7 その他 4 認可外保育施設

6 歳 以 上 の 方 に つ い て お 答 え く だ さ い 。

質問9	手助けや見守りの要否 障害や身体機能の低下などで、手助けや見守りを必要としていますか。	手助けや見守りを 1 必要としている　→裏面の質問10へ。 2 必要としていない　15歳未満の方は質問終了です。	手助けや見守りを 1 必要としている　→裏面の質問10へ。 2 必要としていない　15歳未満の方は質問終了です。	手助けや見守りを 1 必要としている　→裏面の質問10へ。 2 必要としていない　15歳未満の方は質問終了です。

手 助 け や 見 守 り を 必 要 と し て い る 方 に つ い て お 答 え く だ さ い 。

補問9-1	日常生活の自立の状況 最もあてはまる状況の**番号1つ**に○をつけてください。	1 何らかの障害等を有するが、日常生活はほぼ自立しており独力で外出できる 2 屋内での生活はおおむね自立しているが、介助なしには外出できない 3 屋内での生活は何らかの介助を要し、日中もベッド上での生活が主体であるが座位を保つ 4 1日中ベッド上で過ごし、排せつ、食事、着替において介助を要する	1 何らかの障害等を有するが、日常生活はほぼ自立しており独力で外出できる 2 屋内での生活はおおむね自立しているが、介助なしには外出できない 3 屋内での生活は何らかの介助を要し、日中もベッド上での生活が主体であるが座位を保つ 4 1日中ベッド上で過ごし、排せつ、食事、着替において介助を要する	1 何らかの障害等を有するが、日常生活はほぼ自立しており独力で外出できる 2 屋内での生活はおおむね自立しているが、介助なしには外出できない 3 屋内での生活は何らかの介助を要し、日中もベッド上での生活が主体であるが座位を保つ 4 1日中ベッド上で過ごし、排せつ、食事、着替において介助を要する
補問9-2	期間 補問9-1で答えた自立の状況になってからの期間をお答えください。	1 1月未満　6 3〜5年未満 2 1〜3月未満　7 5〜10年未満 3 3〜6月未満　8 10〜20年未満 4 6月〜1年未満　9 20年以上 5 1〜3年未満	1 1月未満　6 3〜5年未満 2 1〜3月未満　7 5〜10年未満 3 3〜6月未満　8 10〜20年未満 4 6月〜1年未満　9 20年以上 5 1〜3年未満	1 1月未満　6 3〜5年未満 2 1〜3月未満　7 5〜10年未満 3 3〜6月未満　8 10〜20年未満 4 6月〜1年未満　9 20年以上 5 1〜3年未満
補問9-3	要介護認定の有無 この質問は40歳以上の方のみお答えください。 実際にサービスを受けているかどうかは問いません。	要介護認定を 1 受けている　2 受けていない	要介護認定を 1 受けている　2 受けていない	要介護認定を 1 受けている　2 受けていない

主 に 手 助 け や 見 守 り を し て い る 方 はどなたかお答えください。(質問9で手助けや見守りを「1 必要としている」と回答した方への質問です。)

補問9-4	同別居の状況 主に手助けや見守りをしている方が同居している場合は、その方の世帯員番号(最上段の番号)を記入してください。	主に手助けや見守りをしている方は 1 同居している　2 同居していない [世帯員番号]	主に手助けや見守りをしている方は 1 同居している　2 同居していない [世帯員番号]	主に手助けや見守りをしている方は 1 同居している　2 同居していない [世帯員番号]
補問9-5	主に手助けや見守りをしている方の続柄 主に手助けや見守りをしている方について、**手助けや見守りが必要な方からみた続柄**をお答えください。	1 配偶者　5 その他の親族 2 子　6 事業者(ホームヘルパー等) 3 子の配偶者　7 その他(ボランティア・近所の人など) 4 父母	1 配偶者　5 その他の親族 2 子　6 事業者(ホームヘルパー等) 3 子の配偶者　7 その他(ボランティア・近所の人など) 4 父母	1 配偶者　5 その他の親族 2 子　6 事業者(ホームヘルパー等) 3 子の配偶者　7 その他(ボランティア・近所の人など) 4 父母
補問9-6	主に手助けや見守りをしている方の性	1 男　　2 女	1 男　　2 女	1 男　　2 女

裏面に続きます。(15歳未満の方については質問終了です。)

国民生活基礎調査【健康票】

(平成28年6月2日調査)

> この調査は、統計法に基づき国が実施する基幹統計調査です。
> 調査票情報の秘密の保護に万全を期していますので、ありのままを記入してください。

〈 記入上の注意 〉
- この調査票は、世帯の方全員が<u>1人1冊</u>ずつ、記入してください。
- 『(世帯票・健康票)記入のしかた』をよくお読みになってから記入してください。
- もし記入方法がわからなかった場合は、調査員が受け取りにうかがったときにおたずねください。
- 選択肢はあてはまる番号1つ、又はあてはまるすべての番号に〇をつけてください。
- 数字は右づめで記入してください。
- ご自分で記入できない方については、ご家族の方、又は介護をしている方が記入を手伝ってください。
- できるだけ黒のボールペンで記入してください。

質問1 あなたの性・出生年月を記入してください。性・元号は、**あてはまる番号1つ**に〇をつけ、出生年月には数字を**右づめ**で記入してください。

性	出 生 年 月		
1 男	1 明治	3 昭和	☐☐年☐☐月
2 女	2 大正	4 平成	

調査員記入欄

地区番号	☐☐☐	単位区番号	☐☐	世帯番号	☐☐

質問2 あなたは**現在**、病院や診療所に入院中、又は、介護保険施設に入所中ですか。

```
┌ 1 は い ──→ 質問終了です。
│ 2 いいえ
│                    ※ 介護保険施設とは、介護療養型医療施設、
↓                       介護老人保健施設及び介護老人福祉施設をいいます。
```

質問3 あなたは**ここ数日**、病気やけがなどで体の具合の悪いところ（自覚症状）がありますか。

```
┌ 1 あ る   2 な い ──→ 質問4へ
↓
```

補問3－1 それは、どのような症状ですか。**あてはまるすべて**の症状名の番号に〇をつけてください。その中で最も気になる症状名の番号を番号記入欄に記入してください。

全身症状	01 熱がある 02 体がだるい 03 眠れない 04 いらいらしやすい 05 もの忘れする 06 頭痛 07 めまい	呼吸器系	15 せきやたんが出る 16 鼻がつまる・鼻汁が出る 17 ゼイゼイする	筋骨格系	29 肩こり 30 腰痛 31 手足の関節が痛む
眼	08 目のかすみ 09 物を見づらい	消化器系	18 胃のもたれ・むねやけ 19 下痢 20 便秘 21 食欲不振 22 腹痛・胃痛 23 痔による痛み・出血など	手足	32 手足の動きが悪い 33 手足のしびれ 34 手足が冷える 35 足のむくみやだるさ
耳	10 耳なりがする 11 きこえにくい			尿路生殖器系	36 尿が出にくい・排尿時痛い 37 頻尿(尿の出る回数が多い) 38 尿失禁(尿がもれる) 39 月経不順・月経痛
胸部	12 動悸 13 息切れ 14 前胸部に痛みがある	歯	24 歯が痛い 25 歯ぐきのはれ・出血 26 かみにくい	損傷	40 骨折・ねんざ・脱きゅう 41 切り傷・やけどなどのけが
		皮膚	27 発疹(じんま疹・できものなど) 28 かゆみ(湿疹・水虫など)		42 その他

最も気になる症状の番号記入欄 ──→ ☐ 番

補問3－2 最も気になる症状に対して、なんらかの治療をしていますか。
あてはまるすべての番号に〇をつけてください。

```
1 病院・診療所に通っている（往診、訪問診療を含む）
2 あんま・はり・きゅう・柔道整復師（施術所）にかかっている
3 売薬をのんだり、つけたりしている
4 それ以外の治療をしている
5 治療をしていない
```

質問4 あなたは**現在**、傷病（病気やけが）で病院や診療所（医院、歯科医院）、あんま・はり・きゅう・柔道整復師（施術所）に通っていますか。（往診、訪問診療、補問3－1の症状で通っているものを含む）

　　　1　通っている　　2　通っていない　→　**質問5へ**

補問4－1 どのような傷病（病気やけが）で通っていますか。**あてはまるすべて**の傷病名の番号に〇をつけてください。その中で最も気になる傷病名の番号を番号記入欄に記入してください。

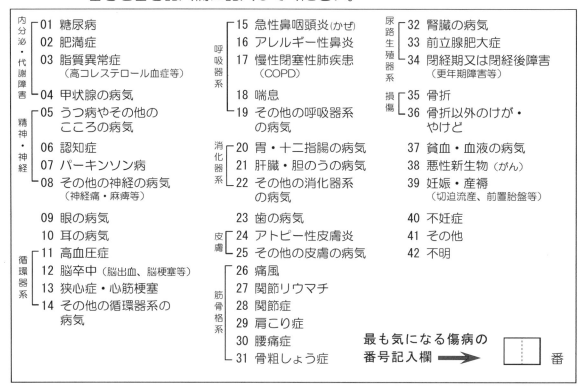

6歳未満の方は質問終了です。6歳以上の方は続けてお答えください。

質問5 あなたは**現在**、健康上の問題で日常生活に何か影響がありますか。

　　　1　ある　　2　ない　→　**質問6へ**

補問5－1 それはどのようなことに影響がありますか。**あてはまるすべての番号**に〇をつけてください。

1　日常生活動作（起床、衣服着脱、食事、入浴など）	4　運動（スポーツを含む）
2　外出（時間や作業量などが制限される）	5　その他
3　仕事、家事、学業（時間や作業量などが制限される）	

質問6 過去1か月の間に、健康上の問題で床についたり、普段の活動ができなかった（仕事・学校を休んだ、家事ができなかった等）日数はどれくらいありましたか。日数を**右づめ**で記入してください。

1 な い　2 あ る ➡ 合計 [　] 日

質問7 あなたの現在の健康状態はいかがですか。**あてはまる番号1つ**に〇をつけてください。

1 よい　2 まあよい　3 ふつう　4 あまりよくない　5 よくない

質問8 あなたは**現在**、日常生活で悩みやストレスがありますか。

　↓ 1 あ る　2 な い ➡ **質問9へ**

補問8−1 それは、どのような原因ですか。**あてはまるすべて**の原因の番号に〇をつけてください。その中で最も気になる原因の番号を番号記入欄に記入してください。

01	家族との人間関係	12	妊娠・出産
02	家族以外との人間関係	13	育児
03	恋愛・性に関すること	14	家事
04	結婚	15	自分の学業・受験・進学
05	離婚	16	子どもの教育
06	いじめ、セクシュアル・ハラスメント	17	自分の仕事
07	生きがいに関すること	18	家族の仕事
08	自由にできる時間がないこと	19	住まいや生活環境
09	収入・家計・借金等		（公害、安全及び交通事情を含む）
10	自分の病気や介護	20	その他
11	家族の病気や介護	21	わからない

最も気になる悩みやストレスの番号記入欄 ➡ [　] 番

補問8-2 悩みやストレスを、どのように相談していますか。**あてはまるすべての番号に○をつけてください。**また、最も気になる悩みやストレスについてどのように相談していますか。**あてはまる番号の主なものを2つまで番号記入欄に記入してください。**

01 家族に相談している
02 友人・知人に相談している
03 職場の上司、学校の先生に
   相談している
04 公的な機関(保健所、福祉事務所、
   精神保健福祉センター等)の相談窓口
   (電話等での相談を含む)を利用している
05 民間の相談機関(悩み相談所等)の
   相談窓口(電話等での相談を含む)を
   利用している

06 病院・診療所の医師に相談している
07 テレビ、ラジオ、新聞等の相談
   コーナーを利用している
08 01～07以外で相談している
   (職場の相談窓口等)
09 相談したいが誰にも相談できないでいる
10 相談したいがどこに相談したらよいか
   わからない
11 相談する必要はないので誰にも相談
   していない

最も気になる悩みやストレスの相談状況の番号記入欄➡ ☐ ☐ 番

質問9 あなたの**過去1か月の1日の平均睡眠時間はどのくらいでしたか。**
あてはまる番号1つに○をつけてください。

1	5時間未満	4	7時間以上8時間未満
2	5時間以上6時間未満	5	8時間以上9時間未満
3	6時間以上7時間未満	6	9時間以上

質問10 あなたは**過去1か月、睡眠によって休養が充分にとれていますか。**
あてはまる番号1つに○をつけてください。

1 充分とれている	2 まあまあとれている	3 あまりとれていない	4 まったくとれていない

質問11 次の㋐から㋕の質問について、**過去1か月の間はどのようであったか、**
6つの項目それぞれの**あてはまる番号1つに○をつけてください。**

	いつも	たいてい	ときどき	少しだけ	まったくない
㋐ 神経過敏に感じましたか	1	2	3	4	5
㋑ 絶望的だと感じましたか	1	2	3	4	5
㋒ そわそわ、落ち着かなく感じましたか	1	2	3	4	5
㋓ 気分が沈み込んで、何が起こっても気が晴れないように感じましたか	1	2	3	4	5
㋔ 何をするのも骨折りだと感じましたか	1	2	3	4	5
㋕ 自分は価値のない人間だと感じましたか	1	2	3	4	5

20歳未満の方は質問終了です。20歳以上の方は続けてお答えください。

質問12 あなたは週に何日くらいお酒（清酒、焼酎、ビール、洋酒など）を飲みますか。
あてはまる番号１つに〇をつけてください。

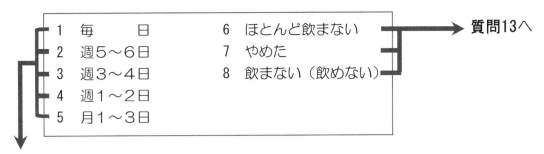

補問12－1 お酒を飲む日は１日あたり、どのくらいの量を飲みますか。
清酒に換算し、**あてはまる番号１つに〇をつけてください。**

```
1  1合（180ml）未満              4  3合以上4合（720ml）未満
2  1合以上2合（360ml）未満        5  4合以上5合（900ml）未満
3  2合以上3合（540ml）未満        6  5合（900ml）以上
```

※ 清酒1合（アルコール度数15度・180ml）は、次の量にほぼ相当
ビール中瓶1本（同5度・500ml）、焼酎0.6合（同25度・約110ml）、ワイン1/4本（同14度・約180ml）、
ウイスキーダブル1杯（同43度・60ml）、缶チューハイ1.5缶（同5度・約520ml）

質問13 あなたはたばこを吸いますか。**あてはまる番号１つに〇をつけてください。**

```
1  毎日吸っている                               1  10本以下
2  時々吸う日がある        １日に平均して      2  11～20本
3  以前は吸っていたが1か月以上  何本くらい吸い  3  21～30本
   吸っていない           ますか。            4  31本以上
4  吸わない
```

質問14 あなたは日ごろ、健康のために次のような事柄を実行していますか。
あてはまるすべての番号に〇をつけてください。

```
1  規則正しく朝・昼・夕の食事をとっている
2  バランスのとれた食事をしている
3  うす味のものを食べている
4  食べ過ぎないようにしている
5  適度に運動（スポーツを含む）をするか身体を動かしている
6  睡眠を十分にとっている
7  たばこを吸わない
8  お酒を飲み過ぎないようにしている
9  ストレスをためないようにしている
10 その他
11 特に何もしていない
```

質問15 あなたは**過去1年間**に、健診等（健康診断、健康診査及び人間ドック）を
受けたことがありますか。

注：次のようなものは健診等には含まれません。
がんのみの検診、妊産婦検診、
歯の健康診査、
病院や診療所で行う診療としての検査

> 1 ある　　2 ない ➡ **補問15－2へ**

補問15－1　どのような機会に健診等を受けましたか。**あてはまるすべての番号
に○をつけてください。**

※　1〜3の各機関が指示する医療機関で受けた場合は、それぞれの機関の番号に○を
つけてください。

1　市区町村が実施した健診
2　勤め先又は健康保険組合等（家族の勤め先を含む）が実施した健診
3　学校が実施した健診
4　人間ドック（上記1〜3以外の健診で行うもの）
5　その他

【補問15－2は質問15で「2　ない」と答えた方のみお答えください。】

補問15－2　　それは、どのような理由で受けなかったのですか。**あてはまるすべて
の番号に○をつけてください。**

01　知らなかったから
02　時間がとれなかったから
03　場所が遠いから
04　費用がかかるから
05　検査等(採血、胃カメラ等)に不安が
　　あるから
06　その時、医療機関に入通院して
　　いたから
07　毎年受ける必要性を感じないから

08　健康状態に自信があり、必要性
　　を感じないから
09　心配な時はいつでも医療機関を
　　受診できるから
10　結果が不安なため、受けたくない
　　から
11　めんどうだから
12　その他

次頁へ続きます。

※ 質問16、補問16-1のがん検診については、健診等（健康診断、健康診査及び人間ドック）の中で受診したものも含みます。

質問16 あなたは**過去1年間**に、下記の5つのがん検診を受けましたか。それぞれの検診についてお答えください。また、受診した検診ごとに、どのような機会に受診したのかお答えください。

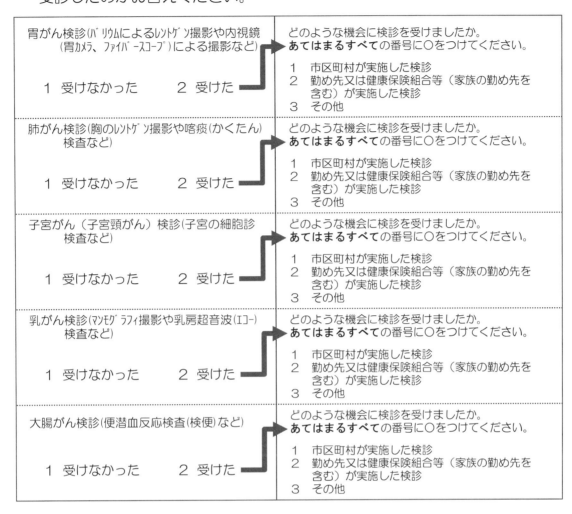

20歳以上の女性の方（質問16を回答いただいた方も含む）は続けてお答えください。

補問16-1 あなたは**過去2年間**に、下記のがん検診を受けましたか。**あてはまるすべて**の番号に〇をつけてください。

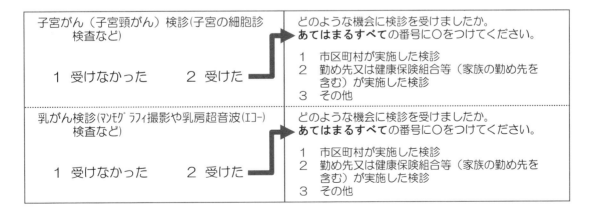

ご記入ありがとうございました。

- 8 -

国民生活基礎調査【介護票】
（平成28年6月2日調査）

調査員記入欄

地区番号				単位区番号			世帯番号		

> この調査は、統計法に基づき国が実施する基幹統計調査です。
> 調査票情報の秘密の保護に万全を期していますので、ありのままを記入してください。

〈 記入上の注意 〉
- この調査票は、世帯員のうち介護保険法の要介護又は要支援と認定された方**1人1冊**ずつ、記入してください。
- 『（介護票）記入のしかた』をよくお読みになってから記入してください。
- もし記入方法がわからなかった場合は、調査員が受け取りにうかがったときにおたずねください。
- ご自分で記入できない方については、介護をしている方、又はご家族の方が回答してください。
- 選択肢は**あてはまる番号1つ**、又は**あてはまるすべての番号**に○をつけてください。
- 数字は右づめで記入してください。
- できるだけ黒のボールペンで記入してください。

質問1 この調査票に回答する方はどなたですか。
　　　　あてはまる番号1つに○をつけてください。

```
1  介護が必要な者（本人）
2  主に介護をしている者
その他の者（1, 2以外） →  3 配偶者   4 子   5 子の配偶者
                         6 父母     7 その他
```

質問2 介護が必要な方の性と出生年月をお答えください。
　　　　あてはまる番号1つに○をつけ、出生年月には数字を右づめで記入してください。

(1) 性	(2) 出生年月
1 男　2 女	1 明治　2 大正　3 昭和　□□ 年　□□ 月

質問3 調査日**現在**の要介護度の状況と**1年前**の要介護度の状況をお答えください。
　　　　あてはまる番号1つに○をつけてください。
　　　　※ 介護保険被保険者証等を参考に記入してください。

現　在（平成28年6月）
1 要支援1　2 要支援2　3 要介護1　4 要介護2　5 要介護3　6 要介護4　7 要介護5
1年前（平成27年6月）
01 要支援1　02 要支援2　03 要介護1　04 要介護2　05 要介護3　06 要介護4　07 要介護5
08 自立と認定された　　09 認定を申請中であった　　10 認定を申請していなかった

次頁に続きます。

− 1 −

質問4 介護が必要となった原因は何ですか。
あてはまるすべての番号に○をつけ、かつ、その中で主な原因である番号**1つ**を主な原因欄に記入してください。

01	脳血管疾患（脳卒中）…	脳出血、脳こうそく、くも膜下出血、その他の脳血管疾患及びその後遺症など
02	心疾患（心臓病）……	狭心症、心筋こうそく、不整脈、心筋炎、その他の心臓疾患
03	悪性新生物（がん）…	すべての部位のがん（白血病を含む）及び肉腫
04	呼 吸 器 疾 患 ……	肺気腫、肺炎、気管支炎、胸膜疾患など
05	関 節 疾 患 ……	関節リウマチ、何らかの原因による関節炎、関節症、腰痛症
06	認 知 症 ……	認知症（アルツハイマー病等）
07	パーキンソン病	
08	糖 尿 病 ……	糖尿病及び糖尿病性腎症、糖尿病性網膜症などの合併症
09	視覚・聴覚障害 …	緑内障、網膜はくり、難聴など
10	骨 折・転 倒 ……	屋内外を問わず、何らかの原因で骨折又は転倒したもの
11	脊 髄 損 傷 ……	外傷に伴って脊髄の挫傷、断裂、血行障害により脊髄の機能が傷害されたもの
12	高齢による衰弱 …	特にこれといった病気と診断されてないものの、老いて体の機能が衰弱したもの
13	そ の 他 ……	具体的に記入してください〔　　　　　　　　　　　　　　　〕
14	わ か ら な い	

○をつけた中で主なもの1つ → 主な原因 ☐｜☐ 番

質問5 **主に介護をしている方**の1日の平均的な介護時間はどのくらいですか。
あてはまる番号1つに○をつけてください。

※　介護の頻度が毎日でなく、数日に1度の場合は「5 その他」に○をつけてください。

1 ほとんど終日　　2 半日程度　　3 2〜3時間程度　　4 必要なときに手をかす程度　　5 その他

質問6 **その他の介護者**（主に介護をしている方以外で介護をしている方）がいる場合は人数を記入し、その状況をお答えください。
ただし、事業者（ホームヘルパー等）は除きます。

（1）人　数	その他の介護者 ☐ 人

このうち介護をしている**時間が最も長い方**について、以下の(2)〜(6)にお答えください。
それぞれ**あてはまる番号1つ**に○をつけてください。

（2）同別居の状況	1　同居している　　　2　同居していない		
（3）性	1　男　　　　　2　女		
（4）年　齢	1　19歳以下　　2　20〜29歳　　3　30〜39歳　　4　40〜49歳 5　50〜59歳　　6　60〜69歳　　7　70〜79歳　　8　80歳以上		
（5）介護が必要な方(本人)からみた続柄	1　配偶者　　2　子　　3　子の配偶者　　4　父母　　5　その他の親族　　6　その他		
（6）介護頻度	1　ほぼ毎日　　2　週2〜4日　　3　週に1日　　4　月に1〜3日		

次頁に続きます。

－ 2 －

質問7 次のような介護を受けていますか。また、どなたから受けていますか。
受けている介護内容の**すべての番号**に○をつけ、それぞれの介護についてどなたから受けているか**あてはまるすべての番号**に○をつけてください。

	介護内容	事業者（ホームヘルパー等）による介護	家族等による介護 主に介護する者	家族等による介護 その他の者		介護内容	事業者（ホームヘルパー等）による介護	家族等による介護 主に介護する者	家族等による介護 その他の者
01	洗顔	1	2	3	09	食事の準備・後始末（調理を含む）	1	2	3
02	口腔清掃（はみがき等）	1	2	3	10	食事介助	1	2	3
03	身体の清拭（体をふく）	1	2	3	11	服薬の手助け	1	2	3
04	洗髪	1	2	3	12	散歩	1	2	3
05	着替	1	2	3	13	掃除	1	2	3
06	入浴介助	1	2	3	14	洗濯	1	2	3
07	体位交換・起居（寝返りや体を起こす等）	1	2	3	15	買い物	1	2	3
08	排泄介助	1	2	3	16	話し相手	1	2	3

質問8 5月中に利用した介護サービス（全額自己負担を含む）について、利用したサービスの**すべての番号**に○をつけてください。

	サービスの種類 （1～5は介護保険制度によるサービスをいいます）
1	訪問系サービス （訪問介護、訪問入浴介護、訪問看護、訪問リハビリテーション、介護予防訪問介護（※介護予防・日常生活支援総合事業における訪問系サービスを含む）、介護予防訪問入浴介護、介護予防訪問看護、介護予防訪問リハビリテーション、夜間対応型訪問介護、定期巡回・随時対応型訪問介護看護）
2	通所系サービス （通所介護、通所リハビリテーション、介護予防通所介護（※介護予防・日常生活支援総合事業における通所系サービスを含む）、介護予防通所リハビリテーション、認知症対応型通所介護、介護予防認知症対応型通所介護）
3	短期入所サービス （短期入所生活介護、短期入所療養介護、介護予防短期入所生活介護、介護予防短期入所療養介護）
4	居住系サービス（グループホーム） （認知症対応型共同生活介護、介護予防認知症対応型共同生活介護）
5	小規模多機能型サービス等 （小規模多機能型居宅介護、介護予防小規模多機能型居宅介護、複合型サービス（訪問看護及び小規模多機能型居宅介護））
6	配 食 サ ー ビ ス
7	外 出 支 援 サ ー ビ ス
8	寝具類等洗濯乾燥消毒サービス

質問9 5月中に事業者に支払った介護サービスの自己負担額を**右づめ**で記入してください。

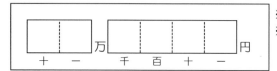

※ **質問8**で回答した介護サービスの費用についてお答えください。
※ 保管しているサービスの領収証(書)を参考に記入してください。

次頁に続きます。

質問10　５月中の介護費用についてお答えください。
　　　　　　あてはまるすべての番号に〇をつけてください。

> 1　介護が必要な者（あるいは配偶者）の**収入**を充てた
> 　　　　　　　　→〔1　年金・恩給　　2　年金・恩給以外の収入〕
> 2　介護が必要な者（あるいは配偶者）の**貯蓄**を充てた
> 3　介護が必要な者（あるいは配偶者）**以外の者の収入・貯蓄**を充てた

【質問11は、質問8の1～5の介護サービスを１つも利用していない方がお答えください。】

質問11　質問8の１～5のサービスを受けない理由は何ですか。
　　　　　　あてはまるすべての番号に〇をつけてください。

> | | |
> |---|---|
> | 01 | 家族介護でなんとかやっていける |
> | 02 | 介護が必要な者（本人）でなんとかやっていける |
> | 03 | 他人を家に入れたくない |
> | 04 | 外出するのが大変 |
> | 05 | どのようなサービスがあるかわからない |
> | 06 | サービスを受ける手続きがわからない |
> | 07 | 利用者負担が払えない |
> | 08 | 受けたいサービスがない |
> | 09 | 入院していた |
> | 10 | その他　　具体的に記入してください〔　　　　　　　　　〕 |

質問12　介護が必要な方が65歳以上の場合、介護保険料所得段階をお答えください。

　　　※　介護保険料額決定通知書に記載されている所得段階区分と同じ段階に〇をつけてください。
　　　※　ただし、第１段階、第２段階以外の方については、3～5のうち、**あてはまる番号１つ**に〇をつけてください。

> 1　第１段階（生活保護受給者、又は老齢福祉年金受給者であって世帯の全員が市町村民税非課税）
> 2　第２段階（介護が必要な者の昨年１年間の公的年金等収入金額と合計所得金額の合計が80万円以下
> 　　　　　　であって世帯の全員が市町村民税非課税）
> 3　世帯の全員が市町村民税非課税である（上記1,2以外）
> 4　介護が必要な者は市町村民税が非課税であって、世帯に課税されている者がいる
> 5　介護が必要な者は市町村民税を課税されている

ご記入ありがとうございました。

国民生活基礎調査【所得票】

（平成28年7月14日調査）

> この調査は、統計法に基づき国が実施する基幹統計調査です。
> 調査票情報の秘密の保護に万全を期していますので、ありのままを記入してください。

＜記入上の注意＞

- この調査票は、昨年１年間（平成２７年１月１日～１２月３１日）に何らかの所得や税金、社会保険料、企業年金・個人年金等の掛金の支出があった方が<u>１人１冊</u>ずつ、記入してください。
（所得には、アルバイトによる所得や仕送り、年金も含みます。）
- もし記入方法がわからなかった場合は、調査員が受け取りにうかがったときにおたずねください。
- ご自分で記入できない方については、ご家族の方が回答してください。
- できるだけ黒のボールペンで記入してください。
- ７月１４日以降に調査員があらためておうかがいいたしますので、それまでに▨▨▨枠の質問について記入してください。

✎ **所得や課税等の支出のあった方は、質問１から順に記入してください。**

質問１　あなたの**性・出生年月**を記入してください。

性・元号は**あてはまる番号１つ**に○をつけ、出生年月には数字を右づめで記入してください。

性	出 生 年 月
1 男 2 女	1 明治　3 昭和 2 大正　4 平成　　□□年□□月

※ 所得については２ページから、課税等の支出については６ページから記入してください。
　　１５ページは、世帯主又は世帯を代表する方が記入してください。

調査員記入欄

地区番号			単位区番号		世帯番号	

昨年1年間に何らかの所得を受け取った場合は、2及び4ページの所得の種類ごとに、1年分の所得金額を万円単位で記入してください。
所得のなかった方は、6ページへお進みください。

右ページの書類をお持ちの方は参考にしてください。

【金額記入の注意】
- 万円未満は四捨五入して、万円単位で右づめに記入してください。
（1～4,999円は「0万円」、5,000～14,999円は「1万円」）
- 生命保険の受取金、退職金、不動産や株の売却代金、宝くじの当せん金などの一時的なものは含みません。

| 質問2 | あなたは**昨年1年間**（平成27年1月～12月）に何らかの**所得**を受け取りましたか。 |

[1年分の所得金額がわからないときは、1か月の収入の12倍にボーナス分を加えるなどして、1年分の金額を計算して記入してください。]

受け取った所得の種類ごとに金額を記入してください。

雇用者所得　01　　　　　万円
億　千　百　十　一

事業所得　02　　　　　万円
億　千　百　十　一

農耕・畜産所得　03　　　　　万円
億　千　百　十　一

家内労働所得　04　　　　　万円
億　千　百　十　一

財産所得　05　　　　　万円
億　千　百　十　一

働いて得た所得

勤め先から受け取った給料、賃金、賞与（ボーナス）を合わせた税込み金額を記入してください。アルバイト等による所得も含みます。
【参考書類】源泉徴収票［原本又は写し］
給与明細書
確定申告書［控］

事業（農耕・畜産以外）による収入から、仕入額、従業員に対する給与などの必要経費を差し引いた所得金額を記入してください。漁業・林業による所得を含みます。
【参考書類】確定申告書［控］

農業や畜産業による収入（自家消費分を含む。）から、肥料代、農薬代、家畜・家きんの購入費、雇い人の賃金などの必要経費を差し引いた所得金額を記入してください。
【参考書類】確定申告書［控］

注文主からの委託を受けて、品物の製造や加工等（校正業務やワープロ入力などを含む。）を行って得た所得から必要な経費を差し引いた所得金額を記入してください。

財産による所得

家屋や土地を貸すことによって得た所得や、預貯金、公社債、株式などから得られた利子、配当金（源泉分離課税分を含む。）の合計額を記入してください。家や土地の売却代金、引き出した預貯金、生命保険・損害保険からの受取金を除きます。
【参考書類】確定申告書［控］
取引口座の通帳、配当金領収書など

- 2 -

⤺ 4ページへ

81

給与所得者の方

⇒ 平成27年分 給与所得の源泉徴収票［原本又は写し］を参考にしてください。

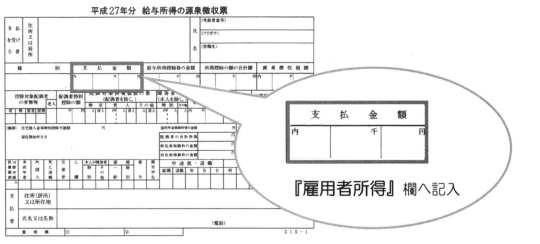

確定申告を行った方

⇒ 平成27年分の所得税の確定申告書［控］を参考にしてください。

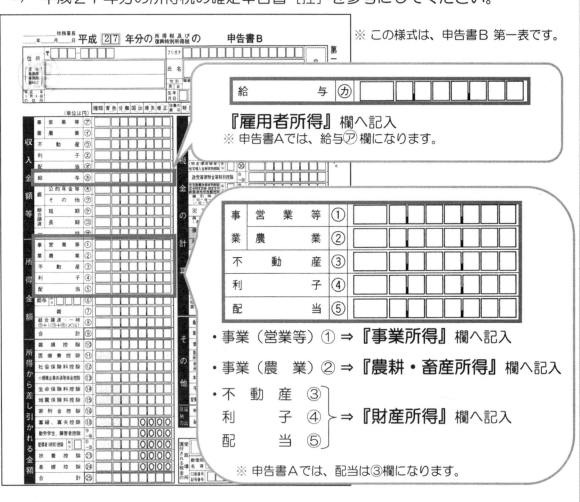

【注意】 源泉分離課税された「利子」「配当」のあった方は、源泉分離課税分を含めた「利子」等も『財産所得』欄に記入してください。

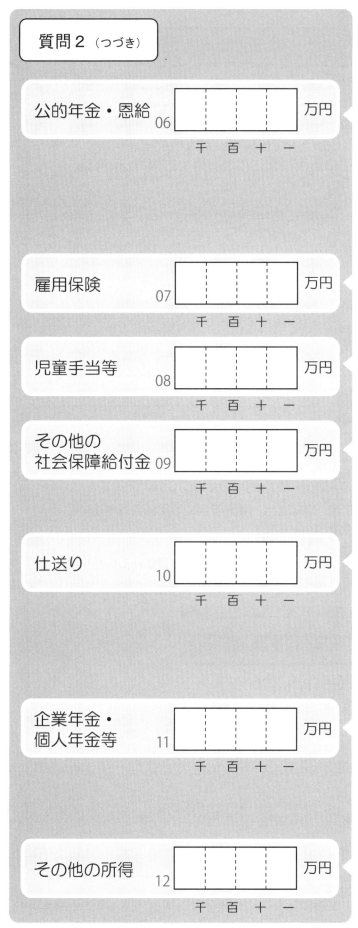

公的年金・恩給による所得

国民年金、基礎年金、厚生年金（厚生年金基金からの年金を含む。）、共済年金、福祉年金、恩給などからの受取額を記入してください。【参考書類】年金振込通知書など

1支払期（2か月）分しか受給額がわからないときは、その金額を6倍するなどして、1年分の金額を記入してください。

公的年金・恩給以外の社会保障給付金による所得

雇用保険法の失業等給付の受取額（育児休業給付、介護休業給付を含む。）を記入してください。
【参考書類】雇用保険受給資格者証

児童手当、児童扶養手当、特別児童扶養手当、児童育成手当などの児童に関する社会保障給付金の受取額を記入してください。

生活保護法による扶助、医療保険による傷病手当金・出産手当金、労働者災害補償保険などその他法令に基づく支給金の受取額を記入してください。

仕送りによる所得

定期的又は継続的に送られてきた金品の額を記入してください。品物は、時価に換算した額を記入してください。
単身赴任者を送り出している世帯で、単身赴任者の口座から生活費等として定期的に引き出している場合は、その金額をこちらの欄に記入してください。

企業年金・個人年金等による所得

企業年金、生命保険会社・かんぽ生命・銀行・証券会社などの個人年金及び年金型商品、国民年金基金、農業者年金などからの受取額を記入してください。
厚生年金基金からの年金は、「公的年金・恩給」に記入してください。

その他の所得

上記以外の冠婚葬祭の金、各種祝い金、せん別、見舞金などの受取額を記入してください。
退職金、宝くじの当せん金などは含みません。

6ページへ

公的年金を受給している方

⇒ 年金振込通知書を参考にしてください。

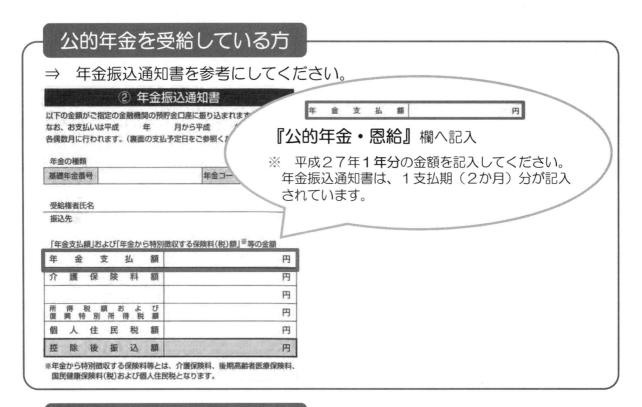

『公的年金・恩給』欄へ記入

※ 平成27年1年分の金額を記入してください。年金振込通知書は、1支払期（2か月）分が記入されています。

雇用保険を受給している方

⇒ 雇用保険受給資格者証をお持ちの方は、それを参考にしてください。

平成27年1月1日～12月31日の間に、ア～エの「失業等給付」の支給を受けた方は、その金額の合計を『雇用保険』欄へ記入してください。

ア　求職者給付　（基本手当、技能習得手当、寄宿手当、傷病手当、高年齢求職者給付金、特例一時金、日雇労働求職者給付金）
イ　就職促進給付（就業促進手当、移転費、広域求職活動費）
ウ　教育訓練給付（一般教育訓練給付金、専門実践教育訓練給付金、教育訓練支援給付金）
エ　雇用継続給付（高年齢雇用継続給付、育児休業給付、介護休業給付）

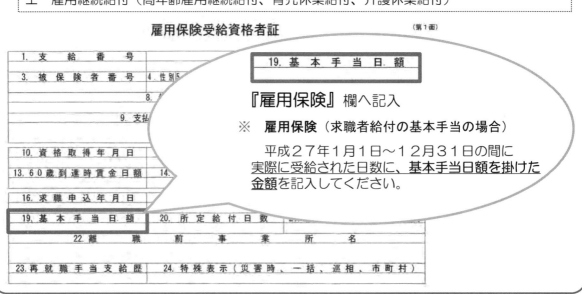

『雇用保険』欄へ記入

※ 雇用保険（求職者給付の基本手当の場合）

平成27年1月1日～12月31日の間に実際に受給された日数に、基本手当日額を掛けた金額を記入してください。

【金額記入の注意】
万円未満は四捨五入して、万円単位で右づめに記入してください。
（1～4,999円は「0万円」、5,000～14,999円は「1万円」）

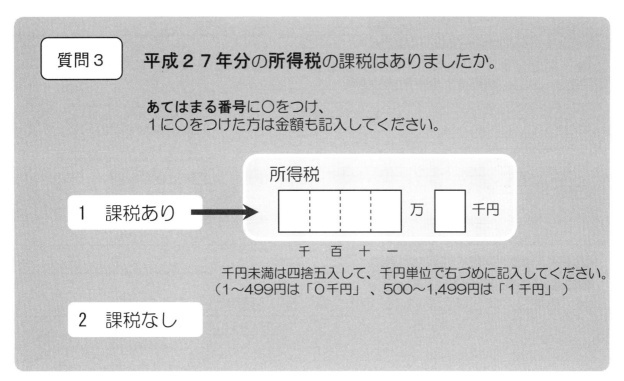

※ 不動産譲渡にかかる所得税は、除いてください。

【参考書類】
 ＊ 平成27年分　給与所得の源泉徴収票［原本又は写し］
 ＊ 年金振込通知書
 ＊ 平成27年分の所得税の確定申告書［控］

8ページへ

給与所得者の方

⇒ 平成27年分 給与所得の源泉徴収票[原本又は写し]を参考にしてください。

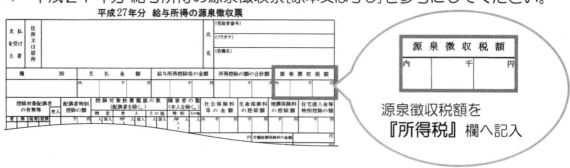

源泉徴収税額を『所得税』欄へ記入

確定申告を行った方

⇒ 平成27年分の所得税の確定申告書［控］を参考にしてください。

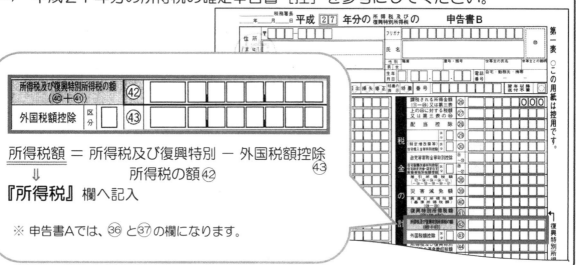

所得税額 ＝ 所得税及び復興特別所得税の額㊷ － 外国税額控除㊸

⇒ 『所得税』欄へ記入

※ 申告書Aでは、㊱と㊲の欄になります。

公的年金を受給している方

⇒ 公的年金から天引きされた方は、年金振込通知書を参考にしてください。

『所得税』欄へ記入

※ 平成27年1年分の金額を記入してください。年金振込通知書は、1支払期（2か月）分が記入されています。

【金額記入の注意】
千円未満は四捨五入して、千円単位で右づめに記入してください。
（1～499円は「0千円」、500～1,499円は「1千円」）

- 7 -

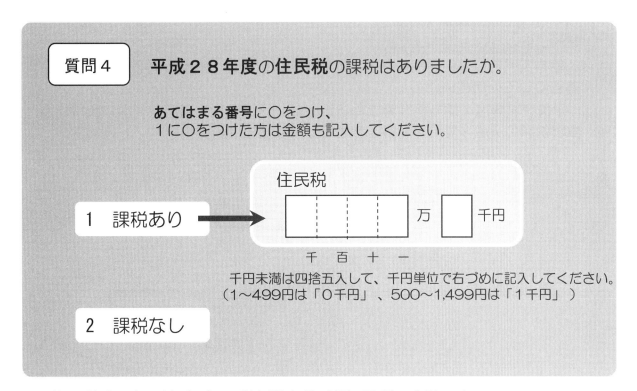

※ 住民税は、市町村（区）民税と道府県（都）民税の合計です。
　不動産譲渡にかかる住民税は、除いてください。

【参考書類】
　＊ 平成２８年度　給与所得等に係る市町村（区）民税・道府県（都）民税
　　　　　　　　　特別徴収税額の決定・変更通知書
　＊ 平成２８年度　市町村（区）民税・道府県（都）民税
　　　　　　　　　税額決定・納税通知書

10ページへ

給与所得者の方

⇒ 給与天引き以外に住民税を納めている方は、次の「給与所得者以外の方」を参考にしてください。

平成28年度 給与所得等に係る市町村（区）民税・道府県（都）民税特別徴収税額の決定・変更通知書を参考にしてください。

※ 様式は、各地方公共団体によって異なります。

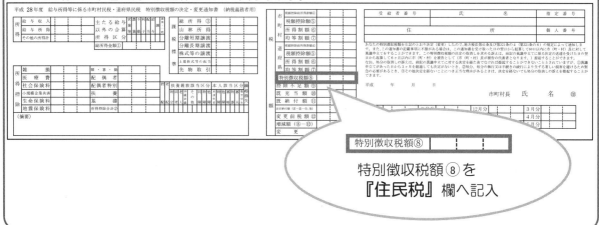

特別徴収税額⑧を『住民税』欄へ記入

給与所得者以外の方

⇒ 平成28年度 市町村（区）民税・道府県（都）民税税額決定・納税通知書を参考にしてください。

※ 様式は、各地方公共団体によって異なります。

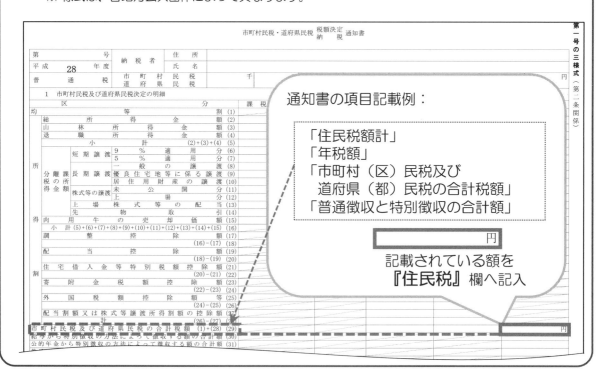

通知書の項目記載例：

「住民税額計」
「年税額」
「市町村（区）民税及び道府県（都）民税の合計税額」
「普通徴収と特別徴収の合計額」

記載されている額を『住民税』欄へ記入

【金額記入の注意】
　千円未満は四捨五入して、千円単位で右づめに記入してください。
（1～499円は「0千円」、500～1,499円は「1千円」）

| 質問5 | **平成２７年分**の**社会保険料**の支払いはありましたか。 |

医療保険（短期掛金）・年金保険（長期掛金）・介護保険・雇用保険の
うち、**ひとつでも支払いのあったとき**には、1に○をつけ、支払った金
額も記入してください。**ひとつも支払いがなかったとき**には、2に○を
つけてください。

※ 保険料は、**実際に支払った方**が記入してください。

| 1　支払いあり | 2　支払いなし | 支払いのない方は、14ページにお進みください。 |

●**昨年１年間に支払った社会保険料の総額を記入してください。**

記入のしかたは、11ページの【『社会保険料の総額』の記入のしかた】より、
「給与所得者の方」又は「給与所得者以外の方」から選んで記入してください。

社会保険料の総額　01 ＿＿｜＿＿｜＿＿｜＿＿　万　＿＿　千円
　　　　　　　　　　　　千　百　十　一

千円未満は四捨五入して、
千円単位で右づめに記入
してください。

●**支払った保険料の内訳を記入してください。**

記入のしかたは、12 ページの【『支払った保険料の
内訳』の記入のしかた】より「給与所得者の方」又は
「給与所得者以外の方」から選んで記入してください。

内　訳

医療保険
（短期掛金）02　＿＿｜＿＿｜＿＿｜＿＿　万　＿＿　千円
　　　　　　　　　千　百　十　一

年金保険
（長期掛金）03　＿＿｜＿＿｜＿＿｜＿＿　万　＿＿　千円
　　　　　　　　　千　百　十　一

介護保険　04　＿＿｜＿＿｜＿＿｜＿＿　万　＿＿　千円
　　　　　　　　千　百　十　一

雇用保険　05　＿＿｜＿＿｜＿＿｜＿＿　万　＿＿　千円
　　　　　　　　千　百　十　一

千円未満は四捨五入して、千円単位で右づめに記入してください。
（1～499円は「0千円」、500～1,499円は「1千円」）

14ページへ

－ 10 －

【『社会保険料の総額』の記入のしかた】

給与所得者の方

下の書類をお持ちですか。複数お持ちの方は1つを選んでください。

持っている方
- 源泉徴収票［原本又は写し］
  ⇒ 参考資料①
- 確定申告書［控］
  ⇒ 参考資料②
- 住民税の納税通知書
  ⇒ 所得控除欄の「社会保険料」

持っていない方
⇒ 12ページに進み、【『支払った保険料の内訳』の記入のしかた】を参考に、内訳を計算してから、内訳の合計を総額に記入してください。

給与所得者以外の方

下の書類をお持ちですか。複数お持ちの方は1つを選んでください。

持っている方
- 確定申告書［控］
  ⇒ 参考資料②
- 住民税の納税通知書
  ⇒ 所得控除欄の「社会保険料」

持っていない方
⇒ 12ページに進み、【『支払った保険料の内訳』の記入のしかた】を参考に、内訳を計算してから、内訳の合計を総額に記入してください。

【注意】 昨年、年の途中で支払い方法を変更された方（例：納付書から給与天引きに変更）は、それぞれで支払った保険料の合計を記入してください。

参考資料① 給与所得者の方

⇒ 平成27年分 給与所得の源泉徴収票［原本又は写し］を参考にしてください。

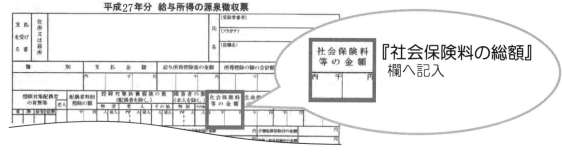

『社会保険料の総額』欄へ記入

参考資料② 給与所得者の方 給与所得者以外の方

⇒ 平成27年分の所得税の確定申告書［控］を参考にしてください。

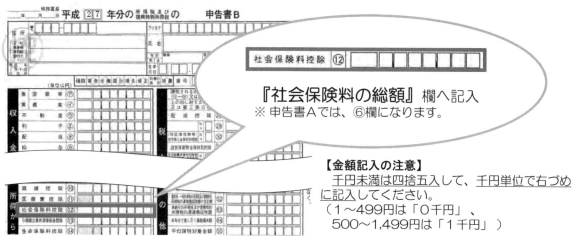

『社会保険料の総額』欄へ記入
※ 申告書Aでは、⑥欄になります。

【金額記入の注意】
千円未満は四捨五入して、千円単位で右づめに記入してください。
（1〜499円は「0千円」、
500〜1,499円は「1千円」）

- 11 -

【『支払った保険料の内訳』の記入のしかた】

給与所得者の方

給与明細書をお持ちですか。
給与から天引きされていない方は、右の「給与所得者以外の方」から選んでください。

1年分を持っている方
⇒ 月々（ボーナス分を含む。）の給与明細書から、社会保険料の種類ごとに平成27年1年分の金額を合計して記入してください。

1年分は持っていないが、1か月分を持っている方

- 10ページの『社会保険料の総額』を記入した方
  ⇒ 計算式A
- 10ページの『社会保険料の総額』を記入していない方
  ⇒ 計算式B

給与所得者以外の方

保険料は、どのような方法で納付されましたか。

口座振替 又は 納付書（普通徴収）で納付された方
⇒ 納入（税）通知書又は各納付書から、国民健康保険料（税）、国民年金保険料、介護保険料の平成27年に納付した金額の合計を記入してください。

公的年金から天引き（特別徴収）で納付された方
⇒ 参考資料③
年金振込通知書等から、医療保険料、介護保険料の平成27年に納付した金額の合計を計算してください。

【注意】
- 昨年、年の途中で支払い方法を変更された方（例：納付書から給与天引きに変更）は、それぞれで支払った保険料の合計を記入してください。
- 40歳以上の方で、医療保険と介護保険の区別ができない場合は、医療保険にまとめて記入してください。
- 「厚生年金基金」の支払いは年金保険に含めますが、「国民年金基金」、「農業者年金」の支払いは、14ページの質問7「企業年金・個人年金等」に含めてください。

参考資料③　給与所得者以外の方

② 年金振込通知書

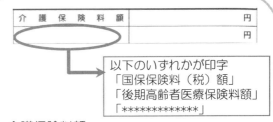

- 介護保険料額
  ⇒ 『介護保険』欄へ記入

- 国保保険料（税）額 又は 後期高齢者医療保険料額
  ⇒ 『医療保険(短期掛金)』欄へ記入

※ 平成27年1年分の金額を記入してください。年金振込通知書は、1支払期（2か月）分が記入されています。

以下のいずれかが印字
「国保保険料（税）額」
「後期高齢者医療保険料額」
「＊＊＊＊＊＊＊＊＊＊＊＊」

※年金から特別徴収する保険料等とは、介護保険料、後期高齢者医療保険料、国民健康保険料(税)および個人住民税となります。

計算式A 『社会保険料の総額』を記入した方

① 給与明細書から転記

(1) 1か月分の医療保険料（短期掛金）[ ] 円 ×(6)[ ] = 医療保険（短期掛金）02 [ ] 円

(2) 1か月分の年金保険料（長期掛金）[ ] 円 ×(6)[ ] = 年金保険（長期掛金）03 [ ] 円

(3) 1か月分の介護保険料 [ ] 円 ×(6)[ ] = 介護保険 04 [ ] 円

(4) 1か月分の雇用保険料 [ ] 円 ×(6)[ ] = 雇用保険 05 [ ] 円

計算後、千円未満は四捨五入して、千円単位で10ページに記入してください。

② (5) 『社会保険料の総額』
※10ページに記入した額と同じ金額

社会保険料の総額 01 [ ] 千円 ÷ [ ] 千円 = (6)[ ]

(1)〜(4)を合計し、千円未満は四捨五入

小数点第2位を四捨五入

計算式B 『社会保険料の総額』を記入していない方

① 給与の月数（回数）[ ] 回 + ボーナス月数 [ ] 回 = (1)[ ]
（1年分のボーナスが給与の何か月に相当するか）

小数点第2位を四捨五入

② 給与明細書から転記

(2) 1か月分の医療保険料（短期掛金）[ ] 円 ×(1)[ ] = 医療保険（短期掛金）02 [ ] 円

(3) 1か月分の年金保険料（長期掛金）[ ] 円 ×(1)[ ] = 年金保険（長期掛金）03 [ ] 円

(4) 1か月分の介護保険料 [ ] 円 ×(1)[ ] = 介護保険 04 [ ] 円

(5) 1か月分の雇用保険料 [ ] 円 ×(1)[ ] = 雇用保険 05 [ ] 円

計算後、千円未満は四捨五入して、千円単位で10ページに記入してください。

③ 計算した『02 医療保険（短期掛金）』から『05 雇用保険』の合計を千円単位で記入

社会保険料の総額 01 [ ] 千円 ※ 10ページの『01 社会保険料の総額』欄へ忘れずに記入してください。

- 13 -

質問6　平成27年度の固定資産税の課税はありましたか。

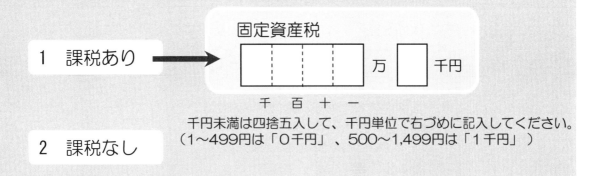

※ 個人所有の土地・家屋（事業関係分は除く。）に対する税額です。
　土地・家屋の名義人か否かにかかわらず、実際に支払った方が記入してください。

【参考書類】平成27年度　固定資産税・都市計画税通知書

質問7　平成27年分の企業年金・個人年金等の掛金を支払いましたか。

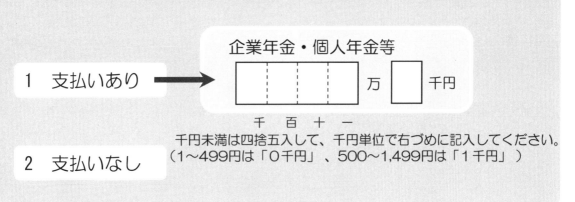

※ 掛金は、実際に支払った方が記入してください。

【企業年金の例】確定給付企業年金・確定拠出年金（企業型）などの本人拠出分
【個人年金の例】生命保険会社・かんぽ生命・銀行・証券会社などの個人年金や年金型商品
【そ の 他】国民年金基金、農業者年金、確定拠出年金（個人型）

世帯主 又は 世帯を代表する方 は
　　引きつづき下の 質問8 にもお答えください。

質問8　現在の暮らしの状況を総合的にみて、どう感じていますか。

あてはまる番号1つに〇をつけてください。

1　大変苦しい
2　やや苦しい
3　普　通
4　ややゆとりがある
5　大変ゆとりがある

ご記入ありがとうございました。

国民生活基礎調査【貯蓄票】
（平成28年7月14日調査）

秘 政府統計

調査員記入欄

| 地区番号 | | 単位区番号 | | 世帯番号 | |

<記入上の注意>
・『（貯蓄票）記入のしかた』をよくお読みになってから記入してください。
・世帯主だけでなく世帯員全員の貯蓄、借入金の合計を記入してください。
・ここでいう貯蓄・借入金には、家計用だけでなく個人営業のための分も含めます。
・できるだけ黒のボールペンで記入してください。

この調査は、統計法に基づき国が実施する基幹統計調査です。
調査票情報の秘密の保護に万全を期していますので、ありのままを記入してください。

世帯主又は世帯を代表する方がお答えください。

質問1 あなたの世帯に以下に掲げる貯蓄はありますか（**平成28年6月末日現在**）。
「1 貯蓄あり」「2 貯蓄なし」の**いずれかに○をつけ**、貯蓄がある場合は**合計貯蓄現在高**を記入してください。

(1) ゆうちょ銀行、銀行、信用金庫、農業協同組合などの金融機関への貯金（預金）（通常貯金・普通預金、定額・定期貯金（預金）、積立貯金（預金）、当座預金等）　　1 貯蓄あり　2 貯蓄なし

(2) **生命保険、個人年金保険、損害保険、簡易保険のこれまでに払い込んだ保険料**（掛け捨ての保険は除きます。）
【計算例】
・月々の払込み額×12（か月）×これまでに払込んだ年数
・年間の払込み額×これまでに払込んだ年数　　1 貯蓄あり　2 貯蓄なし

(3) 株式・株式投資信託（時価）
債券（額面）、公社債投資信託（時価）
金銭信託・貸付信託（額面）　　※時価は6月末日で計算　　1 貯蓄あり　2 貯蓄なし

(4) その他の預貯金（財形貯蓄、社内預金等）　　1 貯蓄あり　2 貯蓄なし

合　計　貯　蓄　現　在　高　［　　　　　　］万円
　　　　　　　　　　　　　　　億　千　百　十　一

質問2 あなたの世帯の貯蓄現在高は昨年（**平成27年6月末日**）と比べて変わりましたか。
あてはまる番号に○をつけ、貯蓄が減った場合は**減少額、減少理由**を記入してください。

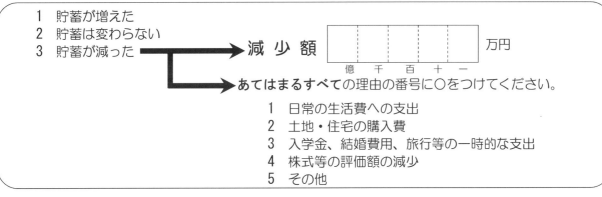

1　貯蓄が増えた
2　貯蓄は変わらない
3　貯蓄が減った　→　減　少　額　［　　　　　　］万円
　　　　　　　　　　　　　　　　　億　千　百　十　一
→　あてはまるすべての理由の番号に○をつけてください。
　　1　日常の生活費への支出
　　2　土地・住宅の購入費
　　3　入学金、結婚費用、旅行等の一時的な支出
　　4　株式等の評価額の減少
　　5　その他

質問3 あなたの世帯に土地・家屋の購入、耐久消費財の購入、教育資金等の生活のために必要な資金の借入金はありますか（**平成28年6月末日現在**）。
あてはまる番号に○をつけ、借入金がある場合は**合計借入金残高**を記入してください。

1　借入金あり　→　合計借入金残高　［　　　　　　］万円
　　　　　　　　　　　　　　　　　　億　千　百　十　一
2　借入金なし

ご記入ありがとうございました。

第Ⅱ編　結果の概要

〈本編の利用に当たっては、第Ⅰ編の「3 利用上の注意」（62 ページ）を参照されたい。〉

結 果 の 概 要

I 世帯数と世帯人員の状況

1 世帯構造及び世帯類型の状況

平成28年6月2日現在における全国の世帯総数（熊本県を除く。）は4994万5千世帯となっている。

世帯構造をみると、「夫婦と未婚の子のみの世帯」が1474万4千世帯（全世帯の29.5%）で最も多く、次いで「単独世帯」が1343万4千世帯（同26.9%）、「夫婦のみの世帯」が1185万世帯（同23.7%）となっている。

世帯類型をみると、「高齢者世帯」は1327万1千世帯（全世帯の26.6%）で年次推移をみると増加傾向となっている。また、「母子世帯」は71万2千世帯（全世帯の1.4%）となっている。（表1、図1）

表1　世帯構造別、世帯類型別世帯数及び平均世帯人員の年次推移

年次	総数	単独世帯	夫婦のみの世帯	夫婦と未婚の子のみの世帯	ひとり親と未婚の子のみの世帯	三世代世帯	その他の世帯	高齢者世帯	母子世帯	父子世帯	その他の世帯	平均世帯人員
				推	計	数	（単位：千世帯）					（人）
昭和61年	37 544	6 826	5 401	15 525	1 908	5 757	2 127	2 362	600	115	34 468	3.22
平成元年	39 417	7 866	6 322	15 478	1 985	5 599	2 166	3 057	554	100	35 707	3.10
4	41 210	8 974	7 071	15 247	1 998	5 390	2 529	3 688	480	86	36 957	2.99
7	40 770	9 213	7 488	14 398	2 112	5 082	2 478	4 390	483	84	35 812	2.91
10	44 496	10 627	8 781	14 951	2 364	5 125	2 648	5 614	502	78	38 302	2.81
13	45 664	11 017	9 403	14 872	2 618	4 844	2 909	6 654	587	80	38 343	2.75
16	46 323	10 817	10 161	15 125	2 774	4 512	2 934	7 874	627	90	37 732	2.72
19	48 023	11 983	10 636	15 015	3 006	4 045	3 337	9 009	717	100	38 197	2.63
22	48 638	12 386	10 994	14 922	3 180	3 835	3 320	10 207	708	77	37 646	2.59
25	50 112	13 285	11 644	14 899	3 621	3 329	3 334	11 614	821	91	37 586	2.51
26	50 431	13 662	11 748	14 546	3 576	3 464	3 435	12 214	732	101	37 384	2.49
27	50 361	13 517	11 872	14 820	3 624	3 264	3 265	12 714	793	78	36 777	2.49
28	49 945	13 434	11 850	14 744	3 640	2 947	3 330	13 271	712	91	35 871	2.47
				構	成	割	合	（単位：%）				
昭和61年	100.0	18.2	14.4	41.4	5.1	15.3	5.7	6.3	1.6	0.3	91.8	・
平成元年	100.0	20.0	16.0	39.3	5.0	14.2	5.5	7.8	1.4	0.3	90.6	・
4	100.0	21.8	17.2	37.0	4.8	13.1	6.1	8.9	1.2	0.2	89.7	・
7	100.0	22.6	18.4	35.3	5.2	12.5	6.1	10.8	1.2	0.2	87.8	・
10	100.0	23.9	19.7	33.6	5.3	11.5	6.0	12.6	1.1	0.2	86.1	・
13	100.0	24.1	20.6	32.6	5.7	10.6	6.4	14.6	1.3	0.2	84.0	・
16	100.0	23.4	21.9	32.7	6.0	9.7	6.3	17.0	1.4	0.2	81.5	・
19	100.0	25.0	22.1	31.3	6.3	8.4	6.9	18.8	1.5	0.2	79.5	・
22	100.0	25.5	22.6	30.7	6.5	7.9	6.8	21.0	1.5	0.2	77.4	・
25	100.0	26.5	23.2	29.7	7.2	6.6	6.7	23.2	1.6	0.2	75.0	・
26	100.0	27.1	23.3	28.8	7.1	6.9	6.8	24.2	1.5	0.2	74.1	・
27	100.0	26.8	23.6	29.4	7.2	6.5	6.5	25.2	1.6	0.2	73.0	・
28	100.0	26.9	23.7	29.5	7.3	5.9	6.7	26.6	1.4	0.2	71.8	・

注：1）平成7年の数値は、兵庫県を除いたものである。
2）平成28年の数値は、熊本県を除いたものである。なお、平成25年の熊本県及び同県分を除いた46都道府県の数値は、144頁の参考表1に掲載している。

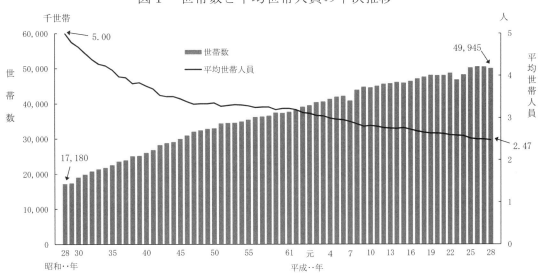

図1　世帯数と平均世帯人員の年次推移

注：1）平成7年の数値は、兵庫県を除いたものである。
2）平成23年の数値は、岩手県、宮城県及び福島県を除いたものである。
3）平成24年の数値は、福島県を除いたものである。
4）平成28年の数値は、熊本県を除いたものである。

2 65歳以上の者のいる世帯の状況

65歳以上の者のいる世帯（熊本県を除く。）は 2416 万 5 千世帯（全世帯の 48.4%）となっている。

世帯構造をみると、「夫婦のみの世帯」が 752 万 6 千世帯（65 歳以上の者のいる世帯の 31.1%）で最も多く、次いで「単独世帯」が 655 万 9 千世帯（同 27.1%）、「親と未婚の子のみの世帯」が 500 万 7 千世帯（同 20.7%）となっている。（表 2、図 2）

表2　65歳以上の者のいる世帯の世帯構造の年次推移

年　次	65歳以上の者のいる世帯	全世帯に占める割合（％）	単独世帯	夫婦のみの世帯	親と未婚の子のみの世帯	三世代世帯	その他の世帯	（再掲）65歳以上の者のみの世帯
			推 計 数	（単位：千世帯）				
昭和61年	9 769	(26.0)	1 281	1 782	1 086	4 375	1 245	2 339
平成元年	10 774	(27.3)	1 592	2 257	1 260	4 385	1 280	3 035
4	11 884	(28.8)	1 865	2 706	1 439	4 348	1 527	3 666
7	12 695	(31.1)	2 199	3 075	1 636	4 232	1 553	4 370
10	14 822	(33.3)	2 724	3 956	2 025	4 401	1 715	5 597
13	16 367	(35.8)	3 179	4 545	2 563	4 179	1 902	6 636
16	17 864	(38.6)	3 730	5 252	2 931	3 919	2 031	7 855
19	19 263	(40.1)	4 326	5 732	3 418	3 528	2 260	8 986
22	20 705	(42.6)	5 018	6 190	3 836	3 348	2 313	10 188
25	22 420	(44.7)	5 730	6 974	4 442	2 953	2 321	11 594
26	23 572	(46.7)	5 959	7 242	4 743	3 117	2 512	12 193
27	23 724	(47.1)	6 243	7 469	4 704	2 906	2 402	12 688
28	24 165	(48.4)	6 559	7 526	5 007	2 668	2 405	13 252
			構 成 割 合	（単位：％）				
昭和61年	100.0	・	13.1	18.2	11.1	44.8	12.7	23.9
平成元年	100.0	・	14.8	20.9	11.7	40.7	11.9	28.2
4	100.0	・	15.7	22.8	12.1	36.6	12.8	30.8
7	100.0	・	17.3	24.2	12.9	33.3	12.2	34.4
10	100.0	・	18.4	26.7	13.7	29.7	11.6	37.8
13	100.0	・	19.4	27.8	15.7	25.5	11.6	40.5
16	100.0	・	20.9	29.4	16.4	21.9	11.4	44.0
19	100.0	・	22.5	29.8	17.7	18.3	11.7	46.6
22	100.0	・	24.2	29.9	18.5	16.2	11.2	49.2
25	100.0	・	25.6	31.1	19.8	13.2	10.4	51.7
26	100.0	・	25.3	30.7	20.1	13.2	10.7	51.7
27	100.0	・	26.3	31.5	19.8	12.2	10.1	53.5
28	100.0	・	27.1	31.1	20.7	11.0	10.0	54.8

注：1）平成7年の数値は、兵庫県を除いたものである。
　　2）平成28年の数値は、熊本県を除いたものである。なお、平成25年の熊本県及び同県分を除いた46都道府県の数値は、144頁の参考表2に掲載している。
　　3）「親と未婚の子のみの世帯」とは、「夫婦と未婚の子のみの世帯」及び「ひとり親と未婚の子のみの世帯」をいう。

図2　65歳以上の者のいる世帯の世帯構造の年次推移

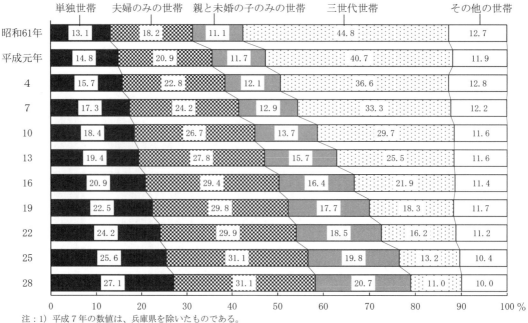

注：1）平成7年の数値は、兵庫県を除いたものである。
　　2）平成28年の数値は、熊本県を除いたものである。
　　3）「親と未婚の子のみの世帯」とは、「夫婦と未婚の子のみの世帯」及び「ひとり親と未婚の子のみの世帯」をいう。

65歳以上の者のいる世帯（熊本県を除く。）のうち、高齢者世帯の世帯構造をみると、「単独世帯」が655万9千世帯（高齢者世帯の49.4％）、「夫婦のみの世帯」が619万6千世帯（同46.7％）となっている（表3、図3）。

「単独世帯」をみると男は31.9％、女は68.1％となっている。

性別に年齢構成をみると、男は「65～69歳」が35.5％、女は「75～79歳」が21.4％で最も多くなっている。（図4）

表3　高齢者世帯の世帯構造の年次推移

年次	高齢者世帯	単独世帯	男の単独世帯	女の単独世帯	夫婦のみの世帯	その他の世帯
	推　計　数			（単位：千世帯）		
昭和61年	2 362	1 281	246	1 035	1 001	80
平成元年	3 057	1 592	307	1 285	1 377	88
4	3 688	1 865	348	1 517	1 704	119
7	4 390	2 199	449	1 751	2 050	141
10	5 614	2 724	555	2 169	2 712	178
13	6 654	3 179	728	2 451	3 257	218
16	7 874	3 730	906	2 824	3 899	245
19	9 009	4 326	1 174	3 153	4 390	292
22	10 207	5 018	1 420	3 598	4 876	313
25	11 614	5 730	1 659	4 071	5 513	371
26	12 214	5 959	1 909	4 049	5 801	455
27	12 714	6 243	1 951	4 292	5 998	473
28	13 271	6 559	2 095	4 464	6 196	516
	構　成　割　合			（単位：％）		
昭和61年	100.0	54.2	10.4	43.8	42.4	3.4
平成元年	100.0	52.1	10.0	42.0	45.0	2.9
4	100.0	50.6	9.4	41.1	46.2	3.2
7	100.0	50.1	10.2	39.9	46.7	3.2
10	100.0	48.5	9.9	38.6	48.3	3.2
13	100.0	47.8	10.9	36.8	49.0	3.3
16	100.0	47.4	11.5	35.9	49.5	3.1
19	100.0	48.0	13.0	35.0	48.7	3.2
22	100.0	49.2	13.9	35.3	47.8	3.1
25	100.0	49.3	14.3	35.1	47.5	3.2
26	100.0	48.8	15.6	33.2	47.5	3.7
27	100.0	49.1	15.3	33.8	47.2	3.7
28	100.0	49.4	15.8	33.6	46.7	3.9

注：1）平成7年の数値は、兵庫県を除いたものである。
2）平成28年の数値は、熊本県を除いたものである。なお、平成25年の熊本県及び同県分を除いた46都道府県の数値は、145頁の参考表3に掲載している。
3）「その他の世帯」には、「親と未婚の子のみの世帯」及び「三世代世帯」を含む。

図3　高齢者世帯の世帯構造

図4　65歳以上の単独世帯の性・年齢構成

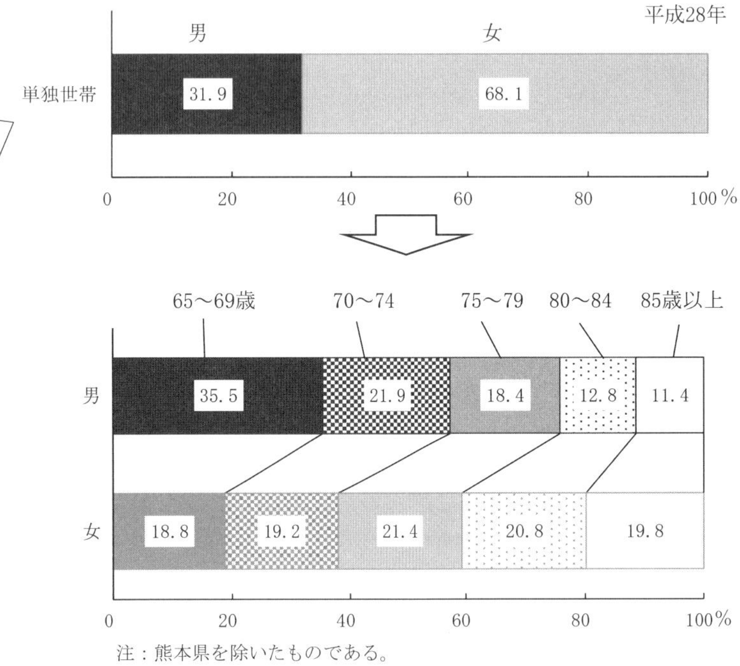

注：熊本県を除いたものである。

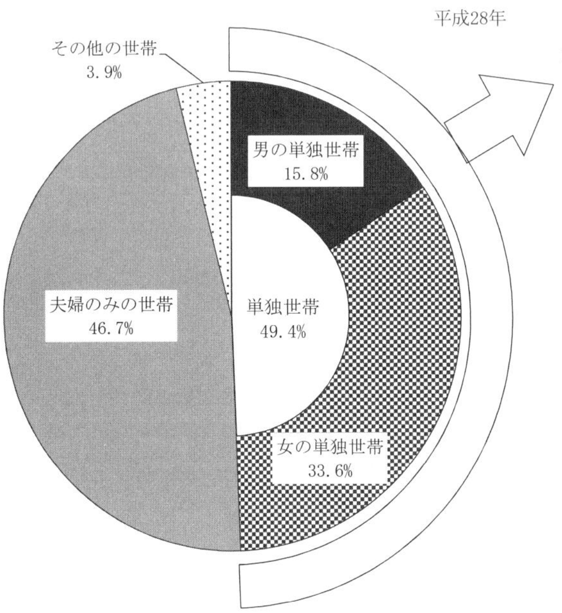

注：1）熊本県を除いたものである。
2）「その他の世帯」には、「親と未婚の子のみの世帯」及び「三世代世帯」を含む。

3 65歳以上の者の状況

65歳以上の者（熊本県を除く。）は3531万5千人となっている。

家族形態をみると、「夫婦のみの世帯」（夫婦の両方又は一方が65歳以上）の者が1372万1千人（65歳以上の者の38.9％）で最も多く、次いで「子と同居」の者が1357万人（同38.4％）、「単独世帯」の者が655万9千人（同18.6％）となっている。（表4）

性・年齢階級別にみると、年齢が高くなるにしたがって男は「子夫婦と同居」の割合が高くなっており、女は「単独世帯」と「子夫婦と同居」の割合が高くなっている（図5）。

表4　65歳以上の者の家族形態の年次推移

年次	65歳以上の者	単独世帯	夫婦のみの世帯	子と同居	子夫婦と同居	配偶者のいない子と同居	その他の親族と同居	非親族と同居
\\	\\	\\	推 計 数	（単位：千人）	\\	\\	\\	\\
昭和61年	12 626	1 281	2 784	8 116	5 897	2 219	409	37
平成元年	14 239	1 592	3 634	8 539	6 016	2 524	445	29
4	15 986	1 865	4 410	9 122	6 188	2 934	549	41
7	17 449	2 199	5 125	9 483	6 192	3 291	611	31
10	20 620	2 724	6 669	10 374	6 443	3 931	816	36
13	23 073	3 179	7 802	11 173	6 332	4 841	878	41
16	25 424	3 730	9 151	11 571	5 995	5 576	916	55
19	27 584	4 326	10 122	12 034	5 406	6 629	1 056	45
22	29 768	5 018	11 065	12 577	5 203	7 374	1 081	27
25	32 394	5 730	12 487	12 950	4 498	8 452	1 193	33
26	34 326	5 959	13 043	13 941	4 728	9 213	1 339	44
27	34 658	6 243	13 467	13 526	4 347	9 179	1 370	52
28	35 315	6 559	13 721	13 570	4 034	9 536	1 420	44
\\	\\	\\	構 成 割 合	（単位：％）	\\	\\	\\	\\
昭和61年	100.0	10.1	22.0	64.3	46.7	17.6	3.2	0.3
平成元年	100.0	11.2	25.5	60.0	42.2	17.7	3.1	0.2
4	100.0	11.7	27.6	57.1	38.7	18.4	3.4	0.3
7	100.0	12.6	29.4	54.3	35.5	18.9	3.5	0.2
10	100.0	13.2	32.3	50.3	31.2	19.1	4.0	0.2
13	100.0	13.8	33.8	48.4	27.4	21.0	3.8	0.2
16	100.0	14.7	36.0	45.5	23.6	21.9	3.6	0.2
19	100.0	15.7	36.7	43.6	19.6	24.0	3.8	0.2
22	100.0	16.9	37.2	42.2	17.5	24.8	3.6	0.1
25	100.0	17.7	38.5	40.0	13.9	26.1	3.7	0.1
26	100.0	17.4	38.0	40.6	13.8	26.8	3.9	0.1
27	100.0	18.0	38.9	39.0	12.5	26.5	4.0	0.1
28	100.0	18.6	38.9	38.4	11.4	27.0	4.0	0.1

注：1）平成7年の数値は、兵庫県を除いたものである。
　　2）平成28年の数値は、熊本県を除いたものである。なお、平成25年の熊本県及び同県分を除いた46都道府県の数値は、145頁の参考表4に掲載している。

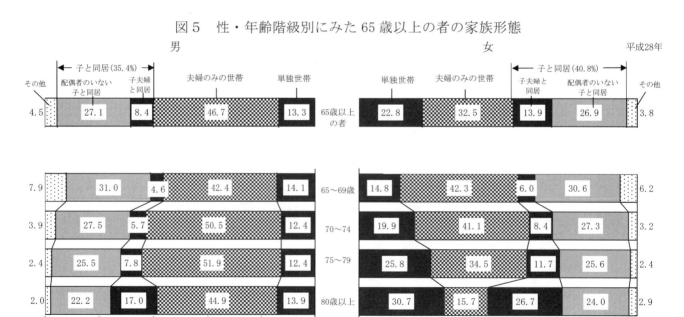

図5　性・年齢階級別にみた65歳以上の者の家族形態

注：1）熊本県を除いたものである。
　　2）「その他」とは、「その他の親族と同居」及び「非親族と同居」をいう。

4　児童のいる世帯の状況

　児童のいる世帯（熊本県を除く。）は 1166 万 6 千世帯で全世帯の 23.4％となっており、児童が「1 人」いる世帯は 543 万 6 千世帯（全世帯の 10.9％、児童のいる世帯の 46.6％）、「2 人」いる世帯は 470 万 2 千世帯（全世帯の 9.4％、児童のいる世帯の 40.3％）となっている。

　世帯構造をみると、「夫婦と未婚の子のみの世帯」が 857 万 6 千世帯（児童のいる世帯の 73.5％）で最も多く、次いで「三世代世帯」が 171 万 7 千世帯（同 14.7％）となっている。（表 5、図 6）

表 5　児童数別、世帯構造別児童のいる世帯数及び平均児童数の年次推移

年　次	児童のいる世帯	全世帯に占める割合(%)	児　童　数			世　帯　構　造					児童のいる世帯の平均児童数
			1 人	2 人	3 人以上	核家族世帯	夫婦と未婚の子のみの世帯	ひとり親と未婚の子のみの世帯	三世代世帯	その他の世帯	
				推　　計　　数		（単位：千世帯）					（人）
昭和61年	17 364	(46.2)	6 107	8 381	2 877	12 080	11 359	722	4 688	596	1.83
平成元年	16 426	(41.7)	6 119	7 612	2 695	11 419	10 742	677	4 415	592	1.81
4	15 009	(36.4)	5 772	6 697	2 540	10 371	9 800	571	4 087	551	1.80
7	13 586	(33.3)	5 495	5 854	2 237	9 419	8 840	580	3 658	509	1.78
10	13 453	(30.2)	5 588	5 679	2 185	9 420	8 820	600	3 548	485	1.77
13	13 156	(28.8)	5 581	5 594	1 981	9 368	8 701	667	3 255	534	1.75
16	12 916	(27.9)	5 510	5 667	1 739	9 589	8 851	738	2 902	425	1.73
19	12 499	(26.0)	5 544	5 284	1 671	9 489	8 645	844	2 498	511	1.71
22	12 324	(25.3)	5 514	5 181	1 628	9 483	8 669	813	2 320	521	1.70
25	12 085	(24.1)	5 457	5 048	1 580	9 618	8 707	912	1 965	503	1.70
26	11 411	(22.6)	5 293	4 621	1 497	9 013	8 165	848	1 992	405	1.69
27	11 817	(23.5)	5 487	4 779	1 551	9 556	8 691	865	1 893	367	1.69
28	11 666	(23.4)	5 436	4 702	1 527	9 386	8 576	810	1 717	564	1.69
				構　　成　　割　　合		（単位：%）					
昭和61年	100.0	・	35.2	48.3	16.6	69.6	65.4	4.2	27.0	3.4	・
平成元年	100.0	・	37.2	46.3	16.4	69.5	65.4	4.1	26.9	3.6	・
4	100.0	・	38.5	44.6	16.9	69.1	65.3	3.8	27.2	3.7	・
7	100.0	・	40.4	43.1	16.5	69.3	65.1	4.3	26.9	3.7	・
10	100.0	・	41.5	42.2	16.2	70.0	65.6	4.5	26.4	3.6	・
13	100.0	・	42.4	42.5	15.1	71.2	66.1	5.1	24.7	4.1	・
16	100.0	・	42.7	43.9	13.5	74.2	68.5	5.7	22.5	3.3	・
19	100.0	・	44.4	42.3	13.4	75.9	69.2	6.8	20.0	4.1	・
22	100.0	・	44.7	42.0	13.2	76.9	70.3	6.6	18.8	4.2	・
25	100.0	・	45.2	41.8	13.1	79.6	72.0	7.5	16.3	4.2	・
26	100.0	・	46.4	40.5	13.1	79.0	71.6	7.4	17.5	3.6	・
27	100.0	・	46.4	40.4	13.1	80.9	73.6	7.3	16.0	3.1	・
28	100.0	・	46.6	40.3	13.1	80.5	73.5	6.9	14.7	4.8	・

注：1）　平成 7 年の数値は、兵庫県を除いたものである。
　　2）　平成28年の数値は、熊本県を除いたものである。なお、平成25年の熊本県及び同県分を除いた46都道府県の数値は、145頁の参考表 5 に掲載している。
　　3）　「その他の世帯」には、「単独世帯」を含む。

図 6　児童有（児童数）無の年次推移

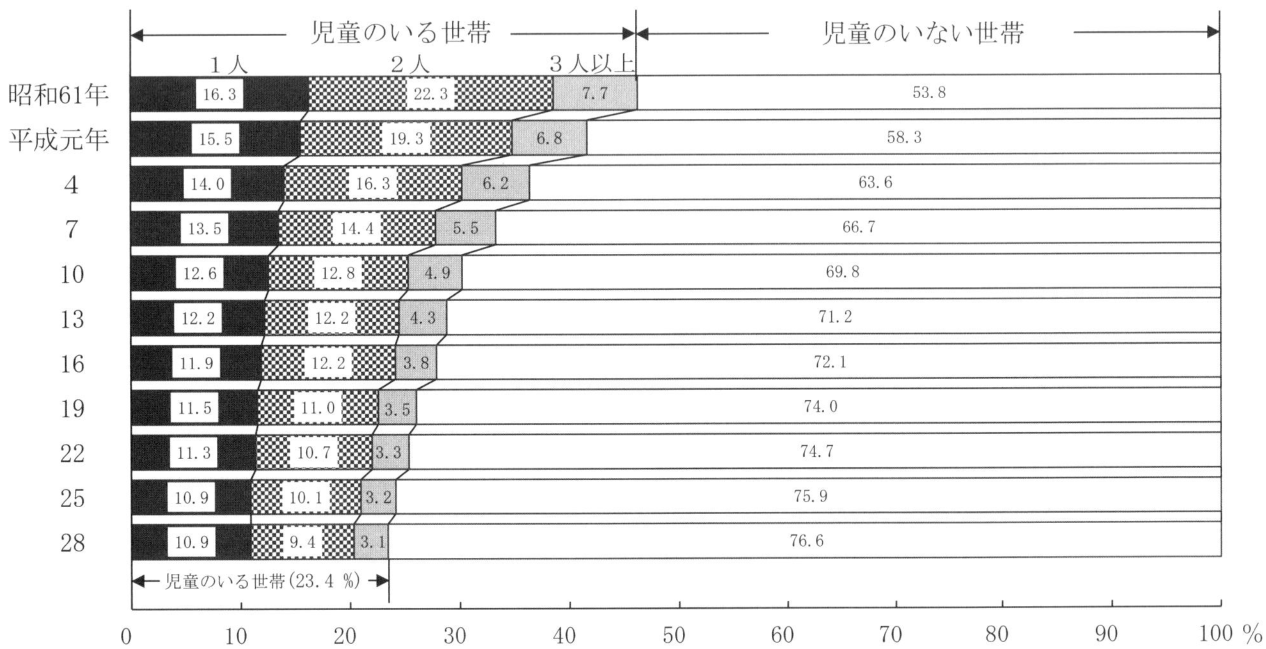

注：1）　平成 7 年の数値は、兵庫県を除いたものである。
　　2）　平成28年の数値は、熊本県を除いたものである。

103

児童のいる世帯（熊本県を除く。）における母の仕事の有無をみると、「仕事あり」は67.2%となっている。末子の年齢階級別にみると、末子の年齢が高くなるにしたがって「非正規の職員・従業員」の母の割合が高くなる傾向にある。（図7）

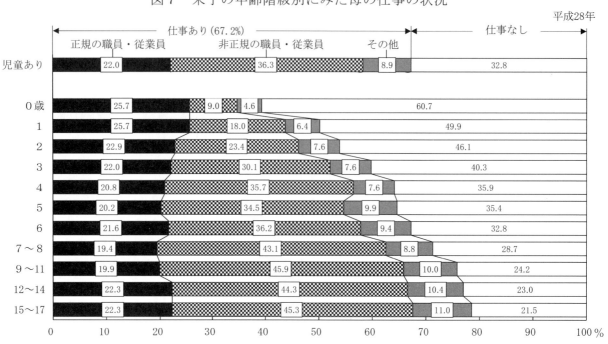

図7　末子の年齢階級別にみた母の仕事の状況

注：1）熊本県を除いたものである。
　　2）「仕事の有無不詳」を含まない。
　　3）「その他」には、会社・団体等の役員、自営業主、家族従業者、内職、その他、勤めか自営か不詳及び勤め先での呼称不詳を含む。

仕事ありの母（熊本県を除く。）の1日平均就業時間を末子の年齢階級別にみると、正規の職員・従業員は、「0歳」では「0～4時間未満」の割合が65.0%で最も多くなっている。「0歳」以外の年齢では「8～10時間未満」の割合が多くなっている。非正規の職員・従業員は、「0歳」以外の年齢で「4～6時間未満」と「6～8時間未満」を合わせて約7割を占めている。（図8）

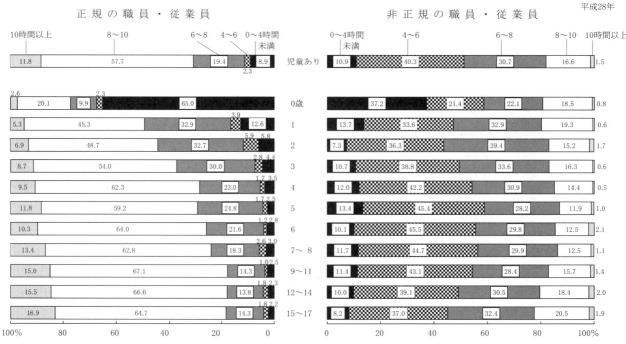

図8　末子の年齢階級別にみた仕事ありの母の1日平均就業時間の状況

注：1）熊本県を除いたものである。
　　2）1日の平均就業時間は、5月16～22日の間の就業時間を就業日数で除したものである。
　　3）「平均就業時間不詳」を含まない。
　　4）会社・団体等の役員、自営業主、家族従業者、内職、その他、勤めか自営か不詳及び勤め先での呼称不詳を含まない。

末子の乳幼児（熊本県を除く。）について、日中における保育の状況を末子の年齢別にみると、仕事ありの母は、「0歳」では「父母」の割合が 70.0％で最も高くなっており、「1歳」から「3歳」では「認可保育所」の割合が約6割となっている。また、「4歳」から「6歳」では「認可保育所」の割合が約5割、「幼稚園」の割合が約3割となっている。
　仕事なしの母は、「0歳」から「2歳」では「父母」の割合が最も高く、約8割となっている。また、「3歳」から「6歳」は「幼稚園」の割合が最も高くなっている。（図9）

図9　母の仕事の有無・末子の乳幼児の年齢別にみた日中の保育の状況（複数回答）

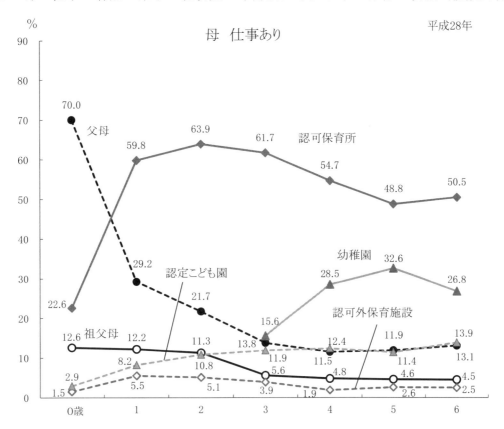

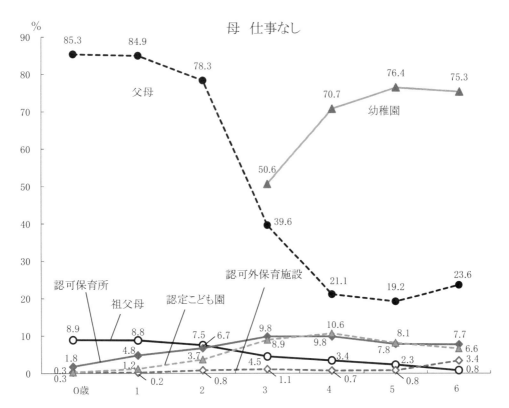

注：熊本県を除いたものである。

Ⅱ 各種世帯の所得等の状況

「平成28年調査」の所得とは、平成27年1月1日から12月31日までの1年間の所得であり、貯蓄・借入金とは、平成28年6月末日の現在高及び残高である。
なお、生活意識については、平成28年7月14日現在の意識である。

1 年次別の所得の状況

平成27年の1世帯当たり平均所得金額（熊本県を除く。）は、「全世帯」が545万4千円となっている。また、「高齢者世帯」が308万1千円、「児童のいる世帯」が707万6千円となっている。（表6、図10）

表6 各種世帯の1世帯当たり平均所得金額の年次推移

世帯の種類 対前年増加率	平成18年	19	20	21	22	23	24	25	26	27
全 世 帯 （万円）	566.8	556.2	547.5	549.6	538.0	548.2	537.2	528.9	541.9	545.4
対前年増加率 （％）	0.5	△1.9	△1.6	0.4	△2.1	1.9	△2.0	△1.5	2.5	0.6
高齢者世帯 （万円）	306.3	298.9	297.0	307.9	307.2	303.6	309.1	300.5	297.3	308.1
対前年増加率 （％）	1.5	△2.4	△0.6	3.7	△0.2	△1.2	1.8	△2.8	△1.1	3.6
児童のいる世帯 （万円）	701.2	691.4	688.5	697.3	658.1	697.0	673.2	696.3	712.9	707.6
対前年増加率 （％）	△2.3	△1.4	△0.4	1.3	△5.6	5.9	△3.4	3.4	2.4	△0.7

注：1）平成22年の数値は、岩手県、宮城県及び福島県を除いたものである。
　　2）平成23年の数値は、福島県を除いたものである。
　　3）平成27年の数値は、熊本県を除いたものである。なお、平成24年の熊本県分を除いた46都道府県の数値は、147頁の参考表7に掲載している。

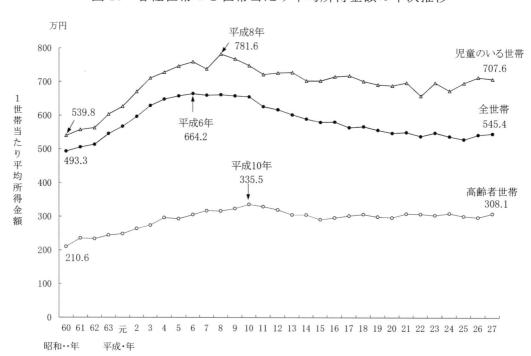

図10 各種世帯の1世帯当たり平均所得金額の年次推移

注：1）平成6年の数値は、兵庫県を除いたものである。
　　2）平成22年の数値は、岩手県、宮城県及び福島県を除いたものである。
　　3）平成23年の数値は、福島県を除いたものである。
　　4）平成27年の数値は、熊本県を除いたものである。なお、平成24年の熊本県分を除いた46都道府県の数値は、147頁の参考表7に掲載している。

2 所得の分布状況

 所得金額階級別に世帯数（熊本県を除く。）の相対度数分布をみると、「200～300万円未満」が13.7％、「100～200万円未満」が13.4％、「300～400万円未満」が13.2％と多くなっている。
 中央値（所得を低いものから高いものへと順に並べて2等分する境界値）は427万円であり、平均所得金額（545万4千円）以下の割合は61.5％となっている。（図11）

図11 所得金額階級別世帯数の相対度数分布

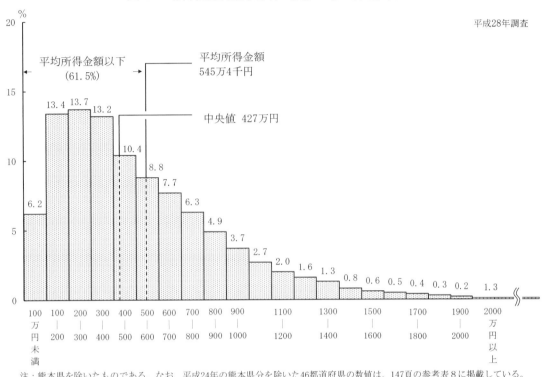

注：熊本県を除いたものである。なお、平成24年の熊本県分を除いた46都道府県の数値は、147頁の参考表8に掲載している。

3 世帯主の年齢階級別の所得の状況

 世帯主の年齢階級別に1世帯当たり平均所得金額（熊本県を除く。）をみると、「50～59歳」が743万1千円で最も高く、次いで「40～49歳」、「30～39歳」となっており、最も低いのは「29歳以下」の343万5千円となっている。
 世帯人員1人当たり平均所得金額をみると、「50～59歳」が263万8千円で最も高く、最も低いのは「30～39歳」の177万円となっている。（図12）

図12 世帯主の年齢階級別にみた1世帯当たり－世帯人員1人当たり平均所得金額

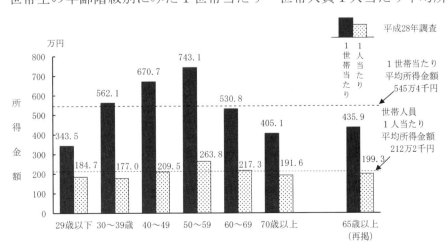

注：熊本県を除いたものである。なお、平成24年の熊本県分を除いた46都道府県の数値は、148頁の参考表9に掲載している。

4 所得の種類別の状況

　各種世帯の所得の種類別平成27年所得の1世帯当たり平均所得金額（熊本県を除く。）の構成割合をみると、全世帯では「稼働所得」が74.0％、「公的年金・恩給」が19.1％であるが、高齢者世帯では「公的年金・恩給」が65.4％、「稼働所得」が21.1％となっている（表7）。

表7　各種世帯の所得の種類別1世帯当たり平均所得金額及び構成割合

世帯の種類	総所得	稼働所得	（再掲）雇用者所得	公的年金・恩給	財産所得	年金以外の社会保障給付金	（再掲）児童手当等	仕送り・企業年金・個人年金・その他の所得
\multicolumn{9}{c}{1世帯当たり平均所得金額（単位：万円）}
平成27年								
全　世　帯	545.4	403.3	373.2	104.4	18.3	6.3	3.4	13.1
高齢者世帯	308.1	64.9	49.1	201.5	22.8	1.9	0.0	16.9
児童のいる世帯	707.6	646.7	609.5	27.2	9.6	17.4	14.1	6.7
母　子　世　帯	270.1	213.9	209.3	7.6	0.5	42.5	31.7	5.7
平成24年								
全　世　帯	537.2	396.7	371.5	102.7	16.4	8.6	5.1	12.8
高齢者世帯	309.1	55.7	43.9	211.9	22.2	2.5	0.0	16.8
児童のいる世帯	673.2	603.0	574.1	29.1	11.5	23.2	19.6	6.3
母　子　世　帯	243.4	179.0	168.3	7.6	1.7	49.3	35.1	5.8
\multicolumn{9}{c}{1世帯当たり平均所得金額の構成割合（単位：％）}
平成27年								
全　世　帯	100.0	74.0	68.4	19.1	3.4	1.2	0.6	2.4
高齢者世帯	100.0	21.1	15.9	65.4	7.4	0.6	0.0	5.5
児童のいる世帯	100.0	91.4	86.1	3.8	1.4	2.5	2.0	0.9
母　子　世　帯	100.0	79.2	77.5	2.8	0.2	15.7	11.8	2.1
平成24年								
全　世　帯	100.0	73.8	69.2	19.1	3.1	1.6	0.9	2.4
高齢者世帯	100.0	18.0	14.2	68.5	7.2	0.8	0.0	5.4
児童のいる世帯	100.0	89.6	85.3	4.3	1.7	3.4	2.9	0.9
母　子　世　帯	100.0	73.5	69.1	3.1	0.7	20.2	14.4	2.4

注：平成27年の数値は、熊本県を除いたものである。なお、平成24年の熊本県分を除いた46都道府県の数値は、148頁の参考表10に掲載している。

　公的年金・恩給を受給している高齢者世帯（熊本県を除く。）のなかで「公的年金・恩給の総所得に占める割合が100％の世帯」は54.2％となっている（図13）。

図13　公的年金・恩給を受給している高齢者世帯における公的年金・恩給の総所得に占める割合別世帯数の構成割合

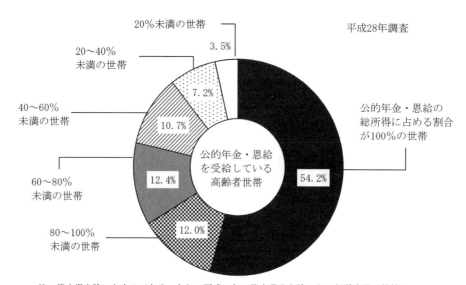

注：熊本県を除いたものである。なお、平成24年の熊本県分を除いた46都道府県の数値は、149頁の参考表11に掲載している。

5 貯蓄、借入金の状況

平成28年の貯蓄の状況（熊本県を除く。）をみると、全世帯では、「貯蓄がある」は80.3％で、「1世帯当たり平均貯蓄額」は1031万5千円となっている。高齢者世帯では、「貯蓄がある」は79.4％で、「1世帯当たり平均貯蓄額」は1221万6千円となっている。

借入金の状況（熊本県を除く。）をみると、全世帯では、「借入金がある」は29.3％で、「1世帯当たり平均借入金額」は430万1千円となっている。また、児童のいる世帯では、「借入金がある」は53.5％で、「1世帯当たり平均借入金額」は947万6千円となっている。（表8）

表8　各種世帯の貯蓄額階級別・借入金額階級別世帯数の構成割合

（単位：％）　　　　　　　　　　　　　　　　　　　　　　　　　　　　　　平成28年

貯蓄・借入金額階級－ 平均貯蓄・借入金額	全 世 帯	高齢者世帯	児童のいる世帯	母子世帯
貯　蓄　額　階　級				
総　　　　　数	100.0	100.0	100.0	100.0
貯　蓄　が　な　い	14.9	15.1	14.6	37.6
貯　蓄　が　あ　る	80.3	79.4	82.0	59.6
50 万 円 未 満	4.7	3.8	5.3	14.4
50〜 100	3.5	2.6	3.9	3.5
100〜 200	7.9	7.0	10.3	9.1
200〜 300	5.9	5.0	7.6	6.5
300〜 400	6.3	5.3	8.4	4.0
400〜 500	3.3	2.5	5.0	1.9
500〜 700	9.4	9.1	10.9	4.2
700〜1000	5.8	5.2	6.6	2.0
1000〜1500	8.7	9.5	7.7	2.9
1500〜2000	4.7	5.6	3.4	1.4
2000〜3000	6.3	7.7	3.6	1.8
3000万円以上	8.8	10.8	4.4	1.9
貯蓄あり額不詳	5.1	5.3	5.1	6.0
不　　　　　詳	4.8	5.5	3.4	2.7
1 世帯当たり 平均貯蓄額（万円）	1 031.5	1 221.6	679.9	327.3
借　入　金　額　階　級				
総　　　　　数	100.0	100.0	100.0	100.0
借　入　金　が　な　い	62.3	79.1	41.5	64.8
借　入　金　が　あ　る	29.3	8.1	53.5	28.1
50 万 円 未 満	1.4	1.2	1.3	4.2
50〜 100	1.6	0.9	2.0	4.7
100〜 200	2.4	1.0	2.5	5.3
200〜 300	1.8	0.5	2.0	1.4
300〜 400	1.4	0.6	1.6	0.5
400〜 500	1.0	0.2	1.3	1.0
500〜 700	1.9	0.8	2.4	1.1
700〜1000	2.0	0.6	2.7	2.2
1000〜1500	3.7	0.7	6.6	1.4
1500〜2000	3.3	0.3	7.5	2.6
2000〜3000	4.9	0.3	14.2	1.6
3000万円以上	3.0	0.4	7.7	0.8
借入金あり額不詳	0.9	0.6	1.8	1.2
不　　　　　詳	8.3	12.7	5.0	7.1
1 世帯当たり 平均借入金額（万円）	430.1	67.7	947.6	184.1

注：1）「1世帯当たり平均貯蓄額」には、不詳及び貯蓄あり額不詳の世帯は含まない。

　　2）「1世帯当たり平均借入金額」には、不詳及び借入金あり額不詳の世帯は含まない。

　　3）熊本県を除いたものである。なお、平成25年の熊本県分を除いた46都道府県の数値は、149頁の
　　　参考表12に掲載している。

世帯主の年齢階級別に１世帯当たり平均貯蓄額（熊本県を除く。）の状況をみると、「60～69歳」が1337万6千円で最も高く、次いで「70歳以上」が1260万1千円となっている。

また、１世帯当たり平均借入金額（熊本県を除く。）の状況をみると、「30～39歳」が865万7千円と最も高く、次いで「40～49歳」が862万1千円となっている。（図14）

図14　世帯主の年齢（10歳階級）別にみた１世帯当たり平均貯蓄額－平均借入金額

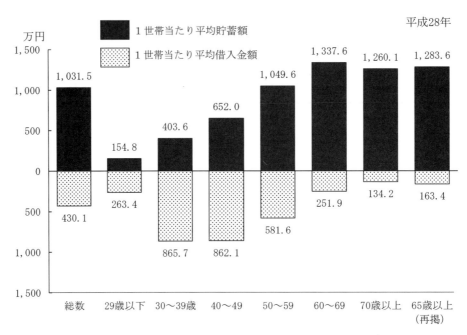

注：1)「１世帯当たり平均貯蓄額」には、不詳及び貯蓄あり額不詳の世帯は含まない。
　　2)「１世帯当たり平均借入金額」には、不詳及び借入金あり額不詳の世帯は含まない。
　　3)年齢階級の「総数」には、年齢不詳を含む。
　　4)熊本県を除いたものである。なお、平成25年の熊本県分を除いた46都道府県の数値は、
　　　150頁の参考表13に掲載している。

世帯主の年齢階級別に貯蓄の増減状況（熊本県を除く。）をみると、前年と比べて「貯蓄が減った」は総数で40.1％となっており、60歳以上では４割を超えている。

貯蓄の減った世帯の減額理由をみると、すべての年齢階級で「日常の生活費への支出」は６割を超え、59歳以下では「入学金、結婚費用、旅行等の一時的な支出」が約３割となっている。また、「株式等の評価額の減少」は、60歳以上で15％程度となっている。（表9）

表9　世帯主の年齢階級別にみた貯蓄の増減状況－減額理由（複数回答）別世帯数の構成割合

（単位：％）　　　　　　　　　　　　　　　　　　　　　　　　　　　　　　　　　　　　　平成28年

世帯主の年齢階級	総数	貯蓄が増えた	変わらない	貯蓄が減った	日常の生活費への支出	土地・住宅の購入費	入学金、結婚費用、旅行等の一時的な支出	株式等の評価額の減少	その他
総　数	100.0	11.6	36.0	40.1　(100.0)	(67.6)	(6.9)	(25.1)	(11.9)	(27.4)
29歳以下	100.0	28.3	38.4	26.0　(100.0)	(63.0)	(10.4)	(28.3)	(1.5)	(20.8)
30～39歳	100.0	23.6	39.2	31.2　(100.0)	(68.3)	(14.5)	(30.3)	(3.3)	(25.6)
40～49	100.0	18.1	39.6	33.4　(100.0)	(61.3)	(8.0)	(36.0)	(6.5)	(26.6)
50～59	100.0	14.4	38.5	36.7　(100.0)	(61.3)	(7.0)	(35.4)	(9.9)	(27.2)
60～69	100.0	7.8	31.7	46.4　(100.0)	(73.2)	(7.3)	(21.5)	(14.2)	(28.9)
70歳以上	100.0	4.6	35.0	44.3　(100.0)	(68.4)	(4.4)	(18.1)	(15.2)	(27.5)
(再掲)65歳以上	100.0	5.3	33.9	45.2　(100.0)	(70.0)	(5.1)	(19.2)	(15.3)	(27.5)

注：1)「総数」には、増減状況不詳を含む。
　　2)年齢階級の「総数」には、年齢不詳を含む。
　　3)熊本県を除いたものである。なお、平成25年の熊本県分を除いた46都道府県の数値は、150頁の参考表14に掲載している。

6 貧困率の状況

　平成27年の貧困線（等価可処分所得の中央値の半分、熊本県を除く。）は122万円となっており、「相対的貧困率」（貧困線に満たない世帯員の割合、熊本県を除く。）は15.7％（対24年△0.4ポイント）となっている。また、「子どもの貧困率」（17歳以下）は13.9％（対24年△2.4ポイント）となっている。

　「子どもがいる現役世帯」（世帯主が18歳以上65歳未満で子どもがいる世帯）の世帯員についてみると、12.9％（対24年△2.2ポイント）となっており、そのうち「大人が一人」の世帯員では50.8％（対24年△3.8ポイント）、「大人が二人以上」の世帯員では10.7％（対24年△1.7ポイント）となっている。（表10、図15）

表10　貧困率の年次推移

	昭和60年	63	平成3年	6	9	12	15	18	21	24	27
					（単位：％）						
相対的貧困率	12.0	13.2	13.5	13.8	14.6	15.3	14.9	15.7	16.0	16.1	15.7
子どもの貧困率	10.9	12.9	12.8	12.2	13.4	14.4	13.7	14.2	15.7	16.3	13.9
子どもがいる現役世帯	10.3	11.9	11.6	11.3	12.2	13.0	12.5	12.2	14.6	15.1	12.9
大人が一人	54.5	51.4	50.1	53.5	63.1	58.2	58.7	54.3	50.8	54.6	50.8
大人が二人以上	9.6	11.1	10.7	10.2	10.8	11.5	10.5	10.2	12.7	12.4	10.7
					（単位：万円）						
中央値（a）	216	227	270	289	297	274	260	254	250	244	244
貧困線（a/2）	108	114	135	144	149	137	130	127	125	122	122

注：1）平成6年の数値は、兵庫県を除いたものである。
　　2）平成27年の数値は、熊本県を除いたものである。
　　3）貧困率は、ＯＥＣＤの作成基準に基づいて算出している。
　　4）大人とは18歳以上の者、子どもとは17歳以下の者をいい、現役世帯とは世帯主が18歳以上65歳未満の世帯をいう。
　　5）等価可処分所得金額不詳の世帯員は除く。

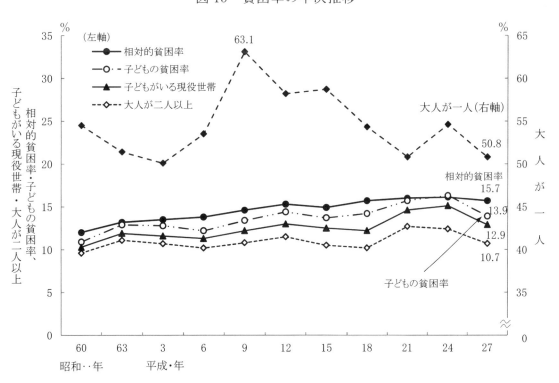

図15　貧困率の年次推移

注：1）平成6年の数値は、兵庫県を除いたものである。
　　2）平成27年の数値は、熊本県を除いたものである。
　　3）貧困率は、ＯＥＣＤの作成基準に基づいて算出している。
　　4）大人とは18歳以上の者、子どもとは17歳以下の者をいい、現役世帯とは世帯主が18歳以上65歳未満の世帯をいう。
　　5）等価可処分所得金額不詳の世帯員は除く。

等価可処分所得金額別に世帯員数（熊本県を除く。）の相対度数分布をみると、平成24年に比べ、「全世帯員」では60～120万円未満で低下し、140～180万円未満及び200～320万円未満で上昇している。
　「子ども」（17歳以下）では60～140万円未満で低下し、200～360万円未満で上昇している。
　「子どもがいる現役世帯で大人が一人」では60～100万円未満及び120～140万円未満で低下し、140～180万円未満で上昇している。（図16）

図16　等価可処分所得金額階級別世帯員数の相対度数分布

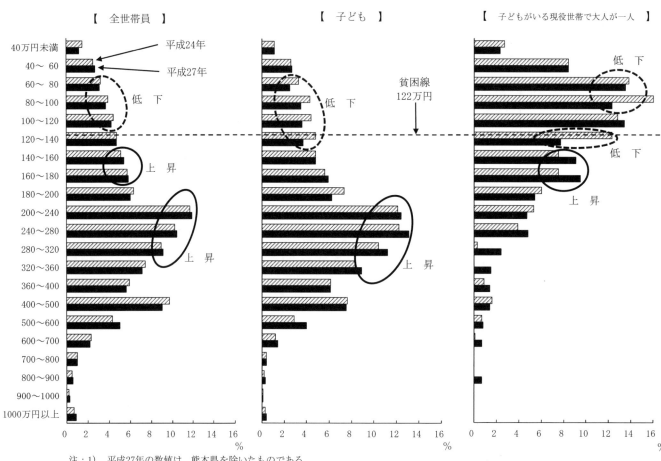

注：1）平成27年の数値は、熊本県を除いたものである。
　　2）大人とは18歳以上の者、子どもとは17歳以下の者をいい、現役世帯とは世帯主が18歳以上65歳未満の世帯をいう。
　　3）等価可処分所得金額不詳の世帯員は除く。

7 生活意識の状況

　生活意識別に世帯数（熊本県を除く。）の構成割合をみると、「苦しい」（「大変苦しい」と「やや苦しい」）が56.5％となっており、2年連続で低下している（図17）。

図17　世帯の生活意識の年次推移

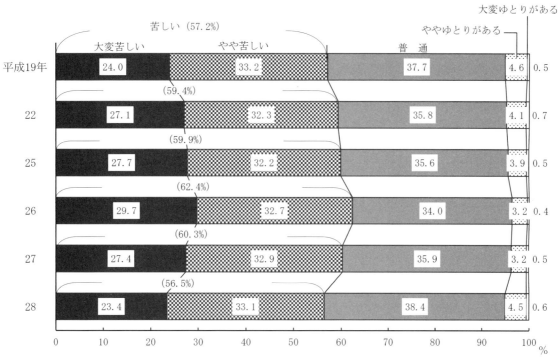

　各種世帯（熊本県を除く。）の生活意識をみると、「苦しい」の割合は、「母子世帯」が82.7％、「児童のいる世帯」が62.0％となっている（図18）。

図18　各種世帯の生活意識

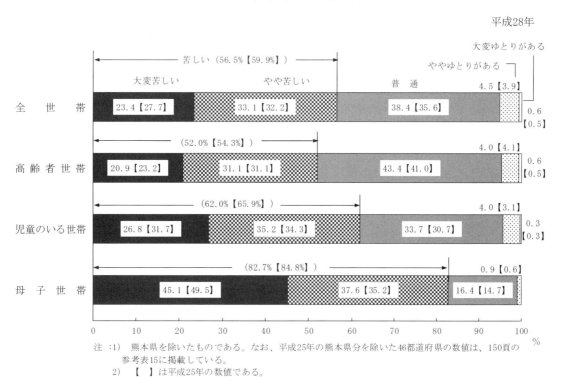

III 世帯員の健康状況

1 自覚症状の状況

　　病気やけが等で自覚症状のある者〔有訴者〕（熊本県を除く。）は人口千人当たり 305.9（この割合を「有訴者率」という。）となっている。

　　有訴者率（人口千対）を性別にみると、男 271.9、女 337.3 で女が高くなっている。

　　年齢階級別にみると、「10～19歳」の 166.5 が最も低く、年齢階級が高くなるにしたがって上昇し、「80歳以上」では 520.2 となっている。（表11）

　　症状別にみると、男では「腰痛」での有訴者率が最も高く、次いで「肩こり」、「せきやたんが出る」、女では「肩こり」が最も高く、次いで「腰痛」、「手足の関節が痛む」となっている（図19）。

　　なお、足腰に痛み（「腰痛」か「手足の関節が痛む」のいずれか若しくは両方の有訴者。以下「足腰に痛み」という。）のある高齢者（65歳以上）の割合は、男では 210.1、女では 266.6 となっている（137頁　統計表第10表参照）。

（参考）　「健康日本21（第2次）」の目標　足腰に痛みのある高齢者の割合の減少（千人当たり）
　　　　　目標値：男性200人　女性260人　【平成34年度】

表11　性・年齢階級別にみた有訴者率（人口千対）

（単位：人口千対）

年齢階級	平成28年 総数	男	女	平成25年 総数	男	女
総　　数	305.9	271.9	337.3	312.4	276.8	345.3
9歳以下	185.7	198.1	172.8	196.5	204.7	187.9
10～19	166.5	162.4	170.7	176.4	175.2	177.8
20～29	209.2	167.7	250.3	213.2	168.7	257.6
30～39	250.6	209.0	291.2	258.7	214.4	301.4
40～49	270.0	224.9	313.6	281.1	234.3	325.7
50～59	308.8	263.0	352.8	319.5	271.0	365.8
60～69	352.8	330.6	373.5	363.0	338.5	385.5
70～79	456.5	432.2	477.2	474.8	448.0	497.4
80歳以上	520.2	499.1	533.2	537.5	528.1	542.9
（再掲）						
65歳以上	446.0	417.5	468.9	466.1	439.9	486.6
75歳以上	505.2	480.5	522.5	525.6	506.1	538.8

注：1）有訴者には入院者は含まないが、分母となる世帯人員には入院者を含む。
　　2）「総数」には、年齢不詳を含む。
　　3）平成28年の数値は、熊本県を除いたものである。なお、平成25年の熊本県及び同県分を除いた46都道府県の数値は、151頁の参考表16に掲載している。

図19　性別にみた有訴者率の上位5症状（複数回答）

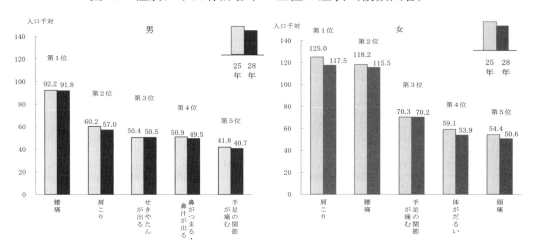

注：1）有訴者には入院者は含まないが、分母となる世帯人員には入院者を含む。
　　2）平成28年の数値は、熊本県を除いたものである。

2　通院の状況

　傷病で通院している者〔通院者〕（熊本県を除く。）は人口千人当たり390.2（この割合を「通院者率」という。）となっている。
　通院者率（人口千対）を性別にみると、男372.5、女406.6で女が高くなっている。
　年齢階級別にみると、「10～19歳」の141.1が最も低く、年齢階級が高くなるにしたがって上昇し、「80歳以上」で730.3となっている。（表12）
　傷病別にみると、男では「高血圧症」での通院者率が最も高く、次いで「糖尿病」、「歯の病気」、女では「高血圧症」が最も高く、次いで「眼の病気」、「歯の病気」となっている（図20）。

表12　性・年齢階級別にみた通院者率（人口千対）

（単位：人口千対）

年齢階級	平成28年 総数	平成28年 男	平成28年 女	平成25年 総数	平成25年 男	平成25年 女
総　　数	390.2	372.5	406.6	378.3	358.8	396.3
9歳以下	160.0	172.5	147.0	163.9	178.6	148.4
10～19	141.1	144.3	137.6	133.0	138.9	126.9
20～29	156.7	129.8	183.4	150.4	123.4	177.2
30～39	206.0	180.1	231.3	204.1	178.4	228.9
40～49	275.5	264.3	286.3	272.7	258.9	285.8
50～59	418.8	411.5	425.9	418.8	408.5	428.5
60～69	582.2	583.3	581.1	576.6	574.1	578.9
70～79	708.0	704.2	711.2	707.5	702.8	711.5
80歳以上	730.3	729.1	731.0	734.1	733.3	734.5
（再掲）						
65歳以上	686.7	681.7	690.6	690.6	685.2	694.9
75歳以上	727.8	725.1	729.6	735.0	732.9	736.4

注：1）通院者には入院者は含まないが、分母となる世帯人員には入院者を含む。
　　2）「総数」には、年齢不詳を含む。
　　3）平成28年の数値は、熊本県を除いたものである。なお、平成25年の熊本県及び同県分を除いた46都道府県の数値は、151頁の参考表17に掲載している。

図20　性別にみた通院者率の上位5傷病（複数回答）

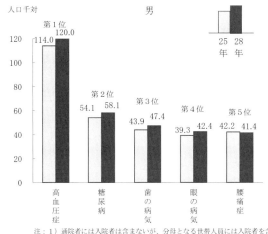
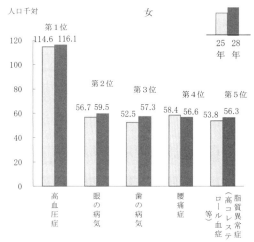

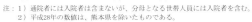
注：1）通院者には入院者は含まないが、分母となる世帯人員には入院者を含む。
　　2）平成28年の数値は、熊本県を除いたものである。

3 健康意識

　6歳以上の者（入院者、熊本県を除く。）について、健康意識の構成割合をみると、「健康と思っている」（「よい」「まあよい」「ふつう」を合わせた者。以下同じ。）は85.5％となっており、「あまりよくない」11.2％、「よくない」1.8％となっている。
　「健康と思っている」の割合を性別にみると、男86.7％、女84.4％となっている。（表13、図21）

表13　性別にみた健康意識の構成割合（6歳以上）

（単位：％）　　　　　　　　　　　　　　　　　　　　　　　　　　　　　　　　平成28年

性	総数	健康と思っている				あまりよくない	よくない	不詳
			よい	まあよい	ふつう			
総数	100.0	85.5	20.7	17.8	47.0	11.2	1.8	1.5
男	100.0	86.7	22.2	17.9	46.5	10.1	1.8	1.5
女	100.0	84.4	19.3	17.7	47.4	12.3	1.8	1.5

注：1）入院者は含まない。
　　2）熊本県を除いたものである。

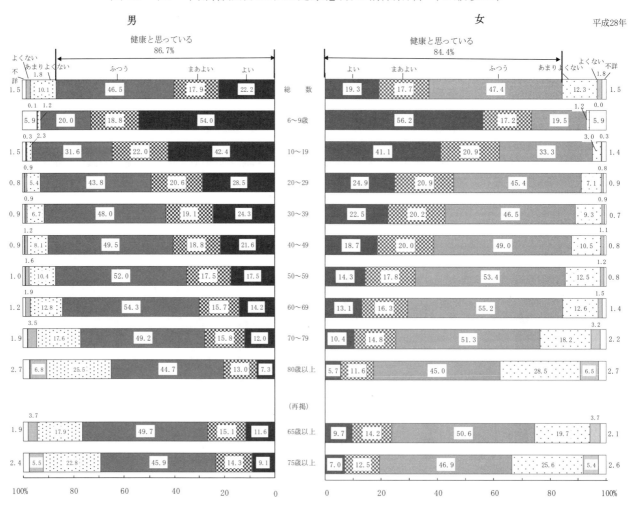

図21　性・年齢階級別にみた健康意識の構成割合（6歳以上）

注：1）入院者は含まない。
　　2）熊本県を除いたものである。

4　悩みやストレスの状況

　12歳以上の者（入院者、熊本県を除く。）について、日常生活での悩みやストレスの有無をみると「ある」が47.7％、「ない」が50.7％となっている（図22）。
　悩みやストレスがある者の割合を性別にみると、男42.8％、女52.2％で女が高くなっており、年齢階級別にみると、男女ともに30代から50代が高く、男では約5割、女では約6割となっている（図23）。

図22　悩みやストレスの有無別構成割合　　図23　性・年齢階級別にみた悩みやストレスがある者の
　　　　　（12歳以上）　　　　　　　　　　　　　　　　割合（12歳以上）

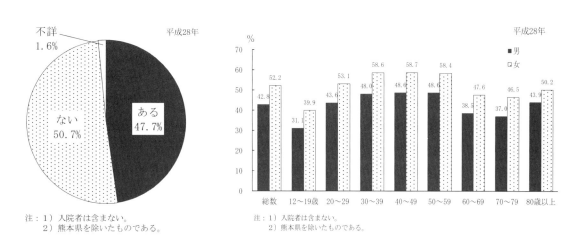

5　こころの状態

　12歳以上の者（入院者、熊本県を除く。）について、過去1か月間のこころの状態を点数階級別（6つの質問について、5段階（0～4点）で点数化して合計したもの）にみると、「0～4点」が67.6％と最も多くなっており、年齢階級別に点数階級をみてもすべての年齢階級で「0～4点」が最も多くなっている（図24、図25）。
　なお、気分障害・不安障害に相当する心理的苦痛を感じている者（20歳以上で、10点以上）の割合は、10.5％となっている（図25）。

（参考）　「健康日本21（第2次）」の目標　気分障害・不安障害に相当する心理的苦痛を感じ
　　　　　ている者の割合の減少　　　　　　目標値：9.4％　【平成34年度】

図24　こころの状態（点数階級）別　　　　図25　年齢階級別にみたこころの状態
　　　　構成割合（12歳以上）　　　　　　　　　　（点数階級）の構成割合（12歳以上）

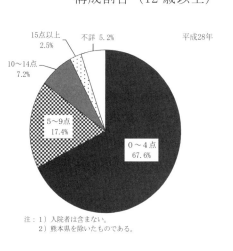
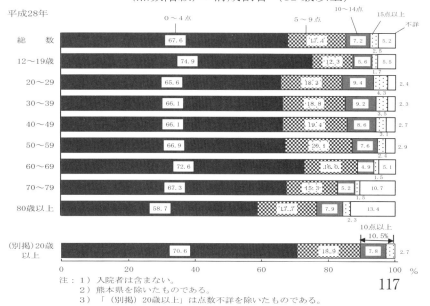

6　睡眠と休養充足度の状況

　12歳以上の者（入院者、熊本県を除く。）について、過去1か月間の1日の平均睡眠時間をみると、「6〜7時間未満」が32.3%と最も多くなっている（表14）。

　睡眠による休養充足度をみると、「まあまあとれている」が最も多く57.7%となっている（図26）。

　なお、「睡眠による休養を十分とれていない」（20歳以上の者で「あまりとれていない」と「まったくとれていない」を合わせた者。以下同じ。）の割合は、23.2%となっている（図27）。

> （参考）　「健康日本21（第2次）」の目標
> 　　　　　睡眠による休養を十分とれていない者の割合の減少　　目標値：15%【平成34年度】

表14　年齢階級別にみた平均睡眠時間の構成割合（12歳以上）

（単位：%）　　　　　　　　　　　　　　　　　　　　　　　　　　　　平成28年

年齢階級	総数	5時間未満	5〜6時間未満	6〜7時間未満	7〜8時間未満	8〜9時間未満	9時間以上	不詳
総数	100.0	8.2	28.7	32.3	21.4	6.2	1.9	1.3
12〜19歳	100.0	3.5	20.4	34.0	28.1	8.7	1.3	4.0
20〜29	100.0	6.8	30.0	34.9	21.1	5.0	1.4	0.8
30〜39	100.0	8.5	30.4	34.8	20.2	4.3	1.0	0.8
40〜49	100.0	11.2	35.7	32.8	15.8	3.1	0.6	0.8
50〜59	100.0	10.7	36.6	32.6	15.9	2.9	0.5	0.7
60〜69	100.0	7.2	27.8	34.0	23.4	5.6	1.0	0.9
70〜79	100.0	8.0	23.8	29.9	25.0	9.1	2.6	1.6
80歳以上	100.0	6.3	15.8	22.3	27.1	16.5	10.0	2.0
（再掲）								
65歳以上	100.0	7.2	22.4	29.0	25.5	10.2	4.1	1.5
75歳以上	100.0	7.0	18.9	24.9	26.2	13.9	7.3	1.9

注：1）入院者は含まない。
　　2）熊本県を除いたものである。

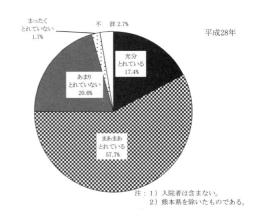

図26　睡眠による休養充足度別構成割合（12歳以上）

注：1）入院者は含まない。
　　2）熊本県を除いたものである。

図27　年齢階級別にみた休養充足度の割合（12歳以上）

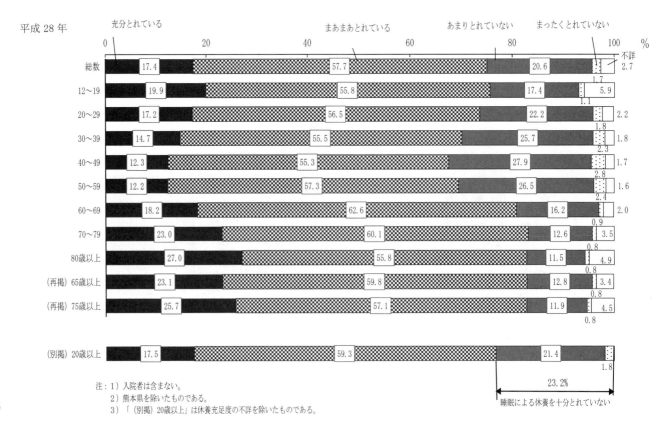

注：1）入院者は含まない。
　　2）熊本県を除いたものである。
　　3）「（別掲）20歳以上」は休養充足度の不詳を除いたものである。

7 飲酒の状況

(1) 飲酒の有無と頻度

20歳以上の者（入院者、熊本県を除く。）について、週の飲酒の状況を性別にみると、男は「毎日」が26.6%、女は「飲まない（飲めない）」が47.4%と最も多くなっている（図28）。

性・年齢階級別にみると、男は30代から70代まで「飲酒している」（「毎日」から「月1～3日」を合わせた者。）の割合が多く、「20～29歳」、「80歳以上」は「飲酒していない」（「ほとんど飲まない」から「飲まない（飲めない）」を合わせた者。）の割合が多くなっている。女は全ての年齢階級で「飲酒していない」の割合が多くなっている。

「飲酒している」を飲酒の頻度別にみると、男は30代以上、女は40代以上の年齢階級で「毎日」が最も多くなっている。（表15）

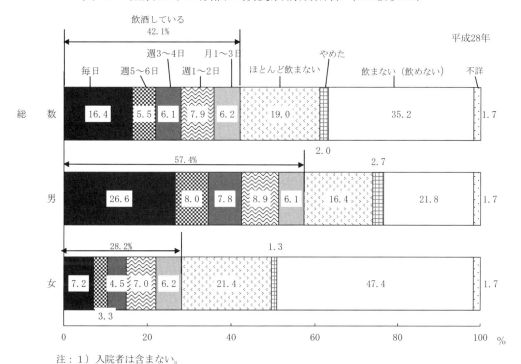

図28　性別にみた飲酒の頻度別構成割合（20歳以上）

注：1）入院者は含まない。
　　2）熊本県を除いたものである。

表15　性・年齢階級別にみた飲酒の状況別構成割合（20歳以上）

（単位：％）　　　平成28年

性 年齢階級	総数	飲酒している	毎日	週5～6日	週3～4日	週1～2日	月1～3日	飲酒していない	ほとんど飲まない	やめた	飲まない（飲めない）	不詳
男	100.0	57.4	26.6	8.0	7.8	8.9	6.1	40.9	16.4	2.7	21.8	1.7
20～29歳	100.0	45.1	4.6	3.2	6.7	15.5	15.1	53.3	28.0	0.4	24.9	1.6
30～39	100.0	54.1	17.2	7.0	9.0	12.2	8.7	44.5	20.4	0.7	23.4	1.4
40～49	100.0	60.5	26.7	8.5	8.8	10.3	6.2	38.2	16.5	1.2	20.5	1.3
50～59	100.0	65.7	33.2	10.4	8.7	8.7	4.7	32.9	13.5	2.0	17.4	1.3
60～69	100.0	63.9	36.7	9.7	7.6	6.1	3.8	34.2	12.4	3.6	18.2	1.7
70～79	100.0	55.1	31.5	7.9	6.9	5.3	3.5	42.4	13.7	5.2	23.5	2.4
80歳以上	100.0	39.8	23.0	4.7	5.1	4.1	2.9	57.2	14.7	8.3	34.2	2.9
女	100.0	28.2	7.2	3.3	4.5	7.0	6.2	70.1	21.4	1.3	47.4	1.7
20～29歳	100.0	33.5	1.5	1.4	3.6	11.2	15.8	65.5	29.1	1.5	34.9	1.2
30～39	100.0	31.9	6.3	3.4	5.0	9.2	8.0	67.1	22.5	2.3	42.3	1.0
40～49	100.0	38.4	11.2	4.7	5.9	9.5	7.1	60.5	22.2	1.4	36.9	1.1
50～59	100.0	36.8	11.6	5.0	5.9	7.9	6.4	62.0	22.3	1.0	38.7	1.2
60～69	100.0	25.9	7.9	3.6	4.6	5.6	4.2	72.4	21.1	1.1	50.2	1.8
70～79	100.0	17.0	4.9	2.1	3.2	3.7	3.1	80.3	19.2	1.2	59.9	2.7
80歳以上	100.0	9.0	2.8	0.9	1.6	2.2	1.5	87.9	14.6	1.1	72.2	3.3

注：1）入院者は含まない。
　　2）熊本県を除いたものである。

(2) 生活習慣病のリスクを高める量を飲酒している者の割合

　20歳以上の者（入院者、熊本県を除く。）について、生活習慣病のリスクを高める量を飲酒している者の割合を性別にみると、男は14.7％、女は8.9％となっている（図29）。

（参考）　「健康日本21（第2次）」の目標　生活習慣病のリスクを高める量を飲酒している者の割合の減少　　目標値：男性13％　女性6.4％【平成34年度】

図29　生活習慣病のリスクを高める量を飲酒している者の割合の年次比較（20歳以上）

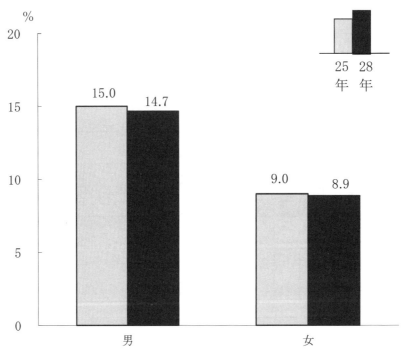

注：1）飲酒頻度と飲酒量の不詳を除く。
　　2）平成28年の数値は、熊本県を除いたものである。

凡例：25年　28年

「生活習慣病のリスクを高める量を飲酒している者」とは、1日当たりの純アルコール摂取量が、男で40g以上、女20g以上の者とし、以下の方法で算出。
① 男：「毎日×2合以上」＋「週5～6日×2合以上」＋「週3～4日×3合以上」＋「週1～2日×5合以上」＋「月1～3日×5合以上」
② 女：「毎日×1合以上」＋「週5～6日×1合以上」＋「週3～4日×1合以上」＋「週1～2日×3合以上」＋「月1～3日×5合以上」

　清酒1合（アルコール度数15度・180ml）は、次の量にほぼ相当する。
ビール中瓶1本（同5度・500ml）、焼酎0.6合（同25度・約110ml）、ワイン1/4本（同14度・約180ml）、ウィスキーダブル1杯（同43度・60ml）、缶チューハイ1.5缶（同5度・約520ml）

8 喫煙の状況

20歳以上の者（入院者、熊本県を除く。）について、喫煙の状況を性別にみると、男女とも「吸わない」が最も多く、男で58.9%、女で86.2%となっている（図30）。

図30 性別にみた喫煙の状況の構成割合（20歳以上）

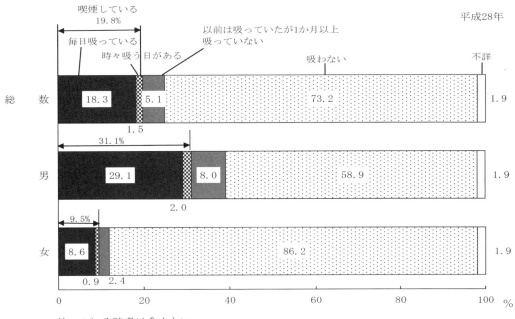

注：1）入院者は含まない。
2）熊本県を除いたものである。

「喫煙している」（「毎日吸っている」と「時々吸う日がある」を合わせた者）を性・年齢階級別に平成13年と比較すると、ほとんどの年齢階級で低下しており、男女とも「20～29歳」が最も低下している（図31）。

図31 性・年齢階級別にみた喫煙している者の年次比較（20歳以上）

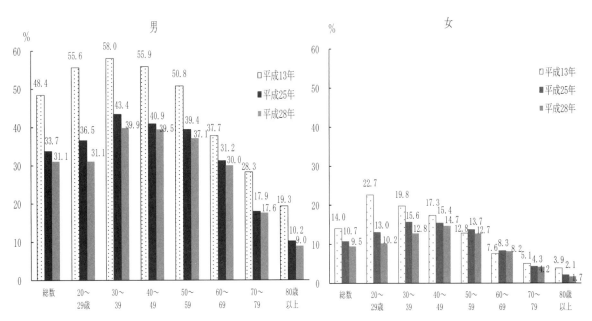

注：1）入院者は含まない。
2）平成28年の数値は、熊本県を除いたものである。

9　健診（健康診断や健康診査）や人間ドックの受診状況

　　20歳以上の者（入院者、熊本県を除く。）について、過去1年間の健診（健康診断や健康診査）や人間ドックの受診状況を性別にみると、男72.0％、女63.1％で男が高くなっており、年齢階級別にみると、男女ともに「50〜59歳」が最も高く、男で79.9％、女で71.0％となっている（表16）。

　　なお、40〜74歳人口に占める健診受診率は71.0％である。

（参考）　「未来投資戦略2017（中短期工程表）」の目標　各年度における40〜74歳人口に占める当該年度に健診（特定健診を含む）を受診した者の割合　目標値：80％以上【2020年まで】

表16　性・年齢階級別にみた健診や人間ドックを受けた者の割合（20歳以上）

（単位：％）　　　　　　　　　　　　　　　　　　　　　　　　　　　　　　　　　　　平成28年

性別	総数	20〜29歳	30〜39	40〜49	50〜59	60〜69	70〜79	80歳以上	（再掲）40〜74歳
総数	67.3	64.1	65.4	73.5	75.3	67.7	63.5	52.3	71.0
男	72.0	66.8	74.9	79.6	79.9	70.6	64.2	55.0	75.0
女	63.1	61.5	56.2	67.7	71.0	65.1	63.0	50.5	67.3

注：1）入院者は含まない。
　　2）熊本県を除いたものである。

　　健診や人間ドックを受けなかった者について、受けなかった理由をみると、「心配な時はいつでも医療機関を受診できるから」が33.5％と最も高く、次いで「時間がとれなかったから」、「めんどうだから」となっている。

　　年齢階級別にみると、「20〜29歳」では「めんどうだから」、30代から50代は「時間がとれなかったから」、60代以上は「心配な時はいつでも医療機関を受診できるから」が最も高くなっている。（表17）

表17　年齢階級別にみた健診や人間ドックを受けなかった理由（複数回答）
の割合（20歳以上）

（単位：％）　　　　　　　　　　　　　　　　　　　　　　　　　　　　　　　　　　　平成28年

年齢階級	総数	心配な時はいつでも医療機関を受診できるから	時間がとれなかったから	めんどうだから	費用がかかるから	毎年受ける必要性を感じないから	その時、医療機関に入通院していたから	健康状態に自信があり、必要性を感じないから	結果が不安なため、受けたくないから	検査等に不安があるから	知らなかったから	場所が遠いから	その他
総数	100.0	33.5	22.8	20.2	14.9	9.7	9.6	8.3	5.4	3.7	3.5	2.3	11.7
20〜29歳	100.0	16.6	24.4	25.0	22.9	9.1	1.2	12.9	2.0	3.3	10.9	1.9	14.7
30〜39	100.0	16.9	35.5	23.5	28.5	7.6	2.5	7.6	4.0	4.3	5.9	2.4	13.4
40〜49	100.0	18.8	41.4	26.1	19.8	7.8	3.8	6.7	7.6	5.0	2.9	2.7	10.5
50〜59	100.0	26.8	33.7	24.6	16.7	9.1	7.1	7.3	8.4	4.8	2.2	2.6	10.7
60〜69	100.0	41.2	17.9	20.7	11.0	12.6	12.0	8.9	7.7	4.3	1.2	1.9	10.6
70〜79	100.0	52.7	7.0	12.6	5.9	11.8	17.5	9.2	4.9	2.7	1.6	2.1	9.9
80歳以上	100.0	54.1	2.6	10.4	2.7	8.2	20.4	5.9	1.9	1.1	2.2	2.6	13.3
（再掲）65歳以上	100.0	50.8	7.7	13.8	6.1	11.0	17.2	8.2	4.5	2.6	1.7	2.2	11.2
75歳以上	100.0	54.2	3.6	10.6	3.4	9.3	19.9	6.8	2.8	1.6	2.1	2.5	12.2

注：1）入院者は含まない。
　　2）熊本県を除いたものである。

10 がん検診の受診状況

　40歳から69歳の者（子宮がん（子宮頸がん）検診は20歳から69歳。入院者、熊本県を除く。）について、過去1年間にがん検診を受診した者をみると、男女とも「肺がん検診」が最も高く、男で51.0％、女で41.7％となっている。
　過去2年間に子宮がん（子宮頸がん）、乳がん検診を受診した者をみると、子宮がん（子宮頸がん）検診は42.4％、乳がん検診は44.9％となっている。
　また、いずれの検診においても上昇傾向となっている。（図32）

> (参考)　「健康日本21（第2次）」の目標
> 　　　　がん検診の受診率の向上　目標値：50％【平成28年度】

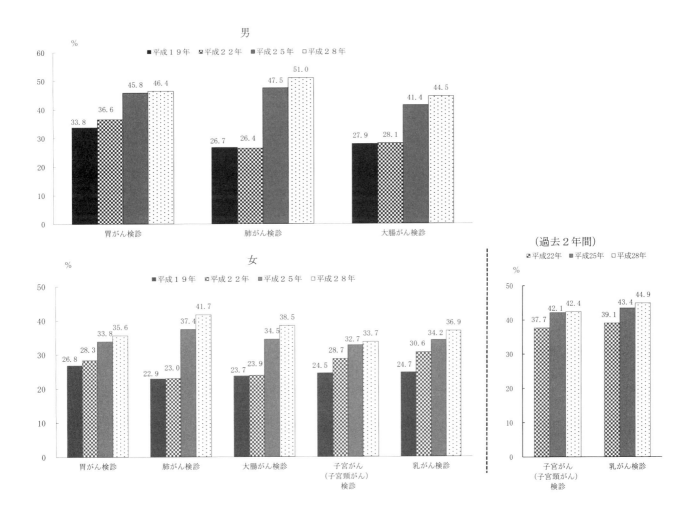

図32　性別にみたがん検診を受診した40歳から69歳
（子宮がん（子宮頸がん）検診は20歳から69歳）の者の割合

注：1）　入院者は含まない。
　　2）　平成22年までは「子宮がん検診」として調査しており、平成25年以降は「子宮がん（子宮頸がん）検診」として調査している。
　　3）　平成22年調査までは、がん検診の受診率については、上限を設けず40歳以上（子宮がん検診は20歳以上）を対象年齢として算出していたが、「がん対策推進基本計画」（平成24年6月8日閣議決定）において、がん検診の受診率の算定の対象年齢が40歳から69歳（子宮がん（子宮頸がん）は20歳から69歳）までになったことから、平成25年調査以降については、この対象年齢にあわせて算出するとともに、平成22年以前の調査についても、この対象年齢にあわせて算出し直している。
　　4）　平成28年の数値は、熊本県を除いたものである。

Ⅳ　介護の状況

1　要介護者等のいる世帯の状況

　介護保険法の要支援又は要介護と認定された者（熊本県を除く。）のうち、在宅の者（以下「要介護者等」という。）のいる世帯の世帯構造をみると、「核家族世帯」が37.9％で最も多く、次いで「単独世帯」が29.0％、「その他の世帯」が18.3％となっている。

　年次推移をみると、「単独世帯」と「核家族世帯」の割合は上昇傾向であり、「三世代世帯」の割合が低下している。（表18）

表18　要介護者等のいる世帯の世帯構造の構成割合の年次推移

（単位：％）

年次	総数	単独世帯	核家族世帯	（再掲）夫婦のみの世帯	三世代世帯	その他の世帯	（再掲）高齢者世帯
平成13年	100.0	15.7	29.3	18.3	32.5	22.4	35.3
16	100.0	20.2	30.4	19.5	29.4	20.0	40.4
19	100.0	24.0	32.7	20.2	23.2	20.1	45.7
22	100.0	26.1	31.4	19.3	22.5	20.1	47.0
25	100.0	27.4	35.4	21.5	18.4	18.7	50.9
28	100.0	29.0	37.9	21.9	14.9	18.3	54.5

注：平成28年の数値は、熊本県を除いたものである。

　要介護度の状況を世帯構造別にみると、「単独世帯」では要介護度の低い者のいる世帯の割合が高く、「核家族世帯」「三世代世帯」では要介護度の高い者のいる世帯の割合が高くなっている（表19）。

表19　要介護者等のいる世帯の世帯構造別にみた要介護度の構成割合

（単位：％）

平成28年

要介護度	総数	単独世帯	核家族世帯	（再掲）夫婦のみの世帯	三世代世帯	その他の世帯	（再掲）高齢者世帯
総数	100.0	100.0	100.0	100.0	100.0	100.0	100.0
要支援者のいる世帯	30.0	42.0	28.3	27.7	23.0	20.5	33.9
要支援1	13.6	20.4	12.3	11.1	8.9	9.5	15.4
要支援2	16.4	21.6	15.9	16.6	14.1	11.0	18.5
要介護者のいる世帯	66.8	54.1	68.0	69.1	75.9	77.0	62.6
要介護1	18.9	18.4	17.8	18.7	20.8	20.6	18.9
要介護2	20.5	18.3	20.2	20.6	22.6	23.0	19.5
要介護3	12.1	9.1	12.1	12.7	15.3	14.0	11.3
要介護4	8.8	4.5	9.9	9.5	10.8	11.9	7.7
要介護5	6.4	3.8	8.0	7.6	6.4	7.5	5.2

注：1）「総数」には、要介護度不詳を含む。
　　2）世帯に複数の要介護者等がいる場合は、要介護の程度が高い者のいる世帯に計上した。
　　3）熊本県を除いたものである。

2 要介護者等の状況

　要介護者等（熊本県を除く。）の年齢を年次推移でみると、年齢が高い階級が占める割合が上昇している。平成 28 年の要介護者等の年齢を性別にみると、男は「80〜84 歳」の 26.1％、女は「85〜89 歳」の 26.2％が最も多くなっている。（図 33、34）

図 33　要介護者等の年齢階級別構成割合の年次推移

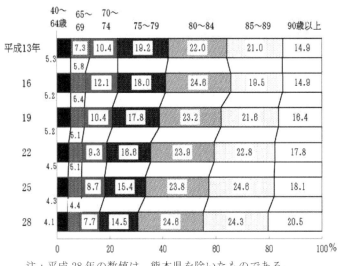

注：平成 28 年の数値は、熊本県を除いたものである。

図 34　性別にみた要介護者等の年齢階級別構成割合

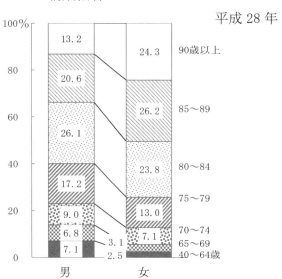

注：熊本県を除いたものである。

　介護が必要となった主な原因を要介護度別にみると、要支援者では「関節疾患」が 17.2％で最も多く、次いで「高齢による衰弱」が 16.2％となっている。要介護者では「認知症」が 24.8％で最も多く、次いで「脳血管疾患（脳卒中）」が 18.4％となっている。（表 20）

表 20　要介護度別にみた介護が必要となった主な原因（上位 3 位）

（単位：％）　　　　　　　　　　　　　　　　　　　　　　　　　　　　　　　　　　　　平成28年

要介護度	第1位		第2位		第3位	
総　　数	認知症	18.0	脳血管疾患（脳卒中）	16.6	高齢による衰弱	13.3
要支援者	関節疾患	17.2	高齢による衰弱	16.2	骨折・転倒	15.2
要支援1	関節疾患	20.0	高齢による衰弱	18.4	脳血管疾患（脳卒中）	11.5
要支援2	骨折・転倒	18.4	関節疾患	14.7	脳血管疾患（脳卒中）	14.6
要介護者	認知症	24.8	脳血管疾患（脳卒中）	18.4	高齢による衰弱	12.1
要介護1	認知症	24.8	高齢による衰弱	13.6	脳血管疾患（脳卒中）	11.9
要介護2	認知症	22.8	脳血管疾患（脳卒中）	17.9	高齢による衰弱	13.3
要介護3	認知症	30.3	脳血管疾患（脳卒中）	19.8	高齢による衰弱	12.8
要介護4	認知症	25.4	脳血管疾患（脳卒中）	23.1	骨折・転倒	12.0
要介護5	脳血管疾患（脳卒中）	30.8	認知症	20.4	骨折・転倒	10.2

注：熊本県を除いたものである。

3 主な介護者の状況

　主な介護者（熊本県を除く。）をみると、要介護者等と「同居」が58.7%で最も多く、次いで「事業者」が13.0%となっている。
　「同居」の主な介護者の要介護者等との続柄をみると、「配偶者」が25.2%で最も多く、次いで「子」が21.8%、「子の配偶者」が9.7%となっている。（図35）
　また、「同居」の主な介護者を性別にみると、男34.0%、女66.0%で女が多く、これを年齢階級別にみると、男女とも「60～69歳」が28.5%、33.1%と最も多くなっている（図36）。

図35　要介護者等との続柄別主な介護者の構成割合

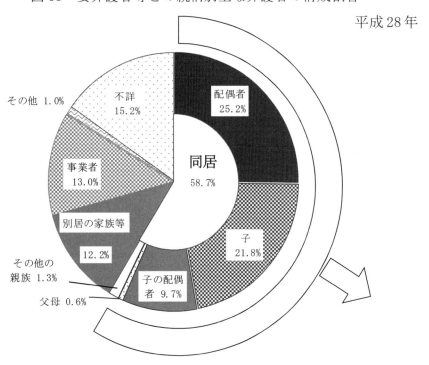

注：熊本県を除いたものである。

図36　同居の主な介護者の性・年齢階級別構成割合

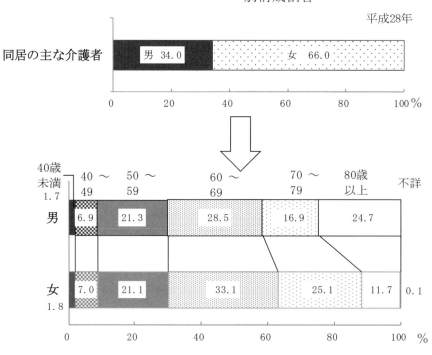

注：熊本県を除いたものである。

同居の主な介護者と要介護者等の組合せを年齢階級別にみると、「70～79歳」の要介護者等では、「70～79歳」の者が介護している割合が48.4％、「80～89歳」の要介護者等では、「50～59歳」の者が介護している割合が32.9％で最も多くなっている（表21）。

年次推移をみると、60歳以上同士、65歳以上同士、75歳以上同士の組合せにおいて、いずれも上昇傾向となっている（図37）。

表21　要介護者等の年齢階級別にみた同居の主な介護者の性・年齢階級構成割合

（単位：％）　　　　　　　　　　　　　　　　　　　　　　　　　　　　　　　　　平成28年

同居の主な介護者の性・年齢階級	総数	40～64歳	65～69	70～79	80～89	90歳以上	(再掲)60歳以上	(再掲)65歳以上	(再掲)75歳以上
総数	[100.0]	[4.4]	[4.6]	[22.6]	[47.1]	[21.4]	[97.5]	[95.6]	[83.1]
	100.0	100.0	100.0	100.0	100.0	100.0	100.0	100.0	100.0
40歳未満	1.8	8.3	6.6	1.6	0.9	1.3	1.6	1.5	1.1
40～49歳	7.0	3.8	14.5	15.6	4.9	1.5	7.0	7.1	5.7
50～59	21.2	31.3	2.0	8.6	32.9	10.8	21.0	20.7	23.3
60～69	31.5	35.7	62.0	13.1	22.6	63.2	31.8	31.3	30.1
70～79	22.3	11.3	14.7	48.4	15.2	14.4	22.4	22.8	21.0
80歳以上	16.1	9.6	0.2	12.4	23.4	8.8	16.1	16.4	18.6
(再掲)60歳以上	70.0	56.6	76.9	73.9	61.2	86.4	70.3	70.6	69.8
(再掲)65歳以上	53.9	35.9	54.0	72.5	43.8	60.1	54.2	54.7	53.1
(再掲)75歳以上	27.3	14.1	0.8	34.6	34.8	11.3	27.3	27.9	30.2
男	34.0	36.7	37.1	39.9	32.8	29.0	33.9	33.8	32.8
40歳未満	0.6	4.3	1.4	0.3	0.4	0.4	0.5	0.4	0.4
40～49歳	2.3	1.2	6.1	6.3	1.2	0.2	2.3	2.4	1.8
50～59	7.2	7.2	－	3.6	11.3	3.8	7.1	7.3	8.1
60～69	9.7	20.8	18.3	1.8	7.2	19.3	9.7	9.2	9.2
70～79	5.7	0.5	11.3	16.8	1.3	3.6	5.9	6.0	3.7
80歳以上	8.4	2.8	－	11.1	11.4	1.7	8.5	8.6	9.7
(再掲)60歳以上	23.8	24.0	29.6	29.8	20.0	24.6	24.0	23.8	22.6
(再掲)65歳以上	19.1	14.9	25.2	29.4	14.8	17.2	19.4	19.3	17.7
(再掲)75歳以上	11.4	3.3	0.6	21.6	12.4	2.4	11.6	11.8	12.0
女	66.0	63.3	62.9	60.1	67.2	71.0	66.1	66.2	67.2
40歳未満	1.2	4.0	5.1	1.3	0.6	1.0	1.1	1.0	0.7
40～49歳	4.6	2.6	8.5	9.3	3.7	1.4	4.7	4.7	3.9
50～59	14.0	24.1	2.0	5.0	21.7	6.9	13.8	13.5	15.2
60～69	21.8	14.9	43.7	11.3	15.4	44.0	22.2	22.2	20.9
70～79	16.6	10.9	3.3	31.5	13.9	10.7	16.5	16.8	17.4
80歳以上	7.8	6.8	0.2	1.3	12.0	7.1	7.6	7.8	8.9
(再掲)60歳以上	46.2	32.6	47.3	44.1	41.2	61.8	46.3	46.8	47.2
(再掲)65歳以上	34.8	21.0	28.9	43.0	29.0	43.0	34.8	35.4	35.4
(再掲)75歳以上	15.9	10.8	0.2	13.0	22.4	9.0	15.8	16.1	18.2

注：1）「総数」には、主な介護者の年齢不詳を含む。
　　2）熊本県を除いたものである。

図37　要介護者等と同居の主な介護者の年齢組合せ別の割合の年次推移

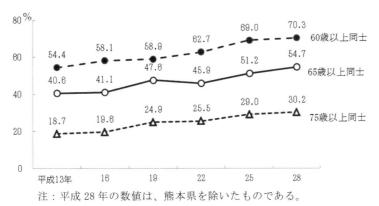

注：平成28年の数値は、熊本県を除いたものである。

同居の主な介護者の介護時間を要介護度別にみると、「要支援1」から「要介護2」までは「必要なときに手をかす程度」が多くなっているが、「要介護3」以上では「ほとんど終日」が最も多くなっている（図38）。

図38　要介護度別にみた同居の主な介護者の介護時間の構成割合

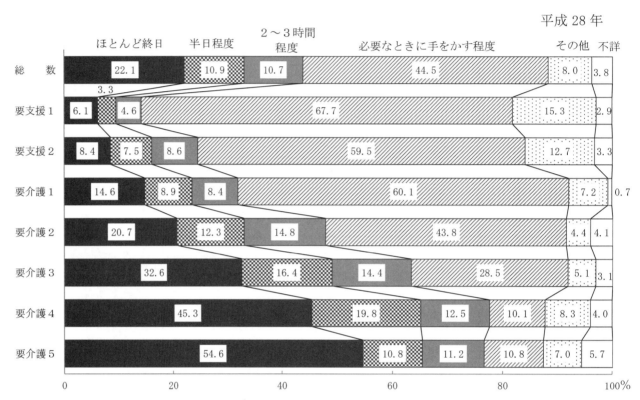

注：1）「総数」には要介護度不詳を含む。
　　2）熊本県を除いたものである。

介護時間が「ほとんど終日」の同居の主な介護者は、「男」が約3割、「女」が約7割となっている。
　続柄別にみると、女の「配偶者」が最も多く、次いで女の「子」、男の「配偶者」の順となっている。（図39）

図39　介護時間が「ほとんど終日」の同居の主な介護者の要介護者等との続柄別構成割合

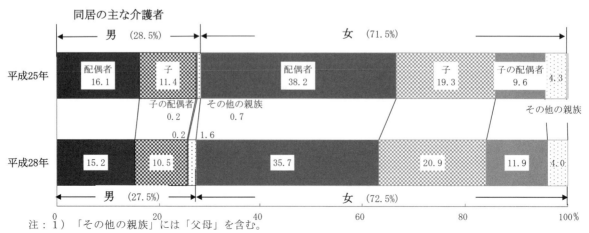

注：1）「その他の親族」には「父母」を含む。
　　2）平成28年の数値は、熊本県を除いたものである。

4 同居の主な介護者の悩みやストレスの状況

同居の主な介護者（熊本県を除く。）について、日常生活での悩みやストレスの有無をみると、「ある」68.9％、「ない」26.8％となっている。
性別にみると、「ある」は男 62.0％、女 72.4％で女が高くなっている。（図 40）

図 40　性別にみた同居の主な介護者の悩みやストレスの有無の構成割合

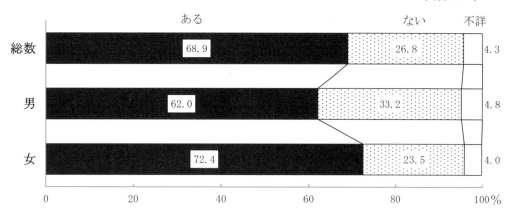

注：熊本県を除いたものである。

日常生活での悩みやストレスが「ある」と回答した者の悩みやストレスの原因をみると、男女ともに「家族の病気や介護」が 73.6％、76.8％と高く、次いで「自分の病気や介護」が 33.0％、27.1％となっている（図 41）。

図 41　性別にみた同居の主な介護者の悩みやストレスの原因の割合（複数回答）

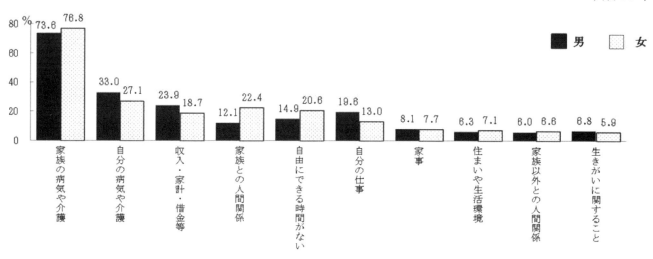

注：熊本県を除いたものである。

参考

統　計　表

第 1 表　各種世帯別にみた世帯の状況

第 2 表　各種世帯別にみた所得の状況

第 3 表　性・年齢階級別にみた65歳以上の者の家族形態

第 4 表　末子の年齢階級別にみた末子の母の仕事の状況

第 5 表　末子の年齢階級別にみた仕事ありの母の 1 日の平均就業時間の状況

第 6 表　母の仕事の有無・末子の乳幼児の年齢別にみた日中の保育の状況（複数回答）

第 7 表　都道府県－21大都市（再掲）別にみた世帯構造・65歳以上の者のいる世帯・
　　　　高齢者世帯・児童のいる世帯別世帯数

第 8 表　各種世帯別にみた所得金額階級別世帯数の分布及び中央値

第 9 表　等価可処分所得金額階級別世帯員数の相対度数分布

第10表　性・年齢階級・症状（複数回答）別にみた有訴者率（人口千対）

第11表　性・年齢階級・傷病（複数回答）別にみた通院者率（人口千対）

第12表　性・年齢階級別にみた12歳以上の者のこころの状態（点数階級）

第13表　性・年齢階級別にみた20歳以上のがん検診受診状況（複数回答）

第14表　性・都道府県－21大都市（再掲）別にみた有訴者率及び通院者率（人口千対）

第15表　要介護度別にみた介護が必要となった主な原因の構成割合

第1表　各種世帯別にみた世帯の状況

平成28年

	全　世　帯	高齢者世帯	母子世帯	児　童　の　い　る　世　帯	65歳以上の者のいる世帯
世帯数（千世帯）	49 945	13 271	712	11 666	24 165
全世帯に占める割合（%）	100.0	26.6	1.4	23.4	48.4
平均世帯人員（人）	2.47	1.53	2.61	3.97	2.31
平均有業人員（人）	1.22	0.32	0.97	1.72	0.90
仕事ありの者がいる世帯の割合（%）	72.5	25.9	87.1	95.5	52.7
平均家計支出額（万円）	23.7	19.1	18.1	27.8	22.9

注：1）熊本県を除いたものである。なお、平成25年の熊本県及び同県分を除いた46都道府県の数値は、146頁の参考表6に掲載している。
　　2）「平均有業人員」とは、世帯における仕事ありの平均世帯人員をいう。
　　3）「家計支出額」とは、平成28年5月中の家計上の支出金額（飲食費（外食費・し好品費を含む。）、住居費、光熱・水道費、被服費、保健医療費、
　　　教育費、教養娯楽費、交際費、冠婚葬祭費、その他諸雑費など）をいい、税金、社会保険料は含まない。

第2表　各種世帯別にみた所得の状況

平成28年調査

		全　世　帯	高齢者世帯	母子世帯	児　童　のい　る　世　帯	65歳以上の者のいる世帯
1世帯当たり平均所得金額（万円）		545.4	308.1	270.1	707.6	479.9
1世帯当たり平均可処分所得金額（万円）		416.4	258.1	221.4	551.6	372.6
世帯人員1人当たり平均所得金額（万円）		212.2	197.1	105.6	173.2	200.4
有業人員1人当たり平均稼働所得金額（万円）		311.4	179.7	212.0	357.8	247.0
構成割合（％）	所得五分位階級	100.0	100.0	100.0	100.0	100.0
	第Ⅰ五分位	20.0	39.3	38.3	6.4	25.7
	（第Ⅰ五分位値）200万円　第Ⅱ五分位	20.0	32.2	42.8	9.7	25.4
	（第Ⅱ五分位値）346万円　第Ⅲ五分位	20.0	17.9	13.7	20.4	19.1
	（第Ⅲ五分位値）529万円　第Ⅳ五分位	20.0	6.8	4.2	32.2	14.3
	（第Ⅳ五分位値）800万円　第Ⅴ五分位	20.0	3.8	1.0	31.3	15.5
	生活意識	100.0	100.0	100.0	100.0	100.0
	大変苦しい	23.4	20.9	45.1	26.8	23.1
	やや苦しい	33.1	31.1	37.6	35.2	32.8
	普通	38.4	43.4	16.4	33.7	39.8
	ややゆとりがある	4.5	4.0	0.9	4.0	3.8
	大変ゆとりがある	0.6	0.6	－	0.3	0.5

注：熊本県を除いたものである。

第3表　性・年齢階級別にみた65歳以上の者の家族形態

（単位：千人）

平成28年

性年齢階級	65歳以上の者	単独世帯	夫婦のみの世帯	子と同居	子夫婦と同居	配偶者のいない子と同居	その他の親族と同居	非親族と同居
男	15 741	2 095	7 357	5 576	1 315	4 261	690	23
65～69	5 283	744	2 239	1 881	241	1 640	411	9
70～74	3 711	459	1 873	1 233	213	1 021	139	7
75～79	3 100	385	1 609	1 031	240	791	72	4
80歳以上	3 647	507	1 636	1 430	620	810	69	4
女	19 575	4 464	6 365	7 995	2 720	5 275	730	21
65～69	5 666	840	2 399	2 075	341	1 735	345	6
70～74	4 290	855	1 765	1 534	361	1 173	132	4
75～79	3 701	955	1 275	1 381	435	946	86	5
80歳以上	5 918	1 814	926	3 004	1 583	1 421	167	6

注：熊本県を除いたものである。

第4表　末子の年齢階級別にみた末子の母の仕事の状況

（単位：千人）　　　　　　　　　　　　　　　　　　　　　　　　　　　　　　　　　　　　　　　平成28年

末子の年齢階級	総　数	仕事あり	正規の職員・従業員	非正規の職員・従業員	そ　の　他	仕事なし
児　童　あ　り	11 221	7 536	2 464	4 068	1 004	3 685
0歳	865	340	222	78	40	525
1	837	420	216	151	53	417
2	738	398	169	173	56	340
3	667	398	147	200	51	268
4	613	393	128	219	47	220
5	600	388	121	207	60	213
6	583	392	126	211	55	191
7 ～ 8	1 141	813	221	492	100	328
9 ～ 11	1 667	1 264	332	766	167	403
12 ～ 14	1 726	1 329	385	764	180	397
15 ～ 17	1 784	1 401	398	807	196	383

注：1) 熊本県を除いたものである。
　　2)「総数」には、「仕事の有無不詳」を含まない。
　　3)「その他」には、会社・団体等の役員、自営業主、家族従業者、内職、その他、勤めか自営か不詳及び勤め先での呼称不詳を含む。

第5表　末子の年齢階級別にみた仕事ありの母の1日の平均就業時間の状況

（単位：％）　　　　　　　　　　　　　　　　　　　　　　　　　　　　　　　　　　　　　　　平成28年

末子の年齢階級	総　数	0 ～ 4 時間未満	4 ～ 6	6 ～ 8	8 ～ 10	10時間以上
			正規の職員・従業員			
児童あり	100.0	8.9	2.3	19.4	57.7	11.8
0歳	100.0	65.0	2.3	9.9	20.1	2.6
1	100.0	12.6	3.9	32.9	45.3	5.3
2	100.0	5.8	5.9	32.7	48.7	6.9
3	100.0	4.4	2.8	30.0	54.0	8.7
4	100.0	3.5	1.7	23.0	62.3	9.5
5	100.0	2.5	1.7	24.8	59.2	11.8
6	100.0	2.8	1.2	21.6	64.0	10.3
7 ～ 8	100.0	3.0	2.6	18.3	62.8	13.4
9 ～ 11	100.0	2.5	1.0	14.3	67.1	15.0
12 ～ 14	100.0	2.3	1.8	13.8	66.6	15.5
15 ～ 17	100.0	2.2	1.8	14.3	64.7	16.9
			非正規の職員・従業員			
児童あり	100.0	10.9	40.3	30.7	16.6	1.5
0歳	100.0	37.2	21.4	22.1	18.5	0.8
1	100.0	13.7	33.6	32.9	19.3	0.6
2	100.0	7.3	36.3	39.4	15.2	1.7
3	100.0	10.7	38.8	33.6	16.3	0.6
4	100.0	12.0	42.2	30.9	14.4	0.5
5	100.0	13.4	45.4	28.2	11.9	1.0
6	100.0	10.1	45.5	29.8	12.5	2.1
7 ～ 8	100.0	11.7	44.7	29.9	12.5	1.1
9 ～ 11	100.0	11.4	43.1	28.4	15.7	1.4
12 ～ 14	100.0	10.0	39.1	30.5	18.4	2.0
15 ～ 17	100.0	8.2	37.0	32.4	20.5	1.9

注：1) 熊本県を除いたものである。
　　2) 1日の平均就業時間は、5月16～22日の間の就業時間を就業日数で除したものである。
　　3)「平均就業時間不詳」を含まない。
　　4) 会社・団体等の役員、自営業主、家族従業者、内職、その他、勤めか自営か不詳及び勤め先での呼称不詳を含まない。

第6表　母の仕事の有無・末子の乳幼児の年齢別にみた日中の保育の状況（複数回答）

（単位：％）　　　　　　　　　　　　　　　　　　　　　　　　　　　　　　　　　　　　　　　平成28年

母の仕事の有無 末子の乳幼児の年齢	総　数	乳幼児の父　母	乳幼児の祖父母	認　可保育所	認可外保育施設	幼稚園	認定こども園	その他
仕　事　あ　り	100.0	25.1	8.4	52.7	3.5	13.2	9.9	2.4
0歳	100.0	70.0	12.6	22.6	1.5	・	2.9	4.7
1	100.0	29.2	12.2	59.8	5.5	・	8.2	4.0
2	100.0	21.7	11.3	63.9	5.1	・	10.8	3.0
3	100.0	13.8	5.6	61.7	3.9	15.6	11.9	1.1
4	100.0	11.5	4.8	54.7	1.9	28.5	12.4	0.8
5	100.0	11.9	4.6	48.8	2.6	32.6	11.4	0.8
6	100.0	13.1	4.5	50.5	2.5	26.8	13.9	1.9
仕　事　な　し	100.0	62.8	6.6	5.9	0.6	23.9	4.3	6.5
0歳	100.0	85.3	8.9	1.8	0.3	・	0.3	8.9
1	100.0	84.9	8.8	4.8	0.2	・	1.2	7.4
2	100.0	78.3	7.5	6.7	0.8	・	3.7	8.3
3	100.0	39.6	4.5	9.8	1.1	50.6	8.9	4.6
4	100.0	21.1	3.4	9.8	0.7	70.7	10.6	2.9
5	100.0	19.2	2.3	7.8	0.8	76.4	8.1	2.5
6	100.0	23.6	0.8	7.7	3.4	75.3	6.6	2.6

注：熊本県を除いたものである。

133

第7表　都道府県－21大都市（再掲）別にみた世帯構造・

（単位：千世帯）

都 道 府 県 21大都市（再掲）	総　　数	単 独 世 帯	核 家 族 世 帯	夫婦のみの世帯	夫　　婦　　と 未 婚 の 子 の み の 世 帯	ひ と り 親 と 未 婚 の 子 の み の 世 帯
全　　　国	49 945	13 434	30 234	11 850	14 744	3 640
北 海 道	2 475	887	1 374	624	591	159
青 森 県	519	147	267	105	115	47
岩 手 県	488	133	232	102	99	32
宮 城 県	875	211	495	182	243	69
秋 田 県	398	105	196	91	76	29
山 形 県	374	71	183	73	83	26
福 島 県	698	156	378	159	169	50
茨 城 県	1 068	240	640	246	318	76
栃 木 県	732	164	437	161	216	60
群 馬 県	751	183	455	168	230	57
埼 玉 県	2 879	724	1 862	708	954	200
千 葉 県	2 433	527	1 652	652	803	197
東 京 都	5 915	1 942	3 574	1 403	1 705	466
神 奈 川 県	3 671	994	2 362	853	1 267	242
新 潟 県	816	173	446	167	215	64
富 山 県	371	69	216	84	109	23
石 川 県	436	107	254	98	128	29
福 井 県	262	47	144	55	72	16
山 梨 県	313	66	194	79	92	23
長 野 県	791	190	451	185	218	48
岐 阜 県	693	121	430	160	228	42
静 岡 県	1 348	295	789	301	394	94
愛 知 県	2 871	736	1 802	648	969	185
三 重 県	690	164	420	170	209	41
滋 賀 県	526	127	324	119	172	33
京 都 府	1 068	295	675	267	328	80
大 阪 府	3 653	1 087	2 240	819	1 106	314
兵 庫 県	2 166	533	1 425	533	739	153
奈 良 県	513	102	336	133	167	36
和 歌 山 県	388	100	235	99	106	29
鳥 取 県	207	46	113	46	53	15
島 根 県	261	67	131	61	54	16
岡 山 県	737	191	428	164	213	50
広 島 県	1 171	326	699	301	324	75
山 口 県	593	176	352	160	154	38
徳 島 県	299	78	172	70	80	22
香 川 県	393	105	232	97	107	28
愛 媛 県	579	166	342	143	157	42
高 知 県	326	111	173	77	69	26
福 岡 県	2 088	573	1 268	512	575	181
佐 賀 県	303	70	164	67	74	23
長 崎 県	568	165	327	145	144	38
熊 本 県	…	…	…	…	…	…
大 分 県	480	136	281	129	126	26
宮 崎 県	462	130	283	124	126	33
鹿 児 島 県	749	257	430	202	178	50
沖 縄 県	547	138	347	105	187	55
（再掲）						
東 京 都 区 部	4 096	1 380	2 433	953	1 154	326
札 幌 市	899	321	510	207	240	63
仙 台 市	442	121	266	101	130	35
さいたま市	513	138	337	118	184	35
千 葉 市	395	93	270	112	130	28
横 浜 市	1 481	372	1 008	362	551	95
川 崎 市	646	235	365	125	205	35
相 模 原 市	288	75	190	68	102	19
新 潟 市	303	66	182	65	90	27
静 岡 市	273	69	157	60	77	20
浜 松 市	285	56	177	66	90	21
名 古 屋 市	936	261	597	221	314	63
京 都 市	611	177	387	146	188	53
大 阪 市	1 198	446	646	247	298	102
堺 市	326	75	217	84	108	25
神 戸 市	666	221	407	151	202	53
岡 山 市	281	76	169	62	89	18
広 島 市	498	144	312	124	159	29
北 九 州 市	411	122	245	114	105	27
福 岡 市	670	210	404	159	191	53
熊 本 市	…	…	…	…	…	…

注：熊本県を除いたものである。

65歳以上の者のいる世帯・高齢者世帯・児童のいる世帯別世帯数

平成28年

三 世 代 世 帯	その他の世帯	65 歳 以 上 の 者のいる世帯	高 齢 者 世 帯	児童のいる世帯	都 道 府 県 21大都市（再掲）
2 947	3 330	24 165	13 271	11 666	全　　　　　国
62	152	1 041	673	552	北　海　道
55	50	275	124	113	青　森　県
64	59	273	116	105	岩　手　県
89	81	460	210	217	宮　城　県
50	47	240	108	79	秋　田　県
72	48	237	83	96	山　形　県
89	74	395	170	160	福　島　県
112	76	528	243	272	茨　城　県
75	56	372	167	186	栃　木　県
53	60	359	180	185	群　馬　県
137	155	1 365	727	645	埼　玉　県
109	145	1 170	638	568	千　葉　県
132	267	2 624	1 651	1 197	東　京　都
124	190	1 569	920	933	神 奈 川 県
111	85	448	178	213	新　　潟
53	34	208	89	100	富　山　県
40	35	224	109	109	石　川　県
44	26	154	63	72	福　井　県
29	24	172	82	71	山　梨　県
81	69	434	202	184	長　野　県
82	60	394	174	191	岐　阜　県
139	125	706	323	343	静　岡　県
160	174	1 184	620	816	愛　知　県
54	51	381	210	165	三　重　県
41	34	246	121	133	滋　賀　県
41	57	519	311	248	京　都　府
139	187	1 746	1 053	831	大　阪　府
89	118	1 006	595	545	兵　庫　県
38	37	281	146	116	奈　良　県
24	30	223	131	76	和 歌 山 県
27	20	113	51	56	鳥　取　県
34	28	156	74	54	島　根　県
57	61	372	201	184	岡　山　県
55	90	589	351	247	広　島　県
26	39	302	186	121	山　口　県
23	26	156	84	69	徳　島　県
25	30	186	105	92	香　川　県
26	45	282	170	128	愛　媛　県
15	27	181	113	55	高　知　県
108	138	1 049	609	449	福　岡　県
39	30	170	76	74	佐　賀　県
34	42	293	170	120	長　崎　県
…	…	…	…	…	熊　本　県
28	35	236	138	108	大　分　県
19	30	222	139	106	宮　崎　県
19	44	391	263	137	鹿 児 島 県
23	39	234	123	145	沖　縄　県
					（再掲）
91	192	1 781	1 125	817	東京都区部
18	50	363	247	216	札　幌　市
23	32	199	107	106	仙　台　市
14	23	192	106	136	さいたま市
12	19	208	124	79	千　葉　市
34	66	587	362	413	横　浜　市
18	27	241	145	153	川　崎　市
10	13	126	73	67	相 模 原 市
28	27	151	68	79	新　潟　市
24	22	149	73	63	静　岡　市
29	23	138	63	81	浜　松　市
33	44	412	244	235	名 古 屋 市
18	30	291	176	133	京　都　市
39	67	536	353	247	大　阪　市
18	17	171	98	77	堺　　　市
10	28	293	190	145	神　戸　市
17	19	128	72	75	岡　山　市
15	27	206	130	115	広　島　市
19	24	214	137	74	北 九 州 市
20	36	292	181	148	福　岡　市
…	…	…	…	…	熊　本　市

第8表　各種世帯別にみた所得金額階級別世帯数の分布及び中央値

平成28年調査

所得金額階級	全世帯 累積度数分布 (%)	全世帯 相対度数分布 (%)	高齢者世帯 累積度数分布 (%)	高齢者世帯 相対度数分布 (%)	母子世帯 累積度数分布 (%)	母子世帯 相対度数分布 (%)	児童のいる世帯 累積度数分布 (%)	児童のいる世帯 相対度数分布 (%)	65歳以上の者のいる世帯 累積度数分布 (%)	65歳以上の者のいる世帯 相対度数分布 (%)
総　　　数	.	100.0	.	100.0	.	100.0	.	100.0	.	100.0
50 万 円 未 満	1.0	1.0	1.8	1.8	−	−	0.1	0.1	1.0	1.0
50〜 100	6.2	5.2	13.1	11.3	7.3	7.3	1.4	1.3	8.1	7.0
100〜 150	12.7	6.5	25.7	12.6	18.9	11.6	3.8	2.4	16.2	8.2
150〜 200	19.6	6.9	38.7	13.1	37.6	18.7	6.2	2.5	25.3	9.1
200〜 250	26.9	7.3	51.1	12.3	51.3	13.7	9.4	3.2	34.8	9.5
250〜 300	33.3	6.4	61.7	10.6	68.3	17.1	12.4	3.0	43.2	8.4
300〜 350	40.3	7.0	72.1	10.4	81.9	13.6	16.3	3.9	51.5	8.4
350〜 400	46.5	6.2	79.8	7.6	87.3	5.4	20.4	4.1	58.5	7.0
400〜 450	52.2	5.6	84.6	4.8	90.2	2.9	25.9	5.5	64.0	5.4
450〜 500	57.0	4.8	87.9	3.3	92.4	2.2	32.0	6.1	68.0	4.0
500〜 600	65.8	8.8	92.5	4.7	97.0	4.6	44.4	12.5	74.9	6.9
600〜 700	73.4	7.7	94.8	2.3	97.9	0.9	57.4	12.9	80.4	5.5
700〜 800	79.7	6.3	96.2	1.4	99.0	1.1	68.4	11.1	84.4	4.0
800〜 900	84.7	4.9	97.0	0.8	99.0	−	76.9	8.4	87.9	3.5
900〜1000	88.4	3.7	97.6	0.7	99.0	−	83.1	6.2	90.7	2.8
1000 万 円 以 上	100.0	11.6	100.0	2.4	100.0	1.0	100.0	16.9	100.0	9.3
平均所得金額 (545万4千円) 以下の割合（%）		61.5		90.1		95.1		38.6		71.4
中央値（万円）		427		244		246		637		338

注：熊本県を除いたものである。

第9表　等価可処分所得金額階級別世帯員数の相対度数分布

（単位：%）

	全世帯員 平成24年	全世帯員 平成27年	子ども 平成24年	子ども 平成27年	子どもがいる現役世帯 平成24年	子どもがいる現役世帯 平成27年	大人が一人 平成24年	大人が一人 平成27年	大人が二人以上 平成24年	大人が二人以上 平成27年
総　　　数	100.0	100.0	100.0	100.0	100.0	100.0	100.0	100.0	100.0	100.0
40 万 円 未 満	1.5	1.2	1.1	1.1	1.1	1.0	2.7	2.3	0.9	0.9
40〜 60	2.5	2.7	2.6	2.7	2.4	2.6	8.4	8.4	2.0	2.3
60〜 80	3.2	3.1	3.3	2.5	3.1	2.4	13.8	13.5	2.4	1.8
80〜100	3.9	3.7	4.3	3.5	3.8	3.1	16.0	12.4	3.0	2.6
100〜120	4.4	4.2	4.4	3.6	4.1	3.3	12.8	13.3	3.5	2.7
120〜140	4.7	4.7	4.8	3.7	4.4	3.5	12.3	7.8	3.8	3.3
140〜160	5.1	5.4	4.8	4.8	4.8	4.6	7.5	9.1	4.6	4.3
160〜180	5.7	5.8	5.6	6.0	5.1	5.6	7.5	9.5	5.0	5.4
180〜200	6.3	6.0	7.3	6.2	7.1	6.1	6.0	5.4	7.2	6.1
200〜240	11.7	11.9	12.1	12.4	11.9	12.1	5.3	4.7	12.4	12.5
240〜280	10.2	10.4	12.2	13.1	12.5	13.2	3.9	4.8	13.1	13.7
280〜320	8.9	9.1	10.4	11.2	10.5	11.4	0.3	2.5	11.1	12.0
320〜360	7.4	7.1	8.3	8.9	8.6	9.1	−	1.5	9.2	9.5
360〜400	5.9	5.6	6.1	6.1	6.6	6.7	0.9	1.4	7.0	7.0
400〜500	9.7	9.0	7.6	7.5	8.5	8.3	1.6	1.4	9.0	8.7
500〜600	4.3	4.9	2.9	4.0	3.2	4.1	0.7	0.8	3.4	4.3
600〜700	2.3	2.2	1.2	1.4	1.3	1.6	0.1	0.7	1.3	1.7
700〜800	1.0	1.0	0.4	0.4	0.4	0.4	−	−	0.4	0.4
800〜900	0.5	0.6	0.2	0.3	0.3	0.3	−	0.7	0.3	0.3
900〜1000	0.2	0.3	0.1	0.1	0.1	0.1	−	−	0.1	0.1
1000 万 円 以 上	0.7	0.9	0.3	0.4	0.2	0.3	−	−	0.3	0.3

注：1）　平成27年の数値は、熊本県を除いたものである。
　　2）　大人とは18歳以上の者、子どもとは17歳以下の者をいい、現役世帯とは世帯主が18歳以上65歳未満の世帯をいう。
　　3）　等価可処分所得金額不詳の世帯員は除く。

第10表　性・年齢階級・症状（複数回答）別にみた有訴者率（人口千対）

（単位：人口千対）　　平成28年

性 症状	総数	9歳以下	10～19	20～29	30～39	40～49	50～59	60～69	70～79	80歳以上	(再掲) 65歳以上	(再掲) 75歳以上
男	271.9	198.1	162.4	167.7	209.0	224.9	263.0	330.6	432.2	499.1	417.5	480.5
熱がある	6.8	24.0	5.6	7.7	7.2	5.6	4.2	3.7	4.0	4.4	4.0	4.3
体がだるい	38.0	4.5	16.4	34.4	43.7	42.6	46.9	40.8	46.1	62.9	47.8	56.3
眠れない	21.9	1.0	3.8	14.1	18.1	21.8	23.5	26.4	41.9	46.5	38.3	45.3
いらいらしやすい	19.5	3.0	9.9	20.4	25.1	23.8	21.3	16.8	24.1	31.5	23.5	29.6
もの忘れする	27.6	0.6	3.2	5.6	9.1	11.4	18.2	31.5	75.6	129.0	74.5	113.0
頭痛	21.3	4.5	18.0	25.6	32.9	30.2	24.3	15.1	16.8	19.9	17.0	18.9
めまい	13.2	0.1	4.5	6.0	9.3	14.1	13.4	16.0	25.7	35.8	25.0	31.9
目のかすみ	35.3	1.1	2.9	8.5	13.1	22.7	35.3	53.6	87.0	99.7	80.6	100.7
物を見づらい	30.9	2.4	4.3	4.6	7.8	21.7	35.7	47.1	68.6	92.2	67.4	84.7
耳なりがする	26.3	0.2	2.1	4.8	8.0	12.9	24.5	50.0	70.6	58.6	62.7	65.8
きこえにくい	30.4	3.7	2.7	4.0	5.2	7.3	14.7	38.5	84.1	164.0	89.2	136.0
動悸	13.9	0.1	1.1	5.1	6.4	10.0	14.9	21.6	28.7	40.7	29.4	36.9
息切れ	18.2	0.3	1.4	3.0	3.7	7.6	13.0	27.9	50.0	71.3	48.7	64.6
前胸部に痛みがある	8.2	0.0	1.7	4.4	6.7	7.1	7.1	10.4	17.0	21.2	15.9	19.9
せきやたんが出る	50.5	70.7	25.0	31.0	37.1	32.5	39.2	55.8	85.4	105.2	80.8	100.9
鼻がつまる・鼻汁が出る	49.5	114.2	54.9	42.3	39.3	31.9	32.9	39.7	56.8	68.1	54.4	66.7
ゼイゼイする	9.4	16.6	4.4	4.2	4.6	5.3	6.6	9.1	16.4	27.2	16.7	23.1
胃のもたれ・むねやけ	19.2	0.7	2.2	9.2	12.6	18.5	23.4	28.6	36.1	36.4	33.5	37.3
下痢	18.2	11.1	10.3	18.9	21.8	20.8	19.7	16.9	20.4	22.9	19.9	22.2
便秘	24.5	5.8	4.6	6.5	9.0	10.4	13.8	27.2	67.1	107.6	65.0	96.2
食欲不振	7.4	3.3	2.7	5.1	3.7	4.2	5.5	8.9	14.3	25.9	15.5	21.5
腹痛・胃痛	13.4	4.6	9.1	15.0	13.7	14.1	14.4	13.3	17.8	18.2	16.1	17.8
痔による痛み・出血など	7.9	0.7	0.9	5.0	6.1	8.2	9.2	10.4	14.6	13.9	13.3	14.6
歯が痛い	17.3	3.9	4.2	14.4	18.7	15.4	18.1	22.2	29.9	25.8	26.4	28.6
歯ぐきのはれ・出血	16.2	2.3	2.4	7.6	10.7	12.9	19.2	26.6	30.1	29.1	28.7	30.1
かみにくい	17.3	0.3	0.9	2.5	2.3	4.6	9.8	25.8	48.0	76.4	49.8	66.3
発疹（じんま疹・できものなど）	16.0	23.3	11.9	13.9	13.5	14.2	13.1	15.1	21.2	23.2	20.1	23.6
かゆみ（湿疹・水虫など）	36.9	34.3	20.3	21.5	24.6	22.5	26.6	42.6	73.1	87.0	67.5	85.8
肩こり	57.0	0.4	7.6	33.5	54.5	66.6	78.2	79.1	83.1	81.3	80.3	85.1
腰痛	91.8	0.1	12.6	41.0	70.1	83.6	103.9	133.4	170.1	200.5	166.3	192.4
手足の関節が痛む	40.7	1.8	11.5	7.9	16.9	27.3	45.4	63.0	87.1	109.9	85.2	103.1
手足の動きが悪い	24.4	0.4	1.9	2.3	4.5	9.3	17.5	31.4	62.9	122.7	67.7	102.8
手足のしびれ	32.8	0.2	2.0	4.0	10.6	20.2	36.8	54.4	76.8	93.2	74.2	88.3
手足が冷える	14.6	0.1	0.9	3.3	2.8	5.0	9.3	19.0	42.4	65.9	41.3	58.2
足のむくみやだるさ	17.4	0.3	1.1	4.0	6.0	10.8	14.4	23.0	39.8	72.9	42.3	63.1
尿が出にくい・排尿時痛い	12.4	0.4	0.1	1.0	1.3	3.2	7.9	18.4	40.0	49.7	36.2	48.1
頻尿（尿の出る回数が多い）	33.4	0.7	0.5	3.5	4.5	9.6	20.4	51.8	104.9	131.4	96.4	126.0
尿失禁（尿がもれる）	8.3	0.3	0.2	0.3	0.8	1.2	3.0	9.4	25.1	52.6	26.8	43.5
月経不順・月経痛	・	・	・	・	・	・	・	・	・	・	・	・
骨折・ねんざ・脱きゅう	9.3	3.7	21.5	5.0	6.6	6.9	9.1	7.7	11.3	13.5	10.6	12.9
切り傷・やけどなどのけが	7.0	14.2	11.7	6.7	6.5	4.8	4.8	4.7	6.5	8.1	6.3	7.4
その他	14.9	7.4	13.9	11.1	11.0	14.1	16.1	16.2	20.9	23.7	20.3	22.4
（再掲）足腰に痛み	113.1	1.9	22.3	45.2	78.3	97.8	126.2	167.1	214.4	255.5	210.1	243.6
女	337.3	172.8	170.7	250.3	291.2	313.6	352.8	373.5	477.2	533.2	468.9	522.5
熱がある	8.2	24.4	5.8	11.7	9.9	7.0	6.5	4.4	5.1	6.8	5.3	6.6
体がだるい	53.9	5.7	23.6	60.9	67.2	68.6	66.2	47.6	58.2	69.1	58.2	66.6
眠れない	34.9	1.4	7.2	24.0	24.4	28.4	33.7	40.8	67.8	69.0	61.3	70.3
いらいらしやすい	33.9	2.3	19.2	50.4	55.3	46.3	34.8	25.3	33.7	31.3	30.7	32.8
もの忘れする	40.8	0.3	5.1	13.7	16.0	18.5	25.3	37.6	90.3	155.6	96.6	138.6
頭痛	50.6	5.4	33.7	69.6	80.8	78.7	64.8	36.0	37.1	34.9	35.4	36.7
めまい	30.2	0.7	10.5	26.3	33.4	35.2	31.6	29.1	41.9	50.6	41.0	50.6
目のかすみ	48.8	0.7	4.6	14.1	14.3	32.1	54.2	66.8	101.6	117.9	98.4	116.2
物を見づらい	40.8	1.8	6.0	8.6	9.0	28.8	47.4	54.3	78.1	107.7	81.2	99.8
耳なりがする	31.8	0.4	7.1	14.7	19.5	23.3	33.9	45.0	64.6	54.6	57.3	59.4
きこえにくい	34.7	2.7	3.7	8.0	7.9	10.7	16.9	30.6	78.0	155.5	89.3	132.7
動悸	22.9	0.1	2.4	10.7	16.9	22.3	25.5	25.3	39.1	50.3	38.7	48.1
息切れ	19.0	0.4	2.0	8.3	8.5	12.9	13.2	21.4	39.0	58.8	40.5	53.2
前胸部に痛みがある	9.8	0.2	2.6	6.7	7.3	8.6	9.1	9.8	18.9	21.2	17.3	21.0
せきやたんが出る	46.9	63.3	21.6	37.5	47.7	39.2	41.5	48.3	58.3	67.0	58.7	64.5
鼻がつまる・鼻汁が出る	50.5	87.4	49.9	56.4	59.5	47.4	44.9	39.1	43.6	46.7	43.1	46.1
ゼイゼイする	9.5	10.7	4.0	6.2	8.7	7.9	7.0	8.0	13.3	21.0	14.2	18.4
胃のもたれ・むねやけ	27.4	0.5	4.2	17.7	21.0	23.9	30.5	36.1	48.6	45.7	44.8	47.9
下痢	14.8	9.4	9.0	21.7	19.9	17.4	14.2	11.8	12.7	18.3	14.3	16.4
便秘	45.7	6.6	14.5	35.2	35.5	34.8	38.3	45.6	82.2	108.3	80.5	104.6
食欲不振	10.5	2.5	3.9	10.6	9.8	7.2	7.0	8.2	16.5	30.4	18.5	26.6
腹痛・胃痛	21.9	5.1	17.8	31.0	29.2	26.6	24.3	18.0	22.3	19.8	20.5	21.6
痔による痛み・出血など	5.6	0.4	0.8	5.1	7.3	4.7	4.8	5.4	10.9	8.9	8.9	10.2
歯が痛い	18.4	5.3	6.7	17.4	19.8	20.1	22.1	18.4	25.0	23.5	22.7	25.6
歯ぐきのはれ・出血	20.6	1.7	2.9	11.2	13.5	17.0	28.5	31.2	34.0	29.1	32.0	31.6
かみにくい	21.7	0.4	1.6	2.5	4.6	6.4	15.1	27.1	52.6	77.0	54.0	70.2
発疹（じんま疹・できものなど）	20.7	19.7	17.5	26.4	26.0	24.2	21.6	15.6	19.0	18.3	17.6	18.9
かゆみ（湿疹・水虫など）	37.5	28.9	21.1	35.2	34.7	30.8	33.2	39.3	54.4	57.3	51.6	57.6
肩こり	117.5	0.5	23.6	98.0	130.1	150.5	164.2	135.9	147.3	123.3	136.5	133.4
腰痛	115.5	0.2	15.9	59.6	87.3	101.8	129.2	143.7	202.9	225.8	195.5	224.2
手足の関節が痛む	70.2	1.6	10.3	12.5	22.2	42.2	84.2	98.6	139.4	173.0	138.8	163.8
手足の動きが悪い	35.5	0.2	0.9	3.1	4.6	10.5	24.0	37.3	77.2	157.8	91.0	132.6
手足のしびれ	38.5	0.3	2.5	8.1	14.9	24.7	40.8	49.5	80.5	102.0	79.0	99.0
手足が冷える	32.7	0.2	6.2	17.9	22.1	22.5	23.5	35.3	65.5	90.8	65.2	85.6
足のむくみやだるさ	45.8	0.2	4.8	28.6	36.8	46.6	49.4	42.0	74.2	111.5	76.7	101.9
尿が出にくい・排尿時痛い	4.9	0.1	0.2	1.8	2.3	2.9	3.6	5.0	9.8	17.0	10.6	15.1
頻尿（尿の出る回数が多い）	25.5	0.6	0.5	6.1	7.5	11.3	18.5	31.9	58.1	84.5	59.8	78.6
尿失禁（尿がもれる）	16.1	0.2	0.5	1.1	2.8	5.2	11.6	15.9	36.3	69.3	41.5	60.0
月経不順・月経痛	17.0	-	15.4	50.7	43.0	41.2	9.4	-	-	-	-	-
骨折・ねんざ・脱きゅう	11.7	4.3	14.5	4.4	4.6	5.9	9.9	10.2	23.4	28.2	21.1	27.4
切り傷・やけどなどのけが	7.7	13.3	10.6	9.2	7.4	7.5	7.6	5.1	5.5	6.9	5.7	6.6
その他	17.3	6.8	10.5	12.3	17.7	17.6	22.5	17.1	21.5	24.2	21.1	23.5
（再掲）足腰に痛み	152.5	1.8	24.1	66.5	97.3	125.1	174.0	199.0	271.9	313.6	266.6	305.5

注：1）有訴者には入院者は含まないが、分母となる世帯人員には入院者を含む。
　　2）「総数」には、年齢不詳を含む。
　　3）熊本県を除いたものである。
　　4）(再掲)「足腰に痛み」とは、「腰痛」か「手足の関節が痛む」のいずれかもしくは両方の有訴者である。

第 11 表　性・年齢階級・傷病（複数回答）別にみた通院者率（人口千対）

(単位：人口千対)　　平成28年

性 / 傷病	総数	9歳以下	10～19	20～29	30～39	40～49	50～59	60～69	70～79	80歳以上	(再掲)65歳以上	(再掲)75歳以上
男	372.5	172.5	144.3	129.8	180.1	264.3	411.5	583.3	704.2	729.1	681.7	725.1
糖尿病	58.1	0.2	0.6	2.7	7.3	26.5	65.6	122.8	151.1	123.3	139.5	133.8
肥満症	5.0	0.1	0.4	0.5	2.0	5.6	7.8	8.9	9.2	5.6	8.0	7.5
脂質異常症(高コレステロール血症等)	37.0	0.0	0.1	1.9	6.3	26.0	62.0	80.2	75.0	45.5	70.7	55.3
甲状腺の病気	4.7	1.3	0.7	1.8	2.4	3.7	5.5	7.5	9.5	8.8	8.9	9.2
うつ病やその他のこころの病気	14.9	1.3	5.4	12.9	23.4	26.5	22.0	12.1	9.7	10.4	10.0	10.1
認知症	4.7	-	-	0.0	0.1	0.1	0.4	2.3	12.3	46.6	17.0	33.4
パーキンソン病	1.7	-	-	-	0.0	0.1	0.9	2.1	5.7	9.1	5.5	8.3
その他の神経の病気(神経痛・麻痺等)	6.3	2.2	2.9	4.3	4.4	5.3	6.0	8.1	11.0	13.8	10.9	13.0
眼の病気	42.4	8.1	5.1	3.1	5.8	13.2	28.3	66.4	127.3	153.5	116.8	147.7
耳の病気	9.1	9.4	2.7	2.1	2.4	3.2	6.0	11.2	22.9	31.3	21.6	29.2
高血圧症	120.0	0.0	0.2	1.5	9.0	50.1	140.7	251.9	301.4	295.8	291.8	298.0
脳卒中(脳出血、脳梗塞等)	13.8	-	0.1	0.2	1.1	3.2	10.1	23.4	41.4	53.8	39.7	50.7
狭心症・心筋梗塞	23.0	0.0	0.0	0.2	1.1	5.0	14.6	39.7	71.6	87.6	65.8	83.6
その他の循環器系の病気	20.0	4.7	3.2	1.7	2.3	5.8	14.7	32.6	53.6	76.7	53.6	69.2
急性鼻咽頭炎(かぜ)	3.9	19.4	2.8	2.2	2.2	1.4	1.8	2.3	3.9	4.0	3.4	3.9
アレルギー性鼻炎	19.1	30.7	29.7	11.7	11.3	11.4	16.6	20.4	24.3	21.0	22.4	23.1
慢性閉塞性肺疾患(COPD)	2.3	-	0.0	0.2	0.1	0.1	1.1	3.6	6.9	11.6	7.1	9.9
喘息	11.2	23.3	12.0	4.9	6.1	7.8	8.9	10.6	14.9	19.5	14.8	17.7
その他の呼吸器系の病気	11.6	7.0	1.6	2.3	3.7	6.2	10.0	15.3	29.3	35.0	26.7	33.8
胃・十二指腸の病気	16.0	0.4	0.8	3.3	3.8	8.3	15.5	26.6	42.3	46.6	38.4	45.1
肝臓・胆のうの病気	9.8	0.4	0.3	0.9	2.8	6.2	12.0	16.9	22.7	24.4	21.4	23.7
その他の消化器系の病気	12.5	2.4	2.0	3.7	4.4	8.8	12.2	20.2	27.0	33.7	26.8	32.1
歯の病気	47.4	20.4	17.5	25.6	35.5	40.0	47.7	69.2	86.2	74.6	79.9	81.4
アトピー性皮膚炎	11.2	28.1	18.1	19.8	16.0	9.7	5.0	3.5	4.2	5.9	4.3	5.0
その他の皮膚の病気	18.1	23.5	10.5	12.0	10.1	13.0	14.4	21.2	32.0	32.7	29.3	32.8
痛風	17.7	-	0.0	1.4	6.2	15.3	26.3	36.8	33.4	23.2	32.3	27.0
関節リウマチ	3.3	-	0.1	0.1	0.8	1.0	2.9	5.9	8.7	11.5	8.6	10.5
関節症	12.6	0.3	2.5	1.9	3.4	6.3	12.1	18.8	31.3	43.6	30.4	40.2
肩こり症	16.1	-	1.1	4.8	11.4	14.2	19.6	22.1	33.6	37.0	30.4	37.1
腰痛症	41.4	0.2	5.3	10.8	20.8	27.7	39.3	57.4	99.9	126.2	92.9	121.5
骨粗しょう症	2.4	0.0	0.0	-	0.1	0.2	0.7	1.7	8.0	17.0	8.1	14.3
腎臓の病気	11.3	1.4	1.4	1.3	2.4	5.5	10.4	17.5	30.1	36.8	28.5	34.9
前立腺肥大症	24.5	-	-	0.4	0.2	0.8	6.5	33.4	87.0	132.9	82.9	119.3
閉経期又は閉経後障害(更年期障害等)	・	・	・	・	・	・	・	・	・	・	・	・
骨折	5.0	2.5	7.6	2.3	2.7	3.4	4.3	4.2	7.9	13.9	8.2	11.7
骨折以外のけが・やけど	6.3	3.9	19.0	5.0	5.0	4.2	4.8	4.3	5.9	6.6	5.4	5.8
貧血・血液の病気	3.7	0.5	1.5	0.7	0.8	1.3	2.5	5.0	10.2	14.4	9.7	13.5
悪性新生物(がん)	7.9	0.3	0.2	1.0	0.5	1.4	5.8	15.0	23.8	26.1	22.0	25.9
妊娠・産褥(切迫流産、前置胎盤等)	・	・	・	・	・	・	・	・	・	・	・	・
不妊症	0.0	・	・	・	0.3	0.1	・	・	・	・	・	・
その他	17.6	21.3	19.3	11.6	13.2	16.6	19.3	16.8	17.8	26.3	19.5	22.4
不　明	1.2	0.5	0.6	0.8	1.4	1.7	1.2	0.9	1.4	2.5	1.5	2.0
女	406.6	147.0	137.6	183.4	231.3	286.3	425.9	581.1	711.2	731.0	690.6	729.6
糖尿病	35.7	0.1	0.6	1.6	4.4	10.5	28.9	67.5	96.3	77.6	85.2	85.9
肥満症	4.3	0.1	0.5	0.5	0.9	2.5	5.4	8.1	9.9	5.9	8.4	7.9
脂質異常症(高コレステロール血症等)	56.3	-	0.1	0.9	2.3	12.0	60.7	133.6	140.4	84.8	125.7	100.3
甲状腺の病気	18.7	0.9	2.3	5.4	12.4	16.9	25.5	30.7	33.0	22.0	29.1	25.8
うつ病やその他のこころの病気	20.3	0.6	5.6	22.7	31.1	29.2	26.2	20.4	20.2	14.6	18.8	16.4
認知症	8.1	-	0.0	0.2	0.1	0.2	0.2	1.6	12.2	67.7	26.1	49.1
パーキンソン病	2.0	-	-	0.1	0.0	0.2	0.6	2.3	6.0	8.1	5.6	8.1
その他の神経の病気(神経痛・麻痺等)	6.7	0.8	2.1	3.9	4.7	4.1	5.1	8.2	12.2	17.1	12.9	15.8
眼の病気	59.5	8.4	6.7	5.2	6.9	13.1	36.5	87.2	161.9	178.5	149.5	176.6
耳の病気	11.7	8.0	2.7	2.8	4.8	5.7	8.3	13.1	25.1	32.0	23.8	30.7
高血圧症	116.1	0.2	0.2	0.7	4.0	24.1	96.1	203.5	293.9	334.6	288.6	323.5
脳卒中(脳出血、脳梗塞等)	7.6	0.0	0.1	0.4	0.3	1.6	4.7	10.8	19.3	28.4	20.5	26.2
狭心症・心筋梗塞	12.7	-	0.0	0.2	0.5	1.9	4.5	14.2	33.0	58.3	36.1	51.2
その他の循環器系の病気	16.5	4.0	2.5	3.2	2.6	5.0	7.6	20.7	38.8	60.4	41.2	54.3
急性鼻咽頭炎(かぜ)	4.9	18.0	2.5	3.2	5.4	3.1	3.1	3.8	4.7	4.4	4.4	4.6
アレルギー性鼻炎	22.3	20.5	23.5	14.0	18.6	22.2	27.3	25.8	26.3	15.9	23.0	20.1
慢性閉塞性肺疾患(COPD)	0.5	0.0	-	-	-	0.1	0.2	0.8	1.7	1.4	1.4	1.7
喘息	13.6	15.5	8.2	6.1	10.3	14.4	12.5	17.1	17.0	17.6	17.5	17.9
その他の呼吸器系の病気	7.7	4.5	1.4	2.6	3.6	3.9	6.5	11.5	15.3	16.3	14.7	16.5
胃・十二指腸の病気	14.9	0.1	0.8	3.7	5.2	8.3	14.9	22.0	32.7	35.6	31.5	35.6
肝臓・胆のうの病気	7.8	0.3	0.2	0.4	1.9	3.9	8.1	13.0	19.4	16.1	16.6	17.5
その他の消化器系の病気	11.2	1.9	1.8	3.4	4.9	7.9	10.2	15.0	21.4	28.0	21.8	24.9
歯の病気	57.3	24.4	23.0	34.5	40.8	50.3	66.6	83.8	96.4	57.3	82.3	72.3
アトピー性皮膚炎	9.7	21.2	15.5	18.1	15.4	10.0	6.9	3.6	4.0	2.7	3.6	3.3
その他の皮膚の病気	19.9	22.6	14.1	18.8	17.0	17.5	23.6	20.0	21.5	24.4	22.0	23.4
痛風	0.9	-	0.0	0.1	0.3	0.2	0.8	1.1	2.3	2.7	2.1	2.8
関節リウマチ	9.3	0.2	0.4	0.8	1.8	4.6	11.2	16.5	20.5	18.9	19.1	19.8
関節症	27.7	0.4	1.8	1.4	3.7	8.8	27.7	37.2	64.5	89.8	64.8	81.8
肩こり症	36.3	-	2.9	15.0	24.0	32.7	47.9	45.7	69.4	60.5	60.5	66.1
腰痛症	56.6	0.2	5.6	13.2	21.9	31.0	50.5	67.4	133.5	156.9	123.8	154.7
骨粗しょう症	31.1	-	-	-	0.1	0.8	6.6	37.6	97.1	130.3	92.5	122.7
腎臓の病気	7.1	0.6	1.5	1.7	2.2	4.0	7.1	8.6	15.3	19.7	15.0	18.2
前立腺肥大症	・	・	・	・	・	・	・	・	・	・	・	・
閉経期又は閉経後障害(更年期障害等)	3.4	-	-	-	-	4.9	16.8	1.9	1.1	1.0	1.1	1.1
骨折	8.4	2.0	3.1	1.2	1.1	2.0	5.8	7.7	21.2	30.6	20.2	28.6
骨折以外のけが・やけど	6.7	2.8	12.1	3.9	4.8	6.7	6.5	5.7	8.2	9.0	7.8	8.8
貧血・血液の病気	8.2	0.6	2.1	3.4	7.1	15.7	8.1	4.5	9.4	19.5	11.3	16.1
悪性新生物(がん)	9.4	0.2	0.4	0.8	3.0	7.8	15.5	18.0	16.6	10.5	15.5	12.1
妊娠・産褥(切迫流産、前置胎盤等)	2.4	-	-	0.3	10.0	13.8	0.9	0.0	-	-	-	-
不妊症	1.7	-	-	4.5	9.6	2.4	0.0	-	-	-	-	-
その他	29.6	16.9	21.7	28.9	33.2	41.0	35.9	25.1	24.1	33.6	27.3	30.5
不　明	1.7	0.8	0.9	1.4	1.8	2.0	2.1	1.4	1.9	3.1	2.1	2.8

注：1)通院者には入院者は含まないが、分母となる世帯人員には入院者を含む。
　　2)「総数」には、年齢不詳を含む。
　　3)熊本県を除いたものである。

第12表　性・年齢階級別にみた12歳以上の者のこころの状態（点数階級）

(単位：%)　　　　　　　　　　　　　　　　　　　　　　　　　平成28年

性 年齢階級	総数	0～4点	5～9点	10～14点	15点以上	不詳
総数	100.0	67.6	17.4	7.2	2.5	5.2
12～19歳	100.0	74.9	12.3	5.6	1.7	5.5
20～29	100.0	65.6	18.3	9.4	4.3	2.4
30～39	100.0	66.1	18.8	9.2	3.5	2.3
40～49	100.0	66.1	19.4	8.6	3.1	2.7
50～59	100.0	66.9	20.1	7.6	2.4	2.9
60～69	100.0	72.6	16.0	4.9	1.5	5.1
70～79	100.0	67.3	15.3	5.2	1.5	10.7
80歳以上	100.0	58.7	17.7	7.9	2.3	13.4
(再掲)65歳以上	100.0	66.9	15.9	5.7	1.6	9.9
(再掲)75歳以上	100.0	61.2	17.0	6.9	2.0	12.8
男	100.0	70.3	15.9	6.5	2.2	5.0
12～19歳	100.0	76.5	11.5	4.9	1.3	5.8
20～29	100.0	67.0	17.6	8.7	4.0	2.7
30～39	100.0	68.0	17.2	8.9	3.3	2.6
40～49	100.0	68.4	17.6	8.1	3.0	3.0
50～59	100.0	70.1	18.1	6.8	2.1	2.9
60～69	100.0	75.1	14.6	4.3	1.3	4.7
70～79	100.0	70.3	14.3	4.8	1.3	9.4
80歳以上	100.0	62.7	15.4	6.1	1.8	14.0
(再掲)65歳以上	100.0	70.4	14.4	4.7	1.4	9.1
(再掲)75歳以上	100.0	64.9	15.3	5.6	1.6	12.7
女	100.0	65.2	18.8	7.8	2.7	5.5
12～19歳	100.0	73.3	13.2	6.2	2.2	5.1
20～29	100.0	64.3	19.1	10.2	4.5	2.0
30～39	100.0	64.2	20.4	9.6	3.8	2.1
40～49	100.0	63.9	21.2	9.2	3.3	2.4
50～59	100.0	63.9	22.0	8.4	2.7	2.9
60～69	100.0	70.2	17.2	5.5	1.6	5.4
70～79	100.0	64.7	16.2	5.6	1.7	11.8
80歳以上	100.0	56.2	19.2	9.0	2.6	13.0
(再掲)65歳以上	100.0	64.1	17.1	6.4	1.9	10.5
(再掲)75歳以上	100.0	58.6	18.3	7.9	2.3	12.9

注：1) 入院者は含まない。
　　2) 熊本県を除いたものである。

第13表　性・年齢階級別にみた20歳以上のがん検診受診状況（複数回答）

(単位：千人)　　　　　　　　　　　（過去1年間）　　　　　　　　平成28年

性 年齢階級	総数	胃がん 検診	肺がん 検診	子宮がん (子宮頸がん) 検診	乳がん 検診	大腸がん 検診
総数	97 483	31 680	37 342	14 479	13 556	31 939
20～29歳	9 510	451	1 523	992	311	496
30～39	13 092	2 460	3 400	2 619	1 456	2 141
40～49	17 644	6 928	7 725	3 793	3 683	6 876
50～59	15 338	6 828	7 729	2 947	3 209	6 845
60～69	19 009	7 499	8 579	2 503	2 938	7 824
70～79	14 151	5 311	5 745	1 292	1 569	5 575
80歳以上	8 739	2 203	2 640	333	391	2 183
(再掲)40歳以上	74 881	28 768	32 418	10 869	11 789	29 302
(再掲)65歳以上	33 483	11 538	13 011	2 901	3 455	11 967
(再掲)75歳以上	15 207	4 532	5 140	833	1 000	4 636
男	46 374	17 169	19 849	・	・	16 570
20～29歳	4 714	260	847	・	・	276
30～39	6 458	1 474	2 012	・	・	1 230
40～49	8 652	3 928	4 239	・	・	3 662
50～59	7 501	3 805	4 149	・	・	3 595
60～69	9 170	4 024	4 524	・	・	4 016
70～79	6 509	2 624	2 865	・	・	2 737
80歳以上	3 370	1 054	1 213	・	・	1 054
(再掲)40歳以上	35 201	15 435	16 989	・	・	15 064
(再掲)65歳以上	14 993	5 777	6 476	・	・	5 917
(再掲)75歳以上	6 319	2 221	2 477	・	・	2 276
女	51 110	14 511	17 493	14 479	13 556	15 370
20～29歳	4 796	192	676	992	311	220
30～39	6 634	986	1 388	2 619	1 456	911
40～49	8 992	3 000	3 486	3 793	3 683	3 214
50～59	7 837	3 023	3 580	2 947	3 209	3 250
60～69	9 840	3 475	4 056	2 503	2 938	3 808
70～79	7 641	2 686	2 880	1 292	1 569	2 838
80歳以上	5 369	1 149	1 427	333	391	1 129
(再掲)40歳以上	39 680	13 333	15 429	10 869	11 789	14 239
(再掲)65歳以上	18 490	5 761	6 535	2 901	3 455	6 049
(再掲)75歳以上	8 888	2 312	2 663	833	1 000	2 360

（過去2年間）

(単位：千人)　　　平成28年調査

総数	子宮がん (子宮頸がん) 検診	乳がん 検診
51 110	18 206	16 498
4 796	1 273	390
6 634	3 416	1 757
8 992	4 709	4 483
7 837	3 580	3 856
9 840	3 158	3 624
7 641	1 645	1 906
5 369	426	482
39 680	13 517	14 351
18 490	3 674	4 224
8 888	1 050	1 217

注：1) 入院者は含まない。
　　2) 過去1年間の各種検診受診状況である。
　　3) 熊本県を除いたものである。

注：1) 入院者は含まない。
　　2) 過去2年間の子宮がん、乳がん検診受診状況である。
　　3) 熊本県を除いたものである。

第14表　性・都道府県－21大都市（再掲）別にみた有訴者率及び通院者率（人口千対）

（単位：人口千対）　　　　　　　　　　　　　　　　　　　　　　　　　　　　　　　　平成28年

都道府県 21大都市（再掲）	有訴者率			通院者率		
	総数	男	女	総数	男	女
全　　　国	305.9	271.9	337.3	390.2	372.5	406.6
北　海　道	301.3	256.6	339.9	401.0	379.4	419.7
青　　　森	282.4	239.3	321.2	405.4	375.0	432.8
岩　　　手	299.9	263.0	334.2	445.2	420.0	468.6
宮　　　城	309.5	269.3	347.0	422.8	403.7	440.7
秋　　　田	300.7	272.9	325.6	448.4	424.2	470.1
山　　　形	274.6	237.7	308.9	425.8	408.7	441.7
福　　　島	298.6	267.1	328.9	419.4	404.0	434.3
茨　　　城	276.5	244.8	307.3	372.6	359.8	384.9
栃　　　木	272.3	244.6	299.3	392.8	372.8	412.3
群　　　馬	284.0	247.7	318.7	370.3	355.4	384.6
埼　　　玉	296.5	262.7	329.3	382.8	364.8	400.4
千　　　葉	314.2	281.8	345.7	396.2	381.1	410.9
東　　　京	311.1	276.9	342.4	388.6	369.0	406.6
神　奈　川	309.0	269.9	347.1	373.1	359.3	386.6
新　　　潟	292.1	256.3	325.8	410.8	387.7	432.5
富　　　山	297.5	269.6	323.8	374.8	351.6	396.6
石　　　川	289.9	251.0	325.1	365.0	347.6	380.8
福　　　井	306.1	273.4	337.1	373.4	352.2	393.5
山　　　梨	281.8	251.9	310.1	387.3	370.4	403.1
長　　　野	307.3	284.8	329.0	403.6	388.4	418.3
岐　　　阜	316.8	287.5	343.6	387.5	372.5	401.2
静　　　岡	300.3	266.9	331.9	400.4	383.3	416.5
愛　　　知	291.6	269.9	312.5	357.7	347.7	367.5
三　　　重	316.3	289.2	341.3	403.6	390.3	415.8
滋　　　賀	314.0	284.1	343.5	368.7	364.5	372.7
京　　　都	321.3	279.4	359.2	395.0	373.4	414.6
大　　　阪	317.5	278.2	352.9	389.5	367.9	408.9
兵　　　庫	316.1	284.3	344.7	378.7	367.2	389.1
奈　　　良	338.4	312.3	361.7	416.9	408.4	424.5
和　歌　山	304.0	264.6	339.5	420.7	406.8	433.3
鳥　　　取	306.4	278.4	331.3	386.9	370.6	401.5
島　　　根	315.4	281.6	346.1	412.1	387.1	434.6
岡　　　山	310.6	278.1	341.0	381.1	362.9	398.0
広　　　島	324.4	284.3	361.5	402.5	375.5	427.4
山　　　口	305.3	277.3	330.6	389.8	363.9	413.2
徳　　　島	313.8	274.9	348.9	375.7	352.0	396.9
香　　　川	310.6	269.3	349.1	380.5	354.2	405.1
愛　　　媛	310.9	283.6	335.5	400.7	379.2	420.0
高　　　知	311.5	274.8	343.2	420.7	394.6	443.3
福　　　岡	326.5	298.2	351.0	405.0	390.9	417.2
佐　　　賀	291.4	258.7	320.2	396.7	367.7	422.3
長　　　崎	308.6	269.9	342.5	425.6	397.7	449.9
熊　　　本	…	…	…	…	…	…
大　　　分	305.8	279.7	329.3	388.9	384.4	392.9
宮　　　崎	296.4	258.2	331.1	377.6	358.3	395.0
鹿　児　島	306.1	267.5	339.8	398.2	376.1	417.6
沖　　　縄	272.3	247.1	295.9	329.4	322.9	335.6
（再掲）						
東京都区部	310.7	278.5	340.1	384.9	363.0	404.9
札　幌　市	317.8	273.7	353.9	387.5	373.7	398.8
仙　台　市	330.3	288.1	369.3	417.0	402.0	431.0
さいたま市	284.1	257.1	309.9	369.6	354.0	384.4
千　葉　市	336.1	301.8	367.9	415.0	394.6	434.1
横　浜　市	315.9	285.9	344.5	357.2	342.4	371.3
川　崎　市	288.6	252.0	325.5	355.2	339.5	371.1
相模原市	321.3	296.9	345.9	381.2	370.3	392.2
新　潟　市	297.7	265.7	326.7	400.1	381.5	417.0
静　岡　市	306.5	267.2	342.7	415.0	406.4	423.0
浜　松　市	288.7	257.1	319.0	390.4	374.2	405.9
名古屋市	297.3	279.1	314.5	359.9	349.0	370.2
京　都　市	328.7	279.6	373.3	396.2	368.4	421.4
大　阪　市	324.2	281.0	360.9	398.6	372.6	420.6
堺　　　市	327.0	290.9	358.8	401.2	384.6	416.0
神　戸　市	320.0	282.7	352.6	394.5	381.9	405.4
岡　山　市	301.6	266.6	333.7	371.6	353.7	388.1
広　島　市	323.3	285.8	357.7	375.2	350.3	398.3
北九州市	338.9	299.0	374.2	426.9	404.1	446.9
福　岡　市	317.4	297.0	334.7	373.6	367.7	378.7
熊　本　市	…	…	…	…	…	…

注：1）有訴者、通院者には入院者は含まないが、分母となる世帯人員には入院者を含む。
　　2）熊本県を除いたものである。

第15表　要介護度別にみた介護が必要となった主な原因の構成割合

(単位：%)　　　平成28年

	総　数	要支援者	要支援1	要支援2	要介護者	要介護1	要介護2	要介護3	要介護4	要介護5
総数	100.0	100.0	100.0	100.0	100.0	100.0	100.0	100.0	100.0	100.0
認知症	18.0	4.6	5.6	3.8	24.8	24.8	22.8	30.3	25.4	20.4
脳血管疾患（脳卒中）	16.6	13.1	11.5	14.6	18.4	11.9	17.9	19.8	23.1	30.8
高齢による衰弱	13.3	16.2	18.4	14.2	12.1	13.6	13.3	12.8	9.1	6.7
骨折・転倒	12.1	15.2	11.4	18.4	10.8	11.5	10.9	8.9	12.0	10.2
関節疾患	10.2	17.2	20.0	14.7	7.0	10.7	7.0	6.4	4.0	1.1
心疾患（心臓病）	4.6	6.7	5.8	7.4	3.8	4.3	4.3	3.3	4.2	0.9
パーキンソン病	3.1	2.4	1.6	3.2	3.4	2.8	3.7	3.2	4.2	3.5
糖尿病	2.7	3.3	3.0	3.6	2.4	2.6	2.5	1.9	3.7	0.9
悪性新生物（がん）	2.4	2.0	1.5	2.3	2.7	3.0	2.5	2.1	1.4	5.5
脊髄損傷	2.3	2.5	2.9	2.1	2.2	2.0	1.3	2.5	2.3	4.4
呼吸器疾患	2.2	2.1	3.0	1.3	2.3	2.9	2.6	1.0	1.9	2.3
視覚・聴覚障害	1.3	1.8	1.7	2.0	1.0	1.1	1.2	1.3	0.9	－
その他	8.2	9.2	9.1	9.3	7.7	7.3	8.2	5.4	7.0	12.3
わからない	1.1	1.4	1.1	1.6	0.8	1.1	0.6	0.9	0.2	0.9
不詳	2.0	2.3	3.3	1.4	0.7	0.6	1.2	0.3	0.6	0.2

注：1）「総数」には、要介護度不詳を含む。
　　2）熊本県を除いたものである。

参　考　表

平成 25 年調査（前回の大規模調査）との比較

参考表 1　世帯構造別、世帯類型別世帯数及び平均世帯人員

参考表 2　65 歳以上の者のいる世帯の世帯構造

参考表 3　高齢者世帯の世帯構造

参考表 4　65 歳以上の者の家族形態

参考表 5　児童数別、世帯構造別児童のいる世帯数及び平均児童数

参考表 6　各種世帯別にみた世帯の状況

参考表 7　各種世帯の 1 世帯当たり平均所得金額

参考表 8　所得金額階級別世帯数の相対度数分布

参考表 9　世帯主の年齢階級別にみた 1 世帯当たり－世帯人員 1 人当たり平均所得金額

参考表 10　各種世帯の所得の種類別 1 世帯当たり平均所得金額及び構成割合

参考表 11　公的年金・恩給を受給している高齢者世帯における公的年金・恩給の
　　　　　総所得に占める割合別世帯数の構成割合

参考表 12　各種世帯の貯蓄の有無別・借入金の有無別世帯数の構成割合

参考表 13　世帯主の年齢（10 歳階級）別にみた 1 世帯当たり平均貯蓄額－平均借入金額

参考表 14　貯蓄の増減状況－減額理由（複数回答）別世帯数の構成割合

参考表 15　各種世帯の生活意識

参考表 16　性・年齢階級別にみた有訴者率（人口千対）

参考表 17　性・年齢階級別にみた通院者率（人口千対）

143

平成 28 年は、熊本地震の影響により、熊本県については調査を実施しておらず、数値
は熊本県分を除いたものとなっている。
　　なお、平成 25 年調査（前回の大規模調査）の熊本県及び同県分を除いた 46 都道府県の
数値は、次のとおりである。

参考表 1　世帯構造別、世帯類型別世帯数及び平均世帯人員

年次 都道府県	総数	世帯構造						世帯類型				平均世帯人員
		単独世帯	夫婦のみの世帯	夫婦と未婚の子のみの世帯	ひとり親と未婚の子のみの世帯	三世代世帯	その他の世帯	高齢者世帯	母子世帯	父子世帯	その他の世帯	
	推　計　数　（単位：千世帯）											（人）
平成25年												
全国	50 112	13 285	11 644	14 899	3 621	3 329	3 334	11 614	821	91	37 586	2.51
熊本県	694	176	162	180	46	66	63	167	11	1	515	2.58
46都道府県	49 418	13 109	11 482	14 718	3 574	3 263	3 271	11 448	810	89	37 070	2.51
平成28年	49 945	13 434	11 850	14 744	3 640	2 947	3 330	13 271	712	91	35 871	2.47
	構　成　割　合　（単位：%）											
平成25年												
全国	100.0	26.5	23.2	29.7	7.2	6.6	6.7	23.2	1.6	0.2	75.0	・
熊本県	100.0	25.4	23.3	26.0	6.6	9.5	9.1	24.0	1.6	0.2	74.3	・
46都道府県	100.0	26.5	23.2	29.8	7.2	6.6	6.6	23.2	1.6	0.2	75.0	・
平成28年	100.0	26.9	23.7	29.5	7.3	5.9	6.7	26.6	1.4	0.2	71.8	・

注：平成 28 年の数値は、熊本県を除いたものである。

参考表 2　65 歳以上の者のいる世帯の世帯構造

年次 都道府県	65歳以上の者のいる世帯	全世帯に占める割合（%）	単独世帯	夫婦のみの世帯	親と未婚の子のみの世帯	三世代世帯	その他の世帯	（再掲）65歳以上の者のみの世帯
	推　計　数　（単位：千世帯）							
平成25年								
全国	22 420	(44.7)	5 730	6 974	4 442	2 953	2 321	11 594
熊本県	338	(48.8)	81	94	55	60	49	166
46都道府県	22 081	(44.7)	5 650	6 880	4 387	2 893	2 272	11 427
平成28年	24 165	(48.4)	6 559	7 526	5 007	2 668	2 405	13 252
	構　成　割　合　（単位：%）							
平成25年								
全国	100.0	・	25.6	31.1	19.8	13.2	10.4	51.7
熊本県	100.0	・	23.9	27.7	16.3	17.8	14.4	49.1
46都道府県	100.0	・	25.6	31.2	19.9	13.1	10.3	51.8
平成28年	100.0	・	27.1	31.1	20.7	11.0	10.0	54.8

注：1）平成 28 年の数値は、熊本県を除いたものである。
　　2）「親と未婚の子のみの世帯」とは、「夫婦と未婚の子のみの世帯」及び「ひとり親と未婚の子のみの世帯」をいう。

参考表3　高齢者世帯の世帯構造

年　　次 都 道 府 県	高齢者世帯	単独世帯	男の単独世帯	女の単独世帯	夫婦のみの世帯	その他の世帯
	推　　　　計　　　　数　　（単位：千世帯）					
平成25年						
全国	11 614	5 730	1 659	4 071	5 513	371
熊本県	167	81	21	60	78	8
46都道府県	11 448	5 650	1 639	4 011	5 435	364
平成28年	13 271	6 559	2 095	4 464	6 196	516
	構　　成　　　割　　　合　　（単位：％）					
平成25年						
全国	100.0	49.3	14.3	35.1	47.5	3.2
熊本県	100.0	48.5	12.4	36.1	46.9	4.6
46都道府県	100.0	49.4	14.3	35.0	47.5	3.2
平成28年	100.0	49.4	15.8	33.6	46.7	3.9

注 : 1) 平成28年の数値は、熊本県を除いたものである。
　　 2) 「その他の世帯」には、「親と未婚の子のみの世帯」及び「三世代世帯」を含む。

参考表4　65歳以上の者の家族形態

年　　次 都 道 府 県	65歳以上の者	単独世帯	夫婦のみの世帯	子と同居	子 夫 婦 と 同 居	配偶者のいない子と同居	その他の親族と同居	非親族と同居
	推　　　　計　　　　数　　（単位：千人）							
平成25年								
全国	32 394	5 730	12 487	12 950	4 498	8 452	1 193	33
熊本県	499	81	172	221	95	126	25	0
46都道府県	31 895	5 650	12 315	12 729	4 403	8 326	1 168	33
平成28年	35 315	6 559	13 721	13 570	4 034	9 536	1 420	44
	構　　成　　　割　　　合　　（単位：％）							
平成25年								
全国	100.0	17.7	38.5	40.0	13.9	26.1	3.7	0.1
熊本県	100.0	16.2	34.4	44.4	19.1	25.2	5.0	0.1
46都道府県	100.0	17.7	38.6	39.9	13.8	26.1	3.7	0.1
平成28年	100.0	18.6	38.9	38.4	11.4	27.0	4.0	0.1

注 : 平成28年の数値は、熊本県を除いたものである。

参考表5　児童数別、世帯構造別児童のいる世帯数及び平均児童数

年　　次 都 道 府 県	児童のいる世帯	全世帯に占める割合（％）	1人	2人	3人以上	核家族世帯	夫婦と未婚の子のみの世帯	ひとり親と未婚の子のみの世帯	三世代世帯	その他の世帯	児童のいる世帯の平均児童数
	推　計　数　（単位：千世帯）										（人）
平成25年											
全国	12 085	(24.1)	5 457	5 048	1 580	9 618	8 707	912	1 965	503	1.70
熊本県	163	(23.4)	73	63	26	113	101	12	40	9	1.74
46都道府県	11 923	(24.1)	5 384	4 985	1 554	9 505	8 606	900	1 924	493	1.70
平成28年	11 666	(23.4)	5 436	4 702	1 527	9 386	8 576	810	1 717	564	1.69
	構　成　割　合　（単位：％）										
平成25年											
全国	100.0	・	45.2	41.8	13.1	79.6	72.0	7.5	16.3	4.2	・
熊本県	100.0	・	44.7	39.1	16.2	69.5	62.2	7.3	24.9	5.6	・
46都道府県	100.0	・	45.2	41.8	13.0	79.7	72.2	7.5	16.1	4.1	・
平成28年	100.0	・	46.6	40.3	13.1	80.5	73.5	6.9	14.7	4.8	・

注 : 1) 平成28年の数値は、熊本県を除いたものである。
　　 2) 「その他の世帯」には、「単独世帯」を含む。

参考表6　各種世帯別にみた世帯の状況

年　　　次 都　道　府　県	全　世　帯	高齢者世帯	母子世帯	児　童　の い　る　世帯	65歳以上の者 のいる世帯
世帯数（千世帯）					
平成25年					
全国	50 112	11 614	821	12 085	22 420
熊本県	694	167	11	163	338
46都道府県	49 418	11 448	810	11 923	22 081
平成28年	49 945	13 271	712	11 666	24 165
全世帯に占める割合（%）					
平成25年					
全国	100.0	23.2	1.6	24.1	44.7
熊本県	100.0	24.0	1.6	23.4	48.8
46都道府県	100.0	23.2	1.6	24.1	44.7
平成28年	100.0	26.6	1.4	23.4	48.4
平均世帯人員（人）					
平成25年					
全国	2.51	1.52	2.65	4.01	2.40
熊本県	2.58	1.54	2.55	4.20	2.60
46都道府県	2.51	1.52	2.65	4.01	2.40
平成28年	2.47	1.53	2.61	3.97	2.31
平均有業人員（人）					
平成25年					
全国	1.22	0.28	0.91	1.68	0.92
熊本県	1.27	0.27	0.92	1.79	1.04
46都道府県	1.22	0.28	0.91	1.68	0.91
平成28年	1.22	0.32	0.97	1.72	0.90
仕事ありの者がいる世帯の割合（%）					
平成25年					
全国	72.8	22.7	83.3	95.5	52.0
熊本県	72.4	20.8	83.8	95.0	54.5
46都道府県	72.8	22.7	83.3	95.5	52.0
平成28年	72.5	25.9	87.1	95.5	52.7
平均家計支出額（万円）					
平成25年					
全国	23.3	18.8	17.8	26.8	22.8
熊本県	20.6	15.4	15.0	24.2	19.7
46都道府県	23.3	18.9	17.8	26.9	22.9
平成28年	23.7	19.1	18.1	27.8	22.9

注：1）平成28年の数値は、熊本県を除いたものである。
　　2）「平均有業人員」とは、世帯における仕事ありの平均世帯人員をいう。
　　3）「家計支出額」とは、平成28年5月中の家計上の支出金額（飲食費（外食費・し好品費を含む。）、住居費、
　　　　光熱・水道費、被服費、保健医療費、教育費、教養娯楽費、交際費、冠婚葬祭費、その他諸雑費など）をいい、
　　　　税金、社会保険料は含まない。

参考表 7　各種世帯の 1 世帯当たり平均所得金額

（単位：万円）

	平成24年 （平成25年調査）		平成27年 （平成28年調査）
	全国	46都道府県	
全　　世　　帯	537.2	537.9	545.4
高　齢　者　世　帯	309.1	309.6	308.1
児　童　の　い　る　世　帯	673.2	674.1	707.6

注：平成27年（平成28年調査）の数値は、熊本県を除いたものである。なお、所得は、都道府県別表章が可能な
　　標本規模でないため、平成24年（平成25年調査）の熊本県分の数値は掲載していない。

参考表 8　所得金額階級別世帯数の相対度数分布

（単位：％）

	平成24年 （平成25年調査）		平成27年 （平成28年調査）
	全国	46都道府県	
総　　数	100.0	100.0	100.0
100万円未満	6.2	6.2	6.2
100- 200	13.2	13.2	13.4
200- 300	13.3	13.3	13.7
300- 400	13.2	13.2	13.2
400- 500	11.0	11.0	10.4
500- 600	9.0	9.0	8.8
600- 700	7.3	7.3	7.7
700- 800	6.5	6.5	6.3
800- 900	5.2	5.1	4.9
900-1000	3.8	3.8	3.7
1000-1100	3.0	3.0	2.7
1100-1200	2.0	2.0	2.0
1200-1300	1.5	1.5	1.6
1300-1400	1.1	1.1	1.3
1400-1500	0.9	0.8	0.8
1500-1600	0.6	0.6	0.6
1600-1700	0.5	0.5	0.5
1700-1800	0.3	0.3	0.4
1800-1900	0.2	0.2	0.3
1900-2000	0.2	0.2	0.2
2000万円以上	1.0	1.0	1.3

注：平成27年（平成28年調査）の数値は、熊本県を除いたものである。なお、所得は都道府県別表章が
　　可能な標本規模でないため、平成24年（平成25年調査）の熊本県分の数値は掲載していない。

参考表 9　世帯主の年齢階級別にみた 1 世帯当たり－世帯人員 1 人当たり平均所得金額

（単位：万円）

	総　数	29歳以下	30～39歳	40～49	50～59	60～69	70歳以上	（再掲）65歳以上
	1 世帯当たり平均所得金額							
平成24年（平成25年調査）　全国	537.2	323.7	545.1	648.9	720.4	526.2	406.3	433.2
46都道府県	537.9	324.0	544.8	650.6	721.6	526.1	407.2	433.7
平成27年（平成28年調査）	545.4	343.5	562.1	670.7	743.1	530.8	405.1	435.9
	世帯人員 1 人当たり平均所得金額							
平成24年（平成25年調査）　全国	203.7	169.9	173.0	198.3	247.1	212.4	186.8	193.7
46都道府県	204.1	170.0	173.2	199.2	247.3	212.4	187.4	194.1
平成27年（平成28年調査）	212.2	184.7	177.0	209.5	263.8	217.3	191.6	199.3

注：1）年齢階級の「総数」には、年齢不詳を含む。
　　2）平成27年（平成28年調査）の数値は、熊本県を除いたものである。なお、所得は都道府県別表章が可能な標本規模でないため、平成24年（平成25年調査）の熊本県分の数値は掲載していない。

参考表 10　各種世帯の所得の種類別 1 世帯当たり平均所得金額及び構成割合

	総所得	稼働所得	（再掲）雇用者所得	公的年金・恩給	財産所得	年金以外の社会保障給付金	（再掲）児童手当等	仕送り・企業年金・個人年金・その他の所得
	1 世帯当たり平均所得金額（単位：万円）							
全　世　帯								
平成24年（平成25年調査）　全国	537.2	396.7	371.5	102.7	16.4	8.6	5.1	12.8
46都道府県	537.9	397.3	372.3	102.7	16.6	8.6	5.1	12.8
平成27年（平成28年調査）	545.4	403.3	373.2	104.4	18.3	6.3	3.4	13.1
高　齢　者　世　帯								
平成24年（平成25年調査）　全国	309.1	55.7	43.9	211.9	22.2	2.5	0.0	16.8
46都道府県	309.6	55.8	44.1	212.0	22.4	2.5	0.0	16.9
平成27年（平成28年調査）	308.1	64.9	49.1	201.5	22.8	1.9	0.0	16.9
児童のいる世帯								
平成24年（平成25年調査）　全国	673.2	603.0	574.1	29.1	11.5	23.2	19.6	6.3
46都道府県	674.1	604.1	575.0	29.0	11.5	23.2	19.6	6.4
平成27年（平成28年調査）	707.6	646.7	609.5	27.2	9.6	17.4	14.1	6.7
母　子　世　帯								
平成24年（平成25年調査）　全国	243.4	179.0	168.3	7.6	1.7	49.3	35.1	5.8
46都道府県	242.8	178.8	168.0	7.5	1.8	48.9	34.8	5.9
平成27年（平成28年調査）	270.1	213.9	209.3	7.6	0.5	42.5	31.7	5.7
	1 世帯当たり平均所得金額の構成割合（単位：％）							
全　世　帯								
平成24年（平成25年調査）　全国	100.0	73.8	69.2	19.1	3.1	1.6	0.9	2.4
46都道府県	100.0	73.9	69.2	19.1	3.1	1.6	0.9	2.4
平成27年（平成28年調査）	100.0	74.0	68.4	19.1	3.4	1.2	0.6	2.4
高　齢　者　世　帯								
平成24年（平成25年調査）　全国	100.0	18.0	14.2	68.5	7.2	0.8	0.0	5.4
46都道府県	100.0	18.0	14.2	68.5	7.2	0.8	0.0	5.5
平成27年（平成28年調査）	100.0	21.1	15.9	65.4	7.4	0.6	0.0	5.5
児童のいる世帯								
平成24年（平成25年調査）　全国	100.0	89.6	85.3	4.3	1.7	3.4	2.9	0.9
46都道府県	100.0	89.6	85.3	4.3	1.7	3.4	2.9	0.9
平成27年（平成28年調査）	100.0	91.4	86.1	3.8	1.4	2.5	2.0	0.9
母　子　世　帯								
平成24年（平成25年調査）　全国	100.0	73.5	69.1	3.1	0.7	20.2	14.4	2.4
46都道府県	100.0	73.7	69.2	3.1	0.7	20.1	14.3	2.4
平成27年（平成28年調査）	100.0	79.2	77.5	2.8	0.2	15.7	11.8	2.1

注：平成27年（平成28年調査）の数値は、熊本県を除いたものである。なお、所得は都道府県別表章が可能な標本規模でないため、平成24年（平成25年調査）の熊本県分の数値は掲載していない。

参考表11 公的年金・恩給を受給している高齢者世帯における公的年金・恩給の
総所得に占める割合別世帯数の構成割合

（単位：％）

| | 総数 | 公的年金・恩給の総所得に占める割合 | | | | | |
		20%未満の世帯	20～40%未満の世帯	40～60%未満の世帯	60～80%未満の世帯	80～100%未満の世帯	100%の世帯
平成24年（平成25年調査）							
全国	100.0	3.0	6.2	9.3	11.7	11.9	57.8
46都道府県	100.0	3.0	6.2	9.4	11.7	11.9	57.7
平成27年（平成28年調査）	100.0	3.5	7.2	10.7	12.4	12.0	54.2

注：平成27年（平成28年調査）の数値は、熊本県を除いたものである。なお、所得は都道府県別表章が可能な標本規模でないため、
　　平成24年（平成25年調査）の熊本県分の数値は掲載していない。

参考表12　各種世帯の貯蓄の有無別・借入金の有無別世帯数の構成割合

| | 平成25年 | | 平成28年 |
	全国	46都道府県	
	貯蓄の有無別世帯数の構成割合（単位：％）		
全　世　帯			
総　　　　数	100.0	100.0	100.0
貯　蓄　が　な　い	16.0	16.0	14.9
貯　蓄　が　あ　る	79.5	79.5	80.3
不　　　　詳	4.5	4.5	4.8
高　齢　者　世　帯			
総　　　　数	100.0	100.0	100.0
貯　蓄　が　な　い	16.8	16.7	15.1
貯　蓄　が　あ　る	77.9	77.9	79.4
不　　　　詳	5.3	5.3	5.5
児童のいる世帯			
総　　　　数	100.0	100.0	100.0
貯　蓄　が　な　い	15.3	15.3	14.6
貯　蓄　が　あ　る	81.0	81.0	82.0
不　　　　詳	3.7	3.7	3.4
母　子　世　帯			
総　　　　数	100.0	100.0	100.0
貯　蓄　が　な　い	36.5	36.8	37.6
貯　蓄　が　あ　る	60.6	60.3	59.6
不　　　　詳	2.9	2.9	2.7
	借入金の有無別世帯数の構成割合（単位：％）		
全　世　帯			
総　　　　数	100.0	100.0	100.0
借　入　金　が　な　い	61.4	61.4	62.3
借　入　金　が　あ　る	30.1	30.0	29.3
不　　　　詳	8.6	8.6	8.3
高　齢　者　世　帯			
総　　　　数	100.0	100.0	100.0
借　入　金　が　な　い	77.3	77.4	79.1
借　入　金　が　あ　る	8.6	8.5	8.1
不　　　　詳	14.1	14.1	12.7
児童のいる世帯			
総　　　　数	100.0	100.0	100.0
借　入　金　が　な　い	42.9	42.8	41.5
借　入　金　が　あ　る	51.7	51.8	53.5
不　　　　詳	5.4	5.4	5.0
母　子　世　帯			
総　　　　数	100.0	100.0	100.0
借　入　金　が　な　い	71.0	70.9	64.8
借　入　金　が　あ　る	23.8	23.8	28.1
不　　　　詳	5.3	5.3	7.1

注：平成28年の数値は、熊本県を除いたものである。
　　なお、貯蓄及び借入金は都道府県別表章が可能な標本規模でないため、平成25年の熊本県分の数値は掲載して
　　いない。

参考表 13　世帯主の年齢（10歳階級）別にみた1世帯当たり平均貯蓄額－平均借入金額

（単位：万円）

	総　数	29歳以下	30～39歳	40～49	50～59	60～69	70歳以上	（再掲）65歳以上
1世帯当たり平均貯蓄額								
平成25年								
全国	1 047.0	160.1	423.2	707.6	1 034.7	1 399.3	1 312.8	1 339.2
46都道府県	1 050.4	160.7	424.6	709.8	1 038.1	1 404.7	1 319.0	1 345.4
平成28年	1 031.5	154.8	403.6	652.0	1 049.6	1 337.6	1 260.1	1 283.6
1世帯当たり平均借入金額								
平成25年								
全国	438.7	151.3	794.8	871.0	599.4	245.3	152.7	176.2
46都道府県	440.7	152.5	798.0	875.6	603.9	245.1	152.0	175.9
平成28年	430.1	263.4	865.7	862.1	581.6	251.9	134.2	163.4

注：1）「1世帯当たり平均貯蓄額」には、不詳及び貯蓄あり額不詳の世帯は含まない。
　　2）「1世帯当たり平均借入金額」には、不詳及び借入金あり額不詳の世帯は含まない。
　　3）平成28年の数値は、熊本県を除いたものである。なお、貯蓄及び借入金は都道府県別表章が可能な標本規模でないため、平成25年の熊本県分の
　　　　数値は掲載していない。

参考表 14　貯蓄の増減状況－減額理由（複数回答）別世帯数の構成割合

（単位：％）

	総数	貯蓄が増えた	変わらない	貯蓄が減った	減額理由（複数回答）				
					日常の生活費への支出	土地・住宅の購入費	入学金、結婚費用、旅行等の一時的な支出	株式等の評価額の減少	その他
平成25年									
全国	100.0	11.3	34.3	41.3(100.0)	(71.5)	(8.5)	(27.0)	(5.5)	(28.4)
46都道府県	100.0	11.3	34.3	41.3(100.0)	(71.5)	(8.5)	(26.9)	(5.5)	(28.4)
平成28年	100.0	11.6	36.0	40.1(100.0)	(67.6)	(6.9)	(25.1)	(11.9)	(27.4)

注：1）貯蓄の増減状況の「総数」には、貯蓄の増減状況不詳を含む。
　　2）平成28年の数値は、熊本県を除いたものである。なお、貯蓄は都道府県別表章が可能な標本規模でないため、平成25年の熊本県分の
　　　　数値は掲載していない。

参考表 15　各種世帯の生活意識

（単位：％）

	総数	苦しい	大変苦しい	やや苦しい	普通	ゆとりがある	ややゆとりがある	大変ゆとりがある
全世帯								
平成25年								
全国	100.0	59.9	27.7	32.2	35.6	4.5	3.9	0.5
46都道府県	100.0	59.9	27.7	32.3	35.6	4.5	3.9	0.5
平成28年	100.0	56.5	23.4	33.1	38.4	5.1	4.5	0.6
高齢者世帯								
平成25年								
全国	100.0	54.3	23.2	31.1	41.0	4.6	4.1	0.5
46都道府県	100.0	54.3	23.2	31.1	41.0	4.7	4.2	0.5
平成28年	100.0	52.0	20.9	31.1	43.4	4.6	4.0	0.6
児童のいる世帯								
平成25年								
全国	100.0	65.9	31.7	34.3	30.7	3.4	3.1	0.3
46都道府県	100.0	66.0	31.7	34.3	30.6	3.4	3.1	0.3
平成28年	100.0	62.0	26.8	35.2	33.7	4.3	4.0	0.3
母子世帯								
平成25年								
全国	100.0	84.8	49.5	35.2	14.7	0.6	0.6	－
46都道府県	100.0	84.8	49.6	35.2	14.6	0.6	0.6	－
平成28年	100.0	82.7	45.1	37.6	16.4	0.9	0.9	－

注：平成28年の数値は、熊本県を除いたものである。なお、生活意識は都道府県別表章が可能な標本規模でないため、平成25年の熊本県分の数値は
　　掲載していない。

参考表 16　性・年齢階級別にみた有訴者率（人口千対）

（単位：人口千対）

年齢階級	平成25年（全国）			（熊本県）			（46都道府県）			平成28年		
	総数	男	女	総数	男	女	総数	男	女	総数	男	女
総　数	312.4	276.8	345.3	316.5	276.9	351.6	312.3	276.8	345.2	305.9	271.9	337.3
9歳以下	196.5	204.7	187.9	197.1	206.6	187.2	196.5	204.6	187.9	185.7	198.1	172.8
10〜19	176.4	175.2	177.8	197.3	199.8	194.8	176.2	174.8	177.5	166.5	162.4	170.7
20〜29	213.2	168.7	257.6	177.7	145.2	205.0	213.7	169.0	258.4	209.2	167.7	250.3
30〜39	258.7	214.4	301.4	239.9	193.0	283.3	258.9	214.7	301.6	250.6	209.0	291.2
40〜49	281.1	234.3	325.7	280.2	217.5	335.5	281.1	234.5	325.6	270.0	224.9	313.6
50〜59	319.5	271.0	365.8	305.4	248.5	361.4	319.8	271.3	365.9	308.8	263.0	352.8
60〜69	363.0	338.5	385.5	368.8	341.3	394.8	362.9	338.5	385.4	352.8	330.6	373.5
70〜79	474.8	448.0	497.4	488.3	452.5	515.9	474.6	448.0	497.1	456.5	432.2	477.2
80歳以上	537.5	528.1	542.9	511.0	496.8	519.1	538.0	528.8	543.4	520.2	499.1	533.2
（再掲）												
65歳以上	466.1	439.9	486.6	471.0	443.6	490.5	466.0	439.9	486.5	446.0	417.5	468.9
75歳以上	525.6	506.1	538.8	501.2	477.3	515.9	526.0	506.6	539.2	505.2	480.5	522.5

注：1）有訴者には入院者は含まないが、分母となる世帯人員には入院者を含む。
　　2）「総数」には年齢不詳を含む。
　　3）平成28年の数値は、熊本県を除いたものである。

参考表 17　性・年齢階級別にみた通院者率（人口千対）

（単位：人口千対）

年齢階級	平成25年（全国）			（熊本県）			（46都道府県）			平成28年		
	総数	男	女	総数	男	女	総数	男	女	総数	男	女
総　数	378.3	358.8	396.3	395.1	372.3	415.2	378.0	358.6	396.0	390.2	372.5	406.6
9歳以下	163.9	178.6	148.4	158.4	172.8	143.3	163.9	178.6	148.5	160.0	172.5	147.0
10〜19	133.0	138.9	126.9	139.4	152.5	125.7	132.9	138.7	126.9	141.1	144.3	137.6
20〜29	150.4	123.4	177.2	139.9	119.4	157.1	150.5	123.4	177.5	156.7	129.8	183.4
30〜39	204.1	178.4	228.9	204.5	164.7	241.3	204.1	178.6	228.8	206.0	180.1	231.3
40〜49	272.7	258.9	285.8	274.1	261.9	284.9	272.7	258.9	285.8	275.5	264.3	286.3
50〜59	418.8	408.5	428.5	399.4	377.4	421.0	419.1	409.1	428.7	418.8	411.5	425.9
60〜69	576.6	574.1	578.9	579.6	570.0	588.7	576.6	574.1	578.8	582.2	583.3	581.1
70〜79	707.5	702.8	711.5	718.9	717.9	719.6	707.4	702.6	711.3	708.0	704.2	711.2
80歳以上	734.1	733.3	734.5	736.6	738.7	735.5	734.0	733.2	734.5	730.3	729.1	731.0
（再掲）												
65歳以上	690.6	685.2	694.9	703.7	707.7	700.9	690.4	684.9	694.8	686.7	681.7	690.6
75歳以上	735.0	732.9	736.4	729.5	727.7	730.6	735.1	733.0	736.5	727.8	725.1	729.6

注：1）通院者には入院者は含まないが、分母となる世帯人員には入院者を含む。
　　2）「総数」には年齢不詳を含む。
　　3）平成28年の数値は、熊本県を除いたものである。

第Ⅲ編　統　計　表

第Ⅲ編
統
計
表

【利用上の注意】

①　表章記号の規約

計数のない場合	－
計数不明又は計数を表章することが不適当な場合	…
統計項目のありえない場合	・
比率が微小（0.05未満）の場合	0.0
推計数が表章単位の２分の１未満の場合	0

②　本編に掲載の数値は四捨五入しているため、内訳の合計が総数に合わない場合がある。

③　本編に掲載の世帯数は、第１章では推計世帯数、第２章では世帯数１万対であるので、注意されたい。

統計表一覧　　　　　　第1章　世　帯

※1　「児童の有無」はその世帯に児童がいるかいないか、「同居児童の有無」はその者の子で同居している児童がいるかいないかが集計項目となっている。
※2　「公的年金-恩給受給の有無」については、集計対象が「高齢者世帯数」や「65歳以上の者のいる世帯数」等の場合はその世帯に公的年金・恩給受給者がいるかいないか、集計対象が「夫婦組数」の場合は夫・妻の公的年金・恩給の受給の有無の組合せが集計項目となっている。
※3　高齢者世帯のみ再掲。

表番号	集計対象	年次別	世帯人員	有業人員	世帯構造	世帯業態	世帯類型	市郡	地域ブロック	住居の種類	室の種類	住宅の床面積階級	家計支出額（5・10万円階級）	仕送りの有無	仕送り先	仕送り額階級	育児にかかった費用階級	子（20歳未満未婚）の数	児童の有無※1	児童数	乳幼児数	乳幼児の年齢（各歳）	末子の年齢	65歳以上の者（高齢者）の年齢階級	有業者構成	家族形態	特定の転出者の種類（複数回答）	世帯主の性	世帯主の年齢（5・10歳階級）	世帯主との続柄	世帯主の教育	年齢（5・10歳階級）	配偶者の有無	医療保険加入状況	公的年金加入状況	公的年金-恩給受給の種類（複数回答）	公的年金-恩給受給の有無※2
1	世帯数－構成割合	○	○																																		
2	〃	○			○																																
3	〃	○				○																															
4	〃	○					○																														
5	単独世帯数	○																											○								
6	世帯数－構成割合	○								○																											
7	平均世帯人員	○																																			
8	世帯人員－構成割合	○																																		○	
9	公的年金-恩給受給者数－受給割合	○																															○				
10	夫婦ともに60歳以上－65歳以上の夫婦組数－構成割合	○																																			○
11	世帯数－指数	○			○※3																																
12	高齢者世帯数－構成割合	○			○																																
13	〃	○				○																															
14	世帯数－構成割合－平均児童数	○																		○	○																
15	65歳以上の者のいる世帯数－構成割合	○			○																																
16	65歳以上の者のみの世帯数－構成割合	○			○																																
17	65歳以上の者の数－構成割合	○																								○											
18	世帯数			○	○	○																															
19	〃			○	○		○																														
20	〃			○	○		○																														
21	〃				○	○	○																														
22	〃			○			○																							⑤							
23	〃				○		○																							⑤							
24	〃			○																									○	⑤							
25	〃				○																								○	⑤							
26	〃				○		○																				○										
27	〃		○	○	○																																
28	〃		○	○		○																															
29	同居の夫婦組数																																				
30	世帯人員																												○	⑤	○						
31	〃																												○	⑤		○					
32	〃																												○	⑤							
33	世帯数	○									○	○																									
34	〃				○						○	○																									
35	〃						○				○	○																									
36	〃											○																		⑤	○						
37	〃			○							○	○	○																								
38	〃								○		○	○																									
39	〃										○	○	○																								
40	1世帯当たり平均室数－平均床面積－世帯人員1人当たり平均室数－平均床面積				○																																
41	平均有業人員－平均世帯人員－有業率		○		○																																
42	〃		○																											⑤							
43	〃		○			○																															
44	〃		○				○																														
45	〃		○						○																												
46	世帯数		○										⑤																								
47	〃		○		○								⑤																								
48	〃		○										⑤																				⑤				
49	〃		○			○							⑤																								

3の1

※1

教育	仕事の有無	勤めか自営かの別	勤め先での呼称	職業分類	就業状況	就業期間階級	非就業状況	1日平均就業時間階級	就業希望の有－すぐに仕事に就けるか否か－求職状況－希望する仕事の形－すぐには就けない理由（複数回答）－すぐ－無	経済上の地位	父の年齢（10歳階級）	父の仕事の有無	父の配偶者なしの状況	母の年齢（10歳階級）	母の仕事の有無	母の配偶者なしの状況	末子の母の年齢（5歳階級）	末子の母の仕事の有無	末子の父母の就業状況	父の仕事の有無	父母の就業状況	夫の年齢（5・10歳階級）	夫の教育	夫の仕事の有無	夫の公的年金加入状況	夫の公的年金-恩給受給の有無	妻の年齢（5・10歳階級）	妻の教育	妻の仕事の有無	妻の公的年金加入状況	妻の公的年金-恩給受給の有無	子どもの有無	同居児童の有無	保育者等の状況	子との同別居の状況	親との同別居の状況	手助けや見守りを要する者の性	手助けや見守りを要する者の年齢階級	日常生活の自立の状況	日常生活の自立の状況の期間	主な介護者の続柄	主な介護者の性	主な介護者の年齢（10歳階級）	主な介護者との同別居状況との続柄	主な介護者との同別居状況	手助けや見守りを要する者との続柄	手助けや見守りを要する者との同別居状況	番号
																																																1
																																																2
																																																3
																																																4
																																																5
																																																6
																																																7
																																																8
																																																9
																																																10
																																																11
																																																12
																																																13
																																																14
																																																15
																																																16
																																																17
																																																18
																																																19
																																																20
																																																21
																																																22
																																																23
																																																24
																																																25
																																																26
																																																27
																																																28
																						⑩	○				⑩	○																				29
																																																30
																																																31
									○																																							32
																																																33
																																																34
																																																35
																																																36
																																																37
																																																38
																																																39
																																																40
																																																41
																																																42
																																																43
																																																44
																																																45
																																																46
																																																47
																																																48
																																																49

※4　「世帯主の仕事の有－勤めか自営かの別－無」が集計項目となっている。
※5　「保育者等の状況（複数回答）」が集計項目となっている。
※6　「末子の保育者等の状況」が集計項目となっている。

※1 / ※2 （表頭注記位置）

表番号	集計対象	年次別	世帯人員	有業人員	世帯構造	世帯業態	世帯類型	市郡	地域ブロック	住居の種類	住宅の床面積階級	室数	家計支出額（5・10万円階級）	仕送りの有無	仕送り先	仕送り額階級	育児にかかった費用階級	子（20歳未満未婚）の数	児童の有無	児童の数	乳幼児数	乳幼児の年齢（各歳）	末子の年齢階級	65歳以上の者（高齢者）の年齢階級	有業者の構成	家族形態	特定の転出者の種類（複数回答）	世帯主の性	世帯主の年齢（5・10歳階級）	世帯主の教育	世帯主との続柄	性	年齢（5・10歳階級）	配偶者の有無	医療保険加入状況	公的年金加入状況	公的年金-恩給受給の種類（複数回答）	公的年金-恩給受給の有無
50	世帯数	○					○						⑤																									
51	〃	○						○					⑤																									
52	1世帯当たり平均家計支出額	○																											⑤									
53	〃			○																									⑤									
54	〃			○		○																																
55	〃			○			○																															
56	世帯数													○	○														⑩									
57	仕送りをしている世帯数－1世帯当たり平均仕送り額														○	○																						
58	世帯数－1世帯当たり平均仕送り額											⑩	○		○																							
59	公的年金-恩給受給者のいる世帯数			○	○																																	
60	世帯人員																											○	⑤								○	○
61	公的年金-恩給受給者数																														○	○	⑤					
62	同居の夫婦組数																						○															
63																																						
64	高齢者世帯数				○																								⑤									○
65	〃				○																									○								
66	〃				○																								⑤	○								
67	母子世帯数																																					
68	父子世帯数																																					
69	母子世帯数																	○																				
70	父子世帯数																	○																				
71	母子世帯数																																					
72	父子世帯数																																					
73	児童のいる世帯数－平均児童数									○										○																		
74	〃																			○									⑤									
75	〃			○																○																		
76	児童のいる世帯数										○	○								○																		
77	〃			○																○									⑤									
78	〃				○															○									⑤									
79	〃								○											○									⑤									
80	〃								○											○																		
81	〃				○															○																		
82	〃				○																					○												
83	〃																									○												
84	〃																			○																		
85	同居児童ありの父母の者数																										○											
86	〃																										○											
87	乳幼児数																					○																
88	乳幼児のいる世帯数			○													○				○																	
89	〃				○												○				○																	
90	〃																⑩				○																	
91	乳幼児のいる世帯の1世帯当たり育児にかかった平均費用			○																	○																	
92	乳幼児のいる世帯の1世帯当たり育児にかかった平均費用－平均家計支出額			○																	○																	
93	乳幼児がひとりいる世帯の1世帯当たり育児にかかった平均費用												⑤									○																
94	〃																					○																
95	乳幼児のいる世帯の1世帯当たり育児にかかった平均費用																																					

※1 「児童の有無」はその世帯に児童がいるかいないか、「同居児童の有無」はその者の子で同居している児童がいるかいないかが集計項目となっている。

※2 「公的年金-恩給受給の有無」については、集計対象が「高齢者世帯数」や「65歳以上の者のいる世帯数」等の場合はその世帯に公的年金・恩給受給者がいるかいないか、集計対象が「夫婦組数」の場合は夫・妻の公的年金・恩給の受給の有無の組合せが集計項目となっている。

※3 高齢者世帯のみ再掲。

3の2

教育	仕事の有無	勤めか自営かの別	勤め先での呼称	職業分類	就業状況	就業期間階級	非就業状況	1日平均就業時間階級	就業希望の有無－すぐに仕事に就けるか否か－求職状況－希望する仕事の形－すぐには就けない理由（複数回答）	経済上の地位	父の年齢（10歳階級）	父の仕事の有無	父の配偶者なしの状況	母の年齢（10歳階級）	母の仕事の有無	母の配偶者なしの状況	末子の母の年齢（5歳階級）	末子の母の仕事の有無	末子の父母の就業状況	父母の就業状況	末子の就業状況	夫の年齢（5・10歳階級）	夫の教育	夫の仕事の有無	夫の公的年金加入状況	夫の公的年金・恩給受給の有無	妻の年齢（5・10歳階級）	妻の教育	妻の仕事の有無	妻の公的年金加入状況	妻の公的年金・恩給受給の有無（※1）	子どもの有無	同居児童の有無	保育者等の状況	子との同別居状況	親との同別居の状況	手助けや見守りを要する者の性	手助けや見守りを要する者の年齢階級	日常生活の自立の状況	日常生活の自立の状況の期間	主な介護者の性	主な介護者の続柄	主な介護者の年齢（10歳階級）	主な介護者との同別居状況	手助けや見守りを要する者との続柄	手助けや見守りを要する者との同別居状況	号
																																															50
																																															51
																																															52
																																															53
																																															54
																																															55
																																															56
																																															57
																																															58
																																															59
																																															60
																																															61
																							○	○	○	○						○															62
																						⑤				○	⑤					○															63
																																																64
	○※4	○※4																																													65
																																															66
	○													○	○																																67
		○										○	○																																		68
														○																																	69
											○																																				70
														○		○																															71
											○		○																																		72
																																															73
																																															74
																																															75
																																															76
																																															77
																																															78
																																															79
																				○																											80
																				○																											81
																				○																											82
																	○	○																													83
		○	○														○	○																													84
								○											○																												85
	○	○	○																○																												86
																					○													○※5													87
																																															88
																																															89
																																															90
																			○																												91
																																															92
																																															93
																																		○													94
																					○													○※6													95

※4 「世帯主の仕事の有－勤めか自営かの別－無」が集計項目となっている。
※5 「保育者等の状況（複数回答）」が集計項目となっている。
※6 「末子の保育者等の状況」が集計項目となっている。

※1 は「子(20歳未満未婚)の数〜児童数」欄上部に、※2 は「公的年金・恩給受給の有無」欄上部に付されている。

表番号	集計対象	年次別	世帯人員	有業人員	世帯構造	世帯業態	世帯類型	世帯種	市郡	地域ブロック	住居の種類	住宅の床面積階級	室数	家計支出額(5・10万円階級)	仕送りの有無	仕送り先	仕送り額階級	育児にかかった費用階級	子(20歳未満未婚)の数	児童の有無	児童数	乳幼児数	乳幼児の年齢(各歳)	末子の年齢階級	65歳以上の者(高齢者)の構成	有業者構成	家族形態	特定の転出者の種類(複数回答)	世帯主の性	世帯主の年齢(5・10歳階級)	世帯主との続柄	世帯主の教育	年齢(5・10歳階級)	配偶者の有無	医療保険加入状況	公的年金加入状況	公的年金受給の種類(複数回答)	公的年金・恩給受給の有無
96	65歳以上の者のいる世帯数		○	○																																		○
97	〃				○			○																			○												
98	〃				○			○																						⑤								
99	〃				○							○	○																									
100	65歳以上の者のみの世帯数		○	○																																		
101	65歳以上の夫婦のみの世帯数																																						
102	65歳以上の者の数								○																			○						○	○				
103	〃																											○						⑤	○				
104	〃				○																																	
105	〃				○																																	
106	〃																																	⑤	○				
107	〃																																	○	○				
108	75歳以上の者のいる世帯数		○	○																																		○
109	75歳以上の者の数								○																			○						○					
110	手助けや見守りを要する者のいる世帯数				○																										⑩							
111	〃				○																																	
112	〃				○																																	
113	〃				○							○																										
114	〃				○								○																									
115	〃		○										○																									
116	〃		○										○																									
117	手助けや見守りを要する者の数																																					
118	〃																																					
119	〃								○																													
120	〃								○																													
121	〃																																					
122	主な介護者数																																					
123	同居の主な介護者数																																					
124	〃																																					
125	入院者のいる世帯数				○																									⑩							
126	特定の転出者のいる世帯数																										○	○		⑩							
127	世帯人員(15歳以上)																													○				⑤	○				
128	〃																													○				⑤	○				
129	〃																													○				⑤	○				
130	世帯人員(15歳以上の単独世帯の者)																													○				⑩					○
131	世帯人員(15歳以上)																													○				⑤	○	○			
132	〃																													○				⑤	○				
133	〃																													○				⑤	○				
134	有業人員(15歳以上)																													○				⑤	○				
135	〃																													○				⑤	○				
136	有業人員(15歳以上)－平均就業期間																													○				⑤	○				
137	無業人員(15歳以上)																													○				⑤	○				
138	〃																													○				⑤	○				
139	35歳未満のパート・アルバイトをしている者及び希望している者のいる世帯数				○																										⑩							
140	35歳未満のパート・アルバイトをしている者及び希望している者数				○																									○				⑤	○				
141	〃																													○				⑤	○				
142	〃																													○				⑤	○		○		
143	〃																													○				⑤	○		○	○	

※1 「児童の有無」はその世帯に児童がいるかいないか、「同居児童の有無」はその者の子で同居している児童がいるかいないかが集計項目となっている。

※2 「公的年金-恩給受給の有無」については、集計対象が「高齢者世帯数」や「65歳以上の者のいる世帯数」等の場合はその世帯に公的年金・恩給受給者がいるかいないか、集計対象が「夫婦組数」の場合は夫・妻の公的年金・恩給の受給の有無の組合せが集計項目となっている。

※3 高齢者世帯のみ再掲。

3の3

教育	仕事の有無	勤めか自営かの別	勤め先での呼称	職業分類	就業状況	就業期間階級	非就業状況	１日平均就業時間階級	就業希望の有無－すぐに仕事に就けるか否か－求職状況－希望する仕事の形－すぐには就けない理由（複数回答）－無	経済上の地位	父の年齢（10歳階級）	父の仕事の有無	父の配偶者なしの状況	母の年齢（10歳階級）	母の仕事の有無	母の配偶者なしの状況	末子の母の年齢（5歳階級）	末子の母の仕事の有無	父母	父母の就業状況	末子の父母の就業状況	夫の年齢（5・10歳階級）	夫の教育	夫の仕事の有無	夫の公的年金加入状況	夫の公的年金・恩給受給の有無	妻の年齢（5・10階級）	妻の教育	妻の仕事の有無	妻の公的年金加入状況	妻の公的年金・恩給受給の有無	子どもの有無	保育者等の状況	同居児童の有無 ※1	子との同別居の状況	親との同別居の状況	手助けや見守りを要する者の性	手助けや見守りを要する者の年齢階級	日常生活の自立の状況	日常生活の自立の状況の期間	主な介護者の続柄	主な介護者の性	主な介護者の年齢（10歳階級）	主な介護者との同別居状況	手助けや見守りを要する者との同別居の続柄	手助けや見守りを要する者との同別居状況	表番号
																																															96
																																															97
																																															98
																																															99
																																															100
																						⑤					⑤																				101
																																															102
																																															103
	○	○	○																																												104
																																		○													105
																																		○													106
																																		○													107
																																															108
																																															109
																																															110
																																				○											111
																																					○										112
																																															113
																																															114
																																															115
																																															116
																																				○	○	○									117
																																				○	○		○								118
																																				○	○										119
																																						○									120
																																				○	○		○		○						121
																																									○				○	○	122
																																					○					○					123
																																					○					○					124
																																															125
																																															126
	○																															○															127
				○																																											128
	○	○	○																																												129
	○	○	○																																												130
	○	○	○																																												131
○	○	○	○																																												132
	○	○	○																														○														133
			○																																												134
○				○																																											135
		○	○		○																																										136
						○		○																																							137
○						○																																									138
																																															139
																																															140
																																									○						141
																																															142
																																															143

※4　「世帯主の仕事の有－勤めか自営かの別－無」が集計項目となっている。
※5　「保育者等の状況（複数回答）」が集計項目となっている。
※6　「末子の保育者等の状況」が集計項目となっている。

第２章　所得・貯蓄

【年次推移、所得の状況、平均所得金額、所得の種類、可処分所得、家計支出の状況、公的年金・恩給の状況】

表番号	集計対象	年次	世帯人員	有業人員	世帯業態	世帯構造	世帯類型－児童のいる世帯－65歳以上の者のいる世帯	世帯類型－児童のいる世帯－65歳以上の者のいる世帯－標準4人世帯	世帯種	市郡	地域ブロック	世帯主の年齢（5・10歳階級）	所得金額階級	可処分所得金額階級	世帯人員1人当たり可処分所得金額階級	所得五分位階級	所得の種類	基礎的所得の種類	基礎的所得の割合	当該所得の総所得に占める割合	可処分所得の総所得に占める割合	公的年金－恩給の総所得に占める割合	家計支出額階級
1	平均所得金額－平均世帯人員－平均有業人員	○																					
2	世帯数の相対度数分布－累積度数分布	○											○										
3	1世帯当たり平均所得金額－構成割合	○															○						
4	当該所得のある世帯数の構成割合	○															○						
5	当該所得のある1世帯当たり平均所得金額	○															○						
6	1世帯当たり平均所得金額－世帯人員1人当たり平均所得金額	○													○								
7	所得五分位値－中央値	○																					
8	1世帯当たり平均所得金額－世帯人員1人当たり平均所得金額	○										⑩											
9	1世帯当たり平均所得金額	○		○																			
10	〃	○			○																		
11	1世帯当たり平均所得金額－平均等価可処分所得金額	○					○																
12	高齢者世帯の平均所得金額－平均世帯人員－平均有業人員	○																					
13	高齢者世帯数の相対度数分布－累積度数分布	○											○										
14	高齢者世帯の1世帯当たり平均所得金額－構成割合	○															○						
15	公的年金-恩給を受給している高齢者世帯数の構成割合	○																				○	
16	児童のいる世帯の平均所得金額－平均世帯人員－平均有業人員	○																					
17	児童のいる世帯数の相対度数分布－累積度数分布	○											○										
18	児童のいる世帯の1世帯当たり平均所得金額－構成割合	○															○						
19	有業者(15歳以上)1人当たり平均所得金額	○																					
20	世帯数の構成割合	○																					
21	世帯数の相対度数分布－1世帯当たり平均所得金額－世帯人員1人当たり平均所得金額－中央値－平均所得金額以下の世帯の割合								○				○										
22	世帯数		○										○										
23	〃			○									○										
24	〃				○								○										
25	〃					○							○										
26	〃											⑩	○										
27	〃									○			○										
28	〃										○		○										
29	〃												○										
30	〃											⑩			○								
31	〃			○												○							
32	〃					○										○							
33	〃											⑤				○							
34	〃		○	○												○							
35	〃		○							○						○							
36	平均所得金額－平均有業人員		○																				
37	平均所得金額－平均世帯人員			○																			
38	平均所得金額－平均世帯人員－平均有業人員				○																		
39	〃					○																	
40	〃							○															
41	〃									○													
42	〃										○												

仕送りの有－仕送り先（複数回答）－仕送り無先	生活意識	最多所得者の年齢（10歳階級）	最多所得者の職業分類	性	年齢（5・10歳階級）	勤めか自営かの別	勤め先での呼称	教育	公的年金加入状況	公的年金－恩給受給の有無	公的年金－恩給額階級	表番号
												1
												2
												3
												4
												5
												6
												7
												8
												9
												10
												11
												12
												13
												14
												15
												16
												17
												18
			○			○	○					19
	○											20
												21
												22
												23
												24
												25
												26
												27
												28
			○									29
												30
												31
												32
												33
												34
												35
												36
												37
												38
												39
												40
												41
												42

表番号	集計対象	年次	世帯人員	有業人員	世帯業態	世帯構造	世帯類型－児童のいる世帯－65歳以上の者のいる世帯	世帯類型－児童のいる世帯－標準4人世帯－65歳以上の者のいる世帯	世帯種類	市郡	地域ブロック	世帯主の年齢（5・10歳階級）	所得金額階級	可処分所得金額階級	世帯人員1人当たり可処分所得金額階級	所得五分位階級	所得の種類	基礎的所得の種類	基礎的所得の割合	当該所得の総所得に占める割合	可処分所得の総所得に占める割合	公的年金－恩給の総所得に占める割合	家計支出額階級
43	平均所得金額－平均世帯人員－平均有業人員											⑩											
44	〃																						
45	〃															○							
46	世帯数															○	○				○		
47	〃							○								○		○					
48	〃															○		○	○				
49	〃					○										○	○						
50	〃						○									○	○						
51	〃							○								○	○						
52	〃											⑩				○	○						
53	1世帯当たり平均所得金額－構成割合			○													○						
54	当該所得のある1世帯当たり平均所得金額			○													○						
55	1世帯当たり平均所得金額－構成割合					○											○						
56	当該所得のある1世帯当たり平均所得金額					○											○						
57	1世帯当たり平均所得金額－構成割合						○										○						
58	当該所得のある1世帯当たり平均所得金額						○										○						
59	1世帯当たり平均所得金額－構成割合											⑩					○						
60	当該所得のある1世帯当たり平均所得金額											⑩					○						
61	1世帯当たり平均所得金額－構成割合															○	○						
62	当該所得のある1世帯当たり平均所得金額															○	○						
63	世帯数		○													○							
64	〃			○												○							
65	〃				○											○							
66	〃					○										○							
67	〃						○									○							
68	〃											⑩				○							
69	〃													○		○							
70	〃										○					○							
71	〃											⑩				○							
72	〃							○													○		
73	〃			○																	○		
74	1世帯当たり平均可処分所得金額			○												○							
75	世帯数											⑩	○										○
76	〃											⑩		○									○
77	〃														○								
78	世帯人員(20歳以上)1人当たり平均所得金額																	○					
79	公的年金-恩給受給者のいる世帯の1世帯当たり平均所得金額					○										○							
80	公的年金-恩給受給者のいる世帯数									○						○						○	
81	世帯人員（15歳以上）																						
82	公的年金-恩給を受給している世帯人員（15歳以上）																						

仕送りの有（複数回答）－仕送り先－無	生活意識	最多所得者の年齢（10歳階級）	最多所得者の職業分類	性	年齢（5・10歳階級）	勤めか自営かの別	勤め先での呼称	教育	公的年金加入状況	公的年金・恩給受給の有無	公的年金・恩給額階級	表番号
												43
		○										44
												45
												46
												47
												48
												49
												50
												51
												52
												53
												54
												55
												56
												57
												58
												59
												60
												61
												62
												63
												64
												65
												66
												67
												68
												69
												70
												71
												72
												73
												74
												75
												76
○												77
									○			78
												79
												80
		○			⑤					○	○	81
		○						○			○	82

【健康の状況、所得者・稼働者の状況】

表番号	集計対象	世帯業態	世帯構造	世帯類型－児童のいる世帯－65歳以上の者のいる世帯	世帯主の年齢（5・10歳階級）	所得金額階級	世帯人員1人当たり所得金額階級	所得五分位階級	所得の種類	最多所得者の総所得に占める割合	所得者構成	稼働者構成	稼働者構成－稼働者なし	世帯主の仕事の有－勤めか自営かの別－勤め先での呼称－無	最多所得者の仕事の有－勤めか自営かの別－勤め先での呼称－無	配偶者の有無	性	年齢（5・10歳階級）	仕事の有無の別	勤めか自営かの別	勤め先での呼称	教育	健康意識
83	世帯人員（12歳以上）						○																○
84	〃						○																
85	〃						○																
86	世帯人員（20歳以上）						○																
87	〃						○																
88	〃						○																
89	〃						○																
90	〃						○																
91	稼働所得のある世帯数	○	○									○											
92	世帯数	○									○												
93	〃			○							○												
94	〃					○					○												
95	〃			○	⑩						○												
96	世帯数－児童のいる世帯数										○		○										
97	世帯数							○	○														
98	〃								○						○								
99	〃			○								○		○									
100	有所得者数(15歳以上)－児童のいる世帯の有所得者数（15歳以上）										○						○		○	○			
101	有業人員(15歳以上)－児童のいる世帯の有業人員（15歳以上）											○					○			○			
102	有業人員（15歳以上）															○	○						
103	役員以外の雇用者数（15歳以上）					○											○	⑩			○	○	○
104	有所得者1人当たり平均所得金額									○							○	⑤					
105	有業者(15歳以上)1人当たり平均所得金額																○	⑩					
106	役員以外の雇用者（15歳以上）1人当たり平均所得金額																○	⑩			○		○
107	有業人員1人当たり平均稼働所得金額																○	⑩			○	○	

【65歳以上の者のいる世帯、高齢者世帯、児童のいる世帯、課税等の状況】

表番号	集計対象	世帯人員	有業人員	世帯業態	世帯構造	65歳以上の者のいる世帯	世帯類型－児童のいる世帯－	市郡	世帯主の年齢（5・10歳階級）	夫婦の年齢階級	末子の年齢階級	所得金額階級	所得五分位階級	所得の種類	可処分所得の総所得に占める割合	公的年金・恩給の総所得に占める割合	課税の状況	拠出金等の種類	拠出金の有－拠出金額階級－無	所得税額階級	住民税額階級	社会保険料の種類	社会保険料額階級	固定資産税額階級	子への仕送りの有無	児童の有無
108	65歳以上の者のいる世帯数				○							○														
109	〃						○					○														
110	〃	○	○										○													
111	世帯人員（65歳以上）											○														
112	65歳以上の者のいる世帯の平均所得金額－平均世帯人員－平均有業人員				○																					
113	65歳以上の者のいる世帯の平均所得金額－平均有業人員								○																	
114	65歳以上の者のいる世帯の1世帯当たり平均所得金額				○										○											

6の3

平均睡眠時間	休養充足度	飲酒の状況	喫煙の有－喫煙本数－無	日ごろ健康のために実行している事柄（複数回答）	健診等の受診の有－受診機会（複数回答）－無－健診等を受けなかった理由（複数回答）	がん検診受診状況（複数回答）	表番号
							83
○							84
	○						85
		○					86
			○				87
				○			88
					○		89
						○	90
							91
							92
							93
							94
							95
							96
							97
							98
							99
							100
							101
							102
							103
							104
							105
							106
							107

児童数	乳幼児数	末子の保育者等の状況（複数回答）	末子の保育所等（施設）利用の有無	父母の就業状況	世帯主の子との同別居状況	最多所得者の職業分類	性	年齢（5・10歳階級）	勤めか自営かの別	勤め先での呼称	子との同別居状況	表番号
												108
												109
												110
							○				○	111
												112
												113
												114

表番号	集計対象	世帯人員	有業人員	世帯業態	世帯構造	65歳以上の者のいる世帯	世帯類型―児童のいる世帯―65歳以上の者のいる世帯	市郡	世帯主の年齢（5・10歳階級）	夫婦の年齢階級	末子の年齢階級	所得金額階級	所得五分位階級	所得の種類	可処分所得の総所得に占める割合	公的年金・恩給の総所得に占める割合	課税の状況	拠出金等の種類	拠出金の有―拠出金額階級―無	所得税額階級	住民税額階級	社会保険料の種類	社会保険料額階級	固定資産税額階級	子への仕送りの有無	児童の有無
115	65歳以上の者のいる世帯の1世帯当たり平均所得金額				○								○													
116	〃												○													
117	〃			○									○													
118	高齢者世帯数											○													○	
119	〃											○				○										
120	〃												○		○											
121	児童のいる世帯数		○										○													
122	〃								⑩			○														
123	乳幼児のいる世帯数											○														
124	〃											○														
125	〃											○														
126	児童のいる世帯の平均所得金額―平均世帯人員―平均有業人員				○																					
127	児童のいる世帯の平均所得金額―平均世帯人員―平均有業人員―平均児童数						○																			
128	児童のいる世帯の平均所得金額―平均世帯人員―平均有業人員								⑩																	
129	平均所得金額―平均世帯人員―平均有業人員																									○
130	児童のいる世帯の平均所得金額―平均世帯人員―平均有業人員									○																
131	児童のいる世帯の有業人員1人当たり平均稼働所得金額																									
132	1世帯当たり平均所得金額―全世帯の平均所得金額を100としたときの指数			○																						○
133	児童のいる世帯の1世帯当たり平均所得金額			○									○													
134	世帯数―1世帯当たり平均金額	○																○								
135	〃			○														○								
136	〃				○													○								
137	〃								⑩									○								
138	〃												○					○								
139	世帯数			○															○							
140	〃				○														○							
141	〃												○						○							
142	〃				○									○					○							
143	〃			○															○							
144	〃												○						○							
145	〃								⑤																	
146	〃								⑩											○						
147	〃								⑩												○					
148	〃			○																				○		
149	〃				○																			○		
150	〃								⑩															○		
151	〃												○											○		
152	社会保険料のある世帯の1世帯当たり平均社会保険料額―総所得に占める割合								⑩														○			
153	〃												○										○			
154	世帯数				○																			○		
155	〃								⑩															○		

児童数	乳幼児数	末子の保育者等の状況（複数回答）	末子の保育所（施設）利用の有無	父母の就業状況	世帯主の子との同別居状況	最多所得者の職業分類	性	子との同別居状況	勤め先での呼称	勤めか自営かの別	年齢（5・10歳階級）	表番号
												115
						○						116
												117
					○							118
												119
												120
○												121
												122
		○										123
	○		○									124
			○	○								125
												126
												127
												128
○												129
												130
							○	⑩	○	○		131
												132
												133
												134
												135
												136
												137
												138
												139
												140
												141
												142
												143
												144
												145
												146
												147
												148
												149
												150
												151
												152
												153
												154
												155

【貯蓄の状況、貯蓄の増減、借入金の状況】

表番号	集計対象	世帯業態	世帯構造	65歳以上の者のいる世帯	世帯類型―児童のいる世帯―	世帯主の年齢（5・10歳階級）	所得金額階級	所得五分位階級	貯蓄の有無―貯蓄額階級	借入金の有無―借入金額階級	貯蓄の増減状況	貯蓄の減額階級	貯蓄の減額理由（複数回答）	住居の種類	児童の有無	児童数	入院者―通院者のいる世帯	手助けや見守りを要する者の有無	日常生活の自立の状況	世帯主の教育	最多所得者の仕事の有―勤めか自営かの別―勤め先での呼称―無	表番号
156	世帯数－1世帯当たり平均貯蓄額					⑩			○													156
157	〃	○							○													157
158	〃		○						○													158
159	〃			○					○													159
160	世帯数						○		○													160
161	〃	○						○	○													161
162	〃		○					○	○													162
163	〃			○				○	○													163
164	〃			○		⑩																164
165	〃			○					○					○								165
166	〃			○					○											○		166
167	〃						○				○	○										167
168	〃										○	○	○									168
169	〃	○									○	○	○									169
170	〃		○								○	○	○									170
171	〃			○							○	○	○									171
172	〃					⑩					○	○	○									172
173	貯蓄の減った世帯数								○			○	○									173
174	〃	○										○	○									174
175	〃		○									○	○									175
176	〃			○								○	○									176
177	〃					⑩						○	○									177
178	世帯数－1世帯当たり平均借入金額					⑩				○												178
179	〃	○								○												179
180	〃		○							○												180
181	〃			○						○												181
182	世帯数							○		○												182
183	〃						○			○				○								183
184	〃	○								○												184
185	〃		○			⑩				○												185
186	65歳以上の者のいる世帯数－1世帯当たり平均貯蓄額		○						○													186
187	65歳以上の者のいる世帯数		○								○	○										187
188	65歳以上の者のいる貯蓄の減った世帯数		○										○									188
189	65歳以上の者のいる世帯数－1世帯当たり平均借入金額		○							○												189
190	児童のいる世帯数								○		○											190
191	〃	○									○	○										191
192	世帯数－1世帯当たり平均貯蓄額								○						○	○						192
193	世帯数－1世帯当たり平均借入金額									○					○	○						193
194	世帯数－1世帯当たり平均貯蓄額								○									○	○			194
195	世帯数										○	○						○	○			195
196	貯蓄の減った世帯数											○	○						○			196
197	世帯数－1世帯当たり平均貯蓄額								○								○					197
198	世帯数										○	○					○					198
199	〃								○												○	199
200	〃									○											○	200

【生活意識の状況、貧困の状況】

表番号	集計対象	年次	世帯構造	65歳以上の者のいる世帯	世帯類型−児童のいる世帯	所得五分位階級	生活意識	貯蓄の有無−貯蓄額階級	借入金の有無−借入金額階級	児童の有無	児童数	入院者−通院者のいる世帯	手助けや見守りを要する者のいる世帯	世帯主の仕事の有−勤めか自営かの別−勤め先での呼称−無	世帯主の公的年金・恩給受給の有−公的年金受給の種類（複数回答）−無	性	健康意識	日常生活への影響の有−日常生活影響の事柄（複数回答）−無	こころの状態（点数階級）	健康状態	全世帯−子ども−子どものいる現役世帯	等価可処分所得金額階級（名目値）	表番号
201	平均所得金額−平均世帯人員−平均有業人員						○																201
202	世　　帯　　数			○			○																202
203	〃						○							○									203
204	世　帯　人　員（　6　歳　以　上　）						○												○				204
205	〃						○											○					205
206	世　帯　人　員（　12　歳　以　上　）						○													○			206
207	有　業　人　員（　15　歳　以　上　）						○										○			○			207
208	65　歳　以　上　の　者　の　い　る　世　帯　数		○				○																208
209	高　　齢　　者　　世　　帯　　数						○								○								209
210	世　　帯　　数					○	○			○	○												210
211	〃					○	○					○	○										211
212	〃						○	○	○														212
213	貧　困　率　−　中　央　値　−　貧　困　線	○																			○		213
214	世帯員の相対度数分布−累積度数分布	○																			○	○	214

第1章　世　　帯

（3－1）

第1表　世　帯　数－構成割合，世帯人員・年次別

年　　　次	総　数	1人世帯	2人世帯	3人世帯	4人世帯	5人世帯	6人世帯	7人世帯	8人世帯	9人世帯	10人以上の世帯
	推　計　数（単位：千世帯）										
昭和28年（1953）	17 180	988	1 588	2 350	2 778	2 792	2 409	1 781	1 192	665	637
29　（'54）	17 337	1 566	1 633	2 303	2 710	2 751	2 330	1 739	1 106	626	573
30　（'55）	18 963	2 040	1 772	2 493	2 932	2 997	2 531	1 852	1 159	635	552
31　（'56）	19 823	2 520	1 911	2 629	3 056	3 076	2 586	1 834	1 198	514	500
32　（'57）	20 704	3 140	1 983	2 689	3 171	3 201	2 635	1 812	1 062	555	456
33　（'58）	21 310	3 476	2 102	2 773	3 326	3 310	2 641	1 768	1 021	504	389
34　（'59）	21 724	3 435	2 215	2 890	3 542	3 424	2 669	1 748	972	473	358
35　（'60）	22 476	3 894	2 309	2 991	3 667	3 492	2 692	1 734	916	441	339
36　（'61）	23 509	4 309	2 597	3 339	3 994	3 530	2 643	1 616	851	368	262
37　（'62）	23 850	4 070	2 717	3 521	4 308	3 676	2 672	1 555	772	342	216
38　（'63）	25 002	4 871	2 824	3 658	4 548	3 787	2 636	1 497	702	298	181
39　（'64）	25 104	4 321	3 034	3 895	4 824	3 841	2 614	1 475	652	271	177
40　（'65）	25 940	4 627	3 208	4 076	5 159	3 941	2 556	1 391	599	245	138
41　（'66）	26 765	4 609	3 398	4 507	5 769	3 904	2 476	1 255	847	…	…
42　（'67）	28 144	5 521	3 656	4 686	6 055	3 966	2 537	1 031	691	…	…
43　（'68）	28 694	5 690	3 816	4 803	6 291	3 926	2 342	1 153	673	…	…
44　（'69）	29 009	5 541	3 821	4 955	6 584	4 027	2 374	1 114	593	…	…
45　（'70）	29 887	5 542	4 318	5 180	7 004	3 947	2 383	984	530	…	…
46　（'71）	30 861	6 131	4 429	5 444	7 060	4 057	3 741	…	…	…	…
47　（'72）	31 925	6 652	4 581	5 674	7 455	4 008	3 555	…	…	…	…
48　（'73）	32 314	6 410	4 838	5 726	7 758	4 065	3 517	…	…	…	…
49　（'74）	32 731	6 220	5 043	5 891	8 025	4 167	3 386	…	…	…	…
50　（'75）	32 877	5 991	5 078	5 982	8 175	4 205	3 446	…	…	…	…
51　（'76）	34 275	6 986	5 353	6 081	8 288	4 149	3 418	…	…	…	…
52　（'77）	34 414	6 607	5 301	6 286	8 828	4 139	3 254	…	…	…	…
53　（'78）	34 466	6 214	5 590	6 202	8 915	4 235	3 309	…	…	…	…
54　（'79）	34 869	6 376	5 649	6 149	9 127	4 299	3 269	…	…	…	…
55　（'80）	35 338	6 402	5 983	6 274	9 132	4 280	3 268	…	…	…	…
56　（'81）	36 121	7 095	6 154	6 298	9 038	4 173	3 362	…	…	…	…
57　（'82）	36 248	6 810	6 358	6 378	9 092	4 329	3 281	…	…	…	…
58　（'83）	36 497	6 598	6 614	6 449	9 304	4 530	3 002	…	…	…	…
59　（'84）	37 338	7 243	6 809	6 575	9 270	4 465	2 976	…	…	…	…
60　（'85）	37 226	6 850	6 895	6 569	9 373	4 522	3 017	…	…	…	…

注：1）　昭和41～45年は、世帯人員8人以上の世帯数を一括し、同46年以降は、世帯人員6人以上の世帯数を一括している。
　　2）　平成7年の数値は、兵庫県を除いたものである。
　　3）　平成23年の数値は、岩手県、宮城県及び福島県を除いたものである。
　　4）　平成24年の数値は、福島県を除いたものである。
　　5）　平成28年の数値は、熊本県を除いたものである。

（3−2）

第1表　世　帯　数−構成割合，世帯人員・年次別

年　　次	総　数	1人世帯	2人世帯	3人世帯	4人世帯	5人世帯	6人世帯	7人世帯	8人世帯	9人世帯	10人以上の世帯
	推　計　数（単位：千世帯）										
昭和61年（1986）	37 544	6 826	7 120	6 809	9 195	4 380	3 214	…	…	…	…
62　（'87）	38 064	7 166	7 449	6 744	9 131	4 463	3 110	…	…	…	…
63　（'88）	39 028	7 591	7 943	7 089	9 163	4 359	2 883	…	…	…	…
平成元年（'89）	39 417	7 866	8 117	7 139	9 018	4 288	2 989	…	…	…	…
2　（'90）	40 273	8 446	8 542	7 334	8 834	4 228	2 889	…	…	…	…
3　（'91）	40 506	8 597	8 610	7 414	8 797	4 172	2 916	…	…	…	…
4　（'92）	41 210	8 974	9 072	7 595	8 646	4 047	2 875	…	…	…	…
5　（'93）	41 826	9 320	9 424	7 556	8 765	4 037	2 724	…	…	…	…
6　（'94）	42 069	9 201	9 809	7 833	8 465	4 055	2 705	…	…	…	…
7　（'95）	40 770	9 213	9 600	7 576	7 994	3 777	2 611	…	…	…	…
8　（'96）	43 807	10 287	10 613	8 242	8 622	3 391	2 652	…	…	…	…
9　（'97）	44 669	11 156	10 964	8 183	8 438	3 322	2 605	…	…	…	…
10　（'98）	44 496	10 627	11 188	8 375	8 234	3 482	2 589	…	…	…	…
11　（'99）	44 923	10 585	11 542	8 640	8 469	3 254	2 432	…	…	…	…
12　（2000）	45 545	10 988	11 968	8 767	8 211	3 266	2 345	…	…	…	…
13　（'01）	45 664	11 017	12 106	8 782	8 068	3 327	2 363	…	…	…	…
14　（'02）	46 005	10 800	12 651	9 099	8 027	3 165	2 261	…	…	…	…
15　（'03）	45 800	10 673	12 428	8 953	8 345	3 074	2 327	…	…	…	…
16　（'04）	46 323	10 817	12 966	9 034	8 261	3 139	2 107	…	…	…	…
17　（'05）	47 043	11 580	13 260	9 265	7 499	3 250	2 189	…	…	…	…
18　（'06）	47 531	12 043	13 311	9 288	7 740	3 124	2 024	…	…	…	…
19　（'07）	48 023	11 983	13 764	9 903	7 549	3 038	1 787	…	…	…	…
20　（'08）	47 957	11 928	13 920	9 673	7 582	3 015	1 838	…	…	…	…
21　（'09）	48 013	11 955	13 986	9 653	7 598	3 104	1 716	…	…	…	…
22　（'10）	48 638	12 386	14 237	10 016	7 476	2 907	1 616	…	…	…	…
23　（'11）	46 684	11 787	13 959	9 292	7 422	2 680	1 544	…	…	…	…
24　（'12）	48 170	12 160	14 502	9 610	7 580	2 828	1 490	…	…	…	…
25　（'13）	50 112	13 285	15 406	10 057	7 301	2 699	1 364	…	…	…	…
26　（'14）	50 431	13 662	15 604	9 911	7 275	2 656	1 323	…	…	…	…
27　（'15）	50 361	13 517	15 765	9 927	7 242	2 617	1 294	…	…	…	…
28　（'16）	**49 945**	**13 434**	**15 723**	**10 110**	**6 953**	**2 545**	**1 178**	**…**	**…**	**…**	**…**

注：1）昭和41〜45年は、世帯人員8人以上の世帯数を一括し、同46年以降は、世帯人員6人以上の世帯数を一括している。
　　2）平成7年の数値は、兵庫県を除いたものである。
　　3）平成23年の数値は、岩手県、宮城県及び福島県を除いたものである。
　　4）平成24年の数値は、福島県を除いたものである。
　　5）平成28年の数値は、熊本県を除いたものである。

（3－3）

第1表　世　帯　数－構成割合，世帯人員・年次別

年　　次	総　数	1人世帯	2人世帯	3人世帯	4人世帯	5人世帯	6人世帯	7人世帯	8人世帯	9人世帯	10人以上の世帯
	構　成　割　合（単位：％）										
昭和28年（1953）	100.0	5.8	9.2	13.7	16.2	16.2	14.0	10.4	6.9	3.9	3.7
30（'55）	100.0	10.8	9.3	13.1	15.5	15.8	13.3	9.8	6.1	3.3	2.9
35（'60）	100.0	17.3	10.3	13.3	16.3	15.5	12.0	7.7	4.1	2.0	1.5
40（'65）	100.0	17.8	12.4	15.6	19.9	15.2	9.9	5.4	2.3	0.9	0.5
45（'70）	100.0	18.5	14.4	17.3	23.4	13.2	8.0	3.3	1.8	…	…
50（'75）	100.0	18.2	15.4	18.2	24.9	12.8	10.5	…	…	…	…
55（'80）	100.0	18.1	16.9	17.8	25.8	12.1	9.2	…	…	…	…
61（'86）	100.0	18.2	19.0	18.1	24.5	11.7	8.6	…	…	…	…
平成元年（'89）	100.0	20.0	20.6	18.1	22.9	10.9	7.6	…	…	…	…
4（'92）	100.0	21.8	22.0	18.4	21.0	9.8	7.0	…	…	…	…
7（'95）	100.0	22.6	23.5	18.6	19.6	9.3	6.4	…	…	…	…
10（'98）	100.0	23.9	25.1	18.8	18.5	7.8	5.8	…	…	…	…
13（2001）	100.0	24.1	26.5	19.2	17.7	7.3	5.2	…	…	…	…
16（'04）	100.0	23.4	28.0	19.5	17.8	6.8	4.5	…	…	…	…
19（'07）	100.0	25.0	28.7	20.6	15.7	6.3	3.7	…	…	…	…
22（'10）	100.0	25.5	29.3	20.6	15.4	6.0	3.3	…	…	…	…
25（'13）	100.0	26.5	30.7	20.1	14.6	5.4	2.7	…	…	…	…
26（'14）	100.0	27.1	30.9	19.7	14.4	5.3	2.6	…	…	…	…
27（'15）	100.0	26.8	31.3	19.7	14.4	5.2	2.6	…	…	…	…
28（'16）	**100.0**	**26.9**	**31.5**	**20.2**	**13.9**	**5.1**	**2.4**	**…**	**…**	**…**	**…**

注：1）昭和41～45年は、世帯人員8人以上の世帯数を一括し、同46年以降は、世帯人員6人以上の世帯数を一括している。
　　2）平成7年の数値は、兵庫県を除いたものである。
　　3）平成23年の数値は、岩手県、宮城県及び福島県を除いたものである。
　　4）平成24年の数値は、福島県を除いたものである。
　　5）平成28年の数値は、熊本県を除いたものである。

（3－1）

第2表　世　帯　数－構成割合，世帯構造・年次別

年　　　次	総　数	単独世帯	住み込み・寄宿舎等に居住する単独世帯	その他の単独世帯	核家族世帯	夫婦のみの世帯	夫婦と未婚の子のみの世帯	ひとり親と未婚の子のみの世帯	三世代世帯	その他の世帯
	推　計　数（単位：千世帯）									
昭和29年（1954）	17 337	1 566	…	…		8 043			7 728	
30　（'55）	18 963	2 040	…	…		8 600			8 324	
31　（'56）	19 823	2 516	…	…		8 815			8 492	
32　（'57）	20 704	3 138	…	…		9 228			8 338	
33　（'58）	21 310	3 476	…	…		9 435			8 398	
34　（'59）	21 724	3 435	1 922	1 513		10 593			7 696	
35　（'60）	22 476	3 894	2 343	1 551		10 058			8 523	
36　（'61）	23 509	4 296	2 556	1 740		10 776			8 437	
37　（'62）	23 850	4 070	2 455	1 615		11 302			8 478	
38　（'63）	25 002	4 864	3 055	1 809		11 651			8 487	
39　（'64）	25 104	4 321	2 375	1 946	13 777	2 082	11 695		7 006	
40　（'65）	25 940	4 627	2 550	2 076	14 241	2 234	12 007		7 074	
41　（'66）	26 765	4 609	…	…	…	…	…		…	…
42　（'67）	28 144	5 521	2 933	2 588	15 594	2 569	13 025		5 509	1 520
43　（'68）	28 694	5 690	2 970	2 720	16 106	2 755	11 825	1 526	5 643	1 255
44　（'69）	29 009	5 541	2 683	2 858	16 470	2 790	12 136	1 544	5 791	1 208
45　（'70）	29 887	5 542	2 514	3 028	17 028	3 196	12 301	1 531	5 739	1 577
46　（'71）	30 861	6 131	2 585	3 546	17 459	3 280	12 631	1 549	5 233	2 038
47　（'72）	31 925	6 652	2 836	3 816	17 947	3 425	13 058	1 464	5 226	2 101
48　（'73）	32 314	6 410	2 562	3 849	18 576	3 638	13 471	1 467	5 292	2 035
49　（'74）	32 731	6 220	2 602	3 618	19 148	3 824	13 884	1 440	5 260	2 104
50　（'75）	32 877	5 991	2 248	3 743	19 304	3 877	14 043	1 385	5 548	2 034
51　（'76）	34 275	6 986	2 505	4 481	19 651	4 029	14 148	1 474	5 529	2 109
52　（'77）	34 414	6 607	1 926	4 682	20 453	4 039	14 964	1 450	5 495	1 858
53　（'78）	34 466	6 214	1 778	4 437	20 768	4 260	15 010	1 498	5 558	1 925
54　（'79）	34 869	6 376	1 833	4 543	20 939	4 320	15 096	1 524	5 625	1 929
55　（'80）	35 338	6 402	1 643	4 759	21 318	4 619	15 220	1 480	5 714	1 904
56　（'81）	36 121	7 095	1 850	5 244	21 214	4 756	14 975	1 484	5 800	2 012
57　（'82）	36 248	6 810	1 960	4 850	21 581	4 977	15 054	1 550	5 830	2 026
58　（'83）	36 497	6 598	1 522	5 076	22 240	5 166	15 453	1 620	5 632	2 026
59　（'84）	37 338	7 243	1 896	5 347	22 608	5 331	15 552	1 726	5 558	1 929
60　（'85）	37 226	6 850	1 647	5 204	22 744	5 423	15 604	1 718	5 672	1 959

注：1）昭和29～38年は、「夫婦のみの世帯」と「夫婦と未婚の子のみの世帯」とを、「ひとり親と未婚の子のみの世帯」と「三世代世帯」と「その他の世帯」とをそれぞれ一括している。
　　2）昭和39～42年は、「夫婦と未婚の子のみの世帯」と「ひとり親と未婚の子のみの世帯」とを一括している。
　　3）昭和39、40年は、「三世代世帯」と「その他の世帯」とを一括している。
　　4）平成7年の数値は、兵庫県を除いたものである。
　　5）平成23年の数値は、岩手県、宮城県及び福島県を除いたものである。
　　6）平成24年の数値は、福島県を除いたものである。
　　7）平成28年の数値は、熊本県を除いたものである。

（3－2）

第2表　世　帯　数－構成割合，世帯構造・年次別

年　　次	総　数	単独世帯	住み込み・寄宿舎等に居住する単独世帯	その他の単独世帯	核家族世帯	夫婦のみの世帯	夫婦と未婚の子のみの世帯	ひとり親と未婚の子のみの世帯	三世代世帯	その他の世帯
	推　計　数（単位：千世帯）									
昭和61年（1986）	37 544	6 826	1 442	5 385	22 834	5 401	15 525	1 908	5 757	2 127
62　（'87）	38 064	7 166	1 577	5 589	23 027	5 843	15 356	1 828	5 715	2 155
63　（'88）	39 028	7 591	1 593	5 998	23 813	6 211	15 594	2 008	5 457	2 167
平成元年（'89）	39 417	7 866	1 551	6 315	23 785	6 322	15 478	1 985	5 599	2 166
2　（'90）	40 273	8 446	1 664	6 782	24 154	6 695	15 398	2 060	5 428	2 245
3　（'91）	40 506	8 597	1 592	7 005	24 150	6 715	15 333	2 102	5 541	2 218
4　（'92）	41 210	8 974	1 636	7 338	24 317	7 071	15 247	1 998	5 390	2 529
5　（'93）	41 826	9 320	1 451	7 868	24 836	7 393	15 291	2 152	5 342	2 328
6　（'94）	42 069	9 201	1 383	7 818	25 103	7 784	15 194	2 125	5 361	2 404
7　（'95）	40 770	9 213	1 385	7 828	23 997	7 488	14 398	2 112	5 082	2 478
8　（'96）	43 807	10 287	1 568	8 718	25 855	8 258	15 155	2 442	5 100	2 565
9　（'97）	44 669	11 156	1 864	9 292	25 911	8 661	14 903	2 347	4 999	2 603
10　（'98）	44 496	10 627	1 235	9 392	26 096	8 781	14 951	2 364	5 125	2 648
11　（'99）	44 923	10 585	1 213	9 372	26 963	9 164	15 443	2 356	4 754	2 621
12　（2000）	45 545	10 988	1 388	9 600	26 938	9 422	14 924	2 592	4 823	2 796
13　（'01）	45 664	11 017	1 226	9 790	26 894	9 403	14 872	2 618	4 844	2 909
14　（'02）	46 005	10 800	1 044	9 756	27 682	9 887	14 954	2 841	4 603	2 919
15　（'03）	45 800	10 673	929	9 744	27 352	9 781	14 900	2 670	4 769	3 006
16　（'04）	46 323	10 817	960	9 857	28 061	10 161	15 125	2 774	4 512	2 934
17　（'05）	47 043	11 580	914	10 667	27 872	10 295	14 609	2 968	4 575	3 016
18　（'06）	47 531	12 043	859	11 184	28 025	10 198	14 826	3 002	4 326	3 137
19　（'07）	48 023	11 983	1 256	10 727	28 658	10 636	15 015	3 006	4 045	3 337
20　（'08）	47 957	11 928	1 025	10 903	28 664	10 730	14 732	3 202	4 229	3 136
21　（'09）	48 013	11 955	1 086	10 869	28 809	10 688	14 890	3 230	4 015	3 234
22　（'10）	48 638	12 386	1 003	11 383	29 097	10 994	14 922	3 180	3 835	3 320
23　（'11）	46 684	11 787	852	10 935	28 281	10 575	14 443	3 263	3 436	3 180
24　（'12）	48 170	12 160	789	11 371	28 993	10 977	14 668	3 348	3 648	3 370
25　（'13）	50 112	13 285	1 137	12 148	30 163	11 644	14 899	3 621	3 329	3 334
26　（'14）	50 431	13 662	1 223	12 439	29 870	11 748	14 546	3 576	3 464	3 435
27　（'15）	50 361	13 517	1 006	12 511	30 316	11 872	14 820	3 624	3 264	3 265
28　（'16）	49 945	13 434	965	12 469	30 234	11 850	14 744	3 640	2 947	3 330

注：1）昭和29～38年は、「夫婦のみの世帯」と「夫婦と未婚の子のみの世帯」とを、「ひとり親と未婚の子のみの世帯」と「三世代世帯」と「その他の世帯」とをそれぞれ一括している。
　　2）昭和39～42年は、「夫婦と未婚の子のみの世帯」と「ひとり親と未婚の子のみの世帯」とを一括している。
　　3）昭和39、40年は、「三世代世帯」と「その他の世帯」とを一括している。
　　4）平成7年の数値は、兵庫県を除いたものである。
　　5）平成23年の数値は、岩手県、宮城県及び福島県を除いたものである。
　　6）平成24年の数値は、福島県を除いたものである。
　　7）平成28年の数値は、熊本県を除いたものである。

（3－3）

第2表　世　帯　数－構成割合，世帯構造・年次別

年　　次	総　数	単独世帯	住み込み・寄宿舎等に居住する単独世帯	その他の単独世帯	核家族世帯	夫婦のみの世帯	夫婦と未婚の子のみの世帯	ひとり親と未婚の子のみの世帯	三世代世帯	その他の世帯
					構　成　割　合（単位：%）					
昭和29年（1954）	100.0	9.0	…	…		46.4			44.6	
30　（ '55）	100.0	10.8	…	…		45.4			43.9	
35　（ '60）	100.0	17.3	10.4	6.9		44.7			37.9	
40　（ '65）	100.0	17.8	9.8	8.0	54.9	8.6	46.3		27.3	
45　（ '70）	100.0	18.5	8.4	10.1	57.0	10.7	41.2	5.1	19.2	5.3
50　（ '75）	100.0	18.2	6.8	11.4	58.7	11.8	42.7	4.2	16.9	6.2
55　（ '80）	100.0	18.1	4.6	13.5	60.3	13.1	43.1	4.2	16.2	5.4
61　（ '86）	100.0	18.2	3.8	14.3	60.8	14.4	41.4	5.1	15.3	5.7
平成元年（ '89）	100.0	20.0	3.9	16.0	60.3	16.0	39.3	5.0	14.2	5.5
4　（ '92）	100.0	21.8	4.0	17.8	59.0	17.2	37.0	4.8	13.1	6.1
7　（ '95）	100.0	22.6	3.4	19.2	58.9	18.4	35.3	5.2	12.5	6.1
10　（ '98）	100.0	23.9	2.8	21.1	58.6	19.7	33.6	5.3	11.5	6.0
13　（2001）	100.0	24.1	2.7	21.4	58.9	20.6	32.6	5.7	10.6	6.4
16　（ '04）	100.0	23.4	2.1	21.3	60.6	21.9	32.7	6.0	9.7	6.3
19　（ '07）	100.0	25.0	2.6	22.3	59.7	22.1	31.3	6.3	8.4	6.9
22　（ '10）	100.0	25.5	2.1	23.4	59.8	22.6	30.7	6.5	7.9	6.8
25　（ '13）	100.0	26.5	2.3	24.2	60.2	23.2	29.7	7.2	6.6	6.7
26　（ '14）	100.0	27.1	2.4	24.7	59.2	23.3	28.8	7.1	6.9	6.8
27　（ '15）	100.0	26.8	2.0	24.8	60.2	23.6	29.4	7.2	6.5	6.5
28　（ '16）	**100.0**	**26.9**	**1.9**	**25.0**	**60.5**	**23.7**	**29.5**	**7.3**	**5.9**	**6.7**

注：1）昭和29～38年は、「夫婦のみの世帯」と「夫婦と未婚の子のみの世帯」とを、「ひとり親と未婚の子のみの世帯」と「三世代世帯」と「その他の世帯」とをそれぞれ一括している。
　　2）昭和39～42年は、「夫婦と未婚の子のみの世帯」と「ひとり親と未婚の子のみの世帯」とを一括している。
　　3）昭和39、40年は、「三世代世帯」と「その他の世帯」とを一括している。
　　4）平成7年の数値は、兵庫県を除いたものである。
　　5）平成23年の数値は、岩手県、宮城県及び福島県を除いたものである。
　　6）平成24年の数値は、福島県を除いたものである。
　　7）平成28年の数値は、熊本県を除いたものである。

（3－1）

第 3 表　世　帯　数－構成割合，

年　次	総　数	雇用者・自営業者等の世帯	雇用者世帯	常雇者世帯	会社・団体等の役員の世帯	一般常雇者世帯	企業規模1～4人	5～29人	30～99人	100～499人	500～999人	1000～4999人	5000人以上・官公庁
										推　計　数			
昭和28年　(1953)	17 180	12 155	8 066	…	…	…	…			…			…
29　（'54)	17 337	12 563	8 304	7 056	…	…	…			…			…
30　（'55)	18 963	13 861	9 299	8 039	…	…	…			…			…
31　（'56)	19 823	14 637	10 073	8 810	…	…	…			…			…
32　（'57)	20 704	15 345	10 526	9 469	…	…	…			…			…
33　（'58)	21 310	16 132	11 113	9 870	…	…	…			…			…
34　（'59)	21 724	16 616	11 455	10 392	…	…	…			…			…
35　（'60)	22 476	17 383	12 274	11 149	…	…	…			…			…
36　（'61)	23 509	18 562	13 278	12 255	…	…	…			…			…
37　（'62)	23 850	18 880	13 803	12 714	…	…	…			…			…
38　（'63)	25 002	20 219	15 115	13 935	…	…	…			…			…
39　（'64)	25 104	20 340	14 945	13 892	…	…	4 402			5 264		4 226	
40　（'65)	25 940	21 100	15 592	14 673	…	…	4 615			5 391		4 667	
41　（'66)	26 765	21 089	15 467	14 711	…	…	4 368			5 334		5 040	
42　（'67)	28 144	23 499	16 911	15 607	809	14 798	4 151			5 311		5 336	
43　（'68)	28 694	24 202	18 040	16 924	700	16 224	4 456			6 009		5 759	
44　（'69)	29 009	24 499	18 202	17 078	731	16 348	4 585			6 187		5 576	
45　（'70)	29 887	25 319	18 038	17 140	659	16 481	3 590			6 693		6 198	
46　（'71)	30 861	26 575	18 838	17 917	746	17 171	3 804			7 018		6 349	
47　（'72)	31 925	27 603	19 990	19 078	899	18 179	4 379			6 818		6 982	
48　（'73)	32 314	28 207	19 741	18 878	797	18 082	4 178			7 499		6 405	
49　（'74)	32 731	28 631	20 709	19 824	834	18 990	4 740			7 440		6 810	
50　（'75)	32 877	29 037	20 855	19 966	857	19 109	4 912			7 684		6 513	
51　（'76)	34 275	30 601	21 133	20 107	863	19 244	5 311			7 571		6 362	
52　（'77)	34 414	30 948	21 950	21 122	743	20 379	5 472			8 141		6 766	
53　（'78)	34 466	31 081	22 101	21 245	716	20 528	5 602			7 665		7 261	
54　（'79)	34 869	31 345	22 136	21 268	797	20 471	5 271			7 427		7 773	
55　（'80)	35 338	31 872	22 520	21 593	698	20 895	5 765			7 769		7 361	
56　（'81)	36 121	32 486	22 696	21 739	749	20 990	5 746			7 936		7 308	
57　（'82)	36 248	32 601	22 518	21 712	717	20 994	5 669			7 975		7 351	
58　（'83)	36 497	33 049	23 218	22 355	707	21 648	5 934			8 213		7 502	
59　（'84)	37 338	33 998	23 714	22 760	863	21 898	5 843			8 305		7 750	
60　（'85)	37 226	33 812	23 354	22 520	955	21 566	5 753			8 382		7 431	

注：1）＊は平成8年以前の区分である。また、農耕世帯のうち「常雇者等のいる世帯」は、平成8年以前の「常雇者等のいる兼業世帯」である。平成10年以降は、「作付可能な耕地面積」を調査していないため、従来の「農耕世帯」は、「雇用者・自営業者等の世帯」に含まれている。
　　2）昭和29～41年の「常雇者世帯」には、「1月以上1年未満の契約の雇用者世帯」を含む。
　　3）昭和39～41年の「一般常雇者世帯」の各区分には、「会社・団体等の役員の世帯」と「1月以上1年未満の契約の雇用者世帯」を含む。
　　4）昭和28～60年は、「企業規模1～4人」と「5～29人」とを、「30～99人」と「100～499人」と「500～999人」とをそれぞれ一括している。

世帯業態・年次別

企業規模不詳	1月以上1年未満の契約の雇用者世帯	日々又は1月未満の契約の雇用者世帯	自営業者世帯	雇人あり	雇人なし	その他の世帯	所得を伴う仕事をしている者のいる世帯	所得を伴う仕事をしている者のいない世帯	世帯業態不詳	農耕世帯	常雇者等のいる世帯	その他の世帯 *その他の兼業世帯	その他の世帯 *専業世帯
												(単位：千世帯)	
...	...	...	2 189	...	...	1 900	...	...	...	5 025	2 056		2 969
...	...	1 248	2 364	...	...	1 894	...	...	...	4 774	2 067		2 707
...	...	1 260	2 481	...	...	2 081	...	...	...	5 102	2 128		2 975
...	...	1 263	2 682	...	...	1 882	...	...	...	5 186	2 131		3 055
...	...	1 057	2 803	...	...	2 017	...	...	...	5 359	1 295	710	3 354
...	...	1 243	2 960	...	...	2 059	...	...	...	5 177	1 324	629	3 224
...	...	1 063	3 117	...	...	2 044	...	...	...	5 108	1 300	586	3 221
...	...	1 125	3 195	...	...	1 913	...	...	...	5 093	1 335	834	2 924
...	...	1 023	3 096	...	...	2 188	...	...	...	4 947	1 392	847	2 708
...	...	1 089	3 145	...	...	1 933	...	...	...	4 970	1 510	962	2 498
...	...	1 180	2 669	...	...	2 436	...	...	...	4 783	1 617	1 034	2 132
...	...	1 053	3 626	1 228	2 398	1 769	...	...	...	4 764	1 698	993	2 072
...	...	919	3 772	1 308	2 464	1 735	766	969	...	4 840	1 846	1 055	1 939
...	...	756	3 607	1 290	2 316	2 014	...	...	...	5 677	2 354	1 105	2 218
...	372	932	4 350	1 568	2 782	2 237	742	1 495	...	4 645	1 872	361	2 412
...	475	642	4 225	1 401	2 824	1 937	...	...	...	4 492	2 108	204	2 181
...	376	747	4 399	1 526	2 874	1 898	...	...	...	4 510	2 137	349	2 024
...	188	710	5 102	1 812	3 290	2 179	780	1 399	...	4 567	2 268	482	1 817
...	187	733	5 172	1 798	3 374	2 565	764	1 801	...	4 286	2 333	310	1 643
...	324	588	4 701	1 704	2 997	2 912	1 054	1 858	...	4 322	2 360	412	1 551
...	245	618	5 172	1 863	3 309	3 294	820	2 474	...	4 108	2 193	434	1 481
...	365	520	4 949	1 781	3 168	2 973	1 020	1 953	...	4 101	2 360	439	1 302
...	360	529	5 044	1 910	3 134	3 138	1 189	1 949	...	3 841	2 313	348	1 180
...	490	537	5 607	2 086	3 521	3 861	967	2 894	...	3 673	2 256	313	1 105
...	418	411	5 305	2 031	3 274	3 693	964	2 729	...	3 466	2 238	249	979
...	398	459	5 531	2 124	3 408	3 449	745	2 704	...	3 385	2 182	275	928
...	457	411	5 547	2 149	3 399	3 662	942	2 720	...	3 524	2 002	486	1 036
...	443	483	5 445	2 120	3 325	3 907	884	3 023	...	3 466	2 285	277	905
...	537	421	5 428	2 137	3 291	4 362	974	3 388	...	3 635	2 398	291	946
...	458	348	5 478	2 166	3 313	4 605	1 049	3 557	...	3 646	2 424	284	939
...	509	355	5 420	2 130	3 290	4 411	989	3 422	...	3 447	2 335	252	861
...	516	438	5 482	2 287	3 195	4 802	1 123	3 678	...	3 340	2 249	243	848
...	486	347	5 670	2 427	3 243	4 789	1 167	3 622	...	3 414	2 304	260	850

5）昭和28～平成12年は、「1000～4999人」と「5000人以上・官公庁」とを一括している。
6）昭和28～31年は、「常雇者等のいる世帯」と「その他の兼業世帯」とを一括している。
7）平成7年の数値は、兵庫県を除いたものである。
8）平成23年の数値は、岩手県、宮城県及び福島県を除いたものである。
9）平成24年の数値は、福島県を除いたものである。
10）平成28年の数値は、熊本県を除いたものである。

（3－2）

第3表　世　帯　数－構成割合，

年　次	総　数	雇用者・自営業者等の世帯	雇用者世帯	常雇者世帯	会社・団体等の役員の世帯	一　般常雇者世帯	企業規模1～4人	5～29人	30～99人	100～499人	500～999人	1000～4999人	5000人以上・官公庁
												推　計　数	
昭和61年（1986）	37 544	34 135	23 024	22 493	1 179	21 315	1 210	4 607	3 959	3 468	1 371	6 699	
62　（'87）	38 064	34 707	23 361	22 595	978	21 617	1 211	3 839	3 573	3 675	1 526	7 793	
63　（'88）	39 028	35 892	23 935	23 098	1 332	21 766	1 185	3 898	3 705	3 608	1 502	7 869	
平成元年（'89）	39 417	36 182	24 196	23 363	1 510	21 853	1 020	3 885	3 673	3 754	1 462	8 060	
2　（'90）	40 273	36 995	24 459	23 448	2 068	21 380	903	3 791	3 429	3 870	1 481	7 906	
3　（'91）	40 506	37 416	24 815	23 868	2 169	21 699	945	3 851	3 685	3 936	1 543	7 738	
4　（'92）	41 210	38 072	24 863	24 217	2 163	22 054	1 028	4 118	3 711	3 771	1 543	7 884	
5　（'93）	41 826	38 982	25 810	24 908	2 296	22 612	962	4 056	3 672	4 055	1 478	8 390	
6　（'94）	42 069	39 085	25 420	24 509	2 252	22 258	892	4 037	3 647	4 135	1 558	7 989	
7　（'95）	40 770	37 883	24 647	23 750	2 156	21 594	993	4 095	3 635	3 794	1 491	7 586	
8　（'96）	43 807	41 143	26 844	25 853	2 085	23 768	987	4 408	4 145	4 313	1 549	8 365	
9　（'97）	44 669	41 990	26 755	25 868	2 567	23 301	866	3 945	3 699	4 462	1 653	8 676	
10　（'98）	44 496	44 496	26 512	25 427	2 332	23 095	952	4 355	3 917	4 305	1 655	7 910	
11　（'99）	44 923	44 923	27 274	26 188	2 202	23 985	959	4 083	3 813	4 580	1 681	8 869	
12　（2000）	45 545	45 545	27 512	26 317	2 124	24 193	921	4 329	4 085	4 918	1 654	8 287	
13　（'01）	45 664	44 813	26 707	25 439	2 337	23 102	913	4 509	4 053	4 311	1 532	2 619	5 116
14　（'02）	46 005	45 654	26 846	25 488	2 288	23 199	930	4 207	3 902	4 557	1 616	2 579	5 400
15　（'03）	45 800	45 610	26 824	25 430	2 036	23 394	935	4 159	3 887	4 865	1 617	2 675	5 241
16　（'04）	46 323	45 949	26 167	24 577	2 269	22 309	738	3 884	3 689	4 064	1 283	2 294	4 076
17　（'05）	47 043	46 522	27 598	25 253	2 706	22 548	…	…	…	…	…	…	…
18　（'06）	47 531	47 038	28 505	26 143	2 550	23 593	…	…	…	…	…	…	…
19　（'07）	48 023	46 502	27 337	24 982	3 063	21 919	744	3 536	3 287	4 096	1 397	2 340	4 419
20　（'08）	47 957	46 577	28 859	26 422	3 539	22 883	…	…	…	…	…	…	…
21　（'09）	48 013	46 977	28 071	25 754	3 416	22 339							
22　（'10）	48 638	46 682	27 458	25 117	3 269	21 849	760	3 559	3 356	4 266	1 532	2 568	4 615
23　（'11）	46 684	45 806	27 508	25 014	3 604	21 409	…	…	…	…	…	…	…
24　（'12）	48 170	47 268	27 991	25 462	3 749	21 713	…	…	…	…	…	…	…
25　（'13）	50 112	48 145	28 578	25 933	1 871	24 062	872	3 968	3 560	4 747	1 749	2 799	5 052
26　（'14）	50 431	49 192	29 447	26 597	2 112	24 485	…	…	…	…	…	…	…
27　（'15）	50 361	49 143	29 710	27 105	2 078	25 027	…	…	…	…	…	…	…
28　（'16）	49 945	47 745	28 556	25 925	2 177	23 748	840	3 863	3 598	4 740	1 711	2 806	4 790

注：1）＊は平成8年以前の区分である。また、農耕世帯のうち「常雇者等のいる世帯」は、平成8年以前の「常雇者等のいる兼業世帯」である。
　　　平成10年以降は、「作付可能な耕地面積」を調査していないため、従来の「農耕世帯」は、「雇用者・自営業者等の世帯」に含まれている。
　　2）昭和29～41年の「常雇者世帯」には、「1月以上1年未満の契約の雇用者世帯」を含む。
　　3）昭和39～41年の「一般常雇者世帯」の各区分には、「会社・団体等の役員の世帯」と「1月以上1年未満の契約の雇用者世帯」を含む。
　　4）昭和28～60年は、「企業規模1～4人」と「5～29人」とを、「30～99人」と「100～499人」と「500～999人」とをそれぞれ一括している。

182

世帯業態・年次別

企業規模不詳	1月以上1年未満の契約の雇用者世帯	日々又は1月未満の契約の雇用者世帯	自営業者世帯	雇人あり	雇人なし	その他の世帯	所得を伴う仕事をしている者のいる世帯	所得を伴う仕事をしている者のいない世帯	世帯業態不詳	農耕世帯	常雇者等のいる世帯	その他の世帯 *その他の兼業世帯	*専業世帯
												(単位：千世帯)	
...	337	194	5 738	2 382	3 357	5 372	1 188	4 184	...	3 410	2 319	251	840
...	447	320	5 704	2 366	3 338	5 641	1 507	4 134	...	3 357	2 206	240	911
...	477	360	5 746	2 405	3 342	6 211	1 644	4 567	...	3 136	2 159	231	746
...	486	347	5 688	2 360	3 328	6 298	1 601	4 696	...	3 235	2 211	287	737
...	626	385	5 750	2 498	3 252	6 786	1 868	4 918	...	3 278	2 250	280	749
...	632	315	5 663	2 398	3 265	6 938	1 760	5 178	...	3 090	2 126	220	745
...	445	201	5 735	2 571	3 164	7 474	1 648	5 826	...	3 138	2 161	264	713
...	623	279	5 626	2 465	3 161	7 546	1 804	5 742	...	2 844	1 973	197	674
...	646	264	5 796	2 491	3 305	7 869	1 790	6 079	...	2 984	2 072	212	700
...	667	229	5 692	2 528	3 164	7 544	848	6 696	...	2 887	1 967	262	658
...	726	265	5 636	2 413	3 223	8 663	1 799	6 864	...	2 664	1 814	201	649
...	643	244	5 712	2 616	3 096	9 523	2 173	7 350	...	2 679	1 825	855	
...	844	241	6 711	2 779	3 932	11 273	2 604	8 669	...	...	...	...	
...	829	257	6 524	2 703	3 821	11 125	2 574	8 550	...	...	...	...	
...	918	276	6 328	2 713	3 615	11 705	2 721	8 984	...	...	...	...	
48	1 008	261	6 826	2 767	4 059	11 280	2 951	8 329	851	...	...	...	
9	1 055	303	6 374	2 547	3 827	12 434	2 925	9 508	351	...	...	...	
15	1 113	280	6 482	2 542	3 940	12 304	2 945	9 359	190	...	...	...	
2 281	1 363	226	6 866	2 756	4 111	12 916	2 797	10 119	374	...	...	...	
...	1 880	465	6 134	2 452	3 682	12 790	2 948	9 842	522	...	...	...	
...	1 924	438	5 887	2 313	3 574	12 647	2 768	9 878	493	...	...	...	
2 100	1 942	413	6 502	2 577	3 925	12 663	2 816	9 847	1 521	...	...	...	
...	2 101	336	5 992	2 382	3 610	11 726	2 984	8 743	1 380	...	...	...	
...	2 014	302	5 758	2 207	3 551	13 148	3 203	9 944	1 036	...	...	...	
1 194	1 976	364	5 942	2 320	3 622	13 282	2 712	10 570	1 957	...	...	...	
...	2 150	345	5 164	1 990	3 175	13 133	2 844	10 289	878	...	...	...	
...	2 203	326	5 440	2 071	3 370	13 837	2 914	10 923	902	...	...	...	
1 314	2 289	356	5 160	1 821	3 339	14 407	2 662	11 745	1 966	...	...	...	
...	2 480	370	4 989	1 766	3 223	14 756	2 990	11 766	1 239	...	...	...	
...	2 302	302	4 942	1 674	3 268	14 492	2 780	11 712	1 218	...	...	...	
1 402	2 335	295	4 883	1 672	3 211	14 306	2 650	11 656	2 200	...	...	...	

5）昭和28～平成12年は、「1000～4999人」と「5000人以上・官公庁」とを一括している。
6）昭和28～31年は、「常雇者等のいる世帯」と「その他の兼業世帯」とを一括している。
7）平成7年の数値は、兵庫県を除いたものである。
8）平成23年の数値は、岩手県、宮城県及び福島県を除いたものである。
9）平成24年の数値は、福島県を除いたものである。
10）平成28年の数値は、熊本県を除いたものである。

（3－3）

第3表　世　帯　数－構成割合，

年　次	総　数	雇用者・自営業者等の世帯	雇用者世帯	常雇者世帯	会社・団体等の役員の世帯	一　般常雇者世帯	企業規模1～4人	5～29人	30～99人	100～499人	500～999人	1000～4999人	5000人以上・官公庁
												構　成　割　合	
昭和28年（1953）	100.0	70.8	46.9	…	…	…	…		…		…		
30　（'55）	100.0	73.1	49.0	42.4	…	…	…		…		…		
35　（'60）	100.0	77.3	54.6	49.6	…	…	…		…		…		
40　（'65）	100.0	81.3	60.1	56.6	…	…	17.8		20.8		18.0		
45　（'70）	100.0	84.7	60.4	57.3	2.2	55.1	12.0		22.4		20.7		
50　（'75）	100.0	88.3	63.4	60.7	2.6	58.1	14.9		23.4		19.8		
55　（'80）	100.0	90.2	63.7	61.1	2.0	59.1	16.3		22.0		20.8		
61　（'86）	100.0	90.9	61.3	59.9	3.1	56.8	3.2	12.3	10.5	9.2	3.7	17.8	
平成元年（'89）	100.0	91.8	61.4	59.3	3.8	55.4	2.6	9.9	9.3	9.5	3.7	20.4	
4　（'92）	100.0	92.4	60.3	58.8	5.2	53.5	2.5	10.0	9.0	9.2	3.7	19.1	
7　（'95）	100.0	92.9	60.5	58.3	5.3	53.0	2.4	10.0	8.9	9.3	3.7	18.6	
10　（'98）	100.0	100.0	59.6	57.1	5.2	51.9	2.1	9.8	8.8	9.7	3.7	17.8	
13　（2001）	100.0	98.1	58.5	55.7	5.1	50.6	2.0	9.9	8.9	9.4	3.4	5.7	11.2
16　（'04）	100.0	99.2	56.5	53.1	4.9	48.2	1.6	8.4	8.0	8.8	2.8	5.0	8.8
19　（'07）	100.0	96.8	56.9	52.0	6.4	45.6	1.5	7.4	6.8	8.5	2.9	4.9	9.2
22　（'10）	100.0	96.0	56.5	51.6	6.7	44.9	1.6	7.3	6.9	8.8	3.1	5.3	9.5
25　（'13）	100.0	96.1	57.0	51.8	3.7	48.0	1.7	7.9	7.1	9.5	3.5	5.6	10.1
26　（'14）	100.0	97.5	58.4	52.7	4.2	48.6	…	…	…	…	…	…	…
27　（'15）	100.0	97.6	59.0	53.8	4.1	49.7	…	…	…	…	…	…	…
28　（'16）	**100.0**	**95.6**	**57.2**	**51.9**	**4.4**	**47.5**	**1.7**	**7.7**	**7.2**	**9.5**	**3.4**	**5.6**	**9.6**

注：1）＊は平成8年以前の区分である。また、農耕世帯のうち「常雇者等のいる世帯」は、平成8年以前の「常雇者等のいる兼業世帯」である。
　　　平成10年以降は、「作付可能な耕地面積」を調査していないため、従来の「農耕世帯」は、「雇用者・自営業者等の世帯」に含まれている。
　　2）昭和29～41年の「常雇者世帯」には、「1月以上1年未満の契約の雇用者世帯」を含む。
　　3）昭和39～41年の「一般常雇者世帯」の各区分には、「会社・団体等の役員の世帯」と「1月以上1年未満の契約の雇用者世帯」を含む。
　　4）昭和28～60年は、「企業規模1～4人」と「5～29人」とを、「30～99人」と「100～499人」と「500～999人」とをそれぞれ一括している。

世帯業態・年次別

（単位：％）

企業規模不詳	1月以上1年未満の契約の雇用者世帯	日々又は1月未満の契約の雇用者世帯	自営業者世帯	雇人あり	雇人なし	その他の世帯	所得を伴う仕事をしている者のいる世帯	所得を伴う仕事をしている者のいない世帯	世帯業態不詳	農耕世帯	常雇者等のいる世帯	その他の世帯 *その他の兼業世帯	*専業世帯
…	…	…	12.7	…	…	11.1	…	…	…	29.2	12.0		17.3
…	…	6.6	13.1	…	…	11.0	…	…	…	26.9	11.2		15.7
…	…	5.0	14.2	…	…	8.5	…	…	…	22.7	5.9	3.7	13.0
…	…	3.5	14.5	5.0	9.5	6.7	3.0	3.7	…	18.7	7.1	4.1	7.5
…	0.6	2.4	17.1	6.1	11.0	7.3	2.6	4.7	…	15.3	7.6	1.6	6.1
…	1.1	1.6	15.3	5.8	9.5	9.5	3.6	5.9	…	11.7	7.0	1.1	3.6
…	1.3	1.4	15.4	6.0	9.4	11.1	2.5	8.6	…	9.8	6.5	0.8	2.6
…	0.9	0.5	15.3	6.3	8.9	14.3	3.2	11.1	…	9.1	6.2	0.7	2.2
…	1.2	0.9	14.4	6.0	8.4	16.0	4.1	11.9	…	8.2	5.6	0.7	1.9
…	1.1	0.5	13.9	6.2	7.7	18.1	4.0	14.1	…	7.6	5.2	0.6	1.7
…	1.6	0.6	14.0	6.2	7.8	18.5	2.1	16.4	…	7.1	4.8	0.6	1.6
…	1.9	0.5	15.1	6.2	8.8	25.3	5.9	19.5	…	…	…	…	
0.1	2.2	0.6	14.9	6.1	8.9	24.7	6.5	18.2	1.9	…	…	…	
4.9	2.9	0.5	14.8	5.9	8.9	27.9	6.0	21.8	0.8	…	…	…	
4.4	4.0	0.9	13.5	5.4	8.2	26.4	5.9	20.5	3.2	…	…	…	
2.5	4.1	0.7	12.2	4.8	7.4	27.3	5.6	21.7	4.0	…	…	…	
2.6	4.6	0.7	10.3	3.6	6.7	28.8	5.3	23.4	3.9	…	…	…	
…	4.9	0.7	9.9	3.5	6.4	29.3	5.9	23.3	2.5	…	…	…	
…	4.6	0.6	9.8	3.3	6.5	28.8	5.5	23.3	2.4	…	…	…	
2.8	4.7	0.6	9.8	3.3	6.4	28.6	5.3	23.3	4.4	…	…	…	

5）昭和28～平成12年は、「1000～4999人」と「5000人以上・官公庁」とを一括している。
6）昭和28～31年は、「常雇者等のいる世帯」と「その他の兼業世帯」とを一括している。
7）平成7年の数値は、兵庫県を除いたものである。
8）平成23年の数値は、岩手県、宮城県及び福島県を除いたものである。
9）平成24年の数値は、福島県を除いたものである。
10）平成28年の数値は、熊本県を除いたものである。

（3－1）

第4表　世　帯　数－構成割合，世帯類型・年次別

年　　　次	総　　数	高齢者世帯	母子世帯	父子世帯	その他の世帯
	推　計　数（単位：千世帯）				
昭和28年 （1953）	17 180	431	669	16 080	
29 （ '54）	17 337	400	516	16 421	
30 （ '55）	18 963	425	486	18 052	
31 （ '56）	19 823	441	493	18 890	
32 （ '57）	20 704	470	473	19 761	
33 （ '58）	21 310	478	420	20 412	
34 （ '59）	21 724	479	427	20 818	
35 （ '60）	22 476	500	424	21 552	
36 （ '61）	23 509	561	420	22 528	
37 （ '62）	23 850	618	386	22 846	
38 （ '63）	25 002	679	340	23 983	
39 （ '64）	25 104	716	362	24 026	
40 （ '65）	25 940	799	335	24 806	
41 （ '66）	26 765	886	501	25 377	
42 （ '67）	28 144	952	442	26 750	
43 （ '68）	28 694	972	354	27 369	
44 （ '69）	29 009	1 075	366	27 568	
45 （ '70）	29 887	1 196	369	28 321	
46 （ '71）	30 861	1 366	364	29 131	
47 （ '72）	31 925	1 380	363	74	30 108
48 （ '73）	32 314	1 521	359	76	30 359
49 （ '74）	32 731	1 520	381	81	30 750
50 （ '75）	32 877	1 089	374	65	31 349
51 （ '76）	34 275	1 282	416	70	32 508
52 （ '77）	34 414	1 288	399	82	32 645
53 （ '78）	34 466	1 368	432	82	32 584
54 （ '79）	34 869	1 577	442	78	32 771
55 （ '80）	35 338	1 684	439	95	33 121
56 （ '81）	36 121	1 779	465	90	33 787
57 （ '82）	36 248	1 851	463	97	33 837
58 （ '83）	36 497	1 949	485	106	33 956
59 （ '84）	37 338	2 100	514	107	34 616
60 （ '85）	37 226	2 192	508	99	34 427

（3－2）

第4表　世　帯　数－構成割合，世帯類型・年次別

年　　　次	総　　数	高齢者世帯	母子世帯	父子世帯	その他の世帯
		推　計　数（単位：千世帯）			
昭和61年（1986）	37 544	2 362	600	115	34 468
62　（ '87）	38 064	2 517	526	98	34 922
63　（ '88）	39 028	2 704	567	119	35 637
平成元年（ '89）	39 417	3 057	554	100	35 707
2　（ '90）	40 273	3 113	543	102	36 515
3　（ '91）	40 506	3 592	537	95	36 282
4　（ '92）	41 210	3 688	480	86	36 957
5　（ '93）	41 826	3 913	493	83	37 338
6　（ '94）	42 069	4 252	491	90	37 236
7　（ '95）	40 770	4 390	483	84	35 812
8　（ '96）	43 807	4 866	550	85	38 306
9　（ '97）	44 669	5 159	535	79	38 895
10　（ '98）	44 496	5 614	502	78	38 302
11　（ '99）	44 923	5 791	448	88	38 596
12　（2000）	45 545	6 261	597	83	38 604
13　（ '01）	45 664	6 654	587	80	38 343
14　（ '02）	46 005	7 182	670	86	38 067
15　（ '03）	45 800	7 250	569	73	37 908
16　（ '04）	46 323	7 874	627	90	37 732
17　（ '05）	47 043	8 349	691	79	37 924
18　（ '06）	47 531	8 462	788	89	38 192
19　（ '07）	48 023	9 009	717	100	38 197
20　（ '08）	47 957	9 252	701	94	37 910
21　（ '09）	48 013	9 623	752	93	37 545
22　（ '10）	48 638	10 207	708	77	37 646
23　（ '11）	46 684	9 581	759	96	36 248
24　（ '12）	48 170	10 241	703	81	37 146
25　（ '13）	50 112	11 614	821	91	37 586
26　（ '14）	50 431	12 214	732	101	37 384
27　（ '15）	50 361	12 714	793	78	36 777
28　（ '16）	**49 945**	**13 271**	**712**	**91**	**35 871**

注：1）平成9年から世帯類型の定義を変更しているので留意されたい。
　　2）昭和28～49年は旧定義（詳細については「用語の解説」参照）、昭和50年以降は新定義の数値である。
　　3）昭和28～46年の「その他の世帯」には、「父子世帯」を含む。
　　4）平成7年の数値は、兵庫県を除いたものである。
　　5）平成23年の数値は、岩手県、宮城県及び福島県を除いたものである。
　　6）平成24年の数値は、福島県を除いたものである。
　　7）平成28年の数値は、熊本県を除いたものである。

（3－3）

第4表　世　帯　数－構成割合，世帯類型・年次別

年　　　次	総　　数	高齢者世帯	母子世帯	父子世帯	その他の世帯
構　成　割　合　（単位：％）					
昭和28年（1953）	100.0	2.5	3.9	93.5	
30　（ '55）	100.0	2.2	2.6	95.2	
35　（ '60）	100.0	2.2	1.9	95.9	
40　（ '65）	100.0	3.1	1.3	95.6	
45　（ '70）	100.0	4.0	1.2	94.8	
50　（ '75）	100.0	3.3	1.1	0.2	95.4
55　（ '80）	100.0	4.8	1.2	0.3	93.7
61　（ '86）	100.0	6.3	1.6	0.3	91.8
平成元年（ '89）	100.0	7.8	1.4	0.3	90.6
4　（ '92）	100.0	8.9	1.2	0.2	89.7
7　（ '95）	100.0	10.8	1.2	0.2	87.8
10　（ '98）	100.0	12.6	1.1	0.2	86.1
13　（2001）	100.0	14.6	1.3	0.2	84.0
16　（ '04）	100.0	17.0	1.4	0.2	81.5
19　（ '07）	100.0	18.8	1.5	0.2	79.5
22　（ '10）	100.0	21.0	1.5	0.2	77.4
25　（ '13）	100.0	23.2	1.6	0.2	75.0
26　（ '14）	100.0	24.2	1.5	0.2	74.1
27　（ '15）	100.0	25.2	1.6	0.2	73.0
28　（ '16）	**100.0**	**26.6**	**1.4**	**0.2**	**71.8**

注：1）平成9年から世帯類型の定義を変更しているので留意されたい。
　　2）昭和28～49年は旧定義（詳細については「用語の解説」参照）、昭和50年以降は新定義の数値である。
　　3）昭和28～46年の「その他の世帯」には、「父子世帯」を含む。
　　4）平成7年の数値は、兵庫県を除いたものである。
　　5）平成28年の数値は、熊本県を除いたものである。

第5表　単独世帯数，世帯主の性・年次別

（単位：千世帯）

年　　　次	総　　数	単独世帯	男　の単独世帯	女　の単独世帯	（再掲）65歳以上の者のいる世帯	単独世帯	男　の単独世帯	女　の単独世帯
昭和50年（1975）	32 877	5 991	2 248	3 743	7 118	611	138	473
55　（'80）	35 338	6 402	3 552	2 850	8 495	910	192	718
61　（'86）	37 544	6 826	3 407	3 420	9 769	1 281	246	1 035
平成元年（'89）	39 417	7 866	4 096	3 770	10 774	1 592	307	1 285
4　（'92）	41 210	8 974	4 647	4 328	11 884	1 865	348	1 517
7　（'95）	40 770	9 213	4 689	4 524	12 695	2 199	449	1 751
10　（'98）	44 496	10 627	5 245	5 382	14 822	2 724	555	2 169
13　（2001）	45 664	11 017	5 490	5 527	16 367	3 179	728	2 451
16　（'04）	46 323	10 817	5 173	5 645	17 864	3 730	906	2 824
19　（'07）	48 023	11 983	5 851	6 132	19 263	4 326	1 174	3 153
22　（'10）	48 638	12 386	5 932	6 454	20 705	5 018	1 420	3 598
25　（'13）	50 112	13 285	6 364	6 921	22 420	5 730	1 659	4 071
26　（'14）	50 431	13 662	6 821	6 841	23 572	5 959	1 909	4 049
27　（'15）	50 361	13 517	6 404	7 113	23 724	6 243	1 951	4 292
28　（'16）	49 945	13 434	6 242	7 192	24 165	6 559	2 095	4 464

注：1）平成7年の数値は、兵庫県を除いたものである。
　　2）平成28年の数値は、熊本県を除いたものである。

第6表　世帯数－構成割合，

年　　　次	総　　数	北 海 道	東　　北	関 東 Ｉ	関 東 ＩＩ	北　　陸
					推　計　数	
昭和50年　(1975)	32 877	1 600	2 502	8 233	2 458	1 346
55　（'80)	35 338	1 692	2 538	9 401	2 367	1 475
61　（'86)	37 544	1 915	2 717	10 129	2 649	1 533
平成元年（'89)	39 417	2 033	2 819	10 736	2 808	1 576
4　（'92)	41 210	2 064	3 008	11 344	3 002	1 633
7　（'95)	40 770	2 194	3 029	11 779	3 084	1 690
10　（'98)	44 496	2 220	3 127	12 408	3 232	1 730
13　(2001)	45 664	2 345	3 243	12 673	3 294	1 764
16　（'04)	46 323	2 317	3 231	12 804	3 360	1 790
19　（'07)	48 023	2 403	3 284	13 741	3 481	1 832
22　（'10)	48 638	2 412	3 302	13 938	3 482	1 858
25　（'13)	50 112	2 383	3 318	14 537	3 648	1 931
26　（'14)	50 431	2 497	3 477	14 289	3 843	1 922
27　（'15)	50 361	2 287	3 318	14 047	3 684	2 013
28　（'16)	**49 945**	**2 475**	**3 352**	**14 898**	**3 655**	**1 885**
					構　成　割　合	
昭和50年　(1975)	100.0	4.9	7.6	25.0	7.5	4.1
55　（'80)	100.0	4.8	7.2	26.6	6.7	4.2
61　（'86)	100.0	5.1	7.2	27.0	7.1	4.1
平成元年（'89)	100.0	5.2	7.2	27.2	7.1	4.0
4　（'92)	100.0	5.0	7.3	27.5	7.3	4.0
7　（'95)	…	…	…	…	…	…
10　（'98)	100.0	5.0	7.0	27.9	7.3	3.9
13　(2001)	100.0	5.1	7.1	27.8	7.2	3.9
16　（'04)	100.0	5.0	7.0	27.6	7.3	3.9
19　（'07)	100.0	5.0	6.8	28.6	7.2	3.8
22　（'10)	100.0	5.0	6.8	28.7	7.2	3.8
25　（'13)	100.0	4.8	6.6	29.0	7.3	3.9
26　（'14)	100.0	5.0	6.9	28.3	7.6	3.8
27　（'15)	100.0	4.5	6.6	27.9	7.3	4.0
28　（'16)	…	…	…	…	…	…

注：1）平成7年の「総数」及び「近畿Ｉ」の数値は、兵庫県を除いたものである。
　　2）平成7年の地域ブロック別の「構成割合」は、兵庫県を除いているため表章していない。
　　3）平成28年の「総数」及び「南九州」の数値は、熊本県を除いたものである。
　　4）平成28年の地域ブロック別の「構成割合」は、熊本県を除いているため表章していない。

地域ブロック・年次別

東　海	近　畿　I	近　畿　II	中　国	四　国	北　九　州	南　九　州
（単位：千世帯）						
4 227	4 548	927	2 144	1 185	2 206	1 500
3 860	4 822	949	2 381	1 300	2 558	1 994
4 041	5 217	1 006	2 409	1 334	2 672	1 922
4 247	5 473	1 070	2 493	1 421	2 709	2 032
4 509	5 629	1 116	2 584	1 416	2 877	2 030
4 665	3 944	1 195	2 648	1 448	2 963	2 131
4 854	5 993	1 260	2 764	1 529	3 129	2 249
5 012	6 349	1 299	2 779	1 517	3 146	2 241
5 065	6 516	1 295	2 825	1 547	3 239	2 334
5 263	6 550	1 342	2 874	1 558	3 351	2 345
5 300	6 722	1 372	2 927	1 592	3 363	2 372
5 546	6 948	1 408	2 929	1 627	3 406	2 432
6 046	6 702	1 431	2 775	1 643	3 522	2 284
5 981	7 071	1 307	3 061	1 758	3 501	2 335
5 603	**6 887**	**1 427**	**2 968**	**1 598**	**3 438**	**1 759**
（単位：%）						
12.9	13.8	2.8	6.5	3.6	6.7	4.6
10.9	13.6	2.7	6.7	3.7	7.2	5.6
10.8	13.9	2.7	6.4	3.6	7.1	5.1
10.8	13.9	2.7	6.3	3.6	6.9	5.2
10.9	13.7	2.7	6.3	3.4	7.0	4.9
…	…	…	…	…	…	…
10.9	13.5	2.8	6.2	3.4	7.0	5.1
11.0	13.9	2.8	6.1	3.3	6.9	4.9
10.9	14.1	2.8	6.1	3.3	7.0	5.0
11.0	13.6	2.8	6.0	3.2	7.0	4.9
10.9	13.8	2.8	6.0	3.3	6.9	4.9
11.1	13.9	2.8	5.8	3.2	6.8	4.9
12.0	13.3	2.8	5.5	3.3	7.0	4.5
11.9	14.0	2.6	6.1	3.5	7.0	4.6
…	…	…	…	…	…	…

第7表　平均世帯人員，年次別

（単位：人）

年　　　次	全　世　帯	単独世帯を除いた世帯	住み込み・寄宿舎等の 単独世帯を除いた世帯
昭和28年 （1953）	5.00	…	…
29 （'54）	4.79	…	…
30 （'55）	4.68	5.13	…
31 （'56）	4.53	5.04	…
32 （'57）	4.38	4.98	…
33 （'58）	4.27	4.90	…
34 （'59）	4.23	4.84	4.54
35 （'60）	4.13	4.75	4.33
36 （'61）	3.97	4.63	4.33
37 （'62）	3.95	4.55	4.29
38 （'63）	3.81	4.48	4.20
39 （'64）	3.83	4.41	4.12
40 （'65）	3.75	4.35	4.04
41 （'66）	3.68	4.19	3.91
42 （'67）	3.53	4.14	3.82
43 （'68）	3.50	4.12	3.79
44 （'69）	3.50	4.09	3.76
45 （'70）	3.45	4.01	3.67
46 （'71）	3.38	3.97	3.59
47 （'72）	3.32	3.90	3.52
48 （'73）	3.33	3.93	3.53
49 （'74）	3.33	3.87	3.53
50 （'75）	3.35	3.88	3.52
51 （'76）	3.27	3.85	3.45
52 （'77）	3.29	3.83	3.42
53 （'78）	3.31	3.82	3.44
54 （'79）	3.30	3.82	3.43
55 （'80）	3.28	3.79	3.39
56 （'81）	3.24	3.78	3.36
57 （'82）	3.25	3.77	3.38
58 （'83）	3.25	3.74	3.34
59 （'84）	3.19	3.72	3.31
60 （'85）	3.22	3.72	3.33
61 （'86）	3.22	3.72	3.31
62 （'87）	3.19	3.69	3.28
63 （'88）	3.12	3.63	3.21
平成元年 （'89）	3.10	3.63	3.19
2 （'90）	3.05	3.59	3.13
3 （'91）	3.04	3.59	3.12
4 （'92）	2.99	3.55	3.07
5 （'93）	2.96	3.52	3.03
6 （'94）	2.95	3.49	3.01
7 （'95）	2.91	3.47	2.98
8 （'96）	2.85	3.42	2.92
9 （'97）	2.79	3.39	2.87
10 （'98）	2.81	3.38	2.86
11 （'99）	2.79	3.34	2.84
12 （2000）	2.76	3.31	2.81
13 （'01）	2.75	3.31	2.80
14 （'02）	2.74	3.27	2.78
15 （'03）	2.76	3.29	2.79
16 （'04）	2.72	3.25	2.76
17 （'05）	2.68	3.23	2.71
18 （'06）	2.65	3.21	2.68
19 （'07）	2.63	3.17	2.67
20 （'08）	2.63	3.16	2.66
21 （'09）	2.62	3.16	2.66
22 （'10）	2.59	3.13	2.62
23 （'11）	2.58	3.12	2.61
24 （'12）	2.57	3.11	2.60
25 （'13）	2.51	3.05	2.54
26 （'14）	2.49	3.04	2.53
27 （'15）	2.49	3.03	2.52
28 （'16）	**2.47**	**3.01**	**2.50**

注：1）平成7年の数値は、兵庫県を除いたものである。
　　2）平成23年の数値は、岩手県、宮城県及び福島県を除いたものである。
　　3）平成24年の数値は、福島県を除いたものである。
　　4）平成28年の数値は、熊本県を除いたものである。

第8表　世帯人員－構成割合，医療保険加入状況・年次別

年　　次	総　数	国民健康保険加入者	市町村	組　合	被用者保険加入者	本　人	家　族	後期高齢者医療制度	その他	不　詳
\multicolumn{11}{c}{推　計　数（単位：千人）}
昭和50年（1975）	110 211	42 321	…	…	65 949	28 600	37 349	…	1 941	…
55　（'80）	116 031	45 221	…	…	69 102	29 846	39 256	…	1 708	…
61　（'86）	120 946	45 564	…	…	73 321	32 711	40 610	…	2 061	…
平成元年（'89）	122 312	44 728	…	…	75 276	34 186	41 091	…	2 307	…
4　（'92）	123 303	44 135	…	…	77 744	36 585	41 158	…	1 424	…
7　（'95）	118 835	43 193	39 136	4 057	74 527	35 488	39 039	…	1 115	…
10　（'98）	125 146	48 814	43 988	4 826	74 582	35 811	38 771	…	1 749	…
13　（2001）	125 736	50 252	45 292	4 960	72 597	35 852	36 745	…	1 947	940
16　（'04）	126 169	49 382	45 329	4 053	72 198	35 470	36 728	…	2 839	1 749
19　（'07）	126 083	48 715	45 026	3 688	73 516	38 927	34 590	…	2 218	1 633
22　（'10）	125 739	36 484	34 125	2 358	71 948	38 184	33 764	13 984	1 888	1 435
25　（'13）	125 739	34 732	32 766	1 967	71 549	38 448	33 101	15 900	2 007	1 550
26　（'14）	125 481	34 171	32 252	1 919	71 501	39 144	32 357	16 635	2 365	808
27　（'15）	125 208	32 701	30 871	1 830	73 020	39 947	33 074	16 723	2 103	661
28　（'16）	**123 323**	**30 778**	**28 747**	**2 031**	**71 708**	**39 068**	**32 639**	**17 057**	**1 884**	**1 896**
\multicolumn{11}{c}{構　成　割　合（単位：％）}
昭和50年（1975）	100.0	38.4	…	…	59.8	26.0	33.9	…	1.8	…
55　（'80）	100.0	39.0	…	…	59.6	25.7	33.8	…	1.5	…
61　（'86）	100.0	37.7	…	…	60.6	27.0	33.6	…	1.7	…
平成元年（'89）	100.0	36.6	…	…	61.5	27.9	33.6	…	1.9	…
4　（'92）	100.0	35.8	…	…	63.1	29.7	33.4	…	1.2	…
7　（'95）	100.0	36.3	32.9	3.4	62.7	29.9	32.9	…	0.9	…
10　（'98）	100.0	39.0	35.1	3.9	59.6	28.6	31.0	…	1.4	…
13　（2001）	100.0	40.0	36.0	3.9	57.7	28.5	29.2	…	1.5	0.7
16　（'04）	100.0	39.1	35.9	3.2	57.2	28.1	29.1	…	2.3	1.4
19　（'07）	100.0	38.6	35.7	2.9	58.3	30.9	27.4	…	1.8	1.3
22　（'10）	100.0	29.0	27.1	1.9	57.2	30.4	26.9	11.1	1.5	1.1
25　（'13）	100.0	27.6	26.1	1.6	56.9	30.6	26.3	12.6	1.6	1.2
26　（'14）	100.0	27.2	25.7	1.5	57.0	31.2	25.8	13.3	1.9	0.6
27　（'15）	100.0	26.1	24.7	1.5	58.3	31.9	26.4	13.4	1.7	0.5
28　（'16）	**100.0**	**25.0**	**23.3**	**1.6**	**58.1**	**31.7**	**26.5**	**13.8**	**1.5**	**1.5**

注：1）平成7年の数値は、兵庫県を除いたものである。
　　2）平成28年の数値は、熊本県を除いたものである。

第9表　公的年金-恩給受給者数－受給割合，性・年次別

年　　　次	受給者総数			（再掲）60歳以上の受給者			（再掲）65歳以上の受給者		
	総　数	男	女	総　数	男	女	総　数	男	女
	推　計　数（単位：千人）								
昭和55年（1980）	13 528	6 022	7 506	12 319	5 505	6 814	9 789	4 277	5 512
61　（'86）	16 799	7 203	9 595	15 515	6 706	8 809	11 811	4 965	6 846
平成元年（'89）	19 157	8 353	10 803	17 659	7 745	9 913	13 454	5 625	7 829
4　（'92）	20 795	9 087	11 708	19 177	8 419	10 759	15 062	6 364	8 697
7　（'95）	21 781	9 597	12 184	20 534	9 075	11 459	16 521	7 030	9 491
10　（'98）	25 419	11 124	14 296	24 212	10 661	13 551	19 605	8 352	11 252
13　（2001）	28 198	12 655	15 543	26 356	11 825	14 531	21 705	9 378	12 326
16　（'04）	30 564	13 597	16 968	29 931	13 424	16 507	24 323	10 587	13 736
19　（'07）	32 618	14 596	18 022	31 701	14 283	17 417	26 302	11 553	14 749
22　（'10）	35 791	15 910	19 881	35 059	15 652	19 407	28 409	12 410	15 999
25　（'13）	38 559	17 068	21 491	37 826	16 804	21 022	30 804	13 524	17 281
26　（'14）	40 030	17 839	22 191	39 198	17 531	21 667	32 824	14 719	18 105
27　（'15）	39 616	17 458	22 158	38 866	17 173	21 693	33 043	14 659	18 384
28　（'16）	**39 689**	**17 420**	**22 269**	**38 810**	**17 083**	**21 728**	**33 548**	**14 880**	**18 668**
	受　給　割　合（単位：%）								
昭和55年（1980）	11.7	10.5	12.8	80.7	83.6	78.4	91.2	93.2	89.8
61　（'86）	13.9	12.2	15.5	84.3	85.9	83.2	93.5	95.5	92.0
平成元年（'89）	15.7	14.0	17.3	84.6	86.3	83.3	94.5	96.5	93.1
4　（'92）	16.9	15.1	18.5	82.6	83.4	81.9	94.2	96.3	92.8
7　（'95）	18.3	16.6	20.0	83.0	83.7	82.4	94.7	96.1	93.7
10　（'98）	20.3	18.3	22.2	84.3	84.9	83.7	95.1	96.1	94.3
13　（2001）	22.4	20.8	24.0	84.6	85.9	83.6	94.1	95.0	93.4
16　（'04）	24.2	22.3	26.0	86.7	87.2	86.4	95.7	96.1	95.3
19　（'07）	25.9	23.9	27.7	87.6	87.4	87.7	95.4	95.3	95.4
22　（'10）	28.5	26.3	30.5	87.5	86.5	88.3	95.4	95.2	95.7
25　（'13）	30.7	28.2	32.9	88.4	87.2	89.4	95.1	94.9	95.2
26　（'14）	31.9	29.4	34.2	88.6	86.6	90.2	95.6	95.6	95.7
27　（'15）	31.6	29.0	34.1	88.5	86.1	90.4	95.3	95.0	95.6
28　（'16）	**32.2**	**29.4**	**34.8**	**88.2**	**85.8**	**90.3**	**95.0**	**94.5**	**95.4**

注：1）平成7年の数値は、兵庫県を除いたものである。
　　2）平成28年の数値は、熊本県を除いたものである。
　　3）受給割合は、性別の全世帯人員（60歳以上の者数、65歳以上の者数）を100とした率である。

第10表　夫婦ともに60歳以上−65歳以上の夫婦組数−構成割合，公的年金−恩給受給の有無・年次別

年　　次	60歳以上					65歳以上				
	総　数	夫　受給あり		夫　受給なし		総　数	夫　受給あり		夫　受給なし	
		妻 受給あり	妻 受給なし	妻 受給あり	妻 受給なし		妻 受給あり	妻 受給なし	妻 受給あり	妻 受給なし
推　計　数（単位：千組）										
昭和55年（1980）	3 605	2 337	926	92	250	2 078	1 719	251	48	60
61　（'86）	4 754	3 430	967	97	261	2 612	2 247	296	24	46
平成元年（'89）	5 655	4 151	1 111	114	278	3 183	2 817	300	25	41
4　（'92）	6 456	4 642	1 239	146	429	3 717	3 300	322	32	63
7　（'95）	6 450	4 626	1 217	147	459	3 757	3 383	286	29	59
10　（'98）	8 474	6 338	1 410	216	509	5 279	4 842	314	49	74
13　（2001）	9 317	7 097	1 396	169	453	6 101	5 583	278	36	89
16　（'04）	10 564	8 428	1 409	210	462	6 923	6 510	241	47	97
19　（'07）	10 947	9 005	1 175	224	391	7 609	7 165	213	55	107
22　（'10）	12 284	10 160	1 135	347	490	8 313	7 861	181	77	120
25　（'13）	13 286	11 219	968	399	523	9 129	8 619	189	85	151
26　（'14）	13 738	11 799	934	401	531	9 741	9 287	207	73	136
27　（'15）	13 670	11 760	854	436	545	9 920	9 455	154	96	174
28　（'16）	**13 654**	**11 698**	**788**	**441**	**534**	**10 117**	**9 564**	**184**	**110**	**145**
構　成　割　合（単位：%）										
昭和55年（1980）	100.0	64.8	25.7	2.5	6.9	100.0	82.7	12.1	2.3	2.9
61　（'86）	100.0	72.1	20.3	2.0	5.5	100.0	86.0	11.3	0.9	1.8
平成元年（'89）	100.0	73.4	19.7	2.0	4.9	100.0	88.5	9.4	0.8	1.3
4　（'92）	100.0	71.9	19.2	2.3	6.6	100.0	88.8	8.7	0.9	1.7
7　（'95）	100.0	71.7	18.9	2.3	7.1	100.0	90.1	7.6	0.8	1.6
10　（'98）	100.0	74.8	16.6	2.6	6.0	100.0	91.7	6.0	0.9	1.4
13　（2001）	100.0	76.2	15.0	1.8	4.9	100.0	91.5	4.5	0.6	1.5
16　（'04）	100.0	79.8	13.3	2.0	4.4	100.0	94.0	3.5	0.7	1.4
19　（'07）	100.0	82.3	10.7	2.0	3.6	100.0	94.2	2.8	0.7	1.4
22　（'10）	100.0	82.7	9.2	2.8	4.0	100.0	94.6	2.2	0.9	1.4
25　（'13）	100.0	84.4	7.3	3.0	3.9	100.0	94.4	2.1	0.9	1.7
26　（'14）	100.0	85.9	6.8	2.9	3.9	100.0	95.3	2.1	0.8	1.4
27　（'15）	100.0	86.0	6.2	3.2	4.0	100.0	95.3	1.6	1.0	1.8
28　（'16）	**100.0**	**85.7**	**5.8**	**3.2**	**3.9**	**100.0**	**94.5**	**1.8**	**1.1**	**1.4**

注：1）平成7年の数値は、兵庫県を除いたものである。
　　2）平成28年の数値は、熊本県を除いたものである。
　　3）平成13年以降「総数」には、「夫の受給の有無不詳」「妻の受給の有無不詳」を含む。

第11表　世帯数－指数，全世帯－高齢者世帯・年次別

年　　次	全　世　帯		高齢者世帯		全世帯に占める高齢者世帯の割合（％）
	推計数（千世帯）	指　数（昭和50年＝100）	推計数（千世帯）	指　数（昭和50年＝100）	
昭和50年（1975）	32 877	100.0	1 089	100.0	3.3
55　　（'80）	35 338	107.5	1 684	154.6	4.8
61　　（'86）	37 544	114.2	2 362	216.9	6.3
平成元年（'89）	39 417	119.9	3 057	280.7	7.8
4　　（'92）	41 210	125.3	3 688	338.7	8.9
7　　（'95）	40 770	…	4 390	…	10.8
10　　（'98）	44 496	135.3	5 614	515.5	12.6
13　　（2001）	45 664	138.9	6 654	611.0	14.6
16　　（'04）	46 323	140.9	7 874	723.1	17.0
19　　（'07）	48 023	146.1	9 009	827.2	18.8
22　　（'10）	48 638	147.9	10 207	937.2	21.0
25　　（'13）	50 112	152.4	11 614	1 066.5	23.2
26　　（'14）	50 431	153.4	12 214	1 121.6	24.2
27　　（'15）	50 361	153.2	12 714	1 167.5	25.2
28　　（'16）	**49 945**	…	**13 271**	…	**26.6**

注：1）平成7年の数値は、兵庫県を除いたものである。
　　2）平成28年の数値は、熊本県を除いたものである。

第12表　高齢者世帯数－構成割合，世帯構造・年次別

年　　次	総　　数	単独世帯	男の単独世帯	女の単独世帯	夫婦のみの世帯	その他の世帯
			推　計　数（単位：千世帯）			
昭和50年（1975）	1 089	611	138	473	443	36
55　　（'80）	1 684	910	192	718	722	52
61　　（'86）	2 362	1 281	246	1 035	1 001	80
平成元年（'89）	3 057	1 592	307	1 285	1 377	88
4　　（'92）	3 688	1 865	348	1 517	1 704	119
7　　（'95）	4 390	2 199	449	1 751	2 050	141
10　　（'98）	5 614	2 724	555	2 169	2 712	178
13　　（2001）	6 654	3 179	728	2 451	3 257	218
16　　（'04）	7 874	3 730	906	2 824	3 899	245
19　　（'07）	9 009	4 326	1 174	3 153	4 390	292
22　　（'10）	10 207	5 018	1 420	3 598	4 876	313
25　　（'13）	11 614	5 730	1 659	4 071	5 513	371
26　　（'14）	12 214	5 959	1 909	4 049	5 801	455
27　　（'15）	12 714	6 243	1 951	4 292	5 998	473
28　　（'16）	**13 271**	**6 559**	**2 095**	**4 464**	**6 196**	**516**
			構　成　割　合（単位：%）			
昭和50年（1975）	100.0	56.0	12.6	43.4	40.7	3.3
55　　（'80）	100.0	54.0	11.4	42.7	42.9	3.1
61　　（'86）	100.0	54.2	10.4	43.8	42.4	3.4
平成元年（'89）	100.0	52.1	10.0	42.0	45.0	2.9
4　　（'92）	100.0	50.6	9.4	41.1	46.2	3.2
7　　（'95）	100.0	50.1	10.2	39.9	46.7	3.2
10　　（'98）	100.0	48.5	9.9	38.6	48.3	3.2
13　　（2001）	100.0	47.8	10.9	36.8	49.0	3.3
16　　（'04）	100.0	47.4	11.5	35.9	49.5	3.1
19　　（'07）	100.0	48.0	13.0	35.0	48.7	3.2
22　　（'10）	100.0	49.2	13.9	35.3	47.8	3.1
25　　（'13）	100.0	49.3	14.3	35.1	47.5	3.2
26　　（'14）	100.0	48.8	15.6	33.2	47.5	3.7
27　　（'15）	100.0	49.1	15.3	33.8	47.2	3.7
28　　（'16）	**100.0**	**49.4**	**15.8**	**33.6**	**46.7**	**3.9**

注：1）平成7年の数値は、兵庫県を除いたものである。
　　2）平成28年の数値は、熊本県を除いたものである。

第13表　高齢者世帯数－構成割合，世帯業態・年次別

年　　次	総　数	自営業者世帯	会社・団体等の役員の世帯	一　般常雇者世　帯	日々又は1月未満及び1月以上1年未満の契約の雇用者世帯	その他の世帯	所得を伴う仕事をしている者のいる世帯	所得を伴う仕事をしている者のいない世帯	不　詳	農耕世帯
				推　計　数（単位：千世帯）						
昭和50年（1975）	1 089	167	25	127	46	668	104	564	…	58
55　（'80）	1 684	233	28	141	71	1 131	83	1 048	…	79
61　（'86）	2 362	268	55	145	33	1 736	72	1 664	…	125
平成元年（'89）	3 057	323	73	177	55	2 253	125	2 128	…	177
4　（'92）	3 688	364	107	244	49	2 700	123	2 577	…	223
7　（'95）	4 390	432	127	247	86	3 237	99	3 138	…	261
10　（'98）	5 614	677	138	275	101	4 424	206	4 218	…	…
13　（2001）	6 654	830	160	277	117	5 009	294	4 715	262	…
16　（'04）	7 874	850	143	310	134	6 367	205	6 162	70	…
19　（'07）	9 009	1 010	179	402	165	6 498	291	6 207	755	…
22　（'10）	10 207	1 006	196	485	213	7 262	332	6 930	1 045	…
25　（'13）	11 614	989	201	700	320	8 358	419	7 939	1 045	…
26　（'14）	12 214	1 012	272	834	427	8 847	568	8 279	823	…
27　（'15）	12 714	1 082	303	892	463	9 158	528	8 630	815	…
28　（'16）	**13 271**	**1 158**	**279**	**979**	**495**	**9 053**	**521**	**8 532**	**1 307**	…
				構　成　割　合（単位：%）						
昭和50年（1975）	100.0	15.3	2.3	11.7	4.2	61.3	9.5	51.8	…	5.3
55　（'80）	100.0	13.9	1.7	8.4	4.2	67.2	4.9	62.3	…	4.7
61　（'86）	100.0	11.3	2.3	6.2	1.4	73.5	3.0	70.5	…	5.3
平成元年（'89）	100.0	10.6	2.4	5.8	1.8	73.7	4.1	69.6	…	5.8
4　（'92）	100.0	9.9	2.9	6.6	1.3	73.2	3.3	69.9	…	6.1
7　（'95）	100.0	9.8	2.9	5.6	2.0	73.7	2.3	71.5	…	6.0
10　（'98）	100.0	12.1	2.5	4.9	1.8	78.8	3.7	75.1	…	…
13　（2001）	100.0	12.5	2.4	4.2	1.8	75.3	4.4	70.9	3.9	…
16　（'04）	100.0	10.8	1.8	3.9	1.7	80.9	2.6	78.3	0.9	…
19　（'07）	100.0	11.2	2.0	4.5	1.8	72.1	3.2	68.9	8.4	…
22　（'10）	100.0	9.9	1.9	4.8	2.1	71.2	3.2	67.9	10.2	…
25　（'13）	100.0	8.5	1.7	6.0	2.8	72.0	3.6	68.4	9.0	…
26　（'14）	100.0	8.3	2.2	6.8	3.5	72.4	4.6	67.8	6.7	…
27　（'15）	100.0	8.5	2.4	7.0	3.6	72.0	4.2	67.9	6.4	…
28　（'16）	**100.0**	**8.7**	**2.1**	**7.4**	**3.7**	**68.2**	**3.9**	**64.3**	**9.8**	…

注：1）平成7年の数値は、兵庫県を除いたものである。
　　2）平成10年以降は、「作付可能な耕地面積」を調査していないため、従来の「農耕世帯」は表章を行わず、他の該当する世帯業態の区分に含まれている。
　　3）平成28年の数値は、熊本県を除いたものである。

第14表　世帯数－構成割合－平均児童数, 児童の有－児童数－無・年次別

年　　　次	総　数	児童のいる世帯	1人	2人	3人	4人以上	児童のいない世　帯	平均児童数 全世帯	平均児童数 児童のいる世　帯
			推　計　数（単位：千世帯）					（人）	（人）
昭和50年（1975）	32 877	17 427	6 578	8 089	2 401	360	15 450	0.96	1.81
55　（'80）	35 338	17 630	6 251	8 568	2 497	315	17 708	0.91	1.83
61　（'86）	37 544	17 364	6 107	8 381	2 584	293	20 180	0.85	1.83
平成元年（'89）	39 417	16 426	6 119	7 612	2 435	260	22 991	0.75	1.81
4　（'92）	41 210	15 009	5 772	6 697	2 287	253	26 201	0.66	1.80
7　（'95）	40 770	13 586	5 495	5 854	1 999	238	27 183	0.59	1.78
10　（'98）	44 496	13 453	5 588	5 679	1 939	246	31 043	0.53	1.77
13　（2001）	45 664	13 156	5 581	5 594	1 750	231	32 508	0.50	1.75
16　（'04）	46 323	12 916	5 510	5 667	1 533	206	33 407	0.48	1.73
19　（'07）	48 023	12 499	5 544	5 284	1 482	189	35 524	0.44	1.71
22　（'10）	48 638	12 324	5 514	5 181	1 433	195	36 314	0.43	1.70
25　（'13）	50 112	12 085	5 457	5 048	1 371	209	38 026	0.41	1.70
26　（'14）	50 431	11 411	5 293	4 621	1 312	184	39 020	0.38	1.69
27　（'15）	50 361	11 817	5 487	4 779	1 338	213	38 545	0.40	1.69
28　（'16）	**49 945**	**11 666**	**5 436**	**4 702**	**1 320**	**207**	**38 279**	**0.39**	**1.69**
			構　成　割　合（単位：%）						
昭和50年（1975）	100.0	53.0	20.0	24.6	7.3	1.1	47.0	・	・
55　（'80）	100.0	49.9	17.7	24.2	7.1	0.9	50.1	・	・
61　（'86）	100.0	46.2	16.3	22.3	6.9	0.8	53.8	・	・
平成元年（'89）	100.0	41.7	15.5	19.3	6.2	0.7	58.3	・	・
4　（'92）	100.0	36.4	14.0	16.3	5.6	0.6	63.6	・	・
7　（'95）	100.0	33.3	13.5	14.4	4.9	0.6	66.7	・	・
10　（'98）	100.0	30.2	12.6	12.8	4.4	0.6	69.8	・	・
13　（2001）	100.0	28.8	12.2	12.2	3.8	0.5	71.2	・	・
16　（'04）	100.0	27.9	11.9	12.2	3.3	0.4	72.1	・	・
19　（'07）	100.0	26.0	11.5	11.0	3.1	0.4	74.0	・	・
22　（'10）	100.0	25.3	11.3	10.7	2.9	0.4	74.7	・	・
25　（'13）	100.0	24.1	10.9	10.1	2.7	0.4	75.9	・	・
26　（'14）	100.0	22.6	10.5	9.2	2.6	0.4	77.4	・	・
27　（'15）	100.0	23.5	10.9	9.5	2.7	0.4	76.5	・	・
28　（'16）	**100.0**	**23.4**	**10.9**	**9.4**	**2.6**	**0.4**	**76.6**	**・**	**・**

注：1）平成7年の数値は、兵庫県を除いたものである。
　　2）平成28年の数値は、熊本県を除いたものである。

第15表　65歳以上の者のいる世帯数－構成割合，世帯構造・年次別

年　　次	総　数	単独世帯	夫　婦のみの世帯	いずれかが65歳未満の世帯	と　も　に65歳以上の世帯	夫　婦　と未婚の子のみの世帯	ひとり親と未婚の子のみの世帯	三世代世　帯	その他の世　帯
	推　計　数（単位：千世帯）								
昭和50年　（1975）	7 118	611	931	487	443	474	209	3 871	1 023
55　（'80）	8 495	910	1 379	657	722	570	321	4 254	1 062
61　（'86）	9 769	1 281	1 782	781	1 001	646	440	4 375	1 245
平成元年（'89）	10 774	1 592	2 257	880	1 377	737	524	4 385	1 280
4　（'92）	11 884	1 865	2 706	1 002	1 704	868	571	4 348	1 527
7　（'95）	12 695	2 199	3 075	1 024	2 050	1 001	634	4 232	1 553
10　（'98）	14 822	2 724	3 956	1 244	2 712	1 236	788	4 401	1 715
13　（2001）	16 367	3 179	4 545	1 288	3 257	1 591	972	4 179	1 902
16　（'04）	17 864	3 730	5 252	1 354	3 899	1 827	1 104	3 919	2 031
19　（'07）	19 263	4 326	5 732	1 342	4 390	2 194	1 224	3 528	2 260
22　（'10）	20 705	5 018	6 190	1 314	4 876	2 412	1 425	3 348	2 313
25　（'13）	22 420	5 730	6 974	1 461	5 513	2 743	1 699	2 953	2 321
26　（'14）	23 572	5 959	7 242	1 441	5 801	2 977	1 766	3 117	2 512
27　（'15）	23 724	6 243	7 469	1 471	5 998	2 916	1 788	2 906	2 402
28　（'16）	**24 165**	**6 559**	**7 526**	**1 330**	**6 196**	**3 066**	**1 941**	**2 668**	**2 405**
	構　成　割　合（単位：%）								
昭和50年　（1975）	100.0	8.6	13.1	6.8	6.2	6.7	2.9	54.4	14.4
55　（'80）	100.0	10.7	16.2	7.7	8.5	6.7	3.8	50.1	12.5
61　（'86）	100.0	13.1	18.2	8.0	10.3	6.6	4.5	44.8	12.7
平成元年（'89）	100.0	14.8	20.9	8.2	12.8	6.8	4.9	40.7	11.9
4　（'92）	100.0	15.7	22.8	8.4	14.3	7.3	4.8	36.6	12.8
7　（'95）	100.0	17.3	24.2	8.1	16.1	7.9	5.0	33.3	12.2
10　（'98）	100.0	18.4	26.7	8.4	18.3	8.3	5.3	29.7	11.6
13　（2001）	100.0	19.4	27.8	7.9	19.9	9.7	5.9	25.5	11.6
16　（'04）	100.0	20.9	29.4	7.6	21.8	10.2	6.2	21.9	11.4
19　（'07）	100.0	22.5	29.8	7.0	22.8	11.4	6.4	18.3	11.7
22　（'10）	100.0	24.2	29.9	6.3	23.5	11.6	6.9	16.2	11.2
25　（'13）	100.0	25.6	31.1	6.5	24.6	12.2	7.6	13.2	10.4
26　（'14）	100.0	25.3	30.7	6.1	24.6	12.6	7.5	13.2	10.7
27　（'15）	100.0	26.3	31.5	6.2	25.3	12.3	7.5	12.2	10.1
28　（'16）	**100.0**	**27.1**	**31.1**	**5.5**	**25.6**	**12.7**	**8.0**	**11.0**	**10.0**

注：1）平成7年の数値は、兵庫県を除いたものである。
　　2）平成28年の数値は、熊本県を除いたものである。

第16表　65歳以上の者のみの世帯数－構成割合，世帯構造・年次別

年　　　次	総　　数	単独世帯	住み込み・寄宿舎等に居住する単独世帯	その他の単独世帯	夫婦のみの世帯	その他の世帯
	推　計　数（単位：千世帯）					
昭和50年 （1975）	1 069	611	17	594	443	15
55 （ '80）	1 659	910	18	892	722	28
61 （ '86）	2 339	1 281	23	1 258	1 001	57
平成元年 （ '89）	3 035	1 592	16	1 576	1 377	66
4 （ '92）	3 666	1 865	19	1 846	1 704	98
7 （ '95）	4 370	2 199	14	2 185	2 050	121
10 （ '98）	5 597	2 724	17	2 708	2 712	161
13 （2001）	6 636	3 179	12	3 167	3 257	200
16 （ '04）	7 855	3 730	10	3 720	3 899	226
19 （ '07）	8 986	4 326	19	4 307	4 390	270
22 （ '10）	10 188	5 018	22	4 996	4 876	294
25 （ '13）	11 594	5 730	14	5 716	5 513	350
26 （ '14）	12 193	5 959	29	5 929	5 801	433
27 （ '15）	12 688	6 243	28	6 215	5 998	447
28 （ '16）	**13 252**	**6 559**	**24**	**6 535**	**6 196**	**497**
	構　成　割　合（単位：％）					
昭和50年 （1975）	100.0	57.2	1.6	55.6	41.4	1.4
55 （ '80）	100.0	54.8	1.1	53.8	43.5	1.7
61 （ '86）	100.0	54.7	1.0	53.8	42.8	2.5
平成元年 （ '89）	100.0	52.5	0.5	51.9	45.4	2.2
4 （ '92）	100.0	50.9	0.5	50.3	46.5	2.7
7 （ '95）	100.0	50.3	0.3	50.0	46.9	2.8
10 （ '98）	100.0	48.7	0.3	48.4	48.5	2.9
13 （2001）	100.0	47.9	0.2	47.7	49.1	3.0
16 （ '04）	100.0	47.5	0.1	47.4	49.6	2.9
19 （ '07）	100.0	48.1	0.2	47.9	48.9	3.0
22 （ '10）	100.0	49.3	0.2	49.0	47.9	2.9
25 （ '13）	100.0	49.4	0.1	49.3	47.6	3.0
26 （ '14）	100.0	48.9	0.2	48.6	47.6	3.6
27 （ '15）	100.0	49.2	0.2	49.0	47.3	3.5
28 （ '16）	**100.0**	**49.5**	**0.2**	**49.3**	**46.8**	**3.8**

注：1）平成7年の数値は、兵庫県を除いたものである。
　　2）平成28年の数値は、熊本県を除いたものである。

第17表　65歳以上の者の数－構成割合，家族形態・年次別

年　　　次	総　　数	単独世帯	夫　　婦のみの世帯	子と同居	子夫婦と同　　居	配偶者のいない子と同　　居	その他の親族と同居	非親族と同　　居
	推　計　数（単位：千人）							
昭和55年（1980）	10 729	910	2 100	7 398	5 628	1 770	300	21
61　（'86）	12 626	1 281	2 784	8 116	5 897	2 219	409	37
平成元年（'89）	14 239	1 592	3 634	8 539	6 016	2 524	445	29
4　（'92）	15 986	1 865	4 410	9 122	6 188	2 934	549	41
7　（'95）	17 449	2 199	5 125	9 483	6 192	3 291	611	31
10　（'98）	20 620	2 724	6 669	10 374	6 443	3 931	816	36
13　（2001）	23 073	3 179	7 802	11 173	6 332	4 841	878	41
16　（'04）	25 424	3 730	9 151	11 571	5 995	5 576	916	55
19　（'07）	27 584	4 326	10 122	12 034	5 406	6 629	1 056	45
22　（'10）	29 768	5 018	11 065	12 577	5 203	7 374	1 081	27
25　（'13）	32 394	5 730	12 487	12 950	4 498	8 452	1 193	33
26　（'14）	34 326	5 959	13 043	13 941	4 728	9 213	1 339	44
27　（'15）	34 658	6 243	13 467	13 526	4 347	9 179	1 370	52
28　（'16）	**35 315**	**6 559**	**13 721**	**13 570**	**4 034**	**9 536**	**1 420**	**44**
	構　成　割　合（単位：%）							
昭和55年（1980）	100.0	8.5	19.6	69.0	52.5	16.5	2.8	0.2
61　（'86）	100.0	10.1	22.0	64.3	46.7	17.6	3.2	0.3
平成元年（'89）	100.0	11.2	25.5	60.0	42.2	17.7	3.1	0.2
4　（'92）	100.0	11.7	27.6	57.1	38.7	18.4	3.4	0.3
7　（'95）	100.0	12.6	29.4	54.3	35.5	18.9	3.5	0.2
10　（'98）	100.0	13.2	32.3	50.3	31.2	19.1	4.0	0.2
13　（2001）	100.0	13.8	33.8	48.4	27.4	21.0	3.8	0.2
16　（'04）	100.0	14.7	36.0	45.5	23.6	21.9	3.6	0.2
19　（'07）	100.0	15.7	36.7	43.6	19.6	24.0	3.8	0.2
22　（'10）	100.0	16.9	37.2	42.2	17.5	24.8	3.6	0.1
25　（'13）	100.0	17.7	38.5	40.0	13.9	26.1	3.7	0.1
26　（'14）	100.0	17.4	38.0	40.6	13.8	26.8	3.9	0.1
27　（'15）	100.0	18.0	38.9	39.0	12.5	26.5	4.0	0.1
28　（'16）	**100.0**	**18.6**	**38.9**	**38.4**	**11.4**	**27.0**	**4.0**	**0.1**

注：1）平成7年の数値は、兵庫県を除いたものである。
　　2）平成28年の数値は、熊本県を除いたものである。

第18表　世　帯　数，世帯人員・世帯類型・世帯構造別

（単位：千世帯）　　　　　　　　　　　　　　　　　　　　　　　　　　　　　　　　　　　　　　　平成28年

世帯類型 世帯構造	総　数	1　人	2　人	3　人	4　人	5　人	6人以上
総　　　数	49 945	13 434	15 723	10 110	6 953	2 545	1 178
単　独　世　帯	13 434	13 434	・	・	・	・	・
住み込み・寄宿舎等に居住する単独世帯	965	965	・	・	・	・	・
その他の単独世帯	12 469	12 469	・	・	・	・	・
核　家　族　世　帯	30 234	・	14 501	8 315	5 674	1 513	232
夫婦のみの世帯	11 850	・	11 850	・	・	・	・
夫婦と未婚の子のみの世帯	14 744	・	・	7 482	5 541	1 494	228
ひとり親と未婚の子のみの世帯	3 640	・	2 651	833	133	19	4
三　世　代　世　帯	2 947	・	・	252	900	945	850
その他の世帯	3 330	・	1 223	1 544	380	88	96
高　齢　者　世　帯	13 271	6 559	6 470	228	14	0	－
単　独　世　帯	6 559	6 559	・	・	・	・	・
住み込み・寄宿舎等に居住する単独世帯	24	24	・	・	・	・	・
その他の単独世帯	6 535	6 535	・	・	・	・	・
核　家　族　世　帯	6 286	・	6 279	6	1	－	－
夫婦のみの世帯	6 196	・	6 196	・	・	・	・
夫婦と未婚の子のみの世帯	3	・	・	2	1	－	－
ひとり親と未婚の子のみの世帯	87	・	83	4	0	－	－
三　世　代　世　帯	0	・	・	0	0	－	－
その他の世帯	425	・	191	222	12	0	－
母　子　世　帯	712	・	370	271	58	10	3
単　独　世　帯	・	・	・	・	・	・	・
住み込み・寄宿舎等に居住する単独世帯	・	・	・	・	・	・	・
その他の単独世帯	・	・	・	・	・	・	・
核　家　族　世　帯	712	・	370	271	58	10	3
夫婦のみの世帯	・	・	・	・	・	・	・
夫婦と未婚の子のみの世帯	・	・	・	・	・	・	・
ひとり親と未婚の子のみの世帯	712	・	370	271	58	10	3
三　世　代　世　帯	・	・	・	・	・	・	・
その他の世帯	・	・	・	・	・	・	・
父　子　世　帯	91	・	56	29	5	1	－
単　独　世　帯	・	・	・	・	・	・	・
住み込み・寄宿舎等に居住する単独世帯	・	・	・	・	・	・	・
その他の単独世帯	・	・	・	・	・	・	・
核　家　族　世　帯	91	・	56	29	5	1	－
夫婦のみの世帯	・	・	・	・	・	・	・
夫婦と未婚の子のみの世帯	・	・	・	・	・	・	・
ひとり親と未婚の子のみの世帯	91	・	56	29	5	1	－
三　世　代　世　帯	・	・	・	・	・	・	・
その他の世帯	・	・	・	・	・	・	・
その他の世帯	35 871	6 875	8 827	9 583	6 877	2 534	1 175
単　独　世　帯	6 875	6 875	・	・	・	・	・
住み込み・寄宿舎等に居住する単独世帯	941	941	・	・	・	・	・
その他の単独世帯	5 934	5 934	・	・	・	・	・
核　家　族　世　帯	23 145	・	7 796	8 009	5 610	1 502	228
夫婦のみの世帯	5 654	・	5 654	・	・	・	・
夫婦と未婚の子のみの世帯	14 741	・	・	7 480	5 540	1 494	228
ひとり親と未婚の子のみの世帯	2 750	・	2 142	530	70	8	1
三　世　代　世　帯	2 946	・	・	252	899	945	850
その他の世帯	2 905	・	1 031	1 322	367	87	96

注：熊本県を除いたものである。

（4－1）

第19表　世　帯　数，世帯構造・市郡・世帯業態別

（単位：千世帯）　　　　　　　　　　　　　　　　　　　　　　　　　　　　　　　　　　　平成28年

市　　郡 世帯業態	総　数	単独世帯	住み込み・寄宿舎等に居住する単独世帯	その他の単独世帯	核家族世帯	夫　婦のみの世帯	夫婦と未婚の子のみの世帯	ひとり親と未婚の子のみの世帯	三世代世帯	その他の世帯
総　　　　　数	49 945	13 434	965	12 469	30 234	11 850	14 744	3 640	2 947	3 330
雇　用　者　世　帯	28 556	5 469	611	4 858	19 109	5 079	11 612	2 418	2 041	1 937
常　雇　者　世　帯	25 925	4 712	571	4 141	17 643	4 435	11 101	2 108	1 887	1 683
会社・団体等の役員の世帯	2 177	270	22	248	1 560	587	886	86	178	168
一　般　常　雇　者　世　帯	23 748	4 441	549	3 892	16 083	3 847	10 214	2 022	1 709	1 515
契約期間の定めのない雇用者世帯	19 866	3 599	454	3 145	13 633	3 008	9 032	1 593	1 443	1 191
契約期間が1年以上の雇用者世帯	3 882	842	95	747	2 450	840	1 182	428	265	324
(再掲)企業規模　1～　4人	840	196	10	186	520	159	267	94	59	67
5～　29人	3 863	794	61	733	2 424	663	1 332	429	321	323
30～　99人	3 598	649	48	601	2 365	592	1 409	365	312	271
100～299人	3 272	588	56	532	2 226	521	1 401	304	243	215
300～499人	1 467	282	29	253	991	210	662	119	102	92
500～999人	1 711	336	49	287	1 174	270	779	125	109	92
1000～4999人	2 806	545	127	418	1 964	448	1 336	180	162	134
5000人以上・官公庁	4 790	853	151	702	3 430	786	2 389	256	284	223
企業規模不詳	1 402	198	18	180	989	199	640	150	116	98
1月以上1年未満の契約の雇用者世帯	2 335	669	36	633	1 306	577	453	277	140	220
日々又は1月未満の契約の雇用者世帯	295	89	5	84	159	67	59	34	14	34
自　営　業　者　世　帯	4 883	742	9	733	3 183	1 350	1 559	274	507	451
雇　人　あ　り	1 672	172	3	168	1 161	431	651	79	190	149
雇　人　な　し	3 211	571	6	565	2 021	918	907	196	317	302
そ　の　他　の　世　帯	14 306	6 339	335	6 004	6 831	4 780	1 257	794	334	801
所得を伴う仕事をしている者のいる世帯	2 650	262	20	242	1 794	598	899	298	289	305
所得を伴う仕事をしている者のいない世帯	11 656	6 077	315	5 762	5 037	4 182	359	496	45	496
不　　　　　詳	2 200	883	10	874	1 111	642	316	153	65	141
市　　　　　部	45 732	12 347	807	11 541	27 891	10 870	13 660	3 361	2 543	2 951
雇　用　者　世　帯	26 324	5 086	531	4 555	17 749	4 714	10 797	2 237	1 773	1 717
常　雇　者　世　帯	23 925	4 381	494	3 887	16 408	4 126	10 328	1 953	1 639	1 497
会社・団体等の役員の世帯	2 007	252	20	231	1 450	549	822	80	160	146
一　般　常　雇　者　世　帯	21 918	4 130	474	3 656	14 957	3 577	9 507	1 873	1 479	1 352
契約期間の定めのない雇用者世帯	18 335	3 344	389	2 955	12 682	2 797	8 409	1 476	1 250	1 061
契約期間が1年以上の雇用者世帯	3 583	786	85	701	2 276	781	1 097	398	230	291
(再掲)企業規模　1～　4人	759	181	10	172	472	145	244	83	49	57
5～　29人	3 484	733	55	678	2 198	604	1 205	389	273	280
30～　99人	3 283	602	43	559	2 174	543	1 297	334	269	238
100～299人	3 012	554	51	503	2 056	484	1 293	279	212	191
300～499人	1 374	272	27	246	929	197	619	113	88	84
500～999人	1 613	324	47	277	1 110	257	734	120	94	85
1000～4999人	2 636	496	93	403	1 869	429	1 267	173	145	126
5000人以上・官公庁	4 467	783	133	650	3 232	737	2 253	242	248	204
企業規模不詳	1 290	184	16	168	917	181	595	141	101	88
1月以上1年未満の契約の雇用者世帯	2 136	623	33	590	1 199	531	414	253	124	191
日々又は1月未満の契約の雇用者世帯	263	82	4	77	142	57	55	31	11	28
自　営　業　者　世　帯	4 341	670	9	661	2 859	1 196	1 416	247	421	391
雇　人　あ　り	1 505	154	3	152	1 062	392	599	71	159	129
雇　人　な　し	2 836	515	6	510	1 797	803	817	176	261	262
そ　の　他　の　世　帯	13 032	5 768	258	5 510	6 258	4 372	1 152	735	291	715
所得を伴う仕事をしている者のいる世帯	2 386	231	17	214	1 633	536	821	275	251	271
所得を伴う仕事をしている者のいない世帯	10 646	5 537	241	5 296	4 625	3 835	330	459	40	444
不　　　　　詳	2 034	823	9	815	1 025	588	295	142	57	128

注：熊本県を除いたものである。

（4－2）

第19表　世　帯　数，世帯構造・市郡・世帯業態別

（単位：千世帯）　　平成28年

市　郡／世帯業態	総　数	単独世帯	住み込み・寄宿舎等に居住する単独世帯	その他の単独世帯	核家族世帯	夫婦のみの世帯	夫婦と未婚の子のみの世帯	ひとり親と未婚の子のみの世帯	三世代世帯	その他の世帯
大　都　市	15 216	4 659	236	4 423	9 280	3 546	4 608	1 126	490	788
雇 用 者 世 帯	8 936	2 016	168	1 848	6 109	1 676	3 696	736	341	470
常 雇 者 世 帯	8 135	1 743	161	1 582	5 668	1 484	3 545	639	317	407
会社・団体等の役員の世帯	761	114	10	104	567	224	315	28	35	45
一 般 常 雇 者 世 帯	7 374	1 630	152	1 478	5 101	1 260	3 231	611	282	362
契約期間の定めのない雇用者世帯	6 161	1 327	134	1 193	4 308	995	2 832	481	236	291
契約期間が1年以上の雇用者世帯	1 213	303	18	285	793	264	399	130	46	71
(再掲)企業規模　1～　4人	253	74	2	72	156	48	77	30	9	14
5～　29人	1 025	256	15	240	651	187	352	112	47	71
30～　99人	1 010	227	11	216	679	185	395	99	50	54
100～299人	967	217	18	199	660	154	420	86	40	51
300～499人	456	103	9	93	313	69	209	35	17	23
500～999人	596	142	16	126	411	103	265	43	19	24
1000～4999人	994	227	46	181	690	169	459	62	33	45
5000人以上・官公庁	1 627	308	30	278	1 217	277	846	94	46	57
企 業 規 模 不 詳	446	77	4	73	325	68	208	49	22	23
1月以上1年未満の契約の雇用者世帯	724	246	7	240	398	177	132	90	22	56
日々又は1月未満の契約の雇用者世帯	77	27	－	27	42	15	19	8	1	7
自 営 業 者 世 帯	1 338	270	5	264	907	353	472	81	75	87
雇 人 あ り	478	60	1	59	362	125	216	21	30	26
雇 人 な し	860	210	4	206	545	228	257	60	45	61
そ の 他 の 世 帯	4 115	1 995	59	1 936	1 871	1 288	332	251	62	187
所得を伴う仕事をしている者のいる世帯	677	82	4	78	475	155	232	88	53	67
所得を伴う仕事をしている者のいない世帯	3 438	1 913	56	1 857	1 396	1 134	100	162	9	120
不　　　　詳	828	378	3	375	394	229	108	58	13	43
そ　の　他　の　市	30 515	7 689	571	7 118	18 611	7 324	9 052	2 235	2 052	2 164
雇 用 者 世 帯	17 389	3 070	363	2 707	11 640	3 038	7 101	1 501	1 433	1 246
常 雇 者 世 帯	15 790	2 638	333	2 306	10 739	2 642	6 783	1 314	1 322	1 090
会社・団体等の役員の世帯	1 246	138	11	127	883	324	507	51	125	101
一 般 常 雇 者 世 帯	14 543	2 500	322	2 178	9 856	2 317	6 276	1 263	1 197	990
契約期間の定めのない雇用者世帯	12 174	2 017	254	1 762	8 373	1 801	5 578	995	1 014	770
契約期間が1年以上の雇用者世帯	2 370	483	68	416	1 483	516	698	268	184	220
(再掲)企業規模　1～　4人	506	107	7	100	316	97	167	53	40	42
5～　29人	2 459	477	39	438	1 547	417	853	277	226	209
30～　99人	2 273	376	32	344	1 495	358	902	235	219	184
100～299人	2 045	338	33	304	1 396	330	873	193	172	139
300～499人	918	170	18	152	616	128	410	78	71	61
500～999人	1 017	181	31	151	699	154	469	76	75	62
1000～4999人	1 642	269	47	222	1 180	261	808	111	112	81
5000人以上・官公庁	2 839	475	103	372	2 015	460	1 407	148	203	147
企 業 規 模 不 詳	844	107	12	95	592	113	387	92	79	66
1月以上1年未満の契約の雇用者世帯	1 412	377	26	351	800	354	283	164	101	134
日々又は1月未満の契約の雇用者世帯	187	55	4	51	101	42	35	23	9	21
自 営 業 者 世 帯	3 003	400	3	397	1 952	843	943	166	346	304
雇 人 あ り	1 027	95	2	93	700	268	383	50	130	103
雇 人 な し	1 976	306	2	304	1 252	575	561	117	216	201
そ の 他 の 世 帯	8 917	3 773	199	3 574	4 387	3 083	820	484	229	528
所得を伴う仕事をしている者のいる世帯	1 710	149	14	136	1 158	382	589	187	198	204
所得を伴う仕事をしている者のいない世帯	7 208	3 623	185	3 438	3 229	2 702	230	297	31	324
不　　　　詳	1 206	446	6	440	631	360	187	84	45	85

注：熊本県を除いたものである。

（4－3）

第19表　世　帯　数，世帯構造・市郡・世帯業態別

（単位：千世帯）　　平成28年

市　郡 世 帯 業 態	総　数	単独世帯	住み込み・寄宿舎等に居住する単独世帯	その他の単独世帯	核 家 族世　帯	夫　婦のみの世帯	夫 婦 と未婚の子のみの世帯	ひとり親と未婚の子のみの世帯	三 世 代世　帯	その他の世　帯
人口15万人以上の市	15 491	4 023	320	3 703	9 670	3 716	4 797	1 158	812	985
雇 用 者 世 帯	8 944	1 643	175	1 467	6 155	1 585	3 795	775	581	565
常 雇 者 世 帯	8 129	1 401	156	1 246	5 698	1 391	3 625	683	537	493
会社・団体等の役員の世帯	644	71	5	66	480	178	274	28	52	42
一 般 常 雇 者 世 帯	7 485	1 330	151	1 180	5 219	1 213	3 352	654	485	451
契約期間の定めのない雇用者世帯	6 277	1 089	130	960	4 439	943	2 979	517	405	344
契約期間が1年以上の雇用者世帯	1 208	241	21	220	779	270	372	137	80	107
(再掲)企業規模　1～　4人	248	52	4	49	157	47	84	27	18	20
5～　29人	1 179	249	18	230	760	195	423	141	87	84
30～　99人	1 103	200	15	186	741	173	457	111	84	78
100～299人	1 017	168	13	155	722	180	450	92	67	60
300～499人	472	94	8	87	322	69	214	40	27	29
500～999人	542	110	19	91	369	79	247	44	29	33
1000～4999人	936	145	21	124	694	155	472	66	52	45
5000人以上・官公庁	1 547	255	48	207	1 132	255	793	84	90	69
企 業 規 模 不 詳	440	56	5	51	321	60	212	49	30	33
1月以上1年未満の契約の雇用者世帯	721	213	18	195	406	175	150	80	41	62
日々又は1月未満の契約の雇用者世帯	94	29	2	27	51	20	19	12	3	11
自 営 業 者 世 帯	1 358	178	2	176	943	385	478	80	118	120
雇 人 あ り	478	36	1	34	354	126	203	24	48	41
雇 人 な し	880	143	1	142	589	259	275	56	70	79
そ の 他 の 世 帯	4 594	1 992	140	1 852	2 248	1 563	421	263	97	258
所得を伴う仕事をしている者のいる世帯	839	69	4	65	591	184	306	101	81	99
所得を伴う仕事をしている者のいない世帯	3 755	1 923	137	1 787	1 656	1 379	115	162	16	159
不　　　　　詳	594	210	3	208	325	182	103	39	16	43
人口15万人未満の市	15 024	3 665	251	3 415	8 940	3 608	4 255	1 078	1 240	1 178
雇 用 者 世 帯	8 444	1 427	187	1 240	5 485	1 453	3 306	726	851	681
常 雇 者 世 帯	7 661	1 237	177	1 060	5 041	1 251	3 158	632	785	598
会社・団体等の役員の世帯	602	67	6	61	404	147	234	23	72	59
一 般 常 雇 者 世 帯	7 059	1 170	171	999	4 638	1 105	2 925	608	713	539
契約期間の定めのない雇用者世帯	5 897	927	125	803	3 934	858	2 598	478	609	426
契約期間が1年以上の雇用者世帯	1 162	243	47	196	703	246	326	131	103	113
(再掲)企業規模　1～　4人	258	55	4	51	159	50	83	26	22	22
5～　29人	1 280	229	21	208	787	222	430	136	139	124
30～　99人	1 170	175	17	158	754	185	445	124	135	106
100～299人	1 028	170	21	149	674	150	424	100	105	79
300～499人	446	76	10	66	294	59	197	38	44	32
500～999人	476	71	11	60	330	75	222	33	46	29
1000～4999人	706	124	26	98	486	105	336	45	60	36
5000人以上・官公庁	1 293	219	55	165	883	205	613	64	113	78
企 業 規 模 不 詳	404	52	7	44	271	53	175	43	49	32
1月以上1年未満の契約の雇用者世帯	691	164	8	156	395	179	132	84	60	72
日々又は1月未満の契約の雇用者世帯	93	26	2	24	49	23	16	11	6	11
自 営 業 者 世 帯	1 645	222	2	220	1 009	458	466	86	229	185
雇 人 あ り	549	59	0	59	346	141	180	25	82	62
雇 人 な し	1 095	163	1	161	663	317	286	61	147	123
そ の 他 の 世 帯	4 323	1 781	59	1 722	2 140	1 520	399	221	132	270
所得を伴う仕事をしている者のいる世帯	870	81	10	71	567	197	284	86	117	105
所得を伴う仕事をしている者のいない世帯	3 453	1 700	48	1 652	1 573	1 323	116	135	15	165
不　　　　　詳	612	235	3	232	306	177	84	45	28	42

注：熊本県を除いたものである。

205

（4－4）

第19表　世　帯　数，世帯構造・市郡・世帯業態別

（単位：千世帯）　　平成28年

市　　　郡 世 帯 業 態	総　数	単独世帯	住み込み・寄宿舎等に居住する単独世帯	その他の単独世帯	核 家 族世　　帯	夫　婦のみの世帯	夫 婦 と未婚の子のみの世帯	ひとり親と未婚の子のみの世帯	三 世 代世　　帯	その他の世　　帯
郡　　　部	4 213	1 087	159	929	2 343	980	1 085	278	404	379
雇 用 者 世 帯	2 231	383	80	303	1 360	364	815	181	268	220
常 雇 者 世 帯	2 000	330	77	253	1 236	309	772	154	248	186
会社・団体等の役員の世帯	169	19	2	17	109	39	65	6	19	22
一 般 常 雇 者 世 帯	1 831	311	75	236	1 126	270	708	148	229	164
契約期間の定めのない雇用者世帯	1 531	255	65	190	951	211	623	117	194	130
契約期間が1年以上の雇用者世帯	300	56	10	47	175	59	85	31	35	33
(再掲)企業規模　1～ 4人	81	14	0	14	48	14	24	10	9	10
5～ 29人	379	61	7	54	226	60	127	40	48	43
30～ 99人	315	47	6	41	192	48	112	32	43	33
100～299人	260	34	5	29	170	37	108	25	32	24
300～499人	94	10	3	7	62	13	43	6	14	8
500～999人	98	12	2	10	63	13	45	5	15	6
1000～4999人	170	49	34	15	95	19	69	7	17	8
5000人以上・官公庁	323	70	18	52	198	48	136	14	35	20
企 業 規 模 不 詳	111	14	1	13	73	18	45	9	15	10
1月以上1年未満の契約の雇用者世帯	199	46	3	43	108	46	38	23	17	29
日々又は1月未満の契約の雇用者世帯	32	7	0	7	17	9	4	3	3	5
自 営 業 者 世 帯	542	72	0	72	324	154	143	27	86	59
雇 人 あ り	167	17	0	17	99	39	53	8	31	19
雇 人 な し	375	55	0	55	225	115	90	20	56	40
そ の 他 の 世 帯	1 274	571	77	494	573	408	106	59	43	87
所得を伴う仕事をしている者のいる世帯	264	30	3	27	161	61	77	23	38	34
所得を伴う仕事をしている者のいない世帯	1 010	541	74	467	412	347	28	36	5	52
不 　　　　　 詳	166	60	1	59	85	54	21	11	8	13

注：熊本県を除いたものである。

（4－1）

第20表 世 帯 数, 世帯類型・市郡・世帯業態別

（単位：千世帯）　　平成28年

市　　　郡 世　帯　業　態	総　数	高齢者世帯	母子世帯	父子世帯	その他の世帯
総　　　　数	49 945	13 271	712	91	35 871
雇　用　者　世　帯	28 556	1 754	570	66	26 166
常　雇　者　世　帯	25 925	1 258	482	62	24 122
会社・団体等の役員の世帯	2 177	279	12	4	1 881
一　般　常　雇　者　世　帯	23 748	979	470	58	22 241
契約期間の定めのない雇用者世帯	19 866	614	370	49	18 833
契約期間が1年以上の雇用者世帯	3 882	365	100	9	3 408
(再掲)企業規模　1～　4人	840	105	24	1	710
5～　29人	3 863	322	111	17	3 412
30～　99人	3 598	188	88	7	3 314
100～299人	3 272	116	66	6	3 084
300～499人	1 467	39	28	3	1 397
500～999人	1 711	29	29	3	1 650
1000～4999人	2 806	43	40	8	2 715
5000人以上・官公庁	4 790	57	52	9	4 672
企　業　規　模　不　詳	1 402	81	33	2	1 285
1月以上1年未満の契約の雇用者世帯	2 335	432	78	4	1 821
日々又は1月未満の契約の雇用者世帯	295	63	10	－	223
自　営　業　者　世　帯	4 883	1 158	26	14	3 685
雇　人　あ　り	1 672	304	8	5	1 355
雇　人　な　し	3 211	854	18	9	2 330
そ　の　他　の　世　帯	14 306	9 053	102	8	5 143
所得を伴う仕事をしている者のいる世帯	2 650	521	24	4	2 102
所得を伴う仕事をしている者のいない世帯	11 656	8 532	78	4	3 041
不　　　　　　　詳	2 200	1 307	14	2	878
市　　　　部	45 732	12 116	670	83	32 863
雇　用　者　世　帯	26 324	1 618	535	61	24 111
常　雇　者　世　帯	23 925	1 163	454	57	22 251
会社・団体等の役員の世帯	2 007	260	11	4	1 732
一　般　常　雇　者　世　帯	21 918	903	442	53	20 520
契約期間の定めのない雇用者世帯	18 335	560	348	45	17 382
契約期間が1年以上の雇用者世帯	3 583	342	95	8	3 138
(再掲)企業規模　1～　4人	759	94	23	1	641
5～　29人	3 484	294	103	16	3 071
30～　99人	3 283	174	82	7	3 019
100～299人	3 012	109	60	5	2 838
300～499人	1 374	37	26	3	1 307
500～999人	1 613	26	28	3	1 556
1000～4999人	2 636	41	38	7	2 549
5000人以上・官公庁	4 467	53	49	8	4 357
企　業　規　模　不　詳	1 290	75	31	2	1 182
1月以上1年未満の契約の雇用者世帯	2 136	401	72	4	1 659
日々又は1月未満の契約の雇用者世帯	263	54	9	－	201
自　営　業　者　世　帯	4 341	1 017	25	13	3 286
雇　人　あ　り	1 505	277	8	5	1 215
雇　人　な　し	2 836	739	18	8	2 071
そ　の　他　の　世　帯	13 032	8 271	97	7	4 658
所得を伴う仕事をしている者のいる世帯	2 386	462	22	3	1 899
所得を伴う仕事をしている者のいない世帯	10 646	7 809	75	4	2 759
不　　　　　　　詳	2 034	1 211	13	2	808

注：熊本県を除いたものである。

207

（4－2）

第20表　世　帯　数,　世帯類型・市郡・世帯業態別

（単位：千世帯）　　　　　　　　　　　　　　　　　　　　　　　　　　　　　　　　　　　　　　平成28年

市　　郡 世　帯　業　態	総　　数	高齢者世帯	母子世帯	父子世帯	その他の世帯
大　　都　　市	15 216	4 076	219	27	10 894
雇　用　者　世　帯	8 936	591	165	21	8 159
常　雇　者　世　帯	8 135	429	136	20	7 550
会社・団体等の役員の世帯	761	111	2	1	646
一　般　常　雇　者　世　帯	7 374	318	134	18	6 904
契約期間の定めのない雇用者世帯	6 161	193	105	16	5 847
契約期間が1年以上の雇用者世帯	1 213	125	29	2	1 057
(再掲)企業規模　1～　4人	253	33	8	－	212
5～ 29人	1 025	101	27	5	892
30～ 99人	1 010	57	25	2	926
100～299人	967	35	19	2	912
300～499人	456	12	6	1	436
500～999人	596	10	10	2	573
1000～4999人	994	18	13	2	962
5000人以上・官公庁	1 627	21	16	4	1 587
企　業　規　模　不　詳	446	31	10	1	404
1月以上1年未満の契約の雇用者世帯	724	149	27	1	546
日々又は1月未満の契約の雇用者世帯	77	12	1	－	63
自　営　業　者　世　帯	1 338	299	10	6	1 023
雇　人　あ　り	478	93	2	2	381
雇　人　な　し	860	206	8	4	642
そ　の　他　の　世　帯	4 115	2 664	39	1	1 411
所得を伴う仕事をしている者のいる世帯	677	136	7	1	534
所得を伴う仕事をしている者のいない世帯	3 438	2 528	32	0	877
不　　　　　　　詳	828	522	5	－	301
そ　の　他　の　市	30 515	8 040	451	56	21 969
雇　用　者　世　帯	17 389	1 026	370	40	15 952
常　雇　者　世　帯	15 790	734	317	38	14 701
会社・団体等の役員の世帯	1 246	149	9	2	1 086
一　般　常　雇　者　世　帯	14 543	584	308	35	13 615
契約期間の定めのない雇用者世帯	12 174	367	243	29	11 535
契約期間が1年以上の雇用者世帯	2 370	218	66	6	2 081
(再掲)企業規模　1～　4人	506	61	15	1	429
5～ 29人	2 459	193	76	11	2 178
30～ 99人	2 273	117	57	5	2 094
100～299人	2 045	74	42	4	1 926
300～499人	918	25	20	3	870
500～999人	1 017	16	18	1	983
1000～4999人	1 642	23	26	6	1 587
5000人以上・官公庁	2 839	32	33	4	2 769
企　業　規　模　不　詳	844	44	21	1	778
1月以上1年未満の契約の雇用者世帯	1 412	252	45	3	1 113
日々又は1月未満の契約の雇用者世帯	187	41	8	－	138
自　営　業　者　世　帯	3 003	718	15	7	2 263
雇　人　あ　り	1 027	185	6	3	834
雇　人　な　し	1 976	533	9	4	1 429
そ　の　他　の　世　帯	8 917	5 607	58	6	3 247
所得を伴う仕事をしている者のいる世帯	1 710	326	15	3	1 365
所得を伴う仕事をしている者のいない世帯	7 208	5 281	42	3	1 882
不　　　　　　　詳	1 206	689	8	2	507

注：熊本県を除いたものである。

（4－3）

第20表　世　帯　数，世帯類型・市郡・世帯業態別

（単位：千世帯）　　　平成28年

市　　　郡 世　帯　業　態	総　　　数	高齢者世帯	母子世帯	父子世帯	その他の世帯
人口15万人以上の市	15 491	4 005	233	33	11 220
雇　用　者　世　帯	8 944	509	187	24	8 224
常　雇　者　世　帯	8 129	365	163	22	7 579
会社・団体等の役員の世帯	644	84	5	2	554
一　般　常　雇　者　世　帯	7 485	281	158	20	7 025
契約期間の定めのない雇用者世帯	6 277	173	128	17	5 958
契約期間が1年以上の雇用者世帯	1 208	109	30	3	1 067
(再掲)企業規模　1～　4人	248	31	9	1	207
5～　29人	1 179	93	35	8	1 043
30～　99人	1 103	53	28	3	1 018
100～299人	1 017	36	22	1	958
300～499人	472	12	10	2	449
500～999人	542	7	11	0	523
1000～4999人	936	11	15	3	907
5000人以上・官公庁	1 547	17	18	2	1 509
企　業　規　模　不　詳	440	21	9	0	411
1月以上1年未満の契約の雇用者世帯	721	126	21	2	573
日々又は1月未満の契約の雇用者世帯	94	18	4	－	72
自　営　業　者　世　帯	1 358	311	9	4	1 034
雇　人　あ　り	478	84	4	2	389
雇　人　な　し	880	227	5	2	646
そ　の　他　の　世　帯	4 594	2 847	33	4	1 710
所得を伴う仕事をしている者のいる世帯	839	154	8	2	676
所得を伴う仕事をしている者のいない世帯	3 755	2 693	25	3	1 035
不　　　　　　　　詳	594	338	4	1	251
人口15万人未満の市	15 024	4 035	218	23	10 749
雇　用　者　世　帯	8 444	518	183	16	7 728
常　雇　者　世　帯	7 661	368	154	16	7 122
会社・団体等の役員の世帯	602	65	4	1	532
一　般　常　雇　者　世　帯	7 059	303	150	15	6 590
契約期間の定めのない雇用者世帯	5 897	194	114	12	5 577
契約期間が1年以上の雇用者世帯	1 162	109	36	3	1 014
(再掲)企業規模　1～　4人	258	30	6	0	221
5～　29人	1 280	100	41	4	1 136
30～　99人	1 170	64	29	2	1 075
100～299人	1 028	37	20	3	968
300～499人	446	13	10	1	421
500～999人	476	9	7	0	460
1000～4999人	706	12	10	3	681
5000人以上・官公庁	1 293	15	16	2	1 260
企　業　規　模　不　詳	404	23	12	1	367
1月以上1年未満の契約の雇用者世帯	691	126	25	1	540
日々又は1月未満の契約の雇用者世帯	93	23	4	－	66
自　営　業　者　世　帯	1 645	407	6	3	1 229
雇　人　あ　り	549	100	2	1	445
雇　人　な　し	1 095	307	4	2	783
そ　の　他　の　世　帯	4 323	2 760	25	2	1 536
所得を伴う仕事をしている者のいる世帯	870	172	8	1	689
所得を伴う仕事をしている者のいない世帯	3 453	2 588	17	1	847
不　　　　　　　　詳	612	351	3	2	256

注：熊本県を除いたものである。

（4－4）

第20表　世　帯　数，世帯類型・市郡・世帯業態別

（単位：千世帯）　　　　　　　　　　　　　　　　　　　　　　　　　　　　　　　　　　　　　平成28年

市　　　郡 世 帯 業 態	総　　数	高齢者世帯	母子世帯	父子世帯	その他の世帯
郡　　　　　　　　部	4 213	1 155	42	8	3 008
雇 用 者 世 帯	2 231	136	35	5	2 055
常 雇 者 世 帯	2 000	96	29	5	1 871
会社・団体等の役員の世帯	169	19	1	0	149
一 般 常 雇 者 世 帯	1 831	77	28	4	1 722
契約期間の定めのない雇用者世帯	1 531	54	22	3	1 451
契約期間が1年以上の雇用者世帯	300	23	6	1	270
(再掲)企業規模　1～　4人	81	11	1	0	70
5～ 29人	379	28	7	2	342
30～ 99人	315	14	6	0	295
100～299人	260	7	6	1	246
300～499人	94	2	1	0	91
500～999人	98	3	1	－	94
1000～4999人	170	2	2	1	166
5000人以上・官公庁	323	4	3	1	315
企 業 規 模 不 詳	111	6	1	－	103
1月以上1年未満の契約の雇用者世帯	199	31	6	0	162
日々又は1月未満の契約の雇用者世帯	32	9	0	－	22
自 営 業 者 世 帯	542	141	1	2	398
雇 人 あ り	167	27	0	0	140
雇 人 な し	375	115	1	1	259
そ の 他 の 世 帯	1 274	782	5	1	485
所得を伴う仕事をしている者のいる世帯	264	59	1	1	203
所得を伴う仕事をしている者のいない世帯	1 010	723	4	0	282
不 詳	166	96	1	－	70

注：熊本県を除いたものである。

第21表　世　帯　数，世帯種・市郡・世帯類型別

（単位：千世帯）　　　　　　　　　　　　　　　　　　　　　　　　　　　　　　　　平成28年

市　　　郡 世　帯　類　型	総　数	国　保 加入世帯	被用者 保　険 加入世帯	国保・被 用者保険 加入世帯	後期高齢者 医療制度 加入世帯	国保・後期 高齢者医療 制度加入世帯	被用者 保険・後期 高齢者医療 制度加入世帯	国保・被用者 保険・後期 高齢者医療 制度加入世帯	その他の 世　帯	不　詳
総　　　　　　　数	49 945	9 315	20 995	4 134	6 096	3 082	2 923	1 054	974	1 372
高　齢　者　世　帯	13 271	3 872	898	156	6 033	1 427	154	10	353	367
母　子　世　帯	712	191	407	26	・	・	・	・	58	30
父　子　世　帯	91	25	57	4	・	・	・	・	2	2
そ　の　他　の　世　帯	35 871	5 226	19 633	3 948	63	1 654	2 769	1 044	560	974
市　　　　　　　部	45 732	8 494	19 497	3 752	5 537	2 753	2 578	921	927	1 270
高　齢　者　世　帯	12 116	3 543	827	142	5 481	1 294	143	8	337	341
母　子　世　帯	670	182	380	25	・	・	・	・	56	28
父　子　世　帯	83	23	53	4	・	・	・	・	2	2
そ　の　他　の　世　帯	32 863	4 747	18 237	3 582	56	1 460	2 436	913	532	899
大　　都　　市	15 216	2 737	6 887	1 114	1 922	808	656	207	394	491
高　齢　者　世　帯	4 076	1 073	295	50	1 911	405	43	2	154	143
母　子　世　帯	219	60	112	6	・	・	・	・	29	12
父　子　世　帯	27	8	19	1	・	・	・	・	0	0
そ　の　他　の　世　帯	10 894	1 596	6 462	1 057	12	403	612	205	211	336
そ　の　他　の　市	30 515	5 757	12 610	2 639	3 615	1 945	1 923	714	534	779
高　齢　者　世　帯	8 040	2 470	533	92	3 570	888	99	6	184	198
母　子　世　帯	451	121	268	19	・	・	・	・	27	16
父　子　世　帯	56	15	34	3	・	・	・	・	2	2
そ　の　他　の　世　帯	21 969	3 151	11 775	2 525	45	1 057	1 824	708	321	563
人口15万人以上の市	15 491	2 902	6 750	1 292	1 802	907	846	288	301	404
高　齢　者　世　帯	4 005	1 220	276	46	1 779	438	50	2	96	98
母　子　世　帯	233	66	130	9	・	・	・	・	18	9
父　子　世　帯	33	10	19	2	・	・	・	・	1	1
そ　の　他　の　世　帯	11 220	1 606	6 325	1 235	23	469	795	287	185	295
人口15万人未満の市	15 024	2 855	5 860	1 347	1 813	1 039	1 077	425	233	375
高　齢　者　世　帯	4 035	1 249	257	46	1 792	451	49	4	87	100
母　子　世　帯	218	55	137	10	・	・	・	・	8	7
父　子　世　帯	23	6	15	1	・	・	・	・	0	1
そ　の　他　の　世　帯	10 749	1 544	5 451	1 290	22	588	1 029	421	137	268
郡　　　　　　　部	4 213	820	1 498	381	559	328	344	133	46	102
高　齢　者　世　帯	1 155	329	71	15	552	134	12	2	16	26
母　子　世　帯	42	10	27	1	・	・	・	・	2	2
父　子　世　帯	8	2	5	0	・	・	・	・	0	－
そ　の　他　の　世　帯	3 008	480	1 395	365	7	195	333	131	28	74

注：熊本県を除いたものである。

（2－1）

第22表　世　帯　数，世帯人員・市郡・世帯主の年齢（5歳階級）別

（単位：千世帯）　　　　　　　　　　　　　　　　　　　　　　　　　　　　　　　　　　　　平成28年

市　　　郡 世帯主の年齢階級	総　数	1　人	2　人	3　人	4　人	5　人	6人以上
総　　　　　　数	49 945	13 434	15 723	10 110	6 953	2 545	1 178
19　歳　以　下	440	431	5	5	0	－	－
20　～　24　歳	870	739	73	39	14	4	1
25　～　29	1 337	648	305	236	110	29	9
30　～　34	2 095	474	433	539	455	157	38
35　～　39	2 901	489	462	672	869	331	79
40　～　44	4 058	651	670	891	1 256	462	128
45　～　49	4 208	747	779	953	1 185	420	124
50　～　54	4 064	777	977	1 008	886	310	106
55　～　59	4 117	822	1 261	1 060	641	236	98
60　～　64	4 741	1 075	1 689	1 193	513	162	109
65　～　69	6 364	1 584	2 695	1 349	434	142	160
70　～　74	4 791	1 314	2 209	855	213	89	111
75　～　79	4 245	1 340	1 925	638	157	84	101
80　歳　以　上	5 656	2 321	2 227	663	214	119	112
（再掲）65歳以上	21 056	6 559	9 056	3 505	1 018	434	484
75歳以上	9 901	3 661	4 152	1 301	371	202	213
市　　　　　　部	45 732	12 347	14 422	9 290	6 395	2 275	1 003
19　歳　以　下	357	348	4	4	0	－	－
20　～　24　歳	814	691	70	37	13	3	1
25　～　29	1 244	597	291	224	100	25	6
30　～　34	1 972	451	414	515	419	140	33
35　～　39	2 709	462	437	634	810	297	70
40　～　44	3 790	616	637	837	1 167	421	112
45　～　49	3 928	699	729	894	1 112	387	108
50　～　54	3 735	729	891	924	817	283	91
55　～　59	3 743	747	1 152	968	584	208	84
60　～　64	4 267	977	1 524	1 073	463	139	91
65　～　69	5 781	1 458	2 456	1 222	391	123	130
70　～　74	4 373	1 219	2 023	772	189	77	95
75　～　79	3 874	1 231	1 766	582	142	71	82
80　歳　以　上	5 091	2 099	2 015	595	183	100	99
（再掲）65歳以上	19 119	6 007	8 260	3 170	904	372	406
75歳以上	8 965	3 330	3 782	1 176	324	172	181
大　　都　　市	15 216	4 659	4 733	3 013	2 032	617	163
19　歳　以　下	90	87	3	1	－	－	－
20　～　24　歳	287	248	24	11	2	2	－
25　～　29	496	276	118	69	25	6	1
30　～　34	726	189	175	197	122	34	8
35　～　39	974	195	166	252	264	84	14
40　～　44	1 359	274	258	299	384	122	22
45　～　49	1 414	288	268	320	388	128	22
50　～　54	1 310	285	314	319	286	89	17
55　～　59	1 232	284	366	315	192	58	17
60　～　64	1 283	327	470	313	132	31	10
65　～　69	1 737	520	726	346	110	22	12
70　～　74	1 319	448	596	208	49	11	8
75　～　79	1 273	467	569	173	34	13	16
80　歳　以　上	1 698	764	673	186	43	15	16
（再掲）65歳以上	6 027	2 199	2 565	913	236	62	52
75歳以上	2 970	1 232	1 242	359	78	28	32
そ　の　他　の　市	30 515	7 689	9 689	6 277	4 363	1 658	841
19　歳　以　下	267	261	2	4	0	－	－
20　～　24　歳	527	442	46	26	11	1	1
25　～　29	748	321	173	155	75	19	5
30　～　34	1 246	262	239	318	297	106	25
35　～　39	1 735	267	271	382	546	213	56
40　～　44	2 431	342	380	538	783	298	90
45　～　49	2 515	412	460	573	724	259	86
50　～　54	2 425	443	577	605	531	194	75
55　～　59	2 511	464	787	652	392	150	67
60　～　64	2 985	650	1 054	761	331	108	81
65　～　69	4 044	939	1 729	876	282	101	118
70　～　74	3 054	771	1 427	564	140	66	86
75　～　79	2 601	764	1 197	409	107	58	66
80　歳　以　上	3 393	1 335	1 342	408	139	85	83
（再掲）65歳以上	13 092	3 808	5 695	2 258	668	310	353
75歳以上	5 995	2 098	2 539	817	247	144	149

注：1）熊本県を除いたものである。
　　2）年齢階級の「総数」には、世帯主の年齢不詳を含む。

(2－2)

第22表　世　帯　数，世帯人員・市郡・世帯主の年齢（5歳階級）別

（単位：千世帯）　　　　　　　　　　　　　　　　　　　　　　　　　　　　　　　　　　　　　　平成28年

市　　　　　郡 世帯主の年齢階級	総　数	1　人	2　人	3　人	4　人	5　人	6 人 以 上
人口15万人以上の市	15 491	4 023	4 945	3 188	2 223	780	332
19　歳　以　下	175	173	1	1	0	－	－
20　～　24　歳	315	273	24	11	7	1	0
25　～　29	422	190	101	80	39	11	2
30　～　34	669	147	141	172	148	51	10
35　～　39	917	160	149	200	277	106	25
40　～　44	1 316	181	213	303	425	151	42
45　～　49	1 335	221	248	299	392	134	41
50　～　54	1 236	225	293	312	284	90	32
55　～　59	1 231	225	407	314	191	71	24
60　～　64	1 408	304	505	370	158	42	29
65　～　69	1 972	463	864	439	128	41	38
70　～　74	1 539	410	715	281	70	34	30
75　～　79	1 304	394	601	216	48	20	26
80　歳　以　上	1 633	646	681	189	56	29	32
（再掲）65歳以上	6 448	1 913	2 861	1 124	301	123	126
75歳以上	2 937	1 040	1 282	405	103	49	58
人口15万人未満の市	15 024	3 665	4 744	3 089	2 140	877	509
19　歳　以　下	91	88	1	3	－	－	－
20　～　24　歳	212	170	22	15	4	1	0
25　～　29	325	132	71	75	36	8	3
30　～　34	577	115	98	146	149	54	15
35　～　39	818	107	122	182	269	106	31
40　～　44	1 115	161	166	235	358	147	48
45　～　49	1 180	191	212	275	332	125	45
50　～　54	1 189	218	284	293	247	104	42
55　～　59	1 280	239	380	338	201	79	43
60　～　64	1 577	347	549	391	174	66	52
65　～　69	2 072	475	866	437	154	60	80
70　～　74	1 514	361	711	284	70	32	56
75　～　79	1 298	370	596	193	60	38	41
80　歳　以　上	1 760	689	661	219	84	56	51
（再掲）65歳以上	6 644	1 895	2 835	1 133	367	187	227
75歳以上	3 058	1 059	1 257	412	143	95	91
郡　　　　　部	4 213	1 087	1 302	820	558	271	175
19　歳　以　下	84	83	0	0	－	－	－
20　～　24　歳	56	48	4	2	1	1	－
25　～　29	94	50	14	12	10	4	3
30　～　34	123	23	18	24	36	17	5
35　～　39	192	27	25	38	58	34	9
40　～　44	268	35	33	54	89	41	16
45　～　49	279	48	50	59	74	33	16
50　～　54	329	48	86	84	69	27	15
55　～　59	374	74	108	92	57	28	14
60　～　64	474	99	165	119	50	23	18
65　～　69	583	125	239	127	43	19	30
70　～　74	418	96	186	83	25	12	16
75　～　79	370	109	159	57	15	12	19
80　歳　以　上	565	222	212	68	31	18	13
（再掲）65歳以上	1 937	552	796	335	114	62	78
75歳以上	936	331	371	125	47	31	32

注：1）熊本県を除いたものである。
　　2）年齢階級の「総数」には、世帯主の年齢不詳を含む。

（2－1）
第23表　世　帯　数，世帯構造・市郡・世帯主の年齢（5歳階級）別

（単位：千世帯）　　　　　　　　　　　　　　　　　　　　　　　　　　　　　　　　　　　　　　平成28年

市　　　　　　郡 世帯主の年齢階級	総　数	単独世帯	住み込み・寄宿舎等に居住する単独世帯	その他の単独世帯	核家族世帯	夫　婦のみの世帯	夫婦と未婚の子のみの世帯	ひとり親と未婚の子のみの世帯	三世代世帯	その他の世帯
総　　　　　　　　数	49 945	13 434	965	12 469	30 234	11 850	14 744	3 640	2 947	3 330
19　歳　以　下	440	431	267	164	6	2	3	1	－	4
20　～　24　歳	870	739	240	499	86	25	48	13	2	43
25　～　29	1 337	648	143	505	620	232	337	51	12	57
30　～　34	2 095	474	53	421	1 521	328	1 073	121	37	63
35　～　39	2 901	489	41	448	2 231	317	1 712	202	85	96
40　～　44	4 058	651	49	602	3 052	407	2 273	371	176	180
45　～　49	4 208	747	52	696	2 980	425	2 141	414	250	230
50　～　54	4 064	777	40	737	2 650	583	1 681	385	328	310
55　～　59	4 117	822	35	787	2 542	859	1 327	356	381	373
60　～　64	4 741	1 075	21	1 054	2 812	1 319	1 190	303	406	448
65　～　69	6 364	1 584	18	1 566	3 846	2 236	1 225	385	435	500
70　～　74	4 791	1 314	3	1 312	2 922	1 872	760	289	276	279
75　～　79	4 245	1 340	1	1 339	2 423	1 603	540	280	238	244
80　歳　以　上	5 656	2 321	3	2 319	2 518	1 632	420	466	318	499
（再掲）65歳以上	21 056	6 559	24	6 535	11 708	7 344	2 944	1 420	1 266	1 522
75歳以上	9 901	3 661	3	3 657	4 941	3 236	959	746	556	744
市　　　　　　　　部	45 732	12 347	807	11 541	27 891	10 870	13 660	3 361	2 543	2 951
19　歳　以　下	357	348	193	155	5	2	3	1	－	3
20　～　24　歳	814	691	221	470	80	24	44	12	1	41
25　～　29	1 244	597	121	476	582	222	313	48	10	53
30　～　34	1 972	451	46	405	1 428	315	1 003	110	32	60
35　～　39	2 709	462	38	424	2 082	301	1 591	189	77	88
40　～　44	3 790	616	44	572	2 852	392	2 112	347	158	164
45　～　49	3 928	699	44	655	2 795	400	2 008	387	222	212
50　～　54	3 735	729	33	695	2 442	530	1 555	357	287	277
55　～　59	3 743	747	28	719	2 340	783	1 226	331	324	331
60　～　64	4 267	977	18	958	2 561	1 193	1 093	275	346	385
65　～　69	5 781	1 458	15	1 443	3 520	2 036	1 127	357	369	434
70　～　74	4 373	1 219	2	1 216	2 668	1 711	690	268	240	246
75　～　79	3 874	1 231	1	1 230	2 227	1 470	498	259	201	215
80　歳　以　上	5 091	2 099	2	2 097	2 284	1 482	382	420	273	435
（再掲）65歳以上	19 119	6 007	20	5 987	10 699	6 698	2 698	1 303	1 083	1 330
75歳以上	8 965	3 330	2	3 328	4 511	2 952	880	679	474	650
大　　都　　市	15 216	4 659	236	4 423	9 280	3 546	4 608	1 126	490	788
19　歳　以　下	90	87	41	46	2	1	0	－	－	1
20　～　24　歳	287	248	58	190	21	6	12	3	0	17
25　～　29	496	276	49	227	195	88	90	17	2	23
30　～　34	726	189	15	174	500	133	333	33	10	26
35　～　39	974	195	15	180	733	121	553	59	18	29
40　～　44	1 359	274	16	258	996	177	716	103	30	59
45　～　49	1 414	288	12	276	996	151	707	138	55	75
50　～　54	1 310	285	10	276	886	190	568	127	66	73
55　～　59	1 232	284	5	279	802	256	437	108	73	74
60　～　64	1 283	327	4	322	817	364	364	90	56	83
65　～　69	1 737	520	6	513	1 068	599	352	117	57	92
70　～　74	1 319	448	2	446	779	505	195	79	31	62
75　～　79	1 273	467	0	467	707	467	151	89	37	61
80　歳　以　上	1 698	764	1	763	769	483	123	163	54	111
（再掲）65歳以上	6 027	2 199	9	2 190	3 323	2 054	821	448	180	326
75歳以上	2 970	1 232	1	1 230	1 476	950	274	252	91	172
そ　の　他　の　市	30 515	7 689	571	7 118	18 611	7 324	9 052	2 235	2 052	2 164
19　歳　以　下	267	261	152	109	4	1	2	1	－	2
20　～　24　歳	527	442	162	280	60	18	33	9	1	24
25　～　29	748	321	72	249	387	133	223	31	9	30
30　～　34	1 246	262	30	232	928	182	669	77	22	34
35　～　39	1 735	267	23	244	1 349	181	1 038	130	59	60
40　～　44	2 431	342	27	314	1 856	215	1 396	245	128	106
45　～　49	2 515	412	32	380	1 799	249	1 301	249	167	137
50　～　54	2 425	443	23	420	1 556	340	987	229	221	204
55　～　59	2 511	464	23	441	1 539	527	788	223	251	258
60　～　64	2 985	650	14	636	1 743	830	729	185	289	302
65　～　69	4 044	939	9	929	2 452	1 437	776	240	311	342
70　～　74	3 054	771	1	770	1 890	1 206	495	189	209	184
75　～　79	2 601	764	0	763	1 520	1 003	347	169	163	154
80　歳　以　上	3 393	1 335	1	1 334	1 515	999	259	258	219	324
（再掲）65歳以上	13 092	3 808	11	3 797	7 377	4 644	1 877	856	903	1 005
75歳以上	5 995	2 098	1	2 097	3 035	2 002	606	427	383	479

注：1）熊本県を除いたものである。
　　2）年齢階級の「総数」には、世帯主の年齢不詳を含む。

（２－２）

第23表　世　帯　数，世帯構造・市郡・世帯主の年齢（５歳階級）別

（単位：千世帯）　　平成28年

市　郡 世帯主の年齢階級	総　数	単独世帯	住み込み・寄宿舎等に居住する単独世帯	その他の単独世帯	核家族世帯	夫婦のみの世帯	夫婦と未婚の子のみの世帯	ひとり親と未婚の子のみの世帯	三世代世帯	その他の世帯
人口15万人以上の市	15 491	4 023	320	3 703	9 670	3 716	4 797	1 158	812	985
19　歳　以　下	175	173	108	65	1	1	1	0	–	1
20　～　24　歳	315	273	103	169	28	7	16	6	0	14
25　～　29	422	190	37	153	211	78	120	13	3	19
30　～　34	669	147	17	130	493	109	345	39	11	19
35　～　39	917	160	11	149	700	99	534	67	26	31
40　～　44	1 316	181	10	171	1 028	125	773	129	53	54
45　～　49	1 335	221	11	210	977	137	715	124	67	70
50　～　54	1 236	225	6	219	817	172	533	112	96	98
55　～　59	1 231	225	10	215	811	276	415	121	93	102
60　～　64	1 408	304	4	300	858	400	372	86	114	132
65　～　69	1 972	463	2	461	1 248	710	404	134	114	147
70　～　74	1 539	410	0	410	956	597	258	102	87	86
75　～　79	1 304	394	0	394	777	501	183	93	65	67
80　歳　以　上	1 633	646	0	645	761	503	125	133	81	145
（再掲）65歳以上	6 448	1 913	3	1 910	3 742	2 311	970	461	347	446
75歳以上	2 937	1 040	0	1 039	1 539	1 005	308	226	147	212
人口15万人未満の市	15 024	3 665	251	3 415	8 940	3 608	4 255	1 078	1 240	1 178
19　歳　以　下	91	88	44	44	2	0	1	1	–	1
20　～　24　歳	212	170	59	111	32	11	17	4	1	10
25　～　29	325	132	35	97	176	55	103	18	6	12
30　～　34	577	115	13	102	436	73	324	38	11	16
35　～　39	818	107	12	95	649	82	504	63	33	29
40　～　44	1 115	161	17	143	828	90	623	116	75	52
45　～　49	1 180	191	21	169	822	112	586	125	100	67
50　～　54	1 189	218	17	201	739	168	454	117	125	106
55　～　59	1 280	239	13	226	727	251	374	103	158	156
60　～　64	1 577	347	11	336	885	429	357	99	176	170
65　～　69	2 072	475	7	469	1 204	727	371	106	198	194
70　～　74	1 514	361	0	360	934	609	238	87	122	98
75　～　79	1 298	370	0	370	742	502	164	76	98	88
80　歳　以　上	1 760	689	0	689	754	495	134	125	138	179
（再掲）65歳以上	6 644	1 895	8	1 887	3 634	2 333	907	394	556	559
75歳以上	3 058	1 059	1	1 058	1 496	997	298	201	236	267
郡　　　　　部	4 213	1 087	159	929	2 343	980	1 085	278	404	379
19　歳　以　下	84	83	74	9	1	–	0	0	–	0
20　～　24　歳	56	48	19	29	6	2	3	1	0	2
25　～　29	94	50	22	29	38	11	24	3	2	3
30　～　34	123	23	7	15	93	12	70	11	4	3
35　～　39	192	27	4	23	149	15	121	13	8	8
40　～　44	268	35	5	29	199	15	161	24	18	16
45　～　49	279	48	8	40	185	25	133	28	28	18
50　～　54	329	48	6	42	207	53	126	29	41	33
55　～　59	374	74	7	67	202	76	101	25	57	41
60　～　64	474	99	3	96	251	126	97	28	61	63
65　～　69	583	125	2	123	326	200	98	28	66	66
70　～　74	418	96	0	96	254	162	70	22	36	33
75　～　79	370	109	0	108	196	133	41	21	37	29
80　歳　以　上	565	222	1	221	234	150	38	46	45	64
（再掲）65歳以上	1 937	552	3	549	1 009	646	247	117	183	192
75歳以上	936	331	1	330	430	284	79	67	82	93

注：１）熊本県を除いたものである。
　　２）年齢階級の「総数」には、世帯主の年齢不詳を含む。

第24表　世　帯　数，世帯人員・世帯主の性・世帯主の年齢（5歳階級）別

（単位：千世帯）　　　　　　　　　　　　　　　　　　　　　　　　　　　　　　　　　　　　　　　平成28年

世 帯 主 の 性 世帯主の年齢階級	総　数	1　人	2　人	3　人	4　人	5　人	6 人 以 上
総　　　　　　　数	49 945	13 434	15 723	10 110	6 953	2 545	1 178
19 歳 以 下	440	431	5	5	0	–	–
20 ～ 24 歳	870	739	73	39	14	4	1
25 ～ 29	1 337	648	305	236	110	29	9
30 ～ 34	2 095	474	433	539	455	157	38
35 ～ 39	2 901	489	462	672	869	331	79
40 ～ 44	4 058	651	670	891	1 256	462	128
45 ～ 49	4 208	747	779	953	1 185	420	124
50 ～ 54	4 064	777	977	1 008	886	310	106
55 ～ 59	4 117	822	1 261	1 060	641	236	98
60 ～ 64	4 741	1 075	1 689	1 193	513	162	109
65 ～ 69	6 364	1 584	2 695	1 349	434	142	160
70 ～ 74	4 791	1 314	2 209	855	213	89	111
75 ～ 79	4 245	1 340	1 925	638	157	84	101
80 歳 以 上	5 656	2 321	2 227	663	214	119	112
(再掲)65歳以上	21 056	6 559	9 056	3 505	1 018	434	484
75歳以上	9 901	3 661	4 152	1 301	371	202	213
男	38 288	6 242	13 010	8 898	6 605	2 405	1 128
19 歳 以 下	215	208	4	4	0	–	–
20 ～ 24 歳	525	433	43	33	13	4	1
25 ～ 29	1 016	406	257	210	105	28	8
30 ～ 34	1 764	305	357	479	437	150	36
35 ～ 39	2 477	317	360	567	837	320	76
40 ～ 44	3 388	420	497	714	1 190	445	121
45 ～ 49	3 445	480	546	773	1 124	402	121
50 ～ 54	3 336	488	730	865	849	299	104
55 ～ 59	3 389	481	1 020	955	611	227	96
60 ～ 64	3 914	597	1 447	1 114	498	153	104
65 ～ 69	5 073	744	2 367	1 261	418	129	154
70 ～ 74	3 567	459	1 942	790	196	75	106
75 ～ 79	2 939	385	1 665	581	138	72	97
80 歳 以 上	3 199	507	1 764	543	182	101	102
(再掲)65歳以上	14 778	2 095	7 738	3 175	935	377	458
75歳以上	6 138	892	3 429	1 124	320	173	199
女	11 657	7 192	2 714	1 212	349	140	50
19 歳 以 下	225	223	1	1	–	–	–
20 ～ 24 歳	345	307	31	6	1	0	–
25 ～ 29	321	241	48	26	5	1	0
30 ～ 34	331	169	75	60	17	7	2
35 ～ 39	425	172	103	105	31	11	3
40 ～ 44	670	231	173	177	67	17	7
45 ～ 49	763	268	233	180	62	17	3
50 ～ 54	728	288	246	144	36	11	3
55 ～ 59	728	341	241	105	30	9	2
60 ～ 64	827	478	242	78	15	9	5
65 ～ 69	1 292	840	328	89	16	12	6
70 ～ 74	1 224	855	267	65	17	15	5
75 ～ 79	1 306	955	260	57	19	12	4
80 歳 以 上	2 457	1 814	463	120	32	17	10
(再掲)65歳以上	6 279	4 464	1 318	330	84	56	26
75歳以上	3 763	2 769	723	177	51	29	14

注：1）熊本県を除いたものである。
　　2）年齢階級の「総数」には、世帯主の年齢不詳を含む。

第25表　世　帯　数，世帯構造・世帯主の性・世帯主の年齢（5歳階級）別

（単位：千世帯）　　　平成28年

世帯主の性 世帯主の年齢階級	総数	単独世帯	住み込み・寄宿舎等に居住する単独世帯	その他の単独世帯	核家族世帯	夫婦のみの世帯	夫婦と未婚の子のみの世帯	ひとり親と未婚の子のみの世帯	三世代世帯	その他の世帯
総　　数	49 945	13 434	965	12 469	30 234	11 850	14 744	3 640	2 947	3 330
19　歳　以　下	440	431	267	164	6	2	3	1	–	4
20　～　24　歳	870	739	240	499	86	25	48	13	2	43
25　～　29	1 337	648	143	505	620	232	337	51	12	57
30　～　34	2 095	474	53	421	1 521	328	1 073	121	37	63
35　～　39	2 901	489	41	448	2 231	317	1 712	202	85	96
40　～　44	4 058	651	49	602	3 052	407	2 273	371	176	180
45　～　49	4 208	747	52	696	2 980	425	2 141	414	250	230
50　～　54	4 064	777	40	737	2 650	583	1 681	385	328	310
55　～　59	4 117	822	35	787	2 542	859	1 327	356	381	373
60　～　64	4 741	1 075	21	1 054	2 812	1 319	1 190	303	406	448
65　～　69	6 364	1 584	18	1 566	3 846	2 236	1 225	385	435	500
70　～　74	4 791	1 314	3	1 312	2 922	1 872	760	289	276	279
75　～　79	4 245	1 340	1	1 339	2 423	1 603	540	280	238	244
80　歳　以　上	5 656	2 321	3	2 319	2 518	1 632	420	466	318	499
（再掲）65歳以上	21 056	6 559	24	6 535	11 708	7 344	2 944	1 420	1 266	1 522
75歳以上	9 901	3 661	3	3 657	4 941	3 236	959	746	556	744
男	38 288	6 242	644	5 598	27 308	11 681	14 581	1 046	2 518	2 220
19　歳　以　下	215	208	123	85	5	2	3	0	–	2
20　～　24　歳	525	433	144	289	71	23	46	3	1	20
25　～　29	1 016	406	115	291	564	223	328	13	11	35
30　～　34	1 764	305	42	263	1 390	315	1 050	24	31	38
35　～　39	2 477	317	32	284	2 040	307	1 682	50	76	44
40　～　44	3 388	420	40	380	2 732	391	2 243	98	151	85
45　～　49	3 445	480	48	432	2 646	412	2 110	124	214	106
50　～　54	3 336	488	36	453	2 376	570	1 665	141	290	182
55　～　59	3 389	481	30	450	2 306	845	1 319	142	330	273
60　～　64	3 914	597	16	582	2 587	1 301	1 184	101	363	367
65　～　69	5 073	744	13	730	3 539	2 212	1 221	106	381	409
70　～　74	3 567	459	2	457	2 681	1 855	757	69	227	200
75　～　79	2 939	385	0	385	2 194	1 593	539	62	196	164
80　歳　以　上	3 199	507	2	505	2 155	1 623	418	113	246	291
（再掲）65歳以上	14 778	2 095	18	2 077	10 569	7 283	2 937	349	1 049	1 064
75歳以上	6 138	892	2	890	4 349	3 216	958	175	441	455
女	11 657	7 192	321	6 871	2 925	169	163	2 594	429	1 111
19　歳　以　下	225	223	144	79	1	–	0	1	–	1
20　～　24　歳	345	307	96	211	15	3	2	10	0	23
25　～　29	321	241	28	214	57	9	9	38	2	21
30　～　34	331	169	11	157	132	13	23	96	6	24
35　～　39	425	172	9	163	191	9	30	152	10	52
40　～　44	670	231	9	222	320	16	30	273	25	95
45　～　49	763	268	4	264	334	13	31	290	36	124
50　～　54	728	288	4	284	274	13	16	244	38	128
55　～　59	728	341	5	336	236	14	8	215	51	100
60　～　64	827	478	6	472	225	18	5	202	43	81
65　～　69	1 292	840	4	836	307	24	3	279	54	91
70　～　74	1 224	855	0	855	240	17	3	221	49	79
75　～　79	1 306	955	1	954	229	10	0	218	42	81
80　歳　以　上	2 457	1 814	1	1 813	363	9	1	353	72	208
（再掲）65歳以上	6 279	4 464	6	4 458	1 139	61	8	1 071	217	459
75歳以上	3 763	2 769	1	2 768	592	19	2	571	114	288

注：1）熊本県を除いたものである。
　　2）年齢階級の「総数」には、世帯主の年齢不詳を含む。

（2－1）

第26表　世　帯　数，世帯構造・市郡・有業者構成別

（単位：千世帯）　　平成28年

市　郡 有業者構成	総　数	単独世帯	核家族 世　帯	夫　婦 のみの世帯	夫　婦　と 未婚の子 のみの世帯	ひとり親と 未婚の子 のみの世帯	三世代 世　帯	その他の 世　帯
総　　　　　数	49 945	13 434	30 234	11 850	14 744	3 640	2 947	3 330
働いている者がいる世帯	36 217	6 474	24 170	7 035	14 124	3 011	2 862	2 712
世帯主が働いている世帯	31 258	6 474	20 952	6 368	12 461	2 123	1 936	1 895
世 帯 主 の み	14 357	6 474	6 985	2 568	3 252	1 165	223	675
世帯主と配偶者	9 907	・	9 138	3 800	5 338	・	342	428
世帯主と配偶者と子	3 426	・	2 638	・	2 638	・	668	121
世帯主と配偶者と父母	171	・	・	・	・	・	118	53
世 帯 主 と 子	2 810	・	2 051	・	1 212	839	466	293
世 帯 主 と 父 母	193	・	99	・	20	79	58	36
世帯主とその他	393	・	41	・	1	40	62	290
世帯主が働いていない世帯	4 959	・	3 217	666	1 662	889	925	816
配 偶 者 の み	876	・	802	666	135	・	12	62
子 ま た は 父 母	3 034	・	2 077	・	1 203	874	469	488
そ の 他	1 048	・	339	・	324	14	444	266
働いている者がいない世帯	11 656	6 077	5 037	4 182	359	496	45	496
不　　　　　詳	2 072	883	1 027	633	261	133	40	122
市　　　　　部	45 732	12 347	27 891	10 870	13 660	3 361	2 543	2 951
働いている者がいる世帯	33 167	5 987	22 317	6 454	13 084	2 779	2 466	2 396
世帯主が働いている世帯	28 701	5 987	19 365	5 850	11 551	1 963	1 666	1 682
世 帯 主 の み	13 319	5 987	6 528	2 373	3 077	1 079	204	599
世帯主と配偶者	9 072	・	8 409	3 478	4 932	・	297	365
世帯主と配偶者と子	3 062	・	2 399	・	2 399	・	561	102
世帯主と配偶者と父母	146	・	・	・	・	・	102	44
世 帯 主 と 子	2 570	・	1 902	・	1 125	777	398	270
世 帯 主 と 父 母	171	・	88	・	18	70	51	32
世帯主とその他	360	・	38	・	1	37	52	270
世帯主が働いていない世帯	4 466	・	2 952	604	1 533	815	801	714
配 偶 者 の み	795	・	730	604	127	・	11	54
子 ま た は 父 母	2 751	・	1 910	・	1 107	803	412	429
そ の 他	919	・	311	・	299	12	378	230
働いている者がいない世帯	10 646	5 537	4 625	3 835	330	459	40	444
不　　　　　詳	1 919	823	949	580	245	123	36	111
大　都　市	15 216	4 659	9 280	3 546	4 608	1 126	490	788
働いている者がいる世帯	10 987	2 368	7 518	2 187	4 416	915	472	629
世帯主が働いている世帯	9 722	2 368	6 577	1 996	3 953	629	329	447
世 帯 主 の み	4 947	2 368	2 343	820	1 174	349	61	175
世帯主と配偶者	2 936	・	2 811	1 176	1 635	・	67	58
世帯主と配偶者と子	841	・	740	・	740	・	84	17
世帯主と配偶者と父母	28	・	・	・	・	・	20	8
世 帯 主 と 子	799	・	646	・	400	245	80	72
世 帯 主 と 父 母	42	・	25	・	3	21	9	9
世帯主とその他	129	・	13	・	－	13	8	108
世帯主が働いていない世帯	1 265	・	941	191	464	286	143	182
配 偶 者 の み	249	・	236	191	45	・	3	10
子 ま た は 父 母	801	・	614	・	331	283	73	114
そ の 他	216	・	91	・	88	3	66	59
働いている者がいない世帯	3 438	1 913	1 396	1 134	100	162	9	120
不　　　　　詳	791	378	366	225	92	49	9	39
そ の 他 の 市	30 515	7 689	18 611	7 324	9 052	2 235	2 052	2 164
働いている者がいる世帯	22 180	3 620	14 798	4 267	8 668	1 864	1 994	1 767
世帯主が働いている世帯	18 979	3 620	12 787	3 855	7 598	1 334	1 336	1 236
世 帯 主 の み	8 373	3 620	4 185	1 553	1 903	729	143	424
世帯主と配偶者	6 135	・	5 599	2 302	3 297	・	230	307
世帯主と配偶者と子	2 221	・	1 659	・	1 659	・	477	85
世帯主と配偶者と父母	118	・	・	・	・	・	82	36
世 帯 主 と 子	1 772	・	1 256	・	724	532	317	198
世 帯 主 と 父 母	129	・	63	・	14	49	43	23
世帯主とその他	231	・	25	・	1	24	44	162
世帯主が働いていない世帯	3 201	・	2 011	412	1 069	530	658	532
配 偶 者 の み	546	・	494	412	82	・	7	44
子 ま た は 父 母	1 951	・	1 296	・	777	520	339	315
そ の 他	704	・	220	・	211	10	312	172
働いている者がいない世帯	7 208	3 623	3 229	2 702	230	297	31	324
不　　　　　詳	1 128	446	583	355	154	74	27	72

注：1）熊本県を除いたものである。
　　2）有業者構成の「不詳」は、世帯に仕事ありの者がなく、他に仕事の有無が不詳である者がいる世帯をいう。

（2－2）

第26表　世　帯　数，世帯構造・市郡・有業者構成別

（単位：千世帯）　　　　　　　　　　　　　　　　　　　　　　　　　　　　　　　　　　　　　　　平成28年

市　郡 有業者構成	総　数	単独世帯	核家族 世　帯	夫　　婦 のみの世帯	夫　婦　と 未婚の子 のみの世帯	ひとり親と 未婚の子 のみの世帯	三世代 世　帯	その他の 世　帯
人口15万人以上の市	15 491	4 023	9 670	3 716	4 797	1 158	812	985
働いている者がいる世帯	11 183	1 890	7 715	2 157	4 597	961	787	792
世帯主が働いている世帯	9 651	1 890	6 686	1 962	4 042	681	528	547
世　帯　主　の　み	4 461	1 890	2 310	810	1 121	379	66	196
世帯主と配偶者	3 057	・	2 852	1 152	1 700	・	94	110
世帯主と配偶者と子	1 033	・	823	・	823	・	176	34
世帯主と配偶者と父母	44	・	・	・	・	・	32	12
世　帯　主　と　子	889	・	661	・	392	269	126	102
世　帯　主　と　父　母	58	・	29	・	6	23	20	10
世　帯　主　と　その他	108	・	10	・	0	10	15	83
世帯主が働いていない世帯	1 532	・	1 029	195	555	280	258	245
配　偶　者　の　み	261	・	236	195	42	・	2	23
子　ま　た　は　父　母	966	・	682	・	405	277	139	144
そ　　の　　他	304	・	110	・	108	2	117	77
働いている者がいない世帯	3 755	1 923	1 656	1 379	115	162	16	159
不　　　　　詳	554	210	299	179	85	35	9	35
人口15万人未満の市	15 024	3 665	8 940	3 608	4 255	1 078	1 240	1 178
働いている者がいる世帯	10 997	1 730	7 084	2 110	4 071	903	1 208	975
世帯主が働いている世帯	9 328	1 730	6 102	1 892	3 556	653	808	688
世　帯　主　の　み	3 911	1 730	1 875	743	782	350	78	228
世帯主と配偶者	3 078	・	2 746	1 149	1 597	・	135	197
世帯主と配偶者と子	1 188	・	835	・	835	・	301	51
世帯主と配偶者と父母	74	・	・	・	・	・	50	24
世　帯　主　と　子	883	・	595	・	332	263	191	96
世　帯　主　と　父　母	71	・	34	・	9	26	23	13
世　帯　主　と　その他	124	・	15	・	1	14	29	79
世帯主が働いていない世帯	1 669	・	982	218	514	250	400	287
配　偶　者　の　み	285	・	258	218	40	・	5	21
子　ま　た　は　父　母	985	・	614	・	371	243	200	171
そ　　の　　他	399	・	110	・	102	7	195	94
働いている者がいない世帯	3 453	1 700	1 573	1 323	116	135	15	165
不　　　　　詳	574	235	284	176	69	40	18	38
郡　　　　　部	4 213	1 087	2 343	980	1 085	278	404	379
働いている者がいる世帯	3 050	486	1 853	580	1 040	233	395	316
世帯主が働いている世帯	2 557	486	1 587	518	910	159	271	213
世　帯　主　の　み	1 037	486	457	195	175	86	18	75
世帯主と配偶者	836	・	729	322	406	・	44	63
世帯主と配偶者と子	364	・	239	・	239	・	106	19
世帯主と配偶者と父母	26	・	・	・	・	・	17	9
世　帯　主　と　子	240	・	148	・	87	62	69	22
世　帯　主　と　父　母	22	・	11	・	2	9	6	5
世　帯　主　と　その他	33	・	3	・	0	3	10	20
世帯主が働いていない世帯	493	・	265	62	130	73	125	103
配　偶　者　の　み	81	・	71	62	9	・	1	9
子　ま　た　は　父　母	283	・	167	・	95	71	58	59
そ　　の　　他	129	・	28	・	26	2	66	35
働いている者がいない世帯	1 010	541	412	347	28	36	5	52
不　　　　　詳	153	60	78	53	16	9	4	11

注：1）熊本県を除いたものである。
　　2）有業者構成の「不詳」は、世帯に仕事ありの者がなく、他に仕事の有無が不詳である者がいる世帯をいう。

（3－1）

第27表　世　帯　数，世帯人員・世帯業態・有業人員別

（単位：千世帯）　　平成28年

世 帯 業 態 有 業 人 員	総 数	1 人	2 人	3 人	4 人	5 人	6 人以上
総　　　　　　　数	49 945	13 434	15 723	10 110	6 953	2 545	1 178
0　　人	11 656	6 077	4 865	617	74	17	5
1　　人	17 353	6 474	5 156	3 361	1 744	494	125
2　　人	13 319	・	4 750	3 903	3 246	1 099	320
3 人以上	4 853	・	・	1 761	1 637	817	638
不　　詳	2 764	883	952	469	252	118	89
雇 用 者 世 帯	28 556	5 469	7 435	7 124	5 685	2 031	811
0　　人	・	・	・	・	・	・	・
1　　人	13 838	5 469	3 788	2 540	1 514	428	100
2　　人	10 687	・	3 554	3 166	2 783	936	248
3 人以上	3 612	・	・	1 285	1 300	608	419
不　　詳	418	・	93	133	88	60	44
常 雇 者 世 帯	25 925	4 712	6 478	6 562	5 445	1 958	770
0　　人	・	・	・	・	・	・	・
1　　人	12 216	4 712	3 190	2 335	1 466	417	96
2　　人	10 012	・	3 212	2 949	2 698	913	239
3 人以上	3 328	・	・	1 162	1 201	573	391
不　　詳	370	・	76	117	79	55	43
会社・団体等の役員の世帯	2 177	270	685	568	402	169	82
0　　人	・	・	・	・	・	・	・
1　　人	841	270	307	139	89	31	6
2　　人	896	・	375	254	176	72	18
3 人以上	413	・	・	167	128	62	55
不　　詳	26	・	3	8	9	4	3
一 般 常 雇 者 世 帯	23 748	4 441	5 793	5 994	5 042	1 789	688
0　　人	・	・	・	・	・	・	・
1　　人	11 374	4 441	2 883	2 196	1 378	387	90
2　　人	9 116	・	2 837	2 694	2 522	841	222
3 人以上	2 914	・	・	994	1 073	511	336
不　　詳	343	・	74	109	70	51	40
契約期間の定めのない雇用者世帯	19 866	3 599	4 540	5 017	4 504	1 600	606
0　　人	・	・	・	・	・	・	・
1　　人	9 278	3 599	2 151	1 851	1 247	350	81
2　　人	7 909	・	2 336	2 292	2 308	773	200
3 人以上	2 414	・	・	792	895	437	290
不　　詳	265	・	53	81	55	41	34
契約期間が1年以上の雇用者世帯	3 882	842	1 253	977	539	189	82
0　　人	・	・	・	・	・	・	・
1　　人	2 096	842	732	345	131	37	9
2　　人	1 208	・	501	403	214	69	21
3 人以上	500	・	・	202	178	74	46
不　　詳	78	・	20	28	15	10	6
(再掲)企業規模 1〜 4人	840	196	245	193	137	49	20
0　　人	・	・	・	・	・	・	・
1　　人	420	196	131	63	23	7	1
2　　人	292	・	110	86	68	23	5
3 人以上	112	・	・	39	44	17	12
不　　詳	17	・	4	5	2	2	3

注：1）熊本県を除いたものである。
　　2）「総数」には、世帯業態の不詳を含む。

（3－2）

第27表　世　帯　数，世帯人員・世帯業態・有業人員別

（単位：千世帯）

平成28年

世帯業態 有業人員	総　数	1　人	2　人	3　人	4　人	5　人	6 人以上
企業規模 5～ 29人	3 863	794	1 086	928	656	273	126
0　人	・	・	・	・	・	・	・
1　人	1 932	794	591	327	151	54	15
2　人	1 373	・	480	412	321	125	35
3人以上	496	・	・	170	169	85	71
不　詳	62	・	15	18	14	9	6
企業規模 30～ 99人	3 598	649	939	919	706	267	118
0　人	・	・	・	・	・	・	・
1　人	1 654	649	470	315	160	47	13
2　人	1 392	・	458	419	362	117	36
3人以上	499	・	・	168	171	96	63
不　詳	53	・	10	18	13	6	5
企業規模100～299人	3 272	588	813	862	667	245	99
0　人	・	・	・	・	・	・	・
1　人	1 545	588	402	311	181	51	11
2　人	1 289	・	404	390	341	123	31
3人以上	400	・	・	146	137	65	52
不　詳	38	・	7	14	8	5	4
企業規模300～499人	1 467	282	323	378	337	106	41
0　人	・	・	・	・	・	・	・
1　人	692	282	160	138	84	22	6
2　人	574	・	157	169	182	49	16
3人以上	181	・	・	65	68	31	17
不　詳	21	・	6	5	4	4	2
企業規模500～999人	1 711	336	391	424	383	133	44
0　人	・	・	・	・	・	・	・
1　人	796	336	174	150	102	29	5
2　人	684	・	214	193	201	61	16
3人以上	209	・	・	74	73	39	22
不　詳	22	・	3	7	6	4	1
企業規模1000～4999人	2 806	545	619	680	671	221	69
0　人	・	・	・	・	・	・	・
1　人	1 358	545	289	259	202	54	9
2　人	1 103	・	323	311	339	106	24
3人以上	317	・	・	104	128	55	31
不　詳	28	・	7	7	3	6	5
企業規模5000人以上・官公庁	4 790	853	1 047	1 213	1 174	381	121
0　人	・	・	・	・	・	・	・
1　人	2 295	853	483	473	369	94	23
2　人	1 932	・	557	572	572	185	45
3人以上	530	・	・	161	226	95	48
不　詳	33	・	7	7	8	6	5
企 業 規 模 不 詳	1 402	198	330	397	311	115	50
0　人	・	・	・	・	・	・	・
1　人	684	198	182	162	105	29	8
2　人	478	・	134	142	137	51	14
3人以上	171	・	・	66	57	27	20
不　詳	69	・	14	27	11	8	8

注：1）熊本県を除いたものである。
　　2）「総数」には、世帯業態の不詳を含む。

221

（3－3）

第27表　世　帯　数，世帯人員・世帯業態・有業人員別

（単位：千世帯）　　　　　　　　　　　　　　　　　　　　　　　　　　　　　　　　　　　　　　平成28年

世　帯　業　態 有　業　人　員	総　数	1　人	2　人	3　人	4　人	5　人	6 人以上
1月以上1年未満の契約の雇用者世帯	2 335	669	853	501	213	62	37
0　人	・	・	・	・	・	・	・
1　人	1 440	669	536	182	40	9	3
2　人	600	・	304	196	74	19	7
3人以上	256	・	・	109	91	30	25
不　詳	40	・	13	14	8	4	1
日々又は1月未満の契約の雇用者世帯	295	89	103	60	28	11	4
0　人	・	・	・	・	・	・	・
1　人	183	89	62	23	7	2	－
2　人	75	・	38	21	11	3	1
3人以上	29	・	・	14	8	4	3
不　詳	9	・	4	2	2	1	0
自　営　業　者　世　帯	4 883	742	1 666	1 180	718	333	244
0　人	・	・	・	・	・	・	・
1　人	1 718	742	618	208	105	34	10
2　人	2 030	・	1 025	521	321	117	46
3人以上	1 037	・	・	422	274	168	173
不　詳	98	・	23	30	18	13	15
雇　人　あ　り	1 672	172	519	448	302	131	99
0　人	・	・	・	・	・	・	・
1　人	449	172	144	66	48	14	6
2　人	789	・	369	201	149	49	21
3人以上	401	・	・	172	100	64	65
不　詳	34	・	6	10	6	5	8
雇　人　な　し	3 211	571	1 146	731	416	201	145
0　人	・	・	・	・	・	・	・
1　人	1 269	571	473	142	58	20	5
2　人	1 242	・	656	320	173	69	25
3人以上	636	・	・	250	173	104	109
不　詳	65	・	17	20	12	8	7
そ　の　他　の　世　帯	14 306	6 339	5 792	1 517	416	144	98
0　人	11 656	6 077	4 865	617	74	17	5
1　人	1 797	262	750	613	125	32	15
2　人	602	・	171	215	142	47	26
3人以上	205	・	・	54	63	41	46
不　詳	47	・	5	16	12	8	6
所得を伴う仕事をしている者のいる世帯	2 650	262	926	899	342	127	94
0　人	・	・	・	・	・	・	・
1　人	1 797	262	750	613	125	32	15
2　人	602	・	171	215	142	47	26
3人以上	205	・	・	54	63	41	46
不　詳	47	・	5	16	12	8	6
所得を伴う仕事をしている者のいない世帯	11 656	6 077	4 865	617	74	17	5
0　人	11 656	6 077	4 865	617	74	17	5
1　人	・	・	・	・	・	・	・
2　人	・	・	・	・	・	・	・
3人以上	・	・	・	・	・	・	・
不　詳	・	・	・	・	・	・	・

注：1）熊本県を除いたものである。
　　2）「総数」には、世帯業態の不詳を含む。

第28表　世　帯　数，有業人員・世帯類型・世帯人員別

（単位：千世帯）　　　平成28年

世帯類型 世帯人員	総　数	0　人	1　人	2　人	3人以上	不　詳
総　　　　数	49 945	11 656	17 353	13 319	4 853	2 764
1　人	13 434	6 077	6 474	・	・	883
2　人	15 723	4 865	5 156	4 750	・	952
3　人	10 110	617	3 361	3 903	1 761	469
4　人	6 953	74	1 744	3 246	1 637	252
5　人	2 545	17	494	1 099	817	118
6 人以上	1 178	5	125	320	638	89
高　齢　者　世　帯	13 271	8 532	2 574	821	6	1 338
1　人	6 559	4 619	1 201	・	・	739
2　人	6 470	3 815	1 312	776	・	567
3　人	228	95	58	42	5	28
4　人	14	3	3	4	1	3
5　人	0	0	－	－	0	－
6 人以上	－	－	－	－	－	－
母　子　世　帯	712	78	553	63	4	14
1　人	・	・	・	・	・	・
2　人	370	43	288	33	・	6
3　人	271	26	212	22	4	6
4　人	58	6	43	7	－	1
5　人	10	2	8	1	－	0
6 人以上	3	1	2	0	－	－
父　子　世　帯	91	4	75	7	1	2
1　人	・	・	・	・	・	・
2　人	56	2	46	5	・	2
3　人	29	2	24	1	1	0
4　人	5	－	4	1	－	－
5　人	1	－	1	－	－	－
6 人以上	－	－	－	－	－	－
そ　の　他　の　世　帯	35 871	3 041	14 151	12 427	4 841	1 411
1　人	6 875	1 458	5 273	・	・	144
2　人	8 827	1 004	3 510	3 937	・	376
3　人	9 583	495	3 066	3 837	1 750	435
4　人	6 877	64	1 694	3 234	1 637	248
5　人	2 534	15	485	1 099	817	118
6 人以上	1 175	4	123	320	638	89

注：熊本県を除いたものである。

223

（8－1）

第29表　同居の夫婦組数，夫の年齢（10歳階級）・夫の教育・妻の年齢（10歳階級）・妻の教育別

（単位：千組）　　平成28年

妻の年齢階級 妻の教育	総　数	卒　業	小学・中学	高校・旧制中	専門学校・ 短大・高専	大　学・ 大　学　院
総　　数	32 011	27 863	3 523	11 076	2 938	9 532
卒　　　　業	27 675	27 511	3 474	10 945	2 897	9 420
小　学・中　学	3 021	3 005	1 989	823	103	77
高　校・旧制中	12 151	12 080	1 138	7 304	1 121	2 472
専門学校・短大・高専	7 648	7 603	298	2 317	1 366	3 576
大　学・大　学　院	4 048	4 025	31	449	289	3 243
29　歳　以　下	1 048	958	72	333	150	369
卒　　　　業	949	940	69	329	148	360
小　学・中　学	69	68	24	27	9	6
高　校・旧制中	323	320	34	183	44	60
専門学校・短大・高専	270	267	10	86	71	99
大　学・大　学　院	251	249	2	31	23	193
30　～　39　歳	4 486	4 051	169	1 288	705	1 751
卒　　　　業	4 037	4 007	167	1 275	696	1 735
小　学・中　学	111	111	34	51	14	11
高　校・旧制中	1 150	1 142	82	609	190	257
専門学校・短大・高専	1 486	1 475	42	445	368	607
大　学・大　学　院	1 149	1 141	7	163	121	846
40　～　49　歳	6 585	5 946	253	2 209	885	2 419
卒　　　　業	5 909	5 874	248	2 174	876	2 398
小　学・中　学	146	143	52	66	13	11
高　校・旧制中	2 193	2 181	127	1 275	307	460
専門学校・短大・高専	2 289	2 275	58	701	460	1 047
大　学・大　学　院	1 089	1 085	10	118	87	865
50　～　59　歳	6 003	5 360	298	2 164	553	2 209
卒　　　　業	5 330	5 300	295	2 143	543	2 187
小　学・中　学	141	141	67	58	8	8
高　校・旧制中	2 460	2 446	170	1 478	236	552
専門学校・短大・高専	1 805	1 794	51	533	261	939
大　学・大　学　院	788	785	5	68	35	674
60　～　69　歳	7 544	6 397	1 018	2 961	424	1 834
卒　　　　業	6 340	6 310	1 003	2 926	417	1 808
小　学・中　学	785	781	502	235	29	12
高　校・旧制中	3 520	3 503	403	2 223	215	652
専門学校・短大・高専	1 327	1 323	86	409	154	666
大　学・大　学　院	552	548	5	49	17	474
70　歳　以　上	6 310	5 133	1 713	2 116	220	946
卒　　　　業	5 096	5 065	1 690	2 093	216	928
小　学・中　学	1 766	1 758	1 310	385	31	28
高　校・旧制中	2 500	2 483	322	1 534	128	492
専門学校・短大・高専	470	467	51	144	51	218
大　学・大　学　院	214	213	1	20	5	187
（再掲）65　歳　以　上	10 389	8 539	2 376	3 709	415	1 811
卒　　　　業	8 466	8 421	2 344	3 666	409	1 779
小　学・中　学	2 295	2 284	1 665	534	44	34
高　校・旧制中	4 432	4 406	565	2 760	237	832
専門学校・短大・高専	1 065	1 060	101	316	116	521
大　学・大　学　院	441	440	3	39	11	386

注：1）熊本県を除いたものである。
　　2）教育の「総数」には、在学中、在学したことがない、教育不詳の者を含む。
　　3）「卒業」には、卒業学校不詳の者を含む。
　　4）夫の年齢階級の「総数」には、夫の年齢不詳を含む。
　　5）妻の年齢階級の「総数」には、妻の年齢不詳を含む。

（8－2）

第29表　同居の夫婦組数，夫の年齢（10歳階級）・夫の教育・妻の年齢（10歳階級）・妻の教育別

（単位：千組）　　　　　　　　　　　　　　　　　　　　　　　　　　　　　　　　　　　　　　平成28年

妻の年齢階級 / 妻の教育	29歳以下	卒業	小学・中学	高校・旧制中	専門学校・短大・高専	大学・大学院
総数	737	671	48	248	101	251
卒業	663	657	46	245	100	244
小学・中学	42	41	18	16	5	2
高校・旧制中	219	217	20	137	24	35
専門学校・短大・高専	191	190	6	68	51	63
大学・大学院	187	185	2	21	18	143
29歳以下	588	540	39	200	77	204
卒業	532	527	37	198	76	197
小学・中学	34	34	14	13	4	2
高校・旧制中	183	181	17	115	20	28
専門学校・短大・高専	150	149	5	54	39	50
大学・大学院	145	142	2	13	11	117
30～39歳	144	127	8	45	23	47
卒業	127	126	8	45	23	47
小学・中学	7	7	3	3	1	0
高校・旧制中	34	34	3	21	3	7
専門学校・短大・高専	40	40	1	13	12	13
大学・大学院	42	42	1	8	7	26
40～49歳	5	3	－	2	1	0
卒業	3	3	－	2	1	0
小学・中学	0	0	－	0	－	－
高校・旧制中	2	2	－	1	1	－
専門学校・短大・高専	1	1	－	1	0	－
大学・大学院	0	0	－	－	－	0
50～59歳	0	0	0	－	－	－
卒業	0	0	0	－	－	－
小学・中学	－	－	－	－	－	－
高校・旧制中	0	0	0	－	－	－
専門学校・短大・高専	－	－	－	－	－	－
大学・大学院	－	－	－	－	－	－
60～69歳	－	－	－	－	－	－
卒業	－	－	－	－	－	－
小学・中学	－	－	－	－	－	－
高校・旧制中	－	－	－	－	－	－
専門学校・短大・高専	－	－	－	－	－	－
大学・大学院	－	－	－	－	－	－
70歳以上	－	－	－	－	－	－
卒業	－	－	－	－	－	－
小学・中学	－	－	－	－	－	－
高校・旧制中	－	－	－	－	－	－
専門学校・短大・高専	－	－	－	－	－	－
大学・大学院	－	－	－	－	－	－
（再掲）65歳以上						
卒業	－	－	－	－	－	－
小学・中学	－	－	－	－	－	－
高校・旧制中	－	－	－	－	－	－
専門学校・短大・高専	－	－	－	－	－	－
大学・大学院	－	－	－	－	－	－

注：1）熊本県を除いたものである。
　　2）教育の「総数」には、在学中、在学したことがない、教育不詳の者を含む。
　　3）「卒業」には、卒業学校不詳の者を含む。
　　4）夫の年齢階級の「総数」には、夫の年齢不詳を含む。
　　5）妻の年齢階級の「総数」には、妻の年齢不詳を含む。

225

（8－3）

第29表　同居の夫婦組数，夫の年齢（10歳階級）・夫の教育・妻の年齢（10歳階級）・妻の教育別

（単位：千組）　　　　　　　　　　　　　　　　　　　　　　　　　　　　　　　　　　　　平成28年

妻の年齢階級　妻の教育	30～39歳	卒　業	小学・中学	高校・旧制中	専門学校・短大・高専	大学・大学院
総　　　数	3 849	3 474	157	1 084	628	1 492
卒　　　業	3 460	3 432	154	1 074	619	1 475
小　学・中　学	109	108	31	52	13	11
高　校・旧制中	954	947	77	498	168	200
専門学校・短大・高専	1 289	1 279	39	385	329	515
大　学・大学院	993	985	6	132	106	739
29　歳　以　下	414	378	29	118	65	154
卒　　　業	376	374	29	117	64	152
小　学・中　学	30	30	8	14	5	2
高　校・旧制中	122	121	15	59	19	28
専門学校・短大・高専	113	112	5	30	30	47
大　学・大学院	99	99	1	14	11	73
30　～　39　歳	3 031	2 735	106	836	492	1 209
卒　　　業	2 726	2 706	105	829	484	1 197
小　学・中　学	67	67	20	33	6	7
高　校・旧制中	715	710	53	377	124	153
専門学校・短大・高専	1 038	1 030	27	310	268	415
大　学・大学院	813	806	4	105	83	613
40　～　49　歳	398	355	20	130	70	127
卒　　　業	353	348	19	127	69	125
小　学・中　学	12	11	3	5	2	1
高　校・旧制中	116	114	8	62	25	18
専門学校・短大・高専	136	135	7	46	29	52
大　学・大学院	79	79	1	13	12	52
50　～　59　歳	5	3	1	0	1	1
卒　　　業	3	3	1	0	1	1
小　学・中　学	0	0	－	－	0	－
高　校・旧制中	1	1	1	0	－	0
専門学校・短大・高専	2	2	1	－	1	0
大　学・大学院	0	0	－	0	－	0
60　～　69　歳	0	0	－	－	0	－
卒　　　業	0	0	－	－	0	－
小　学・中　学	－	－	－	－	－	－
高　校・旧制中	0	0	－	－	0	－
専門学校・短大・高専	－	－	－	－	－	－
大　学・大学院	－	－	－	－	－	－
70　歳　以　上	－	－	－	－	－	－
卒　　　業	－	－	－	－	－	－
小　学・中　学	－	－	－	－	－	－
高　校・旧制中	－	－	－	－	－	－
専門学校・短大・高専	－	－	－	－	－	－
大　学・大学院	－	－	－	－	－	－
（再掲）65　歳　以　上	－	－	－	－	－	－
卒　　　業	－	－	－	－	－	－
小　学・中　学	－	－	－	－	－	－
高　校・旧制中	－	－	－	－	－	－
専門学校・短大・高専	－	－	－	－	－	－
大　学・大学院	－	－	－	－	－	－

注：1）熊本県を除いたものである。
　　2）教育の「総数」には、在学中、在学したことがない、教育不詳の者を含む。
　　3）「卒業」には、卒業学校不詳の者を含む。
　　4）夫の年齢階級の「総数」には、夫の年齢不詳を含む。
　　5）妻の年齢階級の「総数」には、妻の年齢不詳を含む。

（8－4）

第29表　同居の夫婦組数，夫の年齢（10歳階級）・夫の教育・妻の年齢（10歳階級）・妻の教育別

（単位：千組）　　　　　　　　　　　　　　　　　　　　　　　　　　　　　　　　　　　　　　　平成28年

妻の年齢階級　妻の教育	40〜49歳	卒　業	小学・中学	高校・旧制中	専門学校・短大・高専	大学・大学院
総　　　数	6 036	5 470	218	1 992	859	2 221
卒　　　業	5 438	5 409	215	1 964	850	2 203
小学・中学	120	119	40	51	15	12
高校・旧制中	1 942	1 933	110	1 134	285	394
専門学校・短大・高専	2 091	2 079	54	638	447	931
大学・大学院	1 099	1 095	9	131	98	853
29　歳　以　下	43	38	3	13	8	10
卒　　　業	38	37	3	13	8	10
小学・中学	4	4	1	1	1	1
高校・旧制中	17	17	2	7	5	3
専門学校・短大・高専	6	6	0	2	2	2
大学・大学院	7	7	－	3	1	3
30　〜　39　歳	1 211	1 102	48	369	179	469
卒　　　業	1 097	1 090	47	364	177	466
小学・中学	30	30	8	13	6	3
高校・旧制中	367	365	23	190	59	90
専門学校・短大・高専	383	381	14	113	83	170
大学・大学院	279	277	2	47	29	199
40　〜　49　歳	4 496	4 079	154	1 502	633	1 656
卒　　　業	4 052	4 032	152	1 480	627	1 642
小学・中学	81	79	29	35	8	7
高校・旧制中	1 440	1 434	77	865	209	273
専門学校・短大・高専	1 618	1 609	37	495	341	728
大学・大学院	777	775	7	76	64	625
50　〜　59　歳	278	244	12	105	37	84
卒　　　業	244	242	12	104	37	84
小学・中学	5	5	2	2	0	1
高校・旧制中	114	113	7	68	11	26
専門学校・短大・高専	84	83	3	29	21	31
大学・大学院	35	35	0	5	4	26
60　〜　69　歳	6	6	1	3	0	1
卒　　　業	5	5	1	3	0	1
小学・中学	0	0	－	0	－	－
高校・旧制中	4	4	1	2	0	1
専門学校・短大・高専	1	1	0	0	－	0
大学・大学院	0	0	－	0	－	0
70　歳　以　上	1	1	－	0	1	－
卒　　　業	1	1	－	0	1	－
小学・中学	1	1	－	0	1	－
高校・旧制中	0	0	－	0	－	－
専門学校・短大・高専	－	－	－	－	－	－
大学・大学院	－	－	－	－	－	－
（再掲）65　歳　以　上	2	2	－	1	1	0
卒　　　業	2	2	－	1	1	0
小学・中学	1	1	－	0	1	－
高校・旧制中	0	0	－	0	－	0
専門学校・短大・高専	1	1	－	0	－	0
大学・大学院	－	－	－	－	－	－

注：1）熊本県を除いたものである。
　　2）教育の「総数」には、在学中、在学したことがない、教育不詳の者を含む。
　　3）「卒業」には、卒業学校不詳の者を含む。
　　4）夫の年齢階級の「総数」には、夫の年齢不詳を含む。
　　5）妻の年齢階級の「総数」には、妻の年齢不詳を含む。

（8－5）

第29表　同居の夫婦組数，夫の年齢（10歳階級）・夫の教育・妻の年齢（10歳階級）・妻の教育別

（単位：千組）　　　　　　　　　　　　　　　　　　　　　　　　　　　　　　　　　　　平成28年

妻の年齢階級　妻の教育	50～59歳	卒　業	小学・中学	高校・旧制中	専門学校・短大・高専	大学・大学院
総　　　　数	5 630	5 051	197	2 006	587	2 125
卒　　業	5 022	4 995	194	1 983	578	2 106
小　学・中　学	123	122	44	61	7	11
高校・旧制中	2 215	2 202	110	1 319	247	516
専門学校・短大・高専	1 771	1 762	36	524	283	910
大　学・大学院	774	770	3	72	36	656
29　歳　以　下	3	2	－	2	－	1
卒　　業	2	2	－	2	－	1
小　学・中　学	1	1	－	－	－	1
高校・旧制中	1	1	－	1	－	－
専門学校・短大・高専	0	0	－	0	－	－
大　学・大学院	0	0	－	0	－	－
30　～　39　歳	87	76	5	33	11	23
卒　　業	76	76	5	33	10	23
小　学・中　学	6	6	2	3	0	1
高校・旧制中	29	29	2	18	3	6
専門学校・短大・高専	24	24	0	9	5	9
大　学・大学院	12	12	0	3	2	6
40　～　49　歳	1 563	1 402	63	529	172	604
卒　　業	1 396	1 388	62	521	170	600
小　学・中　学	41	41	14	21	2	3
高校・旧制中	587	584	35	320	69	158
専門学校・短大・高専	513	510	12	152	87	259
大　学・大学院	213	211	1	24	10	176
50　～　59　歳	3 785	3 408	113	1 357	385	1 458
卒　　業	3 387	3 370	111	1 344	379	1 444
小　学・中　学	57	57	19	30	4	4
高校・旧制中	1 507	1 498	66	921	164	340
専門学校・短大・高専	1 194	1 189	22	348	185	626
大　学・大学院	538	535	1	43	24	464
60　～　69　歳	183	155	13	81	19	40
卒　　業	155	154	13	81	19	40
小　学・中　学	15	15	6	7	1	2
高校・旧制中	88	87	6	57	12	11
専門学校・短大・高専	39	39	1	14	6	17
大　学・大学院	12	12	－	2	0	10
70　歳　以　上	5	5	2	2	－	－
卒　　業	4	4	2	2	－	－
小　学・中　学	2	2	2	0	－	－
高校・旧制中	2	2	0	1	－	－
専門学校・短大・高専	－	－	－	－	－	－
大　学・大学院	－	－	－	－	－	－
（再掲）65　歳　以　上	35	30	7	15	2	5
卒　　業	29	29	7	15	2	5
小　学・中　学	8	8	5	2	－	1
高校・旧制中	16	16	2	10	2	3
専門学校・短大・高専	3	3	－	2	0	2
大　学・大学院	1	1	－	1	0	0

注：1）熊本県を除いたものである。
　　2）教育の「総数」には、在学中、在学したことがない、教育不詳の者を含む。
　　3）「卒業」には、卒業学校不詳の者を含む。
　　4）夫の年齢階級の「総数」には、夫の年齢不詳を含む。
　　5）妻の年齢階級の「総数」には、妻の年齢不詳を含む。

（8－6）

第29表　同居の夫婦組数，夫の年齢（10歳階級）・夫の教育・妻の年齢（10歳階級）・妻の教育別

（単位：千組）

平成28年

妻の年齢階級 妻の教育	60～69歳	卒　業	小学・中学	高校・旧制中	専門学校・ 短大・高専	大　学・ 大　学　院
総　　　　　数	7 454	6 419	791	2 927	460	2 087
卒　　　　業	6 367	6 334	782	2 893	452	2 060
小　学・中　学	590	586	340	203	28	12
高　校・旧制中	3 406	3 390	353	2 135	222	671
専門学校・短大・高専	1 544	1 535	78	479	177	793
大　学・大　学　院	677	673	7	64	23	577
29　歳　以　下	－	－	－	－	－	－
卒　　　　業	－	－	－	－	－	－
小　学・中　学	－	－	－	－	－	－
高　校・旧制中	－	－	－	－	－	－
専門学校・短大・高専	－	－	－	－	－	－
大　学・大　学　院	－	－	－	－	－	－
30　～　39　歳	11	10	1	5	1	3
卒　　　　業	9	9	1	4	1	3
小　学・中　学	1	1	1	0	0	－
高　校・旧制中	4	4	0	3	0	0
専門学校・短大・高専	1	1	0	0	0	0
大　学・大　学　院	3	3	－	1	－	2
40　～　49　歳	116	100	15	42	9	31
卒　　　　業	99	97	15	40	9	30
小　学・中　学	12	11	6	4	1	0
高　校・旧制中	46	46	7	24	4	11
専門学校・短大・高専	19	19	2	7	2	8
大　学・大　学　院	18	18	0	5	2	11
50　～　59　歳	1 878	1 661	161	685	128	654
卒　　　　業	1 650	1 642	160	678	125	646
小　学・中　学	76	75	43	26	4	3
高　校・旧制中	817	813	89	478	61	183
専門学校・短大・高専	515	511	24	153	54	278
大　学・大　学　院	208	207	3	18	7	179
60　～　69　歳	5 239	4 489	574	2 122	313	1 368
卒　　　　業	4 450	4 428	566	2 097	309	1 350
小　学・中　学	456	454	263	159	22	8
高　校・旧制中	2 456	2 445	246	1 579	151	463
専門学校・短大・高専	991	987	51	314	120	496
大　学・大　学　院	439	436	3	39	14	379
70　歳　以　上	206	158	40	73	9	31
卒　　　　業	157	156	40	72	9	30
小　学・中　学	45	44	28	14	1	2
高　校・旧制中	83	82	11	51	6	14
専門学校・短大・高専	18	17	1	5	1	10
大　学・大　学　院	8	8	0	3	1	4
（再掲）65　歳　以　上	2 367	1 976	317	975	124	509
卒　　　　業	1 959	1 948	312	963	123	500
小　学・中　学	285	284	169	99	10	6
高　校・旧制中	1 125	1 119	120	739	66	192
専門学校・短大・高専	349	347	22	106	43	174
大　学・大　学　院	148	147	1	16	4	127

注：1）熊本県を除いたものである。
　　2）教育の「総数」には、在学中、在学したことがない、教育不詳の者を含む。
　　3）「卒業」には、卒業学校不詳の者を含む。
　　4）夫の年齢階級の「総数」には、夫の年齢不詳を含む。
　　5）妻の年齢階級の「総数」には、妻の年齢不詳を含む。

（8－7）

第29表　同居の夫婦組数，夫の年齢（10歳階級）・夫の教育・妻の年齢（10歳階級）・妻の教育別

（単位：千組）　　　　　　　　　　　　　　　　　　　　　　　　　　　　　　　　　　平成28年

妻の年齢階級　妻の教育	70歳以上	卒業	小学・中学	高校・旧制中	専門学校・短大・高専	大学・大学院
総　数	8 276	6 767	2 112	2 816	303	1 352
卒　業	6 710	6 672	2 084	2 784	296	1 327
小学・中学	2 037	2 028	1 517	440	35	29
高校・旧制中	3 410	3 388	467	2 080	173	657
専門学校・短大・高専	759	756	85	223	79	365
大学・大学院	314	313	4	28	8	272
29　歳　以　下	－	－	－	－	－	－
卒　業	－	－	－	－	－	－
小学・中学	－	－	－	－	－	－
高校・旧制中	－	－	－	－	－	－
専門学校・短大・高専	－	－	－	－	－	－
大学・大学院	－	－	－	－	－	－
30　～　39　歳	－	－	－	－	－	－
卒　業	－	－	－	－	－	－
小学・中学	－	－	－	－	－	－
高校・旧制中	－	－	－	－	－	－
専門学校・短大・高専	－	－	－	－	－	－
大学・大学院	－	－	－	－	－	－
40　～　49　歳	5	4	1	3	－	1
卒　業	4	4	1	3	－	1
小学・中学	0	0	－	0	－	0
高校・旧制中	2	2	－	2	－	0
専門学校・短大・高専	1	1	－	0	－	0
大学・大学院	1	1	1	0	－	0
50　～　59　歳	53	42	11	17	2	11
卒　業	42	41	11	17	1	11
小学・中学	4	4	3	0	0	1
高校・旧制中	20	20	6	11	－	3
専門学校・短大・高専	9	9	1	3	1	4
大学・大学院	7	7	0	2	－	4
60　～　69　歳	2 114	1 747	429	755	91	425
卒　業	1 729	1 721	423	745	89	418
小学・中学	314	312	233	69	6	3
高校・旧制中	972	967	150	585	52	177
専門学校・短大・高専	297	297	34	80	28	153
大学・大学院	100	100	2	8	3	85
70　歳　以　上	6 095	4 969	1 670	2 039	210	915
卒　業	4 932	4 903	1 648	2 018	206	898
小学・中学	1 717	1 710	1 280	370	29	26
高校・旧制中	2 415	2 398	311	1 481	122	478
専門学校・短大・高専	452	450	50	139	50	208
大学・大学院	206	206	1	18	4	182
（再掲）65　歳　以　上	7 983	6 529	2 052	2 717	288	1 296
卒　業	6 474	6 440	2 024	2 686	283	1 273
小学・中学	1 999	1 991	1 491	432	33	28
高校・旧制中	3 289	3 270	443	2 011	169	637
専門学校・短大・高専	712	709	79	207	73	345
大学・大学院	292	292	2	23	7	259

注：1）熊本県を除いたものである。
　　2）教育の「総数」には、在学中、在学したことがない、教育不詳の者を含む。
　　3）「卒業」には、卒業学校不詳の者を含む。
　　4）夫の年齢階級の「総数」には、夫の年齢不詳を含む。
　　5）妻の年齢階級の「総数」には、妻の年齢不詳を含む。

（8－8）

第29表　同居の夫婦組数，夫の年齢（10歳階級）・夫の教育・妻の年齢（10歳階級）・妻の教育別

（単位：千組）　　　　　　　　　　　　　　　　　　　　　　　　　　　　　　　　　　　　平成28年

妻の年齢階級　妻の教育	（再掲）65歳以上	卒業	小学・中学	高校・旧制中	専門学校・短大・高専	大学・大学院
総数	12 498	10 369	2 657	4 511	532	2 400
卒業	10 280	10 226	2 620	4 460	523	2 361
小学・中学	2 458	2 447	1 774	577	51	36
高校・旧制中	5 411	5 381	697	3 347	290	1 030
専門学校・短大・高専	1 513	1 506	130	455	163	751
大学・大学院	625	622	7	60	17	537
29歳以下	－	－	－	－	－	－
卒業	－	－	－	－	－	－
小学・中学	－	－	－	－	－	－
高校・旧制中	－	－	－	－	－	－
専門学校・短大・高専	－	－	－	－	－	－
大学・大学院	－	－	－	－	－	－
30～39歳	3	2	－	1	－	2
卒業	2	2	－	1	－	2
小学・中学	－	－	－	－	－	－
高校・旧制中	1	1	－	1	－	0
専門学校・短大・高専	0	0	－	－	－	0
大学・大学院	1	1	－	－	－	1
40～49歳	34	31	7	15	2	6
卒業	31	31	7	15	2	6
小学・中学	5	5	3	1	1	－
高校・旧制中	14	14	3	8	1	2
専門学校・短大・高専	5	5	1	2	0	2
大学・大学院	7	7	1	3	0	2
50～59歳	442	379	67	163	24	117
卒業	374	373	66	162	23	115
小学・中学	28	28	19	7	1	1
高校・旧制中	201	200	38	113	11	37
専門学校・短大・高専	96	95	8	34	10	44
大学・大学院	42	42	1	7	1	33
60～69歳	5 736	4 846	875	2 227	289	1 334
卒業	4 801	4 779	863	2 200	285	1 315
小学・中学	670	666	446	190	19	8
高校・旧制中	2 706	2 693	335	1 697	151	501
専門学校・短大・高専	946	943	71	275	102	491
大学・大学院	361	359	5	29	10	313
70歳以上	6 273	5 106	1 706	2 102	218	940
卒業	5 068	5 038	1 684	2 081	214	922
小学・中学	1 753	1 746	1 304	379	30	27
高校・旧制中	2 489	2 472	321	1 526	127	490
専門学校・短大・高専	466	463	51	144	51	215
大学・大学院	214	213	1	20	5	186
（再掲）65歳以上	10 117	8 315	2 340	3 595	397	1 763
卒業	8 244	8 201	2 308	3 554	391	1 731
小学・中学	2 253	2 243	1 645	517	41	32
高校・旧制中	4 310	4 286	553	2 680	229	811
専門学校・短大・高専	1 024	1 019	97	304	109	503
大学・大学院	429	429	3	36	10	380

注：1）熊本県を除いたものである。
　　2）教育の「総数」には、在学中、在学したことがない、教育不詳の者を含む。
　　3）「卒業」には、卒業学校不詳の者を含む。
　　4）夫の年齢階級の「総数」には、夫の年齢不詳を含む。
　　5）妻の年齢階級の「総数」には、妻の年齢不詳を含む。

第30表　世帯人員，配偶者の有無・性・年齢（5歳階級）別

（単位：千人）　　　　　　　　　　　　　　　　　　　　　　　　　　　　　　　平成28年

性 年 齢 階 級	総　数	配偶者あり	配偶者なし		
			未　婚	死　別	離　別
総　　　数	123 323	65 811	42 106	9 840	5 566
19 歳 以 下	21 914	23	21 891	－	0
20 ～ 24 歳	4 852	266	4 564	2	20
25 ～ 29	5 002	1 563	3 346	1	92
30 ～ 34	6 079	3 499	2 367	5	208
35 ～ 39	7 388	4 996	2 034	15	343
40 ～ 44	9 243	6 568	2 047	35	593
45 ～ 49	8 878	6 468	1 655	79	676
50 ～ 54	8 021	6 053	1 157	132	678
55 ～ 59	7 789	6 082	836	229	642
60 ～ 64	8 677	6 852	750	451	624
65 ～ 69	10 949	8 459	734	1 021	736
70 ～ 74	8 001	5 943	291	1 351	416
75 ～ 79	6 800	4 632	172	1 717	280
80 歳 以 上	9 565	4 342	179	4 794	249
不　　　詳	166	66	83	9	8
（再掲）65歳以上	35 315	23 376	1 376	8 883	1 681
75歳以上	16 365	8 974	351	6 510	529
男	59 351	32 959	22 559	1 847	1 985
19 歳 以 下	11 161	6	11 155	－	－
20 ～ 24 歳	2 423	103	2 315	0	5
25 ～ 29	2 476	657	1 792	0	27
30 ～ 34	2 986	1 588	1 333	2	63
35 ～ 39	3 664	2 327	1 216	5	115
40 ～ 44	4 555	3 134	1 224	8	188
45 ～ 49	4 342	3 084	1 003	15	240
50 ～ 54	3 935	2 927	720	36	251
55 ～ 59	3 807	2 954	558	49	247
60 ～ 64	4 181	3 327	495	108	251
65 ～ 69	5 283	4 328	456	215	285
70 ～ 74	3 711	3 138	147	276	149
75 ～ 79	3 100	2 605	66	330	99
80 歳 以 上	3 647	2 749	34	799	64
不　　　詳	80	30	44	4	3
（再掲）65歳以上	15 741	12 821	704	1 620	596
75歳以上	6 746	5 354	100	1 129	163
女	63 972	32 852	19 547	7 993	3 581
19 歳 以 下	10 752	16	10 736	－	0
20 ～ 24 歳	2 429	163	2 249	2	15
25 ～ 29	2 526	906	1 554	1	66
30 ～ 34	3 093	1 911	1 034	3	146
35 ～ 39	3 724	2 669	818	9	228
40 ～ 44	4 688	3 434	822	27	405
45 ～ 49	4 536	3 383	652	65	436
50 ～ 54	4 085	3 126	437	96	427
55 ～ 59	3 981	3 128	278	180	395
60 ～ 64	4 497	3 525	255	344	373
65 ～ 69	5 666	4 131	277	807	451
70 ～ 74	4 290	2 804	144	1 075	267
75 ～ 79	3 701	2 027	106	1 387	181
80 歳 以 上	5 918	1 593	145	3 994	185
不　　　詳	86	36	40	5	5
（再掲）65歳以上	19 575	10 555	672	7 263	1 084
75歳以上	9 619	3 620	251	5 381	366

注：熊本県を除いたものである。

第31表　世帯人員，医療保険加入状況・性・年齢（5歳階級）別

（単位：千人）　　　　　　　　　　　　　　　　　　　　　　　　　　　　　　　　　　　　　平成28年

性 年齢階級	総数	国民健康保険加入者	市町村	組合	被用者保険加入者	本人	家族	後期高齢者医療制度	その他	不詳
総数	123 323	30 778	28 747	2 031	71 708	39 068	32 639	17 057	1 884	1 896
19　歳　以　下	21 914	3 242	2 761	481	18 137	342	17 795	·	262	272
20　～　24　歳	4 852	844	741	102	3 839	2 293	1 546	·	81	88
25　～　29	5 002	740	650	90	4 065	3 364	701	·	78	119
30　～　34	6 079	985	896	89	4 916	3 764	1 152	·	82	96
35　～　39	7 388	1 228	1 100	127	5 944	4 407	1 537	·	98	117
40　～　44	9 243	1 580	1 420	160	7 389	5 500	1 889	·	135	139
45　～　49	8 878	1 649	1 483	166	6 927	5 152	1 775	·	162	140
50　～　54	8 021	1 567	1 428	139	6 199	4 637	1 561	·	148	107
55　～　59	7 789	1 921	1 768	153	5 587	4 164	1 423	·	152	128
60　～　64	8 677	3 809	3 628	181	4 508	3 126	1 382	·	175	185
65　～　69	10 949	7 386	7 176	210	2 965	1 761	1 204	199	195	205
70　～　74	8 001	5 793	5 664	129	1 176	531	645	653	146	232
75　～　79	6 800	·	·	·	·	·	·	6 709	92	–
80　歳　以　上	9 565	·	·	·	·	·	·	9 488	77	–
不　　　詳	166	34	29	4	55	26	29	9	1	68
（再掲）65歳以上	35 315	13 179	12 841	339	4 141	2 292	1 849	17 048	510	437
75歳以上	16 365	·	·	·	·	·	·	16 196	169	–
男	59 351	14 582	13 524	1 058	35 679	24 828	10 852	7 076	981	1 033
19　歳　以　下	11 161	1 606	1 370	236	9 293	194	9 099	·	128	133
20　～　24　歳	2 423	442	389	54	1 893	1 131	762	·	44	43
25　～　29	2 476	368	321	47	2 003	1 856	147	·	43	62
30　～　34	2 986	491	444	47	2 395	2 304	91	·	47	54
35　～　39	3 664	653	582	71	2 893	2 836	57	·	45	73
40　～　44	4 555	810	724	86	3 585	3 546	39	·	73	87
45　～　49	4 342	852	766	86	3 322	3 278	44	·	84	84
50　～　54	3 935	768	694	74	3 019	2 979	39	·	83	66
55　～　59	3 807	866	787	79	2 783	2 725	58	·	88	71
60　～　64	4 181	1 599	1 501	99	2 370	2 239	130	·	110	102
65　～　69	5 283	3 404	3 298	106	1 541	1 318	223	112	104	122
70　～　74	3 711	2 708	2 636	72	555	403	152	276	70	101
75　～　79	3 100	·	·	·	·	·	·	3 058	42	–
80　歳　以　上	3 647	·	·	·	·	·	·	3 627	20	–
不　　　詳	80	14	12	2	27	18	10	3	0	34
（再掲）65歳以上	15 741	6 112	5 934	178	2 097	1 721	375	7 073	235	224
75歳以上	6 746	·	·	·	·	·	·	6 684	62	–
女	63 972	16 196	15 222	974	36 028	14 241	21 788	9 981	904	863
19　歳　以　下	10 752	1 636	1 391	245	8 843	147	8 696	·	134	139
20　～　24　歳	2 429	401	353	49	1 946	1 162	784	·	37	45
25　～　29	2 526	372	329	43	2 063	1 509	554	·	35	57
30　～　34	3 093	494	452	42	2 521	1 460	1 061	·	35	43
35　～　39	3 724	574	518	56	3 052	1 571	1 481	·	54	44
40　～　44	4 688	769	696	74	3 804	1 954	1 849	·	62	53
45　～　49	4 536	797	717	80	3 605	1 873	1 732	·	78	56
50　～　54	4 085	799	734	65	3 180	1 658	1 522	·	65	42
55　～　59	3 981	1 056	982	74	2 804	1 439	1 365	·	64	57
60　～　64	4 497	2 209	2 127	82	2 139	887	1 252	·	66	83
65　～　69	5 666	3 982	3 878	104	1 424	443	981	87	91	82
70　～　74	4 290	3 085	3 028	57	620	128	492	377	77	131
75　～　79	3 701	·	·	·	·	·	·	3 651	50	–
80　歳　以　上	5 918	·	·	·	·	·	·	5 861	57	–
不　　　詳	86	20	17	2	28	8	19	5	0	33
（再掲）65歳以上	19 575	7 067	6 907	161	2 044	571	1 473	9 976	275	213
75歳以上	9 619	·	·	·	·	·	·	9 512	106	–

注：熊本県を除いたものである。

第32表　世帯人員，経済上の地位・性・年齢（5歳階級）別

（単位：千人）　　　平成28年

性 年齢階級	総数	最多所得者	仕事あり	仕事なし	仕事の有無不詳	生計補助者	被扶養者	不詳
総　　　　数	123 323	49 945	34 519	13 346	2 081	26 618	45 606	1 154
19　歳　以　下	21 914	461	125	336	－	874	20 579	－
20　～　24　歳	4 852	974	728	242	4	2 622	1 228	29
25　～　29	5 002	1 553	1 477	63	13	2 706	695	48
30　～　34	6 079	2 398	2 318	60	20	2 563	1 078	40
35　～　39	7 388	3 351	3 240	88	23	2 722	1 263	51
40　～　44	9 243	4 650	4 432	136	82	3 175	1 304	115
45　～　49	8 878	4 753	4 480	189	84	2 862	1 169	95
50　～　54	8 021	4 427	4 176	184	67	2 463	1 069	62
55　～　59	7 789	4 366	4 020	264	82	2 104	1 275	43
60　～　64	8 677	4 596	3 681	798	117	1 788	2 248	45
65　～　69	10 949	5 756	3 245	2 259	252	1 440	3 675	78
70　～　74	8 001	4 178	1 437	2 397	345	647	3 081	95
75　～　79	6 800	3 623	729	2 477	418	346	2 710	121
80　歳　以　上	9 565	4 806	409	3 836	562	277	4 188	293
不　　　　詳	166	54	22	19	13	27	44	40
（再掲）65歳以上	35 315	18 363	5 819	10 968	1 576	2 711	13 654	587
75歳以上	16 365	8 429	1 138	6 312	979	623	6 898	414
男	59 351	37 053	27 464	8 230	1 359	6 595	15 122	582
19　歳　以　下	11 161	226	65	161	－	431	10 504	－
20　～　24　歳	2 423	581	437	142	2	1 213	612	17
25　～　29	2 476	1 124	1 077	39	9	1 141	185	26
30　～　34	2 986	1 930	1 891	23	16	869	167	21
35　～　39	3 664	2 735	2 679	34	21	726	171	32
40　～　44	4 555	3 709	3 583	60	66	594	180	72
45　～　49	4 342	3 741	3 579	94	68	377	165	58
50　～　54	3 935	3 501	3 350	100	51	247	147	41
55　～　59	3 807	3 438	3 218	160	59	187	156	27
60　～　64	4 181	3 599	2 968	540	91	239	315	28
65　～　69	5 283	4 401	2 593	1 630	178	239	601	43
70　～　74	3 711	3 018	1 127	1 662	229	134	513	46
75　～　79	3 100	2 434	576	1 598	260	94	510	62
80　歳　以　上	3 647	2 578	304	1 976	299	94	879	95
不　　　　詳	80	38	16	11	10	12	15	15
（再掲）65歳以上	15 741	12 431	4 600	6 865	966	561	2 504	245
75歳以上	6 746	5 012	880	3 573	559	188	1 390	157
女	63 972	12 892	7 054	5 116	722	20 023	30 484	573
19　歳　以　下	10 752	235	60	175	－	443	10 074	－
20　～　24　歳	2 429	392	292	99	1	1 409	616	12
25　～　29	2 526	428	400	24	4	1 565	511	23
30　～　34	3 093	468	427	37	4	1 695	911	19
35　～　39	3 724	616	561	54	2	1 996	1 093	19
40　～　44	4 688	941	849	76	16	2 581	1 123	43
45　～　49	4 536	1 012	901	95	16	2 485	1 003	36
50　～　54	4 085	926	825	84	16	2 217	922	21
55　～　59	3 981	928	802	104	23	1 917	1 119	17
60　～　64	4 497	996	712	258	26	1 550	1 933	17
65　～　69	5 666	1 355	652	629	74	1 202	3 074	36
70　～　74	4 290	1 160	310	735	115	513	2 568	49
75　～　79	3 701	1 190	153	879	157	252	2 200	59
80　歳　以　上	5 918	2 227	105	1 860	263	183	3 308	198
不　　　　詳	86	17	6	8	3	16	29	24
（再掲）65歳以上	19 575	5 932	1 219	4 103	610	2 150	11 151	342
75歳以上	9 619	3 417	258	2 739	420	435	5 509	258

注：熊本県を除いたものである。

第33表　世　帯　数，室数・世帯人員・住居の種類別

（単位：千世帯）　　　　　　　　　　　　　　　　　　　　　　　　　　　　　　　　　　　平成28年

世帯人員／住居の種類	総　数	1　室	2　室	3　室	4　室	5　室	6　室	7室以上	不　詳
総　数	49 945	3 190	3 318	7 405	10 463	10 047	6 230	8 204	1 089
持　ち　家	34 131	109	463	2 561	7 401	9 397	5 930	7 933	337
民　間　賃　貸　住　宅	9 195	1 953	2 078	2 922	1 543	318	131	74	177
社宅・公務員住宅等の給与住宅	1 275	406	108	284	357	60	17	22	21
都市再生機構・公社等の公営賃貸住宅	2 658	78	414	1 249	827	34	2	0	52
借　間　・　そ　の　他	2 686	645	255	389	334	237	150	175	502
1　　　人	13 434	2 997	1 975	2 300	2 069	1 492	1 032	1 138	431
持　ち　家	5 966	67	238	774	1 411	1 359	970	1 061	87
民　間　賃　貸　住　宅	4 393	1 840	1 262	818	268	48	24	18	114
社宅・公務員住宅等の給与住宅	669	396	83	82	73	12	4	7	11
都市再生機構・公社等の公営賃貸住宅	1 068	68	250	491	225	9	1	–	24
借　間　・　そ　の　他	1 339	625	143	135	92	64	34	52	193
2　　　人	15 723	131	912	2 649	3 467	3 298	2 287	2 712	267
持　ち　家	11 690	22	155	945	2 514	3 112	2 203	2 649	92
民　間　賃　貸　住　宅	2 331	85	555	1 036	482	94	36	16	27
社宅・公務員住宅等の給与住宅	215	5	14	89	80	13	4	5	5
都市再生機構・公社等の公営賃貸住宅	919	7	125	454	302	14	1	0	18
借　間　・　そ　の　他	568	13	64	125	90	65	42	42	125
3　　　人	10 110	43	301	1 463	2 431	2 396	1 392	1 899	186
持　ち　家	7 707	11	41	467	1 703	2 247	1 323	1 850	66
民　間　賃　貸　住　宅	1 431	20	196	669	404	80	29	16	17
社宅・公務員住宅等の給与住宅	192	3	7	68	88	17	4	3	2
都市再生機構・公社等の公営賃貸住宅	390	2	26	187	164	5	0	–	6
借　間　・　そ　の　他	390	6	31	73	71	48	37	30	94
4　　　人	6 953	16	100	774	1 902	1 993	918	1 119	131
持　ち　家	5 578	8	22	297	1 378	1 879	863	1 076	55
民　間　賃　貸　住　宅	770	6	53	314	285	63	24	13	12
社宅・公務員住宅等の給与住宅	146	1	4	35	86	11	5	2	3
都市再生機構・公社等の公営賃貸住宅	201	0	9	90	94	4	1	–	3
借　間　・　そ　の　他	257	0	13	39	58	36	25	28	58
5　　　人	2 545	3	27	177	492	701	418	675	53
持　ち　家	2 120	1	6	63	332	645	395	651	26
民　間　賃　貸　住　宅	219	1	12	70	85	26	13	8	4
社宅・公務員住宅等の給与住宅	43	–	0	10	23	7	1	3	1
都市再生機構・公社等の公営賃貸住宅	62	1	4	20	33	3	–	0	1
借　間　・　そ　の　他	101	–	4	14	19	21	9	14	21
6　人　以　上	1 178	0	3	41	102	166	184	660	21
持　ち　家	1 069	0	1	15	64	156	176	646	10
民　間　賃　貸　住　宅	51	0	2	14	18	7	6	4	1
社宅・公務員住宅等の給与住宅	10	–	–	1	7	1	–	2	0
都市再生機構・公社等の公営賃貸住宅	17	–	–	7	9	0	0	–	–
借　間　・　そ　の　他	31	–	0	3	4	3	2	9	10

注：熊本県を除いたものである。

第34表　世　帯　数，室数・世帯構造・住居の種類別

（単位：千世帯）　　　　　　　　　　　　　　　　　　　　　　　　　　　　　　　　　　　　平成28年

世帯構造 住居の種類	総　数	1　室	2　室	3　室	4　室	5　室	6　室	7室以上	不　詳
総　　　　　　数	49 945	3 190	3 318	7 405	10 463	10 047	6 230	8 204	1 089
持　ち　家	34 131	109	463	2 561	7 401	9 397	5 930	7 933	337
民間賃貸住宅	9 195	1 953	2 078	2 922	1 543	318	131	74	177
社宅・公務員住宅等の給与住宅	1 275	406	108	284	357	60	17	22	21
都市再生機構・公社等の公営賃貸住宅	2 658	78	414	1 249	827	34	2	0	52
借間・その他	2 686	645	255	389	334	237	150	175	502
単　独　世　帯	13 434	2 997	1 975	2 300	2 069	1 492	1 032	1 138	431
持　ち　家	5 966	67	238	774	1 411	1 359	970	1 061	87
民間賃貸住宅	4 393	1 840	1 262	818	268	48	24	18	114
社宅・公務員住宅等の給与住宅	669	396	83	82	73	12	4	7	11
都市再生機構・公社等の公営賃貸住宅	1 068	68	250	491	225	9	1	−	24
借間・その他	1 339	625	143	135	92	64	34	52	193
核　家　族　世　帯	30 234	160	1 210	4 691	7 635	7 464	4 172	4 372	530
持　ち　家	22 724	36	207	1 638	5 445	7 008	3 969	4 227	195
民間賃貸住宅	4 324	91	727	1 932	1 153	234	89	46	52
社宅・公務員住宅等の給与住宅	577	8	23	195	272	46	12	11	8
都市再生機構・公社等の公営賃貸住宅	1 454	8	150	699	549	22	1	0	25
借間・その他	1 155	17	102	228	215	153	101	87	251
夫婦のみの世帯	11 850	82	624	1 872	2 625	2 569	1 816	2 082	179
持　ち　家	9 119	16	126	718	1 963	2 439	1 756	2 036	65
民間賃貸住宅	1 587	50	367	707	344	67	26	12	13
社宅・公務員住宅等の給与住宅	189	3	11	81	72	12	4	4	3
都市再生機構・公社等の公営賃貸住宅	581	5	81	287	189	9	0	0	10
借間・その他	373	9	39	78	57	42	30	30	88
夫婦と未婚の子のみの世帯	14 744	53	345	2 023	4 140	4 206	1 943	1 771	264
持　ち　家	11 360	17	60	722	2 987	3 951	1 830	1 688	104
民間賃貸住宅	2 004	23	214	885	639	133	52	31	26
社宅・公務員住宅等の給与住宅	369	4	11	109	195	33	7	6	4
都市再生機構・公社等の公営賃貸住宅	468	3	27	213	211	8	1	0	6
借間・その他	543	6	33	94	108	81	52	46	124
ひとり親と未婚の子のみの世帯	3 640	25	241	797	869	688	413	518	87
持　ち　家	2 245	3	21	198	494	618	383	503	25
民間賃貸住宅	733	17	146	339	171	34	11	3	13
社宅・公務員住宅等の給与住宅	19	2	1	6	5	1	1	1	1
都市再生機構・公社等の公営賃貸住宅	405	0	43	199	150	4	1	−	9
借間・その他	238	3	30	56	50	31	18	12	39
三　世　代　世　帯	2 947	2	11	78	243	470	520	1 565	57
持　ち　家	2 738	1	2	33	181	450	505	1 540	27
民間賃貸住宅	98	1	7	24	37	13	9	4	3
社宅・公務員住宅等の給与住宅	6	−	−	0	2	1	0	2	1
都市再生機構・公社等の公営賃貸住宅	35	0	2	16	15	1	0	−	1
借間・その他	70	−	0	5	9	5	6	18	26
そ　の　他　の　世　帯	3 330	31	121	336	516	620	506	1 130	71
持　ち　家	2 703	4	16	116	365	580	487	1 105	29
民間賃貸住宅	380	21	83	148	84	22	9	6	7
社宅・公務員住宅等の給与住宅	23	1	1	7	9	1	1	1	1
都市再生機構・公社等の公営賃貸住宅	101	2	12	44	38	2	0	−	3
借間・その他	123	3	9	21	18	15	9	17	31

注：熊本県を除いたものである。

第35表　世　帯　数，室数・世帯類型・住居の種類別

（単位：千世帯）　　　　　　　　　　　　　　　　　　　　　　　　　　　　　　　平成28年

世帯類型 住居の種類	総　数	1　室	2　室	3　室	4　室	5　室	6　室	7室以上	不　詳
総　　　　数	49 945	3 190	3 318	7 405	10 463	10 047	6 230	8 204	1 089
持　ち　家	34 131	109	463	2 561	7 401	9 397	5 930	7 933	337
民　間　賃　貸　住　宅	9 195	1 953	2 078	2 922	1 543	318	131	74	177
社宅・公務員住宅等の給与住宅	1 275	406	108	284	357	60	17	22	21
都市再生機構・公社等の公営賃貸住宅	2 658	78	414	1 249	827	34	2	0	52
借　間　・　そ　の　他	2 686	645	255	389	334	237	150	175	502
高　齢　者　世　帯	13 271	517	979	1 935	2 480	2 517	2 012	2 489	341
持　ち　家	9 971	42	236	884	1 928	2 392	1 954	2 431	103
民　間　賃　貸　住　宅	1 475	281	435	418	210	59	21	10	41
社宅・公務員住宅等の給与住宅	38	6	7	9	6	4	2	3	1
都市再生機構・公社等の公営賃貸住宅	1 098	37	229	528	264	13	0	0	26
借　間　・　そ　の　他	688	151	73	96	71	48	34	45	171
母　子　世　帯	712	11	101	264	189	81	25	20	21
持　ち　家	170	1	3	27	50	56	15	15	3
民　間　賃　貸　住　宅	305	7	69	148	64	8	2	1	4
社宅・公務員住宅等の給与住宅	6	0	0	3	2	0	0	0	1
都市再生機構・公社等の公営賃貸住宅	133	–	11	64	53	1	0	–	4
借　間　・　そ　の　他	98	2	18	22	21	16	7	4	8
父　子　世　帯	91	3	7	21	26	20	7	5	2
持　ち　家	52	1	1	6	16	18	6	5	0
民　間　賃　貸　住　宅	19	2	3	9	3	1	0	–	1
社宅・公務員住宅等の給与住宅	1	–	0	0	1	0	0	–	
都市再生機構・公社等の公営賃貸住宅	7	–	–	3	4				0
借　間　・　そ　の　他	11	0	3	4	3	1	1	–	1
そ　の　他　の　世　帯	35 871	2 659	2 231	5 184	7 767	7 428	4 187	5 689	725
持　ち　家	23 937	64	222	1 644	5 408	6 930	3 955	5 482	231
民　間　賃　貸　住　宅	7 397	1 663	1 572	2 347	1 265	250	107	63	131
社宅・公務員住宅等の給与住宅	1 229	400	100	272	349	56	15	19	19
都市再生機構・公社等の公営賃貸住宅	1 420	41	175	655	506	19	2	0	23
借　間　・　そ　の　他	1 889	491	162	267	239	173	108	126	322

注：熊本県を除いたものである。

（2－1）

第36表　世帯数，世帯主の教育・住居の種類・世帯主の年齢（5歳階級）別

（単位：千世帯）　　　　　　　　　　　　　　　　　　　　　　　　　　　　　　　　　　平成28年

住居の種類／世帯主の年齢階級	総数	卒業	小学・中学	高校・旧制中	専門学校	短大・高専	大学	大学院	卒業学校不詳	在学中	在学したことがない	不詳
総数	49 945	41 939	6 407	16 918	3 459	1 836	10 866	1 241	1 213	930	95	6 964
19歳以下	440	38	5	31	–	–	–	–	2	395	–	3
20～24歳	870	482	23	143	77	28	180	11	20	346	5	38
25～29	1 337	1 188	49	310	153	51	483	103	39	37	9	103
30～34	2 095	1 884	101	532	275	75	700	142	59	17	4	189
35～39	2 901	2 621	118	822	400	148	875	171	88	15	5	260
40～44	4 058	3 632	172	1 284	514	207	1 145	188	122	23	3	401
45～49	4 208	3 732	180	1 436	435	215	1 188	157	121	26	3	446
50～54	4 064	3 588	152	1 483	356	196	1 157	126	119	22	5	449
55～59	4 117	3 612	194	1 492	303	217	1 212	101	93	11	2	493
60～64	4 741	4 038	434	1 829	250	188	1 161	79	97	7	6	690
65～69	6 364	5 274	899	2 544	266	187	1 161	86	131	9	6	1 076
70～74	4 791	3 849	1 059	1 736	152	107	641	37	118	5	11	926
75～79	4 245	3 372	1 136	1 454	127	89	467	18	82	5	13	854
80歳以上	5 656	4 609	1 885	1 818	150	128	490	22	116	12	23	1 012
(再掲)65歳以上	21 056	17 104	4 979	7 552	695	510	2 759	163	447	31	53	3 868
75歳以上	9 901	7 981	3 021	3 272	277	216	957	40	198	17	36	1 867
持ち家	34 131	29 442	4 514	12 223	2 196	1 252	7 713	742	802	105	46	4 535
19歳以下	5	1	0	1	–	–	–	–	–	3	–	1
20～24歳	32	23	2	11	4	1	4	–	2	7	–	2
25～29	178	161	7	67	19	9	48	5	6	2	0	14
30～34	699	630	30	200	96	22	222	34	25	5	0	64
35～39	1 510	1 375	45	457	213	66	465	86	45	6	3	127
40～44	2 504	2 256	81	801	324	115	745	116	74	12	2	234
45～49	2 761	2 485	86	922	294	139	863	105	77	16	2	257
50～54	2 838	2 549	87	1 009	260	140	883	92	78	18	3	269
55～59	3 085	2 756	107	1 101	238	171	992	82	65	8	1	320
60～64	3 693	3 223	281	1 439	192	155	1 014	71	72	5	3	462
65～69	5 036	4 279	634	2 065	214	159	1 028	78	101	6	3	748
70～74	3 809	3 127	769	1 432	118	95	581	36	95	4	4	674
75～79	3 384	2 745	854	1 215	95	70	431	16	64	4	9	626
80歳以上	4 569	3 820	1 531	1 500	128	112	435	20	96	9	17	723
(再掲)65歳以上	16 798	13 971	3 787	6 212	555	436	2 475	151	355	22	33	2 771
75歳以上	7 954	6 565	2 384	2 714	223	182	866	36	159	13	27	1 349
民間賃貸住宅	9 195	7 523	939	2 772	844	368	2 055	304	242	457	19	1 192
19歳以下	175	13	2	9	–	–	–	–	1	162	–	0
20～24歳	541	282	15	80	49	20	105	4	9	241	0	18
25～29	795	716	30	169	101	29	316	46	24	22	1	56
30～34	994	905	44	232	133	43	351	77	25	9	1	80
35～39	958	870	46	240	137	59	295	60	33	5	1	82
40～44	1 020	908	58	312	130	55	276	47	29	6	1	106
45～49	900	783	55	337	100	43	193	32	23	4	0	112
50～54	720	617	37	287	57	32	161	20	23	2	1	100
55～59	605	507	52	229	41	30	127	10	17	2	1	95
60～64	584	465	85	229	32	21	82	3	12	0	2	116
65～69	694	534	136	259	27	14	76	4	17	1	1	158
70～74	440	334	133	143	15	7	27	–	9	0	3	102
75～79	350	270	110	110	14	9	17	0	9	0	2	77
80歳以上	405	316	135	134	7	4	26	1	8	1	3	85
(再掲)65歳以上	1 889	1 454	514	646	64	34	146	5	44	3	9	423
75歳以上	755	587	245	244	22	13	44	1	18	1	5	162

注：1）熊本県を除いたものである。
　　2）年齢階級の「総数」には、世帯主の年齢不詳を含む。

（2－2）

第36表　世帯数，世帯主の教育・住居の種類・世帯主の年齢（5歳階級）別

（単位：千世帯）　　　　　　　　　　　　　　　　　　　　　　　　　　　　　　　　　　　　平成28年

住居の種類 / 世帯主の年齢階級	総数	卒業	小学・中学	高校・旧制中	専門学校	短大・高専	大学	大学院	卒業学校不詳	在学中	在学したことがない	不詳
社宅・公務員住宅等の給与住宅	1 275	1 135	30	301	77	45	510	134	37	16	15	109
19 歳 以 下	26	18	1	17	－	－	－	－	0	6	－	1
20 ～ 24 歳	142	120	1	25	16	6	59	6	6	4	5	14
25 ～ 29	213	189	1	33	14	7	82	48	4	1	8	14
30 ～ 34	177	162	2	33	10	4	86	23	4	2	1	13
35 ～ 39	135	125	3	30	8	3	62	13	5	0	1	9
40 ～ 44	143	129	2	36	10	6	54	17	4	1	0	13
45 ～ 49	147	134	2	34	7	7	67	12	6	3	－	10
50 ～ 54	117	107	1	37	4	7	47	6	4	1	1	9
55 ～ 59	76	71	1	27	2	2	30	6	2	－	－	6
60 ～ 64	42	36	5	12	2	1	13	3	1	－	－	6
65 ～ 69	25	19	4	8	2	1	3	1	1	－	－	6
70 ～ 74	12	11	3	3	2	0	2	－	－	－	－	1
75 ～ 79	9	6	2	2	1	1	0	－	－	－	－	3
80 歳 以 上	9	8	2	3	0	0	2	0	－	－	－	2
（再掲）65歳以上	56	44	10	16	4	2	9	1	1	－	－	12
75歳以上	18	13	3	5	1	1	3	0	－	－	－	5
都市再生機構・公社等の公営賃貸住宅	2 658	2 150	619	960	166	79	242	29	54	24	8	475
19 歳 以 下	2	1	1	0	－	－	－	－	－	0	－	0
20 ～ 24 歳	20	11	2	5	1	0	1	－	1	9	－	1
25 ～ 29	50	43	5	16	6	1	10	2	2	4	0	3
30 ～ 34	83	73	14	28	10	3	9	6	2	1	0	9
35 ～ 39	124	108	12	43	19	7	19	7	2	3	0	13
40 ～ 44	167	154	19	65	22	16	24	3	4	2	－	11
45 ～ 49	191	164	22	81	16	11	25	4	5	1	1	25
50 ～ 54	185	155	15	86	16	6	25	4	4	1	－	29
55 ～ 59	181	150	20	80	12	7	26	1	5	0	－	31
60 ～ 64	228	181	40	93	13	5	26	－	5	1	1	46
65 ～ 69	379	299	91	146	18	7	31	－	7	0	1	79
70 ～ 74	351	268	108	120	13	2	18	－	6	1	－	81
75 ～ 79	323	249	129	86	10	7	12	1	5	1	2	71
80 歳 以 上	371	292	141	110	9	7	18	－	6	1	2	75
（再掲）65歳以上	1 423	1 108	469	462	51	23	78	2	24	3	6	306
75歳以上	693	541	270	196	19	14	30	1	11	2	4	146
借　間・そ の 他	2 686	1 689	306	661	175	91	345	31	78	328	8	654
19 歳 以 下	232	5	1	3	－	－	－	－	1	224	－	0
20 ～ 24 歳	135	46	2	21	7	2	10	1	2	85	－	4
25 ～ 29	100	78	6	24	12	4	26	2	3	7	－	14
30 ～ 34	141	115	10	39	25	3	32	3	3	1	1	24
35 ～ 39	175	143	12	51	24	13	34	5	4	1	1	30
40 ～ 44	224	185	12	70	27	15	46	5	10	2	1	37
45 ～ 49	209	165	15	62	19	15	41	4	10	2	0	41
50 ～ 54	204	160	12	64	19	11	40	4	10	1	0	42
55 ～ 59	169	128	13	55	9	6	37	2	4	0	0	41
60 ～ 64	194	133	23	56	11	7	26	2	7	1	1	60
65 ～ 69	230	143	35	66	5	6	24	3	6	1	1	85
70 ～ 74	179	109	45	38	4	2	14	0	6	0	3	67
75 ～ 79	180	102	42	41	6	2	6	0	5	－	－	78
80 歳 以 上	301	173	77	71	6	5	8	0	6	1	1	127
（再掲）65歳以上	890	527	198	216	21	15	51	3	22	3	4	356
75歳以上	481	275	119	112	12	7	14	1	10	1	1	204

注：1）熊本県を除いたものである。
　　2）年齢階級の「総数」には、世帯主の年齢不詳を含む。

第37表　世　帯　数，世帯人員・住居の種類・住宅の床面積階級別

（単位：千世帯）　　　　　　　　　　　　　　　　　　　　　　　　　　　　　　　　平成28年

住居の種類 住宅の床面積階級	総　数	1　人	2　人	3　人	4　人	5　人	6人以上
総　　　　　数	49 945	13 434	15 723	10 110	6 953	2 545	1 178
25㎡未満	3 170	2 658	340	111	44	14	3
25 ～ 50㎡未満	7 510	3 467	2 232	1 075	513	175	48
50 ～ 75	9 421	2 283	3 392	2 047	1 253	356	91
75 ～ 100	8 106	1 434	2 855	1 886	1 401	403	127
100 ～ 150	11 751	1 556	3 992	2 818	2 261	829	295
150 ～ 200	4 025	502	1 327	960	629	341	266
200㎡以上	1 981	222	556	461	306	197	238
持　　ち　　家	34 131	5 966	11 690	7 707	5 578	2 120	1 069
25㎡未満	240	112	73	30	19	5	2
25 ～ 50㎡未満	2 304	719	808	419	233	95	30
50 ～ 75	5 503	1 339	2 037	1 131	718	214	63
75 ～ 100	7 043	1 226	2 554	1 623	1 197	334	110
100 ～ 150	11 246	1 460	3 856	2 709	2 155	783	282
150 ～ 200	3 893	469	1 296	932	603	332	261
200㎡以上	1 911	196	543	447	299	192	234
民　間　賃　貸　住　宅	9 195	4 393	2 331	1 431	770	219	51
25㎡未満	1 852	1 616	173	43	15	4	0
25 ～ 50㎡未満	3 331	1 749	912	435	175	49	11
50 ～ 75	2 285	485	801	583	328	76	12
75 ～ 100	574	98	162	156	108	40	11
100 ～ 150	216	32	62	47	50	19	7
150 ～ 200	35	8	6	7	10	3	1
200㎡以上	10	3	2	3	2	1	0
社宅・公務員住宅等の給与住宅	1 275	669	215	192	146	43	10
25㎡未満	313	296	9	6	1	0	－
25 ～ 50㎡未満	322	216	46	33	20	5	1
50 ～ 75	361	74	104	94	68	16	5
75 ～ 100	127	22	28	29	34	12	2
100 ～ 150	47	11	10	10	11	5	0
150 ～ 200	10	2	2	3	2	0	0
200㎡以上	9	2	2	2	1	1	1
都市再生機構・公社等の公営賃貸住宅	2 658	1 068	919	390	201	62	17
25㎡未満	180	106	51	14	6	2	0
25 ～ 50㎡未満	1 077	505	366	133	55	15	4
50 ～ 75	935	286	351	168	92	30	8
75 ～ 100	149	33	48	34	26	6	2
100 ～ 150	15	2	4	2	5	1	0
150 ～ 200	1	0	0	0	－	－	－
200㎡以上	－	－	－	－	－	－	－
借　間　・　そ　の　他	2 686	1 339	568	390	257	101	31
25㎡未満	585	528	34	17	3	3	0
25 ～ 50㎡未満	477	278	102	55	30	11	2
50 ～ 75	337	99	99	71	46	20	2
75 ～ 100	212	56	63	44	35	10	3
100 ～ 150	227	51	60	49	41	21	5
150 ～ 200	86	23	22	18	14	6	3
200㎡以上	50	21	9	8	5	4	3

注：1）熊本県を除いたものである。
　　2）床面積階級の「総数」には、住宅の床面積不詳を含む。

第38表　世　帯　数，市郡・住居の種類・住宅の床面積階級別

（単位：千世帯）　　平成28年

住居の種類 住宅の床面積階級	総　数	市　部	大都市	その他の市	人口15万人 以上の市	人口15万人 未満の市	郡　部
総　　　　　数	49 945	45 732	15 216	30 515	15 491	15 024	4 213
25㎡未満	3 170	2 949	1 361	1 588	946	641	221
25 ～ 50㎡未満	7 510	7 042	2 714	4 328	2 305	2 023	469
50 ～ 75	9 421	8 917	3 627	5 290	2 898	2 392	504
75 ～ 100	8 106	7 491	2 626	4 865	2 584	2 281	615
100 ～ 150	11 751	10 508	2 522	7 987	3 929	4 058	1 242
150 ～ 200	4 025	3 474	664	2 810	1 176	1 634	550
200㎡以上	1 981	1 664	259	1 405	506	899	317
持　　ち　　家	34 131	30 817	8 974	21 843	10 669	11 174	3 314
25㎡未満	240	217	88	129	62	67	23
25 ～ 50㎡未満	2 304	2 093	665	1 428	694	734	211
50 ～ 75	5 503	5 185	2 109	3 076	1 664	1 412	317
75 ～ 100	7 043	6 505	2 241	4 264	2 253	2 011	538
100 ～ 150	11 246	10 050	2 375	7 675	3 782	3 893	1 196
150 ～ 200	3 893	3 357	637	2 721	1 140	1 581	536
200㎡以上	1 911	1 605	248	1 357	485	872	306
民　間　賃　貸　住　宅	9 195	8 860	3 823	5 037	2 844	2 193	335
25㎡未満	1 852	1 810	911	899	551	348	42
25 ～ 50㎡未満	3 331	3 207	1 344	1 863	1 042	821	124
50 ～ 75	2 285	2 203	889	1 315	736	578	81
75 ～ 100	574	544	208	336	190	146	31
100 ～ 150	216	202	78	124	55	68	14
150 ～ 200	35	32	9	24	10	13	3
200㎡以上	10	10	3	7	3	4	0
社宅・公務員住宅等の給与住宅	1 275	1 132	432	700	373	327	143
25㎡未満	313	258	97	161	82	79	55
25 ～ 50㎡未満	322	282	96	186	93	94	39
50 ～ 75	361	336	134	202	121	81	26
75 ～ 100	127	117	49	68	40	28	10
100 ～ 150	47	40	16	24	11	13	7
150 ～ 200	10	8	3	6	3	3	1
200㎡以上	9	9	2	6	2	5	0
都市再生機構・公社等の公営賃貸住宅	2 658	2 501	1 152	1 349	764	586	156
25㎡未満	180	173	106	67	41	26	7
25 ～ 50㎡未満	1 077	1 012	451	561	317	244	65
50 ～ 75	935	883	385	497	268	230	53
75 ～ 100	149	134	62	72	39	33	15
100 ～ 150	15	13	4	9	5	4	2
150 ～ 200	1	0	－	0	0	－	0
200㎡以上	－	－	－	－	－	－	－
借　間　・　そ　の　他	2 686	2 421	835	1 586	841	745	265
25㎡未満	585	490	159	332	209	122	94
25 ～ 50㎡未満	477	447	158	289	159	130	30
50 ～ 75	337	310	110	200	109	91	27
75 ～ 100	212	192	66	125	61	64	21
100 ～ 150	227	203	49	155	75	79	24
150 ～ 200	86	76	16	60	23	37	10
200㎡以上	50	40	6	35	16	18	10

注：1）熊本県を除いたものである。
　　2）床面積階級の「総数」には、住宅の床面積不詳を含む。

241

第39表　世　帯　数，室数・住居の種類・住宅の床面積階級別

（単位：千世帯）　　　　　　　　　　　　　　　　　　　　　　　　　　　　　　　　平成28年

住居の種類　住宅の床面積階級	総　数	1　室	2　室	3　室	4　室	5　室	6　室	7室以上	不　詳
総　　　　　数	49 945	3 190	3 318	7 405	10 463	10 047	6 230	8 204	1 089
25m²未満	3 170	2 102	689	305	66	–	–	–	9
25 ～ 50m²未満	7 510	891	1 762	2 460	1 349	661	261	107	19
50 ～ 75	9 421	1	501	2 933	3 625	1 307	630	400	22
75 ～ 100	8 106	2	84	802	2 923	2 547	980	747	21
100 ～ 150	11 751	0	–	279	1 695	4 249	2 975	2 527	25
150 ～ 200	4 025	1	–	–	181	572	886	2 375	11
200m²以上	1 981	0	–	–	–	109	179	1 684	8
持　　ち　　家	34 131	109	463	2 561	7 401	9 397	5 930	7 933	337
25m²未満	240	61	65	66	47	–	–	–	1
25 ～ 50m²未満	2 304	40	189	473	673	582	239	102	6
50 ～ 75	5 503	–	134	1 070	2 177	1 154	580	374	12
75 ～ 100	7 043	–	41	567	2 386	2 390	927	717	17
100 ～ 150	11 246	–	–	235	1 569	4 089	2 871	2 460	21
150 ～ 200	3 893	–	–	–	167	545	853	2 318	10
200m²以上	1 911	–	–	–	–	103	173	1 631	4
民　間　賃　貸　住　宅	9 195	1 953	2 078	2 922	1 543	318	131	74	177
25m²未満	1 852	1 252	472	115	9	–	–	–	4
25 ～ 50m²未満	3 331	579	1 143	1 215	328	40	13	2	10
50 ～ 75	2 285	1	260	1 159	739	83	25	14	4
75 ～ 100	574	1	29	142	276	88	25	11	2
100 ～ 150	216	–	–	29	57	66	42	20	2
150 ～ 200	35	0	–	–	6	9	10	9	1
200m²以上	10	0	–	–	–	2	2	5	1
社宅・公務員住宅等の給与住宅	1 275	406	108	284	357	60	17	22	21
25m²未満	313	281	20	11	1	–	–	–	0
25 ～ 50m²未満	322	107	62	92	51	6	2	0	1
50 ～ 75	361	–	16	140	185	14	2	2	2
75 ～ 100	127	–	3	18	86	15	2	4	–
100 ～ 150	47	–	–	5	14	16	6	5	1
150 ～ 200	10	0	–	–	1	3	2	3	0
200m²以上	9	–	–	–	–	0	1	6	1
都市再生機構・公社等の公営賃貸住宅	2 658	78	414	1 249	827	34	2	0	52
25m²未満	180	21	65	87	6	–	–	–	1
25 ～ 50m²未満	1 077	46	246	532	241	10	0	–	2
50 ～ 75	935	0	62	441	418	10	1	0	2
75 ～ 100	149	–	3	40	96	8	1	–	1
100 ～ 150	15	–	–	1	11	2	0	–	–
150 ～ 200	1	–	–	–	0	0	–	0	–
200m²以上	–	–	–	–	–	–	–	–	–
借　間　・　そ　の　他	2 686	645	255	389	334	237	150	175	502
25m²未満	585	487	68	26	3	–	–	–	2
25 ～ 50m²未満	477	119	121	148	56	23	7	3	0
50 ～ 75	337	0	28	124	105	47	22	10	2
75 ～ 100	212	1	9	34	80	47	26	15	2
100 ～ 150	227	0	–	9	43	75	55	42	2
150 ～ 200	86	1	–	–	6	14	21	45	1
200m²以上	50	–	–	–	–	3	3	42	2

注：1）熊本県を除いたものである。
　　2）床面積階級の「総数」には、住宅の床面積不詳を含む。

第40表　1世帯当たり平均室数－平均床面積－世帯人員 1人当たり平均室数－平均床面積，世帯構造別

平成28年

世　帯　構　造	1世帯当たり		世帯人員1人当たり	
	平 均 室 数 （室）	平均床面積 （㎡）	平 均 室 数 （室）	平均床面積 （㎡）
総　　　　　　　数	4.70	91.7	1.90	37.1
単　独　世　帯	3.46	62.7	3.46	62.7
住み込み・寄宿舎等に居住する単独世帯	1.43	25.2	1.43	25.2
その他の単独世帯	3.62	65.7	3.62	65.7
核　家　族　世　帯	4.87	96.4	1.72	34.2
夫婦のみの世帯	4.97	97.2	2.49	48.6
夫婦と未婚の子のみの世帯	4.85	98.4	1.34	27.2
ひとり親と未婚の子のみの世帯	4.64	85.8	2.00	37.1
三　世　代　世　帯	7.08	144.9	1.43	29.4
そ　の　他　の　世　帯	5.89	116.5	2.02	39.9

注：熊本県を除いたものである。

第41表　平均有業人員－平均世帯人員－有業率，世帯人員・世帯構造別

（単位：人）　　　平成28年

世　帯　構　造	平　均　有　業　人　員							平　均世帯人員	有業率（％）
	総　数	1　人	2　人	3　人	4　人	5　人	6人以上		
総　　　　　　　　数	1.22	0.48	0.94	1.66	2.01	2.27	2.86	2.47	49.6
単　独　世　帯	0.48	0.48	・	・	・	・	・	1.00	48.2
住み込み・寄宿舎等に居住する単独世帯	0.66	0.66	・	・	・	・	・	1.00	66.4
その他の単独世帯	0.47	0.47	・	・	・	・	・	1.00	46.8
核　家　族　世　帯	1.41	・	0.93	1.70	1.99	2.07	2.06	2.83	49.8
夫婦のみの世帯	0.91	・	0.91	・	・	・	・	2.00	45.7
夫婦と未婚の子のみの世帯	1.86	・	・	1.72	2.00	2.08	2.08	3.63	51.4
ひとり親と未婚の子のみの世帯	1.18	・	1.02	1.59	1.72	1.69	1.13	2.32	50.9
三　世　代　世　帯	2.45	・	・	1.41	2.09	2.54	3.03	4.94	49.5
そ　の　他　の　世　帯	1.45	・	1.04	1.44	2.03	2.87	3.28	2.91	49.8

注：熊本県を除いたものである。

第42表　平均有業人員－平均世帯人員－有業率，世帯人員・世帯主の年齢（5歳階級）別

（単位：人）　　　平成28年

世　帯　主　の年　齢　階　級	平　均　有　業　人　員							平　均世帯人員	有業率（％）
	総　数	1　人	2　人	3　人	4　人	5　人	6人以上		
総　　　　　　　　数	1.22	0.48	0.94	1.66	2.01	2.27	2.86	2.47	49.6
19　歳　以　下	0.26	0.24	0.94	1.14	2.00	－	－	1.03	24.9
20　～　24　歳	0.81	0.69	1.55	1.35	1.21	1.61	2.52	1.24	64.8
25　～　29	1.27	0.92	1.66	1.48	1.52	1.68	2.50	1.95	64.8
30　～　34	1.41	0.93	1.60	1.47	1.54	1.63	1.89	2.77	51.0
35　～　39	1.46	0.92	1.51	1.46	1.61	1.69	2.00	3.12	46.9
40　～　44	1.53	0.89	1.46	1.53	1.70	1.86	2.16	3.16	48.4
45　～　49	1.64	0.84	1.43	1.69	1.94	2.18	2.57	3.04	53.8
50　～　54	1.80	0.85	1.46	1.98	2.35	2.69	3.20	2.84	63.6
55　～　59	1.82	0.78	1.46	2.16	2.61	3.00	3.49	2.65	68.7
60　～　64	1.56	0.62	1.27	2.01	2.64	2.95	3.39	2.45	63.8
65　～　69	1.14	0.41	0.92	1.68	2.31	2.70	3.09	2.28	50.1
70　～　74	0.79	0.22	0.61	1.37	2.10	2.36	2.86	2.15	36.8
75　～　79	0.59	0.11	0.43	1.18	1.81	2.52	2.94	2.07	28.6
80　歳　以　上	0.44	0.05	0.29	1.03	1.85	2.60	3.22	1.93	22.8
（再掲）65歳以上	0.76	0.18	0.58	1.39	2.09	2.57	3.03	2.12	36.1
75歳以上	0.51	0.07	0.35	1.10	1.83	2.56	3.08	1.99	25.4

注：1）熊本県を除いたものである。
　　2）年齢階級の「総数」には、世帯主の年齢不詳を含む。

244

第43表　平均有業人員－平均世帯人員－有業率, 世帯人員・世帯業態別

（単位：人）　　　　　　　　　　　　　　　　　　　　　　　　　　　　　　　　　　　　平成28年

世帯業態	平均有業人員							平均世帯人員	有業率（%）
	総数	1人	2人	3人	4人	5人	6人以上		
総　　　数	1.22	0.48	0.94	1.66	2.01	2.27	2.86	2.47	49.6
雇用者世帯	1.67	1.00	1.48	1.81	2.04	2.25	2.79	2.79	59.9
常雇者世帯	1.69	1.00	1.50	1.81	2.02	2.24	2.77	2.85	59.3
会社・団体等の役員の世帯	1.86	1.00	1.55	2.04	2.21	2.45	3.21	2.91	64.1
一般常雇者世帯	1.67	1.00	1.49	1.79	2.01	2.22	2.72	2.84	58.9
契約期間の定めのない雇用者世帯	1.69	1.00	1.51	1.78	1.99	2.20	2.69	2.90	58.1
契約期間が1年以上の雇用者世帯	1.61	1.00	1.40	1.83	2.20	2.38	2.93	2.55	63.1
1月以上1年未満の契約の雇用者世帯	1.51	1.00	1.36	1.84	2.36	2.61	3.09	2.26	66.7
日々又は1月未満の契約の雇用者世帯	1.48	1.00	1.36	1.83	2.06	2.31	3.31	2.27	65.3
自営業者世帯	1.94	1.00	1.62	2.17	2.39	2.74	3.40	2.81	68.8
雇人あり	2.06	1.00	1.71	2.22	2.31	2.72	3.28	3.02	68.0
雇人なし	1.87	1.00	1.57	2.13	2.45	2.76	3.48	2.71	69.2
その他の世帯	0.26	0.04	0.19	0.81	1.52	1.95	2.64	1.78	14.7
所得を伴う仕事をしている者のいる世帯	1.42	1.00	1.19	1.36	1.85	2.21	2.78	2.80	50.6
所得を伴う仕事をしている者のいない世帯	・	・	・	・	・	・	・	1.55	・

注：1）熊本県を除いたものである。
　　2）「総数」には、世帯業態の不詳を含む。

第44表　平均有業人員－平均世帯人員－有業率, 世帯人員・市郡別

（単位：人）　　　　　　　　　　　　　　　　　　　　　　　　　　　　　　　　　　　　平成28年

市郡	平均有業人員							平均世帯人員	有業率（%）
	総数	1人	2人	3人	4人	5人	6人以上		
総　　　数	1.22	0.48	0.94	1.66	2.01	2.27	2.86	2.47	49.6
市部	1.22	0.48	0.94	1.65	1.99	2.25	2.83	2.46	49.5
大都市	1.15	0.51	0.97	1.63	1.94	2.18	2.60	2.33	49.6
その他の市	1.25	0.47	0.93	1.66	2.02	2.28	2.88	2.53	49.4
人口15万人以上の市	1.21	0.47	0.92	1.64	1.96	2.21	2.73	2.48	48.7
人口15万人未満の市	1.29	0.47	0.93	1.68	2.08	2.34	2.98	2.57	50.1
郡部	1.31	0.45	0.95	1.72	2.16	2.42	3.02	2.58	50.8

注：熊本県を除いたものである。

第45表　平均有業人員－平均世帯人員－有業率, 世帯人員・世帯類型別

（単位：人）　　　　　　　　　　　　　　　　　　　　　　　　　　　　　　　　　　　　平成28年

世帯類型	平均有業人員							平均世帯人員	有業率（%）
	総数	1人	2人	3人	4人	5人	6人以上		
総　　　数	1.22	0.48	0.94	1.66	2.01	2.27	2.86	2.47	49.6
高齢者世帯	0.32	0.18	0.45	0.79	1.02	1.85	－	1.53	21.1
母子世帯	0.97	・	0.95	1.00	0.99	0.88	0.78	2.61	37.3
父子世帯	1.04	・	1.01	1.07	1.23	1.00	－	2.46	42.4
その他の世帯	1.56	0.77	1.30	1.70	2.02	2.28	2.87	2.82	55.5

注：熊本県を除いたものである。

245

（2－1）

第46表　世　帯　数， 世帯人員・世帯類型・家計支出額（5万円階級）別

（単位：千世帯）　　　　　　　　　　　　　　　　　　　　　　　　　　　　　　　　　平成28年

世 帯 類 型 家計支出額階級	総　数	1　人	2　人	3　人	4　人	5　人	6人以上
総　　　　　数	49 945	13 434	15 723	10 110	6 953	2 545	1 178
5万円未満	710	601	82	17	7	2	1
5 ～ 10万円未満	3 897	2 755	790	229	92	22	9
10 ～ 15	7 265	3 818	2 088	795	396	119	50
15 ～ 20	7 730	2 409	2 901	1 362	733	242	84
20 ～ 25	8 903	1 526	3 405	2 078	1 293	439	161
25 ～ 30	5 886	579	2 177	1 571	1 072	352	135
30 ～ 35	6 062	418	1 808	1 707	1 378	510	240
35 ～ 40	2 093	108	565	617	502	202	99
40 ～ 45	1 877	85	477	513	473	217	112
45 ～ 50	657	35	161	184	156	71	51
50 ～ 55	937	59	213	255	233	102	75
55 ～ 60	196	9	48	52	47	25	15
60万円以上	1 102	110	306	253	240	114	79
不　　　詳	2 630	921	702	478	331	130	69
高 齢 者 世 帯	13 271	6 559	6 470	228	14	0	－
5万円未満	295	255	39	1	0	－	－
5 ～ 10万円未満	1 811	1 462	343	6	0	－	－
10 ～ 15	2 799	1 932	852	14	1	0	－
15 ～ 20	2 382	1 103	1 248	30	2	－	－
20 ～ 25	2 162	663	1 446	50	2	0	－
25 ～ 30	1 246	249	956	40	1	－	－
30 ～ 35	858	167	650	37	4	－	－
35 ～ 40	270	40	213	16	1	－	－
40 ～ 45	211	32	163	15	1	－	－
45 ～ 50	81	14	65	2	1	－	－
50 ～ 55	96	22	70	4	0	－	－
55 ～ 60	24	6	17	1	－	－	－
60万円以上	172	53	115	4	0	－	－
不　　　詳	864	561	294	8	1	－	－
母 子 世 帯	712	・	370	271	58	10	3
5万円未満	4	・	3	1	0	－	－
5 ～ 10万円未満	51	・	35	15	1	－	－
10 ～ 15	163	・	93	56	10	2	1
15 ～ 20	193	・	102	77	12	2	0
20 ～ 25	152	・	73	62	15	2	0
25 ～ 30	48	・	22	17	7	1	1
30 ～ 35	35	・	12	15	6	2	0
35 ～ 40	11	・	4	5	2	0	0
40 ～ 45	8	・	5	3	0	－	－
45 ～ 50	1	・	1	0	－	－	－
50 ～ 55	2	・	1	0	0	0	－
55 ～ 60	0	・	0	－	－	－	－
60万円以上	5	・	2	2	0	－	－
不　　　詳	40	・	18	18	4	1	－

注：熊本県を除いたものである。

246

（2−2）

第46表　世　帯　数，世帯人員・世帯類型・家計支出額（5万円階級）別

（単位：千世帯）　　　　　　　　　　　　　　　　　　　　　　　　　　　　　　平成28年

世　帯　類　型 家計支出額階級	総　　数	1　　人	2　　人	3　　人	4　　人	5　　人	6人以上
父　子　世　帯	91	・	56	29	5	1	－
5万円未満	1	・	1	－	－	－	－
5　～　10万円未満	5	・	3	2	－	－	－
10　～　15	14	・	10	4	1	0	－
15　～　20	17	・	10	6	1	－	－
20　～　25	18	・	11	5	1	0	－
25　～　30	12	・	7	4	1	0	－
30　～　35	8	・	4	3	0	－	－
35　～　40	6	・	4	1	2	－	－
40　～　45	4	・	2	2	－	・	－
45　～　50	1	・	0	1	－	－	－
50　～　55	0	・	0	0	－	－	－
55　～　60	－	・	－	－	－	－	－
60万円以上	0	・	－	0	－	－	－
不　　　詳	4	・	3	1	－	－	－
そ　の　他　の　世　帯	35 871	6 875	8 827	9 583	6 877	2 534	1 175
5万円未満	410	346	40	16	6	2	1
5　～　10万円未満	2 031	1 293	409	206	91	22	9
10　～　15	4 289	1 885	1 133	720	385	117	48
15　～　20	5 138	1 307	1 541	1 249	719	240	84
20　～　25	6 571	863	1 875	1 961	1 275	437	161
25　～　30	4 580	330	1 193	1 511	1 063	350	134
30　～　35	5 160	252	1 142	1 652	1 367	508	240
35　～　40	1 805	67	344	595	498	201	99
40　～　45	1 654	53	307	493	472	217	112
45　～　50	575	21	95	181	155	71	51
50　～　55	839	37	142	251	233	101	75
55　～　60	171	3	31	51	47	25	15
60万円以上	925	58	189	247	240	114	79
不　　　詳	1 723	361	387	451	326	128	69

注：熊本県を除いたものである。

（3−1）

第47表　世　帯　数，世帯人員・世帯構造・家計支出額（5万円階級）別

（単位：千世帯）　　　　　　　　　　　　　　　　　　　　　　　　　　　　　　　　　　　平成28年

世帯構造 家計支出額階級	総　数	1　人	2　人	3　人	4　人	5　人	6人以上
総　　　　　数	49 945	13 434	15 723	10 110	6 953	2 545	1 178
5万円未満	710	601	82	17	7	2	1
5 ～ 10万円未満	3 897	2 755	790	229	92	22	9
10 ～ 15	7 265	3 818	2 088	795	396	119	50
15 ～ 20	7 730	2 409	2 901	1 362	733	242	84
20 ～ 25	8 903	1 526	3 405	2 078	1 293	439	161
25 ～ 30	5 886	579	2 177	1 571	1 072	352	135
30 ～ 35	6 062	418	1 808	1 707	1 378	510	240
35 ～ 40	2 093	108	565	617	502	202	99
40 ～ 45	1 877	85	477	513	473	217	112
45 ～ 50	657	35	161	184	156	71	51
50 ～ 55	937	59	213	255	233	102	75
55 ～ 60	196	9	48	52	47	25	15
60万円以上	1 102	110	306	253	240	114	79
不　　詳	2 630	921	702	478	331	130	69
単　独　世　帯	13 434	13 434	・	・	・	・	・
5万円未満	601	601	・	・	・	・	・
5 ～ 10万円未満	2 755	2 755	・	・	・	・	・
10 ～ 15	3 818	3 818	・	・	・	・	・
15 ～ 20	2 409	2 409	・	・	・	・	・
20 ～ 25	1 526	1 526	・	・	・	・	・
25 ～ 30	579	579	・	・	・	・	・
30 ～ 35	418	418	・	・	・	・	・
35 ～ 40	108	108	・	・	・	・	・
40 ～ 45	85	85	・	・	・	・	・
45 ～ 50	35	35	・	・	・	・	・
50 ～ 55	59	59	・	・	・	・	・
55 ～ 60	9	9	・	・	・	・	・
60万円以上	110	110	・	・	・	・	・
不　　詳	921	921	・	・	・	・	・
住み込み・寄宿舎等に居住する単独世帯	965	965	・	・	・	・	・
5万円未満	178	178	・	・	・	・	・
5 ～ 10万円未満	300	300	・	・	・	・	・
10 ～ 15	217	217	・	・	・	・	・
15 ～ 20	101	101	・	・	・	・	・
20 ～ 25	60	60	・	・	・	・	・
25 ～ 30	18	18	・	・	・	・	・
30 ～ 35	17	17	・	・	・	・	・
35 ～ 40	6	6	・	・	・	・	・
40 ～ 45	5	5	・	・	・	・	・
45 ～ 50	2	2	・	・	・	・	・
50 ～ 55	3	3	・	・	・	・	・
55 ～ 60	−	−	・	・	・	・	・
60万円以上	4	4	・	・	・	・	・
不　　詳	52	52	・	・	・	・	・
その他の単独世帯	12 469	12 469	・	・	・	・	・
5万円未満	423	423	・	・	・	・	・
5 ～ 10万円未満	2 455	2 455	・	・	・	・	・
10 ～ 15	3 601	3 601	・	・	・	・	・
15 ～ 20	2 308	2 308	・	・	・	・	・
20 ～ 25	1 465	1 465	・	・	・	・	・
25 ～ 30	561	561	・	・	・	・	・
30 ～ 35	401	401	・	・	・	・	・
35 ～ 40	102	102	・	・	・	・	・
40 ～ 45	80	80	・	・	・	・	・
45 ～ 50	32	32	・	・	・	・	・
50 ～ 55	56	56	・	・	・	・	・
55 ～ 60	9	9	・	・	・	・	・
60万円以上	107	107	・	・	・	・	・
不　　詳	869	869	・	・	・	・	・

注：熊本県を除いたものである。

（3－2）

第47表　世　帯　数，世帯人員・世帯構造・家計支出額（5万円階級）別

（単位：千世帯）　　平成28年

世帯構造 家計支出額階級	総　数	1　人	2　人	3　人	4　人	5　人	6人以上
核　家　族　世　帯	30 234	・	14 501	8 315	5 674	1 513	232
5万円未満	93	・	74	14	4	1	0
5 ～ 10万円未満	957	・	690	184	69	12	1
10 ～ 15	2 903	・	1 874	633	309	74	12
15 ～ 20	4 532	・	2 661	1 103	603	144	23
20 ～ 25	6 268	・	3 166	1 711	1 070	279	41
25 ～ 30	4 509	・	2 053	1 303	897	224	32
30 ～ 35	4 618	・	1 694	1 427	1 137	310	50
35 ～ 40	1 585	・	532	509	412	119	13
40 ～ 45	1 393	・	449	419	381	121	22
45 ～ 50	467	・	152	152	118	38	7
50 ～ 55	662	・	197	217	186	52	10
55 ～ 60	137	・	43	41	37	14	1
60万円以上	739	・	284	209	180	58	8
不　　詳	1 371	・	631	392	270	67	11
夫 婦 の み の 世 帯	11 850	・	11 850	・	・	・	・
5万円未満	51	・	51	・	・	・	・
5 ～ 10万円未満	492	・	492	・	・	・	・
10 ～ 15	1 363	・	1 363	・	・	・	・
15 ～ 20	2 082	・	2 082	・	・	・	・
20 ～ 25	2 621	・	2 621	・	・	・	・
25 ～ 30	1 784	・	1 784	・	・	・	・
30 ～ 35	1 491	・	1 491	・	・	・	・
35 ～ 40	472	・	472	・	・	・	・
40 ～ 45	407	・	407	・	・	・	・
45 ～ 50	138	・	138	・	・	・	・
50 ～ 55	170	・	170	・	・	・	・
55 ～ 60	40	・	40	・	・	・	・
60万円以上	252	・	252	・	・	・	・
不　　詳	489	・	489	・	・	・	・
夫婦と未婚の子のみの世帯	14 744	・	・	7 482	5 541	1 494	228
5万円未満	16	・	・	11	4	1	0
5 ～ 10万円未満	229	・	・	150	66	12	1
10 ～ 15	895	・	・	520	292	72	10
15 ～ 20	1 673	・	・	931	579	140	22
20 ～ 25	2 900	・	・	1 542	1 041	276	41
25 ～ 30	2 331	・	・	1 202	876	221	31
30 ～ 35	2 813	・	・	1 337	1 120	307	50
35 ～ 40	1 017	・	・	479	406	118	13
40 ～ 45	917	・	・	396	379	121	22
45 ～ 50	306	・	・	145	116	38	7
50 ～ 55	453	・	・	206	185	52	10
55 ～ 60	92	・	・	40	37	14	1
60万円以上	436	・	・	192	179	58	8
不　　詳	667	・	・	331	262	64	11
ひとり親と未婚の子のみの世帯	3 640	・	2 651	833	133	19	4
5万円未満	26	・	24	2	0	－	－
5 ～ 10万円未満	235	・	198	34	3	0	－
10 ～ 15	646	・	512	113	17	2	1
15 ～ 20	778	・	579	171	24	3	0
20 ～ 25	748	・	546	170	29	3	0
25 ～ 30	394	・	269	101	21	3	1
30 ～ 35	315	・	203	91	17	3	0
35 ～ 40	96	・	61	30	6	0	0
40 ～ 45	69	・	41	24	3	1	－
45 ～ 50	23	・	14	7	2	0	－
50 ～ 55	39	・	26	11	2	0	－
55 ～ 60	5	・	4	2	0	－	－
60万円以上	51	・	32	16	2	0	－
不　　詳	215	・	142	61	8	3	0

注：熊本県を除いたものである。

（3－3）
第47表 世 帯 数, 世帯人員・世帯構造・家計支出額（5万円階級）別

（単位：千世帯）

平成28年

世 帯 構 造 家計支出額階級	総 数	1 人	2 人	3 人	4 人	5 人	6 人以上
三 世 代 世 帯	2 947	・	・	252	900	945	850
5万円未満	3	・	・	1	1	1	0
5 ～ 10万円未満	36	・	・	7	15	9	6
10 ～ 15	162	・	・	26	61	41	34
15 ～ 20	277	・	・	41	95	86	55
20 ～ 25	456	・	・	53	152	146	104
25 ～ 30	375	・	・	35	129	120	92
30 ～ 35	557	・	・	36	162	183	176
35 ～ 40	236	・	・	10	69	78	79
40 ～ 45	244	・	・	11	63	89	81
45 ～ 50	101	・	・	4	26	32	40
50 ～ 55	138	・	・	4	32	46	56
55 ～ 60	30	・	・	1	8	10	12
60万円以上	162	・	・	5	43	49	64
不　　　詳	168	・	・	18	42	57	51
そ の 他 の 世 帯	3 330	・	1 223	1 544	380	88	96
5万円未満	13	・	8	3	1	1	－
5 ～ 10万円未満	149	・	100	38	9	2	1
10 ～ 15	382	・	214	135	26	4	4
15 ～ 20	511	・	240	218	35	12	6
20 ～ 25	653	・	239	313	71	14	16
25 ～ 30	422	・	124	232	46	9	11
30 ～ 35	468	・	114	244	78	18	14
35 ～ 40	164	・	33	98	21	5	7
40 ～ 45	155	・	28	82	28	7	9
45 ～ 50	54	・	9	27	12	2	4
50 ～ 55	77	・	16	34	15	3	9
55 ～ 60	20	・	5	10	3	1	2
60万円以上	92	・	23	40	17	6	7
不　　　詳	170	・	71	69	19	6	6

注：熊本県を除いたものである。

（5－1）

第48表　世帯数，世帯人員・世帯主の年齢（5歳階級）・家計支出額（5万円階級）別

（単位：千世帯）　　　　　　　　　　　　　　　　　　　　　　　　　　　　　　　　平成28年

世帯主の年齢階級 家計支出額階級	総　数	1　人	2　人	3　人	4　人	5　人	6人以上
総　　　　　　　数	49 945	13 434	15 723	10 110	6 953	2 545	1 178
5万円未満	710	601	82	17	7	2	1
5 ～ 10万円未満	3 897	2 755	790	229	92	22	9
10 ～ 15	7 265	3 818	2 088	795	396	119	50
15 ～ 20	7 730	2 409	2 901	1 362	733	242	84
20 ～ 25	8 903	1 526	3 405	2 078	1 293	439	161
25 ～ 30	5 886	579	2 177	1 571	1 072	352	135
30 ～ 35	6 062	418	1 808	1 707	1 378	510	240
35 ～ 40	2 093	108	565	617	502	202	99
40 ～ 45	1 877	85	477	513	473	217	112
45 ～ 50	657	35	161	184	156	71	51
50 ～ 55	937	59	213	255	233	102	75
55 ～ 60	196	9	48	52	47	25	15
60万円以上	1 102	110	306	253	240	114	79
不　　　詳	2 630	921	702	478	331	130	69
19　歳　以　下	440	431	5	5	0	－	－
5万円未満	155	155	0	－	－	－	－
5 ～ 10万円未満	173	172	1	0	－	－	－
10 ～ 15	69	66	1	1	－	－	－
15 ～ 20	16	13	1	1	0	－	－
20 ～ 25	3	2	1	1	－	－	－
25 ～ 30	1	1	－	0	－	－	－
30 ～ 35	1	0	0	0	－	－	－
35 ～ 40	0	－	－	0	－	－	－
40 ～ 45	1	1	－	－	－	－	－
45 ～ 50	0	0	－	－	－	－	－
50 ～ 55	－	－	－	－	－	－	－
55 ～ 60	0	0	－	－	－	－	－
60万円以上	0	0	－	－	－	－	－
不　　　詳	21	21	0	－	－	－	－
20 ～ 24　歳	870	739	73	39	14	4	1
5万円未満	60	59	0	0	－	－	－
5 ～ 10万円未満	270	255	11	3	1	0	－
10 ～ 15	272	248	14	8	2	0	－
15 ～ 20	121	94	17	9	0	1	0
20 ～ 25	68	33	17	10	7	1	0
25 ～ 30	15	6	5	2	1	0	0
30 ～ 35	12	3	4	3	1	0	0
35 ～ 40	4	1	2	0	－	－	－
40 ～ 45	3	0	1	2	－	－	－
45 ～ 50	0	0	－	－	－	－	－
50 ～ 55	2	2	－	－	－	－	－
55 ～ 60	0	0	－	－	0	－	－
60万円以上	2	0	1	－	－	1	－
不　　　詳	42	37	2	1	2	0	－
25 ～ 29　歳	1 337	648	305	236	110	29	9
5万円未満	25	21	3	1	0	－	－
5 ～ 10万円未満	144	111	17	11	4	1	1
10 ～ 15	329	224	54	36	11	4	0
15 ～ 20	306	162	64	56	18	3	2
20 ～ 25	235	73	69	54	31	8	1
25 ～ 30	111	19	38	27	19	6	1
30 ～ 35	77	8	26	24	11	4	4
35 ～ 40	19	3	6	7	2	1	0
40 ～ 45	19	1	8	5	3	1	0
45 ～ 50	4	－	1	2	1	0	0
50 ～ 55	6	0	2	1	1	1	－
55 ～ 60	1	0	0	－	0	－	0
60万円以上	10	3	4	2	0	－	－
不　　　詳	52	23	11	10	7	1	－

注：1）熊本県を除いたものである。
　　2）年齢階級の「総数」には、世帯主の年齢不詳を含む。

（5－2）

第48表　世　帯　数，世帯人員・世帯主の年齢（5歳階級）・家計支出額（5万円階級）別

（単位：千世帯）　　　　　　　　　　　　　　　　　　　　　　　　　　　　　　　　平成28年

世帯主の年齢階級 家計支出額階級	総　数	1　人	2　人	3　人	4　人	5　人	6人以上
30　〜　34　歳	2 095	474	433	539	455	157	38
5万円未満	14	11	2	1	−	−	−
5　〜　10万円未満	119	66	25	13	13	2	0
10　〜　15	339	141	62	69	49	15	2
15　〜　20	414	123	91	97	76	21	6
20　〜　25	460	73	102	128	109	41	8
25　〜　30	250	18	48	83	74	23	4
30　〜　35	232	11	46	66	75	25	8
35　〜　40	68	2	17	21	18	8	2
40　〜　45	52	4	8	19	12	7	2
45　〜　50	14	1	1	4	3	3	1
50　〜　55	22	1	3	9	8	2	0
55　〜　60	5	0	2	2	0	−	0
60万円以上	25	4	8	7	4	2	0
不　　詳	80	20	18	19	14	7	3
35　〜　39　歳	2 901	489	462	672	869	331	79
5万円未満	11	6	2	1	1	−	0
5　〜　10万円未満	126	58	28	18	18	3	1
10　〜　15	361	130	69	73	64	19	5
15　〜　20	497	121	92	102	127	46	8
20　〜　25	655	90	108	174	201	70	12
25　〜　30	400	31	53	102	146	57	10
30　〜　35	405	15	63	94	155	61	18
35　〜　40	121	2	11	28	51	23	6
40　〜　45	93	5	9	19	36	18	5
45　〜　50	26	0	1	8	9	5	3
50　〜　55	34	2	5	9	10	5	3
55　〜　60	9	1	1	5	2	1	0
60万円以上	32	3	5	10	8	4	3
不　　詳	132	24	16	29	40	17	6
40　〜　44　歳	4 058	651	670	891	1 256	462	128
5万円未満	17	13	1	1	1	0	−
5　〜　10万円未満	136	73	27	19	13	2	0
10　〜　15	463	171	112	80	73	23	4
15　〜　20	625	144	129	141	161	42	8
20　〜　25	840	112	142	201	265	95	25
25　〜　30	562	45	82	127	220	72	17
30　〜　35	655	30	77	163	257	98	30
35　〜　40	203	5	24	45	81	38	10
40　〜　45	184	9	25	38	66	33	12
45　〜　50	53	2	6	12	20	10	2
50　〜　55	68	5	7	13	23	12	7
55　〜　60	12	1	1	2	4	4	2
60万円以上	68	9	9	11	23	12	5
不　　詳	172	31	28	39	48	20	5
45　〜　49　歳	4 208	747	779	953	1 185	420	124
5万円未満	23	17	4	1	0	1	−
5　〜　10万円未満	152	90	28	22	8	3	1
10　〜　15	450	199	108	69	54	13	6
15　〜　20	537	150	133	113	102	32	8
20　〜　25	782	109	180	203	209	62	19
25　〜　30	560	57	101	146	188	50	17
30　〜　35	700	49	94	172	257	103	25
35　〜　40	243	13	25	58	103	37	7
40　〜　45	237	8	32	55	86	44	14
45　〜　50	72	5	9	21	24	10	4
50　〜　55	117	5	13	26	41	24	8
55　〜　60	18	0	3	4	6	4	1
60万円以上	118	5	14	25	45	21	7
不　　詳	199	39	35	39	62	17	7

注：1）熊本県を除いたものである。
　　2）年齢階級の「総数」には、世帯主の年齢不詳を含む。

（5−3）

第48表　世　帯　数, 世帯人員・世帯主の年齢（5歳階級）・家計支出額（5万円階級）別

（単位：千世帯）　　　平成28年

世帯主の年齢階級 家計支出額階級	総　数	1　人	2　人	3　人	4　人	5　人	6人以上
50　～　54　歳	4 064	777	977	1 008	886	310	106
5万円未満	23	18	3	1	0	−	−
5　～　10万円未満	175	114	43	10	5	3	−
10　～　15	407	189	103	62	37	12	5
15　～　20	496	148	155	108	58	22	6
20　～　25	679	119	198	182	127	41	13
25　～　30	485	46	127	143	120	41	9
30　～　35	686	54	140	206	196	68	22
35　～　40	243	12	49	76	75	24	8
40　～　45	266	11	42	71	90	37	15
45　～　50	83	2	15	25	25	10	6
50　～　55	136	5	24	38	47	15	6
55　～　60	21	0	5	4	9	3	1
60万円以上	153	8	33	35	48	19	9
不　　詳	210	50	41	47	49	16	7
55　～　59　歳	4 117	822	1 261	1 060	641	236	98
5万円未満	24	19	3	2	0	−	−
5　～　10万円未満	209	135	51	14	6	3	1
10　～　15	432	211	131	58	20	9	3
15　～　20	524	151	189	112	48	17	5
20　～　25	720	116	270	196	94	32	12
25　～　30	495	54	166	154	85	28	8
30　～　35	651	42	197	204	143	45	20
35　～　40	245	14	62	81	55	22	10
40　～　45	220	6	54	71	57	23	8
45　～　50	80	6	19	22	19	8	5
50　～　55	137	11	25	46	34	13	8
55　～　60	29	1	6	9	7	5	2
60万円以上	159	14	35	43	42	15	9
不　　詳	192	42	51	48	30	16	5
60　～　64　歳	4 741	1 075	1 689	1 193	513	162	109
5万円未満	37	27	8	1	1	−	0
5　～　10万円未満	311	216	66	22	5	2	0
10　～　15	615	304	197	79	25	7	4
15　～　20	676	199	278	137	41	14	7
20　～　25	810	135	339	214	81	27	14
25　～　30	613	52	252	209	69	18	13
30　～　35	636	37	235	221	97	28	19
35　～　40	233	15	75	73	46	14	11
40　～　45	223	7	68	74	47	15	12
45　～　50	88	4	23	29	19	9	5
50　～　55	110	7	28	30	31	7	8
55　～　60	25	0	7	9	7	2	1
60万円以上	134	12	38	40	25	11	8
不　　詳	229	62	75	55	21	9	7
65　～　69　歳	6 364	1 584	2 695	1 349	434	142	160
5万円未満	52	39	10	2	0	1	−
5　～　10万円未満	444	308	101	26	6	1	2
10　～　15	898	486	294	84	23	5	6
15　～　20	989	293	465	168	38	12	13
20　～　25	1 189	185	627	269	67	21	20
25　～　30	819	70	420	225	63	23	18
30　～　35	748	47	328	240	78	26	29
35　～　40	279	9	112	91	35	14	17
40　～　45	232	10	89	68	38	12	15
45　～　50	96	5	32	30	17	5	8
50　～　55	124	5	45	38	20	6	10
55　～　60	35	3	11	9	6	3	3
60万円以上	139	14	51	36	20	7	11
不　　詳	321	108	110	64	24	7	8

注：1）熊本県を除いたものである。
　　2）年齢階級の「総数」には、世帯主の年齢不詳を含む。

（5－4）

第48表　世　帯　数, 世帯人員・世帯主の年齢（5歳階級）・家計支出額（5万円階級）別

（単位：千世帯）　　　平成28年

世帯主の年齢階級 家計支出額階級	総　数	1　人	2　人	3　人	4　人	5　人	6人以上
70　～　74　歳	4 791	1 314	2 209	855	213	89	111
5万円未満	60	46	12	2	0	0	0
5　～　10万円未満	414	285	101	20	5	1	1
10　～　15	761	406	273	61	14	4	4
15　～　20	797	214	426	119	23	10	5
20　～　25	871	125	512	171	36	14	14
25　～　30	599	58	341	143	35	9	13
30　～　35	486	35	236	135	37	17	26
35　～　40	172	9	72	59	16	7	10
40　～　45	127	8	50	42	12	6	10
45　～　50	52	3	21	13	7	4	5
50　～　55	65	3	25	18	7	4	7
55　～　60	16	0	5	4	3	2	2
60万円以上	86	12	40	18	6	4	7
不　　詳	283	110	97	50	11	8	7
75　～　79　歳	4 245	1 340	1 925	638	157	84	101
5万円未満	71	56	12	2	1	－	－
5　～　10万円未満	445	305	116	20	3	0	0
10　～　15	750	392	292	49	9	3	5
15　～　20	769	234	410	94	17	7	6
20　～　25	693	124	390	129	28	10	12
25　～　30	474	52	266	114	24	9	11
30　～　35	360	25	176	94	28	17	20
35　～　40	126	7	54	41	8	7	8
40　～　45	108	5	49	24	13	10	8
45　～　50	43	2	18	10	4	3	6
50　～　55	49	6	15	11	3	5	9
55　～　60	12	2	5	1	1	1	1
60万円以上	79	12	30	13	9	7	8
不　　詳	266	118	91	36	9	4	7
80　歳　以　上	5 656	2 321	2 227	663	214	119	112
5万円未満	138	115	20	2	1	0	－
5　～　10万円未満	774	563	175	30	5	1	1
10　～　15	1 115	649	377	66	14	4	5
15　～　20	956	362	447	103	23	13	9
20　～　25	891	230	449	146	37	17	11
25　～　30	497	69	275	94	29	17	13
30　～　35	410	59	186	84	43	18	20
35　～　40	138	15	56	37	11	9	10
40　～　45	111	10	42	25	14	11	10
45　～　50	45	3	17	8	8	3	6
50　～　55	66	8	20	14	8	7	9
55　～　60	12	0	3	4	2	1	2
60万円以上	97	14	39	13	10	10	11
不　　詳	406	224	121	38	10	7	5
（再掲）65　歳　以　上	21 056	6 559	9 056	3 505	1 018	434	484
5万円未満	321	255	54	8	2	1	0
5　～　10万円未満	2 077	1 462	494	96	19	3	4
10　～　15	3 524	1 932	1 236	260	60	16	20
15　～　20	3 512	1 103	1 748	484	100	43	33
20　～　25	3 644	663	1 978	715	169	62	57
25　～　30	2 389	249	1 302	575	150	57	55
30　～　35	2 004	167	926	553	185	78	95
35　～　40	714	40	294	228	70	37	45
40　～　45	578	32	230	158	76	38	44
45　～　50	237	14	87	60	36	16	24
50　～　55	304	22	106	81	38	21	35
55　～　60	75	6	24	18	12	7	7
60万円以上	401	53	159	80	45	27	37
不　　詳	1 277	561	419	188	55	27	28

注：1）熊本県を除いたものである。
　　2）年齢階級の「総数」には、世帯主の年齢不詳を含む。

（5－5）

第48表　世　帯　数，世帯人員・世帯主の年齢（5歳階級）・家計支出額（5万円階級）別

（単位：千世帯）　　　　　　　　　　　　　　　　　　　　　　　　　　　　　　　　　　　　　　　平成28年

世帯主の年齢階級 家計支出額階級	総　　数	1　　人	2　　人	3　　人	4　　人	5　　人	6人以上
（再掲）75　歳　以　上	9 901	3 661	4 152	1 301	371	202	213
5万円未満	209	170	33	4	2	0	－
5　～　10万円未満	1 219	868	291	50	8	1	1
10　～　15	1 865	1 041	669	115	23	8	10
15　～　20	1 725	596	858	197	39	20	15
20　～　25	1 585	354	839	276	65	27	23
25　～　30	971	121	541	207	53	25	24
30　～　35	770	84	363	178	70	35	40
35　～　40	263	22	110	78	19	16	18
40　～　45	219	15	91	48	27	20	19
45　～　50	88	6	34	17	12	6	12
50　～　55	115	14	35	25	11	12	18
55　～　60	24	2	8	5	3	3	3
60万円以上	176	27	69	26	19	17	19
不　　　詳	672	342	212	74	20	11	12

注：1）熊本県を除いたものである。
　　2）年齢階級の「総数」には、世帯主の年齢不詳を含む。

（6－1）

第49表 世 帯 数， 世帯人員・世帯業態・家計支出額（5万円階級）別

（単位：千世帯）　　　平成28年

世 帯 業 態 家計支出額階級	総 数	1 人	2 人	3 人	4 人	5 人	6 人以上
総 数	49 945	13 434	15 723	10 110	6 953	2 545	1 178
5万円未満	710	601	82	17	7	2	1
5 ～ 10万円未満	3 897	2 755	790	229	92	22	9
10 ～ 15	7 265	3 818	2 088	795	396	119	50
15 ～ 20	7 730	2 409	2 901	1 362	733	242	84
20 ～ 25	8 903	1 526	3 405	2 078	1 293	439	161
25 ～ 30	5 886	579	2 177	1 571	1 072	352	135
30 ～ 35	6 062	418	1 808	1 707	1 378	510	240
35 ～ 40	2 093	108	565	617	502	202	99
40 ～ 45	1 877	85	477	513	473	217	112
45 ～ 50	657	35	161	184	156	71	51
50 ～ 55	937	59	213	255	233	102	75
55 ～ 60	196	9	48	52	47	25	15
60万円以上	1 102	110	306	253	240	114	79
不　　　詳	2 630	921	702	478	331	130	69
雇 用 者 世 帯	28 556	5 469	7 435	7 124	5 685	2 031	811
5万円未満	176	133	29	9	4	0	0
5 ～ 10万円未満	1 384	864	287	145	67	15	5
10 ～ 15	3 413	1 542	898	535	319	86	32
15 ～ 20	4 267	1 204	1 292	928	594	192	57
20 ～ 25	5 465	788	1 656	1 473	1 081	355	112
25 ～ 30	3 739	304	1 029	1 132	889	290	96
30 ～ 35	4 189	222	991	1 239	1 145	419	173
35 ～ 40	1 486	53	319	449	424	170	71
40 ～ 45	1 321	46	269	377	379	173	77
45 ～ 50	461	17	84	140	126	59	35
50 ～ 55	658	30	122	187	194	77	48
55 ～ 60	138	3	28	41	38	19	9
60万円以上	711	47	166	174	187	83	54
不　　　詳	1 148	216	263	295	240	92	43
常 雇 者 世 帯	25 925	4 712	6 478	6 562	5 445	1 958	770
5万円未満	142	104	25	8	3	0	0
5 ～ 10万円未満	1 168	706	247	131	65	15	5
10 ～ 15	2 944	1 283	762	483	303	84	30
15 ～ 20	3 801	1 057	1 101	837	568	185	54
20 ～ 25	4 998	717	1 438	1 364	1 033	338	106
25 ～ 30	3 430	274	893	1 037	855	281	91
30 ～ 35	3 926	206	889	1 160	1 098	408	164
35 ～ 40	1 379	48	285	412	405	162	68
40 ～ 45	1 244	43	246	352	363	168	72
45 ～ 50	437	15	77	133	123	57	32
50 ～ 55	627	29	116	177	185	74	46
55 ～ 60	130	3	25	39	36	18	9
60万円以上	671	44	150	163	181	80	53
不　　　詳	1 028	182	225	267	227	87	40
会社・団体等の役員の世帯	2 177	270	685	568	402	169	82
5万円未満	7	6	1	－	1	0	－
5 ～ 10万円未満	61	30	16	10	5	1	0
10 ～ 15	155	58	46	23	20	7	2
15 ～ 20	214	47	73	46	31	11	5
20 ～ 25	343	45	122	96	51	22	7
25 ～ 30	261	25	89	67	48	24	8
30 ～ 35	374	20	112	111	78	37	15
35 ～ 40	138	4	42	46	26	13	5
40 ～ 45	177	8	52	51	41	17	10
45 ～ 50	65	2	21	17	13	4	7
50 ～ 55	124	6	34	34	32	11	7
55 ～ 60	24	1	8	7	4	3	1
60万円以上	132	8	46	31	27	12	10
不　　　詳	101	10	25	29	25	7	4

注：1）熊本県を除いたものである。
　　2）「総数」には、世帯業態の不詳を含む。

256

（6－2）

第49表　世　帯　数，世帯人員・世帯業態・家計支出額（5万円階級）別

（単位：千世帯）　　　　　　　　　　　　　　　　　　　　　　　　　　　　　　　　　平成28年

世 帯 業 態 家計支出額階級	総　数	1　人	2　人	3　人	4　人	5　人	6人以上
一 般 常 雇 者 世 帯	23 748	4 441	5 793	5 994	5 042	1 789	688
5万円未満	135	99	25	8	3	0	0
5　～　10万円未満	1 107	676	231	121	59	14	5
10　～　15	2 788	1 225	716	459	283	77	28
15　～　20	3 587	1 010	1 028	791	537	174	49
20　～　25	4 655	673	1 316	1 269	982	316	99
25　～　30	3 169	249	804	970	806	258	82
30　～　35	3 553	186	777	1 049	1 020	371	149
35　～　40	1 241	43	243	365	378	148	63
40　～　45	1 066	35	194	301	322	152	62
45　～　50	372	13	56	116	110	52	25
50　～　55	504	23	82	143	153	63	39
55　～　60	106	2	17	32	33	15	7
60万円以上	538	36	104	132	154	68	43
不　　　詳	927	171	200	238	201	80	36
契約期間の定めのない雇用者世帯	19 866	3 599	4 540	5 017	4 504	1 600	606
5万円未満	101	74	18	6	2	0	－
5　～　10万円未満	874	523	187	100	50	11	3
10　～　15	2 286	986	558	392	258	69	25
15　～　20	2 973	838	794	662	482	154	43
20　～　25	3 937	557	1 046	1 077	881	288	88
25　～　30	2 689	211	629	824	725	230	70
30　～　35	3 032	157	615	873	916	337	134
35　～　40	1 058	35	190	304	343	130	55
40　～　45	915	30	157	248	288	135	56
45　～　50	307	9	40	95	97	46	21
50　～　55	416	15	64	117	129	56	35
55　～　60	89	2	12	27	28	14	7
60万円以上	448	27	83	107	132	60	39
不　　　詳	741	135	148	185	172	70	31
契約期間が1年以上の雇用者世帯	3 882	842	1 253	977	539	189	82
5万円未満	34	25	6	1	1	0	0
5　～　10万円未満	233	153	44	22	9	3	1
10　～　15	503	239	158	68	26	8	3
15　～　20	614	172	233	129	55	20	6
20　～　25	717	115	271	191	101	29	11
25　～　30	479	38	175	146	81	27	12
30　～　35	521	29	163	176	104	34	15
35　～　40	184	8	53	61	35	18	8
40　～　45	152	5	38	52	34	16	7
45　～　50	65	4	16	21	13	7	4
50　～　55	88	9	18	26	24	7	5
55　～　60	17	0	5	5	5	1	0
60万円以上	90	9	21	25	22	9	4
不　　　詳	186	37	51	53	29	10	5
（再掲）企業規模1～　4人	840	196	245	193	137	49	20
5万円未満	7	4	3	0	0	－	－
5　～　10万円未満	66	41	15	8	2	0	0
10　～　15	125	55	36	19	11	3	1
15　～　20	158	44	56	32	18	6	2
20　～　25	161	26	51	44	25	11	3
25　～　30	97	9	31	27	22	6	1
30　～　35	103	5	31	26	29	7	4
35　～　40	32	1	5	14	7	3	3
40　～　45	20	0	4	6	5	4	2
45　～　50	9	0	1	4	3	1	0
50　～　55	8	－	3	3	2	0	0
55　～　60	1	0	0	－	－	0	0
60万円以上	14	2	1	2	5	3	1
不　　　詳	40	8	8	9	9	4	2

注：1）熊本県を除いたものである。
　　2）「総数」には、世帯業態の不詳を含む。

（6－3）

第49表　世　帯　数，世帯人員・世帯業態・家計支出額（5万円階級）別

（単位：千世帯）　　　　　　　　　　　　　　　　　　　　　　　　　　　　　　　　　　　　　　　平成28年

世 帯 業 態 家計支出額階級	総　数	1　人	2　人	3　人	4　人	5　人	6人以上
企業規模　5～ 29人	3 863	794	1 086	928	656	273	126
5万円未満	26	17	7	1	0	0	－
5 ～ 10万円未満	243	144	59	25	11	3	1
10 ～ 15	572	239	162	95	54	15	7
15 ～ 20	662	186	223	139	77	27	11
20 ～ 25	773	93	247	210	152	50	20
25 ～ 30	492	41	131	156	106	44	15
30 ～ 35	488	22	131	133	122	50	30
35 ～ 40	163	4	38	50	39	21	10
40 ～ 45	124	5	24	30	32	22	10
45 ～ 50	41	0	6	14	11	6	5
50 ～ 55	58	4	9	18	14	8	5
55 ～ 60	9	0	2	3	1	1	2
60万円以上	57	4	12	14	12	9	6
不　　詳	155	34	35	39	25	17	5
企業規模　30～ 99人	3 598	649	939	919	706	267	118
5万円未満	24	17	4	3	0	－	－
5 ～ 10万円未満	187	107	39	26	11	3	1
10 ～ 15	482	190	145	83	47	12	6
15 ～ 20	575	149	169	135	81	30	11
20 ～ 25	738	91	223	197	156	52	18
25 ～ 30	483	35	131	155	113	37	13
30 ～ 35	483	21	99	151	131	55	27
35 ～ 40	163	5	41	40	47	19	10
40 ～ 45	150	4	29	41	43	19	13
45 ～ 50	51	1	6	17	15	9	2
50 ～ 55	57	1	8	15	19	8	6
55 ～ 60	14	0	1	5	3	3	2
60万円以上	68	5	17	19	15	6	5
不　　詳	122	24	25	32	24	13	4
企業規模　100～299人	3 272	588	813	862	667	245	99
5万円未満	15	11	4	－	1	0	－
5 ～ 10万円未満	145	82	33	18	10	2	1
10 ～ 15	384	164	99	64	44	10	4
15 ～ 20	537	148	145	123	84	30	8
20 ～ 25	670	97	180	195	136	48	14
25 ～ 30	441	32	120	131	107	39	12
30 ～ 35	489	22	116	153	130	49	20
35 ～ 40	162	4	27	55	45	19	11
40 ～ 45	133	2	24	49	33	18	7
45 ～ 50	46	2	8	11	14	6	5
50 ～ 55	60	2	12	15	19	6	5
55 ～ 60	15	0	2	6	5	2	0
60万円以上	65	3	15	14	18	8	7
不　　詳	110	18	27	28	23	9	5
企業規模　300～499人	1 467	282	323	378	337	106	41
5万円未満	5	4	－	0	0	－	－
5 ～ 10万円未満	69	39	18	6	5	1	0
10 ～ 15	176	78	40	30	19	6	2
15 ～ 20	235	73	65	51	32	10	4
20 ～ 25	305	47	76	89	71	16	6
25 ～ 30	201	13	51	60	56	14	6
30 ～ 35	215	7	34	69	77	21	7
35 ～ 40	70	2	10	23	23	9	3
40 ～ 45	55	3	8	13	19	9	4
45 ～ 50	22	1	2	5	7	7	2
50 ～ 55	33	1	6	12	7	5	2
55 ～ 60	8	0	1	3	3	0	0
60万円以上	28	2	4	8	10	2	2
不　　詳	45	10	7	11	9	6	2

注：1）熊本県を除いたものである。
　　2）「総数」には、世帯業態の不詳を含む。

258

（6－4）

第49表　世　帯　数，世帯人員・世帯業態・家計支出額（5万円階級）別

（単位：千世帯）　　平成28年

世帯業態 家計支出額階級	総　数	1　人	2　人	3　人	4　人	5　人	6人以上
企業規模　500～999人	1 711	336	391	424	383	133	44
5万円未満	9	5	2	1	0	－	0
5　～　10万円未満	66	46	12	4	3	0	0
10　～　15	185	89	33	35	20	7	1
15　～　20	248	81	60	51	40	12	3
20　～　25	349	60	100	89	71	23	6
25　～　30	226	19	60	69	57	16	5
30　～　35	266	12	58	73	81	32	10
35　～　40	91	4	16	23	32	12	4
40　～　45	91	2	18	25	30	11	5
45　～　50	32	2	4	11	10	4	2
50　～　55	36	2	5	12	8	4	4
55　～　60	8	－	1	1	3	2	1
60万円以上	46	3	10	10	19	4	2
不　　　詳	58	11	10	20	9	5	2
企業規模1000～4999人	2 806	545	619	680	671	221	69
5万円未満	12	9	3	0	0	－	－
5　～　10万円未満	99	70	14	10	5	1	－
10　～　15	293	151	63	41	28	7	2
15　～　20	385	119	98	77	71	18	2
20　～　25	534	90	139	139	122	34	11
25　～　30	381	33	83	109	114	32	11
30　～　35	474	36	97	133	143	50	15
35　～　40	178	7	34	47	61	24	5
40　～　45	150	7	31	46	42	18	6
45　～　50	49	3	10	15	13	5	3
50　～　55	74	3	10	19	25	14	4
55　～　60	16	0	3	4	7	2	1
60万円以上	79	6	15	20	20	12	6
不　　　詳	81	12	17	20	21	6	3
企業規模5000人以上・官公庁	4 790	853	1 047	1 213	1 174	381	121
5万円未満	25	23	0	1	－	－	－
5　～　10万円未満	157	110	24	13	8	2	1
10　～　15	423	210	95	63	42	10	3
15　～　20	607	178	155	135	109	25	6
20　～　25	875	147	233	232	188	60	15
25　～　30	685	62	163	203	189	56	12
30　～　35	844	56	169	256	254	85	25
35　～　40	316	14	59	91	105	32	15
40　～　45	291	11	48	72	104	44	13
45　～　50	103	4	17	35	31	12	5
50　～　55	150	9	24	38	54	15	10
55　～　60	32	1	5	10	11	4	2
60万円以上	147	8	24	35	45	24	11
不　　　詳	133	21	32	28	35	13	4
企　業　規　模　不　詳	1 402	198	330	397	311	115	50
5万円未満	11	8	2	1	1	－	0
5　～　10万円未満	74	38	19	11	5	2	－
10　～　15	150	49	42	30	18	7	3
15　～　20	179	32	56	48	25	15	2
20　～　25	249	20	67	73	62	21	5
25　～　30	163	5	33	61	43	14	7
30　～　35	190	6	41	56	54	22	11
35　～　40	66	1	13	22	18	9	3
40　～　45	52	1	7	20	14	7	3
45　～　50	18	0	2	5	6	4	1
50　～　55	28	1	5	11	6	4	3
55　～　60	3	－	1	0	1	1	－
60万円以上	34	3	5	10	12	2	3
不　　　詳	183	33	38	49	46	9	9

注：1）熊本県を除いたものである。
　　2）「総数」には、世帯業態の不詳を含む。

（6－5）

第49表　世　帯　数，世帯人員・世帯業態・家計支出額（5万円階級）別

（単位：千世帯）　　　平成28年

世帯業態 家計支出額階級	総　数	1　人	2　人	3　人	4　人	5　人	6人以上
1月以上1年未満の契約の雇用者世帯	2 335	669	853	501	213	62	37
5万円未満	26	22	3	1	0	－	－
5 ～ 10万円未満	183	136	33	12	2	0	－
10 ～ 15	418	233	122	46	13	2	2
15 ～ 20	410	132	170	79	20	6	2
20 ～ 25	418	64	196	96	44	13	5
25 ～ 30	280	25	125	87	31	7	4
30 ～ 35	239	14	90	72	43	10	9
35 ～ 40	97	5	32	35	16	6	2
40 ～ 45	69	4	21	21	14	5	4
45 ～ 50	23	2	7	7	2	3	3
50 ～ 55	30	1	6	11	8	3	2
55 ～ 60	5	－	2	1	1	0	0
60万円以上	37	2	15	10	6	3	1
不　　詳	99	29	32	23	10	3	2
日々又は1月未満の契約の雇用者世帯	295	89	103	60	28	11	4
5万円未満	8	7	1	－	0	－	－
5 ～ 10万円未満	32	22	7	2	1	0	－
10 ～ 15	51	26	15	7	3	0	0
15 ～ 20	56	15	21	13	6	1	1
20 ～ 25	49	6	22	13	3	3	1
25 ～ 30	29	4	12	8	3	2	1
30 ～ 35	24	1	13	6	3	0	0
35 ～ 40	10	0	2	2	3	2	0
40 ～ 45	7	－	1	4	1	－	1
45 ～ 50	2	0	0	0	1	0	0
50 ～ 55	1	－	1	－	－	0	0
55 ～ 60	2	－	2	0	－	0	0
60万円以上	3	1	1	1	1	0	0
不　　詳	21	6	7	4	3	2	0
自　営　業　者　世　帯	4 883	742	1 666	1 180	718	333	244
5万円未満	44	24	13	5	1	1	0
5 ～ 10万円未満	281	117	106	37	14	4	3
10 ～ 15	628	189	248	110	47	21	13
15 ～ 20	714	137	280	169	80	29	19
20 ～ 25	863	105	326	223	116	57	35
25 ～ 30	581	45	218	149	105	39	25
30 ～ 35	669	41	195	189	134	65	45
35 ～ 40	203	8	49	64	44	19	20
40 ～ 45	248	8	59	63	58	32	28
45 ～ 50	73	3	20	18	14	7	11
50 ～ 55	137	8	31	39	27	16	16
55 ～ 60	26	2	4	6	7	4	4
60万円以上	171	10	43	49	34	21	14
不　　詳	246	45	75	59	38	18	11
雇　人　あ　り	1 672	172	519	448	302	131	99
5万円未満	10	5	3	1	0	1	－
5 ～ 10万円未満	61	21	22	12	4	2	1
10 ～ 15	163	40	65	34	13	6	5
15 ～ 20	217	33	78	59	29	11	7
20 ～ 25	274	25	94	80	44	18	13
25 ～ 30	202	13	71	49	45	16	8
30 ～ 35	275	12	71	84	63	26	19
35 ～ 40	75	2	19	22	16	7	9
40 ～ 45	108	2	25	27	25	16	14
45 ～ 50	29	1	10	8	5	2	3
50 ～ 55	63	3	11	19	17	7	7
55 ～ 60	13	1	1	3	4	2	2
60万円以上	91	3	24	26	20	12	7
不　　詳	90	12	27	24	17	6	5

注：1）熊本県を除いたものである。
　　2）「総数」には、世帯業態の不詳を含む。

260

（6－6）

第49表　世　帯　数，世帯人員・世帯業態・家計支出額（5万円階級）別

（単位：千世帯）　　　　　　　　　　　　　　　　　　　　　　　　　　　　　　　　　　　　　　平成28年

世帯業態 家計支出額階級	総　数	1　人	2　人	3　人	4　人	5　人	6人以上
雇　人　な　し	3 211	571	1 146	731	416	201	145
5万円未満	35	20	10	3	1	1	0
5　～　10万円未満	219	96	85	25	10	2	1
10　～　15	465	149	184	76	34	14	8
15　～　20	497	104	202	110	51	18	12
20　～　25	588	81	232	143	72	39	22
25　～　30	380	32	147	100	60	23	17
30　～　35	394	29	123	106	70	39	26
35　～　40	128	6	29	42	28	11	11
40　～　45	139	6	34	35	33	16	14
45　～　50	43	1	10	10	9	5	8
50　～　55	74	5	20	20	10	9	9
55　～　60	13	1	3	3	3	2	2
60万円以上	80	8	19	23	14	8	8
不　　　詳	155	33	48	35	21	12	6
そ　の　他　の　世　帯	14 306	6 339	5 792	1 517	416	144	98
5万円未満	451	416	32	2	1	－	－
5　～　10万円未満	2 044	1 645	347	39	10	3	1
10　～　15	2 896	1 885	848	126	23	10	4
15　～　20	2 430	949	1 179	229	46	18	8
20　～　25	2 258	557	1 263	325	78	23	11
25　～　30	1 399	207	841	255	63	20	12
30　～　35	1 061	140	560	245	77	21	17
35　～　40	366	40	185	96	28	10	7
40　～　45	275	27	135	66	29	11	7
45　～　50	110	12	54	24	11	5	5
50　～　55	124	19	54	25	10	6	10
55　～　60	29	4	14	4	2	2	2
60万円以上	182	44	82	26	15	8	8
不　　　詳	682	392	198	55	23	7	8
所得を伴う仕事をしている者のいる世帯	2 650	262	926	899	342	127	94
5万円未満	26	20	5	1	0	－	－
5　～　10万円未満	157	62	58	25	8	2	1
10　～　15	295	66	131	68	18	9	4
15　～　20	411	35	182	138	35	14	7
20　～　25	499	24	200	180	66	19	11
25　～　30	370	13	126	151	51	19	10
30　～　35	364	8	105	150	65	19	17
35　～　40	134	2	31	61	24	9	7
40　～　45	97	1	16	41	23	10	6
45　～　50	46	0	10	17	10	5	4
50　～　55	50	2	8	17	9	6	10
55　～　60	9	0	2	2	2	2	2
60万円以上	63	2	15	17	12	8	8
不　　　詳	128	27	38	32	18	6	7
所得を伴う仕事をしている者のいない世帯	11 656	6 077	4 865	617	74	17	5
5万円未満	425	397	27	1	0	－	－
5　～　10万円未満	1 888	1 583	289	14	2	1	－
10　～　15	2 601	1 820	717	58	5	1	－
15　～　20	2 019	915	997	91	11	5	1
20　～　25	1 759	534	1 063	145	12	4	1
25　～　30	1 028	194	715	105	11	1	2
30　～　35	696	131	455	94	13	2	1
35　～　40	232	38	154	34	4	2	0
40　～　45	178	26	119	25	6	1	1
45　～　50	64	11	44	8	1	0	0
50　～　55	74	17	47	8	1	0	－
55　～　60	19	4	12	2	0	－	－
60万円以上	120	43	66	9	2	0	－
不　　　詳	553	364	160	23	5	1	0

注：1）熊本県を除いたものである。
　　2）「総数」には、世帯業態の不詳を含む。

261

（3－1）

第50表　世　帯　数，世帯人員・世帯種・家計支出額（5万円階級）別

（単位：千世帯）　　　　　　　　　　　　　　　　　　　　　　　　　　　　　　　　　　　平成28年

世　帯　種 家計支出額階級	総　数	1　人	2　人	3　人	4　人	5　人	6人以上
総　　　　　　　数	49 945	13 434	15 723	10 110	6 953	2 545	1 178
5万円未満	710	601	82	17	7	2	1
5　～　10万円未満	3 897	2 755	790	229	92	22	9
10　～　15	7 265	3 818	2 088	795	396	119	50
15　～　20	7 730	2 409	2 901	1 362	733	242	84
20　～　25	8 903	1 526	3 405	2 078	1 293	439	161
25　～　30	5 886	579	2 177	1 571	1 072	352	135
30　～　35	6 062	418	1 808	1 707	1 378	510	240
35　～　40	2 093	108	565	617	502	202	99
40　～　45	1 877	85	477	513	473	217	112
45　～　50	657	35	161	184	156	71	51
50　～　55	937	59	213	255	233	102	75
55　～　60	196	9	48	52	47	25	15
60万円以上	1 102	110	306	253	240	114	79
不　　　　　詳	2 630	921	702	478	331	130	69
国　保　加　入　世　帯	9 315	3 513	3 955	1 066	514	184	84
5万円未満	185	164	17	3	1	1	－
5　～　10万円未満	977	737	185	37	14	3	1
10　～　15	1 716	1 034	518	110	37	15	2
15　～　20	1 640	628	750	171	65	19	7
20　～　25	1 655	379	909	216	99	39	14
25　～　30	972	143	572	145	77	25	9
30　～　35	817	98	429	156	91	31	13
35　～　40	253	28	135	44	29	11	6
40　～　45	223	20	114	40	31	10	9
45　～　50	77	11	37	17	6	2	4
50　～　55	112	12	51	23	13	7	6
55　～　60	23	4	11	3	3	1	1
60万円以上	162	36	67	28	16	10	4
不　　　　　詳	501	220	159	73	32	10	8
被　用　者　保　険　加　入　世　帯	20 995	4 827	5 171	4 846	4 474	1 363	314
5万円未満	217	196	14	5	1	0	0
5　～　10万円未満	1 079	776	158	83	49	10	2
10　～　15	2 484	1 282	529	351	247	61	14
15　～　20	3 047	1 034	805	587	468	126	27
20　～　25	4 001	705	1 136	1 000	861	249	51
25　～　30	2 779	274	768	771	719	206	40
30　～　35	3 181	206	795	894	917	298	71
35　～　40	1 079	51	251	310	338	109	20
40　～　45	963	44	218	278	286	110	27
45　～　50	318	16	64	102	90	36	10
50　～　55	466	28	99	134	145	44	15
55　～　60	93	3	23	26	26	13	3
60万円以上	493	40	131	120	137	47	17
不　　　　　詳	794	172	179	182	189	55	17
国保・被用者保険加入世帯	4 134	・	1 127	1 605	834	322	246
5万円未満	9	・	5	3	1	－	0
5　～　10万円未満	84	・	40	27	10	4	3
10　～　15	316	・	143	107	42	15	9
15　～　20	561	・	212	214	87	33	16
20　～　25	799	・	251	321	140	54	34
25　～　30	612	・	169	260	117	40	27
30　～　35	667	・	129	277	155	55	52
35　～　40	268	・	42	113	58	30	23
40　～　45	253	・	38	84	75	31	25
45　～　50	91	・	16	29	27	9	10
50　～　55	133	・	18	51	35	13	16
55　～　60	30	・	2	12	9	3	4
60万円以上	131	・	22	46	35	16	12
不　　　　　詳	179	・	40	61	45	19	14

注：熊本県を除いたものである。

（3－2）

第50表　世　帯　数，世帯人員・世帯種・家計支出額（5万円階級）別

（単位：千世帯）　　　　　　　　　　　　　　　　　　　　　　　　　　　　　　　　　　平成28年

世　帯　種 家計支出額階級	総　数	1　人	2　人	3　人	4　人	5　人	6人以上
後期高齢者医療制度加入世帯	6 096	3 727	2 321	41	5	2	1
5万円未満	193	171	21	0	－	－	－
5 ～ 10万円未満	1 036	862	173	1	－	0	－
10 ～ 15	1 444	1 059	380	4	0	－	0
15 ～ 20	1 108	618	483	7	1	0	0
20 ～ 25	847	368	464	12	2	0	－
25 ～ 30	441	126	306	7	1	－	－
30 ～ 35	289	90	195	4	0	1	0
35 ～ 40	82	22	57	2	0	－	－
40 ～ 45	65	15	49	1	－	－	－
45 ～ 50	24	6	18	0	－	0	－
50 ～ 55	31	14	17	0	－	－	－
55 ～ 60	9	2	6	－	0	0	－
60万円以上	66	27	38	0	0	0	0
不　　詳	461	347	113	2	－	－	0
国保・後期高齢者医療制度加入世帯	3 082	・	1 842	897	193	85	64
5万円未満	18	・	13	3	1	1	－
5 ～ 10万円未満	178	・	136	35	4	2	1
10 ～ 15	410	・	294	88	18	5	5
15 ～ 20	563	・	381	140	25	11	6
20 ～ 25	640	・	391	194	32	15	8
25 ～ 30	410	・	232	139	25	8	5
30 ～ 35	349	・	157	131	35	12	13
35 ～ 40	119	・	52	48	7	7	5
40 ～ 45	94	・	33	36	13	9	4
45 ～ 50	39	・	17	11	5	2	3
50 ～ 55	38	・	16	12	5	2	4
55 ～ 60	5	・	2	2	1	－	0
60万円以上	60	・	28	15	9	3	5
不　　詳	158	・	89	42	12	9	5
被用者保険・後期高齢者医療制度加入世帯	2 923	・	828	970	511	362	252
5万円未満	7	・	5	1	1	－	－
5 ～ 10万円未満	83	・	51	23	6	3	1
10 ～ 15	255	・	132	75	26	11	11
15 ～ 20	399	・	170	140	46	31	13
20 ～ 25	542	・	183	200	84	50	25
25 ～ 30	393	・	99	144	77	45	28
30 ～ 35	457	・	78	155	99	73	51
35 ～ 40	185	・	21	67	40	30	27
40 ～ 45	174	・	17	47	42	40	27
45 ～ 50	65	・	8	18	18	12	10
50 ～ 55	101	・	10	25	25	23	18
55 ～ 60	20	・	2	7	3	3	5
60万円以上	115	・	15	26	24	26	24
不　　詳	127	・	38	42	20	16	12
国保・被用者保険・後期高齢者医療制度加入世帯	1 054	・	・	368	296	189	201
5万円未満	2	・	・	1	1	0	0
5 ～ 10万円未満	20	・	・	13	5	1	1
10 ～ 15	63	・	・	28	19	8	8
15 ～ 20	113	・	・	54	28	17	14
20 ～ 25	184	・	・	75	54	27	27
25 ～ 30	156	・	・	67	40	26	24
30 ～ 35	185	・	・	52	60	35	38
35 ～ 40	78	・	・	24	23	14	17
40 ～ 45	72	・	・	17	20	16	18
45 ～ 50	35	・	・	6	8	9	12
50 ～ 55	40	・	・	7	7	9	16
55 ～ 60	12	・	・	1	4	4	2
60万円以上	51	・	・	9	15	12	14
不　　詳	45	・	・	14	12	11	8

注：熊本県を除いたものである。

（3－3）

第50表　世　帯　数，世帯人員・世帯種・家計支出額（5万円階級）別

（単位：千世帯）　　　平成28年

世　帯　種 家計支出額階級	総　数	1　人	2　人	3　人	4　人	5　人	6人以上
そ　の　他　の　世　帯	974	700	173	60	28	8	4
5万円未満	40	36	3	0	0	－	－
5　～　10万円未満	275	249	23	2	1	0	－
10　～　15	336	275	50	8	1	2	－
15　～　20	112	41	50	15	5	1	0
20　～　25	63	20	19	14	6	2	1
25　～　30	27	9	7	6	3	1	1
30　～　35	22	5	4	5	7	1	1
35　～　40	4	1	1	1	1	－	－
40　～　45	5	1	1	2	0	0	－
45　～　50	2	1	0	－	0	－	1
50　～　55	2	1	0	0	0	－	－
55　～　60	0	－	－	0	－	－	－
60万円以上	6	3	1	1	1	0	0
不　　　詳	80	59	11	6	2	2	－
不　　　　　　　詳	1 372	667	305	258	98	30	13
5万円未満	38	34	3	1	0	0	－
5　～　10万円未満	165	131	23	9	2	0	0
10　～　15	240	167	42	23	6	1	0
15　～　20	187	88	50	33	10	5	1
20　～　25	171	54	51	46	14	3	1
25　～　30	95	27	23	32	12	1	0
30　～　35	95	20	21	33	14	6	2
35　～　40	27	7	4	8	6	1	1
40　～　45	27	5	6	8	7	1	1
45　～　50	6	1	2	0	1	1	0
50　～　55	15	4	1	2	3	3	0
55　～　60	3	0	1	0	1	0	－
60万円以上	19	4	3	7	3	0	1
不　　　詳	285	124	73	56	19	7	5

注：熊本県を除いたものである。

（2－1）

第51表　世　帯　数，世帯人員・市郡・家計支出額（5万円階級）別

（単位：千世帯）　　　　　　　　　　　　　　　　　　　　　　　　　　　　　　　　　平成28年

市　　　　郡 家計支出額階級	総　　数	1　人	2　人	3　人	4　人	5　人	6人以上
総　　　　　　数	49 945	13 434	15 723	10 110	6 953	2 545	1 178
5万円未満	710	601	82	17	7	2	1
5　～　10万円未満	3 897	2 755	790	229	92	22	9
10　～　15	7 265	3 818	2 088	795	396	119	50
15　～　20	7 730	2 409	2 901	1 362	733	242	84
20　～　25	8 903	1 526	3 405	2 078	1 293	439	161
25　～　30	5 886	579	2 177	1 571	1 072	352	135
30　～　35	6 062	418	1 808	1 707	1 378	510	240
35　～　40	2 093	108	565	617	502	202	99
40　～　45	1 877	85	477	513	473	217	112
45　～　50	657	35	161	184	156	71	51
50　～　55	937	59	213	255	233	102	75
55　～　60	196	9	48	52	47	25	15
60万円以上	1 102	110	306	253	240	114	79
不　　　　詳	2 630	921	702	478	331	130	69
市　　　　　　部	45 732	12 347	14 422	9 290	6 395	2 275	1 003
5万円未満	566	473	71	15	6	1	1
5　～　10万円未満	3 437	2 455	679	199	81	19	5
10　～　15	6 557	3 522	1 843	699	350	101	41
15　～　20	7 090	2 273	2 651	1 222	665	209	70
20　～　25	8 181	1 440	3 138	1 901	1 178	390	134
25　～　30	5 442	548	2 027	1 446	989	316	116
30　～　35	5 635	395	1 696	1 594	1 280	464	206
35　～　40	1 943	101	522	580	467	184	88
40　～　45	1 739	76	448	483	439	196	97
45　～　50	616	32	156	174	145	66	44
50　～　55	872	57	202	244	218	89	62
55　～　60	184	8	46	50	45	22	13
60万円以上	1 020	102	287	236	222	103	70
不　　　　詳	2 449	864	655	446	311	116	57
大　　都　　市	15 216	4 659	4 733	3 013	2 032	617	163
5万円未満	121	104	13	3	0	－	－
5　～　10万円未満	900	704	139	37	17	2	1
10　～　15	2 027	1 296	466	155	80	25	5
15　～　20	2 207	916	766	316	160	38	10
20　～　25	2 665	647	1 019	569	318	92	19
25　～　30	1 811	238	706	473	291	84	19
30　～　35	2 038	200	664	571	437	131	35
35　～　40	704	42	198	229	169	55	11
40　～　45	672	38	189	199	172	57	16
45　～　50	232	15	67	66	53	23	8
50　～　55	368	31	96	99	95	32	14
55　～　60	70	3	18	25	17	5	2
60万円以上	412	46	127	96	96	37	10
不　　　　詳	991	378	266	174	127	34	13
そ　の　他　の　市	30 515	7 689	9 689	6 277	4 363	1 658	841
5万円未満	446	369	58	12	5	1	1
5　～　10万円未満	2 537	1 751	539	162	64	16	5
10　～　15	4 530	2 226	1 378	544	270	77	36
15　～　20	4 884	1 357	1 886	906	505	170	59
20　～　25	5 517	793	2 120	1 332	860	298	115
25　～　30	3 631	310	1 321	973	698	231	97
30　～　35	3 596	195	1 032	1 023	843	332	171
35　～　40	1 238	59	324	351	298	129	77
40　～　45	1 068	38	259	284	267	139	81
45　～　50	384	16	89	109	92	43	35
50　～　55	504	25	106	145	123	56	48
55　～　60	114	5	29	25	28	17	11
60万円以上	608	57	159	140	127	66	59
不　　　　詳	1 458	486	390	271	184	82	45

注：熊本県を除いたものである。

（2−2）

第51表　世　帯　数，世帯人員・市郡・家計支出額（5万円階級）別

（単位：千世帯）　　平成28年

市　　　　郡 家計支出額階級	総　数	1　人	2　人	3　人	4　人	5　人	6人以上
人口15万人以上の市	15 491	4 023	4 945	3 188	2 223	780	332
5万円未満	222	191	24	4	3	0	0
5　～　10万円未満	1 149	822	222	69	28	7	1
10　～　15	2 218	1 181	637	240	117	31	13
15　～　20	2 460	749	956	425	240	69	20
20　～　25	2 828	449	1 118	666	423	130	43
25　～　30	1 902	171	700	504	371	119	37
30　～　35	1 906	110	570	549	444	158	75
35　～　40	663	29	181	196	160	69	28
40　～　45	581	20	150	161	146	69	36
45　～　50	209	9	43	67	54	22	14
50　～　55	268	12	60	87	62	26	21
55　～　60	59	4	14	13	15	9	4
60万円以上	307	29	82	76	64	35	20
不　　　詳	717	246	187	130	98	37	19
人口15万人未満の市	15 024	3 665	4 744	3 089	2 140	877	509
5万円未満	224	179	34	7	3	1	0
5　～　10万円未満	1 388	929	318	93	36	10	4
10　～　15	2 312	1 045	741	304	153	46	23
15　～　20	2 424	608	929	481	266	101	39
20　～　25	2 688	344	1 001	666	437	168	71
25　～　30	1 729	139	621	469	328	112	61
30　～　35	1 690	85	462	474	399	174	96
35　～　40	575	30	143	156	137	60	49
40　～　45	486	18	109	123	121	70	45
45　～　50	174	7	46	41	38	21	21
50　～　55	236	13	46	58	61	30	27
55　～　60	55	1	15	12	13	8	6
60万円以上	301	28	78	64	62	31	39
不　　　詳	741	240	203	141	86	46	25
郡　　　　　　部	4 213	1 087	1 302	820	558	271	175
5万円未満	144	128	12	2	1	1	－
5　～　10万円未満	460	300	111	30	11	4	3
10　～　15	708	296	245	95	46	17	9
15　～　20	640	136	249	140	68	33	14
20　～　25	721	86	267	177	115	50	27
25　～　30	444	32	150	124	83	36	19
30　～　35	427	23	112	113	97	47	35
35　～　40	150	6	43	36	36	18	11
40　～　45	138	8	29	30	34	21	15
45　～　50	41	3	5	9	11	5	7
50　～　55	65	3	11	11	15	13	13
55　～　60	11	1	2	2	3	3	2
60万円以上	82	8	20	17	18	11	9
不　　　詳	181	58	47	33	20	13	11

注：熊本県を除いたものである。

第52表　1世帯当たり平均家計支出額，世帯人員・世帯主の年齢（5歳階級）別

（単位：万円）　　　　　　　　　　　　　　　　　　　　　　　　　　　　　　　　　　　平成28年

世帯主の年齢階級	総　数	1　人	2　人	3　人	4　人	5　人	6人以上
総　　　　数	23.7	15.0	23.8	27.5	30.0	31.7	34.6
19　歳　以　下	6.6	6.4	12.6	17.8	15.0	－	－
20　～　24　歳	12.6	10.2	18.2	18.4	19.7	251.9	23.1
25　～　29	17.9	13.8	22.3	20.7	21.9	23.4	24.3
30　～　34	22.2	15.8	22.4	23.7	25.7	24.9	26.3
35　～　39	23.3	16.6	21.5	24.6	25.2	26.8	29.7
40　～　44	25.0	18.1	22.9	25.8	26.9	29.4	31.3
45　～　49	27.1	17.8	23.7	28.3	31.8	32.7	32.6
50　～　54	28.3	17.9	27.0	30.5	33.4	33.6	37.7
55　～　59	27.8	17.9	26.3	30.9	34.5	34.4	37.1
60　～　64	25.5	15.8	25.3	28.7	33.3	35.0	36.5
65　～　69	24.1	15.4	24.5	28.4	32.3	32.5	35.6
70　～　74	22.4	14.7	23.3	26.9	29.2	33.5	35.3
75　～　79	21.5	14.4	22.4	25.9	33.8	37.3	36.5
80　歳　以　上	20.0	13.8	22.1	25.1	30.0	32.9	36.9
（再掲）65歳以上	22.1	14.5	23.2	27.0	31.4	33.7	36.0
75歳以上	20.7	14.0	22.2	25.5	31.6	34.7	36.7

注：1）熊本県を除いたものである。
　　2）年齢階級の「総数」には、世帯主の年齢不詳を含む。

第53表　1世帯当たり平均家計支出額，世帯構造・世帯主の年齢（5歳階級）別

（単位：万円）　　　　　　　　　　　　　　　　　　　　　　　　　　　　　　　　　　　平成28年

世帯主の年齢階級	総　数	単独世帯	住み込み・寄宿舎等に居住する単独世帯	その他の単独世帯	核家族世帯	夫婦のみの世帯	夫婦と未婚の子のみの世帯	ひとり親と未婚の子のみの世帯	三世代世帯	その他の世帯
総　　　　数	23.7	15.0	10.8	15.3	26.4	24.7	29.1	21.3	32.7	25.9
19　歳　以　下	6.6	6.4	5.3	8.2	14.3	11.1	16.6	14.0	－	16.8
20　～　24　歳	12.6	10.2	8.8	10.9	28.9	18.2	38.4	15.0	18.5	19.1
25　～　29	17.9	13.8	12.2	14.3	21.4	22.5	21.6	15.0	24.9	25.7
30　～　34	22.2	15.8	14.2	16.0	23.5	23.6	24.1	17.4	53.1	23.1
35　～　39	23.3	16.6	15.4	16.7	24.6	23.0	25.6	18.1	27.6	24.6
40　～　44	25.0	18.1	17.8	18.2	26.0	24.6	27.3	19.6	31.0	27.1
45　～　49	27.1	17.8	17.6	17.8	29.1	24.9	31.4	21.5	31.3	27.2
50　～　54	28.3	17.9	17.9	17.9	30.8	29.9	32.9	23.0	33.9	27.2
55　～　59	27.8	17.9	18.9	17.8	30.2	28.4	33.5	22.7	33.1	27.7
60　～　64	25.5	15.8	16.7	15.8	28.1	26.3	31.5	22.5	32.7	25.3
65　～　69	24.1	15.4	14.4	15.4	26.3	25.3	29.6	22.2	32.5	26.5
70　～　74	22.4	14.7	11.2	14.7	24.5	23.7	27.5	21.7	32.2	25.2
75　～　79	21.5	14.4	13.4	14.4	23.8	22.8	28.1	21.5	33.4	24.6
80　歳　以　上	20.0	13.8	11.1	13.8	22.7	22.5	25.2	21.6	33.1	25.3
（再掲）65歳以上	22.1	14.5	13.8	14.5	24.6	23.7	28.2	21.8	32.8	25.6
75歳以上	20.7	14.0	11.6	14.0	23.3	22.6	26.8	21.6	33.2	25.1

注：1）熊本県を除いたものである。
　　2）年齢階級の「総数」には、世帯主の年齢不詳を含む。

第54表　1世帯当たり平均家計支出額，世帯人員・世帯類型別

（単位：万円）　　　　　　　　　　　　　　　　　　　　　　　　　　　　　　　　平成28年

世　帯　類　型	総　数	1　人	2　人	3　人	4　人	5　人	6人以上
総　　　　　　　　数	23.7	15.0	23.8	27.5	30.0	31.7	34.6
高　齢　者　世　帯	19.1	14.5	23.2	26.8	32.9	18.0	－
母　子　世　帯	18.1	・	17.4	18.5	20.3	20.8	20.0
父　子　世　帯	21.4	・	20.5	22.7	24.7	21.2	－
そ　の　他　の　世　帯	25.5	15.4	24.5	27.7	30.1	31.7	34.6

注：熊本県を除いたものである。

第55表　1世帯当たり平均家計支出額，世帯人員・世帯業態別

（単位：万円）　　　　　　　　　　　　　　　　　　　　　　　　　　　　　　　　平成28年

世　帯　業　態	総　数	1　人	2　人	3　人	4　人	5　人	6人以上
総　　　　　　　　数	23.7	15.0	23.8	27.5	30.0	31.7	34.6
雇　用　者　世　帯	25.5	16.4	24.7	27.6	29.7	31.1	34.1
常　雇　者　世　帯	25.9	16.8	25.0	27.7	29.8	31.1	34.2
会社・団体等の役員の世帯	32.3	20.9	32.3	34.2	34.5	35.7	38.4
一　般　常　雇　者　世　帯	25.3	16.5	24.1	27.1	29.4	30.6	33.7
契約期間の定めのない雇用者世帯	25.4	16.6	24.2	26.9	29.2	30.6	33.8
契約期間が1年以上の雇用者世帯	24.8	16.4	23.6	28.3	30.8	31.2	32.9
1月以上1年未満の契約の雇用者世帯	22.1	14.0	23.5	25.8	28.7	32.7	32.7
日々又は1月未満の契約の雇用者世帯	19.7	13.0	20.8	23.2	26.8	25.0	29.1
自　営　業　者　世　帯	26.7	17.2	23.9	28.9	32.3	35.2	34.7
雇　人　あ　り	29.2	19.1	26.4	29.5	33.9	36.4	36.7
雇　人　な　し	25.4	16.7	22.8	28.6	31.2	34.4	33.3
そ　の　他　の　世　帯	19.3	13.3	22.5	25.9	29.5	31.5	38.4
所得を伴う仕事をしている者のいる世帯	25.2	14.0	22.7	26.6	29.9	32.6	39.0
所得を伴う仕事をしている者のいない世帯	17.9	13.3	22.5	25.0	27.7	23.2	27.8

注：1）熊本県を除いたものである。
　　2）「総数」には、世帯業態の不詳を含む。

第56表　世　帯　数，仕送りの有－仕送り先－無・世帯主の年齢（10歳階級）別

（単位：千世帯）　　　　　　　　　　　　　　　　　　　　　　　　　　　　　　　　　　　　　　平成28年

世帯主の 年齢階級	総　　数	仕送りをし ている世帯	親への仕送り のみの世帯	子への仕送り のみの世帯	親、子両方へ の仕送りの ある世帯	仕送りを していない 世帯
総　　　　　数	49 945	2 953	1 106	1 750	97	46 993
19 歳 以 下	440	9	9	0	－	431
20 ～ 29 歳	2 207	96	92	4	0	2 111
30 ～ 39	4 996	182	136	42	4	4 814
40 ～ 49	8 266	639	251	374	14	7 627
50 ～ 59	8 181	1 113	275	788	50	7 068
60 ～ 69	11 106	554	253	279	22	10 551
70 ～ 79	9 036	229	64	163	3	8 806
80 歳 以 上	5 656	127	25	99	3	5 529
（再掲）65歳以上	21 056	593	207	370	15	20 463
75歳以上	9 901	227	46	176	5	9 674

注：1）熊本県を除いたものである。
　　2）年齢階級の「総数」には、世帯主の年齢不詳を含む。

第57表　仕送りをしている世帯数－1世帯当たり平均仕送り額，仕送り額階級・仕送り先別

（単位：千世帯）　　　　　　　　　　　　　　　　　　　　　　　　　　　　　　　　　　　　　　平成28年

仕 送 り 先	総 数	2万円 未 満	2～4	4～6	6～8	8～10	10万円 以 上	不 詳	1世帯当 たり平均 仕送り額 （万円）
総　　　　　数	2 953	148	561	501	266	191	1 100	185	8.7
親への仕送りのみの世帯	1 106	113	356	216	93	42	223	64	5.9
子への仕送りのみの世帯	1 750	36	199	277	161	142	824	110	10.1
親,子両方への仕送りのある世帯	97	－	5	9	12	6	53	12	14.5

注：熊本県を除いたものである。

第58表　世帯数－1世帯当たり平均仕送り額，仕送りの有－仕送り額階級－無・家計支出額（10万円階級）別

（単位：千世帯）　　　　　　　　　　　　　　　　　　　　　　　　　　　　　　　　　　　　　　平成28年

家計支出額階級	総 数	仕送りを している 世帯	2万円 未 満	2～4	4～6	6～8	8～10	10万円 以 上	不 詳	仕送りを していな い世帯	1世帯当 たり平均 仕送り額 （万円）
総　　　　　数	49 945	2 953	148	561	501	266	191	1 100	185	46 993	8.7
10万円未満	4 607	96	14	37	23	4	0	・	19	4 511	3.1
10 ～ 20万円未満	14 995	533	53	154	115	62	33	64	51	14 462	4.9
20 ～ 30	14 789	835	49	191	164	81	61	243	47	13 953	6.7
30 ～ 40	8 155	732	22	107	113	78	49	332	31	7 422	8.9
40 ～ 50	2 534	331	6	40	41	18	27	194	6	2 203	11.1
50 ～ 60	1 133	166	2	15	20	7	8	110	3	967	12.9
60万円以上	1 102	189	1	9	15	10	9	138	7	913	20.0
不　　　詳	2 630	69	1	8	9	7	3	19	22	2 561	11.3

注：熊本県を除いたものである。

第59表　公的年金-恩給受給者のいる世帯数，世帯構造・世帯業態別

（単位：千世帯）　　　　　　　　　　　　　　　　　　　　　　　　　　　　　　　　　　　　　　　平成28年

世 帯 業 態	総 数	単独世帯	男　の単独世帯	女　の単独世帯	核家族世　帯	夫　　婦のみの世帯	夫　婦　と未婚の子のみの世帯	ひとり親と未婚の子のみの世帯	三世代世　帯	その他の世　　帯
総　　　　　　　　数	26 093	6 875	2 247	4 628	14 068	8 152	3 754	2 162	2 699	2 451
雇 用 者 世 帯	9 429	964	410	554	5 328	2 030	2 053	1 244	1 858	1 279
常 雇 者 世 帯	7 806	667	293	373	4 312	1 507	1 726	1 079	1 719	1 108
会社・団体等の役員の世帯	891	71	42	30	519	306	164	49	161	140
一 般 常 雇 者 世 帯	6 914	595	252	344	3 793	1 201	1 562	1 030	1 558	968
契約期間の定めのない雇用者世帯	5 054	371	156	216	2 624	683	1 127	814	1 311	748
契約期間が1年以上の雇用者世帯	1 861	224	96	128	1 169	518	435	216	246	221
(再掲)企業規模　1～　4人	346	57	21	36	191	86	58	47	52	47
5～　29人	1 519	181	80	101	836	319	304	212	291	211
30～　99人	1 285	112	45	67	706	228	290	188	286	181
100～299人	985	75	30	45	549	163	229	157	223	137
300～499人	373	26	13	13	194	50	86	57	93	59
500～999人	405	26	11	15	225	60	100	65	99	55
1000～4999人	560	26	13	13	307	83	136	88	151	77
5000人以上・官公庁	914	42	20	22	477	124	216	137	262	134
企 業 規 模 不 詳	527	50	18	32	309	88	143	79	101	67
1月以上1年未満の契約の雇用者世帯	1 453	265	102	163	913	470	296	148	128	146
日々又は1月未満の契約の雇用者世帯	171	32	14	18	102	53	32	17	12	25
自 営 業 者 世 帯	2 903	395	201	194	1 655	958	524	173	464	389
雇 人 あ り	862	87	43	44	482	273	168	42	170	123
雇 人 な し	2 041	308	158	150	1 172	685	356	131	294	266
そ の 他 の 世 帯	12 122	4 885	1 443	3 442	6 246	4 596	1 010	641	322	669
所得を伴う仕事をしている者のいる世帯	2 139	149	56	93	1 445	511	688	246	279	265
所得を伴う仕事をしている者のいない世帯	9 983	4 736	1 387	3 349	4 802	4 085	322	395	42	403

注：1）熊本県を除いたものである。
　　2）「総数」には、世帯業態の不詳を含む。

270

第60表　世帯人員，公的年金-恩給受給の有－公的年金受給の種類（複数回答）－無・性・年齢（５歳階級）別

（単位：千人）　　　平成28年

性 年齢階級	総数	公的年金-恩給受給あり	基礎年金	基礎年金と厚生年金	基礎年金と共済年金	基礎年金と厚生年金と共済年金	国民年金	福祉年金	厚生年金	共済年金	恩給	その他	公的年金-恩給受給なし	不詳
総　　数	123 323	39 689	13 078	16 128	1 692	1 539	1 083	－	5 200	1 041	343	1 434	83 051	583
59 歳 以 下	79 165	862	377	108	12	5	－	－	99	17	14	248	78 303	－
60 ～ 64 歳	8 677	5 262	1 549	1 053	116	73	5	－	1 949	446	8	257	3 284	131
65 ～ 69	10 949	10 205	2 764	5 637	468	526	－	－	691	86	10	238	692	53
70 ～ 74	8 001	7 632	2 564	3 748	332	331	－	－	579	57	18	180	279	90
75 ～ 79	6 800	6 494	2 516	2 762	278	277	0	－	578	66	17	176	217	90
80 歳 以 上	9 565	9 217	3 305	2 816	484	326	1 073	－	1 299	368	275	334	223	124
（再掲）60歳以上	43 992	38 810	12 698	16 015	1 679	1 534	1 078	－	5 097	1 023	328	1 186	4 695	487
65歳以上	35 315	33 548	11 149	14 962	1 563	1 461	1 073	－	3 147	577	320	929	1 411	356
75歳以上	16 365	15 711	5 821	5 578	763	604	1 073	－	1 877	433	292	510	440	214
男	59 351	17 420	3 932	8 413	942	1 025	247	－	2 419	554	43	557	41 660	270
59 歳 以 下	39 350	330	168	39	3	2	－	－	30	2	－	94	39 019	－
60 ～ 64 歳	4 181	2 203	609	480	66	43	－	－	747	251	－	107	1 936	42
65 ～ 69	5 283	4 865	858	2 892	283	374	－	－	397	57	－	114	385	34
70 ～ 74	3 711	3 537	706	2 044	193	228	－	－	334	38	6	82	130	44
75 ～ 79	3 100	2 967	710	1 558	157	183	0	－	337	39	2	68	87	45
80 歳 以 上	3 647	3 511	880	1 396	241	195	245	－	572	167	34	92	78	58
（再掲）60歳以上	19 921	17 083	3 763	8 371	939	1 023	245	－	2 387	552	43	462	2 617	222
65歳以上	15 741	14 880	3 154	7 891	873	980	245	－	1 640	301	43	355	680	180
75歳以上	6 746	6 478	1 591	2 954	397	378	245	－	910	206	37	160	166	102
女	63 972	22 269	9 146	7 714	750	514	836	－	2 781	487	300	878	41 390	313
59 歳 以 下	39 815	531	209	69	9	3	－	－	69	15	14	154	39 284	－
60 ～ 64 歳	4 497	3 060	940	572	50	30	5	－	1 203	196	8	150	1 348	89
65 ～ 69	5 666	5 340	1 906	2 745	185	152	－	－	294	29	10	124	307	19
70 ～ 74	4 290	4 095	1 857	1 703	139	103	－	－	246	19	12	98	149	46
75 ～ 79	3 701	3 526	1 806	1 204	122	95	－	－	241	27	15	108	129	45
80 歳 以 上	5 918	5 706	2 425	1 419	244	131	828	－	727	200	240	243	145	67
（再掲）60歳以上	24 071	21 728	8 935	7 644	741	511	832	－	2 710	472	285	724	2 078	265
65歳以上	19 575	18 668	7 994	7 072	690	481	828	－	1 507	276	278	573	730	176
75歳以上	9 619	9 233	4 231	2 624	366	226	828	－	968	227	255	351	274	112

注：1）熊本県を除いたものである。
　　2）年齢階級の「総数」には、年齢不詳を含む。

第61表　公的年金-恩給受給者数，世帯主との続柄・性・年齢（5歳階級）別

（単位：千人）　　　平成28年

性 年齢階級	総数	世帯主	世帯主の配偶者	子	子の配偶者	孫及び孫の配偶者	世帯主の父母	配偶者の父母	祖父母	兄弟姉妹	その他の親族	その他
総数	39 689	22 978	11 971	573	79	11	3 194	542	47	226	44	24
59 歳 以 下	862	398	81	326	10	11	9	1	–	21	3	2
60 ～ 64 歳	5 262	2 662	2 291	128	37	–	82	11	–	47	2	3
65 ～ 69	10 205	5 878	3 805	99	24	–	274	43	1	68	8	6
70 ～ 74	7 632	4 551	2 612	16	7	–	347	53	1	35	4	4
75 ～ 79	6 494	4 042	1 840	3	1	–	494	73	3	25	7	5
80 歳 以 上	9 217	5 439	1 338	0	0	–	1 985	361	41	30	20	5
（再掲）60歳以上	38 810	22 573	11 887	246	69	–	3 182	541	46	205	41	22
65歳以上	33 548	19 911	9 596	118	32	–	3 099	530	46	158	39	19
75歳以上	15 711	9 481	3 178	3	1	–	2 479	434	44	55	27	9
男	17 420	16 222	89	307	24	6	577	91	8	69	16	11
59 歳 以 下	330	131	3	177	1	6	0	–	–	11	1	1
60 ～ 64 歳	2 203	2 079	14	67	9	–	14	2	–	15	1	2
65 ～ 69	4 865	4 689	28	55	8	–	53	8	–	20	2	2
70 ～ 74	3 537	3 410	19	7	6	–	67	11	0	12	2	2
75 ～ 79	2 967	2 820	13	1	0	–	104	13	1	10	4	2
80 歳 以 上	3 511	3 088	12	–	0	–	337	57	7	2	7	2
（再掲）60歳以上	17 083	16 086	85	130	23	–	576	91	8	58	15	10
65歳以上	14 880	14 007	72	63	14	–	561	89	8	44	14	8
75歳以上	6 478	5 908	24	1	0	–	441	70	7	11	10	3
女	22 269	6 757	11 882	266	55	5	2 617	451	39	157	27	13
59 歳 以 下	531	267	77	149	9	5	9	1	–	10	2	1
60 ～ 64 歳	3 060	583	2 277	61	28	–	68	9	–	32	1	1
65 ～ 69	5 340	1 189	3 777	44	16	–	221	35	1	48	6	3
70 ～ 74	4 095	1 142	2 593	10	2	–	280	42	1	23	2	2
75 ～ 79	3 526	1 222	1 828	1	1	–	390	60	2	16	3	3
80 歳 以 上	5 706	2 351	1 326	0	–	–	1 647	304	34	28	13	3
（再掲）60歳以上	21 728	6 487	11 801	116	46	–	2 606	449	38	147	25	12
65歳以上	18 668	5 904	9 524	55	18	–	2 538	441	38	114	24	11
75歳以上	9 233	3 573	3 154	1	1	–	2 038	364	37	44	16	6

注：1）熊本県を除いたものである。
　　2）年齢階級の「総数」には、公的年金-恩給受給者の年齢不詳を含む。

（5－1）

第62表　同居の夫婦組数，夫の仕事の有無・夫の公的年金加入

（単位：千組）

妻の仕事の有無 妻の公的年金加入状況 同居児童の有無 児童数	総数	夫加入 している	国民年金 第1号被保険者	国民年金 第2号被保険者	国民年金 第3号被保険者	夫加入し ていない	夫に 仕事あり	夫加入 している
総　　数	32 011	18 801	2 547	16 111	144	13 071	22 663	18 260
児童あり	9 938	9 737	1 226	8 449	62	141	9 666	9 540
1人	4 331	4 223	531	3 664	28	83	4 196	4 129
2人	4 200	4 130	490	3 612	28	44	4 095	4 052
3人	1 224	1 206	172	1 029	5	11	1 199	1 186
4人以上	183	178	33	144	1	3	176	173
児童なし	22 073	9 065	1 321	7 662	82	12 930	12 997	8 720
妻加入している	18 934	17 392	2 416	14 832	144	1 445	17 710	16 900
児童あり	9 822	9 700	1 208	8 430	62	72	9 573	9 506
1人	4 274	4 204	521	3 655	28	48	4 152	4 111
2人	4 156	4 117	484	3 605	28	18	4 059	4 039
3人	1 212	1 202	170	1 027	5	5	1 188	1 183
4人以上	181	178	33	144	1	1	174	173
児童なし	9 113	7 692	1 208	6 402	82	1 373	8 138	7 394
国民年金第1号被保険者	3 134	2 240	1 866	374	・	801	2 512	2 027
児童あり	1 167	1 072	961	111	・	48	1 047	996
1人	509	455	405	50	・	33	450	418
2人	468	437	390	47	・	11	423	407
3人	159	152	138	14	・	3	148	145
4人以上	31	29	28	1	・	1	27	26
児童なし	1 967	1 168	905	262	・	753	1 465	1 031
国民年金第2号被保険者	6 872	6 224	550	5 530	144	643	6 402	6 078
児童あり	3 128	3 101	247	2 792	62	24	3 067	3 051
1人	1 423	1 408	116	1 263	28	15	1 392	1 382
2人	1 302	1 294	94	1 172	28	7	1 279	1 275
3人	356	353	32	316	5	2	351	349
4人以上	46	46	5	40	1	0	46	46
児童なし	3 744	3 123	303	2 738	82	619	3 335	3 026
国民年金第3号被保険者	8 929	8 929	・	8 929	・	・	8 795	8 795
児童あり	5 527	5 527	・	5 527	・	・	5 458	5 458
1人	2 342	2 342	・	2 342	・	・	2 311	2 311
2人	2 386	2 386	・	2 386	・	・	2 357	2 357
3人	697	697	・	697	・	・	689	689
4人以上	103	103	・	103	・	・	101	101
児童なし	3 402	3 402	・	3 402	・	・	3 337	3 337
妻加入していない	12 973	1 398	125	1 273	・	11 566	4 905	1 350
児童あり	99	33	17	16	・	66	80	31
1人	52	19	10	9	・	33	40	18
2人	36	11	6	5	・	25	32	11
3人	8	3	1	1	・	6	7	3
4人以上	2	0	0	0	・	2	2	0
児童なし	12 873	1 365	107	1 257	・	11 500	4 825	1 319

注：1）熊本県を除いたものである。
　　2）夫の仕事の有無の「総数」には、夫の仕事の有無不詳を含む。
　　3）夫の公的年金加入状況の「総数」には、夫の公的年金加入状況不詳を含む。
　　4）妻の仕事の有無の「総数」には、妻の仕事の有無不詳を含む。
　　5）妻の公的年金加入状況の「総数」には、妻の公的年金加入状況不詳を含む。

状況・妻の仕事の有無・妻の公的年金加入状況・同居児童の有－児童数－無別

平成28年

国民年金 第1号被保険者	国民年金 第2号被保険者	国民年金 第3号被保険者	夫加入していない	夫に仕事なし	夫加入している	国民年金 第1号被保険者	国民年金 第2号被保険者	国民年金 第3号被保険者	夫加入していない
2 252	15 930	78	4 357	8 140	353	219	74	60	7 783
1 131	8 372	38	100	133	97	60	15	22	35
484	3 629	16	56	76	52	33	8	11	24
453	3 580	18	34	41	33	20	5	9	8
163	1 021	3	7	11	9	5	2	2	2
30	142	1	2	4	3	2	0	–	2
1 121	7 558	40	4 257	8 007	256	159	59	39	7 748
2 146	14 676	78	779	918	313	200	52	60	604
1 115	8 354	38	48	116	96	60	15	22	20
475	3 620	16	33	66	52	33	8	11	14
448	3 573	18	13	37	33	20	5	9	4
162	1 019	3	3	10	8	5	2	2	1
30	142	1	0	3	3	2	0	–	1
1 031	6 323	40	731	802	216	140	37	39	584
1 658	370	·	457	435	143	141	2	·	292
885	111	·	34	55	42	42	–	·	13
368	50	·	23	33	24	24	–	·	10
361	46	·	9	14	13	13	–	·	2
131	14	·	2	4	4	4	–	·	0
26	1	·	0	3	2	2	–	·	1
772	259	·	423	380	100	98	2	·	279
488	5 511	78	322	444	131	59	12	60	312
229	2 785	38	14	50	42	17	3	22	7
107	1 259	16	9	26	22	9	2	11	4
87	1 169	18	4	18	16	7	1	9	2
31	316	3	1	4	3	1	1	2	1
4	40	1	0	1	1	0	0	–	–
259	2 727	40	308	395	89	42	8	39	305
·	8 795	·	·	39	39	·	39	·	·
·	5 458	·	·	12	12	·	12	·	·
·	2 311	·	·	6	6	·	6	·	·
·	2 357	·	·	4	4	·	4	·	·
·	689	·	·	1	1	·	1	·	·
·	101	·	·	0	0	·	0	·	·
·	3 337	·	·	27	27	·	27	·	·
101	1 248	·	3 554	7 209	40	19	21	·	7 168
16	15	·	49	16	0	0	–	·	16
9	8	·	22	10	0	0	–	·	10
5	5	·	21	4	–	–	–	·	4
1	1	·	5	1	–	–	–	·	1
0	0	·	1	1	–	–	–	·	1
85	1 233	·	3 505	7 192	40	19	21	·	7 152

（5－2）

第62表　同居の夫婦組数，夫の仕事の有無・夫の公的年金加入

（単位：千組）

妻の仕事の有無 / 妻の公的年金加入状況 / 同居児童の有無 / 児童数	総数	夫加入している	国民年金第1号被保険者	国民年金第2号被保険者	国民年金第3号被保険者	夫加入していない	夫に仕事あり	夫加入している
妻に仕事あり	15 989	12 439	1 845	10 450	144	3 530	14 583	12 196
児童あり	6 456	6 364	875	5 427	62	83	6 358	6 287
1人	2 769	2 717	377	2 312	28	49	2 718	2 680
2人	2 757	2 729	351	2 350	28	26	2 721	2 698
3人	816	807	120	681	5	7	808	800
4人以上	114	112	26	85	1	2	112	110
児童なし	9 533	6 074	970	5 022	82	3 447	8 225	5 908
妻加入している	12 988	11 955	1 776	10 036	144	1 026	12 338	11 725
児童あり	6 395	6 345	865	5 418	62	48	6 304	6 268
1人	2 740	2 707	371	2 308	28	32	2 693	2 670
2人	2 733	2 721	348	2 345	28	11	2 698	2 690
3人	809	805	119	680	5	4	802	798
4人以上	113	112	26	85	1	1	111	110
児童なし	6 593	5 610	912	4 617	82	978	6 035	5 457
国民年金第1号被保険者	1 839	1 449	1 230	219	・	388	1 670	1 381
児童あり	722	698	620	78	・	24	696	676
1人	308	290	255	35	・	18	294	280
2人	293	289	255	34	・	4	284	281
3人	98	96	88	8	・	2	96	95
4人以上	23	22	21	0	・	1	21	21
児童なし	1 117	751	610	141	・	363	974	705
国民年金第2号被保険者	6 827	6 183	546	5 493	144	639	6 365	6 041
児童あり	3 095	3 069	245	2 762	62	24	3 037	3 021
1人	1 409	1 393	116	1 249	28	15	1 378	1 369
2人	1 287	1 279	93	1 159	28	7	1 265	1 260
3人	353	350	31	314	5	2	348	347
4人以上	46	46	5	40	1	0	46	45
児童なし	3 732	3 115	302	2 732	82	615	3 328	3 020
国民年金第3号被保険者	4 323	4 323	・	4 323	・	・	4 304	4 304
児童あり	2 579	2 579	・	2 579	・	・	2 571	2 571
1人	1 023	1 023	・	1 023	・	・	1 021	1 021
2人	1 153	1 153	・	1 153	・	・	1 149	1 149
3人	358	358	・	358	・	・	357	357
4人以上	44	44	・	44	・	・	44	44
児童なし	1 745	1 745	・	1 745	・	・	1 733	1 733
妻加入していない	2 980	480	67	412	・	2 498	2 227	467
児童あり	52	18	10	8	・	34	46	18
1人	26	10	6	3	・	16	22	10
2人	22	7	3	4	・	15	20	7
3人	4	1	1	0	・	3	3	1
4人以上	1	0	−	0	・	1	1	0
児童なし	2 928	462	57	405	・	2 464	2 181	450

注：1）熊本県を除いたものである。
　　2）夫の仕事の有無の「総数」には、夫の仕事の有無不詳を含む。
　　3）夫の公的年金加入状況の「総数」には、夫の公的年金加入状況不詳を含む。
　　4）妻の仕事の有無の「総数」には、妻の仕事の有無不詳を含む。
　　5）妻の公的年金加入状況の「総数」には、妻の公的年金加入状況不詳を含む。

状況・妻の仕事の有無・妻の公的年金加入状況・同居児童の有－児童数－無別

平成28年

国民年金 第1号被保険者	国民年金 第2号被保険者	国民年金 第3号被保険者	夫加入していない	夫に仕事なし	夫加入している	国民年金 第1号被保険者	国民年金 第2号被保険者	国民年金 第3号被保険者	夫加入していない
1 708	10 409	78	2 374	1 340	223	131	32	60	1 115
835	5 414	38	64	85	68	38	9	22	17
357	2 307	16	36	45	34	20	3	11	11
336	2 343	18	22	31	27	14	4	9	3
118	679	3	5	8	6	3	1	2	2
25	85	1	1	2	2	2	–	–	1
873	4 995	40	2 310	1 254	154	92	23	39	1 098
1 647	10 000	78	610	615	210	123	27	60	404
826	5 405	38	34	80	68	38	9	22	12
351	2 303	16	23	41	33	19	3	11	8
333	2 339	18	8	29	27	14	4	9	2
117	679	3	3	7	6	2	1	2	1
25	85	1	0	2	2	2	–	–	1
822	4 595	40	576	535	142	85	18	39	392
1 162	219	·	289	160	64	64	0	·	95
598	78	·	20	25	20	20	–	·	4
244	35	·	14	13	10	10	–	·	3
247	33	·	4	8	7	7	–	·	0
86	8	·	2	2	2	2	–	·	0
20	0	·	0	2	1	1	–	·	1
564	141	·	269	135	44	44	0	·	91
485	5 478	78	322	439	130	59	11	60	308
227	2 756	38	14	49	42	17	3	22	7
106	1 247	16	9	26	22	9	1	11	4
86	1 156	18	4	18	16	7	1	9	2
31	313	3	1	4	3	1	1	2	1
4	40	1	0	0	0	0	–	–	–
258	2 721	40	307	390	88	41	8	39	301
·	4 304	·	·	16	16	·	16	·	·
·	2 571	·	·	6	6	·	6	·	·
·	1 021	·	·	2	2	·	2	·	·
·	1 149	·	·	3	3	·	3	·	·
·	357	·	·	1	1	·	1	·	·
·	44	·	·	–	–	·	–	·	·
·	1 733	·	·	10	10	·	10	·	·
60	408	·	1 759	724	12	7	5	·	711
10	8	·	29	5	0	0	–	·	5
6	3	·	12	4	0	0	–	·	3
3	4	·	14	1	–	–	–	·	1
1	0	·	2	1	–	–	–	·	1
–	0	·	1	–	–	–	–	·	–
50	400	·	1 731	718	12	7	5	·	706

（5－3）

第62表　同居の夫婦組数，夫の仕事の有無・夫の公的年金加入

（単位：千組）

妻の仕事の有無 妻の公的年金加入状況 同居児童の有無 児童数	総数	夫加入している	国民年金 第1号被保険者	国民年金 第2号被保険者	国民年金 第3号被保険者	夫加入していない	夫に仕事あり	夫加入している
（再掲）主に仕事	9 311	7 363	1 093	6 136	134	1 937	8 493	7 183
児童あり	3 514	3 461	466	2 939	56	48	3 444	3 405
1人	1 576	1 545	215	1 302	27	28	1 539	1 517
2人	1 448	1 431	173	1 234	24	16	1 423	1 409
3人	429	424	64	355	4	4	423	419
4人以上	61	60	13	46	1	1	60	59
児童なし	5 797	3 903	628	3 197	78	1 888	5 049	3 778
妻加入している	7 887	7 160	1 056	5 970	134	723	7 403	6 986
児童あり	3 483	3 450	461	2 934	56	30	3 417	3 395
1人	1 561	1 540	212	1 300	27	20	1 527	1 512
2人	1 436	1 428	172	1 232	24	7	1 411	1 406
3人	425	423	63	355	4	2	420	418
4人以上	60	60	13	46	1	0	60	59
児童なし	4 405	3 709	595	3 036	78	693	3 986	3 591
国民年金第1号被保険者	901	727	588	139	・	174	828	692
児童あり	319	308	261	47	・	10	306	298
1人	145	136	115	22	・	9	138	132
2人	120	119	100	19	・	1	116	115
3人	43	43	38	6	・	0	42	42
4人以上	10	10	9	0	・	0	9	9
児童なし	582	418	327	92	・	163	521	394
国民年金第2号被保険者	5 860	5 307	468	4 705	134	549	5 456	5 176
児童あり	2 544	2 522	200	2 266	56	19	2 493	2 479
1人	1 171	1 158	98	1 034	27	12	1 144	1 136
2人	1 045	1 039	72	943	24	6	1 026	1 023
3人	293	290	26	260	4	2	288	286
4人以上	35	35	4	30	1	0	35	34
児童なし	3 316	2 785	268	2 439	78	530	2 963	2 697
国民年金第3号被保険者	1 126	1 126	・	1 126	・	・	1 119	1 119
児童あり	620	620	・	620	・	・	618	618
1人	245	245	・	245	・	・	244	244
2人	270	270	・	270	・	・	269	269
3人	89	89	・	89	・	・	89	89
4人以上	15	15	・	15	・	・	15	15
児童なし	506	506	・	506	・	・	501	501
妻加入していない	1 413	201	36	165	・	1 212	1 080	194
児童あり	26	8	5	4	・	18	22	8
1人	13	5	3	2	・	8	10	5
2人	11	3	1	2	・	9	10	3
3人	2	1	0	0	・	2	2	1
4人以上	0	0	－	0	・	0	0	0
児童なし	1 386	192	31	161	・	1 194	1 058	186

注：1）熊本県を除いたものである。
　　2）夫の仕事の有無の「総数」には、夫の仕事の有無不詳を含む。
　　3）夫の公的年金加入状況の「総数」には、夫の公的年金加入状況不詳を含む。
　　4）妻の仕事の有無の「総数」には、妻の仕事の有無不詳を含む。
　　5）妻の公的年金加入状況の「総数」には、妻の公的年金加入状況不詳を含む。

状況・妻の仕事の有無・妻の公的年金加入状況・同居児童の有－児童数－無別

平成28年

国民年金 第1号被保険者	国民年金 第2号被保険者	国民年金 第3号被保険者	夫加入していない	夫に仕事なし	夫加入している	国民年金 第1号被保険者	国民年金 第2号被保険者	国民年金 第3号被保険者	夫加入していない
1 001	6 110	71	1 302	779	165	88	20	58	612
441	2 931	33	35	62	49	25	5	20	12
202	1 299	15	20	33	25	13	2	11	8
164	1 230	15	13	22	19	9	2	7	3
62	355	2	2	6	5	2	1	2	2
12	46	1	1	1	1	1	–	–	–
561	3 180	38	1 266	717	116	63	15	38	600
968	5 947	71	414	460	158	84	17	58	301
436	2 926	33	21	57	49	24	5	20	8
199	1 297	15	15	30	25	13	2	11	5
163	1 228	15	5	21	19	9	2	7	2
62	354	2	1	5	4	2	1	2	1
12	46	1	0	1	1	1	–	–	–
532	3 022	38	393	403	109	60	12	38	293
554	138	·	136	69	33	32	0	·	36
251	47	·	8	12	9	9	–	·	3
110	22	·	6	7	4	4	–	·	2
96	19	·	1	4	4	4	–	·	0
37	6	·	0	1	1	1	–	·	0
9	0	·	0	0	0	0	–	·	–
302	91	·	128	57	23	23	0	·	34
414	4 690	71	278	384	119	51	10	58	264
185	2 261	33	13	43	38	15	3	20	6
89	1 031	15	8	23	20	8	1	11	3
67	940	15	4	16	14	5	1	7	2
25	259	2	1	4	3	1	1	2	1
3	30	1	0	0	0	0	–	–	–
230	2 429	38	265	341	81	36	7	38	259
·	1 119	·	·	7	7	·	7	·	·
·	618	·	·	2	2	·	2	·	·
·	244	·	·	0	0	·	0	·	·
·	269	·	·	2	2	·	2	·	·
·	89	·	·	–	–	·	–	·	·
·	15	·	·	–	–	·	–	·	·
·	501	·	·	5	5	·	5	·	·
32	162	·	886	318	7	4	3	·	311
5	4	·	14	4	0	0	–	·	4
3	2	·	5	3	0	0	–	·	2
1	2	·	8	1	–	–	–	·	1
0	0	·	1	1	–	–	–	·	1
–	0	·	0	–	–	–	–	·	–
28	158	·	872	313	7	4	3	·	307

（5－4）

第62表　同居の夫婦組数，夫の仕事の有無・夫の公的年金加入

（単位：千組）

妻の仕事の有無 妻の公的年金加入状況 同居児童の有無 児童数	総数	夫加入 している	国民年金 第1号被保険者	国民年金 第2号被保険者	国民年金 第3号被保険者	夫加入し ていない	夫に 仕事あり	夫加入 している
妻 に 仕 事 な し	15 944	6 348	695	5 653	0	9 485	8 068	6 056
児童あり	3 477	3 368	350	3 018	－	57	3 306	3 251
1人	1 560	1 504	153	1 350	－	34	1 477	1 449
2人	1 441	1 400	139	1 261	－	17	1 374	1 353
3人	407	399	51	347	－	4	391	387
4人以上	69	66	7	59	－	2	64	62
児童なし	12 467	2 979	345	2 634	0	9 428	4 762	2 805
妻 加 入 し て い る	5 933	5 427	634	4 792	0	417	5 367	5 170
児童あり	3 423	3 352	343	3 010	－	24	3 267	3 236
1人	1 532	1 495	150	1 345	－	16	1 458	1 440
2人	1 422	1 394	136	1 259	－	7	1 360	1 348
3人	402	397	51	346	－	1	387	385
4人以上	68	66	7	59	－	0	63	62
児童なし	2 510	2 074	291	1 783	0	393	2 100	1 934
国民年金第1号被保険者	1 287	785	631	154	・	412	841	645
児童あり	444	374	341	33	・	24	352	320
1人	200	164	150	15	・	16	155	138
2人	174	147	134	13	・	7	138	127
3人	61	56	50	5	・	1	52	50
4人以上	9	7	7	0	・	0	6	5
児童なし	843	411	290	121	・	389	489	324
国民年金第2号被保険者	42	38	4	34	0	4	37	36
児童あり	31	31	2	29	－	0	30	30
1人	14	14	0	13	－	0	13	13
2人	14	14	1	13	－	－	14	14
3人	3	3	0	2	－	－	2	2
4人以上	0	0	－	0	－	－	0	0
児童なし	11	7	1	5	0	4	6	6
国民年金第3号被保険者	4 604	4 604	・	4 604	・	・	4 489	4 489
児童あり	2 947	2 947	・	2 947	・	・	2 885	2 885
1人	1 318	1 318	・	1 318	・	・	1 289	1 289
2人	1 233	1 233	・	1 233	・	・	1 207	1 207
3人	339	339	・	339	・	・	332	332
4人以上	58	58	・	58	・	・	57	57
児童なし	1 656	1 656	・	1 656	・	・	1 604	1 604
妻 加 入 し て い な い	9 940	915	57	858	・	9 017	2 674	881
児童あり	47	15	7	7	・	32	34	14
1人	26	8	3	5	・	18	18	8
2人	15	4	3	1	・	10	11	4
3人	5	2	1	1	・	3	4	2
4人以上	2	0	0	－	・	1	1	0
児童なし	9 893	900	50	851	・	8 985	2 640	867

注：1）熊本県を除いたものである。
　　2）夫の仕事の有無の「総数」には、夫の仕事の有無不詳を含む。
　　3）夫の公的年金加入状況の「総数」には、夫の公的年金加入状況不詳を含む。
　　4）妻の仕事の有無の「総数」には、妻の仕事の有無不詳を含む。
　　5）妻の公的年金加入状況の「総数」には、妻の公的年金加入状況不詳を含む。

状況・妻の仕事の有無・妻の公的年金加入状況・同居児童の有－児童数－無別

平成28年

国民年金 第1号被保険者	国民年金 第2号被保険者	国民年金 第3号被保険者	夫加入していない	夫に仕事なし	夫加入している	国民年金 第1号被保険者	国民年金 第2号被保険者	国民年金 第3号被保険者	夫加入していない
541	5 515	–	1 979	6 793	130	88	42	0	6 662
295	2 956	–	36	47	29	22	6	–	19
127	1 321	–	20	31	19	14	5	–	13
117	1 236	–	12	11	6	5	1	–	4
46	341	–	3	3	3	2	0	–	1
5	57	–	1	2	1	1	0	–	1
246	2 559	–	1 943	6 746	102	66	35	0	6 643
497	4 674	–	169	303	102	77	25	0	200
289	2 947	–	14	37	28	22	6	–	8
124	1 316	–	9	25	19	14	5	–	6
115	1 233	–	5	8	6	5	1	–	1
45	340	–	0	3	3	2	0	–	0
5	57	–	–	1	1	1	0	–	0
208	1 727	–	154	266	74	55	19	0	192
494	151	·	168	275	78	77	2	·	196
287	33	·	14	30	22	22	–	·	8
124	15	·	9	20	14	14	–	·	6
114	13	·	5	6	5	5	–	·	1
45	5	·	0	3	2	2	–	·	0
5	0	·	–	1	1	1	–	·	0
206	118	·	154	245	56	55	2	·	188
3	33	–	0	5	1	0	1	0	4
2	28	–	0	1	1	–	1	–	–
0	13	–	0	0	0	–	0	–	–
1	13	–	–	0	0	–	0	–	–
0	2	–	–	–	–	–	–	–	–
–	0	–	–	0	0	–	0	–	–
1	5	–	0	5	1	0	0	0	4
·	4 489	·	·	23	23	·	23	·	·
·	2 885	·	·	6	6	·	6	·	·
·	1 289	·	·	5	5	·	5	·	·
·	1 207	·	·	1	1	·	1	·	·
·	332	·	·	0	0	·	0	·	·
·	57	·	·	0	0	·	0	·	·
·	1 604	·	·	17	17	·	17	·	·
42	839	·	1 792	6 479	28	11	16	·	6 452
6	7	·	20	11	0	0	–	·	10
3	5	·	10	7	0	0	–	·	6
3	1	·	7	3	–	–	–	·	3
1	1	·	2	0	–	–	–	·	0
0	–	·	1	1	–	–	–	·	1
35	832	·	1 772	6 469	27	11	16	·	6 441

（5－5）

第62表　同居の夫婦組数，夫の仕事の有無・夫の公的年金加入

（単位：千組）

妻の仕事の有無 妻の公的年金加入状況 同居児童の有無 児　童　数	総　数	夫加入 している	国民年金 第1号被保険者	国民年金 第2号被保険者	国民年金 第3号被保険者	夫加入し ていない	夫に 仕事あり	夫加入 している
（再掲）家　　　事	13 668	6 160	650	5 510	0	7 397	7 778	5 900
児童あり	3 414	3 313	338	2 975	－	50	3 252	3 201
1人	1 527	1 476	146	1 330	－	29	1 451	1 425
2人	1 416	1 377	135	1 242	－	16	1 350	1 331
3人	403	395	51	344	－	4	387	383
4人以上	69	65	6	59	－	2	63	62
児童なし	10 254	2 848	312	2 535	0	7 347	4 527	2 699
妻加入している	5 749	5 289	598	4 692	0	370	5 245	5 056
児童あり	3 365	3 298	331	2 967	－	20	3 217	3 187
1人	1 501	1 468	143	1 326	－	13	1 434	1 418
2人	1 399	1 372	132	1 240	－	7	1 338	1 327
3人	398	393	50	343	－	1	383	381
4人以上	67	65	6	59	－	0	62	62
児童なし	2 384	1 991	266	1 725	0	349	2 029	1 869
国民年金第1号被保険者	1 198	739	597	143	・	369	807	618
児童あり	428	361	331	31	・	20	342	313
1人	189	156	143	14	・	12	150	134
2人	171	144	132	12	・	7	135	124
3人	60	55	50	5	・	1	51	50
4人以上	9	7	6	0	・	0	6	5
児童なし	770	378	266	112	・	348	465	305
国民年金第2号被保険者	23	22	1	22	0	1	22	21
児童あり	21	21	1	21	－	0	21	21
1人	10	10	－	10	－	0	10	10
2人	9	9	0	9	－	－	9	9
3人	2	2	0	2	－	－	2	2
4人以上	0	0	－	0	－	－	－	－
児童なし	2	1	0	1	0	1	1	1
国民年金第3号被保険者	4 527	4 527	・	4 527	・	・	4 417	4 417
児童あり	2 915	2 915	・	2 915	・	・	2 854	2 854
1人	1 302	1 302	・	1 302	・	・	1 274	1 274
2人	1 219	1 219	・	1 219	・	・	1 194	1 194
3人	336	336	・	336	・	・	329	329
4人以上	58	58	・	58	・	・	56	56
児童なし	1 612	1 612	・	1 612	・	・	1 563	1 563
妻加入していない	7 852	866	50	816	・	6 979	2 507	839
児童あり	42	13	7	7	・	29	30	12
1人	24	8	3	4	・	16	16	7
2人	12	4	3	1	・	9	9	3
3人	4	2	1	1	・	3	4	2
4人以上	1	0	0	－	・	1	1	0
児童なし	7 810	852	43	810	・	6 950	2 476	827

注：1）熊本県を除いたものである。
　　2）夫の仕事の有無の「総数」には、夫の仕事の有無不詳を含む。
　　3）夫の公的年金加入状況の「総数」には、夫の公的年金加入状況不詳を含む。
　　4）妻の仕事の有無の「総数」には、妻の仕事の有無不詳を含む。
　　5）妻の公的年金加入状況の「総数」には、妻の公的年金加入状況不詳を含む。

状況・妻の仕事の有無・妻の公的年金加入状況・同居児童の有－児童数－無別

平成28年

国民年金第1号被保険者	国民年金第2号被保険者	国民年金第3号被保険者	夫加入していない	夫に仕事なし	夫加入している	国民年金第1号被保険者	国民年金第2号被保険者	国民年金第3号被保険者	夫加入していない
518	5 382	–	1 846	4 817	100	68	33	0	4 717
288	2 913	–	32	39	24	18	6	–	15
124	1 302	–	18	25	15	10	5	–	10
114	1 217	–	11	9	5	5	1	–	4
45	337	–	3	3	2	2	0	–	0
5	57	–	1	2	1	1	0	–	1
230	2 469	–	1 814	4 778	77	50	27	0	4 701
478	4 578	–	162	242	80	59	21	0	161
282	2 905	–	13	30	23	17	6	–	6
121	1 297	–	8	19	14	10	5	–	4
112	1 215	–	5	7	5	5	1	–	1
45	336	–	0	3	2	2	0	–	0
5	57	–	–	1	1	1	0	–	0
195	1 673	–	149	212	57	42	15	0	155
478	140	・	162	221	60	59	1	・	160
282	30	・	13	24	17	17	–	・	6
121	14	・	8	14	10	10	–	・	4
112	12	・	5	6	5	5	–	・	1
45	5	・	0	2	2	2	–	・	0
5	0	・	–	1	1	1	–	・	0
195	110	・	149	197	43	42	1	・	154
0	21	–	0	2	1	0	0	0	1
0	20	–	0	0	0	–	0	–	–
–	10	–	0	0	0	–	0	–	–
0	9	–	–	–	–	–	–	–	–
–	2	–	–	–	–	–	–	–	–
–	–	–	–	0	0	–	0	–	–
–	1	–	–	1	0	0	0	0	1
・	4 417	・	・	19	19	・	19	・	・
・	2 854	・	・	6	6	・	6	・	・
・	1 274	・	・	5	5	・	5	・	・
・	1 194	・	・	1	1	・	1	・	・
・	329	・	・	0	0	・	0	・	・
・	56	・	・	0	0	・	0	・	・
・	1 563	・	・	14	14	・	14	・	・
37	802	・	1 666	4 567	20	8	12	・	4 547
6	6	・	18	9	0	0	–	・	9
3	4	・	9	6	0	0	–	・	5
2	1	・	6	3	–	–	–	・	3
1	1	・	2	0	–	–	–	・	0
0	–	・	1	1	–	–	–	・	1
31	796	・	1 648	4 558	20	8	12	・	4 538

（3－1）

第63表　同居の夫婦組数，夫の公的年金-恩給受給の有無・

（単位：千組）

妻の公的年金- 恩給受給の有無 妻 の 年 齢 階 級	総数（夫）	19歳以下	20～24歳	25～29	30～34	35～39	40～44	45～49
総　　　数　（妻）	32 011	6	95	636	1 564	2 286	3 057	2 979
19　歳　以　下	10	4	5	1	0	－	0	－
20　～　24　歳	155	1	64	58	19	9	4	1
25　～　29	883	0	20	435	294	92	31	7
30　～　34	1 875	0	4	119	984	522	172	51
35　～　39	2 611	－	1	18	219	1 306	792	196
40　～　44	3 337	－	1	4	41	306	1 682	957
45　～　49	3 249	－	－	1	6	45	336	1 521
50　～　54	2 981	－	－	－	0	4	31	212
55　～　59	3 022	－	－	0	0	0	6	28
60　～　64	3 465	－	－	－	0	0	1	4
65　～　69	4 079	－	－	－	－	－	0	1
70　～　74	2 775	－	－	－	－	－	0	1
75　～　79	1 993	－	－	－	－	－	－	－
80　歳　以　上	1 543	－	－	－	－	－	－	－
不　　　詳	34	0	－	－	1	1	1	1
（再掲）65歳以上	10 389	－	－	－	－	－	0	2
75歳以上	3 536	－	－	－	－	－	－	－
受　　給　　あ　　り	12 441	－	0	4	7	11	15	19
19　歳　以　下	0	－	0	－	－	－	－	－
20　～　24　歳	1	－	0	1	－	－	－	－
25　～　29	4	－	－	1	2	－	0	－
30　～　34	7	－	0	1	3	2	0	－
35　～　39	16	－	－	－	2	7	4	2
40　～　44	13	－	－	－	－	2	6	4
45　～　49	14	－	－	－	－	－	3	8
50　～　54	11	－	－	－	－	－	1	1
55　～　59	17	－	－	－	－	－	－	0
60　～　64	2 352	－	－	－	－	0	0	2
65　～　69	3 887	－	－	－	－	－	0	1
70　～　74	2 688	－	－	－	－	－	－	1
75　～　79	1 933	－	－	－	－	－	－	－
80　歳　以　上	1 495	－	－	－	－	－	－	－
不　　　詳	3	－	－	－	－	－	－	－
（再掲）65歳以上	10 003	－	－	－	－	－	0	2
75歳以上	3 427	－	－	－	－	－	－	－
受　　給　　な　　し	19 454	5	95	632	1 556	2 274	3 041	2 960
19　歳　以　下	10	4	5	1	0	－	0	－
20　～　24　歳	154	1	63	57	19	9	4	1
25　～　29	879	0	20	434	292	92	31	7
30　～　34	1 868	0	4	119	981	520	172	51
35　～　39	2 595	－	1	18	217	1 299	788	194
40　～　44	3 324	－	1	4	41	304	1 676	952
45　～　49	3 235	－	－	1	6	45	333	1 513
50　～　54	2 970	－	－	－	0	4	30	212
55　～　59	3 005	－	－	0	0	0	6	28
60　～　64	1 040	－	－	－	0	－	1	1
65　～　69	191	－	－	－	－	－	－	－
70　～　74	75	－	－	－	－	－	0	－
75　～　79	53	－	－	－	－	－	－	－
80　歳　以　上	44	－	－	－	－	－	－	－
不　　　詳	12	－	－	－	0	1	0	0
（再掲）65歳以上	363	－	－	－	－	－	0	－
75歳以上	96	－	－	－	－	－	－	－

注：1）熊本県を除いたものである。
　　2）夫の公的年金-恩給受給の有無の「総数」には、夫の公的年金-恩給受給の有無不詳を含む。
　　3）妻の公的年金-恩給受給の有無の「総数」には、妻の公的年金-恩給受給の有無不詳を含む。

夫の年齢（5歳階級）・妻の公的年金-恩給受給の有無・妻の年齢（5歳階級）別

平成28年

50～54	55～59	60～64	65～69	70～74	75～79	80歳以上	不　詳	（再掲）65歳以上	（再掲）75歳以上
2 795	2 835	3 232	4 223	3 069	2 549	2 657	29	12 498	5 206
–	–	–	–	–	–	–	–	–	–
0	0	–	–	–	–	–	–	–	–
2	1	–	–	–	–	–	0	–	–
14	4	2	–	–	–	–	2	–	–
48	21	7	3	–	–	–	0	3	–
260	56	21	8	0	–	–	1	8	–
984	262	66	21	4	0	–	2	26	0
1 318	1 053	284	61	10	4	1	2	76	5
147	1 267	1 206	328	33	5	1	1	366	5
16	138	1 412	1 667	200	21	5	1	1 893	26
4	26	205	1 955	1 562	297	29	0	3 843	326
–	5	23	155	1 119	1 239	233	0	2 746	1 472
0	0	4	19	123	880	966	1	1 988	1 846
–	0	1	5	16	100	1 419	1	1 540	1 519
1	2	1	2	1	4	3	17	10	7
4	31	233	2 134	2 820	2 516	2 647	3	10 117	5 163
0	0	5	24	139	980	2 385	3	3 528	3 365
20	109	1 128	3 232	2 858	2 452	2 582	3	11 125	5 034
–	–	–	–	–	–	–	–	–	–
–	–	–	–	–	–	–	–	–	–
–	–	–	–	–	–	–	–	–	–
0	0	–	–	–	–	–	–	–	–
0	–	1	–	–	–	–	–	–	–
0	–	0	–	–	–	–	–	–	–
2	1	0	0	–	–	–	–	0	–
3	3	1	2	0	0	–	–	2	0
1	5	7	4	1	0	–	–	4	0
10	75	909	1 199	138	15	3	0	1 355	18
2	22	185	1 862	1 504	285	26	0	3 676	311
–	4	20	145	1 083	1 208	227	0	2 663	1 435
0	0	3	16	118	852	942	1	1 929	1 794
–	–	1	4	14	92	1 382	1	1 492	1 474
–	–	0	1	0	0	2	0	3	2
2	26	210	2 027	2 719	2 437	2 577	3	9 760	5 014
0	0	4	21	132	944	2 324	2	3 421	3 268
2 775	2 721	2 073	956	198	85	65	17	1 304	150
–	–	–	–	–	–	–	–	–	–
0	0	–	–	–	–	–	–	–	–
2	1	–	–	–	–	–	0	–	–
14	4	2	–	–	–	–	2	–	–
48	21	6	3	–	–	–	0	3	–
260	56	21	8	0	–	–	1	8	–
983	262	66	21	4	0	–	2	26	0
1 314	1 050	283	60	10	4	1	2	74	5
146	1 262	1 199	324	32	4	1	1	362	5
6	60	473	436	55	6	2	1	498	7
2	4	20	93	58	12	3	–	166	15
–	1	2	9	31	26	5	–	71	31
–	–	1	3	4	25	20	0	52	45
–	0	0	0	2	8	33	–	43	41
1	1	1	–	0	–	0	8	0	0
2	5	23	105	95	71	61	0	333	133
–	0	1	3	6	33	53	0	95	86

（3－2）

第63表　同居の夫婦組数，夫の公的年金-恩給受給の有無・

（単位：千組）

妻の公的年金- 恩給受給の有無 妻の年齢階級	受給あり （夫）	19歳以下	20～24歳	25～29	30～34	35～39	40～44	45～49
総　　数　（妻）	13 752	－	1	2	5	9	11	10
19　歳　以　下	0	－	0	－	－	－	－	－
20　～　24　歳	2	－	0	1	－	－	－	－
25　～　29	3	－	1	0	1	1	0	0
30　～　34	6	－	－	0	3	2	0	－
35　～　39	16	－	－	－	1	4	3	2
40　～　44	28	－	－	－	－	1	6	3
45　～　49	53	－	－	－	－	0	1	4
50　～　54	182	－	－	－	－	－	0	0
55　～　59	906	－	－	－	－	－	－	－
60　～　64	2 631	－	－	－	－	0	－	0
65　～　69	3 822	－	－	－	－	－	－	－
70　～　74	2 668	－	－	－	－	－	－	－
75　～　79	1 920	－	－	－	－	－	－	－
80　歳　以　上	1 506	－	－	－	－	－	－	－
不　　　詳	10	－	－	－	－	－	－	－
（再掲）65歳以上	9 916	－	－	－	－	－	－	－
75歳以上	3 426	－	－	－	－	－	－	－
受　　給　　あ　　り	11 743	－	0	1	2	6	6	7
19　歳　以　下	0	－	0	－	－	－	－	－
20　～　24　歳	1	－	0	1	－	－	－	－
25　～　29	1	－	－	0	1	－	0	－
30　～　34	3	－	－	0	1	2	0	－
35　～　39	6	－	－	－	0	3	1	1
40　～　44	8	－	－	－	－	1	4	3
45　～　49	4	－	－	－	－	－	0	3
50　～　54	4	－	－	－	－	－	0	－
55　～　59	10	－	－	－	－	－	－	－
60　～　64	1 988	－	－	－	－	－	0	－	0
65　～　69	3 726	－	－	－	－	－	－	－
70　～　74	2 626	－	－	－	－	－	－	－
75　～　79	1 888	－	－	－	－	－	－	－
80　歳　以　上	1 473	－	－	－	－	－	－	－
不　　　詳	3	－	－	－	－	－	－	－
（再掲）65歳以上	9 712	－	－	－	－	－	－	－
75歳以上	3 361	－	－	－	－	－	－	－
受　　給　　な　　し	1 946	－	1	0	3	3	5	2
19　歳　以　下	－	－	－	－	－	－	－	－
20　～　24　歳	0	－	－	0	－	－	－	－
25　～　29	2	－	1	0	0	1	－	0
30　～　34	3	－	－	－	2	1	0	－
35　～　39	9	－	－	－	1	1	2	0
40　～　44	20	－	－	－	－	0	3	1
45　～　49	49	－	－	－	－	0	0	1
50　～　54	177	－	－	－	－	－	－	0
55　～　59	896	－	－	－	－	－	－	－
60　～　64	599	－	－	－	－	－	－	－
65　～　69	96	－	－	－	－	－	－	－
70　～　74	37	－	－	－	－	－	－	－
75　～　79	27	－	－	－	－	－	－	－
80　歳　以　上	30	－	－	－	－	－	－	－
不　　　詳	1	－	－	－	－	－	－	－
（再掲）65歳以上	190	－	－	－	－	－	－	－
75歳以上	57	－	－	－	－	－	－	－

注：1）熊本県を除いたものである。
　　2）夫の公的年金-恩給受給の有無の「総数」には、夫の公的年金-恩給受給の有無不詳を含む。
　　3）妻の公的年金-恩給受給の有無の「総数」には、妻の公的年金-恩給受給の有無不詳を含む。

夫の年齢（５歳階級）・妻の公的年金-恩給受給の有無・妻の年齢（５歳階級）別

平成28年

50～54	55～59	60～64	65～69	70～74	75～79	80歳以上	不　　詳	（再掲）65歳以上	（再掲）75歳以上
6	16	1 717	3 961	2 964	2 467	2 584	2	11 975	5 051
－	－	－	－	－	－	－	－	－	－
－	－	－	－	－	－	－	－	－	－
0	0	－	－	－	－	－	－	－	－
－	－	4	1	－	－	－	－	1	－
1	0	7	8	0	－	－	－	8	－
1	1	25	17	4	0	－	－	22	0
2	6	109	52	8	4	1	－	64	4
0	9	562	301	29	4	1	－	335	5
0	1	856	1 561	191	19	3	－	1 774	22
－	－	136	1 861	1 515	285	25	－	3 686	310
－	0	13	136	1 084	1 208	227	－	2 655	1 435
0	－	3	17	117	848	935	－	1 917	1 782
－	－	1	5	14	96	1 389	1	1 503	1 485
－	－	1	2	1	4	3	0	10	7
0	0	153	2 019	2 730	2 436	2 576	1	9 762	5 013
0	－	4	22	131	943	2 324	1	3 420	3 268
1	4	819	3 141	2 813	2 406	2 535	1	10 895	4 941
－	－	－	－	－	－	－	－	－	－
－	－	－	－	－	－	－	－	－	－
－	－	－	－	－	－	－	－	－	－
0	－	－	－	－	－	－	－	－	－
－	－	1	－	－	－	－	－	－	－
0	－	0	－	－	－	－	－	－	－
1	0	0	0	－	－	－	－	0	－
0	1	1	2	0	0	－	－	2	0
0	2	4	4	1	0	－	－	4	0
－	1	666	1 169	137	13	2	－	1 321	15
－	－	132	1 813	1 481	276	24	－	3 594	300
－	0	12	133	1 067	1 192	222	－	2 614	1 414
0	－	2	16	115	834	921	－	1 885	1 755
－	－	1	4	12	90	1 364	1	1 471	1 454
－	－	0	1	0	0	2	－	3	2
0	0	147	1 965	2 674	2 392	2 532	1	9 564	4 924
0	－	3	20	127	924	2 286	1	3 356	3 209
4	12	885	793	142	51	42	0	1 029	94
－	－	－	－	－	－	－	－	－	－
－	－	－	－	－	－	－	－	－	－
0	0	－	－	－	－	－	－	－	－
－	－	3	1	－	－	－	－	1	－
1	0	7	8	0	－	－	－	8	－
1	0	25	17	4	0	－	－	21	0
2	4	108	50	8	3	1	－	63	4
－	7	558	297	28	4	1	－	330	5
0	0	177	366	48	5	1	－	421	7
－	－	4	48	34	9	1	－	92	10
－	－	1	3	16	12	4	－	36	17
－	－	1	2	2	12	11	－	27	23
－	－	－	0	1	6	23	－	30	28
－	－	0	－	0	－	－	0	0	－
－	－	6	53	53	39	39	－	184	78
－	－	1	2	3	18	34	－	57	51

（3－3）

第63表　同居の夫婦組数，夫の公的年金-恩給受給の有無・

（単位：千組）

妻の公的年金-恩給受給の有無 妻の年齢階級	受給なし（夫）	19歳以下	20～24歳	25～29	30～34	35～39	40～44	45～49
総　　数（妻）	18 107	6	95	634	1 558	2 277	3 046	2 970
19　歳　以　下	10	4	5	1	0	－	0	－
20　～　24　歳	154	1	63	56	19	9	4	1
25　～　29	879	0	20	435	292	92	31	7
30　～　34	1 868	0	4	119	982	520	172	51
35　～　39	2 595	－	1	18	218	1 302	789	194
40　～　44	3 307	－	1	4	41	305	1 675	953
45　～　49	3 192	－	－	1	6	44	335	1 517
50　～　54	2 794	－	－	－	0	4	31	212
55　～　59	2 107	－	－	0	0	0	6	28
60　～　64	817	－	－	－	0	0	1	4
65　～　69	226	－	－	－	－	－	0	1
70　～　74	77	－	－	－	－	－	0	1
75　～　79	45	－	－	－	－	－	－	－
80　歳　以　上	21	－	－	－	－	－	－	－
不　　　詳	15	0	－	－	1	1	1	1
（再掲）65歳以上	369	－	－	－	－	－	0	2
75歳以上	66	－	－	－	－	－	－	－
受　給　あ　り	602	－	0	2	5	6	9	11
19　歳　以　下	－	－	－	－	－	－	－	－
20　～　24　歳	0	－	0	0	－	－	－	－
25　～　29	2	－	－	1	1	－	0	－
30　～　34	4	－	0	1	2	1	0	－
35　～　39	10	－	－	－	2	5	3	0
40　～　44	5	－	－	－	－	1	2	2
45　～　49	10	－	－	－	－	－	2	5
50　～　54	7	－	－	－	－	－	1	1
55　～　59	6	－	－	－	－	－	－	0
60　～　64	360	－	－	－	－	0	0	2
65　～　69	133	－	－	－	－	－	0	1
70　～　74	39	－	－	－	－	－	－	1
75　～　79	20	－	－	－	－	－	－	－
80　歳　以　上	7	－	－	－	－	－	－	－
不　　　詳	－	－	－	－	－	－	－	－
（再掲）65歳以上	198	－	－	－	－	－	0	2
75歳以上	27	－	－	－	－	－	－	－
受　給　な　し	17 482	5	94	632	1 553	2 271	3 036	2 958
19　歳　以　下	10	4	5	1	0	－	0	－
20　～　24　歳	154	1	63	56	19	9	4	1
25　～　29	877	0	20	434	291	92	31	7
30　～　34	1 864	0	4	119	979	520	171	51
35　～　39	2 585	－	1	18	216	1 297	785	194
40　～　44	3 303	－	1	4	41	304	1 673	952
45　～　49	3 183	－	－	1	6	44	333	1 512
50　～　54	2 787	－	－	－	0	4	30	212
55　～　59	2 100	－	－	0	0	0	6	28
60　～　64	439	－	－	－	0	0	1	1
65　～　69	93	－	－	－	－	－	－	－
70　～　74	37	－	－	－	－	－	0	－
75　～　79	25	－	－	－	－	－	－	－
80　歳　以　上	14	－	－	－	－	－	－	－
不　　　詳	11	－	－	－	－	0	1	0
（再掲）65歳以上	170	－	－	－	－	－	0	－
75歳以上	39	－	－	－	－	－	－	－

注：1）熊本県を除いたものである。
　　2）夫の公的年金-恩給受給の有無の「総数」には、夫の公的年金-恩給受給の有無不詳を含む。
　　3）妻の公的年金-恩給受給の有無の「総数」には、妻の公的年金-恩給受給の有無不詳を含む。

夫の年齢（５歳階級）・妻の公的年金-恩給受給の有無・妻の年齢（５歳階級）別

平成28年

50～54	55～59	60～64	65～69	70～74	75～79	80歳以上	不　詳	（再掲）65歳以上	（再掲）75歳以上
2 789	2 819	1 493	241	76	54	41	9	412	95
–	–	–	–	–	–	–	–	–	–
0	0	–	–	–	–	–	–	–	–
2	1	–	–	–	–	–	–	–	–
14	4	2	–	–	–	–	0	–	–
48	21	3	1	–	–	–	–	1	–
259	56	13	0	–	–	–	–	0	–
983	262	40	4	0	–	–	0	4	–
1 315	1 048	174	8	0	1	–	0	9	1
147	1 258	637	25	4	0	–	–	29	0
16	137	546	102	8	2	1	0	112	3
4	26	66	85	33	9	3	–	130	12
–	5	9	14	24	21	3	–	62	24
–	0	0	2	5	19	18	0	44	38
–	0	0	–	2	3	15	–	20	18
1	2	1	–	0	–	0	8	0	0
4	31	76	101	64	51	40	0	256	91
–	0	1	2	7	22	33	0	64	55
18	106	303	79	24	21	19	–	142	40
–	–	–	–	–	–	–	–	–	–
–	–	–	–	–	–	–	–	–	–
–	0	–	–	–	–	–	–	–	–
0	–	–	–	–	–	–	–	–	–
0	–	–	–	–	–	–	–	–	–
1	1	0	–	–	–	–	–	–	–
3	2	0	–	–	–	–	–	–	–
1	3	3	–	–	–	–	–	–	–
10	74	241	29	1	2	1	–	33	2
2	22	50	40	10	5	2	–	57	7
–	4	8	8	9	7	3	–	26	9
–	0	0	1	3	6	9	–	19	15
–	–	0	–	1	1	5	–	7	5
2	26	58	49	23	19	18	–	110	37
–	0	1	1	4	7	14	–	26	21
2 771	2 709	1 178	159	51	33	22	8	266	56
–	–	–	–	–	–	–	–	–	–
0	0	–	–	–	–	–	–	–	–
2	1	–	–	–	–	–	–	–	–
14	3	2	–	–	–	–	0	–	–
48	21	3	1	–	–	–	–	1	–
259	56	13	0	–	–	–	–	0	–
982	261	40	4	0	–	–	0	4	–
1 312	1 046	174	8	0	1	–	0	9	1
146	1 255	635	25	4	0	–	–	29	0
5	60	294	70	7	0	0	0	77	1
2	4	16	45	23	3	2	–	72	5
–	1	2	6	15	14	1	–	35	14
–	–	–	1	2	13	9	0	25	22
–	0	0	–	1	2	11	–	13	12
1	1	0	–	0	–	0	7	0	0
2	5	18	51	40	32	22	0	145	54
–	0	0	1	3	15	20	0	38	35

第64表　高齢者世帯数，世帯主の年齢（5歳階級）・公的年金-恩給受給の有無・世帯業態別

（単位：千世帯）　　　　　　　　　　　　　　　　　　　　　　　　　　　　　　　　　　　平成28年

公的年金-恩給受給の有無 世帯業態	総数	69歳以下	70～74歳	75～79歳	80～84歳	85～89歳	90歳以上	（再掲）75歳以上	（再掲）80歳以上
総数	13 271	3 050	3 163	2 977	2 292	1 267	522	7 058	4 081
雇用者世帯	1 754	931	497	224	70	18	13	325	101
常雇者世帯	1 258	647	359	167	59	17	10	252	85
会社・団体等の役員の世帯	279	112	86	48	23	6	3	81	33
一般常雇者世帯	979	534	273	120	35	10	7	171	52
契約期間の定めのない雇用者世帯	614	328	173	77	26	5	5	113	37
契約期間が1年以上の雇用者世帯	365	206	100	43	9	5	2	58	15
1月以上1年未満の契約の雇用者世帯	432	256	121	44	7	1	3	55	11
日々又は1月未満の契約の雇用者世帯	63	28	17	13	4	0	0	18	5
自営業者世帯	1 158	434	352	219	100	39	13	372	153
雇人あり	304	109	101	62	21	8	4	94	32
雇人なし	854	325	251	158	80	31	9	278	121
その他の世帯	9 053	1 508	2 028	2 176	1 851	1 054	436	5 517	3 341
所得を伴う仕事をしている者のいる世帯	521	154	163	117	54	21	12	204	87
所得を伴う仕事をしている者のいない世帯	8 532	1 354	1 865	2 059	1 797	1 033	424	5 313	3 254
不詳	1 307	177	285	358	271	156	59	844	486
公的年金-恩給受給者のいる世帯	12 642	2 833	3 019	2 852	2 202	1 223	512	6 789	3 937
雇用者世帯	1 653	859	480	219	67	16	13	314	96
常雇者世帯	1 182	593	345	164	56	15	10	244	80
会社・団体等の役員の世帯	269	106	83	47	23	6	3	79	32
一般常雇者世帯	914	487	262	117	33	8	7	165	48
契約期間の定めのない雇用者世帯	564	290	164	75	25	4	5	109	34
契約期間が1年以上の雇用者世帯	350	197	97	41	8	5	2	56	14
1月以上1年未満の契約の雇用者世帯	414	242	119	42	7	1	2	52	11
日々又は1月未満の契約の雇用者世帯	57	23	16	13	4	0	0	18	5
自営業者世帯	1 090	398	332	213	96	39	13	361	148
雇人あり	285	101	93	59	20	8	4	91	32
雇人なし	806	297	239	153	76	31	9	270	117
その他の世帯	8 752	1 430	1 951	2 107	1 803	1 032	430	5 372	3 265
所得を伴う仕事をしている者のいる世帯	498	146	155	112	53	20	12	198	85
所得を伴う仕事をしている者のいない世帯	8 254	1 284	1 796	1 995	1 751	1 012	417	5 174	3 180
不詳	1 146	147	257	313	237	136	56	742	429
公的年金-恩給受給者のいない世帯	494	198	114	89	58	26	10	182	93
雇用者世帯	96	72	15	5	2	2	1	10	5
常雇者世帯	73	53	12	3	2	2	－	7	4
会社・団体等の役員の世帯	10	6	3	1	1	2	－	1	1
一般常雇者世帯	62	47	10	3	1	2	－	6	3
契約期間の定めのない雇用者世帯	49	38	8	1	1	1	－	4	3
契約期間が1年以上の雇用者世帯	13	9	2	1	－	0	－	2	0
1月以上1年未満の契約の雇用者世帯	18	14	1	2	－	－	1	3	1
日々又は1月未満の契約の雇用者世帯	6	5	1	0	－	－	－	0	－
自営業者世帯	62	36	16	5	4	0	0	9	4
雇人あり	18	8	7	2	0	－	0	3	0
雇人なし	44	28	10	2	4	0	－	6	4
その他の世帯	298	78	76	68	47	21	7	143	76
所得を伴う仕事をしている者のいる世帯	20	8	7	4	1	0	－	5	1
所得を伴う仕事をしている者のいない世帯	278	70	69	64	47	21	7	139	75
不詳	38	12	7	11	4	2	2	19	9
不詳	135	19	30	37	31	19	0	87	50
雇用者世帯	4	0	3	－	1	－	－	1	1
常雇者世帯	3	0	2	－	1	－	－	1	1
会社・団体等の役員の世帯	1	－	0	－	－	－	－	0	0
一般常雇者世帯	3	0	2	－	1	－	－	1	1
契約期間の定めのない雇用者世帯	1	0	1	－	－	－	－	－	－
契約期間が1年以上の雇用者世帯	2	0	1	－	1	－	－	1	1
1月以上1年未満の契約の雇用者世帯	0	－	0	－	0	－	－	0	0
日々又は1月未満の契約の雇用者世帯	0	－	0	－	－	－	－	－	－
自営業者世帯	6	0	3	2	0	0	－	2	0
雇人あり	2	0	2	0	0	0	－	0	0
雇人なし	4	－	2	2	0	－	－	2	0
その他の世帯	3	－	2	1	0	0	－	2	1
所得を伴う仕事をしている者のいる世帯	3	－	2	1	0	0	－	2	1
所得を伴う仕事をしている者のいない世帯	－	－	－	－	－	－	－	－	－
不詳	123	18	22	34	30	18	0	82	48

注：熊本県を除いたものである。

第65表　高齢者世帯数，世帯構造・世帯主の性・世帯主の仕事の有－勤めか自営かの別－無別

（単位：千世帯）　　　　　　　　　　　　　　　　　　　　　　　　　　　　　　　　　　平成28年

世帯主の性 世帯主の仕事の有無 世帯主の勤めか自営かの別	総　数	単　独　世　帯	男の単独世帯	女の単独世帯	夫婦のみの世帯	その他の世帯
総　　　数	13 271	6 559	2 095	4 464	6 196	516
仕　事　あ　り	3 073	1 201	543	658	1 706	167
一　般　常　雇　者	898	415	185	230	442	41
契約期間の定めのない雇用者	561	279	123	155	258	25
契約期間が1年以上の雇用者	337	136	61	75	184	16
1月以上1年未満の契約の雇用者	395	187	71	116	193	15
日々又は1月未満の契約の雇用者	59	28	15	13	27	4
会　社・団　体　等　の　役　員	275	66	38	28	191	18
自　　営　　業　　主	1 136	375	185	190	687	74
雇　　人　　あ　　り	299	81	39	42	199	19
雇　　人　　な　　し	836	294	146	148	488	54
家　族　従　業　者	78	29	8	21	44	5
内　職　・　そ　の　他	162	71	25	45	84	7
仕　事　な　し	8 893	4 619	1 321	3 298	3 965	309
男	8 574	2 095	2 095	・	6 140	338
仕　事　あ　り	2 372	543	543	・	1 689	140
一　般　常　雇　者	649	185	185	・	435	29
契約期間の定めのない雇用者	395	123	123	・	254	18
契約期間が1年以上の雇用者	254	61	61	・	181	12
1月以上1年未満の契約の雇用者	274	71	71	・	190	12
日々又は1月未満の契約の雇用者	44	15	15	・	26	3
会　社・団　体　等　の　役　員	246	38	38	・	191	17
自　　営　　業　　主	933	185	185	・	682	66
雇　　人　　あ　　り	255	39	39	・	198	18
雇　　人　　な　　し	678	146	146	・	484	48
家　族　従　業　者	56	8	8	・	44	5
内　職　・　そ　の　他	116	25	25	・	84	6
仕　事　な　し	5 434	1 321	1 321	・	3 935	178
女	4 697	4 464	・	4 464	55	177
仕　事　あ　り	702	658	・	658	17	26
一　般　常　雇　者	249	230	・	230	7	12
契約期間の定めのない雇用者	167	155	・	155	5	7
契約期間が1年以上の雇用者	82	75	・	75	3	5
1月以上1年未満の契約の雇用者	121	116	・	116	2	3
日々又は1月未満の契約の雇用者	15	13	・	13	1	1
会　社・団　体　等　の　役　員	29	28	・	28	0	1
自　　営　　業　　主	203	190	・	190	5	8
雇　　人　　あ　　り	45	42	・	42	1	2
雇　　人　　な　　し	158	148	・	148	4	6
家　族　従　業　者	22	21	・	21	0	0
内　職　・　そ　の　他	47	45	・	45	1	1
仕　事　な　し	3 458	3 298	・	3 298	30	130

注：1）熊本県を除いたものである。
　　2）「総数」には仕事の有無不詳、「仕事あり」には勤めか自営か不詳を含む。

第66表　高齢者世帯数，世帯構造・世帯主の性・世帯主の年齢（5歳階級）別

（単位：千世帯）　　　　　　　　　　　　　　　　　　　　　　　　　　平成28年

世帯主の性 世帯主の年齢階級	総数	単独世帯	男の単独世帯	女の単独世帯	夫婦のみの世帯	その他の世帯
総数	13 271	6 559	2 095	4 464	6 196	516
69 歳 以 下	3 050	1 584	744	840	1 251	215
70 ～ 74 歳	3 163	1 314	459	855	1 736	112
75 ～ 79	2 977	1 340	385	955	1 583	55
80 ～ 84	2 292	1 197	268	930	1 065	29
85 ～ 89	1 267	778	179	599	455	34
90 歳 以 上	522	346	60	286	106	70
（再掲）75歳以上	7 058	3 661	892	2 769	3 208	189
80歳以上	4 081	2 321	507	1 814	1 626	134
男	8 574	2 095	2 095	·	6 140	338
69 歳 以 下	2 148	744	744	·	1 230	174
70 ～ 74 歳	2 267	459	459	·	1 721	87
75 ～ 79	1 995	385	385	·	1 572	38
80 ～ 84	1 341	268	268	·	1 060	13
85 ～ 89	641	179	179	·	452	10
90 歳 以 上	182	60	60	·	105	16
（再掲）75歳以上	4 159	892	892	·	3 190	77
80歳以上	2 164	507	507	·	1 617	39
女	4 697	4 464	·	4 464	55	177
69 歳 以 下	902	840	·	840	21	41
70 ～ 74 歳	896	855	·	855	16	25
75 ～ 79	983	955	·	955	10	18
80 ～ 84	951	930	·	930	5	16
85 ～ 89	627	599	·	599	3	25
90 歳 以 上	340	286	·	286	0	54
（再掲）75歳以上	2 899	2 769	·	2 769	19	112
80歳以上	1 917	1 814	·	1 814	9	94

注：熊本県を除いたものである。

第67表　母子世帯数，母の仕事の有－勤めか自営かの別－無・母の年齢（10歳階級）別

（単位：千世帯）　　　　　　　　　　　　　　　　　　　　　　　　　　平成28年

母の年齢階級	総数	母に仕事あり	一般常雇者	会社・団体等の役員	自営業主	その他	母に仕事なし	母の仕事の有無不詳
総数	712	614	466	11	26	110	84	14
29 歳 以 下	41	34	28	1	1	5	5	2
30 ～ 39 歳	229	199	157	3	2	35	28	2
40 ～ 49	367	321	239	7	16	60	37	8
50 ～ 59	73	60	42	0	7	10	12	1
60 ～ 64	1	0	－	－	－	0	1	0

注：1）熊本県を除いたものである。
　　2）「母に仕事あり」には、勤めか自営か不詳を含む。
　　3）勤めか自営かの別の「その他」には、1月以上1年未満の契約の雇用者、日々又は1月未満の契約の雇用者、家族従業者、内職を含む。

第68表　父子世帯数，父の仕事の有－勤めか自営かの別－無・父の年齢（10歳階級）別

（単位：千世帯）　　　　　　　　　　　　　　　　　　　　　　　　　　平成28年

父の年齢階級	総数	父に仕事あり	一般常雇者	会社・団体等の役員	自営業主	その他	父に仕事なし	父の仕事の有無不詳
総数	91	84	58	4	15	7	4	2
29 歳 以 下	2	2	2	－	－	－	0	－
30 ～ 39 歳	17	16	11	1	3	1	0	0
40 ～ 49	48	44	30	1	8	4	3	2
50 ～ 59	18	17	13	1	2	1	1	0
60 ～ 64	5	5	2	－	1	2	1	－

注：1）熊本県を除いたものである。
　　2）「父に仕事あり」には、勤めか自営か不詳を含む。
　　3）勤めか自営かの別の「その他」には、1月以上1年未満の契約の雇用者、日々又は1月未満の契約の雇用者、家族従業者、内職を含む。

第69表　母子世帯数，母の年齢（10歳階級）・子（20歳未満未婚）の数別

（単位：千世帯）　　　　　　　　　　　　　　　　　　　　　　　　　　　　　　　　　　　　　　平成28年

子（20歳未満未婚）の数	総　数	29歳以下	30～39歳	40～49	50～59	60～64
総　　　　　数	712	41	229	367	73	1
1　　人	370	23	104	185	57	1
2　　人	271	16	97	143	15	－
3人以上	71	3	27	39	2	－

注：熊本県を除いたものである。

第70表　父子世帯数，父の年齢（10歳階級）・子（20歳未満未婚）の数別

（単位：千世帯）　　　　　　　　　　　　　　　　　　　　　　　　　　　　　　　　　　　　　　平成28年

子（20歳未満未婚）の数	総　数	29歳以下	30～39歳	40～49	50～59	60～64
総　　　　　数	91	2	17	48	18	5
1　　人	56	1	9	29	13	4
2　　人	29	0	7	16	4	1
3人以上	6	－	1	4	1	－

注：熊本県を除いたものである。

第71表　母子世帯数，母の年齢（10歳階級）・母の配偶者なしの状況別

（単位：千世帯）　　　　　　　　　　　　　　　　　　　　　　　　　　　　　　　　　　　　　　平成28年

配偶者なしの状況	総　数	29歳以下	30～39歳	40～49	50～59	60～64
総　　　　　数	712	41	229	367	73	1
未　　婚	60	8	21	28	4	－
死　　別	57	0	7	36	13	－
離　　別	595	33	201	304	56	1

注：熊本県を除いたものである。

第72表　父子世帯数，父の年齢（10歳階級）・父の配偶者なしの状況別

（単位：千世帯）　　　　　　　　　　　　　　　　　　　　　　　　　　　　　　　　　　　　　　平成28年

配偶者なしの状況	総　数	29歳以下	30～39歳	40～49	50～59	60～64
総　　　　　数	91	2	17	48	18	5
未　　婚	1	0	0	1	0	－
死　　別	18	－	2	10	5	2
離　　別	71	2	15	38	13	4

注：熊本県を除いたものである。

第73表　児童のいる世帯数－平均児童数，児童数・市郡別

（単位：千世帯）　　　平成28年

市　　郡	総　　数	1　人	2　人	3　人	4人以上	児童のいる世帯の平均児童数（人）
総　　　　　　数	11 666	5 436	4 702	1 320	207	1.69
市　　　　　　部	10 704	5 009	4 337	1 176	182	1.68
大　都　市	3 458	1 760	1 333	329	37	1.61
そ　の　他　の　市	7 247	3 249	3 005	848	145	1.71
人口15万人以上の市	3 739	1 711	1 534	425	69	1.70
人口15万人未満の市	3 508	1 538	1 471	423	76	1.73
郡　　　　　　部	962	428	365	144	25	1.76

注：熊本県を除いたものである。

第74表　児童のいる世帯数－平均児童数，児童数・世帯主の年齢（5歳階級）別

（単位：千世帯）　　　平成28年

世帯主の年齢階級	総　　数	1　人	2　人	3　人	4人以上	児童のいる世帯の平均児童数（人）
総　　　　　　数	11 666	5 436	4 702	1 320	207	1.69
19　歳　以　下	161	160	0	－	－	1.00
20　～　24　歳	60	41	15	4	0	1.39
25　～　29	388	236	119	28	5	1.50
30　～　34	1 216	540	494	155	28	1.73
35　～　39	1 984	668	952	311	53	1.88
40　～　44	2 709	938	1 317	390	63	1.85
45　～　49	2 317	1 134	929	225	29	1.63
50　～　54	1 229	808	350	65	6	1.41
55　～　59	493	338	125	24	6	1.39
60　～　64	257	143	87	23	3	1.57
65　～　69	320	152	120	41	7	1.70
70　～　74	228	108	90	28	2	1.67
75　～　79	165	88	63	14	1	1.57
80　歳　以　上	134	81	40	13	1	1.52
（再掲）65歳以上	848	429	312	95	12	1.64
75歳以上	300	168	102	27	3	1.55

注：1）熊本県を除いたものである。
　　2）年齢階級の「総数」には、世帯主の年齢不詳を含む。

第75表　児童のいる世帯数－平均児童数，児童数・世帯構造別

（単位：千世帯）　　　平成28年

世帯構造	総　　数	1　人	2　人	3　人	4人以上	児童のいる世帯の平均児童数（人）
総　　　　　　数	11 666	5 436	4 702	1 320	207	1.69
単　独　世　帯	156	156	・	・	・	1.00
核　家　族　世　帯	9 386	4 224	3 900	1 090	171	1.71
夫婦と未婚の子のみの世帯	8 576	3 745	3 633	1 040	158	1.73
ひとり親と未婚の子のみの世帯	810	479	268	50	13	1.51
三　世　代　世　帯	1 717	842	653	194	28	1.66
そ　の　他　の　世　帯	407	215	149	36	8	1.60

注：熊本県を除いたものである。

第76表　児童のいる世帯数, 室数・住居の種類・児童数別

（単位：千世帯）　　　平成28年

住居の種類 児童数	総　数	1　室	2　室	3　室	4　室	5　室	6　室	7室以上	不　詳
総　　　数	11 666	215	406	1 921	3 256	2 994	1 216	1 442	215
1　人	5 436	198	278	1 080	1 456	1 207	487	628	102
2　人	4 702	14	100	671	1 410	1 338	513	570	86
3　人	1 320	3	26	141	338	400	185	206	23
4人以上	207	0	2	30	51	50	31	38	5
持　　ち　　家	8 077	15	48	537	2 144	2 765	1 119	1 368	82
1　人	3 440	8	24	277	948	1 112	444	596	32
2　人	3 509	7	18	217	958	1 251	478	544	37
3　人	991	1	5	38	213	358	170	194	13
4人以上	138	–	1	5	25	44	28	34	1
民　間　賃　貸　住　宅	2 072	33	270	957	600	113	45	24	30
1　人	1 171	26	202	570	281	48	19	10	15
2　人	685	6	54	307	244	40	16	8	11
3　人	183	2	13	67	65	20	8	5	4
4人以上	33	0	0	13	11	4	2	1	1
社宅・公務員住宅等の給与住宅	361	8	11	112	188	26	6	5	5
1　人	186	7	7	69	84	12	2	3	2
2　人	135	1	4	34	78	10	3	2	2
3　人	32	–	0	7	19	4	0	0	0
4人以上	8	–	–	1	6	0	–	0	0
都市再生機構・公社等の公営賃貸住宅	455	3	27	203	204	8	1	0	9
1　人	227	2	15	105	97	3	0	–	6
2　人	164	0	8	74	76	3	0	–	2
3　人	50	1	4	18	25	2	0	0	1
4人以上	14	–	–	7	7	0	–	–	–
借　間　・　そ　の　他	701	157	50	112	119	83	46	45	89
1　人	413	156	30	59	47	33	21	20	47
2　人	210	1	16	40	54	33	17	16	34
3　人	64	–	3	10	15	16	7	7	6
4人以上	14	–	1	3	3	2	1	3	2

注：熊本県を除いたものである。

第77表　児童のいる世帯数，

（単位：千世帯）

世帯構造 児童数	総数	19歳以下	20～24歳	25～29	30～34	35～39	40～44	45～49
総数	11 666	161	60	388	1 216	1 984	2 709	2 317
1　人	5 436	160	41	236	540	668	938	1 134
2　人	4 702	0	15	119	494	952	1 317	929
3　人	1 320	–	4	28	155	311	390	225
4 人以上	207	–	0	5	28	53	63	29
単　独　世　帯	156	156	・	・	・	・	・	・
1　人	156	156	・	・	・	・	・	・
2　人	・	・	・	・	・	・	・	・
3　人	・	・	・	・	・	・	・	・
4 人以上	・	・	・	・	・	・	・	・
核　家　族　世　帯	9 386	3	56	368	1 163	1 852	2 459	2 017
1　人	4 224	3	37	224	523	622	850	973
2　人	3 900	0	15	113	467	887	1 197	822
3　人	1 090	–	4	27	147	292	356	197
4 人以上	171	–	0	4	25	50	57	24
夫婦と未婚の子のみの世帯	8 576	3	48	333	1 070	1 700	2 213	1 845
1　人	3 745	3	32	205	478	550	717	855
2　人	3 633	–	12	99	431	823	1 106	777
3　人	1 040	–	3	25	137	281	338	190
4 人以上	158	–	0	4	23	45	52	23
ひとり親と未婚の子のみの世帯	810	0	8	36	93	152	246	172
1　人	479	0	5	19	44	72	132	118
2　人	268	0	2	14	36	64	92	45
3　人	50	–	0	2	11	11	17	8
4 人以上	13	–	0	0	2	5	5	1
三　世　代　世　帯	1 717	–	2	11	33	82	163	205
1　人	842	–	1	6	10	28	57	104
2　人	653	–	0	3	17	40	77	74
3　人	194	–	–	1	5	12	24	23
4 人以上	28	–	–	1	1	2	5	4
そ　の　他　の　世　帯	407	1	3	9	20	50	87	95
1　人	215	1	2	5	7	17	32	56
2　人	149	0	0	3	9	25	42	33
3　人	36	–	–	0	2	7	10	5
4 人以上	8	–	–	0	2	1	2	1

注：1）熊本県を除いたものである。
　　2）年齢階級の「総数」には、世帯主の年齢不詳を含む。

世帯主の年齢（5歳階級）・世帯構造・児童数別

平成28年

50～54	55～59	60～64	65～69	70～74	75～79	80歳以上	（再掲）65歳以上	（再掲）75歳以上
1 229	493	257	320	228	165	134	848	300
808	338	143	152	108	88	81	429	168
350	125	87	120	90	63	40	312	102
65	24	23	41	28	14	13	95	27
6	6	3	7	2	1	1	12	3
・	・	・	・	・	・	・	・	・
・	・	・	・	・	・	・	・	・
・	・	・	・	・	・	・	・	・
・	・	・	・	・	・	・	・	・
・	・	・	・	・	・	・	・	・
1 011	342	78	30	3	1	–	33	1
660	248	58	22	2	1	–	25	1
295	77	17	7	1	–	–	7	–
52	13	2	0	–	–	–	0	–
4	4	1	0	–	–	–	0	–
932	325	74	27	3	1	–	30	1
593	232	55	20	2	1	–	23	1
283	76	16	7	1	–	–	7	–
51	13	2	–	–	–	–	–	–
4	4	1	0	–	–	–	0	–
80	17	4	2	0	–	–	2	–
68	15	3	2	0	–	–	2	–
12	1	1	–	–	–	–	–	–
0	0	–	0	–	–	–	0	–
–	–	–	–	–	–	–	–	–
173	135	168	276	214	152	102	744	254
110	81	78	121	99	78	67	365	146
49	43	68	109	85	60	27	281	87
13	9	20	40	27	13	7	87	20
1	2	3	6	2	1	1	11	2
45	16	11	15	11	13	32	71	45
38	9	8	9	7	9	13	38	22
6	5	2	4	4	3	13	24	16
1	2	0	1	1	1	6	8	7
0	0	0	0	0	0	1	1	1

（3－1）

第78表　児童のいる世帯数，

（単位：千世帯）

世帯業態 児童数	総数	19歳以下	20〜24歳	25〜29	30〜34	35〜39	40〜44	45〜49
総数	11 666	161	60	388	1 216	1 984	2 709	2 317
1人	5 436	160	41	236	540	668	938	1 134
2人	4 702	0	15	119	494	952	1 317	929
3人	1 320	－	4	28	155	311	390	225
4人以上	207	－	0	5	28	53	63	29
雇用者世帯	9 672	4	48	353	1 087	1 763	2 329	1 973
1人	4 417	3	35	221	488	597	802	962
2人	4 001	0	12	106	445	848	1 143	798
3人	1 097	－	1	22	132	276	335	189
4人以上	157	－	0	5	23	42	49	24
常雇者世帯	9 344	3	46	344	1 056	1 724	2 262	1 915
1人	4 238	3	34	215	473	581	775	924
2人	3 885	0	11	104	433	829	1 112	781
3人	1 069	－	1	22	128	273	328	186
4人以上	152	－	0	4	23	41	47	23
会社・団体等の役員の世帯	615	－	4	13	38	83	141	138
1人	290	－	4	8	16	30	48	66
2人	231	－	1	4	14	38	62	52
3人	83	－	0	1	7	12	28	18
4人以上	11	－	－	－	2	2	4	2
一般常雇者世帯	8 729	3	42	331	1 018	1 641	2 121	1 776
1人	3 948	3	30	207	457	551	727	859
2人	3 654	0	11	100	419	791	1 051	729
3人	986	－	1	21	121	261	300	168
4人以上	141	－	0	4	21	39	43	21
契約期間の定めのない雇用者世帯	7 926	3	38	304	946	1 519	1 962	1 614
1人	3 536	2	28	192	424	505	663	773
2人	3 355	0	9	91	390	740	977	667
3人	906	－	1	19	112	239	281	154
4人以上	130	－	0	3	20	35	41	19
契約期間が1年以上の雇用者世帯	803	0	4	27	72	122	159	163
1人	412	0	2	15	33	46	63	85
2人	300	－	2	9	29	51	74	62
3人	80	－	－	2	9	21	19	14
4人以上	12	－	－	1	1	4	2	2
(再掲)企業規模 1〜 4人	235	0	3	12	32	35	59	38
1人	116	0	3	5	18	11	22	22
2人	91	－	0	6	10	17	28	13
3人	25	－	0	1	4	7	7	2
4人以上	4	－	0	－	－	1	1	1

注：1）熊本県を除いたものである。
　　2）「総数」には、世帯業態の不詳を含む。
　　3）年齢階級の「総数」には、世帯主の年齢不詳を含む。

298

世帯主の年齢（5歳階級）・世帯業態・児童数別

平成28年

50～54	55～59	60～64	65～69	70～74	75～79	80歳以上	（再掲）65歳以上	（再掲）75歳以上
1 229	493	257	320	228	165	134	848	300
808	338	143	152	108	88	81	429	168
350	125	87	120	90	63	40	312	102
65	24	23	41	28	14	13	95	27
6	6	3	7	2	1	1	12	3
1 046	397	187	186	131	91	78	485	168
689	277	107	87	58	47	45	237	91
298	99	63	72	58	35	24	190	60
55	19	15	23	15	8	8	53	16
4	3	1	4	1	1	1	6	1
1 015	381	157	163	120	85	73	441	158
668	264	90	74	53	43	41	211	85
290	95	53	66	54	33	23	176	56
53	18	13	20	12	8	8	48	15
4	3	1	4	1	1	1	6	1
94	37	16	22	10	9	9	50	18
61	27	7	10	5	4	5	23	8
29	7	6	8	5	4	3	20	7
4	3	3	4	1	1	2	7	2
0	－	－	0	0	0	0	1	0
921	344	141	141	110	76	64	390	140
606	237	83	64	48	40	37	188	77
261	88	47	58	49	29	20	156	49
49	15	10	16	12	7	6	40	13
4	3	1	3	0	1	1	5	1
823	299	94	112	93	65	54	324	119
539	207	51	48	39	33	31	151	64
234	77	35	48	43	26	17	134	43
45	12	8	13	10	6	5	35	11
4	3	1	3	0	1	1	4	1
98	45	47	29	17	11	10	66	21
67	31	32	16	9	7	6	38	13
27	11	13	10	6	3	3	22	6
4	3	2	2	1	1	1	6	2
－	0	0	0	－	－	－	0	－
22	13	5	6	4	3	2	15	6
15	8	3	3	2	2	1	8	3
6	4	2	3	2	1	0	6	1
1	0	0	0	0	0	1	2	1
0	1	0	0	0	－	0	0	0

（3－2）

第78表　児童のいる世帯数，

（単位：千世帯）

世帯業態 児童数	総数	19歳以下	20～24歳	25～29	30～34	35～39	40～44	45～49
企業規模　5～29人	1 177	0	12	54	135	222	275	224
1　人	541	0	9	25	57	81	100	117
2　人	467	－	4	21	55	99	123	83
3　人	142	－	－	6	19	36	43	21
4人以上	28	－	－	2	4	8	9	3
企業規模　30～99人	1 198	1	9	38	137	214	295	232
1　人	544	1	6	21	63	74	104	115
2　人	502	－	2	14	57	99	144	96
3　人	129	－	0	3	15	36	38	19
4人以上	22	－	－	1	3	5	9	2
企業規模　100～299人	1 191	0	5	44	133	238	298	226
1　人	554	0	3	29	55	77	109	121
2　人	486	－	2	12	59	119	143	80
3　人	135	－	－	3	16	36	43	23
4人以上	16	－	－	－	3	5	3	3
企業規模　300～499人	577	1	2	23	76	109	149	107
1　人	272	1	2	17	32	36	61	53
2　人	239	－	1	5	31	57	67	47
3　人	57	－	－	0	11	13	18	6
4人以上	9	－	－	－	2	3	3	0
企業規模　500～999人	659	－	1	23	81	131	157	137
1　人	289	－	1	15	39	43	51	60
2　人	289	－	0	6	32	64	82	62
3　人	74	－	0	1	10	22	22	14
4人以上	6	－	－	0	1	2	2	1
企業規模　1000～4999人	1 144	－	2	43	130	210	295	257
1　人	492	－	2	29	61	66	95	114
2　人	512	－	0	12	57	107	156	113
3　人	128	－	－	1	11	36	40	26
4人以上	12	－	－	0	1	2	5	4
5000人以上・官公庁	2 018	1	4	68	236	355	478	460
1　人	922	1	4	48	111	124	150	211
2　人	835	0	0	15	93	169	248	196
3　人	227	－	－	4	28	51	71	47
4人以上	33	－	－	0	4	10	9	7
企　業　規　模　不　詳	531	－	4	27	59	127	115	94
1　人	218	－	2	15	22	39	36	47
2　人	233	－	1	9	26	61	59	38
3　人	69	－	－	2	8	23	19	9
4人以上	11	－	－	0	3	3	2	1

注：1）熊本県を除いたものである。
　　2）「総数」には、世帯業態の不詳を含む。
　　3）年齢階級の「総数」には、世帯主の年齢不詳を含む。

300

世帯主の年齢（5歳階級）・世帯業態・児童数別

平成28年

50～54	55～59	60～64	65～69	70～74	75～79	80歳以上	（再掲）65歳以上	（再掲）75歳以上
101	47	30	32	20	15	9	76	24
69	32	17	13	9	7	5	34	12
26	11	10	14	10	6	4	35	11
5	3	3	3	2	1	0	7	1
1	1	0	1	－	－	－	1	－
114	53	26	30	23	15	10	78	25
74	33	17	14	9	8	6	37	14
34	17	8	11	12	6	3	31	8
5	2	2	4	3	1	1	9	2
1	0	0	1	0	0	－	2	0
123	47	20	19	18	11	10	58	20
87	33	10	9	9	5	6	30	12
30	10	8	8	7	4	3	22	7
6	3	2	2	1	1	1	5	1
0	0	0	0	0	0	－	1	0
63	19	6	7	6	4	4	22	9
44	12	2	4	3	3	3	12	6
15	6	3	3	2	2	1	7	2
4	1	1	1	1	0	0	2	0
0	0	0	0	－	－	0	0	0
66	26	10	8	8	5	6	28	12
43	19	5	5	3	2	4	14	6
21	6	5	2	4	2	2	11	5
2	0	0	1	1	1	0	3	1
－	0	－	－	－	－	－	－	－
121	38	13	12	10	6	8	35	14
76	26	8	5	3	3	5	16	8
38	10	4	5	5	2	3	15	4
7	1	0	1	2	1	1	5	2
0	－	－	0	－	－	－	0	－
263	86	18	16	11	13	8	49	22
171	62	13	8	7	7	5	27	12
74	20	3	7	4	5	2	17	7
17	3	1	2	1	1	1	5	2
1	0	0	0	－	0	0	1	0
47	17	13	10	9	5	5	28	9
27	10	8	4	4	3	1	12	4
18	4	4	4	5	1	2	13	4
2	2	1	2	－	0	1	3	1
1	0	0	0	－	－	－	0	－

（3－3）

第78表　児童のいる世帯数,

（単位：千世帯）

世帯業態 児童数	総数	19歳以下	20～24歳	25～29	30～34	35～39	40～44	45～49
1月以上1年未満の契約の雇用者世帯	286	1	2	9	29	31	57	49
1　人	159	1	1	5	14	14	23	32
2　人	100	－	0	2	11	14	27	15
3　人	24	－	0	0	4	2	6	2
4 人以上	4	－	－	1	－	1	2	0
日々又は1月未満の契約の雇用者世帯	41	－	0	0	2	8	10	9
1　人	20	－	0	0	1	2	4	5
2　人	15	－	－	0	1	4	4	2
3　人	5	－	－	－	1	1	1	1
4 人以上	1	－	－	－	－	0	－	1
自 営 業 者 世 帯	1 101	1	3	17	70	134	228	220
1　人	484	1	1	6	26	38	78	104
2　人	435	－	1	8	27	65	106	87
3　人	150	－	2	3	14	23	34	25
4 人以上	32	－	－	0	3	7	10	4
雇 人 あ り	479	－	1	7	35	64	107	98
1　人	198	－	0	3	13	17	35	44
2　人	204	－	0	3	13	32	53	39
3　人	60	－	－	1	7	11	15	12
4 人以上	16	－	－	－	2	5	4	2
雇 人 な し	622	1	2	11	35	69	121	122
1　人	287	1	0	3	13	21	43	60
2　人	230	－	0	5	14	33	53	48
3　人	90	－	2	2	7	13	20	12
4 人以上	16	－	－	0	1	2	6	2
そ の 他 の 世 帯	722	156	8	14	47	72	102	84
1　人	455	156	5	7	19	25	42	48
2　人	197	0	3	5	18	34	42	30
3　人	56	－	0	2	8	10	16	6
4 人以上	14	－	0	0	2	3	3	1
所得を伴う仕事をしている者のいる世帯	350	0	4	8	30	35	56	43
1　人	174	0	3	4	13	10	20	23
2　人	127	－	2	3	11	17	23	16
3　人	40	－	0	1	5	7	11	4
4 人以上	9	－	－	0	1	1	2	0
所得を伴う仕事をしている者のいない世帯	372	156	3	6	18	38	47	41
1　人	281	156	2	3	6	15	22	25
2　人	70	0	1	2	7	17	19	14
3　人	15	－	0	1	3	3	5	2
4 人以上	6	－	0	0	2	2	1	0

注：1）熊本県を除いたものである。
　　2）「総数」には、世帯業態の不詳を含む。
　　3）年齢階級の「総数」には、世帯主の年齢不詳を含む。

世帯主の年齢（５歳階級）・世帯業態・児童数別

平成28年

50～54	55～59	60～64	65～69	70～74	75～79	80歳以上	（再掲）65歳以上	（再掲）75歳以上
27	15	27	21	9	5	5	40	10
19	11	15	12	5	3	3	23	6
6	3	10	6	2	2	1	12	4
1	0	2	3	2	–	0	5	0
–	0	–	0	0	–	–	0	–
4	2	2	2	2	0	0	5	0
2	1	2	2	0	–	0	2	0
2	0	0	0	2	0	0	2	0
–	0	–	–	–	–	–	–	–
0	0	–	–	–	–	–	–	–
131	75	43	77	46	33	24	180	57
81	48	21	33	20	15	12	80	28
39	20	16	29	16	13	8	67	22
10	4	6	13	9	4	3	29	7
1	3	1	2	1	0	0	4	1
58	31	17	27	16	9	8	61	17
34	18	8	12	6	5	3	26	8
21	10	7	12	6	4	4	26	8
3	1	3	3	3	0	1	8	1
0	2	0	0	0	0	0	1	0
72	44	26	50	29	24	16	119	40
47	31	13	21	13	11	9	54	20
19	10	9	17	10	10	5	41	14
6	3	3	10	6	3	2	21	5
0	1	1	2	0	0	0	3	0
39	14	23	51	44	36	29	159	65
32	10	14	28	26	22	22	98	44
7	4	7	17	13	11	6	48	17
1	1	1	5	3	2	1	11	3
0	–	1	1	1	0	0	3	1
18	9	18	42	35	29	22	129	51
13	6	9	20	20	17	16	73	33
4	3	6	16	11	10	5	43	15
1	0	1	5	3	2	1	11	3
0	–	1	1	1	0	0	2	1
22	5	6	9	8	7	7	30	14
19	4	5	7	6	5	6	25	11
3	1	1	1	2	1	1	5	2
–	0	0	0	–	0	0	1	0
–	–	–	0	–	–	–	0	–

第79表　児童のいる世帯数，

（単位：千世帯）

市　　郡 児　童　数	総　数	19歳以下	20〜24歳	25〜29	30〜34	35〜39	40〜44	45〜49
総　　　　　数	11 666	161	60	388	1 216	1 984	2 709	2 317
1　人	5 436	160	41	236	540	668	938	1 134
2　人	4 702	0	15	119	494	952	1 317	929
3　人	1 320	－	4	28	155	311	390	225
4 人以上	207	－	0	5	28	53	63	29
市　　　　　部	10 704	96	56	359	1 133	1 843	2 515	2 168
1　人	5 009	95	39	225	517	630	882	1 066
2　人	4 337	0	14	108	453	887	1 223	870
3　人	1 176	－	3	24	138	278	354	206
4 人以上	182	－	0	3	25	48	56	26
大　都　市	3 458	22	15	104	373	626	831	764
1　人	1 760	22	11	71	202	251	315	398
2　人	1 333	－	2	26	130	286	394	291
3　人	329	－	2	7	35	79	110	67
4 人以上	37	－	0	0	6	10	11	7
そ　の　他　の　市	7 247	74	41	256	760	1 217	1 685	1 404
1　人	3 249	73	27	154	314	379	567	668
2　人	3 005	0	12	82	323	601	829	579
3　人	848	－	1	17	103	199	244	139
4 人以上	145	－	0	3	19	38	45	18
人口15万人以上の市	3 739	54	20	131	391	623	916	755
1　人	1 711	54	12	80	173	203	317	356
2　人	1 534	0	8	39	161	299	447	313
3　人	425	－	0	10	49	102	130	76
4 人以上	69	－	－	2	8	18	23	11
人口15万人未満の市	3 508	19	20	124	369	594	769	649
1　人	1 538	19	15	74	142	176	251	313
2　人	1 471	－	4	43	162	302	382	266
3　人	423	－	1	7	54	97	113	63
4 人以上	76	－	0	1	11	20	22	7
郡　　　　　部	962	65	4	29	84	141	193	149
1　人	428	65	2	11	23	37	56	68
2　人	365	－	1	11	40	65	94	59
3　人	144	－	1	4	17	33	36	19
4 人以上	25	－	－	2	3	5	7	3

注：1）熊本県を除いたものである。
　　2）年齢階級の「総数」には、世帯主の年齢不詳を含む。

世帯主の年齢（5歳階級）・市郡・児童数別

平成28年

50～54	55～59	60～64	65～69	70～74	75～79	80歳以上	（再掲）65歳以上	（再掲）75歳以上
1 229	493	257	320	228	165	134	848	300
808	338	143	152	108	88	81	429	168
350	125	87	120	90	63	40	312	102
65	24	23	41	28	14	13	95	27
6	6	3	7	2	1	1	12	3
1 133	447	222	272	201	140	117	730	257
745	311	126	128	95	78	70	371	147
325	110	75	106	80	51	34	271	86
58	21	18	31	23	10	12	76	22
5	5	3	6	2	1	1	11	2
415	133	54	46	26	30	19	122	49
277	99	38	31	14	17	13	76	31
120	29	13	14	10	12	5	41	17
17	4	3	1	1	1	1	4	2
1	1	–	0	0	0	–	1	0
718	313	169	225	174	110	98	608	208
468	212	88	97	81	60	56	295	117
204	80	62	92	70	39	29	230	69
41	17	15	30	22	9	11	72	20
4	4	3	6	2	1	1	10	2
382	155	69	87	72	42	41	242	83
251	106	39	41	33	23	24	121	47
109	42	22	35	30	15	12	93	27
20	5	7	9	8	3	5	25	8
2	2	1	2	0	0	0	3	0
336	158	100	138	102	68	57	366	125
218	106	49	57	48	37	33	174	70
96	39	41	56	39	24	17	137	42
21	11	8	21	14	6	6	47	12
2	2	2	4	1	1	1	7	2
96	46	34	49	28	25	17	119	42
63	27	17	23	13	10	11	58	21
25	15	11	14	10	11	5	41	16
7	3	5	10	4	4	1	19	5
1	1	0	1	0	0	0	2	0

第80表　児童のいる世帯数，末子の父母の就業状況・市郡・児童数別

（単位：千世帯）　　平成28年

市　郡 児童数	総　数	父のみ 仕事あり	父母ともに 仕事あり	母のみ 仕事あり	父母ともに 仕事なし	父母なし	不　詳	（再掲） 母に仕事あり
総　数	11 666	3 487	6 348	1 175	270	188	199	7 536
1　人	5 436	1 590	2 709	701	157	182	98	3 415
2　人	4 702	1 430	2 717	387	87	5	76	3 110
3　人	1 320	400	810	71	19	－	20	881
4 人以上	207	67	112	17	7	0	5	129
市　部	10 704	3 273	5 789	1 087	252	120	184	6 887
1　人	5 009	1 504	2 502	650	145	116	91	3 158
2　人	4 337	1 346	2 476	356	83	4	72	2 837
3　人	1 176	364	712	65	18	－	17	778
4 人以上	182	59	98	16	6	－	4	113
大　都　市	3 458	1 176	1 749	344	91	31	66	2 097
1　人	1 760	564	854	220	56	31	34	1 076
2　人	1 333	483	689	107	27	0	26	799
3　人	329	116	187	14	6	－	5	201
4 人以上	37	13	19	3	2	－	0	22
その他の市	7 247	2 097	4 040	742	161	89	118	4 790
1　人	3 249	940	1 648	430	90	84	56	2 082
2　人	3 005	863	1 787	248	56	4	46	2 039
3　人	848	247	525	52	12	－	12	578
4 人以上	145	47	79	12	4	－	3	91
人口15万人以上の市	3 739	1 201	1 978	353	89	62	56	2 335
1　人	1 711	532	837	206	49	60	27	1 046
2　人	1 534	500	861	117	32	2	22	980
3　人	425	146	243	24	6	－	6	267
4 人以上	69	23	38	6	2	－	1	43
人口15万人未満の市	3 508	896	2 062	390	72	27	62	2 454
1　人	1 538	408	811	224	41	25	29	1 036
2　人	1 471	363	927	132	24	2	24	1 059
3　人	423	101	283	28	6	－	6	311
4 人以上	76	24	41	7	2	－	3	48
郡　部	962	213	559	88	18	68	15	649
1　人	428	86	207	50	12	67	7	258
2　人	365	83	241	32	5	1	4	273
3　人	144	37	97	5	1	－	3	103
4 人以上	25	7	15	1	1	0	1	16

注：1）熊本県を除いたものである。
　　2）「不詳」とは、父母の仕事の有無不詳及び父母の有無不詳の世帯である。
　　3）「（再掲）母に仕事あり」は、「父母ともに仕事あり」、「母のみ仕事あり」、及び「不詳」のうち「父の仕事の有無不詳、母に仕事あり」の合計である。

第81表　児童のいる世帯数，末子の父母の就業状況・世帯構造・児童数別

（単位：千世帯）　　　　　　　　　　　　　　　　　　　　　　　　　　　　　　　　　　　　　平成28年

世帯構造 児童数 6歳未満がいる世帯	総　数	父のみ 仕事あり	父母ともに 仕事あり	母のみ 仕事あり	父母ともに 仕事なし	父母なし	不　詳	（再掲） 母に仕事あり
総　　数	11 666	3 487	6 348	1 175	270	188	199	7 536
1　人	5 436	1 590	2 709	701	157	182	98	3 415
2　人	4 702	1 430	2 717	387	87	5	76	3 110
3　人	1 320	400	810	71	19	−	20	881
4人以上	207	67	112	17	7	0	5	129
（再掲）6歳未満がいる	4 361	1 877	2 119	214	88	4	59	2 337
単　独　世　帯	156	・	・	・	・	156	・	・
1　人	156	・	・	・	・	156	・	・
2　人	・	・	・	・	・	・	・	・
3　人	・	・	・	・	・	・	・	・
4人以上	・	・	・	・	・	・	・	・
（再掲）6歳未満がいる	−	・	・	・	・	−	・	・
核　家　族　世　帯	9 386	3 071	5 361	690	128	・	135	6 062
1　人	4 224	1 393	2 296	394	80	・	60	2 695
2　人	3 900	1 270	2 298	240	34	・	59	2 543
3　人	1 090	350	674	45	9	・	13	719
4人以上	171	59	94	11	4	・	3	105
（再掲）6歳未満がいる	3 724	1 698	1 832	118	35	・	42	1 953
夫婦と未婚の子のみの世帯	8 576	2 990	5 361	69	37	・	119	5 440
1　人	3 745	1 337	2 296	35	25	・	51	2 336
2　人	3 633	1 248	2 298	26	8	・	54	2 329
3　人	1 040	347	674	6	3	・	11	680
4人以上	158	58	94	2	2	・	3	95
（再掲）6歳未満がいる	3 592	1 692	1 832	16	13	・	39	1 851
ひとり親と未婚の子のみの世帯	810	82	・	622	90	・	16	622
1　人	479	56	・	359	55	・	10	359
2　人	268	22	・	214	26	・	5	214
3　人	50	3	・	39	7	・	1	39
4人以上	13	1	・	10	3	・	0	10
（再掲）6歳未満がいる	132	5	・	102	22	・	2	102
三　世　代　世　帯	1 717	373	925	318	68	2	31	1 245
1　人	842	178	387	214	45	1	16	602
2　人	653	142	395	85	19	0	11	481
3　人	194	45	127	15	4	−	4	142
4人以上	28	7	16	4	1	−	0	20
（再掲）6歳未満がいる	530	161	261	69	30	0	9	330
そ　の　他　の　世　帯	407	42	62	167	74	30	33	229
1　人	215	19	26	92	32	25	21	118
2　人	149	18	24	62	35	5	6	86
3　人	36	5	9	11	6	−	4	21
4人以上	8	1	3	2	1	0	1	4
（再掲）6歳未満がいる	108	19	26	27	23	4	9	54

注：1）熊本県を除いたものである。
　　2）「不詳」とは、父母の仕事の有無不詳及び父母の有無不詳の世帯である。
　　3）「（再掲）母に仕事あり」は、「父母ともに仕事あり」、「母のみ仕事あり」、及び「不詳」のうち「父の仕事の有無不詳、母に仕事あり」の
　　　　合計である。

307

（2－1）
第82表　児童のいる世帯数，末子の父母の就業状況・世帯構造・末子の年齢階級別

（単位：千世帯）　　　　　　　　　　　　　　　　　　　　　　　　　　　　　　平成28年

世帯構造 末子の年齢階級 最年長が6歳未満の世帯	総数	父のみ仕事あり	父母ともに仕事あり	母のみ仕事あり	父母ともに仕事なし	父母なし	不詳	（再掲）母に仕事あり
総数	11 666	3 487	6 348	1 175	270	188	199	7 536
0歳	869	500	326	15	19	1	9	340
1	844	399	392	27	15	1	10	420
2	744	319	362	35	16	1	11	398
3	675	253	357	41	14	0	11	398
4	622	210	342	51	11	1	8	393
5	608	196	341	46	14	0	11	388
6	595	184	338	53	9	0	11	392
7～8歳	1 164	300	681	131	27	1	24	813
9～11	1 715	377	1 046	214	39	7	33	1 264
12～14	1 804	377	1 066	263	50	12	37	1 329
15～17	2 026	373	1 098	301	57	163	35	1 401
（再掲）最年長が6歳未満	2 610	1 198	1 189	130	53	4	35	1 322
単独世帯	156	·	·	·	·	156	·	·
0歳	−	·	·	·	·	−	·	·
1	−	·	·	·	·	−	·	·
2	−	·	·	·	·	−	·	·
3	−	·	·	·	·	−	·	·
4	−	·	·	·	·	−	·	·
5	−	·	·	·	·	−	·	·
6	−	·	·	·	·	−	·	·
7～8歳	−	·	·	·	·	−	·	·
9～11	−	·	·	·	·	−	·	·
12～14	4	·	·	·	·	4	·	·
15～17	152	·	·	·	·	152	·	·
（再掲）最年長が6歳未満	−	·	·	·	·	·	·	·
核家族世帯	9 386	3 071	5 361	690	128	·	135	6 062
0歳	759	453	285	6	7	·	8	290
1	728	361	343	10	7	·	7	354
2	625	284	312	17	6	·	7	330
3	569	227	307	24	4	·	7	331
4	527	193	293	32	5	·	5	325
5	515	179	293	30	6	·	8	323
6	501	164	289	34	5	·	8	324
7～8歳	966	267	594	77	10	·	18	672
9～11	1 357	324	869	122	19	·	24	994
12～14	1 411	312	890	157	28	·	24	1 048
15～17	1 426	306	888	181	30	·	20	1 072
（再掲）最年長が6歳未満	2 242	1 087	1 043	69	19	·	25	1 114
夫婦と未婚の子のみの世帯	8 576	2 990	5 361	69	37	·	119	5 440
0歳	750	453	285	2	3	·	8	286
1	718	361	343	3	4	·	7	347
2	607	283	312	3	2	·	6	316
3	545	226	307	4	2	·	6	312
4	491	190	293	2	1	·	5	295
5	481	178	293	2	2	·	7	295
6	461	161	289	4	0	·	7	294
7～8歳	883	262	594	9	2	·	16	603
9～11	1 216	311	869	10	4	·	21	883
12～14	1 224	291	890	15	9	·	19	906
15～17	1 199	272	888	13	8	·	17	903
（再掲）最年長が6歳未満	2 169	1 084	1 043	11	9	·	23	1 056

注：1）熊本県を除いたものである。
　　2）「不詳」とは，父母の仕事の有無不詳及び父母の有無不詳の世帯である。
　　3）「（再掲）母に仕事あり」は，「父母ともに仕事あり」，「母のみ仕事あり」，及び「不詳」のうち「父の仕事の有無不詳，母に仕事あり」の合計である。

（2－2）

第82表　児童のいる世帯数，末子の父母の就業状況・世帯構造・末子の年齢階級別

（単位：千世帯）　　　　　　　　　　　　　　　　　　　　　　　　　　　　　　　　　　　　平成28年

世帯構造 末子の年齢階級 最年長が6歳未満の世帯	総数	父のみ 仕事あり	父母ともに 仕事あり	母のみ 仕事あり	父母ともに 仕事なし	父母なし	不詳	（再掲） 母に仕事あり
ひとり親と未婚の子のみの世帯	810	82	・	622	90	・	16	622
0　歳	9	－	・	4	4	・	－	4
1	11	－	・	7	4	・	－	7
2	18	0	・	14	4	・	1	14
3	24	1	・	20	2	・	1	20
4	36	3	・	29	4	・	0	29
5	34	1	・	28	4	・	1	28
6	39	4	・	30	5	・	1	30
7　～　8　歳	83	5	・	68	8	・	2	68
9　～　11	142	13	・	111	15	・	3	111
12　～　14	187	22	・	142	19	・	5	142
15　～　17	228	34	・	168	22	・	3	168
（再掲）最年長が6歳未満	73	4	・	58	10	・	1	58
三　世　代　世　帯	1 717	373	925	318	68	2	31	1 245
0　歳	90	42	37	5	6	－	0	42
1	96	34	44	12	5	0	1	56
2	102	32	46	14	7	－	2	60
3	87	23	46	11	6	－	1	57
4	77	14	45	14	3	－	1	59
5	77	16	44	12	3	0	2	56
6	78	19	45	12	2	0	1	57
7　～　8　歳	160	29	83	37	8	0	4	121
9　～　11	292	49	166	63	10	0	5	230
12　～　14	308	56	168	68	9	0	7	236
15　～　17	348	61	201	70	10	0	6	271
（再掲）最年長が6歳未満	310	101	134	47	23	0	5	181
そ　の　他　の　世　帯	407	42	62	167	74	30	33	229
0　歳	20	4	4	4	6	1	1	8
1	19	4	5	5	3	1	2	10
2	17	4	4	3	3	1	2	7
3	19	3	4	6	4	0	2	10
4	18	3	5	5	3	1	1	9
5	16	1	5	4	5	0	1	9
6	16	1	4	7	2	0	1	11
7　～　8　歳	38	4	4	16	9	1	3	21
9　～　11	66	4	11	30	11	6	4	40
12　～　14	81	8	7	38	13	8	6	45
15　～　17	99	6	9	49	16	10	9	59
（再掲）最年長が6歳未満	57	11	12	14	11	4	6	27

注：1）熊本県を除いたものである。
　　2）「不詳」とは、父母の仕事の有無不詳及び父母の有無不詳の世帯である。
　　3）「（再掲）母に仕事あり」は、「父母ともに仕事あり」、「母のみ仕事あり」、及び「不詳」のうち「父の仕事の有無不詳、母に仕事あり」の
　　　合計である。

第83表　児童のいる世帯数，末子の母の年齢（5歳階級）・末子の母の仕事の有無・末子の年齢階級別

（単位：千世帯）　　　平成28年

末子の母の仕事の有無 末子の年齢階級 最年長が6歳未満の世帯	総　数	24歳以下	25～29歳	30～34	35～39	40～44	45～49	50歳以上
総　　　　　数	11 252	122	618	1 637	2 486	3 152	2 295	941
0　歳	865	53	200	310	227	73	2	1
1	838	33	152	322	250	75	4	1
2	740	18	100	241	247	119	13	0
3	669	9	55	200	251	133	20	1
4	614	5	42	142	235	159	29	1
5	602	3	26	115	212	201	44	1
6	584	1	17	83	194	218	66	5
7　～　8　歳	1 144	1	19	103	344	476	181	20
9　～　11	1 671	－	6	90	303	709	479	84
12　～　14	1 735	0	1	25	162	609	675	262
15　～　17	1 791	－	0	6	61	379	781	564
（再掲）最年長が6歳未満	2 584	109	481	928	701	313	48	4
仕　　事　　あ　　り	7 536	57	343	946	1 583	2 238	1 698	669
0　歳	340	17	80	127	90	26	1	0
1	420	16	82	159	125	36	3	0
2	398	11	61	128	127	63	7	0
3	398	8	39	122	140	77	12	1
4	393	3	32	97	149	94	18	1
5	388	2	19	83	134	124	26	0
6	392	0	10	60	138	138	42	2
7　～　8　歳	813	1	16	80	252	332	118	14
9　～　11	1 264	－	4	71	241	554	340	53
12　～　14	1 329	－	0	15	136	481	512	185
15　～　17	1 401	－	0	5	51	313	621	411
（再掲）最年長が6歳未満	1 322	51	255	474	354	160	26	2
仕　　事　　な　　し	3 685	64	272	686	900	902	590	271
0　歳	525	36	120	183	137	47	1	0
1	417	17	70	163	125	40	2	0
2	340	7	39	113	120	55	7	0
3	268	1	16	77	111	55	8	0
4	220	3	10	45	85	65	12	0
5	213	1	7	32	78	76	18	1
6	191	0	7	22	56	79	24	3
7　～　8　歳	328	－	2	23	91	143	63	6
9　～　11	403	－	1	19	60	154	138	31
12　～　14	397	0	0	8	26	125	160	77
15　～　17	383	－	0	1	9	63	157	152
（再掲）最年長が6歳未満	1 259	59	226	452	346	152	21	2

注：1）熊本県を除いたものである。
　　2）末子の母のいない世帯は除く。
　　3）年齢階級の「総数」には、末子の母の年齢不詳を含む。
　　4）仕事の有無の「総数」には、末子の母の仕事の有無不詳を含む。

（2－1）

第84表　児童のいる世帯数，末子の母の年齢（5歳階級）・児童数・末子の母の仕事の有－勤めか自営かの別－勤め先での呼称－無別

（単位：千世帯）　　　　　　　　　　　　　　　　　　　　　　　　　　　　　　　　　　　　平成28年

児童数 末子の母の仕事の有無 勤めか自営かの別 勤め先での呼称	総　数	24歳以下	25～29歳	30～34	35～39	40～44	45～49	50歳以上
総　　　　　　数	11 252	122	618	1 637	2 486	3 152	2 295	941
仕　事　あ　り	7 536	57	343	946	1 583	2 238	1 698	669
一　般　常　雇　者	5 169	40	265	715	1 131	1 507	1 089	422
契約期間の定めのない雇用者	4 008	33	225	598	911	1 149	799	293
契約期間が1年以上の雇用者	1 161	6	40	117	220	358	291	130
1月以上1年未満の契約の雇用者	1 257	8	35	114	238	405	334	125
日々又は1月未満の契約の雇用者	112	1	7	12	20	32	30	10
会社・団体等の役員	156	2	6	15	28	49	38	17
自　営　業　主	232	0	10	19	42	68	57	36
家　族　従　業　者	398	3	13	48	82	115	94	42
内　職・そ　の　他	152	2	7	17	29	45	40	12
仕　事　な　し	3 685	64	272	686	900	902	590	271
（再掲）役員以外の雇用者	6 538	49	306	841	1 389	1 944	1 453	557
正規の職員・従業員	2 464	16	145	389	567	688	463	196
非正規の職員・従業員	4 068	32	160	450	821	1 255	989	361
パ　ー　ト	3 184	19	119	347	642	981	786	289
ア　ル　バ　イ　ト	315	10	20	43	63	93	64	21
労働者派遣事業所の派遣社員	138	1	5	14	32	44	33	10
契　約　社　員	269	2	10	30	54	83	68	21
嘱　　　　託	99	－	4	10	18	32	25	10
そ　の　他	64	0	2	6	12	21	13	9
1　　　　　　人	5 106	86	352	696	800	1 126	1 295	749
仕　事　あ　り	3 415	41	194	389	497	790	964	540
一　般　常　雇　者	2 352	28	149	312	362	535	628	340
契約期間の定めのない雇用者	1 798	25	126	264	294	407	453	229
契約期間が1年以上の雇用者	555	3	23	48	68	128	175	111
1月以上1年未満の契約の雇用者	555	6	20	37	72	133	184	103
日々又は1月未満の契約の雇用者	56	1	4	3	6	14	20	9
会社・団体等の役員	78	2	4	7	9	19	24	13
自　営　業　主	123	－	6	8	19	31	30	28
家　族　従　業　者	163	2	7	15	20	38	47	34
内　職・そ　の　他	61	2	4	6	6	15	21	9
仕　事　な　し	1 672	45	157	303	302	329	326	208
（再掲）役員以外の雇用者	2 963	35	172	352	440	681	832	451
正規の職員・従業員	1 204	13	96	204	210	256	266	158
非正規の職員・従業員	1 756	22	75	147	229	425	565	293
パ　ー　ト	1 324	12	48	107	165	317	441	233
ア　ル　バ　イ　ト	146	8	12	14	21	33	40	17
労働者派遣事業所の派遣社員	79	0	3	6	13	26	22	8
契　約　社　員	137	2	7	14	22	31	42	19
嘱　　　　託	46	－	3	4	6	11	13	9
そ　の　他	25	0	1	2	3	7	6	7

注：1）熊本県を除いたものである。
　　2）末子の母のいない世帯は除く。
　　3）年齢階級の「総数」には、末子の母の年齢不詳を含む。
　　4）「総数」には仕事の有無不詳、「仕事あり」には勤めか自営か不詳、「役員以外の雇用者」には呼称不詳を含む。
　　5）勤め先での呼称の「役員以外の雇用者」とは、一般常雇者、1月以上1年未満の契約の雇用者、日々又は1月未満の契約の雇用者をいう。

311

（2－2）
第84表　児童のいる世帯数，末子の母の年齢（5歳階級）・児童数・末子の母の仕事の有－勤めか自営かの別－勤め先での呼称－無別

（単位：千世帯）　　　　　　　　　　　　　　　　　　　　　　　　　　　　　　　　　　平成28年

児童数 末子の母の仕事の有無 勤めか自営かの別 勤め先での呼称	総数	24歳以下	25～29歳	30～34	35～39	40～44	45～49	50歳以上
2　　　　　人	4 634	29	205	684	1 192	1 526	825	172
仕　事　あ　り	3 110	12	116	407	770	1 086	602	117
一　般　常　雇　者	2 147	10	91	302	555	730	382	77
契約期間の定めのない雇用者	1 688	7	78	252	451	556	285	60
契約期間が1年以上の雇用者	460	3	13	51	104	174	98	17
1月以上1年未満の契約の雇用者	533	1	12	55	115	212	120	18
日々又は1月未満の契約の雇用者	41	－	3	6	10	14	7	1
会社・団体等の役員	54	0	1	6	13	20	10	3
自　営　業　主	85	0	3	7	17	28	22	7
家　族　従　業　者	162	1	4	18	39	56	38	7
内　職・そ　の　他	62	0	2	9	15	19	16	3
仕　事　な　し	1 516	16	88	276	421	436	223	56
（再掲）役員以外の雇用者	2 721	11	106	363	679	956	510	95
正規の職員・従業員	972	3	44	142	262	325	161	34
非正規の職員・従業員	1 747	7	62	220	417	630	348	61
パ　ー　ト	1 391	5	52	175	330	497	281	50
ア　ル　バ　イ　ト	132	1	5	21	32	50	19	4
労働者派遣事業所の派遣社員	46	0	1	6	14	14	9	1
契　約　社　員	104	0	2	11	24	41	23	3
嘱　　　　託	42	－	1	3	10	16	9	2
そ　の　他	32	－	0	3	7	13	6	2
3　　人　　以　　上	1 512	7	61	256	493	500	175	19
仕　事　あ　り	1 010	4	34	150	316	361	133	13
一　般　常　雇　者	669	2	25	100	214	242	79	6
契約期間の定めのない雇用者	522	2	21	82	167	186	61	4
契約期間が1年以上の雇用者	147	1	4	18	47	57	18	2
1月以上1年未満の契約の雇用者	169	1	3	22	51	60	29	4
日々又は1月未満の契約の雇用者	16	－	0	3	4	4	3	1
会社・団体等の役員	23	0	1	2	6	10	4	0
自　営　業　主	25	－	1	3	7	10	4	1
家　族　従　業　者	73	1	2	15	23	22	9	1
内　職・そ　の　他	28	－	2	2	9	11	3	1
仕　事　な　し	498	3	27	106	177	137	41	7
（再掲）役員以外の雇用者	854	3	28	125	269	306	112	10
正規の職員・従業員	288	0	6	43	94	106	36	3
非正規の職員・従業員	564	3	22	82	175	200	76	7
パ　ー　ト	468	2	19	65	147	167	63	6
ア　ル　バ　イ　ト	37	0	3	8	11	11	5	0
労働者派遣事業所の派遣社員	13	0	0	2	4	4	1	0
契　約　社　員	28	0	1	4	9	11	3	－
嘱　　　　託	11	－	0	2	2	5	2	0
そ　の　他	7	－	－	1	2	1	1	1

注：1）熊本県を除いたものである。
　　2）末子の母のいない世帯は除く。
　　3）年齢階級の「総数」には、末子の母の年齢不詳を含む。
　　4）「総数」には仕事の有無不詳、「仕事あり」には勤めか自営か不詳、「役員以外の雇用者」には呼称不詳を含む。
　　5）勤め先での呼称の「役員以外の雇用者」とは、一般常雇者、1月以上1年未満の契約の雇用者、日々又は1月未満の契約の雇用者をいう。

第85表　同居児童ありの父母の者数，1日の平均就業時間階級・父母・末子の年齢階級別

（単位：千人）　　　　　　　　　　　　　　　　　　　　　　　　　　　　　　　　平成28年

父　　母 末子の年齢階級	総　数	0 ～ 2 時間未満	2 ～ 4	4 ～ 6	6 ～ 8	8 ～ 10	10 ～ 12	12時間以上
総　　　　　数	17 372	487	577	1 950	2 400	6 902	2 837	1 312
0　歳	1 166	166	22	35	84	424	220	120
1	1 211	48	32	70	165	489	217	115
2	1 079	24	25	88	161	389	208	112
3	1 008	21	32	95	150	387	183	82
4	945	18	42	107	130	380	147	77
5	925	18	37	118	127	342	159	74
6	913	18	30	113	125	348	161	74
7 ～ 8 歳	1 794	32	72	250	249	681	289	137
9 ～ 11	2 687	42	110	370	368	1 061	423	179
12 ～ 14	2 771	53	91	354	403	1 161	408	178
15 ～ 17	2 873	48	84	351	437	1 240	422	164
(再掲)最年長が6歳未満	3 710	221	89	232	486	1 404	682	347
父	9 836	122	102	68	541	4 682	2 537	1 222
0　歳	825	14	11	6	42	368	216	117
1	791	10	10	3	41	359	206	113
2	681	9	8	5	33	277	196	108
3	610	10	5	3	32	271	171	79
4	552	8	12	4	27	261	135	73
5	537	6	4	6	33	239	147	70
6	522	7	6	4	27	233	144	69
7 ～ 8 歳	981	9	11	5	51	467	258	129
9 ～ 11	1 423	15	15	9	77	692	373	163
12 ～ 14	1 442	18	10	9	86	738	342	160
15 ～ 17	1 471	16	10	14	92	777	349	141
(再掲)最年長が6歳未満	2 388	35	33	17	130	1 039	646	335
母	7 536	365	475	1 882	1 859	2 220	300	91
0　歳	340	152	11	28	42	56	4	2
1	420	38	21	68	124	130	11	3
2	398	15	17	83	128	112	13	4
3	398	11	28	92	117	116	12	3
4	393	10	30	103	103	119	12	4
5	388	12	32	112	95	104	13	4
6	392	11	24	109	98	115	17	4
7 ～ 8 歳	813	23	61	244	198	214	30	8
9 ～ 11	1 264	27	96	361	291	369	51	16
12 ～ 14	1 329	34	80	345	317	422	65	18
15 ～ 17	1 401	32	75	338	346	462	73	24
(再掲)最年長が6歳未満	1 322	186	57	215	356	365	36	12

注：1）熊本県を除いたものである。
　　2）「総数」には、平均就業時間不詳の者を含む。

313

第86表　同居児童ありの父母の者数，

（単位：千人）

父　　　母 末子の年齢階級	総　数	仕事あり	一　般 常雇者	契約期間の 定めのない 雇　用　者	契約期間が 1年以上の 雇　用　者	1月以上 1年未満の 契約の雇 用の者	日々又は 1月未満 の契約の 雇用の者	会社・団体 等の役員	自営業主	雇人あり	雇人なし
総　　　　　　　　数	21 378	17 372	13 143	11 368	1 775	1 381	137	727	1 186	500	686
0　歳	1 705	1 166	968	884	84	34	5	43	73	32	41
1	1 644	1 211	996	901	95	50	7	36	69	31	37
2	1 437	1 079	865	782	83	50	6	42	67	33	34
3	1 293	1 008	795	710	85	67	6	32	56	23	34
4	1 176	945	743	657	86	67	8	31	55	26	29
5	1 152	925	702	621	81	67	5	37	65	24	41
6	1 121	913	699	612	87	69	7	34	58	22	36
7　〜　8　歳	2 160	1 794	1 361	1 181	180	158	15	67	115	53	61
9　〜　11	3 144	2 687	1 952	1 662	290	272	25	112	202	86	116
12　〜　14	3 232	2 771	2 018	1 687	332	254	26	137	211	94	116
15　〜　17	3 315	2 873	2 043	1 672	371	293	25	155	214	75	139
（再掲）最年長が6歳未満	5 025	3 710	3 050	2 759	291	164	24	126	201	87	113
父	10 126	9 836	7 974	7 360	614	124	25	572	954	423	531
0　歳	840	825	690	637	52	15	3	35	65	30	36
1	806	791	673	623	50	12	2	29	57	26	31
2	697	681	571	536	36	7	1	35	53	28	25
3	624	610	510	475	35	9	1	26	48	19	28
4	562	552	463	428	35	7	2	24	45	22	23
5	550	537	438	410	28	6	3	30	52	20	32
6	537	522	434	401	33	4	0	26	46	19	27
7　〜　8　歳	1 016	981	809	757	52	9	3	53	90	46	45
9　〜　11	1 472	1 423	1 128	1 046	82	18	4	93	159	72	86
12　〜　14	1 497	1 442	1 132	1 038	93	14	2	103	167	76	91
15　〜　17	1 524	1 471	1 128	1 009	119	23	4	118	172	65	107
（再掲）最年長が6歳未満	2 440	2 388	2 026	1 884	143	38	7	103	164	76	89
母	11 252	7 536	5 169	4 008	1 161	1 257	112	156	232	76	155
0　歳	865	340	279	246	32	19	2	9	8	2	6
1	838	420	323	278	45	38	5	6	12	5	7
2	740	398	294	246	48	43	5	7	15	6	9
3	669	398	285	235	50	58	5	6	9	3	6
4	614	393	280	228	52	60	6	7	10	4	6
5	602	388	265	212	53	61	3	8	13	4	9
6	584	392	265	210	55	65	7	8	12	3	9
7　〜　8　歳	1 144	813	553	424	128	149	12	15	24	8	17
9　〜　11	1 671	1 264	824	616	208	253	21	19	43	13	30
12　〜　14	1 735	1 329	887	648	239	240	24	34	44	18	25
15　〜　17	1 791	1 401	915	663	252	270	21	37	43	10	32
（再掲）最年長が6歳未満	2 584	1 322	1 024	875	149	126	17	24	36	12	24

注：1）熊本県を除いたものである。
　　2）「総数」には仕事の有無不詳、「仕事あり」には勤めか自営か不詳、「役員以外の雇用者」には呼称不詳を含む。
　　3）勤め先での呼称の「役員以外の雇用者」とは、一般常雇者、1月以上1年未満の契約の雇用者、日々又は1月未満の契約の雇用者をいう。

仕事の有－勤めか自営かの別－勤め先での呼称－無・父母・末子の年齢階級別

平成28年

| 家族従業者 | 内職 | その他 | 仕事なし | 役員以外の雇用者 | （再掲）　役員以外の雇用者 | | | | | | | |
					正規の職員・従業員	非正規の職員・従業員	パート	アルバイト	労働者派遣事業所の派遣社員	契約社員	嘱託	その他
522	74	120	3 829	14 661	10 245	4 408	3 234	372	184	402	126	90
28	4	7	531	1 007	895	112	52	18	9	26	4	3
38	3	6	425	1 053	877	176	107	23	12	25	5	5
35	4	3	347	921	730	189	133	19	7	22	5	4
37	4	5	276	869	644	223	160	22	9	19	7	5
28	5	4	224	818	576	242	172	25	13	23	5	3
30	5	8	217	775	549	225	167	20	9	19	5	5
33	5	5	197	775	554	221	166	23	10	12	4	6
48	6	15	344	1 534	1 011	523	399	39	19	41	13	11
77	14	22	427	2 248	1 437	810	631	52	27	66	21	13
77	14	20	428	2 298	1 493	804	603	61	30	69	26	15
90	11	24	414	2 361	1 479	881	644	69	39	80	30	20
104	9	16	1 283	3 238	2 645	590	362	76	34	86	20	11
124	1	41	144	8 123	7 781	341	51	58	46	133	27	27
12	–	5	6	707	673	35	3	8	5	15	1	3
13	–	3	7	687	661	25	1	5	6	11	1	2
13	0	1	7	579	562	17	3	3	2	7	1	0
14	0	1	7	520	497	23	3	4	3	8	2	3
7	–	1	4	472	448	24	2	7	3	11	1	0
6	0	2	4	446	428	18	4	3	2	6	1	1
7	–	3	6	438	427	10	1	1	3	3	1	1
10	–	6	16	820	790	31	4	3	3	14	2	4
13	1	6	24	1 150	1 106	44	10	5	6	19	3	2
16	–	6	31	1 148	1 108	40	8	6	5	14	2	5
14	0	8	31	1 155	1 081	74	12	11	9	24	11	6
38	0	7	24	2 071	1 980	90	9	21	13	39	5	4
398	73	79	3 685	6 538	2 464	4 068	3 184	315	138	269	99	64
16	4	2	525	300	222	78	49	10	4	11	3	0
25	3	4	417	367	216	151	106	18	6	14	4	3
22	4	3	340	342	169	173	130	15	5	14	5	3
23	4	4	268	348	147	200	157	18	6	11	5	3
21	5	3	220	346	128	219	170	18	11	13	5	3
24	4	6	213	328	121	207	163	17	7	12	3	4
26	5	2	191	337	126	211	165	23	7	8	3	5
39	6	9	328	714	221	492	395	36	16	27	11	7
64	14	16	403	1 098	332	766	621	48	21	47	19	11
62	14	14	397	1 151	385	764	595	55	26	55	23	10
76	10	16	383	1 206	398	807	632	57	30	56	19	14
66	9	9	1 259	1 167	665	499	353	54	21	48	15	7

（2－1）

第87表　乳幼児数，保育者等の状況（複数回答）・父母の就業状況・乳幼児の年齢（各歳）別

（単位：千人）　　　平成28年

父母の就業状況 乳幼児の年齢	総　数	父　母	祖父母	認　可 保育所	認可外 保育施設	幼稚園	認　定 こども園	その他	不　詳
総　　　数	5 851	2 262	417	1 897	119	1 317	474	214	197
0　歳	876	695	91	87	7	・	12	63	47
1	884	503	93	285	26	・	41	53	36
2	900	447	88	330	27	・	63	50	36
3	963	255	51	379	26	293	108	21	17
4	990	166	45	379	14	436	117	14	19
5	1 058	169	43	374	16	507	114	11	32
6	180	29	5	63	4	81	20	3	10
父 の み 仕 事 あ り	2 577	1 471	161	181	17	821	141	144	101
0　歳	506	434	44	8	1	・	1	45	31
1	421	358	37	19	2	・	5	32	20
2	410	325	35	30	5	・	11	35	22
3	399	165	19	39	5	203	40	15	8
4	382	90	16	43	2	271	41	9	6
5	393	87	10	35	2	299	37	7	11
6	67	13	1	6	1	49	6	1	3
父 母 と も に 仕 事 あ り	2 814	673	211	1 509	92	420	293	56	64
0　歳	327	230	41	75	5	・	10	15	10
1	407	120	45	242	24	・	33	16	12
2	419	100	44	268	19	・	45	12	8
3	486	74	26	297	18	76	62	5	5
4	515	65	23	285	11	141	66	3	8
5	564	71	29	292	12	177	65	3	15
6	96	14	3	50	2	26	12	1	6
母 の み 仕 事 あ り	262	43	27	159	6	30	29	6	9
0　歳	15	10	3	2	－	・	0	1	1
1	28	10	7	17	0	・	2	2	－
2	37	5	5	24	3	・	3	1	2
3	46	5	3	33	2	4	4	0	2
4	62	6	5	42	－	12	7	1	1
5	62	6	3	36	1	13	9	1	2
6	10	1	1	6	0	2	2	－	1
父 母 と も に 仕 事 な し	114	55	14	25	1	29	7	4	6
0　歳	19	16	4	0	－	・	0	1	1
1	15	11	3	4	－	・	0	1	1
2	20	13	3	4	0	・	2	1	2
3	18	7	3	6	－	6	1	0	1
4	17	4	0	5	1	7	2	1	0
5	22	3	1	5	1	14	1	0	0
6	3	0	0	1	－	1	0	0	0

注：1）熊本県を除いたものである。
　　2）父母の就業状況の「総数」には、父母のいずれかが仕事の有無不詳の場合を含む。
　　3）「（再掲）母に仕事あり」は父の仕事の有無及び父の有無に関わらず母に仕事がある場合である。
　　4）「（再掲）母に仕事なし」は父の仕事の有無及び父の有無に関わらず母に仕事がない場合である。

（2－2）

第87表　乳幼児数，保育者等の状況（複数回答）・父母の就業状況・乳幼児の年齢（各歳）別

（単位：千人）　　平成28年

父母の就業状況 乳幼児の年齢	総数	父	母	祖父母	認可保育所	認可外保育施設	幼稚園	認定こども園	その他	不詳
父 母 な し	5	1	1	2	0	0	1	0		1
0　歳	1	1	–	–	–	·	–	–	–	
1	1	–	0	0	–	·	–	–	0	0
2	1	–	0	0	0	·	–	–	–	0
3	0	0	0	0	–	–	–	0	–	–
4	1	–	–	0	–	0	–	–	–	1
5	1	–	–	–	–	–	–	0	–	–
6	0	–	–	0	–	–	–	0	–	–
（再　掲）母に仕事あり	3 080	717	238	1 671	98	451	321	62	73	
0　歳	342	240	43	77	5	·	10	16	11	
1	437	130	52	259	24	·	36	19	12	
2	457	105	49	292	22	·	48	14	10	
3	533	79	29	331	20	80	67	5	7	
4	578	71	29	327	11	153	73	4	8	
5	627	77	32	329	13	190	74	4	17	
6	106	15	4	56	2	28	14	1	7	
（再　掲）母に仕事なし	2 717	1 536	174	200	19	858	151	150	119	
0　歳	530	451	48	10	2	·	2	47	36	
1	441	371	40	23	2	·	5	33	22	
2	436	340	38	34	5	·	14	35	26	
3	420	174	21	43	5	210	40	16	9	
4	400	94	16	45	3	280	43	10	9	
5	418	91	11	37	2	315	40	7	14	
6	72	14	1	7	2	53	6	1	3	
（再掲）母に仕事ありの末子	2 403	602	201	1 265	83	318	237	57	63	
0　歳	340	238	43	77	5	·	10	16	11	
1	420	123	51	251	23	·	34	17	12	
2	398	86	45	254	20	·	43	12	8	
3	398	55	22	246	16	62	47	5	6	
4	393	45	19	215	8	112	49	3	6	
5	388	46	18	189	10	126	44	3	14	
6	66	9	3	33	2	18	9	1	5	
（再掲）母に仕事なしの末子	2 024	1 272	134	120	13	484	86	131	100	
0　歳	525	448	47	9	2	·	2	46	35	
1	417	355	37	20	1	·	5	31	21	
2	340	266	26	23	3	·	13	28	21	
3	268	106	12	26	3	136	24	12	7	
4	220	46	8	22	2	156	23	6	6	
5	213	41	5	17	2	162	17	5	8	
6	40	9	0	3	1	30	3	1	2	

注：1）熊本県を除いたものである。
　　2）父母の就業状況の「総数」には、父母のいずれかが仕事の有無不詳の場合を含む。
　　3）「（再掲）母に仕事あり」は父の仕事の有無及び父の有無に関わらず母に仕事がある場合である。
　　4）「（再掲）母に仕事なし」は父の仕事の有無及び父の有無に関わらず母に仕事がない場合である。

第88表　乳幼児のいる世帯数，育児にかかった費用階級・乳幼児数・世帯構造別

（単位：千世帯）　　　平成28年

乳幼児数 世帯構造	総数	1万円未満	1～3	3～5	5～7	7～9	9～11	11万円以上	不詳
総数	4 468	169	1 109	1 290	947	359	206	130	258
核家族世帯	3 816	150	933	1 117	822	316	175	113	190
夫婦と未婚の子のみの世帯	3 678	138	879	1 088	801	310	174	112	176
ひとり親と未婚の子のみの世帯	138	12	53	30	20	7	2	1	14
三世代世帯	544	17	149	141	103	36	24	15	58
その他の世帯	109	2	27	31	23	6	6	3	10
1　人	3 200	150	942	969	606	182	95	59	197
核家族世帯	2 733	134	793	840	530	163	81	50	143
夫婦と未婚の子のみの世帯	2 615	123	744	815	513	159	80	50	131
ひとり親と未婚の子のみの世帯	118	11	49	25	16	4	1	0	12
三世代世帯	388	15	127	105	61	17	10	8	46
その他の世帯	79	2	22	24	16	3	4	1	8
2　人	1 160	18	157	298	315	161	99	58	54
核家族世帯	994	16	132	258	271	140	84	52	42
夫婦と未婚の子のみの世帯	977	15	128	254	267	138	84	52	40
ひとり親と未婚の子のみの世帯	17	1	4	4	4	3	0	0	2
三世代世帯	139	2	20	34	37	17	12	5	11
その他の世帯	26	－	5	6	6	3	2	1	2
3　人　以　上	108	1	9	23	26	16	13	13	7
核家族世帯	89	0	8	20	21	13	10	11	5
夫婦と未婚の子のみの世帯	86	0	8	19	21	13	10	10	5
ひとり親と未婚の子のみの世帯	2	0	－	1	－	－	－	0	0
三世代世帯	16	0	1	2	5	2	2	2	1
その他の世帯	3	－	1	1	0	0	0	0	0

注：熊本県を除いたものである。

（2－1）
第89表　乳幼児のいる世帯数, 育児にかかった費用階級・乳幼児数・世帯業態別

（単位：千世帯）　　　平成28年

乳幼児数 世帯業態	総数	1万円 未満	1～3	3～5	5～7	7～9	9～11	11万円 以上	不詳
総　　　　数	4 468	169	1 109	1 290	947	359	206	130	258
雇用者世帯	3 857	145	947	1 128	831	321	177	109	200
常雇者世帯	3 753	134	920	1 103	812	314	172	109	189
会社・団体等の役員の世帯	203	4	48	53	48	15	9	13	13
一般常雇者世帯	3 550	129	872	1 050	764	299	163	96	176
契約期間の定めのない雇用者世帯	3 280	120	802	972	710	281	149	88	157
契約期間が1年以上の雇用者世帯	271	10	70	78	54	18	14	8	19
(再掲)企業規模　1～ 4人	95	3	25	32	20	6	3	1	6
5～ 29人	464	22	133	149	79	33	15	9	24
30～ 99人	478	23	128	144	104	30	17	9	23
100～299人	490	21	124	144	100	43	21	14	23
300～499人	244	8	66	67	56	18	8	6	13
500～999人	269	7	60	76	67	26	13	11	10
1000～4999人	474	11	99	146	107	49	29	13	20
5000人以上・官公庁	818	27	185	232	189	81	50	30	25
企業規模不詳	217	7	51	60	43	13	9	4	32
1月以上1年未満の契約の雇用者世帯	88	9	24	22	15	5	5	0	8
日々又は1月未満の契約の雇用者世帯	16	2	3	3	3	2	0	－	3
自営業者世帯	379	15	103	100	74	26	19	15	28
雇人あり	172	7	45	46	32	15	12	7	9
雇人なし	207	8	58	54	42	11	7	8	19
その他の世帯	177	9	49	48	31	10	9	5	15
所得を伴う仕事をしている者のいる世帯	116	5	30	32	22	8	6	4	11
所得を伴う仕事をしている者のいない世帯	61	4	19	16	9	3	4	1	5
1　　　　人	3 200	150	942	969	606	182	95	59	197
雇用者世帯	2 772	132	809	851	533	161	82	50	154
常雇者世帯	2 691	122	786	829	521	158	80	50	145
会社・団体等の役員の世帯	148	4	41	40	35	7	4	6	10
一般常雇者世帯	2 543	118	744	789	486	151	76	44	136
契約期間の定めのない雇用者世帯	2 348	109	686	732	450	143	68	39	121
契約期間が1年以上の雇用者世帯	195	9	58	57	36	8	8	4	15
(再掲)企業規模　1～ 4人	70	3	22	26	11	2	2	1	4
5～ 29人	334	21	109	107	51	17	6	4	19
30～ 99人	345	20	111	111	61	14	6	4	17
100～299人	343	19	102	105	62	21	10	5	18
300～499人	179	8	57	52	39	9	4	2	8
500～999人	199	6	54	58	46	14	7	5	8
1000～4999人	337	10	86	113	67	24	14	6	17
5000人以上・官公庁	584	26	162	176	120	44	23	15	19
企業規模不詳	152	6	42	40	29	5	3	2	25
1月以上1年未満の契約の雇用者世帯	68	8	20	19	10	1	2	0	7
日々又は1月未満の契約の雇用者世帯	12	2	3	3	2	2	－	－	2
自営業者世帯	260	11	85	72	43	14	7	6	21
雇人あり	116	5	36	35	20	7	5	3	7
雇人なし	143	6	49	37	24	7	2	4	14
その他の世帯	126	7	40	34	22	5	4	2	12
所得を伴う仕事をしている者のいる世帯	80	4	24	22	14	4	3	1	8
所得を伴う仕事をしている者のいない世帯	46	4	16	12	8	1	1	0	4

注：1）熊本県を除いたものである。
　　2）「総数」には、世帯業態の不詳を含む。

（2－2）
第89表　乳幼児のいる世帯数，育児にかかった費用階級・乳幼児数・世帯業態別

（単位：千世帯）　　　　　　　　　　　　　　　　　　　　　　　　　　　　　　　平成28年

乳幼児数 / 世帯業態	総数	1万円未満	1～3	3～5	5～7	7～9	9～11	11万円以上	不詳
2　人	1 160	18	157	298	315	161	99	58	54
雇用者世帯	996	13	131	259	275	145	84	49	41
常雇者世帯	976	11	127	256	269	142	82	48	41
会社・団体等の役員の世帯	48	0	6	12	11	7	4	4	3
一般常雇者世帯	928	11	121	243	258	134	78	44	38
契約期間の定めのない雇用者世帯	860	10	110	225	242	127	71	41	34
契約期間が1年以上の雇用者世帯	68	1	11	18	17	7	6	3	4
(再掲)企業規模　1～ 4人	23	–	4	5	8	3	1	1	2
5～ 29人	119	2	22	39	25	14	8	4	4
30～ 99人	125	3	16	31	41	15	9	5	6
100～299人	135	2	21	36	35	19	9	8	5
300～499人	60	0	9	14	16	9	3	4	4
500～999人	65	0	6	17	19	11	5	4	2
1000～4999人	126	1	13	30	37	23	13	6	2
5000人以上・官公庁	215	1	22	53	63	34	23	12	6
企業規模不詳	61	1	8	19	14	6	5	1	7
1月以上1年未満の契約の雇用者世帯	17	1	4	3	4	3	2	0	1
日々又は1月未満の契約の雇用者世帯	3	0	0	0	2	–	0	–	0
自営業者世帯	108	3	17	25	28	10	10	7	7
雇人あり	51	2	9	10	12	7	5	4	2
雇人なし	57	2	8	15	17	4	5	3	4
その他の世帯	45	1	8	13	8	5	4	3	3
所得を伴う仕事をしている者のいる世帯	33	1	5	9	7	4	2	2	2
所得を伴う仕事をしている者のいない世帯	12	1	3	4	1	2	2	0	0
3　人　以　上	108	1	9	23	26	16	13	13	7
雇用者世帯	89	0	7	18	23	15	10	11	5
常雇者世帯	86	0	7	18	22	14	10	10	3
会社・団体等の役員の世帯	6	0	1	0	2	0	0	2	1
一般常雇者世帯	79	0	7	18	20	14	10	8	3
契約期間の定めのない雇用者世帯	72	0	6	15	18	12	10	8	2
契約期間が1年以上の雇用者世帯	8	–	1	3	2	2	–	0	0
(再掲)企業規模　1～ 4人	2	0	–	1	1	0	0	–	–
5～ 29人	12	–	2	3	3	2	1	0	0
30～ 99人	9	–	1	3	2	1	1	0	0
100～299人	13	–	1	3	3	3	2	1	0
300～499人	5	–	0	1	1	1	1	0	1
500～999人	5	–	–	1	2	1	0	1	0
1000～4999人	11	–	0	3	3	2	1	2	0
5000人以上・官公庁	19	–	1	2	6	3	3	3	0
企業規模不詳	4	–	0	1	1	2	0	0	0
1月以上1年未満の契約の雇用者世帯	2	–	–	0	1	0	–	0	0
日々又は1月未満の契約の雇用者世帯	1	–	–	0	0	–	–	–	1
自営業者世帯	11	0	1	3	2	1	1	2	1
雇人あり	4	–	0	1	0	0	1	0	0
雇人なし	7	0	0	2	2	1	0	1	1
その他の世帯	6	–	1	1	1	0	1	1	0
所得を伴う仕事をしている者のいる世帯	4	–	1	1	1	–	1	0	0
所得を伴う仕事をしている者のいない世帯	2	–	0	0	0	0	1	0	0

注：1）熊本県を除いたものである。
　　2）「総数」には、世帯業態の不詳を含む。

第90表　乳幼児のいる世帯数，育児にかかった費用階級・乳幼児数・家計支出額（10万円階級）別

（単位：千世帯）　　平成28年

乳幼児数 家計支出額階級	総　数	1万円未満	1～3	3～5	5～7	7～9	9～11	11万円以上	不　詳
総　数	4 468	169	1 109	1 290	947	359	206	130	258
10万円未満	112	9	61	31	7	1	－	・	5
10 ～ 20万円未満	1 032	59	359	320	194	51	14	2	33
20 ～ 30	1 683	66	448	526	373	139	68	23	39
30 ～ 40	984	23	163	291	256	107	72	39	33
40 ～ 50	282	8	41	74	65	35	27	27	6
50 ～ 60	110	1	17	22	27	15	11	12	4
60万円以上	87	1	9	16	15	9	12	21	4
不　詳	179	4	10	10	10	3	3	5	133
1　　　　人	3 200	150	942	969	606	182	95	59	197
10万円未満	84	7	49	21	4	0	－	・	4
10 ～ 20万円未満	755	53	306	225	116	22	5	1	27
20 ～ 30	1 195	58	382	392	231	64	25	9	33
30 ～ 40	689	19	138	233	170	53	34	16	26
40 ～ 50	201	7	35	61	45	23	14	13	4
50 ～ 60	80	0	13	17	22	13	6	7	3
60万円以上	61	1	8	13	11	5	9	11	3
不　詳	133	4	9	8	8	2	1	3	98
2　　　　人	1 160	18	157	298	315	161	99	58	54
10万円未満	25	1	11	9	2	0	－	・	1
10 ～ 20万円未満	255	5	50	89	70	25	9	1	5
20 ～ 30	447	7	62	124	132	67	38	11	5
30 ～ 40	272	3	25	54	83	51	32	20	5
40 ～ 50	69	0	5	12	18	10	10	11	2
50 ～ 60	26	0	3	4	5	3	5	5	2
60万円以上	23	－	0	3	3	4	3	8	2
不　詳	42	0	1	2	2	0	2	2	32
3　人　以　上	108	1	9	23	26	16	13	13	7
10万円未満	2	－	1	1	1	0	－	・	－
10 ～ 20万円未満	21	0	3	6	8	3	1	0	0
20 ～ 30	42	0	4	10	10	8	5	4	1
30 ～ 40	22	－	1	5	4	3	5	4	2
40 ～ 50	11	－	1	0	2	2	2	3	1
50 ～ 60	3	－	1	0	1	0	0	0	0
60万円以上	3	－	0	－	0	－	0	2	－
不　詳	4	－	－	0	0	0	－	－	3

注：熊本県を除いたものである。

第91表　乳幼児のいる世帯の１世帯当たり育児にかかった平均費用，
世帯構造・末子の母の仕事の有無・乳幼児数別

（単位：万円）　　　　　　　　　　　　　　　　　　　　　　　　　　　　　　　　　　　　　　平成28年

末子の母の仕事の有無 乳　幼　児　数	総　　数	核家族世帯	夫　婦　と 未 婚 の 子 のみの世帯	ひとり親と 未 婚 の 子 のみの世帯	三世代世帯	その他の世帯
総　　　　　　　数	4.5	4.5	4.6	3.1	4.4	4.4
1　人	4.0	4.0	4.0	2.9	3.8	4.1
2　人	5.7	5.7	5.7	4.2	5.6	5.5
3 人以上	7.6	7.6	7.7	6.4	7.5	4.7
母　に　仕　事　あ　り	4.9	4.9	5.0	3.1	4.7	4.6
1　人	4.4	4.4	4.5	3.0	4.2	4.2
2　人	6.3	6.3	6.4	4.0	6.0	6.5
3 人以上	7.1	7.0	7.1	3.0	7.8	4.6
母　に　仕　事　な　し	4.1	4.1	4.1	3.3	3.9	4.1
1　人	3.5	3.5	3.5	2.7	3.1	3.9
2　人	5.1	5.1	5.1	4.3	5.1	4.6
3 人以上	7.9	8.1	8.0	10.3	7.0	4.9

注：1）熊本県を除いたものである。
　　2）末子の母のいない世帯は除く。
　　3）仕事の有無の「総数」には、末子の母の仕事の有無不詳を含む。

第92表　乳幼児のいる世帯の１世帯当たり育児にかかった平均費用－
平均家計支出額，世帯構造・乳幼児数別

（単位：万円）　　　　　　　　　　　　　　　　　　　　　　　　　　　　　　　　　　　　　　平成28年

乳　幼　児　数	総　　数	核家族世帯	夫　婦　と 未 婚 の 子 のみの世帯	ひとり親と 未 婚 の 子 のみの世帯	三世代世帯	その他の世帯
育 児 に か か っ た 平 均 費 用	4.5	4.5	4.6	3.2	4.4	4.5
1　人	4.0	4.0	4.0	2.9	3.8	4.1
2　人	5.7	5.7	5.7	4.2	5.6	5.6
3 人以上	7.5	7.6	7.7	6.4	7.5	5.2
平 　均 　家 　計 　支 　出 　額	26.2	25.3	25.7	16.0	32.1	29.4
1　人	25.9	25.0	25.4	16.0	31.3	28.7
2　人	27.2	26.2	26.4	16.2	33.8	30.8
3 人以上	27.2	25.2	25.4	17.7	36.5	33.6

注：熊本県を除いたものである。

第93表　乳幼児がひとりいる世帯の１世帯当たり育児にかかった平均費用，

乳幼児の年齢（各歳）・家計支出額（５万円階級）別

（単位：万円）　　　平成28年

家計支出額階級	総　数	０　歳	１　歳	２　歳	３　歳	４　歳	５　歳	６　歳
総　　　　　　数	4.0	3.5	3.5	3.5	4.1	4.2	4.5	4.9
5万円未満	1.4	0.4	1.8	1.1	1.5	1.4	－	1.2
5 ～ 10万円未満	2.2	1.9	2.0	2.1	2.3	2.2	2.8	2.3
10 ～ 15	2.8	2.4	2.5	2.5	3.4	2.9	3.1	3.5
15 ～ 20	3.2	2.4	3.0	3.0	3.6	3.4	3.5	3.5
20 ～ 25	3.5	2.8	3.0	3.3	3.7	3.9	4.1	4.8
25 ～ 30	3.9	3.6	3.7	3.4	3.9	3.9	4.0	5.4
30 ～ 35	4.5	4.0	4.1	4.1	4.6	4.8	4.7	4.9
35 ～ 40	4.8	4.8	4.5	4.0	4.7	4.6	5.3	6.1
40 ～ 45	5.2	5.6	5.2	4.5	5.2	4.7	5.9	6.3
45 ～ 50	6.2	8.5	4.5	4.5	7.1	5.6	6.5	6.5
50 ～ 55	6.3	8.9	4.4	5.4	6.3	6.0	7.1	4.2
55 ～ 60	5.7	2.5	5.3	8.9	6.2	6.2	5.2	7.7
60万円以上	9.2	10.5	8.6	7.5	6.6	11.7	9.0	9.5
不　　　詳	4.9	5.2	5.5	3.1	7.2	4.0	4.0	2.6

注：熊本県を除いたものである。

第94表　乳幼児がひとりいる世帯の１世帯当たり育児にかかった平均費用，

乳幼児の年齢（各歳）・保育者等の状況別

（単位：万円）　　　平成28年

保育者等の状況	総　数	０　歳	１　歳	２　歳	３　歳	４　歳	５　歳	６　歳
総　　　　　　数	4.0	3.5	3.5	3.5	4.1	4.2	4.5	4.9
施 設 利 用 な し	2.8	3.4	2.4	2.4	2.7	2.9	2.8	4.4
父　母　の　み	2.8	3.4	2.4	2.4	2.8	2.8	2.7	5.0
祖父母のみ・父母と祖父母	2.8	3.2	2.7	2.4	2.2	3.2	5.6	4.0
施 設 利 用 あ り	4.5	5.0	5.1	4.7	4.3	4.2	4.4	5.0
認 可 保 育 所	4.4	4.9	5.0	4.7	4.2	4.0	4.2	4.7
認 可 外 保 育 施 設	7.0	7.1	5.8	5.8	5.8	12.4	7.5	9.6
幼　　稚　　園	4.5	・	・	・	4.6	4.3	4.6	5.1
認 定 こ ど も 園	4.1	4.0	4.6	4.4	3.9	4.0	4.0	4.4
そ　　の　　他	3.6	3.5	3.1	2.8	3.8	4.0	5.8	3.4

注：1）熊本県を除いたものである。
　　2）保育者等の状況の「その他」には、保育者等の状況不詳を含む。

第95表　乳幼児のいる世帯の１世帯当たり育児にかかった平均費用，

末子の父母の就業状況・末子の保育者等の状況別

（単位：万円）　　　平成28年

末子の保育者等の状況	総　数	父 の み 仕事あり	父母ともに 仕事あり	母 の み 仕事あり	父母ともに 仕事なし	そ の 他	（再掲） 母に仕事あり
総　　　　　　数	4.5	4.1	5.0	3.6	3.7	4.5	4.9
施 設 利 用 な し	3.7	3.6	4.2	4.0	3.3	3.8	4.2
父　母　の　み	3.8	3.6	4.4	4.6	3.5	3.8	4.4
祖父母のみ・父母と祖父母	3.6	3.7	3.7	3.3	2.5	3.9	3.6
施 設 利 用 あ り	4.9	4.7	5.2	3.6	4.2	4.8	5.0
認 可 保 育 所	4.9	4.4	5.2	3.4	3.6	5.4	5.0
認 可 外 保 育 施 設	7.5	7.8	7.7	4.8	4.3	6.8	7.5
幼　　稚　　園	4.8	4.8	4.8	4.6	4.6	4.3	4.7
認 定 こ ど も 園	4.7	4.1	5.0	3.4	4.3	3.8	4.9
そ　　の　　他	4.5	4.5	4.8	3.6	2.8	4.2	4.6

注：1）熊本県を除いたものである。
　　2）父母の就業状況の「その他」とは、「父母なし」、「父母の仕事の有無不詳」及び「父母の有無不詳」の世帯である。
　　3）「（再掲）母に仕事あり」は、「父母ともに仕事あり」「母のみ仕事あり」及び「その他」のうち「父の仕事の有無不詳、母に仕事あり」の
　　　合計である。
　　4）末子の保育者等の状況の「その他」には、保育者等の状況不詳を含む。

第96表　65歳以上の者のいる世帯数，世帯構造・公的年金-恩給受給の有無・有業人員別

（単位：千世帯）　　　　　　　　　　　　　　　　　　　　　　　　　　　　　　　　　　　　　　平成28年

公的年金-恩給受給の有無　有業人員	総数	単独世帯	男の単独世帯	女の単独世帯	核家族世帯	夫婦のみの世帯	夫婦と未婚の子のみの世帯	ひとり親と未婚の子のみの世帯	三世代世帯	その他の世帯
総　数	24 165	6 559	2 095	4 464	12 532	7 526	3 066	1 941	2 668	2 405
0　人	9 755	4 619	1 321	3 298	4 694	4 019	301	374	43	399
1　人	6 275	1 201	543	658	3 855	1 772	1 086	997	421	798
2　人	3 805	・	・	・	2 268	1 152	767	349	847	689
3 人以上	2 104	・	・	・	721	・	672	49	1 113	270
不　詳	2 226	739	231	508	995	583	239	173	244	248
公的年金-恩給受給者のいる世帯	23 099	6 039	1 851	4 188	12 152	7 346	2 976	1 831	2 583	2 325
0　人	9 452	4 377	1 215	3 161	4 641	3 978	299	364	41	394
1　人	6 010	1 072	466	607	3 745	1 715	1 072	959	411	782
2　人	3 652	・	・	・	2 150	1 087	739	324	830	672
3 人以上	2 022	・	・	・	681	・	637	44	1 086	255
不　詳	1 962	590	170	420	935	566	228	141	215	222
公的年金-恩給受給者のいない世帯	843	393	197	197	330	167	83	80	64	56
0　人	302	242	106	136	53	41	2	10	2	4
1　人	254	121	74	47	107	54	15	38	10	16
2　人	145	・	・	・	111	61	28	22	17	17
3 人以上	75	・	・	・	37	・	32	4	25	14
不　詳	68	31	17	13	22	11	6	6	11	5
不　詳	223	127	47	80	51	13	7	31	21	24
0　人	1	−	−	−	0	0	−	−	−	1
1　人	11	8	3	5	3	3	−	0	−	0
2　人	8	・	・	・	7	4	0	4	0	1
3 人以上	7	・	・	・	3	・	2	1	3	1
不　詳	195	119	44	75	38	6	5	26	18	21

注：熊本県を除いたものである。

（2－1）

第97表　65歳以上の者のいる世帯数，65歳以上の者（高齢者）の構成・市郡・世帯業態別

（単位：千世帯）　　　平成28年

市　　郡 世 帯 業 態	総　数	高齢者が 1人いる 世　帯	男の高齢者が 1人いる世帯	女の高齢者が 1人いる世帯	高齢者が 2人いる 世　帯	男の高齢者が 2人いる世帯	女の高齢者が 2人いる世帯	男と女の高齢者が 各1人いる世帯	高齢者が 3人以上 いる世帯
総　　　　　数	24 165	13 422	5 039	8 383	10 353	49	179	10 125	389
雇 用 者 世 帯	7 892	4 794	1 838	2 956	2 976	16	56	2 903	123
常 雇 者 世 帯	6 613	4 026	1 461	2 565	2 486	13	46	2 428	100
会社・団体等の役員の世帯	810	412	192	220	377	2	5	369	21
一 般 常 雇 者 世 帯	5 803	3 614	1 270	2 344	2 110	10	41	2 059	79
契約期間の定めのない雇用者世帯	4 394	2 758	890	1 868	1 578	8	31	1 539	59
契約期間が1年以上の雇用者世帯	1 409	856	380	476	532	3	10	520	21
1月以上1年未満の契約の雇用者世帯	1 127	679	331	348	429	3	9	417	19
日々又は1月未満の契約の雇用者世帯	153	89	45	43	60	1	1	58	4
自 営 業 者 世 帯	2 770	1 299	649	650	1 379	10	19	1 351	92
雇 人 あ り	826	380	185	195	423	3	6	414	23
雇 人 な し	1 944	919	464	454	956	7	12	937	69
そ の 他 の 世 帯	11 749	6 338	2 213	4 125	5 259	19	87	5 153	152
所得を伴う仕事をしている者のいる世帯	1 994	846	438	408	1 098	8	17	1 073	50
所得を伴う仕事をしている者のいない世帯	9 755	5 492	1 775	3 717	4 161	11	70	4 079	102
不　　　　　　　詳	1 753	991	339	653	739	4	16	719	22
市　　　　　部	21 843	12 164	4 576	7 589	9 345	42	161	9 142	334
雇 用 者 世 帯	7 097	4 314	1 674	2 640	2 678	14	51	2 614	105
常 雇 者 世 帯	5 943	3 621	1 329	2 291	2 237	10	42	2 185	85
会社・団体等の役員の世帯	739	376	177	199	345	2	5	339	17
一 般 常 雇 者 世 帯	5 204	3 245	1 152	2 092	1 892	9	37	1 846	68
契約期間の定めのない雇用者世帯	3 922	2 464	800	1 664	1 407	7	28	1 372	51
契約期間が1年以上の雇用者世帯	1 282	781	352	429	485	2	9	474	17
1月以上1年未満の契約の雇用者世帯	1 020	613	303	310	389	3	7	379	17
日々又は1月未満の契約の雇用者世帯	135	80	41	39	52	1	1	50	3
自 営 業 者 世 帯	2 415	1 145	573	572	1 194	7	16	1 170	76
雇 人 あ り	734	337	166	171	377	2	6	369	19
雇 人 な し	1 681	807	407	400	817	5	11	802	57
そ の 他 の 世 帯	10 710	5 784	2 015	3 769	4 794	17	78	4 699	132
所得を伴う仕事をしている者のいる世帯	1 792	767	398	370	982	7	15	960	44
所得を伴う仕事をしている者のいない世帯	8 918	5 017	1 617	3 400	3 812	10	63	3 739	89
不　　　　　　　詳	1 621	922	314	608	679	4	15	660	20
大　　都　　市	6 678	3 920	1 466	2 454	2 691	7	48	2 635	67
雇 用 者 世 帯	2 049	1 263	516	747	764	1	15	747	22
常 雇 者 世 帯	1 693	1 046	408	638	629	1	13	616	18
会社・団体等の役員の世帯	260	133	68	66	123	–	1	122	4
一 般 常 雇 者 世 帯	1 433	913	341	572	507	1	12	494	14
契約期間の定めのない雇用者世帯	1 051	677	230	447	363	1	8	354	12
契約期間が1年以上の雇用者世帯	382	236	111	125	144	0	4	140	2
1月以上1年未満の契約の雇用者世帯	322	197	99	98	122	0	2	120	3
日々又は1月未満の契約の雇用者世帯	33	20	9	11	12	–	0	12	0
自 営 業 者 世 帯	635	332	165	166	291	1	4	286	13
雇 人 あ り	211	102	53	49	106	–	1	105	4
雇 人 な し	424	230	112	118	185	1	3	181	9
そ の 他 の 世 帯	3 336	1 914	649	1 265	1 392	3	24	1 365	30
所得を伴う仕事をしている者のいる世帯	495	222	105	116	265	1	6	259	8
所得を伴う仕事をしている者のいない世帯	2 841	1 692	544	1 148	1 127	3	18	1 106	22
不　　　　　　　詳	658	411	135	276	244	2	5	237	3
そ の 他 の 市	15 165	8 244	3 110	5 134	6 655	35	113	6 507	266
雇 用 者 世 帯	5 049	3 051	1 158	1 893	1 915	13	36	1 866	83
常 雇 者 世 帯	4 250	2 575	921	1 654	1 607	9	29	1 569	67
会社・団体等の役員の世帯	479	243	109	134	223	2	4	217	13
一 般 常 雇 者 世 帯	3 771	2 332	812	1 520	1 385	7	25	1 352	54
契約期間の定めのない雇用者世帯	2 871	1 787	570	1 217	1 044	6	20	1 018	40
契約期間が1年以上の雇用者世帯	900	545	242	304	341	2	5	333	14
1月以上1年未満の契約の雇用者世帯	697	416	205	212	267	3	5	259	13
日々又は1月未満の契約の雇用者世帯	102	60	32	28	40	1	1	38	2
自 営 業 者 世 帯	1 780	813	408	405	903	6	13	884	64
雇 人 あ り	522	235	113	122	271	2	5	264	16
雇 人 な し	1 258	577	295	283	632	4	8	620	48
そ の 他 の 世 帯	7 374	3 870	1 366	2 505	3 401	14	54	3 334	103
所得を伴う仕事をしている者のいる世帯	1 297	545	292	253	716	7	9	701	36
所得を伴う仕事をしている者のいない世帯	6 077	3 325	1 073	2 251	2 685	7	45	2 633	67
不　　　　　　　詳	963	510	179	332	435	3	10	423	17

注：熊本県を除いたものである。

（2－2）
第97表　65歳以上の者のいる世帯数，65歳以上の者（高齢者）の構成・市郡・世帯業態別

（単位：千世帯）　　　　　　　　　　　　　　　　　　　　　　　　　　　　　　　　　　平成28年

市　郡 世帯業態	総数	高齢者が 1人いる 世帯	男の高齢者が 1人いる世帯	女の高齢者が 1人いる世帯	高齢者が 2人いる 世帯	男の高齢者が 2人いる世帯	女の高齢者が 2人いる世帯	男と女の高齢者が 各1人いる世帯	高齢者が 3人以上 いる世帯
人口15万人以上の市	7 325	4 018	1 528	2 491	3 202	13	57	3 132	105
雇用者世帯	2 373	1 458	570	888	884	5	16	863	31
常雇者世帯	1 977	1 216	445	771	735	4	13	718	26
会社・団体等の役員の世帯	238	120	57	63	112	1	2	109	6
一般常雇者世帯	1 739	1 097	388	709	623	3	11	609	20
契約期間の定めのない雇用者世帯	1 296	821	262	558	460	2	8	450	15
契約期間が1年以上の雇用者世帯	444	276	126	150	163	0	3	159	5
1月以上1年未満の契約の雇用者世帯	345	209	110	99	130	1	3	126	5
日々又は1月未満の契約の雇用者世帯	51	32	15	17	19	－	1	18	0
自営業者世帯	744	342	170	172	385	1	6	378	18
雇人あり	225	101	50	52	118	0	2	116	5
雇人なし	520	240	121	120	267	1	4	262	12
その他の世帯	3 733	1 976	695	1 280	1 709	5	27	1 676	48
所得を伴う仕事をしている者のいる世帯	634	271	146	124	348	2	3	342	16
所得を伴う仕事をしている者のいない世帯	3 098	1 705	549	1 156	1 361	3	24	1 334	32
不詳	475	243	92	151	224	1	7	215	8
人口15万人未満の市	7 841	4 226	1 582	2 644	3 453	22	55	3 375	162
雇用者世帯	2 676	1 593	588	1 005	1 030	8	19	1 003	52
常雇者世帯	2 273	1 359	476	883	873	5	17	851	41
会社・団体等の役員の世帯	241	123	52	71	111	1	2	108	7
一般常雇者世帯	2 032	1 235	424	812	762	5	14	743	34
契約期間の定めのない雇用者世帯	1 575	966	308	658	584	4	12	568	25
契約期間が1年以上の雇用者世帯	457	269	116	153	178	1	2	174	10
1月以上1年未満の契約の雇用者世帯	353	207	95	112	137	2	3	133	9
日々又は1月未満の契約の雇用者世帯	51	28	17	10	21	1	0	20	2
自営業者世帯	1 036	471	238	234	518	5	6	507	46
雇人あり	297	134	64	71	153	2	2	148	10
雇人なし	738	337	174	163	365	3	4	358	36
その他の世帯	3 642	1 894	670	1 224	1 693	8	27	1 658	55
所得を伴う仕事をしている者のいる世帯	663	275	146	129	368	4	6	358	20
所得を伴う仕事をしている者のいない世帯	2 979	1 619	524	1 095	1 324	4	21	1 300	35
不詳	487	267	86	181	212	2	3	207	8
郡　部	2 321	1 258	463	794	1 008	7	18	983	55
雇用者世帯	795	479	164	316	298	2	6	290	18
常雇者世帯	670	405	132	273	250	2	4	243	15
会社・団体等の役員の世帯	71	36	15	21	31	0	1	31	3
一般常雇者世帯	599	369	117	252	218	2	3	213	11
契約期間の定めのない雇用者世帯	473	295	90	205	171	1	3	167	7
契約期間が1年以上の雇用者世帯	126	75	27	47	47	1	1	46	4
1月以上1年未満の契約の雇用者世帯	108	66	27	38	40	0	2	38	2
日々又は1月未満の契約の雇用者世帯	18	9	4	5	8	－	0	8	1
自営業者世帯	355	154	77	78	185	2	2	180	16
雇人あり	92	43	19	24	46	1	1	45	3
雇人なし	263	111	57	54	139	2	2	136	12
その他の世帯	1 039	554	198	356	465	2	9	454	19
所得を伴う仕事をしている者のいる世帯	202	79	40	38	117	1	3	114	6
所得を伴う仕事をしている者のいない世帯	837	475	158	317	348	2	6	340	13
不詳	132	70	25	45	60	0	1	59	2

注：熊本県を除いたものである。

（2－1）

第98表　65歳以上の者のいる世帯数，世帯構造・市郡・世帯主の年齢（5歳階級）別

（単位：千世帯）　　　　　　　　　　　　　　　　　　　　　　　　　　　　　　　　　　　　　　平成28年

市　郡 世帯主の年齢階級	総　数	単独世帯	男の 単独世帯	女の 単独世帯	核家族 世帯	夫婦 のみの世帯	夫婦と 未婚の子 のみの世帯	ひとり親と 未婚の子 のみの世帯	三世代 世帯	その他の 世帯
総　　　数	24 165	6 559	2 095	4 464	12 532	7 526	3 066	1 941	2 668	2 405
19　歳　以　下	–	·	·	·	–	–	–	–	–	–
20　～　24　歳	3	·	·	·	0	–	–	0	1	2
25　～　29	11	·	·	·	3	–	1	2	4	4
30　～　34	35	·	·	·	13	–	1	12	16	6
35　～　39	116	·	·	·	35	–	8	27	60	21
40　～　44	313	·	·	·	93	1	12	81	161	59
45　～　49	443	·	·	·	125	2	15	108	240	78
50　～　54	584	·	·	·	129	3	13	113	300	155
55　～　59	711	·	·	·	153	27	10	116	325	234
60　～　64	885	·	·	·	270	146	62	62	295	321
65　～　69	6 364	1 584	744	840	3 846	2 236	1 225	385	435	500
70　～　74	4 791	1 314	459	855	2 922	1 872	760	289	276	279
75　～　79	4 245	1 340	385	955	2 423	1 603	540	280	238	244
80　歳　以　上	5 656	2 321	507	1 814	2 518	1 632	420	466	318	499
（再掲）65歳以上	21 056	6 559	2 095	4 464	11 708	7 344	2 944	1 420	1 266	1 522
75歳以上	9 901	3 661	892	2 769	4 941	3 236	959	746	556	744
市　　　部	21 843	6 007	1 919	4 088	11 443	6 862	2 809	1 772	2 302	2 091
19　歳　以　下	–	·	·	·	–	–	–	–	–	–
20　～　24　歳	3	·	·	·	–	–	–	–	1	2
25　～　29	9	·	·	·	3	–	1	2	3	3
30　～　34	33	·	·	·	13	–	1	11	15	6
35　～　39	105	·	·	·	33	–	7	26	54	18
40　～　44	281	·	·	·	85	1	11	74	144	51
45　～　49	394	·	·	·	114	2	14	99	213	68
50　～　54	513	·	·	·	116	2	13	101	263	135
55　～　59	613	·	·	·	137	24	9	104	275	201
60　～　64	767	·	·	·	241	132	57	52	252	274
65　～　69	5 781	1 458	679	779	3 520	2 036	1 127	357	369	434
70　～　74	4 373	1 219	425	794	2 668	1 711	690	268	240	246
75　～　79	3 874	1 231	354	877	2 227	1 470	498	259	201	215
80　歳　以　上	5 091	2 099	461	1 639	2 284	1 482	382	420	273	435
（再掲）65歳以上	19 119	6 007	1 919	4 088	10 699	6 698	2 698	1 303	1 083	1 330
75歳以上	8 965	3 330	815	2 515	4 511	2 952	880	679	474	650
大　都　市	6 678	2 199	719	1 480	3 554	2 105	856	593	443	482
19　歳　以　下	–	·	·	·	–	–	–	–	–	–
20　～　24　歳	1	·	·	·	–	–	–	–	–	1
25　～　29	2	·	·	·	1	–	–	1	1	0
30　～　34	11	·	·	·	4	–	0	4	6	1
35　～　39	29	·	·	·	11	–	3	8	14	5
40　～　44	62	·	·	·	21	–	2	19	26	15
45　～　49	111	·	·	·	39	1	3	35	52	20
50　～　54	123	·	·	·	39	1	4	34	60	24
55　～　59	142	·	·	·	43	7	3	32	64	35
60　～　64	169	·	·	·	74	41	20	13	40	55
65　～　69	1 737	520	254	266	1 068	599	352	117	57	92
70　～　74	1 319	448	159	289	779	505	195	79	31	62
75　～　79	1 273	467	139	328	707	467	151	89	37	61
80　歳　以　上	1 698	764	167	597	769	483	123	163	54	111
（再掲）65歳以上	6 027	2 199	719	1 480	3 323	2 054	821	448	180	326
75歳以上	2 970	1 232	306	925	1 476	950	274	252	91	172
そ　の　他　の　市	15 165	3 808	1 200	2 608	7 889	4 757	1 954	1 179	1 859	1 609
19　歳　以　下	–	·	·	·	–	–	–	–	–	–
20　～　24　歳	2	·	·	·	–	–	–	–	1	1
25　～　29	7	·	·	·	2	–	1	1	2	3
30　～　34	22	·	·	·	9	–	1	8	9	4
35　～　39	77	·	·	·	22	–	4	18	41	14
40　～　44	219	·	·	·	64	1	8	55	118	37
45　～　49	284	·	·	·	75	1	11	63	160	48
50　～　54	390	·	·	·	77	2	8	67	202	110
55　～　59	472	·	·	·	95	17	6	72	210	167
60　～　64	598	·	·	·	167	91	37	39	212	219
65　～　69	4 044	939	426	513	2 452	1 437	776	240	311	342
70　～　74	3 054	771	266	505	1 890	1 206	495	189	209	184
75　～　79	2 601	764	215	548	1 520	1 003	347	169	163	154
80　歳　以　上	3 393	1 335	293	1 042	1 515	999	259	258	219	324
（再掲）65歳以上	13 092	3 808	1 200	2 608	7 377	4 644	1 877	856	903	1 005
75歳以上	5 995	2 098	508	1 590	3 035	2 002	606	427	383	479

注：1）熊本県を除いたものである。
　　2）年齢階級の「総数」には、世帯主の年齢不詳を含む。

（2－2）

第98表　65歳以上の者のいる世帯数，世帯構造・市郡・世帯主の年齢（5歳階級）別

（単位：千世帯）　　　平成28年

市　　郡 世帯主の年齢階級	総　数	単独世帯	男　の 単独世帯	女　の 単独世帯	核家族 世　帯	夫　婦 のみの世帯	夫　婦　と 未婚の子 のみの世帯	ひとり親と 未婚の子 のみの世帯	三世代 世　帯	その他の 世　帯
人口15万人以上の市	7 325	1 913	601	1 312	3 988	2 368	1 007	612	735	690
19　歳　以　下	−	・	・	・	−	−	−	−	−	−
20　～　24　歳	0	・	・	・	−	−	−	−	0	−
25　～　29	4	・	・	・	2	−	1	1	1	1
30　～　34	12	・	・	・	5	−	1	4	4	3
35　～　39	36	・	・	・	11	−	2	9	18	7
40　～　44	101	・	・	・	32	−	4	28	49	19
45　～　49	121	・	・	・	36	1	6	29	64	21
50　～　54	166	・	・	・	32	1	3	29	89	45
55　～　59	181	・	・	・	47	10	2	34	78	57
60　～　64	254	・	・	・	81	44	19	18	84	89
65　～　69	1 972	463	204	259	1 248	710	404	134	114	147
70　～　74	1 539	410	141	270	956	597	258	102	87	86
75　～　79	1 304	394	114	280	777	501	183	93	65	67
80　歳　以　上	1 633	646	142	504	761	503	125	133	81	145
（再掲）65歳以上	6 448	1 913	601	1 312	3 742	2 311	970	461	347	446
75歳以上	2 937	1 040	256	783	1 539	1 005	308	226	147	212
人口15万人未満の市	7 841	1 895	599	1 296	3 902	2 388	946	567	1 125	919
19　歳　以　下	−	・	・	・	−	−	−	−	−	−
20　～　24　歳	2	・	・	・	−	−	−	−	1	1
25　～　29	3	・	・	・	1	−	−	1	1	1
30　～　34	10	・	・	・	4	−	−	4	5	2
35　～　39	41	・	・	・	11	−	3	9	23	7
40　～　44	118	・	・	・	31	1	4	27	68	18
45　～　49	162	・	・	・	40	0	5	34	96	27
50　～　54	224	・	・	・	45	1	6	38	114	65
55　～　59	290	・	・	・	48	7	3	38	133	109
60　～　64	344	・	・	・	86	47	18	21	128	129
65　～　69	2 072	475	221	254	1 204	727	371	106	198	194
70　～　74	1 514	361	125	236	934	609	238	87	122	98
75　～　79	1 298	370	101	269	742	502	164	76	98	88
80　歳　以　上	1 760	689	151	538	754	495	134	125	138	179
（再掲）65歳以上	6 644	1 895	599	1 296	3 634	2 333	907	394	556	559
75歳以上	3 058	1 059	252	807	1 496	997	298	201	236	267
郡　　　　　　部	2 321	552	176	376	1 089	664	256	169	366	314
19　歳　以　下	−	・	・	・	−	−	−	−	−	−
20　～　24　歳	0	・	・	・	0	−	−	0	−	−
25　～　29	1	・	・	・	−	−	−	−	1	1
30　～　34	2	・	・	・	0	−	0	0	1	0
35　～　39	11	・	・	・	2	−	1	2	6	3
40　～　44	32	・	・	・	8	−	1	6	17	8
45　～　49	49	・	・	・	11	0	1	10	28	10
50　～　54	72	・	・	・	14	1	1	12	38	20
55　～　59	98	・	・	・	16	3	1	12	50	33
60　～　64	119	・	・	・	29	15	5	10	43	47
65　～　69	583	125	64	61	326	200	98	28	66	66
70　～　74	418	96	35	61	254	162	70	22	36	33
75　～　79	370	109	31	78	196	133	41	21	37	29
80　歳　以　上	565	222	47	175	234	150	38	46	45	64
（再掲）65歳以上	1 937	552	176	376	1 009	646	247	117	183	192
75歳以上	936	331	77	253	430	284	79	67	82	93

注：1）熊本県を除いたものである。
　　2）年齢階級の「総数」には、世帯主の年齢不詳を含む。

第99表　65歳以上の者のいる世帯数，室数・世帯構造・住居の種類別

（単位：千世帯）　　　　　　　　　　　　　　　　　　　　　　　　　　　　　　　　　　平成28年

世帯構造 住居の種類	総　数	1　室	2　室	3　室	4　室	5　室	6　室	7室以上	不　詳
総　　　数	24 165	533	1 179	2 770	4 175	4 738	3 956	6 265	549
持　ち　家	19 541	49	280	1 270	3 242	4 516	3 843	6 148	194
民間賃貸住宅	2 099	287	540	639	397	116	48	22	49
社宅・公務員住宅等の給与住宅	65	6	8	13	13	9	5	8	3
都市再生機構・公社等の公営賃貸住宅	1 486	39	265	716	412	18	1	0	34
借間・その他	975	152	86	132	111	79	59	87	269
単　独　世　帯	6 559	493	764	1 183	1 224	1 021	767	873	233
持　ち　家	4 195	35	165	498	906	956	738	837	61
民間賃貸住宅	1 104	270	363	276	115	29	10	5	35
社宅・公務員住宅等の給与住宅	25	6	6	5	3	2	0	2	1
都市再生機構・公社等の公営賃貸住宅	725	36	173	336	153	7	0	–	19
借間・その他	510	147	56	68	46	28	18	30	118
男の単独世帯	2 095	234	298	371	347	293	221	241	89
持　ち　家	1 198	11	53	142	255	275	212	229	19
民間賃貸住宅	493	158	165	98	40	9	4	2	17
社宅・公務員住宅等の給与住宅	15	5	4	3	1	1	0	1	0
都市再生機構・公社等の公営賃貸住宅	223	13	57	107	38	2	0	–	6
借間・その他	167	47	19	21	13	6	5	8	48
女の単独世帯	4 464	259	466	812	877	728	546	633	144
持　ち　家	2 997	23	112	356	650	680	526	608	42
民間賃貸住宅	611	112	199	179	76	20	6	2	18
社宅・公務員住宅等の給与住宅	10	0	2	3	2	1	0	1	0
都市再生機構・公社等の公営賃貸住宅	502	24	116	229	116	5	0	–	13
借間・その他	343	100	38	47	33	22	13	22	70
核　家　族　世　帯	12 532	32	362	1 373	2 459	2 900	2 294	2 894	218
持　ち　家	10 698	11	101	673	1 957	2 783	2 234	2 852	87
民間賃貸住宅	799	14	151	302	220	65	25	11	10
社宅・公務員住宅等の給与住宅	29	0	1	5	8	6	4	3	1
都市再生機構・公社等の公営賃貸住宅	667	2	82	338	224	9	1	0	12
借間・その他	340	4	27	55	50	37	30	28	109
夫婦のみの世帯	7 526	24	249	865	1 478	1 716	1 391	1 688	115
持　ち　家	6 440	9	80	436	1 195	1 652	1 359	1 663	45
民間賃貸住宅	454	9	94	180	115	34	12	6	4
社宅・公務員住宅等の給与住宅	18	0	1	4	5	3	2	2	1
都市再生機構・公社等の公営賃貸住宅	418	2	56	212	133	6	0	0	8
借間・その他	196	4	19	33	30	20	17	16	57
夫婦と未婚の子のみの世帯	3 066	4	37	229	562	767	600	805	62
持　ち　家	2 721	2	11	118	454	738	581	793	24
民間賃貸住宅	155	2	17	47	55	17	9	5	2
社宅・公務員住宅等の給与住宅	7	0	–	0	2	2	1	1	0
都市再生機構・公社等の公営賃貸住宅	104	–	7	53	41	1	0	–	2
借間・その他	79	–	2	11	9	8	8	6	34
ひとり親と未婚の子のみの世帯	1 941	4	76	278	420	417	304	401	42
持　ち　家	1 537	0	11	118	308	393	293	395	18
民間賃貸住宅	190	3	41	76	50	13	4	0	3
社宅・公務員住宅等の給与住宅	4	0	1	1	1	1	1	–	–
都市再生機構・公社等の公営賃貸住宅	145	–	18	73	49	2	0	–	2
借間・その他	66	0	6	11	12	8	5	5	18
三　世　代　世　帯	2 668	2	9	62	197	398	477	1 476	48
持　ち　家	2 506	1	2	29	151	382	464	1 455	22
民間賃貸住宅	71	1	5	17	28	10	6	3	2
社宅・公務員住宅等の給与住宅	5	–	–	0	1	1	0	2	1
都市再生機構・公社等の公営賃貸住宅	28	–	2	13	12	0	0	–	1
借間・その他	58	–	0	3	6	5	6	16	22
その他の世帯	2 405	6	43	152	294	419	419	1 021	49
持　ち　家	2 142	2	12	71	228	396	406	1 003	24
民間賃貸住宅	125	2	20	43	34	13	7	4	2
社宅・公務員住宅等の給与住宅	6	0	0	2	1	0	1	1	1
都市再生機構・公社等の公営賃貸住宅	66	1	9	30	23	2	0	–	2
借間・その他	67	1	3	6	8	9	6	13	20

注：熊本県を除いたものである。

第100表　65歳以上の者のみの世帯数，世帯構造・世帯業態別

（単位：千世帯）　　　　　　　　　　　　　　　　　　　　　　　　　　　　　　　　　　　平成28年

世　帯　業　態	総　数	単独世帯	男　の単独世帯	女　の単独世帯	核家族世　帯	夫　　婦のみの世帯	夫　婦　と未婚の子のみの世帯	ひとり親と未婚の子のみの世帯	三世代世　帯	その他の世　　帯
総　　　　　　　　　数	13 252	6 559	2 095	4 464	6 283	6 196	2	85	0	410
雇　用　者　世　帯	1 750	696	309	387	970	959	0	11	–	83
常　雇　者　世　帯	1 255	481	223	258	714	706	0	8	–	60
会社・団体等の役員の世帯	278	66	38	28	197	195	–	2		15
一　般　常　雇　者　世　帯	977	415	185	230	517	512	0	5	–	45
契約期間の定めのない雇用者世帯	612	279	123	155	307	304	0	3		26
契約期間が1年以上の雇用者世帯	365	136	61	75	210	208	0	2		18
1月以上1年未満の契約の雇用者世帯	432	187	71	116	226	223	–	3		19
日々又は1月未満の契約の雇用者世帯	63	28	15	13	30	30	–	0		4
自　営　業　者　世　帯	1 156	375	185	190	711	703	0	8	–	70
雇　人　あ　り	303	81	39	42	204	203	0	1		18
雇　人　な　し	853	294	146	148	507	500	–	7		52
そ　の　他　の　世　帯	9 041	4 748	1 369	3 379	4 074	4 016	1	57	0	219
所得を伴う仕事をしている者のいる世帯	519	130	48	81	358	353		5		32
所得を伴う仕事をしている者のいない世帯	8 522	4 619	1 321	3 298	3 716	3 663	1	52	0	187
不　　　　　　　　　詳	1 306	739	231	508	528	518	0	10	–	38

注：熊本県を除いたものである。

第101表　65歳以上の夫婦のみの世帯数，夫の年齢（5歳階級）・妻の年齢（5歳階級）別

（単位：千世帯）　　　　　　　　　　　　　　　　　　　　　　　　　　　　　　　　　　　平成28年

妻の年齢階級	総　　数	65～69歳	70～74	75～79	80～84	85～89	90歳以上	（再掲）75歳以上	（再掲）80歳以上
総　　　　　　　数	6 196	1 246	1 734	1 586	1 067	456	106	3 216	1 629
65　～　69　歳	2 259	1 128	923	186	17	3	0	207	21
70　～　74	1 742	99	709	780	142	10	1	933	153
75　～　79	1 271	14	88	550	540	74	5	1 169	619
80　～　84	688	4	12	61	344	246	21	672	610
85　～　89	211	0	1	7	24	118	60	209	203
90　歳　以　上	25	–	–	2	0	4	18	25	23
（再掲）75歳以上	2 195	18	101	620	908	442	105	2 075	1 455
80歳以上	923	5	13	70	368	368	99	906	836

注：熊本県を除いたものである。

第102表　65歳以上の者の数，性・配偶者の有無・市郡・家族形態別

（単位：千人）　　　　　　　　　　　　　　　　　　　　　　　　　　　　　　　　　　　　　平成28年

市　郡 家族形態	総数	配偶者あり	配偶者なし	男	配偶者あり	配偶者なし	女	配偶者あり	配偶者なし
総　数	35 315	23 376	11 940	15 741	12 821	2 920	19 575	10 555	9 019
単　独　世　帯	6 559	347	6 212	2 095	249	1 846	4 464	98	4 366
夫婦のみの世帯	13 721	13 721	·	7 357	7 357	·	6 365	6 365	·
子　と　同　居	13 570	8 553	5 017	5 576	4 768	807	7 995	3 785	4 210
子夫婦と同居	4 034	1 872	2 162	1 315	981	334	2 720	891	1 829
配偶者のいない子と同居	9 536	6 681	2 855	4 261	3 787	474	5 275	2 894	2 381
その他の親族と同居	1 420	750	670	690	444	246	730	306	424
非親族と同居	44	4	40	23	2	21	21	1	19
市　部	31 872	21 100	10 773	14 213	11 572	2 642	17 659	9 528	8 131
単　独　世　帯	6 007	317	5 690	1 919	227	1 692	4 088	90	3 998
夫婦のみの世帯	12 515	12 515	·	6 709	6 709	·	5 805	5 805	·
子　と　同　居	12 070	7 620	4 450	4 967	4 254	713	7 103	3 366	3 737
子夫婦と同居	3 423	1 550	1 872	1 105	814	291	2 318	737	1 581
配偶者のいない子と同居	8 647	6 070	2 577	3 862	3 440	422	4 786	2 630	2 156
その他の親族と同居	1 241	644	597	598	379	218	643	265	378
非親族と同居	40	4	37	21	2	19	19	1	18
大　都　市	9 506	6 051	3 455	4 193	3 309	885	5 313	2 743	2 570
単　独　世　帯	2 199	103	2 096	719	72	647	1 480	30	1 450
夫婦のみの世帯	3 855	3 855	·	2 059	2 059	·	1 796	1 796	·
子　と　同　居	3 118	1 948	1 170	1 263	1 096	167	1 855	852	1 003
子夫婦と同居	549	195	354	151	101	50	398	94	305
配偶者のいない子と同居	2 569	1 753	815	1 113	995	118	1 456	758	698
その他の親族と同居	321	145	176	145	81	64	176	64	112
非親族と同居	14	1	13	7	1	7	6	0	6
その他の市	22 366	15 048	7 318	10 020	8 263	1 757	12 346	6 785	5 560
単　独　世　帯	3 808	214	3 594	1 200	154	1 045	2 608	60	2 548
夫婦のみの世帯	8 660	8 660	·	4 651	4 651	·	4 009	4 009	·
子　と　同　居	8 952	5 672	3 280	3 703	3 158	545	5 249	2 514	2 734
子夫婦と同居	2 874	1 356	1 518	954	713	241	1 919	643	1 276
配偶者のいない子と同居	6 078	4 316	1 762	2 749	2 445	304	3 329	1 871	1 458
その他の親族と同居	920	499	421	452	298	154	467	201	266
非親族と同居	27	3	24	14	2	12	12	1	11
人口15万人以上の市	10 743	7 219	3 524	4 812	3 963	849	5 931	3 256	2 675
単　独　世　帯	1 913	102	1 811	601	72	529	1 312	30	1 282
夫婦のみの世帯	4 308	4 308	·	2 315	2 315	·	1 993	1 993	·
子　と　同　居	4 097	2 603	1 494	1 696	1 453	242	2 401	1 150	1 251
子夫婦と同居	1 068	450	618	326	236	90	742	214	528
配偶者のいない子と同居	3 029	2 153	876	1 370	1 217	152	1 659	936	723
その他の親族と同居	410	205	205	192	122	70	217	83	134
非親族と同居	15	1	14	8	1	7	7	0	7
人口15万人未満の市	11 623	7 829	3 794	5 208	4 300	908	6 415	3 529	2 885
単　独　世　帯	1 895	113	1 782	599	82	516	1 296	30	1 266
夫婦のみの世帯	4 352	4 352	·	2 336	2 336	·	2 016	2 016	·
子　と　同　居	4 855	3 069	1 786	2 008	1 705	303	2 847	1 364	1 483
子夫婦と同居	1 805	906	900	628	477	151	1 177	429	749
配偶者のいない子と同居	3 050	2 163	886	1 379	1 228	152	1 670	935	735
その他の親族と同居	510	294	216	260	176	84	250	118	132
非親族と同居	11	2	9	6	1	5	5	1	4
郡　部	3 443	2 276	1 167	1 527	1 249	278	1 916	1 027	889
単　独　世　帯	552	30	522	176	22	154	376	8	368
夫婦のみの世帯	1 207	1 207	·	647	647	·	559	559	·
子　と　同　居	1 500	933	567	609	515	94	892	418	473
子夫婦と同居	612	322	290	210	167	42	402	154	248
配偶者のいない子と同居	889	612	277	399	347	52	489	264	225
その他の親族と同居	180	106	74	93	64	28	87	41	46
非親族と同居	4	0	4	2	0	2	2	0	2

注：熊本県を除いたものである。

（2－1）

第103表　65歳以上の者の数，性・配偶者の有無・家族形態・年齢（5歳階級）別

（単位：千人）　　　平成28年

家族形態 年齢階級	総数	配偶者あり	配偶者なし	男	配偶者あり	配偶者なし	女	配偶者あり	配偶者なし
総数	35 315	23 376	11 940	15 741	12 821	2 920	19 575	10 555	9 019
65 ～ 69 歳	10 949	8 459	2 490	5 283	4 328	955	5 666	4 131	1 535
70 ～ 74	8 001	5 943	2 058	3 711	3 138	572	4 290	2 804	1 486
75 ～ 79	6 800	4 632	2 168	3 100	2 605	494	3 701	2 027	1 674
80 ～ 84	5 186	2 896	2 291	2 168	1 751	418	3 018	1 145	1 873
85 ～ 89	2 963	1 175	1 788	1 106	788	318	1 858	387	1 470
90 歳 以 上	1 415	272	1 143	373	211	162	1 042	61	981
（再掲）75歳以上	16 365	8 974	7 391	6 746	5 354	1 392	9 619	3 620	5 998
80歳以上	9 565	4 342	5 222	3 647	2 749	898	5 918	1 593	4 324
単 独 世 帯	6 559	347	6 212	2 095	249	1 846	4 464	98	4 366
65 ～ 69 歳	1 584	113	1 471	744	81	662	840	32	808
70 ～ 74	1 314	77	1 237	459	60	400	855	18	837
75 ～ 79	1 340	68	1 271	385	47	337	955	21	934
80 ～ 84	1 197	43	1 154	268	30	238	930	13	916
85 ～ 89	778	31	747	179	20	159	599	10	589
90 歳 以 上	346	15	331	60	11	50	286	4	281
（再掲）75歳以上	3 661	157	3 504	892	108	784	2 769	49	2 720
80歳以上	2 321	89	2 233	507	61	446	1 814	28	1 786
夫 婦 の み の 世 帯	13 721	13 721	・	7 357	7 357	・	6 365	6 365	・
65 ～ 69 歳	4 638	4 638	・	2 239	2 239	・	2 399	2 399	・
70 ～ 74	3 638	3 638	・	1 873	1 873	・	1 765	1 765	・
75 ～ 79	2 883	2 883	・	1 609	1 609	・	1 275	1 275	・
80 ～ 84	1 761	1 761	・	1 071	1 071	・	689	689	・
85 ～ 89	669	669	・	457	457	・	212	212	・
90 歳 以 上	133	133	・	107	107	・	25	25	・
（再掲）75歳以上	5 446	5 446	・	3 244	3 244	・	2 201	2 201	・
80歳以上	2 562	2 562	・	1 636	1 636	・	926	926	・
子 と 同 居	13 570	8 553	5 017	5 576	4 768	807	7 995	3 785	4 210
65 ～ 69 歳	3 957	3 251	705	1 881	1 743	138	2 075	1 508	567
70 ～ 74	2 768	2 069	698	1 233	1 109	124	1 534	960	574
75 ～ 79	2 412	1 602	809	1 031	904	127	1 381	699	682
80 ～ 84	2 114	1 054	1 060	787	625	161	1 327	429	899
85 ～ 89	1 438	456	981	448	298	150	990	159	831
90 歳 以 上	883	119	763	196	89	107	687	31	656
（再掲）75歳以上	6 846	3 232	3 614	2 461	1 916	545	4 385	1 317	3 068
80歳以上	4 434	1 630	2 805	1 430	1 012	418	3 004	618	2 386

注：熊本県を除いたものである。

332

（2－2）

第103表　65歳以上の者の数，性・配偶者の有無・家族形態・年齢（5歳階級）別

（単位：千人）　　　　　　　　　　　　　　　　　　　　　　　　　　　　　　　　　　　　　平成28年

家族形態 年齢階級	総数	配偶者あり	配偶者なし	男	配偶者あり	配偶者なし	女	配偶者あり	配偶者なし
子夫婦と同居	4 034	1 872	2 162	1 315	981	334	2 720	891	1 829
65 ～ 69 歳	582	428	154	241	208	33	341	220	121
70 ～ 74	574	373	201	213	176	37	361	197	165
75 ～ 79	675	398	277	240	201	39	435	197	237
80 ～ 84	880	389	491	290	217	73	590	172	418
85 ～ 89	781	216	565	218	130	88	563	85	478
90 歳 以 上	543	68	474	113	49	64	430	19	411
（再掲）75歳以上	2 879	1 071	1 807	861	597	264	2 018	474	1 544
80歳以上	2 203	673	1 531	620	396	224	1 583	277	1 306
配偶者のいない子と同居	9 536	6 681	2 855	4 261	3 787	474	5 275	2 894	2 381
65 ～ 69 歳	3 375	2 824	551	1 640	1 536	105	1 735	1 288	447
70 ～ 74	2 194	1 697	497	1 021	933	87	1 173	763	410
75 ～ 79	1 737	1 204	533	791	703	88	946	501	445
80 ～ 84	1 234	665	569	497	408	88	737	257	481
85 ～ 89	657	241	416	230	167	63	427	73	354
90 歳 以 上	340	51	289	83	40	43	257	11	246
（再掲）75歳以上	3 968	2 161	1 807	1 600	1 318	282	2 367	843	1 525
80歳以上	2 231	957	1 274	810	616	194	1 421	341	1 080
その他の親族と同居	1 420	750	670	690	444	246	730	306	424
65 ～ 69 歳	756	455	301	411	263	147	345	192	153
70 ～ 74	271	157	114	139	95	43	132	61	71
75 ～ 79	157	77	80	72	45	26	86	32	54
80 ～ 84	106	37	69	39	24	15	67	14	54
85 ～ 89	77	19	58	21	12	8	56	7	50
90 歳 以 上	53	5	48	9	4	6	44	1	42
（再掲）75歳以上	394	138	255	141	85	55	253	53	200
80歳以上	236	61	175	69	40	29	167	21	146
非親族と同居	44	4	40	23	2	21	21	1	19
65 ～ 69 歳	15	2	14	9	1	8	6	0	6
70 ～ 74	10	1	9	7	1	6	4	0	3
75 ～ 79	8	1	8	4	0	3	5	1	4
80 ～ 84	8	0	8	4	0	4	4	－	4
85 ～ 89	1	－	1	1	－	1	1	－	1
90 歳 以 上	1	－	1	－	－	－	1	－	1
（再掲）75歳以上	19	1	18	8	0	8	11	1	10
80歳以上	10	0	10	4	0	4	6		6

注：熊本県を除いたものである。

第104表　65歳以上の者の数，

（単位：千人）

性 世帯構造	総数	仕事あり	一般 常雇者	契約期間の 定めのない 雇用者	契約期間が 1年以上の 雇用者	1月以上 1年未満の 契約の者 雇用	日々又は 1月未満の 契約の者 雇用	会社・団体 等の役員	自営業主	雇人あり	雇人なし
総　　　　　　数	35 315	8 530	2 424	1 497	927	1 041	152	685	2 724	708	2 016
単　独　世　帯	6 559	1 201	415	279	136	187	28	66	375	81	294
核　家　族　世　帯	21 030	5 492	1 596	950	646	699	92	481	1 719	466	1 253
夫婦のみの世帯	13 721	3 439	957	572	385	426	57	327	1 075	290	784
夫婦と未婚の子のみの世帯	5 270	1 691	516	299	217	216	28	132	536	151	385
ひとり親と未婚の子のみの世帯	2 039	362	123	79	45	56	6	22	109	25	84
三　世　代　世　帯	3 914	978	209	138	71	79	11	69	329	87	243
そ　の　他　の　世　帯	3 812	858	204	131	73	77	21	69	300	74	226
男	15 741	5 160	1 473	883	591	621	90	504	2 000	554	1 447
単　独　世　帯	2 095	543	185	123	61	71	15	38	185	39	146
核　家　族　世　帯	10 762	3 594	1 063	613	451	464	59	373	1 350	388	962
夫婦のみの世帯	7 357	2 313	661	383	278	301	38	255	866	248	618
夫婦と未婚の子のみの世帯	3 004	1 184	372	211	161	155	19	107	444	133	311
ひとり親と未婚の子のみの世帯	401	97	30	18	12	7	2	11	40	7	33
三　世　代　世　帯	1 482	547	116	80	36	46	5	48	249	67	182
そ　の　他　の　世　帯	1 402	477	110	67	43	41	10	44	216	60	157
女	19 575	3 369	951	614	336	420	62	182	724	154	570
単　独　世　帯	4 464	658	230	155	75	116	13	28	190	42	148
核　家　族　世　帯	10 268	1 898	532	337	195	235	33	108	369	78	291
夫婦のみの世帯	6 365	1 126	296	189	107	125	20	72	209	43	166
夫婦と未婚の子のみの世帯	2 266	507	143	88	55	61	9	25	92	18	74
ひとり親と未婚の子のみの世帯	1 638	266	93	60	33	49	4	11	69	17	52
三　世　代　世　帯	2 432	431	93	58	36	33	6	21	81	20	61
そ　の　他　の　世　帯	2 410	381	95	64	30	36	10	24	84	14	70

注：1）熊本県を除いたものである。
　　2）「総数」には仕事の有無不詳、「仕事あり」には勤めか自営か不詳、「役員以外の雇用者」には呼称不詳を含む。
　　3）勤め先での呼称の「役員以外の雇用者」とは、一般常雇者、1月以上1年未満の契約の雇用者、日々又は1月未満の契約の雇用者をいう。

仕事の有－勤めか自営かの別－勤め先での呼称－無・性・世帯構造別

平成28年

家族従業者	内職	その他	仕事なし	役員以外の雇用者	（再掲）役員以外の雇用者							
					正規の職員・従業員	非正規の職員・従業員	パート	アルバイト	労働者派遣事業所の派遣社員	契約社員	嘱託	その他
912	59	350	24 622	3 618	882	2 729	1 351	504	113	341	276	144
29	10	60	4 619	630	137	492	285	73	21	50	37	25
546	37	217	14 633	2 386	581	1 799	841	348	76	237	200	97
361	26	143	9 704	1 440	349	1 087	495	200	46	152	128	65
162	8	64	3 404	760	201	559	242	125	24	76	63	29
24	3	11	1 525	186	32	153	104	22	6	8	10	3
210	7	38	2 684	300	79	221	119	38	9	26	20	10
127	4	35	2 686	302	85	216	105	44	7	29	19	12
168	16	198	9 369	2 185	646	1 533	459	385	76	279	232	103
8	2	24	1 321	271	80	191	59	52	9	34	25	11
77	11	138	6 397	1 586	459	1 123	331	277	57	204	176	78
50	8	93	4 473	1 000	283	713	213	164	38	132	114	53
25	3	43	1 652	547	162	384	111	104	19	68	58	25
2	0	2	272	40	13	26	7	10	0	4	4	1
56	1	18	832	167	55	112	39	27	5	21	15	5
28	2	19	819	161	53	107	30	28	4	21	16	8
744	44	152	15 253	1 433	236	1 196	892	119	37	62	45	41
21	9	36	3 298	359	57	301	226	21	12	16	12	14
469	26	80	8 236	800	123	676	511	71	19	33	24	19
310	18	50	5 230	440	66	374	282	37	8	21	14	13
137	5	21	1 752	214	38	175	131	22	5	8	5	4
22	3	9	1 254	146	19	127	97	13	5	4	5	3
154	6	20	1 852	133	24	109	80	11	3	5	5	4
99	3	16	1 867	141	32	109	75	16	3	8	3	4

第105表　65歳以上の者の数，子との同別居状況・世帯構造別

（単位：千人）　　　　　　　　　　　　　　　　　　　　　　　　　　　　　　　　　　　平成28年

世帯構造	総数	同居の子のみあり	同居・別居の子あり	別居の子のみあり	子どもなし	不詳	（再掲）別居の子のみあり 総数	同一家屋	同一敷地	近隣地域	同一市区町村	その他の地域	居住場所不詳
総数	35 315	8 070	5 500	12 656	5 738	3 350	12 656	388	592	2 191	3 417	5 476	593
単独世帯	6 559	・・	・・	3 555	2 143	862	3 555	127	171	625	1 019	1 365	248
男の単独世帯	2 095	・・	・・	898	910	287	898	26	34	143	239	392	64
女の単独世帯	4 464	・・	・・	2 656	1 232	575	2 656	100	137	482	780	973	184
核家族世帯	21 030	4 270	2 938	8 458	3 232	2 132	8 458	249	397	1 462	2 237	3 796	318
夫婦のみの世帯	13 721	・・	・・	8 456	3 137	2 128	8 456	248	396	1 461	2 237	3 796	317
夫婦と未婚の子のみの世帯	5 270	3 172	2 095	0	3	‒	0	‒	‒	‒	‒	‒	‒
ひとり親と未婚の子のみの世帯	2 039	1 098	843	2	92	4	2	0	0	0	0	0	1
三世代世帯	3 914	2 369	1 472	41	27	5	41	1	0	6	12	19	2
その他の世帯	3 812	1 431	1 090	603	337	351	603	11	24	98	148	295	25

注：熊本県を除いたものである。

第106表　65歳以上の者の数，子との同別居状況・性・年齢（5歳階級）別

（単位：千人）　　　　　　　　　　　　　　　　　　　　　　　　　　　　　　　　　　　平成28年

性・年齢階級	総数	同居の子のみあり	同居・別居の子あり	別居の子のみあり	子どもなし	不詳	（再掲）別居の子のみあり 総数	同一家屋	同一敷地	近隣地域	同一市区町村	その他の地域	居住場所不詳
総数	35 315	8 070	5 500	12 656	5 738	3 350	12 656	388	592	2 191	3 417	5 476	593
65 ～ 69 歳	10 949	2 327	1 630	3 905	2 167	920	3 905	81	120	679	1 005	1 877	143
70 ～ 74	8 001	1 725	1 043	2 959	1 394	880	2 959	93	115	523	802	1 305	121
75 ～ 79	6 800	1 483	929	2 514	1 081	794	2 514	73	125	447	699	1 051	119
80 ～ 84	5 186	1 244	870	1 890	694	489	1 890	68	119	300	529	768	105
85 ～ 89	2 963	807	631	1 009	309	208	1 009	51	75	176	280	357	70
90 歳 以 上	1 415	485	398	379	94	59	379	22	38	66	101	117	35
（再掲）75歳以上	16 365	4 018	2 828	5 792	2 177	1 550	5 792	214	356	989	1 610	2 294	329
80歳以上	9 565	2 536	1 899	3 278	1 096	756	3 278	140	232	542	911	1 243	210
男	15 741	3 322	2 253	5 782	2 842	1 541	5 782	162	252	973	1 516	2 637	241
65 ～ 69 歳	5 283	1 083	799	1 824	1 175	402	1 824	35	50	304	446	926	64
70 ～ 74	3 711	769	464	1 401	685	392	1 401	41	47	233	377	649	54
75 ～ 79	3 100	642	389	1 163	519	387	1 163	32	57	211	314	498	51
80 ～ 84	2 168	474	313	834	307	241	834	24	51	133	228	357	42
85 ～ 89	1 106	247	201	436	125	97	436	24	35	70	119	165	24
90 歳 以 上	373	108	88	124	31	22	124	7	13	22	33	42	7
（再掲）75歳以上	6 746	1 470	991	2 557	982	747	2 557	86	155	436	693	1 062	124
80歳以上	3 647	828	602	1 394	463	360	1 394	54	99	225	380	564	73
女	19 575	4 748	3 247	6 875	2 896	1 809	6 875	226	339	1 218	1 901	2 839	352
65 ～ 69 歳	5 666	1 244	831	2 081	991	518	2 081	47	70	376	559	950	80
70 ～ 74	4 290	956	579	1 558	709	488	1 558	52	68	290	425	656	67
75 ～ 79	3 701	841	540	1 351	562	407	1 351	41	68	236	386	553	67
80 ～ 84	3 018	770	557	1 056	387	248	1 056	44	68	167	302	412	64
85 ～ 89	1 858	560	429	574	184	111	574	27	41	106	161	192	46
90 歳 以 上	1 042	377	310	255	63	37	255	15	25	44	68	75	28
（再掲）75歳以上	9 619	2 548	1 837	3 235	1 195	803	3 235	127	201	553	917	1 232	205
80歳以上	5 918	1 708	1 297	1 885	633	396	1 885	86	133	317	531	679	138

注：熊本県を除いたものである。

第107表　65歳以上の者の数，子との同別居状況・性・配偶者の有無別

（単位：千人）　　　　　　　　　　　　　　　　　　　　　　　　　　　　　　　　　　　平成28年

性・配偶者の有無	総数	同居の子のみあり	同居・別居の子あり	別居の子のみあり	子どもなし	不詳	（再掲）別居の子のみあり 総数	同一家屋	同一敷地	近隣地域	同一市区町村	その他の地域	居住場所不詳
総数	35 315	8 070	5 500	12 656	5 738	3 350	12 656	388	592	2 191	3 417	5 476	593
配偶者あり	23 376	5 159	3 394	9 131	3 379	2 312	9 131	264	420	1 576	2 406	4 120	345
配偶者なし	11 940	2 911	2 106	3 525	2 359	1 038	3 525	124	171	615	1 010	1 356	249
男	15 741	3 322	2 253	5 782	2 842	1 541	5 782	162	252	973	1 516	2 637	241
配偶者あり	12 821	2 851	1 918	4 983	1 832	1 237	4 983	139	220	846	1 308	2 284	185
配偶者なし	2 920	472	335	799	1 010	304	799	23	33	127	208	353	56
女	19 575	4 748	3 247	6 875	2 896	1 809	6 875	226	339	1 218	1 901	2 839	352
配偶者あり	10 555	2 309	1 476	4 148	1 547	1 075	4 148	124	201	730	1 098	1 836	159
配偶者なし	9 019	2 439	1 771	2 726	1 349	734	2 726	102	139	488	803	1 002	193

注：熊本県を除いたものである。

第108表　75歳以上の者のいる世帯数，世帯構造・公的年金-恩給受給の有無・有業人員別

（単位：千世帯）　　　　　　　　　　　　　　　　　　　　　　　　　　　　　　　　　　平成28年

公的年金-恩給受給の有無 有　業　人　員	総　数	単独世帯	男　の 単独世帯	女　の 単独世帯	核家族 世　帯	夫　　婦 のみの世帯	夫　婦　と 未婚の子 のみの世帯	ひとり親と 未婚の子 のみの世帯	三世代 世　帯	その他の 世　帯
総　　　　　　　数	12 889	3 661	892	2 769	5 545	3 371	1 024	1 150	1 847	1 837
0　人	6 096	2 933	675	2 258	2 798	2 350	166	283	32	332
1　人	2 682	256	97	159	1 517	401	494	623	276	632
2　人	1 602	・	・	・	514	250	144	119	571	518
3人以上	1 051	・	・	・	112	・	97	16	783	156
不　　詳	1 458	472	120	351	603	370	124	109	184	199
公的年金-恩給受給者のいる世帯	12 469	3 432	813	2 618	5 443	3 328	1 014	1 101	1 800	1 795
0　人	5 946	2 815	637	2 178	2 770	2 327	165	279	31	330
1　人	2 620	239	88	151	1 485	393	490	601	272	624
2　人	1 573	・	・	・	502	244	143	114	562	509
3人以上	1 027	・	・	・	108	・	93	14	769	151
不　　詳	1 303	378	89	289	578	364	122	92	166	181
公的年金-恩給受給者のいない世帯	285	146	49	97	83	39	9	34	31	24
0　人	150	119	38	81	28	22	1	4	1	2
1　人	58	13	7	6	31	7	3	21	5	8
2　人	27	・	・	・	10	5	1	4	8	8
3人以上	21	・	・	・	4	・	3	1	12	4
不　　詳	31	15	4	10	9	5	1	3	5	2
不　　　　　　　詳	135	83	30	53	19	3	1	15	15	18
0　人	－	－	－	－	－	－	－	－	－	－
1　人	4	4	2	2	0	0	－	0	－	－
2　人	3	・	・	・	2	1	0	1	0	0
3人以上	3	・	・	・	1	・	1	－	2	1
不　　詳	125	79	28	52	16	2	1	14	13	17

注：熊本県を除いたものである。

第109表　75歳以上の者の数，性・配偶者の有無・市郡・家族形態別

（単位：千人）　　　　　　　　　　　　　　　　　　　　　　　　　　　　　　　　　平成28年

市　郡 家　族　形　態	総数	配偶者あり	配偶者なし	男	配偶者あり	配偶者なし	女	配偶者あり	配偶者なし
総　数	16 365	8 974	7 391	6 746	5 354	1 392	9 619	3 620	5 998
単　独　世　帯	3 661	157	3 504	892	108	784	2 769	49	2 720
夫婦のみの世帯	5 446	5 446	·	3 244	3 244	·	2 201	2 201	·
子　と　同　居	6 846	3 232	3 614	2 461	1 916	545	4 385	1 317	3 068
子夫婦と同居	2 879	1 071	1 807	861	597	264	2 018	474	1 544
配偶者のいない子と同居	3 968	2 161	1 807	1 600	1 318	282	2 367	843	1 525
その他の親族と同居	394	138	255	141	85	55	253	53	200
非親族と同居	19	1	18	8	0	8	11	1	10
市　　部	14 678	8 077	6 600	6 074	4 827	1 247	8 604	3 250	5 354
単　独　世　帯	3 330	144	3 186	815	100	715	2 515	44	2 471
夫婦のみの世帯	4 967	4 967	·	2 961	2 961	·	2 006	2 006	·
子　と　同　居	6 022	2 846	3 176	2 169	1 692	476	3 853	1 154	2 699
子夫婦と同居	2 444	882	1 562	723	491	231	1 721	391	1 330
配偶者のいない子と同居	3 578	1 964	1 614	1 446	1 201	245	2 132	763	1 369
その他の親族と同居	342	119	223	123	74	49	219	45	174
非親族と同居	16	1	15	7	0	6	10	1	9
大　都　市	4 461	2 390	2 071	1 828	1 434	394	2 633	956	1 677
単　独　世　帯	1 232	47	1 185	306	33	273	925	13	912
夫婦のみの世帯	1 602	1 602	·	953	953	·	649	649	·
子　と　同　居	1 531	708	823	536	427	108	996	281	715
子夫婦と同居	416	122	294	106	67	40	309	55	254
配偶者のいない子と同居	1 116	586	529	429	361	68	687	226	461
その他の親族と同居	92	33	59	32	21	12	60	12	47
非親族と同居	4	–	4	1	–	1	3	–	3
その他の市	10 217	5 687	4 529	4 245	3 393	853	5 971	2 295	3 677
単　独　世　帯	2 098	97	2 001	508	66	442	1 590	31	1 559
夫婦のみの世帯	3 365	3 365	·	2 008	2 008	·	1 357	1 357	·
子　と　同　居	4 491	2 138	2 353	1 633	1 265	368	2 858	873	1 984
子夫婦と同居	2 028	760	1 268	616	425	192	1 412	336	1 076
配偶者のいない子と同居	2 462	1 377	1 085	1 017	840	177	1 446	537	908
その他の親族と同居	250	86	164	91	53	37	159	33	127
非親族と同居	12	1	11	5	0	5	7	1	7
人口15万人以上の市	4 793	2 684	2 110	2 014	1 609	405	2 779	1 074	1 705
単　独　世　帯	1 040	45	994	256	31	226	783	14	769
夫婦のみの世帯	1 697	1 697	·	1 009	1 009	·	688	688	·
子　と　同　居	1 937	907	1 029	706	547	159	1 231	360	871
子夫婦と同居	748	236	512	204	132	71	544	103	441
配偶者のいない子と同居	1 189	672	517	502	415	87	686	256	430
その他の親族と同居	113	34	79	40	22	18	73	13	61
非親族と同居	7	0	7	3	0	3	4	–	4
人口15万人未満の市	5 423	3 004	2 420	2 231	1 783	448	3 192	1 220	1 972
単　独　世　帯	1 059	52	1 007	252	35	217	807	17	790
夫婦のみの世帯	1 669	1 669	·	999	999	·	670	670	·
子　と　同　居	2 554	1 231	1 323	927	717	210	1 627	513	1 114
子夫婦と同居	1 281	525	756	413	292	120	868	232	636
配偶者のいない子と同居	1 273	706	568	514	425	90	759	281	478
その他の親族と同居	137	52	85	51	32	19	86	20	66
非親族と同居	5	1	4	2	0	2	3	1	2
郡　　部	1 687	897	790	673	527	146	1 015	370	645
単　独　世　帯	331	13	318	77	9	69	253	4	249
夫婦のみの世帯	478	478	·	283	283	·	195	195	·
子　と　同　居	824	386	438	293	224	69	532	163	369
子夫婦と同居	435	189	246	138	106	32	297	83	213
配偶者のいない子と同居	389	197	192	154	118	37	235	80	156
その他の親族と同居	52	19	33	18	11	7	34	8	26
非親族と同居	2	–	2	1	–	1	1	–	1

注：熊本県を除いたものである。

第110表　手助けや見守りを要する者のいる世帯数，
世帯構造・世帯主の年齢（10歳階級）別

（単位：千世帯）　　　　　　　　　　　　　　　　　　　　　　　　　　　　　　　　　　　平成28年

世帯主の年齢階級	総　　数	単独世帯	核　家　族　世　　　帯	夫　　婦のみの世帯	夫　婦　と未婚の子のみの世帯	ひとり親と未婚の子のみの世帯	三　世　代世　　帯	そ の 他 の世　　　帯
総　　　　　数	5 792	1 548	2 519	1 136	814	569	786	939
29　歳　以　下	27	15	7	2	3	2	2	3
30　～　39　歳	104	20	60	7	42	11	13	11
40　～　49	338	42	192	17	120	55	71	34
50　～　59	693	74	260	30	125	104	209	151
60　～　69	1 262	168	455	163	187	105	282	356
70　～　79	1 247	336	667	387	187	93	93	151
80　歳　以　上	2 118	893	877	530	150	198	116	232
（再掲）65歳以上	4 067	1 335	1 821	1 030	448	343	339	572
75歳以上	2 808	1 096	1 256	755	252	249	159	297

注：1）熊本県を除いたものである。
　　2）年齢階級の「総数」には、世帯主の年齢不詳を含む。

第111表　手助けや見守りを要する者のいる世帯数，
世帯構造・手助けや見守りを要する者の年齢階級別

（単位：千世帯）　　　　　　　　　　　　　　　　　　　　　　　　　　　　　　　　　　　平成28年

手助けや見守りを要する者の年齢階級	総　　数	単独世帯	核　家　族　世　　　帯	夫　　婦のみの世帯	夫　婦　と未婚の子のみの世帯	ひとり親と未婚の子のみの世帯	三　世　代世　　帯	そ の 他 の世　　　帯
総　　　　　数	5 792	1 548	2 519	1 136	814	569	786	939
6　～　39　歳	467	35	367	11	296	60	40	25
40　～　64	591	177	336	102	169	65	23	55
65　～　69	356	106	195	113	63	19	28	27
70　～　74	470	133	268	170	62	36	38	31
75　～　79	721	203	380	231	82	67	74	64
80　～　84	1 141	348	461	276	83	102	169	162
85　～　89	1 136	328	336	173	43	120	221	251
90　歳　以　上	906	217	173	59	13	100	194	322
（再掲）65歳以上	4 730	1 335	1 813	1 022	348	444	724	857
75歳以上	3 904	1 096	1 350	739	223	389	658	800
80歳以上	3 183	893	970	508	140	322	584	736

注：1）熊本県を除いたものである。
　　2）年齢階級の「総数」には、手助けや見守りを要する者の年齢不詳を含む。
　　3）世帯に複数の手助けや見守りを要する者がいる場合は、年齢が高い方に計上した。

第112表　手助けや見守りを要する者のいる世帯数，日常生活の自立の状況・世帯構造別

（単位：千世帯）　　　　　　　　　　　　　　　　　　　　　　　　　　　　　　　　　　　　平成28年

世帯構造	総数	何らかの障害等を有するが、日常生活はほぼ自立しており独力で外出できる	屋内での生活はおおむね自立しているが、介助なしには外出できない	屋内での生活は何らかの介助を要し、日中もベッド上での生活が主体であるが座位を保つ	1日中ベッド上で過ごし、排せつ、食事、着替において介助を要する	不詳
総　　　　　数	5 792	2 181	1 972	698	489	452
単　独　世　帯	1 548	806	424	131	45	142
核　家　族　世　帯	2 519	897	887	302	244	189
夫婦のみの世帯	1 136	363	404	148	116	104
夫婦と未婚の子のみの世帯	814	324	287	82	76	46
ひとり親と未婚の子のみの世帯	569	211	196	71	52	39
三　世　代　世　帯	786	229	305	116	83	53
その他の世帯	939	249	356	149	117	68

注：1）熊本県を除いたものである。
　　2）世帯に複数の手助けや見守りを要する者がいる場合は、日常生活の自立の状況の介助を要する割合が高い方に計上した。

第113表　手助けや見守りを要する者のいる世帯数，世帯構造・住居の種類別

（単位：千世帯）　　　　　　　　　　　　　　　　　　　　　　　　　　　　　　　　　　　　平成28年

住居の種類	総数	単独世帯	核家族世帯	夫婦のみの世帯	夫婦と未婚の子のみの世帯	ひとり親と未婚の子のみの世帯	三世代世帯	その他の世帯
総　　　　　数	5 792	1 548	2 519	1 136	814	569	786	939
持　　ち　　家	4 441	861	2 001	898	669	435	741	838
民間賃貸住宅	601	276	255	112	76	67	20	51
社宅・公務員住宅等の給与住宅	19	10	8	3	4	0	1	1
都市再生機構・公社等の公営賃貸住宅	362	155	175	86	43	46	9	23
借間・その他	370	247	80	36	22	21	16	26

注：熊本県を除いたものである。

第114表　手助けや見守りを要する者のいる世帯数，世帯構造・室数別

（単位：千世帯）　　　　　　　　　　　　　　　　　　　　　　　　　　　　　　　　　　　　平成28年

室数	総数	単独世帯	核家族世帯	夫婦のみの世帯	夫婦と未婚の子のみの世帯	ひとり親と未婚の子のみの世帯	三世代世帯	その他の世帯
総　　　　　数	5 792	1 548	2 519	1 136	814	569	786	939
1　室	269	258	10	6	2	2	1	1
2　室	293	168	102	57	16	29	4	19
3　室	670	241	351	171	91	89	18	59
4　室	961	231	560	237	196	127	59	110
5　室	1 033	209	558	232	211	115	111	156
6　室	862	157	406	183	138	85	135	163
7室以上	1 560	212	489	234	144	111	445	415
不　詳	144	72	43	17	16	11	13	15

注：熊本県を除いたものである。

第115表　手助けや見守りを要する者のいる世帯数，世帯人員・住居の種類別

（単位：千世帯）　　　　　　　　　　　　　　　　　　　　　　　　　　　　　　　　　　　平成28年

住居の種類	総数	1人	2人	3人	4人	5人	6人以上
総数	5 792	1 548	1 854	1 227	621	313	229
持ち家	4 441	861	1 461	1 076	545	282	216
民間賃貸住宅	601	276	190	74	39	15	8
社宅・公務員住宅等の給与住宅	19	10	4	1	2	1	1
都市再生機構・公社等の公営賃貸住宅	362	155	138	45	16	6	1
借間・その他	370	247	61	31	18	9	4

注：熊本県を除いたものである。

第116表　手助けや見守りを要する者のいる世帯数，世帯人員・室数別

（単位：千世帯）　　　　　　　　　　　　　　　　　　　　　　　　　　　　　　　　　　　平成28年

室数	総数	1人	2人	3人	4人	5人	6人以上
総数	5 792	1 548	1 854	1 227	621	313	229
1室	269	258	9	3	0	-	-
2室	293	168	95	21	6	1	1
3室	670	241	276	101	35	10	6
4室	961	231	381	211	96	31	10
5室	1 033	209	377	250	113	59	25
6室	862	157	294	216	111	59	25
7室以上	1 560	212	392	405	247	147	158
不詳	144	72	30	20	12	5	4

注：熊本県を除いたものである。

第117表　手助けや見守りを要する者の数，日常生活の自立の状況・性・年齢階級別

（単位：千人）　　平成28年

性 年　齢　階　級	総　　数	何らかの障害等を有するが、日常生活はほぼ自立しており独力で外出できる	屋内での生活はおおむね自立しているが、介助なしには外出できない	屋内での生活は何らかの介助を要し、日中もベッド上での生活が主体であるが座位を保つ	1日中ベッド上で過ごし、排せつ、食事、着替において介助を要する	不　　詳
総　　　　　　数	6 345	2 515	2 101	715	494	519
6 ～ 39 歳	537	274	190	22	29	22
40 ～ 64	681	401	165	46	36	32
65 ～ 69	388	191	99	42	31	26
70 ～ 74	512	230	136	49	39	59
75 ～ 79	811	359	231	79	61	82
80 ～ 84	1 265	497	417	141	87	123
85 ～ 89	1 218	390	480	159	90	100
90 歳 以 上	926	175	381	176	120	74
(再掲)65歳以上	5 121	1 841	1 743	646	427	463
75歳以上	4 221	1 421	1 509	556	358	377
80歳以上	3 410	1 063	1 278	477	297	296
男	2 488	1 099	755	244	204	186
6 ～ 39 歳	318	156	121	15	17	9
40 ～ 64	360	235	73	21	20	11
65 ～ 69	199	103	47	20	16	14
70 ～ 74	241	112	65	17	23	24
75 ～ 79	342	144	95	36	33	35
80 ～ 84	449	172	137	54	41	45
85 ～ 89	371	122	134	48	35	31
90 歳 以 上	206	55	82	33	20	16
(再掲)65歳以上	1 807	708	560	208	167	165
75歳以上	1 368	493	448	171	128	127
80歳以上	1 026	349	353	135	96	93
女	3 857	1 417	1 346	471	289	333
6 ～ 39 歳	219	118	69	7	12	13
40 ～ 64	321	165	93	25	17	21
65 ～ 69	189	88	52	22	15	13
70 ～ 74	271	118	71	31	16	35
75 ～ 79	469	214	136	43	28	47
80 ～ 84	817	326	280	87	46	77
85 ～ 89	847	267	345	111	55	68
90 歳 以 上	720	121	298	143	100	58
(再掲)65歳以上	3 314	1 134	1 183	438	260	298
75歳以上	2 853	928	1 061	385	229	250
80歳以上	2 384	713	924	342	201	203

注：1）熊本県を除いたものである。
　　2）年齢階級の「総数」には、年齢不詳を含む。

第118表　手助けや見守りを要する者の数，日常生活の自立の状況の期間・性・年齢階級別

（単位：千人）　　平成28年

性 年　齢　階　級	総　数	1月 未満	1月～ 3月	3月～ 6月	6月～ 1年	1～3 年	3～5 年	5～10 年	10～20 年	20年 以上	不　詳	（再掲） 3年以上
総　　　　数	6 345	75	146	183	313	1 212	931	889	584	559	1 453	2 962
6　～　39　歳	537	3	7	4	8	43	47	87	126	131	82	390
40　～　64	681	5	12	14	25	79	74	97	101	156	119	427
65　～　69	388	8	8	14	18	52	43	53	50	46	96	192
70　～　74	512	8	13	15	30	87	60	63	52	48	136	224
75　～　79	811	9	23	30	51	156	111	89	62	46	235	307
80　～　84	1 265	19	35	40	75	290	200	161	71	63	311	494
85　～　89	1 218	15	29	41	67	293	218	179	70	46	260	512
90　歳　以　上	926	9	20	24	39	211	179	160	53	23	210	414
（再掲）65歳以上	5 121	68	127	164	280	1 090	810	704	357	272	1 249	2 143
75歳以上	4 221	52	107	135	232	951	707	589	255	177	1 016	1 728
80歳以上	3 410	43	84	105	181	795	596	499	193	131	781	1 420
男	2 488	31	64	72	131	442	325	320	259	278	566	1 183
6　～　39　歳	318	0	3	2	5	28	28	53	75	80	44	235
40　～　64	360	3	8	5	14	41	41	48	47	88	65	224
65　～　69	199	5	4	6	10	27	21	27	26	21	50	96
70　～　74	241	3	7	6	14	35	30	31	26	23	64	111
75　～　79	342	4	9	14	25	67	40	37	31	18	97	127
80　～　84	449	9	14	17	30	97	66	50	26	21	118	164
85　～　89	371	4	13	15	22	94	61	46	22	18	77	147
90　歳　以　上	206	2	6	5	11	53	37	26	7	7	51	78
（再掲）65歳以上	1 807	28	53	65	113	372	256	219	138	110	456	722
75歳以上	1 368	19	42	52	88	310	204	160	86	65	342	515
80歳以上	1 026	15	33	37	63	243	164	122	55	47	245	388
女	3 857	45	83	111	182	771	605	568	324	281	887	1 779
6　～　39　歳	219	2	4	2	3	14	18	34	51	51	38	155
40　～　64	321	2	4	9	11	38	32	49	54	68	54	203
65　～　69	189	3	4	8	8	25	22	25	23	25	47	96
70　～　74	271	5	6	9	15	52	30	32	26	25	72	112
75　～　79	469	5	14	15	27	90	70	52	31	27	139	181
80　～　84	817	10	21	23	44	193	133	111	45	42	193	330
85　～　89	847	11	16	26	45	200	157	133	48	28	184	366
90　歳　以　上	720	7	14	19	28	159	142	133	45	15	159	336
（再掲）65歳以上	3 314	40	75	100	167	718	555	485	219	162	793	1 421
75歳以上	2 853	32	65	83	144	641	503	429	169	112	674	1 213
80歳以上	2 384	28	52	68	117	552	432	377	138	85	536	1 032

注：1）熊本県を除いたものである。
　　2）年齢階級の「総数」には、年齢不詳を含む。

343

第119表　手助けや見守りを要する者の数，市郡・性・年齢階級別

（単位：千人）　　　　　　　　　　　　　　　　　　　　　　　　　　　　　　　　　平成28年

性 年 齢 階 級	総 数	市 部	大 都 市	その他の市	人口15万人以上の市	人口15万人未満の市	郡 部
総　　　　　数	6 345	5 743	1 806	3 937	1 926	2 011	602
6 ～ 39 歳	537	494	158	336	171	165	43
40 ～ 64	681	626	201	426	222	204	54
65 ～ 69	388	353	110	242	121	121	35
70 ～ 74	512	467	151	316	168	148	45
75 ～ 79	811	741	261	480	243	237	71
80 ～ 84	1 265	1 145	363	783	377	405	120
85 ～ 89	1 218	1 085	317	768	361	407	133
90 歳 以 上	926	826	244	582	261	321	100
（再掲）65歳以上	5 121	4 617	1 446	3 171	1 532	1 639	504
75歳以上	4 221	3 797	1 185	2 613	1 243	1 370	424
80歳以上	3 410	3 056	924	2 133	1 000	1 133	353
男	2 488	2 254	708	1 546	761	785	234
6 ～ 39 歳	318	289	97	193	96	97	29
40 ～ 64	360	331	106	224	119	106	29
65 ～ 69	199	178	59	118	57	61	21
70 ～ 74	241	219	66	153	79	74	22
75 ～ 79	342	312	109	204	103	101	30
80 ～ 84	449	405	126	279	134	145	44
85 ～ 89	371	332	90	242	116	126	39
90 歳 以 上	206	185	54	131	56	74	21
（再掲）65歳以上	1 807	1 631	504	1 127	545	581	176
75歳以上	1 368	1 234	379	855	409	446	134
80歳以上	1 026	922	270	652	307	345	104
女	3 857	3 489	1 098	2 391	1 166	1 226	368
6 ～ 39 歳	219	205	62	143	74	69	14
40 ～ 64	321	296	94	201	103	98	25
65 ～ 69	189	175	51	124	64	60	15
70 ～ 74	271	248	85	163	89	74	23
75 ～ 79	469	428	152	276	140	136	41
80 ～ 84	817	740	236	504	243	260	77
85 ～ 89	847	753	227	526	245	281	94
90 歳 以 上	720	642	190	451	205	246	79
（再掲）65歳以上	3 314	2 985	941	2 044	987	1 057	328
75歳以上	2 853	2 563	805	1 757	834	924	290
80歳以上	2 384	2 135	653	1 481	693	788	249

注：1）熊本県を除いたものである。
　　2）年齢階級の「総数」には、年齢不詳を含む。

第120表　手助けや見守りを要する者の数，日常生活の自立の状況・市郡別

（単位：千人）　　　　　　　　　　　　　　　　　　　　　　　　　　　　　　　　　平成28年

市 　 郡	総 　 数	何らかの障害等を有するが、日常生活はほぼ自立しており独力で外出できる	屋内での生活はおおむね自立しているが、介助なしには外出できない	屋内での生活は何らかの介助を要し、日中もベッド上での生活が主体であるが座位を保つ	1日中ベッド上で過ごし、排せつ、食事、着替において介助を要する	不 　 詳
総　　　　　数	6 345	2 515	2 101	715	494	519
市　　　　部	5 743	2 287	1 895	644	441	477
大 　 都 　 市	1 806	754	554	213	125	160
そ の 他 の 市	3 937	1 533	1 340	431	316	317
人口15万人以上の市	1 926	784	643	211	144	144
人口15万人未満の市	2 011	748	698	220	172	173
郡　　　　部	602	229	207	72	53	42

注：熊本県を除いたものである

（3－1）

第121表　手助けや見守りを要する者の数，主な介護者の続柄・主な介護者との同別居状況・手助けや見守りを要する者の性・手助けや見守りを要する者の年齢階級別

（単位：千人）　　平成28年

主な介護者との同別居状況 手助けや見守りを要する者の性 手助けや見守りを要する者の年齢階級	総　数	配偶者	子	子　の 配偶者	父　母	その他 の親族	事業者	その他	不　詳
総　　　　数	6 345	1 562	1 798	553	582	236	628	82	904
6 ～ 39 歳	537	24	2	－	422	26	14	4	45
40 ～ 64	681	202	53	3	153	50	81	16	122
65 ～ 69	388	183	56	6	6	21	38	9	70
70 ～ 74	512	242	96	11	1	15	51	8	88
75 ～ 79	811	331	200	32	－	23	71	10	144
80 ～ 84	1 265	350	430	110	－	33	135	18	191
85 ～ 89	1 218	182	512	196	－	35	133	13	147
90 歳 以 上	926	47	449	195	－	31	105	5	94
（再掲）65歳以上	5 121	1 335	1 742	550	7	159	533	62	735
75歳以上	4 221	909	1 590	533	－	123	444	45	577
80歳以上	3 410	578	1 391	501	－	99	372	35	433
男	2 488	979	387	110	355	87	213	34	322
6 ～ 39 歳	318	6	1	－	260	15	8	2	25
40 ～ 64	360	100	13	0	92	28	47	9	69
65 ～ 69	199	104	15	2	1	10	21	5	39
70 ～ 74	241	153	25	4	0	7	18	3	31
75 ～ 79	342	214	44	8	－	8	25	4	40
80 ～ 84	449	230	95	21	－	6	40	5	52
85 ～ 89	371	132	109	41	－	7	32	5	45
90 歳 以 上	206	40	84	34	－	7	21	1	19
（再掲）65歳以上	1 807	873	372	110	2	44	157	23	226
75歳以上	1 368	616	332	104	－	27	117	15	157
80歳以上	1 026	402	288	96	－	20	92	11	116
女	3 857	583	1 411	443	227	148	415	48	582
6 ～ 39 歳	219	18	0	－	162	12	5	2	20
40 ～ 64	321	102	40	3	60	23	34	7	52
65 ～ 69	189	79	40	4	4	11	17	3	31
70 ～ 74	271	89	72	7	0	8	32	5	57
75 ～ 79	469	117	156	25	－	16	46	6	104
80 ～ 84	817	120	335	88	－	27	95	12	139
85 ～ 89	847	50	403	155	－	29	101	8	102
90 歳 以 上	720	7	365	161	－	24	84	4	75
（再掲）65歳以上	3 314	462	1 370	440	5	114	376	39	508
75歳以上	2 853	293	1 258	429	－	95	326	31	420
80歳以上	2 384	177	1 102	405	－	80	280	24	316

注：1）熊本県を除いたものである。
　　2）年齢階級の「総数」には，手助けや見守りを要する者の年齢不詳を含む。
　　3）続柄が「事業者」「その他」「不詳」の者については同別居を調べていない。

345

（3－2）

第121表　手助けや見守りを要する者の数，主な介護者の続柄・主な介護者との同別居状況・手助けや見守りを要する者の性・手助けや見守りを要する者の年齢階級別

（単位：千人）　　　平成28年

主な介護者との同別居状況 手助けや見守りを要する者の性 手助けや見守りを要する者の年齢階級	総　数	配偶者	子	子の配偶者	父　母	その他の親族	事業者	その他	不　詳
同　　居	3 954	1 554	1 243	484	539	135	・	・	・
6 ～ 39 歳	459	24	－	－	413	22	・	・	・
40 ～ 64	392	199	36	2	125	29	・	・	・
65 ～ 69	238	182	39	4	1	12	・	・	・
70 ～ 74	322	241	66	10	－	6	・	・	・
75 ～ 79	497	330	133	26	－	9	・	・	・
80 ～ 84	733	349	277	89	－	17	・	・	・
85 ～ 89	718	181	350	171	－	17	・	・	・
90 歳 以 上	593	47	342	182	－	23	・	・	・
（再掲）65歳以上	3 101	1 329	1 206	482	1	84	・	・	・
75歳以上	2 541	906	1 102	468	－	65	・	・	・
80歳以上	2 044	577	968	442	－	56	・	・	・
男	1 707	973	249	93	335	56	・	・	・
6 ～ 39 歳	274	6	－	－	256	12	・	・	・
40 ～ 64	203	98	7	0	79	18	・	・	・
65 ～ 69	120	104	9	2	0	5	・	・	・
70 ～ 74	174	151	16	3	－	3	・	・	・
75 ～ 79	249	213	27	5	－	5	・	・	・
80 ～ 84	313	229	63	16	－	4	・	・	・
85 ～ 89	235	131	65	34	－	4	・	・	・
90 歳 以 上	140	40	62	32	－	6	・	・	・
（再掲）65歳以上	1 230	869	242	93	0	26	・	・	・
75歳以上	936	613	217	88	－	18	・	・	・
80歳以上	687	400	190	83	－	14	・	・	・
女	2 247	581	993	390	204	79	・	・	・
6 ～ 39 歳	185	18	－	－	157	10	・	・	・
40 ～ 64	189	101	29	1	46	11	・	・	・
65 ～ 69	118	78	30	3	0	8	・	・	・
70 ～ 74	148	89	50	6	－	3	・	・	・
75 ～ 79	248	117	107	20	－	4	・	・	・
80 ～ 84	420	120	214	73	－	13	・	・	・
85 ～ 89	483	50	284	136	－	12	・	・	・
90 歳 以 上	454	7	280	150	－	17	・	・	・
（再掲）65歳以上	1 871	460	964	389	0	58	・	・	・
75歳以上	1 605	293	885	380	－	47	・	・	・
80歳以上	1 357	176	778	359	－	43	・	・	・

注：1）熊本県を除いたものである。
　　2）年齢階級の「総数」には、手助けや見守りを要する者の年齢不詳を含む。
　　3）続柄が「事業者」「その他」「不詳」の者については同別居を調べていない。

（3－3）

第121表　手助けや見守りを要する者の数，主な介護者の続柄・主な介護者との同別居状況・手助けや見守りを要する者の性・手助けや見守りを要する者の年齢階級別

（単位：千人）　　　　　　　　　　　　　　　　　　　　　　　　　　　　　　　　　　　　　　　平成28年

主な介護者との同別居状況 手助けや見守りを要する者の性 手助けや見守りを要する者の年齢階級	総　数	配偶者	子	子　の 配偶者	父　母	その他 の親族	事業者	その他	不　詳
別　　　　　居	776	8	555	70	42	101	・	・	・
6 ～ 39 歳	15	－	2	－	9	5	・	・	・
40 ～ 64	70	3	17	2	27	21	・	・	・
65 ～ 69	33	1	17	1	5	9	・	・	・
70 ～ 74	43	2	31	1	1	9	・	・	・
75 ～ 79	89	1	66	7	－	14	・	・	・
80 ～ 84	190	1	153	20	－	16	・	・	・
85 ～ 89	207	1	162	25	－	19	・	・	・
90 歳 以 上	129	0	107	13	－	8	・	・	・
（再掲）65歳以上	691	5	536	68	6	75	・	・	・
75歳以上	614	3	489	66	－	57	・	・	・
80歳以上	526	2	422	59	－	43	・	・	・
男	212	6	138	17	19	31	・	・	・
6 ～ 39 歳	9	－	1	－	5	3	・	・	・
40 ～ 64	32	2	6	－	13	10	・	・	・
65 ～ 69	14	0	6	0	1	6	・	・	・
70 ～ 74	15	2	8	1	0	4	・	・	・
75 ～ 79	24	1	17	2	－	3	・	・	・
80 ～ 84	40	0	32	5	－	2	・	・	・
85 ～ 89	54	1	44	7	－	2	・	・	・
90 歳 以 上	26	0	22	2	－	1	・	・	・
（再掲）65歳以上	171	4	130	17	2	18	・	・	・
75歳以上	143	2	115	16	－	9	・	・	・
80歳以上	119	1	98	14	－	6	・	・	・
女	565	2	417	53	23	70	・	・	・
6 ～ 39 歳	7	－	0	－	4	2	・	・	・
40 ～ 64	39	1	11	2	14	11	・	・	・
65 ～ 69	20	1	11	1	4	3	・	・	・
70 ～ 74	28	0	22	1	0	5	・	・	・
75 ～ 79	65	0	49	4	－	11	・	・	・
80 ～ 84	150	0	121	15	－	14	・	・	・
85 ～ 89	153	－	118	19	－	16	・	・	・
90 歳 以 上	103	－	85	11	－	7	・	・	・
（再掲）65歳以上	519	1	406	51	4	56	・	・	・
75歳以上	471	0	373	49	－	48	・	・	・
80歳以上	407	0	324	45	－	37	・	・	・

注：1）熊本県を除いたものである。
　　2）年齢階級の「総数」には、手助けや見守りを要する者の年齢不詳を含む。
　　3）続柄が「事業者」「その他」「不詳」の者については同別居を調べていない。

第122表　主な介護者数，手助けや見守りを要する者との続柄・手助けや見守りを要する者との同別居状況・主な介護者の性別

（単位：千人）　　　　　　　　　　　　　　　　　　　　　　　　　　　　　　　　　　　　平成28年

手助けや見守りを要する者との同別居状況　主な介護者の性	総　数	配偶者	子	子の配偶者	父　母	その他の親族	事業者	その他	不　詳
総　　数	6 345	1 562	1 798	553	582	236	628	82	904
男	1 529	584	769	16	82	78	・	・	・
女	3 164	978	1 003	535	498	150	・	・	・
性不詳	38	－	26	2	2	8	・	・	・
同　　居	3 954	1 554	1 243	484	539	135	・	・	・
男	1 325	581	608	13	76	48	・	・	・
女	2 629	973	635	471	463	87	・	・	・
性不詳	・	・	・	・	・	・	・	・	・
別　　居	776	8	555	70	42	101	・	・	・
男	204	3	161	4	6	30	・	・	・
女	535	5	368	64	35	63	・	・	・
性不詳	38	－	26	2	2	8	・	・	・

注：1）熊本県を除いたものである。
　　2）1人で複数の手助けや見守りを要する者を介護している者については、重複計上されている。
　　3）続柄が「事業者」「その他」「不詳」の者については同別居を調べていない。

第123表　同居の主な介護者数，手助けや見守りを要する者の年齢階級・主な介護者の年齢（10歳階級）別

（単位：千人）　　　　　　　　　　　　　　　　　　　　　　　　　　　　　　　　　　　　平成28年

主な介護者の年齢階級	総　数	6～39歳	40～64	65～69	70～74	75～79	80～84	85～89	90歳以上	（再掲）65歳以上	（再掲）75歳以上	（再掲）80歳以上
総　　数	3 954	459	392	238	322	497	733	718	593	3 101	2 541	2 044
39 歳 以 下	178	69	44	19	13	7	9	8	10	65	34	27
40 ～ 49 歳	446	148	43	26	55	78	63	24	9	256	175	96
50 ～ 59	888	130	87	10	10	77	256	239	78	671	650	573
60 ～ 69	1 150	98	114	134	90	24	58	262	369	937	713	688
70 ～ 79	808	13	71	47	143	242	174	33	83	723	532	290
80 歳 以 上	481	2	31	2	9	68	172	153	44	447	437	369
（再掲）65歳以上	1 880	60	159	141	230	333	360	259	337	1 660	1 289	957
75歳以上	878	4	65	7	55	198	305	178	64	808	746	548

注：1）熊本県を除いたものである。
　　2）1人で複数の手助けや見守りを要する者を介護している者については、重複計上されている。
　　3）手助けや見守りを要する者の年齢階級の「総数」には、手助けや見守りを要する者の年齢不詳を含む。
　　4）主な介護者の年齢階級の「総数」には、主な介護者の年齢不詳を含む。

第124表　同居の主な介護者数，手助けや見守りを要する者との続柄・主な介護者の年齢（10歳階級）別

（単位：千人）　　　　　　　　　　　　　　　　　　　　　　　　　　　　　　　　　　　　平成28年

主な介護者の年齢階級	総　数	配偶者	子	子の配偶者	父　母	その他の親族
総　　数	3 954	1 554	1 243	484	539	135
39 歳 以 下	178	25	65	9	45	33
40 ～ 49 歳	446	42	202	47	139	17
50 ～ 59	888	91	464	190	126	17
60 ～ 69	1 150	325	454	217	121	33
70 ～ 79	808	632	57	20	76	24
80 歳 以 上	481	437	1	1	32	11
（再掲）65歳以上	1 880	1 291	259	103	172	54
75歳以上	878	781	10	4	65	18

注：1）熊本県を除いたものである。
　　2）1人で複数の手助けや見守りを要する者を介護している者については、重複計上されている。
　　3）年齢階級の「総数」には、主な介護者の年齢不詳を含む。

第125表 入院者のいる世帯数, 世帯構造・世帯主の年齢（10歳階級）別

（単位：千世帯）　　　　　　　　　　　　　　　　　　　　　　　　　　平成28年

世帯主の年齢階級	総数	単独世帯	核家族世帯	夫婦のみの世帯	夫婦と未婚の子のみの世帯	ひとり親と未婚の子のみの世帯	三世代世帯	その他の世帯
総　　　　数	1 687	289	936	409	391	136	228	233
29 歳 以 下	21	9	10	2	5	2	1	1
30 ～ 39 歳	73	6	58	7	43	8	4	5
40 ～ 49	155	14	105	11	77	17	26	10
50 ～ 59	252	16	134	33	80	22	62	39
60 ～ 69	384	40	193	91	77	26	67	84
70 ～ 79	386	58	248	153	70	25	37	44
80 歳 以 上	413	146	187	112	38	37	30	49
（再掲）65歳以上	1 017	226	549	323	149	76	99	143
75歳以上	612	179	317	193	73	50	46	70

注：1）熊本県を除いたものである。
　　2）年齢階級の「総数」には、世帯主の年齢不詳を含む。

第126表 特定の転出者のいる世帯数, 特定の転出者の種類（複数回答）・世帯主の性・世帯主の年齢（10歳階級）別

（単位：千世帯）　　　　　　　　　　　　　　　　　　　　　　　　　　平成28年

世帯主の性 世帯主の年齢階級	総数	単身赴任で世帯を離れている者がいる世帯	学業のため世帯を離れている者がいる世帯	社会福祉施設に入所している者がいる世帯	老人福祉施設に入所している者がいる世帯	障害者支援施設に入所している者がいる世帯	その他の社会福祉施設に入所している者がいる世帯	病院に長期入院している者がいる世帯
総　　　　数	4 154	1 964	1 491	763	581	121	67	212
29 歳 以 下	41	28	7	5	3	1	1	3
30 ～ 39 歳	121	79	17	16	10	3	4	10
40 ～ 49	710	336	355	47	31	10	6	27
50 ～ 59	1 481	663	773	139	112	16	12	38
60 ～ 69	989	518	191	275	223	38	18	52
70 ～ 79	470	222	84	142	93	34	16	40
80 歳 以 上	335	112	63	138	109	20	10	42
（再掲）65歳以上	1 264	577	204	430	320	77	36	109
75歳以上	552	207	107	205	152	37	17	62
男	3 185	1 316	1 297	594	456	91	53	164
29 歳 以 下	24	17	5	2	1	0	1	2
30 ～ 39 歳	65	30	14	13	9	2	3	9
40 ～ 49	467	151	280	35	24	8	3	22
50 ～ 59	1 191	442	696	113	91	13	10	30
60 ～ 69	834	424	179	232	191	29	15	41
70 ～ 79	362	172	69	103	67	24	13	31
80 歳 以 上	236	77	53	94	74	13	7	29
（再掲）65歳以上	986	450	174	325	242	56	29	82
75歳以上	405	150	91	141	102	26	13	46
女	969	647	194	169	125	31	15	49
29 歳 以 下	17	11	2	2	2	0	0	2
30 ～ 39 歳	56	49	3	3	1	0	1	1
40 ～ 49	244	185	75	12	7	2	3	6
50 ～ 59	290	221	77	26	21	3	2	8
60 ～ 69	155	95	12	43	32	8	3	11
70 ～ 79	108	50	15	39	26	10	3	9
80 歳 以 上	98	36	10	44	35	6	2	12
（再掲）65歳以上	278	127	30	105	78	21	7	26
75歳以上	148	56	17	65	49	11	5	17

注：1）熊本県を除いたものである。
　　2）年齢階級の「総数」には、世帯主の年齢不詳を含む。

349

第127表　世帯人員（15歳以上），配偶者の有無・

（単位：千人）

性 年　齢　階　級	総　数	子どもあり	仕事あり	仕事なし	子どもなし	仕事あり	仕事なし	配偶者あり	子どもあり
総　　　　　数	107 298	65 379	37 501	26 629	36 596	21 754	14 219	65 745	52 893
15 ～ 19 歳	6 055	10	5	5	6 008	985	5 023	23	9
20 ～ 24	4 852	222	146	75	4 556	3 153	1 373	266	163
25 ～ 29	5 002	1 058	770	283	3 828	3 320	458	1 563	949
30 ～ 34	6 079	2 922	2 202	705	3 029	2 581	409	3 499	2 718
35 ～ 39	7 388	4 570	3 619	929	2 677	2 236	399	4 996	4 251
40 ～ 44	9 243	6 191	5 146	979	2 879	2 336	434	6 568	5 658
45 ～ 49	8 878	6 168	5 250	857	2 495	1 960	452	6 468	5 561
50 ～ 54	8 021	5 775	4 903	830	1 987	1 574	366	6 053	5 157
55 ～ 59	7 789	5 829	4 711	1 075	1 646	1 227	388	6 082	5 174
60 ～ 64	8 677	6 406	4 181	2 156	1 753	1 025	696	6 852	5 569
65 ～ 69	10 949	7 862	3 522	4 224	2 167	842	1 257	8 459	6 505
70 ～ 74	8 001	5 727	1 617	3 951	1 394	301	1 062	5 943	4 412
75 ～ 79	6 800	4 925	844	3 879	1 081	146	909	4 632	3 398
80 歳 以 上	9 565	7 713	584	6 680	1 096	67	992	4 342	3 369
（再掲）65歳以上	35 315	26 227	6 568	18 734	5 738	1 356	4 220	23 376	17 684
75歳以上	16 365	12 638	1 429	10 559	2 177	213	1 901	8 974	6 767
男	51 145	29 098	20 602	7 798	19 592	12 446	6 768	32 930	26 409
15 ～ 19 歳	3 035	4	3	0	3 015	489	2 526	6	3
20 ～ 24	2 423	87	75	11	2 309	1 555	736	103	62
25 ～ 29	2 476	421	412	8	2 005	1 767	211	657	389
30 ～ 34	2 986	1 264	1 239	14	1 670	1 475	174	1 588	1 216
35 ～ 39	3 664	2 042	2 001	22	1 546	1 342	178	2 327	1 959
40 ～ 44	4 555	2 796	2 712	32	1 672	1 400	202	3 134	2 664
45 ～ 49	4 342	2 816	2 714	53	1 426	1 177	193	3 084	2 654
50 ～ 54	3 935	2 652	2 548	71	1 157	964	162	2 927	2 476
55 ～ 59	3 807	2 700	2 547	122	959	762	177	2 954	2 513
60 ～ 64	4 181	2 958	2 408	502	992	656	312	3 327	2 722
65 ～ 69	5 283	3 706	2 109	1 522	1 175	537	595	4 328	3 365
70 ～ 74	3 711	2 634	978	1 560	685	188	480	3 138	2 362
75 ～ 79	3 100	2 194	519	1 562	519	95	411	2 605	1 903
80 歳 以 上	3 647	2 824	336	2 320	463	39	410	2 749	2 121
（再掲）65歳以上	15 741	11 357	3 943	6 964	2 842	859	1 897	12 821	9 751
75歳以上	6 746	5 018	855	3 882	982	134	821	5 354	4 024
女	56 153	36 281	16 899	18 831	17 004	9 308	7 451	32 816	26 485
15 ～ 19 歳	3 019	6	1	5	2 993	496	2 497	16	5
20 ～ 24	2 429	136	71	64	2 247	1 598	637	163	100
25 ～ 29	2 526	636	358	275	1 823	1 553	247	906	560
30 ～ 34	3 093	1 658	962	691	1 359	1 106	235	1 911	1 503
35 ～ 39	3 724	2 528	1 618	908	1 131	894	221	2 669	2 292
40 ～ 44	4 688	3 394	2 434	947	1 207	936	232	3 434	2 994
45 ～ 49	4 536	3 352	2 537	804	1 070	783	258	3 383	2 907
50 ～ 54	4 085	3 123	2 355	759	830	609	205	3 126	2 682
55 ～ 59	3 981	3 130	2 164	953	687	465	211	3 128	2 661
60 ～ 64	4 497	3 448	1 774	1 655	762	369	384	3 525	2 847
65 ～ 69	5 666	4 156	1 413	2 702	991	305	662	4 131	3 140
70 ～ 74	4 290	3 093	639	2 391	709	113	581	2 804	2 051
75 ～ 79	3 701	2 731	325	2 317	562	51	498	2 027	1 495
80 歳 以 上	5 918	4 889	248	4 360	633	29	582	1 593	1 248
（再掲）65歳以上	19 575	14 869	2 626	11 770	2 896	497	2 323	10 555	7 933
75歳以上	9 619	7 620	573	6 677	1 195	80	1 080	3 620	2 742

注：1）熊本県を除いたものである。
　　2）配偶者有無の「総数」には子どもの有無不詳を含む。
　　3）「子どもあり」には別居の子を含む。
　　4）子どもの有無の「総数」には仕事の有無不詳を含む。

子どもの有無・仕事の有無・性・年齢（５歳階級）別

平成28年

仕事あり	仕事なし	子どもなし	仕事あり	仕事なし	配偶者なし	子どもあり	仕事あり	仕事なし	子どもなし	仕事あり	仕事なし
33 030	19 211	9 491	5 697	3 760	41 553	12 485	4 471	7 418	27 105	16 056	10 459
4	5	12	4	7	6 032	1	1	1	5 996	981	5 015
104	58	94	76	19	4 586	59	42	17	4 461	3 078	1 355
676	271	574	494	80	3 439	109	93	13	3 254	2 826	378
2 029	677	717	617	99	2 581	204	173	28	2 312	1 964	310
3 338	894	677	563	113	2 392	319	280	36	2 000	1 673	286
4 677	928	831	713	117	2 675	533	469	52	2 048	1 623	317
4 726	786	811	654	156	2 410	607	524	71	1 684	1 306	295
4 375	750	762	615	146	1 967	618	528	80	1 225	958	220
4 184	961	719	551	165	1 707	656	527	115	928	676	223
3 657	1 870	915	553	359	1 825	837	524	286	838	472	337
2 953	3 484	1 263	508	752	2 490	1 357	569	740	904	334	506
1 292	3 027	889	206	677	2 058	1 314	326	924	505	95	384
655	2 630	677	100	571	2 168	1 528	190	1 249	403	46	338
360	2 872	550	42	498	5 222	4 343	224	3 809	547	25	494
5 260	12 013	3 379	856	2 498	11 940	8 542	1 309	6 722	2 359	500	1 722
1 015	5 502	1 227	142	1 070	7 391	5 871	414	5 057	950	71	832
19 322	6 497	4 786	3 334	1 421	18 215	2 689	1 280	1 301	14 806	9 112	5 347
3	0	2	2	1	3 029	0	0	0	3 013	488	2 525
59	3	37	36	2	2 320	24	16	8	2 272	1 519	735
382	6	248	245	3	1 819	32	30	2	1 757	1 522	208
1 196	9	344	340	3	1 398	49	43	5	1 326	1 135	171
1 926	15	330	320	10	1 337	83	75	7	1 216	1 021	168
2 592	23	428	414	13	1 420	132	120	10	1 244	986	189
2 571	36	386	369	17	1 257	162	143	16	1 039	808	177
2 391	53	390	366	23	1 008	177	157	17	767	598	138
2 388	97	352	321	29	854	187	159	25	607	441	148
2 244	439	437	341	93	853	237	164	62	555	316	219
1 946	1 357	640	332	304	955	341	164	165	536	205	291
887	1 391	458	139	313	572	272	91	169	227	48	167
467	1 336	385	79	301	494	291	52	226	133	16	110
271	1 732	349	32	309	898	702	65	588	114	7	101
3 570	5 816	1 832	582	1 228	2 920	1 606	372	1 148	1 010	277	669
737	3 068	735	110	610	1 392	993	118	814	247	23	211
13 708	12 714	4 705	2 363	2 339	23 338	9 796	3 191	6 117	12 299	6 945	5 112
1	5	9	3	7	3 003	1	1	1	2 984	493	2 491
45	55	57	40	17	2 266	35	26	9	2 190	1 558	620
294	265	326	249	77	1 620	76	64	10	1 497	1 304	170
832	668	373	277	95	1 182	155	130	23	986	829	139
1 412	879	347	242	103	1 055	236	205	29	784	651	118
2 085	905	404	299	104	1 255	401	349	42	804	637	128
2 155	750	425	286	140	1 153	445	381	54	644	498	119
1 984	696	372	249	123	960	441	370	63	458	360	82
1 795	863	367	230	136	853	469	369	90	320	234	75
1 413	1 431	479	213	266	971	601	360	224	283	156	118
1 008	2 127	623	176	447	1 535	1 016	405	575	368	129	215
405	1 635	431	67	364	1 486	1 042	235	755	278	46	217
188	1 294	292	22	270	1 674	1 237	137	1 023	270	29	228
89	1 140	200	10	189	4 324	3 641	159	3 221	433	19	392
1 689	6 196	1 547	275	1 270	9 019	6 936	936	5 574	1 349	223	1 053
277	2 434	492	32	459	5 998	4 878	296	4 243	703	48	620

（3－1）
第128表　世帯人員（15歳以上），就業状況・配偶者の有無・年齢（5歳階級）・性別

（単位：千人）　　　　　　　　　　　　　　　（総　　数）　　　　　　　　　　　　　平成28年

配偶者の有無 年齢階級	総数	仕事あり	主に仕事	主に家事	主に通学	その他	仕事なし	通学	家事	その他	仕事の有無不詳
総　　　　　数	107 298	61 087	50 975	7 659	1 170	1 284	43 029	6 193	19 461	17 375	3 182
15 ～ 19 歳	6 055	999	425	6	541	27	5 055	4 923	23	110	－
20 ～ 24	4 852	3 350	2 681	63	545	61	1 470	1 084	130	256	32
25 ～ 29	5 002	4 183	3 887	202	30	64	758	78	410	269	61
30 ～ 34	6 079	4 882	4 380	425	10	67	1 137	19	826	292	60
35 ～ 39	7 388	5 962	5 202	683	9	68	1 352	11	1 044	296	74
40 ～ 44	9 243	7 607	6 465	1 083	6	53	1 440	12	1 102	325	196
45 ～ 49	8 878	7 342	6 188	1 093	8	53	1 358	16	1 006	336	179
50 ～ 54	8 021	6 639	5 621	959	6	53	1 253	16	929	307	129
55 ～ 59	7 789	6 124	5 253	801	5	65	1 539	6	1 149	384	125
60 ～ 64	8 677	5 469	4 542	796	2	129	3 046	6	1 947	1 093	162
65 ～ 69	10 949	4 685	3 621	789	4	272	5 934	5	3 225	2 703	330
70 ～ 74	8 001	2 084	1 490	403	1	189	5 477	5	2 712	2 760	440
75 ～ 79	6 800	1 074	769	197	0	107	5 187	5	2 355	2 827	539
80 歳 以 上	9 565	686	451	156	1	78	8 023	6	2 601	5 416	855
（再掲）65歳以上	35 315	8 530	6 332	1 546	6	646	24 622	22	10 894	13 707	2 163
75歳以上	16 365	1 761	1 220	354	1	185	13 211	11	4 957	8 243	1 394
配　偶　者　あ　り	65 745	39 811	32 166	6 836	39	770	24 576	74	14 786	9 715	1 358
15 ～ 19 歳	23	10	7	1	2	0	13	8	5	1	－
20 ～ 24	266	186	153	28	2	2	79	6	68	5	1
25 ～ 29	1 563	1 198	1 007	169	3	19	359	5	340	14	6
30 ～ 34	3 499	2 691	2 264	394	4	30	791	6	758	27	17
35 ～ 39	4 996	3 951	3 271	645	4	31	1 020	4	976	39	25
40 ～ 44	6 568	5 446	4 388	1 034	3	22	1 057	5	1 014	38	65
45 ～ 49	6 468	5 433	4 355	1 049	5	24	969	10	897	62	66
50 ～ 54	6 053	5 077	4 147	900	5	25	929	14	828	87	47
55 ～ 59	6 082	4 852	4 072	740	4	36	1 172	4	1 009	159	58
60 ～ 64	6 852	4 396	3 599	703	1	92	2 370	4	1 675	691	86
65 ～ 69	8 459	3 699	2 847	641	4	207	4 603	4	2 593	2 006	157
70 ～ 74	5 943	1 628	1 168	304	1	154	4 084	2	1 992	2 090	231
75 ～ 79	4 632	816	589	144	0	83	3 530	2	1 505	2 023	285
80 歳 以 上	4 342	428	299	85	0	44	3 600	1	1 125	2 474	314
（再掲）65歳以上	23 376	6 571	4 904	1 175	5	488	15 817	9	7 215	8 593	987
75歳以上	8 974	1 244	888	229	1	126	7 130	3	2 630	4 497	599
配　偶　者　な　し	41 553	21 276	18 808	822	1 131	514	18 453	6 119	4 675	7 660	1 824
15 ～ 19 歳	6 032	990	418	6	539	26	5 042	4 915	18	109	－
20 ～ 24	4 586	3 164	2 528	35	543	58	1 390	1 078	61	251	31
25 ～ 29	3 439	2 985	2 880	34	27	44	399	74	70	256	55
30 ～ 34	2 581	2 191	2 116	32	6	37	347	13	68	265	43
35 ～ 39	2 392	2 011	1 931	38	5	37	332	7	68	257	49
40 ～ 44	2 675	2 161	2 077	49	3	31	383	7	89	287	132
45 ～ 49	2 410	1 909	1 833	45	3	28	388	6	109	274	113
50 ～ 54	1 967	1 562	1 474	59	1	28	324	3	101	220	81
55 ～ 59	1 707	1 272	1 181	61	1	28	368	2	140	225	68
60 ～ 64	1 825	1 073	942	93	1	37	676	2	272	402	76
65 ～ 69	2 490	986	774	147	0	64	1 331	2	632	697	174
70 ～ 74	2 058	456	322	99	－	35	1 394	4	719	670	209
75 ～ 79	2 168	258	181	53	0	24	1 657	3	850	804	253
80 歳 以 上	5 222	258	152	71	0	35	4 423	4	1 476	2 942	541
（再掲）65歳以上	11 940	1 959	1 428	371	1	158	8 805	13	3 678	5 114	1 176
75歳以上	7 391	516	332	124	0	59	6 080	8	2 327	3 746	794

注：熊本県を除いたものである。

352

（3－2）

第128表　世帯人員（15歳以上），就業状況・配偶者の有無・年齢（5歳階級）・性別

（単位：千人）　　　　　　　　　　　　　　　　　　　（　男　）　　　　　　　　　　　　　　　　　平成28年

配偶者の有無 年齢階級	総数	仕事あり	主に仕事	主に家事	主に通学	その他	仕事なし	通学	家事	その他	仕事の有無不詳
総数	51 145	34 031	32 284	450	555	743	15 199	3 165	1 379	10 655	1 914
15 ～ 19 歳	3 035	496	245	3	233	15	2 539	2 468	5	66	–
20 ～ 24	2 423	1 649	1 331	7	280	31	754	592	15	147	19
25 ～ 29	2 476	2 218	2 167	9	18	24	223	48	16	160	35
30 ～ 34	2 986	2 760	2 721	10	3	26	190	11	17	161	37
35 ～ 39	3 664	3 405	3 362	15	3	25	205	5	22	178	54
40 ～ 44	4 555	4 177	4 142	12	2	21	241	6	26	209	137
45 ～ 49	4 342	3 956	3 910	16	5	25	260	9	34	217	126
50 ～ 54	3 935	3 597	3 549	21	3	25	247	11	32	204	91
55 ～ 59	3 807	3 405	3 343	21	3	38	317	5	51	260	86
60 ～ 64	4 181	3 207	3 088	53	1	65	855	3	118	735	118
65 ～ 69	5 283	2 832	2 541	109	3	178	2 231	2	267	1 962	220
70 ～ 74	3 711	1 261	1 039	78	1	143	2 175	0	235	1 939	276
75 ～ 79	3 100	670	544	47	0	78	2 108	2	240	1 865	322
80 歳 以 上	3 647	398	301	49	0	47	2 855	1	301	2 553	394
(再掲)65歳以上	15 741	5 160	4 426	283	5	447	9 369	7	1 043	8 319	1 211
75歳以上	6 746	1 068	846	96	1	126	4 963	4	541	4 418	716
配偶者あり	32 930	23 319	22 504	319	20	475	8 346	42	905	7 399	1 266
15 ～ 19 歳	6	5	5	–	0	–	1	1	–	0	–
20 ～ 24	103	97	95	0	1	0	5	3	0	2	1
25 ～ 29	657	643	637	2	2	1	9	2	2	5	5
30 ～ 34	1 588	1 560	1 552	3	2	3	13	4	2	6	15
35 ～ 39	2 327	2 279	2 271	5	1	3	25	2	7	16	23
40 ～ 44	3 134	3 040	3 028	5	1	6	35	3	9	23	59
45 ～ 49	3 084	2 969	2 953	6	3	8	54	8	8	38	61
50 ～ 54	2 927	2 804	2 784	10	3	8	78	10	11	57	46
55 ～ 59	2 954	2 772	2 740	10	2	19	129	3	22	104	53
60 ～ 64	3 327	2 693	2 607	40	1	45	553	3	73	477	81
65 ～ 69	4 328	2 431	2 190	91	3	147	1 749	2	195	1 553	147
70 ～ 74	3 138	1 110	914	68	1	128	1 813	0	177	1 635	216
75 ～ 79	2 605	591	479	41	0	71	1 747	1	181	1 565	267
80 歳 以 上	2 749	323	250	37	0	36	2 134	0	218	1 916	291
(再掲)65歳以上	12 821	4 456	3 832	237	5	382	7 444	4	771	6 669	921
75歳以上	5 354	915	729	79	0	107	3 882	1	399	3 481	558
配偶者なし	18 215	10 712	9 779	131	535	267	6 854	3 123	474	3 257	649
15 ～ 19 歳	3 029	491	240	3	232	15	2 538	2 467	5	66	–
20 ～ 24	2 320	1 552	1 236	7	279	31	749	589	15	145	18
25 ～ 29	1 819	1 575	1 530	7	15	23	214	46	14	155	29
30 ～ 34	1 398	1 199	1 169	6	2	23	177	8	15	155	22
35 ～ 39	1 337	1 126	1 092	10	3	22	180	3	15	162	31
40 ～ 44	1 420	1 137	1 114	7	1	15	205	3	17	185	78
45 ～ 49	1 257	987	957	10	2	18	206	1	26	179	65
50 ～ 54	1 008	793	765	11	0	17	169	1	21	147	46
55 ～ 59	854	634	603	11	0	19	188	2	30	157	32
60 ～ 64	853	514	481	13	0	20	302	0	45	257	37
65 ～ 69	955	401	352	18	–	31	482	0	72	410	73
70 ～ 74	572	151	125	11	–	15	362	–	58	304	60
75 ～ 79	494	78	66	6	–	7	361	2	59	300	55
80 歳 以 上	898	75	51	12	0	12	721	1	83	636	102
(再掲)65歳以上	2 920	705	593	46	0	65	1 925	3	272	1 650	290
75歳以上	1 392	153	117	17	0	19	1 081	3	142	937	158

注：熊本県を除いたものである。

（3－3）

第128表　世帯人員（15歳以上），就業状況・配偶者の有無・年齢（5歳階級）・性別

（単位：千人）　　　　　　　　　　　　　　　　（　女　）　　　　　　　　　　　　　　　　平成28年

配偶者の有無 年　齢　階　級	総　数	仕　事 あ　り	主　に 仕　事	主　に 家　事	主　に 通　学	その他	仕　事 な　し	通　学	家　事	その他	仕事の 有　無 不　詳
総　　　　　　　数	56 153	27 056	18 691	7 209	615	541	27 830	3 028	18 082	6 720	1 268
15 ～ 19 歳	3 019	503	180	3	308	11	2 516	2 454	18	44	－
20 ～ 24	2 429	1 701	1 350	56	266	29	715	492	115	109	13
25 ～ 29	2 526	1 965	1 720	193	12	39	535	30	395	110	27
30 ～ 34	3 093	2 122	1 659	416	6	42	948	8	809	131	23
35 ～ 39	3 724	2 557	1 840	668	6	43	1 146	6	1 022	118	20
40 ～ 44	4 688	3 430	2 323	1 071	4	32	1 199	6	1 076	116	59
45 ～ 49	4 536	3 386	2 278	1 077	4	27	1 098	7	972	119	53
50 ～ 54	4 085	3 042	2 072	938	4	28	1 006	5	897	104	37
55 ～ 59	3 981	2 719	1 910	780	2	27	1 223	1	1 098	124	40
60 ～ 64	4 497	2 262	1 454	744	1	64	2 191	3	1 829	358	44
65 ～ 69	5 666	1 853	1 080	680	1	93	3 703	3	2 959	741	110
70 ～ 74	4 290	823	452	325	0	46	3 303	5	2 477	821	164
75 ～ 79	3 701	405	225	151	0	29	3 079	3	2 115	962	217
80 歳 以 上	5 918	288	150	107	0	31	5 168	4	2 300	2 864	461
(再掲)65歳以上	19 575	3 369	1 906	1 263	1	199	15 253	15	9 851	5 387	952
75歳以上	9 619	693	375	258	0	60	8 248	7	4 415	3 825	678
配　偶　者　あ　り	32 816	16 493	9 662	6 517	18	295	16 230	32	13 882	2 316	93
15 ～ 19 歳	16	4	2	1	1	0	12	7	5	0	－
20 ～ 24	163	89	58	28	1	2	74	3	68	3	－
25 ～ 29	906	555	370	166	1	18	350	3	338	9	1
30 ～ 34	1 911	1 130	711	390	2	27	778	2	756	21	2
35 ～ 39	2 669	1 672	1 000	640	3	28	995	2	969	23	3
40 ～ 44	3 434	2 406	1 360	1 028	3	15	1 021	2	1 005	15	6
45 ～ 49	3 383	2 464	1 401	1 043	3	17	915	2	890	23	4
50 ～ 54	3 126	2 273	1 363	890	3	17	851	4	817	30	2
55 ～ 59	3 128	2 081	1 332	729	1	18	1 043	1	987	55	5
60 ～ 64	3 525	1 703	993	663	0	47	1 817	2	1 602	213	5
65 ～ 69	4 131	1 268	658	550	0	60	2 854	2	2 398	453	9
70 ～ 74	2 804	518	254	237	0	26	2 271	1	1 816	454	15
75 ～ 79	2 027	225	110	103	0	11	1 783	1	1 324	459	19
80 歳 以 上	1 593	105	49	47	0	8	1 466	1	907	558	23
(再掲)65歳以上	10 555	2 116	1 071	938	1	106	8 374	5	6 445	1 924	66
75歳以上	3 620	330	160	151	0	19	3 249	2	2 231	1 016	42
配　偶　者　な　し	23 338	10 563	9 029	692	596	246	11 600	2 996	4 200	4 404	1 175
15 ～ 19 歳	3 003	499	178	3	307	11	2 504	2 448	13	44	－
20 ～ 24	2 266	1 612	1 292	29	264	27	641	488	47	106	13
25 ～ 29	1 620	1 410	1 350	27	12	21	185	27	56	101	26
30 ～ 34	1 182	992	947	26	4	15	169	6	53	110	21
35 ～ 39	1 055	885	840	28	3	15	152	4	53	95	18
40 ～ 44	1 255	1 024	963	43	2	16	177	4	71	102	53
45 ～ 49	1 153	922	876	34	1	11	182	4	83	95	48
50 ～ 54	960	769	709	49	1	10	155	1	80	73	36
55 ～ 59	853	638	578	50	1	9	180	－	111	69	35
60 ～ 64	971	559	461	80	1	17	374	2	227	145	38
65 ～ 69	1 535	585	422	129	0	33	849	1	560	287	101
70 ～ 74	1 486	306	197	88	－	20	1 032	4	661	367	149
75 ～ 79	1 674	180	115	47	0	18	1 296	2	792	503	198
80 歳 以 上	4 324	183	101	60	－	23	3 702	3	1 393	2 306	439
(再掲)65歳以上	9 019	1 254	835	325	1	94	6 880	10	3 406	3 463	886
75歳以上	5 998	363	215	107	0	41	4 999	5	2 185	2 809	636

注：熊本県を除いたものである。

（3－1）

第129表　世帯人員（15歳以上），仕事の有－勤めか

（単位：千人）　　（　総

配偶者の有無 年齢階級	総数	仕事あり	一般常雇者	契約期間の定めのない雇用者	契約期間が1年以上の雇用者	1月以上1年未満の契約の雇用者	日々又は1月未満の契約の雇用者	会社・団体等の役員	自営業主	雇人あり	雇人なし
総　　数	107 298	61 087	40 474	32 583	7 891	6 287	803	2 917	6 463	2 082	4 381
15 ～ 19 歳	6 055	999	650	531	119	204	65	10	8	2	6
20 ～ 24	4 852	3 350	2 670	2 231	439	389	93	60	24	8	17
25 ～ 29	5 002	4 183	3 512	2 979	532	312	47	75	84	26	58
30 ～ 34	6 079	4 882	3 929	3 371	559	382	46	111	198	70	128
35 ～ 39	7 388	5 962	4 668	4 014	654	467	54	176	323	116	206
40 ～ 44	9 243	7 607	5 727	4 891	836	671	59	295	508	196	312
45 ～ 49	8 878	7 342	5 348	4 476	872	673	63	317	570	209	361
50 ～ 54	8 021	6 639	4 706	3 835	871	617	67	371	558	209	349
55 ～ 59	7 789	6 124	4 096	3 223	873	577	63	409	637	250	386
60 ～ 64	8 677	5 469	2 742	1 534	1 208	954	93	407	828	287	541
65 ～ 69	10 949	4 685	1 622	976	646	745	85	365	1 272	322	950
70 ～ 74	8 001	2 084	529	335	194	218	39	169	727	202	525
75 ～ 79	6 800	1 074	202	133	69	64	22	91	423	113	310
80 歳 以 上	9 565	686	71	53	18	14	6	60	303	72	231
（再掲）65歳以上	35 315	8 530	2 424	1 497	927	1 041	152	685	2 724	708	2 016
75歳以上	16 365	1 761	274	186	87	78	28	151	726	185	541
配 偶 者 あ り	65 745	39 811	25 187	20 318	4 869	3 970	400	2 360	4 877	1 687	3 190
15 ～ 19 歳	23	10	8	7	1	0	－	0	1	－	1
20 ～ 24	266	186	146	130	16	14	2	8	5	1	4
25 ～ 29	1 563	1 198	1 011	903	108	70	8	31	36	14	21
30 ～ 34	3 499	2 691	2 198	1 959	239	169	14	70	126	51	75
35 ～ 39	4 996	3 951	3 089	2 734	355	294	32	130	229	88	141
40 ～ 44	6 568	5 446	4 082	3 539	543	478	37	236	361	154	207
45 ～ 49	6 468	5 433	3 926	3 317	609	509	39	262	417	174	242
50 ～ 54	6 053	5 077	3 576	2 928	649	473	47	316	408	173	235
55 ～ 59	6 082	4 852	3 204	2 544	660	446	41	366	503	210	293
60 ～ 64	6 852	4 396	2 163	1 181	981	753	73	366	661	245	416
65 ～ 69	8 459	3 699	1 225	718	506	563	64	318	1 019	276	743
70 ～ 74	5 943	1 628	381	240	141	153	26	144	576	164	412
75 ～ 79	4 632	816	141	91	50	38	15	72	333	88	245
80 歳 以 上	4 342	428	37	26	11	10	3	40	204	50	154
（再掲）65歳以上	23 376	6 571	1 784	1 076	708	764	109	575	2 131	577	1 554
75歳以上	8 974	1 244	178	117	61	47	18	112	536	138	399
配 偶 者 な し	41 553	21 276	15 287	12 265	3 023	2 317	403	557	1 586	395	1 191
15 ～ 19 歳	6 032	990	642	524	118	204	65	10	8	2	5
20 ～ 24	4 586	3 164	2 524	2 101	423	375	91	52	20	7	13
25 ～ 29	3 439	2 985	2 501	2 076	424	242	39	44	48	12	36
30 ～ 34	2 581	2 191	1 731	1 412	320	213	32	41	72	19	53
35 ～ 39	2 392	2 011	1 579	1 280	299	173	23	46	93	28	65
40 ～ 44	2 675	2 161	1 645	1 352	293	193	22	59	147	42	105
45 ～ 49	2 410	1 909	1 422	1 159	263	164	24	56	154	35	119
50 ～ 54	1 967	1 562	1 129	907	222	144	20	55	150	37	114
55 ～ 59	1 707	1 272	893	679	214	131	22	43	134	40	94
60 ～ 64	1 825	1 073	580	353	227	201	20	41	167	42	125
65 ～ 69	2 490	986	398	258	140	182	21	47	253	46	207
70 ～ 74	2 058	456	147	94	53	65	13	24	151	38	113
75 ～ 79	2 168	258	61	42	19	26	7	19	90	25	65
80 歳 以 上	5 222	258	35	27	8	5	3	20	99	22	77
（再掲）65歳以上	11 940	1 959	640	421	219	278	44	111	593	131	463
75歳以上	7 391	516	95	69	27	31	9	39	190	47	142

注：1）熊本県を除いたものである。
　　2）「総数」には仕事の有無不詳、「仕事あり」には勤めか自営か不詳、「役員以外の雇用者」には呼称不詳を含む。
　　3）勤め先での呼称の「役員以外の雇用者」とは、一般常雇者、1月以上1年未満の契約の雇用者、日々又は1月未満の契約の雇用者をいう。

自営かの別－勤め先での呼称－無・配偶者の有無・年齢（５歳階級）・性別

数　）

平成28年

家族従業者	内職	その他	仕事なし	役員以外の雇用者	（再掲）役員以外の雇用者							
					正規の職員・従業員	非正規の職員・従業員	パート	アルバイト	労働者派遣事業所の派遣社員	契約社員	嘱託	その他
2 506	208	955	43 029	47 564	29 334	18 197	9 368	3 429	1 060	2 664	1 088	588
7	0	25	5 055	919	296	623	28	569	10	9	2	6
35	2	47	1 470	3 152	1 948	1 203	178	774	60	151	13	27
71	8	52	758	3 871	2 850	1 018	352	273	100	233	28	33
134	12	47	1 137	4 357	3 152	1 203	552	214	128	234	35	41
178	17	51	1 352	5 189	3 702	1 483	851	191	131	227	42	41
216	29	67	1 440	6 457	4 457	1 997	1 280	204	149	253	60	52
224	30	75	1 358	6 085	4 079	2 003	1 325	180	143	253	57	45
208	16	68	1 253	5 389	3 570	1 816	1 213	149	98	232	63	60
227	18	72	1 539	4 736	3 044	1 690	1 095	153	67	254	75	47
293	16	103	3 046	3 790	1 354	2 431	1 145	218	61	477	439	93
365	27	161	5 934	2 453	583	1 864	929	326	70	262	200	78
259	16	99	5 477	786	172	613	309	129	29	58	49	40
144	10	56	5 187	288	83	205	94	43	12	18	21	18
144	7	35	8 023	91	45	46	20	6	2	4	6	8
912	59	350	24 622	3 618	882	2 729	1 351	504	113	341	276	144
288	17	90	13 211	380	127	251	113	49	14	22	27	26
2 020	156	556	24 576	29 557	18 212	11 323	7 042	1 174	479	1 447	830	350
–	–	0	13	8	4	4	0	3	–	0	–	–
6	1	2	79	162	112	50	25	13	4	7	–	1
24	5	8	359	1 089	830	259	153	39	16	39	7	5
78	9	16	791	2 381	1 801	578	377	63	35	72	17	14
124	13	22	1 020	3 415	2 465	948	666	92	57	92	23	19
166	24	38	1 057	4 597	3 152	1 443	1 053	122	68	130	41	30
182	25	46	969	4 474	2 981	1 491	1 109	104	74	138	38	28
177	13	44	929	4 096	2 707	1 386	1 009	88	55	149	44	40
207	14	52	1 172	3 691	2 401	1 288	885	103	42	166	60	32
273	11	71	2 370	2 988	1 077	1 908	878	156	47	381	375	72
345	19	117	4 603	1 852	462	1 386	639	259	51	211	163	62
234	11	78	4 084	561	129	431	190	99	23	48	42	29
117	7	43	3 530	194	64	130	50	29	8	13	17	13
86	4	20	3 600	49	26	23	8	4	0	1	4	5
783	42	257	15 817	2 656	682	1 969	888	390	82	272	226	110
203	11	62	7 130	244	90	152	58	33	8	14	21	19
486	51	399	18 453	18 007	11 122	6 874	2 326	2 255	580	1 217	258	237
7	0	24	5 042	911	292	619	27	566	10	9	2	6
29	1	45	1 390	2 990	1 837	1 153	153	761	56	145	13	26
46	3	44	399	2 781	2 020	759	199	233	84	194	20	28
56	4	31	347	1 976	1 351	625	175	151	93	162	18	27
54	3	29	332	1 774	1 237	535	185	100	75	135	19	22
51	5	29	383	1 860	1 305	554	227	83	81	122	19	22
42	5	29	388	1 611	1 098	513	216	77	69	115	19	17
31	3	24	324	1 293	862	430	204	61	44	83	18	20
20	4	19	368	1 046	643	403	210	50	24	87	16	15
21	6	31	676	801	277	523	267	62	14	95	64	21
20	7	44	1 331	601	120	479	290	67	19	51	37	16
25	5	20	1 394	225	43	182	118	30	6	10	7	11
27	2	13	1 657	94	18	75	44	14	4	5	5	4
58	3	15	4 423	42	18	24	11	2	2	3	2	3
130	17	93	8 805	962	200	760	463	113	31	69	51	34
85	5	28	6 080	136	37	99	55	16	6	8	6	7

（3－2）

第129表　世帯人員（15歳以上），仕事の有－勤めか

（単位：千人）　　　　　　　　　　　　　　　　　　　　　　　　　　　　　　　　（　男　）

配偶者の有無 年齢階級	総数	仕事あり	一般常雇者	契約期間の定めのない雇用者	契約期間が1年以上の雇用者	1月以上1年未満の契約の雇用者	日々又は1月未満の契約の雇用者	会社・団体等の役員	自営業主	雇人あり	雇人なし
総数	51 145	34 031	23 264	19 685	3 579	2 097	346	2 168	4 863	1 649	3 214
15 ～ 19 歳	3 035	496	330	269	61	89	33	6	6	1	5
20 ～ 24	2 423	1 649	1 306	1 106	200	184	46	31	18	6	13
25 ～ 29	2 476	2 218	1 903	1 656	247	112	21	49	55	15	40
30 ～ 34	2 986	2 760	2 277	2 028	249	133	19	81	149	57	93
35 ～ 39	3 664	3 405	2 785	2 513	272	103	24	137	245	97	148
40 ～ 44	4 555	4 177	3 338	3 060	278	99	15	222	390	164	226
45 ～ 49	4 342	3 956	3 073	2 774	299	88	17	239	439	170	269
50 ～ 54	3 935	3 597	2 726	2 425	301	90	20	275	417	161	256
55 ～ 59	3 807	3 405	2 394	2 061	333	120	23	310	495	198	297
60 ～ 64	4 181	3 207	1 658	910	748	457	36	314	649	228	422
65 ～ 69	5 283	2 832	969	560	409	449	50	272	936	256	679
70 ～ 74	3 711	1 261	331	209	122	126	23	125	528	155	373
75 ～ 79	3 100	670	131	84	47	38	13	65	320	89	231
80 歳 以 上	3 647	398	42	30	12	8	3	42	216	53	163
(再掲)65歳以上	15 741	5 160	1 473	883	591	621	90	504	2 000	554	1 447
75歳以上	6 746	1 068	173	114	59	46	16	107	536	142	394
配 偶 者 あ り	32 930	23 319	15 499	13 258	2 241	1 153	144	1 831	3 949	1 422	2 527
15 ～ 19 歳	6	5	4	4	0	0	－	0	1	－	1
20 ～ 24	103	97	81	74	7	3	－	6	4	1	3
25 ～ 29	657	643	572	526	46	9	0	22	24	10	15
30 ～ 34	1 588	1 560	1 339	1 244	95	28	3	54	100	43	57
35 ～ 39	2 327	2 279	1 920	1 792	128	25	9	100	178	77	101
40 ～ 44	3 134	3 040	2 478	2 320	158	31	5	182	290	133	157
45 ～ 49	3 084	2 969	2 349	2 164	186	32	6	202	332	145	187
50 ～ 54	2 927	2 804	2 154	1 950	205	38	9	242	321	140	181
55 ～ 59	2 954	2 772	1 959	1 711	248	72	12	283	407	173	234
60 ～ 64	3 327	2 693	1 393	740	654	375	27	288	547	200	346
65 ～ 69	4 328	2 431	826	467	359	387	39	243	814	237	577
70 ～ 74	3 138	1 110	283	176	107	113	18	116	467	140	327
75 ～ 79	2 605	591	109	68	40	32	12	59	286	79	206
80 歳 以 上	2 749	323	32	23	9	7	3	34	178	44	134
(再掲)65歳以上	12 821	4 456	1 250	734	516	539	72	451	1 745	500	1 244
75歳以上	5 354	915	140	91	49	40	14	93	464	123	341
配 偶 者 な し	18 215	10 712	7 765	6 427	1 338	944	202	337	914	227	687
15 ～ 19 歳	3 029	491	326	265	61	89	33	5	6	1	4
20 ～ 24	2 320	1 552	1 225	1 032	193	181	46	25	14	5	9
25 ～ 29	1 819	1 575	1 331	1 130	201	103	21	27	31	5	25
30 ～ 34	1 398	1 199	938	784	154	104	16	27	49	13	36
35 ～ 39	1 337	1 126	865	721	145	78	15	37	67	21	47
40 ～ 44	1 420	1 137	860	740	120	68	10	40	100	31	69
45 ～ 49	1 257	987	724	611	113	56	11	37	107	25	82
50 ～ 54	1 008	793	572	475	96	52	11	33	95	21	75
55 ～ 59	854	634	435	351	85	48	12	27	88	25	63
60 ～ 64	853	514	265	171	94	82	8	26	102	27	75
65 ～ 69	955	401	143	93	50	63	11	29	122	19	103
70 ～ 74	572	151	48	32	16	13	5	9	61	15	46
75 ～ 79	494	78	23	16	7	5	1	6	35	10	25
80 歳 以 上	898	75	10	7	3	1	1	8	38	9	29
(再掲)65歳以上	2 920	705	224	148	75	82	18	52	256	53	202
75歳以上	1 392	153	32	23	10	6	2	14	73	19	53

注：1）熊本県を除いたものである。
　　2）「総数」には仕事の有無不詳、「仕事あり」には勤めか自営か不詳、「役員以外の雇用者」には呼称不詳を含む。
　　3）勤め先での呼称の「役員以外の雇用者」とは、一般常雇者、1月以上1年未満の契約の雇用者、日々又は1月未満の契約の雇用者をいう。

自営かの別－勤め先での呼称－無・配偶者の有無・年齢（５歳階級）・性別

平成28年

家族従業者	内職	その他	仕事なし	役員以外の雇用者	（再掲）役員以外の雇用者							
					正規の職員・従業員	非正規の職員・従業員	パート	アルバイト	労働者派遣事業所の派遣社員	契約社員	嘱託	その他
591	28	478	15 199	25 707	20 119	5 574	1 080	1 685	441	1 377	684	307
6	0	10	2 539	452	179	273	10	252	3	4	0	4
24	0	25	754	1 536	999	536	44	386	28	58	6	15
39	1	30	223	2 037	1 690	346	60	129	38	97	7	16
62	2	27	190	2 429	2 100	327	46	95	49	109	9	19
76	1	22	205	2 912	2 610	299	50	74	49	97	13	17
68	2	31	241	3 453	3 186	267	41	63	46	90	9	19
55	1	32	260	3 179	2 916	262	53	58	40	79	11	20
34	2	26	247	2 836	2 573	263	53	57	40	84	12	17
26	2	28	317	2 537	2 200	336	71	63	29	123	30	20
32	1	48	855	2 151	1 019	1 130	192	124	42	358	356	59
44	6	86	2 231	1 469	431	1 033	304	244	47	215	167	56
48	5	61	2 175	481	129	351	109	103	20	49	42	29
32	3	33	2 108	182	57	125	40	33	8	13	18	13
44	2	18	2 855	53	29	23	6	5	1	2	5	5
168	16	198	9 369	2 185	646	1 533	459	385	76	279	232	103
76	5	51	4 963	235	86	148	46	38	9	14	23	18
341	16	271	8 346	16 796	13 857	2 929	650	516	185	810	573	194
–	–	0	1	4	3	1	–	1	–	0	–	–
2	–	1	5	84	75	9	1	3	2	3	–	1
9	0	4	9	582	553	29	2	9	4	12	1	1
25	0	8	13	1 370	1 306	63	7	9	11	27	5	6
37	–	6	25	1 954	1 875	77	8	18	11	30	4	6
34	1	14	35	2 514	2 423	92	10	16	12	39	6	8
30	0	13	54	2 387	2 298	89	19	9	13	32	4	11
20	0	13	78	2 201	2 083	118	22	16	16	47	7	9
18	0	15	129	2 043	1 841	201	41	30	17	77	23	12
22	0	32	553	1 796	850	945	152	84	35	304	320	49
38	5	68	1 749	1 252	370	879	256	203	40	185	145	49
43	4	54	1 813	415	108	306	95	87	18	42	38	26
29	3	31	1 747	153	49	104	33	26	7	10	16	11
34	2	14	2 134	42	24	18	5	4	0	1	4	4
144	13	167	7 444	1 862	551	1 306	388	320	66	239	203	90
63	5	45	3 882	195	72	122	38	29	7	12	20	15
250	12	206	6 854	8 910	6 261	2 645	430	1 168	255	568	111	113
6	0	10	2 538	448	176	272	10	251	3	4	0	4
22	0	24	749	1 453	924	528	44	382	26	56	6	14
30	1	26	214	1 455	1 137	318	58	120	35	85	6	15
37	1	19	177	1 059	795	264	40	86	39	82	5	13
40	1	16	180	958	735	222	42	56	38	67	9	11
34	2	17	205	938	763	175	31	47	34	50	3	10
26	1	19	206	791	618	173	34	49	27	46	6	9
13	1	13	169	635	489	146	31	41	24	37	5	8
8	2	14	188	495	359	136	30	33	12	46	6	8
10	1	17	302	355	169	186	40	40	7	54	35	9
6	1	18	482	217	61	155	49	40	7	30	22	7
4	1	7	362	66	21	45	14	16	1	7	3	3
3	–	2	361	29	8	21	6	7	1	2	2	2
11	0	4	721	11	6	5	1	1	1	0	1	1
24	2	31	1 925	323	96	226	71	65	10	40	29	12
14	0	6	1 081	40	14	27	8	9	2	3	3	2

（3－3）

第129表　世帯人員（15歳以上），仕事の有－勤めか

（単位：千人）　　　　　　　　　　　　　　　　　　　　　　　　　　　　　　　　　　　　（　女　）

配偶者の有無 年齢階級	総数	仕事あり	一般常雇者	契約期間の定めのない雇用者	契約期間が1年以上の雇用者	1月以上1年未満の契約の雇用者	日々又は1月未満の契約の雇用者	会社・団体等の役員	自営業主	雇人あり	雇人なし
総　　　数	56 153	27 056	17 210	12 898	4 312	4 190	457	749	1 601	433	1 167
15 ～ 19 歳	3 019	503	321	263	58	115	32	4	2	1	1
20 ～ 24	2 429	1 701	1 364	1 125	239	205	47	29	6	2	4
25 ～ 29	2 526	1 965	1 609	1 323	286	200	26	26	29	11	18
30 ～ 34	3 093	2 122	1 652	1 343	309	250	27	30	49	13	36
35 ～ 39	3 724	2 557	1 883	1 501	381	365	30	39	77	19	58
40 ～ 44	4 688	3 430	2 389	1 831	558	572	44	73	119	33	86
45 ～ 49	4 536	3 386	2 275	1 702	573	585	46	79	132	39	92
50 ～ 54	4 085	3 042	1 980	1 410	570	526	47	96	142	49	93
55 ～ 59	3 981	2 719	1 702	1 162	541	457	40	99	142	53	90
60 ～ 64	4 497	2 262	1 084	624	460	497	58	93	179	59	119
65 ～ 69	5 666	1 853	653	416	237	296	35	94	336	65	271
70 ～ 74	4 290	823	197	126	71	92	16	44	199	47	152
75 ～ 79	3 701	405	71	49	22	26	9	26	103	23	79
80 歳 以 上	5 918	288	30	23	7	6	2	19	87	19	68
（再掲）65歳以上	19 575	3 369	951	614	336	420	62	182	724	154	570
75歳以上	9 619	693	101	73	28	33	11	44	190	43	147
配 偶 者 あ り	32 816	16 493	9 687	7 060	2 627	2 817	256	530	928	265	663
15 ～ 19 歳	16	4	4	4	1	－	－	－	－	－	－
20 ～ 24	163	89	65	56	9	11	2	3	0	0	0
25 ～ 29	906	555	439	377	62	61	7	9	12	5	7
30 ～ 34	1 911	1 130	859	715	144	141	11	16	26	8	18
35 ～ 39	2 669	1 672	1 169	942	227	270	23	30	51	11	40
40 ～ 44	3 434	2 406	1 604	1 219	385	447	32	54	71	21	50
45 ～ 49	3 383	2 464	1 577	1 153	424	477	33	60	84	29	55
50 ～ 54	3 126	2 273	1 422	978	444	435	38	74	87	33	54
55 ～ 59	3 128	2 081	1 245	833	412	374	29	83	96	37	59
60 ～ 64	3 525	1 703	769	442	327	377	46	78	114	45	70
65 ～ 69	4 131	1 268	398	251	147	176	25	75	205	39	166
70 ～ 74	2 804	518	98	64	34	40	8	29	109	24	85
75 ～ 79	2 027	225	33	23	10	5	3	13	47	8	39
80 歳 以 上	1 593	105	5	4	2	2	0	6	26	6	20
（再掲）65歳以上	10 555	2 116	534	342	192	224	36	123	387	77	310
75歳以上	3 620	330	38	26	11	8	4	19	73	14	58
配 偶 者 な し	23 338	10 563	7 523	5 838	1 685	1 373	201	219	673	168	504
15 ～ 19 歳	3 003	499	317	259	58	115	32	4	2	1	1
20 ～ 24	2 266	1 612	1 299	1 069	230	194	45	27	6	2	4
25 ～ 29	1 620	1 410	1 170	947	223	138	19	17	17	7	11
30 ～ 34	1 182	992	793	628	166	109	15	14	24	6	18
35 ～ 39	1 055	885	713	559	154	95	8	9	26	8	18
40 ～ 44	1 255	1 024	785	612	173	125	12	19	47	12	36
45 ～ 49	1 153	922	698	549	150	108	13	19	47	10	37
50 ～ 54	960	769	558	432	126	91	9	22	55	16	39
55 ～ 59	853	638	458	329	129	83	11	16	46	15	31
60 ～ 64	971	559	315	182	133	119	12	15	64	15	50
65 ～ 69	1 535	585	254	165	90	120	10	18	131	26	105
70 ～ 74	1 486	306	99	62	37	52	8	15	89	23	67
75 ～ 79	1 674	180	38	26	12	21	6	13	56	15	41
80 歳 以 上	4 324	183	25	20	5	4	2	13	61	13	48
（再掲）65歳以上	9 019	1 254	417	273	144	196	25	58	338	77	260
75歳以上	5 998	363	63	46	17	25	8	25	117	28	89

注：1）熊本県を除いたものである。
　　2）「総数」には仕事の有無不詳、「仕事あり」には勤めか自営か不詳、「役員以外の雇用者」には呼称不詳を含む。
　　3）勤め先での呼称の「役員以外の雇用者」とは、一般常雇者、1月以上1年未満の契約の雇用者、日々又は1月未満の契約の雇用者をいう。

自営かの別－勤め先での呼称－無・配偶者の有無・年齢（５歳階級）・性別

平成28年

家族従業者	内職	その他	仕事なし	役員以外の雇用者	（再掲）　役員以外の雇用者							
					正規の職員・従業員	非正規の職員・従業員	パート	アルバイト	労働者派遣事業所の派遣社員	契約社員	嘱託	その他
1 915	180	478	27 830	21 857	9 215	12 624	8 288	1 744	619	1 287	405	280
1	0	15	2 516	467	117	350	17	318	6	5	1	2
11	2	21	715	1 616	949	666	133	388	32	93	7	12
31	8	22	535	1 834	1 160	672	292	144	62	136	21	17
72	10	20	948	1 928	1 052	875	506	119	78	125	25	22
102	16	29	1 146	2 278	1 092	1 184	801	117	83	130	29	24
149	27	36	1 199	3 004	1 272	1 730	1 239	142	103	163	51	33
168	28	43	1 098	2 906	1 163	1 741	1 272	122	102	175	47	24
174	14	42	1 006	2 553	997	1 553	1 160	92	58	149	51	44
201	17	43	1 223	2 199	844	1 354	1 024	90	38	131	45	26
261	15	54	2 191	1 638	335	1 301	952	94	19	119	83	34
321	21	75	3 703	983	152	831	625	82	23	46	33	22
211	11	38	3 303	305	43	262	200	26	9	9	7	11
112	7	22	3 079	106	26	80	54	10	3	5	3	5
100	4	17	5 168	38	15	23	13	1	1	2	1	3
744	44	152	15 253	1 433	236	1 196	892	119	37	62	45	41
212	12	39	8 248	144	41	103	67	11	5	7	5	8
1 679	141	285	16 230	12 761	4 355	8 394	6 392	657	294	638	258	156
–	–	0	12	4	2	3	0	2	–	–	–	–
4	1	1	74	78	37	41	24	10	2	4	–	0
15	5	4	350	507	276	231	150	30	13	27	7	4
53	8	9	778	1 011	495	514	370	54	25	45	12	9
87	13	16	995	1 461	590	871	658	73	46	62	19	12
132	24	24	1 021	2 082	729	1 351	1 042	106	56	91	35	21
153	25	33	915	2 087	683	1 402	1 090	94	61	106	34	17
157	13	30	851	1 895	624	1 269	987	72	38	102	38	31
189	14	37	1 043	1 648	560	1 087	843	73	25	90	36	19
251	10	40	1 817	1 192	227	963	725	72	12	77	54	22
307	15	49	2 854	600	92	507	384	56	11	26	18	13
191	7	25	2 271	146	21	125	96	12	4	6	4	3
88	5	12	1 783	42	16	26	17	3	1	2	1	3
52	1	5	1 466	7	3	5	3	0	–	0	0	1
639	28	90	8 374	795	132	662	499	71	16	34	23	20
141	6	17	3 249	49	18	31	20	3	1	3	1	3
236	39	193	11 600	9 096	4 860	4 229	1 897	1 087	325	649	147	124
1	0	15	2 504	463	116	347	17	315	6	5	1	2
7	1	20	641	1 538	912	625	109	378	30	89	7	12
16	3	18	185	1 327	884	441	142	114	49	109	14	13
19	2	11	169	918	556	361	135	65	54	80	13	14
15	2	13	152	816	502	313	143	44	37	68	10	12
17	3	12	177	922	543	379	197	36	46	72	16	12
16	4	10	182	820	480	340	182	28	41	69	12	7
17	1	11	155	658	373	285	173	19	20	47	13	12
12	3	6	180	551	283	267	180	18	12	41	9	7
10	5	15	374	446	108	338	227	22	7	41	29	12
14	6	26	849	384	59	324	241	26	12	21	15	9
20	4	13	1 032	159	22	137	104	15	5	3	3	7
24	2	11	1 296	65	10	54	37	7	3	2	2	2
47	3	11	3 702	31	12	19	10	1	1	2	1	3
106	15	62	6 880	638	104	534	392	49	21	29	22	21
71	5	22	4 999	95	23	72	48	8	4	5	3	5

（2-1）

第130表　世帯人員（15歳以上の単独世帯の者），仕事の有－勤めか

（単位：千人）

性 公的年金-恩給受給の有無 年　齢　階　級	総　数	仕事あり	一　般 常雇者	契約期間の 定めのない 雇用者	契約期間が 1年以上の 雇用者	1月以上 1年未満の 契約の 雇用者	日々又は 1月未満 の契約 の雇用者	会社・団体 等の役員	自営業主	雇人あり	雇人なし
総　　　　数	13 407	6 468	4 439	3 597	841	668	89	270	741	172	570
15　～　29　歳	1 814	1 211	1 033	889	144	93	16	37	13	2	11
30　～　39	962	890	744	636	109	62	6	26	40	11	28
40　～　49	1 398	1 208	950	815	135	85	10	47	89	18	71
50　～　59	1 598	1 297	936	763	173	119	18	64	122	31	91
60　～　69	2 659	1 316	618	390	228	247	27	61	274	57	218
70　～　79	2 654	440	137	89	49	60	10	25	156	43	113
80　歳　以　上	2 321	107	20	15	5	2	2	11	47	10	38
（再掲）65歳以上	6 559	1 201	415	279	136	187	28	66	375	81	294
75歳以上	3 661	256	55	39	16	21	8	21	106	29	77
公的年金-恩給受給あり	6 869	1 506	595	371	224	264	32	71	394	87	307
15　～　29　歳	13	6	2	1	1	0	1	－	0	－	0
30　～　39	17	8	5	3	2	1	－	－	0	0	0
40　～　49	43	12	5	3	2	3	1	0	0	0	0
50　～　59	96	40	22	13	9	7	2	1	4	1	3
60　～　69	2 066	935	416	255	161	195	17	38	202	38	164
70　～　79	2 438	405	129	82	47	57	9	22	143	38	105
80　歳　以　上	2 197	100	17	13	4	2	2	10	45	9	36
（再掲）65歳以上	6 039	1 072	367	241	127	172	22	59	335	72	263
75歳以上	3 432	239	51	36	15	19	8	20	99	28	72
公的年金-恩給受給なし	6 395	4 953	3 842	3 226	616	403	57	199	344	84	259
15　～　29　歳	1 801	1 205	1 031	887	143	92	15	37	13	2	11
30　～　39	945	881	739	633	106	61	6	26	39	11	28
40　～　49	1 355	1 195	945	812	133	82	9	47	89	18	71
50　～　59	1 502	1 257	914	750	164	112	16	63	118	30	88
60　～　69	560	381	203	136	67	53	10	23	72	18	54
70　～　79	154	28	7	6	1	3	1	3	10	5	6
80　歳　以　上	78	6	3	2	0	－	－	1	2	0	2
（再掲）65歳以上	393	121	46	37	8	15	6	7	37	9	28
75歳以上	146	13	4	3	0	1	0	1	5	2	3
男	6 230	3 809	2 703	2 260	444	303	50	192	439	101	337
15　～　29　歳	1 047	719	621	539	83	48	9	22	9	0	9
30　～　39	622	581	485	428	58	35	3	19	30	9	21
40　～　49	900	784	620	546	74	41	6	37	64	14	50
50　～　59	969	803	587	498	89	50	10	51	84	20	64
60　～　69	1 341	706	323	204	119	115	17	46	162	35	126
70　～　79	844	176	58	39	19	14	4	12	71	18	53
80　歳　以　上	507	39	7	5	2	0	1	5	19	5	14
（再掲）65歳以上	2 095	543	185	123	61	71	15	38	185	39	146
75歳以上	892	97	24	16	8	4	3	9	46	15	31
公的年金-恩給受給あり	2 244	666	252	156	96	101	14	42	200	43	157
15　～　29　歳	6	3	1	1	－	－	－	－	－	－	－
30　～　39	9	5	3	2	1	0	－	－	0	0	0
40　～　49	21	5	1	1	1	1	1	－	0	－	0
50　～　59	32	9	1	1	0	2	1	－	3	1	2
60　～　69	958	451	188	113	75	84	9	26	114	21	92
70　～　79	752	159	54	36	18	13	3	11	65	16	49
80　歳　以　上	467	34	4	3	1	0	1	5	18	5	13
（再掲）65歳以上	1 851	466	155	99	55	64	10	34	163	35	129
75歳以上	813	88	20	13	7	3	2	9	43	14	29
公的年金-恩給受給なし	3 928	3 139	2 451	2 104	347	201	35	150	237	58	179
15　～　29　歳	1 041	717	620	537	83	48	9	22	9	0	9
30　～　39	613	576	483	426	57	35	3	19	30	8	21
40　～　49	879	779	619	546	73	39	6	37	64	14	50
50　～　59	937	795	587	498	89	47	9	51	81	19	62
60　～　69	364	254	135	91	44	31	7	20	48	14	34
70　～　79	71	14	5	4	1	1	1	1	5	2	3
80　歳　以　上	23	4	2	2	0	－	－	0	1	0	0
（再掲）65歳以上	197	74	29	24	5	8	6	4	21	4	16
75歳以上	49	7	3	3	0	1	0	1	2	1	1

注：1）熊本県を除いたものである。
　　2）公的年金-恩給受給の有無の「総数」には、公的年金-恩給受給の有無不詳を含む。
　　3）「総数」には仕事の有無不詳、「仕事あり」には勤めか自営か不詳、「役員以外の雇用者」には呼称不詳を含む。
　　4）勤め先での呼称の「役員以外の雇用者」とは、一般常雇者、1月以上1年未満の契約の雇用者、日々又は1月未満の契約の雇用者をいう。

自営かの別－勤め先での呼称－無・性・公的年金-恩給受給の有無・年齢（10歳階級）別

平成28年

家族従業者	内職	その他	仕事なし	役員以外の雇用者	（再掲）役員以外の雇用者							
					正規の職員・従業員	非正規の職員・従業員	パート	アルバイト	労働者派遣事業所の派遣社員	契約社員	嘱託	その他
56	18	138	6 059	5 195	3 317	1 875	687	463	179	330	128	87
3	0	13	595	1 141	809	331	26	227	29	35	5	9
3	1	6	64	812	644	167	28	33	37	46	11	12
7	1	15	157	1 045	810	235	66	40	47	60	10	12
8	3	22	252	1 073	738	335	150	48	36	71	15	15
14	9	53	1 185	893	266	625	310	87	22	105	75	25
12	4	22	1 878	207	39	169	102	26	8	12	10	12
9	1	7	1 929	24	11	13	5	2	2	1	1	2
29	10	60	4 619	630	137	492	285	73	21	50	37	25
14	1	14	2 933	83	20	63	32	12	6	4	4	6
31	12	78	4 735	892	212	678	378	94	26	86	63	32
–	0	2	6	3	1	2	1	1	1	–	–	–
–	0	2	6	6	2	4	1	1	0	–	–	2
–	0	2	27	9	3	6	5	0	0	0	–	1
–	–	3	48	30	9	21	13	1	1	3	1	1
11	7	42	1 019	627	152	475	256	65	14	72	52	15
11	4	19	1 765	195	35	159	97	24	7	9	10	12
9	1	7	1 864	21	9	12	5	2	2	1	0	2
27	10	55	4 377	561	117	443	262	63	17	45	33	23
14	1	14	2 815	78	17	61	31	11	6	4	4	6
25	6	59	1 318	4 301	3 104	1 195	308	370	153	244	65	55
3	0	11	589	1 138	807	329	26	226	28	35	5	9
3	1	5	57	806	642	163	27	32	36	46	11	11
7	1	12	130	1 036	807	229	62	40	47	60	10	11
8	3	19	204	1 042	728	314	137	47	35	67	14	14
3	2	11	160	265	114	151	54	22	8	33	23	10
1	–	1	113	11	3	8	3	2	0	3	–	0
0	–	0	64	3	2	1	–	0	–	–	0	–
2	0	4	242	66	18	47	22	10	4	5	4	2
0	–	0	119	5	3	2	1	1	–	–	0	–
20	5	72	2 104	3 056	2 218	836	149	282	91	193	72	49
1	0	6	322	678	513	166	10	117	16	16	2	5
1	1	5	34	523	438	85	7	18	19	28	5	8
5	1	9	92	667	557	110	14	31	22	30	3	9
2	1	17	140	647	510	137	29	36	18	39	7	8
7	1	26	553	455	174	280	70	64	12	71	50	13
2	1	7	564	76	22	54	17	16	3	8	5	5
2	–	3	400	9	5	4	1	1	1	0	0	0
8	2	24	1 321	271	80	191	59	52	9	34	25	11
2	–	3	675	30	9	21	5	6	3	2	2	3
8	2	33	1 386	367	116	251	76	61	12	53	37	13
–	–	1	2	1	1	0	0	–	–	–	–	–
–	0	1	3	3	2	1	–	–	0	–	–	1
–	0	1	13	3	1	2	1	0	–	0	–	1
–	–	2	19	4	1	3	1	0	1	1	–	0
4	1	19	454	282	89	192	56	46	8	45	31	6
2	1	6	514	69	20	49	16	14	3	6	5	5
2	–	2	382	5	2	3	1	1	1	0	0	0
7	2	21	1 215	228	64	164	53	43	7	30	21	9
2	–	3	637	26	6	20	5	6	3	2	2	3
12	3	39	715	2 688	2 101	585	73	221	79	140	35	36
1	0	5	320	677	512	165	10	117	16	16	2	5
1	1	3	31	520	436	84	7	18	19	28	5	6
5	0	8	79	664	556	108	13	30	22	30	3	9
2	1	15	121	643	509	134	28	36	18	38	7	8
2	0	8	96	174	85	88	14	18	5	26	18	7
0	–	0	50	7	2	5	1	2	–	2	–	0
0	–	0	18	2	2	1	–	0	–	–	0	–
0	–	3	106	42	15	27	6	9	2	4	4	2
0	–	0	38	4	2	1	0	1	–	–	0	–

自営かの別－勤め先での呼称－無・性・公的年金-恩給受給の有無・年齢（10歳階級）別

（2－2）

第130表　世帯人員（15歳以上の単独世帯の者），仕事の有－勤めか

（単位：千人）

性 公的年金-恩給受給の有無 年　　齢　　階　　級	総　数	仕事あり	一　般 常雇者	契約期間の 定めのない 雇　用　者	契約期間が 1年以上の 雇　用　者	1月以上 1年未満の 契約の 雇用者	日々又は 1月未満の 契約の 雇用者	会社・団体 等の役員	自営業主	雇人あり	雇人なし
女	7 177	2 659	1 735	1 338	398	365	39	78	303	70	232
15　～　29　歳	767	491	411	350	61	44	7	14	4	2	2
30　～　39	341	309	259	208	51	27	3	7	10	3	7
40　～　49	498	423	330	269	61	45	3	10	25	4	21
50　～　59	629	494	348	264	84	70	7	13	38	11	27
60　～　69	1 318	610	295	186	109	132	10	15	113	21	91
70　～　79	1 810	264	79	49	30	46	7	13	85	24	60
80　歳　以　上	1 814	68	13	10	2	1	2	6	29	4	24
（再掲）65歳以上	4 464	658	230	155	75	116	13	28	190	42	148
75歳以上	2 769	159	31	23	8	17	5	12	60	15	46
公的年金-恩給受給あり	4 625	840	343	215	128	163	18	30	194	44	150
15　～　29　歳	7	3	1	0	1	0	1	－	0	－	0
30　～　39	8	4	3	2	1	0	－	－	0	0	－
40　～　49	23	7	4	3	1	2	0	0	0	0	－
50　～　59	64	32	21	12	8	5	1	1	1	0	1
60　～　69	1 108	484	228	141	86	111	8	12	88	17	71
70　～　79	1 686	246	75	47	29	44	6	11	77	21	56
80　歳　以　上	1 729	65	12	10	2	1	2	6	27	4	22
（再掲）65歳以上	4 188	607	213	141	71	108	13	25	172	38	135
75歳以上	2 618	151	31	23	8	16	5	11	56	14	42
公的年金-恩給受給なし	2 467	1 814	1 391	1 122	269	201	21	49	107	27	80
15　～　29　歳	760	488	410	350	60	44	6	14	3	2	2
30　～　39	333	305	256	206	50	26	3	7	9	2	7
40　～　49	476	416	326	266	60	43	3	10	25	4	21
50　～　59	565	462	328	252	76	65	6	12	37	11	26
60　～　69	195	126	68	45	23	21	3	3	24	4	20
70　～　79	83	14	2	2	0	2	0	2	6	3	3
80　歳　以　上	55	3	0	－	0	－	－	1	2	0	2
（再掲）65歳以上	197	47	16	14	3	7	1	3	16	4	12
75歳以上	97	6	0	0	0	1	0	1	3	1	3

注：1）熊本県を除いたものである。
　　2）公的年金-恩給受給の有無の「総数」には、公的年金-恩給受給の有無不詳を含む。
　　3）「総数」には仕事の有無不詳、「仕事あり」には勤めか自営か不詳、「役員以外の雇用者」には呼称不詳を含む。
　　4）勤め先での呼称の「役員以外の雇用者」とは、一般常雇者、1月以上1年未満の契約の雇用者、日々又は1月未満の契約の雇用者をいう。

自営かの別－勤め先での呼称－無・性・公的年金-恩給受給の有無・年齢（10歳階級）別

平成28年

家族従業者	内職	その他	仕事なし	役員以外の雇用者	（再掲）役員以外の雇用者							
					正規の職員・従業員	非正規の職員・従業員	パート	アルバイト	労働者派遣事業所の派遣社員	契約社員	嘱託	その他
36	13	66	3 955	2 139	1 099	1 038	538	181	88	137	56	39
2	0	7	273	462	296	166	17	110	12	20	3	4
1	0	2	30	289	207	82	20	15	18	17	7	5
3	0	5	65	378	253	125	52	9	24	30	7	2
6	1	6	112	426	228	197	121	12	17	32	8	7
7	8	26	632	438	92	345	240	24	9	35	25	12
9	3	15	1 314	131	16	115	85	10	5	3	5	7
7	1	5	1 529	16	7	9	4	1	1	1	0	2
21	9	36	3 298	359	57	301	226	21	12	16	12	14
12	1	11	2 258	53	11	42	27	5	3	2	2	3
22	10	45	3 349	524	96	427	302	33	14	33	26	19
–	0	0	4	2	0	2	1	1	1	–	–	–
–	–	0	4	3	1	2	1	1	0	–	–	1
–	0	1	14	6	2	4	4	0	0	–	–	–
–	–	1	29	27	9	18	12	1	1	2	1	1
7	6	24	565	346	63	283	200	19	7	27	20	9
9	3	14	1 251	126	15	110	81	10	5	3	5	7
7	1	5	1 483	15	7	9	4	1	1	1	0	2
20	8	34	3 161	334	54	280	209	20	10	15	12	14
12	1	11	2 178	52	11	41	26	5	3	2	2	3
14	4	20	603	1 613	1 002	610	235	149	74	104	29	19
2	–	7	269	460	296	164	16	110	12	20	3	4
1	0	1	26	286	206	80	20	14	18	17	7	4
3	0	4	51	372	251	121	49	9	24	30	7	2
6	1	4	83	399	219	179	108	11	17	29	7	6
1	2	3	64	92	29	62	40	4	3	8	5	3
1	–	1	63	4	1	3	2	0	0	1	–	0
–	–	0	46	0	0	–	–	–	–	–	–	–
1	0	1	136	24	3	20	16	1	2	1	0	0
0	–	0	81	1	0	1	1	–	–	–	–	–

（6－1）

第131表　世帯人員（15歳以上），仕事の有－勤めか

（単位：千人）　　（　総

公的年金加入状況 年　齢　階　級	総　数	仕事あり	一　般 常雇者	契約期間の 定めのない 雇　用　者	契約期間が 1年以上の 雇　用　者	1月以上 1年未満の 契　約　の 雇　用　者	日々又は 1月未満の 契　約　の 雇　用　者	会社・団体 等の役員	自営業主	雇人あり	雇人なし
総　　　　　　数	107 298	61 087	40 474	32 583	7 891	6 287	803	2 917	6 463	2 082	4 381
15　～　19　歳	6 055	999	650	531	119	204	65	10	8	2	6
20　～　24	4 852	3 350	2 670	2 231	439	389	93	60	24	8	17
25　～　29	5 002	4 183	3 512	2 979	532	312	47	75	84	26	58
30　～　34	6 079	4 882	3 929	3 371	559	382	46	111	198	70	128
35　～　39	7 388	5 962	4 668	4 014	654	467	54	176	323	116	206
40　～　44	9 243	7 607	5 727	4 891	836	671	59	295	508	196	312
45　～　49	8 878	7 342	5 348	4 476	872	673	63	317	570	209	361
50　～　54	8 021	6 639	4 706	3 835	871	617	67	371	558	209	349
55　～　59	7 789	6 124	4 096	3 223	873	577	63	409	637	250	386
60　～　64	8 677	5 469	2 742	1 534	1 208	954	93	407	828	287	541
65　～　69	10 949	4 685	1 622	976	646	745	85	365	1 272	322	950
70　～　74	8 001	2 084	529	335	194	218	39	169	727	202	525
75　～　79	6 800	1 074	202	133	69	64	22	91	423	113	310
80　歳　以　上	9 565	686	71	53	18	14	6	60	303	72	231
（再掲）65歳以上	35 315	8 530	2 424	1 497	927	1 041	152	685	2 724	708	2 016
75歳以上	16 365	1 761	274	186	87	78	28	151	726	185	541
加　入　し　て　い　る	59 703	49 808	36 881	30 250	6 631	4 594	452	2 430	3 319	1 273	2 046
15　～　19　歳	284	283	271	235	35	5	－	7	0	0	－
20　～　24	4 183	3 115	2 553	2 143	410	331	67	59	22	7	15
25　～　29	4 691	4 020	3 415	2 901	515	286	37	75	78	26	52
30　～　34	5 815	4 754	3 856	3 312	543	368	39	109	190	68	122
35　～　39	7 108	5 823	4 586	3 942	644	453	51	173	312	111	201
40　～　44	8 907	7 476	5 676	4 853	824	652	53	290	489	192	297
45　～　49	8 536	7 208	5 292	4 438	854	653	59	314	553	206	348
50　～　54	7 710	6 512	4 650	3 796	854	599	61	366	539	203	336
55　～　59	7 377	5 951	4 028	3 170	858	550	56	405	596	235	361
60　～　64	3 465	3 103	1 819	1 015	804	472	20	334	329	148	181
65　～　69	1 334	1 283	634	378	256	201	8	232	154	63	91
70　～　74	204	191	74	50	25	18	2	49	31	9	22
75　～　79	49	49	16	10	5	3	0	8	14	3	11
80　歳　以　上	40	40	12	9	3	2	－	7	11	2	8
（再掲）65歳以上	1 627	1 563	736	447	289	224	10	296	210	78	132
75歳以上	89	89	28	19	8	5	0	16	25	6	19
国民年金第1号被保険者	12 240	7 584	2 322	1 698	624	829	290	179	2 608	896	1 712
15　～　19　歳	・	・	・	・	・	・	・	・	・	・	・
20　～　24	1 777	777	405	290	115	212	63	4	21	6	15
25　～　29	852	483	215	156	59	71	32	6	69	22	48
30　～　34	1 017	629	228	178	50	73	26	11	164	55	109
35　～　39	1 183	784	247	192	55	67	31	18	261	88	173
40　～　44	1 482	1 010	287	225	61	85	26	31	394	138	256
45　～　49	1 552	1 045	262	193	69	66	28	30	453	151	302
50　～　54	1 490	1 023	246	183	64	83	31	33	441	149	292
55　～　59	1 881	1 182	300	197	103	112	37	26	490	173	317
60　～　64	884	554	115	72	43	55	14	17	259	97	161
65　～　69	121	97	17	12	5	6	1	2	56	15	41
70　～　74	・	・	・	・	・	・	・	・	・	・	・
75　～　79	・	・	・	・	・	・	・	・	・	・	・
80　歳　以　上	・	・	・	・	・	・	・	・	・	・	・
（再掲）65歳以上	121	97	17	12	5	6	1	2	56	15	41
75歳以上	・	・	・	・	・	・	・	・	・	・	・

注：1）熊本県を除いたものである。
　　2）「総数」には、公的年金加入状況不詳の者を含む。
　　3）「総数」には仕事の有無不詳、「仕事あり」には勤めか自営か不詳、「役員以外の雇用者」には呼称不詳を含む。
　　4）勤め先での呼称の「役員以外の雇用者」とは、一般常雇者、1月以上1年未満の契約の雇用者、日々又は1月未満の契約の雇用者をいう。

366

自営かの別－勤め先での呼称－無・公的年金加入状況・年齢（５歳階級）・性別

数　）

平成28年

家族従業者	内職	その他	仕事なし	役員以外の雇用者	正規の職員・従業員	非正規の職員・従業員	（再掲）役員以外の雇用者					
							パート	アルバイト	労働者派遣事業所の派遣社員	契約社員	嘱託	その他
2 506	208	955	43 029	47 564	29 334	18 197	9 368	3 429	1 060	2 664	1 088	588
7	0	25	5 055	919	296	623	28	569	10	9	2	6
35	2	47	1 470	3 152	1 948	1 203	178	774	60	151	13	27
71	8	52	758	3 871	2 850	1 018	352	273	100	233	28	33
134	12	47	1 137	4 357	3 152	1 203	552	214	128	234	35	41
178	17	51	1 352	5 189	3 702	1 483	851	191	131	227	42	41
216	29	67	1 440	6 457	4 457	1 997	1 280	204	149	253	60	52
224	30	75	1 358	6 085	4 079	2 003	1 325	180	143	253	57	45
208	16	68	1 253	5 389	3 570	1 816	1 213	149	98	232	63	60
227	18	72	1 539	4 736	3 044	1 690	1 095	153	67	254	75	47
293	16	103	3 046	3 790	1 354	2 431	1 145	218	61	477	439	93
365	27	161	5 934	2 453	583	1 864	929	326	70	262	200	78
259	16	99	5 477	786	172	613	309	129	29	58	49	40
144	10	56	5 187	288	83	205	94	43	12	18	21	18
144	7	35	8 023	91	45	46	20	6	2	4	6	8
912	59	350	24 622	3 618	882	2 729	1 351	504	113	341	276	144
288	17	90	13 211	380	127	251	113	49	14	22	27	26
1 374	130	462	9 406	41 926	28 226	13 676	7 240	2 047	898	2 270	827	394
－	－	1	1	276	245	31	9	13	1	6	1	1
32	2	34	1 058	2 951	1 922	1 028	159	633	54	146	12	24
67	8	41	643	3 739	2 794	943	326	236	94	228	28	31
130	10	39	1 034	4 262	3 103	1 157	533	196	126	230	34	37
173	17	43	1 247	5 089	3 647	1 440	827	181	128	223	42	39
210	28	56	1 320	6 381	4 432	1 947	1 252	193	144	249	60	50
215	29	67	1 224	6 003	4 054	1 947	1 295	171	136	248	55	42
201	14	61	1 128	5 310	3 547	1 760	1 178	141	95	228	62	57
219	17	64	1 363	4 633	3 016	1 615	1 044	143	65	246	74	43
84	3	28	327	2 312	1 077	1 232	394	74	30	342	343	49
32	2	18	49	842	329	511	194	57	21	118	106	16
7	1	5	13	94	41	53	25	10	3	5	7	3
1	－	3	－	19	10	9	3	1	1	1	2	1
3	0	3	－	14	9	5	1	0	－	0	1	2
44	3	29	62	970	390	578	223	68	24	124	116	21
4	0	6	－	33	19	14	4	1	1	1	3	3
1 041	40	236	4 380	3 442	806	2 628	1 176	1 009	131	171	47	95
・	・	・	・	・	・	・	・	・	・	・	・	・
27	2	30	993	681	71	609	60	505	15	18	3	8
54	4	27	349	318	87	229	71	113	17	15	1	11
101	3	22	371	327	108	218	86	80	18	21	4	9
131	4	24	377	345	109	234	113	72	16	17	5	10
156	6	25	421	397	124	273	155	59	19	18	6	15
168	6	31	449	356	97	259	164	50	12	17	6	10
153	4	28	432	361	87	273	171	47	15	22	6	12
177	9	31	669	448	80	368	252	59	13	27	7	10
65	2	16	295	184	37	146	93	21	3	13	8	8
9	1	4	24	25	5	19	12	3	1	2	1	0
・	・	・	・	・	・	・	・	・	・	・	・	・
・	・	・	・	・	・	・	・	・	・	・	・	・
9	1	4	24	25	5	19	12	3	1	2	1	0

（6－2）

第131表　世帯人員（15歳以上），仕事の有－勤めか

（単位：千人）　　（　総

公的年金加入状況 年　齢　階　級	総　数	仕事あり	一　般 常雇者	契約期間の 定めのない 雇　用　者	契約期間が 1年以上の 雇　用　者	1月以上 1年未満の 契約の 雇用者	日々又は 1月未満の 契約の 雇用者	会社・団体 等の役員	自営業主	雇人あり	雇人なし
国民年金第2号被保険者	38 119	37 674	32 175	26 971	5 204	2 397	37	2 200	515	343	172
15 ～ 19 歳	284	283	271	235	35	5	－	7	0	0	－
20 ～ 24	2 327	2 314	2 135	1 842	293	112	2	54	1	1	0
25 ～ 29	3 418	3 397	3 115	2 676	440	184	2	68	3	3	1
30 ～ 34	3 816	3 790	3 436	2 990	446	209	2	96	15	12	3
35 ～ 39	4 461	4 422	4 003	3 494	508	213	3	151	25	21	4
40 ～ 44	5 565	5 484	4 863	4 276	587	274	1	250	58	46	12
45 ～ 49	5 232	5 163	4 507	3 904	603	276	4	275	59	47	12
50 ～ 54	4 702	4 642	3 978	3 358	620	242	3	321	61	48	13
55 ～ 59	4 228	4 164	3 445	2 819	626	246	4	366	68	53	16
60 ～ 64	2 581	2 549	1 704	942	762	418	6	317	70	50	20
65 ～ 69	1 213	1 186	617	366	251	195	6	230	98	48	50
70 ～ 74	204	191	74	50	25	18	2	49	31	9	22
75 ～ 79	49	49	16	10	5	3	0	8	14	3	11
80 歳 以 上	40	40	12	9	3	2	－	7	11	2	8
(再掲)65歳以上	1 506	1 466	719	435	284	218	9	295	154	63	91
75歳以上	89	89	28	19	8	5	0	16	25	6	19
国民年金第3号被保険者	9 344	4 551	2 384	1 581	804	1 367	125	51	196	34	161
15 ～ 19 歳	・	・	・	・	・	・	・	・	・	・	・
20 ～ 24	78	24	13	11	2	7	2	1	－	－	－
25 ～ 29	421	140	85	69	16	31	3	1	5	1	4
30 ～ 34	982	335	191	144	47	86	10	3	11	1	10
35 ～ 39	1 465	617	336	255	81	173	17	4	25	2	23
40 ～ 44	1 859	982	527	351	176	294	25	9	37	7	30
45 ～ 49	1 753	1 000	523	341	182	311	26	9	41	7	34
50 ～ 54	1 519	847	426	256	170	273	26	12	37	6	31
55 ～ 59	1 268	606	283	154	129	192	15	13	38	9	29
60 ～ 64	・	・	・	・	・	・	・	・	・	・	・
65 ～ 69	・	・	・	・	・	・	・	・	・	・	・
70 ～ 74	・	・	・	・	・	・	・	・	・	・	・
75 ～ 79	・	・	・	・	・	・	・	・	・	・	・
80 歳 以 上	・	・	・	・	・	・	・	・	・	・	・
(再掲)65歳以上	・	・	・	・	・	・	・	・	・	・	・
75歳以上	・	・	・	・	・	・	・	・	・	・	・
加 入 し て い な い	46 877	11 030	3 461	2 217	1 244	1 654	342	486	3 143	809	2 334
15 ～ 19 歳	5 770	716	380	296	84	199	65	3	8	2	6
20 ～ 24	620	216	109	81	29	54	26	1	3	1	2
25 ～ 29	239	118	64	48	16	21	8	0	6	0	5
30 ～ 34	202	90	46	34	12	12	6	2	8	2	6
35 ～ 39	193	87	44	38	6	11	2	2	11	5	6
40 ～ 44	234	106	45	33	12	14	4	4	19	4	15
45 ～ 49	247	110	51	36	15	14	4	3	17	3	13
50 ～ 54	237	110	49	34	16	14	5	5	19	6	13
55 ～ 59	313	146	61	48	13	18	6	4	39	15	24
60 ～ 64	5 134	2 364	923	519	404	480	73	73	498	139	359
65 ～ 69	9 616	3 402	989	598	390	544	78	133	1 117	258	859
70 ～ 74	7 797	1 893	454	285	169	200	37	120	695	192	503
75 ～ 79	6 751	1 025	186	123	64	61	22	83	409	109	300
80 歳 以 上	9 525	646	60	44	15	12	6	53	293	70	223
(再掲)65歳以上	33 688	6 967	1 689	1 051	638	817	142	389	2 514	630	1 884
75歳以上	16 276	1 671	246	167	79	73	27	135	702	179	522

注：1）熊本県を除いたものである。
　　2）「総数」には、公的年金加入状況不詳の者を含む。
　　3）「総数」には仕事の有無不詳、「仕事あり」には勤めか自営か不詳、「役員以外の雇用者」には呼称不詳を含む。
　　4）勤め先での呼称の「役員以外の雇用者」とは、一般常雇者、1月以上1年未満の契約の雇用者、日々又は1月未満の契約の雇用者をいう。

自営かの別－勤め先での呼称－無・公的年金加入状況・年齢（5歳階級）・性別

数　）

平成28年

家族従業者	内職	その他	仕事なし	役員以外の雇用者	（再掲）役員以外の雇用者							
					正規の職員・従業員	非正規の職員・従業員	パート	アルバイト	労働者派遣事業所の派遣社員	契約社員	嘱託	その他
171	6	126	241	34 609	27 355	7 240	2 870	690	681	2 002	741	256
–	–	1	1	276	245	31	9	13	1	6	1	1
4	–	4	11	2 249	1 850	398	85	123	37	128	10	16
7	–	11	13	3 302	2 702	598	167	105	73	209	26	18
15	0	10	18	3 648	2 990	656	217	83	102	203	27	24
16	–	8	23	4 218	3 529	689	279	61	96	196	32	25
16	1	16	23	5 138	4 299	839	398	55	108	208	42	26
21	0	14	24	4 786	3 947	839	410	46	105	210	42	25
21	0	13	26	4 224	3 444	777	401	43	64	188	49	33
17	1	12	32	3 696	2 924	770	394	44	43	202	60	26
20	1	12	31	2 128	1 040	1 086	300	53	27	329	336	41
23	1	15	25	818	324	491	182	54	20	116	105	15
7	1	5	13	94	41	53	25	10	3	5	7	3
1	–	3	–	19	10	9	3	1	1	1	2	1
3	0	3	–	14	9	5	1	0	–	0	1	2
34	2	26	38	945	384	558	211	65	23	122	115	21
4	0	6	–	33	19	14	4	1	1	1	3	3
162	84	101	4 786	3 876	65	3 808	3 193	349	86	97	40	42
・	・	・	・	・	・	・	・	・	・	・	・	・
1	0	0	54	21	1	21	14	5	1	0	–	–
5	4	3	282	119	4	115	89	17	3	3	1	2
14	8	7	645	287	5	282	230	33	6	7	3	3
26	12	11	846	526	9	517	436	48	16	9	5	4
37	20	16	877	846	10	835	699	79	17	22	11	8
26	23	23	751	861	10	850	721	75	19	21	7	7
27	10	19	670	725	15	710	607	51	16	18	7	11
26	7	22	661	490	12	477	398	40	9	17	7	7
・	・	・	・	・	・	・	・	・	・	・	・	・
・	・	・	・	・	・	・	・	・	・	・	・	・
・	・	・	・	・	・	・	・	・	・	・	・	・
1 132	77	485	33 514	5 456	978	4 471	2 101	1 376	156	386	261	191
7	0	24	5 054	644	51	592	19	557	8	3	0	5
3	0	11	395	189	18	171	18	140	6	4	0	3
4	0	10	112	94	24	70	23	36	4	5	0	2
4	2	7	101	63	21	42	17	17	1	3	0	4
5	0	8	102	57	18	38	22	10	3	2	0	2
7	1	10	115	64	20	44	24	11	3	3	0	2
9	1	6	128	69	20	48	26	8	6	5	2	2
7	2	6	117	68	17	51	33	8	3	4	1	3
8	1	6	159	85	20	64	43	10	2	6	1	3
209	13	75	2 671	1 476	276	1 198	750	144	31	134	95	44
333	25	143	5 885	1 610	253	1 354	735	269	50	144	95	62
252	15	94	5 465	691	131	560	283	119	26	53	42	37
143	10	53	5 187	269	73	196	91	41	11	17	19	16
141	7	32	8 023	77	36	42	18	6	2	4	5	7
869	56	321	24 560	2 648	492	2 151	1 127	435	89	218	160	122
284	16	85	13 211	346	108	237	109	48	13	20	24	23

（6－3）

第131表　世帯人員（15歳以上），仕事の有－勤めか

（単位：千人）　　　（　男　）

公的年金加入状況 年　齢　階　級	総　数	仕事あり	一　般 常雇者	契約期間の 定めのない 雇用者	契約期間が 1年以上の 雇用者	1月以上 1年未満の 契約の 雇用者	日々又は 1月未満の 契約の 雇用者	会社・団体 等の役員	自営業主	雇人あり	雇人なし
総　　　　　　　数	51 145	34 031	23 264	19 685	3 579	2 097	346	2 168	4 863	1 649	3 214
15 ～ 19 歳	3 035	496	330	269	61	89	33	6	6	1	5
20 ～ 24	2 423	1 649	1 306	1 106	200	184	46	31	18	6	13
25 ～ 29	2 476	2 218	1 903	1 656	247	112	21	49	55	15	40
30 ～ 34	2 986	2 760	2 277	2 028	249	133	19	81	149	57	93
35 ～ 39	3 664	3 405	2 785	2 513	272	103	24	137	245	97	148
40 ～ 44	4 555	4 177	3 338	3 060	278	99	15	222	390	164	226
45 ～ 49	4 342	3 956	3 073	2 774	299	88	17	239	439	170	269
50 ～ 54	3 935	3 597	2 726	2 425	301	90	20	275	417	161	256
55 ～ 59	3 807	3 405	2 394	2 061	333	120	23	310	495	198	297
60 ～ 64	4 181	3 207	1 658	910	748	457	36	314	649	228	422
65 ～ 69	5 283	2 832	969	560	409	449	50	272	936	256	679
70 ～ 74	3 711	1 261	331	209	122	126	23	125	528	155	373
75 ～ 79	3 100	670	131	84	47	38	13	65	320	89	231
80 歳 以 上	3 647	398	42	30	12	8	3	42	216	53	163
（再掲）65歳以上	15 741	5 160	1 473	883	591	621	90	504	2 000	554	1 447
75歳以上	6 746	1 068	173	114	59	46	16	107	536	142	394
加 入 し て い る	30 238	27 975	21 436	18 511	2 926	1 327	168	1 835	2 547	1 028	1 519
15 ～ 19 歳	162	162	155	137	18	2	－	4	0	0	－
20 ～ 24	2 062	1 525	1 246	1 060	186	153	33	30	16	5	11
25 ～ 29	2 319	2 140	1 857	1 616	241	102	15	49	50	15	35
30 ～ 34	2 852	2 695	2 241	1 999	242	129	16	79	143	55	88
35 ～ 39	3 501	3 321	2 738	2 471	268	96	22	135	236	93	143
40 ～ 44	4 369	4 109	3 312	3 038	274	95	13	219	374	160	214
45 ～ 49	4 160	3 887	3 042	2 751	291	81	16	237	428	168	260
50 ～ 54	3 766	3 535	2 699	2 405	294	85	15	273	404	156	247
55 ～ 59	3 596	3 314	2 362	2 036	326	112	20	307	461	185	276
60 ～ 64	2 283	2 163	1 275	700	575	303	11	269	272	125	147
65 ～ 69	948	917	437	250	187	152	5	183	121	53	67
70 ～ 74	152	140	52	33	18	13	2	38	24	8	16
75 ～ 79	39	39	12	9	4	2	0	6	11	2	8
80 歳 以 上	29	29	8	6	1	2	－	6	9	2	7
（再掲）65歳以上	1 167	1 124	509	298	210	170	7	233	164	66	98
75歳以上	67	67	20	15	5	4	0	12	19	5	15
国民年金第1号被保険者	6 019	4 129	1 019	788	231	294	143	125	2 073	732	1 341
15 ～ 19 歳	・	・	・	・	・	・	・	・	・	・	・
20 ～ 24	914	383	190	138	53	103	32	2	16	4	11
25 ～ 29	427	259	112	83	29	28	14	5	48	13	35
30 ～ 34	506	363	113	91	22	36	14	7	127	44	83
35 ～ 39	622	464	123	101	22	27	20	11	207	74	133
40 ～ 44	759	562	123	102	21	20	11	24	313	118	195
45 ～ 49	803	590	108	84	25	16	14	21	369	126	242
50 ～ 54	714	543	97	78	19	23	13	21	347	117	230
55 ～ 59	789	582	91	72	20	25	18	19	393	139	253
60 ～ 64	417	322	52	34	18	16	7	14	212	83	129
65 ～ 69	69	59	9	7	3	3	1	1	43	13	30
70 ～ 74	・	・	・	・	・	・	・	・	・	・	・
75 ～ 79	・	・	・	・	・	・	・	・	・	・	・
80 歳 以 上	・	・	・	・	・	・	・	・	・	・	・
（再掲）65歳以上	69	59	9	7	3	3	1	1	43	13	30
75歳以上	・	・	・	・	・	・	・	・	・	・	・

注：1）熊本県を除いたものである。
　　2）「総数」には，公的年金加入状況不詳の者を含む。
　　3）「総数」には仕事の有無不詳，「仕事あり」には勤めか自営か不詳，「役員以外の雇用者」には呼称不詳を含む。
　　4）勤め先での呼称の「役員以外の雇用者」とは，一般常雇者，1月以上1年未満の契約の雇用者，日々又は1月未満の契約の雇用者をいう。

370

自営かの別－勤め先での呼称－無・公的年金加入状況・年齢（５歳階級）・性別

平成28年

家族従業者	内職	その他	仕事なし	役員以外の雇用者	正規の職員・従業員	非正規の職員・従業員	（再掲）役員以外の雇用者					
							パート	アルバイト	労働者派遣事業所の派遣社員	契約社員	嘱託	その他
591	28	478	15 199	25 707	20 119	5 574	1 080	1 685	441	1 377	684	307
6	0	10	2 539	452	179	273	10	252	3	4	0	4
24	0	25	754	1 536	999	536	44	386	28	58	6	15
39	1	30	223	2 037	1 690	346	60	129	38	97	7	16
62	2	27	190	2 429	2 100	327	46	95	49	109	9	19
76	1	22	205	2 912	2 610	299	50	74	49	97	13	17
68	2	31	241	3 453	3 186	267	41	63	46	90	9	19
55	1	32	260	3 179	2 916	262	53	58	40	79	11	20
34	2	26	247	2 836	2 573	263	53	57	40	84	12	17
26	2	28	317	2 537	2 200	336	71	63	29	123	30	20
32	1	48	855	2 151	1 019	1 130	192	124	42	358	356	59
44	6	86	2 231	1 469	431	1 033	304	244	47	215	167	56
48	5	61	2 175	481	129	351	109	103	20	49	42	29
32	3	33	2 108	182	57	125	40	33	8	13	18	13
44	2	18	2 855	53	29	23	6	5	1	2	5	5
168	16	198	9 369	2 185	646	1 533	459	385	76	279	232	103
76	5	51	4 963	235	86	148	46	38	9	14	23	18
391	11	213	1 918	22 931	19 353	3 568	563	904	347	1 097	478	180
–	–	0	0	157	143	15	5	6	1	2	0	1
22	0	18	531	1 432	986	445	37	308	25	57	5	13
38	1	24	163	1 974	1 658	316	53	110	36	95	7	15
60	2	21	140	2 385	2 073	311	44	87	49	107	9	16
73	1	18	152	2 856	2 572	283	45	68	47	95	13	16
66	2	26	179	3 419	3 167	252	38	55	44	88	9	18
52	1	25	196	3 138	2 896	242	48	52	38	76	9	18
32	2	21	180	2 800	2 554	245	49	51	37	82	12	15
25	1	22	239	2 494	2 181	312	64	57	27	118	29	17
12	0	16	97	1 589	833	755	89	52	24	270	285	35
6	1	12	30	595	248	344	75	47	15	103	92	12
3	1	4	12	67	29	37	14	9	3	4	5	2
1	–	2	–	15	8	7	2	1	0	0	2	1
1	0	2	–	10	6	4	0	0	–	0	1	2
11	2	21	42	686	291	392	91	58	19	107	100	17
2	0	4	–	24	13	11	2	1	0	1	3	3
324	7	128	1 708	1 456	558	896	140	522	59	93	24	58
·	·	·	·	·	·	·	·	·	·	·	·	·
19	0	17	525	325	37	288	14	254	6	8	2	4
32	0	18	157	153	56	97	15	60	8	8	1	5
50	2	14	133	163	77	86	15	43	8	11	2	6
63	1	13	142	170	85	84	18	38	8	9	4	7
55	1	16	160	154	85	68	13	26	9	10	2	9
46	1	15	172	138	69	69	18	28	5	8	2	8
27	1	13	147	133	62	70	15	26	7	13	3	6
23	1	13	189	134	55	79	19	30	6	14	4	6
8	–	8	72	75	27	48	11	14	2	12	4	6
0	–	2	10	13	5	8	2	3	0	2	1	0
·	·	·	·	·	·	·	·	·	·	·	·	·
·	·	·	·	·	·	·	·	·	·	·	·	·
0	–	2	10	13	5	8	2	3	0	2	1	0

（6－4）

第131表　世帯人員（15歳以上），仕事の有－勤めか

（単位：千人）　　　　　　　　　　　　　　　　　　　　　　　　　　　　　　　　（　男　）

公的年金加入状況 年齢階級	総数	仕事あり	一般常雇者	契約期間の定めのない雇用者	契約期間が1年以上の雇用者	1月以上1年未満の契約の雇用者	日々又は1月未満の契約の雇用者	会社・団体等の役員	自営業主	雇人あり	雇人なし
国民年金第2号被保険者	24 071	23 766	20 403	17 713	2 689	1 023	21	1 709	433	294	139
15 ～ 19 歳	162	162	155	137	18	2	－	4	0	0	－
20 ～ 24	1 147	1 141	1 055	922	133	50	1	28	1	1	0
25 ～ 29	1 886	1 877	1 744	1 532	212	72	1	44	2	1	0
30 ～ 34	2 336	2 327	2 128	1 907	220	91	1	72	14	11	3
35 ～ 39	2 866	2 849	2 615	2 369	246	68	1	124	23	19	4
40 ～ 44	3 591	3 534	3 187	2 935	252	75	0	196	53	42	11
45 ～ 49	3 330	3 280	2 928	2 664	264	64	2	215	52	41	11
50 ～ 54	3 022	2 977	2 600	2 327	273	61	1	251	48	39	10
55 ～ 59	2 766	2 713	2 268	1 963	306	85	2	287	58	45	13
60 ～ 64	1 866	1 841	1 223	666	557	287	4	255	60	43	17
65 ～ 69	879	859	428	243	184	150	4	182	78	40	38
70 ～ 74	152	140	52	33	18	13	2	38	24	8	16
75 ～ 79	39	39	12	9	4	2	0	6	11	2	8
80 歳 以 上	29	29	8	6	1	2	－	6	9	2	7
(再掲)65歳以上	1 099	1 065	499	291	208	167	6	232	121	53	68
75歳以上	67	67	20	15	5	4	0	12	19	5	15
国民年金第3号被保険者	147	80	15	10	5	9	4	1	40	2	39
15 ～ 19 歳	・	・	・	・	・	・	・	・	・	・	・
20 ～ 24	1	1	0	0	－	0	－	－	－	－	－
25 ～ 29	6	5	2	2	0	2	－	0	0	－	0
30 ～ 34	9	4	0	0	0	2	0	－	1	－	1
35 ～ 39	13	8	1	1	－	1	0	－	6	－	6
40 ～ 44	19	13	2	2	1	1	1	－	8	0	8
45 ～ 49	27	16	5	3	2	1	0	0	7	1	7
50 ～ 54	30	14	2	1	1	1	1	0	8	0	8
55 ～ 59	42	18	2	1	1	2	1	1	10	0	10
60 ～ 64	・	・	・	・	・	・	・	・	・	・	・
65 ～ 69	・	・	・	・	・	・	・	・	・	・	・
70 ～ 74	・	・	・	・	・	・	・	・	・	・	・
75 ～ 79	・	・	・	・	・	・	・	・	・	・	・
80 歳 以 上	・	・	・	・	・	・	・	・	・	・	・
(再掲)65歳以上	・	・	・	・	・	・	・	・	・	・	・
75歳以上	・	・	・	・	・	・	・	・	・	・	・
加 入 し て い な い	20 498	5 917	1 746	1 101	645	759	175	331	2 315	621	1 694
15 ～ 19 歳	2 872	334	175	132	42	87	33	2	6	1	5
20 ～ 24	337	117	57	43	14	30	13	1	2	1	1
25 ～ 29	117	54	27	22	5	9	6	0	5	－	5
30 ～ 34	99	45	22	16	5	4	3	2	6	1	5
35 ～ 39	105	50	21	18	3	5	1	2	10	4	5
40 ～ 44	121	53	22	18	4	3	2	2	16	3	13
45 ～ 49	121	55	27	21	6	4	1	2	11	2	9
50 ～ 54	122	52	22	16	6	4	4	2	13	5	8
55 ～ 59	158	78	27	21	6	6	3	3	32	13	19
60 ～ 64	1 871	1 043	383	210	173	154	25	45	377	102	275
65 ～ 69	4 336	1 915	532	310	222	297	45	89	815	203	612
70 ～ 74	3 559	1 121	280	175	104	113	22	87	504	146	357
75 ～ 79	3 061	631	119	75	44	36	13	59	310	87	223
80 歳 以 上	3 618	370	34	24	10	6	3	36	207	51	157
(再掲)65歳以上	14 573	4 036	965	585	380	451	83	270	1 836	487	1 349
75歳以上	6 679	1 001	153	99	54	42	16	95	517	138	379

注：1）熊本県を除いたものである。
　　2）「総数」には、公的年金加入状況不詳の者を含む。
　　3）「総数」には仕事の有無不詳、「仕事あり」には勤めか自営か不詳、「役員以外の雇用者」には呼称不詳を含む。
　　4）勤め先での呼称の「役員以外の雇用者」とは、一般常雇者、1月以上1年未満の契約の雇用者、日々又は1月未満の契約の雇用者をいう。

自営かの別－勤め先での呼称－無・公的年金加入状況・年齢（５歳階級）・性別

平成28年

家族従業者	内職	その他	仕事なし	役員以外の雇用者	（再掲）役員以外の雇用者							
					正規の職員・従業員	非正規の職員・従業員	パート	アルバイト	労働者派遣事業所の派遣社員	契約社員	嘱託	その他
63	4	81	149	21 446	18 791	2 648	414	374	286	999	454	121
–	–	0	0	157	143	15	5	6	1	2	0	1
3	–	2	5	1 106	949	157	23	54	19	48	3	9
5	–	5	6	1 817	1 601	216	38	49	28	86	6	9
10	–	7	4	2 220	1 996	224	28	43	40	96	6	10
9	–	4	6	2 685	2 486	199	26	30	38	86	9	9
9	1	10	13	3 262	3 081	180	25	27	35	78	6	9
6	0	9	14	2 994	2 826	168	26	22	34	68	8	10
5	0	8	19	2 662	2 491	171	33	24	29	68	9	8
2	1	7	26	2 355	2 126	229	42	26	22	104	25	10
4	0	8	24	1 514	806	707	78	38	22	258	281	29
5	1	10	20	582	244	336	73	44	15	101	91	12
3	1	4	12	67	29	37	14	9	3	4	5	2
1	–	2	–	15	8	7	2	1	0	0	2	1
1	0	2	–	10	6	4	0	0	–	0	1	2
11	2	19	32	673	287	384	89	55	19	106	99	17
2	0	4	–	24	13	11	2	1	0	1	3	3
4	0	4	62	28	5	24	9	7	2	4	0	1
·	·	·	·	·	·	·	·	·	·	·	·	·
–	–	–	1	1	–	1	–	0	–	0	–	–
1	0	1	1	3	1	3	–	1	–	2	–	–
0	0	–	4	3	1	2	1	0	1	0	–	–
1	–	0	5	2	1	1	0	0	0	–	0	0
1	–	0	5	4	1	3	0	2	–	1	0	–
0	–	1	9	7	1	6	4	2	0	0	–	0
1	0	0	14	5	0	4	1	1	1	1	–	0
0	0	2	23	5	1	4	3	1	0	0	–	0
200	17	259	13 257	2 679	683	1 990	513	778	92	277	206	125
6	0	10	2 538	295	36	259	5	246	2	2	0	3
2	–	7	214	101	11	90	7	77	3	1	0	2
1	0	5	58	42	14	28	6	18	1	1	–	1
2	0	5	49	28	13	15	3	8	0	1	0	2
3	0	5	53	27	13	13	4	5	2	1	–	1
2	0	4	61	27	14	13	2	7	2	1	0	1
3	1	5	61	33	16	16	4	5	2	3	1	1
2	0	4	65	30	14	16	4	7	3	2	–	2
1	0	5	75	36	13	23	7	6	1	4	1	3
20	1	32	755	562	185	376	103	72	18	88	71	24
38	5	74	2 201	874	183	689	229	196	32	113	76	44
44	4	56	2 163	414	100	314	95	94	17	45	36	27
31	3	31	2 108	168	49	118	38	32	8	12	16	12
44	2	16	2 855	43	24	20	6	5	1	1	3	3
157	14	178	9 327	1 499	355	1 141	368	327	57	171	132	86
74	5	47	4 963	211	73	138	43	37	9	14	20	15

（6－5）

第131表　世帯人員（15歳以上），仕事の有－勤めか

（単位：千人）　　（　女　）

公的年金加入状況 年　齢　階　級	総　数	仕事あり	一　般 常雇者	契約期間の 定めのない 雇　用　者	契約期間が 1年以上の 雇　用　者	1月以上 1年未満の 契　約　の 雇　用　者	日々又は 1月未満の 契　約　の 雇　用　者	会社・団体 等の役員	自営業主	雇人あり	雇人なし
総　　　　　　　　数	56 153	27 056	17 210	12 898	4 312	4 190	457	749	1 601	433	1 167
15　～　19　歳	3 019	503	321	263	58	115	32	4	2	1	1
20　～　24	2 429	1 701	1 364	1 125	239	205	47	29	6	2	4
25　～　29	2 526	1 965	1 609	1 323	286	200	26	26	29	11	18
30　～　34	3 093	2 122	1 652	1 343	309	250	27	30	49	13	36
35　～　39	3 724	2 557	1 883	1 501	381	365	30	39	77	19	58
40　～　44	4 688	3 430	2 389	1 831	558	572	44	73	119	33	86
45　～　49	4 536	3 386	2 275	1 702	573	585	46	79	132	39	92
50　～　54	4 085	3 042	1 980	1 410	570	526	47	96	142	49	93
55　～　59	3 981	2 719	1 702	1 162	541	457	40	99	142	53	90
60　～　64	4 497	2 262	1 084	624	460	497	58	93	179	59	119
65　～　69	5 666	1 853	653	416	237	296	35	94	336	65	271
70　～　74	4 290	823	197	126	71	92	16	44	199	47	152
75　～　79	3 701	405	71	49	22	26	9	26	103	23	79
80　歳　以　上	5 918	288	30	23	7	6	2	19	87	19	68
（再掲）65歳以上	19 575	3 369	951	614	336	420	62	182	724	154	570
75歳以上	9 619	693	101	73	28	33	11	44	190	43	147
加　入　し　て　い　る	29 465	21 833	15 444	11 739	3 706	3 267	284	594	772	245	527
15　～　19　歳	121	121	116	99	17	2	－	3	－	－	－
20　～　24	2 121	1 590	1 307	1 082	225	179	34	29	6	2	3
25　～　29	2 372	1 880	1 558	1 285	273	185	22	26	28	11	17
30　～　34	2 963	2 059	1 615	1 314	301	239	23	30	47	13	34
35　～　39	3 607	2 502	1 848	1 471	377	357	29	38	76	18	58
40　～　44	4 538	3 367	2 365	1 814	550	558	40	71	115	31	84
45　～　49	4 377	3 321	2 250	1 687	563	572	43	77	126	38	88
50　～　54	3 944	2 978	1 950	1 390	560	514	46	93	135	47	88
55　～　59	3 781	2 637	1 666	1 134	532	438	36	98	135	50	85
60　～　64	1 182	939	544	314	229	170	9	65	57	23	35
65　～　69	386	365	197	128	69	49	2	49	34	10	24
70　～　74	52	51	23	16	6	4	1	11	7	1	6
75　～　79	11	11	3	2	2	1	0	2	3	1	2
80　歳　以　上	12	12	4	3	2	0	－	2	2	0	2
（再掲）65歳以上	460	439	227	149	78	54	3	63	46	12	35
75歳以上	22	22	8	4	3	1	0	3	5	1	4
国民年金第1号被保険者	6 220	3 455	1 303	910	393	535	147	54	535	163	371
15　～　19　歳	・	・	・	・	・	・	・	・	・	・	・
20　～　24	863	393	215	152	63	110	31	2	5	2	3
25　～　29	425	225	103	73	30	43	17	2	21	8	13
30　～　34	512	266	115	87	28	37	12	3	37	11	26
35　～　39	561	320	124	92	33	40	11	7	54	14	40
40　～　44	723	448	164	124	40	65	15	7	81	20	61
45　～　49	749	455	153	109	44	50	15	9	85	25	60
50　～　54	775	480	149	105	45	60	18	12	94	32	62
55　～　59	1 093	599	208	125	83	87	19	8	97	34	63
60　～　64	467	232	63	38	25	38	8	3	47	15	32
65　～　69	53	38	8	5	3	3	1	0	14	2	11
70　～　74	・	・	・	・	・	・	・	・	・	・	・
75　～　79	・	・	・	・	・	・	・	・	・	・	・
80　歳　以　上	・	・	・	・	・	・	・	・	・	・	・
（再掲）65歳以上	53	38	8	5	3	3	1	0	14	2	11
75歳以上	・	・	・	・	・	・	・	・	・	・	・

注：1）熊本県を除いたものである。
　　2）「総数」には、公的年金加入状況不詳の者を含む。
　　3）「総数」には仕事の有無不詳、「仕事あり」には勤めか自営か不詳、「役員以外の雇用者」には呼称不詳を含む。
　　4）勤め先での呼称の「役員以外の雇用者」とは、一般常雇者、1月以上1年未満の契約の雇用者、日々又は1月未満の契約の雇用者をいう。

自営かの別－勤め先での呼称－無・公的年金加入状況・年齢（５歳階級）・性別

平成28年

家族従業者	内職	その他	仕事なし	役員以外の雇用者	（再掲）役員以外の雇用者							
					正規の職員・従業員	非正規の職員・従業員	パート	アルバイト	労働者派遣事業所の派遣社員	契約社員	嘱託	その他
1 915	180	478	27 830	21 857	9 215	12 624	8 288	1 744	619	1 287	405	280
1	0	15	2 516	467	117	350	17	318	6	5	1	2
11	2	21	715	1 616	949	666	133	388	32	93	7	12
31	8	22	535	1 834	1 160	672	292	144	62	136	21	17
72	10	20	948	1 928	1 052	875	506	119	78	125	25	22
102	16	29	1 146	2 278	1 092	1 184	801	117	83	130	29	24
149	27	36	1 199	3 004	1 272	1 730	1 239	142	103	163	51	33
168	28	43	1 098	2 906	1 163	1 741	1 272	122	102	175	47	24
174	14	42	1 006	2 553	997	1 553	1 160	92	58	149	51	44
201	17	43	1 223	2 199	844	1 354	1 024	90	38	131	45	26
261	15	54	2 191	1 638	335	1 301	952	94	19	119	83	34
321	21	75	3 703	983	152	831	625	82	23	46	33	22
211	11	38	3 303	305	43	262	200	26	9	9	7	11
112	7	22	3 079	106	26	80	54	10	3	5	3	5
100	4	17	5 168	38	15	23	13	1	1	2	1	3
744	44	152	15 253	1 433	236	1 196	892	119	37	62	45	41
212	12	39	8 248	144	41	103	67	11	5	7	5	8
983	119	249	7 488	18 996	8 873	10 108	6 677	1 144	551	1 173	349	214
－	－	0	0	118	102	16	4	7	0	4	1	0
10	1	16	527	1 519	936	582	122	325	29	90	7	11
29	7	17	480	1 765	1 136	626	274	125	58	132	20	17
70	9	18	894	1 877	1 030	845	489	110	77	123	25	20
100	15	25	1 095	2 233	1 075	1 157	782	112	82	128	29	23
144	26	31	1 141	2 962	1 265	1 695	1 214	138	100	160	51	32
163	28	42	1 029	2 865	1 158	1 705	1 247	119	98	172	46	24
168	13	39	948	2 510	993	1 515	1 129	90	58	146	50	42
194	16	42	1 124	2 139	835	1 303	980	86	37	128	45	26
72	3	11	230	723	244	477	304	21	6	73	58	14
26	1	6	20	248	81	167	119	10	5	15	14	3
4	0	1	1	28	12	16	11	1	－	1	2	1
0	－	1	－	4	2	2	1	0	0	0	0	0
2	0	1	－	4	3	1	1	－	－	－	0	0
33	1	9	20	284	98	186	132	11	5	16	16	5
2	0	1	－	9	6	3	2	0	0	0	0	1
717	33	108	2 672	1 985	249	1 732	1 036	487	72	78	23	37
・	・	・	・	・	・	・	・	・	・	・	・	・
8	1	14	467	356	34	321	46	251	9	11	1	4
22	3	9	192	164	31	132	56	53	10	7	0	6
51	1	8	238	164	31	133	71	37	11	10	1	3
68	3	11	235	176	25	150	95	34	8	8	1	4
101	6	9	260	244	39	205	143	33	10	8	5	6
122	5	16	277	218	28	190	146	22	8	9	4	2
126	3	16	285	228	25	203	156	20	8	9	3	6
153	8	17	480	315	25	289	232	29	7	13	3	4
56	2	7	223	109	10	98	82	7	1	2	4	2
9	1	2	14	12	1	11	10	0	1	0	－	0
・	・	・	・	・	・	・	・	・	・	・	・	・
・	・	・	・	・	・	・	・	・	・	・	・	・
9	1	2	14	12	1	11	10	0	1	0	－	0
・	・	・	・	・	・	・	・	・	・	・	・	・

（6－6）

第131表　世帯人員（15歳以上），仕事の有－勤めか

（単位：千人）　　（女）

公的年金加入状況 年齢階級	総数	仕事あり	一般常雇者	契約期間の定めのない雇用者	契約期間が1年以上の雇用者	1月以上1年未満の契約の雇用者	日々又は1月未満の契約の雇用者	会社・団体等の役員	自営業主	雇人あり	雇人なし
国民年金第2号被保険者	14 048	13 907	11 772	9 258	2 514	1 375	16	491	82	49	34
15 ～ 19 歳	121	121	116	99	17	2	－	3	－	－	－
20 ～ 24	1 180	1 173	1 079	920	160	62	1	26	0	0	0
25 ～ 29	1 532	1 521	1 371	1 144	227	112	1	23	1	1	0
30 ～ 34	1 479	1 463	1 308	1 082	226	118	1	24	1	1	－
35 ～ 39	1 594	1 573	1 388	1 125	263	145	1	27	2	2	0
40 ～ 44	1 974	1 950	1 676	1 341	335	199	1	55	5	4	1
45 ～ 49	1 901	1 883	1 578	1 240	339	211	2	60	7	6	1
50 ～ 54	1 680	1 665	1 378	1 031	347	181	2	69	12	9	3
55 ～ 59	1 462	1 450	1 177	856	321	161	2	79	10	8	2
60 ～ 64	715	708	481	277	205	131	2	62	10	8	3
65 ～ 69	333	328	189	123	66	45	2	49	20	7	13
70 ～ 74	52	51	23	16	6	4	1	11	7	1	6
75 ～ 79	11	11	3	2	2	1	0	2	3	1	2
80 歳 以 上	12	12	4	3	2	0	－	2	2	0	2
（再掲）65歳以上	407	401	219	143	76	51	3	63	33	9	23
75歳以上	22	22	8	4	3	1	0	3	5	1	4
国民年金第3号被保険者	9 197	4 471	2 369	1 571	798	1 357	121	49	155	33	122
15 ～ 19 歳	・	・	・	・	・	・	・	・	・	・	・
20 ～ 24	77	24	12	10	2	6	2	1	－	－	－
25 ～ 29	415	134	83	67	16	29	3	1	5	1	4
30 ～ 34	972	331	191	144	47	84	10	3	10	1	9
35 ～ 39	1 452	609	336	254	81	172	16	4	20	2	18
40 ～ 44	1 841	969	525	349	175	293	24	9	29	7	22
45 ～ 49	1 726	984	518	338	181	310	26	8	34	7	27
50 ～ 54	1 489	833	423	255	168	273	25	12	29	6	23
55 ～ 59	1 226	587	281	153	128	189	15	12	28	9	19
60 ～ 64	・	・	・	・	・	・	・	・	・	・	・
65 ～ 69	・	・	・	・	・	・	・	・	・	・	・
70 ～ 74	・	・	・	・	・	・	・	・	・	・	・
75 ～ 79	・	・	・	・	・	・	・	・	・	・	・
80 歳 以 上	・	・	・	・	・	・	・	・	・	・	・
（再掲）65歳以上	・	・	・	・	・	・	・	・	・	・	・
75歳以上	・	・	・	・	・	・	・	・	・	・	・
加 入 し て い な い	26 379	5 113	1 715	1 116	599	896	167	155	828	188	640
15 ～ 19 歳	2 898	382	205	164	41	112	32	1	2	1	1
20 ～ 24	282	99	52	38	15	23	13	0	1	0	1
25 ～ 29	122	64	38	27	11	12	2	－	1	0	1
30 ～ 34	103	45	24	18	6	8	4	0	2	0	1
35 ～ 39	88	37	23	20	4	6	1	0	1	1	1
40 ～ 44	113	53	23	16	7	11	2	2	4	1	2
45 ～ 49	125	55	24	15	9	9	3	1	6	1	4
50 ～ 54	115	58	28	18	10	9	1	2	6	1	5
55 ～ 59	155	68	34	27	7	12	3	1	7	2	4
60 ～ 64	3 262	1 321	540	309	231	326	48	27	121	37	85
65 ～ 69	5 280	1 488	456	288	168	247	32	45	302	55	247
70 ～ 74	4 238	772	175	110	65	87	15	33	191	46	145
75 ～ 79	3 690	394	68	48	20	26	9	24	99	22	77
80 歳 以 上	5 906	277	26	21	5	6	2	17	85	19	66
（再掲）65歳以上	19 115	2 931	724	466	258	366	59	118	678	143	535
75歳以上	9 596	671	93	68	25	32	11	41	184	41	143

注：1）熊本県を除いたものである。
　　2）「総数」には，公的年金加入状況不詳の者を含む。
　　3）「総数」には仕事の有無不詳，「仕事あり」には勤めか自営か不詳，「役員以外の雇用者」には呼称不詳を含む。
　　4）勤め先での呼称の「役員以外の雇用者」とは，一般常雇者，1月以上1年未満の契約の雇用者，日々又は1月未満の契約の雇用者をいう。

376

自営かの別－勤め先での呼称－無・公的年金加入状況・年齢（５歳階級）・性別

平成28年

家族従業者	内職	その他	仕事なし	役員以外の雇用者	正規の職員・従業員	非正規の職員・従業員	（再掲）役員以外の雇用者 パート	アルバイト	労働者派遣事業所の派遣社員	契約社員	嘱託	その他
108	2	45	92	13 163	8 564	4 592	2 457	315	394	1 003	287	135
–	–	0	0	118	102	16	4	7	0	4	1	0
1	–	2	7	1 143	901	241	62	69	18	79	6	7
2	–	6	8	1 485	1 101	382	129	56	45	124	20	8
5	0	3	14	1 428	995	432	189	40	61	106	21	14
7	–	4	18	1 534	1 043	490	252	31	58	111	23	16
7	–	6	9	1 876	1 217	658	373	28	74	130	36	17
16	0	5	10	1 792	1 121	671	383	24	72	142	35	15
16	–	5	7	1 561	953	606	368	19	35	121	40	25
15	1	5	6	1 340	798	541	352	18	21	98	35	16
16	0	4	7	614	234	379	222	14	5	71	54	12
18	0	4	5	236	80	155	110	9	5	15	14	3
4	0	1	1	28	12	16	11	1	–	1	2	1
0	–	1	–	4	2	2	1	0	0	0	0	0
2	0	1	–	4	3	1	1	–	–	–	0	0
24	1	7	6	272	98	175	122	11	5	16	16	5
2	0	1	–	9	6	3	2	0	0	0	0	1
158	84	96	4 724	3 847	60	3 784	3 184	341	85	93	40	41
·	·	·	·	·	·	·	·	·	·	·	·	·
1	0	0	53	20	1	20	14	5	1	0	–	–
5	4	2	281	116	4	112	89	16	3	1	1	2
13	7	7	641	284	4	280	229	33	6	7	3	3
25	12	11	842	524	8	517	435	48	16	9	5	4
36	20	16	872	842	9	832	699	77	17	22	11	8
26	23	21	742	854	9	844	717	74	19	21	7	7
27	10	19	656	721	15	706	605	51	15	17	7	11
26	7	20	638	484	12	473	395	39	9	17	7	7
·	·	·	·	·	·	·	·	·	·	·	·	·
·	·	·	·	·	·	·	·	·	·	·	·	·
·	·	·	·	·	·	·	·	·	·	·	·	·
·	·	·	·	·	·	·	·	·	·	·	·	·
·	·	·	·	·	·	·	·	·	·	·	·	·
·	·	·	·	·	·	·	·	·	·	·	·	·
·	·	·	·	·	·	·	·	·	·	·	·	·
932	61	226	20 257	2 777	294	2 480	1 588	598	64	109	55	66
1	0	15	2 516	349	15	334	14	311	6	1	0	2
1	0	5	181	88	8	81	11	63	3	2	–	1
2	0	5	53	52	10	42	16	18	3	3	0	0
2	2	2	52	36	8	27	14	8	1	2	–	2
2	0	3	49	30	5	25	18	5	1	1	0	1
5	1	5	55	36	6	30	22	4	1	2	0	1
5	1	1	66	36	4	32	23	2	4	2	1	0
5	1	2	52	38	3	35	29	2	0	2	1	2
7	1	1	84	49	7	42	36	4	0	2	0	0
189	12	43	1 915	914	91	823	647	72	13	46	25	20
295	20	69	3 683	736	71	664	505	72	18	31	19	19
207	11	37	3 302	277	31	246	188	25	9	8	5	10
112	7	21	3 079	102	24	78	53	9	3	4	3	5
97	4	16	5 168	34	12	22	13	1	1	2	1	3
712	42	144	15 233	1 149	137	1 010	759	108	31	46	28	37
209	11	38	8 248	136	35	100	66	11	4	7	4	8

（9－1）

第132表　世帯人員（15歳以上），仕事の有－勤めか

（単位：千人）　　（　総

教育 年齢階級	総数	仕事あり	一般常雇者	契約期間の定めのない雇用者	契約期間が1年以上の雇用者	1月以上1年未満の契約の雇用者	日々又は1月未満の契約の雇用者	会社・団体等の役員	自営業主	雇人あり	雇人なし
総　　　　数	107 298	61 087	40 474	32 583	7 891	6 287	803	2 917	6 463	2 082	4 381
15 ～ 19 歳	6 055	999	650	531	119	204	65	10	8	2	6
20 ～ 24	4 852	3 350	2 670	2 231	439	389	93	60	24	8	17
25 ～ 29	5 002	4 183	3 512	2 979	532	312	47	75	84	26	58
30 ～ 34	6 079	4 882	3 929	3 371	559	382	46	111	198	70	128
35 ～ 39	7 388	5 962	4 668	4 014	654	467	54	176	323	116	206
40 ～ 44	9 243	7 607	5 727	4 891	836	671	59	295	508	196	312
45 ～ 49	8 878	7 342	5 348	4 476	872	673	63	317	570	209	361
50 ～ 54	8 021	6 639	4 706	3 835	871	617	67	371	558	209	349
55 ～ 59	7 789	6 124	4 096	3 223	873	577	63	409	637	250	386
60 ～ 64	8 677	5 469	2 742	1 534	1 208	954	93	407	828	287	541
65 ～ 69	10 949	4 685	1 622	976	646	745	85	365	1 272	322	950
70 ～ 74	8 001	2 084	529	335	194	218	39	169	727	202	525
75 ～ 79	6 800	1 074	202	133	69	64	22	91	423	113	310
80 歳 以 上	9 565	686	71	53	18	14	6	60	303	72	231
（再掲）65歳以上	35 315	8 530	2 424	1 497	927	1 041	152	685	2 724	708	2 016
75歳以上	16 365	1 761	274	186	87	78	28	151	726	185	541
卒　　　　業	86 116	53 521	36 080	29 274	6 806	5 297	580	2 578	5 480	1 771	3 709
15 ～ 19 歳	572	395	326	286	40	25	11	9	4	1	3
20 ～ 24	2 950	2 570	2 195	1 885	311	194	34	53	17	6	11
25 ～ 29	4 423	3 794	3 205	2 733	472	284	34	63	75	24	51
30 ～ 34	5 409	4 409	3 555	3 062	492	350	37	100	177	60	117
35 ～ 39	6 595	5 398	4 248	3 660	588	419	48	153	291	106	185
40 ～ 44	8 217	6 941	5 259	4 508	750	613	48	262	449	169	280
45 ～ 49	7 838	6 645	4 880	4 106	774	613	54	281	495	180	315
50 ～ 54	7 095	6 007	4 285	3 514	771	561	58	330	490	183	307
55 ～ 59	6 839	5 492	3 697	2 923	773	519	50	370	561	217	344
60 ～ 64	7 408	4 756	2 398	1 342	1 056	835	74	361	708	240	468
65 ～ 69	9 056	3 931	1 376	828	547	632	73	320	1 023	270	753
70 ～ 74	6 417	1 711	437	277	159	187	35	143	572	160	412
75 ～ 79	5 437	891	168	109	59	51	19	78	355	94	261
80 歳 以 上	7 858	581	55	41	14	12	5	54	264	62	203
（再掲）65歳以上	28 769	7 114	2 035	1 256	780	882	131	595	2 213	585	1 628
75歳以上	13 296	1 472	223	150	73	63	24	132	619	155	464
小 学 ・ 中 学	11 869	3 725	1 688	1 289	398	375	84	131	890	242	648
15 ～ 19 歳	96	51	32	28	4	6	6	0	2	0	1
20 ～ 24	157	103	72	58	14	13	2	1	5	2	3
25 ～ 29	184	121	88	67	21	13	1	2	8	4	4
30 ～ 34	253	192	132	109	23	15	2	3	24	8	16
35 ～ 39	257	185	116	100	16	15	4	9	25	9	16
40 ～ 44	344	260	164	138	26	29	5	13	35	12	23
45 ～ 49	325	240	152	125	27	19	2	11	42	13	29
50 ～ 54	251	192	110	95	15	17	5	8	37	12	25
55 ～ 59	329	226	136	106	30	19	5	9	40	17	23
60 ～ 64	752	462	231	158	73	68	10	15	91	31	60
65 ～ 69	1 535	676	260	175	85	88	18	22	192	45	147
70 ～ 74	1 833	489	134	90	44	53	13	15	160	44	117
75 ～ 79	1 946	295	47	32	15	15	10	10	124	27	97
80 歳 以 上	3 605	232	14	9	5	5	2	11	105	17	88
（再掲）65歳以上	8 919	1 692	455	306	149	161	43	58	582	133	449
75歳以上	5 551	527	61	41	20	19	12	21	230	44	185
高 校 ・ 旧 制 中	35 700	21 250	13 726	10 926	2 800	2 405	261	917	2 331	709	1 622
15 ～ 19 歳	429	320	277	246	30	18	5	6	2	0	1
20 ～ 24	1 116	938	782	660	121	75	14	22	7	2	5
25 ～ 29	1 274	1 049	842	699	143	90	16	22	27	9	18
30 ～ 34	1 683	1 345	1 044	881	164	132	14	27	57	20	37
35 ～ 39	2 139	1 764	1 347	1 138	209	156	18	51	97	32	64
40 ～ 44	2 982	2 530	1 897	1 610	287	226	16	97	170	66	104
45 ～ 49	3 191	2 706	1 961	1 641	319	266	26	106	200	72	129
50 ～ 54	3 091	2 585	1 835	1 496	339	277	32	112	199	70	129
55 ～ 59	3 004	2 381	1 604	1 260	345	264	26	111	234	80	154
60 ～ 64	3 624	2 287	1 162	677	485	440	35	124	328	103	224
65 ～ 69	4 679	1 971	686	427	259	350	36	130	493	119	374
70 ～ 74	3 047	756	193	125	69	84	16	54	248	65	183
75 ～ 79	2 414	391	75	49	26	22	5	34	160	44	115
80 歳 以 上	3 027	227	23	18	4	4	2	20	111	26	85
（再掲）65歳以上	13 166	3 345	976	618	358	460	59	239	1 012	255	757
75歳以上	5 441	618	97	67	30	26	7	54	270	70	200

注：1）熊本県を除いたものである。
　　2）「総数」には仕事の有無不詳，「仕事あり」には勤めか自営か不詳，「役員以外の雇用者」には呼称不詳を含む。
　　3）勤め先での呼称の「役員以外の雇用者」とは，一般常雇者，1月以上1年未満の契約の雇用者，日々又は1月未満の契約の雇用者をいう。

自営かの別－勤め先での呼称－無・教育・年齢（5歳階級）・性別

数　）　　　平成28年

家族従業者	内職	その他	仕事なし	役員以外の雇用者	（再掲）役員以外の雇用者							
					正規の職員・従業員	非正規の職員・従業員	パート	アルバイト	労働者派遣事業所の派遣社員	契約社員	嘱託	その他
2 506	208	955	43 029	47 564	29 334	18 197	9 368	3 429	1 060	2 664	1 088	588
7	0	25	5 055	919	296	623	28	569	10	9	2	6
35	2	47	1 470	3 152	1 948	1 203	178	774	60	151	13	27
71	8	52	758	3 871	2 850	1 018	352	273	100	233	28	33
134	12	47	1 137	4 357	3 152	1 203	552	214	128	234	35	41
178	17	51	1 352	5 189	3 702	1 483	851	191	131	227	42	41
216	29	67	1 440	6 457	4 457	1 997	1 280	204	149	253	60	52
224	30	75	1 358	6 085	4 079	2 003	1 325	180	143	253	57	45
208	16	68	1 253	5 389	3 570	1 816	1 213	149	98	232	63	60
227	18	72	1 539	4 736	3 044	1 690	1 095	153	67	254	75	47
293	16	103	3 046	3 790	1 354	2 431	1 145	218	61	477	439	93
365	27	161	5 934	2 453	583	1 864	929	326	70	262	200	78
259	16	99	5 477	786	172	613	309	129	29	58	49	40
144	10	56	5 187	288	83	205	94	43	12	18	21	18
144	7	35	8 023	91	45	46	20	6	2	4	6	8
912	59	350	24 622	3 618	882	2 729	1 351	504	113	341	276	144
288	17	90	13 211	380	127	251	113	49	14	22	27	26
2 223	185	822	32 177	41 957	26 599	15 332	8 351	2 143	949	2 392	986	512
5	0	10	177	362	262	99	17	65	6	7	1	3
31	2	33	376	2 424	1 788	635	151	257	50	141	12	24
66	8	42	621	3 522	2 610	912	323	229	91	213	25	31
123	11	41	995	3 941	2 855	1 084	496	187	115	216	33	36
162	15	48	1 188	4 715	3 356	1 356	774	172	123	212	37	38
195	27	62	1 257	5 920	4 096	1 822	1 165	187	132	234	57	46
201	28	65	1 172	5 547	3 741	1 804	1 199	157	131	226	53	38
186	14	61	1 078	4 904	3 253	1 649	1 107	133	89	209	58	53
204	17	62	1 337	4 266	2 750	1 514	990	133	60	224	68	40
257	14	89	2 635	3 307	1 169	2 134	989	189	54	422	400	81
317	21	145	5 089	2 081	480	1 596	789	280	61	223	175	70
222	15	87	4 652	658	142	516	254	112	25	50	43	32
127	8	49	4 471	237	65	171	81	36	9	13	18	14
128	6	28	7 131	72	33	40	16	6	2	3	6	7
794	49	309	21 343	3 049	720	2 323	1 141	433	97	289	241	122
254	14	77	11 602	309	98	211	98	41	11	16	24	20
348	31	130	8 004	2 147	909	1 235	633	289	62	140	56	54
1	0	2	45	43	13	30	4	23	1	1	0	1
5	0	3	54	87	37	50	13	27	2	6	0	2
5	1	3	62	102	49	53	27	17	4	4	0	2
10	1	4	61	150	82	68	33	14	6	10	1	3
8	1	7	71	135	80	55	27	10	8	8	0	1
9	1	4	82	198	120	78	45	15	6	7	1	3
6	2	4	84	173	107	66	37	12	4	10	2	2
8	1	5	59	132	79	52	23	12	5	7	2	4
7	2	6	101	160	85	74	46	11	2	11	2	2
27	3	14	286	309	114	194	106	27	5	31	18	8
58	6	26	851	366	86	278	149	60	10	27	17	14
77	6	25	1 322	200	37	163	84	41	7	14	9	8
60	3	16	1 623	72	14	58	31	16	1	3	3	3
67	4	12	3 304	20	6	14	6	3	1	1	1	2
262	18	79	7 100	658	143	513	271	121	18	46	29	27
127	7	28	4 927	92	20	72	38	19	2	5	4	5
1 053	80	361	14 300	16 392	9 319	7 064	4 119	1 010	396	978	377	185
3	–	6	109	299	236	63	11	39	5	6	1	2
16	0	17	178	871	576	295	87	127	20	53	2	7
27	3	17	221	949	625	323	139	85	31	56	5	7
46	4	18	335	1 190	766	423	209	86	37	70	8	12
62	6	21	370	1 521	1 010	510	302	71	39	77	10	12
77	10	27	443	2 140	1 394	745	498	79	54	84	16	13
97	10	31	478	2 253	1 423	828	575	69	57	92	19	16
87	7	25	501	2 145	1 325	819	577	61	43	97	21	19
102	9	24	618	1 894	1 118	775	532	70	29	101	27	16
142	7	40	1 331	1 636	526	1 109	565	101	29	210	173	32
182	11	71	2 695	1 072	217	852	458	157	35	105	68	29
111	8	35	2 272	293	61	232	121	50	12	22	15	13
54	4	20	1 998	101	28	73	37	14	4	3	10	5
46	2	8	2 751	28	13	15	8	2	1	1	2	1
393	24	135	9 716	1 495	319	1 172	623	223	52	131	95	48
100	6	29	4 749	130	41	88	45	16	5	4	12	6

（9－2）

第132表　世帯人員（15歳以上），仕事の有－勤めか

（単位：千人）　　（　総

教育年齢階級	総数	仕事あり	一般常雇者	契約期間の定めのない雇用者	契約期間が1年以上の雇用者	1月以上1年未満の契約の雇用者	日々又は1月未満の契約の雇用者	会社・団体等の役員	自営業主	雇人あり	雇人なし
専 門 学 校	8 670	6 624	4 711	3 939	772	628	62	252	603	209	394
15 ～ 19 歳	－	－	－	－	－	－	－	－	－	－	－
20 ～ 24	507	463	397	342	55	38	6	11	3	2	1
25 ～ 29	644	556	457	399	58	48	5	9	15	5	10
30 ～ 34	902	738	582	500	81	63	7	17	38	18	20
35 ～ 39	1 059	894	706	606	100	59	8	22	61	23	38
40 ～ 44	1 255	1 080	796	692	104	108	5	39	82	29	53
45 ～ 49	1 022	869	631	539	92	78	8	35	71	24	47
50 ～ 54	822	705	483	393	90	65	5	41	69	26	43
55 ～ 59	653	549	363	288	75	53	4	32	65	22	43
60 ～ 64	541	357	176	103	72	62	9	20	62	20	41
65 ～ 69	530	254	83	51	33	41	3	17	74	23	51
70 ～ 74	284	98	24	16	8	11	1	8	35	10	25
75 ～ 79	213	44	8	6	2	2	0	2	21	5	16
80 歳 以 上	237	17	4	3	1	0	－	1	8	2	6
（再掲）65歳以上	1 264	412	120	76	45	54	5	27	139	40	98
75歳以上	450	61	12	9	3	2	－	3	29	7	22
短 大 ・ 高 専	7 401	4 844	3 259	2 465	794	709	60	179	286	82	204
15 ～ 19 歳	－	－	－	－	－	－	－	－	－	－	－
20 ～ 24	217	198	172	147	25	18	2	4	0	－	0
25 ～ 29	327	271	235	200	35	22	1	4	3	1	2
30 ～ 34	446	325	261	217	45	33	2	8	7	1	5
35 ～ 39	811	589	432	349	82	81	8	11	24	7	17
40 ～ 44	1 097	829	592	466	127	130	10	16	29	8	21
45 ～ 49	977	758	518	392	125	127	8	23	33	9	24
50 ～ 54	839	645	428	308	120	109	9	23	34	9	25
55 ～ 59	837	599	377	252	125	84	7	36	43	15	28
60 ～ 64	678	346	161	88	73	73	7	20	38	11	26
65 ～ 69	560	189	61	35	26	26	5	20	42	10	32
70 ～ 74	247	52	14	8	5	4	1	8	17	6	11
75 ～ 79	162	30	7	4	4	2	－	6	9	1	7
80 歳 以 上	203	13	1	0	1	0	－	1	7	2	5
（再掲）65歳以上	1 173	284	83	47	36	33	6	35	74	19	55
75歳以上	366	42	8	4	4	3	－	7	15	3	12
大 学	18 232	13 996	10 420	8 787	1 633	961	82	947	1 123	438	685
15 ～ 19 歳	－	－	－	－	－	－	－	－	－	－	－
20 ～ 24	815	756	682	599	83	40	7	13	1	0	0
25 ～ 29	1 645	1 485	1 314	1 143	171	92	8	24	18	4	14
30 ～ 34	1 724	1 465	1 257	1 119	138	85	9	34	39	9	30
35 ～ 39	1 869	1 566	1 315	1 175	140	87	8	47	65	26	39
40 ～ 44	2 020	1 785	1 446	1 290	156	93	6	83	104	43	60
45 ～ 49	1 872	1 676	1 317	1 153	164	92	7	89	121	55	66
50 ～ 54	1 728	1 554	1 180	1 019	161	76	5	126	126	56	70
55 ～ 59	1 716	1 478	1 026	861	165	85	6	165	152	68	84
60 ～ 64	1 547	1 112	566	263	303	165	11	162	163	62	101
65 ～ 69	1 428	700	231	114	117	110	9	114	187	60	127
70 ～ 74	774	247	53	29	24	27	3	51	87	29	58
75 ～ 79	538	105	24	16	7	6	3	23	34	13	21
80 歳 以 上	558	67	10	7	3	2	1	16	27	11	15
（再掲）65歳以上	3 297	1 119	318	167	151	146	15	204	335	114	221
75歳以上	1 095	172	34	24	10	9	4	39	60	25	36
大 学 院	1 683	1 488	1 229	1 049	180	69	5	71	85	36	49
15 ～ 19 歳	－	－	－	－	－	－	－	－	－	－	－
20 ～ 24	20	19	18	16	2	－	－	0	1	－	1
25 ～ 29	184	176	161	143	19	9	0	1	3	0	3
30 ～ 34	225	211	180	155	25	11	1	8	9	2	7
35 ～ 39	245	228	205	184	21	10	0	6	5	2	3
40 ～ 44	260	240	207	183	24	9	0	7	12	5	8
45 ～ 49	200	192	164	146	18	5	1	8	11	3	8
50 ～ 54	157	149	126	109	16	4	1	9	8	3	5
55 ～ 59	124	114	90	77	13	2	－	9	11	8	3
60 ～ 64	88	76	45	22	23	6	1	11	10	5	5
65 ～ 69	94	52	24	10	14	8	0	8	10	4	6
70 ～ 74	42	15	4	1	3	3	0	2	4	2	2
75 ～ 79	20	7	3	1	2	1	0	1	4	0	3
80 歳 以 上	25	8	1	1	0	1	1	1	1	1	1
（再掲）65歳以上	180	82	33	14	19	13	1	12	16	7	9
75歳以上	45	15	4	2	2	2	1	3	1	1	0

注：1）熊本県を除いたものである。
　　2）「総数」には仕事の有無不詳、「仕事あり」には勤めか自営か不詳、「役員以外の雇用者」には呼称不詳を含む。
　　3）勤め先での呼称の「役員以外の雇用者」とは、一般常雇者、1月以上1年未満の契約の雇用者、日々又は1月未満の契約の雇用者をいう。

自営かの別－勤め先での呼称－無・教育・年齢（５歳階級）・性別

（　　　　　数　）　　　　　　　　　　　　　　　　　　　　　　　　　　　　　　　平成28年

（再掲）役員以外の雇用者 ＝ 正規の職員・従業員／非正規の職員・従業員／パート／アルバイト／労働者派遣事業所の派遣社員／契約社員／嘱託／その他

家族従業者	内職	その他	仕事なし	役員以外の雇用者	正規の職員・従業員	非正規の職員・従業員	パート	アルバイト	労働者派遣事業所の派遣社員	契約社員	嘱託	その他
257	19	66	2 023	5 401	3 520	1 878	1 080	256	135	272	90	44
3	1	2	44	442	328	114	20	46	12	28	3	4
14	1	5	87	510	357	153	53	47	14	31	4	3
25	2	4	162	652	449	202	98	34	26	34	5	5
30	2	5	164	773	546	225	137	29	22	27	4	7
34	5	7	173	909	625	284	188	27	22	34	10	3
34	2	7	150	716	475	241	162	19	16	33	8	3
30	1	9	117	553	346	206	152	12	9	23	7	3
23	2	6	105	420	266	155	111	11	6	17	7	3
21	1	6	183	247	83	164	87	12	2	27	29	6
26	1	7	272	128	28	100	56	13	3	12	13	3
13	1	4	186	37	10	27	13	5	1	3	1	3
5	0	4	166	10	5	6	2	1	1	2	0	–
1	–	0	214	5	3	2	1	–	–	1	–	0
45	3	15	837	179	45	134	72	19	5	18	15	6
6	0	4	380	15	7	8	3	1	–	3	0	0
239	21	72	2 544	4 028	1 996	2 030	1 315	183	120	252	105	56
1	–	1	19	192	148	44	8	16	4	12	2	1
3	1	2	54	258	182	76	30	14	7	19	5	1
9	0	4	121	296	183	113	61	12	11	19	5	4
23	1	6	222	521	268	252	162	24	20	33	8	5
34	6	9	266	732	363	368	250	33	24	39	15	8
31	5	8	218	653	297	356	260	25	24	33	10	4
29	3	8	194	546	245	300	210	19	13	34	13	10
36	2	12	237	468	212	256	178	18	9	29	14	7
36	1	9	332	241	65	175	106	12	3	23	24	7
24	1	8	371	92	23	69	37	7	2	10	8	5
7	–	2	193	19	5	14	8	2	0	1	2	1
3	0	2	129	10	4	6	2	0	1	1	0	1
2	–	1	188	1	1	0	0	–	–	–	0	–
36	2	14	881	122	32	90	48	9	3	11	10	8
5	0	3	317	11	5	6	3	0	1	1	0	1
265	25	137	4 193	11 464	8 957	2 500	912	325	193	628	310	133
6	–	5	57	730	622	108	13	34	9	38	6	8
14	2	9	159	1 414	1 163	250	58	55	30	87	10	11
27	3	8	258	1 351	1 127	223	75	33	29	67	10	9
33	4	5	302	1 410	1 159	250	118	28	26	55	12	11
34	3	11	232	1 546	1 283	262	140	26	20	54	12	11
28	8	11	193	1 416	1 179	236	117	26	24	48	10	11
26	1	10	173	1 260	1 049	210	108	22	15	40	14	11
31	1	11	237	1 117	908	208	94	20	12	56	17	9
29	0	16	433	741	324	417	96	29	12	112	142	26
21	1	25	725	349	100	249	68	37	9	62	60	14
7	0	17	523	83	22	61	17	11	5	9	14	6
3	0	6	425	34	12	22	6	5	2	2	4	3
6	0	4	478	14	9	5	1	0	1	–	1	2
37	2	52	2 151	480	143	336	92	53	16	72	78	25
9	0	10	903	47	21	27	7	5	2	2	5	5
9	2	16	194	1 303	1 138	165	40	10	11	53	29	21
–	–	–	1	18	18	0	–	–	0	0	–	–
1	–	1	7	171	150	20	4	2	1	8	2	3
3	–	0	13	192	167	25	5	3	3	10	2	1
1	0	2	17	215	195	19	6	2	4	6	2	1
2	1	1	20	216	193	24	8	1	1	5	3	5
1	–	2	8	170	158	11	3	0	1	4	2	2
1	–	1	8	130	119	11	4	–	0	3	–	3
0	–	1	10	92	87	6	1	–	0	4	–	1
–	0	2	12	52	32	19	1	1	1	7	8	0
0	–	2	41	32	14	18	5	0	1	4	4	4
0	–	1	26	7	2	5	0	1	–	1	1	0
0	–	0	13	5	1	4	0	–	–	1	2	1
0	–	2	17	3	1	2	0	–	–	0	2	0
1	–	6	97	47	18	29	8	1	1	6	9	5
0	–	3	30	8	2	6	1	–	–	1	3	1

（9－3）

第132表　世帯人員（15歳以上），仕事の有－勤めか

（単位：千人）　　　（　総

教育 年齢階級	総数	仕事あり	一般 常雇者	契約期間の 定めのない 雇用者	契約期間が 1年以上の 雇用者	1月以上 1年未満の 契約の 雇用者	日々又は 1月未満の 契約の 雇用者	会社・団体 等の役員	自営業主	雇人あり	雇人なし
卒業学校不詳	2 561	1 593	1 047	818	229	150	27	81	162	55	106
15 ～ 19 歳	47	24	17	12	5	2	0	2	0	－	0
20 ～ 24	117	94	73	63	10	10	2	2	1	0	1
25 ～ 29	165	134	106	82	24	10	3	1	2	0	2
30 ～ 34	177	132	99	82	16	11	2	4	5	2	3
35 ～ 39	216	171	128	107	21	11	3	7	14	6	9
40 ～ 44	259	215	156	129	27	18	5	8	17	6	12
45 ～ 49	251	204	138	110	28	26	2	9	16	5	11
50 ～ 54	207	177	123	94	29	14	2	11	17	6	10
55 ～ 59	176	146	100	79	21	12	3	7	16	6	10
60 ～ 64	177	116	58	31	27	21	2	9	16	7	10
65 ～ 69	229	90	31	17	13	9	1	10	24	9	15
70 ～ 74	192	54	14	8	6	5	1	5	20	5	15
75 ～ 79	145	19	4	2	2	1	0	2	7	2	5
80 歳 以 上	203	17	2	2	0	0	－	3	6	2	3
（再掲）65歳以上	769	179	50	28	21	15	3	20	57	18	38
75歳以上	348	36	5	3	2	2	0	5	12	4	9
在　　学　　中	7 444	1 314	706	515	191	385	112	9	22	8	14
15 ～ 19 歳	5 444	571	298	223	74	178	52	1	4	2	2
20 ～ 24	1 628	560	292	201	91	183	54	2	2	0	2
25 ～ 29	113	39	22	14	9	9	4	－	0	0	－
30 ～ 34	40	24	18	14	4	4	1	－	0	－	0
35 ～ 39	31	21	14	12	3	2	1	1	1	1	0
40 ～ 44	38	28	20	16	4	3	－	2	1	1	0
45 ～ 49	39	24	17	16	2	1	0	1	4	1	2
50 ～ 54	34	19	14	13	1	1	1	1	2	1	1
55 ～ 59	14	10	5	5	0	1	0	1	1	0	1
60 ～ 64	10	5	1	1	0	1	0	0	2	1	1
65 ～ 69	14	6	1	1	1	1	1	1	1	0	1
70 ～ 74	12	5	1	0	1	0	－	0	2	0	1
75 ～ 79	12	1	1	0	0	－	－	0	0	0	0
80 歳 以 上	17	2	0	0	－	－	－	－	1	－	1
（再掲）65歳以上	54	13	4	2	2	2	1	0	4	1	4
75歳以上	28	3	1	1	0	－	－	0	1	0	1
在 学 し た こ と が な い	161	69	40	20	20	7	1	4	9	2	7
15 ～ 19 歳	2	1	1	1	－	－	－	0	－	－	－
20 ～ 24	6	6	5	0	5	－	－	－	－	－	－
25 ～ 29	15	12	10	2	8	1	－	1	－	－	－
30 ～ 34	8	7	3	1	2	1	－	－	1	－	1
35 ～ 39	7	6	4	3	1	0	－	0	2	－	2
40 ～ 44	6	4	3	2	0	0	－	0	1	0	0
45 ～ 49	7	5	2	2	0	2	0	0	0	－	0
50 ～ 54	8	7	5	3	2	1	－	0	0	－	0
55 ～ 59	6	3	1	1	0	1	0	0	1	－	1
60 ～ 64	11	6	4	3	1	1	0	1	0	0	0
65 ～ 69	10	4	1	0	1	1	0	0	2	1	0
70 ～ 74	15	3	1	1	0	0	－	0	1	0	1
75 ～ 79	19	2	0	0	0	0	－	0	0	－	0
80 歳 以 上	43	2	－	－	－	－	－	－	1	－	1
（再掲）65歳以上	87	11	3	1	1	1	0	0	5	2	3
75歳以上	62	4	0	0	0	0	－	0	2	－	2
不　　　　　詳	13 578	6 183	3 648	2 774	873	598	110	326	952	300	651
15 ～ 19 歳	36	31	26	22	5	0	3	0	1	－	1
20 ～ 24	268	214	178	145	33	12	5	5	5	1	4
25 ～ 29	452	337	275	231	44	19	9	11	8	2	6
30 ～ 34	622	443	354	294	60	27	8	11	20	10	10
35 ～ 39	754	538	402	340	62	46	5	22	29	10	19
40 ～ 44	982	634	446	364	81	54	11	30	58	26	32
45 ～ 49	994	667	449	353	96	58	8	35	72	28	44
50 ～ 54	884	606	402	305	97	53	9	39	66	25	41
55 ～ 59	930	619	393	294	100	55	13	38	74	33	41
60 ～ 64	1 248	702	340	189	151	117	19	44	117	46	71
65 ～ 69	1 869	744	244	147	97	111	11	45	246	50	196
70 ～ 74	1 557	365	90	56	33	30	5	25	152	41	111
75 ～ 79	1 332	181	33	24	10	13	3	12	68	19	49
80 歳 以 上	1 647	102	16	12	4	2	1	7	37	10	26
（再掲）65歳以上	6 406	1 392	383	239	144	157	20	89	502	120	382
75歳以上	2 979	282	49	36	14	15	4	19	104	30	75

注：1）熊本県を除いたものである。
　　2）「総数」には仕事の有無不詳，「仕事あり」には勤めか自営か不詳，「役員以外の雇用者」には呼称不詳を含む。
　　3）勤め先での呼称の「役員以外の雇用者」とは，一般常雇者，1月以上1年未満の契約の雇用者，日々又は1月未満の契約の雇用者をいう。

自営かの別－勤め先での呼称－無・教育・年齢（５歳階級）・性別

数　）

平成28年

家族従業者	内職	その他	仕事なし	役員以外の雇用者	（再掲）役員以外の雇用者							
					正規の職員・従業員	非正規の職員・従業員	パート	アルバイト	労働者派遣事業所の派遣社員	契約社員	嘱託	その他
51	7	38	918	1 224	761	461	252	70	30	69	19	21
–	–	2	23	19	14	6	2	3	0	1	–	0
0	0	5	23	84	59	25	9	8	3	3	0	2
2	–	6	30	119	84	35	11	9	3	8	0	4
4	1	4	44	112	82	30	14	6	2	7	0	1
4	1	3	43	142	97	45	23	9	4	8	1	2
4	2	3	41	179	118	60	36	6	5	11	0	2
5	1	2	41	166	102	64	44	7	5	6	1	2
5	1	2	27	139	89	50	33	7	4	3	1	2
5	0	1	29	115	74	41	27	3	1	7	2	0
3	1	2	57	81	25	55	28	7	1	11	7	1
7	0	5	134	41	10	31	16	6	1	3	4	1
6	–	2	130	19	6	14	9	2	–	1	1	1
2	0	0	118	5	1	4	1	0	0	1	0	1
4	–	1	178	2	1	1	0	0	–	–	0	0
19	0	9	561	68	19	49	27	8	1	5	6	3
6	0	1	296	7	3	4	2	0	0	1	0	1
9	1	28	6 130	1 203	100	1 102	44	1 023	12	17	2	5
3	0	14	4 873	528	12	516	10	499	3	2	0	1
1	0	11	1 068	529	10	518	11	495	6	4	0	1
1	–	2	74	35	5	30	3	21	1	4	0	0
1	–	0	16	22	11	11	5	3	0	2	–	0
1	–	0	11	18	12	5	3	1	0	1	0	0
1	–	1	10	23	16	7	5	1	0	1	–	0
0	–	0	15	18	15	4	2	1	0	0	–	0
–	–	0	14	15	13	2	1	0	0	1	0	–
0	–	–	4	7	4	3	1	0	0	1	0	0
0	–	–	6	2	0	2	0	1	–	0	0	0
1	0	0	8	3	0	3	1	0	–	1	0	0
0	–	–	7	2	1	1	0	0	0	0	–	–
0	–	–	11	1	0	0	0	–	–	–	–	–
0	–	0	15	0	0	0	–	0	–	–	–	–
1	0	0	40	6	2	4	2	1	0	1	0	0
1	–	0	25	1	1	1	0	0	–	–	–	–
2	1	3	86	48	30	18	6	4	1	5	0	1
–	–	–	1	1	0	0	–	0	–	–	–	–
–	–	1	0	5	5	0	–	0	–	0	–	–
–	–	1	1	10	8	2	0	1	–	1	–	0
0	1	–	2	5	3	2	0	–	1	1	–	–
–	–	–	1	4	4	0	0	–	–	0	–	–
0	–	–	1	3	3	1	0	–	–	0	–	–
–	0	1	1	4	2	2	0	0	0	2	0	–
–	–	–	1	6	3	3	1	1	0	1	–	0
0	–	0	2	2	1	1	0	1	–	0	–	–
–	–	–	5	5	2	2	1	1	–	1	–	–
0	0	0	6	2	0	2	1	1	–	0	–	–
1	0	0	10	1	–	1	1	–	–	–	–	0
–	–	0	16	1	–	1	0	–	–	0	–	0
0	–	–	41	–	–	–	–	–	–	–	–	–
1	0	1	72	4	0	3	2	1	0	0	0	0
0	–	0	56	1	–	1	–	0	–	–	0	0
272	21	102	4 636	4 355	2 604	1 746	968	259	98	250	101	70
0	–	0	5	29	22	8	1	5	0	0	–	1
2	0	2	25	195	146	49	15	21	4	7	0	2
4	0	6	62	303	227	75	26	22	8	15	3	2
10	1	6	125	389	283	106	50	23	12	15	2	4
16	2	3	152	453	331	122	73	18	8	15	4	3
20	2	4	172	511	343	168	110	16	16	17	3	5
22	2	9	170	515	322	193	124	22	12	26	4	6
22	2	6	160	464	301	162	105	15	9	22	5	7
23	1	10	197	461	289	172	104	19	6	29	7	6
36	2	14	401	476	182	293	155	27	8	53	38	12
47	6	16	831	366	102	264	138	45	10	38	25	8
36	1	12	808	125	29	95	54	17	4	8	6	7
17	2	6	690	50	17	33	12	7	2	5	3	4
16	1	6	837	18	12	7	3	0	0	1	0	2
116	10	41	3 167	560	160	398	207	70	16	51	34	21
33	3	13	1 528	68	29	39	15	8	2	6	3	6

（9－4）

第132表　世帯人員（15歳以上），仕事の有－勤めか

（単位：千人）　　　（　男　）

教育程度 年齢階級	総数	仕事あり	一般常雇者	契約期間の定めのない雇用者	契約期間が1年以上の雇用者	1月以上1年未満の契約の雇用者	日々又は1月未満の契約の雇用者	会社・団体等の役員	自営業主	雇人あり	雇人なし
総　　数	51 145	34 031	23 264	19 685	3 579	2 097	346	2 168	4 863	1 649	3 214
15 ～ 19 歳	3 035	496	330	269	61	89	33	6	6	1	5
20 ～ 24	2 423	1 649	1 306	1 106	200	184	46	31	18	6	13
25 ～ 29	2 476	2 218	1 903	1 656	247	112	21	49	55	15	40
30 ～ 34	2 986	2 760	2 277	2 028	249	133	19	81	149	57	93
35 ～ 39	3 664	3 405	2 785	2 513	272	103	24	137	245	97	148
40 ～ 44	4 555	4 177	3 338	3 060	278	99	15	222	390	164	226
45 ～ 49	4 342	3 956	3 073	2 774	299	88	17	239	439	170	269
50 ～ 54	3 935	3 597	2 726	2 425	301	90	20	275	417	161	256
55 ～ 59	3 807	3 405	2 394	2 061	333	120	23	310	495	198	297
60 ～ 64	4 181	3 207	1 658	910	748	457	36	314	649	228	422
65 ～ 69	5 283	2 832	969	560	409	449	50	272	936	256	679
70 ～ 74	3 711	1 261	331	209	122	126	23	125	528	155	373
75 ～ 79	3 100	670	131	84	47	38	13	65	320	89	231
80 歳 以 上	3 647	398	42	30	12	8	3	42	216	53	163
（再掲）65歳以上	15 741	5 160	1 473	883	591	621	90	504	2 000	554	1 447
75歳以上	6 746	1 068	173	114	59	46	16	107	536	142	394
卒　　業	40 999	29 918	20 817	17 780	3 038	1 703	239	1 928	4 161	1 410	2 751
15 ～ 19 歳	331	228	189	167	21	12	7	5	3	1	3
20 ～ 24	1 411	1 254	1 070	934	136	85	15	27	12	4	8
25 ～ 29	2 178	2 010	1 735	1 522	213	101	16	42	49	14	35
30 ～ 34	2 660	2 491	2 062	1 845	217	120	16	73	134	49	85
35 ～ 39	3 262	3 071	2 520	2 279	241	91	21	120	223	90	133
40 ～ 44	4 040	3 820	3 071	2 827	244	90	13	200	345	141	204
45 ～ 49	3 837	3 593	2 822	2 561	262	78	13	214	382	146	236
50 ～ 54	3 477	3 252	2 486	2 228	258	79	17	244	366	142	224
55 ～ 59	3 350	3 058	2 167	1 879	287	105	17	283	437	174	263
60 ～ 64	3 591	2 806	1 458	796	662	407	27	279	558	190	369
65 ～ 69	4 416	2 396	822	477	344	388	43	240	770	217	553
70 ～ 74	3 003	1 043	277	174	103	109	20	105	425	124	301
75 ～ 79	2 462	555	106	66	39	32	11	57	269	74	195
80 歳 以 上	2 982	340	33	24	9	8	3	38	188	44	144
（再掲）65歳以上	12 862	4 335	1 238	741	497	536	77	440	1 652	459	1 192
75歳以上	5 443	896	139	90	49	39	14	95	457	118	339
小 学 ・ 中 学	5 230	2 312	1 089	872	217	175	51	100	710	197	512
15 ～ 19 歳	54	33	21	18	2	3	4	0	2	0	1
20 ～ 24	92	67	48	41	7	7	1	1	4	1	3
25 ～ 29	91	72	54	45	9	4	1	2	7	4	4
30 ～ 34	140	123	84	71	13	6	2	3	21	7	14
35 ～ 39	154	127	78	70	8	8	2	7	23	9	14
40 ～ 44	212	177	114	101	13	8	4	10	33	11	21
45 ～ 49	201	167	104	91	13	8	0	9	38	11	27
50 ～ 54	163	134	79	71	8	5	3	7	33	12	21
55 ～ 59	183	144	86	70	16	7	3	7	35	15	20
60 ～ 64	387	283	145	106	39	35	5	11	76	23	52
65 ～ 69	739	403	156	105	51	46	13	18	143	36	107
70 ～ 74	803	282	86	58	28	26	7	12	120	34	87
75 ～ 79	788	171	29	19	10	8	5	7	95	21	74
80 歳 以 上	1 222	129	7	5	2	3	1	6	79	13	66
（再掲）65歳以上	3 552	985	277	187	91	83	27	43	438	104	334
75歳以上	2 011	300	35	24	12	11	7	13	175	34	140
高 校 ・ 旧 制 中	16 538	11 762	7 916	6 689	1 227	797	102	659	1 812	562	1 250
15 ～ 19 歳	251	180	158	142	16	7	3	3	2	0	1
20 ～ 24	610	539	457	394	63	34	7	12	6	2	4
25 ～ 29	670	604	503	436	67	32	8	17	19	5	14
30 ～ 34	874	796	638	563	75	50	5	22	47	16	31
35 ～ 39	1 142	1 058	845	759	86	38	8	43	80	28	52
40 ～ 44	1 524	1 428	1 119	1 019	100	41	6	74	142	59	83
45 ～ 49	1 528	1 414	1 089	982	107	37	8	77	163	57	106
50 ～ 54	1 453	1 345	1 028	921	107	44	8	80	157	52	104
55 ～ 59	1 367	1 239	891	770	121	49	8	84	186	64	122
60 ～ 64	1 604	1 237	645	370	275	198	11	87	260	80	179
65 ～ 69	2 073	1 123	374	225	149	206	18	89	369	96	273
70 ～ 74	1 316	430	111	72	40	45	10	33	185	50	135
75 ～ 79	1 056	242	45	27	18	15	2	23	122	34	88
80 歳 以 上	1 070	127	13	10	4	2	1	12	75	18	58
（再掲）65歳以上	5 515	1 922	544	334	210	268	31	158	751	197	553
75歳以上	2 125	369	58	37	21	16	3	36	197	51	146

注：1）熊本県を除いたものである。
　　2）「総数」には仕事の有無不詳、「仕事あり」には勤めか自営か不詳、「役員以外の雇用者」には呼称不詳を含む。
　　3）勤め先での呼称の「役員以外の雇用者」とは、一般常雇者、1月以上1年未満の契約の雇用者、日々又は1月未満の契約の雇用者をいう。

自営かの別－勤め先での呼称－無・教育・年齢（5歳階級）・性別

平成28年

家族従業者	内職	その他	仕事なし	役員以外の雇用者	（再掲）役員以外の雇用者							
					正規の職員・従業員	非正規の職員・従業員	パート	アルバイト	労働者派遣事業所の派遣社員	契約社員	嘱託	その他
591	28	478	15 199	25 707	20 119	5 574	1 080	1 685	441	1 377	684	307
6	0	10	2 539	452	179	273	10	252	3	4	0	4
24	0	25	754	1 536	999	536	44	386	28	58	6	15
39	1	30	223	2 037	1 690	346	60	129	38	97	7	16
62	2	27	190	2 429	2 100	327	46	95	49	109	9	19
76	1	22	205	2 912	2 610	299	50	74	49	97	13	17
68	2	31	241	3 453	3 186	267	41	63	46	90	9	19
55	1	32	260	3 179	2 916	262	53	58	40	79	11	20
34	2	26	247	2 836	2 573	263	53	57	40	84	12	17
26	2	28	317	2 537	2 200	336	71	63	29	123	30	20
32	1	48	855	2 151	1 019	1 130	192	124	42	358	356	59
44	6	86	2 231	1 469	431	1 033	304	244	47	215	167	56
48	5	61	2 175	481	129	351	109	103	20	49	42	29
32	3	33	2 108	182	57	125	40	33	8	13	18	13
44	2	18	2 855	53	29	23	6	5	1	2	5	5
168	16	198	9 369	2 185	646	1 533	459	385	76	279	232	103
76	5	51	4 963	235	86	148	46	38	9	14	23	18
526	25	414	10 840	22 759	18 261	4 486	939	1 050	394	1 227	615	261
4	–	5	102	207	160	47	6	33	2	3	0	2
21	0	18	155	1 170	920	250	37	117	23	54	5	13
36	1	25	162	1 852	1 544	308	54	107	35	91	7	15
56	2	24	166	2 197	1 902	294	42	84	45	100	8	15
69	1	21	185	2 632	2 361	269	44	65	46	87	11	15
64	2	28	209	3 174	2 933	241	37	58	41	81	8	16
49	1	28	229	2 913	2 683	229	45	50	36	70	10	18
31	2	22	218	2 581	2 348	233	47	50	36	75	10	14
21	2	23	286	2 289	1 995	293	62	53	27	108	26	16
29	1	41	769	1 892	886	1 004	167	104	37	320	325	51
39	4	78	1 997	1 253	357	891	266	207	41	182	147	49
41	5	54	1 922	406	106	300	89	89	18	44	37	24
28	3	29	1 862	148	44	105	36	28	6	10	15	9
38	2	16	2 578	44	23	21	6	4	1	1	4	4
146	14	177	8 358	1 851	529	1 317	397	328	66	237	203	86
66	5	45	4 439	192	66	125	42	32	7	11	20	13
88	6	69	2 850	1 315	753	560	144	190	36	103	44	42
1	–	2	21	27	11	16	2	13	0	0	–	0
2	–	1	25	56	32	24	5	14	2	2	–	1
2	0	2	19	59	42	17	3	8	3	2	–	1
4	0	3	17	92	70	22	3	6	3	7	1	3
4	–	3	26	88	68	20	2	7	5	5	0	1
6	–	2	34	126	103	23	4	9	3	5	1	2
4	0	3	33	112	88	24	6	7	2	6	1	2
2	0	4	29	87	67	20	3	7	2	3	1	4
1	1	4	38	97	66	31	8	9	1	9	1	2
3	0	7	101	184	94	90	24	17	4	24	15	6
9	1	14	331	215	69	145	42	46	6	24	14	12
15	1	12	508	119	29	90	28	33	4	12	7	6
12	1	7	603	42	10	32	13	12	1	2	3	1
21	1	5	1 066	11	4	7	2	3	0	0	0	1
58	4	38	2 508	387	112	273	85	94	11	39	24	20
34	2	13	1 669	53	14	39	15	15	2	3	3	2
235	14	185	4 690	8 815	6 752	2 060	471	505	184	543	246	111
3	–	3	71	168	141	27	3	18	2	2	0	2
10	0	10	71	499	376	123	22	58	10	27	1	4
14	0	10	64	542	431	111	23	39	11	31	2	5
22	1	11	77	693	570	122	21	41	16	37	2	7
30	1	10	82	891	779	112	20	30	18	34	3	7
29	1	14	90	1 166	1 050	116	20	28	23	34	2	8
24	0	13	110	1 134	1 028	105	21	23	18	30	5	8
16	0	10	104	1 080	966	113	23	23	19	37	4	7
11	1	9	125	947	804	143	30	30	14	49	12	8
15	1	19	361	854	386	468	81	53	18	157	135	22
20	3	38	942	599	154	442	149	111	22	84	57	19
18	4	20	873	166	41	125	38	39	8	18	13	9
12	2	13	797	62	17	45	17	10	3	2	8	4
11	1	4	924	16	9	7	2	1	0	1	1	1
62	9	75	3 536	843	221	619	206	162	34	104	80	33
23	2	17	1 721	78	26	51	19	12	3	3	10	5

（9－5）

第132表　世帯人員（15歳以上），仕事の有－勤めか

（単位：千人）　　　　　　　　　　　　　　　　　　　　　　　　　　　　　　　　　　　　　（　男　）

教育年齢階級	総数	仕事あり	一般常雇者	契約期間の定めのない雇用者	契約期間が1年以上の雇用者	1月以上1年未満の契約の雇用者	日々又は1月未満の契約の雇用者	会社・団体等の役員	自営業主	雇人あり	雇人なし
専門学校	3 544	3 130	2 271	1 997	273	147	20	168	425	160	266
15 ～ 19 歳	－	－	－	－	－	－	－	－	－	－	－
20 ～ 24	209	194	161	141	21	19	3	5	2	1	1
25 ～ 29	280	267	224	197	27	15	1	7	8	2	6
30 ～ 34	386	364	290	258	32	20	3	10	28	14	13
35 ～ 39	491	469	376	337	39	11	3	15	48	21	27
40 ～ 44	580	553	430	395	34	16	1	30	61	23	38
45 ～ 49	434	407	305	278	28	9	1	24	56	19	37
50 ～ 54	318	301	209	188	21	6	1	29	49	17	32
55 ～ 59	249	229	148	130	18	7	1	19	51	19	32
60 ～ 64	187	154	74	42	32	19	3	13	43	15	28
65 ～ 69	187	116	36	20	16	18	1	9	48	17	31
70 ～ 74	90	46	11	8	4	6	0	5	18	6	12
75 ～ 79	62	21	3	3	1	1	－	1	11	4	7
80 歳 以 上	69	8	2	1	1	－	－	1	4	2	3
（再掲）65歳以上	409	191	52	32	20	25	2	16	81	29	52
75歳以上	131	29	5	4	1	1	－	2	15	5	10
短大・高専	1 151	924	665	580	85	45	8	65	114	41	73
15 ～ 19 歳	－	－	－	－	－	－	－	－	－	－	－
20 ～ 24	40	37	32	28	4	3	1	1	0	－	0
25 ～ 29	69	66	59	55	4	3	0	1	1	0	1
30 ～ 34	74	69	57	52	5	2	－	4	3	1	2
35 ～ 39	118	112	87	77	10	2	2	5	11	5	6
40 ～ 44	137	132	112	104	8	2	1	4	10	3	7
45 ～ 49	124	119	93	86	8	1	0	8	12	5	7
50 ～ 54	111	108	85	76	9	2	0	8	12	4	8
55 ～ 59	122	115	73	65	8	4	2	15	19	9	10
60 ～ 64	100	79	41	24	18	14	1	7	14	4	10
65 ～ 69	96	53	17	10	7	9	1	6	18	5	13
70 ～ 74	52	19	6	3	3	1	0	3	7	2	5
75 ～ 79	37	9	2	1	1	1	－	3	3	1	2
80 歳 以 上	71	6	1	0	1	－	－	0	4	1	3
（再掲）65歳以上	257	88	26	15	11	11	1	13	31	9	23
75歳以上	109	15	3	2	2	1	－	3	7	2	5
大学	12 001	9 727	7 281	6 278	1 003	457	43	818	913	373	540
15 ～ 19 歳	－	－	－	－	－	－	－	－	－	－	－
20 ～ 24	381	354	319	284	35	17	2	7	0	0	0
25 ～ 29	853	800	716	634	83	38	5	13	11	3	8
30 ～ 34	936	902	791	725	66	32	4	26	25	6	19
35 ～ 39	1 071	1 030	896	820	76	25	3	41	47	21	26
40 ～ 44	1 270	1 226	1 043	977	66	17	2	70	74	36	39
45 ～ 49	1 270	1 222	1 010	930	80	19	2	80	94	46	48
50 ～ 54	1 204	1 146	910	820	90	17	2	107	98	49	49
55 ～ 59	1 246	1 157	837	728	109	35	4	145	123	57	66
60 ～ 64	1 145	918	478	217	262	127	5	145	144	55	88
65 ～ 69	1 129	603	202	98	105	97	7	104	167	54	113
70 ～ 74	612	219	49	27	22	25	2	46	75	25	50
75 ～ 79	437	94	21	14	7	5	3	20	33	13	20
80 歳 以 上	449	55	8	6	2	2	1	14	22	9	13
（再掲）65歳以上	2 626	971	281	145	136	130	13	184	297	101	196
75歳以上	886	149	29	20	9	7	4	34	55	22	33
大学院	1 308	1 184	1 000	877	123	35	4	62	66	32	35
15 ～ 19 歳	－	－	－	－	－	－	－	－	－	－	－
20 ～ 24	17	16	15	14	1	－	－	0	－	－	－
25 ～ 29	134	131	123	113	10	5	－	1	2	0	2
30 ～ 34	166	161	143	127	16	7	0	5	5	1	4
35 ～ 39	183	179	165	152	12	5	0	5	3	2	1
40 ～ 44	190	184	164	151	13	1	0	6	11	4	7
45 ～ 49	159	157	139	127	13	1	－	7	7	3	4
50 ～ 54	123	119	105	96	10	2	1	6	5	2	2
55 ～ 59	101	96	77	68	9	0	－	8	10	8	2
60 ～ 64	78	68	42	19	23	4	1	11	10	5	4
65 ～ 69	83	46	19	9	11	8	0	7	10	4	6
70 ～ 74	37	13	4	1	3	2	0	2	3	1	2
75 ～ 79	18	7	3	1	2	1	－	1	1	1	0
80 歳 以 上	21	7	1	1	0	1	1	1	1	0	0
（再掲）65歳以上	158	73	27	12	15	11	1	12	14	6	8
75歳以上	38	14	4	2	2	2	1	3	1	1	0

注：1）熊本県を除いたものである。
　　2）「総数」には仕事の有無不詳、「仕事あり」には勤めか自営か不詳、「役員以外の雇用者」には呼称不詳を含む。
　　3）勤め先での呼称の「役員以外の雇用者」とは、一般常雇者、1月以上1年未満の契約の雇用者、日々又は1月未満の契約の雇用者をいう。

自営かの別－勤め先での呼称－無・教育・年齢（5歳階級）・性別

平成28年

家族従業者	内職	その他	仕事なし	役員以外の雇用者	（再掲） 役員以外の雇用者							
					正規の職員・従業員	非正規の職員・従業員	パート	アルバイト	労働者派遣事業所の派遣社員	契約社員	嘱託	その他
64	1	28	403	2 438	2 043	394	69	103	49	122	38	13
–	–	–	–	–	–	–	–	–	–	–	–	–
2	–	1	15	184	139	45	4	23	6	10	1	1
7	–	4	13	241	194	47	7	20	3	14	0	2
11	–	2	21	313	263	50	6	15	10	16	1	2
13	0	2	21	390	349	41	7	11	10	11	2	2
11	0	4	26	446	410	36	6	7	6	15	2	0
8	–	3	26	315	287	28	6	4	2	12	2	2
5	0	2	16	217	194	23	4	4	5	8	1	1
1	–	1	20	156	137	19	4	3	3	7	0	1
0	–	2	33	95	44	51	9	6	1	16	19	1
2	0	2	68	55	15	40	12	8	2	9	8	1
2	–	2	45	18	7	11	4	2	1	3	1	1
1	0	3	40	4	2	2	0	0	0	1	–	–
0	–	–	58	2	1	1	0	–	–	–	–	0
6	0	7	212	79	25	54	16	10	3	13	9	2
1	0	3	99	6	4	2	0	0	0	1	–	0
16	0	10	223	717	599	118	23	25	12	33	20	5
–	–	–	–	–	–	–	–	–	–	–	–	–
1	–	0	2	36	29	7	1	4	1	1	0	–
1	–	1	2	62	54	7	2	2	0	2	1	–
1	0	1	6	59	53	6	1	1	1	3	0	–
5	–	2	6	91	83	8	2	1	0	3	0	1
2	–	1	4	115	106	9	1	3	1	3	0	–
2	0	–	5	95	87	8	2	2	2	1	–	0
0	–	1	3	86	78	8	0	3	1	4	0	0
0	0	1	7	79	69	10	4	1	1	2	1	0
2	–	0	21	57	28	29	5	2	1	8	12	1
1	–	2	43	27	9	17	4	3	1	3	4	1
1	–	1	33	7	2	5	1	2	–	1	1	1
–	–	0	27	3	1	2	1	0	1	1	–	0
1	–	0	64	1	1	0	–	–	–	–	0	–
2	–	3	167	38	13	25	6	5	2	5	5	3
1	–	1	91	4	1	3	1	0	1	1	0	0
108	3	90	2 239	7 780	6 643	1 134	185	186	96	362	235	70
–	–	–	–	–	–	–	–	–	–	–	–	–
5	–	4	26	337	297	40	1	15	4	13	2	4
10	–	5	52	759	656	104	14	32	15	34	3	5
15	1	5	34	827	754	72	10	15	12	30	2	4
16	1	2	39	924	854	69	10	13	10	28	5	4
14	–	4	43	1 062	1 020	41	6	8	6	17	2	3
9	1	6	45	1 032	979	53	9	11	10	15	2	5
7	0	4	58	929	875	54	11	9	7	22	4	1
8	–	6	87	875	791	83	15	11	8	36	10	4
8	–	11	225	610	287	323	42	20	11	100	132	19
6	–	18	522	307	91	216	50	35	9	56	55	11
4	0	15	390	77	21	56	13	11	5	9	13	5
3	0	5	336	29	11	18	4	5	1	2	3	3
3	0	4	384	11	7	5	1	0	1	–	1	2
15	0	43	1 631	425	129	295	69	50	15	67	73	21
6	0	9	720	40	18	23	6	5	1	2	4	5
3	–	12	123	1 039	955	84	12	7	7	29	20	10
–	–	–	–	–	–	–	–	–	–	–	–	–
–	–	–	1	15	15	–	–	–	–	–	–	–
0	–	–	3	128	121	7	1	1	1	3	0	0
1	–	0	5	150	137	13	1	3	2	5	2	0
0	–	1	5	170	161	9	2	1	1	3	2	0
0	–	1	5	165	159	6	0	1	0	1	1	3
0	–	2	1	141	138	2	–	–	0	1	0	1
0	–	1	4	107	104	4	2	–	0	0	1	1
–	–	1	4	77	75	2	–	–	–	1	–	1
–	–	1	10	47	29	18	1	1	1	7	8	0
0	–	2	37	27	13	14	3	–	1	4	4	3
0	–	1	23	6	2	4	1	1	–	1	1	0
–	–	0	11	4	1	3	0	–	–	1	1	1
0	–	2	13	3	1	2	0	–	–	0	2	–
1	–	6	85	40	16	24	5	1	1	6	7	4
0	–	3	25	7	2	5	1	–	–	1	3	1

（9－6）

第132表　世帯人員（15歳以上），仕事の有－勤めか

（単位：千人）　　　　　　　　　　　　　　　　　　　　　　　　　　　　（　男　）

教育年齢階級	総数	仕事あり	一般常雇者	契約期間の定めのない雇用者	契約期間が1年以上の雇用者	1月以上1年未満の契約の雇用者	日々又は1月未満の契約の雇用者	会社・団体等の役員	自営業主	雇人あり	雇人なし
卒業学校不詳	1 227	880	596	486	110	47	11	57	121	46	75
15 ～ 19 歳	25	15	10	7	4	2	0	1	0	－	0
20 ～ 24	62	47	37	31	5	5	1	1	0	0	0
25 ～ 29	81	70	55	43	12	5	1	1	1	0	1
30 ～ 34	83	76	59	50	9	4	1	3	3	2	1
35 ～ 39	103	96	74	66	9	2	2	5	11	5	6
40 ～ 44	128	119	89	80	10	5	1	6	14	5	10
45 ～ 49	121	107	81	68	13	3	0	7	12	4	8
50 ～ 54	106	100	71	57	14	3	1	9	13	6	7
55 ～ 59	83	77	55	49	6	2	0	5	13	3	10
60 ～ 64	89	67	33	18	15	10	2	5	13	6	7
65 ～ 69	108	51	17	10	7	4	1	7	17	6	11
70 ～ 74	93	35	10	5	5	3	0	4	15	5	10
75 ～ 79	64	11	2	1	1	1	－	1	5	2	3
80 歳 以 上	79	8	1	1	0	0	－	2	3	1	2
(再掲)65歳以上	344	105	30	17	13	8	2	14	40	14	26
75歳以上	144	19	3	2	1	1	－	3	8	3	5
在 学 中	3 756	638	343	246	96	183	56	5	14	4	10
15 ～ 19 歳	2 682	248	125	89	37	78	24	1	2	1	1
20 ～ 24	875	288	147	102	45	96	29	1	2	0	2
25 ～ 29	68	23	14	8	6	4	2	－	0	0	－
30 ～ 34	22	13	10	8	2	2	－	－	－	－	－
35 ～ 39	13	10	7	6	1	1	0	1	1	1	0
40 ～ 44	18	13	12	10	2	0	－	1	0	0	0
45 ～ 49	23	16	12	11	1	0	0	1	2	0	2
50 ～ 54	17	10	8	8	0	0	－	0	1	0	1
55 ～ 59	9	7	4	4	0	0	0	1	1	0	1
60 ～ 64	6	3	1	0	0	0	1	－	2	1	1
65 ～ 69	6	2	1	1	0	1	－	－	1	0	0
70 ～ 74	4	2	1	0	0	0	－	0	1	0	1
75 ～ 79	6	1	1	0	0	－	－	0	－	－	－
80 歳 以 上	7	1	0	0	－	－	－	－	1	－	1
(再掲)65歳以上	23	7	2	1	1	1	－	0	2	0	2
75歳以上	13	2	1	1	0	－	－	0	1	－	1
在学したことがない	74	46	31	13	18	3	0	3	6	1	5
15 ～ 19 歳	1	1	1	1	－	－	－	0	－	－	－
20 ～ 24	5	5	5	0	4	－	－	－	－	－	－
25 ～ 29	10	9	8	0	8	1	－	－	－	－	－
30 ～ 34	5	5	3	1	2	1	－	－	1	－	1
35 ～ 39	5	5	3	2	1	0	－	0	1	－	1
40 ～ 44	3	2	1	1	0	－	－	0	0	0	－
45 ～ 49	3	2	1	1	－	－	－	0	0	－	0
50 ～ 54	5	5	4	3	1	1	－	0	－	－	－
55 ～ 59	3	2	1	0	0	1	0	0	0	－	0
60 ～ 64	6	5	3	2	1	1	－	1	0	0	0
65 ～ 69	4	2	1	0	1	1	－	－	1	0	0
70 ～ 74	7	1	0	0	0	－	－	－	1	0	0
75 ～ 79	7	1	0	0	0	－	－	0	0	－	0
80 歳 以 上	11	1	－	－	－	－	－	－	1	－	1
(再掲)65歳以上	28	6	2	1	1	－	－	0	3	1	2
75歳以上	18	2	0	0	0	－	－	0	2	－	2
不 詳	6 316	3 429	2 073	1 646	427	207	51	232	682	234	448
15 ～ 19 歳	22	19	15	12	3	0	2	0	1	－	1
20 ～ 24	132	103	84	70	15	3	2	3	4	1	3
25 ～ 29	220	176	145	126	19	8	3	7	6	1	5
30 ～ 34	300	251	202	174	28	10	3	8	15	8	7
35 ～ 39	384	320	255	225	30	11	3	16	20	6	14
40 ～ 44	493	342	254	221	33	9	2	21	44	22	22
45 ～ 49	480	345	238	202	36	11	4	24	54	23	31
50 ～ 54	435	329	228	187	41	11	4	30	49	18	32
55 ～ 59	445	339	223	178	45	14	6	26	56	24	33
60 ～ 64	577	392	197	112	85	48	9	34	88	37	52
65 ～ 69	858	432	146	83	63	60	7	32	165	39	126
70 ～ 74	698	214	53	34	19	17	3	20	102	30	72
75 ～ 79	624	112	25	17	7	6	2	8	51	15	36
80 歳 以 上	647	55	8	5	3	1	0	4	26	9	18
(再掲)65歳以上	2 828	813	232	140	92	84	13	63	344	93	250
75歳以上	1 272	168	33	23	10	7	2	12	77	24	53

注：1）熊本県を除いたものである。
　　2）「総数」には仕事の有無不詳，「仕事あり」には勤めか自営か不詳，「役員以外の雇用者」には呼称不詳を含む。
　　3）勤め先での呼称の「役員以外の雇用者」とは，一般常雇者，1月以上1年未満の契約の雇用者，日々又は1月未満の契約の雇用者をいう。

388

自営かの別－勤め先での呼称－無・教育・年齢（５歳階級）・性別

平成28年

家族従業者	内職	その他	仕事なし	役員以外の雇用者	（再掲）役員以外の雇用者							
					正規の職員・従業員	非正規の職員・従業員	パート	アルバイト	労働者派遣事業所の派遣社員	契約社員	嘱託	その他
12	2	20	311	654	516	137	35	34	11	35	12	10
–	–	1	10	12	8	4	2	2	0	1	–	0
0	–	3	14	43	31	11	4	3	1	1	0	2
2	–	3	9	62	46	15	4	4	1	5	0	2
2	0	3	6	64	55	8	1	4	0	4	0	0
1	–	1	6	78	68	10	1	3	2	3	–	1
1	1	2	7	94	85	9	1	2	1	5	0	0
1	–	1	9	84	74	10	2	2	1	3	1	0
1	1	1	4	75	64	11	4	3	2	1	–	1
0	–	0	5	58	52	5	1	1	0	3	1	0
1	–	1	20	45	19	26	6	5	1	8	5	1
1	0	2	54	23	7	16	6	4	1	1	3	1
1	–	2	51	12	4	8	5	1	–	1	1	0
0	–	0	47	3	1	2	–	0	–	1	0	1
1	–	0	68	1	1	0	–	0	–	–	0	0
3	0	4	219	40	13	27	10	5	1	3	5	2
1	–	0	115	4	2	2	–	0	–	1	0	1
5	0	12	3 119	582	65	516	10	492	4	7	1	2
2	0	5	2 434	227	6	221	3	215	1	1	0	1
0	0	5	587	273	5	267	3	260	2	1	0	1
1	–	2	45	20	4	16	1	12	1	2	0	0
0	–	–	9	13	9	4	1	1	0	1	–	0
0	–	0	4	8	6	1	0	1	–	0	0	–
1	–	0	5	12	11	1	–	1	–	–	–	–
0	–	–	6	12	10	2	1	1	–	–	–	–
–	–	–	7	8	8	0	–	0	–	0	–	–
0	–	–	3	4	3	1	0	0	–	–	0	–
–	–	–	3	1	0	1	0	1	–	0	–	0
–	–	0	3	2	0	2	0	0	–	1	0	0
–	–	–	1	1	1	0	–	–	–	0	–	–
–	–	–	5	1	0	0	–	–	–	–	–	–
0	–	–	6	0	0	0	–	0	–	–	–	–
0	–	0	16	3	1	2	0	0	–	1	0	0
0	–	–	11	1	1	0	0	0	–	–	–	–
0	0	2	23	35	26	9	1	3	1	3	0	0
–	–	–	–	1	0	0	–	0	–	0	–	–
–	–	0	0	5	5	0	–	–	–	0	–	–
–	–	0	9	8	8	1	–	–	–	1	–	0
–	–	–	0	4	3	1	–	–	0	1	–	–
–	–	–	0	3	3	0	–	–	–	0	–	–
–	–	–	0	1	1	0	–	–	–	0	–	–
–	–	1	1	1	1	0	–	–	0	0	–	–
–	–	–	0	5	3	1	–	1	–	1	–	0
–	–	0	1	1	0	1	0	1	–	0	–	–
–	–	–	1	4	2	2	1	1	–	1	–	–
–	0	0	1	1	0	1	0	1	–	0	–	–
0	–	0	4	0	–	0	–	–	–	–	–	–
–	–	0	5	0	–	0	–	–	–	0	–	–
0	–	–	9	–	–	–	–	–	–	–	–	–
0	0	1	19	2	0	2	1	1	0	0	0	–
0	–	0	14	0	–	0	–	–	0	–	0	–
60	3	50	1 218	2 332	1 767	563	129	140	42	141	67	43
0	–	0	3	17	13	4	1	3	0	0	–	0
2	0	1	12	89	70	19	4	9	2	2	–	1
2	–	3	16	156	134	22	4	10	3	4	0	1
6	–	3	15	216	187	28	4	9	4	6	1	3
7	–	1	17	268	240	29	5	8	3	9	1	2
4	0	2	26	265	240	25	4	4	5	9	1	3
6	–	3	24	253	222	31	7	7	5	9	0	2
3	0	3	21	242	214	28	6	7	4	8	2	2
4	–	5	26	243	201	42	9	9	2	15	3	4
3	0	7	82	254	131	123	25	19	5	37	30	7
5	1	8	230	214	73	139	38	36	6	32	20	7
6	0	6	247	74	23	51	19	13	2	5	5	5
3	–	4	236	33	13	20	4	6	2	3	2	4
6	0	2	262	9	7	2	0	0	–	1	0	1
21	2	20	976	329	116	212	62	56	10	41	28	17
10	0	6	499	42	19	22	4	6	2	3	3	4

（9－7）

第132表　世帯人員（15歳以上），仕事の有－勤めか

（単位：千人）　　　（女）

教育 年齢階級	総数	仕事あり	一般 常雇者	契約期間の 定めのない 雇用者	契約期間が 1年以上の 雇用者	1月以上 1年未満の 契約の雇 用者	日々又は 1月未満 の契約の 雇用者	会社・団体 等の役員	自営業主	雇人あり	雇人なし
総数	56 153	27 056	17 210	12 898	4 312	4 190	457	749	1 601	433	1 167
15 ～ 19 歳	3 019	503	321	263	58	115	32	4	2	1	1
20 ～ 24	2 429	1 701	1 364	1 125	239	205	47	29	6	2	4
25 ～ 29	2 526	1 965	1 609	1 323	286	200	26	26	29	11	18
30 ～ 34	3 093	2 122	1 652	1 343	309	250	27	30	49	13	36
35 ～ 39	3 724	2 557	1 883	1 501	381	365	30	39	77	19	58
40 ～ 44	4 688	3 430	2 389	1 831	558	572	44	73	119	33	86
45 ～ 49	4 536	3 386	2 275	1 702	573	585	46	79	132	39	92
50 ～ 54	4 085	3 042	1 980	1 410	570	526	47	96	142	49	93
55 ～ 59	3 981	2 719	1 702	1 162	541	457	40	99	142	53	90
60 ～ 64	4 497	2 262	1 084	624	460	497	58	93	179	59	119
65 ～ 69	5 666	1 853	653	416	237	296	35	94	336	65	271
70 ～ 74	4 290	823	197	126	71	92	16	44	199	47	152
75 ～ 79	3 701	405	71	49	22	26	9	26	103	23	79
80 歳 以 上	5 918	288	30	23	7	6	2	19	87	19	68
（再掲）65歳以上	19 575	3 369	951	614	336	420	62	182	724	154	570
75歳以上	9 619	693	101	73	28	33	11	44	190	43	147
卒業	45 117	23 603	15 263	11 494	3 769	3 594	341	650	1 319	361	958
15 ～ 19 歳	241	167	137	118	18	14	3	4	0	0	0
20 ～ 24	1 539	1 316	1 126	951	175	109	19	26	5	2	3
25 ～ 29	2 245	1 783	1 470	1 211	259	183	18	21	26	10	16
30 ～ 34	2 749	1 918	1 493	1 217	275	230	21	27	44	11	32
35 ～ 39	3 334	2 327	1 727	1 380	347	328	28	33	68	15	52
40 ～ 44	4 177	3 121	2 188	1 681	507	523	35	62	103	28	76
45 ～ 49	4 001	3 052	2 057	1 545	512	536	42	67	113	34	79
50 ～ 54	3 618	2 754	1 799	1 286	513	482	42	86	124	41	83
55 ～ 59	3 489	2 435	1 530	1 044	486	414	33	87	124	43	81
60 ～ 64	3 817	1 950	940	546	394	427	47	82	150	51	99
65 ～ 69	4 641	1 536	554	351	203	244	30	80	253	53	200
70 ～ 74	3 415	667	159	103	56	79	14	38	147	36	111
75 ～ 79	2 975	335	62	43	19	19	8	21	86	19	66
80 歳 以 上	4 877	241	22	17	5	5	2	16	76	17	59
（再掲）65歳以上	15 907	2 779	797	514	283	347	54	155	562	126	436
75歳以上	7 852	576	84	60	24	24	10	37	162	37	125
小学・中学	6 638	1 413	599	417	181	200	33	31	181	45	136
15 ～ 19 歳	42	18	11	9	2	3	2	－	－	－	－
20 ～ 24	65	36	25	17	8	6	1	0	1	0	1
25 ～ 29	93	49	33	22	11	10	0	0	0	0	0
30 ～ 34	113	69	48	37	11	9	0	0	3	1	2
35 ～ 39	104	59	38	30	8	7	2	1	2	0	2
40 ～ 44	131	83	50	37	13	21	1	4	2	1	1
45 ～ 49	125	73	48	34	14	11	1	2	5	2	3
50 ～ 54	88	58	31	24	8	12	1	2	4	0	3
55 ～ 59	146	82	50	36	14	11	2	2	5	3	2
60 ～ 64	365	179	86	52	34	33	5	3	15	8	8
65 ～ 69	796	273	104	70	34	42	6	4	49	9	40
70 ～ 74	1 030	207	48	32	16	27	5	3	40	10	30
75 ～ 79	1 158	124	18	13	5	7	5	3	29	6	23
80 歳 以 上	2 383	103	7	4	3	2	1	5	26	4	22
（再掲）65歳以上	5 367	707	178	119	58	78	16	15	144	29	115
75歳以上	3 540	227	26	17	9	9	5	8	55	10	45
高校・旧制中	19 162	9 488	5 810	4 237	1 573	1 608	158	257	520	148	372
15 ～ 19 歳	178	140	119	104	15	11	1	3	0	0	0
20 ～ 24	506	399	324	266	58	41	7	9	1	0	1
25 ～ 29	604	445	339	263	76	58	9	4	8	3	4
30 ～ 34	809	549	407	318	89	82	9	5	9	3	6
35 ～ 39	996	706	502	379	122	118	10	7	17	5	12
40 ～ 44	1 459	1 102	778	591	187	185	11	23	28	7	21
45 ～ 49	1 663	1 292	872	659	212	230	18	28	37	14	22
50 ～ 54	1 638	1 240	807	575	232	233	25	32	43	17	25
55 ～ 59	1 637	1 143	714	490	224	215	18	27	48	17	31
60 ～ 64	2 021	1 050	516	306	210	242	23	37	68	23	45
65 ～ 69	2 605	847	311	201	110	144	17	41	125	23	101
70 ～ 74	1 731	327	82	53	29	39	7	21	63	15	48
75 ～ 79	1 358	149	30	21	8	8	2	11	38	11	27
80 歳 以 上	1 958	100	9	8	1	2	1	7	36	8	27
（再掲）65歳以上	7 652	1 423	432	284	148	193	27	80	261	57	204
75歳以上	3 316	249	39	30	9	10	4	18	73	19	54

注：1）熊本県を除いたものである。
　　2）「総数」には仕事の有無不詳，「仕事あり」には勤めか自営か不詳，「役員以外の雇用者」には呼称不詳を含む。
　　3）勤め先での呼称の「役員以外の雇用者」とは，一般常雇者，1月以上1年未満の契約の雇用者，日々又は1月未満の契約の雇用者をいう。

390

自営かの別－勤め先での呼称－無・教育・年齢（５歳階級）・性別

平成28年

家族従業者	内職	その他	仕事なし	役員以外の雇用者	（再掲）役員以外の雇用者							
					正規の職員・従業員	非正規の職員・従業員	パート	アルバイト	労働者派遣事業所の派遣社員	契約社員	嘱託	その他
1 915	180	478	27 830	21 857	9 215	12 624	8 288	1 744	619	1 287	405	280
1	0	15	2 516	467	117	350	17	318	6	5	1	2
11	2	21	715	1 616	949	666	133	388	32	93	7	12
31	8	22	535	1 834	1 160	672	292	144	62	136	21	17
72	10	20	948	1 928	1 052	875	506	119	78	125	25	22
102	16	29	1 146	2 278	1 092	1 184	801	117	83	130	29	24
149	27	36	1 199	3 004	1 272	1 730	1 239	142	103	163	51	33
168	28	43	1 098	2 906	1 163	1 741	1 272	122	102	175	47	24
174	14	42	1 006	2 553	997	1 553	1 160	92	58	149	51	44
201	17	43	1 223	2 199	844	1 354	1 024	90	38	131	45	26
261	15	54	2 191	1 638	335	1 301	952	94	19	119	83	34
321	21	75	3 703	983	152	831	625	82	23	46	33	22
211	11	38	3 303	305	43	262	200	26	9	9	7	11
112	7	22	3 079	106	26	80	54	10	3	5	3	5
100	4	17	5 168	38	15	23	13	1	1	2	1	3
744	44	152	15 253	1 433	236	1 196	892	119	37	62	45	41
212	12	39	8 248	144	41	103	67	11	5	7	5	8
1 697	160	408	21 337	19 199	8 338	10 846	7 412	1 093	555	1 165	370	251
1	0	5	74	154	102	52	10	31	4	4	1	1
10	2	15	221	1 254	868	385	114	140	27	86	7	11
29	7	17	459	1 670	1 065	604	268	122	57	122	18	16
67	9	17	830	1 744	954	789	454	103	71	116	25	21
93	14	27	1 003	2 083	994	1 087	730	107	77	124	26	23
131	25	34	1 047	2 746	1 163	1 581	1 128	129	91	153	49	30
152	26	36	943	2 635	1 058	1 575	1 153	107	95	156	43	20
155	12	39	860	2 323	905	1 416	1 060	83	53	133	47	39
182	15	39	1 050	1 977	755	1 221	927	80	32	116	42	24
228	14	47	1 865	1 415	283	1 130	822	85	17	102	75	30
279	17	67	3 092	828	123	705	523	73	19	40	28	21
181	10	33	2 730	252	36	216	164	23	7	7	6	9
98	5	20	2 609	88	22	67	45	8	3	3	3	4
90	4	13	4 553	29	10	19	11	1	1	2	1	3
647	35	131	12 985	1 198	191	1 006	744	105	31	52	38	36
188	9	32	7 162	117	32	85	56	9	4	5	4	7
260	25	61	5 154	832	155	675	489	99	26	37	12	12
0	0	0	24	16	1	15	3	10	1	0	0	0
2	0	2	29	31	5	27	9	12	1	4	0	1
3	1	1	43	43	7	36	24	9	1	1	0	1
6	1	1	44	57	12	45	30	8	3	3	1	0
3	1	3	45	47	13	34	25	4	3	2	0	0
3	1	1	48	72	16	55	41	7	3	2	0	1
2	2	1	51	61	18	42	32	4	2	4	1	0
5	1	2	30	45	12	32	20	5	2	4	1	0
7	1	3	63	63	19	44	38	3	1	2	1	0
24	3	6	185	125	20	104	82	10	1	7	3	1
48	5	12	520	152	18	134	107	14	4	3	3	2
62	5	13	814	81	8	73	56	8	3	2	2	2
47	2	8	1 020	30	4	25	18	4	0	1	0	2
46	3	7	2 238	10	2	8	4	0	0	1	1	2
204	14	40	4 592	272	31	240	186	27	7	8	5	7
94	5	15	3 258	39	6	33	22	5	0	2	1	3
818	66	177	9 611	7 577	2 567	5 004	3 648	505	212	435	131	74
0	–	4	38	131	95	36	7	20	3	4	1	1
6	0	7	107	372	200	172	65	69	10	26	1	2
13	2	7	157	406	193	212	117	45	20	26	3	2
24	3	7	259	497	196	301	189	45	21	34	7	6
33	5	11	288	630	231	398	281	42	21	43	7	5
49	9	13	353	974	344	630	478	51	31	51	14	5
73	10	18	368	1 119	395	723	554	46	38	62	15	7
72	7	15	397	1 065	359	706	554	38	24	60	17	12
91	9	15	493	948	314	632	502	41	15	52	15	8
127	6	21	970	782	140	641	483	47	11	53	37	10
162	8	33	1 754	473	63	409	309	46	12	22	11	10
93	4	15	1 399	127	20	107	83	10	4	4	2	4
42	3	7	1 201	39	11	28	20	3	1	1	2	1
35	1	5	1 827	13	4	8	6	1	1	0	0	1
332	15	60	6 180	652	98	553	418	61	19	26	15	15
76	4	12	3 028	52	15	37	26	4	2	1	2	2

（9－8）

第132表　世帯人員（15歳以上），仕事の有－勤めか

（単位：千人）　　　　　　　　　　　　　　　　　　　　　　　　　　　　　　　　　　　　（　女　）

教育階級 / 年齢階級	総数	仕事あり	一般常雇者	契約期間の定めのない雇用者	契約期間が1年以上の雇用者	1月以上1年未満の契約の雇用者	日々又は1月未満の契約の雇用者	会社・団体等の役員	自営業主	雇人あり	雇人なし
専門学校	5 126	3 494	2 440	1 941	499	481	42	85	178	49	128
15 ～ 19 歳	－	－	－	－	－	－	－	－	－	－	－
20 ～ 24	298	269	236	202	34	19	3	6	1	1	1
25 ～ 29	364	289	233	202	31	32	3	2	7	3	4
30 ～ 34	515	374	291	242	49	43	4	7	10	4	6
35 ～ 39	568	425	330	269	60	48	5	7	13	2	11
40 ～ 44	675	527	366	297	69	92	5	9	21	6	15
45 ～ 49	588	462	326	261	64	69	6	10	16	5	11
50 ～ 54	504	404	274	205	69	58	3	12	20	9	11
55 ～ 59	404	320	215	158	57	46	3	12	14	3	11
60 ～ 64	354	203	102	62	40	43	6	7	18	5	13
65 ～ 69	343	137	47	30	17	23	2	8	27	6	21
70 ～ 74	193	52	13	8	5	4	1	3	17	3	14
75 ～ 79	151	23	5	3	2	1	0	0	10	2	9
80 歳 以 上	168	9	3	2	0	0	－	0	4	0	3
（再掲）65歳以上	856	221	68	44	25	29	3	11	58	11	46
75歳以上	319	32	7	5	2	1	0	1	14	2	12
短大・高専	6 251	3 920	2 594	1 886	709	665	52	115	171	41	130
15 ～ 19 歳	－	－	－	－	－	－	－	－	－	－	－
20 ～ 24	178	161	139	118	21	15	2	3	－	－	－
25 ～ 29	258	206	177	146	31	20	1	3	2	1	1
30 ～ 34	372	256	204	165	39	31	2	4	3	0	3
35 ～ 39	692	476	345	273	72	78	6	6	13	2	11
40 ～ 44	960	697	481	362	119	127	9	11	19	5	14
45 ～ 49	854	639	424	307	118	126	8	15	20	3	17
50 ～ 54	728	538	343	232	112	107	9	16	22	6	17
55 ～ 59	715	484	304	187	117	79	5	22	24	7	17
60 ～ 64	578	267	120	65	55	59	7	13	24	7	17
65 ～ 69	464	136	45	25	20	17	4	14	24	5	19
70 ～ 74	195	33	8	5	3	3	0	4	9	3	6
75 ～ 79	125	20	5	2	3	2	－	3	6	1	5
80 歳 以 上	132	7	－	－	－	0	－	1	3	1	2
（再掲）65歳以上	916	196	57	32	25	22	4	22	43	10	33
75歳以上	257	27	5	2	3	2	－	4	9	2	7
大学	6 231	4 269	3 139	2 510	630	505	40	130	210	65	146
15 ～ 19 歳	－	－	－	－	－	－	－	－	－	－	－
20 ～ 24	434	402	363	314	49	24	5	6	0	0	0
25 ～ 29	792	685	598	509	89	54	3	11	7	2	5
30 ～ 34	787	563	466	394	72	54	5	7	13	3	10
35 ～ 39	799	536	419	355	63	62	5	7	18	5	13
40 ～ 44	750	559	403	313	90	76	5	13	29	8	22
45 ～ 49	602	454	307	223	84	72	5	9	27	9	18
50 ～ 54	524	408	270	199	71	58	2	19	29	8	21
55 ～ 59	470	320	189	133	56	50	3	20	29	11	18
60 ～ 64	402	194	88	46	42	38	5	17	20	7	13
65 ～ 69	300	97	28	16	12	13	1	10	21	6	14
70 ～ 74	162	28	4	2	2	2	0	5	12	4	8
75 ～ 79	101	11	3	3	0	1	0	3	1	0	0
80 歳 以 上	108	12	2	1	1	0	0	2	5	3	2
（再掲）65歳以上	671	148	37	22	15	16	2	20	38	13	25
75歳以上	209	23	5	4	1	1	1	5	6	3	2
大学院	375	304	229	172	57	33	2	9	19	4	15
15 ～ 19 歳	－	－	－	－	－	－	－	－	－	－	－
20 ～ 24	4	3	3	2	1	－	－	－	1	－	1
25 ～ 29	49	45	38	30	9	4	0	0	1	－	1
30 ～ 34	59	50	37	29	9	4	1	2	3	1	3
35 ～ 39	62	50	40	32	9	5	－	1	2	0	1
40 ～ 44	71	56	43	32	11	8	－	0	1	1	1
45 ～ 49	41	35	24	19	5	4	1	1	4	0	4
50 ～ 54	34	30	21	14	7	2	－	3	3	1	3
55 ～ 59	23	18	13	10	3	2	－	1	1	0	0
60 ～ 64	10	7	3	2	1	1	－	0	1	－	1
65 ～ 69	11	7	5	2	3	0	－	0	0	－	1
70 ～ 74	5	2	0	0	－	0	－	1	0	0	－
75 ～ 79	2	0	0	0	－	－	－	0	－	－	－
80 歳 以 上	4	1	－	－	－	0	－	0	0	0	－
（再掲）65歳以上	22	10	6	2	4	2	－	0	1	1	1
75歳以上	6	1	0	0	－	0	－	－	0	0	－

注：1）熊本県を除いたものである。
　　2）「総数」には仕事の有無不詳、「仕事あり」には勤めか自営か不詳、「役員以外の雇用者」には呼称不詳を含む。
　　3）勤め先での呼称の「役員以外の雇用者」とは、一般常雇者、1月以上1年未満の契約の雇用者、日々又は1月未満の契約の雇用者をいう。

自営かの別－勤め先での呼称－無・教育・年齢（5歳階級）・性別

平成28年

家族従業者	内職	その他	仕事なし	役員以外の雇用者	（再掲）役員以外の雇用者							
					正規の職員・従業員	非正規の職員・従業員	パート	アルバイト	労働者派遣事業所の派遣社員	契約社員	嘱託	その他
193	18	38	1 620	2 963	1 477	1 484	1 011	153	87	151	52	31
–	–	–	–	–	–	–	–	–	–	–	–	–
1	1	1	29	257	189	68	16	24	6	18	1	3
7	1	1	75	269	163	106	46	27	11	18	3	2
13	2	2	141	338	186	152	92	19	16	18	4	3
17	2	3	143	383	197	184	130	18	12	16	2	5
23	5	3	147	463	215	248	182	20	16	19	8	3
26	2	4	124	401	187	214	156	15	14	21	7	1
25	1	7	101	336	152	183	148	7	4	15	6	3
22	2	5	84	264	128	136	107	8	3	9	6	2
20	1	4	151	152	39	113	78	6	2	11	10	5
24	1	5	204	72	13	59	44	5	2	2	5	2
11	1	2	141	19	3	16	10	3	0	0	0	2
4	0	1	125	6	2	4	2	0	0	1	0	–
1	–	0	156	3	1	2	1	–	–	1	–	–
39	2	8	626	100	20	80	56	9	2	5	5	4
5	0	1	281	9	4	5	3	0	0	2	0	–
223	21	62	2 321	3 311	1 396	1 912	1 292	157	109	219	85	50
–	–	–	–	–	–	–	–	–	–	–	–	–
0	–	1	17	156	119	37	8	13	3	11	1	1
2	1	1	52	197	128	69	28	12	7	16	4	1
8	0	3	116	237	130	107	60	11	10	16	5	4
19	1	4	216	430	185	244	160	22	20	29	8	5
32	6	8	262	617	257	360	250	29	23	35	14	8
29	5	8	213	558	209	348	259	23	21	32	10	3
29	3	7	190	459	167	292	210	17	12	31	12	10
35	2	11	230	389	143	246	174	17	8	27	12	7
35	1	8	311	185	38	147	101	10	2	15	12	6
23	1	6	328	66	14	52	33	4	1	6	4	4
6	–	2	160	11	2	9	7	0	0	0	1	0
3	0	2	102	7	3	4	2	–	0	0	0	1
2	–	0	124	0	–	0	0	–	–	–	–	–
34	2	10	714	84	19	64	42	4	2	6	5	5
4	0	2	226	7	3	4	2	–	0	0	0	1
157	22	47	1 954	3 684	2 315	1 366	727	139	97	266	75	63
–	–	–	–	–	–	–	–	–	–	–	–	–
1	–	2	31	392	325	67	12	18	5	25	3	4
4	2	4	108	655	507	147	44	23	15	52	6	6
12	2	3	224	524	373	151	66	17	17	37	8	6
17	4	2	262	486	305	181	108	15	17	26	7	7
19	3	7	189	484	263	220	134	18	14	37	10	8
19	7	5	148	384	200	184	108	15	14	32	8	6
19	1	6	115	331	174	156	98	12	9	19	9	10
23	1	5	150	241	117	124	79	9	4	20	6	5
21	0	5	208	131	36	95	55	9	1	12	11	7
15	1	6	203	42	10	33	18	2	0	5	5	3
4	0	1	133	6	1	5	3	0	–	1	0	1
1	–	1	89	5	1	4	2	–	1	–	0	1
3	–	0	95	2	2	0	0	–	–	0	–	–
22	1	9	519	55	14	41	23	2	1	5	6	4
3	–	1	183	7	3	4	2	–	1	–	1	1
7	2	4	71	263	183	80	28	3	5	24	9	11
–	–	–	–	–	–	–	–	–	–	–	–	–
–	–	–	0	3	2	0	–	–	0	0	–	–
0	–	1	4	43	30	13	3	1	0	5	2	2
2	–	0	9	42	30	12	4	0	1	5	0	1
1	0	1	12	45	34	11	4	1	3	2	0	0
2	1	–	15	52	34	17	8	0	0	3	2	3
1	–	–	6	29	20	9	3	0	1	3	2	1
0	–	0	5	23	16	7	1	–	–	3	0	3
0	–	0	6	15	11	4	1	–	–	2	–	1
–	0	2	2	4	3	1	0	0	–	0	0	0
0	–	0	4	5	2	4	2	0	–	0	1	0
–	–	–	3	1	0	1	1	–	–	–	–	–
–	–	–	2	0	–	0	–	–	–	–	–	–
0	–	–	4	0	–	0	–	–	–	–	–	0
1	–	0	12	7	2	5	3	0	–	0	2	1
0	–	–	5	1	–	1	–	–	–	–	0	0

(9－9)

第132表　世帯人員（15歳以上），仕事の有－勤めか

（単位：千人）　　　（　女　）

教育程度 年齢階級	総数	仕事あり	一般 常雇者	契約期間の 定めのない 雇用者	契約期間が 1年以上の 雇用者	1月以上 1年未満の 契約の 雇用者	日々又は 1月未満の 契約の 雇用者	会社・団体 等の役員	自営業主	雇人あり	雇人なし
卒業学校不詳	1 334	713	451	332	120	102	16	24	41	10	31
15 ～ 19 歳	21	9	7	5	2	0	0	1	－	－	－
20 ～ 24	55	46	36	32	4	5	1	1	1	0	0
25 ～ 29	84	64	51	39	12	5	1	0	1	－	1
30 ～ 34	94	57	39	32	7	8	1	1	2	0	2
35 ～ 39	113	75	53	42	12	9	1	2	4	1	3
40 ～ 44	131	96	67	49	18	13	4	2	3	1	2
45 ～ 49	130	97	57	42	15	23	2	2	4	0	3
50 ～ 54	101	77	52	37	15	11	1	3	4	1	3
55 ～ 59	93	69	45	31	14	10	2	2	3	2	1
60 ～ 64	88	50	24	13	12	11	1	4	4	1	3
65 ～ 69	121	39	13	7	6	5	0	3	7	3	4
70 ～ 74	99	18	4	3	1	2	1	1	5	0	5
75 ～ 79	81	8	1	1	0	1	0	2	2	0	2
80 歳 以 上	124	9	1	1	－	0	－	0	3	1	2
（再掲）65歳以上	425	74	19	11	8	7	1	6	17	4	13
75歳以上	204	17	2	1	0	1	0	2	5	1	4
在学中	3 688	677	363	268	95	202	56	4	9	4	5
15 ～ 19 歳	2 763	324	172	135	38	101	27	0	2	1	1
20 ～ 24	753	272	145	99	45	87	25	1	0	0	0
25 ～ 29	45	17	8	6	2	6	2	－	0	0	－
30 ～ 34	18	11	7	5	2	2	1	－	0	－	0
35 ～ 39	18	11	8	6	2	1	1	0	0	－	0
40 ～ 44	20	14	8	6	2	3	－	1	1	1	0
45 ～ 49	16	8	6	5	1	0	0	0	1	1	0
50 ～ 54	16	9	6	5	1	1	－	1	1	1	0
55 ～ 59	4	3	1	1	0	1	－	0	0	－	0
60 ～ 64	4	1	0	0	0	0	0	0	0	－	0
65 ～ 69	8	3	0	0	0	0	1	－	1	－	1
70 ～ 74	8	2	1	0	1	－	－	－	1	0	1
75 ～ 79	6	1	0	0	－	－	－	－	0	0	0
80 歳 以 上	9	0	－	－	－	－	－	－	0	－	0
（再掲）65歳以上	31	7	2	1	1	0	1	－	2	0	2
75歳以上	15	1	0	0	－	0	－	－	0	0	0
在学したことがない	87	23	9	7	2	4	0	1	3	1	2
15 ～ 19 歳	1	0	0	0	－	－	－	－	－	－	－
20 ～ 24	1	1	0	－	0	－	－	－	－	－	－
25 ～ 29	5	4	1	1	－	－	－	1	－	－	－
30 ～ 34	3	2	1	0	0	0	－	－	－	－	－
35 ～ 39	2	1	1	1	0	－	－	0	1	－	1
40 ～ 44	2	2	1	1	0	0	－	－	0	－	0
45 ～ 49	4	3	1	1	0	2	0	0	1	1	0
50 ～ 54	3	2	1	1	0	1	－	－	－	－	－
55 ～ 59	3	1	1	1	－	0	－	－	1	－	1
60 ～ 64	5	1	1	1	0	－	0	0	－	－	0
65 ～ 69	6	2	1	0	0	1	－	－	1	1	0
70 ～ 74	8	2	1	0	0	－	－	－	－	－	－
75 ～ 79	12	0	0	0	－	－	0	－	0	－	0
80 歳 以 上	32	1	－	－	－	0	－	－	0	－	0
（再掲）65歳以上	58	5	1	1	0	1	－	0	2	1	1
75歳以上	44	1	0	0	－	0	－	－	0	－	0
不詳	7 262	2 754	1 575	1 128	447	390	59	93	270	67	203
15 ～ 19 歳	14	13	11	9	2	－	1	－	－	－	－
20 ～ 24	136	112	93	75	19	9	3	2	1	0	1
25 ～ 29	231	161	130	106	25	11	6	4	2	1	1
30 ～ 34	323	191	152	120	32	17	5	3	5	2	3
35 ～ 39	370	218	147	115	33	35	2	6	8	3	5
40 ～ 44	489	293	191	143	48	45	9	10	14	4	10
45 ～ 49	515	322	211	151	60	47	4	11	18	5	13
50 ～ 54	449	276	174	118	56	42	5	9	16	7	9
55 ～ 59	486	279	170	116	55	42	7	12	18	9	8
60 ～ 64	671	310	143	77	66	69	10	10	29	9	20
65 ～ 69	1 011	312	98	64	34	51	4	13	81	11	70
70 ～ 74	860	152	37	22	14	13	2	6	50	10	40
75 ～ 79	708	68	9	6	2	7	1	4	17	4	13
80 歳 以 上	999	46	8	6	2	2	0	3	10	2	8
（再掲）65歳以上	3 578	579	151	99	52	72	7	26	158	27	131
75歳以上	1 707	115	17	13	4	9	1	7	27	6	22

注：1）熊本県を除いたものである。
　　2）「総数」には仕事の有無不詳、「仕事あり」には勤めか自営か不詳、「役員以外の雇用者」には呼称不詳を含む。
　　3）勤め先での呼称の「役員以外の雇用者」とは、一般常雇者、1月以上1年未満の契約の雇用者、日々又は1月未満の契約の雇用者をいう。

394

自営かの別－勤め先での呼称－無・教育・年齢（５歳階級）・性別

平成28年

家族従業者	内職	その他	仕事なし	役員以外の雇用者	（再掲）役員以外の雇用者							
					正規の職員・従業員	非正規の職員・従業員	パート	アルバイト	労働者派遣事業所の派遣社員	契約社員	嘱託	その他
39	5	18	607	569	245	323	217	36	19	33	7	10
–	–	1	12	7	6	1	0	1	–	–	–	–
0	0	2	8	42	28	13	5	4	2	2	0	1
1	–	3	20	57	37	20	7	5	3	4	0	2
2	0	1	38	48	26	22	14	2	2	3	0	1
3	1	2	37	63	28	35	22	5	2	5	1	0
3	1	1	34	84	33	51	35	4	4	6	0	2
4	0	1	23	64	25	39	29	4	2	2	1	2
4	0	0	24	57	22	35	27	2	1	4	1	0
3	1	1	38	36	6	30	22	2	0	3	2	0
7	0	3	80	18	4	14	10	2	0	2	1	0
4	–	0	80	7	2	5	5	1	–	–	–	0
2	0	0	71	2	0	2	1	–	0	–	–	–
3	–	1	110	1	1	0	0	–	–	–	–	0
16	0	4	341	28	6	21	16	2	0	2	1	0
5	0	1	181	3	1	2	2	–	0	–	–	0
4	0	16	3 011	622	35	586	34	532	8	10	0	2
0	0	9	2 439	300	6	294	7	284	2	1	–	1
1	–	5	481	256	5	251	8	235	5	2	0	1
0	–	0	28	15	1	14	2	9	0	3	–	0
0	–	0	7	10	3	7	4	2	0	1	–	0
0	–	–	7	10	6	4	3	0	0	0	–	0
1	–	1	5	11	5	6	5	1	0	1	–	0
0	–	0	8	6	4	2	1	0	0	0	–	0
–	–	0	7	7	5	2	1	0	0	1	0	–
0	–	–	1	3	1	2	0	–	0	1	0	0
0	–	–	3	1	–	1	0	0	–	–	0	–
1	0	0	5	1	0	1	1	0	–	–	–	0
0	–	–	6	1	0	0	0	0	–	–	–	–
0	–	–	5	0	–	0	0	–	–	–	–	–
–	–	0	9	–	–	–	–	–	–	–	–	–
1	0	0	24	3	1	2	1	0	0	–	–	0
0	–	0	14	0	–	0	0	–	–	–	–	–
2	1	1	63	13	4	9	4	1	1	2	0	0
–	–	–	1	0	0	0	–	0	–	–	–	–
–	–	0	–	0	0	0	–	0	–	–	–	–
–	–	1	1	1	0	1	–	1	–	0	–	–
0	1	–	1	1	–	1	0	–	–	0	–	–
–	–	–	0	1	1	0	0	–	–	–	–	–
0	–	–	0	2	1	0	0	–	–	–	–	–
–	0	–	1	3	1	2	0	0	0	1	0	–
–	–	–	0	2	–	2	1	–	0	0	–	–
0	–	–	1	1	0	0	0	–	–	–	–	–
–	–	–	3	1	1	0	0	0	–	–	0	–
0	–	–	4	1	–	1	1	–	–	–	–	–
1	0	–	6	1	–	1	0	–	–	–	–	0
–	–	–	11	0	–	0	0	–	–	–	–	–
0	–	–	31	–	–	–	–	–	–	–	–	–
1	0	–	53	2	–	2	1	–	–	–	–	0
0	–	–	42	0	–	0	0	–	–	–	–	–
213	19	52	3 419	2 023	837	1 183	839	119	55	110	34	26
–	–	0	2	12	9	3	0	2	–	–	–	1
–	–	1	13	106	76	30	11	12	1	5	0	0
2	0	3	46	147	93	53	21	12	5	11	2	1
5	1	3	110	173	95	78	47	14	7	8	1	1
9	2	2	136	184	91	93	67	10	5	6	3	1
16	2	2	146	246	103	143	106	12	11	8	2	2
16	2	6	146	263	100	162	117	15	7	17	3	4
19	2	3	139	221	87	134	99	8	5	14	4	5
18	1	5	171	219	88	131	95	11	5	14	4	2
33	2	7	319	222	51	170	130	8	3	16	8	5
42	4	8	602	153	29	124	100	9	4	6	5	1
30	1	5	561	51	6	45	34	4	2	2	1	2
14	2	3	454	17	4	13	8	1	–	2	0	1
9	1	4	575	10	5	5	3	0	0	0	0	1
95	8	20	2 191	231	44	186	145	14	6	11	6	5
23	3	7	1 029	27	9	17	11	2	0	2	0	1

（3－1）

第133表　世帯人員（15歳以上），仕事の有－勤めか

（単位：千人）　　（　総

同居児童の有無 年　齢　階　級	総　数	仕事あり	一　般 常雇者	契約期間の 定めのない 雇　用　者	契約期間が 1年以上の 雇　用　者	1月以上 1年未満の 契　約 の雇用者	日々又は 1月未満の 契　約 の雇用者	会社・団体 等の役員	自営業主	雇人あり	雇人なし
総　　　　　　　数	107 298	61 087	40 474	32 583	7 891	6 287	803	2 917	6 463	2 082	4 381
15 ～ 19 歳	6 055	999	650	531	119	204	65	10	8	2	6
20 ～ 24	4 852	3 350	2 670	2 231	439	389	93	60	24	8	17
25 ～ 29	5 002	4 183	3 512	2 979	532	312	47	75	84	26	58
30 ～ 34	6 079	4 882	3 929	3 371	559	382	46	111	198	70	128
35 ～ 39	7 388	5 962	4 668	4 014	654	467	54	176	323	116	206
40 ～ 44	9 243	7 607	5 727	4 891	836	671	59	295	508	196	312
45 ～ 49	8 878	7 342	5 348	4 476	872	673	63	317	570	209	361
50 ～ 54	8 021	6 639	4 706	3 835	871	617	67	371	558	209	349
55 ～ 59	7 789	6 124	4 096	3 223	873	577	63	409	637	250	386
60 ～ 64	8 677	5 469	2 742	1 534	1 208	954	93	407	828	287	541
65 ～ 69	10 949	4 685	1 622	976	646	745	85	365	1 272	322	950
70 ～ 74	8 001	2 084	529	335	194	218	39	169	727	202	525
75 ～ 79	6 800	1 074	202	133	69	64	22	91	423	113	310
80 歳 以 上	9 565	686	71	53	18	14	6	60	303	72	231
（再掲）65歳以上	35 315	8 530	2 424	1 497	927	1 041	152	685	2 724	708	2 016
75歳以上	16 365	1 761	274	186	87	78	28	151	726	185	541
同　居　児　童　あ　り	21 405	17 398	13 161	11 382	1 779	1 383	137	728	1 189	501	688
15 ～ 19 歳	9	4	3	3	0	0	－	－	1	－	1
20 ～ 24	182	118	88	76	12	10	1	5	4	1	2
25 ～ 29	1 008	728	601	534	66	41	7	20	30	13	16
30 ～ 34	2 859	2 147	1 738	1 550	188	134	13	55	102	45	57
35 ～ 39	4 441	3 503	2 743	2 419	324	256	27	118	194	80	114
40 ～ 44	5 733	4 748	3 552	3 066	486	426	38	196	311	137	174
45 ～ 49	4 506	3 840	2 793	2 370	423	355	35	180	292	124	168
50 ～ 54	1 977	1 714	1 243	1 043	200	123	10	109	164	69	96
55 ～ 59	540	480	340	288	52	20	4	34	68	26	42
60 ～ 64	104	87	49	26	23	13	1	7	14	4	10
65 ～ 69	38	26	11	6	5	4	0	2	7	2	5
70 ～ 74	6	2	1	1	－	－	0	0	1	0	1
75 ～ 79	1	1	－	－	－	－	－	－	0	－	0
80 歳 以 上	－	－	－	－	－	－	－	－	－	－	－
（再掲）65歳以上	46	29	12	7	5	4	0	3	9	2	6
75歳以上	1	1	－	－	－	－	－	－	0	0	0
同　居　児　童　な　し	85 893	43 689	27 313	21 201	6 112	4 904	665	2 189	5 274	1 581	3 694
15 ～ 19 歳	6 045	995	647	528	119	204	65	10	8	2	5
20 ～ 24	4 670	3 232	2 582	2 155	428	379	92	55	21	6	14
25 ～ 29	3 994	3 455	2 911	2 445	466	271	40	55	54	13	41
30 ～ 34	3 220	2 735	2 191	1 821	370	248	32	56	96	25	71
35 ～ 39	2 947	2 459	1 924	1 595	329	211	28	58	128	36	92
40 ～ 44	3 510	2 860	2 175	1 825	350	244	21	99	198	60	138
45 ～ 49	4 372	3 501	2 556	2 106	450	319	28	137	278	85	193
50 ～ 54	6 044	4 925	3 463	2 792	671	494	56	261	394	141	253
55 ～ 59	7 249	5 644	3 757	2 935	822	557	59	375	569	225	344
60 ～ 64	8 573	5 382	2 694	1 509	1 185	941	92	400	814	283	531
65 ～ 69	10 911	4 659	1 611	970	641	741	85	363	1 264	319	945
70 ～ 74	7 995	2 082	528	334	194	218	39	168	726	201	524
75 ～ 79	6 799	1 074	202	133	69	64	22	91	423	113	310
80 歳 以 上	9 565	686	71	53	18	14	6	60	303	72	231
（再掲）65歳以上	35 269	8 501	2 413	1 490	922	1 038	152	682	2 716	706	2 010
75歳以上	16 364	1 760	274	186	87	78	28	151	726	185	541

注：1）熊本県を除いたものである。
　　2）「総数」には仕事の有無不詳、「仕事あり」には勤めか自営か不詳、「役員以外の雇用者」には呼称不詳を含む。
　　3）勤め先での呼称の「役員以外の雇用者」とは、一般常雇者、1月以上1年未満の契約の雇用者、日々又は1月未満の契約の雇用者をいう。
　　4）同居児童は、集計対象の世帯員の子で同居している児童である。

自営かの別－勤め先での呼称－無・同居児童の有無・年齢（5歳階級）・性別

（　　数　　） 平成28年

家族従業者	内職	その他	仕事なし	役員以外の雇用者	（再掲）　役員以外の雇用者							
					正規の職員・従業員	非正規の職員・従業員	パート	アルバイト	労働者派遣事業所の派遣社員	契約社員	嘱託	その他
2 506	208	955	43 029	47 564	29 334	18 197	9 368	3 429	1 060	2 664	1 088	588
7	0	25	5 055	919	296	623	28	569	10	9	2	6
35	2	47	1 470	3 152	1 948	1 203	178	774	60	151	13	27
71	8	52	758	3 871	2 850	1 018	352	273	100	233	28	33
134	12	47	1 137	4 357	3 152	1 203	552	214	128	234	35	41
178	17	51	1 352	5 189	3 702	1 483	851	191	131	227	42	41
216	29	67	1 440	6 457	4 457	1 997	1 280	204	149	253	60	52
224	30	75	1 358	6 085	4 079	2 003	1 325	180	143	253	57	45
208	16	68	1 253	5 389	3 570	1 816	1 213	149	98	232	63	60
227	18	72	1 539	4 736	3 044	1 690	1 095	153	67	254	75	47
293	16	103	3 046	3 790	1 354	2 431	1 145	218	61	477	439	93
365	27	161	5 934	2 453	583	1 864	929	326	70	262	200	78
259	16	99	5 477	786	172	613	309	129	29	58	49	40
144	10	56	5 187	288	83	205	94	43	12	18	21	18
144	7	35	8 023	91	45	46	20	6	2	4	6	8
912	59	350	24 622	3 618	882	2 729	1 351	504	113	341	276	144
288	17	90	13 211	380	127	251	113	49	14	22	27	26
523	74	120	3 833	14 681	10 257	4 416	3 240	373	184	402	126	90
0	–	0	5	3	2	2	1	1	–	–	–	–
5	1	1	63	99	61	39	19	13	2	5	–	0
18	4	5	276	649	472	176	120	26	8	16	4	2
72	8	15	697	1 886	1 393	491	352	48	23	47	12	9
113	14	20	917	3 026	2 148	877	649	76	40	75	21	17
146	24	34	924	4 016	2 697	1 318	990	101	52	109	37	28
116	19	31	618	3 182	2 134	1 047	799	70	40	92	27	19
40	5	10	247	1 376	1 015	361	266	23	16	35	12	10
10	0	2	55	364	301	63	34	9	2	13	2	3
2	0	1	16	63	29	34	6	4	1	11	10	2
0	0	0	11	15	7	9	5	1	1	1	1	0
–	–	–	4	1	1	0	0	0	–	–	–	–
0			1									
–	–	–		–								
1	0	0	15	16	7	9	5	1	1	1	1	0
0		–	1	–								
1 983	133	836	39 196	32 883	19 077	13 782	6 129	3 056	875	2 262	962	497
7	0	25	5 050	916	294	621	27	568	10	9	2	6
30	1	46	1 407	3 053	1 887	1 164	159	761	59	147	13	27
52	4	46	482	3 222	2 378	843	231	247	93	217	24	31
63	4	32	440	2 471	1 759	712	200	165	105	186	23	32
65	3	31	435	2 163	1 554	606	202	115	91	153	21	24
70	5	33	515	2 441	1 761	680	290	103	96	143	23	24
108	11	44	740	2 903	1 945	956	526	111	103	162	30	26
168	11	57	1 006	4 013	2 554	1 456	948	126	82	198	51	51
217	18	70	1 484	4 373	2 743	1 627	1 061	144	64	241	73	44
291	16	102	3 030	3 727	1 325	2 397	1 139	213	60	465	428	91
365	26	161	5 923	2 437	576	1 856	924	325	69	260	199	78
259	16	99	5 474	785	172	613	309	129	29	58	49	40
144	10	56	5 187	288	83	205	94	43	12	18	21	18
144	7	35	8 023	91	45	46	20	6	2	4	6	8
912	59	350	24 607	3 602	875	2 720	1 346	502	112	340	275	144
288	17	90	13 210	380	127	251	113	49	14	22	27	26

（3－2）

第133表　世帯人員（15歳以上），仕事の有－勤めか

（単位：千人）　　　　　　　　　　　　　　　　　　　　　　　　　　　　　　　　　　　　　（　男　）

同居児童の有無 年　齢　階　級	総　数	仕事あり	一　般 常雇者	契約期間の 定めのない 雇用者	契約期間が 1年以上の 雇用者	1月以上 1年未満の 契約の 雇用者	日々又は 1月未満 の契約 の雇用者	会社・団体 等の役員	自営業主	雇人あり	雇人なし
総　　　　数	51 145	34 031	23 264	19 685	3 579	2 097	346	2 168	4 863	1 649	3 214
15 ～ 19 歳	3 035	496	330	269	61	89	33	6	6	1	5
20 ～ 24	2 423	1 649	1 306	1 106	200	184	46	31	18	6	13
25 ～ 29	2 476	2 218	1 903	1 656	247	112	21	49	55	15	40
30 ～ 34	2 986	2 760	2 277	2 028	249	133	19	81	149	57	93
35 ～ 39	3 664	3 405	2 785	2 513	272	103	24	137	245	97	148
40 ～ 44	4 555	4 177	3 338	3 060	278	99	15	222	390	164	226
45 ～ 49	4 342	3 956	3 073	2 774	299	88	17	239	439	170	269
50 ～ 54	3 935	3 597	2 726	2 425	301	90	20	275	417	161	256
55 ～ 59	3 807	3 405	2 394	2 061	333	120	23	310	495	198	297
60 ～ 64	4 181	3 207	1 658	910	748	457	36	314	649	228	422
65 ～ 69	5 283	2 832	969	560	409	449	50	272	936	256	679
70 ～ 74	3 711	1 261	331	209	122	126	23	125	528	155	373
75 ～ 79	3 100	670	131	84	47	38	13	65	320	89	231
80 歳 以 上	3 647	398	42	30	12	8	3	42	216	53	163
(再掲)65歳以上	15 741	5 160	1 473	883	591	621	90	504	2 000	554	1 447
75歳以上	6 746	1 068	173	114	59	46	16	107	536	142	394
同 居 児 童 あ り	10 137	9 848	7 982	7 367	615	124	25	572	957	425	532
15 ～ 19 歳	4	3	2	2	0	0	－	－	1	－	1
20 ～ 24	66	62	49	44	5	3	0	3	3	1	2
25 ～ 29	390	384	336	309	26	6	0	14	20	7	13
30 ～ 34	1 221	1 199	1 022	952	71	20	1	40	84	39	45
35 ～ 39	1 954	1 919	1 612	1 507	105	18	7	90	152	70	82
40 ～ 44	2 577	2 506	2 042	1 914	128	22	5	147	242	113	129
45 ～ 49	2 205	2 137	1 701	1 570	131	20	5	142	235	104	131
50 ～ 54	1 165	1 127	869	785	84	14	3	95	133	59	74
55 ～ 59	421	403	291	253	37	9	2	33	64	25	40
60 ～ 64	95	82	47	24	23	10	1	7	13	3	10
65 ～ 69	33	24	11	6	5	2	0	2	7	2	5
70 ～ 74	6	2	1	1	－	－	0	0	1	0	1
75 ～ 79	1	1	－	－	－	－	－	0	0	－	0
80 歳 以 上	－	－	－	－	－	－	－	－	－	－	－
(再掲)65歳以上	40	27	12	7	5	2	0	2	9	2	6
75歳以上	1	1	－	－	－	－	－	0	0	－	0
同 居 児 童 な し	41 008	24 183	15 282	12 318	2 964	1 973	321	1 596	3 906	1 224	2 682
15 ～ 19 歳	3 032	493	327	267	61	89	33	6	6	1	4
20 ～ 24	2 357	1 588	1 257	1 062	195	181	46	28	15	5	10
25 ～ 29	2 086	1 834	1 567	1 347	221	107	21	36	35	7	27
30 ～ 34	1 766	1 561	1 255	1 077	178	112	18	41	66	18	48
35 ～ 39	1 710	1 486	1 173	1 006	168	84	17	48	93	28	66
40 ～ 44	1 978	1 671	1 296	1 146	151	77	10	75	147	50	97
45 ～ 49	2 137	1 819	1 373	1 204	168	69	12	97	204	65	138
50 ～ 54	2 770	2 470	1 857	1 640	217	77	17	180	284	102	182
55 ～ 59	3 386	3 002	2 103	1 808	295	111	21	278	430	173	257
60 ～ 64	4 086	3 125	1 611	886	725	447	34	308	636	224	411
65 ～ 69	5 251	2 808	958	554	404	447	50	270	929	254	674
70 ～ 74	3 705	1 259	331	208	122	126	23	125	527	155	372
75 ～ 79	3 098	669	131	84	47	38	13	65	320	89	231
80 歳 以 上	3 647	398	42	30	12	8	3	42	216	53	163
(再掲)65歳以上	15 701	5 134	1 462	876	586	619	90	501	1 992	551	1 441
75歳以上	6 745	1 067	173	114	59	46	16	107	536	142	394

注：1）熊本県を除いたものである。
　　2）「総数」には仕事の有無不詳，「仕事あり」には勤めか自営か不詳，「役員以外の雇用者」には呼称不詳を含む。
　　3）勤め先での呼称の「役員以外の雇用者」とは，一般常雇者，1月以上1年未満の契約の雇用者，日々又は1月未満の契約の雇用者をいう。
　　4）同居児童は，集計対象の世帯員の子で同居している児童である。

398

自営かの別－勤め先での呼称－無・同居児童の有無・年齢（５歳階級）・性別

平成28年

家族従業者	内職	その他	仕事なし	役員以外の雇用者	（再掲）役員以外の雇用者							
					正規の職員・従業員	非正規の職員・従業員	パート	アルバイト	労働者派遣事業所の派遣社員	契約社員	嘱託	その他
591	28	478	15 199	25 707	20 119	5 574	1 080	1 685	441	1 377	684	307
6	0	10	2 539	452	179	273	10	252	3	4	0	4
24	0	25	754	1 536	999	536	44	386	28	58	6	15
39	1	30	223	2 037	1 690	346	60	129	38	97	7	16
62	2	27	190	2 429	2 100	327	46	95	49	109	9	19
76	1	22	205	2 912	2 610	299	50	74	49	97	13	17
68	2	31	241	3 453	3 186	267	41	63	46	90	9	19
55	1	32	260	3 179	2 916	262	53	58	40	79	11	20
34	2	26	247	2 836	2 573	263	53	57	40	84	12	17
26	2	28	317	2 537	2 200	336	71	63	29	123	30	20
32	1	48	855	2 151	1 019	1 130	192	124	42	358	356	59
44	6	86	2 231	1 469	431	1 033	304	244	47	215	167	56
48	5	61	2 175	481	129	351	109	103	20	49	42	29
32	3	33	2 108	182	57	125	40	33	8	13	18	13
44	2	18	2 855	53	29	23	6	5	1	2	5	5
168	16	198	9 369	2 185	646	1 533	459	385	76	279	232	103
76	5	51	4 963	235	86	148	46	38	9	14	23	18
124	1	41	145	8 131	7 789	341	51	58	46	133	27	27
0	–	0	0	2	2	1	–	1	–	–	–	–
1	–	1	3	52	44	7	0	4	1	2	–	0
6	0	3	4	342	326	16	1	6	3	6	0	0
23	0	6	11	1 044	1 002	41	5	6	9	17	2	3
31	–	4	16	1 637	1 581	55	7	13	8	21	3	5
31	1	12	22	2 069	2 008	61	7	8	8	26	4	7
22	0	9	27	1 725	1 670	55	11	5	7	23	3	6
6	0	4	23	885	844	41	10	4	7	15	3	2
3	–	1	13	302	276	25	3	7	2	10	2	2
2	–	1	12	59	28	31	4	4	1	11	10	2
0	–	0	8	14	7	7	3	1	1	1	1	0
–	–	–	4	1	1	0	0	0	–	–	–	–
0	–	–	1	–	–	–	–	–	–	–	–	–
0	–	0	12	14	7	7	3	1	1	1	1	0
0	–	–	1	–	–	–	–	–	–	–	–	–
467	26	437	15 054	17 576	12 330	5 233	1 029	1 627	394	1 245	657	280
6	0	10	2 539	450	177	273	10	251	3	4	0	4
22	0	25	751	1 484	955	529	44	382	27	56	6	15
34	1	27	219	1 695	1 364	331	59	123	36	91	7	15
39	2	21	179	1 385	1 098	287	42	89	41	92	7	15
45	1	18	189	1 275	1 029	244	43	61	41	76	10	12
37	2	19	219	1 384	1 178	206	34	55	38	64	4	12
34	1	23	232	1 454	1 247	207	42	53	33	56	8	15
28	2	22	223	1 951	1 729	222	43	53	33	68	9	14
23	2	27	303	2 236	1 924	311	69	56	27	113	28	18
31	1	48	843	2 092	991	1 099	188	120	41	347	346	57
44	6	86	2 224	1 456	424	1 026	301	243	46	214	167	56
48	5	61	2 171	480	129	351	109	102	20	49	42	29
32	3	33	2 107	182	57	125	40	33	8	13	18	13
44	2	18	2 855	53	29	23	6	5	1	2	5	5
168	16	198	9 357	2 171	639	1 525	456	383	75	277	231	102
76	5	51	4 962	235	86	148	46	38	9	14	23	18

（３－３）

第133表　世帯人員（15歳以上），仕事の有－勤めか

（単位：千人）　　　（　女　）

同居児童の有無 年　齢　階　級	総　数	仕事あり	一　般 常雇者	契約期間の 定めのない 雇　用　者	契約期間が 1年以上の 雇　用　者	1月以上 1年未満の 契　約　の 雇　用　者	日々又は 1月未満の 契　約　の 雇　用　者	会社・団体 等の役員	自営業主	雇人あり	雇人なし
総　　　　　　数	56 153	27 056	17 210	12 898	4 312	4 190	457	749	1 601	433	1 167
15 ～ 19 歳	3 019	503	321	263	58	115	32	4	2	1	1
20 ～ 24	2 429	1 701	1 364	1 125	239	205	47	29	6	2	4
25 ～ 29	2 526	1 965	1 609	1 323	286	200	26	26	29	11	18
30 ～ 34	3 093	2 122	1 652	1 343	309	250	27	30	49	13	36
35 ～ 39	3 724	2 557	1 883	1 501	381	365	30	39	77	19	58
40 ～ 44	4 688	3 430	2 389	1 831	558	572	44	73	119	33	86
45 ～ 49	4 536	3 386	2 275	1 702	573	585	46	79	132	39	92
50 ～ 54	4 085	3 042	1 980	1 410	570	526	47	96	142	49	93
55 ～ 59	3 981	2 719	1 702	1 162	541	457	40	99	142	53	90
60 ～ 64	4 497	2 262	1 084	624	460	497	58	93	179	59	119
65 ～ 69	5 666	1 853	653	416	237	296	35	94	336	65	271
70 ～ 74	4 290	823	197	126	71	92	16	44	199	47	152
75 ～ 79	3 701	405	71	49	22	26	9	26	103	23	79
80 歳 以 上	5 918	288	30	23	7	6	2	19	87	19	68
(再掲)65歳以上	19 575	3 369	951	614	336	420	62	182	724	154	570
75歳以上	9 619	693	101	73	28	33	11	44	190	43	147
同 居 児 童 あ り	11 269	7 549	5 178	4 014	1 164	1 259	113	156	232	76	155
15 ～ 19 歳	6	1	1	1	－	－	－	－	－	－	－
20 ～ 24	116	56	39	33	6	8	1	2	0	0	－
25 ～ 29	619	344	265	225	40	35	7	6	10	6	4
30 ～ 34	1 638	948	716	599	117	114	12	15	19	6	12
35 ～ 39	2 487	1 583	1 131	912	220	238	20	29	42	10	32
40 ～ 44	3 156	2 242	1 510	1 152	359	405	33	49	69	23	45
45 ～ 49	2 301	1 703	1 092	800	292	335	30	38	57	20	37
50 ～ 54	812	587	374	258	115	110	8	15	32	10	22
55 ～ 59	119	77	49	34	15	11	2	2	4	1	3
60 ～ 64	9	5	1	1	0	3	－	0	0	0	0
65 ～ 69	6	2	0	0	0	2	－	1	－	－	－
70 ～ 74	－	－	－	－	－	－	－	－	－	－	－
75 ～ 79	－	－	－	－	－	－	－	－	－	－	－
80 歳 以 上	－	－	－	－	－	－	－	－	－	－	－
(再掲)65歳以上	6	2	0	0	0	2	－	1	－	－	－
75歳以上	－	－	－	－	－	－	－	－	－	－	－
同 居 児 童 な し	44 885	19 506	12 032	8 883	3 148	2 931	344	593	1 369	357	1 012
15 ～ 19 歳	3 013	502	320	261	58	115	32	4	2	1	1
20 ～ 24	2 313	1 644	1 325	1 092	233	198	45	27	6	2	4
25 ～ 29	1 907	1 621	1 344	1 098	246	165	19	20	19	5	14
30 ～ 34	1 455	1 174	936	744	192	136	14	15	31	7	23
35 ～ 39	1 237	974	751	589	162	127	11	10	35	8	27
40 ～ 44	1 532	1 189	879	680	199	167	11	24	50	9	41
45 ～ 49	2 235	1 683	1 183	902	281	250	16	41	75	19	55
50 ～ 54	3 273	2 455	1 606	1 152	454	417	39	81	110	39	71
55 ～ 59	3 863	2 642	1 653	1 127	526	446	38	97	139	52	87
60 ～ 64	4 487	2 257	1 083	623	460	494	58	92	178	59	119
65 ～ 69	5 660	1 851	653	416	237	294	35	93	336	65	271
70 ～ 74	4 290	823	197	126	71	92	16	44	199	47	152
75 ～ 79	3 701	405	71	49	22	26	9	26	103	23	79
80 歳 以 上	5 918	288	30	23	7	6	2	19	87	19	68
(再掲)65歳以上	19 569	3 367	951	614	336	419	62	181	724	154	570
75歳以上	9 619	693	101	73	28	33	11	44	190	43	147

注：1）熊本県を除いたものである。
　　2）「総数」には仕事の有無不詳，「仕事あり」には勤めか自営か不詳，「役員以外の雇用者」には呼称不詳を含む。
　　3）勤め先での呼称の「役員以外の雇用者」とは，一般常雇者，1月以上1年未満の契約の雇用者，日々又は1月未満の契約の雇用者をいう。
　　4）同居児童は，集計対象の世帯員の子で同居している児童である。

400

自営かの別－勤め先での呼称－無・同居児童の有無・年齢（５歳階級）・性別

平成28年

家族従業者	内職	その他	仕事なし	役員以外の雇用者	正規の職員・従業員	非正規の職員・従業員	（再掲）役員以外の雇用者					
							パート	アルバイト	労働者派遣事業所の派遣社員	契約社員	嘱託	その他
1 915	180	478	27 830	21 857	9 215	12 624	8 288	1 744	619	1 287	405	280
1	0	15	2 516	467	117	350	17	318	6	5	1	2
11	2	21	715	1 616	949	666	133	388	32	93	7	12
31	8	22	535	1 834	1 160	672	292	144	62	136	21	17
72	10	20	948	1 928	1 052	875	506	119	78	125	25	22
102	16	29	1 146	2 278	1 092	1 184	801	117	83	130	29	24
149	27	36	1 199	3 004	1 272	1 730	1 239	142	103	163	51	33
168	28	43	1 098	2 906	1 163	1 741	1 272	122	102	175	47	24
174	14	42	1 006	2 553	997	1 553	1 160	92	58	149	51	44
201	17	43	1 223	2 199	844	1 354	1 024	90	38	131	45	26
261	15	54	2 191	1 638	335	1 301	952	94	19	119	83	34
321	21	75	3 703	983	152	831	625	82	23	46	33	22
211	11	38	3 303	305	43	262	200	26	9	9	7	11
112	7	22	3 079	106	26	80	54	10	3	5	3	5
100	4	17	5 168	38	15	23	13	1	1	2	1	3
744	44	152	15 253	1 433	236	1 196	892	119	37	62	45	41
212	12	39	8 248	144	41	103	67	11	5	7	5	8
399	73	79	3 688	6 550	2 469	4 075	3 189	315	138	270	99	64
–	–	0	5	1	–	1	1	0	–	–	–	–
3	1	0	60	48	16	31	18	10	1	2	–	0
13	4	3	272	307	145	160	120	20	5	10	4	2
48	8	9	686	842	390	450	347	43	14	31	10	6
82	14	16	900	1 389	567	822	642	63	32	54	18	12
116	23	22	902	1 947	689	1 257	983	93	44	83	32	21
95	18	22	591	1 457	464	992	788	64	33	69	25	13
34	5	6	224	491	171	319	256	18	9	19	9	8
8	0	1	42	62	24	38	31	2	0	2	1	1
0	0	–	4	4	1	3	2	1	–	–	1	0
0	0	–	3	2	0	2	2	–	–	–	0	–
–	–	–	–	–	–	–	–	–	–	–	–	–
–	–	–	–	–	–	–	–	–	–	–	–	–
0	0	–	3	2	0	2	2	–	–	–	0	–
1 516	107	398	24 141	15 307	6 747	8 549	5 099	1 429	481	1 017	306	217
1	0	15	2 511	466	117	349	17	317	6	5	1	2
8	0	21	656	1 568	933	635	115	378	32	91	7	12
19	4	19	263	1 527	1 014	512	172	124	57	126	17	16
24	3	11	261	1 086	661	425	158	76	64	94	16	16
20	2	13	246	889	525	363	159	54	51	76	11	12
33	4	14	297	1 057	583	474	256	48	59	80	19	12
74	10	21	507	1 449	699	750	484	58	70	106	22	11
140	9	36	782	2 062	826	1 234	905	73	49	129	42	36
194	17	42	1 181	2 137	819	1 316	992	88	37	128	45	25
261	15	54	2 187	1 634	334	1 298	951	93	19	119	82	34
321	21	75	3 700	982	152	829	623	82	23	46	33	22
211	11	38	3 303	305	43	262	200	26	9	9	7	11
112	7	22	3 079	106	26	80	54	10	3	5	3	5
100	4	17	5 168	38	15	23	13	1	1	2	1	3
744	44	152	15 250	1 431	236	1 194	890	119	37	62	44	41
212	12	39	8 248	144	41	103	67	11	5	7	5	8

第134表 有業人員（15歳以上），

（単位：千人）

性 年 齢 階 級	総　　数	管 理 的 職業従事者	専 門 的 ・ 技 術 的 職業従事者	事務従事者	販売従事者	サ ー ビ ス 職業従事者
総　　　　　　　数	61 087	4 133	13 975	8 421	4 791	10 507
15 ～ 19 歳	999	4	82	45	156	423
20 ～ 24	3 350	22	821	406	358	903
25 ～ 29	4 183	49	1 205	683	383	781
30 ～ 34	4 882	105	1 390	783	415	828
35 ～ 39	5 962	211	1 647	942	470	944
40 ～ 44	7 607	449	1 903	1 347	592	1 147
45 ～ 49	7 342	619	1 790	1 226	545	1 099
50 ～ 54	6 639	750	1 583	1 024	500	958
55 ～ 59	6 124	758	1 348	833	446	940
60 ～ 64	5 469	493	1 045	610	357	967
65 ～ 69	4 685	348	696	330	305	907
70 ～ 74	2 084	168	251	118	140	376
75 ～ 79	1 074	94	142	45	67	166
80 歳 以 上	686	63	72	26	57	65
（再掲）65歳以上	8 530	673	1 161	520	569	1 514
75歳以上	1 761	157	214	71	124	232
男	34 031	3 570	8 270	2 417	2 482	4 196
15 ～ 19 歳	496	4	54	7	71	165
20 ～ 24	1 649	15	389	92	179	386
25 ～ 29	2 218	34	659	191	211	341
30 ～ 34	2 760	88	815	240	230	372
35 ～ 39	3 405	182	987	244	274	428
40 ～ 44	4 177	400	1 135	369	321	429
45 ～ 49	3 956	543	1 053	332	273	371
50 ～ 54	3 597	656	884	283	244	309
55 ～ 59	3 405	676	781	250	217	334
60 ～ 64	3 207	430	684	247	169	374
65 ～ 69	2 832	291	487	108	153	407
70 ～ 74	1 261	136	184	33	76	169
75 ～ 79	670	71	101	14	40	83
80 歳 以 上	398	45	55	6	27	28
（再掲）65歳以上	5 160	544	828	162	295	688
75歳以上	1 068	116	157	21	67	112
女	27 056	563	5 704	6 004	2 310	6 311
15 ～ 19 歳	503	0	28	38	86	258
20 ～ 24	1 701	8	432	314	179	518
25 ～ 29	1 965	15	545	493	172	441
30 ～ 34	2 122	17	575	543	185	457
35 ～ 39	2 557	29	660	698	197	516
40 ～ 44	3 430	49	768	978	271	718
45 ～ 49	3 386	75	737	894	272	728
50 ～ 54	3 042	94	699	741	256	650
55 ～ 59	2 719	82	567	583	229	607
60 ～ 64	2 262	63	361	363	189	593
65 ～ 69	1 853	57	209	222	152	499
70 ～ 74	823	31	67	85	65	207
75 ～ 79	405	23	41	31	27	83
80 歳 以 上	288	18	17	20	30	37
（再掲）65歳以上	3 369	129	333	358	274	826
75歳以上	693	41	58	50	57	120

注：熊本県を除いたものである。

職業分類・性・年齢（5歳階級）別

平成28年

保安職業従事者	農林漁業従事者	生産工程従事者	輸送・機械運転従事者	建設・採掘従事者	運搬・清掃・包装等従事者	分類不能の職業	不詳
718	2 077	4 531	1 435	2 548	2 149	2 522	3 281
7	6	92	9	40	26	28	80
28	26	275	29	108	61	117	195
52	38	337	56	124	93	148	231
76	70	398	86	187	126	171	248
78	82	495	114	239	165	214	360
76	95	608	200	351	231	277	331
66	102	546	203	307	253	266	319
63	128	504	186	246	201	239	257
74	167	438	182	240	224	221	253
67	265	386	169	309	266	256	278
83	399	282	141	261	291	305	338
35	262	106	48	90	154	150	186
12	218	45	7	33	48	78	120
1	221	19	4	12	9	51	85
131	1 099	451	201	396	502	584	729
13	439	64	12	45	57	129	206
683	1 284	2 960	1 367	2 431	1 272	1 319	1 781
6	4	62	8	39	20	16	40
24	20	201	26	105	45	64	103
48	31	257	53	119	64	89	122
70	54	297	82	178	88	102	144
73	59	352	109	228	114	122	233
72	58	412	188	336	150	129	179
63	59	340	190	293	147	114	177
62	79	305	178	234	124	107	133
71	95	236	173	230	115	97	132
66	157	220	165	289	135	134	137
82	248	170	138	249	152	172	175
34	148	67	46	86	88	95	98
12	135	29	7	32	27	52	66
1	136	11	4	11	4	28	41
129	668	277	196	378	270	346	381
13	271	40	11	43	30	80	107
34	793	1 571	68	117	877	1 204	1 500
1	2	30	1	1	6	12	40
4	5	74	3	3	16	54	92
4	8	80	3	5	29	60	109
6	16	101	4	8	38	69	104
5	23	142	5	11	51	92	127
5	37	196	12	15	81	148	152
3	42	206	13	14	106	152	143
1	49	199	8	12	77	132	124
3	72	202	9	10	109	124	121
2	108	166	4	19	131	122	140
1	151	112	3	12	140	133	163
1	113	39	2	4	66	55	88
−	83	16	0	1	21	26	54
−	85	8	0	1	5	23	44
2	432	175	5	18	232	238	349
−	168	24	1	1	26	49	98

(9－1)

第135表　有業人員（15歳以上），

（単位：千人）　　　　　　　　　　　　　　　　　　　　　　　　　　　　　　　　　　（　総

教　育 年　齢　階　級	総　数	主に仕事	主に家事	主に通学	その他	配偶者あり	主に仕事
総　　　　　数	61 087	50 975	7 659	1 170	1 284	39 811	32 166
15 ～ 19 歳	999	425	6	541	27	10	7
20 ～ 24	3 350	2 681	63	545	61	186	153
25 ～ 29	4 183	3 887	202	30	64	1 198	1 007
30 ～ 34	4 882	4 380	425	10	67	2 691	2 264
35 ～ 39	5 962	5 202	683	9	68	3 951	3 271
40 ～ 44	7 607	6 465	1 083	6	53	5 446	4 388
45 ～ 49	7 342	6 188	1 093	8	53	5 443	4 355
50 ～ 54	6 639	5 621	959	6	53	5 077	4 147
55 ～ 59	6 124	5 253	801	5	65	4 852	4 072
60 ～ 64	5 469	4 542	796	2	129	4 396	3 599
65 ～ 69	4 685	3 621	789	4	272	3 699	2 847
70 ～ 74	2 084	1 490	403	1	189	1 628	1 168
75 ～ 79	1 074	769	197	0	107	816	589
80 歳 以 上	686	451	156	1	78	428	299
（再掲）65歳以上	8 530	6 332	1 546	6	646	6 571	4 904
75歳以上	1 761	1 220	354	1	185	1 244	888
卒　　　　　業	53 521	45 510	6 832	60	1 119	35 737	28 940
15 ～ 19 歳	395	364	4	7	21	7	6
20 ～ 24	2 570	2 447	55	20	49	166	139
25 ～ 29	3 794	3 549	182	4	58	1 108	936
30 ～ 34	4 409	3 964	378	3	64	2 442	2 063
35 ～ 39	5 398	4 711	619	5	62	3 621	3 004
40 ～ 44	6 941	5 900	992	2	47	5 019	4 051
45 ～ 49	6 645	5 606	990	5	45	4 966	3 992
50 ～ 54	6 007	5 077	880	4	45	4 629	3 780
55 ～ 59	5 492	4 711	720	3	57	4 380	3 681
60 ～ 64	4 756	3 951	691	2	112	3 862	3 171
65 ～ 69	3 931	3 016	679	3	234	3 148	2 420
70 ～ 74	1 711	1 211	340	0	160	1 341	959
75 ～ 79	891	632	165	0	93	678	489
80 歳 以 上	581	371	138	0	72	369	250
（再掲）65歳以上	7 114	5 230	1 321	4	559	5 536	4 117
75歳以上	1 472	1 004	303	1	165	1 047	739
小　学　・　中　学	3 725	2 991	553	6	175	2 455	1 944
15 ～ 19 歳	51	42	2	2	5	2	2
20 ～ 24	103	92	5	0	5	21	18
25 ～ 29	121	100	17	1	4	54	41
30 ～ 34	192	167	20	0	5	112	94
35 ～ 39	185	164	16	1	5	108	94
40 ～ 44	260	225	31	0	4	155	128
45 ～ 49	240	214	23	0	3	152	134
50 ～ 54	192	168	16	1	7	116	102
55 ～ 59	226	195	26	0	4	151	128
60 ～ 64	462	392	58	－	13	339	283
65 ～ 69	676	532	109	0	34	513	404
70 ～ 74	489	349	104	0	36	375	268
75 ～ 79	295	206	64	0	24	219	156
80 歳 以 上	232	145	62	－	26	140	91
（再掲）65歳以上	1 692	1 233	338	1	120	1 246	920
75歳以上	527	351	126	0	50	358	247
高　校　・　旧　制　中	21 250	17 819	2 937	25	469	14 190	11 302
15 ～ 19 歳	320	301	2	3	14	4	3
20 ～ 24	938	879	30	10	19	94	77
25 ～ 29	1 049	966	67	2	15	347	286
30 ～ 34	1 345	1 205	124	1	15	706	590
35 ～ 39	1 764	1 544	195	2	22	1 121	933
40 ～ 44	2 530	2 158	355	1	16	1 749	1 407
45 ～ 49	2 706	2 280	404	2	20	1 943	1 547
50 ～ 54	2 585	2 174	391	1	19	1 921	1 546
55 ～ 59	2 381	2 018	338	2	23	1 874	1 543
60 ～ 64	2 287	1 872	362	1	52	1 826	1 469
65 ～ 69	1 971	1 482	370	1	117	1 571	1 179
70 ～ 74	756	523	162	0	71	591	414
75 ～ 79	391	274	78	－	39	298	210
80 歳 以 上	227	142	60	0	26	146	97
（再掲）65歳以上	3 345	2 422	669	2	253	2 606	1 901
75歳以上	618	416	137	0	65	444	307

注：熊本県を除いたものである。

配偶者の有無・就業状況・教育・年齢（5歳階級）・性別

数　） 平成28年

主に家事	主に通学	その他	配偶者なし	主に仕事	主に家事	主に通学	その他
6 836	39	770	21 276	18 808	822	1 131	514
1	2	0	990	418	6	539	26
28	2	2	3 164	2 528	35	543	58
169	3	19	2 985	2 880	34	27	44
394	4	30	2 191	2 116	32	6	37
645	4	31	2 011	1 931	38	5	37
1 034	3	22	2 161	2 077	49	3	31
1 049	5	24	1 909	1 833	45	3	28
900	5	25	1 562	1 474	59	1	28
740	4	36	1 272	1 181	61	1	28
703	1	92	1 073	942	93	1	37
641	4	207	986	774	147	0	64
304	1	154	456	322	99	–	35
144	0	83	258	181	53	0	24
85	0	44	258	152	71	0	35
1 175	5	488	1 959	1 428	371	1	158
229	1	126	516	332	124	0	59
6 097	22	679	17 784	16 570	735	38	440
1	0	0	388	357	4	6	20
24	1	2	2 404	2 308	31	19	47
152	2	18	2 685	2 613	30	3	40
349	1	29	1 967	1 901	29	2	35
586	2	29	1 776	1 708	33	3	32
948	1	19	1 922	1 850	44	1	28
951	3	20	1 680	1 614	39	2	25
823	4	22	1 378	1 297	56	1	23
663	2	34	1 112	1 030	57	1	23
607	1	83	895	780	84	1	30
547	3	179	783	596	132	0	55
250	0	132	370	252	90	–	28
118	0	71	213	143	48	–	22
78	0	40	212	121	59	–	31
993	4	423	1 578	1 113	329	0	136
196	1	111	425	264	107	–	54
409	2	100	1 269	1 047	144	4	74
–	–	0	48	39	2	2	5
3	–	0	82	74	2	0	5
13	1	0	67	59	4	0	4
16	0	1	80	73	4	–	3
14	0	1	77	70	3	1	4
26	0	1	105	97	6	–	3
17	0	1	88	81	5	0	2
10	1	3	76	66	6	0	4
22	–	1	75	66	5	0	3
49	–	7	124	108	9	–	6
83	0	25	163	128	26	0	9
76	0	30	114	80	28	–	6
45	0	17	76	51	19	–	7
35	–	13	93	54	27	–	12
239	1	86	446	313	99	0	34
80	0	31	169	104	46	–	19
2 599	8	281	7 060	6 517	339	17	188
1	–	–	316	298	1	3	14
15	1	1	843	802	15	9	18
55	0	5	703	680	11	1	10
110	0	5	639	615	14	0	10
180	1	8	643	612	15	1	14
336	0	5	781	750	19	0	11
386	1	9	763	733	18	1	11
366	1	7	664	628	25	0	11
316	2	14	507	475	22	–	9
318	1	39	461	403	44	0	13
303	1	87	400	303	67	–	30
121	0	56	165	109	41	–	15
58	–	30	93	64	20	–	9
34	0	15	81	45	25	–	11
516	2	188	739	521	154	–	65
92	0	45	174	109	45	–	20

(9－2)

第135表　有業人員（15歳以上），

（単位：千人）　　　（　総

教　育 年　齢　階　級	総　　数	主に仕事	主に家事	主に通学	その他	配偶者あり	主に仕事
専　門　学　校	6 624	5 633	888	4	99	4 117	3 253
15 ～ 19 歳	－	－	－	－	－	－	－
20 ～ 24	463	441	8	2	12	20	17
25 ～ 29	556	518	31	－	7	158	130
30 ～ 34	738	642	85	0	10	418	329
35 ～ 39	894	772	114	0	8	603	491
40 ～ 44	1 080	919	153	0	9	758	606
45 ～ 49	869	728	135	0	6	617	485
50 ～ 54	705	582	118	0	5	534	421
55 ～ 59	549	458	85	0	5	426	344
60 ～ 64	357	283	68	－	7	280	215
65 ～ 69	254	181	60	0	12	194	136
70 ～ 74	98	67	21	－	10	71	50
75 ～ 79	44	31	7	－	6	31	23
80 歳 以 上	17	11	4	－	1	8	6
(再掲)65歳以上	412	291	92	0	30	304	215
75歳以上	61	42	11	－	8	40	29
短　大　・　高　専	4 844	3 507	1 259	8	71	3 337	2 104
15 ～ 19 歳	－	－	－	－	－	－	－
20 ～ 24	198	188	6	2	3	9	7
25 ～ 29	271	249	15	1	7	86	68
30 ～ 34	325	267	53	0	4	174	121
35 ～ 39	589	433	148	1	6	396	247
40 ～ 44	829	571	250	0	7	610	364
45 ～ 49	758	500	252	1	4	591	340
50 ～ 54	645	440	200	1	4	514	319
55 ～ 59	599	440	151	1	7	469	324
60 ～ 64	346	234	103	0	9	282	183
65 ～ 69	189	124	56	－	10	143	92
70 ～ 74	52	33	15	－	4	40	25
75 ～ 79	30	19	7	0	4	16	10
80 歳 以 上	13	9	3	0	1	7	5
(再掲)65歳以上	284	184	80	0	19	206	132
75歳以上	42	28	9	0	5	23	15
大　　　　　学	13 996	12 787	952	12	246	9 532	8 478
15 ～ 19 歳	－	－	－	－	－	－	－
20 ～ 24	756	740	4	4	8	17	16
25 ～ 29	1 485	1 422	44	1	18	382	337
30 ～ 34	1 465	1 363	81	1	20	826	738
35 ～ 39	1 566	1 431	118	1	16	1 097	971
40 ～ 44	1 785	1 614	164	0	7	1 391	1 227
45 ～ 49	1 676	1 533	134	1	8	1 342	1 207
50 ～ 54	1 554	1 417	128	1	7	1 290	1 163
55 ～ 59	1 478	1 367	96	0	14	1 249	1 153
60 ～ 64	1 112	999	82	1	30	973	879
65 ～ 69	700	583	66	1	50	609	511
70 ～ 74	247	187	25	－	34	212	162
75 ～ 79	105	83	5	－	18	94	75
80 歳 以 上	67	48	6	－	14	51	39
(再掲)65歳以上	1 119	900	101	1	116	966	787
75歳以上	172	130	11	－	32	145	113
大　　学　　院	1 488	1 418	50	0	20	1 057	999
15 ～ 19 歳	－	－	－	－	－	－	－
20 ～ 24	19	19	－	－	－	－	－
25 ～ 29	176	171	3	－	2	40	36
30 ～ 34	211	204	4	－	3	127	123
35 ～ 39	228	220	7	－	2	179	172
40 ～ 44	240	231	9	0	0	193	184
45 ～ 49	192	183	8	－	2	162	155
50 ～ 54	149	144	5	－	0	120	116
55 ～ 59	114	110	3	－	1	95	93
60 ～ 64	76	72	3	－	1	68	64
65 ～ 69	52	45	3	0	4	47	39
70 ～ 74	15	10	2	－	3	13	9
75 ～ 79	7	5	2	－	1	6	3
80 歳 以 上	8	5	1	－	2	7	5
(再掲)65歳以上	82	65	8	0	9	72	57
75歳以上	15	10	3	－	2	12	8

注：熊本県を除いたものである。

配偶者の有無・就業状況・教育・年齢（5歳階級）・性別

数　）　　　平成28年

主に家事	主に通学	その他	配偶者なし	主に仕事	主に家事	主に通学	その他
809	1	54	2 507	2 380	79	3	45
–	–	–	–	–	–	–	–
2	–	0	443	424	5	2	12
25	–	3	398	388	6	–	4
82	0	6	320	313	3	0	4
106	0	5	292	280	8	0	3
146	0	5	322	313	6	0	3
129	0	2	252	242	5	–	4
111	–	3	171	161	8	0	2
78	0	4	123	114	8	–	2
61	–	4	77	68	6	–	2
49	–	9	60	45	11	0	3
14	–	7	27	18	6	–	3
4	–	5	13	8	4	–	1
1	–	1	9	5	3	–	1
68	–	21	108	76	24	0	8
5	–	6	21	13	6	–	2
1 184	4	45	1 508	1 403	75	4	26
–	–	–	–	–	–	–	–
2	–	0	189	181	3	2	3
14	0	4	186	181	1	0	3
50	0	3	150	146	3	–	1
144	1	4	193	186	4	0	2
243	0	3	220	208	7	–	5
247	1	3	167	160	5	0	1
192	1	3	131	121	9	0	2
141	–	4	130	116	10	1	3
92	0	7	64	51	10	–	2
42	–	8	46	31	13	–	2
11	–	4	12	8	4	–	0
3	0	2	14	9	3	–	2
2	0	1	6	4	1	–	0
59	0	15	77	52	21	–	4
5	0	3	19	13	4	–	2
878	5	171	4 464	4 309	74	7	75
–	–	–	–	–	–	–	–
0	–	0	739	724	4	4	8
38	0	6	1 104	1 085	5	1	13
77	–	11	640	625	4	1	10
116	1	10	469	460	3	–	6
160	0	5	394	387	4	0	3
130	1	4	335	326	4	0	3
120	1	5	264	254	7	–	2
87	0	9	228	213	9	–	5
69	0	25	139	120	13	1	5
55	1	42	91	72	11	–	8
19	–	31	35	25	6	–	4
4	–	15	11	8	1	–	2
4	–	9	16	9	2	–	5
81	1	97	153	114	20	–	20
8	–	24	27	17	3	–	7
45	0	12	431	419	4	0	8
–	–	–	–	–	–	–	–
–	–	–	19	19	–	–	–
3	–	1	137	135	0	–	1
4	–	0	84	81	0	–	2
7	–	1	49	48	–	–	1
9	–	–	47	46	–	0	0
7	–	1	30	28	1	–	1
4	–	0	29	28	1	–	–
2	–	1	19	18	1	–	0
3	–	0	8	8	0	–	0
3	0	4	6	5	0	–	0
1	–	3	2	1	1	–	0
2	–	0	1	1	–	–	0
1	–	1	1	1	0	–	0
6	0	8	10	8	1	–	1
2	–	2	3	2	0	–	1

配偶者の有無・就業状況・教育・年齢（5歳階級）・性別

（9－3）

第135表　有業人員（15歳以上），

（単位：千人）　　　（　総

教　育 年　齢　階　級	総　　数	主に仕事	主に家事	主に通学	その他	配偶者あり	主に仕事
卒　業　学　校　不　詳	1 593	1 355	193	4	40	1 049	859
15　～　19　歳	24	21	0	1	2	1	0
20　～　24	94	88	3	1	2	6	4
25　～　29	134	123	5	－	5	43	38
30　～　34	132	115	11	0	6	79	67
35　～　39	171	148	20	1	2	118	97
40　～　44	215	183	30	0	3	163	134
45　～　49	204	168	34	0	2	159	124
50　～　54	177	152	22	－	2	135	114
55　～　59	146	124	19	0	2	116	96
60　～　64	116	99	16	－	1	93	77
65　～　69	90	69	16	－	5	72	57
70　～　74	54	41	11	－	3	40	30
75　～　79	19	14	3	－	1	15	11
80　歳　以　上	17	11	3	－	3	10	8
（再掲）65歳以上	179	135	32	－	12	137	107
75歳以上	36	26	6	－	4	24	20
在　　　学　　　中	1 314	177	16	1 108	14	107	78
15　～　19　歳	571	29	2	534	6	2	1
20　～　24	560	27	2	526	5	2	0
25　～　29	39	13	1	26	0	6	3
30　～　34	24	15	3	6	－	16	10
35　～　39	21	15	1	4	1	12	9
40　～　44	28	20	4	4	0	18	12
45　～　49	24	20	0	2	1	17	14
50　～　54	19	17	1	2	－	16	13
55　～　59	10	8	0	1	－	8	7
60　～　64	5	4	0	0	0	3	2
65　～　69	6	4	0	0	0	3	2
70　～　74	5	3	1	1	1	4	2
75　～　79	1	1	0	0	－	1	1
80　歳　以　上	2	1	0	0	－	1	1
（再掲）65歳以上	13	9	1	2	1	9	6
75歳以上	3	2	0	0	－	2	1
在 学 し た こ と が な い	69	58	8	0	4	33	26
15　～　19　歳	1	1	－	－	－	－	－
20　～　24	6	5	－	0	0	0	0
25　～　29	12	10	1	－	1	2	0
30　～　34	7	5	1	－	0	4	3
35　～　39	6	6	－	－	－	5	5
40　～　44	4	4	0	－	0	2	2
45　～　49	5	3	2	－	1	3	1
50　～　54	7	6	1	－	0	5	4
55　～　59	3	3	1	－	0	1	1
60　～　64	6	6	0	－	0	4	3
65　～　69	4	4	0	－	－	3	2
70　～　74	3	2	1	－	0	2	1
75　～　79	2	1	0	－	－	1	1
80　歳　以　上	2	1	0	－	－	1	1
（再掲）65歳以上	11	9	2	－	0	7	5
75歳以上	4	3	1	－	－	2	2
不　　　　　　　　詳	6 183	5 231	803	2	147	3 933	3 123
15　～　19　歳	31	31	0	－	0	0	0
20　～　24	214	202	6	－	6	17	13
25　～　29	337	314	19	0	4	82	67
30　～　34	443	396	43	－	3	229	188
35　～　39	538	469	62	0	6	313	253
40　～　44	634	542	88	0	5	407	323
45　～　49	667	559	101	1	6	447	347
50　～　54	606	521	77	0	7	427	350
55　～　59	619	531	80	0	7	463	384
60　～　64	702	582	105	－	16	528	423
65　～　69	744	597	110	－	38	545	423
70　～　74	365	275	62	－	28	281	206
75　～　79	181	135	32	－	14	137	99
80　歳　以　上	102	77	18	－	7	57	47
（再掲）65歳以上	1 392	1 084	222	－	86	1 020	775
75歳以上	282	212	50	－	21	194	146

注：熊本県を除いたものである。

配偶者の有無・就業状況・教育・年齢（5歳階級）・性別

数　）　　　　　　　　　　　　　　　　　　　　　　　　　　　　平成28年

主に家事	主に通学	その他	配偶者なし	主に仕事	主に家事	主に通学	その他
173	1	15	544	496	20	3	25
–	0	–	23	20	0	1	2
1	–	0	88	83	1	1	2
4	–	1	91	85	2	–	5
10	0	2	54	48	1	–	4
20	–	1	53	51	0	1	1
28	0	0	53	49	1	0	3
34	0	1	45	44	1	–	1
20	–	1	41	38	2	–	2
18	0	2	30	28	2	–	0
15	–	1	23	22	1	–	1
13	–	3	17	12	3	–	2
7	–	2	14	10	3	–	0
2	–	1	5	3	1	–	0
1	–	1	7	3	2	–	2
23	–	7	43	29	9	–	5
3	–	2	11	6	3	–	2
11	15	3	1 207	98	5	1 093	11
–	1	–	570	29	2	533	6
1	1	–	558	27	2	524	5
0	2	0	34	9	0	24	–
3	2	–	8	4	–	4	–
1	1	1	8	6	–	2	–
4	2	0	10	8	–	2	–
0	1	1	7	6	0	1	–
1	1	–	4	3	0	1	–
0	1	–	2	2	0	0	–
0	0	0	2	1	0	0	0
0	1	0	2	2	0	0	–
1	1	0	1	1	–	–	0
0	0	–	0	0	0	0	–
–	–	–	1	1	0	0	–
1	2	1	4	3	0	1	0
0	0	–	1	1	0	0	–
6	–	1	36	32	1	0	3
–	–	–	1	1	–	–	–
–	–	–	5	5	–	0	0
1	–	1	11	10	0	–	1
1	–	0	2	2	0	–	0
–	–	–	1	1	–	–	–
0	–	–	2	1	–	–	0
2	–	–	2	2	–	–	1
1	–	0	2	2	–	–	0
0	–	–	2	2	0	–	0
0	–	0	3	2	0	–	0
0	–	–	2	2	–	–	–
1	–	–	1	1	–	–	0
0	–	–	1	1	0	–	–
0	–	–	0	0	0	–	–
1	–	–	4	4	0	–	0
0	–	–	2	1	0	–	–
722	1	87	2 250	2 108	81	0	60
–	–	–	31	31	0	–	0
3	–	0	197	188	3	–	6
15	–	0	255	247	3	0	4
41	–	1	214	209	3	–	2
58	–	2	225	216	4	0	4
82	0	3	227	219	6	–	3
96	1	4	220	212	6	–	2
74	0	3	178	171	3	–	4
76	0	2	156	147	4	–	5
96	–	9	174	159	8	–	7
94	–	28	199	174	16	–	9
53	–	21	85	69	9	–	7
27	–	12	44	36	5	–	2
7	–	3	45	30	12	–	3
180	–	64	372	309	42	–	22
33	–	15	88	66	17	–	6

（9－4）

第135表　有業人員（15歳以上），

（単位：千人）　　　　　　　　　　　　　　　　　　　　　　　　　　　　　　　　　　　　　　　（　男　）

教　育 年　齢　階　級	総　数	主に仕事	主に家事	主に通学	その他	配偶者あり	主に仕事
総　　　数	34 031	32 284	450	555	743	23 319	22 504
15 ～ 19 歳	496	245	3	233	15	5	5
20 ～ 24	1 649	1 331	7	280	31	97	95
25 ～ 29	2 218	2 167	9	18	24	643	637
30 ～ 34	2 760	2 721	10	3	26	1 560	1 552
35 ～ 39	3 405	3 362	15	3	25	2 279	2 271
40 ～ 44	4 177	4 142	12	2	21	3 040	3 028
45 ～ 49	3 956	3 910	16	5	25	2 969	2 953
50 ～ 54	3 597	3 549	21	3	25	2 804	2 784
55 ～ 59	3 405	3 343	21	3	38	2 772	2 740
60 ～ 64	3 207	3 088	53	1	65	2 693	2 607
65 ～ 69	2 832	2 541	109	3	178	2 431	2 190
70 ～ 74	1 261	1 039	78	1	143	1 110	914
75 ～ 79	670	544	47	0	78	591	479
80 歳 以 上	398	301	49	0	47	323	250
（再掲）65歳以上	5 160	4 426	283	5	447	4 456	3 832
75歳以上	1 068	846	96	1	126	915	729
卒　　　業	29 918	28 840	402	27	650	20 923	20 210
15 ～ 19 歳	228	213	2	2	12	4	4
20 ～ 24	1 254	1 213	6	8	27	87	86
25 ～ 29	2 010	1 978	9	3	21	593	589
30 ～ 34	2 491	2 458	9	0	24	1 412	1 406
35 ～ 39	3 071	3 034	12	2	23	2 081	2 074
40 ～ 44	3 820	3 788	11	1	20	2 808	2 797
45 ～ 49	3 593	3 554	14	3	22	2 727	2 713
50 ～ 54	3 252	3 211	19	2	20	2 559	2 542
55 ～ 59	3 058	3 004	19	2	33	2 510	2 482
60 ～ 64	2 806	2 702	46	1	57	2 373	2 297
65 ～ 69	2 396	2 138	99	3	156	2 080	1 866
70 ～ 74	1 043	847	71	0	124	920	748
75 ～ 79	555	447	41	0	68	492	395
80 歳 以 上	340	253	43	0	44	276	210
（再掲）65歳以上	4 335	3 685	255	3	392	3 769	3 219
75歳以上	896	700	84	0	112	768	605
小　学　・　中　学	2 312	2 111	85	4	112	1 637	1 502
15 ～ 19 歳	33	28	1	1	3	2	2
20 ～ 24	67	62	－	0	4	14	14
25 ～ 29	72	68	1	1	3	31	31
30 ～ 34	123	119	1	－	3	75	74
35 ～ 39	127	123	0	－	4	78	78
40 ～ 44	177	173	1	0	3	109	107
45 ～ 49	167	162	1	0	3	106	105
50 ～ 54	134	128	2	1	4	86	84
55 ～ 59	144	138	2	0	4	95	93
60 ～ 64	283	268	7	－	8	212	204
65 ～ 69	403	364	17	0	22	337	305
70 ～ 74	282	240	19	－	23	243	207
75 ～ 79	171	139	15	0	17	149	122
80 歳 以 上	129	98	18	－	14	100	77
（再掲）65歳以上	985	841	69	0	75	829	711
75歳以上	300	237	32	0	31	249	199
高　校　・　旧　制　中	11 762	11 294	179	12	277	8 014	7 705
15 ～ 19 歳	180	172	0	1	8	2	2
20 ～ 24	539	522	3	5	10	52	52
25 ～ 29	604	592	3	2	7	199	196
30 ～ 34	796	785	4	－	7	422	420
35 ～ 39	1 058	1 040	5	1	11	665	662
40 ～ 44	1 428	1 411	8	0	9	983	979
45 ～ 49	1 414	1 398	6	1	8	1 012	1 008
50 ～ 54	1 345	1 327	8	0	10	1 004	999
55 ～ 59	1 239	1 218	9	1	11	986	974
60 ～ 64	1 237	1 193	20	1	24	1 019	988
65 ～ 69	1 123	999	48	1	75	972	871
70 ～ 74	430	346	28	0	55	381	308
75 ～ 79	242	195	19	－	28	210	168
80 歳 以 上	127	95	17	0	15	106	79
（再掲）65歳以上	1 922	1 635	113	1	172	1 668	1 425
75歳以上	369	290	37	0	42	315	247

注：熊本県を除いたものである。

配偶者の有無・就業状況・教育・年齢（5歳階級）・性別

平成28年

主に家事	主に通学	その他	配偶者なし	主に仕事	主に家事	主に通学	その他
319	20	475	10 712	9 779	131	535	267
–	0	–	491	240	3	232	15
0	1	0	1 552	1 236	7	279	31
2	2	1	1 575	1 530	7	15	23
3	2	3	1 199	1 169	6	2	23
5	1	3	1 126	1 092	10	3	22
5	1	6	1 137	1 114	7	1	15
6	3	8	987	957	10	2	18
10	3	8	793	765	11	0	17
10	2	19	634	603	11	0	19
40	1	45	514	481	13	0	20
91	3	147	401	352	18	–	31
68	1	128	151	125	11	–	15
41	0	71	78	66	6	–	7
37	0	36	75	51	12	0	12
237	5	382	705	593	46	0	65
79	0	107	153	117	17	0	19
285	10	418	8 995	8 630	117	16	232
–	–	–	224	209	2	2	12
0	0	0	1 167	1 127	6	8	26
2	1	1	1 417	1 389	6	2	20
3	–	3	1 079	1 052	6	0	21
3	1	3	989	959	9	2	20
4	0	6	1 012	991	7	1	14
5	1	7	866	841	9	1	15
9	2	6	693	669	10	0	14
9	1	18	548	522	10	0	15
35	1	41	433	405	11	0	16
83	3	129	315	271	17	–	27
61	0	111	123	99	10	–	14
36	0	61	64	52	6	–	6
33	0	33	64	44	10	–	11
213	3	334	566	466	42	–	58
69	0	94	128	95	15	–	17
65	2	68	675	609	20	2	44
–	–	–	31	26	1	1	3
–	–	0	53	49	–	0	4
–	1	0	41	37	1	–	3
0	–	0	49	45	1	–	2
0	–	0	49	45	0	–	3
1	0	1	68	66	0	–	2
0	0	1	61	58	1	0	2
1	1	1	48	44	1	0	2
1	–	1	49	45	1	0	3
5	–	3	70	64	2	–	4
14	0	17	66	59	3	–	4
16	–	20	39	33	3	–	3
13	0	14	22	17	2	–	3
14	–	9	29	21	4	–	4
57	0	61	156	130	12	–	14
26	0	23	51	38	6	–	7
126	3	179	3 748	3 588	53	9	98
–	–	–	178	169	0	1	8
0	0	–	487	470	2	4	10
2	0	1	405	396	2	1	6
1	–	1	374	365	3	–	6
2	–	2	392	378	4	1	10
3	–	2	445	433	5	0	7
2	0	2	402	390	4	1	6
3	–	2	341	329	5	0	7
5	1	6	253	244	4	–	5
14	1	17	218	205	6	–	7
39	1	61	152	128	9	–	14
25	0	48	49	39	3	–	7
16	–	25	32	26	3	–	3
14	0	13	21	16	3	–	2
95	1	147	254	210	19	–	26
31	0	38	54	42	6	–	5

（9－5）

第135表　有業人員（15歳以上），

（単位：千人）　　　　　　　　　　　　　　　　　　　　　　　　　　　　　　　　　　　　　（　男　）

教　育　年　齢　階　級	総　　数	主に仕事	主に家事	主に通学	その他	配偶者あり	主に仕事
専　門　学　校	3 130	3 064	22	1	42	1 974	1 940
15 ～ 19 歳	－	－	－	－	－	－	－
20 ～ 24	194	184	2	1	7	8	8
25 ～ 29	267	264	1	－	2	73	73
30 ～ 34	364	362	0	0	2	201	201
35 ～ 39	469	465	3	0	1	315	315
40 ～ 44	553	550	0	0	2	386	385
45 ～ 49	407	402	1	－	4	288	286
50 ～ 54	301	299	2	－	1	226	225
55 ～ 59	229	226	1	0	2	185	183
60 ～ 64	154	148	3	－	3	128	123
65 ～ 69	116	106	5	－	6	98	89
70 ～ 74	46	36	3	－	7	40	32
75 ～ 79	21	16	1	－	4	19	15
80 歳 以 上	8	6	1	－	1	5	4
(再掲)65歳以上	191	164	10	－	18	163	141
75歳以上	29	22	2	－	5	25	20
短　大　・　高　専	924	897	10	0	17	654	638
15 ～ 19 歳	－	－	－	－	－	－	－
20 ～ 24	37	37	－	0	1	1	1
25 ～ 29	66	64	0	－	1	21	21
30 ～ 34	69	67	1	－	1	34	33
35 ～ 39	112	110	1	－	1	80	80
40 ～ 44	132	131	0	－	1	97	97
45 ～ 49	119	118	1	－	0	95	95
50 ～ 54	108	106	0	－	1	84	83
55 ～ 59	115	112	0	－	2	94	94
60 ～ 64	79	77	2	－	0	71	69
65 ～ 69	53	49	2	－	2	47	43
70 ～ 74	19	15	2	－	3	18	13
75 ～ 79	9	7	1	－	2	8	6
80 歳 以 上	6	4	1	0	1	5	3
(再掲)65歳以上	88	75	5	0	8	77	65
75歳以上	15	11	1	0	3	13	9
大　　　　　学	9 727	9 470	82	8	167	7 155	6 970
15 ～ 19 歳	－	－	－	－	－	－	－
20 ～ 24	354	347	1	2	3	10	10
25 ～ 29	800	791	2	1	6	218	218
30 ～ 34	902	892	2	0	7	531	528
35 ～ 39	1 030	1 023	2	1	4	731	729
40 ～ 44	1 226	1 221	1	0	4	987	984
45 ～ 49	1 222	1 212	4	1	5	1 005	999
50 ～ 54	1 146	1 137	4	1	3	977	971
55 ～ 59	1 157	1 140	6	0	11	1 000	991
60 ～ 64	918	885	12	1	21	824	797
65 ～ 69	603	534	23	1	45	541	481
70 ～ 74	219	172	14	－	33	196	155
75 ～ 79	94	76	3	－	15	90	72
80 歳 以 上	55	39	5	－	12	47	35
(再掲)65歳以上	971	821	45	1	104	873	742
75歳以上	149	115	7	－	27	137	107
大　　学　　院	1 184	1 160	9	0	14	881	864
15 ～ 19 歳	－	－	－	－	－	－	－
20 ～ 24	16	16	－	－	－	－	－
25 ～ 29	131	130	0	－	0	28	28
30 ～ 34	161	160	0	－	1	103	103
35 ～ 39	179	178	－	－	1	145	145
40 ～ 44	184	184	0	0	0	153	153
45 ～ 49	157	155	0	－	2	136	135
50 ～ 54	119	117	2	－	－	101	101
55 ～ 59	96	95	1	－	1	85	84
60 ～ 64	68	66	1	－	1	63	61
65 ～ 69	46	40	1	0	4	43	37
70 ～ 74	13	9	1	－	3	12	9
75 ～ 79	7	4	2	－	0	6	3
80 歳 以 上	7	5	1	－	1	6	4
(再掲)65歳以上	73	59	5	0	9	67	54
75歳以上	14	9	3	－	2	12	8

注：熊本県を除いたものである。

412

配偶者の有無・就業状況・教育・年齢（５歳階級）・性別

平成28年

主に家事	主に通学	その他	配偶者なし	主に仕事	主に家事	主に通学	その他
13	0	21	1 156	1 124	10	1	21
－	－	－	－	－	－	－	－
－	－	－	186	177	2	1	7
0	－	－	194	191	1	－	2
0	－	0	163	161	0	0	2
0	－	0	154	150	3	0	1
0	0	1	167	165	0	－	1
0	－	1	119	116	0	－	3
1	－	0	75	73	1	－	1
0	0	2	44	43	0	－	0
3	－	2	26	25	－	－	1
4	－	5	18	16	1	－	1
3	－	5	6	4	－	－	2
1	－	4	2	1	0	－	0
0	－	1	3	2	1	－	0
7	－	14	28	23	2	－	3
1	－	4	4	3	1	－	1
7	0	9	270	259	3	0	8
－	－	－	－	－	－	－	－
－	－	－	37	36	－	0	1
0	－	－	44	43	－	－	1
1	－	－	35	34	0	－	1
－	－	0	32	31	1	－	1
0	－	0	36	34	－	－	1
－	－	－	24	23	1	－	0
0	－	0	24	23	0	－	1
0	－	0	21	19	0	－	2
1	－	0	8	8	0	－	0
2	－	2	6	6	0	－	0
2	－	3	2	2	－	－	－
1	－	2	1	1	－	－	－
1	0	0	1	1	0	－	0
5	0	8	10	10	0	－	0
1	0	2	2	2	0	－	0
57	4	123	2 572	2 500	25	3	44
－	－	－	－	－	－	－	－
－	－	－	344	337	1	2	3
－	0	0	582	574	2	1	6
2	－	1	371	364	1	0	6
1	1	0	299	295	1	－	3
1	－	2	239	237	1	0	2
2	1	3	218	213	2	－	2
3	1	1	169	165	2	－	2
2	0	6	158	149	4	－	4
9	0	18	94	88	3	0	3
21	1	38	63	53	3	－	7
11	－	30	23	17	3	－	2
2	－	15	5	4	0	－	0
3	－	9	8	3	1	－	3
37	1	92	99	78	8	－	12
6	－	24	13	8	2	－	3
7	0	10	302	296	3	0	4
－	－	－	－	－	－	－	－
－	－	－	16	16	－	－	－
－	－	－	102	102	0	－	0
－	－	0	58	57	0	－	1
－	－	0	34	33	－	－	0
0	－	－	31	30	－	0	0
－	－	0	22	20	0	－	1
1	－	－	18	17	1	－	0
0	－	1	11	10	1	－	0
1	－	0	5	5	－	－	0
1	0	4	3	3	0	－	0
1	－	2	1	1	－	－	0
2	－	0	1	1	－	－	－
1	－	1	1	0	0	－	0
5	0	8	6	5	0	－	1
2	－	2	2	1	0	－	0

配偶者の有無・就業状況・教育・年齢（５歳階級）・性別

（9－6）

第135表　有業人員（15歳以上），

（単位：千人）　　　　　　　　　　　　　　　　　　　　　　　　　　　　　　　　　　　　　（　男　）

教育 年齢階級	総数	主に仕事	主に家事	主に通学	その他	配偶者あり	主に仕事
卒 業 学 校 不 詳	880	844	14	2	20	609	590
15 ～ 19 歳	15	14	0	0	1	0	0
20 ～ 24	47	45	0	0	2	3	3
25 ～ 29	70	67	1	—	2	22	22
30 ～ 34	76	72	1	—	3	46	46
35 ～ 39	96	94	0	1	1	67	67
40 ～ 44	119	118	0	0	1	93	93
45 ～ 49	107	106	0	0	1	86	85
50 ～ 54	100	98	1	—	2	80	79
55 ～ 59	77	75	—	0	2	65	63
60 ～ 64	67	63	2	—	1	55	53
65 ～ 69	51	46	2	—	2	44	41
70 ～ 74	35	29	5	—	2	31	24
75 ～ 79	11	9	1	—	1	10	8
80 歳 以 上	8	7	0	—	1	7	7
（再掲）65歳以上	105	91	8	—	6	93	80
75歳以上	19	16	1	—	2	17	15
在 学 中	638	101	3	528	6	66	55
15 ～ 19 歳	248	12	1	231	3	0	—
20 ～ 24	288	14	1	271	2	1	—
25 ～ 29	23	7	0	15	0	4	2
30 ～ 34	13	10	—	3	—	9	8
35 ～ 39	10	8	0	1	—	7	6
40 ～ 44	13	12	0	1	—	10	9
45 ～ 49	16	14	—	2	—	12	11
50 ～ 54	10	9	0	1	—	9	8
55 ～ 59	7	6	0	1	—	6	5
60 ～ 64	3	3	—	0	0	2	2
65 ～ 69	2	2	—	1	—	2	1
70 ～ 74	2	2	—	1	—	2	1
75 ～ 79	1	1	—	0	—	1	1
80 歳 以 上	1	1	0	0	—	1	1
（再掲）65歳以上	7	5	0	2	—	5	3
75歳以上	2	2	0	0	—	1	1
在 学 し た こ と が な い	46	43	1	—	2	22	21
15 ～ 19 歳	1	1	—	—	—	—	—
20 ～ 24	5	5	—	—	0	0	0
25 ～ 29	9	9	—	—	0	0	0
30 ～ 34	5	4	—	—	0	3	2
35 ～ 39	5	5	—	—	—	4	4
40 ～ 44	2	2	—	—	—	2	2
45 ～ 49	2	1	—	—	1	1	1
50 ～ 54	5	5	—	—	0	3	3
55 ～ 59	2	2	0	—	0	1	1
60 ～ 64	5	5	0	—	0	3	3
65 ～ 69	2	2	—	—	—	2	2
70 ～ 74	1	1	—	—	0	1	1
75 ～ 79	1	1	0	—	—	1	1
80 歳 以 上	1	1	0	—	—	1	1
（再掲）65歳以上	6	6	0	—	0	5	4
75歳以上	2	2	0	—	—	2	2
不 詳	3 429	3 300	44	0	85	2 308	2 218
15 ～ 19 歳	19	19	—	—	0	0	0
20 ～ 24	103	100	0	—	3	9	9
25 ～ 29	176	173	0	0	3	45	45
30 ～ 34	251	249	0	—	2	137	136
35 ～ 39	320	315	2	0	2	188	186
40 ～ 44	342	340	1	—	1	220	220
45 ～ 49	345	341	2	—	2	230	228
50 ～ 54	329	323	2	—	5	232	230
55 ～ 59	339	332	2	0	5	255	252
60 ～ 64	392	378	6	—	8	314	305
65 ～ 69	432	400	10	—	22	348	321
70 ～ 74	214	188	7	—	18	186	163
75 ～ 79	112	96	6	—	11	98	83
80 歳 以 上	55	46	6	—	4	45	39
（再掲）65歳以上	813	730	28	—	54	677	605
75歳以上	168	142	12	—	14	143	121

注：熊本県を除いたものである。

配偶者の有無・就業状況・教育・年齢（5歳階級）・性別

平成28年

主に家事	主に通学	その他	配偶者なし	主に仕事	主に家事	主に通学	その他
11	0	7	271	253	3	1	13
–	–	–	15	13	0	0	1
–	–	–	45	42	0	0	2
–	–	–	49	46	1	–	2
–	–	–	30	26	1	–	3
0	–	0	29	28	–	1	1
–	–	–	27	26	0	0	1
0	0	–	21	21	–	–	1
0	–	1	20	18	1	–	1
–	0	2	12	12	–	–	0
2	–	1	11	11	0	–	0
2	–	1	7	5	0	–	1
4	–	2	5	4	0	–	0
1	–	1	1	1	0	–	–
0	–	0	1	0	–	–	0
8	–	5	13	11	1	–	2
1	–	1	2	1	0	–	0
1	10	0	572	46	3	518	5
–	0	–	247	12	1	230	3
–	1	–	287	14	1	271	2
–	2	0	19	5	0	13	–
–	2	–	3	2	–	1	–
0	0	–	3	2	–	1	–
0	0	–	4	3	–	1	–
–	1	–	4	3	–	1	–
–	1	–	1	1	0	0	–
0	1	–	1	0	–	0	–
–	0	0	1	1	–	–	–
–	1	–	1	1	–	–	–
1	1	–	0	0	–	–	–
–	0	–	–	–	–	–	–
–	–	–	1	1	0	0	–
–	1	–	2	2	0	0	–
–	0	–	1	1	0	0	–
0	–	0	24	22	0	–	1
–	–	–	1	1	–	–	–
–	–	–	5	4	–	–	0
–	–	0	8	8	–	–	–
–	–	0	2	2	–	–	0
–	–	–	1	1	–	–	–
–	–	–	0	0	–	–	–
–	–	–	1	1	–	–	1
–	–	–	1	1	–	–	0
–	–	–	1	1	0	–	0
–	–	0	2	2	0	–	0
–	–	–	1	1	–	–	–
–	–	–	0	0	–	–	0
0	–	–	1	1	–	–	–
0	–	–	–	–	–	–	–
0	–	–	1	1	–	–	0
0	–	–	1	1	–	–	–
34	0	56	1 122	1 082	11	0	29
–	–	–	19	18	–	–	0
–	–	–	94	91	0	–	3
–	–	–	131	127	0	0	3
0	–	0	114	113	0	–	1
1	–	0	132	129	1	0	2
1	–	0	121	120	0	–	1
0	–	1	115	113	1	–	1
1	–	1	97	93	1	–	3
1	0	1	84	80	1	–	4
5	–	4	78	73	1	–	4
8	–	19	84	79	2	–	4
6	–	17	27	25	1	–	1
5	–	10	14	14	0	–	0
4	–	2	10	7	2	–	1
24	–	48	136	125	4	–	7
10	–	13	24	20	2	–	2

（9－7）

第135表　有業人員（15歳以上），

（単位：千人）　　（女）

教育 年齢階級	総数	主に仕事	主に家事	主に通学	その他	配偶者あり	主に仕事
総数	27 056	18 691	7 209	615	541	16 493	9 662
15 ～ 19 歳	503	180	3	308	11	4	2
20 ～ 24	1 701	1 350	56	266	29	89	58
25 ～ 29	1 965	1 720	193	12	39	555	370
30 ～ 34	2 122	1 659	416	6	42	1 130	711
35 ～ 39	2 557	1 840	668	6	43	1 672	1 000
40 ～ 44	3 430	2 323	1 071	4	32	2 406	1 360
45 ～ 49	3 386	2 278	1 077	4	27	2 464	1 401
50 ～ 54	3 042	2 072	938	4	28	2 273	1 363
55 ～ 59	2 719	1 910	780	2	27	2 081	1 332
60 ～ 64	2 262	1 454	744	1	64	1 703	993
65 ～ 69	1 853	1 080	680	1	93	1 268	658
70 ～ 74	823	452	325	0	46	518	254
75 ～ 79	405	225	151	0	29	225	110
80 歳 以 上	288	150	107	0	31	105	49
(再掲)65歳以上	3 369	1 906	1 263	1	199	2 116	1 071
75歳以上	693	375	258	0	60	330	160
卒業	23 603	16 670	6 430	33	469	14 814	8 729
15 ～ 19 歳	167	150	3	5	9	3	2
20 ～ 24	1 316	1 234	49	11	23	79	53
25 ～ 29	1 783	1 571	174	1	37	515	347
30 ～ 34	1 918	1 506	369	3	40	1 030	657
35 ～ 39	2 327	1 678	607	3	39	1 540	929
40 ～ 44	3 121	2 112	981	1	27	2 211	1 253
45 ～ 49	3 052	2 052	975	2	23	2 239	1 278
50 ～ 54	2 754	1 866	861	2	25	2 070	1 238
55 ～ 59	2 435	1 707	701	2	25	1 871	1 199
60 ～ 64	1 950	1 249	645	1	55	1 488	874
65 ～ 69	1 536	878	579	0	77	1 068	553
70 ～ 74	667	363	268	0	36	421	211
75 ～ 79	335	186	124	0	26	186	94
80 歳 以 上	241	118	95	0	28	93	41
(再掲)65歳以上	2 779	1 545	1 067	1	167	1 768	899
75歳以上	576	304	219	0	53	279	134
小学・中学	1 413	881	468	3	62	819	442
15 ～ 19 歳	18	14	1	1	2	0	0
20 ～ 24	36	30	5	－	1	7	4
25 ～ 29	49	32	16	0	1	23	10
30 ～ 34	69	48	19	0	2	37	20
35 ～ 39	59	41	16	1	1	30	17
40 ～ 44	83	52	30	－	2	46	21
45 ～ 49	73	52	21	0	－	46	29
50 ～ 54	58	41	14	－	3	29	18
55 ～ 59	82	57	24	－	0	56	35
60 ～ 64	179	123	51	－	5	126	79
65 ～ 69	273	168	92	0	13	176	99
70 ～ 74	207	109	84	0	13	131	61
75 ～ 79	124	67	49	－	7	70	34
80 歳 以 上	103	47	44	－	12	40	14
(再掲)65歳以上	707	392	270	0	45	417	209
75歳以上	227	115	93	－	19	109	48
高校・旧制中	9 488	6 525	2 758	14	192	6 176	3 596
15 ～ 19 歳	140	130	1	2	7	2	1
20 ～ 24	399	358	27	5	9	42	26
25 ～ 29	445	374	63	0	8	147	90
30 ～ 34	549	420	120	1	8	284	170
35 ～ 39	706	504	190	1	11	456	270
40 ～ 44	1 102	747	348	0	8	765	429
45 ～ 49	1 292	881	398	1	12	930	539
50 ～ 54	1 240	847	383	1	9	916	547
55 ～ 59	1 143	800	330	1	12	888	569
60 ～ 64	1 050	678	343	0	28	807	480
65 ～ 69	847	483	322	0	42	599	309
70 ～ 74	327	177	134	－	16	211	106
75 ～ 79	149	80	58	－	11	88	42
80 歳 以 上	100	47	42	0	11	41	18
(再掲)65歳以上	1 423	787	556	0	81	938	475
75歳以上	249	126	101	0	22	129	60

注：熊本県を除いたものである。

配偶者の有無・就業状況・教育・年齢（5歳階級）・性別

平成28年

主に家事	主に通学	その他	配偶者なし	主に仕事	主に家事	主に通学	その他
6 517	18	295	10 563	9 029	692	596	246
1	1	0	499	178	3	307	11
28	1	2	1 612	1 292	29	264	27
166	1	18	1 410	1 350	27	12	21
390	2	27	992	947	26	4	15
640	3	28	885	840	28	3	15
1 028	3	15	1 024	963	43	2	16
1 043	3	17	922	876	34	1	11
890	3	17	769	709	49	1	10
729	1	18	638	578	50	1	9
663	0	47	559	461	80	1	17
550	0	60	585	422	129	0	33
237	0	26	306	197	88	–	20
103	0	11	180	115	47	0	18
47	0	8	183	101	60	–	23
938	1	106	1 254	835	325	1	94
151	0	19	363	215	107	0	41
5 812	12	261	8 789	7 940	618	22	208
1	0	0	164	149	2	4	9
24	1	2	1 237	1 181	25	11	20
150	1	17	1 268	1 224	24	1	20
346	1	26	887	849	23	2	14
583	2	26	787	748	25	2	13
944	1	13	910	858	37	0	15
946	2	13	814	773	30	1	10
814	2	16	684	628	46	1	9
654	1	17	564	508	47	1	8
572	0	42	461	375	73	0	13
464	0	50	468	325	115	0	27
188	0	22	247	152	80	–	14
82	0	10	149	92	42	–	16
45	0	7	148	78	50	–	21
780	1	89	1 012	647	287	0	78
127	0	17	297	169	92	–	36
344	1	32	594	439	124	2	30
–	–	0	17	14	1	1	2
3	–	0	29	26	2	–	1
13	–	0	26	22	3	0	1
16	0	1	32	28	3	–	1
13	0	0	28	25	3	1	1
25	–	0	37	31	5	–	1
17	0	–	27	23	4	–	–
10	–	1	29	23	5	–	2
21	–	0	25	22	4	–	0
44	–	3	53	44	8	–	2
69	–	8	97	69	23	0	5
60	0	10	76	48	24	–	3
33	–	3	54	33	17	–	4
21	–	4	64	33	23	–	8
183	0	25	290	183	87	0	20
54	–	7	118	66	40	–	12
2 473	5	102	3 312	2 928	285	8	90
1	–	–	138	128	1	2	7
15	1	1	356	332	13	4	7
53	0	4	298	284	10	0	4
110	0	4	265	250	11	0	4
178	1	6	250	234	12	0	5
334	0	3	337	318	14	0	5
384	0	7	362	343	14	0	5
363	1	5	324	299	20	0	4
311	1	7	254	231	19	–	4
304	0	23	243	198	39	0	6
263	0	26	249	174	58	–	16
96	–	8	116	71	38	–	8
41	–	5	61	38	17	–	6
20	0	2	60	29	22	–	9
421	0	42	485	311	135	–	39
61	0	7	121	66	39	–	15

（9－8）

第135表　有業人員（15歳以上），

（単位：千人）　　　　　　　　　　　　　　　　　　　　　　　　　　　　　　　　（　女　）

教　育 年　齢　階　級	総　数	主に仕事	主に家事	主に通学	その他	配偶者あり	主に仕事
専　門　学　校	3 494	2 568	866	3	57	2 143	1 313
15 ～ 19 歳	－	－	－	－	－	－	－
20 ～ 24	269	257	6	2	5	12	9
25 ～ 29	289	254	30	－	5	85	57
30 ～ 34	374	281	85	0	8	217	129
35 ～ 39	425	307	111	0	7	287	177
40 ～ 44	527	368	152	0	6	371	221
45 ～ 49	462	326	134	0	2	329	199
50 ～ 54	404	283	116	0	4	308	195
55 ～ 59	320	231	85	0	4	241	161
60 ～ 64	203	135	65	－	3	152	92
65 ～ 69	137	76	55	0	6	96	47
70 ～ 74	52	31	18	－	3	31	17
75 ～ 79	23	15	6	－	2	12	8
80 歳 以 上	9	5	3	－	0	3	1
（再掲）65歳以上	221	127	83	0	12	141	73
75歳以上	32	20	9	－	2	15	9
短　大　・　高　専	3 920	2 610	1 249	8	54	2 683	1 466
15 ～ 19 歳	－	－	－	2	2	－	－
20 ～ 24	161	151	6	2	2	8	6
25 ～ 29	206	185	15	1	6	65	47
30 ～ 34	256	201	52	0	4	140	88
35 ～ 39	476	322	148	1	5	316	167
40 ～ 44	697	441	250	0	6	513	267
45 ～ 49	639	383	252	1	4	496	245
50 ～ 54	538	334	200	1	3	430	235
55 ～ 59	484	328	151	1	5	375	231
60 ～ 64	267	157	101	0	8	211	113
65 ～ 69	136	75	53	－	7	96	50
70 ～ 74	33	18	14	－	1	22	12
75 ～ 79	20	12	6	0	2	8	4
80 歳 以 上	7	5	2	－	0	3	1
（再掲）65歳以上	196	110	75	0	11	129	67
75歳以上	27	17	8	0	3	10	6
大　　　学	4 269	3 317	870	4	79	2 377	1 508
15 ～ 19 歳	－	－	－	－	－	－	－
20 ～ 24	402	393	3	2	5	6	6
25 ～ 29	685	631	41	0	12	164	120
30 ～ 34	563	470	79	1	13	295	210
35 ～ 39	536	408	116	－	12	366	242
40 ～ 44	559	393	162	0	4	405	243
45 ～ 49	454	321	130	0	3	337	208
50 ～ 54	408	281	123	－	4	313	191
55 ～ 59	320	227	90	－	4	250	162
60 ～ 64	194	114	70	0	10	149	82
65 ～ 69	97	49	42	－	6	69	30
70 ～ 74	28	15	11	－	2	16	8
75 ～ 79	11	6	2	－	2	4	3
80 歳 以 上	12	9	1	－	2	4	3
（再掲）65歳以上	148	79	56	－	12	93	44
75歳以上	23	15	3	－	4	8	6
大　　学　　院	304	258	40	－	6	176	135
15 ～ 19 歳	－	－	－	－	－	－	－
20 ～ 24	3	3	－	－	－	－	－
25 ～ 29	45	41	3	－	2	11	7
30 ～ 34	50	44	4	－	2	25	20
35 ～ 39	50	42	7	－	1	34	27
40 ～ 44	56	47	9	－	0	40	31
45 ～ 49	35	27	7	－	0	27	20
50 ～ 54	30	27	3	－	0	19	15
55 ～ 59	18	16	2	－	－	10	8
60 ～ 64	7	6	2	－	－	5	3
65 ～ 69	7	5	2	－	－	4	2
70 ～ 74	2	1	1	－	0	1	1
75 ～ 79	0	0	－	－	0	－	－
80 歳 以 上	1	1	－	－	0	0	0
（再掲）65歳以上	10	6	3	－	0	5	3
75歳以上	1	1	－	－	0	0	0

注：熊本県を除いたものである。

配偶者の有無・就業状況・教育・年齢（5歳階級）・性別

平成28年

主に家事	主に通学	その他	配偶者なし	主に仕事	主に家事	主に通学	その他
797	0	33	1 351	1 255	70	3	24
–	–	–	–	–	–	–	–
2	–	0	257	247	3	2	5
25	–	3	204	197	5	–	2
82	0	6	157	152	3	0	2
106	0	5	138	131	5	0	2
146	–	4	156	147	6	0	2
129	0	1	133	126	5	–	2
109	–	3	96	88	7	0	2
77	0	2	79	70	7	–	1
59	–	2	51	43	6	–	1
45	–	4	42	29	10	0	2
12	–	2	21	14	6	–	1
3	–	1	11	7	3	–	1
1	–	–	6	4	2	–	0
61	–	7	80	53	21	0	5
4	–	1	17	11	5	–	1
1 177	4	36	1 238	1 144	72	4	18
–	–	–	–	–	–	–	–
2	–	0	153	145	3	2	2
14	0	4	141	138	1	0	2
49	0	3	116	112	3	–	1
144	1	4	161	155	4	0	1
243	0	2	184	173	7	–	4
247	1	3	143	137	4	0	1
191	1	3	108	98	9	0	0
141	–	4	109	97	10	1	1
91	0	7	56	44	10	–	2
40	–	6	40	25	13	–	1
10	–	1	11	6	4	–	0
3	0	0	13	8	3	–	2
1	–	0	4	3	1	–	–
54	0	7	67	42	21	–	4
4	0	1	17	11	4	–	2
821	0	48	1 892	1 809	49	4	31
–	–	–	–	–	–	–	–
0	–	0	395	387	3	2	5
38	0	6	521	511	3	0	7
75	–	10	268	261	3	1	3
114	–	10	170	166	2	–	2
159	0	3	155	150	3	0	1
128	0	2	117	113	2	0	1
118	–	4	95	89	6	–	1
85	–	3	70	64	5	–	1
60	–	7	45	32	10	0	2
34	–	4	28	18	8	–	2
8	–	0	12	8	3	–	1
1	–	–	7	4	1	–	2
1	–	0	8	6	0	–	2
44	–	5	55	35	12	–	7
2	–	0	15	9	1	–	4
39	–	2	129	123	2	–	4
–	–	–	–	–	–	–	–
–	–	–	3	3	–	–	–
3	–	1	34	33	0	–	1
4	–	0	25	24	–	–	2
7	–	0	15	15	–	–	1
9	–	–	16	16	–	–	0
7	–	0	8	8	0	–	0
3	–	0	11	11	–	–	–
2	–	–	7	7	–	–	–
1	–	–	3	3	0	–	–
2	–	–	3	3	–	–	–
0	–	0	1	0	1	–	–
–	–	–	0	0	–	–	0
–	–	–	0	0	–	–	0
2	–	0	5	3	1	–	0
–	–	–	1	0	–	–	0

（9－9）

第135表　有業人員（15歳以上），

（単位：千人）　　　（女）

教育 年齢階級	総数	主に仕事	主に家事	主に通学	その他	配偶者あり	主に仕事
卒業学校不詳	713	511	179	2	20	440	269
15 ～ 19 歳	9	7	0	1	0	0	－
20 ～ 24	46	43	2	1	1	3	2
25 ～ 29	64	56	4	－	3	21	17
30 ～ 34	57	42	11	0	3	33	21
35 ～ 39	75	53	20	－	2	51	30
40 ～ 44	96	65	29	0	2	70	42
45 ～ 49	97	62	34	0	1	73	39
50 ～ 54	77	55	21	－	1	55	35
55 ～ 59	69	49	19	－	0	51	33
60 ～ 64	50	35	14	－	1	38	25
65 ～ 69	39	23	14	－	3	28	16
70 ～ 74	18	12	6	－	0	9	6
75 ～ 79	8	5	2	－	1	4	3
80 歳 以 上	9	4	3	－	2	3	2
（再掲）65歳以上	74	44	24	－	5	44	26
75歳以上	17	10	5	－	2	7	5
在 学 中	677	76	12	580	8	42	24
15 ～ 19 歳	324	17	0	304	3	1	1
20 ～ 24	272	13	2	254	3	1	0
25 ～ 29	17	5	0	11	－	2	1
30 ～ 34	11	5	3	3	－	6	3
35 ～ 39	11	7	0	2	1	6	3
40 ～ 44	14	8	3	3	0	8	3
45 ～ 49	8	6	0	0	1	4	3
50 ～ 54	9	7	1	1	－	6	5
55 ～ 59	3	3	0	1	－	2	2
60 ～ 64	1	0	0	0	0	0	0
65 ～ 69	3	3	0	0	0	2	2
70 ～ 74	2	1	1	－	1	2	1
75 ～ 79	1	0	0	0	－	0	0
80 歳 以 上	0	0	－	－	－	0	0
（再掲）65歳以上	7	4	1	0	1	4	3
75歳以上	1	1	0	0	－	0	0
在学したことがない	23	14	7	0	2	12	5
15 ～ 19 歳	0	0	－	－	－	－	－
20 ～ 24	1	1	－	0	－	－	－
25 ～ 29	4	2	1	－	1	1	0
30 ～ 34	2	1	1	－	－	2	1
35 ～ 39	1	1	－	－	－	1	1
40 ～ 44	2	2	0	－	0	1	0
45 ～ 49	3	2	2	－	－	3	1
50 ～ 54	2	1	1	－	0	2	0
55 ～ 59	1	1	0	－	－	0	0
60 ～ 64	1	1	0	－	－	0	0
65 ～ 69	2	2	0	－	－	1	1
70 ～ 74	2	1	1	－	－	1	－
75 ～ 79	0	0	0	－	－	－	－
80 歳 以 上	1	0	0	－	－	0	0
（再掲）65歳以上	5	3	1	－	－	2	1
75歳以上	1	1	0	－	－	0	0
不 詳	2 754	1 931	759	1	63	1 625	905
15 ～ 19 歳	13	12	0	－	－	0	0
20 ～ 24	112	102	6	－	4	8	5
25 ～ 29	161	142	18	0	1	37	21
30 ～ 34	191	147	43	－	1	92	51
35 ～ 39	218	154	60	－	4	125	66
40 ～ 44	293	202	87	0	4	187	103
45 ～ 49	322	218	100	1	3	218	119
50 ～ 54	276	198	76	0	3	195	120
55 ～ 59	279	199	78	－	2	208	131
60 ～ 64	310	203	98	－	8	214	118
65 ～ 69	312	197	100	－	16	198	102
70 ～ 74	152	87	55	－	10	94	43
75 ～ 79	68	39	26	－	3	39	16
80 歳 以 上	46	31	12	－	3	12	8
（再掲）65歳以上	579	353	193	－	32	342	169
75歳以上	115	70	39	－	6	50	25

注：熊本県を除いたものである。

420

配偶者の有無・就業状況・教育・年齢（５歳階級）・性別

平成28年

主に家事	主に通学	その他	配偶者なし	主に仕事	主に家事	主に通学	その他
162	1	8	273	243	17	1	12
–	0	–	8	7	0	1	0
1	–	0	43	41	1	1	1
4	–	1	42	39	1	–	2
10	0	2	24	22	1	–	1
20	–	1	24	23	0	–	1
28	0	0	26	23	1	–	2
33	0	1	24	23	1	–	0
20	–	0	22	20	1	–	1
18	–	0	18	16	2	–	0
13	–	0	12	11	0	–	0
11	–	2	11	7	3	–	1
3	–	0	9	6	3	–	0
1	–	0	4	2	1	–	0
1	–	0	6	3	2	–	2
15	–	2	30	18	9	–	3
2	–	0	10	5	3	–	2
10	6	2	635	52	2	574	6
–	1	–	322	16	0	303	3
1	0	–	271	13	1	254	3
0	0	–	15	4	–	11	–
3	0	–	5	2	–	3	–
0	1	1	5	4	–	1	–
3	2	0	6	5	–	1	–
0	–	1	3	3	0	0	–
1	1	–	3	2	–	0	–
0	0	–	1	1	0	0	–
0	–	0	1	0	0	0	0
0	0	0	1	1	0	0	–
1	–	0	1	0	0	–	0
0	–	–	0	0	0	0	–
–	–	–	0	0	–	–	–
1	0	1	3	2	0	0	0
0	–	–	1	0	0	0	–
6	–	1	12	10	1	0	1
–	–	–	0	0	–	–	–
–	–	–	1	1	–	0	–
1	–	0	2	2	0	–	1
1	–	–	0	0	0	–	–
–	–	–	1	1	–	–	–
0	–	–	2	1	–	–	0
2	–	–	1	1	–	–	–
1	–	0	1	1	–	–	–
0	–	–	1	1	–	–	–
0	–	–	1	1	0	–	–
0	–	–	1	1	–	–	–
1	–	–	1	1	–	–	–
–	–	–	0	0	0	–	–
–	–	–	0	0	0	–	–
1	–	–	3	2	0	–	–
–	–	–	1	1	0	–	–
688	1	31	1 128	1 026	71	0	31
–	–	–	12	12	0	–	–
3	–	0	103	97	2	–	4
15	–	0	124	120	3	0	1
40	–	1	99	96	2	–	1
57	–	2	92	87	3	–	2
81	0	2	106	99	6	–	2
95	1	3	104	99	5	–	1
73	0	2	81	78	2	–	1
75	–	1	72	67	3	–	1
91	–	5	96	86	7	–	3
86	–	10	115	95	14	–	6
47	–	4	58	44	8	–	5
21	–	1	30	23	5	–	2
2	–	1	35	23	10	–	2
156	–	17	237	184	37	–	15
24	–	2	64	45	15	–	4

（9－1）

第136表　有業人員（15歳以上）－平均就業期間，

（単位：千人）　　　（　総

就業期間階級 平均就業期間 年　齢　階　級	総　数	一般 常雇者	契約期間の 定めのない 雇用者	契約期間が 1年以上の 雇用者	1月以上 1年未満の 契約の雇用者	日々又は 1月未満の 契約の雇用者	会社・団体 等の役員	自営業主	雇人あり	雇人なし
総　　　　数	61 087	40 474	32 583	7 891	6 287	803	2 917	6 463	2 082	4 381
15 ～ 19 歳	999	650	531	119	204	65	10	8	2	6
20 ～ 24	3 350	2 670	2 231	439	389	93	60	24	8	17
25 ～ 29	4 183	3 512	2 979	532	312	47	75	84	26	58
30 ～ 34	4 882	3 929	3 371	559	382	46	111	198	70	128
35 ～ 39	5 962	4 668	4 014	654	467	54	176	323	116	206
40 ～ 44	7 607	5 727	4 891	836	671	59	295	508	196	312
45 ～ 49	7 342	5 348	4 476	872	673	63	317	570	209	361
50 ～ 54	6 639	4 706	3 835	871	617	67	371	558	209	349
55 ～ 59	6 124	4 096	3 223	873	577	63	409	637	250	386
60 ～ 64	5 469	2 742	1 534	1 208	954	93	407	828	287	541
65 ～ 69	4 685	1 622	976	646	745	85	365	1 272	322	950
70 ～ 74	2 084	529	335	194	218	39	169	727	202	525
75 ～ 79	1 074	202	133	69	64	22	91	423	113	310
80 歳 以 上	686	71	53	18	14	6	60	303	72	231
(再掲)65歳以上	8 530	2 424	1 497	927	1 041	152	685	2 724	708	2 016
75歳以上	1 761	274	186	87	78	28	151	726	185	541
1 年 未 満	5 840	3 752	2 882	869	1 353	207	78	192	42	151
15 ～ 19 歳	564	364	301	63	128	41	5	3	1	2
20 ～ 24	1 032	802	679	124	155	30	13	7	3	3
25 ～ 29	632	463	373	90	107	16	10	13	3	10
30 ～ 34	502	338	272	66	103	12	5	18	3	15
35 ～ 39	563	367	284	83	121	18	7	23	6	17
40 ～ 44	592	373	292	81	156	10	8	23	9	13
45 ～ 49	485	293	209	83	132	17	7	20	4	17
50 ～ 54	388	232	165	67	107	15	4	15	3	12
55 ～ 59	285	169	116	54	83	8	4	9	2	7
60 ～ 64	389	199	99	100	132	13	7	20	3	17
65 ～ 69	289	112	68	44	99	19	6	28	2	27
70 ～ 74	85	30	21	10	25	5	1	10	2	8
75 ～ 79	27	6	3	3	5	3	1	3	1	2
80 歳 以 上	8	3	2	1	0	0	1	2	–	2
(再掲)65歳以上	408	152	93	59	128	27	9	42	4	39
75歳以上	34	9	4	5	5	3	2	5	1	4
1 ～ 5 年 未 満	12 135	8 520	6 401	2 119	1 995	231	267	562	133	429
15 ～ 19 歳	347	251	203	48	66	14	4	0	0	0
20 ～ 24	1 827	1 495	1 240	255	196	48	33	10	2	8
25 ～ 29	1 696	1 435	1 197	238	137	16	29	32	10	22
30 ～ 34	1 208	912	727	186	145	14	22	55	18	36
35 ～ 39	1 190	857	665	191	165	11	23	76	22	54
40 ～ 44	1 339	929	691	237	243	19	33	58	18	41
45 ～ 49	1 119	745	532	213	223	16	24	58	14	44
50 ～ 54	809	536	367	168	153	14	20	54	15	39
55 ～ 59	704	458	297	160	140	17	15	40	12	28
60 ～ 64	864	445	223	222	244	23	35	63	12	51
65 ～ 69	739	333	179	153	219	24	22	79	6	73
70 ～ 74	223	97	60	38	52	9	6	27	1	26
75 ～ 79	57	23	15	8	10	4	2	8	2	6
80 歳 以 上	15	5	4	1	2	1	1	2	0	1
(再掲)65歳以上	1 033	458	258	200	283	38	31	115	8	107
75歳以上	72	28	19	9	12	5	3	10	2	8
5 ～ 10 年 未 満	8 797	6 373	5 104	1 270	981	90	267	622	171	451
15 ～ 19 歳	1	1	0	0	–	–	–	–	–	–
20 ～ 24	268	227	200	27	9	4	11	3	1	3
25 ～ 29	1 342	1 206	1 063	143	43	6	26	20	5	15
30 ～ 34	1 394	1 178	1 044	134	68	10	36	54	18	36
35 ～ 39	996	765	652	112	74	6	32	62	23	39
40 ～ 44	1 092	778	635	144	119	8	33	91	34	57
45 ～ 49	933	634	486	149	142	10	26	73	20	53
50 ～ 54	737	511	377	135	116	8	29	46	15	31
55 ～ 59	593	382	263	119	113	7	17	48	15	33
60 ～ 64	529	305	174	131	114	10	23	52	15	37
65 ～ 69	604	269	143	126	124	12	18	112	17	95
70 ～ 74	234	87	49	39	50	7	12	47	6	41
75 ～ 79	62	25	17	8	8	1	3	11	2	9
80 歳 以 上	14	4	2	2	2	1	1	2	1	1
(再掲)65歳以上	913	386	211	175	183	21	34	172	25	147
75歳以上	76	29	19	10	9	2	4	13	3	10

注：1）熊本県を除いたものである。
　　2）「平均就業期間（年）」には，就業期間が1年未満の者を含まない。ただし，「（再掲）役員以外の雇用者」の「平均就業期間（年）」には，就業期間が1年未満の者を含む。

勤めか自営かの別－勤め先での呼称・就業期間階級・年齢（5歳階級）・性別

数　）　　平成28年

家族従業者	内職	その他	役員以外の雇用者	（再掲）役員以外の雇用者							
				正規の職員・従業員	非正規の職員・従業員	パート	アルバイト	労働者派遣事業所の派遣社員	契約社員	嘱託	その他
2 506	208	955	47 564	29 334	18 197	9 368	3 429	1 060	2 664	1 088	588
7	0	25	919	296	623	28	569	10	9	2	6
35	2	47	3 152	1 948	1 203	178	774	60	151	13	27
71	8	52	3 871	2 850	1 018	352	273	100	233	28	33
134	12	47	4 357	3 152	1 203	552	214	128	234	35	41
178	17	51	5 189	3 702	1 483	851	191	131	227	42	41
216	29	67	6 457	4 457	1 997	1 280	204	149	253	60	52
224	30	75	6 085	4 079	2 003	1 325	180	143	253	57	45
208	16	68	5 389	3 570	1 816	1 213	149	98	232	63	60
227	18	72	4 736	3 044	1 690	1 095	153	67	254	75	47
293	16	103	3 790	1 354	2 431	1 145	218	61	477	439	93
365	27	161	2 453	583	1 864	929	326	70	262	200	78
259	16	99	786	172	613	309	129	29	58	49	40
144	10	56	288	83	205	94	43	12	18	21	18
144	7	35	91	45	46	20	6	2	4	6	8
912	59	350	3 618	882	2 729	1 351	504	113	341	276	144
288	17	90	380	127	251	113	49	14	22	27	26
81	33	125	5 312	1 918	3 390	1 422	1 031	330	405	107	95
5	0	15	532	153	379	15	348	6	6	1	3
9	0	13	988	565	423	63	255	31	57	5	11
9	3	10	586	296	289	106	81	39	49	7	7
13	5	6	453	180	273	128	52	39	39	8	6
12	5	9	506	171	335	191	46	45	38	9	7
8	6	7	540	173	367	215	46	47	43	7	9
5	3	7	441	127	314	188	35	40	39	6	5
4	2	7	354	99	255	150	31	30	30	8	6
4	2	5	260	65	195	108	26	20	29	7	6
6	1	11	343	63	280	129	42	12	44	36	17
2	3	18	230	21	209	99	55	13	23	11	8
2	1	10	60	5	54	24	12	4	4	2	7
1	0	5	14	0	14	6	2	1	2	0	2
1	0	1	3	1	2	1	0	–	1	0	–
6	4	34	307	27	279	130	70	18	30	14	18
2	0	6	17	1	16	7	2	1	3	0	2
250	58	227	10 746	4 863	5 872	2 970	1 330	354	804	246	167
2	0	7	332	127	205	8	190	1	3	1	2
16	1	23	1 739	1 089	650	90	436	22	81	6	15
23	4	19	1 588	1 107	480	157	129	41	120	14	18
39	6	13	1 072	581	490	245	80	49	88	13	14
36	7	13	1 033	477	554	339	66	43	78	16	11
30	10	14	1 191	443	746	526	70	49	67	18	16
25	8	17	984	346	638	439	54	51	67	16	11
15	4	14	702	253	448	303	43	23	56	14	10
17	4	11	615	207	408	243	41	19	69	23	13
21	4	27	713	151	562	285	65	19	100	73	20
15	5	42	575	65	508	251	107	27	59	40	24
5	4	20	158	12	147	67	40	8	13	9	10
3	1	6	37	3	33	15	9	3	2	2	2
2	1	2	7	3	5	2	0	–	0	1	1
24	11	69	778	82	693	335	156	39	75	52	37
4	2	7	44	6	38	17	9	3	3	3	3
267	32	145	7 445	4 462	2 979	1 783	366	120	474	155	81
–	–	–	1	0	0	–	0	–	–	–	–
6	0	6	240	190	50	13	29	1	6	0	1
22	1	13	1 256	1 088	168	59	38	12	46	6	7
39	0	8	1 255	1 037	218	92	34	19	58	7	8
48	3	5	845	598	245	146	26	13	43	9	7
45	5	10	906	506	400	262	38	15	61	15	8
26	5	14	786	355	431	307	33	13	57	13	7
14	3	10	635	285	350	248	26	15	38	15	8
13	2	10	502	190	312	222	24	6	43	11	6
13	2	9	429	111	317	186	26	6	57	34	8
29	4	34	405	77	328	162	57	9	51	35	13
9	3	17	144	19	126	67	27	8	12	7	6
2	3	7	34	5	29	15	6	2	2	1	2
1	1	2	7	2	5	3	1	1	–	0	0
42	11	60	590	102	487	247	92	19	64	44	21
4	4	9	41	7	34	18	8	3	2	2	2

3）「総数」には、勤めか自営か不詳、「役員以外の雇用者」には呼称不詳を含む。
4）勤め先での呼称の「役員以外の雇用者」とは、一般常雇者、1月以上1年未満の契約の雇用者、日々又は1月未満の契約の雇用者をいう。
5）就業期間階級の「総数」には、就業期間不詳を含む。

（9－2）

第136表　有業人員（15歳以上）－平均就業期間，

（単位：千人）　　　　　　　　　　　　　　　　　　　　　　　　　　　　　　（　総

就業期間階級 平均就業期間 年　齢　階　級	総　数	一　般 常雇者	契約期間の 定めのない 雇用者	契約期間が 1年以上の 雇用者	1月以上 1年未満の 契約の雇用者	日々又は 1月未満の 契約の雇用者	会社・団体 等の役員	自営業主	雇人あり	雇人なし
10 ～ 15 年 未 満	6 869	4 897	4 041	855	662	58	284	601	194	407
15 ～ 19 歳	–	–	–	–	–	–	–	–	–	–
20 ～ 24	8	6	5	1	2	–	–	–	–	–
25 ～ 29	224	187	162	24	11	3	5	7	2	5
30 ～ 34	1 244	1 080	972	108	41	3	32	43	17	25
35 ～ 39	1 259	1 064	961	102	45	6	42	61	27	35
40 ～ 44	910	670	582	89	64	3	47	79	29	50
45 ～ 49	813	562	461	101	78	6	39	76	28	48
50 ～ 54	688	447	330	117	110	6	31	57	21	35
55 ～ 59	568	373	260	113	81	8	22	57	18	39
60 ～ 64	462	247	150	97	99	7	25	55	18	36
65 ～ 69	371	157	97	60	77	4	23	77	15	62
70 ～ 74	218	69	40	29	36	7	10	67	13	55
75 ～ 79	81	30	17	13	16	3	6	15	3	11
80 歳 以 上	25	5	3	1	2	2	2	8	2	5
（再掲）65歳以上	695	261	158	103	131	15	41	167	33	134
75歳以上	106	34	20	14	18	4	8	22	6	17
15 ～ 20 年 未 満	5 077	3 641	3 098	543	337	32	261	516	166	350
15 ～ 19 歳	–	–	–	–	–	–	–	–	–	–
20 ～ 24	–	–	–	–	–	–	–	–	–	–
25 ～ 29	9	6	5	2	1	0	0	0	0	0
30 ～ 34	215	181	157	24	5	1	8	9	4	5
35 ～ 39	1 231	1 062	977	84	30	5	43	53	19	34
40 ～ 44	1 215	998	917	81	30	2	60	82	32	50
45 ～ 49	600	396	348	48	25	3	44	82	29	52
50 ～ 54	512	342	264	78	44	5	30	57	21	36
55 ～ 59	453	286	207	79	59	4	27	53	20	33
60 ～ 64	359	192	118	74	68	6	19	46	13	33
65 ～ 69	271	115	67	48	48	3	13	66	16	50
70 ～ 74	104	34	20	14	15	2	9	29	6	22
75 ～ 79	84	23	12	10	9	1	7	32	5	27
80 歳 以 上	23	7	5	1	3	0	1	6	1	6
（再掲）65歳以上	481	178	105	73	75	6	30	133	27	105
75歳以上	106	29	18	12	12	1	8	38	5	33
20 ～ 25 年 未 満	4 475	3 268	2 889	379	185	21	278	490	186	304
15 ～ 19 歳	・	・	・	・	・	・	・	・	・	・
20 ～ 24	–	–	–	–	–	–	–	–	–	–
25 ～ 29	–	–	–	–	–	–	–	–	–	–
30 ～ 34	11	8	6	2	1	0	0	1	1	1
35 ～ 39	296	234	211	23	9	1	14	25	8	17
40 ～ 44	1 612	1 356	1 253	103	27	4	76	100	42	58
45 ～ 49	1 102	901	828	73	16	2	65	81	37	44
50 ～ 54	416	260	223	37	17	4	40	62	24	37
55 ～ 59	401	249	203	46	31	4	29	58	23	35
60 ～ 64	288	143	86	57	48	3	26	47	19	28
65 ～ 69	202	73	48	24	29	1	18	60	21	39
70 ～ 74	75	31	20	11	4	1	5	25	5	19
75 ～ 79	37	9	7	2	3	0	2	13	2	11
80 歳 以 上	34	4	2	2	0	0	2	18	3	15
（再掲）65歳以上	348	117	78	39	37	3	28	115	31	84
75歳以上	71	13	9	4	3	1	4	31	5	26
25 ～ 30 年 未 満	4 305	3 081	2 727	354	121	22	310	526	202	324
15 ～ 19 歳	・	・	・	・	・	・	・	・	・	・
20 ～ 24	・	・	・	・	・	・	・	・	・	・
25 ～ 29	–	–	–	–	–	–	–	–	–	–
30 ～ 34	–	–	–	–	–	–	–	–	–	–
35 ～ 39	13	10	9	1	0	–	1	1	1	1
40 ～ 44	449	357	322	35	6	3	24	38	15	24
45 ～ 49	1 601	1 328	1 216	112	30	4	78	111	45	65
50 ～ 54	1 074	833	755	78	13	3	88	92	40	52
55 ～ 59	452	283	247	36	13	3	45	70	33	37
60 ～ 64	322	152	92	60	34	5	31	69	24	45
65 ～ 69	243	81	58	23	18	2	30	80	24	56
70 ～ 74	79	20	15	5	3	1	10	33	15	19
75 ～ 79	38	9	7	2	4	1	3	14	3	11
80 歳 以 上	33	9	7	2	0	–	1	17	3	15
（再掲）65歳以上	393	119	86	33	25	5	44	145	44	101
75歳以上	71	18	13	4	5	1	4	31	5	26

注：1）熊本県を除いたものである。
　　2）「平均就業期間（年）」には、就業期間が1年未満の者を含まない。ただし、「（再掲）役員以外の雇用者」の「平均就業期間（年）」には、
　　　就業期間が1年未満の者を含む。

勤めか自営かの別－勤め先での呼称・就業期間階級・年齢（５歳階級）・性別

数　）   平成28年

家族従業者	内職	その他	役員以外の雇用者	（再掲）役員以外の雇用者							
				正規の職員・従業員	非正規の職員・従業員	パート	アルバイト	労働者派遣事業所の派遣社員	契約社員	嘱託	その他
239	25	95	5 616	3 631	1 982	1 203	213	93	304	111	58
–	–	–	8	4	4	0	3	1	–	–	–
7	0	4	200	166	34	13	10	4	7	0	0
30	1	14	1 125	986	138	51	24	13	36	5	8
34	1	6	1 115	960	155	76	20	14	36	2	7
36	3	6	738	540	197	121	22	11	31	8	4
35	6	11	646	361	284	200	22	13	34	11	4
27	3	6	563	251	312	226	18	10	38	11	10
16	3	8	461	196	264	185	23	7	37	9	3
17	1	9	353	94	259	153	19	6	47	28	6
17	2	12	239	51	187	103	26	5	28	20	6
15	3	11	112	16	96	52	17	4	7	11	5
3	2	6	48	5	44	22	7	3	2	6	3
3	1	3	8	1	7	1	2	1	0	1	1
38	7	31	407	72	334	178	52	13	37	38	15
6	2	8	57	6	51	23	9	5	2	7	4
202	16	61	4 010	2 943	1 065	668	105	38	156	59	40
–	–	–	–	–	–	–	–	–	–	–	–
1	–	1	7	4	3	0	1	–	1	–	–
7	–	4	186	164	23	10	5	3	3	0	1
28	1	8	1 097	996	99	47	18	9	21	1	3
34	1	6	1 030	935	94	52	8	7	18	4	5
42	4	4	424	320	104	70	10	5	14	2	4
26	2	5	391	226	165	118	9	5	20	6	5
17	1	6	349	162	187	141	11	2	24	7	3
19	1	7	266	81	185	116	14	3	26	21	5
14	3	9	166	33	132	80	15	3	20	10	4
8	1	5	51	12	39	21	9	1	4	3	2
4	2	4	32	6	26	10	5	1	3	3	4
2	0	2	10	4	6	2	0	–	1	0	2
28	6	20	259	55	204	113	29	4	29	16	12
6	2	6	42	10	33	12	6	1	5	3	6
171	8	48	3 474	2 902	571	348	45	25	84	44	26
·	·	·	·	·	·	·	·	·	·	·	·
–	–	–	–	–	–	–	–	–	–	–	–
0	–	0	9	6	3	1	0	1	1	–	–
10	0	4	243	217	26	15	3	3	4	1	1
34	0	12	1 388	1 289	99	51	7	11	20	7	4
29	2	6	919	874	44	22	4	2	11	2	4
29	1	4	280	215	65	45	3	1	8	3	5
24	1	5	284	188	96	70	7	3	10	4	3
14	1	6	194	68	126	76	10	3	18	16	4
15	1	5	103	26	77	49	8	1	8	8	3
7	0	1	36	12	24	12	3	0	4	3	1
5	1	3	12	5	8	5	1	0	–	1	1
5	1	2	5	2	2	2	1	0	0	–	0
31	3	11	156	45	111	68	12	2	12	12	5
10	2	5	17	7	10	6	2	0	0	1	1
193	6	41	3 224	2 789	434	226	38	17	78	51	23
·	·	·	·	·	·	·	·	·	·	·	·
–	–	–	–	–	–	–	–	–	–	–	–
1	–	0	10	9	1	0	1	0	0	–	–
13	1	6	366	338	28	15	4	2	4	1	3
40	1	8	1 361	1 265	97	48	12	8	20	4	5
40	0	6	848	798	50	23	2	3	13	2	6
32	1	4	299	248	51	29	3	1	9	5	4
25	0	5	191	81	109	53	5	1	21	27	3
25	1	4	101	35	66	39	7	1	8	9	2
9	1	3	24	5	18	12	1	1	2	1	1
5	–	2	14	5	10	4	3	0	1	1	0
4	0	2	9	5	4	3	0	0	0	0	0
42	2	11	148	50	98	59	11	3	11	12	3
9	0	4	24	10	14	7	3	1	1	2	0

3）「総数」には、勤めか自営か不詳、「役員以外の雇用者」には呼称不詳を含む。

4）勤め先での呼称の「役員以外の雇用者」とは、一般常雇者、１月以上１年未満の契約の雇用者、日々又は１月未満の契約の雇用者をいう。

5）就業期間階級の「総数」には、就業期間不詳を含む。

（9－3）

第136表　有業人員（15歳以上）－平均就業期間，

（単位：千人）　　（総

就業期間階級 平均就業期間 年齢階級	総数	一般常雇者	契約期間の定めのない雇用者	契約期間が1年以上の雇用者	1月以上1年未満の契約の雇用者	日々又は1月未満の契約の雇用者	会社・団体等の役員	自営業主	雇人あり	雇人なし
30 ～ 35 年未満	3 205	2 163	1 889	274	74	12	301	443	173	270
15 ～ 19 歳	・	・	・	・	・	・	・	・	・	・
20 ～ 24	・	・	・	・	・	・	・	・	・	・
25 ～ 29	・	・	・	・	・	・	・	・	・	・
30 ～ 34	－	－	－	－	－	－	－	－	－	－
35 ～ 39	－	－	－	－	－	－	－	－	－	－
40 ～ 44	5	4	3	1	－	－	－	0	0	0
45 ～ 49	332	263	236	27	4	1	20	32	16	16
50 ～ 54	1 353	1 080	967	112	24	5	97	103	40	63
55 ～ 59	882	628	554	74	7	1	105	89	37	52
60 ～ 64	293	112	75	36	21	2	31	79	33	46
65 ～ 69	203	55	37	18	13	2	31	77	25	53
70 ～ 74	80	15	10	5	3	0	10	35	13	22
75 ～ 79	34	6	4	2	1	0	4	17	7	11
80 歳 以 上	22	2	2	0	1	－	3	10	2	7
(再掲)65歳以上	339	78	53	25	18	3	48	140	47	93
75歳以上	56	8	6	2	2	0	7	27	9	18
35 ～ 40 年未満	2 476	1 485	1 206	279	78	11	274	434	181	253
15 ～ 19 歳	・	・	・	・	・	・	・	・	・	・
20 ～ 24	・	・	・	・	・	・	・	・	・	・
25 ～ 29	・	・	・	・	・	・	・	・	・	・
30 ～ 34	・	・	・	・	・	・	・	・	・	・
35 ～ 39	－	－	－	－	－	－	－	－	－	－
40 ～ 44	－	－	－	－	－	－	－	－	－	－
45 ～ 49	4	2	2	－	0	－	0	1	－	1
50 ～ 54	351	280	248	32	7	1	19	34	13	22
55 ～ 59	1 185	868	752	116	23	3	110	133	57	76
60 ～ 64	565	271	154	117	36	5	85	102	43	58
65 ～ 69	240	42	33	10	11	0	36	105	41	64
70 ～ 74	79	14	12	2	2	0	14	34	16	19
75 ～ 79	36	4	3	1	－	1	6	18	8	9
80 歳 以 上	17	2	2	0	0	－	4	7	3	5
(再掲)65歳以上	372	63	50	13	12	1	60	164	67	97
75歳以上	53	7	5	1	0	1	10	25	11	14
40 年 以 上	4 056	1 235	808	427	216	21	460	1 445	471	974
15 ～ 19 歳	・	・	・	・	・	・	・	・	・	・
20 ～ 24	・	・	・	・	・	・	・	・	・	・
25 ～ 29	・	・	・	・	・	・	・	・	・	・
30 ～ 34	・	・	・	・	・	・	・	・	・	・
35 ～ 39	・	・	・	・	・	・	・	・	・	・
40 ～ 44	－	－	－	－	－	－	－	－	－	－
45 ～ 49	－	－	－	－	－	－	－	－	－	－
50 ～ 54	7	6	5	0	－	－	0	1	0	0
55 ～ 59	333	247	213	35	8	1	23	42	14	28
60 ～ 64	1 078	541	289	253	118	6	107	234	81	153
65 ～ 69	1 115	279	179	100	72	7	153	419	138	281
70 ～ 74	678	90	67	23	12	3	84	317	110	207
75 ～ 79	467	50	39	11	3	2	52	243	75	168
80 歳 以 上	378	21	17	4	3	0	41	190	52	138
(再掲)65歳以上	2 638	440	302	139	90	13	329	1 168	375	793
75歳以上	845	71	56	16	6	3	93	432	127	306
平 均 就 業 期 間（年）	16.7	14.9	15.2	13.6	10.0	10.2	24.5	26.3	27.3	25.8
15 ～ 19 歳	1.4	1.3	1.3	1.4	1.3	1.4	1.1	1.2	1.0	2.0
20 ～ 24	2.6	2.6	2.6	2.4	2.1	2.2	3.1	3.2	2.9	3.3
25 ～ 29	4.8	4.8	4.9	4.3	3.6	4.5	5.1	4.8	4.8	4.8
30 ～ 34	7.6	7.8	8.0	6.7	5.1	5.4	8.4	7.3	7.9	7.1
35 ～ 39	10.4	10.8	11.2	8.5	6.3	8.1	11.9	10.0	10.2	9.9
40 ～ 44	13.5	14.1	14.7	10.4	6.8	8.4	15.3	14.1	14.6	13.7
45 ～ 49	16.4	17.3	18.1	12.4	7.9	9.8	19.0	17.0	18.7	16.0
50 ～ 54	19.9	20.7	21.9	15.5	10.2	13.2	23.2	20.8	21.7	20.2
55 ～ 59	22.8	23.4	24.9	17.9	11.6	12.4	28.4	24.8	25.9	24.1
60 ～ 64	22.9	22.3	22.4	22.0	16.2	15.6	28.9	28.5	30.2	27.6
65 ～ 69	23.2	18.9	20.2	16.9	13.5	13.3	32.5	30.0	34.4	28.3
70 ～ 74	28.1	19.7	21.6	16.3	11.5	12.9	36.0	34.8	39.6	32.8
75 ～ 79	36.0	24.8	26.7	20.9	14.9	18.0	40.3	42.5	44.2	41.8
80 歳 以 上	46.9	32.5	33.7	28.6	22.7	13.7	47.4	50.1	51.4	49.6
(再掲)65歳以上	27.8	19.9	21.6	17.3	13.3	13.8	35.7	35.5	39.2	34.1
75歳以上	40.1	26.7	28.6	22.5	16.4	17.1	43.1	45.6	47.0	45.1

注：1）熊本県を除いたものである。
　　2）「平均就業期間（年）」には、就業期間が1年未満の者を含まない。ただし、「（再掲）役員以外の雇用者」の「平均就業期間（年）」には、就業期間が1年未満の者を含む。

勤めか自営かの別－勤め先での呼称・就業期間階級・年齢（5歳階級）・性別

数　）　　平成28年

家族従業者	内職	その他	役員以外の雇用者	（再掲）役員以外の雇用者							
				正規の職員・従業員	非正規の職員・従業員	パート	アルバイト	労働者派遣事業所の派遣社員	契約社員	嘱託	その他
173	4	31	2 249	2 001	247	129	17	13	43	30	15
・	・	・	・	・	・	・	・	・	・	・	・
・	・	・	・	・	・	・	・	・	・	・	・
－	－	－	－	－	－	－	－	－	－	－	－
－	－	－	－	－	－	－	－	－	－	－	－
1	－	－	4	4	0	0	－	－	－	－	－
8	0	3	269	245	24	14	1	4	2	1	1
34	1	8	1 109	1 027	81	47	5	6	14	2	6
46	1	6	635	608	27	14	2	0	6	3	2
42	0	5	135	78	57	20	1	2	14	16	3
22	1	3	69	28	41	23	5	0	6	6	1
12	1	3	18	6	12	8	1	－	1	2	1
3	0	2	7	3	4	2	1	0	0	1	0
4	0	1	3	1	2	2	－	－	－	0	－
42	3	8	98	39	59	34	6	0	8	8	2
8	1	2	10	4	5	3	1	0	0	1	0
164	3	24	1 574	1 327	246	83	17	7	51	71	16
・	・	・	・	・	・	・	・	・	・	・	・
・	・	・	・	・	・	・	・	・	・	・	・
－	－	－	－	－	－	－	－	－	－	－	－
－	－	－	2	2	－	－	－	－	－	－	－
0	－	－	2	2	－	－	－	－	－	－	－
7	0	2	288	263	26	14	2	1	5	1	2
39	0	8	895	829	65	36	4	5	12	5	3
58	1	6	313	195	117	13	7	1	28	59	10
38	2	5	53	27	26	14	2	－	4	5	1
14	0	1	15	7	8	5	1	－	1	1	0
6	－	1	5	1	4	1	1	－	0	1	0
2	－	1	2	2	1	0	－	－	－	0	0
59	2	9	76	38	38	20	4	－	5	7	2
7	－	2	8	3	4	2	1	－	0	1	0
585	6	64	1 472	874	596	144	51	16	166	183	36
・	・	・	・	・	・	・	・	・	・	・	・
・	・	・	・	・	・	・	・	・	・	・	・
・	・	・	・	・	・	・	・	・	・	・	・
－	－	－	－	－	－	－	－	－	－	－	－
0	－	1	6	5	0	0	－	0	0	0	－
5	1	4	257	229	28	15	2	1	6	1	3
59	1	9	666	351	314	55	11	7	106	119	15
165	1	15	358	172	185	49	25	7	43	50	11
157	2	10	105	61	45	15	9	1	9	7	4
96	0	13	56	39	17	7	3	0	2	3	1
103	1	12	24	17	7	3	0	－	1	2	1
521	4	51	543	289	254	74	38	8	55	62	18
199	1	25	80	56	24	10	4	0	3	5	3
26.2	11.3	14.7	12.6	15.3	8.2	8.0	4.6	5.6	10.1	17.0	11.0
1.7	1.0	1.6	0.5	0.6	0.5	0.5	0.5	0.1	0.3	0.5	0.5
3.3	2.3	2.9	1.7	1.9	1.4	1.6	1.4	1.1	1.4	1.2	1.2
5.5	3.5	5.1	4.0	4.5	2.6	2.6	2.5	2.1	2.9	2.7	2.8
7.2	3.2	8.1	6.7	7.8	4.0	3.7	3.9	3.5	4.8	4.3	5.3
9.7	5.3	9.9	9.4	11.2	4.9	4.6	5.2	4.4	6.0	4.2	6.3
13.1	6.6	13.0	12.2	15.2	5.8	5.4	5.3	5.3	7.2	8.0	7.8
16.4	10.1	12.3	15.1	19.0	7.1	6.8	7.2	6.0	8.3	8.2	10.6
20.6	10.8	15.3	18.3	22.9	9.3	9.1	7.2	7.5	10.6	9.6	14.0
24.4	14.4	18.8	20.8	26.5	10.5	10.7	8.6	7.9	10.7	12.0	14.0
28.7	16.1	16.6	18.7	25.3	15.1	11.3	9.6	11.7	18.7	23.4	16.9
33.3	15.5	14.2	15.4	24.8	12.6	11.4	9.7	9.2	15.6	19.6	13.6
40.5	15.1	15.7	15.8	29.1	12.2	11.9	10.4	7.2	16.4	17.2	11.2
46.3	12.1	24.8	21.1	37.4	14.8	14.1	14.7	8.8	15.4	21.6	14.5
53.4	22.8	37.1	28.8	36.5	21.6	22.2	14.6	12.2	22.4	30.0	22.3
40.4	15.6	18.5	16.3	27.3	12.8	11.9	10.3	8.7	15.8	19.5	13.4
49.8	16.1	29.5	22.9	37.1	16.0	15.5	14.7	9.4	16.8	23.2	16.8

3）「総数」には、勤めか自営か不詳、「役員以外の雇用者」には呼称不詳を含む。
4）勤め先での呼称の「役員以外の雇用者」とは、一般常雇者、1月以上1年未満の契約の雇用者、日々又は1月未満の契約の雇用者をいう。
5）就業期間階級の「総数」には、就業期間不詳を含む。

（9－4）

第136表　有業人員（15歳以上）－平均就業期間，

（単位：千人）　　　（　男　）

就業期間階級　平均就業期間　年齢階級	総数	一般常雇者	契約期間の定めのない雇用者	契約期間が1年以上の雇用者	1月以上1年未満の契約の雇用者	日々又は1月未満の契約の雇用者	会社・団体等の役員	自営業主	雇人あり	雇人なし
総数	34 031	23 264	19 685	3 579	2 097	346	2 168	4 863	1 649	3 214
15 ～ 19 歳	496	330	269	61	89	33	6	6	1	5
20 ～ 24	1 649	1 306	1 106	200	184	46	31	18	6	13
25 ～ 29	2 218	1 903	1 656	247	112	21	49	55	15	40
30 ～ 34	2 760	2 277	2 028	249	133	19	81	149	57	93
35 ～ 39	3 405	2 785	2 513	272	103	24	137	245	97	148
40 ～ 44	4 177	3 338	3 060	278	99	15	222	390	164	226
45 ～ 49	3 956	3 073	2 774	299	88	17	239	439	170	269
50 ～ 54	3 597	2 726	2 425	301	90	20	275	417	161	256
55 ～ 59	3 405	2 394	2 061	333	120	23	310	495	198	297
60 ～ 64	3 207	1 658	910	748	457	36	314	649	228	422
65 ～ 69	2 832	969	560	409	449	50	272	936	256	679
70 ～ 74	1 261	331	209	122	126	23	125	528	155	373
75 ～ 79	670	131	84	47	38	13	65	320	89	231
80 歳 以 上	398	42	30	12	8	3	42	216	53	163
（再掲）65歳以上	5 160	1 473	883	591	621	90	504	2 000	554	1 447
75歳以上	1 068	173	114	59	46	16	107	536	142	394
1 年 未 満	2 504	1 653	1 309	344	481	88	50	137	29	108
15 ～ 19 歳	279	183	151	32	57	21	4	3	1	2
20 ～ 24	474	361	310	51	73	14	7	4	2	1
25 ～ 29	294	231	189	42	34	7	6	8	1	7
30 ～ 34	204	144	124	20	35	5	3	13	3	9
35 ～ 39	194	137	114	22	26	5	3	18	5	13
40 ～ 44	180	122	105	17	31	2	5	16	7	9
45 ～ 49	137	91	73	19	21	4	3	14	1	12
50 ～ 54	126	83	68	15	23	5	2	11	2	9
55 ～ 59	114	74	53	20	26	2	2	7	2	5
60 ～ 64	234	129	63	66	69	5	6	16	2	15
65 ～ 69	188	70	40	29	66	14	5	18	1	16
70 ～ 74	56	21	14	7	16	3	1	7	2	6
75 ～ 79	19	6	2	3	3	1	1	2	–	2
80 歳 以 上	5	1	1	0	0	0	1	1	–	1
（再掲）65歳以上	267	98	58	40	86	19	8	28	3	26
75歳以上	23	7	3	3	3	1	1	3	–	3
1 ～ 5 年 未 満	5 546	3 986	3 167	819	689	94	176	396	96	300
15 ～ 19 歳	173	130	106	24	29	7	2	0	0	0
20 ～ 24	907	738	618	120	96	25	16	8	1	7
25 ～ 29	890	767	665	103	52	9	19	22	6	15
30 ～ 34	570	448	383	65	45	5	14	38	13	25
35 ～ 39	501	382	324	58	31	4	14	54	18	36
40 ～ 44	403	310	274	36	26	3	19	35	12	23
45 ～ 49	332	242	201	40	27	2	17	35	10	26
50 ～ 54	281	197	158	40	26	2	12	37	10	27
55 ～ 59	294	199	147	53	40	6	11	28	10	19
60 ～ 64	505	269	129	140	126	9	28	51	10	41
65 ～ 69	495	219	109	111	151	13	17	61	4	57
70 ～ 74	148	65	42	23	34	7	12	19	1	18
75 ～ 79	37	16	10	6	5	2	1	7	1	6
80 歳 以 上	10	3	3	1	1	1	1	1	0	1
（再掲）65歳以上	690	304	163	141	191	22	25	87	6	81
75歳以上	47	19	12	7	6	2	2	8	1	7
5 ～ 10 年 未 満	4 389	3 281	2 794	487	261	36	186	458	127	332
15 ～ 19 歳	0	0	0	0	–	–	–	–	–	–
20 ～ 24	163	138	125	13	5	2	6	3	1	3
25 ～ 29	730	658	585	73	15	3	16	12	3	9
30 ～ 34	853	735	669	66	25	4	28	36	12	24
35 ～ 39	559	447	400	48	14	3	25	49	21	29
40 ～ 44	461	350	319	31	13	2	20	67	27	39
45 ～ 49	334	241	212	29	14	1	17	54	15	39
50 ～ 54	238	170	148	22	11	2	18	31	10	21
55 ～ 59	220	148	124	24	20	2	11	34	8	25
60 ～ 64	251	147	87	60	38	3	17	39	11	28
65 ～ 69	372	167	82	85	72	9	13	88	13	74
70 ～ 74	156	57	29	28	28	4	12	37	5	32
75 ～ 79	45	19	13	6	6	0	3	8	1	7
80 歳 以 上	8	2	1	1	1	1	1	1	0	1
（再掲）65歳以上	581	245	124	121	107	14	28	134	20	114
75歳以上	53	21	14	8	7	1	4	9	2	8

注：1）熊本県を除いたものである。
　　2）「平均就業期間（年）」には、就業期間が1年未満の者を含まない。ただし、「（再掲）役員以外の雇用者」の「平均就業期間（年）」には、就業期間が1年未満の者を含む。

勤めか自営かの別－勤め先での呼称・就業期間階級・年齢（５歳階級）・性別

平成28年

家族従業者	内職	その他	役員以外の雇用者	（再掲）役員以外の雇用者							
				正規の職員・従業員	非正規の職員・従業員	パート	アルバイト	労働者派遣事業所の派遣社員	契約社員	嘱託	その他
591	28	478	25 707	20 119	5 574	1 080	1 685	441	1 377	684	307
6	0	10	452	179	273	10	252	3	4	0	4
24	0	25	1 536	999	536	44	386	28	58	6	15
39	1	30	2 037	1 690	346	60	129	38	97	7	16
62	2	27	2 429	2 100	327	46	95	49	109	9	19
76	1	22	2 912	2 610	299	50	74	49	97	13	17
68	2	31	3 453	3 186	267	41	63	46	90	9	19
55	1	32	3 179	2 916	262	53	58	40	79	11	20
34	2	26	2 836	2 573	263	53	57	40	84	12	17
26	2	28	2 537	2 200	336	71	63	29	123	30	20
32	1	48	2 151	1 019	1 130	192	124	42	358	356	59
44	6	86	1 469	431	1 033	304	244	47	215	167	56
48	5	61	481	129	351	109	103	20	49	42	29
32	3	33	182	57	125	40	33	8	13	18	13
44	2	18	53	29	23	6	5	1	2	5	5
168	16	198	2 185	646	1 533	459	385	76	279	232	103
76	5	51	235	86	148	46	38	9	14	23	18
23	3	61	2 222	1 099	1 122	190	494	126	205	57	51
4	0	5	262	88	173	6	159	2	4	0	2
5	0	8	448	267	182	11	128	12	22	2	6
3	–	5	272	175	97	15	41	14	22	2	3
2	0	2	183	119	64	10	21	12	17	2	2
2	0	3	167	111	57	7	11	16	17	3	3
1	0	2	155	98	57	6	15	14	19	1	2
1	–	3	116	68	48	7	12	12	13	1	2
0	0	2	111	59	52	11	12	11	14	2	2
0	–	2	102	42	61	14	13	9	18	4	3
2	0	6	203	51	152	43	26	9	36	28	11
1	1	13	150	16	133	44	44	9	18	10	7
1	–	6	41	5	36	12	10	3	4	2	6
0	–	4	10	–	10	4	2	1	1	–	2
0	0	0	1	1	0	0	0	–	–	0	–
2	1	23	202	22	179	60	56	13	24	13	14
0	0	4	12	1	11	4	2	1	1	0	2
75	7	115	4 770	2 966	1 798	381	643	149	400	141	84
2	–	3	165	81	84	3	78	0	0	0	2
13	0	10	859	563	295	25	217	13	29	3	7
11	0	9	829	667	161	27	57	16	48	4	9
11	1	7	498	381	117	13	32	21	41	3	6
10	0	5	417	319	97	15	25	16	34	4	4
5	–	5	339	269	70	12	15	13	21	2	5
4	0	5	271	201	70	17	14	13	19	2	5
2	–	4	225	150	75	19	19	8	25	2	2
3	0	6	245	141	104	25	16	8	39	12	4
6	0	16	405	123	281	73	42	14	78	61	13
4	1	27	384	56	326	115	87	18	52	36	17
2	2	13	106	10	96	30	33	6	10	8	9
2	0	3	23	2	20	6	7	2	2	2	1
1	0	1	5	2	2	1	0	–	0	0	1
9	3	45	517	70	444	152	127	26	65	47	28
3	0	5	27	5	22	7	7	2	3	2	2
81	5	71	3 578	2 816	761	185	185	50	222	78	41
–	–	–	0	0	0	–	0	–	–	–	–
4	0	4	145	119	25	5	16	1	2	0	1
14	0	9	676	618	58	11	20	5	18	1	3
19	–	4	764	697	67	11	18	8	25	1	4
18	0	2	464	416	46	8	11	3	17	3	4
6	–	3	365	324	41	8	9	4	17	2	2
4	–	3	256	212	44	10	3	5	19	2	3
2	1	3	184	151	33	7	6	5	11	3	1
1	–	3	170	117	53	14	10	2	20	3	3
3	0	3	189	79	110	24	15	4	40	23	4
5	1	17	247	63	184	52	43	7	41	31	11
3	1	13	89	16	74	26	21	6	9	6	4
1	1	5	26	5	21	9	5	2	2	1	2
1	0	1	3	1	3	1	1	1	–	0	–
10	3	36	366	84	282	89	70	15	52	39	17
2	1	7	29	5	24	10	6	2	2	1	2

3）「総数」には、勤めか自営か不詳、「役員以外の雇用者」には呼称不詳を含む。
4）勤め先での呼称の「役員以外の雇用者」とは、一般常雇者、１月以上１年未満の契約の雇用者、日々又は１月未満の契約の雇用者をいう。
5）就業期間階級の「総数」には、就業期間不詳を含む。

（9－5）

第136表　有業人員（15歳以上）－平均就業期間，

（単位：千人）　　　（　男　）

就業期間階級 平均就業期間 年齢階級	総数	一般常雇者	契約期間の定めのない雇用者	契約期間が1年以上の雇用者	1月以上1年未満の契約の雇用者	日々又は1月未満の契約の雇用者	会社・団体等の役員	自営業主	雇人あり	雇人なし
10 ～ 15 年 未 満	3 699	2 726	2 415	312	171	27	203	442	153	289
15 ～ 19 歳	－	－	－	－	－	－	－	－	－	－
20 ～ 24	3	3	3	0	－	－	－	－	－	－
25 ～ 29	146	122	110	13	5	1	3	6	2	4
30 ～ 34	788	673	616	57	19	3	26	38	16	21
35 ～ 39	853	737	684	52	12	5	34	46	23	22
40 ～ 44	528	411	382	29	8	2	33	60	26	34
45 ～ 49	354	252	229	23	6	1	28	56	20	35
50 ～ 54	234	160	138	22	10	1	18	39	14	24
55 ～ 59	194	123	101	22	11	4	11	41	11	30
60 ～ 64	198	105	68	37	31	1	18	40	14	26
65 ～ 69	195	79	49	30	38	3	18	49	11	38
70 ～ 74	136	41	25	16	19	4	7	52	10	42
75 ～ 79	54	17	8	9	10	2	5	13	3	9
80 歳 以 上	16	3	2	1	2	1	2	5	2	3
（再掲）65歳以上	401	140	84	56	69	10	32	118	26	92
75歳以上	70	20	11	10	11	3	7	17	5	12
15 ～ 20 年 未 満	2 925	2 186	1 981	205	75	12	190	383	129	254
15 ～ 19 歳	－	－	－	－	－	－	－	－	－	－
20 ～ 24	－	－	－	－	－	－	－	－	－	－
25 ～ 29	5	3	2	1	1	－	0	0	0	－
30 ～ 34	150	124	108	16	3	1	5	9	4	5
35 ～ 39	807	694	649	46	12	3	37	41	17	25
40 ～ 44	867	735	693	42	6	1	47	64	26	38
45 ～ 49	347	240	225	15	1	3	33	60	24	36
50 ～ 54	209	144	127	16	2	1	20	40	15	25
55 ～ 59	151	90	79	11	3	1	17	38	14	24
60 ～ 64	136	72	48	24	16	0	12	33	9	24
65 ～ 69	122	45	26	19	19	0	8	45	11	34
70 ～ 74	59	20	12	7	7	1	6	20	5	16
75 ～ 79	58	15	8	7	5	1	4	26	3	23
80 歳 以 上	15	4	3	1	3	0	1	5	0	5
（再掲）65歳以上	253	83	49	34	33	2	19	97	20	78
75歳以上	73	19	11	8	7	1	5	32	4	28
20 ～ 25 年 未 満	2 929	2 213	2 033	179	41	10	206	385	152	232
15 ～ 19 歳	・	・	・	・	・	・	・	・	・	・
20 ～ 24	－	－	－	－	－	－	－	－	－	－
25 ～ 29	－	－	－	－	－	－	－	－	－	－
30 ～ 34	9	6	5	1	0	0	0	1	1	1
35 ～ 39	212	165	154	12	2	0	12	22	6	16
40 ～ 44	1 147	959	900	59	7	2	65	87	38	48
45 ～ 49	851	713	663	50	4	0	52	71	32	38
50 ～ 54	244	160	146	13	3	2	26	48	22	26
55 ～ 59	181	113	103	11	2	2	19	42	17	25
60 ～ 64	113	48	30	18	12	2	15	33	14	20
65 ～ 69	92	26	19	8	8	0	10	42	15	27
70 ～ 74	37	16	10	6	1	1	3	14	4	10
75 ～ 79	20	4	4	1	0	－	2	10	2	8
80 歳 以 上	23	2	1	1	－	0	2	14	2	13
（再掲）65歳以上	171	49	34	15	9	1	17	80	23	58
75歳以上	42	7	4	2	0	0	4	24	4	20
25 ～ 30 年 未 満	2 937	2 198	1 986	212	37	9	223	407	170	237
15 ～ 19 歳	・	・	・	・	・	・	・	・	・	・
20 ～ 24	・	・	・	・	・	・	・	・	・	・
25 ～ 29	－	－	－	－	－	－	－	－	－	－
30 ～ 34	－	－	－	－	－	－	－	－	－	－
35 ～ 39	10	7	6	1	－	－	1	1	1	1
40 ～ 44	338	267	243	24	1	2	20	36	14	22
45 ～ 49	1 138	954	886	68	4	2	61	94	41	53
50 ～ 54	824	669	615	55	4	1	69	70	33	37
55 ～ 59	276	186	169	17	3	0	29	54	28	26
60 ～ 64	162	71	38	34	15	1	17	55	20	35
65 ～ 69	112	29	20	9	6	1	19	54	19	35
70 ～ 74	36	6	3	2	1	0	6	21	9	11
75 ～ 79	19	4	3	1	2	1	1	9	2	7
80 歳 以 上	20	5	4	1	0	－	0	13	2	11
（再掲）65歳以上	188	43	30	13	9	2	27	97	33	64
75歳以上	39	9	7	2	2	1	2	22	4	18

注：1）熊本県を除いたものである。
　　2）「平均就業期間（年）」には、就業期間が1年未満の者を含まない。ただし、「（再掲）役員以外の雇用者」の「平均就業期間（年）」には、就業期間が1年未満の者を含む。

勤めか自営かの別－勤め先での呼称・就業期間階級・年齢（５歳階級）・性別

平成28年

家族従業者	内職	その他	役員以外の雇用者	（再掲）役員以外の雇用者							
				正規の職員・従業員	非正規の職員・従業員	パート	アルバイト	労働者派遣事業所の派遣社員	契約社員	嘱託	その他
70	5	50	2 924	2 453	470	98	108	41	137	62	24
-	-	-	3	3	-	-	-	-	-	-	-
5	-	3	128	115	14	2	5	2	4	0	-
19	-	10	694	644	50	8	14	6	17	2	4
16	-	3	754	710	43	8	9	6	17	1	2
11	1	3	420	390	31	4	9	5	10	2	1
7	0	5	259	231	28	7	8	3	7	2	0
3	1	2	171	140	31	6	8	4	8	2	2
1	0	2	138	103	35	4	9	2	17	2	1
1	-	2	138	62	75	11	10	3	27	22	3
1	0	6	120	38	82	23	16	3	21	14	4
3	2	7	64	12	52	16	13	3	6	10	4
2	0	4	29	3	26	9	5	3	2	5	2
2	1	2	5	1	4	0	2	0	0	1	0
8	3	19	219	55	164	48	37	9	30	30	10
3	1	5	35	5	30	9	8	3	2	6	2
47	2	24	2 273	2 058	214	42	47	15	63	28	20
-	-	-	-	-	-	-	-	-	-	-	-
0	-	1	3	2	1	-	1	-	1	-	-
6	-	3	127	119	8	2	2	1	2	0	1
17	0	3	708	678	31	4	11	6	9	0	1
11	-	2	742	722	20	5	3	3	6	0	3
5	1	3	245	232	12	2	3	1	3	-	2
1	0	1	146	136	11	2	2	1	3	1	1
1	0	1	94	84	10	2	3	0	3	1	1
1	-	1	88	48	40	4	4	1	14	14	3
1	1	2	64	20	44	11	7	1	15	7	2
2	0	3	27	9	18	4	6	-	4	3	1
1	0	3	20	5	16	4	4	0	2	2	2
1	-	1	7	3	4	1	0	-	0	0	2
5	1	9	118	37	81	21	18	1	21	12	8
2	0	4	27	8	19	6	4	0	2	3	4
45	1	24	2 263	2 144	119	19	22	9	41	17	11
.	.	.	.	.	.	.	.	.	.	.	.
-	-	-	-	-	-	-	-	-	-	-	-
0	-	0	7	5	1	0	-	0	1	-	-
8	0	2	168	162	6	2	0	1	1	1	1
19	-	8	968	945	22	3	4	3	9	1	2
6	0	3	717	706	12	1	2	1	5	1	2
5	-	1	165	153	11	2	1	1	5	0	2
1	-	1	117	108	9	2	3	1	2	1	0
0	-	3	62	36	26	2	3	1	9	9	2
1	-	2	35	16	18	4	5	1	5	3	1
2	0	1	18	7	10	2	3	0	4	2	0
1	-	2	5	3	2	0	0	0	-	1	1
2	1	1	2	2	1	0	0	-	0	-	-
6	1	6	59	28	31	6	8	1	9	5	2
3	1	3	7	4	2	0	1	0	0	1	1
41	1	19	2 244	2 119	124	14	19	8	39	32	13
.	.	.	.	.	.	.	.	.	.	.	.
-	-	-	-	-	-	-	-	-	-	-	-
0	-	0	7	7	-	-	-	-	-	-	-
7	-	5	271	263	8	0	2	1	1	1	3
19	-	5	960	939	20	2	5	3	6	1	3
7	0	3	675	660	14	1	1	2	8	0	1
3	1	1	189	181	8	0	1	1	3	2	2
1	-	2	87	48	40	3	2	0	13	19	2
1	0	2	36	14	22	4	4	1	5	6	2
1	-	1	7	2	5	2	1	0	1	1	0
1	-	0	7	2	5	1	0	1	1	1	0
1	-	1	5	3	2	1	0	0	0	0	0
4	0	3	55	21	34	8	6	1	7	9	2
2	-	1	12	5	7	2	2	1	1	2	0

3）「総数」には、勤めか自営か不詳、「役員以外の雇用者」には呼称不詳を含む。
4）勤め先での呼称の「役員以外の雇用者」とは、一般常雇者、１月以上１年未満の契約の雇用者、日々又は１月未満の契約の雇用者をいう。
5）就業期間階級の「総数」には、就業期間不詳を含む。

（9－6）

第136表　有業人員（15歳以上）－平均就業期間,

（単位：千人）　　　（　男　）

就業期間階級 平均就業期間 年齢階級	総　数	一　般 常雇者	契約期間の 定めのない 雇用者	契約期間が 1年以上の 雇用者	1月以上 1年未満の 契約の雇用者	日々又は 1月未満の 契約の雇用者	会社・団体 等の役員	自営業主	雇人あり	雇人なし
30 ～ 35 年 未 満	2 273	1 631	1 466	166	26	5	234	333	136	196
15 ～ 19 歳	·	·	·	·	·	·	·	·	·	·
20 ～ 24	·	·	·	·	·	·	·	·	·	·
25 ～ 29	·	·	·	·	·	·	·	·	·	·
30 ～ 34	−	−	−	−	−	−	−	−	−	−
35 ～ 39	−	−	−	−	−	−	−	−	−	−
40 ～ 44	4	3	3	1	−	−	−	0	0	0
45 ～ 49	245	193	180	12	2	1	15	28	14	14
50 ～ 54	989	801	734	68	4	2	83	85	34	51
55 ～ 59	687	524	471	53	2	0	85	68	30	38
60 ～ 64	177	78	54	25	11	1	23	55	23	32
65 ～ 69	102	21	16	5	6	0	20	53	19	35
70 ～ 74	41	7	6	2	1	−	6	24	9	15
75 ～ 79	19	3	2	1	0	0	2	12	5	6
80 歳 以 上	9	1	1	0	0	−	0	7	2	5
（再掲）65歳以上	171	32	25	7	7	1	28	96	35	61
75歳以上	28	4	3	1	0	0	3	19	8	11
35 ～ 40 年 未 満	1 782	1 130	926	204	41	6	222	349	150	198
15 ～ 19 歳	·	·	·	·	·	·	·	·	·	·
20 ～ 24	·	·	·	·	·	·	·	·	·	·
25 ～ 29	·	·	·	·	·	·	·	·	·	·
30 ～ 34	·	·	·	·	·	·	·	·	·	·
35 ～ 39	−	−	−	−	−	−	−	−	−	−
40 ～ 44	−	−	−	−	−	−	−	−	−	−
45 ～ 49	3	2	2	−	0	−	0	0	−	0
50 ～ 54	276	221	199	22	1	1	17	31	12	19
55 ～ 59	872	644	573	71	6	2	94	115	50	64
60 ～ 64	418	228	125	102	29	3	71	81	37	44
65 ～ 69	141	25	18	7	5	0	26	80	31	49
70 ～ 74	42	7	7	0	0	−	7	24	11	13
75 ～ 79	22	2	1	1	−	0	5	13	7	6
80 歳 以 上	9	0	0	−	−	−	3	5	3	2
（再掲）65歳以上	214	35	26	8	5	0	41	123	52	71
75歳以上	31	3	2	1	−	0	8	18	10	9
40 年 以 上	2 838	965	624	341	170	13	371	1 156	389	766
15 ～ 19 歳	·	·	·	·	·	·	·	·	·	·
20 ～ 24	·	·	·	·	·	·	·	·	·	·
25 ～ 29	·	·	·	·	·	·	·	·	·	·
30 ～ 34	·	·	·	·	·	·	·	·	·	·
35 ～ 39	·	·	·	·	·	·	·	·	·	·
40 ～ 44	−	−	−	−	−	−	−	−	−	−
45 ～ 49	−	−	−	−	−	−	−	−	−	−
50 ～ 54	6	5	5	0	−	−	0	0	0	0
55 ～ 59	263	194	169	24	3	0	21	40	14	26
60 ～ 64	837	428	223	205	94	4	94	200	72	129
65 ～ 69	791	225	141	83	60	5	125	343	117	226
70 ～ 74	427	66	49	17	10	1	65	250	89	160
75 ～ 79	291	34	26	8	2	2	37	186	59	127
80 歳 以 上	223	14	10	3	1	0	29	136	38	98
（再掲）65歳以上	1 732	338	227	111	73	9	256	915	304	611
75歳以上	514	47	36	11	3	2	66	322	97	225
平 均 就 業 期 間（年）	18.9	17.0	17.0	17.1	12.2	11.4	25.4	26.9	27.9	26.4
15 ～ 19 歳	1.3	1.3	1.3	1.3	1.3	1.5	1.3	1.5	1.0	2.0
20 ～ 24	2.7	2.7	2.8	2.4	2.2	2.0	3.1	3.3	3.1	3.4
25 ～ 29	4.9	5.0	5.0	4.6	3.8	4.0	5.2	5.0	5.1	4.9
30 ～ 34	8.1	8.2	8.3	7.6	5.8	6.6	8.7	7.9	8.5	7.5
35 ～ 39	11.5	11.6	11.8	9.8	7.5	9.6	12.3	10.3	10.4	10.3
40 ～ 44	15.9	16.1	16.2	15.0	8.8	13.2	16.3	14.9	15.1	14.7
45 ～ 49	19.5	20.0	20.3	17.4	8.6	14.2	19.4	17.9	19.6	16.8
50 ～ 54	23.7	24.3	24.6	21.5	10.1	18.0	24.4	21.6	22.7	20.9
55 ～ 59	26.7	27.3	27.8	23.6	10.4	13.4	29.5	25.8	27.2	24.9
60 ～ 64	25.7	25.3	25.3	25.3	19.8	17.9	30.0	29.2	31.1	28.1
65 ～ 69	24.1	20.0	22.0	17.4	13.8	13.6	33.3	30.9	35.1	29.1
70 ～ 74	28.0	20.1	22.3	16.2	11.9	11.0	36.2	35.5	40.1	33.5
75 ～ 79	35.6	24.8	27.1	20.4	13.6	21.3	39.9	42.5	44.6	41.7
80 歳 以 上	46.8	33.1	34.1	30.6	22.1	12.5	47.7	50.4	52.1	49.8
（再掲）65歳以上	28.2	20.8	23.0	17.7	13.5	13.9	36.1	36.1	39.7	34.6
75歳以上	39.7	26.7	28.8	22.5	15.2	19.6	42.9	45.7	47.3	45.0

注：1）熊本県を除いたものである。
　　2）「平均就業期間（年）」には、就業期間が1年未満の者を含まない。ただし、「（再掲）役員以外の雇用者」の「平均就業期間（年）」には、
　　　就業期間が1年未満の者を含む。

勤めか自営かの別－勤め先での呼称・就業期間階級・年齢（５歳階級）・性別

平成28年

家族従業者	内職	その他	役員以外の雇用者	（再掲）役員以外の雇用者							
				正規の職員・従業員	非正規の職員・従業員	パート	アルバイト	労働者派遣事業所の派遣社員	契約社員	嘱託	その他
26	–	15	1 662	1 582	80	10	9	7	26	19	9
.	.	.	.	.	.	.	.	.	.	.	.
.	.	.	.	.	.	.	.	.	.	.	.
–	–	–	–	–	–	–	–	–	–	–	–
–	–	–	3	3	0	0	–	–	–	–	–
4	–	3	195	189	6	2	1	1	1	1	1
8	–	4	808	791	17	2	2	4	5	–	3
5	–	3	526	516	10	2	2	0	4	2	0
5	–	3	91	62	29	1	1	2	11	11	2
1	–	1	27	14	13	2	2	0	4	4	1
1	–	0	8	4	4	1	1	–	1	0	0
2	–	1	3	2	1	0	0	–	–	1	0
0	–	0	1	1	0	0	–	–	–	0	–
4	–	2	40	21	18	3	3	0	5	5	2
2	–	1	4	3	2	0	0	–	–	1	0
21	0	11	1 177	1 042	135	13	9	4	37	63	10
.	.	.	.	.	.	.	.	.	.	.	.
.	.	.	.	.	.	.	.	.	.	.	.
–	–	–	–	–	–	–	–	–	–	–	–
0	–	–	2	2	–	–	–	–	–	–	–
4	–	1	223	217	6	0	1	1	2	0	1
7	–	4	652	636	16	3	1	2	6	2	1
3	–	3	260	166	94	5	3	0	25	54	7
3	0	1	30	16	14	4	1	–	4	5	1
3	–	1	7	4	3	0	0	–	1	1	0
0	–	0	3	1	2	0	1	–	0	1	–
1	–	0	0	0	–	–	–	–	–	–	–
7	0	3	41	21	19	5	3	–	4	7	1
1	–	1	3	1	2	0	1	–	0	1	–
110	0	39	1 148	700	448	55	41	13	149	162	28
.	.	.	.	.	.	.	.	.	.	.	.
.	.	.	.	.	.	.	.	.	.	.	.
–	–	–	–	–	–	–	–	–	–	–	–
–	–	1	5	5	0	–	–	–	0	0	–
2	–	3	197	184	13	2	1	1	5	1	3
10	–	6	526	284	240	17	9	6	94	104	11
22	0	9	290	143	147	26	21	6	40	46	9
26	0	6	78	46	32	7	7	0	8	6	2
18	–	8	38	27	11	3	2	0	1	3	1
31	0	7	15	11	4	1	0	–	1	1	1
98	0	29	420	226	194	37	31	6	50	56	14
50	0	14	53	38	15	4	3	0	2	4	2
23.3	11.0	15.2	15.1	16.6	9.8	8.1	5.1	6.5	12.0	20.4	12.4
1.7	–	1.7	0.5	0.6	0.5	0.4	0.5	0.1	0.1	0.6	0.7
3.3	4.0	3.5	1.8	2.0	1.5	2.0	1.4	1.2	1.4	1.3	1.3
6.1	3.8	5.7	4.2	4.5	2.8	2.9	2.6	2.5	3.0	2.1	2.8
8.8	2.7	9.2	7.4	7.9	4.7	5.2	4.4	3.9	4.9	4.2	6.2
11.6	9.9	10.3	10.8	11.4	5.9	6.4	6.3	4.9	5.9	4.9	7.0
16.9	12.3	15.6	15.2	15.8	7.4	7.4	7.3	5.9	7.4	8.2	11.4
20.3	12.2	15.8	19.0	19.9	8.2	7.2	8.2	6.3	8.4	10.3	13.1
24.4	9.8	18.1	23.0	24.4	9.3	6.8	7.2	9.2	10.2	10.1	18.8
26.2	20.1	20.8	25.4	27.8	9.5	7.7	8.4	9.0	9.6	12.2	14.8
26.9	3.8	17.8	21.7	26.0	17.9	8.8	9.1	11.2	20.0	24.2	18.3
32.8	13.2	13.1	16.1	24.7	12.7	9.4	9.2	9.7	15.8	19.8	13.8
39.9	9.8	14.2	16.0	28.4	11.7	10.3	10.2	6.1	17.0	16.4	9.7
43.6	10.0	22.9	21.0	36.7	14.4	12.8	14.2	8.6	14.3	22.0	12.9
53.0	16.3	35.9	29.4	35.2	22.2	20.3	13.1	13.2	32.7	29.3	26.4
42.1	11.8	17.3	16.8	26.9	12.7	10.0	9.9	8.7	16.1	19.5	13.1
49.1	13.1	27.4	22.8	36.2	15.6	13.7	14.0	9.1	16.6	23.2	16.7

3）「総数」には、勤めか自営か不詳、「役員以外の雇用者」には呼称不詳を含む。

4）勤め先での呼称の「役員以外の雇用者」とは、一般常雇者、１月以上１年未満の契約の雇用者、日々又は１月未満の契約の雇用者をいう。

5）就業期間階級の「総数」には、就業期間不詳を含む。

（9－7）

第136表　有業人員（15歳以上）－平均就業期間，

（単位：千人）　　　（女）

就業期間階級 平均就業期間 年齢階級	総　数	一般 常雇者	契約期間の 定めのない 雇用者	契約期間が 1年以上の 雇用者	1月以上 1年未満の 契約の雇用者	日々又は 1月未満の 契約の雇用者	会社・団体 等の役員	自営業主	雇人あり	雇人なし
総　　数	27 056	17 210	12 898	4 312	4 190	457	749	1 601	433	1 167
15 ～ 19 歳	503	321	263	58	115	32	4	2	1	1
20 ～ 24	1 701	1 364	1 125	239	205	47	29	6	2	4
25 ～ 29	1 965	1 609	1 323	286	200	26	26	29	11	18
30 ～ 34	2 122	1 652	1 343	309	250	27	30	49	13	36
35 ～ 39	2 557	1 883	1 501	381	365	30	39	77	19	58
40 ～ 44	3 430	2 389	1 831	558	572	44	73	119	33	86
45 ～ 49	3 386	2 275	1 702	573	585	46	79	132	39	92
50 ～ 54	3 042	1 980	1 410	570	526	47	96	142	49	93
55 ～ 59	2 719	1 702	1 162	541	457	40	99	142	53	90
60 ～ 64	2 262	1 084	624	460	497	58	93	179	59	119
65 ～ 69	1 853	653	416	237	296	35	94	336	65	271
70 ～ 74	823	197	126	71	92	16	44	199	47	152
75 ～ 79	405	71	49	22	26	9	26	103	23	79
80 歳 以 上	288	30	23	7	6	2	19	87	19	68
（再掲）65歳以上	3 369	951	614	336	420	62	182	724	154	570
75歳以上	693	101	73	28	33	11	44	190	43	147
1 年 未 満	3 336	2 099	1 574	525	872	119	28	55	13	42
15 ～ 19 歳	284	181	150	31	71	19	2	0	－	0
20 ～ 24	558	441	369	73	82	16	6	3	1	2
25 ～ 29	338	232	184	48	73	9	4	5	2	3
30 ～ 34	298	194	148	46	69	7	2	6	0	5
35 ～ 39	369	231	170	60	95	13	3	5	1	4
40 ～ 44	412	251	187	64	125	8	2	7	2	5
45 ～ 49	349	201	136	65	112	13	4	7	2	5
50 ～ 54	262	149	97	52	84	11	2	4	1	3
55 ～ 59	171	96	62	33	56	6	2	2	0	1
60 ～ 64	155	69	35	34	62	8	0	3	2	2
65 ～ 69	101	43	28	15	33	5	1	11	0	10
70 ～ 74	29	9	6	3	8	2	0	2	－	2
75 ～ 79	8	1	1	0	1	1	0	1	1	0
80 歳 以 上	3	1	0	1	0	0	0	0	－	0
（再掲）65歳以上	141	54	35	19	43	9	1	14	1	13
75歳以上	11	2	1	1	2	1	0	1	1	1
1 ～ 5 年 未 満	6 589	4 534	3 234	1 300	1 306	137	92	166	37	129
15 ～ 19 歳	173	121	97	24	38	8	2	0	0	－
20 ～ 24	920	758	622	136	100	23	17	2	1	1
25 ～ 29	806	667	532	135	84	7	10	11	4	7
30 ～ 34	638	464	344	120	100	9	9	16	5	11
35 ～ 39	690	475	342	133	134	7	9	22	5	18
40 ～ 44	936	619	417	201	217	16	14	23	5	18
45 ～ 49	786	503	331	173	196	14	7	23	5	18
50 ～ 54	528	338	210	128	127	12	7	17	5	12
55 ～ 59	410	258	151	108	100	11	3	12	2	9
60 ～ 64	359	176	94	82	118	14	7	13	2	10
65 ～ 69	244	113	71	43	68	10	5	18	2	17
70 ～ 74	75	32	18	14	18	3	1	8	0	8
75 ～ 79	20	7	5	2	5	3	0	1	1	0
80 歳 以 上	4	2	1	1	1	0	－	0	0	0
（再掲）65歳以上	343	154	95	59	91	16	6	28	2	26
75歳以上	25	9	7	2	6	3	0	2	1	1
5 ～ 10 年 未 満	4 408	3 093	2 310	783	720	54	81	163	44	119
15 ～ 19 歳	1	1	0	0	－	－	－	－	－	－
20 ～ 24	105	90	75	15	4	2	6	0	0	0
25 ～ 29	612	548	478	70	29	4	10	8	2	6
30 ～ 34	541	443	374	69	43	6	8	18	6	12
35 ～ 39	437	317	253	65	61	3	7	13	3	10
40 ～ 44	631	428	315	113	106	6	13	24	6	18
45 ～ 49	598	393	273	120	129	8	9	19	6	14
50 ～ 54	499	341	229	112	105	6	11	15	5	10
55 ～ 59	373	234	139	95	93	5	5	15	6	8
60 ～ 64	278	157	86	71	76	6	7	13	5	8
65 ～ 69	232	102	61	40	52	3	5	24	4	21
70 ～ 74	78	30	20	10	21	3	0	10	1	9
75 ～ 79	17	6	4	2	1	1	0	3	1	3
80 歳 以 上	6	2	1	1	1	0	0	0	0	0
（再掲）65歳以上	332	140	87	53	76	7	5	38	6	33
75歳以上	23	8	5	3	2	1	0	4	1	3

注：1）熊本県を除いたものである。
　　2）「平均就業期間（年）」には、就業期間が1年未満の者を含まない。ただし、「（再掲）役員以外の雇用者」の「平均就業期間（年）」には、就業期間が1年未満の者を含む。

勤めか自営かの別－勤め先での呼称・就業期間階級・年齢（５歳階級）・性別

平成28年

家族従業者	内職	その他	役員以外の雇用者	（再掲）役員以外の雇用者							
				正規の職員・従業員	非正規の職員・従業員	パート	アルバイト	労働者派遣事業所の派遣社員	契約社員	嘱託	その他
1 915	180	478	21 857	9 215	12 624	8 288	1 744	619	1 287	405	280
1	0	15	467	117	350	17	318	6	5	1	2
11	2	21	1 616	949	666	133	388	32	93	7	12
31	8	22	1 834	1 160	672	292	144	62	136	21	17
72	10	20	1 928	1 052	875	506	119	78	125	25	22
102	16	29	2 278	1 092	1 184	801	117	83	130	29	24
149	27	36	3 004	1 272	1 730	1 239	142	103	163	51	33
168	28	43	2 906	1 163	1 741	1 272	122	102	175	47	24
174	14	42	2 553	997	1 553	1 160	92	58	149	51	44
201	17	43	2 199	844	1 354	1 024	90	38	131	45	26
261	15	54	1 638	335	1 301	952	94	19	119	83	34
321	21	75	983	152	831	625	82	23	46	33	22
211	11	38	305	43	262	200	26	9	9	7	11
112	7	22	106	26	80	54	10	3	5	3	5
100	4	17	38	15	23	13	1	1	2	1	3
744	44	152	1 433	236	1 196	892	119	37	62	45	41
212	12	39	144	41	103	67	11	5	7	5	8
59	30	64	3 089	819	2 268	1 233	537	203	200	50	45
1	0	10	271	65	206	9	188	4	3	1	2
4	0	5	540	298	241	52	127	20	35	3	5
6	3	5	314	121	193	91	40	25	27	5	4
11	5	3	270	61	208	119	31	27	22	6	4
10	4	6	339	60	279	183	34	29	21	7	4
7	5	5	384	75	310	209	31	33	24	6	7
4	3	5	325	59	266	182	22	28	26	5	3
4	2	5	244	40	203	139	19	19	16	7	4
3	2	3	157	23	134	94	14	11	10	3	2
4	1	6	140	11	128	86	17	3	8	7	6
1	2	6	81	4	76	55	11	2	5	1	1
1	1	4	19	0	19	12	2	2	1	0	2
1	0	2	4	0	4	2	0	–	1	0	0
1	0	0	2	0	1	0	–	–	1	–	–
4	3	12	105	5	100	70	13	5	7	1	3
2	0	2	5	0	5	3	0	–	2	0	0
175	52	112	5 976	1 898	4 074	2 589	688	206	404	105	83
0	0	4	167	45	121	5	112	0	2	0	0
4	1	12	881	525	355	65	219	9	52	3	7
12	3	10	759	440	318	130	72	25	72	10	9
28	4	7	574	200	373	232	48	28	47	9	9
27	6	8	616	159	457	324	41	28	44	12	8
25	10	8	852	175	677	513	55	36	46	16	11
21	7	12	713	145	568	422	40	37	48	14	7
14	4	9	477	103	373	284	24	14	31	12	8
14	4	6	370	66	303	218	26	11	30	11	8
15	3	12	308	27	280	212	23	4	22	12	7
10	4	15	192	9	182	136	20	9	7	4	7
4	3	7	52	2	50	37	7	3	3	0	1
1	1	2	14	1	13	9	2	1	0	–	1
0	1	0	3	0	2	1	–	–	–	0	1
15	8	24	261	13	248	183	28	13	10	5	9
1	2	3	17	1	16	10	2	1	0	0	1
186	27	74	3 867	1 646	2 218	1 598	181	70	252	77	40
–	–	–	1	0	0	–	0	–	–	–	–
2	–	2	95	71	25	8	12	0	3	–	–
8	1	4	580	470	110	49	18	6	28	5	4
19	0	4	491	340	151	81	17	11	33	6	4
30	3	3	381	182	199	138	15	10	26	6	3
39	5	7	541	182	358	254	29	11	44	13	7
23	5	10	530	143	387	297	25	10	38	12	5
12	2	7	452	134	317	242	19	11	27	11	6
12	2	6	332	73	259	208	14	4	23	8	3
10	1	7	240	32	207	162	11	2	17	11	4
24	3	17	157	14	143	110	15	2	10	4	3
6	2	4	55	3	52	41	5	1	2	1	1
1	2	2	8	0	8	6	1	0	0	0	–
1	1	1	3	1	2	2	0	–	–	–	0
32	8	24	223	18	205	159	21	4	12	5	4
2	3	2	11	1	10	8	1	0	0	0	0

3）「総数」には、勤めか自営か不詳、「役員以外の雇用者」には呼称不詳を含む。
4）勤め先での呼称の「役員以外の雇用者」とは、一般常雇者、１月以上１年未満の契約の雇用者、日々又は１月未満の契約の雇用者をいう。
5）就業期間階級の「総数」には、就業期間不詳を含む。

（9－8）

第136表　有業人員（15歳以上）－平均就業期間，

（単位：千人）　　　　　　　　　　　　　　　　　　　　　　　　　　　　　　　（　女　）

就業期間階級 平均就業期間 年齢階級	総数	一般常雇者	契約期間の定めのない雇用者	契約期間が1年以上の雇用者	1月以上1年未満の契約の雇用者	日々又は1月未満の契約の雇用者	会社・団体等の役員	自営業主	雇人あり	雇人なし
10 ～ 15 年 未 満	3 170	2 171	1 627	544	491	31	81	158	41	117
15 ～ 19 歳	－	－	－	－	－	－	－	－	－	－
20 ～ 24	5	3	2	0	2	－	－	－	－	－
25 ～ 29	78	64	53	12	6	1	1	1	0	1
30 ～ 34	456	407	356	51	22	1	6	5	1	4
35 ～ 39	406	327	277	50	33	2	8	16	3	12
40 ～ 44	381	260	200	60	56	2	14	19	3	16
45 ～ 49	458	311	232	78	72	4	12	20	7	13
50 ～ 54	454	287	192	95	100	5	13	18	7	11
55 ～ 59	374	250	159	90	69	4	10	16	8	8
60 ～ 64	263	142	82	60	68	6	7	15	4	10
65 ～ 69	176	79	49	30	39	2	6	28	4	24
70 ～ 74	82	28	15	13	17	2	2	16	3	13
75 ～ 79	27	12	8	4	6	1	1	2	0	2
80 歳 以 上	9	2	1	0	1	1	0	3	0	2
（再掲）65歳以上	294	121	74	47	62	6	9	49	7	42
75歳以上	36	14	10	4	7	2	1	5	0	5
15 ～ 20 年 未 満	2 153	1 456	1 117	339	262	20	71	133	37	96
15 ～ 19 歳	－	－	－	－	－	－	－	－	－	－
20 ～ 24	－	－	－	－	－	－	－	－	－	－
25 ～ 29	5	4	2	1	－	0	－	0	－	0
30 ～ 34	65	57	49	8	2	1	3	0	0	0
35 ～ 39	424	368	329	39	19	2	7	12	2	10
40 ～ 44	348	263	224	38	24	1	13	18	6	12
45 ～ 49	253	156	122	34	24	0	11	21	5	16
50 ～ 54	304	199	137	62	43	3	10	17	7	11
55 ～ 59	302	196	128	68	56	3	10	15	6	9
60 ～ 64	223	120	70	50	53	5	7	13	3	10
65 ～ 69	149	70	41	29	29	3	5	20	4	16
70 ～ 74	45	14	8	6	9	1	3	8	2	7
75 ～ 79	26	8	4	3	4	0	3	6	1	4
80 歳 以 上	7	3	3	0	0	－	0	1	1	0
（再掲）65歳以上	228	95	56	39	42	5	11	35	8	28
75歳以上	34	11	7	4	4	0	3	7	2	5
20 ～ 25 年 未 満	1 546	1 055	855	200	145	11	71	105	33	72
15 ～ 19 歳	・	・	・	・	・	・	・	・	・	・
20 ・ 24	－	－	－	－	－	－	－	－	－	－
25 ～ 29	－	－	－	－	－	－	－	－	－	－
30 ～ 34	3	2	2	1	0	－	－	－	－	－
35 ～ 39	84	69	57	11	6	0	2	3	2	1
40 ～ 44	465	397	354	43	20	2	11	14	4	10
45 ～ 49	251	188	166	23	11	2	12	10	4	6
50 ～ 54	171	100	76	24	14	1	14	14	3	11
55 ～ 59	220	136	101	35	29	2	10	16	6	9
60 ～ 64	175	95	56	39	36	2	11	14	6	8
65 ～ 69	110	46	29	17	21	1	8	18	5	12
70 ～ 74	38	15	10	5	3	0	2	11	2	9
75 ～ 79	17	5	3	1	2	0	0	3	0	3
80 歳 以 上	11	2	2	0	0	0	0	4	1	3
（再掲）65歳以上	177	68	44	24	27	2	11	35	9	26
75歳以上	28	7	5	2	3	0	1	7	1	5
25 ～ 30 年 未 満	1 368	883	741	142	84	13	87	119	32	87
15 ～ 19 歳	・	・	・	・	・	・	・	・	・	・
20 ～ 24	・	・	・	・	・	・	・	・	・	・
25 ～ 29	－	－	－	－	－	－	－	－	－	－
30 ～ 34	－	－	－	－	－	－	－	－	－	－
35 ～ 39	3	3	2	0	0	－	0	－	－	－
40 ～ 44	111	90	80	10	5	1	4	3	1	2
45 ～ 49	462	373	330	44	26	2	17	17	5	12
50 ～ 54	250	163	140	23	8	2	18	22	7	15
55 ～ 59	176	98	79	19	11	2	16	16	5	11
60 ～ 64	160	81	54	27	18	4	14	14	4	10
65 ～ 69	130	53	38	14	12	1	11	26	5	21
70 ～ 74	42	14	11	3	1	1	2	13	5	8
75 ～ 79	20	5	3	2	3	0	2	4	0	4
80 歳 以 上	13	4	3	1	0	－	0	5	1	4
（再掲）65歳以上	205	75	56	20	16	3	17	48	11	37
75歳以上	33	9	6	3	3	0	2	9	1	8

注：1）熊本県を除いたものである。
　　2）「平均就業期間（年）」には、就業期間が1年未満の者を含まない。ただし、「（再掲）役員以外の雇用者」の「平均就業期間（年）」には、就業期間が1年未満の者を含む。

勤めか自営かの別－勤め先での呼称・就業期間階級・年齢（5歳階級）・性別

平成28年

家族従業者	内 職	その他	役員以外の雇用者	（再掲）役員以外の雇用者							
				正規の職員・従業員	非正規の職員・従業員	パート	アルバイト	労働者派遣事業所の派遣社員	契約社員	嘱 託	その他
168	20	45	2 692	1 179	1 511	1 105	105	52	167	49	34
–	–	–	5	1	4	0	3	1	–	–	–
2	0	1	72	51	21	11	5	2	3	0	0
11	1	3	430	343	88	44	10	7	19	4	4
17	1	2	361	249	112	68	11	8	20	1	5
25	3	3	317	151	167	117	13	6	21	6	3
28	5	5	387	131	256	192	14	10	26	9	4
24	2	4	392	111	282	220	9	5	30	9	8
15	2	6	323	93	229	181	14	5	20	7	2
17	1	7	216	32	183	143	9	3	21	5	3
15	2	5	119	13	105	79	10	2	7	6	2
12	1	4	47	3	44	36	4	1	1	1	2
2	1	2	19	1	18	13	2	1	0	1	1
1	–	1	3	0	3	1	0	1	0	–	1
30	4	13	188	17	170	130	16	5	8	8	5
3	1	3	22	1	21	14	2	2	0	1	2
155	14	37	1 737	885	851	626	58	23	94	31	20
–	–	–	–	–	–	–	–	–	–	–	–
1	–	–	4	2	2	0	0	–	1	–	–
1	–	1	60	45	15	8	3	2	2	0	0
11	0	5	388	319	69	43	7	3	12	1	2
23	1	4	287	213	74	48	4	4	12	4	2
37	3	1	180	88	92	67	6	3	11	2	2
25	2	4	245	90	154	116	7	4	17	5	5
16	1	5	255	78	177	138	8	2	21	6	1
18	1	6	178	33	145	112	10	1	12	8	3
13	2	7	102	14	88	69	8	2	5	3	1
6	1	3	24	2	22	17	2	1	1	1	1
3	1	1	12	1	11	6	1	0	1	1	2
2	0	1	3	1	2	1	0	–	1	0	0
23	5	11	141	18	123	93	11	3	7	4	4
4	2	1	15	2	13	6	1	0	2	1	2
126	6	24	1 211	758	452	329	24	16	43	27	15
·	·	·	·	·	·	·	·	·	·	·	·
–	–	–	–	–	–	–	–	–	–	–	–
–	–	–	3	1	2	1	0	0	–	–	–
2	0	2	75	55	20	13	2	2	3	0	0
15	0	4	420	343	76	48	3	7	10	6	2
23	1	3	201	168	33	21	2	1	6	1	2
25	1	3	116	62	54	43	1	1	4	2	2
23	1	3	167	80	87	67	4	2	8	3	3
14	1	3	132	32	100	74	7	2	9	7	2
13	1	2	68	10	59	45	3	0	3	5	2
5	0	1	19	5	14	10	0	0	1	2	1
4	1	1	8	2	6	5	0	0	–	–	0
3	0	1	2	0	2	1	0	0	–	–	0
26	2	6	97	17	80	62	4	1	3	6	4
7	1	2	10	3	7	6	1	0	–	–	0
152	5	22	980	670	309	212	19	9	39	19	11
·	·	·	·	·	·	·	·	·	·	·	·
·	·	·	·	·	·	·	·	·	·	·	·
–	–	–	–	–	–	–	–	–	–	–	–
0	–	–	3	2	1	0	1	0	0	–	–
6	1	2	95	75	20	14	1	2	3	0	0
22	1	3	402	325	76	46	7	5	14	3	1
33	0	4	173	138	35	22	1	1	5	2	4
29	1	3	110	68	43	29	1	0	6	3	3
24	0	3	103	33	70	50	3	0	8	7	1
24	1	2	66	21	44	35	3	1	3	3	0
7	1	2	16	3	13	11	1	0	1	0	0
4	1	2	8	3	5	3	1	0	–	0	0
3	0	1	4	2	2	2	0	–	–	–	–
38	2	7	93	29	64	51	5	1	4	3	1
7	0	3	12	5	7	5	1	–	0	–	0

3）「総数」には、勤めか自営か不詳、「役員以外の雇用者」には呼称不詳を含む。
4）勤め先での呼称の「役員以外の雇用者」とは、一般常雇者、1月以上1年未満の契約の雇用者、日々又は1月未満の契約の雇用者をいう。
5）就業期間階級の「総数」には、就業期間不詳を含む。

（9－9）

第136表　有業人員（15歳以上）－平均就業期間，

（単位：千人）　　　　　　　　　　　　　　　　　　　　　　　　　　　　　　　　　　　（女）

就業期間階級 平均就業期間 年齢階級	総数	一般常雇者	契約期間の定めのない雇用者	契約期間が1年以上の雇用者	1月以上1年未満の契約の雇用者	日々又は1月未満の契約の雇用者	会社・団体等の役員	自営業主	雇人あり	雇人なし
30 ～ 35 年 未 満	933	532	423	109	48	6	67	111	37	74
15 ～ 19 歳	・	・	・	・	・	・	・	・	・	・
20 ～ 24	・	・	・	・	・	・	・	・	・	・
25 ～ 29	・	・	・	・	・	・	・	・	・	・
30 ～ 34	－	－	－	－	－	－	－	－	－	－
35 ～ 39	－	－	－	－	－	－	－	－	－	－
40 ～ 44	1	1	1	－	－	－	－	－	－	－
45 ～ 49	87	70	56	14	3	1	5	4	2	2
50 ～ 54	365	278	234	45	20	2	14	18	6	12
55 ～ 59	195	104	83	21	5	0	20	21	6	15
60 ～ 64	117	33	22	12	10	1	8	24	10	14
65 ～ 69	102	33	21	13	7	2	11	24	6	18
70 ～ 74	40	8	4	4	2	0	4	11	4	7
75 ～ 79	14	3	2	1	0	0	2	6	1	4
80 歳 以 上	13	1	1	－	1	－	3	3	0	3
（再掲）65歳以上	169	45	28	17	11	2	20	44	12	32
75歳以上	27	4	3	1	1	0	5	9	2	7
35 ～ 40 年 未 満	695	355	280	75	37	5	52	85	30	55
15 ～ 19 歳	・	・	・	・	・	・	・	・	・	・
20 ～ 24	・	・	・	・	・	・	・	・	・	・
25 ～ 29	・	・	・	・	・	・	・	・	・	・
30 ～ 34	・	・	・	・	・	・	・	・	・	・
35 ～ 39	－	－	－	－	－	－	－	－	－	－
40 ～ 44	－	－	－	－	－	－	－	－	－	－
45 ～ 49	1	0	0	－	－	－	－	0	－	0
50 ～ 54	75	59	49	10	6	1	2	4	1	3
55 ～ 59	313	224	179	45	17	2	16	18	7	11
60 ～ 64	147	43	29	15	7	2	15	21	7	15
65 ～ 69	99	17	15	3	5	0	10	24	10	15
70 ～ 74	37	7	5	2	1	0	7	10	4	6
75 ～ 79	14	2	2	0	－	1	1	4	1	3
80 歳 以 上	8	2	2	0	0	－	1	2	0	2
（再掲）65歳以上	157	28	24	5	7	1	19	41	15	26
75歳以上	22	4	4	0	0	1	2	7	1	5
40 年 以 上	1 218	270	184	86	46	8	88	290	82	208
15 ～ 19 歳	・	・	・	・	・	・	・	・	・	・
20 ～ 24	・	・	・	・	・	・	・	・	・	・
25 ～ 29	・	・	・	・	・	・	・	・	・	・
30 ～ 34	・	・	・	・	・	・	・	・	・	・
35 ～ 39	・	・	・	・	・	・	・	・	・	・
40 ～ 44	－	－	－	－	－	－	－	－	－	－
45 ～ 49	－	－	－	－	－	－	－	－	－	－
50 ～ 54	1	1	1	－	－	－	－	0	0	0
55 ～ 59	70	54	43	10	5	1	2	3	1	2
60 ～ 64	241	114	65	48	24	3	13	34	10	24
65 ～ 69	323	54	37	17	13	2	28	76	21	55
70 ～ 74	251	24	18	6	2	2	18	67	21	46
75 ～ 79	176	16	13	3	2	0	15	56	16	41
80 歳 以 上	155	7	6	1	1	0	12	54	14	40
（再掲）65歳以上	906	102	75	28	17	4	73	253	71	182
75歳以上	332	24	19	4	3	1	27	110	30	81
平 均 就 業 期 間 （年）	13.7	11.9	12.2	10.8	9.0	9.4	21.9	24.2	25.1	23.9
15 ～ 19 歳	1.4	1.4	1.4	1.5	1.4	1.4	1.0	1.0	1.0	－
20 ～ 24	2.4	2.4	2.5	2.3	2.1	2.3	3.1	2.4	2.5	2.2
25 ～ 29	4.6	4.7	4.8	4.1	3.5	5.0	5.1	4.5	4.2	4.6
30 ～ 34	6.8	7.2	7.5	5.9	4.7	4.5	5.8	5.8	5.6	5.8
35 ～ 39	9.0	9.6	10.0	7.5	6.0	6.7	10.3	9.0	9.4	8.9
40 ～ 44	10.4	11.2	12.1	8.1	6.5	6.4	12.4	11.2	11.8	11.0
45 ～ 49	12.5	13.3	14.4	9.9	7.8	8.4	17.6	13.9	14.7	13.6
50 ～ 54	15.2	15.6	16.9	12.4	10.2	11.1	19.5	18.1	18.0	18.2
55 ～ 59	17.8	18.0	19.5	14.6	11.9	11.8	24.9	21.2	20.6	21.6
60 ～ 64	19.0	17.7	18.3	16.8	13.0	14.2	25.2	26.2	26.7	25.9
65 ～ 69	21.9	17.1	17.8	16.0	13.2	12.9	30.2	27.4	31.6	26.1
70 ～ 74	28.2	19.0	20.4	16.5	11.0	15.6	35.5	32.8	37.7	31.0
75 ～ 79	36.6	24.8	25.9	22.0	16.7	13.3	41.3	42.4	43.1	42.2
80 歳 以 上	47.0	31.6	33.2	24.0	23.6	15.1	46.9	49.1	49.5	49.0
（再掲）65歳以上	27.2	18.5	19.6	16.6	13.1	13.8	34.7	33.9	37.3	32.7
75歳以上	40.8	26.7	28.2	22.4	18.0	13.7	43.6	45.5	45.9	45.3

注：1）熊本県を除いたものである。
　　2）「平均就業期間（年）」には、就業期間が1年未満の者を含まない。ただし、「（再掲）役員以外の雇用者」の「平均就業期間（年）」には、
　　　就業期間が1年未満の者を含む。

勤めか自営かの別－勤め先での呼称・就業期間階級・年齢（５歳階級）・性別

平成28年

家族従業者	内職	その他	役員以外の雇用者	（再掲）役員以外の雇用者							
				正規の職員・従業員	非正規の職員・従業員	パート	アルバイト	労働者派遣事業所の派遣社員	契約社員	嘱託	その他
146	4	16	586	418	167	119	8	6	18	11	6
・	・	・	・	・	・	・	・	・	・	・	・
・	・	・	・	・	・	・	・	・	・	・	・
－	－	－	－	－	－	－	－	－	－	－	－
－	－	－	1	1	－	－	－	－	－	－	－
4	0	1	74	55	18	12	1	3	2	0	－
26	1	4	301	237	64	45	3	2	9	2	3
41	1	3	109	93	17	12	1	0	2	0	2
38	0	3	44	16	28	18	0	1	3	5	1
21	1	2	42	14	28	22	3	0	2	2	0
11	1	3	10	2	8	7	0	－	0	1	0
2	0	1	4	1	2	2	0	0	0	0	－
4	0	0	2	1	1	1	－	－	－	－	－
38	3	6	58	17	41	32	3	0	2	3	0
6	1	1	6	2	4	3	0	0	0	0	－
143	3	13	396	286	111	71	9	3	14	8	6
・	・	・	・	・	・	・	・	・	・	・	・
・	・	・	・	・	・	・	・	・	・	・	・
－	－	－	－	－	－	－	－	－	－	－	－
－	－	－	0	0	－	－	－	－	－	－	－
0	－	－	0	0	－	－	－	－	－	－	－
3	0	0	65	46	20	14	1	0	4	0	0
32	0	4	243	193	49	34	3	2	6	3	2
56	1	2	52	30	22	8	3	1	3	5	3
35	1	4	23	11	12	10	1	－	1	0	0
11	0	0	8	3	5	5	0	－	0	0	0
5	－	1	3	1	2	1	－	－	－	0	0
1	－	1	2	2	1	0	－	－	－	0	－
52	2	6	36	16	19	16	1	－	1	0	1
6	－	1	5	3	2	1	－	－	－	0	0
475	6	26	324	174	149	89	10	3	18	21	8
・	・	・	・	・	・	・	・	・	・	・	・
・	・	・	・	・	・	・	・	・	・	・	・
－	－	－	－	－	－	－	－	－	－	－	－
0	－	－	1	1	0	0	－	0	－	－	－
3	1	1	60	44	15	13	1	－	1	0	0
49	1	3	140	66	73	39	3	1	12	15	3
143	1	6	68	30	38	24	4	1	4	4	2
131	1	4	28	15	13	8	2	1	0	1	1
78	0	5	18	12	5	4	1	－	0	0	0
72	1	6	9	6	3	2	0	－	0	1	0
423	4	21	123	63	60	37	7	2	5	6	4
149	1	11	27	18	9	6	－	－	1	1	1
27.1	11.4	14.3	9.6	12.7	7.5	8.0	4.2	5.0	8.0	11.4	9.5
1.9	1.0	1.5	0.5	0.5	0.5	0.5	0.5	0.1	0.4	0.5	0.2
3.3	2.1	2.3	1.5	1.7	1.4	1.4	1.4	1.0	1.4	1.1	1.1
4.8	3.5	4.1	3.7	4.4	2.6	2.6	2.4	1.8	2.9	3.0	2.8
5.6	3.3	6.2	5.9	7.7	3.7	3.5	3.5	3.2	4.7	4.3	4.6
8.2	4.8	9.7	7.6	10.9	4.6	4.5	4.6	4.0	6.2	3.9	5.8
11.4	6.4	10.6	9.0	13.7	5.5	5.3	4.4	5.0	7.1	8.0	5.9
15.2	10.0	9.7	10.8	16.7	7.0	6.8	6.8	5.8	8.3	7.8	8.6
19.9	11.0	13.6	13.1	19.1	9.2	9.2	7.2	6.4	10.9	9.5	12.2
24.1	13.9	17.6	15.4	23.0	10.8	10.9	8.7	7.2	11.7	11.8	13.4
28.9	16.8	15.6	14.8	23.3	12.6	11.8	10.2	12.9	15.0	20.0	14.5
33.4	15.9	15.4	14.5	25.1	12.5	12.4	11.1	8.2	14.5	18.6	13.0
40.7	17.8	18.4	15.4	31.4	12.9	12.9	11.1	9.7	12.8	21.5	15.2
47.0	12.8	27.9	21.3	38.8	15.5	15.1	16.5	9.4	19.1	19.5	18.3
53.6	27.1	38.6	28.0	39.2	21.0	23.1	21.7	11.5	15.1	31.6	14.7
40.0	16.9	20.2	15.5	28.6	13.0	12.8	11.6	8.8	14.6	19.6	14.4
50.1	17.5	32.4	23.0	38.9	16.7	16.6	17.0	10.0	17.4	23.3	17.0

3）「総数」には、勤めか自営か不詳、「役員以外の雇用者」には呼称不詳を含む。
4）勤め先での呼称の「役員以外の雇用者」とは、一般常雇者、１月以上１年未満の契約の雇用者、日々又は１月未満の契約の雇用者をいう。
5）就業期間階級の「総数」には、就業期間不詳を含む。

（4－1）

第137表　無業人員（15歳以上），就業希望の有
すぐには就けない理由（複数回答）－無・

（単位：千人）　　　　　　　　　　　　　　　　　　　　　　　　　　　　　　　　　　　　　　（　総

性 年　齢　階　級	総　数	就業希望あり	すぐに仕事に就ける	仕事を探している	希望する仕事の形					
					正規の職員・従業員	パート・アルバイト	労働者派遣事業所の派遣社員	契約社員・嘱託	自営	その他
総　　　　　　　数	43 029	9 587	4 437	3 308	1 089	1 811	37	73	90	125
15 ～ 19 歳	5 055	1 116	463	338	58	272	0	1	1	2
20 ～ 24	1 470	771	402	343	225	100	0	2	1	7
25 ～ 29	758	526	232	204	138	52	1	0	3	5
30 ～ 34	1 137	769	256	212	113	78	2	3	6	6
35 ～ 39	1 352	848	304	248	113	110	6	1	6	6
40 ～ 44	1 440	861	406	324	109	183	5	5	7	5
45 ～ 49	1 358	740	408	339	119	182	6	4	12	10
50 ～ 54	1 253	581	312	253	79	147	3	3	6	8
55 ～ 59	1 539	577	297	238	69	133	3	10	10	8
60 ～ 64	3 046	698	353	265	37	177	4	17	10	13
65 ～ 69	5 934	888	499	320	22	227	4	16	13	26
70 ～ 74	5 477	512	267	133	4	96	2	6	8	14
75 ～ 79	5 187	363	158	70	2	42	0	3	5	12
80 歳 以 上	8 023	338	80	21	2	11	1	1	2	3
（再掲）65歳以上	24 622	2 100	1 004	543	30	377	7	26	28	55
75歳以上	13 211	700	238	90	4	54	1	4	7	15
男	15 199	3 468	1 913	1 442	661	534	17	51	56	79
15 ～ 19 歳	2 539	541	219	160	31	127	－	－	1	2
20 ～ 24	754	383	211	177	118	47	0	1	1	5
25 ～ 29	223	163	108	97	80	9	0	－	3	3
30 ～ 34	190	141	88	78	66	6	1	0	2	3
35 ～ 39	205	154	95	83	66	4	2	0	4	4
40 ～ 44	241	178	98	88	62	10	1	3	4	3
45 ～ 49	260	185	114	103	75	10	2	3	5	5
50 ～ 54	247	160	92	78	52	13	0	1	3	4
55 ～ 59	317	186	107	97	55	22	3	7	5	3
60 ～ 64	855	295	172	137	31	68	2	15	7	8
65 ～ 69	2 231	473	298	194	19	125	3	13	11	17
70 ～ 74	2 175	279	171	91	4	59	2	5	7	12
75 ～ 79	2 108	191	98	47	2	28	0	2	4	8
80 歳 以 上	2 855	138	42	10	1	5	0	1	1	1
（再掲）65歳以上	9 369	1 082	609	343	26	218	5	21	21	39
75歳以上	4 963	329	140	58	3	34	1	3	4	9
女	27 830	6 119	2 523	1 866	428	1 278	20	22	33	47
15 ～ 19 歳	2 516	575	245	177	27	146	0	1	－	0
20 ～ 24	715	388	190	165	106	53	0	1	－	1
25 ～ 29	535	363	123	107	58	43	1	0	0	2
30 ～ 34	948	628	168	134	48	72	1	3	5	3
35 ～ 39	1 146	694	209	165	47	106	5	1	2	2
40 ～ 44	1 199	683	307	236	47	173	3	2	3	2
45 ～ 49	1 098	555	294	236	45	172	4	2	6	4
50 ～ 54	1 006	420	220	175	26	134	2	2	3	4
55 ～ 59	1 223	391	190	142	14	111	0	3	6	5
60 ～ 64	2 191	403	182	128	6	108	1	2	3	6
65 ～ 69	3 703	415	201	126	3	103	1	4	2	8
70 ～ 74	3 303	233	96	42	0	36	0	0	1	2
75 ～ 79	3 079	171	60	22	0	14	－	1	2	4
80 歳 以 上	5 168	200	38	10	0	6	0	－	1	2
（再掲）65歳以上	15 253	1 019	396	200	4	159	2	5	6	16
75歳以上	8 248	371	98	33	1	20	0	1	3	6

注：熊本県を除いたものである。

－すぐに仕事に就けるか否か－求職状況－希望する仕事の形－
性・年齢（５歳階級）・非就業状況別

数　）　　　　　　　　　　　　　　　　　　　　　　　　　　　　　　　　　　　　平成28年

| 不　　詳 | 仕事を探していない | 求職不詳 | すぐには仕事に就けない | すぐには就けない理由（複数回答） | | | | 不　詳 | 就業希望なし | 就業希望不詳 |
				出産・育児のため	介護・看護のため	健康に自信がない	その他			
82	1 094	35	4 996	1 276	470	1 387	2 120	155	29 428	4 014
4	121	5	610	4	1	10	596	43	2 809	1 130
8	54	4	353	50	2	34	270	17	492	207
5	27	0	292	186	5	42	69	3	181	51
4	39	4	510	381	12	62	72	3	280	88
6	54	2	539	375	15	92	86	5	390	114
10	79	3	447	216	29	122	114	8	455	124
6	67	2	325	48	68	124	118	7	499	119
7	57	2	264	8	62	129	94	4	565	106
5	56	2	274	3	82	128	85	5	832	130
7	86	3	335	2	84	151	123	9	2 125	223
11	175	4	374	1	60	182	151	15	4 608	438
4	132	2	235	1	21	123	102	10	4 537	428
4	87	1	194	0	14	95	92	11	4 436	389
2	59	1	244	–	13	91	148	13	7 219	467
21	454	7	1 047	2	108	492	494	49	20 800	1 722
6	146	1	438	0	27	186	240	24	11 654	856
44	458	14	1 488	4	108	561	877	67	10 751	980
1	56	3	301	–	1	3	298	22	1 439	559
5	31	3	164	0	1	16	148	8	263	108
2	11	0	54	0	2	18	36	1	51	10
1	8	2	52	1	3	24	28	0	42	7
3	12	0	58	0	2	40	23	0	44	7
5	10	1	77	0	6	51	29	3	54	8
3	10	1	68	1	9	40	24	4	66	9
4	13	0	67	1	8	41	23	1	76	10
2	10	0	77	0	13	47	23	2	120	10
5	35	0	119	–	23	58	45	3	545	15
6	102	2	170	0	23	87	69	6	1 716	42
3	78	1	103	–	6	57	44	5	1 847	48
2	50	0	87	–	8	44	38	6	1 867	49
1	31	1	90	–	5	38	50	6	2 621	96
13	261	4	450	0	42	225	200	23	8 051	236
4	81	1	177	–	14	81	88	12	4 488	146
39	636	22	3 508	1 272	362	825	1 243	87	18 677	3 034
3	65	2	309	4	0	7	298	21	1 370	571
3	23	2	189	50	1	18	122	9	229	99
2	16	0	238	186	3	24	33	2	131	41
3	31	2	458	380	9	38	44	3	238	81
3	42	2	480	374	14	52	62	5	345	106
5	70	2	370	216	23	72	85	5	401	116
3	56	1	257	47	60	85	95	4	433	110
3	44	2	197	7	54	88	70	3	489	96
2	46	2	197	3	69	81	62	4	712	120
2	51	2	216	2	62	93	78	6	1 580	208
5	74	2	204	1	37	96	82	9	2 892	396
1	54	1	132	1	16	66	58	5	2 690	380
1	37	0	107	0	5	52	54	5	2 568	340
0	28	0	154	–	8	53	98	7	4 598	371
8	192	3	597	2	66	267	293	26	12 748	1 486
2	65	1	261	0	13	105	153	12	7 166	710

（4－2）

第137表　無業人員（15歳以上），就業希望の有
すぐには就けない理由（複数回答）－無・

（単位：千人）　　　　　　　　　　　　　　　　　　　　　　　　（　通

性・年齢階級	総数	就業希望あり	すぐに仕事に就ける	仕事を探している	希望する仕事の形					
					正規の職員・従業員	パート・アルバイト	労働者派遣事業所の派遣社員	契約社員・嘱託	自営	その他
総数	6 193	1 600	686	508	163	334	0	0	1	2
15 ～ 19 歳	4 923	1 048	421	299	37	258	0	–	1	1
20 ～ 24	1 084	477	231	183	106	70	–	–	0	1
25 ～ 29	78	37	17	14	10	3	–	0	–	0
30 ～ 34	19	11	5	3	3	0	–	–	–	–
35 ～ 39	11	5	1	1	1	0	–	–	–	–
40 ～ 44	12	5	3	1	1	0	–	–	–	–
45 ～ 49	16	5	2	2	2	0	–	–	–	–
50 ～ 54	16	3	2	1	1	0	–	–	–	–
55 ～ 59	6	3	2	2	1	1	–	0	–	–
60 ～ 64	6	3	2	2	1	1	–	0	–	–
65 ～ 69	5	1	1	0	–	0	–	–	–	–
70 ～ 74	5	1	–	–	–	–	–	–	–	–
75 ～ 79	5	0	–	–	–	–	–	–	–	–
80 歳 以 上	6	1	0	0	0	–	–	–	–	–
(再掲)65歳以上	22	2	1	0	0	0	–	–	–	–
75歳以上	11	1	0	0	0	–	–	–	–	–
男	3 165	811	346	256	87	162	–	0	1	2
15 ～ 19 歳	2 468	508	197	141	18	121	–	–	1	1
20 ～ 24	592	264	128	100	57	39	–	–	0	1
25 ～ 29	48	22	12	9	7	1	–	–	–	0
30 ～ 34	11	6	3	1	1	0	–	–	–	–
35 ～ 39	5	2	1	1	0	–	–	–	–	–
40 ～ 44	6	2	1	0	0	0	–	–	–	–
45 ～ 49	9	2	1	1	1	–	–	–	–	–
50 ～ 54	11	2	1	1	1	0	–	–	–	–
55 ～ 59	5	3	2	1	1	1	–	0	–	–
60 ～ 64	3	1	0	0	0	0	–	–	–	–
65 ～ 69	2	0	–	–	–	–	–	–	–	–
70 ～ 74	0	0	–	–	–	–	–	–	–	–
75 ～ 79	2	0	–	–	–	–	–	–	–	–
80 歳 以 上	1	0	0	0	0	–	–	–	–	–
(再掲)65歳以上	7	1	0	0	0	–	–	–	–	–
75歳以上	4	1	0	0	0	–	–	–	–	–
女	3 028	789	340	252	76	172	0	0	–	0
15 ～ 19 歳	2 454	541	224	158	19	137	0	–	–	0
20 ～ 24	492	213	102	83	49	32	–	–	–	–
25 ～ 29	30	15	5	5	3	2	–	0	–	0
30 ～ 34	8	5	2	2	2	0	–	–	–	–
35 ～ 39	6	3	1	1	0	0	–	–	–	–
40 ～ 44	6	3	2	1	1	–	–	–	–	–
45 ～ 49	7	3	2	2	1	0	–	–	–	–
50 ～ 54	5	1	0	0	0	–	–	–	–	–
55 ～ 59	1	1	0	0	0	0	–	–	–	–
60 ～ 64	3	2	1	1	1	1	–	–	–	–
65 ～ 69	3	1	1	0	–	0	–	–	–	–
70 ～ 74	5	0	–	–	–	–	–	–	–	–
75 ～ 79	3	0	–	–	–	–	–	–	–	–
80 歳 以 上	4	1	0	0	–	–	–	–	–	–
(再掲)65歳以上	15	1	1	0	–	0	–	–	–	–
75歳以上	7	1	0	0	0	–	–	–	–	–

注：熊本県を除いたものである。

－すぐに仕事に就けるか否か－求職状況－希望する仕事の形－
性・年齢（５歳階級）・非就業状況別

学　）　　　　　　　　　　　　　　　　　　　　平成28年

不　　詳	仕事を探していない	求職不詳	すぐには仕事に就けない	出産・育児のため	介護・看護のため	健康に自信がない	その他	不　　詳	就業希望なし	就業希望不詳
8	169	9	857	2	2	12	844	57	3 247	1 346
2	117	4	585	0	1	5	581	42	2 752	1 123
5	45	3	233	0	0	5	228	13	415	192
0	3	0	19	0	1	0	18	1	33	8
–	1	1	6	1	–	–	6	0	7	1
0	0	–	4	0	0	–	3	–	4	2
–	1	0	2	0	0	0	2	0	5	2
–	0	–	3	–	–	–	3	0	7	4
–	0	–	2	–	–	1	1	0	8	5
–	0	–	1	–	–	0	1	–	2	1
–	0	–	1	–	–	–	1	–	2	1
–	0	0	0	–	–	0	–	0	3	2
–	–	–	0	–	–	0	–	0	3	2
–	–	–	0	–	–	–	0	–	3	2
0	0	–	1	–	–	0	0	–	4	1
0	0	0	1	–	–	1	0	0	12	7
0	0	–	1	–	–	0	0	–	6	3
4	85	5	437	–	1	5	433	29	1 681	673
1	54	2	289	–	1	2	288	21	1 405	555
3	26	2	129	–	–	3	127	7	229	100
0	3	–	11	–	–	0	10	0	21	5
–	1	1	3	–	–	–	3	0	5	1
0	–	–	1	–	–	–	1	–	2	1
–	0	0	1	–	–	–	1	0	2	2
–	–	–	1	–	–	–	1	–	5	2
–	0	–	1	–	–	–	1	0	6	3
–	0	–	1	–	–	–	1	–	2	1
–	–	–	0	–	–	–	0	–	1	1
–	–	–	–	–	–	–	–	0	1	1
–	–	–	–	–	–	–	–	0	0	–
–	–	–	0	–	–	–	0	–	1	1
–	0	–	0	–	–	–	0	–	1	–
–	0	–	0	–	–	–	0	0	3	2
–	0	–	0	–	–	–	0	–	2	1
4	84	4	420	2	1	7	411	29	1 566	673
2	64	2	296	0	–	3	293	21	1 346	567
2	19	1	104	0	0	2	101	7	186	92
–	0	0	8	0	1	0	8	1	12	3
–	–	–	3	1	–	–	3	–	2	1
–	0	–	3	0	0	–	2	–	2	1
–	1	–	1	0	0	0	1	–	3	0
–	0	–	2	–	–	–	2	0	2	1
–	–	–	1	–	–	1	1	–	2	2
–	–	–	0	–	–	0	0	–	–	0
–	0	–	1	–	–	–	1	–	1	0
–	0	0	0	–	–	0	–	–	2	1
–	0	–	0	–	–	0	–	–	3	2
–	–	–	0	–	–	–	0	–	2	1
0	–	–	0	–	–	0	–	–	3	1
0	0	0	1	–	–	1	0	–	9	4
0	–	–	0	–	–	0	0	–	4	2

－すぐに仕事に就けるか否か－求職状況－希望する仕事の形－
性・年齢（５歳階級）・非就業状況別

（4－3）

第137表　無業人員（15歳以上），就業希望の有
すぐには就けない理由（複数回答）－無・

（単位：千人）　　（　家

性 年齢階級	総数	就業希望あり	すぐに仕事に就ける	仕事を探している	希望する仕事の形					
					正規の職員・従業員	パート・アルバイト	労働者派遣事業所の派遣社員	契約社員・嘱託	自営	その他
総　　　　数	19 461	4 545	1 836	1 317	218	980	13	16	34	33
15 ～ 19 歳	23	14	8	8	3	4	－	－	－	－
20 ～ 24	130	97	33	30	17	11	0	1	－	0
25 ～ 29	410	284	78	64	28	33	0	0	1	1
30 ～ 34	826	543	120	91	23	61	0	1	3	1
35 ～ 39	1 044	624	180	139	33	99	3	0	2	1
40 ～ 44	1 102	621	275	208	34	164	2	2	2	1
45 ～ 49	1 006	501	272	216	37	163	4	1	6	4
50 ～ 54	929	373	196	152	21	119	1	2	3	3
55 ～ 59	1 149	359	174	130	12	104	1	3	6	4
60 ～ 64	1 947	347	155	107	5	89	1	1	4	5
65 ～ 69	3 225	360	180	110	5	89	1	4	3	6
70 ～ 74	2 712	188	84	36	0	30	－	0	1	1
75 ～ 79	2 355	133	53	19	0	12	－	0	2	4
80 歳 以 上	2 601	99	27	8	1	5	－	－	1	2
(再掲)65歳以上	10 894	780	344	173	6	135	1	5	8	12
75歳以上	4 957	232	81	27	1	16	－	0	3	5
男	1 379	307	163	116	50	44	1	5	7	5
15 ～ 19 歳	5	2	1	1	0	0	－	－	－	－
20 ～ 24	15	12	8	8	5	2	0	1	－	0
25 ～ 29	16	12	6	5	4	1	－	－	0	－
30 ～ 34	17	13	7	5	3	2	－	0	0	0
35 ～ 39	22	15	8	8	7	0	－	0	0	－
40 ～ 44	26	20	11	9	6	1	0	－	0	－
45 ～ 49	34	24	14	13	10	2	－	－	0	1
50 ～ 54	32	20	12	9	5	2	－	－	1	0
55 ～ 59	51	26	12	10	4	4	1	0	1	0
60 ～ 64	118	39	19	13	2	7	－	1	1	2
65 ～ 69	267	51	29	19	3	11	－	2	1	1
70 ～ 74	235	30	15	8	0	6	－	－	1	1
75 ～ 79	240	25	14	6	0	4	－	0	1	1
80 歳 以 上	301	17	6	2	1	1	－	－	0	0
(再掲)65歳以上	1 043	123	64	36	4	23	－	3	2	3
75歳以上	541	42	21	9	1	5	－	0	1	1
女	18 082	4 238	1 674	1 201	169	936	12	11	27	28
15 ～ 19 歳	18	12	7	7	2	3	－	－	－	－
20 ～ 24	115	85	25	22	12	9	0	－	－	0
25 ～ 29	395	272	72	59	24	32	0	0	0	1
30 ～ 34	809	530	113	86	20	59	0	1	3	1
35 ～ 39	1 022	609	171	131	26	98	3	0	2	1
40 ～ 44	1 076	601	264	199	28	163	2	2	2	1
45 ～ 49	972	477	258	202	27	161	4	1	6	3
50 ～ 54	897	353	185	143	15	117	1	2	2	3
55 ～ 59	1 098	334	162	120	8	100	0	2	5	4
60 ～ 64	1 829	308	137	94	3	82	1	0	3	4
65 ～ 69	2 959	310	151	91	2	77	1	2	2	4
70 ～ 74	2 477	158	69	28	－	24	－	0	1	1
75 ～ 79	2 115	108	39	12	0	8	－	－	1	3
80 歳 以 上	2 300	82	21	6	－	3	－	－	1	1
(再掲)65歳以上	9 851	658	280	137	2	112	1	2	5	10
75歳以上	4 415	190	60	18	0	11	－	－	2	4

注：熊本県を除いたものである。

444

－すぐに仕事に就けるか否か－求職状況－希望する仕事の形－
性・年齢（５歳階級）・非就業状況別

（事　）　　　　　　　　　　　　　　　　　　　　平成28年

不　　詳	仕事を探していない	求職不詳	すぐには仕事に就けない	すぐには就けない理由（複数回答）				不　　詳	就業希望なし	就業希望不詳
				出産・育児のため	介護・看護のため	健康に自信がない	その他			
23	507	12	2 670	1 248	357	627	591	39	12 758	2 158
1	0	–	5	3	0	0	2	0	8	1
0	3	0	63	48	0	7	9	1	28	4
1	14	0	206	181	3	13	12	0	95	31
1	28	1	421	374	10	23	26	2	208	75
2	40	1	443	367	13	37	45	2	317	103
4	64	2	343	213	25	59	71	4	367	114
1	55	1	227	47	56	66	80	2	399	106
2	44	1	174	8	52	73	59	3	464	92
1	44	1	182	3	70	75	52	4	674	116
2	46	2	187	2	64	75	60	5	1 402	197
4	68	1	174	1	39	80	65	7	2 482	383
2	48	1	100	0	12	53	43	3	2 165	359
1	34	0	77	0	7	38	34	3	1 911	312
0	19	0	67	–	6	30	34	4	2 237	265
7	169	2	418	2	64	200	175	18	8 794	1 319
1	53	0	144	0	13	68	68	8	4 148	577
4	45	1	142	3	44	68	40	2	1 031	41
–	0	–	1	–	–	–	1	–	2	1
0	0	–	4	0	–	2	2	0	3	0
0	1	–	6	0	1	4	1	–	3	–
–	2	0	6	1	2	3	2	–	3	1
0	1	–	7	0	1	3	3	0	6	1
1	2	0	9	0	3	6	2	–	5	1
–	1	–	10	1	3	4	3	0	8	1
0	3	–	9	0	4	4	2	0	10	1
0	2	–	13	0	6	7	2	0	25	1
0	5	0	20	–	10	8	5	0	76	2
0	9	–	21	–	9	9	5	1	209	7
1	6	1	15	–	1	10	5	–	201	5
0	8	0	10	–	3	3	4	1	209	6
0	4	–	11	–	2	5	4	0	270	14
2	28	1	57	–	15	26	18	1	889	32
0	12	0	21	–	5	8	8	1	479	20
18	462	11	2 527	1 245	313	559	552	37	11 727	2 117
1	0	–	4	3	0	0	1	0	6	0
0	3	0	59	48	0	5	7	0	25	4
1	12	0	200	181	2	8	11	0	92	31
1	26	1	415	373	8	20	24	2	205	74
1	39	1	436	366	12	34	43	1	311	102
3	63	2	333	213	21	53	69	4	362	113
1	55	1	217	47	53	62	77	2	391	105
2	41	1	165	7	49	68	57	2	454	91
1	42	1	169	3	64	68	50	3	649	115
1	41	2	167	2	54	67	56	5	1 326	195
3	59	1	152	1	30	71	59	6	2 273	376
1	42	0	85	0	11	43	38	3	1 964	355
1	26	0	67	0	4	35	30	3	1 702	305
0	15	0	57	–	4	24	30	4	1 967	251
5	142	1	361	2	49	174	157	17	7 905	1 288
1	41	0	123	0	8	60	60	7	3 668	557

（4－4）

第137表　無業人員（15歳以上），就業希望の有
すぐには就けない理由（複数回答）－無・

（単位：千人）

（　そ　の

性 年　齢　階　級	総　数	就業希望あり	すぐに仕事に就ける	仕事を探している	希　望　す　る　仕　事　の　形					
					正規の職員・従業員	パート・アルバイト	労働者派遣事業所の派遣社員	契約社員・嘱託	自営	その他
総　　　　　　　数	17 375	3 442	1 914	1 482	708	497	24	56	55	90
15 ～ 19 歳	110	54	34	30	18	11	0	1	－	1
20 ～ 24	256	197	138	130	101	19	0	1	1	5
25 ～ 29	269	205	137	126	100	17	1	－	3	4
30 ～ 34	292	215	131	118	87	17	2	2	3	4
35 ～ 39	296	219	123	108	79	11	4	1	4	6
40 ～ 44	325	234	128	115	74	19	3	3	5	4
45 ～ 49	336	234	133	121	80	19	2	3	6	6
50 ～ 54	307	205	114	100	57	28	1	1	3	5
55 ～ 59	384	214	121	107	56	29	2	7	5	4
60 ～ 64	1 093	348	196	156	31	87	3	16	6	8
65 ～ 69	2 703	527	319	209	18	139	3	12	10	20
70 ～ 74	2 760	324	183	97	3	65	2	5	6	12
75 ～ 79	2 827	229	105	51	2	31	0	3	4	9
80 歳 以 上	5 416	238	53	12	1	7	1	1	0	1
（再掲）65歳以上	13 707	1 317	659	370	24	241	6	21	20	43
75歳以上	8 243	467	157	63	3	37	1	4	4	10
男	10 655	2 350	1 405	1 070	525	328	16	46	49	71
15 ～ 19 歳	66	32	21	18	13	5	－	－	－	1
20 ～ 24	147	107	75	70	56	7	－	－	1	4
25 ～ 29	160	128	90	83	69	7	0	－	2	3
30 ～ 34	161	122	78	72	61	4	1	0	2	3
35 ～ 39	178	137	86	75	59	4	2	0	3	4
40 ～ 44	209	156	87	79	56	9	1	3	4	3
45 ～ 49	217	159	100	89	64	8	2	3	5	5
50 ～ 54	204	138	79	69	46	11	0	1	2	4
55 ～ 59	260	158	93	85	50	17	2	7	4	3
60 ～ 64	735	255	153	123	29	61	2	14	6	6
65 ～ 69	1 962	422	269	174	17	113	3	11	9	16
70 ～ 74	1 939	249	156	83	3	53	2	5	6	12
75 ～ 79	1 865	166	83	41	2	24	0	2	3	7
80 歳 以 上	2 553	120	36	8	0	4	0	1	0	1
（再掲）65歳以上	8 319	958	544	307	22	195	5	18	19	36
75歳以上	4 418	287	119	49	2	28	1	2	3	8
女	6 720	1 092	510	412	183	170	8	10	6	18
15 ～ 19 歳	44	23	13	12	5	6	0	1	－	0
20 ～ 24	109	90	63	61	45	12	0	1	－	1
25 ～ 29	110	77	46	43	31	9	0	－	0	1
30 ～ 34	131	93	53	46	26	13	1	2	2	1
35 ～ 39	118	82	38	33	20	8	2	1	0	1
40 ～ 44	116	78	42	36	19	10	2	－	1	1
45 ～ 49	119	74	34	32	17	11	1	1	1	1
50 ～ 54	104	66	35	31	11	17	1	0	1	1
55 ～ 59	124	56	28	21	6	12	－	1	1	1
60 ～ 64	358	93	44	33	3	26	0	2	－	2
65 ～ 69	741	104	50	35	1	25	0	2	0	4
70 ～ 74	821	75	27	14	0	12	0	－	－	1
75 ～ 79	962	63	22	10	0	6	－	1	1	1
80 歳 以 上	2 864	117	17	4	0	3	0	－	－	1
（再掲）65歳以上	5 387	359	115	63	2	47	1	3	1	7
75歳以上	3 825	180	38	14	1	9	0	1	1	2

注：熊本県を除いたものである。

－すぐに仕事に就けるか否か－求職状況－希望する仕事の形－
性・年齢（5歳階級）・非就業状況別

他　）

平成28年

不　　詳	仕事を探していない	求職不詳	すぐには仕事に就けない	すぐには就けない理由（複数回答）				不　　詳	就業希望なし	就業希望不詳
				出産・育児のため	介護・看護のため	健康に自信がない	そ　の　他			
52	418	14	1 469	26	111	748	685	58	13 423	510
0	3	0	19	1	–	5	14	1	50	6
3	6	1	56	2	1	23	33	3	48	10
4	10	0	67	5	1	29	38	1	53	12
3	11	2	83	7	2	39	40	1	65	12
4	14	1	92	8	3	54	37	4	68	9
6	13	0	102	3	4	63	40	4	83	8
5	11	1	95	0	13	58	36	5	93	9
5	13	1	89	0	10	56	34	2	93	9
3	12	2	92	–	13	54	33	2	156	14
5	40	0	147	0	20	76	62	4	720	25
8	107	3	200	0	21	103	87	8	2 123	53
2	84	1	134	0	10	70	59	7	2 370	67
3	53	1	117	–	7	57	58	8	2 522	76
1	40	1	176	–	7	61	114	9	4 978	201
14	284	5	627	0	44	291	318	31	11 993	396
4	93	1	293	–	14	118	172	17	7 500	276
36	328	7	909	1	63	488	405	36	8 040	266
0	2	0	10	–	–	1	9	1	32	3
2	4	1	31	–	1	11	20	1	31	8
2	7	0	37	0	1	13	25	0	26	5
1	5	1	43	0	1	21	24	0	34	5
2	11	0	51	–	1	36	20	0	37	5
4	8	0	66	–	2	44	26	3	47	6
3	9	1	56	–	6	35	20	3	52	5
4	10	0	58	0	4	36	21	1	60	6
2	8	0	63	–	7	41	20	2	93	9
4	30	0	99	–	13	50	40	3	468	12
6	92	2	148	0	14	78	64	5	1 506	34
2	72	1	88	–	5	48	39	5	1 646	43
2	42	0	77	–	5	41	34	6	1 657	42
1	27	1	79	–	3	33	46	6	2 350	83
11	234	4	393	0	27	199	182	21	7 159	202
4	69	1	156	–	9	73	79	11	4 007	125
16	90	7	561	25	48	259	280	22	5 383	244
–	1	0	9	1	–	4	5	0	18	3
1	2	0	25	2	0	11	14	2	17	2
2	3	0	29	4	0	15	13	1	26	7
2	6	1	39	7	1	18	17	1	31	7
2	3	1	41	8	2	18	17	4	32	4
2	6	0	35	3	2	19	15	1	36	2
1	2	–	39	0	7	23	16	2	40	4
1	3	1	31	–	5	19	13	1	34	4
1	4	2	28	–	5	13	13	0	63	5
1	10	0	48	0	8	26	22	1	252	13
2	15	0	52	–	7	24	23	3	617	19
0	12	1	46	0	5	23	20	2	723	24
1	11	0	40	–	2	16	24	2	865	33
0	13	–	97	–	3	29	68	3	2 628	118
3	51	1	235	0	17	92	136	10	4 834	194
1	24	0	137	–	5	45	93	5	3 493	152

（9－1）
第138表　無業人員（15歳以上），配偶者の有無・非就業状況・教育・年齢（5歳階級）・性別

（単位：千人）　　　　　　　　　　　　　　（総　数）　　　　　　　　　　　　　　　平成28年

教育 年齢階級	総数	通学	家事	その他	配偶者あり	通学	家事	その他	配偶者なし	通学	家事	その他
総　　数	43 029	6 193	19 461	17 375	24 576	74	14 786	9 715	18 453	6 119	4 675	7 660
15 ～ 19 歳	5 055	4 923	23	110	13	8	5	1	5 042	4 915	18	109
20 ～ 24	1 470	1 084	130	256	79	6	68	5	1 390	1 078	61	251
25 ～ 29	758	78	410	269	359	5	340	14	399	74	70	256
30 ～ 34	1 137	19	826	292	791	6	758	27	347	13	68	265
35 ～ 39	1 352	11	1 044	296	1 020	4	976	39	332	7	68	257
40 ～ 44	1 440	12	1 102	325	1 057	5	1 014	38	383	7	89	287
45 ～ 49	1 358	16	1 006	336	969	10	897	62	388	6	109	274
50 ～ 54	1 253	16	929	307	929	14	828	87	324	3	101	220
55 ～ 59	1 539	6	1 149	384	1 172	4	1 009	159	368	2	140	225
60 ～ 64	3 046	6	1 947	1 093	2 370	4	1 675	691	676	2	272	402
65 ～ 69	5 934	5	3 225	2 703	4 603	4	2 593	2 006	1 331	2	632	697
70 ～ 74	5 477	5	2 712	2 760	4 084	2	1 992	2 090	1 394	4	719	670
75 ～ 79	5 187	5	2 355	2 827	3 530	2	1 505	2 023	1 657	3	850	804
80 歳 以 上	8 023	6	2 601	5 416	3 600	1	1 125	2 474	4 423	4	1 476	2 942
（再掲）65歳以上	24 622	22	10 894	13 707	15 817	9	7 215	8 593	8 805	13	3 678	5 114
75歳以上	13 211	11	4 957	8 243	7 130	3	2 630	4 497	6 080	8	2 327	3 746
卒　　業	32 177	153	16 616	15 408	21 022	26	12 293	8 702	11 155	127	4 323	6 706
15 ～ 19 歳	177	69	18	90	4	0	4	1	172	69	14	90
20 ～ 24	376	29	119	227	67	1	63	4	308	29	57	223
25 ～ 29	621	11	370	240	315	1	303	11	306	10	67	229
30 ～ 34	995	5	726	264	686	1	662	23	309	4	64	241
35 ～ 39	1 188	4	914	270	890	2	853	35	299	2	61	235
40 ～ 44	1 257	6	964	287	915	2	880	33	341	3	84	254
45 ～ 49	1 172	5	864	302	824	4	764	56	348	2	100	246
50 ～ 54	1 078	6	802	271	792	5	710	77	287	1	92	194
55 ～ 59	1 337	3	990	343	1 005	2	860	143	332	1	130	201
60 ～ 64	2 635	4	1 663	968	2 034	3	1 409	623	600	1	255	345
65 ～ 69	5 089	3	2 693	2 393	3 920	3	2 115	1 802	1 169	1	577	591
70 ～ 74	4 652	3	2 229	2 420	3 423	1	1 564	1 858	1 229	2	665	562
75 ～ 79	4 471	2	1 972	2 498	2 988	1	1 185	1 802	1 483	1	787	696
80 歳 以 上	7 131	4	2 292	4 835	3 159	1	922	2 235	3 972	2	1 370	2 600
（再掲）65歳以上	21 343	12	9 185	12 146	13 489	6	5 787	7 697	7 853	6	3 399	4 449
75歳以上	11 602	5	4 264	7 333	6 146	2	2 107	4 037	5 455	3	2 157	3 296
小 学 ・ 中 学	8 004	20	3 193	4 791	4 170	3	1 817	2 349	3 834	17	1 376	2 442
15 ～ 19 歳	45	12	8	25	2	0	2	0	43	12	6	25
20 ～ 24	54	2	20	32	12	0	11	1	41	1	9	31
25 ～ 29	62	1	34	27	27	－	26	1	35	1	9	26
30 ～ 34	61	1	33	28	27	0	25	1	34	0	8	26
35 ～ 39	71	1	32	38	28	0	22	5	43	1	10	33
40 ～ 44	82	0	43	38	32	0	28	4	50	－	15	35
45 ～ 49	84	0	37	46	32	0	27	4	52	－	10	42
50 ～ 54	59	0	25	34	25	0	17	8	34	－	8	26
55 ～ 59	101	0	54	47	55	0	41	14	46	－	13	33
60 ～ 64	286	0	150	136	175	0	119	56	110	－	31	80
65 ～ 69	851	1	423	427	570	1	307	263	281	－	116	165
70 ～ 74	1 322	1	631	690	892	0	415	477	430	1	216	213
75 ～ 79	1 623	1	730	892	993	1	404	588	630	1	325	304
80 歳 以 上	3 304	1	972	2 330	1 300	0	372	927	2 004	1	600	1 403
（再掲）65歳以上	7 100	4	2 756	4 340	3 756	2	1 499	2 255	3 344	2	1 257	2 085
75歳以上	4 927	3	1 702	3 223	2 293	1	777	1 515	2 634	1	925	1 707
高 校 ・ 旧 制 中	14 300	78	7 591	6 631	9 461	8	5 564	3 889	4 839	69	2 028	2 742
15 ～ 19 歳	109	45	8	55	2	－	2	0	107	45	7	55
20 ～ 24	178	17	63	98	34	1	31	2	144	16	31	96
25 ～ 29	221	1	129	91	107	－	104	3	114	1	25	87
30 ～ 34	335	1	223	112	203	0	194	9	132	0	29	103
35 ～ 39	370	1	255	115	243	1	229	13	127	0	25	101
40 ～ 44	443	3	317	123	293	1	279	13	150	2	38	110
45 ～ 49	478	1	334	143	310	1	281	28	168	0	52	116
50 ～ 54	501	1	357	142	355	1	314	39	146	－	43	103
55 ～ 59	618	1	459	158	459	1	394	65	159	－	65	94
60 ～ 64	1 331	2	855	473	1 035	1	724	309	296	1	131	164
65 ～ 69	2 695	1	1 521	1 173	2 102	1	1 209	893	593	0	312	280
70 ～ 74	2 272	2	1 147	1 124	1 700	0	818	881	572	1	328	242
75 ～ 79	1 998	0	929	1 069	1 382	0	582	799	616	－	346	270
80 歳 以 上	2 751	2	995	1 754	1 236	1	402	834	1 515	2	593	921
（再掲）65歳以上	9 716	5	4 591	5 120	6 421	2	3 012	3 407	3 296	3	1 580	1 713
75歳以上	4 749	2	1 924	2 823	2 618	1	985	1 633	2 131	2	939	1 190

注：熊本県を除いたものである。

（9－2）

第138表　無業人員（15歳以上），配偶者の有無・非就業状況・教育・年齢（5歳階級）・性別

（単位：千人）　　　　　　　　　　　　　　　（総　　数）　　　　　　　　　　　　　平成28年

教　育 年齢階級	総数	通学	家事	その他	配偶者 あ　り	通学	家事	その他	配偶者 な　し	通学	家事	その他
専　門　学　校	2 023	8	1 352	664	1 372	3	1 076	293	652	5	276	371
15 ～ 19 歳	–	–	–	–	–	–	–	–	–	–	–	–
20 ～ 24	44	1	13	30	10	–	9	1	34	1	4	29
25 ～ 29	87	1	63	24	56	–	53	3	32	1	10	21
30 ～ 34	162	1	125	36	121	–	116	5	41	1	9	32
35 ～ 39	164	1	134	29	134	0	129	5	30	1	5	24
40 ～ 44	173	0	136	37	136	0	128	7	37	0	7	30
45 ～ 49	150	1	113	36	107	1	100	6	44	1	14	30
50 ～ 54	117	1	95	21	91	0	85	6	26	0	10	15
55 ～ 59	105	1	79	25	80	1	69	11	25	–	10	15
60 ～ 64	183	1	130	53	140	1	107	32	43	–	22	21
65 ～ 69	272	0	176	96	202	0	132	69	70	0	43	27
70 ～ 74	186	0	107	78	123	0	70	53	63	–	38	25
75 ～ 79	166	–	86	79	89	–	45	44	76	–	41	35
80 歳 以 上	214	0	94	120	84	–	32	52	130	0	62	68
（再掲）65歳以上	837	1	464	373	498	0	279	218	340	0	185	155
75歳以上	380	0	181	199	173	–	77	96	207	0	104	103
短　大　・　高　専	2 544	5	2 045	495	2 050	2	1 772	275	495	3	272	219
15 ～ 19 歳	–	–	–	–	–	–	–	–	–	–	–	–
20 ～ 24	19	2	9	8	5	–	5	–	14	2	4	8
25 ～ 29	54	0	45	10	40	–	39	1	15	0	6	9
30 ～ 34	121	1	106	15	103	1	100	3	18	–	6	13
35 ～ 39	222	–	203	19	200	–	197	3	22	–	6	15
40 ～ 44	266	1	245	20	237	0	234	2	29	1	11	18
45 ～ 49	218	0	203	15	193	0	189	4	25	–	14	11
50 ～ 54	194	0	182	11	172	0	169	3	22	–	13	8
55 ～ 59	237	0	215	22	211	0	200	11	26	–	15	12
60 ～ 64	332	–	273	59	282	–	237	44	51	–	36	15
65 ～ 69	371	–	272	98	294	–	223	71	77	–	49	27
70 ～ 74	193	1	127	65	143	1	95	47	50	–	32	18
75 ～ 79	129	–	82	48	81	–	51	31	48	–	31	17
80 歳 以 上	188	–	83	105	89	–	33	56	99	–	50	49
（再掲）65歳以上	881	1	565	316	607	1	402	204	274	–	163	111
75歳以上	317	–	165	152	170	–	84	86	147	–	81	66
大　　　　　学	4 193	24	1 924	2 246	3 256	8	1 659	1 589	937	16	264	657
15 ～ 19 歳	–	–	–	–	–	–	–	–	–	–	–	–
20 ～ 24	57	6	12	40	5	–	5	–	52	6	7	40
25 ～ 29	159	7	84	68	72	1	69	2	87	7	15	65
30 ～ 34	258	2	202	54	196	0	192	4	62	1	11	50
35 ～ 39	302	1	248	53	242	0	235	7	59	0	13	46
40 ～ 44	232	1	185	46	182	1	176	5	50	1	9	41
45 ～ 49	193	2	143	47	146	2	135	9	46	0	8	38
50 ～ 54	173	2	117	54	127	2	105	21	46	0	12	34
55 ～ 59	237	1	158	77	172	1	134	37	65	1	24	40
60 ～ 64	433	1	217	215	351	1	189	161	82	–	28	54
65 ～ 69	725	1	223	501	614	1	183	430	111	–	40	71
70 ～ 74	523	–	149	374	443	–	115	328	80	–	34	46
75 ～ 79	425	0	91	333	349	0	64	285	76	–	27	49
80 歳 以 上	478	0	94	384	357	0	58	299	121	–	36	85
（再掲）65歳以上	2 151	1	558	1 592	1 763	1	420	1 342	388	–	138	250
75歳以上	903	0	186	717	706	0	123	583	197	–	63	133
大　　学　　院	194	2	76	116	140	0	62	78	54	2	13	38
15 ～ 19 歳	–	–	–	–	–	–	–	–	–	–	–	–
20 ～ 24	1	0	0	1	–	–	–	–	1	0	0	1
25 ～ 29	7	–	2	5	2	–	2	0	5	–	0	5
30 ～ 34	13	1	7	6	7	–	6	1	6	1	0	5
35 ～ 39	17	1	11	5	12	0	11	1	5	0	0	4
40 ～ 44	20	–	12	8	11	–	10	1	9	–	2	7
45 ～ 49	8	0	5	3	5	0	5	–	3	–	–	3
50 ～ 54	8	0	6	2	4	0	4	–	4	0	1	2
55 ～ 59	10	0	6	3	7	–	5	1	3	0	1	2
60 ～ 64	12	–	5	7	8	–	3	5	4	–	2	2
65 ～ 69	41	–	9	32	37	–	8	29	4	–	1	3
70 ～ 74	26	–	7	18	22	–	4	17	4	–	3	1
75 ～ 79	13	–	3	10	12	–	2	10	1	–	1	0
80 歳 以 上	17	–	2	15	13	–	1	12	4	–	1	3
（再掲）65歳以上	97	–	21	76	84	–	15	68	13	–	6	7
75歳以上	30	–	4	25	25	–	3	22	5	–	2	3

注：熊本県を除いたものである。

（9－3）

第138表　無業人員（15歳以上），配偶者の有無・非就業状況・教育・年齢（5歳階級）・性別

（単位：千人）　　　　　　　　　　　　　　　　　　　　（総　数）　　　　　　　　　　　　　平成28年

教育 年齢階級	総数	通学	家事	その他	配偶者 あり	通学	家事	その他	配偶者 なし	通学	家事	その他
卒業学校不詳	918	16	436	466	573	1	343	229	345	15	93	237
15 ～ 19 歳	23	12	1	10	0	–	0	–	23	12	1	10
20 ～ 24	23	2	3	18	2	0	2	–	21	2	1	18
25 ～ 29	30	1	12	17	11	0	10	0	19	1	2	16
30 ～ 34	44	0	31	13	29	–	29	1	15	0	2	13
35 ～ 39	43	–	31	12	30	–	30	1	13	–	1	11
40 ～ 44	41	–	26	15	25	–	24	1	15	–	1	14
45 ～ 49	41	1	29	12	31	–	26	4	10	1	2	7
50 ～ 54	27	1	21	6	18	1	16	1	9	–	5	5
55 ～ 59	29	–	19	10	21	–	17	4	8	–	2	6
60 ～ 64	57	0	33	24	43	0	28	15	14	–	4	10
65 ～ 69	134	0	68	66	100	0	53	47	34	–	15	18
70 ～ 74	130	–	60	70	101	–	47	54	29	–	13	16
75 ～ 79	118	–	51	67	82	–	37	45	36	–	15	21
80 歳 以 上	178	–	51	127	79	–	23	56	99	–	28	71
（再掲）65歳以上	561	0	230	330	362	0	159	203	198	–	71	127
75歳以上	296	–	102	194	161	–	59	102	135	–	43	93
在 学 中	6 130	6 039	37	54	82	48	23	11	6 048	5 991	14	43
15 ～ 19 歳	4 873	4 853	4	15	8	7	1	–	4 865	4 846	4	15
20 ～ 24	1 068	1 055	3	11	6	6	0	–	1 062	1 049	3	11
25 ～ 29	74	68	2	4	6	4	2	–	68	63	0	4
30 ～ 34	16	14	1	2	5	4	1	–	11	9	–	2
35 ～ 39	11	7	3	0	5	2	3	–	5	5	–	0
40 ～ 44	10	6	2	2	5	3	2	0	5	4	–	2
45 ～ 49	15	10	3	1	10	7	3	0	5	4	–	1
50 ～ 54	14	10	3	0	11	9	2	0	3	2	1	–
55 ～ 59	4	3	0	0	3	2	0	0	1	1	–	–
60 ～ 64	6	3	2	2	3	2	1	0	3	1	0	1
65 ～ 69	8	2	2	3	5	1	1	2	3	1	1	1
70 ～ 74	7	2	2	2	4	0	2	2	3	2	1	1
75 ～ 79	11	3	4	4	6	1	3	3	4	3	1	1
80 歳 以 上	15	2	5	8	4	0	1	3	10	2	4	5
（再掲）65歳以上	40	10	14	17	20	3	8	9	21	7	6	8
75歳以上	25	5	9	11	11	1	4	5	15	5	4	6
在学したことがない	86	0	28	57	33	0	15	18	53	0	14	39
15 ～ 19 歳	1	0	–	0	0	0	–	–	0	0	–	0
20 ～ 24	0	–	0	0	0	–	0	–	0	–	–	0
25 ～ 29	1	–	1	0	1	–	1	–	0	–	–	0
30 ～ 34	2	–	1	1	1	–	1	1	0	–	–	0
35 ～ 39	1	–	–	1	0	–	–	0	0	–	–	0
40 ～ 44	1	–	0	0	0	–	0	–	0	–	–	0
45 ～ 49	1	–	0	1	0	–	–	–	1	–	–	1
50 ～ 54	1	–	0	0	0	–	0	–	0	–	–	0
55 ～ 59	2	–	1	1	1	–	1	0	1	–	–	1
60 ～ 64	5	–	2	2	2	–	2	0	2	–	0	2
65 ～ 69	6	–	2	4	3	–	1	2	2	–	1	2
70 ～ 74	10	–	4	6	5	–	1	3	6	–	3	3
75 ～ 79	16	–	7	9	6	–	3	3	10	–	4	6
80 歳 以 上	41	–	10	31	12	–	3	9	28	–	6	22
（再掲）65歳以上	72	–	23	49	26	–	9	17	46	–	14	32
75歳以上	56	–	17	40	18	–	6	12	38	–	10	28
不 詳	4 636	–	2 780	1 857	3 439	–	2 455	984	1 197	–	325	872
15 ～ 19 歳	5	–	1	4	0	–	0	–	5	–	0	4
20 ～ 24	25	–	7	18	6	–	5	1	19	–	2	17
25 ～ 29	62	–	37	25	37	–	34	3	25	–	3	22
30 ～ 34	125	–	99	25	98	–	95	3	26	–	4	22
35 ～ 39	152	–	127	25	125	–	121	4	28	–	7	21
40 ～ 44	172	–	136	36	137	–	132	5	36	–	5	31
45 ～ 49	170	–	138	32	135	–	130	6	35	–	8	27
50 ～ 54	160	–	124	36	126	–	116	10	33	–	7	26
55 ～ 59	197	–	158	39	163	–	147	16	34	–	10	24
60 ～ 64	401	–	280	121	330	–	263	67	71	–	17	54
65 ～ 69	831	–	528	303	675	–	475	200	156	–	53	103
70 ～ 74	808	–	476	332	652	–	425	227	156	–	51	104
75 ～ 79	690	–	373	317	530	–	314	216	160	–	59	101
80 歳 以 上	837	–	295	543	425	–	199	227	412	–	96	316
（再掲）65歳以上	3 167	–	1 673	1 494	2 282	–	1 412	870	885	–	260	625
75歳以上	1 528	–	668	860	955	–	512	443	573	–	156	417

注：熊本県を除いたものである。

（9－4）

第138表　無業人員（15歳以上），配偶者の有無・非就業状況・教育・年齢（5歳階級）・性別

（単位：千人）　　　　　　　　　　　　　　　（　男　）　　　　　　　　　　　　　　　平成28年

教育 年齢階級	総数	通学	家事	その他	配偶者あり	通学	家事	その他	配偶者なし	通学	家事	その他
総数	15 199	3 165	1 379	10 655	8 346	42	905	7 399	6 854	3 123	474	3 257
15 ～ 19 歳	2 539	2 468	5	66	1	1	–	0	2 538	2 467	5	66
20 ～ 24	754	592	15	147	5	3	0	2	749	589	15	145
25 ～ 29	223	48	16	160	9	2	2	5	214	46	14	155
30 ～ 34	190	11	17	161	13	4	2	6	177	8	15	155
35 ～ 39	205	5	22	178	25	2	7	16	180	3	15	162
40 ～ 44	241	6	26	209	35	3	9	23	205	3	17	185
45 ～ 49	260	9	34	217	54	8	8	38	206	1	26	179
50 ～ 54	247	11	32	204	78	10	11	57	169	1	21	147
55 ～ 59	317	5	51	260	129	3	22	104	188	2	30	157
60 ～ 64	855	3	118	735	553	3	73	477	302	0	45	257
65 ～ 69	2 231	2	267	1 962	1 749	2	195	1 553	482	0	72	410
70 ～ 74	2 175	0	235	1 939	1 813	0	177	1 635	362	–	58	304
75 ～ 79	2 108	2	240	1 865	1 747	1	181	1 565	361	2	59	300
80 歳 以 上	2 855	1	301	2 553	2 134	0	218	1 916	721	1	83	636
(再掲)65歳以上	9 369	7	1 043	8 319	7 444	4	771	6 669	1 925	3	272	1 650
75歳以上	4 963	4	541	4 418	3 882	1	399	3 481	1 081	3	142	937
卒業	10 840	83	1 264	9 492	7 464	13	829	6 622	3 375	71	435	2 870
15 ～ 19 歳	102	43	3	56	0	0	–	0	102	43	3	56
20 ～ 24	155	14	13	128	1	0	0	1	153	14	13	127
25 ～ 29	162	6	15	141	5	–	2	3	157	6	13	138
30 ～ 34	166	4	15	147	8	1	2	6	158	3	13	142
35 ～ 39	185	2	21	162	20	1	6	14	165	2	15	149
40 ～ 44	209	2	24	183	29	1	8	20	180	1	16	163
45 ～ 49	229	3	31	194	43	2	7	34	185	1	24	160
50 ～ 54	218	4	31	183	66	3	11	52	152	1	20	132
55 ～ 59	286	2	49	235	116	1	21	93	171	1	28	142
60 ～ 64	769	2	110	658	502	2	69	432	267	–	41	226
65 ～ 69	1 997	1	242	1 754	1 578	1	176	1 401	418	–	66	353
70 ～ 74	1 922	–	213	1 709	1 611	–	158	1 452	311	–	54	257
75 ～ 79	1 862	0	217	1 644	1 550	0	164	1 385	312	–	53	259
80 歳 以 上	2 578	0	281	2 297	1 935	0	205	1 730	643	–	76	566
(再掲)65歳以上	8 358	2	953	7 403	6 674	2	704	5 968	1 684	–	249	1 435
75歳以上	4 439	1	498	3 941	3 485	1	369	3 115	955	–	129	825
小 学 ・ 中 学	2 850	9	313	2 529	1 912	1	199	1 711	939	8	113	817
15 ～ 19 歳	21	6	1	15	0	0	–	0	21	6	1	15
20 ～ 24	25	0	3	22	1	–	–	1	24	0	3	21
25 ～ 29	19	1	3	14	1	–	1	0	18	1	3	14
30 ～ 34	17	1	1	16	0	0	–	0	17	0	1	15
35 ～ 39	26	1	4	22	5	0	1	4	21	1	3	18
40 ～ 44	34	0	5	29	4	0	2	2	30	–	3	26
45 ～ 49	33	0	3	30	3	0	0	2	30	–	2	28
50 ～ 54	29	–	3	26	7	–	0	7	21	–	2	19
55 ～ 59	38	0	4	34	11	0	1	11	26	–	3	23
60 ～ 64	101	–	8	92	39	–	4	35	62	–	5	57
65 ～ 69	331	0	38	293	212	0	23	188	119	–	15	104
70 ～ 74	508	–	56	452	394	–	37	357	114	–	19	95
75 ～ 79	603	–	70	532	475	–	48	427	128	–	22	105
80 歳 以 上	1 066	0	114	952	759	0	82	677	307	–	31	276
(再掲)65歳以上	2 508	1	278	2 229	1 840	1	191	1 649	668	–	87	581
75歳以上	1 669	0	184	1 485	1 235	0	131	1 104	435	–	54	381
高 校 ・ 旧 制 中	4 690	47	550	4 093	3 234	3	355	2 876	1 456	44	195	1 217
15 ～ 19 歳	71	33	2	36	–	–	–	–	71	33	2	36
20 ～ 24	71	9	7	55	0	–	–	0	71	9	7	54
25 ～ 29	64	0	7	57	2	–	1	0	62	0	5	56
30 ～ 34	77	0	10	66	3	0	0	3	74	0	10	63
35 ～ 39	82	0	10	72	9	0	3	6	73	–	7	66
40 ～ 44	90	1	11	77	12	0	3	8	78	1	8	69
45 ～ 49	110	0	16	93	22	0	3	18	88	0	13	75
50 ～ 54	104	1	13	90	29	1	5	23	75	–	8	67
55 ～ 59	125	0	22	104	47	0	8	38	79	–	13	65
60 ～ 64	361	1	49	311	237	1	29	207	124	–	21	104
65 ～ 69	942	–	110	832	748	–	81	667	193	–	29	165
70 ～ 74	873	–	97	776	748	–	76	672	125	–	21	104
75 ～ 79	797	0	97	699	678	–	76	602	119	–	21	98
80 歳 以 上	924	–	99	826	700	–	69	630	224	–	29	195
(再掲)65歳以上	3 536	0	403	3 133	2 874	0	303	2 571	662	–	100	562
75歳以上	1 721	0	196	1 525	1 378	0	146	1 232	343	–	50	293

注：熊本県を除いたものである。

（9－5）
第138表　無業人員（15歳以上），配偶者の有無・非就業状況・教育・年齢（5歳階級）・性別

（単位：千人）　　　　　　　　　　　　　　　　　　　（　男　）　　　　　　　　　　　　　　　平成28年

教育 年齢階級	総数	通学	家事	その他	配偶者あり	通学	家事	その他	配偶者なし	通学	家事	その他
専　門　学　校	403	4	47	352	211	1	26	183	192	2	21	169
15 ～ 19 歳	－	－	－	－	－	－	－	－	－	－	－	－
20 ～ 24	15	1	0	14	0	－	－	0	15	1	0	14
25 ～ 29	13	－	0	13	1	－	－	1	12	－	0	12
30 ～ 34	21	1	1	19	2	－	0	1	19	1	0	18
35 ～ 39	21	0	1	20	3	－	1	2	18	0	1	17
40 ～ 44	26	0	2	24	4	－	1	4	21	0	1	20
45 ～ 49	26	1	5	21	4	1	1	3	21	－	4	17
50 ～ 54	16	1	2	14	5	0	0	4	12	－	2	10
55 ～ 59	20	0	3	17	9	0	2	7	11	－	1	10
60 ～ 64	33	－	4	29	20	－	3	18	12	－	2	11
65 ～ 69	68	－	10	58	53	－	6	46	16	－	4	12
70 ～ 74	45	－	6	39	37	－	4	33	8	－	2	6
75 ～ 79	40	－	6	35	30	－	4	26	11	－	2	9
80 歳 以 上	58	－	7	51	43	－	5	38	15	－	2	13
（再掲）65歳以上	212	－	29	183	162	－	19	143	49	－	10	40
75歳以上	99	－	13	86	73	－	9	64	26	－	4	22
短　大　・　高　専	223	1	30	192	158	0	19	139	66	0	12	54
15 ～ 19 歳	－	－	－	－	－	－	－	－	－	－	－	－
20 ～ 24	2	0	0	2	－	－	－	－	2	0	0	2
25 ～ 29	2	0	1	1	－	－	－	－	2	0	1	1
30 ～ 34	6	－	1	5	0	－	0	0	6	－	1	5
35 ～ 39	6	－	1	5	0	－	－	0	6	－	1	4
40 ～ 44	4	－	0	4	1	－	0	0	3	－	－	3
45 ～ 49	5	－	1	4	2	－	0	2	3	－	0	3
50 ～ 54	3	0	1	2	2	0	1	1	1	－	0	1
55 ～ 59	7	0	1	6	3	0	1	2	4	－	0	4
60 ～ 64	21	－	4	17	17	－	3	13	4	－	1	4
65 ～ 69	43	－	5	38	34	－	3	31	9	－	2	7
70 ～ 74	33	－	3	29	28	－	3	25	5	－	1	4
75 ～ 79	27	－	3	24	22	－	3	19	5	－	1	4
80 歳 以 上	64	－	9	56	49	－	5	44	15	－	4	11
（再掲）65歳以上	167	－	20	147	133	－	13	120	34	－	7	27
75歳以上	91	－	12	79	71	－	7	64	20	－	5	16
大　　　　　学	2 239	14	276	1 949	1 676	5	198	1 473	563	9	78	476
15 ～ 19 歳	－	－	－	－	－	－	－	－	－	－	－	－
20 ～ 24	26	2	2	21	0	－	0	－	26	2	2	21
25 ～ 29	52	4	3	45	1	－	0	1	50	4	3	44
30 ～ 34	34	1	2	31	2	0	1	1	32	1	1	30
35 ～ 39	39	1	4	35	2	0	0	2	37	0	4	33
40 ～ 44	43	1	5	37	6	0	2	4	36	0	3	33
45 ～ 49	45	1	6	38	9	1	2	6	36	0	4	32
50 ～ 54	58	2	10	46	21	1	4	16	36	0	7	29
55 ～ 59	87	1	19	67	43	1	9	33	44	1	10	34
60 ～ 64	225	1	39	185	171	1	28	142	54	－	11	43
65 ～ 69	522	1	65	456	457	1	53	403	65	－	12	53
70 ～ 74	390	－	42	348	341	－	33	309	48	－	9	39
75 ～ 79	336	－	34	302	295	－	28	268	41	－	6	34
80 歳 以 上	384	0	46	338	326	0	38	288	58	－	8	50
（再掲）65歳以上	1 631	1	186	1 444	1 419	1	151	1 267	212	－	35	177
75歳以上	720	0	80	640	621	0	66	556	98	－	14	84
大　　学　　院	123	2	23	98	87	0	17	70	35	1	6	28
15 ～ 19 歳	－	－	－	－	－	－	－	－	－	－	－	－
20 ～ 24	1	0	－	1	－	－	－	－	1	0	－	1
25 ～ 29	3	－	0	3	0	－	0	－	3	－	0	3
30 ～ 34	5	0	0	4	－	－	－	－	5	0	0	4
35 ～ 39	5	1	1	3	1	0	1	－	4	0	－	3
40 ～ 44	5	－	0	5	1	－	－	1	4	－	0	4
45 ～ 49	1	0	0	1	0	0	0	－	1	－	－	1
50 ～ 54	4	0	2	2	1	0	1	－	3	0	1	2
55 ～ 59	4	0	1	2	2	－	1	1	2	0	0	2
60 ～ 64	10	－	3	6	7	－	2	5	3	－	2	1
65 ～ 69	37	－	8	29	34	－	7	27	3	－	1	2
70 ～ 74	23	－	5	18	20	－	3	17	3	－	2	1
75 ～ 79	11	－	1	10	11	－	1	10	0	－	－	1
80 歳 以 上	13	－	1	12	11	－	1	10	2	－	－	2
（再掲）65歳以上	85	－	15	69	76	－	12	64	9	－	3	6
75歳以上	25	－	2	22	22	－	2	20	3	－	0	3

注：熊本県を除いたものである。

（9－6）

第138表　無業人員（15歳以上），配偶者の有無・非就業状況・教育・年齢（5歳階級）・性別

（単位：千人）　　　　　　　　　　　　　　　　　　　（　男　）　　　　　　　　　　　　　　　　平成28年

教育 年齢階級	総数	通学	家事	その他	配偶者 あり	通学	家事	その他	配偶者 なし	通学	家事	その他
卒業学校不詳	311	7	25	278	186	1	15	170	124	6	10	108
15～19歳	10	5	0	5	–	–	–	–	10	5	0	5
20～24	14	1	0	14	0	0	–	–	14	0	0	14
25～29	9	1	0	8	–	–	–	–	9	1	0	8
30～34	6	–	0	6	–	–	–	–	6	–	0	6
35～39	6	–	–	6	–	–	–	–	6	–	–	6
40～44	7	–	0	7	0	–	–	0	7	–	0	7
45～49	9	1	1	7	3	–	–	3	6	1	1	5
50～54	4	0	0	4	1	0	–	0	3	–	0	3
55～59	5	–	0	5	1	–	–	1	4	–	0	4
60～64	20	0	1	18	12	0	0	11	8	–	1	7
65～69	54	0	6	47	41	0	3	38	13	–	4	9
70～74	51	–	4	47	43	–	4	39	8	–	0	7
75～79	47	–	5	42	38	–	4	33	9	–	1	8
80歳以上	68	–	6	62	47	–	4	43	20	–	2	19
(再掲)65歳以上	219	0	21	198	169	0	15	154	50	–	6	44
75歳以上	115	–	11	104	85	–	9	77	30	–	3	27
在学中	3 119	3 082	7	30	39	30	3	7	3 080	3 052	4	23
15～19歳	2 434	2 425	2	7	1	1	–	–	2 433	2 424	2	7
20～24	587	579	2	7	3	3	–	–	584	576	2	7
25～29	45	42	–	3	2	2	–	–	43	40	–	3
30～34	9	8	–	1	3	3	–	–	6	5	–	1
35～39	4	2	1	0	2	1	1	–	1	1	–	0
40～44	5	4	0	1	2	2	0	0	2	2	–	1
45～49	6	6	–	1	6	5	–	0	1	0	–	1
50～54	7	7	–	–	6	6	–	–	1	1	–	–
55～59	3	3	–	0	2	2	–	0	1	1	–	0
60～64	3	1	0	1	2	1	0	0	1	0	0	1
65～69	3	1	–	2	3	1	–	2	1	0	–	1
70～74	1	0	0	1	1	0	–	1	0	–	0	0
75～79	5	2	1	2	3	1	1	2	2	2	–	0
80歳以上	6	1	1	4	3	0	0	2	3	1	0	2
(再掲)65歳以上	16	5	2	10	10	2	1	6	6	3	0	3
75歳以上	11	3	2	6	6	1	1	4	5	3	0	2
在学したことがない	23	–	2	22	12	–	1	11	11	–	1	10
15～19歳	–	–	–	–	–	–	–	–	–	–	–	–
20～24	0	–	0	0	0	–	0	–	0	–	–	0
25～29	–	–	–	–	–	–	–	–	–	–	–	–
30～34	0	–	–	0	–	–	–	–	0	–	–	0
35～39	0	–	–	0	0	–	–	0	–	–	–	–
40～44	0	–	–	0	–	–	–	–	0	–	–	0
45～49	1	–	–	1	–	–	–	–	1	–	–	1
50～54	0	–	–	0	–	–	–	–	0	–	–	0
55～59	1	–	–	1	–	–	–	–	1	–	–	1
60～64	1	–	0	1	–	–	–	–	1	–	0	1
65～69	1	–	–	1	1	–	–	1	1	–	–	1
70～74	4	–	–	4	3	–	–	3	1	–	–	1
75～79	5	–	1	4	2	–	0	2	2	–	0	2
80歳以上	9	–	1	8	6	–	0	6	3	–	0	3
(再掲)65歳以上	19	–	2	18	12	–	1	11	7	–	1	7
75歳以上	14	–	2	12	8	–	1	8	5	–	1	4
不詳	1 218	–	106	1 112	830	–	72	758	387	–	34	353
15～19歳	3	–	0	3	–	–	–	–	3	–	0	3
20～24	12	–	0	12	1	–	–	1	11	–	0	11
25～29	16	–	1	15	2	–	–	2	14	–	1	13
30～34	15	–	2	13	1	–	0	1	14	–	2	12
35～39	17	–	1	16	3	–	0	3	14	–	1	13
40～44	26	–	2	25	4	–	1	3	23	–	1	22
45～49	24	–	2	22	5	–	1	4	19	–	1	18
50～54	21	–	1	20	6	–	1	5	15	–	0	15
55～59	26	–	2	24	11	–	0	11	15	–	2	14
60～64	82	–	7	74	49	–	4	45	32	–	3	29
65～69	230	–	25	205	168	–	18	150	62	–	6	55
70～74	247	–	22	225	198	–	18	180	49	–	4	45
75～79	236	–	21	215	192	–	16	176	44	–	5	39
80歳以上	262	–	19	243	190	–	13	178	72	–	7	66
(再掲)65歳以上	976	–	87	889	748	–	65	684	227	–	22	205
75歳以上	499	–	40	459	382	–	28	354	116	–	12	105

注：熊本県を除いたものである。

（9－7）
第138表　無業人員（15歳以上），配偶者の有無・非就業状況・教育・年齢（5歳階級）・性別

（単位：千人）　　　　　　　　　　　　　　　　　　　　　　　　（　女　）　　　　　　　　　　　　　平成28年

教育 年齢階級	総数	通学	家事	その他	配偶者 あり	通学	家事	その他	配偶者 なし	通学	家事	その他
総　　数	27 830	3 028	18 082	6 720	16 230	32	13 882	2 316	11 600	2 996	4 200	4 404
15 ～ 19 歳	2 516	2 454	18	44	12	7	5	0	2 504	2 448	13	44
20 ～ 24	715	492	115	109	74	3	68	3	641	488	47	106
25 ～ 29	535	30	395	110	350	3	338	9	185	27	56	101
30 ～ 34	948	8	809	131	778	2	756	21	169	6	53	110
35 ～ 39	1 146	6	1 022	118	995	2	969	23	152	4	53	95
40 ～ 44	1 199	6	1 076	116	1 021	2	1 005	15	177	4	71	102
45 ～ 49	1 098	7	972	119	915	2	890	23	182	4	83	95
50 ～ 54	1 006	5	897	104	851	4	817	30	155	1	80	73
55 ～ 59	1 223	1	1 098	124	1 043	1	987	55	180	－	111	69
60 ～ 64	2 191	3	1 829	358	1 817	2	1 602	213	374	2	227	145
65 ～ 69	3 703	3	2 959	741	2 854	2	2 398	453	849	1	560	287
70 ～ 74	3 303	5	2 477	821	2 271	1	1 816	454	1 032	4	661	367
75 ～ 79	3 079	3	2 115	962	1 783	1	1 324	459	1 296	2	792	503
80 歳 以 上	5 168	4	2 300	2 864	1 466	1	907	558	3 702	3	1 393	2 306
（再掲）65歳以上	15 253	15	9 851	5 387	8 374	5	6 445	1 924	6 880	10	3 406	3 463
75歳以上	8 248	7	4 415	3 825	3 249	2	2 231	1 016	4 999	5	2 185	2 809
卒　　業	21 337	70	15 351	5 916	13 557	14	11 464	2 080	7 780	56	3 887	3 836
15 ～ 19 歳	74	26	15	34	4	－	4	0	70	26	11	34
20 ～ 24	221	16	106	99	66	1	63	3	155	15	43	96
25 ～ 29	459	5	356	98	310	1	302	8	149	4	54	91
30 ～ 34	830	2	711	117	678	1	660	18	151	1	51	99
35 ～ 39	1 003	2	893	108	870	1	847	22	133	0	46	86
40 ～ 44	1 047	4	940	104	886	1	872	13	161	2	68	91
45 ～ 49	943	2	833	107	780	1	757	22	163	1	76	86
50 ～ 54	860	2	771	87	726	2	699	25	134	0	72	62
55 ～ 59	1 050	1	941	109	889	1	839	50	161	－	102	59
60 ～ 64	1 865	2	1 554	310	1 532	1	1 340	191	333	1	214	119
65 ～ 69	3 092	2	2 451	640	2 342	1	1 939	401	751	1	512	239
70 ～ 74	2 730	3	2 016	711	1 813	1	1 406	406	918	2	610	305
75 ～ 79	2 609	2	1 754	854	1 438	1	1 021	417	1 171	1	734	437
80 歳 以 上	4 553	3	2 011	2 538	1 223	1	718	505	3 329	2	1 294	2 033
（再掲）65歳以上	12 985	10	8 232	4 743	6 816	4	5 083	1 729	6 169	6	3 149	3 014
75歳以上	7 162	5	3 765	3 392	2 662	2	1 738	922	4 501	3	2 027	2 470
小 学 ・ 中 学	5 154	11	2 880	2 262	2 258	2	1 618	638	2 896	9	1 262	1 624
15 ～ 19 歳	24	6	8	10	2	－	2	0	22	6	6	10
20 ～ 24	29	1	17	11	12	0	11	0	17	1	6	10
25 ～ 29	43	－	31	12	26	－	25	1	17	－	6	11
30 ～ 34	44	－	32	12	26	－	25	1	18	－	7	11
35 ～ 39	45	0	28	16	23	0	21	2	22	－	7	15
40 ～ 44	48	－	38	10	27	－	26	1	21	－	12	8
45 ～ 49	51	－	35	17	29	－	27	2	22	－	8	14
50 ～ 54	30	－	22	7	17	0	16	1	13	－	6	7
55 ～ 59	63	－	50	13	43	－	40	3	20	－	10	10
60 ～ 64	185	0	142	43	137	0	115	21	49	－	26	23
65 ～ 69	520	0	385	135	358	0	284	74	162	－	101	61
70 ～ 74	814	1	575	238	499	0	378	120	316	1	197	118
75 ～ 79	1 020	1	659	360	518	1	356	161	502	1	303	198
80 歳 以 上	2 238	1	859	1 378	541	0	290	251	1 697	1	569	1 128
（再掲）65歳以上	4 592	4	2 478	2 111	1 916	2	1 308	606	2 676	2	1 170	1 505
75歳以上	3 258	2	1 518	1 738	1 059	1	646	412	2 199	1	872	1 326
高 校 ・ 旧 制 中	9 611	31	7 042	2 538	6 227	5	5 209	1 013	3 384	26	1 833	1 525
15 ～ 19 歳	38	12	6	20	2	－	2	0	36	12	5	19
20 ～ 24	107	8	56	44	34	1	31	2	74	7	24	42
25 ～ 29	157	1	123	34	106	－	103	3	51	1	20	31
30 ～ 34	259	0	213	46	200	0	193	6	59	－	19	39
35 ～ 39	288	1	245	43	234	1	226	8	54	0	19	35
40 ～ 44	353	2	306	46	282	1	276	5	72	1	30	41
45 ～ 49	368	1	317	50	287	0	278	9	80	0	39	41
50 ～ 54	397	1	344	52	326	1	309	16	71	－	35	36
55 ～ 59	493	0	438	55	413	0	386	26	81	－	52	29
60 ～ 64	970	1	806	163	798	0	695	102	172	1	111	61
65 ～ 69	1 754	1	1 411	341	1 354	1	1 128	226	399	0	284	115
70 ～ 74	1 399	2	1 050	347	952	0	743	209	447	1	307	138
75 ～ 79	1 201	0	831	369	703	0	506	197	497	－	325	172
80 歳 以 上	1 827	2	897	929	537	1	333	203	1 291	2	564	726
（再掲）65歳以上	6 180	5	4 189	1 986	3 546	2	2 709	835	2 634	3	1 480	1 151
75歳以上	3 028	2	1 728	1 298	1 240	1	839	401	1 788	2	889	897

注：熊本県を除いたものである。

454

（9－8）
第138表　無業人員（15歳以上），配偶者の有無・非就業状況・教育・年齢（5歳階級）・性別

（単位：千人）　　　　　　　　　　　　　　　（　女　）　　　　　　　　　　　　　　平成28年

教育 年齢階級	総数	通学	家事	その他	配偶者 あり	通学	家事	その他	配偶者 なし	通学	家事	その他
専　門　学　校	1 620	4	1 304	312	1 161	2	1 049	110	459	3	255	201
15 ～ 19 歳	－	－	－	－	－	－	－	－	－	－	－	－
20 ～ 24	29	0	12	16	9	－	9	1	19	0	3	15
25 ～ 29	75	1	63	11	55	－	53	2	19	1	10	9
30 ～ 34	141	0	124	17	119	－	116	3	22	0	8	14
35 ～ 39	143	1	133	10	131	0	128	3	12	0	4	7
40 ～ 44	147	0	134	13	131	0	128	3	16	0	6	10
45 ～ 49	124	1	109	15	102	0	99	3	22	1	10	12
50 ～ 54	101	0	93	7	86	－	85	2	14	0	9	5
55 ～ 59	84	0	76	8	71	0	67	4	13	－	9	4
60 ～ 64	151	1	126	24	120	1	105	15	31	－	21	10
65 ～ 69	204	0	166	38	149	0	126	23	54	－	39	15
70 ～ 74	141	0	101	39	86	0	66	20	55	－	36	19
75 ～ 79	125	－	81	44	59	－	41	18	66	－	40	26
80 歳 以 上	156	0	87	69	40	－	27	14	115	0	60	55
（再掲）65歳以上	626	1	435	190	335	0	260	75	291	0	175	115
75歳以上	281	0	168	113	100	－	68	32	181	0	100	81
短 大 ・ 高 専	2 321	4	2 015	302	1 892	2	1 754	137	429	3	261	166
15 ～ 19 歳	－	－	－	－	－	－	－	－	－	－	－	－
20 ～ 24	17	2	9	6	5	－	5	－	12	2	4	6
25 ～ 29	52	－	44	9	40	－	39	1	12	－	5	8
30 ～ 34	116	1	105	10	103	1	100	2	13	－	5	8
35 ～ 39	216	－	202	14	200	－	197	3	16	－	5	11
40 ～ 44	262	1	245	16	236	0	234	2	26	1	11	14
45 ～ 49	213	0	203	10	191	0	189	2	22	－	14	8
50 ～ 54	190	0	181	10	170	0	168	2	20	－	13	7
55 ～ 59	230	－	214	17	208	－	199	9	22	－	14	8
60 ～ 64	311	－	269	42	265	－	234	31	46	－	35	11
65 ～ 69	328	－	268	60	260	－	220	40	67	－	48	20
70 ～ 74	160	1	124	36	115	1	92	22	46	－	32	14
75 ～ 79	102	－	78	24	59	－	48	11	43	－	30	13
80 歳 以 上	124	－	74	49	40	－	29	12	83	－	46	38
（再掲）65歳以上	714	1	545	169	474	1	389	84	240	－	155	84
75歳以上	226	－	153	73	100	－	77	23	126	－	76	50
大　　　　　学	1 954	10	1 648	297	1 580	3	1 462	116	374	7	186	181
15 ～ 19 歳	－	－	－	－	－	－	－	－	－	－	－	－
20 ～ 24	31	3	9	18	5	－	5	－	26	3	5	18
25 ～ 29	108	4	82	22	71	1	69	1	37	3	12	22
30 ～ 34	224	0	201	23	194	0	190	4	30	0	10	19
35 ～ 39	262	0	244	18	240	0	235	5	22	－	9	13
40 ～ 44	189	1	180	9	175	0	174	1	14	0	6	8
45 ～ 49	148	1	138	9	137	1	133	3	11	－	5	6
50 ～ 54	115	0	107	9	106	0	101	4	10	－	5	4
55 ～ 59	150	0	140	10	130	0	125	4	20	－	14	6
60 ～ 64	208	－	178	30	180	－	160	19	28	－	17	11
65 ～ 69	203	0	158	45	157	0	130	27	46	－	28	18
70 ～ 74	133	－	107	27	101	－	82	20	32	－	25	7
75 ～ 79	89	0	57	31	53	0	36	17	35	－	21	14
80 歳 以 上	95	－	49	46	31	－	20	11	63	－	28	35
（再掲）65歳以上	519	0	371	148	343	0	269	74	176	－	103	74
75歳以上	183	0	106	77	85	0	57	28	99	－	49	49
大　 学 　院	71	0	53	18	53	－	45	7	18	0	7	11
15 ～ 19 歳	－	－	－	－	－	－	－	－	－	－	－	－
20 ～ 24	0	－	0	0	－	－	－	－	0	－	0	0
25 ～ 29	4	－	2	2	2	－	2	0	2	－	0	2
30 ～ 34	9	0	7	2	7	－	6	1	2	0	0	1
35 ～ 39	12	－	10	2	11	－	10	1	1	－	0	1
40 ～ 44	15	－	12	2	10	－	10	－	4	－	2	2
45 ～ 49	6	－	5	2	5	－	5	－	2	－	－	2
50 ～ 54	5	－	4	1	4	－	4	－	1	－	0	1
55 ～ 59	6	－	5	1	4	－	4	1	1	－	1	0
60 ～ 64	2	－	2	1	2	－	2	0	1	－	0	0
65 ～ 69	4	－	1	3	3	－	1	2	1	－	0	1
70 ～ 74	3	－	3	0	2	－	2	0	1	－	1	－
75 ～ 79	2	－	1	2	1	－	1	0	1	－	1	0
80 歳 以 上	4	－	1	3	2	－	－	2	1	－	1	1
（再掲）65歳以上	12	－	6	6	8	－	3	5	4	－	3	2
75歳以上	5	－	2	3	3	－	1	2	2	－	2	1

注：熊本県を除いたものである。

（9－9）

第138表　無業人員（15歳以上），配偶者の有無・非就業状況・教育・年齢（5歳階級）・性別

（単位：千人）　　　　　　　　　　　　　　　　　　　　（ 女 ）　　　　　　　　　　　　　　　平成28年

教育 年齢階級	総数	通学	家事	その他	配偶者 あり	通学	家事	その他	配偶者 なし	通学	家事	その他
卒業学校不詳	607	9	410	188	386	1	327	59	221	9	83	129
15 ～ 19 歳	12	7	1	4	0	－	0	－	12	7	1	4
20 ～ 24	8	1	3	4	2	－	2	－	7	1	1	4
25 ～ 29	20	0	12	8	11	0	10	0	10	－	2	8
30 ～ 34	38	0	30	8	29	－	29	1	9	0	2	7
35 ～ 39	37	－	31	6	30	－	30	1	7	－	1	5
40 ～ 44	34	－	26	8	25	－	24	1	9	－	1	7
45 ～ 49	32	－	27	5	28	－	26	2	4	－	1	3
50 ～ 54	23	0	20	2	17	0	16	0	6	－	4	2
55 ～ 59	24	－	19	5	20	－	17	3	4	－	2	2
60 ～ 64	38	－	32	6	31	－	28	3	6	－	3	3
65 ～ 69	80	－	62	18	59	－	51	9	21	－	12	9
70 ～ 74	80	－	56	23	58	－	43	15	22	－	13	9
75 ～ 79	71	－	46	25	44	－	32	12	27	－	14	13
80 歳 以 上	110	－	45	65	31	－	18	13	79	－	26	52
（再掲）65歳以上	341	－	209	132	193	－	145	49	148	－	65	83
75歳以上	181	－	91	90	76	－	51	25	106	－	40	65
在 学 中	3 011	2 957	30	24	43	18	21	4	2 968	2 939	9	20
15 ～ 19 歳	2 439	2 428	2	8	7	6	1	－	2 432	2 422	2	8
20 ～ 24	481	476	1	4	3	3	0	－	478	473	1	4
25 ～ 29	28	25	2	1	4	2	2	－	25	23	0	1
30 ～ 34	7	6	1	0	2	1	1	－	5	5	－	0
35 ～ 39	7	5	2	0	3	1	2	－	4	4	－	0
40 ～ 44	5	3	2	1	2	0	2	－	3	2	－	1
45 ～ 49	8	5	3	0	4	1	3	－	4	4	－	0
50 ～ 54	7	3	3	0	5	2	2	0	2	1	1	－
55 ～ 59	1	0	0	0	1	0	0	0	－	－	－	－
60 ～ 64	3	1	1	0	2	0	1	－	1	1	－	0
65 ～ 69	5	1	2	1	3	0	1	1	2	1	1	0
70 ～ 74	6	2	2	2	3	－	2	1	3	2	1	1
75 ～ 79	5	1	3	2	3	－	2	1	2	1	1	1
80 歳 以 上	9	1	4	3	1	0	1	0	7	1	4	3
（再掲）65歳以上	24	5	12	7	10	1	6	3	14	5	6	4
75歳以上	14	2	7	5	5	0	3	1	10	2	4	3
在学したことがない	63	0	27	35	21	0	14	7	42	0	13	29
15 ～ 19 歳	1	0	－	0	0	0	－	－	0	0	－	0
20 ～ 24	－	－	－	－	－	－	－	－	－	－	－	－
25 ～ 29	1	－	1	0	1	－	1	－	0	－	－	0
30 ～ 34	1	－	1	1	1	－	1	1	－	－	－	－
35 ～ 39	0	－	－	0	－	－	－	－	0	－	－	0
40 ～ 44	0	－	0	－	0	－	0	－	－	－	－	－
45 ～ 49	1	－	0	0	0	－	0	－	－	－	－	－
50 ～ 54	0	－	0	0	0	－	0	－	0	－	－	0
55 ～ 59	1	－	1	0	1	－	1	0	0	－	－	0
60 ～ 64	3	－	2	1	2	－	2	0	1	－	－	1
65 ～ 69	4	－	2	2	3	－	1	1	2	－	1	1
70 ～ 74	6	－	4	2	2	－	1	0	4	－	3	2
75 ～ 79	11	－	6	5	4	－	3	1	7	－	3	4
80 歳 以 上	31	－	9	23	6	－	3	3	25	－	6	19
（再掲）65歳以上	53	－	21	32	14	－	8	6	39	－	13	26
75歳以上	42	－	15	28	10	－	6	4	33	－	9	23
不 詳	3 419	－	2 674	745	2 609	－	2 383	226	810	－	291	519
15 ～ 19 歳	2	－	0	1	0	－	0	－	2	－	0	1
20 ～ 24	13	－	7	6	5	－	5	0	8	－	2	6
25 ～ 29	46	－	36	10	35	－	34	1	11	－	2	9
30 ～ 34	110	－	97	13	97	－	95	2	13	－	2	10
35 ～ 39	136	－	126	9	122	－	120	1	14	－	6	8
40 ～ 44	146	－	135	11	133	－	131	2	13	－	4	10
45 ～ 49	146	－	136	11	130	－	129	1	16	－	7	9
50 ～ 54	139	－	123	16	120	－	116	5	18	－	7	11
55 ～ 59	171	－	156	15	152	－	147	5	19	－	9	10
60 ～ 64	319	－	272	47	281	－	259	22	39	－	14	25
65 ～ 69	602	－	504	98	507	－	457	50	95	－	47	48
70 ～ 74	561	－	454	107	454	－	407	47	107	－	47	59
75 ～ 79	454	－	352	102	338	－	298	40	116	－	54	62
80 歳 以 上	575	－	276	299	235	－	186	49	340	－	90	250
（再掲）65歳以上	2 191	－	1 586	606	1 534	－	1 347	186	658	－	238	419
75歳以上	1 029	－	628	401	573	－	484	89	456	－	144	312

注：熊本県を除いたものである。

第139表　35歳未満のパート・アルバイトをしている者及び希望している者のいる世帯数，世帯構造・世帯主の年齢（10歳階級）別

（単位：千世帯）　　　平成28年

世帯主の年齢階級	総　　数	単独世帯	核　家　族世　　　　帯	夫　　婦のみの世帯	夫　婦　と未婚の子のみの世帯	ひとり親と未婚の子のみの世帯	三　世　代世　　　帯	その他の世　　帯
総　　　　　　数	1 262	113	850	9	617	224	197	102
29　歳　以　下	120	83	18	4	7	7	0	20
30　～　39　歳	75	31	28	5	11	12	1	15
40　～　49	175	・	143	－	85	58	17	14
50　～　59	433	・	332	0	241	91	73	28
60　～　69	376	・	306	－	254	52	54	17
70　～　79	48	・	23	－	19	4	18	6
80　歳　以　上	35	・	－	－	－	－	33	2
（再掲）65歳以上	228	・	146	－	121	25	66	16
75歳以上	54	・	6	－	5	1	43	5

注：1）熊本県を除いたものである。
　　2）パート・アルバイトをしている者及び希望している者には、次の者は含まない。
　　　1．女性の既婚者（配偶者あり、死別、離別）
　　　2．主に通学しながらパート・アルバイトをしている者
　　　3．通学の者
　　　4．家事のうち、すぐに仕事に就けるが仕事を探していない者及びすぐに仕事に就けない者
　　3）年齢階級の「総数」には、世帯主の年齢不詳を含む。

第140表　35歳未満のパート・アルバイトをしている者及び希望している者数，世帯構造・配偶者の有無・性・年齢（5歳階級）別

（単位：千人）　　　　　　　　　　　　　　　　　　　　　　　　　　　　　　　平成28年

配偶者の有無　性　年齢階級	総　数	単独世帯	核家族世帯	夫婦のみの世帯	夫婦と未婚の子のみの世帯	ひとり親と未婚の子のみの世帯	三世代世帯	その他の世帯
総数	2 161	119	1 571	184	1 103	284	318	153
19 歳 以 下	125	8	90	0	59	30	18	9
20 ～ 24 歳	503	32	346	12	245	89	81	45
25 ～ 29	668	46	473	78	316	79	97	52
30 ～ 34	865	33	662	94	483	85	123	48
男	592	53	402	9	284	108	85	52
19 歳 以 下	59	3	44	－	31	13	8	4
20 ～ 24 歳	188	14	128	0	89	39	30	16
25 ～ 29	189	21	125	4	90	31	25	19
30 ～ 34	156	15	104	5	75	25	22	14
女	1 568	66	1 169	175	819	175	233	101
19 歳 以 下	66	5	46	0	29	17	10	6
20 ～ 24 歳	315	17	218	12	156	50	51	29
25 ～ 29	478	25	348	74	226	48	72	33
30 ～ 34	710	18	557	89	408	60	100	34
配 偶 者 あ り	761	2	641	184	457	・	84	34
19 歳 以 下	2	－	1	0	1	・	1	0
20 ～ 24 歳	42	0	29	12	18	・	6	6
25 ～ 29	219	0	191	78	113	・	17	10
30 ～ 34	498	1	420	94	326	・	59	18
男	30	0	24	9	15	・	4	2
19 歳 以 下	1	－	1	－	1	・	0	－
20 ～ 24 歳	4	0	1	0	1	・	2	1
25 ～ 29	10	－	10	4	5	・	0	0
30 ～ 34	15	－	13	5	8	・	1	1
女	731	2	617	175	443	・	80	32
19 歳 以 下	2	－	0	0	0	・	1	0
20 ～ 24 歳	38	－	29	12	17	・	4	5
25 ～ 29	208	0	181	74	108	・	17	9
30 ～ 34	483	1	407	89	318	・	58	17
配 偶 者 な し	1 399	117	929	・	646	284	234	119
19 歳 以 下	123	8	89	・	59	30	17	9
20 ～ 24 歳	461	31	316	・	227	89	74	39
25 ～ 29	449	45	282	・	203	79	79	42
30 ～ 34	367	32	242	・	157	85	64	30
男	562	53	378	・	270	108	82	50
19 歳 以 下	58	3	43	・	30	13	8	4
20 ～ 24 歳	184	14	127	・	88	39	28	15
25 ～ 29	179	21	116	・	85	31	25	18
30 ～ 34	140	15	92	・	67	25	21	12
女	838	64	552	・	376	175	153	69
19 歳 以 下	64	5	46	・	29	17	9	5
20 ～ 24 歳	277	17	189	・	139	50	47	23
25 ～ 29	270	25	167	・	119	48	55	24
30 ～ 34	227	17	150	・	90	60	42	17
（ 再 掲 ）　未 婚	1 309	112	885	・	646	240	205	107
19 歳 以 下	123	8	89	・	59	30	17	9
20 ～ 24 歳	454	31	314	・	227	87	71	38
25 ～ 29	421	42	270	・	203	67	71	38
30 ～ 34	312	30	213	・	157	56	46	23
男	556	52	377	・	270	108	81	46
19 歳 以 下	58	3	43	・	30	13	8	4
20 ～ 24 歳	184	14	127	・	88	39	28	15
25 ～ 29	176	20	116	・	85	31	25	16
30 ～ 34	137	14	91	・	67	25	21	11
女	754	60	508	・	376	132	124	61
19 歳 以 下	64	5	46	・	29	17	9	5
20 ～ 24 歳	270	17	187	・	139	48	43	23
25 ～ 29	245	22	154	・	119	36	47	22
30 ～ 34	174	16	121	・	90	31	25	12

注：1）熊本県を除いたものである。
　　2）パート・アルバイトをしている者及び希望している者には、次の者は含まない。
　　　1．主に通学しながらパート・アルバイトをしている者
　　　2．通学の者
　　　3．家事のうち、すぐに仕事に就けるが仕事を探していない者及びすぐに仕事に就けない者

第141表　35歳未満のパート・アルバイトをしている者及び希望している者数,

親との同別居状況・配偶者の有無・性・年齢（5歳階級）別

（単位：千人）　　平成28年

配偶者の有無　性　年齢階級	総　　　数	親と同居している	親と別居している
総　　　　　　　　　数	2 161	1 284	876
19　歳　以　下	125	111	14
20　～　24　歳	503	418	84
25　～　29	668	397	271
30　～　34	865	358	507
男	592	494	99
19　歳　以　下	59	53	6
20　～　24　歳	188	167	21
25　～　29	189	153	37
30　～　34	156	121	35
女	1 568	791	778
19　歳　以　下	66	58	8
20　～　24　歳	315	251	63
25　～　29	478	244	234
30　～　34	710	238	472
配　偶　者　あ　り	761	112	649
19　歳　以　下	2	1	1
20　～　24　歳	42	11	31
25　～　29	219	26	192
30　～　34	498	74	425
男	30	6	24
19　歳　以　下	1	0	1
20　～　24　歳	4	3	1
25　～　29	10	1	10
30　～　34	15	2	13
女	731	106	625
19　歳　以　下	2	1	0
20　～　24　歳	38	8	30
25　～　29	208	25	183
30　～　34	483	71	412
配　偶　者　な　し	1 399	1 172	227
19　歳　以　下	123	110	13
20　～　24　歳	461	408	53
25　～　29	449	370	79
30　～　34	367	285	82
男	562	488	74
19　歳　以　下	58	53	6
20　～　24　歳	184	165	20
25　～　29	179	152	27
30　～　34	140	118	22
女	838	685	153
19　歳　以　下	64	57	7
20　～　24　歳	277	243	33
25　～　29	270	218	52
30　～　34	227	166	60
（再　掲）　未　婚	1 309	1 134	175
19　歳　以　下	123	110	13
20　～　24　歳	454	403	51
25　～　29	421	358	63
30　～　34	312	263	48
男	556	483	73
19　歳　以　下	58	53	6
20　～　24　歳	184	165	20
25　～　29	176	150	26
30　～　34	137	116	21
女	754	651	102
19　歳　以　下	64	57	7
20　～　24　歳	270	239	31
25　～　29	245	208	37
30　～　34	174	147	27

注：1）熊本県を除いたものである。
　　2）パート・アルバイトをしている者及び希望している者には、次の者は含まない。
　　　1．主に通学しながらパート・アルバイトをしている者
　　　2．通学の者
　　　3．家事のうち、すぐに仕事に就けるが仕事を探していない者及びすぐに仕事に就けない者

第142表　35歳未満のパート・アルバイトをしている者及び希望している者数,
公的年金加入状況・配偶者の有無・性・年齢（5歳階級）別

（単位：千人）　　　　　　　　　　　　　　　　　　　　　　　　　　　　　　　　　　　　　　平成28年

配偶者の有無　性　年齢階級	総　数	加入している	国民年金第1号被保険者	国民年金第2号被保険者	国民年金第3号被保険者	加入していない	不　詳
総　　　　　数	2 161	1 857	637	759	461	296	8
19 歳 以 下	125	14	－	14	－	111	－
20 ～ 24 歳	503	422	223	177	22	80	1
25 ～ 29	668	601	203	270	127	63	4
30 ～ 34	865	820	210	298	312	43	3
男	592	460	234	224	2	129	3
19 歳 以 下	59	7	－	7	－	52	－
20 ～ 24 歳	188	149	87	62	0	38	1
25 ～ 29	189	164	77	86	1	23	2
30 ～ 34	156	140	69	70	1	16	0
女	1 568	1 396	404	534	458	167	5
19 歳 以 下	66	7	－	7	－	59	－
20 ～ 24 歳	315	273	136	115	22	42	0
25 ～ 29	478	436	126	184	126	39	2
30 ～ 34	710	680	141	228	311	27	3
配　偶　者　あ　り	761	740	88	191	461	20	2
19 歳 以 下	2	－	－	－	－	2	－
20 ～ 24 歳	42	40	7	11	22	2	－
25 ～ 29	219	211	30	53	127	8	0
30 ～ 34	498	489	51	127	312	7	1
男	30	27	10	14	2	3	－
19 歳 以 下	1	－	－	－	－	1	－
20 ～ 24 歳	4	3	1	2	0	0	－
25 ～ 29	10	9	4	4	1	1	－
30 ～ 34	15	14	5	8	1	1	－
女	731	713	77	177	458	16	2
19 歳 以 下	2	－	－	－	－	2	－
20 ～ 24 歳	38	36	6	9	22	2	－
25 ～ 29	208	201	26	49	126	7	0
30 ～ 34	483	475	46	119	311	7	1
配　偶　者　な　し	1 399	1 117	549	567	・	276	7
19 歳 以 下	123	14	－	14	・	108	－
20 ～ 24 歳	461	382	216	166	・	78	1
25 ～ 29	449	390	174	216	・	55	4
30 ～ 34	367	330	160	171	・	35	1
男	562	433	223	210	・	126	3
19 歳 以 下	58	7	－	7	・	51	－
20 ～ 24 歳	184	146	86	60	・	38	1
25 ～ 29	179	155	74	81	・	22	2
30 ～ 34	140	125	64	61	・	15	0
女	838	683	326	357	・	151	4
19 歳 以 下	64	7	－	7	・	57	－
20 ～ 24 歳	277	236	130	106	・	40	0
25 ～ 29	270	235	100	135	・	33	2
30 ～ 34	227	205	96	109	・	21	1
（ 再　掲 ）　未　婚	1 309	1 039	516	523	・	265	6
19 歳 以 下	123	14	－	14	・	108	－
20 ～ 24 歳	454	377	213	164	・	76	1
25 ～ 29	421	366	163	203	・	51	4
30 ～ 34	312	281	140	142	・	29	1
男	556	428	221	207	・	125	3
19 歳 以 下	58	7	－	7	・	51	－
20 ～ 24 歳	184	146	86	60	・	38	1
25 ～ 29	176	152	72	80	・	22	2
30 ～ 34	137	123	63	59	・	14	0
女	754	611	295	316	・	140	3
19 歳 以 下	64	7	－	7	・	57	－
20 ～ 24 歳	270	231	127	103	・	39	0
25 ～ 29	245	214	91	123	・	29	2
30 ～ 34	174	158	76	82	・	15	1

注：1）熊本県を除いたものである。
　　2）パート・アルバイトをしている者及び希望している者には、次の者は含まない。
　　　1．主に通学しながらパート・アルバイトをしている者
　　　2．通学の者
　　　3．家事のうち、すぐに仕事に就けるが仕事を探していない者及びすぐに仕事に就けない者

第143表　35歳未満のパート・アルバイトをしている者及び希望している者数，

医療保険加入状況・配偶者の有無・性・年齢（5歳階級）別

（単位：千人）　　　平成28年

配偶者の有無　性　年齢階級	総数	国民健康保険加入者	市町村	組合	被用者保険加入者	本人	家族	その他	不詳
総　　数	2 161	534	498	36	1 533	746	787	51	42
19　歳　以　下	125	31	27	4	89	25	63	5	0
20　～　24　歳	503	137	130	7	348	173	175	11	7
25　～　29	668	176	162	14	451	259	193	19	21
30　～　34	865	190	180	10	645	290	356	16	14
男	592	195	185	10	357	219	138	19	20
19　歳　以　下	59	15	13	3	42	13	29	2	0
20　～　24　歳	188	57	54	3	123	61	62	5	4
25　～　29	189	63	61	2	107	78	29	8	11
30　～　34	156	60	57	2	86	67	19	5	5
女	1 568	339	313	26	1 175	527	648	31	22
19　歳　以　下	66	16	14	2	47	12	35	3	0
20　～　24　歳	315	80	76	4	225	112	113	6	4
25　～　29	478	113	101	12	344	180	164	11	10
30　～　34	710	130	122	8	559	223	337	11	9
配　偶　者　あ　り	761	99	84	15	650	190	460	9	3
19　歳　以　下	2	1	1	0	1	1	0	0	－
20　～　24　歳	42	9	8	1	32	11	22	1	－
25　～　29	219	34	26	8	180	53	126	4	1
30　～　34	498	55	48	7	437	126	312	4	2
男	30	12	12	1	17	14	3	0	0
19　歳　以　下	1	1	1	－	0	0	－	－	－
20　～　24　歳	4	2	2	－	2	2	0	0	－
25　～　29	10	5	4	1	5	4	1	－	－
30　～　34	15	5	5	－	9	8	1	0	0
女	731	87	72	15	633	176	457	9	2
19　歳　以　下	2	1	1	0	1	1	0	0	－
20　～　24　歳	38	7	7	1	30	9	21	1	－
25　～　29	208	29	22	7	174	49	125	4	1
30　～　34	483	50	43	7	428	118	310	4	1
配　偶　者　な　し	1 399	435	415	21	883	556	327	42	40
19　歳　以　下	123	30	26	4	88	25	63	5	0
20　～　24　歳	461	128	122	6	316	162	153	10	7
25　～　29	449	142	136	6	272	205	66	16	20
30　～　34	367	135	131	4	208	164	44	12	12
男	562	183	173	10	340	205	136	19	20
19　歳　以　下	58	15	12	3	42	13	29	2	0
20　～　24　歳	184	55	52	3	121	59	61	5	4
25　～　29	179	58	57	2	102	74	28	8	11
30　～　34	140	54	52	2	77	59	18	4	5
女	838	253	242	11	542	351	191	22	20
19　歳　以　下	64	15	14	2	46	12	34	3	0
20　～　24　歳	277	73	70	3	195	103	92	5	4
25　～　29	270	84	79	5	170	131	39	7	9
30　～　34	227	81	79	2	131	105	26	7	7
（再　掲）　未　婚	1 309	403	383	20	832	513	320	36	37
19　歳　以　下	123	30	26	4	88	25	63	5	0
20　～　24　歳	454	126	120	6	311	160	151	9	7
25　～　29	421	131	125	6	257	193	64	14	18
30　～　34	312	116	112	4	176	135	41	8	11
男	556	181	171	10	336	201	135	19	20
19　歳　以　下	58	15	12	3	42	13	29	2	0
20　～　24　歳	184	55	52	3	121	59	61	5	4
25　～　29	176	57	55	2	100	73	28	8	11
30　～　34	137	54	52	2	74	57	17	4	5
女	754	223	212	11	496	311	185	17	18
19　歳　以　下	64	15	14	2	46	12	34	3	0
20　～　24　歳	270	71	67	3	190	101	90	5	4
25　～　29	245	74	70	4	157	120	37	6	8
30　～　34	174	62	61	1	102	78	24	4	6

注：1）熊本県を除いたものである。
　　2）パート・アルバイトをしている者及び希望している者には、次の者は含まない。
　　　1．主に通学しながらパート・アルバイトをしている者
　　　2．通学の者
　　　3．家事のうち、すぐに仕事に就けるが仕事を探していない者及びすぐに仕事に就けない者

第2章　所得・貯蓄

（2－1）

第1表　平均所得金額－平均世帯人員－平均有業人員，年次別

年　　　次	平均所得金額（万円）			平均可処分所得金額（万円）			有業人員1人当たり平均稼働所得金額（万円）	平均世帯人員（人）	平均有業人員（人）
	1世帯当たり	世帯人員1人当たり	等　価	1世帯当たり	世帯人員1人当たり	等　価			
昭和60年（1985）	493.3	144.6	277.0	430.8	125.9	242.1	283.2	3.41	1.55
61　（'86）	505.6	149.2	285.6	…	…	…	280.5	3.39	1.58
62　（'87）	513.2	155.1	293.0	…	…	…	272.9	3.31	1.63
63　（'88）	545.3	164.0	310.3	457.6	137.7	260.7	298.7	3.33	1.58
平成元年（'89）	566.7	174.6	329.3	…	…	…	295.9	3.25	1.62
2　（'90）	596.6	183.6	345.8	…	…	…	320.3	3.25	1.62
3　（'91）	628.8	197.8	368.7	521.9	164.6	306.6	354.4	3.18	1.54
4　（'92）	647.8	207.1	385.0	…	…	…	355.9	3.13	1.57
5　（'93）	657.5	211.1	391.1	…	…	…	368.0	3.12	1.56
6　（'94）	664.2	216.4	398.2	546.8	180.3	330.3	385.7	3.07	1.47
7　（'95）	659.6	219.2	399.2	545.4	182.9	331.2	377.3	3.01	1.49
8　（'96）	661.2	225.8	409.8	547.1	188.1	340.6	384.4	2.93	1.46
9　（'97）	657.7	222.7	403.8	549.9	187.4	339.0	387.8	2.95	1.42
10　（'98）	655.2	222.6	401.5	544.9	186.5	335.0	378.4	2.94	1.43
11　（'99）	626.0	219.8	392.4	523.8	185.3	329.2	365.6	2.85	1.40
12　（2000）	616.9	212.1	380.9	512.0	178.4	318.5	331.6	2.91	1.49
13　（'01）	602.0	213.5	380.6	490.3	176.9	313.1	355.3	2.82	1.36
14　（'02）	589.3	204.7	367.1	480.5	170.7	303.3	340.7	2.88	1.37
15　（'03）	579.7	203.4	363.6	455.4	167.9	293.0	332.5	2.85	1.37
16　（'04）	580.4	203.3	364.5	471.7	169.5	300.9	317.7	2.85	1.44
17　（'05）	563.8	205.9	362.8	448.5	168.8	292.7	320.6	2.74	1.36
18　（'06）	566.8	207.1	362.6	445.5	167.5	289.7	319.9	2.74	1.36

注：1）平成6年の数値は、兵庫県を除いたものである。
　　2）「第2章」における「平均世帯人員」「平均有業人員」は、調査対象にまかない付きの寮・寄宿舎が含まれていないため、
　　　　「第1章」における数値とは異なる。
　　3）「平均可処分所得金額」には、金額不詳の世帯は含まない。

（2－2）

第1表　平均所得金額－平均世帯人員－平均有業人員，年次別

年　　　次	平均所得金額（万円）			平均可処分所得金額（万円）			有業人員1人当たり平均稼働所得金額（万円）	平　均世帯人員（人）	平　均有業人員（人）
	1　世　帯当　た　り	世帯人員1人当たり	等　価	1　世　帯当　た　り	世帯人員1人当たり	等　価			
平成19年 （2007）	556.2	207.1	359.4	443.3	171.2	291.4	313.2	2.69	1.38
20 （ ’08）	547.5	208.4	358.4	424.0	167.2	283.1	321.6	2.63	1.31
21 （ ’09）	549.6	207.3	356.8	430.1	171.3	288.1	315.6	2.65	1.29
22 （ ’10）	538.0	200.4	348.5	420.4	165.1	279.9	290.7	2.68	1.37
23 （ ’11）	548.2	208.3	358.6	424.1	169.0	284.2	306.0	2.63	1.34
24 （ ’12）	537.2	203.7	349.3	417.1	166.3	278.3	307.0	2.64	1.29
25 （ ’13）	528.9	205.3	350.2	415.4	168.1	281.1	297.9	2.58	1.28
26 （ ’14）	541.9	211.0	359.8	420.0	171.5	286.0	308.6	2.57	1.31
27 （ ’15）	545.4	212.2	361.2	416.4	170.9	283.7	311.4	2.57	1.30

注：1）平成22年の数値は、岩手県、宮城県及び福島県を除いたものである。
　　2）平成23年の数値は、福島県を除いたものである。
　　3）平成27年の数値は、熊本県を除いたものである。
　　4）「第2章」における「平均世帯人員」「平均有業人員」は、調査対象にまかない付きの寮・寄宿舎が含まれていないため、
　　　　「第1章」における数値とは異なる。
　　5）「平均可処分所得金額」には、金額不詳の世帯は含まない。

（2－1）

第2表　世帯数の相対度数分布－

（単位：％）

所得金額階級	昭和60年(1985)	61('86)	62('87)	63('88)	平成元年('89)	2('90)	3('91)	4('92)	5('93)	6('94)
									相	対
総　　数	100.0	100.0	100.0	100.0	100.0	100.0	100.0	100.0	100.0	100.0
50万円未満	1.1	0.9	0.8	1.0	1.1	1.1	1.5	1.4	0.9	1.4
50 ～ 100	3.9	3.9	4.2	3.9	3.7	3.1	3.6	3.1	3.0	3.3
100 ～ 150	6.3	5.5	5.3	6.0	5.4	5.1	4.7	4.5	4.1	4.8
150 ～ 200	6.3	6.2	6.3	5.5	5.4	4.9	4.4	4.6	4.3	4.5
200 ～ 250	7.1	6.7	7.5	6.2	5.9	5.6	5.4	4.7	4.9	4.9
250 ～ 300	7.0	7.7	6.5	6.5	5.9	5.1	5.1	4.9	4.5	4.5
300 ～ 350	7.6	7.1	7.5	6.7	6.6	6.3	5.6	5.9	5.7	5.8
350 ～ 400	7.3	7.0	6.8	6.9	6.6	5.9	5.5	5.6	5.2	5.2
400 ～ 450	7.2	7.6	6.8	6.5	6.4	6.4	5.8	5.0	5.9	5.3
450 ～ 500	6.5	6.2	5.9	5.8	5.9	5.6	5.3	5.5	5.1	5.0
500 ～ 550	6.3	5.8	6.3	6.2	5.8	6.1	5.6	5.0	5.7	5.4
550 ～ 600	5.1	4.9	4.9	4.9	5.0	4.7	4.7	4.8	4.3	4.5
600 ～ 650	4.8	4.9	4.9	4.8	4.8	5.2	4.9	5.0	5.1	4.7
650 ～ 700	3.8	4.1	3.8	4.0	4.2	4.3	4.2	4.5	4.2	4.0
700 ～ 750	3.2	3.8	3.5	3.8	3.8	4.3	4.2	3.7	4.4	4.0
750 ～ 800	2.6	2.8	2.9	3.0	3.0	3.1	3.4	3.6	3.1	3.3
800 ～ 850	2.2	2.4	2.9	2.9	3.1	3.3	3.4	3.1	3.3	3.6
850 ～ 900	1.8	1.8	1.9	2.1	2.4	2.6	2.6	2.6	3.1	2.9
900 ～ 950	1.6	1.7	1.9	2.0	2.1	2.3	2.5	2.5	2.7	2.4
950 ～ 1000	1.2	1.5	1.3	1.6	1.4	2.1	2.1	2.3	2.5	2.1
1000 ～ 1100	1.8	2.1	2.4	2.5	2.9	3.4	3.7	4.4	4.2	4.0
1100 ～ 1200	1.2	1.3	1.6	1.7	2.1	2.2	2.6	3.1	2.6	3.0
1200 ～ 1500	2.0	2.3	2.3	3.0	3.5	3.9	4.6	5.3	5.9	5.5
1500 ～ 2000	1.0	1.1	1.2	1.5	1.5	2.1	2.6	3.1	3.4	3.5
2000万円以上	0.8	0.8	0.7	1.2	1.4	1.5	1.8	1.7	1.9	2.1
									累	積
総　　数	・	・	・	・	・	・	・	・	・	・
50万円未満	1.1	0.9	0.8	1.0	1.1	1.1	1.5	1.4	0.9	1.4
50 ～ 100	5.0	4.8	5.0	4.9	4.8	4.1	5.1	4.5	4.0	4.8
100 ～ 150	11.4	10.3	10.3	10.9	10.2	9.3	9.8	9.0	8.1	9.6
150 ～ 200	17.7	16.5	16.6	16.4	15.7	14.2	14.3	13.6	12.3	14.1
200 ～ 250	24.8	23.2	24.0	22.6	21.6	19.8	19.6	18.3	17.3	19.0
250 ～ 300	31.8	30.9	30.5	29.0	27.4	24.9	24.7	23.2	21.7	23.5
300 ～ 350	39.4	38.0	38.0	35.7	34.0	31.1	30.4	29.1	27.5	29.3
350 ～ 400	46.7	45.0	44.8	42.6	40.6	37.0	35.9	34.6	32.6	34.6
400 ～ 450	53.9	52.6	51.5	49.1	47.0	43.5	41.7	39.6	38.5	39.9
450 ～ 500	60.4	58.8	57.4	54.9	52.9	49.0	46.9	45.1	43.6	44.9
500 ～ 550	66.8	64.6	63.7	61.1	58.7	55.1	52.5	50.1	49.4	50.3
550 ～ 600	71.9	69.5	68.6	66.0	63.7	59.8	57.2	54.9	53.6	54.8
600 ～ 650	76.7	74.4	73.4	70.8	68.5	65.0	62.1	59.8	58.7	59.5
650 ～ 700	80.5	78.5	77.2	74.8	72.7	69.3	66.3	64.4	62.9	63.5
700 ～ 750	83.7	82.3	80.7	78.6	76.6	73.5	70.5	68.1	67.3	67.5
750 ～ 800	86.3	85.1	83.7	81.6	79.6	76.6	73.9	71.8	70.4	70.8
800 ～ 850	88.5	87.5	86.6	84.4	82.7	79.9	77.3	74.9	73.7	74.4
850 ～ 900	90.3	89.3	88.5	86.5	85.0	82.5	79.9	77.5	76.7	77.3
900 ～ 950	91.9	91.0	90.4	88.5	87.2	84.8	82.4	80.0	79.4	79.7
950 ～ 1000	93.1	92.4	91.7	90.0	88.6	86.8	84.6	82.4	81.9	81.8
1000 ～ 1100	94.9	94.5	94.2	92.6	91.5	90.3	88.3	86.7	86.1	85.8
1100 ～ 1200	96.2	95.8	95.8	94.3	93.6	92.5	90.9	89.8	88.8	88.8
1200 ～ 1500	98.2	98.1	98.1	97.2	97.1	96.4	95.5	95.1	94.7	94.4
1500 ～ 2000	99.2	99.2	99.3	98.8	98.6	98.5	98.2	98.3	98.1	97.9
2000万円以上	100.0	100.0	100.0	100.0	100.0	100.0	100.0	100.0	100.0	100.0

注：平成6年の数値は、兵庫県を除いたものである。

累積度数分布， 年次・所得金額階級別

7 ('95)	8 ('96)	9 ('97)	10 ('98)	11 ('99)	12 (2000)	13 ('01)	14 ('02)	15 ('03)	16 ('04)	17 ('05)	18 ('06)
度 数 分 布											
100.0	100.0	100.0	100.0	100.0	100.0	100.0	100.0	100.0	100.0	100.0	100.0
1.0	1.4	1.1	1.4	1.1	1.8	1.2	1.9	1.6	1.9	1.4	1.6
2.9	3.3	3.5	3.1	3.4	3.7	4.3	4.3	4.3	4.7	4.6	4.6
4.7	5.0	5.4	4.5	6.1	5.2	6.0	6.0	5.8	6.0	5.9	5.8
4.3	5.1	5.1	5.2	5.5	5.6	5.6	5.9	5.8	6.0	6.9	5.8
4.9	5.0	5.0	4.8	5.5	5.7	5.8	5.8	5.8	6.1	6.2	6.8
4.6	4.7	5.0	4.9	5.5	5.6	5.3	5.0	5.5	5.8	5.6	6.1
5.8	5.5	5.5	5.2	6.1	6.3	6.4	6.1	6.2	6.7	6.7	7.1
5.6	5.7	5.2	5.7	5.8	5.6	5.8	5.9	6.0	5.6	5.9	6.0
5.2	5.3	5.4	5.0	5.3	5.6	6.1	6.2	6.2	5.5	5.6	5.7
4.9	4.6	4.8	5.4	4.5	4.8	4.9	5.2	4.9	5.5	5.2	5.0
5.7	5.1	5.0	5.3	5.5	5.2	4.7	5.1	5.1	4.2	5.0	5.0
4.4	4.4	4.1	4.7	4.3	4.1	4.4	3.9	3.9	3.8	4.6	4.2
5.0	4.4	4.5	4.8	4.2	4.2	4.1	4.5	4.4	3.8	4.3	4.1
3.8	3.5	3.8	3.9	3.5	3.5	3.4	3.3	4.1	2.9	3.9	3.7
4.2	3.6	3.7	4.2	3.6	3.6	3.8	3.5	3.3	3.1	3.3	3.4
3.8	3.4	3.3	3.4	2.9	3.1	2.9	3.0	3.2	2.8	2.6	3.0
3.5	3.3	3.4	3.4	3.2	3.4	3.0	3.1	3.1	3.3	3.0	2.5
2.7	2.8	2.7	3.0	2.9	2.5	2.4	2.4	2.7	2.6	2.2	2.4
2.8	2.6	2.8	2.7	2.7	2.5	2.3	2.2	2.1	2.5	2.2	2.3
2.1	2.4	2.3	2.2	1.9	2.1	2.0	1.8	1.8	2.1	1.8	2.0
3.9	4.2	3.9	3.9	3.8	3.5	3.3	3.6	3.5	3.8	3.3	2.9
3.1	2.9	3.1	2.9	2.8	2.8	2.5	2.6	2.5	2.6	2.1	2.2
5.8	6.1	5.6	5.3	4.9	4.8	5.2	4.5	4.5	5.0	3.5	4.1
3.2	3.5	3.5	3.4	3.0	2.9	3.1	2.9	2.4	2.4	2.7	2.3
1.9	2.2	2.1	1.9	2.0	1.8	1.4	1.4	1.2	1.3	1.2	1.4
度 数 分 布											
・	・	・	・	・	・	・	・	・	・	・	・
1.0	1.4	1.1	1.4	1.1	1.8	1.2	1.9	1.6	1.9	1.4	1.6
3.9	4.7	4.6	4.5	4.5	5.5	5.5	6.2	5.9	6.6	6.0	6.2
8.6	9.6	10.0	8.9	10.6	10.7	11.5	12.2	11.6	12.7	11.9	12.0
12.9	14.8	15.1	14.2	16.1	16.3	17.1	18.1	17.5	18.7	18.8	17.8
17.8	19.7	20.1	18.9	21.6	21.9	22.9	23.9	23.3	24.8	25.0	24.7
22.4	24.4	25.1	23.8	27.2	27.5	28.2	28.9	28.8	30.6	30.6	30.7
28.2	29.9	30.6	29.0	33.3	33.8	34.6	35.0	35.0	37.3	37.3	37.8
33.7	35.6	35.8	34.7	39.0	39.4	40.4	40.9	41.0	42.8	43.3	43.9
39.0	40.8	41.3	39.7	44.3	45.1	46.5	47.0	47.3	48.3	48.9	49.6
43.9	45.5	46.1	45.1	48.8	49.9	51.4	52.2	52.2	53.8	54.1	54.5
49.6	50.6	51.1	50.4	54.3	55.1	56.1	57.3	57.2	58.0	59.2	59.5
54.0	55.0	55.2	55.2	58.6	59.2	60.5	61.2	61.2	61.8	63.8	63.7
59.0	59.4	59.7	60.0	62.8	63.4	64.6	65.6	65.5	65.5	68.1	67.9
62.8	62.9	63.5	63.8	66.3	66.9	68.0	68.9	69.6	68.4	72.0	71.5
67.0	66.5	67.2	68.0	70.0	70.6	71.8	72.4	73.0	71.5	75.3	74.9
70.8	70.0	70.5	71.4	72.9	73.6	74.7	75.4	76.2	74.3	77.9	77.9
74.3	73.3	73.9	74.8	76.1	77.0	77.8	78.5	79.3	77.6	80.9	80.4
77.1	76.1	76.6	77.8	78.9	79.6	80.2	80.9	82.0	80.2	83.1	82.8
79.9	78.7	79.4	80.5	81.6	82.0	82.5	83.1	84.0	82.7	85.4	85.0
82.0	81.1	81.8	82.6	83.6	84.2	84.6	85.0	85.8	84.8	87.2	87.0
85.9	85.3	85.7	86.6	87.4	87.7	87.9	88.6	89.4	88.7	90.5	89.9
89.1	88.2	88.7	89.5	90.2	90.5	90.4	91.2	91.9	91.3	92.6	92.1
94.8	94.3	94.4	94.7	95.1	95.3	95.5	95.7	96.3	96.3	96.1	96.3
98.1	97.8	97.9	98.1	98.0	98.2	98.6	98.6	98.8	98.7	98.8	98.6
100.0	100.0	100.0	100.0	100.0	100.0	100.0	100.0	100.0	100.0	100.0	100.0

（2－2）

第2表　世帯数の相対度数分布－累積度数分布，年次・所得金額階級別

（単位：％）

所得金額階級	平成19年 (2007)	20 ('08)	21 ('09)	22 ('10)	23 ('11)	24 ('12)	25 ('13)	26 ('14)	27 ('15)
	相　対　度　数　分　布								
総　　　　　数	100.0	100.0	100.0	100.0	100.0	100.0	100.0	100.0	100.0
50万円未満	1.0	1.7	1.1	1.3	1.0	1.3	1.2	1.0	1.0
50 ～ 100	4.9	4.9	4.8	5.2	5.9	4.9	5.4	5.4	5.2
100 ～ 150	6.5	6.7	6.3	6.5	6.4	6.6	6.7	6.5	6.5
150 ～ 200	6.1	6.1	6.4	6.6	6.6	6.7	7.2	7.2	6.9
200 ～ 250	6.5	7.1	6.8	6.8	5.8	6.8	7.0	6.7	7.3
250 ～ 300	6.3	6.8	6.7	6.5	6.6	6.4	7.3	7.3	6.4
300 ～ 350	6.9	7.2	6.6	7.2	6.9	6.9	7.1	7.1	7.0
350 ～ 400	6.1	6.1	6.5	6.4	6.4	6.3	6.3	6.0	6.2
400 ～ 450	6.0	5.5	6.0	6.0	6.3	5.9	5.3	4.9	5.6
450 ～ 500	5.1	4.5	5.2	4.8	5.2	5.1	4.8	4.9	4.8
500 ～ 550	4.7	4.8	5.1	4.9	5.1	5.0	4.8	4.9	4.8
550 ～ 600	4.9	4.0	4.3	4.2	4.1	4.0	3.6	3.9	4.0
600 ～ 650	4.3	3.7	4.1	4.2	3.8	3.9	3.8	4.0	4.0
650 ～ 700	3.4	3.5	3.4	3.3	3.3	3.4	3.1	3.2	3.6
700 ～ 750	3.4	3.1	3.2	3.1	3.0	3.5	3.3	3.4	3.6
750 ～ 800	2.9	3.0	2.8	2.9	3.1	3.0	3.1	3.0	2.7
800 ～ 850	2.8	2.6	2.6	2.5	2.6	3.0	2.9	2.5	2.7
850 ～ 900	2.4	2.4	2.4	2.3	2.2	2.1	2.1	2.1	2.2
900 ～ 950	2.2	2.0	2.0	2.2	2.3	2.1	2.1	2.1	2.1
950 ～ 1000	1.8	1.9	1.7	1.3	1.7	1.7	1.7	1.8	1.6
1000 ～ 1100	2.8	3.0	2.9	3.1	2.9	3.0	2.8	2.8	2.7
1100 ～ 1200	2.1	2.1	2.1	2.0	2.0	2.0	2.2	2.4	2.0
1200 ～ 1500	3.8	3.9	3.6	3.5	3.4	3.4	3.2	3.9	3.6
1500 ～ 2000	2.0	2.2	2.2	2.1	2.0	1.9	1.7	2.1	2.0
2000万円以上	1.3	1.2	1.2	1.0	1.3	1.0	1.2	1.0	1.3
	累　積　度　数　分　布								
総　　　　　数	・	・	・	・	・	・	・	・	・
50万円未満	1.0	1.7	1.1	1.3	1.0	1.3	1.2	1.0	1.0
50 ～ 100	5.9	6.6	5.9	6.5	6.9	6.2	6.6	6.4	6.2
100 ～ 150	12.3	13.3	12.2	13.0	13.2	12.8	13.2	12.9	12.7
150 ～ 200	18.4	19.4	18.5	19.6	19.9	19.4	20.4	20.1	19.6
200 ～ 250	24.9	26.5	25.3	26.4	25.7	26.3	27.5	26.7	26.9
250 ～ 300	31.2	33.3	32.0	32.8	32.3	32.7	34.8	34.0	33.3
300 ～ 350	38.1	40.5	38.7	40.0	39.2	39.6	41.9	41.1	40.3
350 ～ 400	44.2	46.6	45.2	46.4	45.7	45.9	48.2	47.1	46.5
400 ～ 450	50.1	52.2	51.1	52.4	52.0	51.8	53.5	52.0	52.2
450 ～ 500	55.3	56.6	56.3	57.2	57.2	56.9	58.3	56.9	57.0
500 ～ 550	60.0	61.5	61.4	62.2	62.3	61.9	63.1	61.8	61.8
550 ～ 600	64.9	65.5	65.7	66.3	66.4	65.9	66.8	65.7	65.8
600 ～ 650	69.2	69.2	69.7	70.6	70.1	69.8	70.6	69.7	69.8
650 ～ 700	72.6	72.6	73.1	73.9	73.4	73.2	73.7	73.0	73.4
700 ～ 750	75.9	75.7	76.4	77.0	76.5	76.8	77.0	76.3	77.0
750 ～ 800	78.8	78.8	79.2	79.9	79.6	79.7	80.1	79.3	79.7
800 ～ 850	81.6	81.4	81.8	82.5	82.2	82.8	83.0	81.8	82.4
850 ～ 900	84.0	83.8	84.3	84.8	84.4	84.9	85.1	84.0	84.7
900 ～ 950	86.2	85.9	86.3	87.0	86.7	87.0	87.2	86.1	86.8
950 ～ 1000	88.0	87.7	88.0	88.3	88.4	88.7	88.8	87.8	88.4
1000 ～ 1100	90.8	90.7	90.9	91.5	91.3	91.7	91.7	90.7	91.1
1100 ～ 1200	93.0	92.8	93.0	93.5	93.3	93.7	93.8	93.1	93.1
1200 ～ 1500	96.8	96.7	96.6	96.9	96.7	97.1	97.1	97.0	96.7
1500 ～ 2000	98.7	98.8	98.8	99.0	98.7	99.0	98.8	99.0	98.7
2000万円以上	100.0	100.0	100.0	100.0	100.0	100.0	100.0	100.0	100.0

注：1）平成22年の数値は、岩手県、宮城県及び福島県を除いたものである。
　　2）平成23年の数値は、福島県を除いたものである。
　　3）平成27年の数値は、熊本県を除いたものである。

（2－1）

第3表　1世帯当たり平均所得金額－

所得の種類	昭和60年 (1985)	61 ('86)	62 ('87)	63 ('88)	平成元年 ('89)	2 ('90)	3 ('91)	4 ('92)	5 ('93)	6 ('94)
								1	世 帯 当 た	り
総　　所　　得	493.3	505.6	513.2	545.3	566.7	596.6	628.8	647.8	657.5	664.2
稼　働　所　得	439.4	442.1	446.1	470.6	480.2	517.5	545.7	558.4	575.4	568.3
雇　用　者　所　得	379.0	370.8	389.0	409.5	411.9	453.1	483.0	499.1	511.6	502.6
事　業　所　得	47.0	60.1	46.8	49.4	56.9	52.9	52.7	49.8	54.0	55.5
農耕・畜産所得	11.1	9.4	8.5	9.1	9.1	8.9	7.4	7.9	7.5	8.1
家　内　労　働　所　得	2.2	1.8	1.8	2.7	2.4	2.6	2.5	1.6	2.4	2.1
財　産　所　得	10.8	12.4	13.4	17.0	22.1	15.9	17.9	19.6	16.3	18.2
家　賃　・　地　代	…	…	…	12.7	17.4	12.0	12.7	16.4	12.8	14.5
利　子　・　配　当　金	…	…	…	4.3	4.7	3.9	5.2	3.2	3.5	3.7
公　的　年　金　・　恩　給	35.1	41.8	44.3	45.9	48.9	52.6	55.1	58.1	56.5	63.4
公的年金・恩給以外の社会保障給付金	3.5	4.1	3.6	3.9	3.5	3.0	2.4	3.1	2.5	3.8
雇　用　保　険	…	…	…	…	…	…	…	…	…	…
児　童　手　当　等	…	…	…	…	…	…	…	…	…	…
その他の社会保障給付金	…	…	…	…	…	…	…	…	…	…
仕送り・企業年金・個人年金等・その他の所得	4.5	5.2	5.9	7.8	12.0	7.7	7.7	8.6	6.8	10.4
仕　　送　　り	2.4	2.3	3.1	4.1	5.4	4.8	4.5	3.3	3.4	4.5
企業年金・個人年金等	…	…	…	…	…	…	…	…	…	…
そ　の　他　の　所　得	2.1	2.9	2.8	3.8	6.6	2.8	3.2	5.2	3.4	5.9
							1 世 帯 当	た	り 平 均 所	得
総　　所　　得	100.0	100.0	100.0	100.0	100.0	100.0	100.0	100.0	100.0	100.0
稼　働　所　得	89.1	87.4	86.9	86.3	84.7	86.7	86.8	86.2	87.5	85.6
雇　用　者　所　得	76.8	73.3	75.8	75.1	72.7	75.9	76.8	77.0	77.8	75.7
事　業　所　得	9.5	11.9	9.1	9.1	10.0	8.9	8.4	7.7	8.2	8.4
農耕・畜産所得	2.2	1.9	1.7	1.7	1.6	1.5	1.2	1.2	1.1	1.2
家　内　労　働　所　得	0.4	0.4	0.4	0.5	0.4	0.4	0.4	0.3	0.4	0.3
財　産　所　得	2.2	2.5	2.6	3.1	3.9	2.7	2.8	3.0	2.5	2.7
家　賃　・　地　代	…	…	…	2.3	3.1	2.0	2.0	2.5	2.0	2.2
利　子　・　配　当　金	…	…	…	0.8	0.8	0.7	0.8	0.5	0.5	0.6
公　的　年　金　・　恩　給	7.1	8.3	8.6	8.4	8.6	8.8	8.8	9.0	8.6	9.5
公的年金・恩給以外の社会保障給付金	0.7	0.8	0.7	0.7	0.6	0.5	0.4	0.5	0.4	0.6
雇　用　保　険	…	…	…	…	…	…	…	…	…	…
児　童　手　当　等	…	…	…	…	…	…	…	…	…	…
その他の社会保障給付金	…	…	…	…	…	…	…	…	…	…
仕送り・企業年金・個人年金等・その他の所得	0.9	1.0	1.1	1.4	2.1	1.3	1.2	1.3	1.0	1.6
仕　　送　　り	0.5	0.5	0.6	0.7	1.0	0.8	0.7	0.5	0.5	0.7
企業年金・個人年金等	…	…	…	…	…	…	…	…	…	…
そ　の　他　の　所　得	0.4	0.6	0.5	0.7	1.2	0.5	0.5	0.8	0.5	0.9

注：1）　昭和60～平成11年の「その他の所得」には、「企業年金・個人年金等」を含む。
　　2）　平成6年の数値は、兵庫県を除いたものである。
　　3）　平成11年の「その他の所得」には、「地域振興券」を含む。
　　4）　平成12～14年の「企業年金・個人年金等」は、「個人年金」のみの数値であり、「その他の所得」には、企業年金を含む。
　　5）　平成15～18年の「その他の社会保障給付金」には、「児童手当等」を含む。

構成割合, 年次・所得の種類別

7 ('95)	8 ('96)	9 ('97)	10 ('98)	11 ('99)	12 (2000)	13 ('01)	14 ('02)	15 ('03)	16 ('04)	17 ('05)	18 ('06)
平 均 所 得 金 額（単位：万円）											
659.6	661.2	657.7	655.2	626.0	616.9	602.0	589.3	579.7	580.4	563.8	566.8
563.0	559.6	551.3	542.3	511.9	494.2	481.8	468.0	455.1	455.9	437.5	434.8
505.3	502.8	493.8	490.3	463.2	445.5	436.3	423.6	406.7	406.9	387.4	380.3
50.9	48.6	49.7	43.1	42.0	41.3	40.6	37.7	40.4	41.9	41.6	48.1
5.4	6.9	6.0	7.7	5.4	5.5	3.8	5.2	6.6	6.2	7.4	5.1
1.3	1.3	1.7	1.2	1.3	1.9	1.0	1.6	1.4	0.9	1.2	1.3
12.7	13.4	15.7	15.5	17.6	16.2	14.9	13.4	14.2	12.6	13.9	18.1
10.4	11.1	12.7	14.0	15.1	13.0	13.3	11.9	…	…	…	…
2.3	2.2	2.9	1.5	2.4	3.2	1.6	1.5	…	…	…	…
67.0	74.2	75.2	81.6	81.5	87.1	90.4	93.3	94.6	96.3	94.7	98.2
2.8	2.9	3.6	3.2	3.8	3.4	4.5	3.5	4.4	4.6	4.1	3.4
…	…	…	…	…	…	…	…	1.6	1.5	1.3	1.0
…	…	…	…	…	…	…	…	…	…	…	…
…	…	…	…	…	…	…	…	2.8	3.1	2.8	2.4
14.1	11.1	12.0	12.7	11.2	16.0	10.5	11.0	11.4	11.0	13.5	12.2
4.0	4.4	5.1	5.1	3.4	3.4	3.8	3.1	3.3	2.7	3.4	2.3
…	…	…	…	…	4.0	2.0	3.2	4.6	4.8	6.1	5.8
10.1	6.7	6.9	7.6	7.9	8.6	4.7	4.7	3.5	3.5	4.0	4.2
金 額 の 構 成 割 合（単位：％）											
100.0	100.0	100.0	100.0	100.0	100.0	100.0	100.0	100.0	100.0	100.0	100.0
85.4	84.6	83.8	82.8	81.8	80.1	80.0	79.4	78.5	78.6	77.6	76.7
76.6	76.0	75.1	74.8	74.0	72.2	72.5	71.9	70.2	70.1	68.7	67.1
7.7	7.4	7.6	6.6	6.7	6.7	6.7	6.4	7.0	7.2	7.4	8.5
0.8	1.0	0.9	1.2	0.9	0.9	0.6	0.9	1.1	1.1	1.3	0.9
0.2	0.2	0.3	0.2	0.2	0.3	0.2	0.3	0.2	0.2	0.2	0.2
1.9	2.0	2.4	2.4	2.8	2.6	2.5	2.3	2.5	2.2	2.5	3.2
1.6	1.7	1.9	2.1	2.4	2.1	2.2	2.0	…	…	…	…
0.4	0.3	0.4	0.2	0.4	0.5	0.3	0.2	…	…	…	…
10.2	11.2	11.4	12.5	13.0	14.1	15.0	15.8	16.3	16.6	16.8	17.3
0.4	0.4	0.5	0.5	0.6	0.6	0.7	0.6	0.8	0.8	0.7	0.6
…	…	…	…	…	…	…	…	0.3	0.3	0.2	0.2
…	…	…	…	…	…	…	…	…	…	…	…
…	…	…	…	…	…	…	…	0.5	0.5	0.5	0.4
2.1	1.7	1.8	1.9	1.8	2.6	1.7	1.9	2.0	1.9	2.4	2.2
0.6	0.7	0.8	0.8	0.5	0.5	0.6	0.5	0.6	0.5	0.6	0.4
…	…	…	…	…	0.7	0.3	0.5	0.8	0.8	1.1	1.0
1.5	1.0	1.1	1.2	1.3	1.4	0.8	0.8	0.6	0.6	0.7	0.7

（2−2）

第3表　1世帯当たり平均所得金額−構成割合，年次・所得の種類別

所　得　の　種　類	平成19年 (2007)	20 ('08)	21 ('09)	22 ('10)	23 ('11)	24 ('12)	25 ('13)	26 ('14)	27 ('15)
	1世帯当たり平均所得金額（単位：万円）								
総　　　所　　　得	556.2	547.5	549.6	538.0	548.2	537.2	528.9	541.9	545.4
稼　　働　　所　　得	430.9	421.1	408.1	398.5	409.5	396.7	382.0	403.8	403.3
雇　用　者　所　得	385.7	375.8	380.3	373.9	382.4	371.5	356.9	377.5	373.2
事　業　所　得	41.3	41.0	23.3	21.0	21.4	21.3	20.8	22.5	24.9
農耕・畜産所得	2.7	3.5	3.9	3.2	5.0	3.3	3.6	3.2	4.6
家　内　労　働　所　得	1.2	0.9	0.7	0.4	0.7	0.6	0.6	0.5	0.6
財　産　所　得	13.7	12.4	17.3	16.2	16.3	16.4	15.5	12.9	18.3
家　賃　・　地　代	…	…	…	…	…	…	…	…	…
利　子　・　配　当　金	…	…	…	…	…	…	…	…	…
公　的　年　金　・　恩　給	94.6	98.6	102.3	101.4	100.7	102.7	110.8	106.1	104.4
公的年金・恩給以外の社会保障給付金	4.0	3.1	5.5	8.4	8.6	8.6	7.1	6.9	6.3
雇　用　保　険	1.2	0.9	1.8	1.3	1.2	1.4	1.5	1.2	1.2
児　童　手　当　等	…	…	2.1	5.2	5.6	5.1	3.3	3.3	3.4
その他の社会保障給付金	2.8	2.2	1.7	1.9	1.7	2.1	2.3	2.4	1.7
仕送り・企業年金・個人年金等・その他の所得	13.1	12.3	16.4	13.5	13.2	12.8	13.6	12.1	13.1
仕　　送　　り	3.5	3.0	2.8	2.2	2.3	1.7	2.1	1.8	1.3
企業年金・個人年金等	5.5	5.3	8.1	8.7	8.4	8.8	9.7	8.6	9.0
そ　の　他　の　所　得	4.1	4.0	5.5	2.6	2.5	2.4	1.7	1.7	2.8
	1世帯当たり平均所得金額の構成割合（単位：％）								
総　　　所　　　得	100.0	100.0	100.0	100.0	100.0	100.0	100.0	100.0	100.0
稼　　働　　所　　得	77.5	76.9	74.3	74.1	74.7	73.8	72.2	74.5	74.0
雇　用　者　所　得	69.3	68.6	69.2	69.5	69.8	69.2	67.5	69.7	68.4
事　業　所　得	7.4	7.5	4.2	3.9	3.9	4.0	3.9	4.1	4.6
農耕・畜産所得	0.5	0.6	0.7	0.6	0.9	0.6	0.7	0.6	0.9
家　内　労　働　所　得	0.2	0.2	0.1	0.1	0.1	0.1	0.1	0.1	0.1
財　産　所　得	2.5	2.3	3.2	3.0	3.0	3.1	2.9	2.4	3.4
家　賃　・　地　代	…	…	…	…	…	…	…	…	…
利　子　・　配　当　金	…	…	…	…	…	…	…	…	…
公　的　年　金　・　恩　給	17.0	18.0	18.6	18.8	18.4	19.1	21.0	19.6	19.1
公的年金・恩給以外の社会保障給付金	0.7	0.6	1.0	1.6	1.6	1.6	1.3	1.3	1.2
雇　用　保　険	0.2	0.2	0.3	0.2	0.2	0.3	0.3	0.2	0.2
児　童　手　当　等	…	…	0.4	1.0	1.0	0.9	0.6	0.6	0.6
その他の社会保障給付金	0.5	0.4	0.3	0.4	0.3	0.4	0.4	0.4	0.3
仕送り・企業年金・個人年金等・その他の所得	2.3	2.2	3.0	2.5	2.4	2.4	2.6	2.2	2.4
仕　　送　　り	0.6	0.5	0.5	0.4	0.4	0.3	0.4	0.3	0.2
企業年金・個人年金等	1.0	1.0	1.5	1.6	1.5	1.6	1.8	1.6	1.7
そ　の　他　の　所　得	0.7	0.7	1.0	0.5	0.5	0.4	0.3	0.3	0.5

注：1）平成19年及び平成20年の「その他の社会保障給付金」には、「児童手当等」を含む。
　　2）平成21年の「その他の所得」には、「定額給付金」「子育て応援特別手当」を含む。
　　3）平成22年の数値は、岩手県、宮城県及び福島県を除いたものである。
　　4）平成23年の数値は、福島県を除いたものである。
　　5）平成26年及び平成27年の「その他の所得」には、「臨時福祉給付金」「子育て世帯臨時特例給付金」を含む。
　　6）平成27年の数値は、熊本県を除いたものである。

（2－1）
第4表　当該所得のある世帯数の構成割合，年次・所得の種類別

（単位：％）

所　得　の　種　類	昭和60年 (1985)	61 ('86)	62 ('87)	63 ('88)	平成元年 ('89)	2 ('90)	3 ('91)	4 ('92)	5 ('93)	6 ('94)	7 ('95)
総　　　所　　　得	100.0	100.0	100.0	100.0	100.0	100.0	100.0	100.0	100.0	100.0	100.0
稼　働　所　得	90.5	89.9	88.6	87.5	87.6	86.4	86.5	86.3	87.6	84.9	85.4
雇　用　者　所　得	81.2	79.3	79.8	79.1	78.8	78.5	79.2	79.6	80.1	78.3	79.2
事　業　所　得	14.2	18.0	14.1	13.5	14.9	13.1	12.5	12.3	13.3	12.1	12.3
農　耕・畜　産　所　得	10.0	10.1	8.6	8.5	8.5	8.0	7.1	7.0	6.6	6.8	5.3
家　内　労　働　所　得	3.0	3.4	2.4	3.3	3.2	2.9	2.9	2.0	2.4	1.7	1.6
財　産　所　得	9.7	9.7	8.0	11.9	15.3	9.8	11.7	10.9	10.1	11.0	8.6
家　賃・地　代	…	…	…	6.3	6.7	5.9	6.1	6.8	5.6	6.2	5.1
利　子・配　当　金	…	…	…	6.9	10.0	4.8	7.0	5.2	5.3	5.9	4.3
公　的　年　金・恩　給	29.8	35.0	33.4	33.4	35.6	33.9	35.4	36.0	33.6	36.1	36.5
公的年金・恩給以外の社会保障給付金	4.2	7.9	4.8	5.0	7.0	4.3	3.5	5.9	4.6	5.6	5.7
雇　用　保　険	…	…	…	…	…	…	…	…	…	…	…
児　童　手　当　等	…	…	…	…	…	…	…	…	…	…	…
その他の社会保障給付金	…	…	…	…	…	…	…	…	…	…	…
仕送り・企業年金・個人年金等・その他の所得	5.0	6.1	5.4	6.0	7.7	5.5	6.2	8.7	6.7	8.6	10.6
仕　　送　　り	2.8	2.9	2.9	3.5	4.0	3.6	3.7	3.3	3.1	3.8	3.3
企業年金・個人年金等	…	…	…	…	…	…	…	…	…	…	…
そ　の　他　の　所　得	2.3	3.4	2.6	2.7	3.9	2.1	2.7	5.6	4.0	5.2	7.7

（単位：％）

所　得　の　種　類	平成8年 (1996)	9 ('97)	10 ('98)	11 ('99)	12 (2000)	13 ('01)	14 ('02)	15 ('03)	16 ('04)	17 ('05)	18 ('06)
総　　　所　　　得	100.0	100.0	100.0	100.0	100.0	100.0	100.0	100.0	100.0	100.0	100.0
稼　働　所　得	83.3	82.3	81.9	80.3	78.8	79.2	77.6	77.0	75.9	75.6	74.8
雇　用　者　所　得	77.0	76.1	75.5	75.0	72.5	73.0	70.7	70.3	69.3	67.8	67.3
事　業　所　得	11.8	11.4	10.9	10.1	10.9	10.6	11.1	12.0	12.2	11.7	12.9
農　耕・畜　産　所　得	6.6	5.4	6.3	5.3	5.2	4.6	5.4	5.2	5.4	5.6	4.6
家　内　労　働　所　得	1.3	1.6	1.2	1.2	1.6	1.1	1.2	1.3	1.1	1.2	1.3
財　産　所　得	9.3	10.1	7.5	7.9	9.7	7.4	8.1	6.8	6.6	5.9	6.9
家　賃・地　代	5.4	5.8	4.9	5.5	5.9	5.1	6.0	…	…	…	…
利　子・配　当　金	4.6	5.1	3.3	2.9	4.7	2.9	2.7	…	…	…	…
公　的　年　金・恩　給	39.0	39.5	41.9	42.2	44.1	45.7	47.9	47.8	49.4	47.6	48.9
公的年金・恩給以外の社会保障給付金	4.8	5.0	5.9	5.2	3.3	8.5	5.7	8.2	7.8	9.9	7.5
雇　用　保　険	…	…	…	…	…	…	…	2.4	2.3	2.2	1.9
児　童　手　当　等	…	…	…	…	…	…	…	…	…	…	…
その他の社会保障給付金	…	…	…	…	…	…	…	6.0	5.6	8.0	5.8
仕送り・企業年金・個人年金等・その他の所得	9.4	10.5	10.3	34.2	11.6	10.2	10.5	11.5	11.4	12.5	12.6
仕　　送　　り	4.2	4.5	4.2	3.0	3.0	3.6	2.9	3.0	2.7	2.9	2.6
企業年金・個人年金等	…	…	…	…	4.5	2.6	4.2	5.1	5.4	6.2	6.2
そ　の　他　の　所　得	5.7	6.5	6.4	31.6	5.1	4.6	4.2	4.2	4.2	4.4	4.6

注：1）昭和60～平成11年の「その他の所得」には、「企業年金・個人年金等」を含む。
　　2）平成6年の数値は、兵庫県を除いたものである。
　　3）平成11年の「その他の所得」には、「地域振興券」を含む。
　　4）平成12～14年の「企業年金・個人年金等」は、「個人年金」のみの数値であり、「その他の所得」には、企業年金を含む。
　　5）平成15～18年の「その他の社会保障給付金」には、「児童手当等」を含む。

（2－2）
第4表　当該所得のある世帯数の構成割合，年次・所得の種類別

（単位：％）

所　得　の　種　類	平成19年(2007)	20('08)	21('09)	22('10)	23('11)	24('12)	25('13)	26('14)	27('15)
総　　　所　　　得	100.0	100.0	100.0	100.0	100.0	100.0	100.0	100.0	100.0
稼　働　所　得	74.8	72.9	75.2	75.7	74.9	74.5	72.4	72.8	73.7
雇　用　者　所　得	68.6	66.7	70.6	71.4	70.8	70.4	68.3	68.3	69.6
事　業　所　得	11.2	10.6	8.3	8.3	8.5	8.0	7.8	8.3	8.2
農耕・畜産所得	2.7	3.2	3.3	3.2	3.3	2.8	3.1	2.7	2.7
家内労働所得	1.1	0.7	0.9	0.7	0.9	0.8	0.9	0.8	0.8
財　産　所　得	6.0	4.9	8.6	7.6	7.7	8.4	7.6	7.5	8.0
家　賃　・　地　代	…	…	…	…	…	…	…	…	…
利　子　・　配　当　金	…	…	…	…	…	…	…	…	…
公　的　年　金　・　恩　給	46.8	49.8	52.3	52.0	52.4	52.6	57.1	55.2	54.2
公的年金・恩給以外の社会保障給付金	8.0	5.0	16.7	27.0	26.0	27.1	18.7	17.5	17.4
雇　用　保　険	2.2	1.2	3.3	2.7	2.5	2.8	3.2	2.7	2.5
児　童　手　当　等	…	…	12.1	23.5	22.8	23.3	13.8	13.0	13.6
その他の社会保障給付金	6.0	3.9	2.5	2.4	2.0	2.3	2.6	2.7	2.3
仕送り・企業年金・個人年金等・その他の所得	13.2	12.7	81.5	15.4	15.6	15.6	16.4	15.7	16.2
仕　　送　　り	2.8	2.7	2.5	2.5	2.3	1.9	2.2	1.7	1.7
企業年金・個人年金等	6.2	6.4	9.2	9.8	10.4	10.4	11.4	11.3	11.4
そ　の　他　の　所　得	5.1	4.5	79.9	4.0	3.9	4.1	3.6	3.6	4.0

注：1）平成19年及び平成20年の「その他の社会保障給付金」には、「児童手当等」を含む。
　　2）平成21年の「その他の所得」には、「定額給付金」「子育て応援特別手当」を含む。
　　3）平成22年の数値は、岩手県、宮城県及び福島県を除いたものである。
　　4）平成23年の数値は、福島県を除いたものである。
　　5）平成26年及び平成27年の「その他の所得」には、「臨時福祉給付金」「子育て世帯臨時特例給付金」を含む。
　　6）平成27年の数値は、熊本県を除いたものである。

（2−1）
第5表　当該所得のある1世帯当たり平均所得金額，
年次・所得の種類別

（単位：万円）

所　得　の　種　類	昭和60年 (1985)	61 （'86）	62 （'87）	63 （'88）	平成元年 （'89）	2 （'90）	3 （'91）	4 （'92）	5 （'93）	6 （'94）	7 （'95）
総　　　　所　　　　得	493.3	505.6	513.2	545.3	566.7	596.6	628.8	647.8	657.5	664.2	659.6
稼　　働　　所　　得	485.3	491.9	503.4	537.8	548.0	598.7	630.6	646.7	656.9	669.2	659.5
雇　用　者　所　得	466.8	467.5	487.3	517.9	522.6	577.3	610.1	627.0	638.8	642.0	638.4
事　業　所　得	330.4	334.0	331.9	365.3	381.3	404.8	423.3	405.0	407.2	457.6	413.6
農耕・畜産所得	111.4	93.8	99.5	106.7	106.1	111.2	104.3	111.8	114.1	118.9	102.1
家　内　労　働　所　得	73.0	52.2	75.4	81.4	75.3	89.9	87.5	81.2	97.2	123.2	86.0
財　産　所　得	112.1	127.9	165.8	142.7	144.8	162.5	153.3	180.5	161.4	165.4	147.5
家　賃　・　地　代	…	…	…	200.0	258.9	203.0	207.7	241.5	227.3	236.1	203.9
利　子　・　配　当　金	…	…	…	62.8	47.4	81.9	74.8	62.1	65.3	62.5	54.4
公　的　年　金　・　恩　給	117.7	119.4	132.5	137.6	137.5	155.0	155.7	161.4	168.0	175.7	183.5
公的年金・恩給以外の社会保障給付金	82.8	51.6	75.2	78.3	50.7	69.8	70.5	52.0	53.2	68.7	48.8
雇　用　保　険	…	…	…	…	…	…	…	…	…	…	…
児　童　手　当　等											
その他の社会保障給付金											
仕送り・企業年金・個人年金等・その他の所得	89.6	84.5	109.6	131.3	155.0	140.2	124.5	99.4	101.3	120.7	132.5
仕　　　送　　　り	85.7	80.0	108.3	117.2	135.0	135.6	123.6	102.0	108.2	117.6	121.7
企業年金・個人年金等	…	…	…	…	…	…	…	…	…	…	…
そ　の　他　の　所　得	88.8	85.7	107.4	142.0	168.2	136.8	116.8	93.1	86.8	113.6	130.9

（単位：万円）

所　得　の　種　類	平成8年 (1996)	9 （'97）	10 （'98）	11 （'99）	12 (2000)	13 （'01）	14 （'02）	15 （'03）	16 （'04）	17 （'05）	18 （'06）
総　　　　所　　　　得	661.2	657.7	655.2	626.0	616.9	602.0	589.3	579.7	580.4	563.8	566.8
稼　　働　　所　　得	672.0	670.1	662.1	637.5	627.6	608.3	603.1	591.2	600.7	578.6	581.0
雇　用　者　所　得	652.8	648.8	649.1	617.7	614.6	598.1	599.5	578.5	587.2	571.0	564.8
事　業　所　得	412.7	436.4	393.9	414.2	378.2	383.2	338.2	336.1	342.3	354.5	372.4
農耕・畜産所得	104.4	109.8	122.1	101.9	105.8	83.1	95.1	126.9	114.6	133.0	112.5
家　内　労　働　所　得	96.0	110.0	107.1	109.9	124.2	93.1	129.2	109.2	80.2	104.6	99.9
財　産　所　得	143.8	155.9	206.8	223.5	165.8	201.6	164.5	207.7	191.6	237.6	261.2
家　賃　・　地　代	205.6	219.5	283.2	274.7	220.7	261.0	197.6	…	…	…	…
利　子　・　配　当　金	48.0	57.1	46.4	84.9	68.3	55.4	54.8	…	…	…	…
公　的　年　金　・　恩　給	190.5	190.1	194.7	193.1	197.4	198.0	194.8	197.9	195.0	198.8	200.7
公的年金・恩給以外の社会保障給付金	60.1	71.7	53.4	73.7	101.7	53.0	61.7	54.0	58.2	41.5	45.4
雇　用　保　険	…	…	…	…	…	…	…	67.3	64.1	58.6	55.2
児　童　手　当　等	…	…	…	…	…	…	…	…	…	…	…
その他の社会保障給付金	…	…	…	…	…	…	…	47.4	54.9	35.7	40.8
仕送り・企業年金・個人年金等・その他の所得	117.9	114.0	122.9	32.8	137.4	103.3	105.0	98.9	96.5	108.3	97.1
仕　　　送　　　り	104.6	112.6	121.8	111.5	112.6	105.5	109.7	111.4	101.2	116.9	87.2
企業年金・個人年金等	…	…	…	…	89.5	74.1	75.4	90.7	88.5	99.1	92.8
そ　の　他　の　所　得	116.4	106.8	118.1	24.8	169.8	101.7	112.3	83.4	84.4	92.2	90.7

注：1）昭和60〜平成11年の「その他の所得」には、「企業年金・個人年金等」を含む。
　　2）平成6年の数値は、兵庫県を除いたものである。
　　3）平成11年の「その他の所得」には、「地域振興券」を含む。
　　4）平成12〜14年の「企業年金・個人年金等」は、「個人年金」のみの数値であり、「その他の所得」には、企業年金を含む。
　　5）平成15〜18年の「その他の社会保障給付金」には、「児童手当等」を含む。

（2－2）

第5表　当該所得のある1世帯当たり平均所得金額，
年次・所得の種類別

（単位：万円）

所　得　の　種　類	平成19年 (2007)	20 ('08)	21 ('09)	22 ('10)	23 ('11)	24 ('12)	25 ('13)	26 ('14)	27 ('15)
総　　　所　　　得	556.2	547.5	549.6	538.0	548.2	537.2	528.9	541.9	545.4
稼　　働　　所　　得	576.4	577.9	543.0	526.5	546.6	532.7	527.4	554.6	547.2
雇　用　者　所　得	561.9	563.5	538.4	524.0	540.1	527.8	522.3	553.0	536.2
事　業　所　得	369.8	388.3	280.3	253.5	250.9	266.5	268.3	271.9	303.5
農耕・畜産所得	98.6	107.9	118.3	101.1	154.4	118.5	114.9	121.6	172.0
家　内　労　働　所　得	111.8	123.2	77.3	61.1	79.5	73.7	69.6	67.9	80.3
財　　産　　所　　得	225.8	254.4	201.5	212.9	210.7	195.6	202.8	172.0	227.9
家　賃　・　地　代	…	…	…	…	…	…	…	…	…
利　子　・　配　当　金	…	…	…	…	…	…	…	…	…
公　的　年　金　・　恩　給	202.1	198.0	195.6	195.0	192.1	195.3	194.0	192.2	192.5
公的年金・恩給以外の社会保障給付金	49.9	61.2	33.1	31.1	33.1	31.6	38.0	39.3	36.1
雇　　用　　保　　険	54.7	73.8	52.8	48.1	48.4	50.4	47.6	45.7	48.4
児　童　手　当　等	…	…	17.3	22.1	24.8	21.8	23.9	25.3	24.6
その他の社会保障給付金	46.6	56.8	67.3	79.7	87.1	91.7	86.9	86.7	74.5
仕送り・企業年金・個人年金等・その他の所得	99.1	97.2	20.1	88.2	84.2	82.2	82.6	77.2	80.7
仕　　　送　　　り	128.8	112.4	114.5	89.5	96.1	88.1	97.1	107.7	79.7
企業年金・個人年金等	88.7	83.2	87.3	89.5	81.1	84.1	84.6	76.1	79.1
そ　の　他　の　所　得	80.2	88.8	6.8	64.7	64.5	57.8	48.2	48.4	69.6

注：1）平成19年及び平成20年の「その他の社会保障給付金」には、「児童手当等」を含む。
　　2）平成21年の「その他の所得」には、「定額給付金」「子育て応援特別手当」を含む。
　　3）平成22年の数値は、岩手県、宮城県及び福島県を除いたものである。
　　4）平成23年の数値は、福島県を除いたものである。
　　5）平成26年及び平成27年の「その他の所得」には、「臨時福祉給付金」「子育て世帯臨時特例給付金」を含む。
　　6）平成27年の数値は、熊本県を除いたものである。

（2－1）

第6表　1世帯当たり平均所得金額－世帯人員1人当たり平均所得金額，

所得五分位階級・年次別

（単位：万円）

年　　　次	総　　数	第　Ⅰ	第　Ⅱ	第　Ⅲ	第　Ⅳ	第　Ⅴ
	1世帯当たり平均所得金額					
昭和60年（1985）	493.3	134.3	283.0	419.8	581.2	1 048.1
61　（'86）	505.6	141.7	292.5	431.0	603.8	1 059.1
62　（'87）	513.2	139.6	290.5	436.2	614.7	1 085.4
63　（'88）	545.3	139.7	303.0	455.8	643.2	1 184.7
平成元年（'89）	566.7	143.4	314.7	472.3	668.9	1 234.2
2　（'90）	596.6	152.1	334.9	502.6	707.9	1 285.7
3　（'91）	628.8	148.2	342.0	525.1	747.8	1 381.0
4　（'92）	647.8	155.5	356.5	546.9	780.1	1 400.1
5　（'93）	657.5	165.9	369.1	556.6	795.2	1 400.8
6　（'94）	664.2	150.5	353.5	546.9	788.8	1 481.2
7　（'95）	659.6	163.1	364.0	555.4	792.3	1 423.2
8　（'96）	661.2	148.4	345.5	543.3	802.7	1 466.2
9　（'97）	657.7	146.9	340.8	538.5	792.7	1 469.8
10　（'98）	655.2	153.8	354.9	545.8	782.2	1 439.5
11　（'99）	626.0	141.9	320.0	507.1	755.0	1 405.7
12　（2000）	616.9	136.5	316.0	497.4	743.3	1 391.2
13　（'01）	602.0	135.0	310.4	486.1	728.8	1 349.9
14　（'02）	589.3	126.9	303.4	477.6	716.3	1 322.0
15　（'03）	579.7	131.4	305.4	478.1	710.5	1 272.9
16　（'04）	580.4	123.9	291.7	465.8	725.4	1 295.1
17　（'05）	563.8	129.0	289.8	459.5	679.7	1 261.4
18　（'06）	566.8	129.0	289.8	455.1	682.3	1 277.8
19　（'07）	556.2	129.1	287.6	449.6	666.8	1 247.6
20　（'08）	547.5	122.5	273.2	431.0	664.6	1 246.0
21　（'09）	549.6	129.4	283.1	441.1	659.4	1 235.1
22　（'10）	538.0	124.3	276.4	431.1	650.9	1 207.4
23　（'11）	548.2	122.4	279.6	435.0	654.0	1 249.8
24　（'12）	537.2	125.3	276.8	435.5	655.8	1 192.8
25　（'13）	528.9	122.2	265.0	418.7	645.8	1 192.9
26　（'14）	541.9	125.7	270.2	428.9	658.8	1 225.7
27　（'15）	545.4	126.0	271.7	431.0	654.4	1 243.8

注：1）　平成6年の数値は、兵庫県を除いたものである。
　　2）　平成22年の数値は、岩手県、宮城県及び福島県を除いたものである。
　　3）　平成23年の数値は、福島県を除いたものである。
　　4）　平成27年の数値は、熊本県を除いたものである。

（2－2）
第6表　1世帯当たり平均所得金額－世帯人員1人当たり平均所得金額,
所得五分位階級・年次別

（単位：万円）

年　　次	総　数	第　Ⅰ	第　Ⅱ	第　Ⅲ	第　Ⅳ	第　Ⅴ
	世帯人員1人当たり平均所得金額					
昭和60年（1985）	144.6	62.8	90.6	115.2	147.3	249.1
61　（'86）	149.2	68.4	95.5	118.2	153.2	251.1
62　（'87）	155.1	67.2	98.2	123.4	159.4	263.3
63　（'88）	164.0	68.3	100.9	127.4	165.4	288.1
平成元年（'89）	174.6	76.9	108.4	136.1	174.5	297.0
2　（'90）	183.6	78.0	116.6	143.2	186.4	312.1
3　（'91）	197.8	77.9	123.6	154.8	197.4	341.5
4　（'92）	207.1	87.9	132.8	163.7	207.7	342.1
5　（'93）	211.1	91.0	139.8	170.3	211.5	342.8
6　（'94）	216.4	81.7	134.8	170.6	214.8	369.7
7　（'95）	219.2	91.6	143.1	173.1	222.0	361.4
8　（'96）	225.8	90.4	149.1	174.5	223.6	368.5
9　（'97）	222.7	86.8	138.1	172.8	221.7	375.0
10　（'98）	222.6	87.0	136.9	179.4	225.2	374.6
11　（'99）	219.8	86.6	131.3	171.1	221.6	370.1
12　（2000）	212.1	77.6	129.8	166.6	212.5	359.8
13　（'01）	213.5	81.1	134.8	170.5	212.5	350.7
14　（'02）	204.7	73.9	127.6	162.9	206.9	338.7
15　（'03）	203.4	79.5	130.1	163.2	205.1	330.1
16　（'04）	203.3	76.4	123.2	159.9	208.7	332.3
17　（'05）	205.9	83.5	127.8	163.6	204.6	336.4
18　（'06）	207.1	78.8	125.0	163.3	210.9	344.7
19　（'07）	207.1	80.2	126.2	167.4	208.1	341.8
20　（'08）	208.4	77.1	128.4	158.6	212.4	349.1
21　（'09）	207.3	79.5	129.0	162.9	210.1	344.2
22　（'10）	200.4	77.7	124.3	161.5	203.3	323.8
23　（'11）	208.3	76.3	130.6	162.2	208.3	347.8
24　（'12）	203.7	76.6	129.4	162.2	207.9	333.9
25　（'13）	205.3	78.2	127.7	165.5	210.0	327.9
26　（'14）	211.0	81.4	128.9	167.1	214.8	344.0
27　（'15）	212.2	78.8	132.3	167.1	210.7	354.1

注：1）　平成6年の数値は、兵庫県を除いたものである。
　　2）　平成22年の数値は、岩手県、宮城県及び福島県を除いたものである。
　　3）　平成23年の数値は、福島県を除いたものである。
　　4）　平成27年の数値は、熊本県を除いたものである。

（2－1）

第7表 所得五分位値－中央値，年次別

（単位：万円）

年　　　次	五　分　位　値				中央値
	第　　Ⅰ	第　　Ⅱ	第　　Ⅲ	第　　Ⅳ	
昭和60年（1985）	214	350	494	690	418
61 （'86）	224	360	506	716	430
62 （'87）	221	360	514	737	435
63 （'88）	228	379	540	770	453
平成元年（'89）	237	393	560	800	471
2 （'90）	250	412	600	850	500
3 （'91）	250	431	623	900	521
4 （'92）	265	450	650	947	549
5 （'93）	280	460	660	960	550
6 （'94）	258	450	652	953	545
7 （'95）	274	457	659	950	550
8 （'96）	250	438	652	974	540
9 （'97）	248	435	650	960	536
10 （'98）	258	450	650	937	544
11 （'99）	236	404	611	911	506
12 （2000）	230	400	600	901	500
13 （'01）	225	396	593	896	485
14 （'02）	213	390	582	880	476
15 （'03）	219	390	582	862	476
16 （'04）	209	372	574	893	462
17 （'05）	206	368	557	832	458
18 （'06）	214	365	554	838	451

注：平成6年の数値は、兵庫県を除いたものである。

（2－2）

第7表　所得五分位値－中央値, 年次別

（単位：万円）

年　　　次	五　分　位　値				中央値
	第　Ⅰ	第　Ⅱ	第　Ⅲ	第　Ⅳ	
平成19年(2007)	210	361	549	814	448
20　（'08）	200	342	530	820	427
21　（'09）	208	359	534	810	438
22　（'10）	201	349	525	800	427
23　（'11）	200	354	525	806	432
24　（'12）	201	351	529	802	432
25　（'13）	196	336	515	797	415
26　（'14）	199	339	527	808	427
27　（'15）	200	346	529	800	427

注：1）平成22年の数値は、岩手県、宮城県及び福島県を除いたものである。
　　2）平成23年の数値は、福島県を除いたものである。
　　3）平成27年の数値は、熊本県を除いたものである。

（2-1）

第8表　1世帯当たり平均所得金額-世帯人員1人当たり平均所得金額,
世帯主の年齢（10歳階級）・年次別

（単位：万円）

年　　　次	総　　数	29歳以下	30～39歳	40～49	50～59	60～69	70歳以上	（再掲）65歳以上	（再掲）75歳以上
	1世帯当たり平均所得金額								
昭和60年 （1985）	493.3	285.0	446.4	542.5	600.5	479.5	394.8	413.1	375.5
61　（'86）	505.6	290.9	459.3	555.0	620.9	495.8	401.6	431.1	385.5
62　（'87）	513.2	282.5	473.6	561.8	620.8	492.8	414.5	434.7	402.9
63　（'88）	545.3	294.4	489.0	615.1	675.6	523.8	397.3	431.3	378.1
平成元年 （'89）	566.7	304.8	499.4	628.1	693.9	558.1	463.7	487.6	475.1
2　（'90）	596.6	325.1	550.2	674.0	739.7	570.3	412.7	463.2	405.6
3　（'91）	628.8	332.6	565.2	716.1	794.2	607.4	446.1	487.6	444.4
4　（'92）	647.8	337.9	570.7	734.7	822.7	632.4	496.5	527.6	503.1
5　（'93）	657.5	352.3	596.4	745.5	857.4	615.4	468.7	511.1	451.3
6　（'94）	664.2	342.5	591.6	753.2	869.5	647.0	477.7	527.9	431.1
7　（'95）	659.6	364.9	598.0	748.1	850.3	642.2	473.5	509.5	456.7
8　（'96）	661.2	332.1	603.3	762.0	882.2	633.7	519.7	546.4	494.9
9　（'97）	657.7	317.3	604.5	766.6	875.3	629.5	489.0	519.7	451.1
10　（'98）	655.2	350.0	618.1	762.6	866.5	622.8	486.0	505.7	449.4
11　（'99）	626.0	338.3	566.4	727.2	819.3	600.2	467.6	510.5	460.8
12　（2000）	616.9	333.1	556.5	734.7	823.9	572.5	462.0	479.6	436.3
13　（'01）	602.0	340.6	578.4	729.7	782.9	563.9	464.1	478.0	422.2
14　（'02）	589.3	320.1	545.2	717.1	753.0	577.5	454.1	475.0	429.3
15　（'03）	579.7	312.4	554.0	719.7	763.8	547.7	426.6	448.5	404.8
16　（'04）	580.4	301.6	560.0	729.5	765.2	538.4	424.0	448.2	428.9
17　（'05）	563.8	306.4	549.9	699.8	734.6	529.9	428.8	442.2	397.2
18　（'06）	566.8	317.2	555.4	704.9	760.7	544.0	408.8	432.0	392.4
19　（'07）	556.2	317.6	546.7	701.7	730.3	542.5	396.6	416.6	369.6
20　（'08）	547.5	298.9	562.4	684.3	765.5	522.8	391.2	421.4	377.1
21　（'09）	549.6	301.0	551.3	678.5	731.9	539.5	406.5	429.2	395.3
22　（'10）	538.0	314.6	515.0	634.1	714.1	544.1	415.1	440.8	406.4
23　（'11）	548.2	314.6	547.8	669.0	764.3	541.0	403.8	427.2	381.4
24　（'12）	537.2	323.7	545.1	648.9	720.4	526.2	406.3	433.2	390.3
25　（'13）	528.9	316.0	564.2	641.0	722.2	532.3	396.0	423.9	379.9
26　（'14）	541.9	365.3	558.9	686.9	768.1	525.8	386.7	417.9	379.0
27　（'15）	545.4	343.5	562.1	670.7	743.1	530.8	405.1	435.9	393.3

注：1）平成6年の数値は、兵庫県を除いたものである。
　　2）平成22年の数値は、岩手県、宮城県及び福島県を除いたものである。
　　3）平成23年の数値は、福島県を除いたものである。
　　4）平成27年の数値は、熊本県を除いたものである。
　　5）「総数」には、年齢不詳を含む。

（2－2）

第8表　1世帯当たり平均所得金額－世帯人員1人当たり平均所得金額，

世帯主の年齢（10歳階級）・年次別

（単位：万円）

年　　次	総　数	29歳以下	30～39歳	40～49	50～59	60～69	70歳以上	（再掲）65歳以上	（再掲）75歳以上
	世帯人員1人当たり平均所得金額								
昭和60年（1985）	144.6	134.1	119.6	137.9	175.8	154.8	137.5	142.0	134.1
61　（'86）	149.2	133.9	125.6	141.4	181.8	162.3	137.4	145.9	135.3
62　（'87）	155.1	142.2	132.6	145.8	185.4	160.9	143.2	146.3	143.1
63　（'88）	164.0	151.9	134.0	156.5	199.0	172.9	146.5	153.7	145.8
平成元年（'89）	174.6	159.0	138.8	165.6	211.3	186.0	165.7	170.1	170.8
2　（'90）	183.6	169.6	156.4	174.8	220.1	191.1	153.6	166.9	153.9
3　（'91）	197.8	179.3	161.8	187.9	243.0	206.9	170.1	179.2	167.5
4　（'92）	207.1	188.5	170.8	193.1	251.7	217.2	187.2	193.6	194.3
5　（'93）	211.1	195.9	181.2	196.0	260.8	214.2	176.4	186.6	173.9
6　（'94）	216.4	190.9	177.3	200.8	270.0	228.3	186.0	198.7	173.5
7　（'95）	219.2	188.1	185.0	204.1	269.8	233.3	191.3	202.0	192.9
8　（'96）	225.8	197.0	188.1	207.7	279.2	232.5	213.1	214.9	209.8
9　（'97）	222.7	183.1	187.7	207.8	277.3	227.1	198.2	203.1	189.3
10　（'98）	222.6	186.8	192.8	204.6	275.2	230.0	198.1	200.9	195.0
11　（'99）	219.8	178.9	182.5	199.5	265.9	231.8	202.3	212.6	205.9
12　（2000）	212.1	172.6	173.4	200.8	261.5	217.2	189.4	193.5	184.6
13　（'01）	213.5	188.1	188.9	202.1	253.3	217.5	193.6	197.0	186.7
14　（'02）	204.7	166.3	175.8	197.2	232.8	221.0	187.8	192.2	183.8
15　（'03）	203.4	160.9	171.1	197.6	244.0	209.9	182.6	186.7	177.9
16　（'04）	203.3	158.8	177.7	200.5	243.0	204.0	179.6	184.2	183.0
17　（'05）	205.9	169.1	187.7	197.6	245.6	208.7	183.8	185.7	176.0
18　（'06）	207.1	166.2	181.4	202.3	250.2	214.6	181.5	186.7	179.9
19　（'07）	207.1	173.5	179.9	207.8	244.7	214.3	182.2	185.3	178.5
20　（'08）	208.4	174.8	183.1	207.4	254.7	212.1	182.1	189.5	180.4
21　（'09）	207.3	163.6	179.0	202.8	249.0	216.3	186.9	191.7	188.5
22　（'10）	200.4	161.5	167.4	190.4	236.7	213.7	188.2	194.4	189.6
23　（'11）	208.3	171.6	180.9	204.4	254.8	213.9	188.0	190.6	181.9
24　（'12）	203.7	169.9	173.0	198.3	247.1	212.4	186.8	193.7	184.2
25　（'13）	205.3	177.8	174.8	203.4	254.2	212.2	183.1	189.6	180.3
26　（'14）	211.0	176.4	178.8	214.1	262.4	217.9	183.8	192.4	182.8
27　（'15）	212.2	184.7	177.0	209.5	263.8	217.3	191.6	199.3	189.7

注：1）平成6年の数値は、兵庫県を除いたものである。
　　2）平成22年の数値は、岩手県、宮城県及び福島県を除いたものである。
　　3）平成23年の数値は、福島県を除いたものである。
　　4）平成27年の数値は、熊本県を除いたものである。
　　5）「総数」には、年齢不詳を含む。

第9表　1世帯当たり平均所得金額，世帯業態・年次別

（単位：万円）

年　　　次	総　　数	雇用者世帯	常雇者世帯	1月以上1年未満の契約の雇用者世帯	日々又は1月未満の契約の雇用者世帯	自営業者世帯	その他の世帯
昭和60年（1985）	493.3	533.6	539.1	320.0	237.0	535.6	248.3
61（'86）	505.6	557.8	565.1	320.8	212.3	529.8	246.6
62（'87）	513.2	563.4	572.8	286.2	241.2	537.0	264.0
63（'88）	545.3	602.5	611.4	352.7	293.4	586.7	277.0
平成元年（'89）	566.7	623.6	633.9	401.2	297.9	611.6	270.6
2（'90）	596.6	658.5	669.1	362.8	297.7	659.0	297.7
3（'91）	628.8	693.0	700.3	401.0	331.0	705.2	314.4
4（'92）	647.8	719.7	731.5	403.5	309.6	691.1	315.3
5（'93）	657.5	729.5	739.9	393.3	255.2	701.2	319.9
6（'94）	664.2	734.7	744.1	481.7	380.1	757.9	301.2
7（'95）	659.6	735.8	746.8	399.6	316.1	694.0	349.2
8（'96）	661.2	751.6	764.4	412.3	268.5	727.2	327.7
9（'97）	657.7	766.2	779.3	429.3	420.3	720.7	357.3
10（'98）	655.2	762.5	774.0	500.1	330.5	699.1	356.0
11（'99）	626.0	734.1	746.6	401.5	327.6	702.1	349.8
12（2000）	616.9	727.5	742.2	454.0	345.5	656.8	340.4
13（'01）	602.0	715.8	737.1	364.5	275.1	655.2	345.3
14（'02）	589.3	717.8	734.4	441.9	305.7	601.7	329.5
15（'03）	579.7	710.3	727.9	442.1	352.3	602.8	324.4
16（'04）	580.4	710.0	738.8	395.5	366.9	611.5	315.7
17（'05）	563.8	683.9	714.1	376.6	320.3	571.8	326.5
18（'06）	566.8	679.9	703.6	421.4	396.2	627.6	328.8
19（'07）	556.2	670.8	694.9	413.7	327.9	584.5	314.3
20（'08）	547.5	667.6	689.1	451.3	310.9	637.4	302.2
21（'09）	549.6	662.4	685.1	422.8	364.8	606.5	328.4
22（'10）	538.0	646.5	671.8	442.2	299.3	548.0	310.9
23（'11）	548.2	664.2	688.7	424.9	363.7	607.3	313.8
24（'12）	537.2	650.8	674.9	422.1	319.7	560.5	321.5
25（'13）	528.9	650.9	680.2	426.0	303.4	574.9	305.3
26（'14）	541.9	675.5	701.9	435.2	300.8	588.4	291.7
27（'15）	545.4	661.8	689.0	416.2	323.8	622.1	308.1

注：1）昭和63～平成8年の「総数」には、農耕世帯を含む。
　　2）平成6年の数値は、兵庫県を除いたものである。
　　3）平成12年以降の「総数」には、世帯業態不詳を含む。
　　4）平成22年の数値は、岩手県、宮城県及び福島県を除いたものである。
　　5）平成23年の数値は、福島県を除いたものである。
　　6）平成27年の数値は、熊本県を除いたものである。

第10表　１世帯当たり平均所得金額，世帯構造・年次別

（単位：万円）

年　　次	総　数	単独世帯	男　の単独世帯	女　の単独世帯	核家族世　帯	夫　婦のみの世帯	夫　婦と未婚の子のみの世帯	ひとり親と未婚の子のみの世帯	三世代世　帯	その他の世　帯
昭和60年（1985）	493.3	199.4	249.2	165.6	502.5	427.8	548.5	330.7	653.7	527.2
61　（'86）	505.6	206.5	249.5	171.5	511.5	431.7	563.5	322.5	682.8	553.0
62　（'87）	513.2	226.8	262.5	197.7	523.6	424.1	584.7	357.1	704.2	526.4
63　（'88）	545.3	224.2	285.3	179.8	563.0	465.0	625.4	370.9	716.1	579.0
平成元年（'89）	566.7	234.3	293.7	189.3	581.6	485.3	650.8	387.3	798.0	602.5
2　（'90）	596.6	247.1	316.8	195.6	621.8	497.5	701.6	417.0	809.9	611.0
3　（'91）	628.8	268.9	348.7	209.6	657.5	532.3	746.3	423.4	871.3	650.2
4　（'92）	647.8	272.7	342.8	214.8	680.1	561.7	770.5	451.5	913.6	721.3
5　（'93）	657.5	291.6	360.5	225.7	696.2	544.8	795.7	489.6	901.2	736.1
6　（'94）	664.2	285.9	366.8	219.0	699.0	577.1	797.6	451.7	953.2	700.5
7　（'95）	659.6	291.4	375.3	228.9	692.9	560.7	797.5	468.3	967.9	715.3
8　（'96）	661.2	289.5	355.2	231.6	708.4	596.8	814.8	439.2	1026.6	699.7
9　（'97）	657.7	280.4	351.1	221.5	701.8	575.2	814.9	461.1	967.9	709.8
10　（'98）	655.2	304.1	409.8	223.2	689.4	576.1	789.2	453.1	990.1	676.4
11　（'99）	626.0	268.3	341.4	219.9	664.4	563.0	768.7	447.2	1002.8	664.8
12　（2000）	616.9	277.9	355.5	222.8	651.7	550.5	757.9	427.8	915.9	667.1
13　（'01）	602.0	277.0	358.3	218.5	641.8	514.3	772.8	408.8	940.7	685.3
14　（'02）	589.3	253.1	330.0	204.6	627.8	534.8	734.4	393.1	884.6	636.7
15　（'03）	579.7	252.4	332.0	196.9	612.8	496.8	737.0	415.7	888.6	623.0
16　（'04）	580.4	243.7	322.2	189.5	617.9	513.7	741.7	382.3	881.5	667.6
17　（'05）	563.8	267.5	351.8	205.6	606.4	501.8	738.7	378.6	910.3	584.9
18　（'06）	566.8	268.2	338.8	215.3	605.6	508.4	726.9	380.5	892.9	609.7
19　（'07）	556.2	264.7	345.2	206.8	610.0	503.5	737.6	397.3	860.6	589.3
20　（'08）	547.5	259.7	321.5	213.2	605.7	511.2	733.6	394.1	878.7	573.0
21　（'09）	549.6	262.9	331.3	210.1	600.1	507.0	718.0	394.6	866.2	595.3
22　（'10）	538.0	246.5	308.3	201.3	582.5	491.2	706.1	369.4	871.0	598.3
23　（'11）	548.2	257.3	312.0	217.7	608.5	501.4	738.3	383.8	859.0	561.6
24　（'12）	537.2	257.5	329.2	202.9	589.3	501.6	704.6	380.8	846.1	579.9
25　（'13）	528.9	251.3	316.2	198.2	587.7	491.6	716.3	379.3	842.0	572.9
26　（'14）	541.9	244.3	297.1	204.5	608.8	505.8	742.4	395.0	873.5	571.7
27　（'15）	545.4	255.2	322.2	202.4	601.7	499.0	731.1	414.9	877.0	638.1

注：1）平成６年の数値は、兵庫県を除いたものである。
　　2）平成22年の数値は、岩手県、宮城県及び福島県を除いたものである。
　　3）平成23年の数値は、福島県を除いたものである。
　　4）平成27年の数値は、熊本県を除いたものである。

（2－1）

第11表　1世帯当たり平均所得金額－平均等価可処分所得金額,　世帯類型－児童のいる世帯－65歳以上の者のいる世帯・年次別

（単位：万円）

年　　次	総　　数	高齢者世帯	母 子 世 帯	その他の世帯	（再掲）児童のいる世帯	（再掲）65歳以上の者のいる世帯
	1世帯当たり平均所得金額					
昭和60年（1985）	493.3	210.6	206.5	518.6	539.8	498.5
61　（'86）	505.6	235.4	213.7	530.8	557.2	511.6
62　（'87）	513.2	233.5	*226.9	539.7	562.6	518.4
63　（'88）	545.3	244.4	227.5	577.5	603.5	531.9
平成元年（'89）	566.7	248.3	245.1	602.6	626.4	572.0
2　（'90）	596.6	263.9	249.0	636.0	670.4	564.5
3　（'91）	628.8	273.7	248.6	672.9	710.6	603.7
4　（'92）	647.8	296.0	264.0	694.5	727.5	626.1
5　（'93）	657.5	292.8	*274.2	703.5	745.6	624.9
6　（'94）	664.2	305.0	269.0	717.0	758.6	636.3
7　（'95）	659.6	316.9	252.0	713.9	737.2	629.9
8　（'96）	661.2	316.0	*249.3	719.5	781.6	653.5
9　（'97）	657.7	323.1	247.3	716.1	767.1	634.5
10　（'98）	655.2	335.5	*236.8	713.8	747.4	612.7
11　（'99）	626.0	328.9	261.7	690.3	721.4	607.8
12　（2000）	616.9	319.5	252.8	684.2	725.8	577.1
13　（'01）	602.0	304.6	243.5	674.6	727.2	563.2
14　（'02）	589.3	304.6	*233.6	661.9	702.7	549.5
15　（'03）	579.7	290.9	224.6	658.7	702.6	525.0
16　（'04）	580.4	296.1	*233.4	658.9	714.9	537.1
17　（'05）	563.8	301.9	*211.9	640.4	718.0	514.6
18　（'06）	566.8	306.3	236.7	646.5	701.2	510.1
19　（'07）	556.2	298.9	243.2	637.2	691.4	493.4
20　（'08）	547.5	297.0	231.4	634.0	688.5	483.5
21　（'09）	549.6	307.9	262.6	628.6	697.3	489.8
22　（'10）	538.0	307.2	252.3	615.6	658.1	489.8
23　（'11）	548.2	303.6	*250.1	628.7	697.0	477.3
24　（'12）	537.2	309.1	243.4	618.1	673.2	481.6
25　（'13）	528.9	300.5	*235.2	620.9	696.3	464.4
26　（'14）	541.9	297.3	254.1	644.7	712.9	458.6
27　（'15）	545.4	308.1	270.1	644.7	707.6	479.9

注：1）　平成6年の数値は、兵庫県を除いたものである。
　　2）　平成22年の数値は、岩手県、宮城県及び福島県を除いたものである。
　　3）　平成23年の数値は、福島県を除いたものである。
　　4）　平成27年の数値は、熊本県を除いたものである。
　　5）　「その他の世帯」には、「父子世帯」を含む。
　　6）　*印は客体が少ないため、数値の使用には注意を要する。

（2－2）

第11表　１世帯当たり平均所得金額－平均等価可処分所得金額，世帯類型－児童のいる世帯－65歳以上の者のいる世帯・年次別

（単位：万円）

年　　　次	総　　　数	高齢者世帯	母 子 世 帯	その他の世帯	（再掲）児童のいる世帯	（再掲）65 歳 以 上 の 者のいる世帯
	平均等価可処分所得金額					
昭和60年（1985）	242.1	148.5	117.0	245.6	228.6	244.5
61　（ '86）	…	…	…	…	…	…
62　（ '87）	…	…	…	…	…	…
63　（ '88）	260.7	180.1	124.6	265.4	243.2	255.0
平成元年（ '89）	…	…	…	…	…	…
2　（ '90）	…	…	…	…	…	…
3　（ '91）	306.6	203.5	137.5	313.5	284.1	297.1
4　（ '92）	…	…	…	…	…	…
5　（ '93）	…	…	…	…	…	…
6　（ '94）	330.3	224.3	148.4	339.4	307.5	322.8
7　（ '95）	331.2	235.1	139.7	340.8	301.0	326.4
8　（ '96）	340.6	232.5	*127.3	351.9	316.7	344.1
9　（ '97）	339.0	239.5	133.3	349.5	312.5	332.4
10　（ '98）	335.0	248.4	*128.5	344.8	305.1	330.0
11　（ '99）	329.2	255.0	140.5	339.4	298.4	338.0
12　（2000）	318.5	237.0	127.3	329.9	296.4	314.2
13　（ '01）	313.1	225.8	133.6	326.7	294.8	308.8
14　（ '02）	303.3	225.2	*130.6	315.7	286.1	298.4
15　（ '03）	293.0	213.9	125.1	307.9	280.4	279.8
16　（ '04）	300.9	219.1	*121.7	315.2	291.2	291.4
17　（ '05）	292.7	209.3	*115.0	309.1	285.4	276.5
18　（ '06）	289.7	213.7	121.3	305.1	280.4	277.6
19　（ '07）	291.4	215.8	*125.2	308.0	276.4	275.1
20　（ '08）	283.1	215.6	*119.7	299.7	271.4	268.2
21　（ '09）	288.1	220.4	138.0	303.8	282.8	274.5
22　（ '10）	279.9	213.2	132.9	296.0	265.8	272.2
23　（ '11）	284.2	216.6	*128.8	300.1	275.0	264.5
24　（ '12）	278.3	220.2	127.6	293.6	267.3	269.2
25　（ '13）	281.1	215.6	*132.0	298.6	277.3	264.9
26　（ '14）	286.0	211.6	*133.6	307.7	287.3	262.6
27　（ '15）	283.7	216.2	137.5	303.5	279.1	270.0

注：1）平成６年の数値は、兵庫県を除いたものである。
　　2）平成22年の数値は、岩手県、宮城県及び福島県を除いたものである。
　　3）平成23年の数値は、福島県を除いたものである。
　　4）平成27年の数値は、熊本県を除いたものである。
　　5）「その他の世帯」には、「父子世帯」を含む。
　　6）「平均等価可処分所得金額」には、金額不詳の世帯は含まない。
　　7）＊印は客体が少ないため、数値の使用には注意を要する。

（2－1）

第12表　高齢者世帯の平均所得金額－平均世帯人員－平均有業人員，年次別

年　　次	平均所得金額（万円）			平均可処分所得金額（万円）			有業人員1人当たり平均稼働所得金額（万円）	平均世帯人員（人）	平均有業人員（人）
	1世帯当たり	世帯人員1人当たり	等　価	1世帯当たり	世帯人員1人当たり	等　価			
昭和60年（1985）	210.6	140.0	180.8	169.7	115.8	148.5	202.7	1.50	0.35
61　（'86）	235.4	152.2	199.9	…	…	…	194.5	1.55	0.40
62　（'87）	233.5	153.7	195.8	…	…	…	146.7	1.52	0.43
63　（'88）	244.4	161.6	208.9	210.6	139.7	180.1	211.5	1.51	0.33
平成元年（'89）	248.3	165.1	213.3	…	…	…	167.0	1.50	0.41
2　（'90）	263.9	170.1	220.4	…	…	…	166.9	1.55	0.38
3　（'91）	273.7	179.1	231.6	240.9	157.6	203.5	220.1	1.53	0.36
4　（'92）	296.0	196.4	251.2	…	…	…	238.7	1.51	0.38
5　（'93）	292.8	188.7	245.3	…	…	…	213.9	1.55	0.42
6　（'94）	305.0	197.4	257.4	266.4	172.6	224.3	259.9	1.55	0.33
7　（'95）	316.9	205.1	268.6	278.6	179.4	235.1	232.3	1.55	0.34
8　（'96）	316.0	206.6	268.1	274.0	179.4	232.5	238.8	1.53	0.35
9　（'97）	323.1	207.0	271.6	284.9	182.9	239.5	277.5	1.56	0.31
10　（'98）	335.5	211.2	278.4	299.9	188.7	248.4	233.3	1.59	0.33
11　（'99）	328.9	218.7	281.9	297.5	198.2	255.0	301.5	1.50	0.30
12　（2000）	319.5	203.6	266.9	284.0	181.4	237.0	202.7	1.57	0.32
13　（'01）	304.6	195.3	255.3	269.4	172.8	225.8	193.1	1.56	0.30
14　（'02）	304.6	196.1	255.5	267.9	173.4	225.2	200.8	1.55	0.30
15　（'03）	290.9	184.6	242.5	256.4	163.3	213.9	187.6	1.58	0.27
16　（'04）	296.1	190.8	249.3	258.9	168.5	219.1	181.5	1.55	0.33
17　（'05）	301.9	189.0	249.1	253.4	159.5	209.3	163.2	1.60	0.33
18　（'06）	306.3	195.5	255.3	256.4	164.1	213.7	181.3	1.57	0.31

注：1）平成6年の数値は、兵庫県を除いたものである。
　　2）「第2章」における「平均世帯人員」「平均有業人員」は、調査対象にまかない付きの寮・寄宿舎が含まれていないため、「第1章」における数値とは異なる。
　　3）「平均可処分所得金額」には、金額不詳の世帯は含まない。

（2－2）

第12表　高齢者世帯の平均所得金額－平均世帯人員－平均有業人員，年次別

年　　　　次	平均所得金額（万円）			平均可処分所得金額（万円）			有業人員1人当たり平均稼働所得金額（万円）	平均世帯人員（人）	平均有業人員（人）
	1世帯当たり	世帯人員1人当たり	等価	1世帯当たり	世帯人員1人当たり	等価			
平成19年（2007）	298.9	192.4	252.4	255.3	165.2	215.8	150.7	1.55	0.34
20（'08）	297.0	192.9	251.0	254.6	166.2	215.6	183.9	1.54	0.29
21（'09）	307.9	197.9	257.5	262.6	169.6	220.4	186.2	1.56	0.29
22（'10）	307.2	197.4	256.6	255.2	165.2	213.2	162.7	1.56	0.33
23（'11）	303.6	195.1	254.2	258.5	166.5	216.6	173.0	1.56	0.34
24（'12）	309.1	197.6	258.8	262.3	169.2	220.2	178.6	1.56	0.31
25（'13）	300.5	192.8	251.1	257.1	166.1	215.6	157.3	1.56	0.35
26（'14）	297.3	194.1	252.0	250.1	163.5	211.6	177.4	1.53	0.34
27（'15）	308.1	197.1	258.0	258.1	166.0	216.2	179.7	1.56	0.36

注：1）平成22年の数値は、岩手県、宮城県及び福島県を除いたものである。
　　2）平成23年の数値は、福島県を除いたものである。
　　3）平成27年の数値は、熊本県を除いたものである。
　　4）「第2章」における「平均世帯人員」「平均有業人員」は、調査対象にまかない付きの寮・寄宿舎が含まれていないため、
　　　　「第1章」における数値とは異なる。
　　5）「平均可処分所得金額」には、金額不詳の世帯は含まない。

（2－1）

第13表　高齢者世帯数の相対度数分布－

（単位：％）

所得金額階級	昭和60年 (1985)	61 ('86)	62 ('87)	63 ('88)	平成元年 ('89)	2 ('90)	3 ('91)	4 ('92)	5 ('93)	6 ('94)
総　　　　数（相　対）	100.0	100.0	100.0	100.0	100.0	100.0	100.0	100.0	100.0	100.0
50万円未満	10.1	6.5	3.9	7.6	8.1	5.6	7.5	4.8	4.0	5.4
50～100	22.6	20.3	18.7	18.8	15.8	14.0	16.3	12.7	13.0	13.4
100～150	19.9	18.2	15.2	22.0	20.3	17.6	16.3	18.6	15.0	14.3
150～200	14.7	17.3	16.9	13.3	14.8	15.2	11.6	13.6	13.1	12.0
200～250	9.4	12.9	14.7	10.7	13.0	11.2	11.2	9.9	11.8	10.4
250～300	6.2	7.7	9.3	8.2	8.1	9.6	9.5	9.1	9.2	9.7
300～350	4.2	4.0	5.9	4.4	3.8	7.0	6.9	6.6	8.6	8.9
350～400	2.9	1.4	3.3	3.5	2.4	4.1	5.5	7.4	6.6	6.3
400～450	1.6	2.9	3.1	2.4	2.0	3.1	3.3	2.6	4.3	4.1
450～500	1.3	1.4	2.0	1.5	2.7	2.7	2.4	3.5	3.0	3.0
500～550	1.2	1.1	1.5	1.3	0.9	1.2	1.5	1.7	2.2	2.1
550～600	0.6	0.9	0.5	0.6	1.6	1.5	1.3	1.8	1.4	2.1
600～650	0.6	1.1	1.0	0.7	0.9	0.9	1.2	1.1	1.1	1.6
650～700	0.7	0.4	0.8	0.7	0.5	0.8	0.7	0.7	0.7	1.1
700～750	0.5	0.4	0.7	0.6	0.8	1.0	0.5	0.7	0.9	0.7
750～800	0.6	0.5	0.2	0.3	0.3	0.5	0.4	0.4	0.9	0.4
800～850	0.3	－	0.2	0.3	0.1	0.5	0.5	0.5	0.5	0.3
850～900	0.2	0.2	0.2	0.2	0.4	－	0.3	0.1	0.4	0.3
900～950	0.3	0.4	0.5	0.2	0.6	0.3	0.4	－	0.1	0.3
950～1000	0.1	0.4	0.2	0.2	0.1	0.3	0.2	0.4	0.1	0.5
1000～1100	0.3	－	0.2	0.3	0.5	0.5	0.4	0.5	0.4	0.5
1100～1200	0.5	0.2	0.3	0.2	0.1	0.8	0.4	0.3	0.5	0.4
1200～1500	0.6	0.7	0.3	0.8	0.6	0.7	0.8	1.0	1.0	0.9
1500～2000	0.3	0.2	0.5	0.5	0.8	0.4	0.5	1.0	0.7	0.7
2000万円以上	0.3	1.1	0.2	0.8	0.8	0.4	0.7	1.0	0.5	0.9
総　　　　数（累　積）	・	・	・	・	・	・	・	・	・	・
50万円未満	10.1	6.5	3.9	7.6	8.1	5.6	7.5	4.8	4.0	5.4
50～100	32.7	26.8	22.6	26.4	23.9	19.6	23.8	17.5	17.0	18.8
100～150	52.6	45.0	37.8	48.3	44.2	37.1	40.0	36.0	32.0	33.1
150～200	67.3	62.2	54.7	61.6	59.0	52.3	51.6	49.6	45.1	45.1
200～250	76.7	75.2	69.4	72.3	72.0	63.5	62.9	59.5	56.9	55.5
250～300	82.9	82.9	78.7	80.5	80.1	73.1	72.4	68.6	66.1	65.2
300～350	87.2	86.9	84.6	84.9	83.9	80.1	79.2	75.2	74.6	74.1
350～400	90.1	88.3	87.9	88.4	86.3	84.2	84.7	82.6	81.3	80.4
400～450	91.6	91.2	91.0	90.8	88.4	87.3	88.0	85.2	85.6	84.4
450～500	93.0	92.6	93.0	92.3	91.0	90.0	90.4	88.7	88.6	87.4
500～550	94.1	93.7	94.4	93.6	91.9	91.2	91.8	90.4	90.8	89.5
550～600	94.7	94.6	94.9	94.2	93.5	92.7	93.1	92.3	92.2	91.5
600～650	95.3	95.7	95.9	94.9	94.4	93.6	94.3	93.4	93.3	93.1
650～700	96.0	96.0	96.7	95.6	94.9	94.4	95.0	94.0	93.9	94.2
700～750	96.5	96.4	97.4	96.2	95.7	95.4	95.5	94.7	94.8	94.9
750～800	97.1	96.9	97.5	96.5	95.9	95.9	95.9	95.1	95.7	95.3
800～850	97.4	96.9	97.7	96.8	96.1	96.5	96.4	95.7	96.2	95.6
850～900	97.6	97.1	97.9	97.0	96.5	96.5	96.7	95.8	96.6	95.9
900～950	97.9	97.5	98.4	97.2	97.1	96.8	97.1	95.8	96.7	96.2
950～1000	98.0	97.8	98.5	97.4	97.2	97.1	97.3	96.2	96.9	96.7
1000～1100	98.3	97.8	98.7	97.7	97.7	97.7	97.7	96.7	97.3	97.2
1100～1200	98.8	98.0	99.0	97.9	97.8	98.5	98.1	97.1	97.8	97.5
1200～1500	99.4	98.7	99.3	98.7	98.5	99.1	98.8	98.0	98.8	98.4
1500～2000	99.7	98.9	99.8	99.2	99.2	99.6	99.3	99.0	99.5	99.1
2000万円以上	100.0	100.0	100.0	100.0	100.0	100.0	100.0	100.0	100.0	100.0

注：平成6年の数値は、兵庫県を除いたものである。

累積度数分布， 年次・所得金額階級別

7 ('95)	8 ('96)	9 ('97)	10 ('98)	11 ('99)	12 (2000)	13 ('01)	14 ('02)	15 ('03)	16 ('04)	17 ('05)	18 ('06)
度 数 分 布											
100.0	100.0	100.0	100.0	100.0	100.0	100.0	100.0	100.0	100.0	100.0	100.0
4.9	4.5	4.5	4.4	3.4	4.2	3.4	4.8	4.1	5.1	3.5	4.0
10.7	11.1	10.6	8.8	9.5	10.3	10.6	10.7	11.1	12.2	12.2	11.3
14.5	13.3	13.8	11.7	16.1	12.6	14.3	14.1	14.4	13.0	12.8	12.5
12.9	13.6	12.6	12.5	14.2	12.3	13.0	14.1	13.0	12.9	14.3	11.4
9.8	10.3	9.7	10.5	10.2	11.0	10.7	10.7	10.4	9.9	9.5	11.5
9.7	9.1	10.1	10.8	8.7	9.5	8.6	7.9	9.4	9.9	9.0	10.2
9.2	9.6	9.3	9.5	7.8	9.6	9.9	9.2	9.3	9.7	8.9	10.0
7.9	8.6	7.2	10.0	7.6	7.9	7.6	6.8	8.4	7.3	8.0	7.8
4.7	5.0	4.9	3.6	5.2	5.8	5.7	5.9	5.7	5.4	5.6	5.4
2.7	2.9	3.2	3.9	3.2	3.4	4.0	3.5	3.4	3.7	3.0	3.7
1.9	2.3	2.5	2.5	3.7	2.6	2.6	2.7	2.4	2.1	2.7	2.6
1.8	2.1	2.1	2.3	1.3	2.0	1.8	1.5	1.4	1.0	1.7	1.8
1.3	1.6	1.5	1.4	0.6	1.7	1.5	1.2	1.3	1.4	1.3	1.7
0.5	1.0	1.0	0.8	1.5	1.2	0.7	1.6	0.9	0.9	1.3	1.0
1.2	0.6	1.1	1.6	0.8	0.9	0.9	0.8	0.7	0.8	0.9	0.8
0.9	0.4	0.8	0.6	0.7	0.5	1.0	1.0	0.6	0.5	0.6	0.5
1.0	–	0.7	0.4	0.9	0.3	0.4	0.3	0.5	0.4	0.8	0.5
0.5	0.4	0.4	0.7	0.5	0.4	0.3	0.2	0.3	0.7	0.5	0.4
0.7	0.3	0.4	0.5	0.5	0.3	0.4	0.4	0.3	0.1	0.5	0.4
0.2	–	0.4	0.2	0.1	0.2	0.4	0.4	0.2	0.1	0.2	0.2
0.6	0.5	0.5	0.7	0.6	0.5	0.4	0.2	0.3	0.4	0.8	0.4
0.5	0.2	0.3	0.4	0.2	0.3	0.2	0.1	0.2	0.5	0.4	0.3
0.6	0.5	1.0	0.8	0.7	0.9	0.7	0.4	0.6	0.8	0.7	0.5
0.8	0.4	0.8	0.6	0.6	0.7	0.4	0.6	0.4	0.2	0.5	0.4
0.9	1.4	0.8	1.0	1.5	0.8	0.4	0.9	0.5	0.7	0.2	0.6
度 数 分 布											
・	・	・	・	・	・	・	・	・	・	・	・
4.9	4.5	4.5	4.4	3.4	4.2	3.4	4.8	4.1	5.1	3.5	4.0
15.5	15.6	15.0	13.1	12.9	14.5	14.0	15.5	15.2	17.4	15.7	15.3
30.0	28.9	28.8	24.9	29.0	27.1	28.2	29.7	29.6	30.4	28.5	27.8
42.9	42.5	41.4	37.4	43.2	39.4	41.3	43.8	42.6	43.3	42.8	39.2
52.7	52.8	51.1	47.9	53.4	50.4	52.0	54.5	53.0	53.2	52.2	50.7
62.4	61.9	61.2	58.7	62.2	60.0	60.6	62.4	62.4	63.1	61.2	60.9
71.6	71.5	70.6	68.1	70.0	69.6	70.5	71.6	71.8	72.8	70.2	70.9
79.5	80.2	77.8	78.1	77.5	77.5	78.1	78.4	80.2	80.1	78.2	78.8
84.2	85.2	82.7	81.7	82.7	83.4	83.8	84.3	85.9	85.5	83.8	84.1
86.8	88.1	85.9	85.6	85.9	86.7	87.9	87.7	89.3	89.2	86.8	87.8
88.8	90.4	88.4	88.1	89.6	89.3	90.4	90.4	91.6	91.3	89.5	90.4
90.6	92.5	90.5	90.4	90.9	91.3	92.3	91.9	93.1	92.3	91.2	92.2
91.9	94.1	91.9	91.8	91.5	92.9	93.8	93.0	94.4	93.7	92.5	93.9
92.4	95.2	92.9	92.6	93.0	94.2	94.4	94.6	95.3	94.6	93.8	94.9
93.6	95.8	94.0	94.1	93.8	95.1	95.3	95.4	96.0	95.4	94.7	95.7
94.5	96.2	94.8	94.7	94.5	95.6	96.3	96.4	96.6	95.9	95.3	96.2
95.4	96.2	95.5	95.2	95.4	95.8	96.7	96.7	97.1	96.3	96.2	96.7
95.9	96.6	95.9	95.9	95.9	96.2	97.0	97.0	97.4	97.1	96.7	97.1
96.6	97.0	96.3	96.4	96.3	96.6	97.4	97.3	97.7	97.2	97.2	97.5
96.8	97.0	96.7	96.6	96.4	96.8	97.8	97.8	97.9	97.3	97.4	97.7
97.3	97.5	97.2	97.3	97.0	97.3	98.2	98.0	98.3	97.7	98.2	98.1
97.8	97.7	97.5	97.6	97.2	97.6	98.5	98.1	98.5	98.2	98.6	98.4
98.4	98.2	98.4	98.4	97.9	98.5	99.1	98.5	99.1	99.0	99.3	99.0
99.1	98.6	99.2	99.0	98.5	99.2	99.6	99.1	99.5	99.3	99.8	99.4
100.0	100.0	100.0	100.0	100.0	100.0	100.0	100.0	100.0	100.0	100.0	100.0

（2－2）
第13表　高齢者世帯数の相対度数分布－累積度数分布，
年次・所得金額階級別

（単位：％）

所得金額階級	平成19年 (2007)	20 ('08)	21 ('09)	22 ('10)	23 ('11)	24 ('12)	25 ('13)	26 ('14)	27 ('15)
	相 対 度 数 分 布								
総　　　　数	100.0	100.0	100.0	100.0	100.0	100.0	100.0	100.0	100.0
50万円未満	2.6	3.3	2.4	2.4	1.6	2.7	2.2	2.1	1.8
50 ～ 100	13.1	11.0	10.7	11.5	13.3	10.1	11.0	11.6	11.3
100 ～ 150	13.2	13.5	12.2	13.3	12.1	12.4	12.5	12.4	12.6
150 ～ 200	11.6	11.7	12.5	13.3	13.4	12.6	13.8	14.8	13.1
200 ～ 250	11.2	11.3	11.0	11.7	10.4	12.1	11.5	10.9	12.3
250 ～ 300	9.1	11.3	11.2	9.3	9.7	10.7	11.8	11.2	10.6
300 ～ 350	9.7	10.7	9.7	11.0	11.3	10.1	10.1	10.8	10.4
350 ～ 400	7.7	7.8	8.4	7.6	7.8	8.6	6.8	7.6	7.6
400 ～ 450	5.7	4.7	5.8	5.0	6.0	5.4	5.1	3.9	4.8
450 ～ 500	4.1	3.3	3.9	3.3	3.3	3.1	3.6	3.8	3.3
500 ～ 550	3.3	2.7	2.6	2.4	3.0	2.9	3.1	2.7	2.4
550 ～ 600	1.9	2.3	1.9	1.5	1.6	2.1	1.2	1.8	2.2
600 ～ 650	1.2	1.1	1.6	1.5	0.8	1.2	1.6	1.0	1.4
650 ～ 700	0.9	0.8	1.0	1.0	1.0	0.9	1.1	1.0	0.9
700 ～ 750	0.9	0.7	0.6	0.8	0.7	0.7	0.9	0.9	0.8
750 ～ 800	0.7	0.5	0.7	0.6	0.8	0.7	0.7	0.6	0.6
800 ～ 850	0.4	0.6	0.5	0.4	0.4	0.5	0.6	0.2	0.4
850 ～ 900	0.3	0.2	0.5	0.4	0.2	0.4	0.5	0.4	0.4
900 ～ 950	0.1	0.3	0.4	0.4	0.4	0.3	0.2	0.4	0.4
950 ～ 1000	0.1	0.3	0.3	0.3	0.2	0.2	0.1	0.1	0.3
1000 ～ 1100	0.3	0.5	0.4	0.5	0.2	0.4	0.3	0.4	0.4
1100 ～ 1200	0.6	0.3	0.2	0.2	0.1	0.3	0.3	0.2	0.2
1200 ～ 1500	0.6	0.5	0.7	0.6	0.4	0.6	0.5	0.5	0.6
1500 ～ 2000	0.2	0.2	0.4	0.4	0.8	0.5	0.2	0.2	0.6
2000万円以上	0.6	0.5	0.4	0.7	0.5	0.5	0.6	0.6	0.6
	累 積 度 数 分 布								
総　　　　数	・	・	・	・	・	・	・	・	・
50万円未満	2.6	3.3	2.4	2.4	1.6	2.7	2.2	2.1	1.8
50 ～ 100	15.7	14.3	13.1	13.9	14.8	12.8	13.2	13.7	13.1
100 ～ 150	28.9	27.8	25.2	27.2	26.9	25.2	25.7	26.1	25.7
150 ～ 200	40.4	39.5	37.8	40.5	40.3	37.8	39.5	40.9	38.7
200 ～ 250	51.6	50.8	48.7	52.2	50.8	49.9	50.9	51.8	51.1
250 ～ 300	60.7	62.1	59.9	61.6	60.5	60.6	62.7	63.0	61.7
300 ～ 350	70.4	72.8	69.6	72.6	71.7	70.7	72.8	73.8	72.1
350 ～ 400	78.1	80.6	78.0	80.1	79.6	79.2	79.6	81.4	79.8
400 ～ 450	83.8	85.3	83.7	85.2	85.6	84.6	84.6	85.3	84.6
450 ～ 500	87.9	88.6	87.6	88.4	88.8	87.7	88.3	89.1	87.9
500 ～ 550	91.2	91.3	90.3	90.9	91.9	90.6	91.4	91.8	90.3
550 ～ 600	93.1	93.7	92.2	92.4	93.5	92.7	92.5	93.6	92.5
600 ～ 650	94.3	94.8	93.8	93.8	94.3	93.9	94.1	94.6	93.9
650 ～ 700	95.2	95.6	94.8	94.8	95.3	94.8	95.2	95.6	94.8
700 ～ 750	96.1	96.4	95.5	95.6	96.0	95.5	96.1	96.4	95.6
750 ～ 800	96.9	96.8	96.2	96.2	96.8	96.2	96.8	97.1	96.2
800 ～ 850	97.2	97.4	96.7	96.6	97.3	96.7	97.4	97.3	96.6
850 ～ 900	97.5	97.6	97.2	97.0	97.4	97.1	97.9	97.6	97.0
900 ～ 950	97.6	97.9	97.5	97.3	97.8	97.4	98.0	98.0	97.4
950 ～ 1000	97.7	98.1	97.8	97.6	98.0	97.6	98.1	98.1	97.6
1000 ～ 1100	98.0	98.6	98.2	98.1	98.2	98.1	98.3	98.5	98.0
1100 ～ 1200	98.6	98.9	98.5	98.3	98.4	98.3	98.7	98.7	98.2
1200 ～ 1500	99.2	99.3	99.2	98.9	98.8	99.0	99.1	99.2	98.8
1500 ～ 2000	99.4	99.5	99.6	99.3	99.5	99.5	99.4	99.4	99.4
2000万円以上	100.0	100.0	100.0	100.0	100.0	100.0	100.0	100.0	100.0

注：1）平成22年の数値は、岩手県、宮城県及び福島県を除いたものである。
　　2）平成23年の数値は、福島県を除いたものである。
　　3）平成27年の数値は、熊本県を除いたものである。

（2－1）

第14表　高齢者世帯の1世帯当たり

所 得 の 種 類	昭和60年 (1985)	61 ('86)	62 ('87)	63 ('88)	平成元年 ('89)	2 ('90)	3 ('91)	4 ('92)	5 ('93)	6 ('94)
								1　世　帯　当　た　り		
総　　所　　得	210.6	235.4	233.5	244.4	248.3	263.9	273.7	296.0	292.8	305.0
稼　働　所　得	70.0	78.3	63.4	70.3	68.3	63.5	78.3	90.2	90.4	84.8
雇　用　者　所　得	44.1	37.4	36.0	49.6	49.4	39.7	55.2	60.1	57.3	55.2
事　業　所　得	23.3	38.1	23.0	18.4	16.0	18.9	19.7	26.4	29.5	24.6
農耕・畜産所得	2.0	2.2	3.3	1.6	2.3	2.9	2.3	2.8	2.3	4.4
家　内　労　働　所　得	0.6	0.5	1.1	0.7	0.6	1.9	1.1	0.8	1.3	0.7
財　産　所　得	15.1	21.8	17.8	25.7	27.1	26.1	26.8	26.5	20.4	22.1
家　賃　・　地　代	…	…	…	17.7	22.2	18.8	18.5	21.1	15.8	16.9
利　子　・　配　当　金	…	…	…	8.0	4.8	7.3	8.3	5.4	4.6	5.2
公　的　年　金　・　恩　給	110.3	124.0	135.3	133.2	135.8	158.4	156.4	168.7	172.4	184.6
公的年金・恩給以外の社会保障給付金	9.2	5.8	7.8	8.8	5.9	6.6	4.8	3.5	5.2	4.2
雇　用　保　険	…	…	…	…	…	…	…	…	…	…
児　童　手　当　等	…	…	…	…	…	…	…	…	…	…
その他の社会保障給付金	…	…	…	…	…	…	…	…	…	…
仕送り・企業年金・個人年金等・その他の所得	6.0	5.5	9.1	6.6	11.3	9.3	7.4	7.1	4.4	9.3
仕　　送　　り	4.1	3.5	4.0	3.4	5.6	5.1	3.5	2.9	2.6	3.0
企業年金・個人年金等	…	…	…	…	…	…	…	…	…	…
そ　の　他　の　所　得	1.9	2.0	5.1	3.2	5.7	4.2	3.9	4.2	1.8	6.2
							1　世　帯　当　た　り　平　均　所　得			
総　　所　　得	100.0	100.0	100.0	100.0	100.0	100.0	100.0	100.0	100.0	100.0
稼　働　所　得	33.2	33.3	27.2	28.7	27.5	24.1	28.6	30.5	30.9	27.8
雇　用　者　所　得	20.9	15.9	15.4	20.3	19.9	15.1	20.1	20.3	19.6	18.1
事　業　所　得	11.1	16.2	9.9	7.5	6.4	7.2	7.2	8.9	10.1	8.1
農耕・畜産所得	0.9	1.0	1.4	0.7	0.9	1.1	0.8	1.0	0.8	1.4
家　内　労　働　所　得	0.3	0.2	0.5	0.3	0.2	0.7	0.4	0.3	0.5	0.2
財　産　所　得	7.2	9.2	7.6	10.5	10.9	9.9	9.8	9.0	7.0	7.3
家　賃　・　地　代	…	…	…	7.2	9.0	7.1	6.8	7.1	5.4	5.5
利　子　・　配　当　金	…	…	…	3.3	1.9	2.8	3.0	1.8	1.6	1.7
公　的　年　金　・　恩　給	52.4	52.7	58.0	54.5	54.7	60.0	57.1	57.0	58.9	60.5
公的年金・恩給以外の社会保障給付金	4.4	2.5	3.4	3.6	2.4	2.5	1.8	1.2	1.8	1.4
雇　用　保　険	…	…	…	…	…	…	…	…	…	…
児　童　手　当　等	…	…	…	…	…	…	…	…	…	…
その他の社会保障給付金	…	…	…	…	…	…	…	…	…	…
仕送り・企業年金・個人年金等・その他の所得	2.9	2.3	3.9	2.7	4.5	3.5	2.7	2.4	1.5	3.0
仕　　送　　り	1.9	1.5	1.7	1.4	2.3	1.9	1.3	1.0	0.9	1.0
企業年金・個人年金等	…	…	…	…	…	…	…	…	…	…
そ　の　他　の　所　得	0.9	0.9	2.2	1.3	2.3	1.6	1.4	1.4	0.6	2.0

注：1）昭和60～平成11年の「その他の所得」には、「企業年金・個人年金等」を含む。
　　2）平成6年の数値は、兵庫県を除いたものである。
　　3）平成11年の「その他の所得」には、「地域振興券」を含む。
　　4）平成12～14年の「企業年金・個人年金等」は、「個人年金」のみの数値であり、「その他の所得」には、企業年金を含む。
　　5）平成15～18年の「その他の社会保障給付金」には、「児童手当等」を含む。

494

平均所得金額－構成割合，年次・所得の種類別

	7 ('95)	8 ('96)	9 ('97)	10 ('98)	11 ('99)	12 (2000)	13 ('01)	14 ('02)	15 ('03)	16 ('04)	17 ('05)	18 ('06)
平均所得金額（単位：万円）												
	316.9	316.0	323.1	335.5	328.9	319.5	304.6	304.6	290.9	296.1	301.9	306.3
	78.6	84.1	85.8	78.0	91.0	65.6	58.2	60.6	51.2	60.4	54.5	56.2
	53.1	52.0	54.4	49.5	63.3	42.4	39.9	35.8	31.5	37.3	34.5	30.0
	23.3	28.9	28.1	24.5	24.6	19.8	15.8	21.3	16.2	19.3	14.0	22.3
	1.6	2.5	2.5	3.6	1.9	2.5	2.0	1.9	3.0	3.3	4.8	3.1
	0.6	0.7	0.8	0.4	1.2	0.9	0.4	1.5	0.4	0.4	1.1	0.8
	25.1	19.0	20.5	26.9	24.1	25.0	18.0	22.5	15.7	13.4	15.7	23.0
	21.5	15.6	15.2	23.5	19.4	20.3	16.5	19.4	…	…	…	…
	3.7	3.3	5.3	3.4	4.6	4.7	1.5	3.1	…	…	…	…
	198.8	197.4	205.5	216.2	203.3	209.8	212.6	204.1	209.3	206.0	211.9	209.4
	2.8	3.3	3.1	4.0	4.7	5.2	5.2	4.1	3.4	3.8	2.5	2.5
	…	…	…	…	…	…	…	…	0.4	0.4	0.2	0.3
	…	…	…	…	…	…	…	…	…	…	…	…
	…	…	…	…	…	…	…	…	3.0	3.4	2.3	2.2
	11.6	12.3	8.1	10.3	5.8	13.9	10.5	13.3	11.4	12.4	17.2	15.2
	2.5	1.8	2.2	2.8	1.7	1.4	1.6	0.9	1.3	1.2	0.9	0.9
	…	…	…	…	…	7.3	4.0	6.5	5.9	6.3	11.4	9.6
	9.1	10.5	6.0	7.5	4.1	5.2	5.0	5.9	4.2	4.9	5.0	4.7
金額の構成割合（単位：％）												
	100.0	100.0	100.0	100.0	100.0	100.0	100.0	100.0	100.0	100.0	100.0	100.0
	24.8	26.6	26.6	23.3	27.7	20.5	19.1	19.9	17.6	20.4	18.0	18.4
	16.8	16.5	16.8	14.8	19.2	13.3	13.1	11.8	10.8	12.6	11.4	9.8
	7.3	9.1	8.7	7.3	7.5	6.2	5.2	7.0	5.6	6.5	4.7	7.3
	0.5	0.8	0.8	1.1	0.6	0.8	0.7	0.6	1.0	1.1	1.6	1.0
	0.2	0.2	0.3	0.1	0.4	0.3	0.1	0.5	0.1	0.1	0.4	0.3
	7.9	6.0	6.4	8.0	7.3	7.8	5.9	7.4	5.4	4.5	5.2	7.5
	6.8	4.9	4.7	7.0	5.9	6.4	5.4	6.4	…	…	…	…
	1.2	1.1	1.6	1.0	1.4	1.5	0.5	1.0	…	…	…	…
	62.7	62.5	63.6	64.5	61.8	65.7	69.8	67.0	71.9	69.6	70.2	68.4
	0.9	1.0	1.0	1.2	1.4	1.6	1.7	1.3	1.2	1.3	0.8	0.8
	…	…	…	…	…	…	…	…	0.1	0.1	0.1	0.1
	…	…	…	…	…	…	…	…	…	…	…	…
	…	…	…	…	…	…	…	…	1.0	1.2	0.8	0.7
	3.7	3.9	2.5	3.1	1.8	4.3	3.5	4.4	3.9	4.2	5.7	5.0
	0.8	0.6	0.7	0.8	0.5	0.4	0.5	0.3	0.4	0.4	0.3	0.3
	…	…	…	…	…	2.3	1.3	2.1	2.0	2.1	3.8	3.1
	2.9	3.3	1.8	2.2	1.3	1.6	1.6	1.9	1.5	1.7	1.6	1.5

（2－2）

第14表　高齢者世帯の1世帯当たり平均所得金額－構成割合，年次・所得の種類別

所　得　の　種　類	平成19年 (2007)	20 ('08)	21 ('09)	22 ('10)	23 ('11)	24 ('12)	25 ('13)	26 ('14)	27 ('15)
1世帯当たり平均所得金額（単位：万円）									
総　　　所　　　得	298.9	297.0	307.9	307.2	303.6	309.1	300.5	297.3	308.1
稼　働　所　得	50.5	52.6	53.2	53.5	59.2	55.7	55.0	60.2	64.9
雇　用　者　所　得	33.3	30.7	40.3	42.2	49.3	43.9	44.0	49.4	49.1
事　業　所　得	15.2	19.6	10.6	8.9	8.2	9.9	9.5	8.4	12.9
農耕・畜産所得	1.3	1.6	1.7	2.2	1.5	1.4	1.0	1.9	2.6
家　内　労　働　所　得	0.7	0.6	0.5	0.2	0.2	0.5	0.5	0.6	0.3
財　産　所　得	17.6	17.7	18.2	27.2	17.6	22.2	22.9	15.3	22.8
家　賃　・　地　代	…	…	…	…	…	…	…	…	…
利　子　・　配　当　金	…	…	…	…	…	…	…	…	…
公　的　年　金　・　恩　給	211.6	209.8	216.2	207.4	209.8	211.9	203.3	200.6	201.5
公的年金・恩給以外の社会保障給付金	2.5	3.2	2.5	2.4	2.3	2.5	3.4	4.5	1.9
雇　用　保　険	0.2	0.7	0.3	0.2	0.2	0.2	0.5	0.5	0.1
児　童　手　当　等	…	…	0.0	0.0	0.1	0.0	－	0.0	0.0
その他の社会保障給付金	2.3	2.5	2.2	2.2	2.0	2.3	2.9	4.0	1.8
仕送り・企業年金・個人年金等・その他の所得	16.6	13.7	17.7	16.7	14.6	16.8	16.0	16.6	16.9
仕　　送　　り	1.0	0.6	0.9	0.7	0.6	0.6	1.1	0.9	0.6
企業年金・個人年金等	10.3	8.8	12.1	13.1	12.4	14.4	13.3	14.1	14.3
そ　の　他　の　所　得	5.3	4.3	4.7	2.9	1.6	1.8	1.6	1.6	2.0
1世帯当たり平均所得金額の構成割合（単位：%）									
総　　　所　　　得	100.0	100.0	100.0	100.0	100.0	100.0	100.0	100.0	100.0
稼　働　所　得	16.9	17.7	17.3	17.4	19.5	18.0	18.3	20.3	21.1
雇　用　者　所　得	11.1	10.3	13.1	13.7	16.2	14.2	14.6	16.6	15.9
事　業　所　得	5.1	6.6	3.5	2.9	2.7	3.2	3.2	2.8	4.2
農耕・畜産所得	0.4	0.5	0.6	0.7	0.5	0.4	0.3	0.6	0.8
家　内　労　働　所　得	0.2	0.2	0.2	0.1	0.1	0.2	0.2	0.2	0.1
財　産　所　得	5.9	6.0	5.9	8.9	5.8	7.2	7.6	5.2	7.4
家　賃　・　地　代	…	…	…	…	…	…	…	…	…
利　子　・　配　当　金	…	…	…	…	…	…	…	…	…
公　的　年　金　・　恩　給	70.8	70.6	70.2	67.5	69.1	68.5	67.6	67.5	65.4
公的年金・恩給以外の社会保障給付金	0.8	1.1	0.8	0.8	0.8	0.8	1.1	1.5	0.6
雇　用　保　険	0.1	0.2	0.1	0.1	0.1	0.1	0.2	0.2	0.0
児　童　手　当　等	…	…	0.0	0.0	0.0	0.0	－	0.0	0.0
その他の社会保障給付金	0.8	0.9	0.7	0.7	0.7	0.7	1.0	1.3	0.6
仕送り・企業年金・個人年金等・その他の所得	5.5	4.6	5.7	5.4	4.8	5.4	5.3	5.6	5.5
仕　　送　　り	0.3	0.2	0.3	0.2	0.2	0.2	0.4	0.3	0.2
企業年金・個人年金等	3.5	3.0	3.9	4.3	4.1	4.6	4.4	4.8	4.6
そ　の　他　の　所　得	1.8	1.5	1.5	0.9	0.5	0.6	0.5	0.5	0.6

注：1）平成19年及び平成20年の「その他の社会保障給付金」には、「児童手当等」を含む。
　　2）平成21年の「その他の所得」には、「定額給付金」「子育て応援特別手当」を含む。
　　3）平成22年の数値は、岩手県、宮城県及び福島県を除いたものである。
　　4）平成23年の数値は、福島県を除いたものである。
　　5）平成26年及び平成27年の「その他の所得」には、「臨時福祉給付金」「子育て世帯臨時特例給付金」を含む。
　　6）平成27年の数値は、熊本県を除いたものである。

（2－1）

第15表　公的年金-恩給を受給している高齢者世帯数の構成割合，公的年金-恩給の総所得に占める割合・年次別

（単位：％）

年　　次	総　　数	20％未満	20～40	40～60	60～80	80～100	100％
昭和60年（1985）	100.0	7.0	14.0	12.9	10.0	11.0	45.1
61（'86）	100.0	7.8	12.0	11.4	10.1	10.3	48.5
62（'87）	100.0	5.7	13.6	15.2	11.7	8.7	45.2
63（'88）	100.0	5.1	11.6	10.3	10.8	9.3	52.9
平成元年（'89）	100.0	6.7	12.5	14.0	9.0	10.0	47.8
2（'90）	100.0	5.1	9.1	9.0	10.8	11.6	54.4
3（'91）	100.0	4.7	10.8	13.0	9.9	11.0	50.5
4（'92）	100.0	6.1	9.9	10.6	10.7	9.6	53.0
5（'93）	100.0	5.0	9.7	12.0	10.4	9.0	54.0
6（'94）	100.0	4.4	9.5	10.7	10.3	11.0	54.1
7（'95）	100.0	4.5	7.9	10.6	10.4	12.5	54.2
8（'96）	100.0	3.7	7.6	10.5	9.2	13.0	56.0
9（'97）	100.0	4.1	7.7	9.4	9.9	10.8	58.0
10（'98）	100.0	3.1	7.5	10.8	9.5	11.9	57.2
11（'99）	100.0	3.9	7.9	8.4	8.9	9.5	61.4
12（2000）	100.0	3.1	6.8	8.9	9.4	12.3	59.5
13（'01）	100.0	3.7	6.6	9.6	9.3	11.4	59.5
14（'02）	100.0	3.1	6.9	9.3	9.2	10.3	61.2
15（'03）	100.0	2.7	5.5	7.5	9.6	10.4	64.2
16（'04）	100.0	3.7	5.4	7.4	10.6	10.4	62.6
17（'05）	100.0	2.5	6.7	8.8	11.8	10.3	59.9
18（'06）	100.0	3.5	5.7	8.3	11.4	9.6	61.5

注：平成6年の数値は、兵庫県を除いたものである。

（2－2）

第15表　公的年金-恩給を受給している高齢者世帯数の構成割合，公的年金-恩給の総所得に占める割合・年次別

（単位：％）

年　　　次	総　　数	20％未満	20～40	40～60	60～80	80～100	100％
平成19年（2007）	100.0	2.8	5.9	8.2	10.0	11.8	61.2
20　（'08）	100.0	2.8	6.1	8.3	9.4	9.9	63.5
21　（'09）	100.0	2.8	5.8	9.4	11.1	63.5	7.3
22　（'10）	100.0	3.3	6.0	8.6	11.4	14.1	56.7
23　（'11）	100.0	2.9	6.2	10.0	11.6	12.5	56.8
24　（'12）	100.0	3.0	6.2	9.3	11.7	11.9	57.8
25　（'13）	100.0	3.5	6.6	9.7	12.0	11.4	56.7
26　（'14）	100.0	3.2	5.8	11.5	11.5	13.0	55.0
27　（'15）	100.0	3.5	7.2	10.7	12.4	12.0	54.2

注：1）平成21年は、「定額給付金」の影響があるものと考えられる。
　　2）平成22年の数値は、岩手県、宮城県及び福島県を除いたものである。
　　3）平成23年の数値は、福島県を除いたものである。
　　4）平成27年の数値は、熊本県を除いたものである。

（2－1）

第16表　児童のいる世帯の平均所得金額－平均世帯人員－平均有業人員，年次別

年　　次	平均所得金額（万円）			平均可処分所得金額（万円）			有業人員1人当たり平均稼働所得金額（万円）	平　均世帯人員（人）	平　均有業人員（人）
	1 世帯当たり	世帯人員1人当たり	等　価	1 世帯当たり	世帯人員1人当たり	等　価			
昭和60年 （1985）	539.8	120.4	258.4	476.4	106.6	228.6	299.8	4.48	1.69
61 （ '86）	557.2	124.5	267.5	…	…	…	300.2	4.48	1.71
62 （ '87）	562.6	125.5	269.2	…	…	…	291.7	4.48	1.79
63 （ '88）	603.5	134.7	288.4	508.7	113.5	243.2	320.9	4.48	1.74
平成元年 （ '89）	626.4	139.9	301.8	…	…	…	316.5	4.48	1.79
2 （ '90）	670.4	149.7	321.1	…	…	…	348.7	4.48	1.79
3 （ '91）	710.6	158.4	339.8	593.3	132.5	284.1	381.8	4.49	1.72
4 （ '92）	727.5	163.0	350.3	…	…	…	380.1	4.46	1.77
5 （ '93）	745.6	166.4	357.0	…	…	…	405.3	4.48	1.71
6 （ '94）	758.6	171.1	365.9	636.8	143.8	307.5	418.2	4.43	1.68
7 （ '95）	737.2	170.2	359.7	616.5	142.5	301.0	407.8	4.33	1.68
8 （ '96）	781.6	176.7	379.1	653.0	147.4	316.7	421.4	4.42	1.72
9 （ '97）	767.1	173.0	369.8	647.5	146.2	312.5	416.4	4.43	1.70
10 （ '98）	747.4	171.4	365.4	623.8	143.0	305.1	408.2	4.36	1.69
11 （ '99）	721.4	167.9	355.2	604.8	141.2	298.4	386.5	4.30	1.71
12 （2000）	725.8	164.5	351.4	609.9	138.9	296.4	362.8	4.41	1.83
13 （ '01）	727.2	168.0	356.3	598.7	139.1	294.8	395.3	4.33	1.68
14 （ '02）	702.7	159.6	340.9	586.6	134.1	286.1	372.1	4.40	1.73
15 （ '03）	702.6	161.5	342.5	569.0	133.8	280.4	359.0	4.35	1.79
16 （ '04）	714.9	161.8	345.3	599.5	136.6	291.2	353.9	4.42	1.86
17 （ '05）	718.0	165.7	352.3	579.6	135.4	285.4	363.5	4.33	1.80
18 （ '06）	701.2	164.6	345.6	564.7	134.1	280.4	355.5	4.26	1.81

注：1）平成6年の数値は、兵庫県を除いたものである。
　　2）「第2章」における「平均世帯人員」「平均有業人員」は、調査対象にまかない付きの寮・寄宿舎が含まれていないため、「第1章」における数値とは異なる。
　　3）「平均可処分所得金額」には、金額不詳の世帯は含まない。

（2－2）

第16表　児童のいる世帯の平均所得金額－平均世帯人員－平均有業人員，年次別

年　　　次	平均所得金額（万円）			平均可処分所得金額（万円）			有業人員 1人当たり 平均稼働 所得金額 （万円）	平　　均 世帯人員 （人）	平　　均 有業人員 （人）
	1　世　帯 当　た　り	世帯人員 1人当たり	等　価	1　世　帯 当　た　り	世帯人員 1人当たり	等　価			
平成19年（2007）	691.4	165.2	343.0	552.5	134.0	276.4	356.2	4.18	1.79
20　（'08）	688.5	165.3	341.1	545.7	131.5	271.4	367.9	4.16	1.74
21　（'09）	697.3	166.9	345.5	564.1	137.4	282.8	356.1	4.18	1.76
22　（'10）	658.1	157.0	328.2	526.1	128.5	265.8	329.5	4.19	1.78
23　（'11）	697.0	170.0	348.9	546.0	134.9	275.0	350.6	4.10	1.79
24　（'12）	673.2	163.8	336.4	528.4	131.1	267.3	346.3	4.11	1.74
25　（'13）	696.3	167.3	346.4	551.0	134.8	277.3	351.8	4.16	1.80
26　（'14）	712.9	176.5	358.6	565.3	142.4	287.3	358.4	4.04	1.83
27　（'15）	707.6	173.2	354.6	551.6	137.6	279.1	357.8	4.09	1.81

注：1）平成22年の数値は、岩手県、宮城県及び福島県を除いたものである。
　　2）平成23年の数値は、福島県を除いたものである。
　　3）平成27年の数値は、熊本県を除いたものである。
　　4）「第2章」における「平均世帯人員」「平均有業人員」は、調査対象にまかない付きの寮・寄宿舎が含まれていないため、
　　　　「第1章」における数値とは異なる。
　　5）「平均可処分所得金額」には、金額不詳の世帯は含まない。

（2－1）

第17表　児童のいる世帯数の相対度数分布－

（単位：％）

所得金額階級	昭和60年 (1985)	61 ('86)	62 ('87)	63 ('88)	平成元年 ('89)	2 ('90)	3 ('91)	4 ('92)	5 ('93)	6 ('94)
									相	対
総　　　　数	100.0	100.0	100.0	100.0	100.0	100.0	100.0	100.0	100.0	100.0
50万円未満	0.0	0.2	0.3	0.1	0.2	0.3	0.4	0.2	0.3	0.4
50 ～ 100	0.5	1.0	1.5	0.8	0.8	0.6	0.9	0.6	0.5	0.8
100 ～ 150	3.0	1.9	2.4	2.2	1.7	1.4	1.2	1.2	1.1	1.4
150 ～ 200	4.0	3.3	3.4	3.0	2.7	1.8	2.0	1.7	1.7	1.7
200 ～ 250	5.6	4.1	5.0	4.4	3.2	3.3	3.2	2.4	2.2	2.5
250 ～ 300	6.6	7.0	5.5	5.4	4.6	3.4	3.1	2.9	2.8	2.6
300 ～ 350	7.9	7.5	7.9	6.5	6.4	5.5	4.7	4.9	4.0	3.8
350 ～ 400	8.5	8.4	7.8	7.6	7.6	6.3	5.0	4.7	3.8	4.6
400 ～ 450	8.9	9.9	8.1	7.9	8.3	7.8	6.5	5.5	5.7	5.5
450 ～ 500	8.4	7.9	7.6	7.3	7.3	6.5	6.1	6.4	6.5	5.9
500 ～ 550	8.2	7.3	7.9	8.2	7.8	8.4	7.5	7.1	7.2	6.9
550 ～ 600	6.4	6.4	6.3	6.5	6.6	6.2	6.3	6.2	5.6	6.1
600 ～ 650	6.0	6.0	6.4	6.4	6.6	7.0	6.5	6.6	6.6	6.4
650 ～ 700	4.8	5.4	4.5	5.2	5.6	5.4	5.8	6.6	6.0	5.5
700 ～ 750	3.9	4.7	4.4	4.9	5.1	5.3	5.9	5.0	6.2	5.8
750 ～ 800	2.9	3.3	3.1	3.8	3.7	4.4	4.6	4.7	3.9	4.5
800 ～ 850	2.6	2.6	3.7	3.4	3.6	4.5	4.5	4.1	4.5	4.9
850 ～ 900	2.1	1.9	2.2	2.4	2.7	3.2	3.5	3.8	4.0	3.9
900 ～ 950	1.7	1.8	2.0	2.3	2.3	3.2	3.2	3.1	3.5	3.2
950 ～ 1000	1.3	1.4	1.6	1.8	1.5	2.3	2.7	2.9	3.3	2.6
1000 ～ 1100	1.9	2.4	2.8	2.8	3.3	4.0	4.4	5.4	5.2	5.0
1100 ～ 1200	1.2	1.4	1.8	1.7	2.2	2.3	2.9	3.7	3.0	3.7
1200 ～ 1500	1.9	2.3	2.4	2.8	3.8	3.8	4.9	5.9	7.2	6.4
1500 ～ 2000	0.9	1.1	1.0	1.4	1.3	1.6	2.3	2.7	3.4	3.8
2000万円以上	0.7	0.6	0.6	1.2	1.2	1.8	1.8	1.6	1.7	1.9
									累	積
総　　　　数	・	・	・	・	・	・	・	・	・	・
50万円未満	0.0	0.2	0.3	0.1	0.2	0.3	0.4	0.2	0.3	0.4
50 ～ 100	0.5	1.2	1.7	0.9	1.0	0.9	1.3	0.9	0.8	1.1
100 ～ 150	3.5	3.1	4.1	3.1	2.6	2.3	2.5	2.1	1.9	2.5
150 ～ 200	7.6	6.4	7.5	6.1	5.4	4.0	4.5	3.8	3.6	4.2
200 ～ 250	13.2	10.5	12.5	10.4	8.6	7.3	7.6	6.2	5.8	6.8
250 ～ 300	19.8	17.5	18.0	15.8	13.1	10.7	10.7	9.1	8.7	9.4
300 ～ 350	27.7	25.0	25.9	22.4	19.5	16.2	15.4	14.0	12.7	13.2
350 ～ 400	36.1	33.4	33.7	30.0	27.1	22.5	20.4	18.7	16.5	17.8
400 ～ 450	45.0	43.3	41.7	37.8	35.4	30.4	26.9	24.2	22.3	23.4
450 ～ 500	53.4	51.1	49.3	45.1	42.8	36.9	33.0	30.6	28.8	29.3
500 ～ 550	61.6	58.5	57.2	53.4	50.6	45.2	40.5	37.7	36.0	36.2
550 ～ 600	68.0	64.9	63.5	59.9	57.2	51.4	46.8	44.0	41.6	42.3
600 ～ 650	74.0	70.9	69.9	66.2	63.7	58.4	53.3	50.6	48.2	48.7
650 ～ 700	78.8	76.3	74.4	71.4	69.3	63.7	59.2	57.2	54.2	54.2
700 ～ 750	82.7	81.0	78.7	76.3	74.4	69.0	65.0	62.1	60.4	60.1
750 ～ 800	85.6	84.4	81.8	80.1	78.1	73.4	69.7	66.9	64.3	64.5
800 ～ 850	88.2	87.0	85.5	83.5	81.7	78.0	74.1	71.0	68.8	69.4
850 ～ 900	90.3	88.9	87.7	85.9	84.4	81.2	77.6	74.8	72.8	73.4
900 ～ 950	92.0	90.7	89.7	88.2	86.7	84.3	80.9	77.9	76.3	76.6
950 ～ 1000	93.3	92.1	91.3	90.0	88.2	86.6	83.6	80.8	79.5	79.2
1000 ～ 1100	95.3	94.6	94.1	92.8	91.5	90.6	88.1	86.1	84.7	84.2
1100 ～ 1200	96.4	96.0	95.9	94.6	93.7	92.9	91.0	89.8	87.7	87.9
1200 ～ 1500	98.4	98.3	98.3	97.4	97.5	96.6	95.9	95.6	94.9	94.3
1500 ～ 2000	99.3	99.4	99.4	98.8	98.8	98.2	98.2	98.4	98.3	98.1
2000万円以上	100.0	100.0	100.0	100.0	100.0	100.0	100.0	100.0	100.0	100.0

注：平成6年の数値は、兵庫県を除いたものである。

累積度数分布， 年次・所得金額階級別

7 ('95)	8 ('96)	9 ('97)	10 ('98)	11 ('99)	12 (2000)	13 ('01)	14 ('02)	15 ('03)	16 ('04)	17 ('05)	18 ('06)
度　数　分　布											
100.0	100.0	100.0	100.0	100.0	100.0	100.0	100.0	100.0	100.0	100.0	100.0
0.1	0.3	0.3	0.3	0.3	0.6	0.2	0.7	0.4	0.7	0.1	0.1
0.6	0.6	0.8	0.7	0.8	1.2	1.2	1.9	1.1	1.3	0.8	0.7
1.3	1.2	1.4	1.3	2.0	1.5	1.9	1.7	1.8	1.9	1.7	1.9
1.6	1.8	1.8	2.0	2.1	2.3	2.5	2.1	2.6	2.2	1.9	2.1
2.6	2.7	2.5	2.3	3.0	2.5	3.4	2.9	3.2	3.7	3.0	4.0
2.6	2.2	2.6	3.0	4.1	3.2	3.4	2.9	3.0	3.2	2.6	3.5
4.1	3.7	3.6	3.9	4.9	4.4	4.6	4.3	4.2	4.9	4.5	5.6
4.9	4.0	4.4	4.5	5.7	4.8	5.2	5.4	5.2	4.1	4.9	5.4
5.2	4.4	5.3	5.7	5.7	5.8	6.9	6.3	6.6	5.3	5.8	5.8
5.7	5.0	5.6	6.2	4.2	5.7	5.4	7.1	5.7	7.3	6.7	5.7
7.8	7.0	6.6	6.8	6.9	7.1	5.9	6.5	6.5	4.9	6.6	6.6
5.2	6.6	5.4	5.6	6.0	5.2	5.9	5.4	5.4	5.2	7.3	5.5
7.7	6.5	6.8	6.9	6.3	6.1	5.2	7.1	6.0	5.5	6.3	6.5
5.2	5.2	5.0	5.8	5.2	5.1	5.1	4.4	6.3	4.1	6.7	5.3
6.4	5.6	5.5	6.0	4.9	5.4	6.1	5.5	5.0	4.6	4.8	5.2
5.4	5.0	4.8	5.1	4.5	4.7	4.2	3.7	4.8	4.6	4.6	4.5
4.8	4.8	5.1	4.3	4.3	5.1	4.2	5.0	4.7	5.9	4.8	4.1
3.6	4.3	3.9	4.4	4.5	4.1	3.7	3.4	3.8	3.6	3.4	3.6
3.3	3.3	4.1	3.8	3.4	3.3	3.1	3.0	3.0	3.8	3.2	3.4
2.8	3.0	3.0	2.6	2.5	3.1	2.5	2.4	2.7	3.5	3.0	3.0
4.8	5.3	5.2	4.6	5.1	4.6	3.5	4.7	5.0	5.1	4.3	4.6
3.6	3.5	4.0	3.5	3.5	3.6	3.3	3.4	3.2	3.6	3.3	3.2
6.0	7.5	6.6	5.5	5.1	5.6	6.9	5.9	5.3	6.7	4.6	5.6
3.1	4.6	3.8	3.4	3.2	3.2	3.9	2.9	2.9	3.2	3.3	2.5
1.5	2.0	1.9	1.7	1.8	1.7	1.8	1.5	1.4	1.0	1.6	1.5
度　数　分　布											
・	・	・	・	・	・	・	・	・	・	・	・
0.1	0.3	0.3	0.3	0.3	0.6	0.2	0.7	0.4	0.7	0.1	0.1
0.7	0.9	1.1	1.1	1.1	1.8	1.4	2.5	1.6	2.0	1.0	0.9
2.0	2.1	2.5	2.4	3.1	3.4	3.3	4.2	3.3	3.9	2.6	2.8
3.7	3.9	4.2	4.4	5.2	5.7	5.8	6.3	6.0	6.1	4.6	4.9
6.3	6.6	6.7	6.8	8.1	8.2	9.2	9.1	9.1	9.9	7.6	8.9
8.9	8.8	9.3	9.8	12.2	11.3	12.6	12.0	12.2	13.1	10.2	12.3
13.0	12.4	13.0	13.7	17.1	15.8	17.2	16.3	16.4	17.9	14.7	18.0
17.9	16.4	17.4	18.2	22.8	20.6	22.4	21.7	21.6	22.0	19.6	23.3
23.1	20.8	22.7	23.9	28.6	26.4	29.3	28.0	28.2	27.3	25.3	29.1
28.8	25.8	28.3	30.1	32.8	32.1	34.7	35.1	33.9	34.7	32.1	34.9
36.6	32.8	34.9	36.9	39.7	39.2	40.6	41.6	40.4	39.6	38.7	41.4
41.8	39.4	40.3	42.5	45.8	44.4	46.5	46.9	45.8	44.7	46.1	47.0
49.5	45.9	47.1	49.4	52.1	50.5	51.7	54.0	51.8	50.2	52.3	53.4
54.6	51.0	52.1	55.2	57.3	55.6	56.8	58.5	58.1	54.4	59.1	58.7
61.0	56.6	57.6	61.2	62.2	61.0	62.8	64.0	63.2	58.9	63.8	63.9
66.4	61.6	62.4	66.3	66.7	65.7	67.1	67.8	68.0	63.5	68.5	68.4
71.2	66.4	67.5	70.6	70.9	70.7	71.3	72.7	72.7	69.5	73.3	72.5
74.8	70.7	71.4	75.0	75.4	74.8	75.0	76.1	76.5	73.0	76.6	76.1
78.2	74.0	75.5	78.8	78.8	78.1	78.2	79.1	79.5	76.9	79.8	79.6
81.0	77.0	78.5	81.4	81.3	81.2	80.7	81.6	82.1	80.4	82.8	82.6
85.8	82.3	83.7	85.9	86.4	85.8	84.2	86.3	87.2	85.5	87.1	87.2
89.4	85.8	87.7	89.4	89.9	89.4	87.5	89.7	90.4	89.1	90.4	90.4
95.4	93.3	94.3	94.9	95.0	95.0	94.3	95.6	95.7	95.8	95.1	96.0
98.5	98.0	98.1	98.3	98.2	98.3	98.2	98.5	98.6	99.0	98.4	98.5
100.0	100.0	100.0	100.0	100.0	100.0	100.0	100.0	100.0	100.0	100.0	100.0

（2－2）

第17表　児童のいる世帯数の相対度数分布－累積度数分布，

年次・所得金額階級別

（単位：％）

所得金額階級	平成19年 (2007)	20 ('08)	21 ('09)	22 ('10)	23 ('11)	24 ('12)	25 ('13)	26 ('14)	27 ('15)
	相 対 度 数 分 布								
総　　　　数	100.0	100.0	100.0	100.0	100.0	100.0	100.0	100.0	100.0
50万円未満	0.4	0.4	0.0	0.1	0.1	0.1	－	－	0.1
50 ～ 100	1.1	1.1	1.1	1.0	1.3	1.3	1.5	1.4	1.3
100 ～ 150	2.2	2.6	2.1	2.8	2.4	2.9	2.2	2.7	2.4
150 ～ 200	3.0	2.9	2.6	3.4	2.0	3.2	2.9	2.3	2.5
200 ～ 250	2.8	3.6	3.3	3.7	2.9	3.3	2.9	2.8	3.2
250 ～ 300	4.5	3.7	3.9	3.9	3.7	3.5	3.8	3.8	3.0
300 ～ 350	4.5	5.4	4.4	5.0	4.2	4.1	4.7	4.6	3.9
350 ～ 400	5.0	5.7	5.4	5.1	4.7	4.8	4.4	4.3	4.1
400 ～ 450	5.9	5.8	6.0	7.0	7.1	6.3	5.3	5.1	5.5
450 ～ 500	5.8	4.9	6.1	5.7	6.2	6.7	5.3	6.1	6.1
500 ～ 550	5.9	6.8	7.3	6.5	7.4	6.6	7.4	6.3	7.1
550 ～ 600	6.5	5.7	6.4	6.7	5.5	6.1	5.6	5.7	5.3
600 ～ 650	8.1	5.8	6.8	6.1	6.4	5.9	6.1	6.6	6.9
650 ～ 700	4.9	6.0	5.1	4.9	5.7	5.3	4.5	5.1	6.1
700 ～ 750	5.2	4.4	5.5	4.7	5.3	5.4	4.9	5.5	6.1
750 ～ 800	4.8	4.5	3.8	4.7	5.5	4.7	5.7	4.7	5.0
800 ～ 850	4.2	4.3	4.2	4.0	3.7	4.7	5.5	4.0	4.4
850 ～ 900	3.7	4.4	3.7	4.3	3.4	3.3	3.6	3.3	4.0
900 ～ 950	3.5	2.9	3.1	3.1	3.5	3.7	3.5	3.8	3.7
950 ～ 1000	3.2	2.7	2.6	1.6	2.8	2.7	3.1	3.4	2.5
1000 ～ 1100	3.5	3.7	4.4	5.3	4.4	4.9	4.3	4.4	4.1
1100 ～ 1200	2.8	2.9	2.9	3.0	3.5	2.9	3.3	3.4	3.1
1200 ～ 1500	4.5	5.8	5.0	4.2	5.1	4.5	5.3	6.1	5.4
1500 ～ 2000	2.4	2.7	2.7	2.4	1.8	2.2	2.7	3.3	2.9
2000万円以上	1.6	1.2	1.5	0.8	1.6	1.1	1.3	1.3	1.3
	累 積 度 数 分 布								
総　　　　数	・	・	・	・	・	・	・	・	・
50万円未満	0.4	0.4	0.0	0.1	0.1	0.1	－	－	0.1
50 ～ 100	1.5	1.5	1.2	1.1	1.4	1.4	1.5	1.4	1.4
100 ～ 150	3.7	4.1	3.3	3.9	3.8	4.3	3.7	4.1	3.8
150 ～ 200	6.7	7.0	5.9	7.3	5.8	7.5	6.7	6.4	6.2
200 ～ 250	9.5	10.7	9.1	11.0	8.7	10.8	9.6	9.2	9.4
250 ～ 300	13.9	14.3	13.1	14.9	12.4	14.3	13.4	13.0	12.4
300 ～ 350	18.4	19.7	17.5	19.9	16.6	18.4	18.0	17.6	16.3
350 ～ 400	23.5	25.4	22.9	25.1	21.3	23.2	22.4	21.9	20.4
400 ～ 450	29.3	31.3	28.9	32.1	28.4	29.5	27.7	27.0	25.9
450 ～ 500	35.1	36.2	34.9	37.9	34.6	36.1	33.1	33.1	32.0
500 ～ 550	41.0	43.0	42.2	44.4	41.9	42.7	40.5	39.4	39.1
550 ～ 600	47.5	48.7	48.6	51.1	47.5	48.8	46.1	45.1	44.4
600 ～ 650	55.5	54.5	55.4	57.2	53.9	54.7	52.2	51.6	51.3
650 ～ 700	60.5	60.5	60.6	62.1	59.6	60.0	56.7	56.7	57.4
700 ～ 750	65.7	64.9	66.1	66.8	64.8	65.5	61.7	62.3	63.5
750 ～ 800	70.5	69.4	69.9	71.5	70.3	70.1	67.3	66.9	68.4
800 ～ 850	74.7	73.7	74.1	75.4	74.0	74.9	72.8	70.9	72.9
850 ～ 900	78.4	78.2	77.7	79.7	77.4	78.2	76.4	74.3	76.9
900 ～ 950	81.9	81.0	80.8	82.8	80.9	81.8	80.0	78.0	80.6
950 ～ 1000	85.1	83.8	83.4	84.4	83.7	84.5	83.0	81.4	83.1
1000 ～ 1100	88.6	87.5	87.8	89.7	88.1	89.4	87.4	85.8	87.2
1100 ～ 1200	91.4	90.4	90.8	92.6	91.5	92.3	90.7	89.2	90.4
1200 ～ 1500	96.0	96.1	95.8	96.8	96.6	96.7	96.1	95.3	95.8
1500 ～ 2000	98.4	98.8	98.5	99.2	98.4	98.9	98.7	98.7	98.7
2000万円以上	100.0	100.0	100.0	100.0	100.0	100.0	100.0	100.0	100.0

注：1）平成22年の数値は、岩手県、宮城県及び福島県を除いたものである。

　　2）平成23年の数値は、福島県を除いたものである。

　　3）平成27年の数値は、熊本県を除いたものである。

（2－1）

第18表　児童のいる世帯の1世帯当たり

所　得　の　種　類	昭和60年 (1985)	61 ('86)	62 ('87)	63 ('88)	平成元年 ('89)	2 ('90)	3 ('91)	4 ('92)	5 ('93)	6 ('94)
									1　世　帯　当　た　り	
総　　　所　　　得	539.8	557.2	562.6	603.5	626.4	670.4	710.6	727.5	745.6	758.6
稼　　働　　所　　得	506.7	513.5	521.2	557.6	567.5	622.6	658.3	673.8	693.4	701.8
雇　用　者　所　得	441.0	430.2	462.6	488.6	491.8	550.5	583.8	607.5	625.4	627.5
事　業　所　得	50.0	70.1	46.2	54.8	62.5	57.8	62.2	53.3	57.1	61.4
農　耕・畜　産　所　得	12.9	11.1	10.4	11.1	10.9	11.0	9.7	11.1	8.8	10.5
家　内　労　働　所　得	2.8	2.1	2.0	3.1	2.3	3.2	2.5	1.9	2.0	2.5
財　産　所　得	8.1	10.8	9.9	13.7	18.5	14.4	14.6	16.1	15.1	14.5
家　賃・地　代	…	…	…	10.5	14.6	12.2	11.0	13.5	12.2	12.0
利　子・配　当　金	…	…	…	3.2	3.9	2.2	3.7	2.6	3.0	2.5
公　的　年　金・恩　給	19.6	25.3	24.2	24.5	27.9	27.0	30.3	29.3	29.3	32.1
公的年金・恩給以外の社会保障給付金	2.5	4.1	2.8	3.1	3.4	2.0	1.8	3.1	2.6	3.3
雇　用　保　険	…	…	…	…	…	…	…	…	…	…
児　童　手　当　等										
その他の社会保障給付金	…	…	…	…	…	…	…	…	…	…
仕送り・企業年金・個人年金等・その他の所得	2.8	3.5	4.5	4.6	9.1	4.3	5.5	5.2	5.2	7.0
仕　　　送　　　り	1.0	0.9	2.7	2.3	4.0	2.7	2.7	2.0	1.5	2.8
企　業　年　金・個　人　年　金　等	…	…	…	…	…	…	…	…	…	…
そ　の　他　の　所　得	1.8	2.6	1.8	2.3	5.1	1.7	2.8	3.2	3.7	4.2
								1　世　帯　当　た　り　平　均　所　得		
総　　　所　　　得	100.0	100.0	100.0	100.0	100.0	100.0	100.0	100.0	100.0	100.0
稼　　働　　所　　得	93.9	92.2	92.7	92.4	90.6	92.9	92.6	92.6	93.0	92.5
雇　用　者　所　得	81.7	77.2	82.2	81.0	78.5	82.1	82.2	83.5	83.9	82.7
事　業　所　得	9.3	12.6	8.2	9.1	10.0	8.6	8.8	7.3	7.7	8.1
農　耕・畜　産　所　得	2.4	2.0	1.8	1.8	1.7	1.6	1.4	1.5	1.2	1.4
家　内　労　働　所　得	0.5	0.4	0.4	0.5	0.4	0.5	0.4	0.3	0.3	0.3
財　産　所　得	1.5	1.9	1.8	2.3	3.0	2.1	2.1	2.2	2.0	1.9
家　賃・地　代	…	…	…	1.7	2.3	1.8	1.5	1.9	1.6	1.6
利　子・配　当　金	…	…	…	0.5	0.6	0.3	0.5	0.4	0.4	0.3
公　的　年　金・恩　給	3.6	4.5	4.3	4.1	4.4	4.0	4.3	4.0	3.9	4.2
公的年金・恩給以外の社会保障給付金	0.5	0.7	0.5	0.5	0.5	0.3	0.3	0.4	0.4	0.4
雇　用　保　険	…	…	…	…	…	…	…	…	…	…
児　童　手　当　等	…	…	…	…	…	…	…	…	…	…
その他の社会保障給付金	…	…	…	…	…	…	…	…	…	…
仕送り・企業年金・個人年金等・その他の所得	0.5	0.6	0.8	0.8	1.5	0.6	0.8	0.7	0.7	0.9
仕　　　送　　　り	0.2	0.2	0.5	0.4	0.6	0.4	0.4	0.3	0.2	0.4
企　業　年　金・個　人　年　金　等	…	…	…	…	…	…	…	…	…	…
そ　の　他　の　所　得	0.3	0.5	0.3	0.4	0.8	0.2	0.4	0.4	0.5	0.5

注：1）昭和60～平成11年の「その他の所得」には、「企業年金・個人年金等」を含む。
　　2）平成6年の数値は、兵庫県を除いたものである。
　　3）平成11年の「その他の所得」には、「地域振興券」を含む。
　　4）平成12～14年の「企業年金・個人年金等」は、「個人年金」のみの数値であり、「その他の所得」には、企業年金を含む。
　　5）平成15～18年の「その他の社会保障給付金」には、「児童手当等」を含む。

平均所得金額－構成割合，年次・所得の種類別

7 ('95)	8 ('96)	9 ('97)	10 ('98)	11 ('99)	12 (2000)	13 ('01)	14 ('02)	15 ('03)	16 ('04)	17 ('05)	18 ('06)
平 均 所 得 金 額 （単位：万円）											
737.2	781.6	767.1	747.4	721.4	725.8	727.2	702.7	702.6	714.9	718.0	701.2
683.4	722.7	706.4	689.8	659.5	663.3	664.9	643.1	643.4	657.2	655.2	643.0
615.6	659.7	642.3	629.4	598.7	609.6	611.4	591.6	586.0	603.8	587.4	578.6
59.4	52.7	54.1	49.7	50.4	44.2	48.4	41.6	46.3	44.7	54.6	56.8
7.0	8.6	7.9	9.8	8.4	7.4	3.8	8.6	9.8	7.8	11.7	6.1
1.3	1.8	2.2	0.9	2.0	2.1	1.2	1.3	1.3	1.0	1.4	1.4
7.5	11.8	12.3	11.9	13.0	11.4	11.1	8.7	11.3	7.1	15.1	13.8
5.9	10.3	10.6	10.9	11.3	9.6	10.1	8.3	…	…	…	…
1.6	1.6	1.7	1.0	1.7	1.8	1.0	0.4	…	…	…	…
34.5	37.9	37.9	37.3	37.3	39.2	40.7	42.2	37.1	40.7	33.7	33.2
3.6	3.1	3.7	3.0	3.8	2.4	4.9	3.2	4.9	4.6	5.6	4.9
…	…	…	…	…	…	…	…	1.2	1.0	0.8	0.8
…	…	…	…	…	…	…	…	…	…	…	…
…	…	…	…	…	…	…	…	3.6	3.6	4.8	4.1
8.3	6.0	6.8	5.3	7.8	9.5	5.6	5.5	6.0	5.2	8.4	6.3
2.7	2.5	2.0	1.7	1.2	2.8	2.2	2.4	2.8	2.7	3.1	1.6
…	…	…	…	…	1.6	0.7	0.9	1.0	0.9	1.5	1.4
5.6	3.5	4.9	3.6	6.6	5.1	2.6	2.2	2.2	1.6	3.7	3.4
金 額 の 構 成 割 合 （単位：％）											
100.0	100.0	100.0	100.0	100.0	100.0	100.0	100.0	100.0	100.0	100.0	100.0
92.7	92.5	92.1	92.3	91.4	91.4	91.4	91.5	91.6	91.9	91.2	91.7
83.5	84.4	83.7	84.2	83.0	84.0	84.1	84.2	83.4	84.5	81.8	82.5
8.1	6.7	7.0	6.6	7.0	6.1	6.7	5.9	6.6	6.3	7.6	8.1
0.9	1.1	1.0	1.3	1.2	1.0	0.5	1.2	1.4	1.1	1.6	0.9
0.2	0.2	0.3	0.1	0.3	0.3	0.2	0.2	0.2	0.1	0.2	0.2
1.0	1.5	1.6	1.6	1.8	1.6	1.5	1.2	1.6	1.0	2.1	2.0
0.8	1.3	1.4	1.5	1.6	1.3	1.4	1.2	…	…	…	…
0.2	0.2	0.2	0.1	0.2	0.2	0.1	0.1	…	…	…	…
4.7	4.8	4.9	5.0	5.2	5.4	5.6	6.0	5.3	5.7	4.7	4.7
0.5	0.4	0.5	0.4	0.5	0.3	0.7	0.5	0.7	0.6	0.8	0.7
…	…	…	…	…	…	…	…	0.2	0.1	0.1	0.1
…	…	…	…	…	…	…	…	…	…	…	…
…	…	…	…	…	…	…	…	0.5	0.5	0.7	0.6
1.1	0.8	0.9	0.7	1.1	1.3	0.8	0.8	0.8	0.7	1.2	0.9
0.4	0.3	0.3	0.2	0.2	0.4	0.3	0.3	0.4	0.4	0.4	0.2
…	…	…	…	…	0.2	0.1	0.1	0.1	0.1	0.2	0.2
0.8	0.4	0.6	0.5	0.9	0.7	0.4	0.3	0.3	0.2	0.5	0.5

(2-2)

第18表 児童のいる世帯の1世帯当たり平均所得金額－構成割合, 年次・所得の種類別

所 得 の 種 類	平成19年 (2007)	20 ('08)	21 ('09)	22 ('10)	23 ('11)	24 ('12)	25 ('13)	26 ('14)	27 ('15)
	1世帯当たり平均所得金額（単位：万円）								
総　　所　　得	691.4	688.5	697.3	658.1	697.0	673.2	696.3	712.9	707.6
稼　働　所　得	639.3	641.5	626.0	588.2	626.2	603.0	633.9	656.5	646.7
雇　用　者　所　得	578.2	584.6	589.5	551.8	590.7	574.1	601.0	624.3	609.5
事　業　所　得	57.1	52.8	31.0	32.4	26.6	25.2	28.2	29.0	29.0
農耕・畜産所得	2.7	3.6	4.9	3.4	8.1	3.2	4.2	2.7	7.7
家　内　労　働　所　得	1.2	0.6	0.6	0.7	0.8	0.6	0.5	0.4	0.5
財　産　所　得	8.6	5.4	14.1	6.5	11.2	11.5	6.7	10.0	9.6
家　賃　・　地　代	…	…	…	…	…	…	…	…	…
利　子　・　配　当　金	…	…	…	…	…	…	…	…	…
公　的　年　金　・　恩　給	31.6	32.0	32.3	34.0	27.1	29.1	32.9	25.5	27.2
公的年金・恩給以外の社会保障給付金	5.5	3.8	11.2	23.6	25.8	23.2	17.3	16.2	17.4
雇　用　保　険	0.9	0.4	1.7	1.5	1.6	1.6	1.3	1.6	1.7
児　童　手　当　等	…	…	8.2	19.8	22.7	19.6	14.7	13.6	14.1
その他の社会保障給付金	4.5	3.4	1.4	2.3	1.5	1.9	1.3	1.1	1.6
仕送り・企業年金・個人年金等・その他の所得	6.5	5.8	13.7	5.8	6.8	6.3	5.6	4.7	6.7
仕　　送　　り	3.5	2.6	3.9	2.2	1.7	2.0	1.1	1.8	1.6
企業年金・個人年金等	1.0	1.2	2.0	2.2	2.5	1.9	2.8	1.1	2.0
そ　の　他　の　所　得	1.9	2.0	7.8	1.4	2.6	2.4	1.7	1.9	3.1
	1世帯当たり平均所得金額の構成割合（単位：%）								
総　　所　　得	100.0	100.0	100.0	100.0	100.0	100.0	100.0	100.0	100.0
稼　働　所　得	92.5	93.2	89.8	89.4	89.8	89.6	91.0	92.1	91.4
雇　用　者　所　得	83.6	84.9	84.5	83.9	84.8	85.3	86.3	87.6	86.1
事　業　所　得	8.3	7.7	4.4	4.9	3.8	3.7	4.1	4.1	4.1
農耕・畜産所得	0.4	0.5	0.7	0.5	1.2	0.5	0.6	0.4	1.1
家　内　労　働　所　得	0.2	0.1	0.1	0.1	0.1	0.1	0.1	0.1	0.1
財　産　所　得	1.2	0.8	2.0	1.0	1.6	1.7	1.0	1.4	1.4
家　賃　・　地　代	…	…	…	…	…	…	…	…	…
利　子　・　配　当　金	…	…	…	…	…	…	…	…	…
公　的　年　金　・　恩　給	4.6	4.6	4.6	5.2	3.9	4.3	4.7	3.6	3.8
公的年金・恩給以外の社会保障給付金	0.8	0.6	1.6	3.6	3.7	3.4	2.5	2.3	2.5
雇　用　保　険	0.1	0.1	0.2	0.2	0.2	0.2	0.2	0.2	0.2
児　童　手　当　等	…	…	1.2	3.0	3.3	2.9	2.1	1.9	2.0
その他の社会保障給付金	0.7	0.5	0.2	0.3	0.2	0.3	0.2	0.2	0.2
仕送り・企業年金・個人年金等・その他の所得	0.9	0.8	2.0	0.9	1.0	0.9	0.8	0.7	0.9
仕　　送　　り	0.5	0.4	0.6	0.3	0.2	0.3	0.2	0.3	0.2
企業年金・個人年金等	0.2	0.2	0.3	0.3	0.4	0.3	0.4	0.1	0.3
そ　の　他　の　所　得	0.3	0.3	1.1	0.2	0.4	0.4	0.2	0.3	0.4

注：1）平成19年及び平成20年の「その他の社会保障給付金」には、「児童手当等」を含む。
　　2）平成21年の「その他の所得」には、「定額給付金」「子育て応援特別手当」を含む。
　　3）平成22年の数値は、岩手県、宮城県及び福島県を除いたものである。
　　4）平成23年の数値は、福島県を除いたものである。
　　5）平成26年及び平成27年の「その他の所得」には、「臨時福祉給付金」「子育て世帯臨時特例給付金」を含む。
　　6）平成27年の数値は、熊本県を除いたものである。

（3－1）

第19表　有業者（15歳以上）１人当たり平均所得金額，
勤めか自営かの別－勤め先での呼称・性・年次別

（単位：万円）

年　　　次	総　　数	会社・団体等の役員	役員以外の雇用者	正規の職員・従業員	非正規の職員・従業員	パート・アルバイト	その他	自営業主	家族従業者	内職・その他
					総　　　数					
平成15年（2003）	344.5	667.9	359.4	450.6	153.1	119.3	258.4	312.0	144.4	146.0
16　（'04）	334.8	658.7	338.6	440.3	141.7	107.1	244.6	339.0	158.7	127.3
17　（'05）	340.0	713.1	338.8	440.8	144.3	115.6	225.6	341.9	134.4	187.6
18　（'06）	338.4	579.3	341.8	443.2	153.3	115.6	244.2	337.5	173.4	176.6
19　（'07）	334.1	609.5	330.8	434.8	156.5	119.6	249.8	338.4	158.7	174.0
20　（'08）	340.0	540.5	337.5	439.5	152.4	112.2	252.6	378.4	143.3	206.2
21　（'09）	336.7	576.2	333.6	436.0	161.9	123.2	256.8	334.0	170.0	199.3
22　（'10）	324.2	552.4	324.1	431.9	162.5	125.2	262.6	292.0	165.1	169.5
23　（'11）	332.1	581.3	328.2	440.1	160.3	121.5	263.0	345.2	155.4	143.4
24　（'12）	330.0	656.7	333.9	436.4	164.2	124.2	265.7	311.6	153.6	179.0
25　（'13）	325.7	634.6	328.8	427.9	172.0	130.2	268.4	321.3	140.3	147.8
26　（'14）	335.2	733.6	333.9	442.8	159.9	124.1	258.6	329.6	144.7	161.4
27　（'15）	336.2	677.6	331.1	434.9	165.8	126.8	261.6	353.2	152.9	159.1

注：1）平成22年の数値は、岩手県、宮城県及び福島県を除いたものである。
　　2）平成23年の数値は、福島県を除いたものである。
　　3）平成27年の数値は、熊本県を除いたものである。
　　4）「総数」には、勤めか自営かの不詳を含む。
　　5）勤めか自営かの別の「役員以外の雇用者」には、勤め先での呼称不詳を含む。
　　6）勤め先での呼称の「その他」には、労働者派遣事業所の派遣社員、契約社員、嘱託、その他の呼称を含む。

（3－2）

第19表　有業者（15歳以上）１人当たり平均所得金額，
勤めか自営かの別－勤め先での呼称・性・年次別

（単位：万円）

年　　　　次	総　　数	会社・団体等の役員	役員以外の雇用者	正規の職員・従業員	非正規の職員・従業員	パート・アルバイト	その他	自営業主	家族従業者	内職・その他
					男					
平成15年（2003）	463.2	747.0	478.5	516.0	266.5	205.9	339.1	363.4	219.3	286.0
16　（'04）	452.2	745.1	457.5	501.5	241.3	172.3	338.3	375.7	242.6	235.5
17　（'05）	461.8	822.0	460.4	509.7	233.5	181.5	308.1	379.0	210.6	344.0
18　（'06）	456.4	677.5	462.0	509.0	259.2	193.6	329.1	393.5	273.9	308.4
19　（'07）	453.6	681.1	457.9	506.1	264.8	194.7	340.5	370.8	234.7	278.0
20　（'08）	465.3	632.2	460.8	507.0	261.1	179.8	335.0	436.6	240.2	374.6
21　（'09）	448.2	661.8	446.8	496.4	258.5	180.7	337.7	387.9	240.6	322.1
22　（'10）	426.0	643.4	433.1	492.8	245.6	178.7	333.4	319.3	235.2	273.2
23　（'11）	442.2	675.2	439.2	498.1	244.1	165.2	344.4	385.4	222.2	237.6
24　（'12）	441.0	750.9	450.6	497.5	268.1	189.7	345.6	350.1	215.0	275.9
25　（'13）	429.2	728.4	430.7	480.6	265.8	192.9	341.5	371.0	193.8	213.0
26　（'14）	449.5	805.2	452.2	504.4	255.4	183.1	329.9	370.1	214.5	230.0
27　（'15）	447.2	758.7	444.3	493.9	260.4	184.9	335.0	399.8	194.9	250.5

注： 1 ）平成22年の数値は、岩手県、宮城県及び福島県を除いたものである。
　　 2 ）平成23年の数値は、福島県を除いたものである。
　　 3 ）平成27年の数値は、熊本県を除いたものである。
　　 4 ）「総数」には、勤めか自営かの不詳を含む。
　　 5 ）勤めか自営かの別の「役員以外の雇用者」には、勤め先での呼称不詳を含む。
　　 6 ）勤め先での呼称の「その他」には、労働者派遣事業所の派遣社員、契約社員、嘱託、その他の呼称を含む。

（3－3）

第19表　有業者（15歳以上）１人当たり平均所得金額,
勤めか自営かの別－勤め先での呼称・性・年次別

（単位：万円）

年　　　次	総　　数	会社・団体等の役員	役員以外の雇用者	正規の職員・従業員	非正規の職員・従業員	パート・アルバイト	その他	自営業主	家族従業者	内職・その他
					女					
平成15年　（2003）	182.8	352.9	200.9	298.0	109.4	97.6	170.7	143.2	123.8	72.7
16　（'04）	178.9	399.9	187.1	293.2	103.5	89.1	165.3	168.6	133.0	68.3
17　（'05）	176.6	378.3	184.1	279.3	107.8	95.7	156.1	175.5	113.5	96.8
18　（'06）	180.6	317.3	187.6	288.3	107.4	93.5	159.6	168.8	141.4	104.5
19　（'07）	178.0	370.2	178.6	271.2	112.1	99.6	161.6	204.3	136.0	99.7
20　（'08）	182.1	292.4	190.2	292.2	108.4	96.2	160.6	185.9	115.7	112.9
21　（'09）	190.8	325.0	196.7	300.5	119.4	107.4	168.1	166.9	148.4	112.5
22　（'10）	189.4	314.9	194.2	297.9	121.7	106.8	184.4	163.8	141.3	96.4
23　（'11）	194.7	363.5	200.6	314.4	122.5	107.8	181.6	176.1	135.3	78.4
24　（'12）	190.2	383.5	195.6	299.1	120.8	107.5	177.5	182.3	134.0	107.6
25　（'13）	190.5	393.0	200.0	305.3	124.6	109.9	181.0	140.8	128.5	93.2
26　（'14）	196.0	522.6	199.9	310.5	121.1	109.4	176.4	170.0	128.4	96.4
27　（'15）	196.1	437.2	198.2	302.2	125.8	111.5	183.1	199.5	140.6	93.5

注：1）平成22年の数値は、岩手県、宮城県及び福島県を除いたものである。
　　2）平成23年の数値は、福島県を除いたものである。
　　3）平成27年の数値は、熊本県を除いたものである。
　　4）「総数」には、勤めか自営かの不詳を含む。
　　5）勤めか自営かの別の「役員以外の雇用者」には、勤め先での呼称不詳を含む。
　　6）勤め先での呼称の「その他」には、労働者派遣事業所の派遣社員、契約社員、嘱託、その他の呼称を含む。

（2－1）

第20表　世帯数の構成割合，生活意識・年次別

（単位：％）

年　　次	総　数	苦しい	大変苦しい	やや苦しい	普　通	ゆとりがある	ややゆとりがある	大変ゆとりがある
昭和61年（1986）	100.0	40.9	12.8	28.1	49.7	9.4	8.3	1.1
62 （'87）	100.0	40.5	11.7	28.7	52.4	7.1	6.4	0.7
63 （'88）	100.0	35.7	9.4	26.4	57.6	6.6	6.2	0.5
平成元年（'89）	100.0	37.7	11.3	26.4	53.8	8.5	7.6	0.9
2 （'90）	100.0	36.8	10.9	25.9	54.6	8.6	7.6	1.0
3 （'91）	100.0	37.8	9.2	28.6	55.4	6.8	6.3	0.5
4 （'92）	100.0	34.2	9.0	25.2	57.3	8.5	7.7	0.8
5 （'93）	100.0	45.9	16.3	29.7	49.3	4.8	4.4	0.4
6 （'94）	100.0	44.5	12.7	31.8	50.2	5.2	4.9	0.4
7 （'95）	100.0	42.0	12.7	29.3	51.8	6.3	5.7	0.5
8 （'96）	100.0	46.5	16.0	30.5	48.9	4.6	4.2	0.5
9 （'97）	100.0	44.7	14.9	29.8	49.9	5.4	4.9	0.5
10 （'98）	100.0	52.1	18.9	33.1	43.4	4.6	4.1	0.4
11 （'99）	100.0	52.5	20.3	32.2	42.9	4.6	4.2	0.4
12 （2000）	100.0	50.7	19.2	31.5	44.2	5.1	4.7	0.4
13 （'01）	100.0	51.5	20.2	31.2	43.7	4.8	4.3	0.5
14 （'02）	100.0	53.7	22.2	31.6	41.2	5.0	4.4	0.6
15 （'03）	100.0	53.9	22.4	31.5	41.8	4.3	3.9	0.4
16 （'04）	100.0	55.8	23.0	32.9	39.4	4.8	4.2	0.6
17 （'05）	100.0	56.2	23.0	33.2	39.0	4.8	4.4	0.4
18 （'06）	100.0	56.3	22.8	33.5	39.0	4.8	4.3	0.5
19 （'07）	100.0	57.2	24.0	33.2	37.7	5.1	4.6	0.5

注：平成7年の数値は、兵庫県を除いたものである。

（2－2）

第20表　世帯数の構成割合，生活意識・年次別

（単位：％）

年　　次	総　　数	苦しい	大変苦しい	やや苦しい	普　　通	ゆとりが あ　　る	ややゆとり が あ る	大変ゆとり が あ る
平成20年（2008）	100.0	57.2	23.5	33.7	37.0	5.8	4.8	0.9
21　（'09）	100.0	58.1	24.9	33.2	37.9	4.0	3.5	0.6
22　（'10）	100.0	59.4	27.1	32.3	35.8	4.8	4.1	0.7
23　（'11）	100.0	61.5	29.1	32.4	34.7	3.9	3.4	0.5
24　（'12）	100.0	60.4	28.6	31.8	35.8	3.8	3.5	0.4
25　（'13）	100.0	59.9	27.7	32.2	35.6	4.5	3.9	0.5
26　（'14）	100.0	62.4	29.7	32.7	34.0	3.6	3.2	0.4
27　（'15）	100.0	60.3	27.4	32.9	35.9	3.7	3.2	0.5
28　（'16）	100.0	56.5	23.4	33.1	38.4	5.1	4.5	0.6

注：1）平成23年の数値は、岩手県、宮城県及び福島県を除いたものである。
　　2）平成24年の数値は、福島県を除いたものである。
　　3）平成28年の数値は、熊本県を除いたものである。

第21表　世帯数の相対度数分布－1世帯当たり平均所得金額－世帯人員1人当たり平均所得金額－中央値－平均所得金額以下の世帯の割合，世帯類型－児童のいる世帯－65歳以上の者のいる世帯－標準4人世帯・所得金額階級別

平成28年調査

所得金額階級	総数	高齢者世帯	母子世帯	その他の世帯	（再掲）児童のいる世帯	（再掲）65歳以上の者のいる世帯	（再掲）標準4人世帯
世帯数の相対度数分布（％）　総数	100.0	100.0	100.0	100.0	100.0	100.0	100.0
50万円未満	1.0	1.8	－	0.7	0.1	1.0	－
50～100	5.2	11.3	7.3	2.8	1.3	7.0	0.8
100～150	6.5	12.6	11.6	4.0	2.4	8.2	2.1
150～200	6.9	13.1	18.7	4.3	2.5	9.1	1.0
200～250	7.3	12.3	13.7	5.2	3.2	9.5	1.5
250～300	6.4	10.6	17.1	4.6	3.0	8.4	1.4
300～350	7.0	10.4	13.6	5.5	3.9	8.4	3.2
350～400	6.2	7.6	5.4	5.7	4.1	7.0	3.6
400～450	5.6	4.8	2.9	6.0	5.5	5.4	6.0
450～500	4.8	3.3	2.2	5.4	6.1	4.0	7.1
500～550	4.8	2.4	3.6	5.8	7.1	3.6	9.5
550～600	4.0	2.2	1.0	4.7	5.3	3.3	6.8
600～650	4.0	1.4	0.6	5.1	6.9	2.9	9.0
650～700	3.6	0.9	0.3	4.8	6.1	2.6	6.9
700～750	3.6	0.8	0.5	4.7	6.1	2.2	7.1
750～800	2.7	0.6	0.6	3.6	5.0	1.8	5.3
800～850	2.7	0.4	－	3.7	4.4	1.9	5.1
850～900	2.2	0.4	－	3.0	4.0	1.6	3.7
900～950	2.1	0.4	－	2.8	3.7	1.5	3.8
950～1000	1.6	0.3	－	2.1	2.5	1.3	2.6
1000～1100	2.7	0.4	0.3	3.7	4.1	2.0	3.4
1100～1200	2.0	0.2	－	2.7	3.1	1.5	2.4
1200～1500	3.6	0.6	0.7	4.9	5.4	2.8	4.4
1500～2000	2.0	0.6	－	2.6	2.9	1.6	2.3
2000万円以上	1.3	0.6	－	1.6	1.3	1.4	0.9
1世帯当たり平均所得金額(万円)	545.4	308.1	270.1	644.7	707.6	479.9	701.7
世帯人員1人当たり平均所得金額(万円)	212.2	197.1	105.6	217.0	173.2	200.4	175.4
中央値(万円)	427	244	246	550	637	338	631
平均所得金額以下の世帯の割合（％）	61.5	64.2	56.5	59.4	58.7	66.5	59.8

注：1）熊本県を除いたものである。
　　2）「その他の世帯」には、「父子世帯」を含む。
　　3）「標準4人世帯」とは、夫婦と18歳未満の未婚の子2人の世帯である。

516

第22表　世　帯　数，世帯人員・所得金額階級別

（世帯数1万対）　　　　　　　　　　　　　　　　　　　　　　　　　　　　　　　　　平成28年調査

所得金額階級	総　数	1　人	2　人	3　人	4　人	5　人	6人以上
総　　　　　数	10 000	2 253	3 329	2 124	1 462	548	284
50万円未満	97	83	12	1	–	1	–
50 ～ 100	523	363	105	37	16	1	1
100 ～ 150	647	392	162	57	27	5	4
150 ～ 200	694	343	237	79	20	11	4
200 ～ 250	729	295	289	90	34	17	4
250 ～ 300	644	166	337	102	27	8	4
300 ～ 350	697	143	369	117	46	18	4
350 ～ 400	623	102	315	128	51	21	5
400 ～ 450	565	79	240	136	71	30	9
450 ～ 500	477	60	182	112	89	24	10
500 ～ 550	482	39	166	130	110	26	11
550 ～ 600	399	29	143	117	78	23	10
600 ～ 650	404	27	111	114	102	37	12
650 ～ 700	361	20	92	117	87	35	12
700 ～ 750	357	21	92	111	90	33	11
750 ～ 800	273	12	63	86	70	26	16
800 ～ 850	270	16	53	86	77	27	10
850 ～ 900	222	10	50	68	55	24	16
900 ～ 950	211	11	42	57	62	26	13
950 ～ 1000	159	6	32	50	42	16	13
1000 ～ 1100	275	10	60	75	75	31	24
1100 ～ 1200	200	7	37	61	51	25	19
1200 ～ 1500	364	10	65	106	104	44	34
1500 ～ 2000	197	5	38	48	55	29	22
2000万円以上	128	6	35	38	24	10	14

注：熊本県を除いたものである。

第23表　世　帯　数，世帯業態・所得金額階級別

（世帯数1万対）　　　　　　　　　　　　　　　　　　　　　　　　　　　　　　　　　平成28年調査

所得金額階級	総　数	雇用者世帯	常雇者世帯	1月以上1年未満の契約の雇用者世帯	日々又は1月未満の契約の雇用者世帯	自営業者世帯	その他の世帯	不　詳
総　　　　　数	10 000	5 742	5 191	492	59	1 093	2 894	271
50万円未満	97	18	12	5	1	10	64	5
50 ～ 100	523	104	75	24	5	51	334	34
100 ～ 150	647	183	134	41	7	62	363	39
150 ～ 200	694	209	160	42	8	83	359	43
200 ～ 250	729	260	205	48	8	94	341	34
250 ～ 300	644	254	208	41	5	75	282	34
300 ～ 350	697	310	267	40	3	74	291	22
350 ～ 400	623	318	270	45	3	69	221	15
400 ～ 450	565	347	300	42	6	61	150	7
450 ～ 500	477	327	299	26	2	52	93	5
500 ～ 550	482	349	324	23	2	55	73	5
550 ～ 600	399	283	266	15	3	45	65	6
600 ～ 650	404	315	298	18	0	38	47	3
650 ～ 700	361	295	279	14	2	35	29	3
700 ～ 750	357	295	282	12	1	31	30	1
750 ～ 800	273	227	218	7	2	26	19	2
800 ～ 850	270	227	219	8	–	26	16	1
850 ～ 900	222	183	175	7	1	21	17	1
900 ～ 950	211	176	168	7	1	17	16	1
950 ～ 1000	159	127	124	3	–	22	10	1
1000 ～ 1100	275	230	222	8	–	22	21	1
1100 ～ 1200	200	175	169	6	–	13	11	1
1200 ～ 1500	364	296	289	7	–	41	23	4
1500 ～ 2000	197	158	154	4	–	30	10	–
2000万円以上	128	77	77	–	–	40	7	3

注：熊本県を除いたものである。

第24表　世　帯　数，世帯構造・所得金額階級別

（世帯数1万対）　　　　　　　　　　　　　　　　　　　　　　　　　　　　　平成28年調査

所得金額階級	総　数	単独世帯	男の単独世帯	女の単独世帯	核家族世帯	夫婦のみの世帯	夫婦と未婚の子のみの世帯	ひとり親と未婚の子のみの世帯	三世代世帯	その他の世帯
総　　　　　　　数	10 000	2 253	993	1 260	6 332	2 572	3 055	704	698	717
50万円未満	97	83	32	51	11	6	2	3	–	4
50 ～ 100	523	363	101	262	128	65	30	33	5	26
100 ～ 150	647	392	124	268	208	96	53	58	9	38
150 ～ 200	694	343	119	224	304	163	64	77	11	37
200 ～ 250	729	295	124	171	362	207	81	74	26	46
250 ～ 300	644	166	80	85	421	259	87	75	13	45
300 ～ 350	697	143	84	59	475	295	111	69	23	56
350 ～ 400	623	102	66	36	451	263	140	47	24	46
400 ～ 450	565	79	60	19	417	192	183	43	31	37
450 ～ 500	477	60	42	18	352	143	176	34	26	39
500 ～ 550	482	39	26	13	373	136	211	26	31	39
550 ～ 600	399	29	18	11	312	119	172	21	24	35
600 ～ 650	404	27	20	7	314	84	209	22	34	28
650 ～ 700	361	20	13	6	273	71	184	19	38	31
700 ～ 750	357	21	15	6	279	69	189	21	27	30
750 ～ 800	273	12	8	4	209	50	146	14	33	20
800 ～ 850	270	16	11	5	199	41	146	12	31	25
850 ～ 900	222	10	6	4	168	40	118	10	32	12
900 ～ 950	211	11	10	1	147	38	104	4	37	16
950 ～ 1000	159	6	4	2	116	29	82	5	26	12
1000 ～ 1100	275	10	9	1	201	54	139	9	50	14
1100 ～ 1200	200	7	6	0	141	31	102	8	38	15
1200 ～ 1500	364	10	8	2	252	59	183	11	71	31
1500 ～ 2000	197	5	3	2	139	32	102	5	36	17
2000万円以上	128	6	4	2	80	32	45	3	24	18

注：熊本県を除いたものである。

第25表　世帯数，世帯類型－児童のいる世帯－65歳以上の者のいる世帯・所得金額階級別

（世帯数1万対）　　　　　　　　　　　　　　　　　　　　　　　　　　　　　平成28年調査

所得金額階級	総　数	高齢者世帯	母子世帯	その他の世帯	（再掲）児童のいる世帯	（再掲）65歳以上の者のいる世帯
総　　　　　　　数	10 000	2 807	129	7 065	2 325	5 261
50万円未満	97	50	–	47	2	53
50 ～ 100	523	318	9	196	30	371
100 ～ 150	647	353	15	280	55	429
150 ～ 200	694	367	24	303	58	479
200 ～ 250	729	346	18	365	74	498
250 ～ 300	644	298	22	324	69	441
300 ～ 350	697	293	17	387	90	441
350 ～ 400	623	215	7	402	96	367
400 ～ 450	565	134	4	427	128	286
450 ～ 500	477	92	3	382	141	211
500 ～ 550	482	68	5	409	166	192
550 ～ 600	399	63	1	335	124	173
600 ～ 650	404	39	1	364	160	155
650 ～ 700	361	24	0	337	141	135
700 ～ 750	357	22	1	334	142	118
750 ～ 800	273	16	1	256	115	93
800 ～ 850	270	12	–	258	103	99
850 ～ 900	222	11	–	211	93	84
900 ～ 950	211	10	–	200	87	79
950 ～ 1000	159	8	–	151	58	69
1000 ～ 1100	275	10	0	265	96	106
1100 ～ 1200	200	7	–	193	73	77
1200 ～ 1500	364	17	1	346	127	147
1500 ～ 2000	197	16	–	181	68	84
2000万円以上	128	17	–	111	29	73

注：1）熊本県を除いたものである。
　　2）「その他の世帯」には、「父子世帯」を含む。

第26表　世帯数，世帯主の年齢（10歳階級）・所得金額階級別

（世帯数1万対）　　　　　　　　　　　　　　　　　　　　　　　　　　　　平成28年調査

所得金額階級	総数	29歳以下	30～39歳	40～49	50～59	60～69	70～79	80歳以上	(再掲)65歳以上	(再掲)75歳以上
総　数	10 000	301	935	1 557	1 655	2 404	1 945	1 204	4 538	2 111
50万円未満	97	17	4	2	10	22	17	25	53	34
50 ～ 100	523	26	13	34	48	114	154	135	361	216
100 ～ 150	647	24	29	55	65	164	176	133	411	226
150 ～ 200	694	17	30	57	63	189	195	144	458	235
200 ～ 250	729	30	45	61	64	181	210	139	462	244
250 ～ 300	644	25	32	57	59	157	199	114	412	204
300 ～ 350	697	33	45	72	73	172	193	108	406	199
350 ～ 400	623	26	54	69	81	164	145	83	328	149
400 ～ 450	565	23	75	79	73	152	114	48	248	98
450 ～ 500	477	19	81	76	67	129	69	36	178	67
500 ～ 550	482	14	86	95	75	118	64	31	151	58
550 ～ 600	399	7	62	82	67	99	55	27	143	53
600 ～ 650	404	13	72	93	69	94	44	19	120	39
650 ～ 700	361	4	63	93	64	79	40	19	98	31
700 ～ 750	357	7	54	92	88	71	30	16	87	27
750 ～ 800	273	3	35	71	69	57	28	11	67	20
800 ～ 850	270	3	40	64	68	57	26	13	71	25
850 ～ 900	222	3	24	58	55	48	26	7	61	17
900 ～ 950	211	1	22	59	52	45	20	12	53	21
950 ～ 1000	159	0	11	36	49	36	15	13	47	20
1000 ～ 1100	275	3	19	66	89	53	31	15	68	30
1100 ～ 1200	200	1	16	45	63	44	18	12	52	21
1200 ～ 1500	364	2	15	91	127	77	28	23	93	37
1500 ～ 2000	197	1	7	32	75	49	25	9	55	19
2000万円以上	128	－	2	16	43	32	22	13	54	22

注：1）熊本県を除いたものである。
　　2）年齢階級の「総数」には、年齢不詳を含む。

第27表　世帯数，市郡・所得金額階級別

（世帯数1万対）　　　　　　　　　　　　　　　　　　　　　　　　　　　　平成28年調査

所得金額階級	総数	市部	大都市	その他の市	人口15万人以上の市	人口15万人未満の市	郡部
総　数	10 000	8 943	2 426	6 517	3 085	3 432	1 057
50万円未満	97	86	27	59	23	36	11
50 ～ 100	523	450	116	334	153	181	72
100 ～ 150	647	567	156	411	195	216	81
150 ～ 200	694	618	168	451	196	254	76
200 ～ 250	729	658	167	490	233	257	72
250 ～ 300	644	575	147	429	189	240	69
300 ～ 350	697	614	163	451	203	248	83
350 ～ 400	623	569	142	426	211	215	55
400 ～ 450	565	503	129	374	177	197	62
450 ～ 500	477	425	119	306	141	165	52
500 ～ 550	482	431	113	318	152	166	51
550 ～ 600	399	358	88	270	126	144	42
600 ～ 650	404	363	101	263	128	135	40
650 ～ 700	361	329	81	247	123	124	33
700 ～ 750	357	324	84	241	116	125	33
750 ～ 800	273	246	62	184	93	91	28
800 ～ 850	270	241	70	171	82	89	30
850 ～ 900	222	199	56	143	69	74	23
900 ～ 950	211	185	49	135	73	62	26
950 ～ 1000	159	140	39	101	50	51	19
1000 ～ 1100	275	255	73	183	88	95	20
1100 ～ 1200	200	177	56	121	55	67	23
1200 ～ 1500	364	336	112	224	112	112	29
1500 ～ 2000	197	175	65	110	62	49	22
2000万円以上	128	121	45	77	37	39	6

注：熊本県を除いたものである。

第28表 世 帯 数, 地域ブロック・所得金額階級別

（世帯数1万対）

平成28年調査

所得金額階級	総 数	北 海 道	東 北	関 東 Ⅰ	関 東 Ⅱ	北 陸	東 海
総　　　　数	10 000	472	800	2 596	857	442	1 249
50万円未満	97	4	12	19	9	3	7
50 ～ 100	523	34	42	100	44	18	52
100 ～ 150	647	41	54	138	47	21	64
150 ～ 200	694	43	59	164	48	22	80
200 ～ 250	729	44	59	178	58	26	87
250 ～ 300	644	32	50	155	52	22	81
300 ～ 350	697	36	54	193	51	25	75
350 ～ 400	623	34	46	159	52	28	73
400 ～ 450	565	31	47	152	50	24	66
450 ～ 500	477	26	39	118	42	22	62
500 ～ 550	482	22	39	118	45	22	60
550 ～ 600	399	18	31	102	39	22	58
600 ～ 650	404	19	34	107	38	23	48
650 ～ 700	361	17	34	96	38	18	39
700 ～ 750	357	7	27	99	33	18	51
750 ～ 800	273	14	22	64	26	16	35
800 ～ 850	270	9	23	90	23	14	33
850 ～ 900	222	7	16	61	23	12	30
900 ～ 950	211	6	17	60	16	12	36
950 ～ 1000	159	4	12	43	16	7	24
1000 ～ 1100	275	7	22	76	30	17	45
1100 ～ 1200	200	5	16	63	17	12	34
1200 ～ 1500	364	5	25	124	32	21	62
1500 ～ 2000	197	3	13	70	15	10	28
2000万円以上	128	5	7	47	11	7	21

所得金額階級	近 畿 Ⅰ	近 畿 Ⅱ	中 国	四 国	北 九 州	南 九 州
総　　　　数	1 269	278	641	320	708	…
50万円未満	14	3	6	5	9	…
50 ～ 100	68	17	36	25	49	…
100 ～ 150	111	15	42	21	61	…
150 ～ 200	98	19	44	28	52	…
200 ～ 250	102	16	46	29	50	…
250 ～ 300	77	24	43	22	53	…
300 ～ 350	103	19	42	27	49	…
350 ～ 400	86	18	42	19	45	…
400 ～ 450	61	20	42	14	40	…
450 ～ 500	60	13	33	16	30	…
500 ～ 550	56	13	36	18	34	…
550 ～ 600	43	11	25	10	27	…
600 ～ 650	44	10	23	12	32	…
650 ～ 700	39	11	25	11	22	…
700 ～ 750	48	11	26	8	20	…
750 ～ 800	37	7	16	8	21	…
800 ～ 850	32	8	13	7	15	…
850 ～ 900	30	8	13	8	10	…
900 ～ 950	22	6	13	3	14	…
950 ～ 1000	23	4	12	3	7	…
1000 ～ 1100	28	5	16	7	17	…
1100 ～ 1200	22	4	10	6	10	…
1200 ～ 1500	35	10	20	7	18	…
1500 ～ 2000	20	5	12	3	13	…
2000万円以上	9	2	5	3	9	…

注：1）「総数」は、熊本県を除いたものである。
　　2）「南九州」は、熊本県を除いているため表章していない。

第29表　世帯数，最多所得者の職業分類・所得金額階級別

（世帯数1万対）

平成28年調査

所得金額階級	総　数	管理的職業従事者	専門的・技術的職業従事者	事務従事者	販売従事者	サービス職業従事者	保安職業従事者	農林漁業従事者
総　数	10 000	707	1 653	709	485	887	130	305
50万円未満	97	－	6	0	5	6	1	2
50 ～ 100	523	7	20	12	19	37	1	10
100 ～ 150	647	6	38	19	20	64	2	18
150 ～ 200	694	6	33	23	23	82	5	24
200 ～ 250	729	5	69	30	29	75	6	24
250 ～ 300	644	8	67	32	21	63	4	27
300 ～ 350	697	18	80	40	22	67	7	19
350 ～ 400	623	17	79	35	28	66	8	24
400 ～ 450	565	17	87	37	30	59	8	17
450 ～ 500	477	26	87	40	28	50	7	15
500 ～ 550	482	22	105	36	27	46	7	17
550 ～ 600	399	15	77	32	27	38	6	10
600 ～ 650	404	30	93	39	26	38	8	11
650 ～ 700	361	29	96	37	26	26	10	9
700 ～ 750	357	38	84	50	28	31	8	6
750 ～ 800	273	34	64	27	22	22	6	8
800 ～ 850	270	37	80	34	16	20	5	9
850 ～ 900	222	35	64	18	13	11	8	8
900 ～ 950	211	31	53	27	11	17	4	8
950 ～ 1000	159	24	46	21	9	9	3	5
1000 ～ 1100	275	56	76	33	19	17	5	7
1100 ～ 1200	200	44	62	19	13	9	1	6
1200 ～ 1500	364	87	97	42	14	20	4	11
1500 ～ 2000	197	67	54	21	6	5	4	7
2000万円以上	128	49	36	4	2	8	1	5

所得金額階級	生産工程従事者	輸送・機械運転従事者	建設・採掘従事者	運搬・清掃・包装等従事者	分類不能の職業	不　詳	無　職
総　数	597	255	447	269	242	366	2 950
50万円未満	1	－	2	2	3	1	67
50 ～ 100	15	2	13	12	7	14	354
100 ～ 150	22	5	12	19	19	20	382
150 ～ 200	25	9	16	22	21	23	381
200 ～ 250	28	6	29	27	18	28	355
250 ～ 300	33	16	19	21	13	21	299
300 ～ 350	38	18	34	20	17	23	293
350 ～ 400	35	19	33	21	16	24	218
400 ～ 450	43	28	31	24	19	22	144
450 ～ 500	40	14	34	16	9	17	92
500 ～ 550	52	20	29	17	16	17	69
550 ～ 600	34	23	29	14	11	22	63
600 ～ 650	35	17	30	10	7	17	43
650 ～ 700	36	12	23	9	8	13	28
700 ～ 750	26	12	17	6	7	16	28
750 ～ 800	24	10	17	4	6	11	18
800 ～ 850	23	7	9	4	5	9	14
850 ～ 900	13	9	13	5	6	8	14
900 ～ 950	15	4	11	2	4	7	15
950 ～ 1000	10	4	7	3	3	6	9
1000 ～ 1100	14	6	10	3	3	9	18
1100 ～ 1200	8	5	8	2	5	10	9
1200 ～ 1500	20	4	14	4	12	15	21
1500 ～ 2000	5	1	7	1	4	10	7
2000万円以上	2	2	3	0	2	5	8

注：熊本県を除いたものである。

第30表　世帯数，世帯主の年齢（10歳階級）・世帯人員１人当たり所得金額階級別

（世帯数１万対）　　　　　　　　　　　　　　　　　　　　　　　　　　　　　　　　　　　　　平成28年調査

世帯人員１人当たり 所得金額階級	総　　数	29歳以下	30～39歳	40～49	50～59	60～69	70～79	80歳以上	（再掲） 65歳以上	（再掲） 75歳以上
総　　　　　数	10 000	301	935	1 557	1 655	2 404	1 945	1 204	4 538	2 111
50万円未満	408	24	38	60	61	88	72	66	185	107
50 ～ 100	1 345	42	109	171	149	318	322	233	743	393
100 ～ 150	1 983	58	228	287	202	451	483	274	1 023	500
150 ～ 200	1 924	36	184	297	232	482	442	250	984	462
200 ～ 250	1 391	36	129	229	216	358	265	157	640	278
250 ～ 300	886	24	78	140	190	230	138	86	350	141
300 ～ 350	601	33	40	98	153	152	75	49	213	82
350 ～ 400	406	19	36	77	98	101	43	33	129	48
400 ～ 450	278	16	32	51	86	47	30	15	69	29
450 ～ 500	194	5	26	32	58	50	15	8	45	14
500 ～ 600	217	7	19	38	74	46	22	10	55	18
600 ～ 700	118	0	9	30	39	24	9	5	26	10
700 ～ 800	78	–	2	13	42	13	7	2	15	6
800 ～ 900	52	–	2	11	17	11	8	3	16	7
900 ～ 1000	30	0	1	9	8	7	2	2	7	3
1000万円以上	90	0	1	13	29	25	12	9	37	14

注： 1） 熊本県を除いたものである。
　　 2） 年齢階級の「総数」には、年齢不詳を含む。

第31表　世帯数，所得五分位階級・世帯業態別

（世帯数１万対）　　　　　　　　　　　　　　　　　　　　　　　　　　　　　　　　　　　　　平成28年調査

世帯業態	総　数	第　Ⅰ	第　Ⅱ	第　Ⅲ	第　Ⅳ	第　Ⅴ
総　　　　　数	10 000	2 000	2 000	2 000	2 000	2 000
雇 用 者 世 帯	5 742	530	799	1 219	1 570	1 625
常 雇 者 世 帯	5 191	394	659	1 077	1 487	1 573
1月以上1年未満の契約の雇用者世帯	492	113	125	130	75	49
日々又は1月未満の契約の雇用者世帯	59	22	15	12	8	2
自 営 業 者 世 帯	1 093	211	233	224	196	230
そ の 他 の 世 帯	2 894	1 137	882	524	220	130
不　　　　　詳	271	122	87	32	15	14

注：熊本県を除いたものである。

第32表　世帯数，所得五分位階級・世帯類型－児童のいる世帯－65歳以上の者のいる世帯別

（世帯数1万対）　　　　　　　　　　　　　　　　　　　　　　　　　　　　平成28年調査

世　帯　類　型	総　数	第　Ⅰ	第　Ⅱ	第　Ⅲ	第　Ⅳ	第　Ⅴ
総　　　　　　　数	10 000	2 000	2 000	2 000	2 000	2 000
高　齢　者　世　帯	2 807	1 104	904	502	190	107
母　子　世　帯	129	49	55	18	5	1
そ　の　他　の　世　帯	7 065	847	1 041	1 480	1 805	1 891
（再掲）児童のいる世帯	2 325	149	225	475	749	727
（再掲）65歳以上の者のいる世帯	5 261	1 353	1 334	1 004	755	815

注：1）熊本県を除いたものである。
　　2）「その他の世帯」には、「父子世帯」を含む。

第33表　世帯数，所得五分位階級・世帯主の年齢（5歳階級）別

（世帯数1万対）　　　　　　　　　　　　　　　　　　　　　　　　　　　　平成28年調査

世帯主の年齢階級	総　数	第　Ⅰ	第　Ⅱ	第　Ⅲ	第　Ⅳ	第　Ⅴ
総　　　　　　　数	10 000	2 000	2 000	2 000	2 000	2 000
19　歳　以　下	16	15	1	－	－	－
20　～　24　歳	83	44	24	11	3	1
25　～　29	202	27	60	69	35	12
30　～　34	393	37	57	127	117	55
35　～　39	542	43	61	135	207	96
40　～　44	770	67	93	159	255	197
45　～　49	786	86	90	130	215	265
50　～　54	816	84	87	142	202	302
55　～　59	839	107	103	129	192	308
60　～　64	1 015	189	185	228	199	213
65　～　69	1 389	309	310	294	253	224
70　～　74	1 037	271	308	208	133	117
75　～　79	908	277	274	173	89	93
80　歳　以　上	1 204	444	346	195	100	118
（再掲）65歳以上	4 538	1 302	1 238	870	575	551
（再掲）75歳以上	2 111	722	621	369	190	211

注：1）熊本県を除いたものである。
　　2）年齢階級の「総数」には、年齢不詳を含む。

第34表　世　帯　数，世帯人員・有業人員・所得五分位階級別

（世帯数1万対）　　　　　　　　　　　　　　　　　　　　　　　　　　　平成28年調査

有　業　人　員 所得五分位階級	総　　数	1　人	2　人	3　人	4　人	5　人	6人以上
総　　　　　　数	10 000	2 253	3 329	2 124	1 462	548	284
第　　　　　Ⅰ	2 000	1 204	526	177	65	18	10
第　　　　　Ⅱ	2 000	577	968	300	102	42	12
第　　　　　Ⅲ	2 000	271	863	464	280	91	31
第　　　　　Ⅳ	2 000	126	569	599	474	167	66
第　　　　　Ⅴ	2 000	75	404	585	541	230	165
0　　　　　　人	2 330	1 085	1 090	135	16	4	1
第　　　　　Ⅰ	1 038	788	225	24	1	0	0
第　　　　　Ⅱ	750	231	470	44	4	2	0
第　　　　　Ⅲ	391	47	297	41	5	2	－
第　　　　　Ⅳ	114	13	76	21	4	－	0
第　　　　　Ⅴ	36	7	23	5	1	－	－
1　　　　　　人	3 339	1 062	1 091	710	338	110	27
第　　　　　Ⅰ	592	335	162	68	20	4	1
第　　　　　Ⅱ	758	323	280	114	29	10	1
第　　　　　Ⅲ	816	222	302	183	78	27	4
第　　　　　Ⅳ	701	114	212	204	124	37	11
第　　　　　Ⅴ	473	67	135	141	87	32	9
2　　　　　　人	2 856	．	1 015	828	707	228	78
第　　　　　Ⅰ	188	．	101	47	28	8	3
第　　　　　Ⅱ	315	．	165	86	43	18	3
第　　　　　Ⅲ	592	．	238	166	141	36	12
第　　　　　Ⅳ	875	．	270	257	251	75	22
第　　　　　Ⅴ	886	．	241	272	245	91	37
3　人　以　上	1 109	．	．	390	373	185	161
第　　　　　Ⅰ	49	．	．	28	12	4	5
第　　　　　Ⅱ	73	．	．	37	20	10	7
第　　　　　Ⅲ	149	．	．	60	54	24	12
第　　　　　Ⅳ	279	．	．	107	91	51	31
第　　　　　Ⅴ	558	．	．	159	197	96	106
不　　　　　詳	367	106	133	62	28	21	17
第　　　　　Ⅰ	134	81	38	10	3	1	0
第　　　　　Ⅱ	104	22	53	19	6	3	1
第　　　　　Ⅲ	51	2	27	14	3	3	2
第　　　　　Ⅳ	31	－	11	10	5	5	2
第　　　　　Ⅴ	48	1	5	8	11	10	12

注：熊本県を除いたものである。

第35表　世　帯　数，世帯種・世帯人員・所得五分位階級別

（世帯数1万対）　　　平成28年調査

世　帯　人　員 所得五分位階級	総　数	国　保 加入世帯	被用者保険 加入世帯	国　保・ 被用者保険 加入世帯	後期高齢者 医療制度 加入世帯	国　保・ 後期高齢者 医療制度 加入世帯	被用者保険・ 後期高齢者 医療制度 加入世帯	国　保・ 被用者保険・ 後期高齢者 医療制度 加入世帯	その他の 世　帯
総　　　　　　数	10 000	1 812	3 997	904	1 262	699	696	252	174
第　　　　Ⅰ	2 000	611	309	79	608	116	44	15	131
第　　　　Ⅱ	2 000	548	484	135	396	251	87	27	25
第　　　　Ⅲ	2 000	383	878	186	177	179	123	35	8
第　　　　Ⅳ	2 000	167	1 172	256	53	91	163	67	9
第　　　　Ⅴ	2 000	103	1 154	247	28	61	279	107	1
1　　　　　人	2 253	605	705	–	724	–	–	–	126
第　　　　Ⅰ	1 204	384	164	–	487	–	–	–	112
第　　　　Ⅱ	577	152	206	–	188	–	–	–	8
第　　　　Ⅲ	271	43	186	–	32	–	–	–	3
第　　　　Ⅳ	126	17	94	–	8	–	–	–	2
第　　　　Ⅴ	75	8	54	–	9	–	–	–	1
2　　　　　人	3 329	848	1 063	223	529	413	181	–	29
第　　　　Ⅰ	526	161	72	30	121	89	24	–	14
第　　　　Ⅱ	968	317	147	47	208	181	44	–	11
第　　　　Ⅲ	863	242	268	56	141	100	45	–	1
第　　　　Ⅳ	569	85	309	59	41	27	42	–	4
第　　　　Ⅴ	404	43	268	31	18	15	25	–	–
3　　　　　人	2 124	196	997	348	8	208	229	84	11
第　　　　Ⅰ	177	41	45	30	1	23	15	7	3
第　　　　Ⅱ	300	48	77	58	0	58	28	16	5
第　　　　Ⅲ	464	55	195	76	3	59	49	18	2
第　　　　Ⅳ	599	28	328	106	2	42	60	22	1
第　　　　Ⅴ	585	25	352	78	1	25	76	20	1
4　　　　　人	1 462	114	902	189	1	45	125	64	6
第　　　　Ⅰ	65	18	22	12	–	1	3	5	2
第　　　　Ⅱ	102	24	36	19	–	9	5	7	1
第　　　　Ⅲ	280	30	169	37	0	14	15	7	2
第　　　　Ⅳ	474	27	329	53	0	13	29	18	2
第　　　　Ⅴ	541	15	346	67	–	8	74	28	–
5　　　　　人	548	36	265	80	1	17	94	47	2
第　　　　Ⅰ	18	6	2	5	–	1	1	2	0
第　　　　Ⅱ	42	7	15	7	–	2	7	2	1
第　　　　Ⅲ	91	10	49	12	–	3	10	7	–
第　　　　Ⅳ	167	8	93	23	1	6	20	14	1
第　　　　Ⅴ	230	5	106	34	–	5	57	22	–
6　人　以　上	284	13	65	64	–	17	67	57	1
第　　　　Ⅰ	10	1	3	2	–	2	1	1	–
第　　　　Ⅱ	12	1	2	4	–	1	3	2	–
第　　　　Ⅲ	31	3	12	5	–	3	4	3	0
第　　　　Ⅳ	66	1	20	14	–	4	12	13	0
第　　　　Ⅴ	165	7	28	38	–	7	47	38	–

注：1）熊本県を除いたものである。
　　2）世帯種の「総数」には、世帯種不詳を含む。

第36表　平均所得金額－平均有業人員，世帯人員別

平成28年調査

| 世　帯　人　員 | 1世帯当たり | | 世帯人員1人当たり | | 有業人員1人当たり平均稼働所得金額（万円） | 平均有業人員（人） |
	平均所得金額（万円）	平均可処分所得金額（万円）	平均所得金額（万円）	平均可処分所得金額（万円）		
総　　　　　　数	545.4	416.4	212.2	170.9	311.4	1.30
1　　　　　人	255.2	206.9	255.2	206.9	313.2	0.47
2　　　　　人	477.2	374.5	238.6	187.2	301.3	0.94
3　　　　　人	670.4	530.6	223.5	176.9	312.0	1.69
4　　　　　人	775.2	615.3	193.8	153.8	333.0	2.08
5　　　　　人	816.0	645.3	163.2	129.1	305.3	2.32
6　人　以　上	1 008.5	819.9	156.0	126.9	274.3	2.96

注：1）熊本県を除いたものである。
　　2）「平均可処分所得金額」には、金額不詳の世帯は含まない。

第37表　平均所得金額－平均世帯人員，有業人員別

平成28年調査

| 有　業　人　員 | 1世帯当たり | | 世帯人員1人当たり | | 有業人員1人当たり平均稼働所得金額（万円） | 平均世帯人員（人） |
	平均所得金額（万円）	平均可処分所得金額（万円）	平均所得金額（万円）	平均可処分所得金額（万円）		
総　　　　　　数	545.4	416.4	212.2	170.9	311.4	2.57
0　　　　　人	260.2	221.3	161.4	138.3	.	1.61
1　　　　　人	495.4	385.6	222.1	177.7	382.2	2.23
2　　　　　人	716.6	561.0	228.1	183.4	309.8	3.14
3　人　以　上	902.6	728.3	215.7	176.4	234.3	4.19

注：1）熊本県を除いたものである。
　　2）「平均可処分所得金額」には、金額不詳の世帯は含まない。
　　3）「総数」には、有業人員不詳を含む。

第38表　平均所得金額－平均世帯人員－平均有業人員，世帯業態別

平成28年調査

世帯業態	1世帯当たり		世帯人員1人当たり		有業人員1人当たり平均稼働所得金額（万円）	平均世帯人員（人）	平均有業人員（人）
	平均所得金額（万円）	平均可処分所得金額（万円）	平均所得金額（万円）	平均可処分所得金額（万円）			
総　　　　　数	545.4	416.4	212.2	170.9	311.4	2.57	1.30
雇　用　者　世　帯	661.8	515.0	228.0	184.8	334.2	2.90	1.73
常　雇　者　世　帯	689.0	538.2	232.7	188.8	349.1	2.96	1.75
会社・団体等の役員の世帯	1 076.5	829.3	363.3	288.3	464.0	2.96	1.96
一　般　常　雇　者　世　帯	655.2	512.7	221.3	180.0	337.7	2.96	1.73
企業規模1～29人	500.1	391.1	178.9	147.1	241.7	2.80	1.71
企業規模30～999人	616.3	483.6	208.1	169.5	310.3	2.96	1.75
企業規模1000～4999人	778.9	600.3	255.4	203.5	421.5	3.05	1.72
企業規模5000人以上・官公庁	853.3	667.6	278.7	225.1	456.5	3.06	1.74
契約期間の定めのない雇用者世帯	672.2	525.6	222.6	180.6	349.3	3.02	1.74
契約期間が1年以上の雇用者世帯	573.5	452.3	214.5	177.0	279.4	2.67	1.66
1月以上1年未満の契約の雇用者世帯	416.2	323.4	175.6	144.1	181.9	2.37	1.56
日々又は1月未満の契約の雇用者世帯	323.8	266.1	141.3	119.7	127.9	2.29	1.43
自　営　業　者　世　帯	622.1	462.9	216.1	168.4	227.9	2.88	1.99
そ　の　他　の　世　帯	308.1	254.2	166.2	140.6	244.7	1.85	0.28

注：1）熊本県を除いたものである。
　　2）「第2章」における「平均世帯人員」「平均有業人員」は、調査対象にまかない付きの寮・寄宿舎が含まれていないため、
　　　　「第1章」における数値とは異なる。
　　3）「平均可処分所得金額」には、金額不詳の世帯は含まない。
　　4）「総数」には、世帯業態不詳を含む。
　　5）「一般常雇者世帯」には、企業規模不詳を含む。

第39表　平均所得金額－平均世帯人員－平均有業人員，世帯構造別

平成28年調査

世帯構造	1世帯当たり		世帯人員1人当たり		有業人員1人当たり平均稼働所得金額（万円）	平均世帯人員（人）	平均有業人員（人）
	平均所得金額（万円）	平均可処分所得金額（万円）	平均所得金額（万円）	平均可処分所得金額（万円）			
総　　　　　数	545.4	416.4	212.2	170.9	311.4	2.57	1.30
単　独　世　帯	255.2	206.9	255.2	206.9	313.2	1.00	0.47
男　の　単　独　世　帯	322.2	258.1	322.2	258.1	369.6	1.00	0.62
女　の　単　独　世　帯	202.4	169.1	202.4	169.1	236.2	1.00	0.36
核　家　族　世　帯	601.7	464.3	213.9	170.2	323.5	2.81	1.42
夫　婦　の　み　の　世　帯	499.0	391.6	249.5	195.8	316.9	2.00	0.91
夫婦と未婚の子のみの世帯	731.1	575.9	202.2	160.9	339.3	3.62	1.90
ひとり親と未婚の子のみの世帯	414.9	319.2	180.6	139.4	237.1	2.30	1.25
三　世　代　世　帯	877.0	699.7	174.9	141.9	267.2	5.01	2.55
そ　の　他　の　世　帯	638.1	509.7	213.6	173.2	281.6	2.99	1.54

注：1）熊本県を除いたものである。
　　2）「第2章」における「平均世帯人員」「平均有業人員」は、調査対象にまかない付きの寮・寄宿舎が含まれていないため、
　　　　「第1章」における数値とは異なる。
　　3）「平均可処分所得金額」には、金額不詳の世帯は含まない。

第40表　平均所得金額−平均世帯人員−平均有業人員，
世帯類型−児童のいる世帯−65歳以上の者のいる世帯別

平成28年調査

世 帯 類 型	1世帯当たり		世帯人員1人当たり		有業人員1人当たり平均稼働所得金額（万円）	平均世帯人員（人）	平均有業人員（人）
	平均所得金額（万円）	平均可処分所得金額（万円）	平均所得金額（万円）	平均可処分所得金額（万円）			
総　　　　　　数	545.4	416.4	212.2	170.9	311.4	2.57	1.30
高 齢 者 世 帯	308.1	258.1	197.1	166.0	179.7	1.56	0.36
母 子 世 帯	270.1	221.4	105.6	87.5	212.0	2.56	1.01
そ の 他 の 世 帯	644.7	494.3	217.0	173.6	323.7	2.97	1.67
（再掲）児童のいる世帯	707.6	551.6	173.2	137.6	357.8	4.09	1.81
（再掲）65歳以上の者のいる世帯	479.9	372.6	200.4	164.6	247.0	2.39	0.98

注：1）熊本県を除いたものである。
　　2）「第2章」における「平均世帯人員」「平均有業人員」は、調査対象にまかない付きの寮・寄宿舎が含まれていないため、
　　　　「第1章」における数値とは異なる。
　　3）「平均可処分所得金額」には、金額不詳の世帯は含まない。
　　4）「その他の世帯」には、「父子世帯」を含む。

第41表　平均所得金額−平均世帯人員−平均有業人員，市郡別

平成28年調査

市 　 　 郡	1世帯当たり		世帯人員1人当たり		有業人員1人当たり平均稼働所得金額（万円）	平均世帯人員（人）	平均有業人員（人）
	平均所得金額（万円）	平均可処分所得金額（万円）	平均所得金額（万円）	平均可処分所得金額（万円）			
総　　　　　　数	545.4	416.4	212.2	170.9	311.4	2.57	1.30
市 　 　 部	550.4	420.1	215.1	172.8	317.3	2.56	1.29
大 都 市	581.5	438.3	237.6	187.9	359.1	2.45	1.23
そ の 他 の 市	538.8	413.5	207.2	167.7	302.7	2.60	1.31
人口15万人以上の市	550.4	418.7	216.6	174.4	323.1	2.54	1.26
人口15万人未満の市	528.4	408.9	199.1	162.0	285.8	2.65	1.36
郡 　 　 部	503.0	385.2	188.5	154.7	264.1	2.67	1.38

注：1）熊本県を除いたものである。
　　2）「第2章」における「平均世帯人員」「平均有業人員」は、調査対象にまかない付きの寮・寄宿舎が含まれていないため、
　　　　「第1章」における数値とは異なる。
　　3）「平均可処分所得金額」には、金額不詳の世帯は含まない。

第42表　平均所得金額－平均世帯人員－平均有業人員，地域ブロック別

平成28年調査

地域ブロック	1世帯当たり		世帯人員1人当たり		有業人員1人当たり平均稼働所得金額（万円）	平均世帯人員（人）	平均有業人員（人）
	平均所得金額（万円）	平均可処分所得金額（万円）	平均所得金額（万円）	平均可処分所得金額（万円）			
総　　　　数	545.4	416.4	212.2	170.9	311.4	2.57	1.30
北　海　道	440.4	347.5	194.5	158.6	293.4	2.26	1.09
東　　　北	531.5	403.2	191.2	155.1	269.9	2.78	1.43
関　東　Ⅰ	593.3	447.6	236.3	187.9	355.9	2.51	1.27
関　東　Ⅱ	565.3	433.3	205.4	166.6	288.7	2.75	1.47
北　　　陸	645.1	508.3	224.4	188.2	322.3	2.88	1.53
東　　　海	606.5	460.9	229.2	183.5	332.1	2.65	1.38
近　畿　Ⅰ	494.3	378.4	196.6	157.5	297.0	2.51	1.19
近　畿　Ⅱ	527.9	410.3	206.9	167.0	281.7	2.55	1.31
中　　　国	513.5	396.2	200.6	163.9	290.9	2.56	1.27
四　　　国	469.3	371.7	191.2	157.8	271.7	2.45	1.20
北　九　州	496.1	381.0	198.4	160.2	293.8	2.50	1.20
南　九　州	…	…	…	…	…	…	…

注：1）「総数」は、熊本県を除いたものである。
　　2）「南九州」は、熊本県を除いているため表章していない。
　　3）「平均可処分所得金額」には、金額不詳の世帯は含まない。

第43表　平均所得金額－平均世帯人員－平均有業人員，世帯主の年齢（10歳階級）別

平成28年調査

世帯主の年齢階級	1世帯当たり		世帯人員1人当たり		有業人員1人当たり平均稼働所得金額（万円）	平均世帯人員（人）	平均有業人員（人）
	平均所得金額（万円）	平均可処分所得金額（万円）	平均所得金額（万円）	平均可処分所得金額（万円）			
総　　　　数	545.4	416.4	212.2	170.9	311.4	2.57	1.30
29　歳　以　下	343.5	252.9	184.7	149.8	273.1	1.86	1.17
30　～　39　歳	562.1	438.4	177.0	143.8	350.4	3.17	1.52
40　～　49	670.7	509.4	209.5	164.5	382.1	3.20	1.67
50　～　59	743.1	562.1	263.8	207.3	366.4	2.82	1.89
60　～　69	530.8	413.9	217.3	177.0	247.7	2.44	1.40
70　～　79	419.4	331.9	192.5	159.7	211.7	2.18	0.76
80　歳　以　上	381.9	296.2	190.1	155.2	251.8	2.01	0.50
（再掲）65歳以上	435.9	342.0	199.3	164.4	223.3	2.19	0.83
（再掲）75歳以上	393.3	312.5	189.7	157.5	235.7	2.07	0.57

注：1）熊本県を除いたものである。
　　2）「第2章」における「平均世帯人員」「平均有業人員」は、調査対象にまかない付きの寮・寄宿舎が含まれていないため、「第1章」における数値とは異なる。
　　3）「平均可処分所得金額」には、金額不詳の世帯は含まない。
　　4）「総数」には、年齢不詳を含む。

第44表　平均所得金額－平均世帯人員－平均有業人員，

最多所得者の年齢（10歳階級）別

平成28年調査

最多所得者の年齢階級	1世帯当たり		世帯人員1人当たり		有業人員1人当たり平均稼働所得金額（万円）	平均世帯人員（人）	平均有業人員（人）
	平均所得金額（万円）	平均可処分所得金額（万円）	平均所得金額（万円）	平均可処分所得金額（万円）			
総　　　　　数	545.4	416.4	212.2	170.9	311.4	2.57	1.30
29　歳　以　下	360.1	267.0	172.3	138.1	245.8	2.09	1.31
30　～　39　歳	570.0	445.4	177.4	143.7	328.1	3.21	1.57
40　～　49	670.9	510.6	206.4	162.6	365.8	3.25	1.67
50　～　59	758.8	580.1	263.9	209.5	368.6	2.88	1.88
60　～　69	523.9	407.8	222.0	180.6	247.1	2.36	1.36
70　～　79	372.9	298.1	188.9	156.2	184.5	1.97	0.61
80　歳　以　上	312.5	253.8	181.1	151.4	203.8	1.73	0.27
（再掲）65歳以上	397.0	315.5	199.1	164.4	205.9	1.99	0.70
（再掲）75歳以上	328.6	267.0	181.3	150.8	182.6	1.81	0.37

注：1）熊本県を除いたものである。
　　2）「平均可処分所得金額」には、金額不詳の世帯は含まない。
　　3）「総数」には、年齢不詳を含む。

第45表　平均所得金額－平均世帯人員－平均有業人員，

所得五分位階級別

平成28年調査

所得五分位階級	1世帯当たり		世帯人員1人当たり		有業人員1人当たり平均稼働所得金額（万円）	平均世帯人員（人）	平均有業人員（人）
	平均所得金額（万円）	平均可処分所得金額（万円）	平均所得金額（万円）	平均可処分所得金額（万円）			
総　　　　　数	545.4	416.4	212.2	170.9	311.4	2.57	1.30
第　　　　Ⅰ	126.0	114.0	78.8	72.7	62.4	1.60	0.57
第　　　　Ⅱ	271.7	237.0	132.3	116.8	134.5	2.05	0.83
第　　　　Ⅲ	431.0	358.0	167.1	143.1	218.4	2.58	1.26
第　　　　Ⅳ	654.4	528.6	210.7	177.1	314.1	3.11	1.70
第　　　　Ⅴ	1243.8	952.6	354.1	280.0	500.8	3.51	2.12

注：1）熊本県を除いたものである。
　　2）「平均可処分所得金額」には、金額不詳の世帯は含まない。

第46表　世帯数，所得の種類（重複計上）・

（世帯数1万対）

所得五分位階級 当該所得の総所得に占める割合	雇用者所得	事業所得	農耕・畜産所得	家内労働所得	財産所得
総数	10 000	10 000	10 000	10 000	10 000
所得なし	3 039	9 181	9 730	9 919	9 198
所得あり	6 961	819	270	81	802
20％未満	348	237	170	53	492
20 ～ 40	544	170	40	15	152
40 ～ 60	730	134	25	4	68
60 ～ 80	922	120	15	4	49
80 ～ 100	1 893	72	13	1	32
100％	2 524	86	7	2	8
第 I	2 000	2 000	2 000	2 000	2 000
所得なし	1 391	1 884	1 970	1 986	1 947
所得あり	609	116	30	14	53
20％未満	51	22	12	4	25
20 ～ 40	63	20	6	4	10
40 ～ 60	71	17	3	0	3
60 ～ 80	62	12	2	3	6
80 ～ 100	63	7	1	1	3
100％	299	38	6	2	6
第 II	2 000	2 000	2 000	2 000	2 000
所得なし	990	1 858	1 953	1 987	1 892
所得あり	1 011	142	47	13	108
20％未満	80	38	28	5	65
20 ～ 40	128	32	9	5	26
40 ～ 60	126	25	4	2	9
60 ～ 80	138	19	4	1	6
80 ～ 100	169	12	2	1	2
100％	369	16	1	0	0
第 III	2 000	2 000	2 000	2 000	2 000
所得なし	456	1 834	1 950	1 983	1 851
所得あり	1 543	166	50	17	149
20％未満	103	45	31	13	86
20 ～ 40	168	36	7	3	33
40 ～ 60	175	24	5	1	17
60 ～ 80	186	31	5	－	6
80 ～ 100	376	17	2	－	6
100％	536	14	1	－	2
第 IV	2 000	2 000	2 000	2 000	2 000
所得なし	136	1 824	1 942	1 980	1 840
所得あり	1 865	176	58	21	160
20％未満	60	54	41	17	108
20 ～ 40	100	39	7	2	25
40 ～ 60	204	32	5	1	15
60 ～ 80	239	30	2	－	7
80 ～ 100	611	12	3	－	5
100％	650	9	－	－	－
第 V	2 000	2 000	2 000	2 000	2 000
所得なし	67	1 781	1 915	1 984	1 667
所得あり	1 933	219	85	16	333
20％未満	54	79	58	15	208
20 ～ 40	85	43	10	1	58
40 ～ 60	154	37	7	0	24
60 ～ 80	297	28	3	0	25
80 ～ 100	675	24	5	－	16
100％	669	9	－	－	0

注：熊本県を除いたものである。

所得五分位階級・当該所得の総所得に占める割合別

平成28年調査

公的年金・恩給	雇用保険	児童手当等	その他の社会保障給付金	仕送り	企業年金・個人年金等	その他の所得
10 000	10 000	10 000	10 000	10 000	10 000	10 000
4 575	9 752	8 639	9 768	9 835	8 859	9 605
5 425	248	1 361	232	165	1 141	395
969	203	1 296	97	71	782	315
931	28	48	22	20	253	47
702	7	13	21	21	71	17
572	1	2	14	14	17	8
462	2	2	13	13	8	2
1 789	6	–	65	26	10	6
2 000	2 000	2 000	2 000	2 000	2 000	2 000
613	1 971	1 924	1 876	1 920	1 873	1 952
1 387	29	76	124	80	127	47
39	10	40	16	17	76	34
60	7	21	11	11	25	4
86	4	11	15	12	9	3
96	1	1	10	9	5	2
136	2	2	9	8	5	1
968	5	–	62	23	6	4
2 000	2 000	2 000	2 000	2 000	2 000	2 000
617	1 964	1 855	1 959	1 967	1 770	1 934
1 383	36	145	41	33	230	66
76	24	119	22	17	134	46
138	9	23	6	5	71	13
160	2	2	3	4	17	2
199	0	0	3	4	5	4
183	0	–	4	1	0	–
626	1	–	3	2	3	1
2 000	2 000	2 000	2 000	2 000	2 000	2 000
937	1 941	1 707	1 982	1 981	1 703	1 921
1 063	58	293	18	19	297	79
150	49	290	12	10	177	60
205	9	4	2	2	92	14
202	1	–	2	2	22	5
214	0	–	1	1	3	–
120	–	–	–	3	2	1
172	–	–	0	1	1	–
2 000	2 000	2 000	2 000	2 000	2 000	2 000
1 217	1 940	1 533	1 975	1 987	1 757	1 895
783	61	467	25	13	243	105
223	58	467	24	9	178	90
255	2	0	1	2	45	11
204	0	–	–	1	18	4
60	–	–	–	–	2	0
21	–	–	–	–	0	0
20	–	–	–	1	–	–
2 000	2 000	2 000	2 000	2 000	2 000	2 000
1 191	1 937	1 620	1 976	1 980	1 755	1 902
809	63	380	24	20	245	98
481	62	380	23	19	216	85
272	1	–	1	–	21	6
49	–	–	0	1	5	3
3	–	–	–	–	2	2
1	–	–	–	–	0	0
2	–	–	–	–	–	0

所得五分位階級・当該所得の総所得に占める割合別

第47表　世帯数，基礎的所得の種類・世帯類型－

（世帯数1万対）

世帯類型 所得五分位階級	総　数	雇用者 所　得	事業所得	農　耕・ 畜産所得	家内労働 所　得	財産所得
総　　　　　数	10 000	5 874	374	55	9	145
第　　　　Ⅰ	2 000	471	67	9	5	17
第　　　　Ⅱ	2 000	754	61	9	3	15
第　　　　Ⅲ	2 000	1 217	83	12	1	22
第　　　　Ⅳ	2 000	1 650	74	10	0	25
第　　　　Ⅴ	2 000	1 782	90	14	1	65
高　齢　者　世　帯	2 807	248	60	13	2	65
第　　　　Ⅰ	1 104	46	11	3	1	7
第　　　　Ⅱ	904	60	7	2	1	8
第　　　　Ⅲ	502	52	15	3	0	13
第　　　　Ⅳ	190	43	10	2	－	15
第　　　　Ⅴ	107	47	16	4	－	23
母　子　世　帯	129	107	3	－	0	－
第　　　　Ⅰ	49	38	1	－	0	－
第　　　　Ⅱ	55	47	1	－	－	－
第　　　　Ⅲ	18	15	0	－	－	－
第　　　　Ⅳ	5	5	－	－	－	－
第　　　　Ⅴ	1	1	－	－	－	－
そ　の　他　の　世　帯	7 065	5 519	312	41	7	80
第　　　　Ⅰ	847	387	54	6	4	10
第　　　　Ⅱ	1 041	648	53	7	2	6
第　　　　Ⅲ	1 480	1 150	68	9	0	10
第　　　　Ⅳ	1 805	1 602	63	8	0	11
第　　　　Ⅴ	1 891	1 733	74	10	1	43
（再掲）児童のいる世帯	2 325	2 103	105	13	2	13
第　　　　Ⅰ	149	101	19	1	1	2
第　　　　Ⅱ	225	179	15	1	1	1
第　　　　Ⅲ	475	426	27	3	－	2
第　　　　Ⅳ	749	713	21	3	－	1
第　　　　Ⅴ	727	684	24	5	0	8
（再掲）65歳以上の者のいる世帯	5 261	1 704	162	42	6	113
第　　　　Ⅰ	1 353	95	20	5	3	8
第　　　　Ⅱ	1 334	194	22	7	2	11
第　　　　Ⅲ	1 004	304	34	8	0	18
第　　　　Ⅳ	755	459	33	8	0	22
第　　　　Ⅴ	815	653	52	12	1	55

注：1）熊本県を除いたものである。
　　2）「その他の世帯」には、「父子世帯」を含む。

児童のいる世帯－65歳以上の者のいる世帯・所得五分位階級別

平成28年調査

公的年金・恩　給	雇用保険	児　童手当等	そ　の　他　の社会保障給付金	仕　送　り	企業年金・個人年金等	その他の所　得
3 251	13	8	104	63	77	26
1 249	10	7	88	45	22	9
1 108	3	1	13	9	19	6
635	0	－	3	6	17	3
225	－	－	－	2	11	2
33	－	－	0	1	8	6
2 316	1	－	42	8	43	8
971	1	－	41	8	13	2
807	0	－	2	0	14	3
410	－	－	－	0	9	1
114	－	－	－	－	5	0
14	－	－	－	－	3	2
4	1	6	6	2	1	－
1	1	5	2	0	1	－
2	－	1	3	1	－	－
1	－	－	1	0	－	－
－	－	－	－	－	－	－
－	－	－	－	－	－	－
931	12	2	55	53	33	18
277	9	2	46	36	8	7
299	3	0	7	8	5	3
225	0	－	2	6	8	2
110	－	－	－	2	6	2
20	－	－	0	1	5	5
52	2	8	10	10	2	5
9	1	7	4	2	1	1
18	1	1	4	4	0	1
12	－	－	1	3	－	1
10	－	－	－	0	1	1
3	－	－	0	1	－	2
3 097	3	－	47	13	59	14
1 151	2	－	43	9	15	3
1 069	1	－	5	1	17	4
623	－	－	－	1	13	2
222	－	－	－	1	8	1
32	－	－	－	1	7	4

第48表　世帯数，基礎的所得の種類・

（世帯数1万対）

所得五分位階級 基礎的所得の割合	総　数	雇用者 所　得	事業所得	農　耕・ 畜産所得	家内労働 所　得	財産所得
総　　　　　数	10 000	5 874	374	55	9	145
50%未満	353	138	32	8	1	22
50　～　60	864	396	64	11	1	33
60　～　70	895	456	62	8	2	28
70　～　80	844	466	57	7	2	22
80　～　90	860	549	41	7	0	17
90　～　100	1 653	1 344	31	6	1	15
100%	4 531	2 524	86	7	2	8
第　　　　　Ⅰ	2 000	471	67	9	5	17
50%未満	16	4	1	－	－	0
50　～　60	117	43	8	1	－	2
60　～　70	115	34	7	1	1	4
70　～　80	96	28	5	1	2	2
80　～　90	108	33	3	0	－	2
90　～　100	129	30	3	1	1	1
100%	1 419	299	38	6	2	6
第　　　　　Ⅱ	2 000	754	61	9	3	15
50%未満	51	20	3	2	－	1
50　～　60	167	58	11	1	1	6
60　～　70	192	67	11	2	1	2
70　～　80	191	71	8	1	0	4
80　～　90	161	71	4	1	0	1
90　～　100	213	97	8	1	0	1
100%	1 024	369	16	1	0	0
第　　　　　Ⅲ	2 000	1 217	83	12	1	22
50%未満	86	30	10	2	0	3
50　～　60	214	89	11	2	0	6
60　～　70	233	98	15	1	－	2
70　～　80	213	87	16	3	－	3
80　～　90	199	105	12	1	－	4
90　～　100	327	271	4	1	－	3
100%	728	536	14	1	－	2
第　　　　　Ⅳ	2 000	1 650	74	10	0	25
50%未満	103	32	8	3	－	8
50　～　60	225	118	14	3	0	5
60　～　70	180	118	14	1	－	5
70　～　80	158	120	16	1	－	2
80　～　90	159	134	8	1	－	2
90　～　100	494	477	4	2	－	3
100%	680	650	9	－	－	－
第　　　　　Ⅴ	2 000	1 782	90	14	1	65
50%未満	96	53	10	1	0	11
50　～　60	140	88	19	4	－	14
60　～　70	175	137	16	2	0	14
70　～　80	185	160	12	1	－	11
80　～　90	232	206	13	4	－	9
90　～　100	490	469	11	1	－	7
100%	681	669	9	－	－	0

注：熊本県を除いたものである。

所得五分位階級・基礎的所得の割合別

平成28年調査

公的年金・恩給	雇用保険	児童手当等	その他の社会保障給付金	仕送り	企業年金・個人年金等	その他の所得
3 251	13	8	104	63	77	26
120	3	2	3	2	20	3
308	1	3	8	8	22	7
303	1	2	7	7	13	6
269	–	–	7	6	4	2
223	1	1	7	5	6	1
239	1	1	6	8	2	1
1 789	6	–	65	26	10	6
1 249	10	7	88	45	22	9
5	2	1	1	0	2	–
43	1	3	6	4	4	2
47	1	1	6	5	5	2
49	–	–	4	4	–	1
55	1	1	4	4	4	1
82	1	1	5	5	1	0
968	5	–	62	23	6	4
1 108	3	1	13	9	19	6
20	1	0	1	1	3	–
79	0	0	2	1	7	1
99	0	0	1	2	3	3
100	–	–	2	1	2	1
80	–	–	3	–	0	–
103	0	–	1	1	–	–
626	1	–	3	2	3	1
635	0	–	3	6	17	3
35	–	–	1	1	4	1
94	–	–	1	0	7	2
113	0	–	0	0	2	–
101	–	–	0	1	1	–
74	–	–	–	1	1	0
46	–	–	–	2	1	0
172	–	–	0	1	1	–
225	–	–	–	2	11	2
45	–	–	–	–	7	0
80	–	–	–	1	3	1
41	–	–	–	–	1	0
19	–	–	–	–	1	–
13	–	–	–	–	0	0
8	–	–	–	–	–	–
20	–	–	–	1	–	–
33	–	–	0	1	8	6
15	–	–	0	–	4	2
12	–	–	–	1	1	2
3	–	–	–	–	1	1
0	–	–	–	–	1	1
0	–	–	–	–	0	–
1	–	–	–	–	–	0
2	–	–	–	–	–	0

第49表　世帯数，所得の種類（重複計上）・

（世帯数1万対）

所得五分位階級 世帯業態	総　数	稼働所得	雇用者所得	事業所得	農耕・畜産 所　得	家内労働 所　得	財産所得
総　　　　　数	10 000	7 370	6 961	819	270	81	802
雇用者世帯	5 742	5 575	5 538	211	98	31	366
常雇者世帯	5 191	5 058	5 026	191	87	28	334
1月以上1年未満の契約の雇用者世帯	492	467	464	17	11	3	29
日々又は1月未満の契約の雇用者世帯	59	50	49	3	1	0	3
自営業者世帯	1 093	971	683	517	124	29	142
その他の世帯	2 894	765	688	81	44	19	276
不　　　　詳	271	59	52	10	5	2	17
第　　　　　Ⅰ	2 000	737	609	116	30	14	53
雇用者世帯	530	436	430	10	3	2	10
常雇者世帯	394	320	315	7	2	2	8
1月以上1年未満の契約の雇用者世帯	113	99	97	2	1	0	2
日々又は1月未満の契約の雇用者世帯	22	17	17	1	-	-	0
自営業者世帯	211	147	54	91	13	7	8
その他の世帯	1 137	141	115	14	13	4	32
不　　　　詳	122	12	10	1	1	0	2
第　　　　　Ⅱ	2 000	1 122	1 011	142	47	13	108
雇用者世帯	799	748	741	19	12	1	23
常雇者世帯	659	617	611	15	10	1	18
1月以上1年未満の契約の雇用者世帯	125	118	117	3	2	-	5
日々又は1月未満の契約の雇用者世帯	15	13	13	1	-	-	0
自営業者世帯	233	195	120	99	25	5	17
その他の世帯	882	166	140	21	10	6	65
不　　　　詳	87	13	10	2	1	-	3
第　　　　　Ⅲ	2 000	1 626	1 543	166	50	17	149
雇用者世帯	1 219	1 201	1 192	37	14	10	42
常雇者世帯	1 077	1 063	1 055	34	12	9	35
1月以上1年未満の契約の雇用者世帯	130	127	126	4	2	1	5
日々又は1月未満の契約の雇用者世帯	12	11	11	0	-	0	1
自営業者世帯	224	210	152	111	28	4	22
その他の世帯	524	203	189	15	8	3	81
不　　　　詳	32	12	10	2	1	-	4
第　　　　　Ⅳ	2 000	1 911	1 865	176	58	21	160
雇用者世帯	1 570	1 567	1 559	58	27	9	78
常雇者世帯	1 487	1 485	1 478	52	25	9	71
1月以上1年未満の契約の雇用者世帯	75	74	73	5	2	1	6
日々又は1月未満の契約の雇用者世帯	8	7	7	1	1	-	1
自営業者世帯	196	191	160	102	23	6	24
その他の世帯	220	144	137	15	6	3	55
不　　　　詳	15	9	9	2	1	2	3
第　　　　　Ⅴ	2 000	1 975	1 933	219	85	16	333
雇用者世帯	1 625	1 623	1 618	87	42	8	213
常雇者世帯	1 573	1 572	1 566	84	38	8	201
1月以上1年未満の契約の雇用者世帯	49	49	49	3	4	1	12
日々又は1月未満の契約の雇用者世帯	2	2	2	-	-	-	0
自営業者世帯	230	228	197	114	35	6	71
その他の世帯	130	111	106	16	7	2	44
不　　　　詳	14	13	13	3	1	-	5

注：熊本県を除いたものである。

所得五分位階級・世帯業態別

平成28年調査

公的年金・恩給	公的年金・恩給以外の社会保障給付金	雇用保険	児童手当等	その他の社会保障給付金	仕送り・企業年金・個人年金等・その他の所得	仕送り	企業年金・個人年金等	その他の所得
5 425	1 743	248	1 361	232	1 622	165	1 141	395
1 900	1 343	181	1 168	74	707	77	436	226
1 558	1 263	153	1 126	60	593	64	347	205
304	72	27	38	11	102	10	80	17
37	7	1	4	2	13	2	9	3
656	159	14	137	15	195	9	152	44
2 616	225	48	53	136	680	76	523	116
253	16	6	3	7	40	3	30	9
1 387	221	29	76	124	247	80	127	47
173	76	16	49	16	54	24	19	12
115	56	11	41	8	39	19	12	9
46	19	5	8	7	11	3	5	4
12	1	0	–	1	3	1	2	–
125	20	–	17	4	25	1	19	4
977	119	13	9	99	158	52	81	30
112	6	1	1	5	10	2	7	1
1 383	207	36	145	41	316	33	230	66
313	128	21	106	7	86	17	50	22
228	111	17	94	6	65	13	35	19
76	16	4	11	1	18	3	13	2
9	2	–	2	–	3	1	2	1
151	27	3	22	4	40	3	28	9
834	49	11	16	28	178	12	142	32
84	2	1	0	2	13	1	10	3
1 063	354	58	293	18	379	19	297	79
416	285	42	245	12	138	12	91	42
314	265	32	235	10	103	10	63	35
94	19	9	8	2	30	2	25	6
8	2	0	2	–	4	1	3	1
127	42	3	38	3	34	1	27	8
489	25	13	11	3	196	6	171	27
30	1	1	–	1	11	–	9	3
783	522	61	467	25	339	13	243	105
454	473	51	430	21	199	8	124	75
394	459	45	424	19	173	7	101	71
54	11	6	6	0	25	0	22	3
7	2	–	0	2	2	–	1	1
112	31	3	28	1	44	1	35	11
202	17	6	9	3	91	4	80	18
15	1	1	0	–	5	–	3	2
809	439	63	380	24	341	20	245	98
544	381	50	338	18	230	16	152	74
508	372	47	332	17	212	15	136	71
34	8	3	5	1	17	1	16	2
1	1	–	1	–	0	–	0	0
140	39	6	33	3	53	2	42	12
113	15	4	7	3	57	2	49	11
12	5	3	2	–	2	–	1	1

所得五分位階級・世帯業態別

（2－1）

第50表　世帯数，所得の種類（重複計上）・

（世帯数1万対）

所得五分位階級 世　帯　構　造	総　　　数	稼働所得	雇用者所得	事業所得	農耕・畜産 所　得	家内労働 所　得	財産所得
総　　　　　　　数	10 000	7 370	6 961	819	270	81	802
単　独　世　帯	2 253	1 092	994	96	23	7	125
男　の　単　独　世　帯	993	633	575	62	13	2	52
女　の　単　独　世　帯	1 260	459	420	34	9	5	73
核　家　族　世　帯	6 332	5 026	4 778	538	124	54	515
夫　婦　の　み　の　世　帯	2 572	1 533	1 395	217	61	24	257
夫婦と未婚の子のみの世帯	3 055	2 909	2 830	273	53	27	203
ひとり親と未婚の子のみの世帯	704	584	552	48	10	4	56
三　世　代　世　帯	698	667	647	101	75	13	74
そ　の　他　の　世　帯	717	585	542	85	48	7	87
第　　　　　　　　Ⅰ	2 000	737	609	116	30	14	53
単　独　世　帯	1 204	338	284	43	12	5	30
男　の　単　独　世　帯	390	146	116	26	6	1	8
女　の　単　独　世　帯	815	192	167	17	7	4	22
核　家　族　世　帯	662	327	263	66	14	6	20
夫　婦　の　み　の　世　帯	336	108	78	29	7	3	11
夫婦と未婚の子のみの世帯	151	108	83	28	4	1	5
ひとり親と未婚の子のみの世帯	175	112	102	9	2	1	4
三　世　代　世　帯	27	16	13	3	1	2	0
そ　の　他　の　世　帯	107	56	49	5	3	1	3
第　　　　　　　　Ⅱ	2 000	1 122	1 011	142	47	13	108
単　独　世　帯	577	336	315	23	7	1	36
男　の　単　独　世　帯	272	181	171	13	4	0	13
女　の　単　独　世　帯	304	155	144	11	2	1	22
核　家　族　世　帯	1 224	645	570	100	29	10	61
夫　婦　の　み　の　世　帯	739	266	217	54	19	6	45
夫婦と未婚の子のみの世帯	273	214	200	30	8	2	9
ひとり親と未婚の子のみの世帯	211	165	152	16	2	1	8
三　世　代　世　帯	58	46	40	8	3	1	5
そ　の　他　の　世　帯	141	95	86	10	8	1	6

注：熊本県を除いたものである。

所得五分位階級・世帯構造別

平成28年調査

公的年金・恩給	公的年金・恩給以外の社会保障給付金	雇用保険	児童手当等	その他の社会保障給付金	仕送り・企業年金・個人年金等・その他の所得	仕送り	企業年金・個人年金等	その他の所得
5 425	1 743	248	1 361	232	1 622	165	1 141	395
1 368	152	32	11	109	314	81	178	67
452	71	15	8	48	138	37	81	25
916	80	17	2	61	176	44	97	42
2 998	1 301	163	1 117	97	1 014	48	758	251
1 813	77	48	3	27	551	15	474	85
790	1 085	98	1 002	45	377	20	237	133
394	139	16	112	25	87	13	47	33
540	226	31	200	12	139	10	100	41
519	63	21	34	14	155	26	104	36
1 387	221	29	76	124	247	80	127	47
887	117	15	2	100	162	66	71	30
232	51	7	–	45	68	29	33	8
655	66	9	2	55	93	37	38	22
419	90	12	64	20	70	8	48	14
280	10	3	–	7	41	2	35	4
58	35	6	28	5	11	2	5	4
81	44	4	36	8	17	4	8	6
16	5	–	5	0	3	–	2	1
65	10	2	5	3	13	6	5	2
1 383	207	36	145	41	316	33	230	66
352	18	10	1	6	89	9	63	21
145	7	5	1	1	37	5	25	9
208	11	6	1	5	51	4	38	12
895	162	21	124	30	192	13	148	38
658	22	9	1	13	141	7	117	22
125	78	6	70	6	31	3	21	7
112	62	6	53	11	21	3	11	9
38	16	1	15	1	7	1	5	2
97	11	4	5	5	28	10	14	4

（2－2）

第50表　世帯数，所得の種類（重複計上）・

所得五分位階級 世帯構造	総数	稼働所得	雇用者所得	事業所得	農耕・畜産 所得	家内労働 所得	財産所得
第　　　　　Ⅲ	2 000	1 626	1 543	166	50	17	149
単　独　世　帯	271	233	221	15	2	0	26
男　の　単　独　世　帯	189	170	159	12	2	0	13
女　の　単　独　世　帯	82	62	61	3	－	－	13
核　家　族　世　帯	1 477	1 171	1 119	115	28	14	99
夫婦のみの世帯	702	437	406	48	18	5	65
夫婦と未婚の子のみの世帯	634	600	583	58	9	7	23
ひとり親と未婚の子のみの世帯	142	134	130	9	2	1	10
三　世　代　世　帯	102	95	90	17	9	2	7
そ　の　他　の　世　帯	150	126	114	19	11	1	17
第　　　　　Ⅳ	2 000	1 911	1 865	176	58	21	160
単　独　世　帯	126	117	109	9	2	－	15
男　の　単　独　世　帯	86	83	78	7	2	－	6
女　の　単　独　世　帯	41	34	32	2	－	－	10
核　家　族　世　帯	1 545	1 478	1 450	123	29	17	116
夫婦のみの世帯	449	389	376	45	9	7	59
夫婦と未婚の子のみの世帯	988	980	969	70	17	9	45
ひとり親と未婚の子のみの世帯	109	108	105	8	3	0	12
三　世　代　世　帯	168	167	164	21	18	2	12
そ　の　他　の　世　帯	161	150	141	23	9	2	17
第　　　　　Ⅴ	2 000	1 975	1 933	219	85	16	333
単　独　世　帯	75	69	66	6	0	－	18
男　の　単　独　世　帯	57	53	50	4	－	－	12
女　の　単　独　世　帯	18	16	15	2	0	－	6
核　家　族　世　帯	1 422	1 404	1 376	135	23	8	220
夫婦のみの世帯	346	332	318	41	7	1	76
夫婦と未婚の子のみの世帯	1 009	1 007	995	88	14	7	121
ひとり親と未婚の子のみの世帯	67	65	63	6	2	－	22
三　世　代　世　帯	344	344	340	51	44	6	51
そ　の　他　の　世　帯	159	158	152	27	17	2	44

注：熊本県を除いたものである。

所得五分位階級・世帯構造別

平成28年調査

公的年金・恩給	公的年金・恩給以外の社会保障給付金	雇用保険	児童手当等	その他の社会保障給付金	仕送り・企業年金・個人年金等・その他の所得	仕送り	企業年金・個人年金等	その他の所得
1 063	354	58	293	18	379	19	297	79
87	9	6	2	2	38	4	25	9
52	6	4	2	1	22	2	15	5
34	3	2	–	1	17	3	10	4
796	294	43	252	12	286	7	235	55
540	21	18	1	3	199	1	179	28
172	254	21	236	6	69	4	45	21
84	19	3	15	3	18	2	11	6
69	36	4	32	1	16	1	10	5
111	14	6	7	3	38	6	26	10
783	522	61	467	25	339	13	243	105
27	5	1	3	1	15	1	11	5
12	4	0	3	1	6	1	4	2
14	1	1	–	–	9	–	7	3
515	447	48	403	20	255	9	178	82
226	16	12	0	3	112	2	99	18
218	422	35	395	14	124	4	70	57
70	9	0	7	3	19	3	10	7
124	59	7	55	3	31	1	24	10
118	11	4	7	1	38	3	30	8
809	439	63	380	24	341	20	245	98
16	3	–	3	–	10	1	8	2
11	3	–	3	–	5	1	4	0
5	–	–	–	–	5	1	3	1
374	309	40	274	15	211	11	148	62
108	8	7	0	1	58	2	45	13
218	296	31	272	13	141	8	96	43
47	4	2	2	0	12	2	7	5
292	111	19	93	8	82	7	60	23
127	17	5	10	2	38	1	29	11

第51表　世帯数，所得の種類（重複計上）・世帯類型－

（世帯数1万対）

世帯類型 所得五分位階級		総　数	稼働所得	雇用者所得	事業所得	農耕・畜産 所　得	家内労働 所　得	財産所得
総	数	10 000	7 370	6 961	819	270	81	802
第	I	2 000	737	609	116	30	14	53
第	II	2 000	1 122	1 011	142	47	13	108
第	III	2 000	1 626	1 543	166	50	17	149
第	IV	2 000	1 911	1 865	176	58	21	160
第	V	2 000	1 975	1 933	219	85	16	333
高　齢　者　世　帯		2 807	792	624	171	59	16	266
第	I	1 104	149	97	37	15	5	23
第	II	904	222	172	42	20	7	62
第	III	502	209	174	40	12	1	75
第	IV	190	122	108	24	7	3	51
第	V	107	89	74	27	6	－	54
母　子　世　帯		129	120	116	6	－	0	1
第	I	49	46	44	3	－	0	0
第	II	55	51	49	2	－	－	－
第	III	18	16	16	1	－	－	0
第	IV	5	5	5	－	－	－	0
第	V	1	1	1	－	－	－	－
そ　の　他　の　世　帯		7 065	6 458	6 221	642	211	64	535
第	I	847	541	468	76	15	8	30
第	II	1 041	848	789	97	27	6	46
第	III	1 480	1 400	1 354	124	39	16	73
第	IV	1 805	1 784	1 752	152	51	18	108
第	V	1 891	1 885	1 858	192	79	16	278
（再掲）児童のいる世帯		2 325	2 288	2 235	202	55	19	123
第	I	149	135	116	25	1	2	3
第	II	225	210	200	23	4	2	4
第	III	475	467	454	43	9	5	14
第	IV	749	749	744	46	11	5	26
第	V	727	727	721	65	30	6	76
（再掲）65歳以上の者のいる世帯		5 261	2 835	2 549	459	221	47	562
第	I	1 353	247	172	54	23	9	31
第	II	1 334	490	404	83	38	11	89
第	III	1 004	639	578	94	39	7	118
第	IV	755	668	634	96	46	10	112
第	V	815	792	762	132	75	11	213

注：1）熊本県を除いたものである。
　　2）「その他の世帯」には、「父子世帯」を含む。

児童のいる世帯－65歳以上の者のいる世帯・所得五分位階級別

平成28年調査

公的年金・恩給	公的年金・恩給以外の社会保障給付金	雇用保険	児童手当等	その他の社会保障給付金	仕送り・企業年金・個人年金等・その他の所得	仕送り	企業年金・個人年金等	その他の所得
5 425	1 743	248	1 361	232	1 622	165	1 141	395
1 387	221	29	76	124	247	80	127	47
1 383	207	36	145	41	316	33	230	66
1 063	354	58	293	18	379	19	297	79
783	522	61	467	25	339	13	243	105
809	439	63	380	24	341	20	245	98
2 703	91	11	1	80	585	34	491	88
1 032	65	2	0	62	120	22	81	20
890	17	3	0	14	167	8	140	27
493	4	2	–	2	170	1	155	23
186	3	2	–	1	84	2	77	12
101	2	1	0	0	44	1	39	6
6	92	3	91	9	13	6	1	6
2	33	2	33	2	4	2	1	2
2	44	1	44	5	5	3	–	2
1	10	0	10	1	3	1	–	2
0	4	–	4	0	1	1	–	2
–	0	–	0	–	–	–	–	–
2 715	1 559	235	1 269	144	1 024	125	649	301
352	123	25	43	59	123	56	45	26
491	146	32	100	22	144	23	90	36
568	340	56	283	15	205	17	142	54
596	514	58	463	24	255	11	166	94
708	437	62	379	24	298	19	206	91
345	1 363	75	1 333	48	212	32	68	121
13	75	4	72	7	13	6	2	5
32	139	6	137	9	21	9	4	9
49	293	13	288	7	36	6	10	22
78	469	26	461	12	62	5	12	47
174	388	27	375	14	80	7	39	38
4 867	386	94	185	125	1 175	57	975	206
1 241	82	9	5	69	147	25	102	24
1 266	50	13	14	25	242	11	199	43
941	52	21	28	6	304	6	267	44
683	77	25	47	12	232	6	198	46
737	124	27	91	14	250	10	208	48

（2－1）

第52表　世帯数，所得の種類（重複計上）・

（世帯数1万対）

世帯主の年齢階級 所得五分位階級	総　数	稼働所得	雇用者所得	事業所得	農耕・畜産 所　　得	家内労働 所　　得	財産所得
総　　　　　　　　数	10 000	7 370	6 961	819	270	81	802
第　　　　　Ⅰ	2 000	737	609	116	30	14	53
第　　　　　Ⅱ	2 000	1 122	1 011	142	47	13	108
第　　　　　Ⅲ	2 000	1 626	1 543	166	50	17	149
第　　　　　Ⅳ	2 000	1 911	1 865	176	58	21	160
第　　　　　Ⅴ	2 000	1 975	1 933	219	85	16	333
29　歳　以　下	301	279	277	7	2	－	5
第　　　　　Ⅰ	86	66	64	2	1	－	1
第　　　　　Ⅱ	85	84	84	1	0	－	－
第　　　　　Ⅲ	80	79	79	2	0	－	1
第　　　　　Ⅳ	38	38	38	1	0	－	0
第　　　　　Ⅴ	13	13	13	0	－	－	1
30　～　39　歳	935	925	909	48	4	7	21
第　　　　　Ⅰ	79	73	66	8	1	2	－
第　　　　　Ⅱ	118	116	115	7	1	0	0
第　　　　　Ⅲ	262	262	257	11	2	4	3
第　　　　　Ⅳ	324	324	323	14	1	2	9
第　　　　　Ⅴ	151	150	149	8	1	－	8
40　～　49　歳	1 557	1 520	1 482	118	13	10	67
第　　　　　Ⅰ	153	127	118	13	1	－	2
第　　　　　Ⅱ	184	176	168	16	1	0	3
第　　　　　Ⅲ	288	285	277	27	1	2	7
第　　　　　Ⅳ	470	470	463	28	4	5	16
第　　　　　Ⅴ	461	461	456	34	6	3	39
50　～　59　歳	1 655	1 595	1 543	156	46	16	123
第　　　　　Ⅰ	191	144	125	23	1	2	10
第　　　　　Ⅱ	190	183	170	26	7	2	7
第　　　　　Ⅲ	271	267	258	26	9	3	14
第　　　　　Ⅳ	393	393	386	36	11	5	19
第　　　　　Ⅴ	610	610	604	45	18	4	73

注：1）熊本県を除いたものである。
　　2）年齢階級の「総数」には、年齢不詳を含む。

世帯主の年齢（10歳階級）・所得五分位階級別

平成28年調査

公的年金・恩　給	公的年金・恩給以　外　の社会保障給付金	雇用保険	児童手当等	そ の 他 の社会保障給付金	仕 送 り ・企 業 年 金 ・個人年金等・その他の所得	仕　送　り	企業年金・個人年金等	その他の所　得
5 425	1 743	248	1 361	232	1 622	165	1 141	395
1 387	221	29	76	124	247	80	127	47
1 383	207	36	145	41	316	33	230	66
1 063	354	58	293	18	379	19	297	79
783	522	61	467	25	339	13	243	105
809	439	63	380	24	341	20	245	98
5	60	12	51	4	66	50	1	18
1	7	2	5	2	45	42	–	6
1	13	3	11	0	11	7	–	4
1	25	3	23	1	4	1	0	3
1	11	3	10	1	3	–	1	2
1	3	2	3	–	2	–	–	2
34	480	38	461	23	64	10	5	51
6	28	3	25	3	7	4	0	4
5	48	3	45	4	7	3	–	5
6	129	7	125	3	16	3	1	12
10	192	13	187	7	23	–	3	21
6	81	12	79	6	10	–	1	10
141	615	35	579	27	100	21	15	68
20	47	5	32	12	11	4	2	5
14	69	5	64	6	14	8	1	4
23	105	7	101	3	16	2	3	12
34	206	10	200	3	32	4	2	27
50	188	7	181	4	28	2	8	20
289	207	36	142	38	113	27	33	58
35	38	6	10	22	11	4	3	5
33	23	5	16	5	16	3	5	8
40	34	7	25	4	18	6	5	8
61	43	5	38	2	20	5	7	9
119	69	13	54	5	48	9	14	28

（2−2）

第52表　世帯数，所得の種類（重複計上）・

（世帯数1万対）

世帯主の年齢階級 所得五分位階級	総　数	稼働所得	雇用者所得	事業所得	農耕・畜産 所　　得	家内労働 所　　得	財産所得
60　～　69　歳	2 404	1 856	1 713	284	106	25	256
第　　　　Ⅰ	498	206	162	41	10	5	18
第　　　　Ⅱ	495	329	293	49	18	3	35
第　　　　Ⅲ	522	460	426	63	21	6	42
第　　　　Ⅳ	452	429	413	55	29	6	56
第　　　　Ⅴ	437	432	419	75	28	6	105
70　～　79　歳	1 945	856	748	149	61	14	204
第　　　　Ⅰ	549	88	59	20	7	3	9
第　　　　Ⅱ	582	179	143	30	13	6	38
第　　　　Ⅲ	381	203	183	29	10	2	52
第　　　　Ⅳ	222	187	174	31	9	2	39
第　　　　Ⅴ	210	200	189	39	22	1	65
80　歳　以　上	1 204	338	289	58	37	7	127
第　　　　Ⅰ	444	33	16	8	8	2	12
第　　　　Ⅱ	346	55	39	12	7	1	24
第　　　　Ⅲ	195	71	64	8	6	1	29
第　　　　Ⅳ	100	70	67	11	5	1	20
第　　　　Ⅴ	118	109	103	19	10	2	41
（再掲）65　歳　以　上	4 538	2 158	1 911	367	160	35	487
第　　　　Ⅰ	1 302	219	150	48	20	8	30
第　　　　Ⅱ	1 238	409	333	71	31	9	83
第　　　　Ⅲ	870	511	461	74	29	5	108
第　　　　Ⅳ	575	490	462	73	31	8	96
第　　　　Ⅴ	551	530	505	101	49	5	171
（再掲）75　歳　以　上	2 111	684	589	120	64	12	224
第　　　　Ⅰ	722	69	37	18	12	4	17
第　　　　Ⅱ	621	123	93	23	13	3	43
第　　　　Ⅲ	369	152	137	19	11	2	53
第　　　　Ⅳ	190	142	134	23	9	1	36
第　　　　Ⅴ	211	197	187	37	19	2	74

注：1）熊本県を除いたものである。
　　2）年齢階級の「総数」には、年齢不詳を含む。

世帯主の年齢（10歳階級）・所得五分位階級別

平成28年調査

公的年金・恩給	公的年金・恩給以外の社会保障給付金	雇用保険	児童手当等	その他の社会保障給付金	仕送り・企業年金・個人年金等・その他の所得	仕送り	企業年金・個人年金等	その他の所得
1 930	208	94	66	56	648	18	573	88
394	46	11	3	33	83	4	68	11
422	29	15	8	7	111	4	96	16
432	41	28	10	4	152	3	137	18
364	41	21	15	7	160	3	142	24
318	50	19	30	5	142	3	129	19
1 862	119	21	47	54	437	22	371	69
504	37	1	2	34	57	11	37	10
569	15	4	1	10	108	4	90	19
371	12	4	6	2	120	1	111	13
215	21	7	13	4	74	2	66	15
204	33	6	25	4	78	4	68	12
1 164	55	11	16	30	195	18	143	43
426	18	1	0	17	32	11	17	6
340	10	1	0	9	50	4	38	9
189	6	3	3	1	52	2	40	13
97	7	2	4	1	27	0	22	7
112	13	4	9	1	33	2	26	7
4 307	273	69	100	114	1 056	50	891	169
1 203	78	7	4	68	142	24	98	23
1 200	38	10	5	24	231	9	191	40
838	35	16	15	5	280	5	248	38
550	48	19	24	9	201	4	176	38
516	73	16	52	8	203	7	177	30
2 031	102	19	35	50	371	30	284	78
682	33	1	2	30	60	16	33	14
608	16	3	1	13	94	7	72	19
356	11	4	5	2	100	2	83	20
184	14	5	9	2	54	1	44	14
202	27	5	19	3	63	5	51	11

第53表　1世帯当たり平均所得金額－

世帯業態	総所得	稼働所得	雇用者所得	事業所得	農耕・畜産所得	家内労働所得	財産所得
						1 世 帯 当 た り	
総　　　　　数	545.4	403.3	373.2	24.9	4.6	0.6	18.3
雇　用　者　世　帯	661.8	577.6	567.5	8.1	1.7	0.3	11.5
常　雇　者　世　帯	689.0	609.9	599.5	8.4	1.7	0.3	12.0
会社・団体等の役員の世帯	1 076.5	907.7	868.7	36.1	2.3	0.6	71.6
一 般 常 雇 者 世 帯	655.2	583.9	576.0	6.0	1.7	0.3	6.8
契約期間の定めのない雇用者世帯	672.2	608.9	601.6	5.6	1.4	0.2	6.2
契約期間が1年以上の雇用者世帯	573.5	463.8	452.5	7.7	3.1	0.5	9.4
1月以上1年未満の契約の雇用者世帯	416.2	284.2	278.0	4.8	1.2	0.2	6.9
日々又は1月未満の契約の雇用者世帯	323.8	182.6	171.3	10.8	0.5	0.0	6.7
自　営　業　者　世　帯	622.1	454.1	254.3	167.2	29.5	3.1	51.6
そ　の　他　の　世　帯	308.1	68.9	61.4	5.7	1.3	0.5	18.8
						1 世 帯 当 た り 平 均 所 得	
総　　　　　数	100.0	74.0	68.4	4.6	0.9	0.1	3.4
雇　用　者　世　帯	100.0	87.3	85.7	1.2	0.3	0.0	1.7
常　雇　者　世　帯	100.0	88.5	87.0	1.2	0.3	0.0	1.7
会社・団体等の役員の世帯	100.0	84.3	80.7	3.4	0.2	0.1	6.7
一 般 常 雇 者 世 帯	100.0	89.1	87.9	0.9	0.3	0.0	1.0
契約期間の定めのない雇用者世帯	100.0	90.6	89.5	0.8	0.2	0.0	0.9
契約期間が1年以上の雇用者世帯	100.0	80.9	78.9	1.3	0.5	0.1	1.6
1月以上1年未満の契約の雇用者世帯	100.0	68.3	66.8	1.2	0.3	0.1	1.7
日々又は1月未満の契約の雇用者世帯	100.0	56.4	52.9	3.3	0.2	0.0	2.1
自　営　業　者　世　帯	100.0	73.0	40.9	26.9	4.7	0.5	8.3
そ　の　他　の　世　帯	100.0	22.3	19.9	1.8	0.4	0.2	6.1

注：1）熊本県を除いたものである。
　　2）「総数」には、世帯業態不詳を含む。

第54表　当該所得のある1世帯当たり

（単位：万円）

世帯業態	総所得	稼働所得	雇用者所得	事業所得	農耕・畜産所得	家内労働所得	財産所得
総　　　　　数	545.4	547.2	536.2	303.5	172.0	80.3	227.9
雇　用　者　世　帯	661.8	594.9	588.4	220.6	98.5	54.0	180.0
常　雇　者　世　帯	689.0	626.0	619.2	228.7	104.1	55.6	186.2
会社・団体等の役員の世帯	1 076.5	919.0	900.1	482.6	144.1	86.3	323.4
一 般 常 雇 者 世 帯	655.2	600.1	594.8	179.1	100.8	51.9	133.8
契約期間の定めのない雇用者世帯	672.2	623.9	619.1	177.2	87.0	43.0	130.5
契約期間が1年以上の雇用者世帯	573.5	483.3	475.4	186.4	154.3	97.8	145.8
1月以上1年未満の契約の雇用者世帯	416.2	299.1	295.0	137.8	55.2	41.2	116.0
日々又は1月未満の契約の雇用者世帯	323.8	215.0	205.4	191.3	52.6	5.0	120.4
自　営　業　者　世　帯	622.1	511.5	407.4	353.7	261.2	114.5	397.3
そ　の　他　の　世　帯	308.1	260.3	258.1	203.1	88.0	73.2	196.4

注：1）熊本県を除いたものである。
　　2）「総数」には、世帯業態不詳を含む。

構成割合， 所得の種類・世帯業態別

平成28年調査

公的年金・恩給	公的年金・恩給以外の社会保障給付金	雇用保険	児童手当等	その他の社会保障給付金	仕送り・企業年金・個人年金等・その他の所得	仕送り	企業年金・個人年金等	その他の所得
平均所得金額（単位：万円）								
104.4	6.3	1.2	3.4	1.7	13.1	1.3	9.0	2.8
56.6	7.2	1.5	5.0	0.8	9.0	1.0	5.1	2.9
51.6	7.3	1.4	5.2	0.7	8.2	0.9	4.4	2.9
79.6	3.7	0.7	2.9	0.1	13.8	0.5	8.0	5.2
49.2	7.6	1.4	5.4	0.7	7.7	0.9	4.1	2.7
42.7	8.0	1.4	5.9	0.7	6.4	0.9	3.1	2.4
80.3	6.0	1.5	3.4	1.1	14.0	1.2	8.8	4.1
102.8	6.4	2.3	2.5	1.5	15.9	1.4	12.7	1.8
112.4	3.4	0.4	1.7	1.3	18.7	3.7	8.8	6.1
99.3	4.1	0.6	2.9	0.6	13.1	0.7	9.6	2.8
193.6	5.6	0.9	0.6	4.1	21.3	2.3	16.5	2.6
金額の構成割合（単位：％）								
19.1	1.2	0.2	0.6	0.3	2.4	0.2	1.7	0.5
8.6	1.1	0.2	0.8	0.1	1.4	0.1	0.8	0.4
7.5	1.1	0.2	0.8	0.1	1.2	0.1	0.6	0.4
7.4	0.3	0.1	0.3	0.0	1.3	0.1	0.7	0.5
7.5	1.2	0.2	0.8	0.1	1.2	0.1	0.6	0.4
6.4	1.2	0.2	0.9	0.1	1.0	0.1	0.5	0.4
14.0	1.0	0.3	0.6	0.2	2.4	0.2	1.5	0.7
24.7	1.5	0.6	0.6	0.4	3.8	0.3	3.0	0.4
34.7	1.0	0.1	0.5	0.4	5.8	1.1	2.7	1.9
16.0	0.7	0.1	0.5	0.1	2.1	0.1	1.5	0.5
62.8	1.8	0.3	0.2	1.3	6.9	0.7	5.3	0.8

平均所得金額， 所得の種類・世帯業態別

平成28年調査

公的年金・恩給	公的年金・恩給以外の社会保障給付金	雇用保険	児童手当等	その他の社会保障給付金	仕送り・企業年金・個人年金等・その他の所得	仕送り	企業年金・個人年金等	その他の所得
192.5	36.1	48.4	24.6	74.5	80.7	79.7	79.1	69.6
171.2	30.7	46.4	24.4	58.7	72.7	72.3	67.6	72.6
171.9	30.0	47.3	24.2	57.7	71.7	71.9	65.6	73.8
197.8	24.8	33.1	22.3	39.2	89.4	70.9	72.9	116.9
168.8	30.3	48.2	24.3	57.9	69.5	72.0	64.5	69.5
168.2	29.5	50.1	23.9	53.1	66.2	69.9	60.8	65.3
170.4	36.4	41.5	27.9	79.5	78.4	80.7	71.8	85.5
166.4	43.1	41.5	33.0	70.4	76.9	68.0	77.5	51.9
178.2	26.8	39.1	22.9	30.8	88.2	103.0	56.7	104.5
165.5	27.9	46.5	23.1	40.7	73.1	79.8	68.9	69.7
214.1	71.9	54.3	32.8	86.9	90.8	87.8	91.0	63.7

第55表　１世帯当たり平均所得金額－

世帯構造	総所得	稼働所得	雇用者所得	事業所得	農耕・畜産所得	家内労働所得	財産所得
						1 世 帯 当 た り	
総　　　　　数	545.4	403.3	373.2	24.9	4.6	0.6	18.3
単　独　世　帯	255.2	147.6	138.5	8.1	0.8	0.1	11.4
男の単独世帯	322.2	228.0	213.4	13.2	1.4	0.1	12.0
女の単独世帯	202.4	84.2	79.6	4.2	0.3	0.2	10.9
核　家　族　世　帯	601.7	460.4	430.4	27.0	2.4	0.6	17.6
夫婦のみの世帯	499.0	287.9	261.4	22.8	3.1	0.6	23.1
夫婦と未婚の子のみの世帯	731.1	643.6	608.3	32.4	2.1	0.7	12.8
ひとり親と未婚の子のみの世帯	414.9	296.0	275.8	18.7	1.3	0.3	19.1
三　世　代　世　帯	877.0	680.6	612.1	43.2	22.8	2.4	28.0
そ　の　他　の　世　帯	638.1	433.2	373.1	40.6	18.8	0.7	36.0
						1 世 帯 当 た り 平 均 所 得	
総　　　　　数	100.0	74.0	68.4	4.6	0.9	0.1	3.4
単　独　世　帯	100.0	57.8	54.3	3.2	0.3	0.1	4.5
男の単独世帯	100.0	70.8	66.2	4.1	0.4	0.0	3.7
女の単独世帯	100.0	41.6	39.3	2.1	0.2	0.1	5.4
核　家　族　世　帯	100.0	76.5	71.5	4.5	0.4	0.1	2.9
夫婦のみの世帯	100.0	57.7	52.4	4.6	0.6	0.1	4.6
夫婦と未婚の子のみの世帯	100.0	88.0	83.2	4.4	0.3	0.1	1.7
ひとり親と未婚の子のみの世帯	100.0	71.4	66.5	4.5	0.3	0.1	4.6
三　世　代　世　帯	100.0	77.6	69.8	4.9	2.6	0.3	3.2
そ　の　他　の　世　帯	100.0	67.9	58.5	6.4	2.9	0.1	5.6

注：熊本県を除いたものである。

第56表　当該所得のある１世帯当たり

（単位：万円）

世帯構造	総所得	稼働所得	雇用者所得	事業所得	農耕・畜産所得	家内労働所得	財産所得
総　　　　　数	545.4	547.2	536.2	303.5	172.0	80.3	227.9
単　独　世　帯	255.2	304.6	314.0	190.7	77.2	49.3	204.8
男の単独世帯	322.2	357.9	368.8	212.0	99.6	73.1	228.0
女の単独世帯	202.4	231.2	239.0	152.5	44.3	41.0	188.3
核　家　族　世　帯	601.7	580.1	570.3	318.0	123.3	72.0	216.8
夫婦のみの世帯	499.0	483.3	481.8	271.2	130.3	70.0	231.0
夫婦と未婚の子のみの世帯	731.1	675.9	656.6	362.9	120.9	76.7	192.2
ひとり親と未婚の子のみの世帯	414.9	356.7	351.7	274.1	91.6	50.2	240.8
三　世　代　世　帯	877.0	711.4	660.5	299.6	212.5	132.1	264.4
そ　の　他　の　世　帯	638.1	530.8	494.0	344.3	278.9	78.0	295.6

注：熊本県を除いたものである。

構成割合, 所得の種類・世帯構造別

平成28年調査

公的年金・恩給	公的年金・恩給以外の社会保障給付金	雇用保険	児童手当等	その他の社会保障給付金	仕送り・企業年金・個人年金等・その他の所得	仕送り	企業年金・個人年金等	その他の所得
平均所得金額（単位：万円）								
104.4	6.3	1.2	3.4	1.7	13.1	1.3	9.0	2.8
81.7	4.9	0.6	0.1	4.2	9.5	2.4	5.5	1.7
66.9	5.6	0.6	0.1	4.9	9.7	2.4	5.9	1.4
93.4	4.4	0.6	0.1	3.7	9.4	2.3	5.1	1.9
103.5	6.7	1.3	4.4	1.0	13.4	0.5	10.1	2.8
168.0	1.5	1.0	0.0	0.5	18.5	0.3	15.5	2.7
54.8	9.9	1.7	7.5	0.7	10.1	0.5	6.8	2.8
79.1	11.8	0.9	6.8	4.1	8.9	1.2	4.1	3.5
143.0	9.9	2.1	7.0	0.8	15.5	1.6	9.9	4.0
146.3	3.4	1.3	1.1	1.0	19.2	5.1	10.1	4.0
金額の構成割合（単位：%）								
19.1	1.2	0.2	0.6	0.3	2.4	0.2	1.7	0.5
32.0	1.9	0.2	0.0	1.7	3.7	0.9	2.1	0.7
20.8	1.7	0.2	0.0	1.5	3.0	0.7	1.8	0.4
46.2	2.2	0.3	0.0	1.8	4.6	1.2	2.5	1.0
17.2	1.1	0.2	0.7	0.2	2.2	0.1	1.7	0.5
33.7	0.3	0.2	0.0	0.1	3.7	0.1	3.1	0.5
7.5	1.4	0.2	1.0	0.1	1.4	0.1	0.9	0.4
19.1	2.8	0.2	1.6	1.0	2.1	0.3	1.0	0.9
16.3	1.1	0.2	0.8	0.1	1.8	0.2	1.1	0.5
22.9	0.5	0.2	0.2	0.2	3.0	0.8	1.6	0.6

平均所得金額, 所得の種類・世帯構造別

平成28年調査

公的年金・恩給	公的年金・恩給以外の社会保障給付金	雇用保険	児童手当等	その他の社会保障給付金	仕送り・企業年金・個人年金等・その他の所得	仕送り	企業年金・個人年金等	その他の所得
192.5	36.1	48.4	24.6	74.5	80.7	79.7	79.1	69.6
134.6	73.3	42.5	24.7	87.1	68.5	65.3	69.1	57.5
146.9	78.2	36.8	17.8	102.0	70.0	63.2	72.4	56.0
128.5	69.0	47.6	48.7	75.5	67.3	67.1	66.3	58.4
218.6	32.5	50.7	24.7	67.1	83.6	64.8	84.1	71.6
238.3	49.9	51.1	13.6	50.0	86.5	47.8	84.3	82.4
211.9	27.8	52.5	22.7	50.3	82.0	77.3	88.1	63.9
141.3	59.8	38.5	42.4	114.8	71.9	65.3	61.2	75.3
184.9	30.4	46.2	24.4	46.0	77.8	110.4	69.0	68.5
202.1	39.1	42.9	24.1	53.0	88.8	139.8	69.3	79.5

第57表　1世帯当たり平均所得金額－構成割合，

世帯類型	総所得	稼働所得	雇用者所得	事業所得	農耕・畜産所得	家内労働所得	財産所得
						1　世　帯　当　た　り	
総　　　　　　　数	545.4	403.3	373.2	24.9	4.6	0.6	18.3
高　齢　者　世　帯	308.1	64.9	49.1	12.9	2.6	0.3	22.8
母　　子　　世　　帯	270.1	213.9	209.3	4.5	－	0.1	0.5
そ　の　他　の　世　帯	644.7	541.2	504.9	30.0	5.5	0.8	16.8
（再掲）児童のいる世帯	707.6	646.7	609.5	29.0	7.7	0.5	9.6
（再掲）65歳以上の者のいる世帯	479.9	242.7	211.0	23.6	7.3	0.8	27.5
						1　世　帯　当　た　り　平　均　所　得	
総　　　　　　　数	100.0	74.0	68.4	4.6	0.9	0.1	3.4
高　齢　者　世　帯	100.0	21.1	15.9	4.2	0.8	0.1	7.4
母　　子　　世　　帯	100.0	79.2	77.5	1.7	－	0.0	0.2
そ　の　他　の　世　帯	100.0	84.0	78.3	4.7	0.9	0.1	2.6
（再掲）児童のいる世帯	100.0	91.4	86.1	4.1	1.1	0.1	1.4
（再掲）65歳以上の者のいる世帯	100.0	50.6	44.0	4.9	1.5	0.2	5.7

注：1）熊本県を除いたものである。
　　2）「その他の世帯」には、「父子世帯」を含む。

第58表　当該所得のある1世帯当たり平均所得金額，

（単位：万円）

世帯類型	総所得	稼働所得	雇用者所得	事業所得	農耕・畜産所得	家内労働所得	財産所得
総　　　　　　　数	545.4	547.2	536.2	303.5	172.0	80.3	227.9
高　齢　者　世　帯	308.1	230.1	220.9	212.0	122.6	61.2	240.5
母　　子　　世　　帯	270.1	228.3	232.5	92.6	－	36.0	70.0
そ　の　他　の　世　帯	644.7	592.1	573.4	329.9	185.8	85.3	221.9
（再掲）児童のいる世帯	707.6	657.2	634.0	333.1	328.1	62.1	182.5
（再掲）65歳以上の者のいる世帯	479.9	450.3	435.5	270.7	172.6	92.0	257.2

注：1）熊本県を除いたものである。
　　2）「その他の世帯」には、「父子世帯」を含む。

所得の種類・世帯類型－児童のいる世帯－65歳以上の者のいる世帯別

平成28年調査

公的年金・恩給	公的年金・恩給以外の社会保障給付金	雇用保険	児童手当等	その他の社会保障給付金	仕送り・企業年金・個人年金等・その他の所得	仕送り	企業年金・個人年金等	その他の所得
平均所得金額（単位：万円）								
104.4	6.3	1.2	3.4	1.7	13.1	1.3	9.0	2.8
201.5	1.9	0.1	0.0	1.8	16.9	0.6	14.3	2.0
7.6	42.5	0.5	31.7	10.2	5.7	4.0	0.7	1.0
67.6	7.4	1.6	4.2	1.6	11.7	1.5	7.1	3.1
27.2	17.4	1.7	14.1	1.6	6.7	1.6	2.0	3.1
188.2	3.0	0.8	0.8	1.4	18.5	0.7	14.9	2.8
金額の構成割合（単位：%）								
19.1	1.2	0.2	0.6	0.3	2.4	0.2	1.7	0.5
65.4	0.6	0.0	0.0	0.6	5.5	0.2	4.6	0.6
2.8	15.7	0.2	11.8	3.8	2.1	1.5	0.3	0.4
10.5	1.1	0.3	0.6	0.2	1.8	0.2	1.1	0.5
3.8	2.5	0.2	2.0	0.2	0.9	0.2	0.3	0.4
39.2	0.6	0.2	0.2	0.3	3.8	0.2	3.1	0.6

所得の種類・世帯類型－児童のいる世帯－65歳以上の者のいる世帯別

平成28年調査

公的年金・恩給	公的年金・恩給以外の社会保障給付金	雇用保険	児童手当等	その他の社会保障給付金	仕送り・企業年金・個人年金等・その他の所得	仕送り	企業年金・個人年金等	その他の所得
192.5	36.1	48.4	24.6	74.5	80.7	79.7	79.1	69.6
209.3	59.8	37.1	23.1	63.1	81.0	51.9	81.5	63.8
157.4	59.1	21.4	44.8	149.0	55.0	78.8	100.0	21.6
175.8	33.3	49.2	23.2	76.2	80.8	87.2	77.2	72.3
183.0	29.7	53.7	24.5	77.7	73.3	117.5	68.3	59.0
203.5	41.0	43.9	23.9	58.0	82.6	66.7	80.3	72.9

第59表　1世帯当たり平均所得金額－

世帯主の年齢階級	総所得	稼働所得	雇用者所得	事業所得	農耕・畜産所得	家内労働所得	財産所得
						1 世 帯 当 た り	
総　　　　　数	545.4	403.3	373.2	24.9	4.6	0.6	18.3
29　歳　以　下	343.5	320.3	315.9	3.5	0.8	－	1.4
30　～　39　歳	562.1	533.4	516.9	13.4	2.4	0.6	3.4
40　～　49	670.7	636.4	602.3	31.6	2.1	0.5	5.7
50　～　59	743.1	693.6	654.0	34.0	4.9	0.7	16.9
60　～　69	530.8	347.9	307.3	33.1	6.7	0.8	20.8
70　～　79	419.4	160.9	138.2	18.1	3.9	0.7	26.5
80　歳　以　上	381.9	125.0	104.8	12.2	7.4	0.7	33.7
（再掲）65歳以上	435.9	185.1	159.0	19.8	5.6	0.7	27.9
（再掲）75歳以上	393.3	134.1	114.1	13.7	5.7	0.6	32.4
						1 世 帯 当 た り 平 均 所 得	
総　　　　　数	100.0	74.0	68.4	4.6	0.9	0.1	3.4
29　歳　以　下	100.0	93.3	92.0	1.0	0.2	－	0.4
30　～　39　歳	100.0	94.9	92.0	2.4	0.4	0.1	0.6
40　～　49	100.0	94.9	89.8	4.7	0.3	0.1	0.9
50　～　59	100.0	93.3	88.0	4.6	0.7	0.1	2.3
60　～　69	100.0	65.6	57.9	6.2	1.3	0.1	3.9
70　～　79	100.0	38.4	33.0	4.3	0.9	0.2	6.3
80　歳　以　上	100.0	32.7	27.4	3.2	1.9	0.2	8.8
（再掲）65歳以上	100.0	42.5	36.5	4.5	1.3	0.2	6.4
（再掲）75歳以上	100.0	34.1	29.0	3.5	1.4	0.2	8.2

注：1）熊本県を除いたものである。
　　2）「総数」には、年齢不詳を含む。

第60表　当該所得のある1世帯当たり平均

（単位：万円）

世帯主の年齢階級	総所得	稼働所得	雇用者所得	事業所得	農耕・畜産所得	家内労働所得	財産所得
総　　　　　数	545.4	547.2	536.2	303.5	172.0	80.3	227.9
29　歳　以　下	343.5	345.0	343.4	163.1	113.1	－	92.6
30　～　39　歳	562.1	538.8	531.4	260.1	508.7	76.6	155.4
40　～　49	670.7	651.9	632.7	417.1	257.7	70.0	133.0
50　～　59	743.1	719.5	701.5	360.4	174.8	69.2	228.3
60　～　69	530.8	450.6	431.4	280.8	151.5	73.8	195.3
70　～　79	419.4	365.4	359.4	236.2	123.6	97.8	252.9
80　歳　以　上	381.9	445.4	436.2	254.6	241.7	110.1	319.6
（再掲）65歳以上	435.9	389.1	377.5	244.4	159.2	91.0	259.9
（再掲）75歳以上	393.3	414.0	409.3	241.4	189.4	101.9	305.7

注：1）熊本県を除いたものである。
　　2）「総数」には、年齢不詳を含む。

構成割合, 所得の種類・世帯主の年齢（10歳階級）別

平成28年調査

公的年金・恩給	公的年金・恩給以外の社会保障給付金	雇用保険	児童手当等	その他の社会保障給付金	仕送り・企業年金・個人年金等・その他の所得	仕送り	企業年金・個人年金等	その他の所得
平均所得金額（単位：万円）								
104.4	6.3	1.2	3.4	1.7	13.1	1.3	9.0	2.8
2.3	6.2	1.4	3.7	1.1	13.2	10.6	0.0	2.6
4.1	17.3	2.5	13.1	1.7	3.8	0.6	0.2	3.0
12.1	11.7	0.9	9.1	1.8	4.8	1.5	0.4	2.8
21.9	5.2	1.2	1.7	2.2	5.6	1.7	1.1	2.8
135.8	4.2	1.8	0.7	1.7	22.0	0.6	18.2	3.2
209.8	2.9	0.5	0.6	1.8	19.2	0.9	15.9	2.4
207.7	1.9	0.5	0.3	1.1	13.6	0.8	10.7	2.1
200.6	2.7	0.7	0.6	1.5	19.5	0.8	16.1	2.6
209.6	2.1	0.5	0.4	1.3	15.1	1.0	11.6	2.5
金額の構成割合（単位：％）								
19.1	1.2	0.2	0.6	0.3	2.4	0.2	1.7	0.5
0.7	1.8	0.4	1.1	0.3	3.9	3.1	0.0	0.8
0.7	3.1	0.4	2.3	0.3	0.7	0.1	0.0	0.5
1.8	1.8	0.1	1.4	0.3	0.7	0.2	0.1	0.4
2.9	0.7	0.2	0.2	0.3	0.8	0.2	0.1	0.4
25.6	0.8	0.3	0.1	0.3	4.1	0.1	3.4	0.6
50.0	0.7	0.1	0.1	0.4	4.6	0.2	3.8	0.6
54.4	0.5	0.1	0.1	0.3	3.6	0.2	2.8	0.6
46.0	0.6	0.2	0.1	0.3	4.5	0.2	3.7	0.6
53.3	0.5	0.1	0.1	0.3	3.9	0.2	3.0	0.6

所得金額, 所得の種類・世帯主の年齢（10歳階級）別

平成28年調査

公的年金・恩給	公的年金・恩給以外の社会保障給付金	雇用保険	児童手当等	その他の社会保障給付金	仕送り・企業年金・個人年金等・その他の所得	仕送り	企業年金・個人年金等	その他の所得
192.5	36.1	48.4	24.6	74.5	80.7	79.7	79.1	69.6
143.6	31.0	34.8	22.0	75.2	60.6	64.4	12.9	44.0
114.8	33.8	60.5	26.6	70.2	55.9	56.1	39.3	55.0
133.0	29.7	39.9	24.4	102.4	73.7	110.5	42.3	65.4
125.4	41.3	56.8	20.0	95.8	81.5	105.2	52.1	80.2
169.2	48.2	45.3	24.9	72.8	81.8	85.4	76.4	86.9
219.2	47.9	45.7	25.5	65.2	85.7	83.2	83.5	66.6
214.7	41.1	52.1	22.6	45.2	83.8	50.1	90.1	59.6
211.4	45.3	45.1	25.7	58.7	83.9	70.1	82.0	70.9
217.8	44.0	52.0	23.4	53.5	86.1	67.9	86.6	68.7

第61表　1世帯当たり平均所得金額－

所得五分位階級			総　所　得	稼働所得	雇用者所得	事業所得	農耕・畜産所　得	家内労働所　得	財産所得
								1　世　帯　当　た　り	
総		数	545.4	403.3	373.2	24.9	4.6	0.6	18.3
	第	Ⅰ	126.0	35.8	30.4	4.3	0.7	0.4	1.1
	第	Ⅱ	271.7	111.4	100.5	8.8	1.6	0.5	3.3
	第	Ⅲ	431.0	275.0	255.1	16.7	2.8	0.5	7.6
	第	Ⅳ	654.4	532.7	504.9	23.2	3.8	0.8	10.1
	第	Ⅴ	1 243.8	1 061.8	975.0	71.4	14.4	1.0	69.3
							1　世　帯　当　た　り　平　均　所　得		
総		数	100.0	74.0	68.4	4.6	0.9	0.1	3.4
	第	Ⅰ	100.0	28.4	24.1	3.4	0.6	0.3	0.9
	第	Ⅱ	100.0	41.0	37.0	3.2	0.6	0.2	1.2
	第	Ⅲ	100.0	63.8	59.2	3.9	0.6	0.1	1.8
	第	Ⅳ	100.0	81.4	77.2	3.5	0.6	0.1	1.5
	第	Ⅴ	100.0	85.4	78.4	5.7	1.2	0.1	5.6

注：熊本県を除いたものである。

第62表　当該所得のある1世帯当たり

（単位：万円）

所得五分位階級			総　所　得	稼働所得	雇用者所得	事業所得	農耕・畜産所　得	家内労働所　得	財産所得
総		数	545.4	547.2	536.2	303.5	172.0	80.3	227.9
	第	Ⅰ	126.0	97.1	99.9	73.8	47.5	56.5	41.4
	第	Ⅱ	271.7	198.6	198.9	123.5	67.1	84.5	61.2
	第	Ⅲ	431.0	338.3	330.5	201.2	109.4	55.9	101.7
	第	Ⅳ	654.4	557.5	541.7	263.1	131.0	76.6	126.9
	第	Ⅴ	1 243.8	1 075.2	1 008.6	652.0	339.6	127.0	416.6

注：熊本県を除いたものである。

構成割合， 所得の種類・所得五分位階級別

平成28年調査

公的年金・恩給	公的年金・恩給以外の社会保障給付金	雇用保険	児童手当等	その他の社会保障給付金	仕送り・企業年金・個人年金等・その他の所得	仕送り	企業年金・個人年金等	その他の所得
平均所得金額（単位：万円）								
104.4	6.3	1.2	3.4	1.7	13.1	1.3	9.0	2.8
77.2	7.1	0.6	1.3	5.2	4.9	2.2	2.1	0.6
143.3	4.8	0.8	2.3	1.7	9.0	1.3	6.2	1.5
126.5	5.8	1.5	3.6	0.7	16.0	1.4	12.5	2.1
88.6	7.4	1.3	5.6	0.5	15.6	0.8	11.4	3.5
86.5	6.3	1.7	4.0	0.6	19.9	0.9	12.9	6.1
金額の構成割合（単位：％）								
19.1	1.2	0.2	0.6	0.3	2.4	0.2	1.7	0.5
61.2	5.7	0.5	1.0	4.1	3.9	1.7	1.6	0.5
52.7	1.8	0.3	0.8	0.6	3.3	0.5	2.3	0.5
29.4	1.3	0.3	0.8	0.2	3.7	0.3	2.9	0.5
13.5	1.1	0.2	0.9	0.1	2.4	0.1	1.7	0.5
7.0	0.5	0.1	0.3	0.0	1.6	0.1	1.0	0.5

平均所得金額， 所得の種類・所得五分位階級別

平成28年調査

公的年金・恩給	公的年金・恩給以外の社会保障給付金	雇用保険	児童手当等	その他の社会保障給付金	仕送り・企業年金・個人年金等・その他の所得	仕送り	企業年金・個人年金等	その他の所得
192.5	36.1	48.4	24.6	74.5	80.7	79.7	79.1	69.6
111.3	64.6	44.0	33.7	84.4	39.4	54.9	32.4	26.0
207.3	46.3	46.0	31.6	81.0	56.8	78.5	53.9	44.6
238.0	32.8	50.3	24.7	79.7	84.7	150.5	84.0	54.3
226.2	28.3	44.4	23.8	37.2	92.2	115.8	94.1	65.5
213.8	28.7	53.8	21.1	47.8	116.7	89.3	105.8	124.7

第63表　世帯数，世帯人員・可処分所得金額階級別

（世帯数1万対）　　　　　　　　　　　　　　　　　　　　　　　　　平成28年調査

可処分所得金額階級	総　数	1　人	2　人	3　人	4　人	5　人	6人以上
総　　　　数	10 000	2 253	3 329	2 124	1 462	548	284
50万円未満	137	111	17	4	3	2	－
50 ～ 100	534	352	121	40	18	2	1
100 ～ 150	669	384	186	65	25	6	4
150 ～ 200	681	319	249	73	25	14	1
200 ～ 250	688	232	308	100	31	13	4
250 ～ 300	648	133	361	105	35	12	3
300 ～ 350	590	88	315	109	53	20	6
350 ～ 400	451	56	209	104	59	17	6
400 ～ 450	395	34	163	98	78	16	8
450 ～ 500	349	27	126	100	68	18	9
500 ～ 550	348	29	106	112	77	21	4
550 ～ 600	296	19	81	97	68	21	9
600 ～ 650	251	17	67	68	62	25	11
650 ～ 700	213	11	52	69	55	17	9
700 ～ 750	196	9	41	65	50	18	13
750 ～ 800	142	5	33	44	39	16	5
800 ～ 850	113	4	29	35	28	10	7
850 ～ 900	108	6	21	34	29	12	7
900 ～ 950	96	5	19	33	21	12	5
950 ～ 1000	66	1	11	21	19	10	5
1000 ～ 1100	118	1	27	34	34	10	12
1100 ～ 1200	70	1	9	22	19	9	9
1200 ～ 1500	113	4	25	26	27	16	14
1500 ～ 2000	50	1	10	18	13	3	5
2000万円以上	28	2	7	8	5	1	5
不　　　詳	2 649	404	738	641	520	225	120

注：熊本県を除いたものである。

第64表　世帯数，有業人員・可処分所得金額階級別

（世帯数1万対）　　　　　　　　　　　　　　　　　　　　　　　　　平成28年調査

可処分所得金額階級	総　数	0　人	1　人	2　人	3人以上	不　詳
総　　　　数	10 000	2 330	3 339	2 856	1 109	367
50万円未満	137	80	40	10	－	7
50 ～ 100	534	306	138	44	10	35
100 ～ 150	669	329	221	55	23	41
150 ～ 200	681	294	246	87	17	37
200 ～ 250	688	279	250	106	20	33
250 ～ 300	648	244	248	107	22	27
300 ～ 350	590	181	228	135	25	20
350 ～ 400	451	87	190	137	28	8
400 ～ 450	395	67	147	143	33	5
450 ～ 500	349	33	135	141	34	6
500 ～ 550	348	25	139	144	39	2
550 ～ 600	296	12	112	124	42	6
600 ～ 650	251	9	93	106	39	4
650 ～ 700	213	5	72	98	34	4
700 ～ 750	196	6	57	86	39	7
750 ～ 800	142	3	40	61	34	4
800 ～ 850	113	1	29	54	27	2
850 ～ 900	108	1	26	48	31	2
900 ～ 950	96	2	22	42	30	1
950 ～ 1000	66	0	15	27	22	2
1000 ～ 1100	118	3	15	55	42	2
1100 ～ 1200	70	2	12	28	27	1
1200 ～ 1500	113	1	23	45	44	－
1500 ～ 2000	50	1	10	21	18	1
2000万円以上	28	2	4	12	9	2
不　　　詳	2 649	358	825	939	419	108

注：熊本県を除いたものである。

第65表　世帯数，世帯業態・可処分所得金額階級別

（世帯数1万対）　　　　　　　　　　　　　　　　　　　　　　　　　　　　　　　平成28年調査

可処分所得金額階級	総　数	雇用者世帯	常雇者世帯	1月以上1年未満の契約の雇用者世帯	日々又は1月未満の契約の雇用者世帯	自営業者世帯	その他の世帯	不　詳
総　数	10 000	5 742	5 191	492	59	1 093	2 894	271
50万円未満	137	27	19	6	1	19	84	7
50 ～ 100	534	123	88	29	6	48	330	33
100 ～ 150	669	197	149	42	6	70	366	36
150 ～ 200	681	235	181	46	8	81	331	34
200 ～ 250	688	272	224	43	4	75	313	27
250 ～ 300	648	265	223	40	3	68	292	23
300 ～ 350	590	288	246	39	3	60	227	15
350 ～ 400	451	281	248	30	3	44	121	5
400 ～ 450	395	266	246	19	1	37	89	3
450 ～ 500	349	253	236	16	1	37	56	3
500 ～ 550	348	262	244	17	1	37	49	1
550 ～ 600	296	236	223	11	1	26	30	4
600 ～ 650	251	211	203	5	3	18	20	2
650 ～ 700	213	178	170	8	–	16	17	2
700 ～ 750	196	160	156	4	0	22	12	1
750 ～ 800	142	118	112	6	1	11	12	1
800 ～ 850	113	90	87	2	–	11	11	1
850 ～ 900	108	90	87	3	–	12	6	1
900 ～ 950	96	82	78	3	–	7	7	–
950 ～ 1000	66	56	55	1	–	5	5	–
1000 ～ 1100	118	96	94	2	–	13	9	0
1100 ～ 1200	70	57	56	1	–	8	5	–
1200 ～ 1500	113	86	85	1	–	22	5	–
1500 ～ 2000	50	37	37	0	–	11	2	1
2000万円以上	28	12	12	–	–	13	3	–
不　詳	2 649	1 766	1 632	116	18	320	491	72

注：熊本県を除いたものである。

第66表　世帯数，世帯構造・可処分所得金額階級別

（世帯数1万対）　　　　　　　　　　　　　　　　　　　　　　　　　　　　　　　平成28年調査

可処分所得金額階級	総　数	単独世帯	男の単独世帯	女の単独世帯	核家族世帯	夫婦のみの世帯	夫婦と未婚の子のみの世帯	ひとり親と未婚の子のみの世帯	三世代世帯	その他の世帯
総　数	10 000	2 253	993	1 260	6 332	2 572	3 055	704	698	717
50万円未満	137	111	37	74	20	8	7	5	0	6
50 ～ 100	534	352	102	250	145	72	37	36	6	30
100 ～ 150	669	384	132	252	236	119	55	62	10	39
150 ～ 200	681	319	117	202	312	174	66	72	13	37
200 ～ 250	688	232	101	131	397	237	88	72	16	42
250 ～ 300	648	133	76	57	458	293	99	66	13	45
300 ～ 350	590	88	60	28	437	262	125	50	25	40
350 ～ 400	451	56	34	22	342	171	139	33	20	32
400 ～ 450	395	34	20	14	310	131	152	27	18	33
450 ～ 500	349	27	19	8	268	105	145	19	25	29
500 ～ 550	348	29	21	7	268	83	167	18	20	32
550 ～ 600	296	19	13	6	230	64	148	18	25	22
600 ～ 650	251	17	12	5	192	52	126	14	24	18
650 ～ 700	213	11	10	1	161	43	111	8	25	16
700 ～ 750	196	9	7	2	139	36	98	5	28	21
750 ～ 800	142	5	4	1	106	30	73	2	22	9
800 ～ 850	113	4	4	0	86	22	56	8	16	7
850 ～ 900	108	6	3	2	78	18	57	3	16	9
900 ～ 950	96	5	4	1	69	14	47	7	16	6
950 ～ 1000	66	1	1	–	45	10	34	2	15	6
1000 ～ 1100	118	1	1	0	87	25	60	1	19	11
1100 ～ 1200	70	1	1	–	46	9	36	1	16	7
1200 ～ 1500	113	4	3	1	77	23	52	3	22	10
1500 ～ 2000	50	1	1	1	30	10	20	–	11	8
2000万円以上	28	2	1	0	15	6	8	0	5	6
不　詳	2 649	404	209	195	1 777	553	1 051	173	270	198

注：熊本県を除いたものである。

561

第67表　世帯数，世帯類型－児童のいる世帯－65歳以上の者のいる世帯・可処分所得金額階級別

（世帯数1万対）　　平成28年調査

可処分所得金額階級	総　数	高齢者世帯	母子世帯	その他の世帯	（再掲）児童のいる世帯	（再掲）65歳以上の者のいる世帯
総　　　　　　数	10 000	2 807	129	7 065	2 325	5 261
50万円未満	137	71	－	66	5	80
50 ～ 100	534	306	12	215	37	362
100 ～ 150	669	344	14	311	53	435
150 ～ 200	681	338	22	321	64	455
200 ～ 250	688	320	19	348	76	450
250 ～ 300	648	294	19	335	77	428
300 ～ 350	590	222	3	365	87	362
350 ～ 400	451	111	3	337	101	218
400 ～ 450	395	74	2	319	112	185
450 ～ 500	349	59	2	289	113	155
500 ～ 550	348	44	0	304	112	139
550 ～ 600	296	24	1	271	106	114
600 ～ 650	251	13	0	237	102	82
650 ～ 700	213	15	－	198	85	79
700 ～ 750	196	12	－	184	75	82
750 ～ 800	142	7	－	136	52	54
800 ～ 850	113	5	－	108	32	51
850 ～ 900	108	9	－	99	39	44
900 ～ 950	96	2	1	92	28	37
950 ～ 1000	66	1	－	65	25	26
1000 ～ 1100	118	8	－	110	37	49
1100 ～ 1200	70	6	－	64	26	32
1200 ～ 1500	113	13	－	100	34	53
1500 ～ 2000	50	5	－	45	12	29
2000万円以上	28	6	－	22	6	20
不　　　　　詳	2 649	499	28	2 122	828	1 240

注：1）熊本県を除いたものである。
　　2）「その他の世帯」には、「父子世帯」を含む。

第68表　世帯数，世帯主の年齢（10歳階級）・可処分所得金額階級別

（世帯数1万対）　　平成28年調査

可処分所得金額階級	総　数	29歳以下	30～39歳	40～49	50～59	60～69	70～79	80歳以上	（再掲）65歳以上	（再掲）75歳以上
総　　　　　　数	10 000	301	935	1 557	1 655	2 404	1 945	1 204	4 538	2 111
50万円未満	137	16	6	5	15	35	25	34	78	49
50 ～ 100	534	27	15	41	53	117	152	128	352	204
100 ～ 150	669	25	28	60	73	182	175	126	411	214
150 ～ 200	681	22	42	60	59	175	201	122	432	206
200 ～ 250	688	32	42	60	73	167	188	126	422	224
250 ～ 300	648	24	34	70	60	157	195	107	401	193
300 ～ 350	590	22	49	65	60	156	156	82	329	156
350 ～ 400	451	18	60	59	69	119	93	34	191	75
400 ～ 450	395	11	60	69	56	107	56	36	154	64
450 ～ 500	349	7	47	74	59	91	48	24	127	46
500 ～ 550	348	5	49	76	69	81	51	17	113	41
550 ～ 600	296	2	44	69	62	73	31	14	87	26
600 ～ 650	251	4	35	65	63	52	21	11	59	20
650 ～ 700	213	2	24	55	55	45	23	10	57	19
700 ～ 750	196	1	17	49	54	45	22	8	55	18
750 ～ 800	142	0	9	31	45	35	14	7	39	11
800 ～ 850	113	0	10	26	28	28	12	9	34	16
850 ～ 900	108	1	9	22	34	21	14	6	31	11
900 ～ 950	96	0	4	26	30	24	7	4	21	8
950 ～ 1000	66	0	2	15	24	17	5	3	14	6
1000 ～ 1100	118	－	5	24	43	29	13	4	34	10
1100 ～ 1200	70	－	4	14	25	16	8	3	19	7
1200 ～ 1500	113	1	2	17	40	30	16	8	36	13
1500 ～ 2000	50	－	1	6	17	16	5	5	19	7
2000万円以上	28	－	－	2	8	7	6	5	17	9
不　　　　　詳	2 649	81	335	497	481	579	406	272	1 004	457

注：1）熊本県を除いたものである。
　　2）年齢階級の「総数」には、年齢不詳を含む。

562

第69表 世帯数, 地域ブロック・可処分所得金額階級別

（世帯数1万対）　　　　　　　　　　　　　　　　　　　　　　　　　　　　　　　　　平成28年調査

可処分所得金額階級	総　数	北 海 道	東　　北	関 東 Ⅰ	関 東 Ⅱ	北　　陸	東　　海
総　　　　　数	10 000	472	800	2 596	857	442	1 249
50万円未満	137	11	14	27	13	4	13
50 ～ 100	534	28	43	103	42	17	60
100 ～ 150	669	49	51	154	48	21	64
150 ～ 200	681	44	56	166	48	23	85
200 ～ 250	688	39	51	173	55	27	84
250 ～ 300	648	37	49	163	49	20	72
300 ～ 350	590	37	51	154	51	29	65
350 ～ 400	451	23	33	121	41	18	61
400 ～ 450	395	22	33	96	33	22	50
450 ～ 500	349	18	28	81	34	15	48
500 ～ 550	348	19	26	97	31	21	39
550 ～ 600	296	11	26	77	28	17	42
600 ～ 650	251	10	18	67	25	12	38
650 ～ 700	213	12	14	60	17	10	27
700 ～ 750	196	6	15	50	20	10	31
750 ～ 800	142	4	11	39	14	9	25
800 ～ 850	113	2	8	37	9	7	21
850 ～ 900	108	3	11	27	10	6	16
900 ～ 950	96	3	8	34	10	5	13
950 ～ 1000	66	2	3	17	8	4	12
1000 ～ 1100	118	2	9	41	10	7	20
1100 ～ 1200	70	1	6	18	8	4	14
1200 ～ 1500	113	1	7	44	8	6	14
1500 ～ 2000	50	1	3	16	5	4	8
2000万円以上	28	1	1	8	2	1	6
不　　　　詳	2 649	86	225	727	235	126	320

可処分所得金額階級	近 畿 Ⅰ	近 畿 Ⅱ	中　　国	四　　国	北 九 州	南 九 州
総　　　　　数	1 269	278	641	320	708	…
50万円未満	16	4	7	7	11	…
50 ～ 100	73	16	37	23	52	…
100 ～ 150	109	15	43	20	61	…
150 ～ 200	94	17	37	26	48	…
200 ～ 250	84	20	46	24	57	…
250 ～ 300	96	20	40	25	52	…
300 ～ 350	74	15	40	18	39	…
350 ～ 400	52	11	31	12	29	…
400 ～ 450	48	11	26	13	30	…
450 ～ 500	39	11	19	13	29	…
500 ～ 550	41	9	19	9	26	…
550 ～ 600	30	7	24	8	19	…
600 ～ 650	30	9	12	9	16	…
650 ～ 700	33	6	11	5	16	…
700 ～ 750	24	7	12	5	12	…
750 ～ 800	16	2	10	3	5	…
800 ～ 850	11	2	7	2	5	…
850 ～ 900	13	4	5	4	7	…
900 ～ 950	8	1	4	1	7	…
950 ～ 1000	8	2	4	2	4	…
1000 ～ 1100	8	3	6	3	6	…
1100 ～ 1200	7	2	4	2	3	…
1200 ～ 1500	12	3	8	1	6	…
1500 ～ 2000	4	1	3	1	4	…
2000万円以上	1	1	0	2	3	…
不　　　　詳	339	78	185	86	160	…

注：1）「総数」は，熊本県を除いたものである。
　　2）「南九州」は，熊本県を除いているため表章しない。

563

第70表　世　帯　数，世帯種・可処分所得金額階級別

（世帯数1万対）　　　平成28年調査

可処分所得金額階級	総　数	国　保加入世帯	被用者保険加入世帯	国　保・被用者保険加入世帯	後期高齢者医療制度加入世帯	国　保・後期高齢者医療制度加入世帯	被用者保険・後期高齢者医療制度加入世帯	国　保・被用者保険・後期高齢者医療制度加入世帯	その他の世　帯
総　　　　　　　　数	10 000	1 812	3 997	904	1 262	699	696	252	174
50万円未満	137	46	21	3	46	4	1	0	8
50 ～ 100	534	154	79	14	175	25	11	2	43
100 ～ 150	669	203	119	31	175	38	18	6	57
150 ～ 200	681	220	137	38	168	56	15	6	21
200 ～ 250	688	176	178	41	149	83	27	10	12
250 ～ 300	648	182	177	43	115	81	29	7	4
300 ～ 350	590	133	196	50	75	81	32	12	5
350 ～ 400	451	94	208	39	34	40	21	9	1
400 ～ 450	395	53	197	43	25	34	30	6	2
450 ～ 500	349	41	190	37	16	26	25	9	2
500 ～ 550	348	33	205	38	12	21	24	11	－
550 ～ 600	296	22	180	35	5	10	29	9	1
600 ～ 650	251	14	154	33	3	8	23	10	1
650 ～ 700	213	11	132	26	5	4	23	8	1
700 ～ 750	196	10	116	23	3	8	23	13	－
750 ～ 800	142	7	88	21	0	3	15	8	－
800 ～ 850	113	6	61	14	2	3	18	8	－
850 ～ 900	108	5	65	13	3	4	13	4	0
900 ～ 950	96	4	58	8	－	3	15	4	－
950 ～ 1000	66	3	41	6	－	1	12	4	－
1000 ～ 1100	118	7	66	15	1	2	20	6	－
1100 ～ 1200	70	2	37	11	－	4	11	5	－
1200 ～ 1500	113	9	57	14	3	3	25	2	－
1500 ～ 2000	50	5	23	3	1	3	13	2	－
2000万円以上	28	5	7	2	3	4	5	2	－
不　　　　　　　詳	2 649	367	1 204	304	242	152	218	87	16

注：1）熊本県を除いたものである。
　　2）世帯種の「総数」には、世帯種不詳を含む。

第71表　世帯数，世帯主の年齢（10歳階級）・世帯人員1人当たり可処分所得金額階級別

（世帯数1万対）　　　平成28年調査

世帯人員1人当たり可処分所得金額階級	総　数	29歳以下	30～39歳	40～49	50～59	60～69	70～79	80歳以上	（再掲）65歳以上	（再掲）75歳以上
総　　　　　　　　数	10 000	301	935	1 557	1 655	2 404	1 945	1 204	4 538	2 111
50万円未満	479	23	43	66	73	113	85	75	220	124
50 ～ 100	1 371	44	115	187	155	314	328	229	739	379
100 ～ 150	1 812	46	164	249	198	449	459	247	971	468
150 ～ 200	1 447	29	113	214	192	374	352	174	755	336
200 ～ 250	856	30	65	116	165	222	154	103	390	174
250 ～ 300	499	20	29	77	115	142	64	53	199	82
300 ～ 350	309	17	28	47	83	81	33	21	95	34
350 ～ 400	174	6	20	27	52	43	19	6	46	16
400 ～ 450	102	4	10	15	34	17	13	7	29	12
450 ～ 500	76	1	4	16	25	20	7	4	20	7
500 ～ 600	100	－	6	22	41	18	10	2	23	6
600 ～ 700	49	－	1	15	14	11	5	3	13	6
700 ～ 800	30	0	0	2	13	7	4	3	12	3
800 ～ 900	13	－	1	2	5	2	3	1	5	3
900 ～ 1000	13	－	0	4	4	5	－	－	3	－
1000万円以上	20	－	0	1	5	7	3	4	12	5
不　　　　　　　詳	2 649	81	335	497	481	579	406	272	1 004	457

注：1）熊本県を除いたものである。
　　2）年齢階級の「総数」には、年齢不詳を含む。

564

第72表　世帯数，世帯類型－児童のいる世帯－65歳以上の者のいる世帯・可処分所得の総所得に占める割合別

（世帯数1万対）　　　　　　　　　　　　　　　　　　　　　　　　　　　平成28年調査

可処分所得の総所得に占める割合	総　数	高齢者世帯	母子世帯	その他の世帯	（再掲）児童のいる世帯	（再掲）65歳以上の者のいる世帯
総　　　数	10 000	2 807	129	7 065	2 325	5 261
70%未満	403	78	4	321	110	163
70～80	1 901	162	12	1 726	594	512
80～90	2 720	770	34	1 916	580	1 632
90～100	1 813	1 096	27	690	154	1 467
100%	513	202	22	290	58	248
不　詳	2 649	499	28	2 122	828	1 240

注：1）熊本県を除いたものである。
　　2）「その他の世帯」には、「父子世帯」を含む。

第73表　世帯数，世帯人員・可処分所得の総所得に占める割合別

（世帯数1万対）　　　　　　　　　　　　　　　　　　　　　　　　　　　平成28年調査

可処分所得の総所得に占める割合	総　数	1　人	2　人	3　人	4　人	5　人	6人以上
総　　　数	10 000	2 253	3 329	2 124	1 462	548	284
70%未満	403	80	134	93	63	23	10
70～80	1 901	334	543	471	392	114	47
80～90	2 720	444	1 041	619	381	148	88
90～100	1 813	674	756	244	90	31	19
100%	513	317	117	57	15	6	1
不　詳	2 649	404	738	641	520	225	120

注：熊本県を除いたものである。

第74表　1世帯当たり平均可処分所得金額，世帯人員・所得五分位階級別

（単位：万円）　　　　　　　　　　　　　　　　　　　　　　　　　　　平成28年調査

所得五分位階級	総　数	1　人	2　人	3　人	4　人	5　人	6人以上
総　　　数	416.4	206.9	374.5	530.6	615.3	645.3	819.9
第　　Ⅰ	114.0	108.6	123.3	124.2	111.6	123.4	119.5
第　　Ⅱ	237.0	223.7	244.4	240.1	233.9	223.5	242.7
第　　Ⅲ	358.0	337.0	357.9	365.4	364.4	361.5	383.0
第　　Ⅳ	528.6	498.6	523.0	536.4	526.7	546.7	563.8
第　　Ⅴ	952.6	878.1	932.3	948.0	955.4	945.4	1 085.3

注：1）熊本県を除いたものである。
　　2）「平均可処分所得金額」には、金額不詳の世帯は含まない。

565

（5－1）
第75表　世帯数，家計支出額階級・世帯主の年齢（10歳階級）・所得金額階級別

（世帯数1万対）　　　　　　　　　　　　　　　　　　　　　　　　　　　　　　　　　　平成28年調査

世帯主の年齢階級 所得金額階級	総数	5万円未満	5～10	10～15	15～20	20～25	25～30	30～35	35～40	40万円以上	不詳
総数	10 000	111	776	1 462	1 565	1 827	1 284	1 233	446	988	307
50万円未満	97	15	31	24	9	7	5	1	–	3	2
50 ～ 100	523	33	175	117	63	51	23	12	6	10	35
100 ～ 150	647	21	157	220	83	60	30	23	5	17	30
150 ～ 200	694	10	111	218	148	93	43	22	9	16	24
200 ～ 250	729	7	79	159	172	140	62	39	13	28	31
250 ～ 300	644	7	51	123	156	139	72	43	12	23	19
300 ～ 350	697	3	36	110	146	176	92	62	17	33	21
350 ～ 400	623	4	27	82	113	147	106	69	21	36	19
400 ～ 450	565	3	20	64	96	145	98	72	24	30	12
450 ～ 500	477	2	16	58	91	100	85	60	22	31	12
500 ～ 550	482	3	12	53	75	116	70	85	22	34	12
550 ～ 600	399	–	9	39	60	92	62	68	25	39	7
600 ～ 650	404	1	12	38	57	76	78	71	23	37	10
650 ～ 700	361	–	9	30	44	81	56	69	24	38	11
700 ～ 750	357	–	5	24	58	61	63	63	27	47	10
750 ～ 800	273	1	4	16	30	59	53	52	20	34	6
800 ～ 850	270	0	4	15	29	47	52	49	23	43	7
850 ～ 900	222	–	1	12	23	39	34	51	19	39	4
900 ～ 950	211	0	3	12	22	33	35	40	19	40	6
950 ～ 1000	159	–	1	7	13	24	25	32	18	35	4
1000 ～ 1100	275	1	5	14	26	38	38	58	25	65	5
1100 ～ 1200	200	–	2	6	16	31	27	42	18	55	3
1200 ～ 1500	364	–	3	13	21	43	43	88	33	110	10
1500 ～ 2000	197	1	2	4	11	18	21	36	16	86	3
2000万円以上	128	–	1	3	3	12	12	26	6	59	4
29 歳 以 下	301	8	54	79	60	47	21	15	3	6	7
50万円未満	17	3	5	5	0	3	1	–	–	–	–
50 ～ 100	26	1	12	7	3	2	–	0	0	–	1
100 ～ 150	24	2	10	8	2	2	1	–	–	–	–
150 ～ 200	17	2	5	6	3	2	–	–	–	–	–
200 ～ 250	30	0	8	10	5	4	0	–	–	–	2
250 ～ 300	25	–	4	8	6	4	1	0	–	1	0
300 ～ 350	33	–	4	9	8	7	2	1	–	–	1
350 ～ 400	26	1	3	6	7	3	4	2	–	–	1
400 ～ 450	23	0	1	7	8	3	3	1	–	1	–
450 ～ 500	19	–	–	5	6	4	1	1	0	0	0
500 ～ 550	14	–	–	2	3	4	1	4	–	–	0
550 ～ 600	7	–	0	1	3	1	1	1	–	–	–
600 ～ 650	13	–	–	2	1	2	3	1	2	1	1
650 ～ 700	4	–	1	0	1	1	1	1	–	–	–
700 ～ 750	7	–	1	0	2	2	0	–	–	1	–
750 ～ 800	3	0	–	1	1	1	0	–	–	–	–
800 ～ 850	3	–	–	1	–	1	1	0	–	–	–
850 ～ 900	3	–	–	1	–	1	0	1	–	–	–
900 ～ 950	1	–	0	–	1	–	–	–	–	–	–
950 ～ 1000	0	–	–	–	0	–	–	–	–	–	–
1000 ～ 1100	3	–	–	1	0	1	0	1	–	–	–
1100 ～ 1200	1	–	–	0	–	–	–	–	–	1	–
1200 ～ 1500	2	–	–	–	–	0	–	1	–	–	–
1500 ～ 2000	1	–	–	–	–	–	–	–	–	1	–
2000万円以上	–	–	–	–	–	–	–	–	–	–	–

注：1）熊本県を除いたものである。
　　2）年齢階級の「総数」には、年齢不詳を含む。

（5－2）

第75表　世帯数，家計支出額階級・世帯主の年齢（10歳階級）・所得金額階級別

（世帯数1万対）　　　　　　　　　　　　　　　　　　　　　　　　　　　　　　　　　　平成28年調査

世帯主の年齢階級 所 得 金 額 階 級	総　数	5万円 未　満	5～10	10～15	15～20	20～25	25～30	30～35	35～40	40万円 以　上	不　詳
30　～　39　歳	935	6	35	123	182	221	129	116	37	61	25
50万円未満	4	1	0	1	－	1	－	－	－	－	0
50 ～ 100	13	1	4	3	2	1	1	1	－	1	－
100 ～ 150	29	1	4	7	6	4	3	3	0	1	0
150 ～ 200	30	0	2	10	7	5	3	1	－	1	1
200 ～ 250	45	－	4	13	11	8	1	4	1	1	2
250 ～ 300	32	1	2	5	8	11	1	3	－	－	1
300 ～ 350	45	－	0	8	10	17	3	4	1	1	2
350 ～ 400	54	1	4	8	16	13	5	4	1	1	2
400 ～ 450	75	1	1	9	15	25	14	7	1	2	2
450 ～ 500	81	1	3	7	19	18	15	7	5	4	2
500 ～ 550	86	－	1	11	20	21	14	9	3	5	1
550 ～ 600	62	－	2	11	12	14	8	10	2	2	1
600 ～ 650	72	－	2	7	11	16	13	15	3	2	2
650 ～ 700	63	－	2	6	11	15	10	8	4	5	1
700 ～ 750	54	－	1	5	10	12	10	7	2	5	1
750 ～ 800	35	－	0	3	5	9	7	6	2	2	0
800 ～ 850	40	－	0	2	6	11	5	6	4	4	1
850 ～ 900	24	－	－	2	4	6	4	5	－	3	1
900 ～ 950	22	－	－	1	4	3	1	5	3	4	0
950 ～ 1000	11	－	－	0	－	3	2	1	1	3	1
1000 ～ 1100	19	－	1	1	2	2	3	3	1	4	2
1100 ～ 1200	16	－	－	2	2	3	2	3	1	4	－
1200 ～ 1500	15	－	－	－	1	2	4	3	1	4	－
1500 ～ 2000	7	－	－	0	1	－	2	1	－	2	1
2000万円以上	2	－	－	－	0	－	－	0	－	1	1
40　～　49　歳	1 557	3	56	173	214	318	220	249	93	182	48
50万円未満	2	0	0	－	1	－	0	0	－	－	－
50 ～ 100	34	0	9	5	3	5	3	2	1	2	4
100 ～ 150	55	－	4	19	9	8	4	3	2	3	3
150 ～ 200	57	1	7	20	13	10	2	1	1	1	1
200 ～ 250	61	0	7	12	12	15	4	4	1	3	3
250 ～ 300	57	－	4	14	14	12	4	4	1	1	4
300 ～ 350	72	0	5	12	15	18	5	8	3	2	4
350 ～ 400	69	－	2	13	14	12	7	8	3	7	2
400 ～ 450	79	0	3	7	10	20	15	15	3	3	4
450 ～ 500	76	－	2	12	15	15	14	9	3	5	2
500 ～ 550	95	－	2	7	12	30	15	18	3	6	2
550 ～ 600	82	－	1	9	10	23	11	16	4	7	2
600 ～ 650	93	－	2	7	13	22	19	17	5	6	2
650 ～ 700	93	－	1	8	9	21	16	20	7	10	3
700 ～ 750	92	－	1	3	14	21	20	13	7	12	1
750 ～ 800	71	－	2	4	9	14	13	13	5	9	2
800 ～ 850	64	－	1	4	5	8	18	12	6	7	3
850 ～ 900	58	－	－	3	7	9	7	14	4	11	2
900 ～ 950	59	0	1	2	7	15	9	12	3	9	0
950 ～ 1000	36	－	0	2	4	4	5	7	5	9	－
1000 ～ 1100	66	1	1	5	5	11	10	13	6	13	1
1100 ～ 1200	45	－	1	0	5	7	5	9	5	13	1
1200 ～ 1500	91	－	1	5	6	11	12	22	10	22	2
1500 ～ 2000	32	－	－	－	1	4	3	6	5	15	－
2000万円以上	16	－	0	1	1	2	1	3	1	6	0

注：1）熊本県を除いたものである。
　　2）年齢階級の「総数」には、年齢不詳を含む。

（5－3）

第75表　世帯数，家計支出額階級・世帯主の年齢（10歳階級）・所得金額階級別

（世帯数1万対）　　　　　　　　　　　　　　　　　　　　　　　　　　　　　　　　平成28年調査

世帯主の年齢階級 所得金額階級	総数	5万円未満	5～10	10～15	15～20	20～25	25～30	30～35	35～40	40万円以上	不詳
50 ～ 59 歳	1 655	9	80	172	200	282	228	276	105	259	44
50万円未満	10	1	2	3	1	1	2	–	–	1	–
50 ～ 100	48	2	9	13	6	6	6	1	1	1	2
100 ～ 150	65	1	14	19	9	5	6	3	1	4	4
150 ～ 200	63	0	11	16	13	8	6	3	1	4	1
200 ～ 250	64	–	6	15	11	16	8	4	0	4	2
250 ～ 300	59	1	8	11	14	10	5	5	2	2	2
300 ～ 350	73	1	8	15	15	17	9	2	4	2	1
350 ～ 400	81	0	3	10	13	19	18	4	2	9	2
400 ～ 450	73	1	4	6	12	20	13	8	3	5	1
450 ～ 500	67	–	2	6	14	13	11	10	3	5	2
500 ～ 550	75	1	3	11	12	13	8	15	4	5	3
550 ～ 600	67	–	2	7	5	16	10	13	5	7	2
600 ～ 650	69	1	2	8	9	15	11	12	4	7	1
650 ～ 700	64	–	1	5	7	13	6	15	6	7	3
700 ～ 750	88	–	1	5	14	13	11	19	8	12	5
750 ～ 800	69	–	1	2	7	15	14	18	4	7	2
800 ～ 850	68	–	1	2	5	10	14	15	6	16	0
850 ～ 900	55	–	0	4	6	10	11	11	3	9	–
900 ～ 950	52	–	1	4	5	5	10	12	4	10	2
950 ～ 1000	49	–	1	1	2	8	9	11	7	8	2
1000 ～ 1100	89	–	1	4	8	14	10	23	10	19	1
1100 ～ 1200	63	–	–	2	4	10	8	16	7	15	1
1200 ～ 1500	127	–	1	2	6	16	12	32	12	42	4
1500 ～ 2000	75	–	1	1	3	6	7	14	5	38	1
2000万円以上	43	–	–	1	0	3	5	9	3	20	2
60 ～ 69 歳	2 404	24	156	340	381	416	317	322	114	268	67
50万円未満	22	1	5	8	4	0	2	1	–	2	1
50 ～ 100	114	8	33	26	19	13	4	2	1	2	6
100 ～ 150	164	5	31	58	22	19	8	7	1	4	9
150 ～ 200	189	2	23	53	43	26	16	10	4	6	6
200 ～ 250	181	2	13	29	47	38	20	12	4	10	6
250 ～ 300	157	1	11	31	36	28	19	14	4	8	5
300 ～ 350	172	1	9	33	32	33	24	19	6	11	4
350 ～ 400	164	1	6	21	26	33	27	25	8	11	6
400 ～ 450	152	1	3	15	26	39	20	23	9	14	1
450 ～ 500	129	1	4	15	21	26	25	19	5	10	4
500 ～ 550	118	1	4	10	14	29	19	25	5	10	1
550 ～ 600	99	–	2	7	14	19	15	16	9	14	2
600 ～ 650	94	0	2	8	14	12	19	16	5	15	3
650 ～ 700	79	–	2	5	9	18	14	16	5	9	1
700 ～ 750	71	–	1	6	8	8	17	16	5	9	1
750 ～ 800	57	–	1	3	6	13	8	7	4	12	2
800 ～ 850	57	–	1	3	8	11	6	10	6	11	1
850 ～ 900	48	–	0	0	5	6	9	13	7	8	0
900 ～ 950	45	–	1	2	4	6	9	7	5	11	1
950 ～ 1000	36	–	0	1	3	5	6	8	3	8	1
1000 ～ 1100	53	–	2	1	6	5	8	12	5	13	1
1100 ～ 1200	44	–	1	1	3	7	9	10	1	12	–
1200 ～ 1500	77	–	1	3	4	10	8	19	6	24	–
1500 ～ 2000	49	–	1	1	4	7	3	9	4	20	0
2000万円以上	32	–	–	1	1	4	3	7	1	14	1

注：1）熊本県を除いたものである。
　　2）年齢階級の「総数」には、年齢不詳を含む。

（5－4）

第75表　世帯数，家計支出額階級・世帯主の年齢（10歳階級）・所得金額階級別

（世帯数1万対）　　　　　　　　　　　　　　　　　　　　　　　　　　　　　　　　　　　　　平成28年調査

世帯主の年齢階級 / 所得金額階級	総数	5万円未満	5～10	10～15	15～20	20～25	25～30	30～35	35～40	40万円以上	不詳
70 ～ 79 歳	1 945	31	205	324	339	336	257	176	61	136	80
50万円未満	17	2	8	4	2	1	–	0	–	0	–
50 ～ 100	154	11	54	36	16	10	7	4	1	2	12
100 ～ 150	176	8	51	60	23	12	5	4	0	3	10
150 ～ 200	195	2	37	59	41	26	11	6	2	2	9
200 ～ 250	210	2	18	44	55	41	19	10	4	8	11
250 ～ 300	199	4	11	34	55	47	26	11	4	4	5
300 ～ 350	193	1	5	17	46	50	34	23	2	10	6
350 ～ 400	145	0	4	13	23	42	31	17	5	6	3
400 ～ 450	114	1	5	14	18	27	25	13	6	4	2
450 ～ 500	69	–	2	7	11	17	11	10	4	6	1
500 ～ 550	64	0	1	8	8	13	9	9	4	7	4
550 ～ 600	55	–	1	3	9	13	12	8	2	6	1
600 ～ 650	44	–	2	4	7	6	10	6	3	5	1
650 ～ 700	40	–	1	5	5	7	7	7	1	5	2
700 ～ 750	30	–	1	4	7	2	2	6	3	3	1
750 ～ 800	28	–	1	2	1	5	8	5	4	2	1
800 ～ 850	26	–	1	1	3	3	7	4	1	4	2
850 ～ 900	26	–	–	1	1	5	4	5	4	6	1
900 ～ 950	20	–	1	2	2	2	5	2	2	3	2
950 ～ 1000	15	–	–	1	1	2	3	3	1	3	1
1000 ～ 1100	31	–	–	2	1	3	4	6	2	11	1
1100 ～ 1200	18	–	–	–	1	1	4	4	2	5	1
1200 ～ 1500	28	–	0	1	1	1	6	7	1	9	1
1500 ～ 2000	25	–	1	1	1	1	5	4	3	8	0
2000万円以上	22	–	–	–	1	3	3	3	1	11	–
80 歳 以 上	1 204	30	189	250	189	208	112	79	34	77	35
50万円未満	25	6	11	4	2	1	–	–	–	–	1
50 ～ 100	135	11	54	27	15	14	1	2	1	–	9
100 ～ 150	133	5	43	50	11	10	4	2	1	2	4
150 ～ 200	144	3	26	53	29	18	6	1	1	3	4
200 ～ 250	139	2	22	37	32	18	12	5	2	3	6
250 ～ 300	114	1	12	20	22	27	15	6	2	6	2
300 ～ 350	108	1	5	17	20	33	15	7	1	7	3
350 ～ 400	83	–	4	10	14	25	13	9	2	2	2
400 ～ 450	48	–	4	6	8	12	9	4	2	2	1
450 ～ 500	36	1	2	7	5	7	8	4	1	2	–
500 ～ 550	31	0	1	4	5	7	4	6	2	1	1
550 ～ 600	27	–	0	1	5	6	4	4	3	3	0
600 ～ 650	19	–	2	2	3	4	3	4	1	1	0
650 ～ 700	19	–	1	1	2	5	3	2	2	3	0
700 ～ 750	16	–	–	1	2	3	2	2	1	4	–
750 ～ 800	11	0	–	1	1	2	3	2	0	2	–
800 ～ 850	13	0	1	1	2	3	2	1	1	2	–
850 ～ 900	7	–	0	1	–	1	–	2	1	1	–
900 ～ 950	12	–	–	1	1	2	1	1	2	4	1
950 ～ 1000	13	–	–	1	2	1	2	3	1	3	–
1000 ～ 1100	15	–	0	0	3	3	2	1	2	4	–
1100 ～ 1200	12	–	0	–	1	3	–	1	2	5	–
1200 ～ 1500	23	–	–	2	2	2	2	4	3	8	0
1500 ～ 2000	9	1	–	0	1	1	2	2	1	2	0
2000万円以上	13	–	0	1	–	1	1	3	0	7	–

注：1）熊本県を除いたものである。
　　2）年齢階級の「総数」には、年齢不詳を含む。

（5－5）

第75表　世帯数，家計支出額階級・世帯主の年齢（10歳階級）・所得金額階級別

（世帯数1万対）　　　　　　　　　　　　　　　　　　　　　　　　　　　　　　　　　平成28年調査

世帯主の年齢階級 所得金額階級	総　数	5万円 未　満	5〜10	10〜15	15〜20	20〜25	25〜30	30〜35	35〜40	40万円 以　上	不　詳
（再　掲）65　歳　以　上	4 538	76	489	780	751	794	542	439	160	354	154
50万円未満	53	9	21	12	6	1	0	1	－	1	2
50 〜 100	361	27	128	79	44	32	11	8	3	4	26
100 〜 150	411	17	116	147	47	31	14	11	1	8	19
150 〜 200	458	6	75	149	96	60	25	15	5	8	17
200 〜 250	462	5	47	102	116	82	43	23	7	17	20
250 〜 300	412	5	29	72	99	91	55	26	7	16	10
300 〜 350	406	2	16	54	85	104	61	43	7	24	11
350 〜 400	328	1	12	35	51	87	64	43	14	13	10
400 〜 450	248	1	12	28	40	60	44	32	14	13	4
450 〜 500	178	1	7	22	29	38	32	25	10	12	2
500 〜 550	151	1	5	17	19	36	22	24	9	12	6
550 〜 600	143	－	3	7	26	32	26	21	10	16	2
600 〜 650	120	－	4	11	18	18	22	18	7	17	4
650 〜 700	98	－	4	9	13	22	16	17	4	12	2
700 〜 750	87	－	1	8	15	9	16	18	7	11	2
750 〜 800	67	0	1	4	6	14	15	9	5	12	1
800 〜 850	71	0	1	4	8	15	12	10	5	12	3
850 〜 900	61	－	0	2	4	10	8	14	9	12	1
900 〜 950	53	－	1	4	5	7	9	8	6	11	3
950 〜 1000	47	－	－	2	6	6	6	9	4	12	2
1000 〜 1100	68	－	2	3	6	8	7	12	6	22	2
1100 〜 1200	52	－	1	1	3	9	8	9	4	16	1
1200 〜 1500	93	－	1	5	5	10	12	23	8	28	3
1500 〜 2000	55	1	1	2	4	5	7	10	5	20	1
2000万円以上	54	－	0	1	1	6	6	10	2	25	1
（再　掲）75　歳　以　上	2 111	48	295	406	360	350	224	155	61	144	70
50万円未満	34	8	14	6	4	1	－	－	－	0	1
50 〜 100	216	17	83	45	25	19	6	4	2	2	14
100 〜 150	226	10	71	80	26	17	5	3	1	3	10
150 〜 200	235	4	43	82	49	29	9	5	1	4	9
200 〜 250	244	3	32	57	62	36	21	10	5	7	10
250 〜 300	204	4	19	36	48	46	26	11	4	7	3
300 〜 350	199	1	8	26	43	51	34	16	2	13	5
350 〜 400	149	－	5	16	24	43	26	19	5	6	4
400 〜 450	98	－	7	13	18	23	20	8	4	4	1
450 〜 500	67	1	3	11	10	13	13	8	4	5	0
500 〜 550	58	0	1	8	9	13	8	9	4	4	3
550 〜 600	53	－	1	2	10	10	9	8	4	7	1
600 〜 650	39	－	2	3	5	7	8	7	3	3	0
650 〜 700	31	－	1	3	4	7	4	5	2	5	1
700 〜 750	27	－	0	3	5	4	3	4	2	5	1
750 〜 800	20	0	0	2	1	2	5	3	3	3	0
800 〜 850	25	0	1	2	4	5	5	3	1	4	1
850 〜 900	17	－	0	1	0	3	2	4	1	4	0
900 〜 950	21	－	－	2	2	3	2	2	3	5	2
950 〜 1000	20	－	－	2	2	2	3	5	1	4	1
1000 〜 1100	30	－	0	2	4	5	3	3	2	10	1
1100 〜 1200	21	－	0	－	2	3	2	3	2	9	1
1200 〜 1500	37	－	0	2	2	3	5	6	4	12	1
1500 〜 2000	19	1	1	1	2	1	3	3	1	6	0
2000万円以上	22	－	0	1	－	2	1	4	2	11	－

注：1）熊本県を除いたものである。
　　2）年齢階級の「総数」には、年齢不詳を含む。

570

（5－1）

第76表　世帯数，家計支出額階級・世帯主の年齢（10歳階級）・可処分所得金額階級別

（世帯数1万対）　　　　　　　　　　　　　　　　　　　　　　　　　　　　　　　　　　平成28年調査

世帯主の年齢階級 可処分所得金額階級	総　数	5万円 未　満	5～10	10～15	15～20	20～25	25～30	30～35	35～40	40万円 以　上	不　詳
総　　　　　数	10 000	111	776	1 462	1 565	1 827	1 284	1 233	446	988	307
50万円未満	137	18	39	33	19	11	7	3	1	4	3
50 ～ 100	534	29	170	132	63	54	26	13	5	8	34
100 ～ 150	669	18	153	213	98	71	39	22	8	20	27
150 ～ 200	681	9	89	193	143	109	51	27	8	25	26
200 ～ 250	688	6	65	136	170	146	70	39	14	25	19
250 ～ 300	648	4	33	104	151	146	94	57	15	28	17
300 ～ 350	590	3	18	72	111	156	96	67	16	39	13
350 ～ 400	451	2	14	49	78	107	81	57	19	31	12
400 ～ 450	395	3	9	43	71	96	63	58	18	27	8
450 ～ 500	349	1	7	33	53	80	61	57	21	29	6
500 ～ 550	348	0	9	24	51	73	62	70	21	32	7
550 ～ 600	296	－	8	21	39	56	49	57	21	39	5
600 ～ 650	251	－	3	13	26	43	48	47	26	39	5
650 ～ 700	213	－	3	11	24	39	31	51	13	36	5
700 ～ 750	196	0	2	8	20	35	28	41	18	41	3
750 ～ 800	142	0	1	7	10	17	19	32	17	33	5
800 ～ 850	113	－	1	4	14	15	17	22	13	25	3
850 ～ 900	108	－	0	6	7	17	18	24	8	28	0
900 ～ 950	96	－	1	5	8	10	13	20	10	28	1
950 ～ 1000	66	－	1	1	6	8	7	17	8	16	2
1000 ～ 1100	118	－	2	4	7	14	15	28	10	38	1
1100 ～ 1200	70	－	1	1	3	8	8	16	6	26	1
1200 ～ 1500	113	1	1	3	8	8	13	22	9	49	1
1500 ～ 2000	50	－	－	0	1	5	3	11	5	24	1
2000万円以上	28	－	0	1	1	4	3	4	0	15	0
不　　　　　詳	2 649	18	147	345	383	499	363	372	138	281	103
29　歳　以　下	301	8	54	79	60	47	21	15	3	6	7
50万円未満	16	3	5	5	0	3	1	－	－	－	－
50 ～ 100	27	1	13	7	3	2	－	0	0	－	0
100 ～ 150	25	2	10	9	2	2	1	－	－	－	－
150 ～ 200	22	2	7	9	2	1	－	－	－	－	1
200 ～ 250	32	0	6	12	5	6	1	－	－	－	1
250 ～ 300	24	－	4	9	7	4	－	1	－	－	－
300 ～ 350	22	－	1	6	8	2	4	2	－	0	－
350 ～ 400	18	－	－	4	6	3	2	1	－	1	1
400 ～ 450	11	－	－	3	2	2	0	4	0	－	－
450 ～ 500	7	－	－	1	4	1	1	－	－	－	－
500 ～ 550	5	－	－	1	1	0	1	1	1	－	－
550 ～ 600	2	－	1	－	－	1	0	－	－	－	0
600 ～ 650	4	－	－	0	－	2	2	－	－	0	－
650 ～ 700	2	－	－	1	－	－	0	0	－	－	－
700 ～ 750	1	－	－	－	－	1	0	－	0	－	－
750 ～ 800	0	－	－	－	－	－	－	－	－	－	－
800 ～ 850	0	－	－	－	－	－	0	－	－	－	－
850 ～ 900	1	－	－	－	－	－	－	0	－	1	－
900 ～ 950	0	－	－	－	－	－	0	－	－	－	－
950 ～ 1000	0	－	－	－	－	0	－	－	－	－	－
1000 ～ 1100	－	－	－	－	－	－	－	－	－	－	－
1100 ～ 1200	－	－	－	－	－	－	－	－	－	－	－
1200 ～ 1500	1	－	－	－	－	－	－	－	－	1	－
1500 ～ 2000	－	－	－	－	－	－	－	－	－	－	－
2000万円以上	－	－	－	－	－	－	－	－	－	－	－
不　　　　　詳	81	1	8	14	20	18	8	5	1	3	3

注：1）熊本県を除いたものである。
　　2）年齢階級の「総数」には、年齢不詳を含む。

（5－2）

第76表　世帯数，家計支出額階級・世帯主の年齢（10歳階級）・可処分所得金額階級別

（世帯数1万対）　　　　　　　　　　　　　　　　　　　　　　　　　　　　　　　平成28年調査

世帯主の年齢階級 可処分所得金額階級	総数	5万円未満	5～10	10～15	15～20	20～25	25～30	30～35	35～40	40万円以上	不詳
30 ～ 39 歳	935	6	35	123	182	221	129	116	37	61	25
50万円未満	6	2	0	2	1	1	–	0	–	–	0
50 ～ 100	15	0	4	3	3	2	2	1	–	0	–
100 ～ 150	28	0	4	10	5	2	2	2	0	1	–
150 ～ 200	42	0	3	10	9	12	2	2	1	1	2
200 ～ 250	42	0	3	12	10	9	2	4	–	–	2
250 ～ 300	34	1	1	4	10	11	2	2	1	0	1
300 ～ 350	49	–	1	7	15	13	6	4	1	2	1
350 ～ 400	60	1	2	5	15	14	13	3	4	2	2
400 ～ 450	60	–	1	6	16	17	8	7	2	3	1
450 ～ 500	47	–	1	4	10	13	9	7	1	3	–
500 ～ 550	49	–	3	6	8	12	9	8	2	1	1
550 ～ 600	44	–	1	6	7	11	8	5	3	3	1
600 ～ 650	35	–	–	1	5	7	4	7	5	5	1
650 ～ 700	24	–	–	0	3	8	2	4	0	4	2
700 ～ 750	17	–	–	3	2	2	2	4	1	3	–
750 ～ 800	9	–	–	0	1	2	3	–	0	2	–
800 ～ 850	10	–	–	0	3	1	2	2	0	1	1
850 ～ 900	9	–	–	2	2	1	2	1	0	1	–
900 ～ 950	4	–	–	–	1	1	–	1	0	1	–
950 ～ 1000	2	–	–	–	–	–	0	1	1	0	–
1000 ～ 1100	5	–	–	–	–	1	0	1	1	2	–
1100 ～ 1200	4	–	–	–	–	–	1	1	–	1	–
1200 ～ 1500	2	–	–	0	–	–	–	–	–	2	–
1500 ～ 2000	1	–	–	–	0	–	0	0	–	0	–
2000万円以上	–	–	–	–	–	–	–	–	–	–	–
不詳	335	1	9	44	57	79	48	49	14	21	12
40 ～ 49 歳	1 557	3	56	173	214	318	220	249	93	182	48
50万円未満	5	0	1	–	1	1	0	1	–	0	–
50 ～ 100	41	–	6	11	3	8	3	2	1	2	4
100 ～ 150	60	–	6	18	13	8	4	2	2	3	2
150 ～ 200	60	1	6	19	12	14	1	2	1	2	2
200 ～ 250	60	0	6	11	12	16	7	4	1	1	3
250 ～ 300	70	0	2	13	20	14	6	6	2	3	3
300 ～ 350	65	–	3	9	10	19	10	8	0	4	2
350 ～ 400	59	0	1	5	10	14	11	10	1	5	2
400 ～ 450	69	–	1	6	9	20	12	11	3	5	1
450 ～ 500	74	–	1	7	12	20	12	13	4	4	2
500 ～ 550	76	–	1	3	11	17	16	16	5	5	1
550 ～ 600	69	–	1	3	5	17	13	14	6	10	1
600 ～ 650	65	–	1	4	9	11	12	12	6	6	3
650 ～ 700	55	–	1	3	5	11	8	12	4	11	1
700 ～ 750	49	–	1	1	6	10	7	9	4	12	1
750 ～ 800	31	0	–	1	1	5	1	8	3	9	2
800 ～ 850	26	–	–	2	3	4	3	6	4	4	0
850 ～ 900	22	–	0	1	1	4	2	6	1	7	–
900 ～ 950	26	–	1	2	2	1	4	6	3	7	0
950 ～ 1000	15	–	–	1	2	3	1	4	2	3	0
1000 ～ 1100	24	–	–	1	2	3	2	8	3	3	–
1100 ～ 1200	14	–	–	–	0	1	2	1	3	7	–
1200 ～ 1500	17	–	–	0	1	1	1	5	2	6	–
1500 ～ 2000	6	–	–	–	–	1	0	2	0	3	–
2000万円以上	2	–	0	0	–	–	–	0	–	1	–
不詳	497	1	17	53	66	97	82	79	31	57	16

注：1）熊本県を除いたものである。
　　2）年齢階級の「総数」には、年齢不詳を含む。

（5−3）

第76表　世帯数, 家計支出額階級・世帯主の年齢（10歳階級）・可処分所得金額階級別

（世帯数1万対）　　　　　　　　　　　　　　　　　　　　　　　　　　　　　　　　　　　平成28年調査

世帯主の年齢階級 可処分所得金額階級	総　数	5万円未満	5～10	10～15	15～20	20～25	25～30	30～35	35～40	40万円以上	不　詳
50　～　59　歳	1 655	9	80	172	200	282	228	276	105	259	44
50万円未満	15	2	2	5	4	1	2	–	–	1	–
50　～　100	53	2	9	15	5	6	9	1	2	2	3
100　～　150	73	1	15	19	13	6	7	4	1	4	4
150　～　200	59	–	6	19	9	10	4	5	1	4	1
200　～　250	73	1	8	9	19	19	8	3	3	4	0
250　～　300	60	0	3	12	10	14	12	3	2	4	1
300　～　350	60	0	3	7	12	12	12	5	3	5	1
350　～　400	69	0	2	7	11	14	12	11	2	7	2
400　～　450	56	1	1	7	8	15	9	3	4	5	3
450　～　500	59	–	2	8	8	12	9	11	4	4	1
500　～　550	69	0	1	6	7	16	8	15	4	9	3
550　～　600	62	–	2	3	9	8	10	18	4	8	1
600　～　650	63	–	1	2	7	8	15	13	4	12	0
650　～　700	55	–	1	3	4	11	9	13	2	10	1
700　～　750	54	–	1	2	4	9	8	14	5	10	0
750　～　800	45	–	0	3	5	4	7	10	6	9	2
800　～　850	28	–	–	1	2	7	2	7	3	6	0
850　～　900	34	–	–	1	2	6	4	10	3	8	0
900　～　950	30	–	–	1	1	3	3	6	5	10	1
950　～　1000	24	–	1	–	2	4	2	7	3	4	1
1000　～　1100	43	–	1	1	3	5	5	9	3	16	1
1100　～　1200	25	–	–	0	1	2	2	7	1	11	–
1200　～　1500	40	–	–	1	2	2	4	6	2	23	–
1500　～　2000	17	–	–	–	–	1	1	1	3	9	1
2000万円以上	8	–	–	0	–	1	1	1	–	4	0
不　　　詳	481	2	24	40	54	87	63	90	36	68	18
60　～　69　歳	2 404	24	156	340	381	416	317	322	114	268	67
50万円未満	35	2	6	11	9	1	2	1	–	2	1
50　～　100	117	7	34	27	19	14	4	1	1	2	8
100　～　150	182	3	30	59	27	27	13	7	3	7	6
150　～　200	175	2	17	42	38	23	22	11	4	10	5
200　～　250	167	1	14	33	44	32	17	12	4	7	4
250　～　300	157	1	6	24	32	30	24	20	6	9	6
300　～　350	156	2	3	18	24	40	24	21	6	15	4
350　～　400	119	–	4	14	19	30	14	19	6	11	2
400　～　450	107	2	2	10	17	21	21	19	5	8	2
450　～　500	91	0	3	8	9	18	18	16	9	8	2
500　～　550	81	–	2	6	12	16	14	17	3	11	1
550　～　600	73	–	1	5	9	14	13	14	7	11	1
600　～　650	52	–	1	2	5	9	8	11	7	9	1
650　～　700	45	–	1	1	7	5	7	12	3	6	1
700　～　750	45	–	–	1	5	9	6	7	5	12	–
750　～　800	35	–	0	2	2	4	5	10	5	6	0
800　～　850	28	–	1	1	3	2	8	4	2	8	–
850　～　900	21	–	–	0	1	4	3	4	2	6	–
900　～　950	24	–	0	1	3	3	4	5	1	7	–
950　～　1000	17	–	0	0	2	1	2	4	1	5	1
1000　～　1100	29	–	1	1	1	4	5	6	2	9	–
1100　～　1200	16	–	1	1	1	4	1	4	1	4	–
1200　～　1500	30	–	–	1	2	3	2	6	2	12	1
1500　～　2000	16	–	–	0	1	2	–	6	0	7	–
2000万円以上	7	–	–	–	1	1	2	0	0	3	–
不　　　詳	579	5	28	72	90	98	79	83	28	72	23

注：1）熊本県を除いたものである。
　　2）年齢階級の「総数」には、年齢不詳を含む。

（5－4）

第76表　世帯数，家計支出額階級・世帯主の年齢（10歳階級）・可処分所得金額階級別

（世帯数1万対）　　　　　　　　　　　　　　　　　　　　　　　　　　　　平成28年調査

世帯主の年齢階級 可処分所得金額階級	総　数	5万円 未　満	5～10	10～15	15～20	20～25	25～30	30～35	35～40	40万円 以　上	不　詳
70　～　79　歳	1 945	31	205	324	339	336	257	176	61	136	80
50万円未満	25	4	8	5	2	1	2	0	1	0	–
50 ～ 100	152	9	54	38	18	9	6	5	–	2	11
100 ～ 150	175	7	47	57	23	15	8	5	1	3	9
150 ～ 200	201	2	30	50	51	33	14	5	1	4	10
200 ～ 250	188	2	12	33	49	43	22	11	4	7	4
250 ～ 300	195	1	7	22	51	46	35	18	3	6	5
300 ～ 350	156	0	3	15	28	45	28	20	5	9	3
350 ～ 400	93	0	3	10	14	23	24	7	5	5	2
400 ～ 450	56	0	1	6	12	15	8	7	3	3	1
450 ～ 500	48	–	1	3	7	11	9	8	1	8	2
500 ～ 550	51	–	1	3	8	9	11	9	4	5	1
550 ～ 600	31	–	2	4	7	3	3	5	1	5	2
600 ～ 650	21	–	0	3	1	4	5	3	2	3	0
650 ～ 700	23	–	1	1	3	2	3	8	3	2	0
700 ～ 750	22	–	0	1	1	2	5	4	2	4	2
750 ～ 800	14	–	–	1	1	2	3	2	1	2	2
800 ～ 850	12	–	–	0	2	1	1	2	1	3	1
850 ～ 900	14	–	–	1	1	1	5	3	1	3	–
900 ～ 950	7	–	–	–	–	1	2	1	1	2	–
950 ～ 1000	5	–	–	0	–	–	2	1	–	2	–
1000 ～ 1100	13	–	–	1	0	1	3	3	1	4	1
1100 ～ 1200	8	–	–	0	0	–	2	2	1	2	–
1200 ～ 1500	16	–	1	–	1	1	3	4	1	4	0
1500 ～ 2000	5	–	–	–	0	1	1	0	1	2	–
2000万円以上	6	–	–	–	–	1	–	–	–	5	–
不　　　詳	406	5	33	68	57	67	53	43	17	39	25
80　歳　以　上	1 204	30	189	250	189	208	112	79	34	77	35
50万円未満	34	6	15	6	2	3	–	1	–	–	2
50 ～ 100	128	11	49	31	12	13	2	3	–	–	7
100 ～ 150	126	4	41	42	14	11	4	2	1	2	5
150 ～ 200	122	2	19	44	22	17	8	2	–	4	4
200 ～ 250	126	1	16	26	31	21	13	4	2	6	5
250 ～ 300	107	1	10	18	22	27	15	7	1	5	2
300 ～ 350	82	0	4	11	15	24	12	7	2	4	2
350 ～ 400	34	1	2	4	4	10	6	4	2	2	1
400 ～ 450	36	–	2	4	8	7	5	7	0	2	0
450 ～ 500	24	0	1	3	4	6	3	2	2	3	–
500 ～ 550	17	–	1	–	4	3	2	3	2	1	–
550 ～ 600	14	–	0	1	2	3	3	2	1	2	–
600 ～ 650	11	–	0	1	0	1	2	1	2	3	–
650 ～ 700	10	–	–	1	1	1	2	1	1	2	–
700 ～ 750	8	0	0	0	1	3	1	2	0	1	0
750 ～ 800	7	–	–	–	1	0	0	1	1	3	–
800 ～ 850	9	–	–	–	1	1	1	2	2	2	–
850 ～ 900	6	–	–	0	0	2	1	–	1	1	–
900 ～ 950	4	–	–	1	1	1	–	0	0	1	–
950 ～ 1000	3	–	–	–	0	0	–	0	1	1	–
1000 ～ 1100	4	–	–	1	0	1	–	1	0	1	–
1100 ～ 1200	3	–	–	–	0	0	–	1	–	0	1
1200 ～ 1500	8	1	0	1	1	0	2	1	1	1	–
1500 ～ 2000	5	–	–	–	–	–	–	0	1	3	–
2000万円以上	5	–	–	–	–	1	–	–	2	3	–
不　　　詳	272	3	28	54	40	52	31	23	11	22	7

注：1）熊本県を除いたものである。
　　2）年齢階級の「総数」には、年齢不詳を含む。

（5－5）

第76表　世帯数，家計支出額階級・世帯主の年齢（10歳階級）・可処分所得金額階級別

（世帯数1万対）　　　　　　　　　　　　　　　　　　　　　　　　　　　　　　　　　　　　　　平成28年調査

世帯主の年齢階級 可処分所得金額階級	総　数	5万円 未　満	5～10	10～15	15～20	20～25	25～30	30～35	35～40	40万円 以　上	不　詳
（再　掲）65　歳　以　上	4 538	76	489	780	751	794	542	439	160	354	154
50万円未満	78	11	27	17	10	5	2	1	1	1	3
50　～　100	352	24	125	84	43	30	10	8	1	3	23
100　～　150	411	14	108	137	52	41	20	11	4	9	18
150　～　200	432	5	57	124	96	64	35	15	2	15	18
200　～　250	422	4	37	81	109	85	46	21	9	18	12
250　～　300	401	2	20	58	93	91	65	39	8	16	9
300　～　350	329	1	9	37	57	93	54	39	11	20	8
350　～　400	191	1	7	21	29	49	34	23	11	13	2
400　～　450	154	1	5	16	29	35	28	24	7	8	2
450　～　500	127	0	3	10	18	27	23	20	8	16	3
500　～　550	113	－	4	5	18	23	19	22	8	15	1
550　～　600	87	－	4	8	14	12	13	14	6	14	2
600　～　650	59	－	1	5	4	10	12	10	6	11	0
650　～　700	57	－	1	4	8	7	7	16	5	8	1
700　～　750	55	0	1	2	6	13	8	8	5	11	2
750　～　800	39	－	－	1	2	5	5	9	6	9	2
800　～　850	34	－	1	0	5	3	4	7	4	9	1
850　～　900	31	－	－	2	1	5	6	5	3	8	－
900　～　950	21	－	0	1	2	3	3	5	1	6	－
950　～　1000	14	－	0	0	1	0	2	2	2	5	1
1000　～　1100	34	－	1	2	1	4	6	9	3	8	1
1100　～　1200	19	－	0	0	1	3	3	7	1	4	1
1200　～　1500	36	1	1	1	3	3	6	6	2	11	1
1500　～　2000	19	－	－	－	1	2	1	4	1	9	－
2000万円以上	17	－	－	－	0	3	2	2	0	10	－
不　　　　詳	1 004	12	78	162	149	178	128	110	45	97	44
（再　掲）75　歳　以　上	2 111	48	295	406	360	350	224	155	61	144	70
50万円未満	49	8	20	9	5	3	1	1	1	0	2
50　～　100	204	15	77	50	22	17	6	4	－	1	11
100　～　150	214	8	66	68	29	18	6	3	2	3	11
150　～　200	206	3	35	63	47	27	13	5	0	6	7
200　～　250	224	3	23	39	59	42	26	9	6	11	7
250　～　300	193	1	14	30	44	46	29	15	3	8	3
300　～　350	156	0	6	19	30	43	27	16	4	9	3
350　～　400	75	1	3	10	12	19	16	7	5	4	1
400　～　450	64	－	2	8	15	14	8	10	2	4	0
450　～　500	46	0	1	4	9	10	7	5	3	7	1
500　～　550	41	－	1	1	7	8	8	7	5	4	1
550　～　600	26	－	1	4	4	4	3	3	1	6	1
600　～　650	20	－	1	2	1	2	4	2	2	6	－
650　～　700	19	－	－	2	2	2	4	5	1	3	0
700　～　750	18	0	0	1	2	5	4	2	1	4	－
750　～　800	11	－	－	－	1	1	1	2	1	4	－
800　～　850	16	－	－	0	2	1	1	3	3	4	1
850　～　900	11	－	－	1	0	3	2	1	1	2	－
900　～　950	8	－	－	1	1	1	2	1	1	2	－
950　～　1000	6	－	－	－	0	0	0	0	1	3	－
1000　～　1100	10	－	－	2	0	1	1	2	1	3	1
1100　～　1200	7	－	－	－	0	0	1	2	1	2	－
1200　～　1500	13	1	1	1	1	1	3	3	1	2	－
1500　～　2000	7	－	－	－	－	0	1	2	0	4	－
2000万円以上	9	－	－	－	－	2	－	2	－	6	－
不　　　　詳	457	7	44	91	66	79	52	43	17	38	19

注：1）熊本県を除いたものである。
　　2）年齢階級の「総数」には、年齢不詳を含む。

第77表　世帯数，仕送りの有－仕送り先（複数回答）－無・所得金額階級別

（世帯数1万対）　　　　　　　　　　　　　　　　　　　　　　　　　　　　　　　　平成28年調査

所得金額階級	総　　数	仕送りをしている世帯	親への仕送り	子への仕送り	仕送りをしていない世帯
総　　　　　数	10 000	585	203	401	9 415
50万円未満	97	2	2	1	95
50 ～ 100	523	15	5	10	508
100 ～ 150	647	18	6	13	629
150 ～ 200	694	18	9	10	676
200 ～ 250	729	26	13	15	704
250 ～ 300	644	25	11	16	619
300 ～ 350	697	27	11	17	670
350 ～ 400	623	25	10	17	598
400 ～ 450	565	27	11	17	538
450 ～ 500	477	24	13	12	453
500 ～ 550	482	29	12	18	452
550 ～ 600	399	28	9	20	371
600 ～ 650	404	22	8	15	382
650 ～ 700	361	22	9	13	340
700 ～ 750	357	23	5	18	334
750 ～ 800	273	24	9	16	250
800 ～ 850	270	24	9	15	247
850 ～ 900	222	20	2	18	202
900 ～ 950	211	17	5	14	194
950 ～ 1000	159	15	5	11	144
1000 ～ 1100	275	30	10	22	245
1100 ～ 1200	200	22	5	18	178
1200 ～ 1500	364	48	14	35	317
1500 ～ 2000	197	32	8	24	166
2000万円以上	128	23	5	18	105

注：熊本県を除いたものである。

576

第78表　世帯人員（20歳以上）１人当たり平均所得金額，

公的年金加入状況・所得の種類別

（単位：万円）　　平成28年調査

所 得 の 種 類	総 数	加入している	国民年金第１号被保険者	国民年金第２号被保険者	国民年金第３号被保険者	加入していない
総 所 得	255.6	312.4	176.4	418.5	53.2	180.4
稼 働 所 得	189.0	294.8	158.4	397.9	48.5	47.5
雇 用 者 所 得	174.8	279.4	96.9	393.2	47.4	34.9
事 業 所 得	11.7	13.0	52.0	4.0	0.8	9.9
農 耕 ・ 畜 産 所 得	2.2	2.1	8.3	0.6	0.0	2.4
家 内 労 働 所 得	0.3	0.3	1.1	0.1	0.3	0.3
財 産 所 得	8.6	5.0	7.6	5.3	0.6	13.4
公 的 年 金 ・ 恩 給	49.0	5.4	2.5	7.7	0.0	107.9
公的年金・恩給以外の社会保障給付金	2.9	3.9	4.4	4.4	1.4	1.7
雇 用 保 険	0.6	0.7	0.9	0.7	0.5	0.3
児 童 手 当 等	1.6	2.7	2.1	3.3	0.7	0.1
その他の社会保障給付金	0.8	0.5	1.3	0.3	0.2	1.3
仕送り・企業年金・個人年金等・その他の所得	6.1	3.2	3.5	3.2	2.6	10.0
仕 送 り	0.6	0.7	1.1	0.3	2.0	0.4
企 業 年 金 ・ 個 人 年 金 等	4.2	1.1	0.9	1.4	0.0	8.5
そ の 他 の 所 得	1.3	1.4	1.6	1.6	0.6	1.1

注：1）熊本県を除いたものである。
　　2）「総数」には、公的年金加入状況不詳を含む。

第79表　公的年金-恩給受給者のいる世帯の１世帯当たり平均所得金額，所得五分位階級・世帯構造別

（単位：万円）　　平成28年調査

世 帯 構 造	総 数	第 Ⅰ	第 Ⅱ	第 Ⅲ	第 Ⅳ	第 Ⅴ
総 数	470.3	127.4	271.0	424.4	644.8	1 290.2
単 独 世 帯	197.0	119.5	252.1	409.9	613.0	1 405.2
男 の 単 独 世 帯	247.4	125.4	257.7	409.6	615.3	1 510.2
女 の 単 独 世 帯	172.1	117.4	248.3	410.2	611.1	1 193.9
核 家 族 世 帯	481.2	142.8	277.7	423.0	641.4	1 250.9
夫 婦 の み の 世 帯	410.5	143.5	279.1	417.9	626.8	1 412.8
夫婦と未婚の子のみの世帯	655.0	145.3	276.8	435.5	654.0	1 179.2
ひとり親と未婚の子のみの世帯	457.9	138.8	270.6	429.8	649.2	1 212.2
三 世 代 世 帯	926.1	141.0	271.4	440.6	662.5	1 283.5
そ の 他 の 世 帯	654.4	133.0	277.0	435.5	648.0	1 406.2

注：熊本県を除いたものである。

第80表　公的年金-恩給受給者のいる世帯数，公的年金-恩給の総所得に占める割合・市郡・所得五分位階級別

（世帯数1万対）　　　　　　　　　　　　　　　　　　　　　　　　　　　　　　　　　　平成28年調査

市　　郡 所得五分位階級	総　数	20%未満	20～40	40～60	60～80	80～100	100%
総　　　　数	5 425	969	931	702	572	462	1 789
第　　Ⅰ	1 387	39	60	86	96	136	968
第　　Ⅱ	1 383	76	138	160	199	183	626
第　　Ⅲ	1 063	150	205	202	214	120	172
第　　Ⅳ	783	223	255	204	60	21	20
第　　Ⅴ	809	481	272	49	3	1	2
市　　　　部	4 763	840	811	617	506	403	1 587
第　　Ⅰ	1 196	35	51	70	82	117	842
第　　Ⅱ	1 229	64	121	138	177	164	564
第　　Ⅲ	945	127	183	182	193	102	159
第　　Ⅳ	692	196	220	186	52	18	20
第　　Ⅴ	700	418	235	41	3	1	2
大　都　市	1 159	189	184	147	136	99	403
第　　Ⅰ	301	9	18	16	20	31	208
第　　Ⅱ	308	14	28	36	48	35	147
第　　Ⅲ	230	30	40	43	50	27	41
第　　Ⅳ	163	35	56	44	17	6	6
第　　Ⅴ	157	102	43	9	1	1	1
そ　の　他　の　市	3 605	651	626	470	370	304	1 184
第　　Ⅰ	895	26	33	54	61	86	634
第　　Ⅱ	922	50	94	102	129	130	417
第　　Ⅲ	715	97	143	139	143	76	117
第　　Ⅳ	529	161	165	142	35	12	14
第　　Ⅴ	543	316	192	32	2	1	1
人口15万人以上の市	1 606	264	278	217	171	125	552
第　　Ⅰ	387	11	12	26	24	36	278
第　　Ⅱ	414	18	36	44	58	56	202
第　　Ⅲ	323	37	66	61	74	25	60
第　　Ⅳ	239	67	68	72	14	7	11
第　　Ⅴ	242	131	95	14	1	1	1
人口15万人未満の市	1 999	387	349	253	199	179	632
第　　Ⅰ	508	15	21	28	37	51	356
第　　Ⅱ	508	32	57	58	71	73	216
第　　Ⅲ	392	60	77	78	70	50	57
第　　Ⅳ	289	94	96	70	21	4	3
第　　Ⅴ	301	185	97	18	1	－	0
郡　　　　部	662	129	120	84	66	59	202
第　　Ⅰ	190	4	10	16	15	20	127
第　　Ⅱ	153	12	17	22	22	19	62
第　　Ⅲ	118	23	22	20	21	18	14
第　　Ⅳ	91	27	35	18	8	3	0
第　　Ⅴ	109	63	37	8	0	－	0

注：熊本県を除いたものである。

第81表　世帯人員（15歳以上），年齢（5歳階級）・性・公的年金-恩給受給の有－公的年金-恩給額階級－無別

（人員10万対）　　　　　　　　　　　　　　　　　　　　　　　　　　　　　　　　平成28年調査

性 公的年金・恩給受給の有－ 公的年金・恩給額階級－無	総　数	15～59歳	60～64	65～69	70～74	75～79	80歳以上
総　　数	87 446	49 516	7 476	9 457	6 804	5 843	8 350
受　給　あ　り	30 973	570	3 861	8 101	6 015	5 152	7 275
20万円未満	1 431	13	1 117	188	24	28	60
20 ～ 40	1 410	7	559	274	119	106	345
40 ～ 60	2 729	27	441	625	448	401	787
60 ～ 80	4 665	189	389	1 284	935	810	1 058
80 ～ 100	3 930	141	292	1 246	880	645	726
100 ～ 120	2 563	50	264	745	526	447	531
120 ～ 140	2 208	53	229	615	444	400	467
140 ～ 160	1 780	45	170	530	349	292	395
160 ～ 180	1 593	21	176	472	307	263	353
180 ～ 200	1 680	11	65	470	407	310	417
200 ～ 250	3 894	6	95	1 031	1 016	805	940
250 ～ 300	2 057	1	47	448	394	481	686
300万円以上	1 034	6	16	173	167	162	509
受　給　な　し	56 473	48 946	3 616	1 357	789	691	1 075
男	41 675	24 383	3 561	4 560	3 229	2 719	3 223
受　給　あ　り	14 381	232	1 702	4 023	3 004	2 498	2 921
20万円未満	291	－	193	76	6	9	7
20 ～ 40	385	－	205	75	31	29	44
40 ～ 60	731	18	223	164	77	75	174
60 ～ 80	1 291	103	198	307	224	175	285
80 ～ 100	1 153	58	173	315	224	182	200
100 ～ 120	909	9	156	257	161	131	195
120 ～ 140	1 020	11	134	326	224	174	150
140 ～ 160	926	12	112	326	185	150	141
160 ～ 180	979	8	144	324	206	161	136
180 ～ 200	1 052	7	38	367	292	192	157
200 ～ 250	2 971	4	74	900	874	644	475
250 ～ 300	1 765	1	41	427	357	424	515
300万円以上	908	2	12	160	143	150	441
受　給　な　し	27 294	24 151	1 859	537	225	221	302
女	45 771	25 133	3 915	4 897	3 575	3 123	5 127
受　給　あ　り	16 592	338	2 158	4 078	3 011	2 654	4 354
20万円未満	1 140	13	924	112	18	19	53
20 ～ 40	1 025	7	354	199	88	77	300
40 ～ 60	1 997	9	218	461	371	326	613
60 ～ 80	3 374	86	192	978	711	635	773
80 ～ 100	2 777	82	120	930	656	463	526
100 ～ 120	1 655	41	108	488	365	316	336
120 ～ 140	1 188	41	95	289	219	226	317
140 ～ 160	854	33	58	204	164	141	253
160 ～ 180	614	13	32	148	101	102	217
180 ～ 200	628	5	27	103	115	118	260
200 ～ 250	923	2	20	131	142	161	465
250 ～ 300	292	－	6	21	37	57	171
300万円以上	126	3	4	13	24	13	68
受　給　な　し	29 179	24 795	1 757	820	564	470	773

注：1）熊本県を除いたものである。
　　2）「受給なし」には、公的年金-恩給受給の有無不詳を含む。

579

第82表　公的年金-恩給を受給している世帯人員（15歳以上），教育・性・公的年金-恩給額階級別

（人員10万対）　　　　　　　　　　　　　　　　　　　　　　　　　　　　　平成28年調査

性 公的年金・恩給額階級	総　数	卒　業	小学・中学	高校・旧制中	専門学校・ 短大・高専	大　学　・ 大　学　院
総　　　　数	30 973	26 400	7 661	12 438	2 418	3 268
20万円未満	1 431	1 279	186	664	271	130
20 ～ 40	1 410	1 184	369	568	121	103
40 ～ 60	2 729	2 272	922	940	211	132
60 ～ 80	4 665	3 942	1 318	1 889	395	248
80 ～ 100	3 930	3 370	1 230	1 570	300	184
100 ～ 120	2 563	2 180	715	1 065	191	158
120 ～ 140	2 208	1 827	629	858	136	161
140 ～ 160	1 780	1 519	471	727	140	162
160 ～ 180	1 593	1 353	393	603	127	207
180 ～ 200	1 680	1 423	412	691	99	192
200 ～ 250	3 894	3 364	673	1 674	232	694
250 ～ 300	2 057	1 803	250	806	126	586
300万円以上	1 034	882	95	384	68	313
男	14 381	12 172	3 110	5 486	634	2 642
20万円未満	291	252	59	109	21	58
20 ～ 40	385	334	84	144	23	75
40 ～ 60	731	582	224	217	34	82
60 ～ 80	1 291	1 095	379	513	64	124
80 ～ 100	1 153	989	369	417	56	118
100 ～ 120	909	744	233	326	34	120
120 ～ 140	1 020	806	266	343	42	137
140 ～ 160	926	773	245	356	37	123
160 ～ 180	979	819	233	344	52	178
180 ～ 200	1 052	889	269	418	25	164
200 ～ 250	2 971	2 558	488	1 275	105	615
250 ～ 300	1 765	1 556	188	692	91	551
300万円以上	908	776	73	332	51	297
女	16 592	14 228	4 550	6 952	1 784	626
20万円未満	1 140	1 028	127	555	250	72
20 ～ 40	1 025	850	285	423	98	28
40 ～ 60	1 997	1 691	698	723	177	50
60 ～ 80	3 374	2 847	939	1 376	331	124
80 ～ 100	2 777	2 381	861	1 154	245	66
100 ～ 120	1 655	1 436	482	738	157	38
120 ～ 140	1 188	1 021	364	515	94	23
140 ～ 160	854	746	226	371	104	39
160 ～ 180	614	534	160	259	75	28
180 ～ 200	628	534	142	274	74	27
200 ～ 250	923	806	184	398	127	79
250 ～ 300	292	247	61	114	35	35
300万円以上	126	107	21	52	17	16

注：1）熊本県を除いたものである。
　　2）教育の「総数」には、在学中、在学したことがない、教育不詳を含む。
　　3）教育の「卒業」には卒業学校不詳を含む。

第83表　世帯人員（12歳以上），健康意識・世帯人員1人当たり所得金額階級別

（人員10万対）　　　　　　　　　　　　　　　　　　　　　　　　　　　　　平成28年調査

世帯人員1人当たり 所 得 金 額 階 級	総　　数	よ　い	まあよい	ふつう	あ ま り よくない	よくない	不　　詳
総　　　　　数	87 583	15 573	15 511	43 498	10 450	1 632	919
50万円未満	3 714	724	602	1 764	501	75	49
50 ～ 100	11 322	1 909	1 850	5 549	1 568	303	142
100 ～ 150	17 872	3 068	2 939	8 880	2 320	437	228
150 ～ 200	17 580	3 043	3 037	8 788	2 185	347	180
200 ～ 250	12 568	2 202	2 308	6 424	1 369	168	97
250 ～ 300	8 014	1 453	1 528	3 971	834	132	97
300 ～ 350	5 266	1 024	908	2 673	545	59	57
350 ～ 400	3 392	548	711	1 708	374	37	13
400 ～ 450	2 223	470	412	1 088	217	19	17
450 ～ 500	1 488	280	314	730	140	13	11
500 ～ 600	1 633	349	313	796	144	13	18
600 ～ 700	805	146	174	421	61	3	2
700 ～ 800	564	101	149	237	68	8	1
800 ～ 900	327	65	78	137	36	8	2
900 ～ 1000	191	50	63	68	7	3	－
1000万円以上	623	143	125	265	80	6	5

注：1）熊本県を除いたものである。
　　2）世帯人員には、入院者は含まない。

第84表　世帯人員（12歳以上），平均睡眠時間・世帯人員1人当たり所得金額階級別

（人員10万対）　　　　　　　　　　　　　　　　　　　　　　　　　　　　　平成28年調査

世帯人員1人当たり 所 得 金 額 階 級	総　　数	5時間未満	5時間以上 6時間未満	6時間以上 7時間未満	7時間以上 8時間未満	8時間以上 9時間未満	9時間以上	不　　詳
総　　　　　数	87 583	6 650	24 809	28 211	19 494	5 676	1 799	943
50万円未満	3 714	391	1 023	1 050	802	278	97	72
50 ～ 100	11 322	913	2 858	3 443	2 653	980	318	156
100 ～ 150	17 872	1 383	4 727	5 478	4 281	1 347	449	208
150 ～ 200	17 580	1 293	4 790	5 555	4 233	1 130	382	196
200 ～ 250	12 568	844	3 685	4 237	2 728	721	229	125
250 ～ 300	8 014	553	2 377	2 746	1 724	438	108	69
300 ～ 350	5 266	408	1 599	1 789	1 041	292	90	46
350 ～ 400	3 392	248	1 113	1 181	619	178	36	17
400 ～ 450	2 223	180	752	758	394	100	25	15
450 ～ 500	1 488	121	545	504	231	57	18	13
500 ～ 600	1 633	128	539	586	300	52	15	13
600 ～ 700	805	63	269	265	168	30	10	－
700 ～ 800	564	45	203	196	87	17	7	8
800 ～ 900	327	20	89	123	79	14	1	－
900 ～ 1000	191	9	44	87	35	10	6	－
1000万円以上	623	51	196	213	118	33	6	6

注：1）熊本県を除いたものである。
　　2）世帯人員には、入院者は含まない。

581

第85表　世帯人員（12歳以上），休養充足度・
世帯人員1人当たり所得金額階級別

（人員10万対）　　　　　　　　　　　　　　　　　　　　　　　　　　　　　　　　　　　平成28年調査

世帯人員1人当たり 所得金額階級	総　数	充分とれている	ま あ ま あ とれている	あ　ま　り とれていない	ま っ た く とれていない	不　詳
総　　　　　数	87 583	15 470	51 092	17 673	1 320	2 027
50万円未満	3 714	661	2 093	746	54	161
50 ～ 100	11 322	2 165	6 495	2 092	198	371
100 ～ 150	17 872	3 345	10 230	3 598	237	461
150 ～ 200	17 580	3 176	10 311	3 425	301	367
200 ～ 250	12 568	2 201	7 471	2 483	164	249
250 ～ 300	8 014	1 377	4 649	1 710	125	153
300 ～ 350	5 266	854	3 134	1 098	76	105
350 ～ 400	3 392	513	2 024	770	50	34
400 ～ 450	2 223	324	1 312	523	33	31
450 ～ 500	1 488	176	889	381	23	20
500 ～ 600	1 633	244	979	340	29	41
600 ～ 700	805	115	501	178	8	4
700 ～ 800	564	82	339	122	12	9
800 ～ 900	327	71	190	64	2	－
900 ～ 1000	191	45	125	20	1	－
1000万円以上	623	124	351	122	5	22

注：1）熊本県を除いたものである。
　　2）世帯人員には、入院者は含まない。

第86表　世帯人員（20歳以上），飲酒の状況・

（人員10万対）

世帯人員1人当たり 所 得 金 額 階 級	総　数	毎　　日	1合未満	1～2合 未　満	2～3合 未　満	3～4合 未　満	4～5合 未　満	5合以上
総　　　　　　　数	80 370	13 407	3 657	4 899	3 101	1 058	340	288
50万円未満	3 230	444	106	150	91	46	25	18
50 ～ 100	10 207	1 470	415	523	354	92	53	28
100 ～ 150	16 219	2 672	800	944	567	219	62	66
150 ～ 200	15 997	2 743	755	1 014	611	228	60	57
200 ～ 250	11 585	1 970	524	789	442	137	28	47
250 ～ 300	7 421	1 342	336	499	342	95	48	13
300 ～ 350	4 928	852	222	276	235	78	20	17
350 ～ 400	3 211	553	137	213	128	56	4	11
400 ～ 450	2 115	386	90	150	91	33	13	9
450 ～ 500	1 432	219	49	95	47	8	14	4
500 ～ 600	1 583	242	61	86	77	14	1	4
600 ～ 700	789	161	42	58	30	22	5	4
700 ～ 800	530	118	33	34	27	16	2	6
800 ～ 900	327	53	12	18	16	6	－	1
900 ～ 1000	182	62	18	28	14	1	－	－
1000万円以上	613	121	57	21	29	8	5	1

世帯人員1人当たり 所 得 金 額 階 級	週3～4日	1合未満	1～2合 未　満	2～3合 未　満	3～4合 未　満	4～5合 未　満	5合以上	飲酒量不詳
総　　　　　　　数	4 749	1 944	1 664	692	265	85	67	33
50万円未満	165	64	60	22	8	3	3	4
50 ～ 100	495	214	186	53	24	10	5	4
100 ～ 150	831	363	261	136	49	6	10	6
150 ～ 200	895	395	315	101	50	15	10	9
200 ～ 250	738	323	245	105	37	15	11	2
250 ～ 300	485	193	196	69	12	2	9	4
300 ～ 350	350	116	127	63	20	9	12	3
350 ～ 400	193	75	60	42	10	5	－	1
400 ～ 450	158	51	48	21	23	10	4	－
450 ～ 500	110	44	42	16	2	6	－	－
500 ～ 600	137	41	56	27	10	2	－	－
600 ～ 700	53	22	13	11	6	－	－	－
700 ～ 800	44	13	19	8	5	－	－	－
800 ～ 900	20	10	4	5	1	－	－	－
900 ～ 1000	15	3	6	6	1	－	－	－
1000万円以上	60	18	27	7	5	－	3	－

世帯人員1人当たり 所 得 金 額 階 級	月1～3日	1合未満	1～2合 未　満	2～3合 未　満	3～4合 未　満	4～5合 未　満	5合以上	飲酒量不詳
総　　　　　　　数	4 825	2 095	1 405	709	299	119	149	48
50万円未満	176	71	57	18	14	4	8	4
50 ～ 100	496	249	134	61	23	6	13	11
100 ～ 150	828	386	228	126	29	22	26	11
150 ～ 200	851	395	209	114	63	30	34	6
200 ～ 250	724	298	233	113	43	9	20	8
250 ～ 300	489	190	137	84	28	21	25	5
300 ～ 350	383	155	131	45	32	6	12	2
350 ～ 400	288	124	90	47	14	10	4	－
400 ～ 450	140	51	46	22	18	1	2	－
450 ～ 500	125	51	36	21	7	4	4	1
500 ～ 600	145	52	53	28	11	－	1	－
600 ～ 700	61	21	13	14	9	4	－	－
700 ～ 800	48	19	25	1	1	1	－	－
800 ～ 900	29	9	7	9	4	－	－	－
900 ～ 1000	14	7	4	3	－	－	－	－
1000万円以上	28	18	2	3	4	1	－	－

注：1）熊本県を除いたものである。
　　2）世帯人員には、入院者は含まない。

世帯人員１人当たり所得金額階級別

平成28年調査

飲酒量不詳	週５～６日	１合未満	１～２合未満	２～３合未満	３～４合未満	４～５合未満	５合以上	飲酒量不詳
65	4 193	1 602	1 550	723	226	36	33	22
7	148	48	51	35	9	1	–	3
5	416	182	144	65	17	3	2	2
14	717	273	254	122	43	14	7	4
18	793	344	264	131	37	5	5	7
2	610	245	215	97	37	2	11	2
9	405	124	188	61	23	4	5	–
4	332	123	145	45	18	–	–	3
4	180	62	72	32	9	3	–	3
–	129	57	37	29	7	–	–	–
1	81	27	40	10	3	–	–	–
–	165	55	56	41	11	1	–	1
–	83	29	38	13	2	–	–	–
–	41	13	18	10	–	–	–	–
–	30	2	15	9	4	–	–	–
–	15	6	2	7	–	1	–	–
–	50	13	12	14	6	1	4	–

週１～２日	１合未満	１～２合未満	２～３合未満	３～４合未満	４～５合未満	５合以上	飲酒量不詳
6 174	2 842	1 930	800	332	83	121	65
181	76	56	15	17	2	11	4
631	286	215	86	23	6	6	9
1 057	494	338	121	48	16	24	16
1 152	546	348	135	60	28	23	11
921	468	246	136	37	11	16	8
651	287	219	84	31	3	15	11
452	197	133	68	42	5	6	1
299	111	123	33	22	4	4	1
225	98	69	31	15	3	8	1
161	75	37	24	20	–	5	–
175	75	52	36	7	–	4	–
76	40	27	6	2	–	–	–
59	31	12	10	5	1	–	–
48	19	15	10	1	1	–	1
18	8	8	–	2	–	–	–
69	30	30	5	1	3	–	–

ほとんど飲まない	やめた	飲まない（飲めない）	不詳
15 254	1 598	29 040	1 131
627	70	1 359	60
1 889	230	4 376	205
3 067	349	6 454	244
2 936	380	6 052	196
2 281	201	3 988	152
1 461	131	2 385	73
988	72	1 434	65
632	49	971	46
405	40	604	27
324	14	387	12
298	24	365	32
150	4	199	4
70	9	132	10
33	7	108	–
21	1	35	–
71	18	191	6

第87表　世帯人員（20歳以上），喫煙の有－喫煙本数

（人員10万対）

世帯人員1人当たり 所 得 金 額 階 級	総　　数	毎　　日 吸っている	10本以下	11～20本	21～30本	31本以上	本数不詳
総　　　　　　　　　数	80 370	14 401	3 886	8 014	1 938	451	111
50万円未満	3 230	736	231	381	91	23	11
50 ～ 100	10 207	1 870	578	1 034	212	40	6
100 ～ 150	16 219	3 061	853	1 728	388	74	18
150 ～ 200	15 997	2 782	729	1 560	384	86	24
200 ～ 250	11 585	2 004	542	1 108	277	61	17
250 ～ 300	7 421	1 296	350	750	132	53	11
300 ～ 350	4 928	864	171	514	135	33	11
350 ～ 400	3 211	584	147	334	83	18	3
400 ～ 450	2 115	360	81	184	65	23	7
450 ～ 500	1 432	218	47	120	39	11	1
500 ～ 600	1 583	247	62	110	54	21	－
600 ～ 700	789	145	37	72	34	1	1
700 ～ 800	530	91	21	53	12	5	－
800 ～ 900	327	45	13	18	12	1	1
900 ～ 1000	182	29	12	10	7	－	－
1000万円以上	613	68	16	40	10	2	－

注：1）熊本県を除いたものである。
　　2）世帯人員には、入院者は含まない。

第88表　世帯人員（20歳以上），日ごろ健康のために

（人員10万対）

世帯人員1人当たり 所 得 金 額 階 級	総　　数	日ごろ健康のために				
		規 則 正 し く 朝・昼・夕の 食事をとっている	バランスの とれた食事を し て い る	うす味のものを 食 べ て い る	食 べ 過 ぎ な い ようにしている	適度に運動を するか身体を 動かしている
総　　　　　　　　　数	80 370	44 171	30 049	23 470	32 121	28 771
50万円未満	3 230	1 594	1 004	861	1 175	1 027
50 ～ 100	10 207	5 491	3 375	3 122	4 029	3 332
100 ～ 150	16 219	8 809	5 731	4 620	6 437	5 490
150 ～ 200	15 997	9 186	6 041	4 832	6 525	5 910
200 ～ 250	11 585	6 513	4 536	3 452	4 618	4 224
250 ～ 300	7 421	4 291	2 989	2 277	3 091	2 842
300 ～ 350	4 928	2 620	2 025	1 388	1 922	1 776
350 ～ 400	3 211	1 621	1 173	831	1 202	1 173
400 ～ 450	2 115	1 048	787	492	774	790
450 ～ 500	1 432	783	595	369	582	515
500 ～ 600	1 583	872	678	498	686	623
600 ～ 700	789	405	319	230	312	336
700 ～ 800	530	265	274	167	237	212
800 ～ 900	327	205	155	89	170	147
900 ～ 1000	182	100	90	49	79	90
1000万円以上	613	370	276	194	282	284

注：1）熊本県を除いたものである。
　　2）世帯人員には、入院者は含まない。

一無・世帯人員1人当たり所得金額階級別

平成28年調査

時々吸う日がある	10本以下	11～20本	21～30本	31本以上	本数不詳	以前は吸っていたが1か月以上吸っていない	吸わない	不　詳
1 026	910	72	3	6	35	4 097	59 606	1 239
42	39	–	2	1	–	113	2 277	62
158	135	15	–	–	8	439	7 514	226
243	218	15	1	2	7	753	11 897	265
197	167	17	–	1	12	893	11 881	245
136	126	8	–	1	1	568	8 716	161
82	79	–	–	–	4	424	5 548	71
64	54	9	–	–	1	261	3 663	75
34	30	3	–	–	–	182	2 368	43
22	18	4	–	–	–	131	1 571	31
16	14	–	–	–	1	110	1 076	11
11	11	–	–	–	–	78	1 224	23
4	4	–	–	–	–	47	586	8
2	2	–	–	–	–	33	393	11
3	3	–	–	–	–	19	259	–
1	1	–	–	–	–	13	136	3
11	8	1	–	–	1	33	497	4

実行している事柄（複数回答）・世帯人員1人当たり所得金額階級別

平成28年調査

実行している事柄（複数回答）					特に何もしていない	不　詳
睡眠を十分にとっている	たばこを吸わない	お酒を飲み過ぎないようにしている	ストレスをためないようにしている	その他		
27 523	34 499	21 056	22 739	2 085	10 529	1 496
999	1 193	671	814	91	519	101
3 526	4 129	2 443	2 762	308	1 413	279
5 460	6 536	3 983	4 498	386	2 283	314
5 688	6 996	4 309	4 689	430	2 102	315
4 164	5 193	3 274	3 399	292	1 481	162
2 670	3 396	2 117	2 236	197	775	78
1 657	2 174	1 350	1 330	121	589	87
948	1 406	865	885	89	440	51
632	899	535	551	39	331	37
404	663	360	337	52	180	20
543	775	467	454	41	166	33
247	345	206	217	10	98	5
154	237	151	166	4	56	8
131	180	111	116	5	26	3
69	70	48	66	8	13	1
230	308	165	218	11	57	2

第89表　世帯人員（20歳以上），健診等の受診の有－受診機会（複数回答）

（人員10万対）

世帯人員1人当たり 所得金額階級	総　数	健診等を 受けた	健診等の受診		
			市区町村が 実施した健診	勤め先等が 実施した健診	学校が 実施した健診
総　　　　　数	80 370	54 854	17 356	30 211	1 008
50万円未満	3 230	1 720	666	832	49
50 ～ 100	10 207	5 707	2 474	2 289	113
100 ～ 150	16 219	10 090	4 108	4 737	161
150 ～ 200	15 997	10 831	4 041	5 388	165
200 ～ 250	11 585	8 464	2 502	4 952	159
250 ～ 300	7 421	5 607	1 400	3 488	125
300 ～ 350	4 928	3 751	804	2 494	60
350 ～ 400	3 211	2 521	430	1 796	41
400 ～ 450	2 115	1 663	249	1 209	27
450 ～ 500	1 432	1 169	165	829	34
500 ～ 600	1 583	1 343	207	960	23
600 ～ 700	789	645	109	443	10
700 ～ 800	530	445	55	307	17
800 ～ 900	327	261	38	151	5
900 ～ 1000	182	150	18	97	9
1000万円以上	613	487	91	241	11

世帯人員1人当たり 所得金額階級	健診等を受け				
	費用がかかるから	検査等に 不安があるから	その時、医療機関に 入通院していたから	毎年受ける必要性を 感じないから	健康状態に自信が あり、必要性を 感じないから
総　　　　　数	3 424	942	2 554	2 304	2 078
50万円未満	234	48	169	103	107
50 ～ 100	740	157	427	358	407
100 ～ 150	899	246	604	536	472
150 ～ 200	689	192	526	507	410
200 ～ 250	395	136	330	289	263
250 ～ 300	191	52	175	179	139
300 ～ 350	104	35	127	94	105
350 ～ 400	57	18	65	69	44
400 ～ 450	55	19	28	46	28
450 ～ 500	23	10	32	27	21
500 ～ 600	15	6	19	27	18
600 ～ 700	10	6	21	20	20
700 ～ 800	1	6	11	14	9
800 ～ 900	4	7	4	15	11
900 ～ 1000	－	1	3	8	4
1000万円以上	8	3	12	14	19

注：1）熊本県を除いたものである。
　　2）世帯人員には、入院者は含まない。

－無－健診等を受けなかった理由（複数回答）・世帯人員１人当たり所得金額階級別

平成28年調査

機会（複数回答）			健診等を受けていない	知らなかったから	時間がとれなかったから	場所が遠いから
人間ドック	その他	不詳				
4 353	4 881	261	24 597	718	5 486	583
93	155	10	1 456	53	328	26
273	779	34	4 306	151	895	100
473	1 027	52	5 943	174	1 283	123
771	1 085	48	4 993	139	1 041	149
670	642	46	3 017	76	739	86
537	441	17	1 756	41	430	36
374	252	16	1 121	38	252	28
235	166	12	663	23	168	18
194	85	8	428	8	108	12
150	59	5	254	5	83	4
197	51	11	219	4	59	－
97	40	2	141	1	34	－
82	35	1	79	2	16	－
55	17	－	65	1	15	－
27	10	－	31	1	7	－
124	37	－	125	1	29	1

なかった理由（複数回答）					不詳
心配な時はいつでも医療機関を受診できるから	結果が不安なため、受けたくないから	めんどうだから	その他	不詳	
8 672	1 384	4 895	2 852	457	919
458	75	271	165	36	54
1 428	254	870	498	87	195
2 102	352	1 151	707	102	186
1 799	277	931	584	105	173
1 108	162	605	352	46	105
609	89	354	242	30	58
406	58	239	106	19	56
262	35	163	74	6	27
137	34	92	39	9	25
88	15	56	25	5	8
93	12	54	26	1	20
48	9	41	5	5	3
36	5	13	6	－	6
35	－	10	6	2	1
8	3	10	3	1	－
53	4	37	13	3	1

第90表　世帯人員（20歳以上），がん検診受診

（人員10万対）

世帯人員1人当たり 所 得 金 額 階 級	総　数	胃がん検診			肺がん検診		
		受けた	受けていない	不　詳	受けた	受けていない	不　詳
総　　　　　　　数	80 370	27 324	50 378	2 668	32 465	45 104	2 800
50万円未満	3 230	761	2 322	148	905	2 179	146
50 ～ 100	10 207	2 589	7 170	449	3 079	6 642	487
100 ～ 150	16 219	4 592	11 011	616	5 539	10 041	640
150 ～ 200	15 997	5 338	10 173	487	6 408	9 106	483
200 ～ 250	11 585	4 208	7 070	307	5 070	6 163	352
250 ～ 300	7 421	2 906	4 294	221	3 363	3 828	230
300 ～ 350	4 928	1 899	2 880	148	2 313	2 452	163
350 ～ 400	3 211	1 349	1 795	66	1 576	1 568	66
400 ～ 450	2 115	877	1 177	62	1 050	995	70
450 ～ 500	1 432	674	718	40	762	632	38
500 ～ 600	1 583	829	690	64	967	557	58
600 ～ 700	789	385	381	23	442	328	19
700 ～ 800	530	306	210	15	346	169	15
800 ～ 900	327	185	139	3	185	135	7
900 ～ 1000	182	106	74	2	105	72	4
1000万円以上	613	321	274	18	354	237	21

注：1）熊本県を除いたものである。
　　2）世帯人員には、入院者は含まない。
　　3）「子宮がん（子宮頸がん）検診」及び「乳がん検診」には男は含まない。

状況（複数回答）・世帯人員1人当たり所得金額階級別

平成28年調査

子宮がん（子宮頸がん）検診			乳がん検診			大腸がん検診		
受けた	受けていない	不　詳	受けた	受けていない	不　詳	受けた	受けていない	不　詳
12 210	28 469	1 623	11 633	29 104	1 565	27 781	49 524	3 064
424	1 302	82	366	1 363	79	808	2 272	150
1 223	4 233	303	1 047	4 411	301	2 522	7 168	517
2 141	6 341	345	1 959	6 540	327	4 663	10 819	737
2 421	5 730	321	2 281	5 894	298	5 613	9 875	509
1 794	4 050	215	1 796	4 051	212	4 251	6 939	396
1 289	2 392	110	1 286	2 393	111	2 948	4 229	244
819	1 548	89	829	1 539	87	1 954	2 790	184
563	979	40	534	1 009	39	1 356	1 770	84
411	545	31	391	570	26	894	1 144	77
282	384	18	273	394	17	634	756	41
359	372	41	360	379	33	818	699	66
165	202	10	169	202	6	399	374	15
120	117	2	132	104	4	307	211	12
80	65	2	73	69	5	177	139	10
27	39	−	29	33	3	100	81	1
92	169	15	107	154	15	336	258	19

（2－1）
第91表　稼働所得のある世帯数，世帯業態・世帯構造・稼働者構成別

（世帯数1万対）　　　　　　　　　　　　　　　　　　　　　　　　　　　　　　　　　　　平成28年調査

世帯構造 稼働者構成	総数	雇用者世帯	常雇者世帯	1月以上1年未満の契約の雇用者世帯	日々又は1月未満の契約の雇用者世帯	自営業者世帯	その他の世帯	不詳
総数	7 370	5 575	5 058	467	50	971	765	59
世帯主にあり	6 269	4 939	4 496	402	41	846	451	34
世帯主のみ	3 229	2 505	2 221	253	30	387	315	21
世帯主と配偶者	1 919	1 573	1 496	70	7	268	73	4
世帯主と配偶者と子	498	383	352	30	1	95	17	4
世帯主と子	475	370	325	42	3	64	38	3
世帯主と配偶者と父母	30	21	21	–	–	8	1	1
世帯主と父母	37	26	24	2	0	7	3	0
世帯主とその他	81	61	56	5	–	16	3	1
世帯主になし	1 102	637	562	66	9	125	315	25
単独世帯	1 092	846	718	115	13	111	128	7
世帯主にあり	1 092	846	718	115	13	111	128	7
世帯主のみ	1 092	846	718	115	13	111	128	7
世帯主と配偶者	．	．	．	．	．	．	．	．
世帯主と配偶者と子	．	．	．	．	．	．	．	．
世帯主と子	．	．	．	．	．	．	．	．
世帯主と配偶者と父母	．	．	．	．	．	．	．	．
世帯主と父母	．	．	．	．	．	．	．	．
世帯主とその他	．	．	．	．	．	．	．	．
世帯主になし	．	．	．	．	．	．	．	．
核家族世帯	5 026	3 866	3 564	273	28	637	486	36
世帯主にあり	4 291	3 454	3 203	228	23	555	264	18
世帯主のみ	1 863	1 465	1 337	114	14	222	163	13
世帯主と配偶者	1 718	1 423	1 357	62	5	228	63	3
世帯主と配偶者と子	354	280	259	21	1	65	9	0
世帯主と子	332	266	234	30	3	36	28	1
世帯主と配偶者と父母	．	．	．	．	．	．	．	．
世帯主と父母	15	11	9	2	–	2	1	0
世帯主とその他	10	8	8	1	–	2	–	–
世帯主になし	734	412	361	45	6	82	222	18
夫婦のみの世帯	1 533	1 014	888	116	10	267	233	18
世帯主にあり	1 345	936	826	103	8	239	158	11
世帯主のみ	652	410	345	62	4	119	113	9
世帯主と配偶者	694	526	482	41	3	120	46	2
世帯主と配偶者と子	．	．	．	．	．	．	．	．
世帯主と子	．	．	．	．	．	．	．	．
世帯主と配偶者と父母	．	．	．	．	．	．	．	．
世帯主と父母	．	．	．	．	．	．	．	．
世帯主とその他	．	．	．	．	．	．	．	．
世帯主になし	187	78	62	13	3	27	75	7

注：熊本県を除いたものである。

（2－2）
第91表　稼働所得のある世帯数，世帯業態・世帯構造・稼働者構成別

（世帯数1万対）　　　　　　　　　　　　　　　　　　　　　　　　　　　　　　　　　平成28年調査

世帯構造 稼働者構成	総　数	雇用者世帯	常雇者世帯	1月以上1年 未満の契約の 雇用者世帯	日々又は1月 未満の契約の 雇用者世帯	自営業者 世　帯	その他の 世　　帯	不　詳
夫婦と未婚の子のみの世帯	2 909	2 382	2 271	100	11	325	188	14
世帯主にあり	2 511	2 145	2 057	80	9	281	79	6
世帯主のみ	917	804	779	20	4	79	30	3
世帯主と配偶者	1 025	897	875	20	2	109	17	1
世帯主と配偶者と子	354	280	259	21	1	65	9	0
世帯主と子	210	162	142	18	2	27	21	1
世帯主と配偶者と父母	・	・	・	・	・	・	・	・
世帯主と父母	4	2	2	1	－	1	1	－
世帯主とその他	1	0	0	－	－	0	－	－
世帯主になし	398	237	214	20	3	44	109	8
ひとり親と未婚の子のみの世帯	584	470	405	58	7	45	65	4
世帯主にあり	436	372	320	46	6	35	27	2
世帯主のみ	295	251	213	32	6	23	19	1
世帯主と配偶者	・	・	・	・	・	・	・	・
世帯主と配偶者と子	・	・	・	・	・	・	・	・
世帯主と子	121	105	92	12	0	10	7	0
世帯主と配偶者と父母	・	・	・	・	・	・	・	・
世帯主と父母	10	8	7	1	－	1	1	0
世帯主とその他	9	8	7	1	－	1	－	－
世帯主になし	149	98	85	12	1	10	38	3
三世代世帯	667	472	437	33	2	118	70	7
世帯主にあり	468	345	319	24	1	93	24	6
世帯主のみ	87	65	60	4	0	19	3	0
世帯主と配偶者	98	79	76	3	－	14	4	1
世帯主と配偶者と子	125	91	83	8	－	24	7	3
世帯主と子	103	72	64	8	1	22	8	1
世帯主と配偶者と父母	20	15	15	－	－	6	0	－
世帯主と父母	13	11	10	－	0	2	1	－
世帯主とその他	20	12	12	1	－	7	1	1
世帯主になし	200	127	118	9	1	25	46	2
その他の世帯	585	392	339	46	7	104	81	8
世帯主にあり	418	295	255	35	4	86	34	2
世帯主のみ	186	129	106	20	2	35	21	0
世帯主と配偶者	102	70	63	6	2	26	6	0
世帯主と配偶者と子	19	12	11	1	－	6	1	－
世帯主と子	40	31	28	4	－	6	2	1
世帯主と配偶者と父母	9	6	6	－	－	2	1	1
世帯主と父母	10	5	5	0	－	4	1	－
世帯主とその他	50	40	37	3	－	8	2	0
世帯主になし	168	97	83	12	2	18	47	6

注：熊本県を除いたものである。

593

第92表　世　帯　数，世帯業態・所得者構成別

（世帯数1万対）　　　　　　　　　　　　　　　　　　　　　　　　　　　　　　　　　平成28年調査

所得者構成	総　数	雇用者世帯	常雇者世帯	1月以上1年未満の契約の雇用者世帯	日々又は1月未満の契約の雇用者世帯	自営業者世帯	その他の世帯	不　詳
総　　　　数	10 000	5 742	5 191	492	59	1 093	2 894	271
世帯主に所得がある世帯	9 621	5 502	4 976	471	56	1 045	2 819	255
世帯主のみ	4 207	2 273	2 028	212	32	340	1 450	145
世帯主と配偶者	3 178	1 725	1 599	114	12	384	988	82
世帯主と子又は父母	816	571	504	63	4	84	151	10
世帯主と配偶者と子又は父母	1 101	729	660	63	6	187	174	11
世帯主とその他	319	205	185	19	1	51	56	7
世帯主に所得がない世帯	379	240	215	21	4	48	74	16
配偶者のみ	204	125	114	9	2	28	41	9
子又は父母のみ	104	68	61	6	–	9	23	5
配偶者と子又は父母	44	30	25	4	1	8	5	2
その他	27	18	14	2	1	4	6	–

注：熊本県を除いたものである。

第93表　世帯数，世帯類型－児童のいる世帯－65歳以上の者のいる世帯・所得者構成別

（世帯数1万対）　　　　　　　　　　　　　　　　　　　　　　　　　　　　　　　　　平成28年調査

所得者構成	総　数	高齢者世帯	母子世帯	その他の世帯	（再掲）児童のいる世帯	（再掲）65歳以上の者のいる世帯
総　　　　数	10 000	2 807	129	7 065	2 325	5 261
世帯主に所得がある世帯	9 621	2 756	129	6 736	2 223	5 058
世帯主のみ	4 207	1 514	124	2 569	894	1 882
世帯主と配偶者	3 178	1 150	.	2 028	927	1 575
世帯主と子又は父母	816	29	5	781	117	551
世帯主と配偶者と子又は父母	1 101	34	.	1 067	216	771
世帯主とその他	319	28	.	292	68	278
世帯主に所得がない世帯	379	51	–	328	102	204
配偶者のみ	204	46	.	157	68	78
子又は父母のみ	104	3	–	101	20	76
配偶者と子又は父母	44	–	.	44	8	27
その他	27	1	.	26	5	23

注：1）熊本県を除いたものである。
　　2）「その他の世帯」には、「父子世帯」を含む。

第94表 世 帯 数，所得五分位階級・所得者構成別

（世帯数1万対） 平成28年調査

所 得 者 構 成	総 数	第 Ⅰ	第 Ⅱ	第 Ⅲ	第 Ⅳ	第 Ⅴ
総 数	10 000	2 000	2 000	2 000	2 000	2 000
世帯主に所得がある世帯	9 621	1 836	1 912	1 941	1 958	1 974
世 帯 主 の み	4 207	1 545	1 021	725	554	361
世 帯 主 と 配 偶 者	3 178	219	668	820	780	691
世帯主と子又は父母	816	54	157	198	208	199
世帯主と配偶者と子又は父母	1 101	7	42	158	335	558
世 帯 主 と そ の 他	319	10	25	39	82	164
世帯主に所得がない世帯	379	164	88	59	42	26
配 偶 者 の み	204	110	43	23	17	11
子 又 は 父 母 の み	104	44	27	16	12	5
配 偶 者 と 子 又 は 父 母	44	4	12	14	9	5
そ の 他	27	6	6	6	4	5

注：熊本県を除いたものである。

第95表　世帯数，世帯主の年齢（10歳階級）・世帯構造・所得者構成別

（世帯数1万対）　　　　　　　　　　　　　　　　　　　　　　平成28年調査

世帯構造 所得者構成	総数	29歳以下	30～39歳	40～49歳	50～59歳	60～69歳	70～79歳	80歳以上	（再掲） 65歳以上	（再掲） 75歳以上
総　数	10 000	301	935	1 557	1 655	2 404	1 945	1 204	4 538	2 111
世帯主に所得がある世帯	9 621	290	908	1 488	1 574	2 326	1 881	1 153	4 386	2 028
世帯主のみ	4 207	219	485	688	651	873	735	555	1 798	909
世帯主と配偶者	3 178	56	380	592	384	692	735	339	1 511	669
世帯主と子又は父母	816	4	21	91	224	239	115	120	352	176
世帯主と配偶者と子又は父母	1 101	1	8	85	242	420	249	94	589	206
世帯主とその他	319	9	14	31	72	102	46	45	136	68
世帯主に所得がない世帯	379	11	26	69	81	78	63	50	151	83
単　独　世　帯	2 253	164	124	213	275	502	526	449	1 286	712
世帯主に所得がある世帯	2 253	164	124	213	275	502	526	449	1 286	712
世帯主のみ	2 253	164	124	213	275	502	526	449	1 286	712
世帯主と配偶者	…	…	…	…	…	…	…	…	…	…
世帯主と子又は父母	…	…	…	…	…	…	…	…	…	…
世帯主と配偶者と子又は父母	…	…	…	…	…	…	…	…	…	…
世帯主とその他	…	…	…	…	…	…	…	…	…	…
世帯主に所得がない世帯	−	…	…	…	…	…	…	…	…	…
核　家　族　世　帯	6 332	118	763	1 181	1 054	1 479	1 173	563	2 602	1 089
世帯主に所得がある世帯	6 059	110	739	1 129	997	1 422	1 126	535	2 498	1 037
世帯主のみ	1 760	52	349	438	324	322	187	89	448	172
世帯主と配偶者	3 079	55	375	581	361	661	713	332	1 461	648
世帯主と子又は父母	525	3	13	62	154	162	71	61	217	95
世帯主と配偶者と子又は父母	684	−	1	42	158	275	155	54	371	122
世帯主とその他	10	0	2	6	1	1	−	−	0	−
世帯主に所得がない世帯	273	8	24	52	56	57	47	28	104	53
夫婦のみの世帯	2 572	43	121	158	299	784	783	385	1 664	736
世帯主に所得がある世帯	2 476	40	118	148	286	759	756	368	1 608	706
世帯主のみ	575	10	35	44	108	197	125	54	293	111
世帯主と配偶者	1 901	30	83	104	178	562	630	314	1 315	594
世帯主と子又は父母	…	…	…	…	…	…	…	…	…	…
世帯主と配偶者と子又は父母	…	…	…	…	…	…	…	…	…	…
世帯主とその他	…	…	…	…	…	…	…	…	…	…
世帯主に所得がない世帯	97	2	3	9	13	25	27	17	56	31
夫婦と未婚の子のみの世帯	3 055	68	583	864	604	553	295	89	667	215
世帯主に所得がある世帯	2 914	63	564	827	570	529	280	81	633	200
世帯主のみ	889	38	268	296	165	85	30	8	75	20
世帯主と配偶者	1 178	25	292	477	184	100	83	18	146	54
世帯主と子又は父母	163	1	3	12	64	69	11	2	41	5
世帯主と配偶者と子又は父母	684	−	1	42	158	275	155	54	371	122
世帯主とその他	1	−	−	1	−	−	−	−	−	−
世帯主に所得がない世帯	141	5	19	37	33	24	15	8	34	15
ひとり親と未婚の子のみの世帯	704	7	59	160	151	142	96	90	271	138
世帯主に所得がある世帯	668	6	57	154	141	134	90	86	257	131
世帯主のみ	296	5	45	98	50	40	31	27	81	41
世帯主と配偶者	…	…	…	…	…	…	…	…	…	…
世帯主と子又は父母	362	1	10	50	90	92	59	59	176	90
世帯主と配偶者と子又は父母	…	…	…	…	…	…	…	…	…	…
世帯主とその他	10	0	2	5	1	1	−	−	0	−
世帯主に所得がない世帯	36	1	2	6	10	8	5	4	14	7
三　世　代　世　帯	698	4	25	93	171	203	128	73	299	133
世帯主に所得がある世帯	644	4	24	84	159	192	118	62	275	119
世帯主のみ	57	0	4	9	19	15	6	4	17	6
世帯主と配偶者	46	0	4	10	15	8	7	1	14	6
世帯主と子又は父母	117	2	6	15	24	35	22	12	50	22
世帯主と配偶者と子又は父母	225	1	7	37	49	56	57	17	108	44
世帯主とその他	200	1	2	12	53	79	25	28	86	41
世帯主に所得がない世帯	53	−	2	8	12	11	10	10	24	15
そ　の　他　の　世　帯	717	14	23	70	155	221	117	119	350	176
世帯主に所得がある世帯	665	11	21	61	142	211	111	107	328	160
世帯主のみ	135	2	8	27	33	34	16	14	46	19
世帯主と配偶者	54	1	1	1	8	22	15	6	36	15
世帯主と子又は父母	174	−	2	14	47	42	22	47	85	60
世帯主と配偶者と子又は父母	192	−	−	6	36	89	37	23	110	40
世帯主とその他	109	8	10	13	18	23	21	17	50	27
世帯主に所得がない世帯	53	3	1	8	13	10	6	12	22	16

注：1）熊本県を除いたものである。
　　2）年齢階級の「総数」には、年齢不詳を含む。

第96表　世帯数−児童のいる世帯数，世帯主の仕事の有−勤めか自営かの別−勤め先での呼称−無・所得者構成別

（世帯数1万対）　　　　　　　　　　　　　　　　　　　　　　　　　　　　　　　　　　　　平成28年調査

所得者構成	総数	仕事あり	会社・団体等の役員	役員以外の雇用者	正規の職員・従業員	非正規の職員・従業員	パート・アルバイト	その他	自営業主	家族従業者	内職・その他	仕事なし
世　帯　数												
総　　　　　数	10 000	6 406	400	4 684	3 519	1 163	620	543	1 116	73	98	3 312
世帯主に所得がある世帯	9 621	6 198	383	4 551	3 414	1 136	608	528	1 068	68	94	3 165
世　帯　主　の　み	4 207	2 635	127	2 097	1 515	581	340	242	337	21	40	1 429
世　帯　主　と　配　偶　者	3 178	2 080	141	1 481	1 225	256	107	149	392	22	31	1 018
世帯主と子又は父母	816	521	32	387	252	135	85	49	84	10	7	281
世帯主と配偶者と子又は父母	1 101	744	74	446	319	127	59	68	199	10	10	341
世　帯　主　と　そ　の　他	319	218	10	141	104	37	18	19	55	5	7	94
世帯主に所得がない世帯	379	207	17	132	105	27	12	15	48	5	4	147
配　偶　者　の　み	204	132	12	85	73	12	4	8	30	2	2	62
子　又　は　父　母　の　み	104	39	1	29	20	9	5	4	6	2	1	56
配偶者と子又は父母	44	22	3	10	7	3	0	2	9	0	−	18
そ　　の　　他	27	13	0	8	5	3	3	1	3	1	1	11
児童のいる世帯数												
総　　　　　数	2 325	2 151	102	1 759	1 585	174	96	77	252	23	14	161
世帯主に所得がある世帯	2 223	2 076	97	1 707	1 537	169	94	75	235	22	14	138
世　帯　主　の　み	894	861	33	745	653	92	59	33	70	7	5	33
世　帯　主　と　配　偶　者	927	912	45	759	729	31	8	22	95	9	4	14
世帯主と子又は父母	117	87	6	63	42	21	16	6	15	1	1	29
世帯主と配偶者と子又は父母	216	164	12	107	91	17	6	11	39	3	2	48
世　帯　主　と　そ　の　他	68	51	1	32	23	8	5	3	16	1	1	15
世帯主に所得がない世帯	102	76	4	52	47	5	2	3	17	2	0	23
配　偶　者　の　み	68	60	3	44	41	2	1	2	11	1	0	7
子　又　は　父　母　の　み	20	7	0	5	3	1	1	0	2	0	−	12
配偶者と子又は父母	8	6	0	3	2	1	0	0	3	−	−	2
そ　　の　　他	5	3	0	1	1	1	1	−	1	0	−	2

注：1）熊本県を除いたものである。
　　2）仕事の有無の「総数」には、仕事の有無不詳を含む。
　　3）「仕事あり」には、勤めか自営か不詳を含む。
　　4）勤めか自営かの別の「役員以外の雇用者」には、勤め先での呼称不詳を含む。
　　5）勤め先での呼称の「その他」には、労働者派遣事業所の派遣社員、契約社員、嘱託、その他の呼称を含む。

第97表　世帯数，最多所得者の総所得に占める割合・所得金額階級別

（世帯数1万対）　　　　　　　　　　　　　　　　　　　　　　　　　　　　　　　　平成28年調査

所得金額階級	総　数	所得あり	50%未満	50〜60	60〜70	70〜80	80〜90	90〜100	100%	所得なし
総　　　　　数	10 000	9 572	1 267	904	865	970	897	484	4 185	428
50万円未満	97	95	2	1	−	−	0	−	92	2
50 〜 100	523	459	8	10	2	3	4	0	432	64
100 〜 150	647	586	32	24	11	8	6	4	501	61
150 〜 200	694	638	52	52	27	19	8	7	473	56
200 〜 250	729	670	44	51	52	35	26	13	450	59
250 〜 300	644	612	51	34	66	83	39	18	320	33
300 〜 350	697	664	64	37	77	121	60	23	282	34
350 〜 400	623	603	55	45	60	110	74	20	239	20
400 〜 450	565	544	63	44	49	82	68	30	209	21
450 〜 500	477	465	54	40	54	65	66	24	161	13
500 〜 550	482	468	61	51	47	57	66	24	162	14
550 〜 600	399	394	73	40	34	49	73	24	100	5
600 〜 650	404	394	63	45	35	42	57	30	123	10
650 〜 700	361	356	69	41	38	37	53	24	94	5
700 〜 750	357	350	59	37	39	34	52	24	105	7
750 〜 800	273	270	53	37	23	23	46	25	64	3
800 〜 850	270	266	58	35	22	32	32	17	70	4
850 〜 900	222	219	45	32	29	19	28	23	45	3
900 〜 950	211	207	43	26	25	23	27	16	46	3
950 〜 1000	159	157	34	17	31	14	17	16	28	2
1000 〜 1100	275	272	63	42	36	27	21	26	56	3
1100 〜 1200	200	197	44	40	31	18	15	21	27	3
1200 〜 1500	364	362	97	70	41	33	26	38	56	3
1500 〜 2000	197	196	52	43	25	21	15	15	25	1
2000万円以上	128	128	29	11	12	15	16	19	26	0

注：熊本県を除いたものである。

第98表　世帯数，最多所得者の仕事の有－勤めか自営かの別－勤め先での呼称－無・最多所得者の総所得に占める割合別

（世帯数1万対）　　　　　　　　　　　　　　　　　　　　　　　　　　　　　　　　平成28年調査

最多所得者の総所得に占める割合	総　数	仕事あり	会社・団体等の役員	役員以外の雇用者	正規の職員・従業員	非正規の職員・従業員	パート・アルバイト	その他	自営業主	家族従業者	内職・その他	仕事なし
総　　　　　数	10 000	7 050	416	5 326	4 020	1 305	707	598	1 093	77	102	2 695
所得あり	9 572	6 708	395	5 075	3 826	1 247	676	571	1 041	70	95	2 626
50%未満	1 267	956	45	613	395	216	130	87	246	28	16	285
50〜60	904	677	40	509	398	112	57	55	113	6	8	209
60〜70	865	636	38	475	372	103	51	52	104	5	10	209
70〜80	970	671	51	498	396	102	50	52	105	5	9	280
80〜90	897	688	60	515	434	81	28	53	97	5	9	195
90〜100	484	408	34	330	289	41	13	28	41	1	2	75
100%	4 185	2 672	128	2 135	1 543	592	347	246	336	20	41	1 373
所得なし	428	341	21	251	193	58	31	27	52	7	7	69

注：1）熊本県を除いたものである。
　　2）仕事の有無の「総数」には、仕事の有無不詳を含む。
　　3）「仕事あり」には、勤めか自営か不詳を含む。
　　4）勤めか自営かの別の「役員以外の雇用者」には、勤め先での呼称不詳を含む。
　　5）勤め先での呼称の「その他」には、労働者派遣事業所の派遣社員、契約社員、嘱託、その他の呼称を含む。

（2－1）

第99表　世帯数，最多所得者の仕事の有－勤めか自営かの別－勤め先での呼称－無・世帯構造・稼働者構成－稼働者なし別

（世帯数1万対）　　　　　　　　　　　　　　　　　　　　　　　　　　　　　　　　平成28年調査

世帯構造 稼働者構成－稼働者なし	総数	仕事あり	会社・団体等の役員	役員以外の雇用者	正規の職員・従業員	非正規の職員・従業員	パート・アルバイト	その他	自営業主	家族従業者	内職・その他	仕事なし
総数	10 000	7 050	416	5 326	4 020	1 305	707	598	1 093	77	102	2 695
世帯主にあり	6 269	5 908	376	4 562	3 510	1 051	552	500	846	54	62	328
世帯主のみ	3 229	2 960	157	2 348	1 684	664	377	288	387	22	40	248
世帯主と配偶者	1 919	1 870	129	1 444	1 258	186	71	115	268	16	11	46
世帯主と配偶者と子	498	485	50	334	261	73	31	41	95	5	2	10
世帯主と子	475	450	33	337	223	114	64	49	64	8	6	22
世帯主と配偶者と父母	30	29	3	17	17	1	－	1	8	0	0	0
世帯主と父母	37	36	1	25	21	4	2	2	7	2	0	1
世帯主とその他	81	79	4	57	46	11	6	5	16	0	2	1
世帯主になし	1 102	800	35	602	426	176	107	68	125	16	16	277
稼働者なし	2 630	341	5	162	84	77	47	30	123	7	24	2 090
単独世帯	2 253	1 062	40	835	510	325	203	122	141	8	28	1 085
世帯主にあり	1 092	986	39	807	504	303	186	117	111	6	21	99
世帯主のみ	1 092	986	39	807	504	303	186	117	111	6	21	99
世帯主と配偶者	・	・	・	・	・	・	・	・	・	・	・	・
世帯主と配偶者と子	・	・	・	・	・	・	・	・	・	・	・	・
世帯主と子	・	・	・	・	・	・	・	・	・	・	・	・
世帯主と配偶者と父母	・	・	・	・	・	・	・	・	・	・	・	・
世帯主と父母	・	・	・	・	・	・	・	・	・	・	・	・
世帯主とその他	・	・	・	・	・	・	・	・	・	・	・	・
世帯主になし	・	・	・	・	・	・	・	・	・	・	・	・
稼働者なし	1 162	76	1	28	7	22	16	5	30	2	8	986
核家族世帯	6 332	4 807	297	3 668	2 905	763	394	369	716	48	57	1 400
世帯主にあり	4 291	4 080	273	3 181	2 582	599	292	308	555	35	32	194
世帯主のみ	1 863	1 720	101	1 364	1 066	298	157	142	222	13	16	130
世帯主と配偶者	1 718	1 675	113	1 310	1 147	163	62	101	228	13	10	41
世帯主と配偶者と子	354	347	38	242	188	54	25	28	65	1	1	7
世帯主と子	332	314	20	247	167	79	44	35	36	6	5	16
世帯主と配偶者と父母	・	・	・	・	・	・	・	・	・	・	・	・
世帯主と父母	15	14	0	10	7	3	2	1	2	1	0	－
世帯主とその他	10	10	0	8	6	2	2	－	2	－	－	－
世帯主になし	734	519	21	391	271	120	78	42	82	9	11	197
稼働者なし	1 306	208	3	96	52	44	25	20	79	4	14	1 008
夫婦のみの世帯	2 572	1 439	111	943	632	311	146	166	326	16	28	1 040
世帯主にあり	1 345	1 204	99	837	589	248	107	141	239	11	14	130
世帯主のみ	652	545	40	370	234	136	61	76	119	4	8	98
世帯主と配偶者	694	659	59	467	356	111	46	65	120	7	6	32
世帯主と配偶者と子	・	・	・	・	・	・	・	・	・	・	・	・
世帯主と子	・	・	・	・	・	・	・	・	・	・	・	・
世帯主と配偶者と父母	・	・	・	・	・	・	・	・	・	・	・	・
世帯主と父母	・	・	・	・	・	・	・	・	・	・	・	・
世帯主とその他	・	・	・	・	・	・	・	・	・	・	・	・
世帯主になし	187	114	9	69	32	36	24	13	27	1	4	66
稼働者なし	1 040	121	3	37	10	27	15	12	60	3	10	843

注：1）熊本県を除いたものである。
　　2）仕事の有無の「総数」には、仕事の有無不詳を含む。
　　3）「仕事あり」には、勤めか自営か不詳を含む。
　　4）勤めか自営かの別の「役員以外の雇用者」には、勤め先での呼称不詳を含む。
　　5）勤め先での呼称の「その他」には、労働者派遣事業所の派遣社員、契約社員、嘱託、その他の呼称を含む。

（2−2）

第99表　世帯数，最多所得者の仕事の有－勤めか自営かの別－勤め先での呼称－無・世帯構造・稼働者構成－稼働者なし別

（世帯数1万対）　平成28年調査

世帯構造 稼働者構成－稼働者なし	総数	仕事あり	会社・団体等の役員	役員以外の雇用者	正規の職員・従業員	非正規の職員・従業員	パート・アルバイト	その他	自営業主	家族従業者	内職・その他	仕事なし
夫婦と未婚の子のみの世帯	3 055	2 803	167	2 250	1 983	267	116	151	336	23	22	228
世帯主にあり	2 511	2 458	158	1 988	1 783	205	79	126	281	16	15	48
世帯主のみ	917	895	49	754	692	63	24	39	79	5	6	18
世帯主と配偶者	1 025	1 016	54	843	791	52	16	35	109	6	4	8
世帯主と配偶者と子	354	347	38	242	188	54	25	28	65	1	1	7
世帯主と子	210	195	16	146	109	36	14	23	27	3	4	14
世帯主と配偶者と父母	.	.	.	.	.	.	.	.	.	.	.	.
世帯主と父母	4	4	−	2	2	0	−	0	1	1	−	−
世帯主とその他	1	1	0	−	−	−	−	−	0	−	−	−
世帯主になし	398	295	8	228	176	52	31	21	44	7	6	95
稼働者なし	146	50	0	34	24	10	6	4	11	0	2	85
ひとり親と未婚の子のみの世帯	704	565	19	476	290	185	132	53	54	9	7	132
世帯主にあり	436	418	16	356	210	146	106	41	35	7	3	16
世帯主のみ	295	280	11	240	141	99	72	27	23	4	2	14
世帯主と配偶者												
世帯主と配偶者と子												
世帯主と子	121	119	4	101	58	43	30	13	10	3	1	2
世帯主と配偶者と父母												
世帯主と父母	10	10	0	8	5	3	2	1	1	1	0	−
世帯主とその他	9	9	−	8	6	2	2	−	1	−	−	−
世帯主になし	149	110	3	94	62	32	23	8	10	1	1	36
稼働者なし	120	37	0	25	18	7	3	4	8	0	3	80
三世代世帯	698	630	41	446	361	85	40	46	122	10	8	60
世帯主にあり	468	450	33	312	252	59	23	36	93	7	5	12
世帯主のみ	87	85	6	59	47	12	5	8	19	1	0	3
世帯主と配偶者	98	95	6	73	66	7	2	5	14	0	1	2
世帯主と配偶者と子	125	119	8	83	65	17	5	12	24	3	1	3
世帯主と子	103	99	9	63	43	20	10	10	22	2	1	4
世帯主と配偶者と父母	20	20	2	13	12	1	−	1	6	−	0	−
世帯主と父母	13	12	−	11	11	−	−	−	2	−	−	1
世帯主とその他	20	20	2	10	8	2	2	1	7	0	1	−
世帯主になし	200	159	8	120	99	21	12	9	25	3	3	39
稼働者なし	30	20	1	15	10	5	5	1	4	0	−	9
その他の世帯	717	550	38	376	245	131	70	61	115	11	8	150
世帯主にあり	418	392	32	263	173	90	50	40	86	6	5	23
世帯主のみ	186	169	11	118	68	50	29	21	35	2	3	17
世帯主と配偶者	102	99	9	61	45	16	7	9	26	3	1	3
世帯主と配偶者と子	19	19	3	9	8	1	1	1	6	1	−	−
世帯主と子	40	38	−	27	12	15	11	4	6	−	2	−
世帯主と配偶者と父母	9	8	2	5	5	−	−	−	2	0	−	0
世帯主と父母	10	9	1	4	3	1	1	0	4	1	−	0
世帯主とその他	50	49	1	39	32	7	3	4	8	−	1	1
世帯主になし	168	122	6	91	56	35	18	17	18	4	2	41
稼働者なし	132	36	−	22	16	6	2	4	11	1	1	86

注：1）熊本県を除いたものである。
　　2）仕事の有無の「総数」には、仕事の有無不詳を含む。
　　3）「仕事あり」には、勤めか自営か不詳を含む。
　　4）勤めか自営かの別の「役員以外の雇用者」には、勤め先での呼称不詳を含む。
　　5）勤め先での呼称の「その他」には、労働者派遣事業所の派遣社員、契約社員、嘱託、その他の呼称を含む。

第100表　有所得者数（15歳以上）－児童のいる世帯の有所得者数（15歳以上），所得者構成・仕事の有－勤めか自営かの別－勤め先での呼称－無別

（人員10万対）　　　　　　　　　　　　　　　　　　　　　　　　　　　　　　　　　平成28年調査

仕事の有－勤めか自営かの別－勤め先での呼称－無	総数	世帯主に所得がある世帯	世帯主のみ	世帯主と配偶者	世帯主と子又は父母	世帯主と配偶者と子又は父母	世帯主とその他	世帯主に所得がない世帯
				有　所　得　者　数				
総　　　　数	68 439	66 532	16 366	24 731	6 990	13 885	4 559	1 907
仕　事　あ　り	43 914	42 612	10 251	15 118	4 716	9 569	2 958	1 302
会社・団体等の役員	2 069	2 019	493	738	217	468	102	50
役員以外の雇用者	33 832	32 778	8 158	11 390	3 817	7 202	2 211	1 054
正規の職員・従業員	21 291	20 751	5 895	6 753	2 457	4 231	1 415	540
非正規の職員・従業員	12 535	12 021	2 262	4 636	1 359	2 969	795	514
パート・アルバイト	8 691	8 316	1 322	3 452	914	2 105	524	375
そ　の　他	3 843	3 704	940	1 184	445	864	271	139
自　営　業　主	5 282	5 178	1 313	1 923	468	1 125	349	103
家　族　従　業　者	1 767	1 703	80	712	130	578	203	64
内　職　・　そ　の　他	758	733	154	282	68	155	74	25
仕　事　な　し	23 301	22 709	5 561	9 292	2 166	4 195	1 494	592
				児童のいる世帯の有所得者数				
総　　　　数	16 283	15 774	3 479	7 213	1 096	2 884	1 103	508
仕　事　あ　り	14 207	13 849	3 351	6 795	848	2 114	742	357
会社・団体等の役員	535	522	130	240	44	89	20	13
役員以外の雇用者	11 859	11 567	2 900	5 858	676	1 610	524	291
正規の職員・従業員	8 307	8 160	2 541	3 889	422	955	353	147
非正規の職員・従業員	3 551	3 407	358	1 969	255	654	170	144
パート・アルバイト	2 811	2 701	231	1 633	209	511	118	110
そ　の　他	740	705	128	337	46	143	52	35
自　営　業　主	1 188	1 161	272	460	86	232	110	27
家　族　従　業　者	474	453	28	171	27	154	73	20
内　職　・　そ　の　他	137	132	21	65	12	20	14	5
仕　事　な　し	1 985	1 834	127	414	224	731	337	151

注：1）熊本県を除いたものである。
　　2）仕事の有無の「総数」には、仕事の有無不詳を含む。
　　3）「仕事あり」には、勤めか自営か不詳を含む。
　　4）勤めか自営かの別の「役員以外の雇用者」には、勤め先での呼称不詳を含む。
　　5）勤め先での呼称の「その他」には、労働者派遣事業所の派遣社員、契約社員、嘱託、その他の呼称を含む。

第101表 有業人員（15歳以上）－児童のいる世帯の有業人員（15歳以上），稼働者構成・勤めか自営かの別－勤め先での呼称別

（人員10万対）　　　平成28年調査

勤めか自営かの別－勤め先での呼称	総数	世帯主にあり	世帯主のみ	世帯主と配偶者	世帯主と配偶者と子	世帯主と子	世帯主と配偶者と父母	世帯主と父母	世帯主とその他	世帯主になし
				有 業 人 員						
総　　数	48 317	41 405	14 814	14 659	6 188	4 318	303	279	844	6 912
会社・団体等の役員	2 207	1 984	681	703	331	213	21	6	28	223
役員以外の雇用者	37 789	32 513	11 485	11 775	4 881	3 373	184	193	623	5 276
正規の職員・従業員	23 327	20 170	7 451	7 236	2 793	2 066	113	120	391	3 157
非正規の職員・従業員	14 453	12 337	4 031	4 539	2 088	1 305	71	73	231	2 116
パート・アルバイト	10 290	8 814	2 671	3 474	1 568	836	51	55	159	1 475
そ　の　他	4 163	3 523	1 360	1 065	520	468	20	18	72	640
自　営　業　主	5 116	4 276	1 704	1 392	567	398	61	48	106	839
家　族　従　業　者	2 136	1 793	531	580	323	225	34	28	72	343
内　職・そ　の　他	850	670	308	189	77	81	2	3	11	180
				児童のいる世帯の有業人員						
総　　数	16 242	14 691	4 722	7 301	1 209	952	179	89	239	1 551
会社・団体等の役員	579	524	160	244	51	57	11	2	－	55
役員以外の雇用者	13 472	12 259	4 002	6 301	918	681	113	76	168	1 213
正規の職員・従業員	8 939	8 144	2 928	4 103	508	389	63	50	102	796
非正規の職員・従業員	4 529	4 112	1 071	2 198	410	290	50	26	67	417
パート・アルバイト	3 688	3 355	859	1 847	333	213	35	22	46	332
そ　の　他	842	757	211	351	76	77	15	5	21	85
自　営　業　主	1 288	1 111	315	481	120	116	31	7	41	177
家　族　従　業　者	629	549	124	188	105	77	23	3	29	80
内　職・そ　の　他	211	192	81	79	13	18	1	－	－	19

注：1）熊本県を除いたものである。
　　2）稼働所得のない世帯は含まない。
　　3）勤めか自営かの別の「総数」には、勤めか自営か不詳を含む。
　　4）勤めか自営かの別の「役員以外の雇用者」には、勤め先での呼称不詳を含む。
　　5）勤め先での呼称の「その他」には、労働者派遣事業所の派遣社員、契約社員、嘱託、その他の呼称を含む。

（3－1）

第102表　有業人員（15歳以上），勤めか自営かの別－勤め先での呼称・配偶者の有無・性・所得金額階級別

（人員10万対）　　　　　　　　　　　　　　　　　　　　　　　　　　　　　　　　平成28年調査

配偶者の有無 性 所得金額階級	総　数	会社・団体等の役員	役員以外の雇用者	正規の職員・従業員	非正規の職員・従業員	パート・アルバイト	その他	自営業主	家族従業者	内職・その他
総　　　　　　数	50 389	2 240	38 820	23 842	14 969	10 632	4 337	5 743	2 282	975
50万円未満	1 533	10	1 009	189	818	707	111	252	159	84
50 ～ 100	4 268	51	2 891	320	2 569	2 334	235	614	478	172
100 ～ 150	4 620	64	3 336	604	2 732	2 372	360	700	342	150
150 ～ 200	3 552	64	2 591	929	1 662	1 178	485	605	189	84
200 ～ 250	3 922	113	2 999	1 547	1 451	790	662	556	165	63
250 ～ 300	3 340	77	2 674	1 727	946	495	451	422	107	42
300 ～ 350	3 634	149	2 918	2 148	770	321	449	417	89	48
350 ～ 400	2 875	150	2 337	1 929	408	170	239	312	48	21
400 ～ 450	2 669	115	2 224	1 877	347	104	243	253	38	26
450 ～ 500	1 995	140	1 639	1 414	225	68	158	163	43	7
500 ～ 600	3 244	187	2 769	2 513	256	62	194	227	37	21
600 ～ 700	2 607	169	2 227	2 092	135	39	96	176	24	11
700 ～ 800	1 837	150	1 549	1 459	90	19	71	116	16	6
800 ～ 900	1 254	127	1 010	958	52	14	38	101	11	5
900 ～ 1000	743	98	578	557	21	2	18	52	7	8
1000万円以上	1 823	403	1 079	1 027	51	19	32	317	15	9
所 得 な し	6 475	171	4 989	2 551	2 434	1 940	494	461	515	218
男	28 113	1 675	20 957	16 499	4 454	2 212	2 242	4 405	517	408
50万円未満	427	1	237	93	144	119	25	136	30	17
50 ～ 100	889	14	398	109	289	228	61	352	62	48
100 ～ 150	1 152	21	534	204	330	229	101	465	76	43
150 ～ 200	1 345	32	763	386	377	223	154	455	44	40
200 ～ 250	1 886	56	1 284	780	503	234	268	446	40	43
250 ～ 300	1 857	55	1 341	899	441	212	229	365	47	34
300 ～ 350	2 304	102	1 779	1 282	497	204	293	354	27	32
350 ～ 400	2 072	106	1 644	1 357	287	110	177	279	21	16
400 ～ 450	2 058	86	1 692	1 400	292	75	218	233	14	24
450 ～ 500	1 569	114	1 288	1 116	172	44	128	150	11	4
500 ～ 600	2 623	148	2 234	2 027	207	41	166	204	15	18
600 ～ 700	2 204	153	1 868	1 766	102	17	85	166	7	10
700 ～ 800	1 568	131	1 324	1 247	76	11	65	99	7	6
800 ～ 900	1 090	108	886	848	38	3	35	88	3	4
900 ～ 1000	678	86	533	518	16	1	14	51	1	7
1000万円以上	1 668	354	1 004	964	39	6	32	296	6	7
所 得 な し	2 724	106	2 147	1 503	644	453	191	266	105	55
女	22 276	565	17 864	7 342	10 515	8 420	2 095	1 337	1 765	568
50万円未満	1 106	9	771	96	674	588	86	116	129	67
50 ～ 100	3 379	37	2 493	211	2 281	2 106	174	262	416	125
100 ～ 150	3 467	42	2 802	399	2 402	2 143	259	236	266	107
150 ～ 200	2 207	32	1 828	543	1 285	955	330	150	146	45
200 ～ 250	2 036	57	1 715	767	948	555	393	110	125	21
250 ～ 300	1 483	23	1 333	828	505	283	223	56	61	8
300 ～ 350	1 329	47	1 139	866	273	117	156	63	62	15
350 ～ 400	803	44	694	572	121	59	62	33	27	5
400 ～ 450	611	29	532	477	55	29	26	20	24	3
450 ～ 500	426	25	352	298	54	24	30	13	32	4
500 ～ 600	621	40	535	487	48	21	27	23	21	2
600 ～ 700	403	16	359	326	33	21	12	9	17	1
700 ～ 800	269	19	226	211	14	8	6	17	8	－
800 ～ 900	164	19	124	110	14	10	4	13	7	1
900 ～ 1000	65	12	45	40	5	1	4	1	6	1
1000万円以上	155	49	75	63	12	12	－	21	9	1
所 得 な し	3 751	65	2 842	1 048	1 790	1 487	303	195	410	162

注：1）熊本県を除いたものである。
　　2）勤めか自営かの別の「総数」には、勤めか自営か不詳を含む。
　　3）勤めか自営かの別の「役員以外の雇用者」には、勤め先での呼称不詳を含む。
　　4）勤め先での呼称の「その他」には、労働者派遣事業所の派遣社員、契約社員、嘱託、その他の呼称を含む。

（3-2）
第102表　有業人員（15歳以上），勤めか自営かの別－
勤め先での呼称・配偶者の有無・性・所得金額階級別

（人員10万対）　　　　　　　　　　　　　　　　　　　　　　　　　　　　　　　　　　　平成28年調査

配偶者の有無 性 所得金額階級	総　数	会社・団体等の役員	役員以外の雇用者	正規の職員・従業員	非正規の職員・従業員	パート・アルバイト	その他	自営業主	家族従業者	内職・その他
配　偶　者　あ　り	33 707	1 848	24 628	15 028	9 594	6 972	2 622	4 524	1 884	621
50万円未満	948	10	550	50	499	440	60	187	128	59
50 ～ 100	3 122	44	2 060	134	1 925	1 782	143	465	410	103
100 ～ 150	3 141	49	2 185	264	1 922	1 742	180	506	293	89
150 ～ 200	1 980	47	1 263	376	887	643	244	459	162	38
200 ～ 250	2 063	78	1 375	621	753	437	316	420	130	46
250 ～ 300	1 888	55	1 384	819	565	299	266	320	85	31
300 ～ 350	2 207	107	1 648	1 120	528	222	306	333	68	40
350 ～ 400	1 932	122	1 489	1 173	316	128	188	266	37	12
400 ～ 450	1 919	100	1 533	1 240	294	96	198	214	34	25
450 ～ 500	1 508	112	1 204	1 027	176	57	120	141	41	7
500 ～ 600	2 635	153	2 242	2 033	209	46	163	195	24	17
600 ～ 700	2 203	152	1 876	1 771	106	26	79	149	19	7
700 ～ 800	1 604	123	1 364	1 291	72	17	56	98	13	5
800 ～ 900	1 127	112	910	862	48	12	36	92	8	5
900 ～ 1000	671	91	519	499	20	1	18	48	7	7
1000万円以上	1 651	368	986	941	44	15	29	278	13	6
所　得　な　し	3 109	125	2 040	808	1 229	1 009	220	353	412	124
男	19 653	1 424	13 933	11 481	2 450	957	1 493	3 671	291	235
50万円未満	160	1	35	22	13	8	5	100	14	5
50 ～ 100	432	8	99	39	60	34	26	277	30	9
100 ～ 150	613	17	156	54	102	65	37	355	55	21
150 ～ 200	743	21	294	135	159	85	74	375	29	17
200 ～ 250	1 064	43	569	307	261	133	128	380	21	38
250 ～ 300	1 146	37	745	441	305	155	150	291	31	27
300 ～ 350	1 517	71	1 092	707	385	162	223	297	18	29
350 ～ 400	1 505	92	1 139	896	243	97	146	244	14	11
400 ～ 450	1 552	76	1 233	978	255	72	183	198	13	22
450 ～ 500	1 255	89	1 014	866	149	43	106	136	10	4
500 ～ 600	2 219	129	1 885	1 705	180	34	146	180	7	15
600 ～ 700	1 919	137	1 626	1 536	89	13	76	146	3	7
700 ～ 800	1 417	111	1 204	1 142	62	10	52	91	4	5
800 ～ 900	1 010	100	822	785	37	3	34	84	1	4
900 ～ 1000	630	83	493	477	16	1	14	48	1	5
1000万円以上	1 557	335	943	906	35	6	29	269	5	4
所　得　な　し	912	73	584	485	99	35	64	200	33	13
女	14 054	424	10 696	3 548	7 144	6 016	1 129	853	1 593	386
50万円未満	788	9	515	28	486	432	54	87	113	54
50 ～ 100	2 689	35	1 961	95	1 865	1 748	117	189	380	94
100 ～ 150	2 528	32	2 029	210	1 819	1 677	142	151	237	68
150 ～ 200	1 237	26	969	241	727	557	170	84	133	21
200 ～ 250	999	35	806	314	492	304	188	40	110	8
250 ～ 300	742	17	638	378	260	144	116	29	54	3
300 ～ 350	690	35	557	414	143	59	84	37	50	12
350 ～ 400	427	29	350	277	73	31	42	22	23	1
400 ～ 450	367	25	300	261	39	24	15	15	22	3
450 ～ 500	252	23	189	161	28	14	14	5	31	4
500 ～ 600	416	25	357	328	30	12	17	14	17	2
600 ～ 700	284	15	251	235	16	13	3	2	16	－
700 ～ 800	187	12	159	149	10	7	4	7	8	－
800 ～ 900	117	12	88	77	12	9	2	8	7	1
900 ～ 1000	41	8	26	22	4	－	4	－	6	1
1000万円以上	94	33	44	35	9	9	－	9	8	1
所　得　な　し	2 197	52	1 456	323	1 131	975	156	153	379	112

注：1）熊本県を除いたものである。
　　2）勤めか自営かの別の「総数」には、勤めか自営か不詳を含む。
　　3）勤めか自営かの別の「役員以外の雇用者」には、勤め先での呼称不詳を含む。
　　4）勤め先での呼称の「その他」には、労働者派遣事業所の派遣社員、契約社員、嘱託、その他の呼称を含む。

（3－3）

第102表　有業人員（15歳以上），勤めか自営かの別－勤め先での呼称・配偶者の有無・性・所得金額階級別

（人員10万対）　　　平成28年調査

配偶者の有無 性 所得金額階級	総数	会社・団体等の役員	役員以外の雇用者	正規の職員・従業員	非正規の職員・従業員	パート・アルバイト	その他	自営業主	家族従業者	内職・その他
配偶者なし	16 682	392	14 192	8 813	5 374	3 659	1 715	1 218	398	354
50万円未満	585	－	459	139	319	268	51	65	32	24
50 ～ 100	1 146	7	831	186	644	552	92	149	68	69
100 ～ 150	1 478	14	1 151	340	810	630	181	194	49	61
150 ～ 200	1 572	17	1 329	553	776	535	241	146	28	47
200 ～ 250	1 859	35	1 624	926	698	352	346	136	34	17
250 ～ 300	1 452	23	1 290	908	381	196	185	101	23	12
300 ～ 350	1 427	43	1 269	1 028	242	99	143	84	21	7
350 ～ 400	943	29	848	756	92	41	51	46	10	9
400 ～ 450	750	15	691	638	53	8	45	39	3	1
450 ～ 500	487	28	436	386	49	11	38	22	2	－
500 ～ 600	609	34	527	481	47	16	31	32	13	3
600 ～ 700	404	17	351	321	29	12	17	27	4	4
700 ～ 800	234	27	185	167	18	2	16	18	3	1
800 ～ 900	127	15	100	96	4	1	2	10	2	－
900 ～ 1000	72	7	59	58	1	1	－	4	－	1
1000万円以上	172	35	93	86	7	3	3	38	2	3
所得なし	3 366	46	2 949	1 743	1 205	931	274	108	103	93
男	8 461	250	7 024	5 019	2 004	1 255	749	734	226	173
50万円未満	267	－	202	71	131	111	20	36	16	12
50 ～ 100	457	6	299	70	229	194	34	76	32	39
100 ～ 150	539	4	378	151	227	164	64	110	21	22
150 ～ 200	602	11	469	252	218	137	80	80	15	23
200 ～ 250	822	13	715	473	242	102	141	66	19	5
250 ～ 300	711	17	596	459	136	57	79	74	16	7
300 ～ 350	787	30	687	575	112	42	70	57	9	4
350 ～ 400	566	14	505	461	44	13	31	35	7	6
400 ～ 450	506	11	458	421	37	2	35	34	1	1
450 ～ 500	314	26	273	250	23	1	22	14	1	－
500 ～ 600	403	19	349	322	28	7	20	23	9	3
600 ～ 700	285	16	242	230	12	4	8	20	3	3
700 ～ 800	151	20	119	105	14	1	13	8	3	1
800 ～ 900	80	8	64	63	1		1	5	2	－
900 ～ 1000	47	3	41	41	－		－	3	－	1
1000万円以上	111	19	62	58	3	－	3	26	1	3
所得なし	1 812	33	1 563	1 018	545	419	127	66	72	43
女	8 222	141	7 168	3 795	3 371	2 404	966	484	172	181
50万円未満	318	－	257	68	188	156	32	29	16	13
50 ～ 100	689	1	533	116	415	358	57	73	36	31
100 ～ 150	940	10	772	189	583	466	117	85	29	38
150 ～ 200	970	6	859	301	558	398	160	66	13	24
200 ～ 250	1 037	22	909	453	456	251	205	70	15	13
250 ～ 300	741	6	694	450	245	139	106	27	7	5
300 ～ 350	639	12	582	453	130	58	72	26	12	3
350 ～ 400	376	15	344	295	48	28	20	11	4	3
400 ～ 450	244	4	232	216	16	6	10	5	2	－
450 ～ 500	174	2	162	137	26	10	16	8	1	－
500 ～ 600	206	15	178	159	19	8	10	8	4	－
600 ～ 700	119	1	108	91	17	8	9	7	1	1
700 ～ 800	83	7	66	62	4	1	3	10		－
800 ～ 900	47	7	35	33	2	1	1	5		－
900 ～ 1000	24	4	19	18	1	1	－	1		－
1000万円以上	61	16	31	28	3	3	－	12	1	－
所得なし	1 554	13	1 385	725	659	512	147	42	31	51

注：1）熊本県を除いたものである。
　　2）勤めか自営かの別の「総数」には、勤めか自営か不詳を含む。
　　3）勤めか自営かの別の「役員以外の雇用者」には、勤め先での呼称不詳を含む。
　　4）勤め先での呼称の「その他」には、労働者派遣事業所の派遣社員、契約社員、嘱託、その他の呼称を含む。

（6−1）

第103表　役員以外の雇用者数（15歳以上），

（人員10万対）

性 年 齢 階 級 所得金額階級	総　数						総　数	卒　業
	総　数	卒　業	小学・中学	高校・ 旧制中	専門学校・ 短大・高専	大学・ 大学院	総　数	卒　業
総　　　　　　数	38 820	34 352	1 865	13 915	7 577	10 148	23 842	21 607
50万円未満	1 009	757	38	322	228	148	189	162
50 ～ 100	2 891	2 506	171	1 156	754	342	320	304
100 ～ 150	3 336	2 958	244	1 462	812	357	604	499
150 ～ 200	2 591	2 286	227	1 152	558	305	929	815
200 ～ 250	2 999	2 678	196	1 285	661	481	1 547	1 390
250 ～ 300	2 674	2 388	148	1 115	566	516	1 727	1 540
300 ～ 350	2 918	2 602	173	1 119	550	664	2 148	1 918
350 ～ 400	2 337	2 142	159	870	436	631	1 929	1 785
400 ～ 450	2 224	2 024	84	783	450	652	1 877	1 719
450 ～ 500	1 639	1 494	66	541	337	528	1 414	1 297
500 ～ 600	2 769	2 463	81	887	467	975	2 513	2 232
600 ～ 700	2 227	2 025	53	678	354	894	2 092	1 912
700 ～ 800	1 549	1 469	10	412	194	831	1 459	1 383
800 ～ 900	1 010	954	10	277	98	559	958	906
900 ～ 1000	578	543	－	138	46	347	557	523
1000万円以上	1 079	1 024	－	115	62	826	1 027	972
所 得 な し	4 989	4 038	205	1 602	1 002	1 095	2 551	2 249
15 ～ 29 歳	6 044	4 821	175	1 737	1 049	1 752	3 877	3 561
50万円未満	353	174	9	66	32	59	116	101
50 ～ 100	464	299	15	111	62	103	152	149
100 ～ 150	464	370	14	177	84	74	166	135
150 ～ 200	457	413	16	171	112	103	277	255
200 ～ 250	644	595	10	224	164	192	494	462
250 ～ 300	481	438	9	160	104	162	424	385
300 ～ 350	514	482	17	132	85	238	454	427
350 ～ 400	323	311	17	85	50	156	317	305
400 ～ 450	218	200	4	50	35	110	216	199
450 ～ 500	114	112	1	27	21	61	114	112
500 ～ 600	109	106	1	27	10	66	109	106
600 ～ 700	19	19	－	5	－	14	19	19
700 ～ 800	2	2	－	2	－	－	2	2
800 ～ 900	5	4	－	1	－	3	5	4
900 ～ 1000	2	2	－	－	2	－	2	2
1000万円以上	2	2	－	－	－	2	2	2
所 得 な し	1 873	1 291	63	498	287	410	1 010	894
30 ～ 39 歳	7 813	7 194	261	2 313	1 878	2 568	5 526	5 086
50万円未満	192	170	6	52	76	33	23	21
50 ～ 100	484	444	29	177	159	63	51	50
100 ～ 150	625	574	40	213	188	125	157	140
150 ～ 200	434	405	18	170	131	77	169	158
200 ～ 250	537	498	23	200	155	115	332	298
250 ～ 300	591	552	12	195	172	162	459	431
300 ～ 350	664	606	20	219	164	182	586	533
350 ～ 400	577	537	24	177	131	196	540	504
400 ～ 450	606	574	19	173	142	224	591	559
450 ～ 500	448	421	9	106	107	193	434	407
500 ～ 600	731	671	16	195	120	324	714	654
600 ～ 700	508	472	7	109	56	290	504	468
700 ～ 800	190	184	3	29	20	129	184	178
800 ～ 900	104	104	4	15	7	77	104	104
900 ～ 1000	45	37	－	6	1	26	44	36
1000万円以上	47	41	－	－	1	39	47	41
所 得 な し	1 031	904	31	276	248	314	587	504

注：1）熊本県を除いたものである。
　　2）勤め先での呼称の「総数」には、勤め先での呼称不詳を、教育の「総数」には、在学中、在学したことがない、教育不詳を、年齢の「総数」には年齢不詳を含む。

勤め先での呼称・教育・性・年齢（10歳階級）・所得金額階級別

平成28年調査

正規の職員・従業員				非正規の職員・従業員					
小学・中学	高校・旧制中	専門学校・短大・高専	大学・大学院	総　数	卒　業	小学・中学	高校・旧制中	専門学校・短大・高専	大学・大学院
828	7 899	4 343	8 047	14 969	12 736	1 036	6 012	3 234	2 098
3	56	37	65	818	593	34	266	191	83
19	104	71	100	2 569	2 200	152	1 051	682	242
35	248	104	97	2 732	2 458	209	1 214	708	260
73	390	204	131	1 662	1 471	154	761	354	174
73	641	368	278	1 451	1 287	123	643	294	203
77	707	382	340	946	848	71	408	184	176
101	814	434	512	770	684	72	305	117	152
129	704	381	534	408	357	30	167	55	97
60	657	403	558	347	305	24	126	47	94
50	464	296	465	225	197	16	77	41	63
74	805	425	878	256	231	7	82	43	96
44	629	337	855	135	114	10	49	16	39
9	385	184	784	90	86	1	27	10	47
10	259	93	533	52	49	–	18	5	26
–	127	46	340	21	20	–	11	–	7
–	102	59	790	51	51	–	14	3	34
71	808	520	788	2 434	1 786	134	793	482	304
87	1 168	765	1 477	2 166	1 259	88	568	285	275
1	27	24	47	237	73	8	39	8	12
1	40	34	72	312	150	14	71	28	31
5	64	24	33	298	235	9	113	60	42
11	103	67	68	179	158	5	68	46	35
6	178	125	147	150	132	4	46	38	45
9	142	90	142	57	52	–	18	15	20
14	113	77	216	60	55	3	19	8	22
17	83	50	154	6	6	–	2	–	3
4	50	35	109	2	1	–	–	–	1
1	27	21	61	–	–	–	–	–	–
1	27	10	66	–	–	–	–	–	–
–	5	–	14	–	–	–	–	–	–
–	2	–	–	–	–	–	–	–	–
–	1	–	3	–	–	–	–	–	–
–	–	2	–	–	–	–	–	–	–
–	–	–	2	–	–	–	–	–	–
17	305	204	345	863	396	46	192	83	65
148	1 514	1 185	2 120	2 287	2 108	113	798	692	448
–	4	9	8	169	149	6	48	66	26
3	15	14	11	433	394	26	162	144	51
8	49	40	42	468	434	32	164	148	83
11	73	43	27	265	247	7	98	87	50
13	111	102	67	205	200	10	89	53	48
10	146	139	130	132	121	1	49	33	31
15	189	145	166	78	72	5	29	20	16
24	171	122	177	37	33	–	6	9	18
19	170	138	215	15	15	–	3	3	9
9	104	99	189	14	14	–	2	8	4
16	190	116	315	17	17	–	5	4	9
7	108	53	290	4	4	–	1	2	–
3	29	19	123	6	6	–	–	1	5
4	15	7	77	–	–	–	–	–	–
–	6	1	25	1	1	–	–	–	1
–	–	1	39	–	–	–	–	–	–
6	135	134	217	444	400	25	141	114	97

3）「非正規の職員・従業員」には、パート、アルバイト、労働者派遣事業所の派遣社員、契約社員、嘱託、その他の呼称を含む。

4）教育の「卒業」には、卒業学校不詳を含む。

（6－2）

第103表　役員以外の雇用者数（15歳以上），

（人員10万対）

性 年齢階級 所得金額階級	総　数						総　数	卒　業
	総　数	卒　業	小学・中学	高校・ 旧制中	専門学校・ 短大・高専	大学・ 大学院		
40　～　49　歳	9 963	9 075	343	3 574	2 353	2 559	6 810	6 201
50万円未満	213	187	2	76	73	27	19	13
50 ～ 100	801	726	22	314	278	94	39	37
100 ～ 150	786	705	40	325	231	84	113	93
150 ～ 200	526	473	31	240	150	39	191	170
200 ～ 250	610	551	20	292	161	64	349	320
250 ～ 300	503	456	22	227	147	48	347	305
300 ～ 350	597	531	31	219	152	104	502	444
350 ～ 400	525	476	36	207	129	91	478	431
400 ～ 450	568	516	16	223	128	132	534	481
450 ～ 500	488	456	15	170	135	129	473	441
500 ～ 600	918	814	24	307	173	297	891	791
600 ～ 700	891	828	27	265	179	336	881	818
700 ～ 800	571	531	5	136	77	304	562	522
800 ～ 900	326	318	2	81	37	191	317	310
900 ～ 1000	207	201	－	34	22	138	200	193
1000万円以上	371	353	－	30	20	296	366	348
所　得　な　し	1 062	952	49	429	260	186	548	483
50　～　59　歳	8 561	7 790	227	3 494	1 622	2 251	5 646	5 125
50万円未満	137	126	4	72	30	20	16	13
50 ～ 100	702	656	22	354	195	57	41	41
100 ～ 150	783	709	21	395	218	54	97	76
150 ～ 200	470	418	23	245	101	43	166	140
200 ～ 250	520	468	21	267	107	60	228	207
250 ～ 300	449	399	20	219	83	70	302	268
300 ～ 350	472	419	26	229	89	57	377	335
350 ～ 400	413	390	21	186	79	96	366	345
400 ～ 450	421	373	6	178	106	76	374	334
450 ～ 500	302	261	14	131	44	66	267	233
500 ～ 600	644	556	22	229	127	162	615	530
600 ～ 700	589	523	1	214	97	195	570	507
700 ～ 800	666	642	1	196	83	353	655	631
800 ～ 900	479	444	2	150	45	245	472	437
900 ～ 1000	263	244	－	66	21	157	263	244
1000万円以上	535	512	－	73	28	399	524	501
所　得　な　し	715	650	24	288	169	140	314	286
60　歳　以　上	6 439	5 472	858	2 797	675	1 018	1 982	1 633
50万円未満	115	100	17	56	18	8	16	15
50 ～ 100	440	382	82	200	61	25	37	28
100 ～ 150	678	600	128	352	91	20	70	56
150 ～ 200	704	576	140	325	64	43	125	92
200 ～ 250	687	567	123	302	74	51	144	103
250 ～ 300	650	543	85	313	60	75	196	151
300 ～ 350	672	564	79	320	60	83	229	180
350 ～ 400	500	427	61	215	46	92	229	200
400 ～ 450	411	361	39	160	38	110	163	145
450 ～ 500	287	243	28	107	30	79	126	103
500 ～ 600	367	316	19	129	38	126	185	151
600 ～ 700	221	184	17	85	22	58	119	100
700 ～ 800	119	110	1	48	14	46	56	50
800 ～ 900	96	85	1	30	9	43	59	51
900 ～ 1000	61	59	－	32	－	26	48	48
1000万円以上	124	114	－	12	12	89	89	79
所　得　な　し	307	241	38	112	38	45	92	81

注：1）熊本県を除いたものである。
　　2）勤め先での呼称の「総数」には、勤め先での呼称不詳を、教育の「総数」には、在学中、在学したことがない、教育不詳を、年齢の「総数」
　　　には年齢不詳を含む。

勤め先での呼称・教育・性・年齢（10歳階級）・所得金額階級別

平成28年調査

| 正規の職員・従業員 | | | | 非正規の職員・従業員 | | | | | |
小学・中学	高校・旧制中	専門学校・短大・高専	大学・大学院	総　数	卒　業	小学・中学	高校・旧制中	専門学校・短大・高専	大学・大学院
234	2 296	1 359	2 161	3 151	2 871	109	1 277	994	395
–	10	1	1	194	175	2	66	72	25
2	12	14	9	762	689	20	301	264	85
8	49	25	6	673	612	32	276	206	79
13	83	53	16	335	303	18	157	96	23
16	168	87	37	261	231	4	123	74	26
19	169	76	28	156	151	3	58	70	19
26	200	127	75	94	87	5	19	25	29
36	196	108	80	47	45	–	11	21	11
15	209	120	125	34	34	1	14	8	8
12	164	133	124	15	15	2	6	2	4
24	300	168	287	27	23	–	7	5	10
27	262	177	330	10	10	–	3	1	6
5	132	74	301	10	9	–	4	2	3
2	79	34	189	8	8	–	2	3	2
–	30	22	134	8	8	–	4	–	4
–	27	19	295	5	5	–	3	1	1
27	206	119	125	511	466	22	223	141	58
132	2 142	865	1 871	2 915	2 665	95	1 351	757	380
–	6	2	5	121	112	4	66	27	16
2	27	5	4	661	616	20	327	190	54
4	50	10	12	686	633	17	345	207	42
11	87	26	15	304	278	12	159	75	28
9	134	42	16	293	262	11	133	65	43
17	167	53	25	147	131	3	53	30	45
19	197	66	39	95	85	7	31	23	18
21	160	76	80	48	45	–	26	3	16
3	164	97	63	48	40	2	14	9	13
14	116	38	58	35	28	–	15	6	8
22	221	120	151	29	26	–	8	6	11
1	209	94	188	19	16	–	5	3	8
1	192	83	346	11	11	–	4	–	7
2	144	43	245	7	7	–	6	1	–
–	66	21	157	–	–	–	–	–	–
–	70	28	391	11	11	–	3	–	8
5	132	58	76	401	364	18	156	111	65
227	778	169	417	4 450	3 833	631	2 017	505	600
2	9	–	4	98	85	14	47	18	5
10	11	4	4	401	351	72	188	56	21
10	37	4	5	608	544	118	315	88	15
27	46	14	5	579	485	113	279	50	38
29	48	11	10	542	463	94	253	63	41
22	83	24	15	453	392	63	230	36	60
27	113	19	16	443	384	52	207	41	67
31	94	24	43	271	227	30	121	22	49
18	64	12	46	248	215	20	96	26	64
14	53	4	32	162	140	14	54	26	47
12	68	10	60	182	165	7	61	28	66
8	46	13	34	102	84	10	40	10	25
–	29	7	14	63	60	1	19	7	32
1	20	9	20	37	33	–	10	–	23
–	25	–	24	12	11	–	7	–	2
–	5	10	63	34	34	–	7	2	25
16	30	4	25	216	160	22	82	33	20

3）「非正規の職員・従業員」には、パート、アルバイト、労働者派遣事業所の派遣社員、契約社員、嘱託、その他の呼称を含む。
4）教育の「卒業」には、卒業学校不詳を含む。

（6－3）

第103表　役員以外の雇用者数（15歳以上），

（人員10万対）

性 年齢階級 所得金額階級	総　数						総　数	卒　業
	総　数	卒　業	小学・中学	高校・旧制中	専門学校・短大・高専	大学・大学院		
男	20 957	18 542	1 156	7 392	2 501	7 056	16 499	14 950
50万円未満	237	145	13	61	20	51	93	78
50 ～ 100	398	273	30	146	25	66	109	101
100 ～ 150	534	448	67	216	66	78	204	177
150 ～ 200	763	667	97	347	86	126	386	337
200 ～ 250	1 284	1 140	133	544	194	245	780	694
250 ～ 300	1 341	1 175	128	606	149	272	899	786
300 ～ 350	1 779	1 561	154	748	218	393	1 282	1 121
350 ～ 400	1 644	1 485	154	657	202	438	1 357	1 242
400 ～ 450	1 692	1 537	79	624	276	509	1 400	1 280
450 ～ 500	1 288	1 173	66	455	199	432	1 116	1 020
500 ～ 600	2 234	1 986	74	767	292	815	2 027	1 801
600 ～ 700	1 868	1 694	50	611	218	775	1 766	1 606
700 ～ 800	1 324	1 250	10	374	138	706	1 247	1 178
800 ～ 900	886	834	10	259	70	485	848	798
900 ～ 1000	533	501	－	129	35	324	518	486
1000万円以上	1 004	949	－	106	47	775	964	909
所 得 な し	2 147	1 725	92	742	267	567	1 503	1 335
15 ～ 29 歳	3 052	2 469	99	986	391	941	2 195	2 030
50万円未満	148	72	2	31	9	30	56	49
50 ～ 100	182	96	6	30	12	44	56	54
100 ～ 150	158	125	2	61	17	32	64	60
150 ～ 200	176	155	12	66	39	34	116	105
200 ～ 250	298	275	7	134	51	82	247	229
250 ～ 300	257	236	9	105	29	92	229	208
300 ～ 350	316	293	14	106	42	127	283	263
350 ～ 400	216	207	17	68	30	92	212	204
400 ～ 450	161	152	4	48	25	75	160	152
450 ～ 500	96	95	1	27	19	46	96	95
500 ～ 600	96	95	1	26	8	57	96	95
600 ～ 700	16	16	－	5	－	11	16	16
700 ～ 800	2	2	－	2	－	－	2	2
800 ～ 900	5	4	－	1	－	3	5	4
900 ～ 1000	2	2	－	－	2	－	2	2
1000万円以上	2	2	－	－	－	2	2	2
所 得 な し	921	642	24	275	109	215	553	490
30 ～ 39 歳	4 290	3 941	165	1 338	694	1 642	3 813	3 507
50万円未満	32	25	1	10	8	5	13	10
50 ～ 100	54	45	5	29	3	7	14	13
100 ～ 150	120	106	18	42	21	24	61	52
150 ～ 200	130	122	5	58	26	29	66	65
200 ～ 250	231	214	15	94	51	53	164	148
250 ～ 300	253	232	10	106	48	59	215	199
300 ～ 350	378	345	17	161	73	85	337	305
350 ～ 400	398	373	24	149	63	130	383	358
400 ～ 450	459	434	19	143	98	160	448	424
450 ～ 500	353	334	9	89	75	156	346	327
500 ～ 600	619	564	16	184	92	259	609	554
600 ～ 700	468	433	7	100	48	269	467	432
700 ～ 800	172	166	3	28	16	116	169	162
800 ～ 900	100	100	4	15	7	73	100	100
900 ～ 1000	43	34	－	6	1	24	43	34
1000万円以上	42	37	－	－	－	36	42	37
所 得 な し	436	375	12	125	63	155	335	286

注：1）熊本県を除いたものである。
　　2）勤め先での呼称の「総数」には、勤め先での呼称不詳を、教育の「総数」には、在学中、在学したことがない、教育不詳を、年齢の「総数」には年齢不詳を含む。

勤め先での呼称・教育・性・年齢〔10歳階級〕・所得金額階級別

平成28年調査

正規の職員・従業員				非正規の職員・従業員					
小学・中学	高校・旧制中	専門学校・短大・高専	大学・大学院	総数	卒業	小学・中学	高校・旧制中	専門学校・短大・高専	大学・大学院
700	5 668	2 105	6 141	4 454	3 590	456	1 723	396	914
2	32	11	33	144	67	11	29	9	17
5	42	8	44	289	172	25	105	17	22
16	93	22	41	330	270	51	124	44	37
40	175	47	70	377	330	57	172	39	56
56	326	146	154	503	444	77	216	48	91
71	405	114	182	441	389	57	201	35	91
93	524	177	297	497	440	60	224	42	96
128	539	183	365	287	243	26	118	19	73
57	517	245	425	292	257	21	107	31	85
50	392	178	379	172	153	16	63	21	53
67	701	267	731	207	185	6	67	25	83
44	564	211	746	102	88	6	47	6	29
9	352	132	664	76	72	1	22	6	42
10	244	70	464	38	36	–	15	–	21
–	118	35	322	16	15	–	11	–	2
–	98	45	745	39	39	–	7	2	29
50	547	215	479	644	390	42	195	52	88
68	768	315	845	857	439	31	218	76	96
–	17	7	24	92	23	2	13	1	7
1	13	7	30	126	42	4	16	4	14
2	26	7	20	94	64	–	35	10	12
9	43	23	29	60	50	3	22	16	5
5	113	42	68	51	46	3	21	9	14
9	92	23	83	28	28	–	13	6	9
11	93	40	114	33	30	3	13	2	13
17	67	30	90	4	4	–	1	–	2
4	48	25	75	1	–	–	–	–	–
1	27	19	46	–	–	–	–	–	–
1	26	8	57	–	–	–	–	–	–
–	5	–	11	–	–	–	–	–	–
–	2	–	–	–	–	–	–	–	–
–	1	–	3	–	–	–	–	–	–
–	–	2	–	–	–	–	–	–	–
–	–	–	2	–	–	–	–	–	–
7	192	81	193	368	153	17	83	28	22
131	1 148	618	1 528	478	434	35	190	76	114
–	4	2	4	19	14	1	6	6	1
1	9	–	4	40	32	4	20	3	3
6	26	6	14	59	54	11	16	15	10
5	32	13	12	64	57	–	25	13	17
8	61	44	35	67	66	8	33	7	18
10	87	45	54	38	34	–	20	3	5
14	136	67	80	42	40	4	25	6	6
24	146	61	120	15	15	–	4	1	10
19	141	95	155	11	11	–	3	2	6
9	89	68	156	8	8	–	–	8	–
16	184	90	252	10	10	–	–	2	8
7	99	48	269	1	1	–	1	–	–
3	28	16	113	4	4	–	–	–	4
4	15	7	73	–	–	–	–	–	–
–	6	1	24	–	–	–	–	–	–
–	–	–	36	–	–	–	–	–	–
6	87	55	129	102	89	7	38	8	26

3）「非正規の職員・従業員」には、パート、アルバイト、労働者派遣事業所の派遣社員、契約社員、嘱託、その他の呼称を含む。

4）教育の「卒業」には、卒業学校不詳を含む。

（6－4）

第103表　役員以外の雇用者数（15歳以上），

（人員10万対）

性 年齢階級 所得金額階級	総　数						総　数	卒　業
	総　数	卒　業	小学・中学	高校・旧制中	専門学校・短大・高専	大学・大学院		
40　～　49　歳	5 313	4 856	249	1 856	740	1 884	4 921	4 502
50万円未満	18	12	1	8	1	1	9	6
50 ～ 100	44	35	4	24	2	4	10	9
100 ～ 150	77	70	10	35	13	8	36	30
150 ～ 200	111	97	8	64	9	13	69	62
200 ～ 250	224	201	18	98	41	38	174	156
250 ～ 300	186	162	19	91	22	27	160	137
300 ～ 350	330	285	28	126	48	68	298	257
350 ～ 400	340	304	36	150	52	59	320	287
400 ～ 450	417	379	15	169	74	107	392	354
450 ～ 500	366	338	15	144	70	103	355	327
500 ～ 600	728	651	24	260	106	248	705	632
600 ～ 700	710	661	27	240	107	268	704	655
700 ～ 800	506	469	5	124	56	275	501	466
800 ～ 900	284	278	2	74	29	166	284	278
900 ～ 1000	194	189	－	34	21	127	191	185
1000万円以上	343	326	－	26	16	276	342	325
所 得 な し	436	398	37	188	72	95	372	338
50　～　59　歳	4 545	4 102	151	1 719	434	1 709	4 088	3 696
50万円未満	22	20	2	8	1	9	7	5
50 ～ 100	44	39	2	30	2	5	16	16
100 ～ 150	50	38	8	21	3	5	22	14
150 ～ 200	130	114	13	72	4	26	72	60
200 ～ 250	177	157	11	80	26	33	109	97
250 ～ 300	203	182	20	110	22	28	154	135
300 ～ 350	244	213	26	112	30	36	193	168
350 ～ 400	271	250	21	123	27	73	251	231
400 ～ 450	285	245	5	122	50	62	258	224
450 ～ 500	232	200	14	104	22	55	213	186
500 ～ 600	468	400	17	185	60	132	454	388
600 ～ 700	490	433	1	192	53	172	483	426
700 ～ 800	534	512	1	174	55	274	524	503
800 ～ 900	414	379	2	143	28	205	409	374
900 ～ 1000	236	218	－	60	11	147	236	218
1000万円以上	499	477	－	70	18	377	496	474
所 得 な し	244	225	8	114	21	71	191	176
60　歳　以　上	3 756	3 173	492	1 493	243	879	1 483	1 216
50万円未満	18	17	7	5	1	5	8	8
50 ～ 100	73	59	14	34	5	5	13	9
100 ～ 150	129	109	29	56	12	8	22	20
150 ～ 200	217	179	59	88	8	25	64	45
200 ～ 250	353	292	81	138	25	39	86	63
250 ～ 300	443	363	70	194	29	66	142	107
300 ～ 350	510	425	69	243	25	77	172	129
350 ～ 400	418	350	56	167	31	83	190	163
400 ～ 450	370	327	36	142	29	105	141	126
450 ～ 500	240	205	28	91	13	73	106	85
500 ～ 600	324	276	17	113	26	118	163	133
600 ～ 700	184	151	14	73	10	54	96	77
700 ～ 800	109	100	1	45	11	41	51	45
800 ～ 900	83	73	1	26	6	38	50	42
900 ～ 1000	58	57	－	29	－	26	46	46
1000万円以上	117	107	－	10	12	83	81	71
所 得 な し	110	85	11	40	1	30	52	46

注：1）熊本県を除いたものである。
　　2）勤め先での呼称の「総数」には、勤め先での呼称不詳を、教育の「総数」には、在学中、在学したことがない、教育不詳を、年齢の「総数」には年齢不詳を含む。

勤め先での呼称・教育・性・年齢（10歳階級）・所得金額階級別

平成28年調査

| 正規の職員・従業員 | | | | 非正規の職員・従業員 | | | | | |
小学・中学	高校・旧制中	専門学校・短大・高専	大学・大学院	総　数	卒　業	小学・中学	高校・旧制中	専門学校・短大・高専	大学・大学院
214	1 685	688	1 803	393	354	34	171	52	81
–	6	–	–	8	6	1	3	1	1
–	4	1	3	34	26	4	20	1	1
3	18	8	2	41	40	7	18	6	6
5	43	5	9	42	35	4	21	4	4
16	70	36	28	50	45	2	28	5	10
18	80	16	20	26	25	1	11	6	7
26	115	43	60	33	29	1	11	6	8
36	145	49	51	20	17	–	4	3	9
14	160	70	99	25	25	1	9	4	8
12	139	68	99	11	11	2	5	1	3
24	255	101	240	23	19	–	5	5	8
27	238	106	265	6	6	–	2	1	3
5	124	55	272	5	4	–	–	1	3
2	74	29	166	–	–	–	–	–	–
–	30	21	127	4	4	–	4	–	–
–	26	16	275	1	1	–	–	–	1
26	157	63	87	64	60	11	31	8	9
114	1 519	392	1 592	456	406	37	200	42	117
–	3	1	1	15	15	2	5	–	8
1	11	–	4	29	23	1	19	2	1
–	11	–	3	28	23	8	11	3	1
7	37	1	15	59	54	6	35	3	11
6	59	17	15	68	59	6	21	10	18
17	85	18	14	50	47	3	25	4	14
19	94	23	29	51	46	7	18	7	7
21	114	26	64	20	19	–	9	1	10
3	114	48	53	27	21	1	8	3	9
14	94	21	51	19	14	–	10	1	4
17	180	59	126	14	12	–	5	1	6
1	187	53	171	7	7	–	5	–	1
1	171	55	267	10	10	–	3	–	7
2	138	28	205	5	5	–	5	–	–
–	60	11	147	–	–	–	–	–	–
–	70	18	374	3	3	–	–	–	3
5	93	14	53	53	49	2	22	7	18
173	548	92	372	2 270	1 955	318	944	151	506
2	2	–	4	10	9	5	2	1	1
2	5	–	3	60	49	12	30	5	3
5	12	1	1	108	89	24	44	10	7
15	20	5	5	153	134	44	68	2	19
22	23	7	8	267	227	59	113	18	31
17	61	12	11	300	256	52	132	16	55
24	86	4	15	339	295	46	157	21	62
30	67	18	40	228	188	26	100	14	43
17	54	7	43	228	201	19	88	22	62
14	42	2	28	134	120	14	49	12	46
11	56	8	57	161	143	6	56	17	61
8	35	5	29	88	74	6	38	5	25
–	26	6	12	58	55	1	19	5	29
1	16	6	17	33	31	–	10	–	21
–	22	–	24	12	11	–	7	–	2
–	3	10	57	34	34	–	7	2	25
6	18	1	18	57	40	5	22	–	12

3）「非正規の職員・従業員」には、パート、アルバイト、労働者派遣事業所の派遣社員、契約社員、嘱託、その他の呼称を含む。

4）教育の「卒業」には、卒業学校不詳を含む。

（6－5）

第103表　役員以外の雇用者数（15歳以上），

（人員10万対）

性 年齢階級 所得金額階級	総　数						総　数	卒　業
	総　数	卒　業	小学・中学	高校・旧制中	専門学校・短大・高専	大学・大学院		
女	17 864	15 810	709	6 522	5 076	3 092	7 342	6 657
50万円未満	771	612	25	261	208	97	96	84
50 ～ 100	2 493	2 233	141	1 010	730	276	211	203
100 ～ 150	2 802	2 510	177	1 245	746	279	399	322
150 ～ 200	1 828	1 619	130	805	472	179	543	478
200 ～ 250	1 715	1 539	63	741	468	236	767	696
250 ～ 300	1 333	1 213	20	509	418	244	828	755
300 ～ 350	1 139	1 041	20	371	332	271	866	797
350 ～ 400	694	657	5	213	234	193	572	543
400 ～ 450	532	487	5	159	174	143	477	438
450 ～ 500	352	322	－	87	138	96	298	278
500 ～ 600	535	477	7	120	175	160	487	431
600 ～ 700	359	331	4	67	136	118	326	306
700 ～ 800	226	219	－	38	56	125	211	205
800 ～ 900	124	120	－	18	28	74	110	108
900 ～ 1000	45	42	－	9	11	23	40	38
1000万円以上	75	75	－	9	15	50	63	63
所 得 な し	2 842	2 313	113	860	736	528	1 048	914
15 ～ 29 歳	2 992	2 352	76	752	658	811	1 682	1 531
50万円未満	205	102	7	35	24	29	60	52
50 ～ 100	283	203	9	82	50	59	97	95
100 ～ 150	306	246	12	115	67	42	102	75
150 ～ 200	281	258	3	105	73	69	162	150
200 ～ 250	346	319	2	89	113	110	247	233
250 ～ 300	224	202	－	55	76	69	195	178
300 ～ 350	197	189	3	26	42	111	170	164
350 ～ 400	107	104	－	17	21	65	105	101
400 ～ 450	57	48	－	2	11	35	56	47
450 ～ 500	17	17	－	－	2	15	17	17
500 ～ 600	13	12	－	1	2	9	13	12
600 ～ 700	2	2	－	－	－	2	2	2
700 ～ 800	－	－	－	－	－	－	－	－
800 ～ 900	－	－	－	－	－	－	－	－
900 ～ 1000	－	－	－	－	－	－	－	－
1000万円以上	－	－	－	－	－	－	－	－
所 得 な し	953	649	39	223	178	194	457	405
30 ～ 39 歳	3 523	3 253	95	974	1 184	927	1 714	1 579
50万円未満	160	145	5	42	67	28	10	10
50 ～ 100	430	398	24	148	155	55	36	36
100 ～ 150	505	468	22	171	167	100	96	88
150 ～ 200	305	283	13	113	105	49	103	93
200 ～ 250	306	284	8	106	104	62	168	150
250 ～ 300	338	320	1	89	124	103	244	233
300 ～ 350	285	261	3	58	92	97	249	229
350 ～ 400	179	165	－	28	68	66	157	146
400 ～ 450	147	139	－	29	44	64	143	135
450 ～ 500	94	87	－	17	32	38	88	81
500 ～ 600	112	108	－	11	28	64	105	100
600 ～ 700	40	39	－	9	7	21	37	36
700 ～ 800	18	18	－	1	4	13	15	15
800 ～ 900	4	4	－	－	－	4	4	4
900 ～ 1000	2	2	－	－	－	2	1	1
1000万円以上	4	4	－	－	1	3	4	4
所 得 な し	594	530	18	152	185	159	253	218

注：1）熊本県を除いたものである。
　　2）勤め先での呼称の「総数」には、勤め先での呼称不詳を、教育の「総数」には、在学中、在学したことがない、教育不詳を、年齢の「総数」には年齢不詳を含む。

勤め先での呼称・教育・性・年齢（10歳階級）・所得金額階級別

平成28年調査

正規の職員・従業員				非正規の職員・従業員					
小学・中学	高校・旧制中	専門学校・短大・高専	大学・大学院	総数	卒業	小学・中学	高校・旧制中	専門学校・短大・高専	大学・大学院
127	2 231	2 237	1 905	10 515	9 147	580	4 289	2 837	1 184
1	24	26	32	674	527	23	237	182	66
13	63	63	56	2 281	2 028	128	946	666	220
19	155	82	56	2 402	2 188	157	1 090	664	223
33	215	156	61	1 285	1 141	97	589	316	118
17	314	222	124	948	843	46	427	246	112
5	302	268	158	505	459	14	207	149	86
8	290	257	215	273	244	12	81	75	56
1	164	198	169	121	114	4	49	36	24
2	140	158	133	55	48	2	19	16	10
–	73	117	86	54	44	–	14	20	10
6	105	158	147	48	46	1	15	17	13
–	65	126	109	33	25	4	2	10	9
–	32	52	119	14	14	–	5	4	5
–	15	23	70	14	13	–	3	5	5
–	9	11	18	5	5	–	–	–	5
–	3	14	45	12	12	–	6	1	5
21	261	305	309	1 790	1 395	92	598	430	216
20	400	450	632	1 309	819	56	350	209	179
1	10	17	24	145	50	6	26	7	5
–	27	27	42	186	108	9	55	23	17
3	38	17	13	204	171	9	78	50	30
2	59	43	39	120	108	1	46	30	30
1	65	83	79	99	86	1	24	30	31
–	50	67	58	30	25	–	5	9	11
3	20	36	102	27	26	–	6	6	10
–	16	21	63	3	3	–	1	–	1
–	2	11	34	1	1	–	–	–	1
–	–	2	15	–	–	–	–	–	–
–	1	2	9	–	–	–	–	–	–
–	–	–	2	–	–	–	–	–	–
10	113	123	152	495	243	30	109	54	42
17	366	568	592	1 810	1 674	78	608	616	334
–	–	7	3	149	134	5	42	60	25
2	6	14	8	394	362	22	142	141	48
2	23	35	28	409	380	20	148	132	72
6	40	31	15	201	190	7	72	74	34
6	50	58	32	138	134	2	56	46	29
–	60	94	76	94	87	1	30	30	27
1	53	78	87	36	32	2	5	13	10
–	25	61	58	22	18	–	3	8	8
–	29	43	61	4	4	–	–	1	3
–	15	32	34	6	6	–	2	–	4
–	6	26	63	7	7	–	5	1	1
–	9	5	21	2	2	–	–	2	–
–	1	3	11	3	3	–	–	1	2
–	–	–	4	–	–	–	–	–	–
–	–	–	1	1	1	–	–	–	1
–	–	1	3	–	–	–	–	–	–
–	48	78	88	342	312	18	103	106	71

3）「非正規の職員・従業員」には、パート、アルバイト、労働者派遣事業所の派遣社員、契約社員、嘱託、その他の呼称を含む。
4）教育の「卒業」には、卒業学校不詳を含む。

（6－6）

第103表　役員以外の雇用者数（15歳以上），

（人員10万対）

性 年齢階級 所得金額階級	総　数						総　数	卒　業
	総　数	卒　業	小学・中学	高校・旧制中	専門学校・短大・高専	大学・大学院		
40　～　49　歳	4 650	4 218	95	1 718	1 613	675	1 889	1 699
50万円未満	195	176	1	68	72	25	10	7
50 ～ 100	757	691	19	290	276	89	29	28
100 ～ 150	709	635	30	289	218	76	78	62
150 ～ 200	415	376	22	176	141	26	122	109
200 ～ 250	386	349	2	194	121	26	175	164
250 ～ 300	317	294	3	136	125	21	187	168
300 ～ 350	266	246	4	93	104	36	205	187
350 ～ 400	185	172	–	57	77	31	157	145
400 ～ 450	151	137	1	54	54	25	141	127
450 ～ 500	122	118	–	26	66	26	119	114
500 ～ 600	190	163	–	47	67	49	186	159
600 ～ 700	181	168	–	25	72	67	177	164
700 ～ 800	66	61	–	12	21	29	61	56
800 ～ 900	42	40	–	7	8	26	33	32
900 ～ 1000	13	12	–	–	1	11	9	8
1000万円以上	28	28	–	4	4	20	23	23
所 得 な し	626	554	12	240	188	91	176	145
50　～　59　歳	4 017	3 688	76	1 775	1 188	542	1 558	1 430
50万円未満	115	106	2	64	28	12	8	8
50 ～ 100	657	617	20	324	193	53	25	25
100 ～ 150	733	671	13	374	214	49	75	62
150 ～ 200	340	304	10	174	97	17	94	80
200 ～ 250	343	311	9	187	81	27	119	109
250 ～ 300	246	217	–	110	61	43	148	132
300 ～ 350	228	206	–	117	60	21	185	167
350 ～ 400	142	140	–	63	52	23	114	113
400 ～ 450	136	128	1	56	56	14	116	109
450 ～ 500	70	61	–	27	21	11	54	47
500 ～ 600	177	155	5	44	67	30	161	142
600 ～ 700	99	90	–	22	44	23	87	81
700 ～ 800	132	130	–	22	28	79	131	129
800 ～ 900	66	64	–	7	17	40	63	62
900 ～ 1000	27	26	–	6	10	10	27	26
1000万円以上	36	36	–	3	10	22	27	27
所 得 な し	471	425	16	173	148	70	123	110
60　歳　以　上	2 683	2 298	367	1 305	432	139	500	418
50万円未満	97	83	10	51	17	3	8	6
50 ～ 100	366	323	69	166	55	19	24	19
100 ～ 150	549	491	99	296	80	11	49	36
150 ～ 200	488	398	81	237	57	18	61	47
200 ～ 250	334	275	42	165	49	12	58	40
250 ～ 300	207	180	15	119	32	8	54	44
300 ～ 350	162	139	10	77	34	6	57	51
350 ～ 400	82	77	5	48	15	9	39	37
400 ～ 450	42	34	2	17	10	4	22	19
450 ～ 500	47	39	–	16	16	6	20	18
500 ～ 600	44	40	2	16	12	8	22	18
600 ～ 700	37	32	4	12	13	4	23	23
700 ～ 800	10	10	–	3	3	4	5	5
800 ～ 900	13	12	–	4	3	5	9	9
900 ～ 1000	3	3	–	3	–	–	3	3
1000万円以上	8	8	–	2	–	6	8	8
所 得 な し	198	156	27	72	37	14	39	36

注：1）熊本県を除いたものである。
　　2）勤め先での呼称の「総数」には、勤め先での呼称不詳を、教育の「総数」には、在学中、在学したことがない、教育不詳を、年齢の「総数」には年齢不詳を含む。

勤め先での呼称・教育・性・年齢（10歳階級）・所得金額階級別

平成28年調査

| 正規の職員・従業員 | | | | 非正規の職員・従業員 | | | | | |
小学・中学	高校・旧制中	専門学校・短大・高専	大学・大学院	総数	卒業	小学・中学	高校・旧制中	専門学校・短大・高専	大学・大学院
20	611	671	358	2 758	2 517	75	1 106	942	314
–	5	1	1	186	169	1	63	71	24
2	8	13	5	728	663	17	282	263	84
5	31	18	4	632	573	25	258	201	73
9	40	49	7	293	268	14	136	92	19
–	98	51	9	211	186	2	96	70	17
1	90	60	9	130	126	2	47	65	12
–	85	84	15	62	58	4	8	20	21
–	50	59	29	27	27	–	7	18	2
1	48	50	25	9	9	–	5	4	–
–	25	65	25	3	3	–	1	1	1
–	45	67	47	4	4	–	2	–	2
–	24	72	65	4	4	–	1	–	3
–	8	19	29	5	5	–	4	1	–
–	5	4	23	8	8	–	2	3	2
–	–	1	7	4	4	–	–	–	4
–	1	2	20	4	4	–	3	1	–
1	49	56	39	447	406	11	191	132	49
18	623	473	278	2 459	2 258	58	1 152	715	263
–	4	1	4	106	98	2	61	27	8
1	16	5	–	632	592	19	308	188	53
4	39	10	9	658	610	9	335	204	41
4	50	25	–	245	224	6	124	72	17
4	76	25	1	224	202	6	112	56	25
–	82	35	12	97	85	–	28	26	31
–	104	44	10	44	39	–	13	16	10
–	46	50	16	27	26	–	17	2	7
–	50	50	10	20	19	1	6	6	4
–	22	17	7	17	14	–	5	5	4
5	41	62	25	16	13	–	3	5	5
–	22	42	16	13	9	–	–	3	7
–	21	28	79	1	1	–	1	–	–
–	6	15	40	2	2	–	1	1	–
–	6	10	10	–	–	–	–	–	–
–	–	10	17	8	8	–	3	–	5
–	39	44	23	348	315	16	134	104	47
53	231	76	45	2 180	1 878	312	1 073	355	93
–	6	–	–	88	76	9	45	17	3
8	6	4	1	340	302	61	159	51	18
5	25	2	3	500	455	94	271	77	8
12	26	9	–	426	351	69	211	48	18
6	25	5	2	275	236	35	140	44	10
4	22	12	4	153	136	11	98	20	5
4	28	15	1	104	89	6	50	20	5
1	27	7	2	42	40	4	21	8	6
1	10	5	3	20	15	1	7	5	1
–	11	2	5	27	20	–	5	14	1
1	11	1	3	22	22	1	5	11	4
–	11	8	4	14	10	4	1	5	–
–	3	1	1	5	5	–	–	2	3
–	4	3	2	4	2	–	–	–	2
–	3			–	–	–	–	–	–
–	2	1	6	–	–	–	–	–	–
10	12	3	7	158	120	17	60	33	7

3）「非正規の職員・従業員」には、パート、アルバイト、労働者派遣事業所の派遣社員、契約社員、嘱託、その他の呼称を含む。

4）教育の「卒業」には、卒業学校不詳を含む。

第104表　有所得者１人当たり平均所得金額,

（単位：万円）

性 年　齢　階　級	総　所　得	稼　働　所　得	雇用者所得	事業所得	農耕・畜産 所　　　得	家内労働 所　　　得	財産所得
総　　　　　　　数	310.0	346.8	348.0	289.2	163.7	73.6	200.4
19　歳　以　下	78.5	75.8	75.8	－	－	－	50.0
20　～　24　歳	174.5	171.8	171.4	163.9	150.0	77.6	168.9
25　～　29	267.2	266.8	267.7	174.4	105.2	69.2	60.8
30　～　34	319.1	313.9	313.8	220.9	196.6	59.3	239.6
35　～　39	360.9	353.5	355.4	256.2	208.2	105.9	88.4
40　～　44	411.4	404.0	398.8	439.5	91.6	38.5	122.8
45　～　49	428.6	426.1	427.4	318.2	257.2	60.8	133.2
50　～　54	459.3	455.4	456.5	341.3	159.9	94.6	203.7
55　～　59	450.2	447.4	445.4	318.0	308.6	82.3	216.9
60　～　64	295.7	309.3	302.6	304.4	181.2	55.1	159.7
65　～　69	260.3	232.1	222.6	240.7	133.3	68.6	168.4
70　～　74	222.3	199.3	189.6	236.0	123.0	91.2	204.7
75　～　79	207.2	230.5	250.5	214.7	104.9	72.7	262.5
80　歳　以　上	188.2	196.3	204.0	257.5	73.6	62.0	271.5
（再掲）65歳以上	222.2	221.1	216.1	237.4	115.3	74.3	221.7
（再掲）75歳以上	196.2	216.5	233.1	232.5	88.1	67.6	267.8
男	425.2	449.1	456.4	328.7	156.7	84.4	209.4
19　歳　以　下	86.6	85.7	85.7	－	－	－	－
20　～　24　歳	194.7	193.2	192.7	169.4	150.0	77.6	228.1
25　～　29	311.2	310.5	311.9	188.0	105.2	73.8	60.7
30　～　34	401.0	394.5	393.4	266.1	196.6	119.6	68.9
35　～　39	458.8	449.3	455.4	272.0	235.6	130.3	96.2
40　～　44	554.6	545.0	540.6	495.9	102.5	46.2	147.1
45　～　49	580.8	577.0	580.7	394.5	291.9	62.2	162.5
50　～　54	620.0	617.2	625.7	390.4	161.6	39.6	197.4
55　～　59	602.8	599.6	610.6	343.1	180.0	83.6	207.7
60　～　64	417.9	401.8	397.6	345.6	191.2	49.2	149.5
65　～　69	362.3	283.1	273.8	260.9	142.8	98.3	176.2
70　～　74	306.7	243.9	234.5	275.9	133.1	125.8	227.0
75　～　79	283.0	275.9	310.8	249.9	118.2	70.8	279.0
80　歳　以　上	261.9	228.7	228.0	347.6	72.9	61.2	325.7
（再掲）65歳以上	310.6	268.7	265.4	270.5	124.7	92.7	241.8
（再掲）75歳以上	271.7	257.8	282.6	286.8	93.5	65.3	304.8
女	188.0	212.0	213.4	156.4	207.7	67.8	182.1
19　歳　以　下	69.9	65.4	65.4	－	－	－	50.0
20　～　24　歳	154.7	151.4	151.5	105.0	－	－	100.8
25　～　29	217.4	216.8	217.8	119.3	－	66.0	61.3
30　～　34	219.9	213.9	215.8	103.0	－	30.5	511.0
35　～　39	231.8	225.2	225.3	193.0	17.6	92.6	64.5
40　～　44	237.7	230.8	231.4	178.0	22.4	36.6	46.8
45　～　49	247.5	245.5	249.0	133.6	48.4	60.3	54.4
50　～　54	263.0	255.2	254.6	213.1	149.1	99.1	216.1
55　～　59	261.7	255.3	245.3	250.9	1 597.5	81.9	236.2
60　～　64	160.9	172.7	175.9	101.2	84.5	58.8	183.3
65　～　69	155.8	142.1	142.6	146.1	75.3	55.6	149.0
70　～　74	137.9	117.5	119.1	106.3	55.7	52.2	159.4
75　～　79	136.1	137.5	146.7	112.4	62.2	74.2	232.2
80　歳　以　上	138.7	146.6	175.3	97.3	76.2	63.5	198.8
（再掲）65歳以上	143.1	136.1	139.3	121.6	69.2	59.2	183.7
（再掲）75歳以上	137.7	141.6	158.8	104.9	69.4	70.3	211.2

注：1）熊本県を除いたものである。
　　2）年齢階級の「総数」には、年齢不詳を含む。

所得の種類・性・年齢（5歳階級）別

平成28年調査

公的年金・恩給	公的年金・恩給以外の社会保障給付金	雇用保険	児童手当等	その他の社会保障給付金	仕送り・企業年金・個人年金等・その他の所得	仕送り	企業年金・個人年金等	その他の所得
131.1	34.1	46.9	23.9	69.5	71.7	77.6	70.4	63.7
–	7.6	1.0	18.0	–	63.3	70.3	–	25.4
78.6	33.0	23.0	26.6	73.7	62.1	64.5	–	51.6
85.2	26.7	29.2	21.3	49.0	56.3	72.7	15.0	47.2
86.6	30.8	46.0	25.5	42.8	45.9	44.2	18.0	45.0
94.4	32.0	64.5	25.7	76.5	54.7	56.9	–	53.9
106.2	28.8	30.8	25.2	89.7	74.8	121.0	18.0	57.9
107.4	28.8	58.2	22.1	107.7	96.7	120.6	–	88.7
104.0	31.7	48.3	17.9	90.3	99.2	111.8	73.1	97.4
114.4	53.4	68.0	19.5	92.2	79.0	116.6	63.7	71.6
68.6	54.6	47.3	19.9	83.9	67.2	75.6	60.9	95.2
130.8	47.7	35.4	17.3	61.4	71.3	93.5	68.4	75.7
142.0	59.8	37.1	58.0	62.6	75.6	57.7	78.1	36.8
145.8	55.0	73.4	12.0	54.0	76.5	61.4	76.6	63.1
147.7	42.0	70.6	–	40.6	70.0	42.0	77.1	43.3
140.9	51.0	40.1	22.1	54.9	73.0	59.6	73.4	57.6
146.9	47.9	72.2	12.0	46.6	73.3	49.8	76.9	53.2
169.2	28.2	42.9	21.8	67.5	81.3	66.4	82.8	69.4
–	1.0	1.0	–	–	69.1	67.9	–	41.8
78.2	41.4	33.6	25.6	78.7	63.0	60.7	–	58.7
84.6	20.2	16.6	18.0	44.9	62.0	87.3	–	36.4
87.3	24.8	24.0	23.3	36.2	48.9	15.6	18.0	50.8
95.1	25.4	26.8	24.2	55.5	58.0	43.9	–	59.5
100.2	23.6	24.1	22.3	61.9	65.3	14.0	–	70.0
96.3	24.4	50.0	19.9	107.5	118.2	92.8	–	120.8
97.9	28.1	53.1	17.7	80.7	98.2	77.1	69.1	109.4
140.3	47.0	82.5	19.3	91.6	80.4	66.5	69.8	82.1
94.7	54.3	47.2	19.7	84.6	85.4	80.4	78.4	109.3
168.3	40.0	38.2	13.5	47.9	78.8	126.3	78.9	56.1
180.8	64.7	40.6	80.0	68.2	87.7	53.1	89.5	43.3
187.4	36.8	72.6	12.0	32.8	89.1	67.4	89.5	64.6
191.8	37.8	55.0	–	37.0	78.7	63.5	84.1	44.9
180.7	46.2	41.4	17.3	50.5	82.8	76.4	84.1	52.7
189.8	37.2	68.9	12.0	34.7	83.9	65.5	86.9	54.5
98.2	48.2	50.0	31.7	71.1	57.8	85.9	49.9	56.2
–	18.0	–	18.0	–	57.9	73.5	–	20.9
81.9	24.3	18.6	28.6	42.0	61.0	71.4	–	47.6
85.6	39.3	37.1	31.0	52.4	48.4	20.5	15.0	56.5
85.9	45.9	57.0	33.0	47.4	41.7	52.1	–	35.3
93.8	51.7	79.3	31.6	87.3	50.6	65.2	–	46.3
111.1	43.0	33.3	34.8	107.2	86.5	162.0	18.0	36.7
114.5	44.1	64.6	30.5	108.0	72.9	138.9	–	47.9
106.1	42.2	43.1	19.0	105.6	100.1	128.9	77.8	86.1
102.4	71.5	53.4	22.0	93.1	77.6	130.2	60.2	49.1
48.0	55.2	47.4	21.1	82.4	46.6	72.5	41.0	75.9
93.8	58.0	31.8	80.0	76.4	59.2	79.4	50.9	104.9
103.4	55.9	32.2	42.0	58.3	49.4	58.7	50.5	25.4
106.7	65.8	74.5	–	65.3	57.8	57.8	54.0	61.7
118.0	43.2	74.7	–	41.6	56.2	35.2	63.0	41.5
105.8	54.7	38.5	57.2	57.6	56.4	53.3	53.0	64.1
113.7	52.3	74.6	–	51.2	57.1	43.2	58.0	51.8

第105表　有業者（15歳以上）１人当たり平均所得金額，

勤めか自営かの別－勤め先での呼称・性・年齢（10歳階級）別

（単位：万円）

平成28年調査

性 年　齢　階　級	総　数	会社・団体等の役員	役員以外の雇用者	正規の職員・従業員	非正規の職員・従業員	パート・アルバイト	その他	自営業主	家族従業者	内職・その他
総　　　　数	336.2	677.6	331.1	434.9	165.8	126.8	261.6	353.2	152.9	159.1
15 ～ 19 歳	32.6	179.2	33.5	76.6	13.8	12.4	45.5	11.0	3.8	18.7
20 ～ 29	173.4	262.5	174.6	211.7	94.1	71.6	152.1	181.0	117.0	101.6
30 ～ 39	302.4	418.7	309.0	384.6	126.3	102.7	180.3	284.5	144.3	126.3
40 ～ 49	384.3	653.1	381.7	496.9	133.0	108.7	206.7	420.3	177.3	130.5
50 ～ 59	431.1	762.9	426.3	568.9	150.2	122.5	234.2	423.9	156.9	118.8
60 歳 以 上	326.6	726.8	315.3	432.0	263.2	201.7	368.0	328.6	150.4	205.0
（再掲）65歳以上	321.5	712.1	310.1	428.0	271.6	232.8	357.7	331.4	160.1	212.8
男	447.2	758.7	444.3	493.9	260.4	184.9	335.0	399.8	194.9	250.5
15 ～ 19 歳	37.5	100.0	40.6	85.8	13.1	13.7	－	－	2.2	9.2
20 ～ 29	203.7	323.9	203.8	237.8	94.6	69.8	163.6	245.6	140.3	128.9
30 ～ 39	393.0	489.8	403.4	432.3	172.1	121.7	215.1	316.9	187.4	223.1
40 ～ 49	525.8	741.1	524.6	547.9	233.1	170.4	270.1	492.7	219.7	326.7
50 ～ 59	592.0	852.2	596.1	634.4	253.0	177.2	298.5	454.7	152.3	242.1
60 歳 以 上	418.8	792.5	404.4	478.5	355.6	292.1	405.2	373.7	223.9	285.9
（再掲）65歳以上	405.6	780.0	383.4	476.1	343.3	304.4	391.8	379.3	232.3	296.1
女	196.1	437.2	198.2	302.2	125.8	111.5	183.1	199.5	140.6	93.5
15 ～ 19 歳	27.7	219.0	26.6	63.0	14.4	11.5	86.0	11.0	20.0	25.7
20 ～ 29	141.1	152.7	144.5	177.9	93.7	72.8	145.6	48.1	74.0	55.8
30 ～ 39	188.7	236.0	194.1	278.4	114.2	99.6	159.8	192.6	104.5	66.1
40 ～ 49	212.8	372.8	218.3	363.9	118.8	104.6	177.5	165.7	161.5	57.2
50 ～ 59	236.6	465.3	234.2	396.9	131.1	117.8	192.3	328.2	157.6	66.3
60 歳 以 上	188.4	533.6	190.6	293.9	167.1	151.9	240.7	174.3	136.4	134.9
（再掲）65歳以上	191.7	522.5	201.8	300.3	182.4	175.2	225.7	177.7	144.1	137.7

注：1）熊本県を除いたものである。
　　2）勤めか自営かの別の「総数」には、勤めか自営か不詳を含む。
　　3）勤めか自営かの別の「役員以外の雇用者」には、勤め先での呼称不詳を含む。
　　4）勤め先での呼称の「その他」には、労働者派遣事業所の派遣社員、契約社員、嘱託、その他の呼称を含む。

第106表　役員以外の雇用者（15歳以上）１人当たり平均所得金額，教育・勤め先での呼称・性・年齢（10歳階級）別

（単位：万円）　　　　　　　　　　　　　　　　　　　　　　　　　　　　　　平成28年調査

勤め先での呼称　性　年齢階級	総　数	卒　業	小学・中学	高校・旧制中	専門学校・短大・高専	大　学　・大　学　院
総　数	331.1	341.9	237.7	290.4	273.7	486.4
15 ～ 29 歳	158.3	181.6	142.4	161.1	169.3	216.2
30 ～ 39	309.0	312.5	249.4	276.8	252.3	396.3
40 ～ 49	381.7	387.7	280.4	315.3	304.3	583.9
50 ～ 59	426.3	430.4	259.5	342.2	313.4	677.9
60 歳 以 上	315.3	319.8	230.8	285.5	293.3	510.3
男	444.3	458.6	303.7	390.5	407.6	575.9
15 ～ 29 歳	185.4	212.1	207.9	193.0	202.9	240.2
30 ～ 39	403.4	407.9	331.5	356.9	365.6	476.8
40 ～ 49	524.6	532.5	338.0	437.3	480.6	673.0
50 ～ 59	596.1	604.5	320.9	495.8	518.5	765.5
60 歳 以 上	404.4	411.8	291.1	371.4	437.2	543.6
女	198.2	205.0	130.0	177.0	207.7	282.3
15 ～ 29 歳	130.6	149.5	57.1	119.2	149.3	188.4
30 ～ 39	194.1	196.9	106.7	166.7	185.9	253.8
40 ～ 49	218.3	221.0	129.1	183.4	223.4	335.1
50 ～ 59	234.2	236.8	137.3	193.4	238.5	401.4
60 歳 以 上	190.6	192.7	149.9	187.2	212.5	299.1
正 規 の 職 員 ・ 従 業 員	434.9	441.2	324.5	383.9	370.6	549.6
15 ～ 29 歳	204.1	208.8	233.6	194.3	190.4	230.8
30 ～ 39	384.6	388.6	360.3	356.1	328.1	447.5
40 ～ 49	496.9	505.1	352.6	419.5	432.0	659.6
50 ～ 59	568.9	576.5	352.1	466.9	475.9	770.8
60 歳 以 上	432.0	443.8	291.2	388.9	451.8	636.2
男	493.9	500.3	352.7	428.0	435.7	607.6
15 ～ 29 歳	228.8	234.2	272.6	219.3	225.7	251.2
30 ～ 39	432.3	436.1	383.8	388.4	386.0	496.2
40 ～ 49	547.9	555.8	370.0	461.1	496.8	688.8
50 ～ 59	634.4	643.0	363.8	528.3	550.3	800.0
60 歳 以 上	478.5	490.3	331.6	423.7	543.6	657.9
女	302.2	308.4	169.5	271.8	309.3	362.8
15 ～ 29 歳	171.8	175.2	99.8	146.3	165.6	203.6
30 ～ 39	278.4	283.2	178.8	254.7	265.1	321.8
40 ～ 49	363.9	370.7	162.2	304.9	365.5	512.4
50 ～ 59	396.9	404.7	276.5	317.2	414.2	603.4
60 歳 以 上	293.9	308.4	159.4	306.4	340.6	457.6
非 正 規 の 職 員 ・ 従 業 員	165.8	173.5	168.6	167.7	143.6	244.1
15 ～ 29 歳	76.3	104.6	51.8	93.1	112.5	137.7
30 ～ 39	126.3	128.8	104.0	126.4	122.5	154.3
40 ～ 49	133.0	134.5	125.7	128.0	129.6	173.8
50 ～ 59	150.2	149.4	131.7	144.6	127.9	220.9
60 歳 以 上	263.2	266.8	209.4	245.8	240.8	421.1
男	260.4	284.8	228.5	267.1	258.3	361.8
15 ～ 29 歳	74.1	109.8	69.1	100.5	108.4	143.2
30 ～ 39	172.1	180.0	133.3	166.5	200.1	215.8
40 ～ 49	233.1	236.3	137.4	203.5	264.3	321.4
50 ～ 59	253.0	254.1	189.3	248.9	221.5	295.0
60 歳 以 上	355.6	362.6	269.0	341.3	371.6	457.8
女	125.8	129.9	121.5	127.8	127.5	153.4
15 ～ 29 歳	77.7	101.8	42.2	88.5	114.1	134.8
30 ～ 39	114.2	115.5	91.0	113.8	112.9	133.4
40 ～ 49	118.8	120.2	120.4	116.3	122.2	135.7
50 ～ 59	131.1	130.6	94.8	126.5	122.4	188.1
60 歳 以 上	167.1	167.1	148.7	161.7	185.3	222.1

注：1）熊本県を除いたものである。
　　2）教育の「総数」には、在学中、在学したことがない、教育不詳を、勤め先での呼称の「総数」には、勤め先での呼称不詳を含む。
　　3）教育の「卒業」には、卒業学校不詳を含む。
　　4）「非正規の職員・従業員」には、パート、アルバイト、労働者派遣事業所の派遣社員、契約社員、嘱託、その他の呼称を含む。

第107表　有業人員1人当たり平均稼働所得金額，

勤めか自営かの別－勤め先での呼称・性・年齢（10歳階級）別

（単位：万円）　　　　　　　　　　　　　　　　　　　　　　　　　　　　　　　　　　　　　　　平成28年調査

性 年 齢 階 級	総　数	会社・ 団体等 の役員	役員以外 の雇用者	正 規 の 職 員 ・ 従 業 員	非正規の 職 員 ・ 従 業 員	パート・ アルバイト	その他	自営業主	家　族 従業者	内職・ その他
総　　　　数	311.4	575.2	307.7	419.3	130.0	96.0	213.2	257.4	108.4	87.9
19 歳 以 下	36.5	145.7	32.7	76.5	12.6	11.4	41.1	11.0	3.8	16.3
20 ～ 29 歳	174.5	259.3	170.3	207.8	89.0	66.0	148.5	173.8	114.3	86.7
30 ～ 39	298.4	402.7	298.1	371.9	119.8	97.2	171.5	263.2	138.5	111.1
40 ～ 49	380.0	635.2	372.1	486.3	125.4	102.2	195.7	389.3	172.9	117.5
50 ～ 59	424.2	705.5	416.4	560.1	137.9	109.7	223.6	391.2	147.1	98.3
60 歳 以 上	240.1	530.4	219.5	349.9	161.4	106.3	255.2	186.8	72.7	74.4
（再掲）65歳以上	201.7	459.9	165.9	283.4	127.5	101.3	186.0	161.9	66.6	67.7
男	410.9	654.8	414.2	476.3	184.1	109.2	257.9	295.6	145.7	141.3
19 歳 以 下	42.3	－	40.2	85.8	12.4	13.0	－	－	2.2	5.6
20 ～ 29 歳	202.6	321.0	199.1	233.2	89.5	63.8	161.4	235.4	138.8	108.8
30 ～ 39	383.0	469.3	391.1	419.6	163.8	118.9	202.2	303.4	179.0	195.5
40 ～ 49	513.6	720.8	512.3	535.7	218.9	157.8	254.8	459.1	215.6	292.4
50 ～ 59	580.4	790.2	585.6	625.0	232.0	155.5	277.8	422.7	141.9	219.8
60 歳 以 上	311.0	598.3	284.4	389.4	215.6	133.4	280.0	218.6	103.7	104.4
（再掲）65歳以上	258.9	507.7	207.1	315.3	160.4	124.5	205.3	191.4	98.7	100.9
女	185.7	339.2	182.7	291.1	107.1	92.5	165.4	131.4	97.5	49.6
19 歳 以 下	30.6	219.0	25.4	62.9	12.8	10.2	77.6	11.0	20.0	24.3
20 ～ 29 歳	144.7	148.9	140.7	174.9	88.6	67.4	141.2	47.2	69.2	49.6
30 ～ 39	192.2	231.7	184.9	265.9	108.2	93.7	153.4	149.3	101.0	58.6
40 ～ 49	218.0	362.6	211.8	357.6	112.1	98.5	168.5	143.9	157.0	52.1
50 ～ 59	235.4	423.3	224.9	389.8	120.5	105.8	188.3	293.4	147.8	46.6
60 歳 以 上	133.8	330.9	128.6	232.8	104.9	91.4	170.4	78.3	66.8	48.4
（再掲）65歳以上	113.3	326.5	105.1	198.6	86.7	82.6	111.4	67.1	59.5	37.8

注：1）熊本県を除いたものである。
　　2）勤めか自営かの別の「総数」には、勤めか自営か不詳を含む。
　　3）勤めか自営かの別の「役員以外の雇用者」には、勤め先での呼称不詳を含む。
　　4）勤め先での呼称の「その他」には、労働者派遣事業所の派遣社員、契約社員、嘱託、その他の呼称を含む。
　　5）年齢階級の「総数」には、年齢不詳を含む。

第108表　65歳以上の者のいる世帯数, 世帯業態・所得金額階級別

（世帯数１万対）　　　　　　　　　　　　　　　　　　　　　　　　　　　　　平成28年調査

所得金額階級	総　数	雇用者世帯	常雇者世帯	1月以上1年未満の契約の雇用者世帯	日々又は1月未満の契約の雇用者世帯	自営業者世帯	その他の世帯	不　詳
総　　　　　数	5 261	1 777	1 485	260	32	674	2 550	261
50万円未満	53	1	1	1	–	4	44	4
50 ～ 100	371	34	25	7	2	29	274	32
100 ～ 150	429	56	38	14	3	41	298	35
150 ～ 200	479	70	45	22	3	54	313	42
200 ～ 250	498	93	67	21	4	59	313	33
250 ～ 300	441	95	71	22	2	50	263	34
300 ～ 350	441	103	77	24	2	44	271	22
350 ～ 400	367	109	77	30	2	41	203	15
400 ～ 450	286	108	80	25	4	36	136	7
450 ～ 500	211	87	72	14	1	33	86	5
500 ～ 550	192	90	74	15	1	31	65	5
550 ～ 600	173	83	73	8	2	26	59	6
600 ～ 650	155	88	78	10	0	22	42	3
650 ～ 700	135	84	74	8	2	23	26	3
700 ～ 750	118	74	68	4	1	15	28	1
750 ～ 800	93	59	54	4	1	16	16	2
800 ～ 850	99	66	58	8	–	17	15	1
850 ～ 900	84	56	53	3	0	12	14	1
900 ～ 950	79	55	50	4	1	10	12	1
950 ～ 1000	69	45	42	2	–	16	8	0
1000 ～ 1100	106	72	67	5	–	14	19	1
1100 ～ 1200	77	58	55	3	–	9	9	1
1200 ～ 1500	147	97	91	5	–	26	20	4
1500 ～ 2000	84	58	56	2	–	18	9	–
2000万円以上	73	36	36	–	–	27	7	3

注：熊本県を除いたものである。

第109表　65歳以上の者のいる世帯数, 世帯構造・所得金額階級別

（世帯数１万対）　　　　　　　　　　　　　　　　　　　　　　　　　　　　　平成28年調査

所得金額階級	総　数	単独世帯	男の単独世帯	女の単独世帯	核家族世帯	夫婦のみの世帯	夫婦と未婚の子のみの世帯	ひとり親と未婚の子のみの世帯	三世代世帯	その他の世帯
総　　　　　数	5 261	1 286	406	881	2 776	1 695	689	393	637	562
50万円未満	53	48	13	34	4	4	–	1	–	1
50 ～ 100	371	271	49	222	80	53	9	18	5	15
100 ～ 150	429	277	72	205	118	76	17	25	8	25
150 ～ 200	479	244	74	170	200	137	26	37	9	26
200 ～ 250	498	192	70	122	254	175	37	42	22	31
250 ～ 300	441	90	38	52	304	222	41	41	12	36
300 ～ 350	441	56	30	26	325	248	40	37	19	40
350 ～ 400	367	34	19	15	275	210	40	25	22	36
400 ～ 450	286	18	10	8	209	135	49	25	27	32
450 ～ 500	211	14	9	5	144	91	34	19	22	31
500 ～ 550	192	8	4	4	127	74	37	16	27	30
550 ～ 600	173	7	5	3	114	61	38	15	21	31
600 ～ 650	155	6	2	4	95	40	40	16	31	23
650 ～ 700	135	2	1	1	76	26	38	11	33	24
700 ～ 750	118	3	2	1	68	24	29	16	24	22
750 ～ 800	93	1	–	1	50	17	25	7	28	15
800 ～ 850	99	2	0	1	44	8	29	8	30	23
850 ～ 900	84	3	1	2	40	10	25	5	31	10
900 ～ 950	79	2	1	0	29	9	19	2	33	15
950 ～ 1000	69	1	0	1	31	7	20	4	26	11
1000 ～ 1100	106	2	1	1	46	12	29	5	46	13
1100 ～ 1200	77	–	–	–	30	9	15	7	36	11
1200 ～ 1500	147	1	1	0	51	17	28	6	67	28
1500 ～ 2000	84	4	3	1	31	11	15	4	35	15
2000万円以上	73	2	1	0	32	19	10	3	23	17

注：熊本県を除いたものである。

第110表　65歳以上の者のいる世帯数，世帯人員・有業人員・所得五分位階級別

（世帯数1万対）　　　　　　　　　　　　　　　　　　　　　　　　　　　　　　　　　平成28年調査

有業人員 所得五分位階級		総　数	1　人	2　人	3　人	4　人	5　人	6人以上
総	数	5 261	1 286	2 199	963	367	233	214
第	Ⅰ	1 353	851	393	80	16	7	6
第	Ⅱ	1 334	322	779	174	34	15	9
第	Ⅲ	1 004	73	602	223	60	30	16
第	Ⅳ	755	23	283	248	96	62	44
第	Ⅴ	815	16	143	238	161	118	139
0	人	2 090	918	1 045	113	11	3	1
第	Ⅰ	880	658	204	17	0	0	－
第	Ⅱ	704	207	458	35	3	1	0
第	Ⅲ	370	38	288	38	4	2	－
第	Ⅳ	106	11	73	19	3	－	0
第	Ⅴ	31	4	22	4	1	－	－
1	人	1 399	266	680	357	58	26	12
第	Ⅰ	256	116	104	29	4	2	0
第	Ⅱ	358	93	190	65	7	3	0
第	Ⅲ	345	33	201	91	13	5	1
第	Ⅳ	263	12	123	98	19	6	5
第	Ⅴ	176	11	62	74	14	10	5
2	人	901	．	346	295	138	71	51
第	Ⅰ	75	．	50	16	6	2	2
第	Ⅱ	138	．	80	39	11	5	3
第	Ⅲ	181	．	86	60	23	8	4
第	Ⅳ	233	．	76	85	37	22	12
第	Ⅴ	275	．	54	95	62	34	30
3　人　以　上		525	．	．	141	137	113	135
第	Ⅰ	19	．	．	9	4	3	4
第	Ⅱ	35	．	．	17	8	5	5
第	Ⅲ	59	．	．	20	18	13	9
第	Ⅳ	123	．	．	38	32	29	24
第	Ⅴ	289	．	．	57	75	64	93
不	詳	346	102	128	57	23	20	16
第	Ⅰ	124	77	35	9	2	1	0
第	Ⅱ	99	22	51	18	5	2	0
第	Ⅲ	49	2	27	14	2	3	2
第	Ⅳ	29	－	11	9	4	4	2
第	Ⅴ	45	1	5	8	10	10	12

注：熊本県を除いたものである。

第111表　世帯人員（65歳以上），子との同別居状況・性・所得金額階級別

（人員10万対）　　　　　　　　　　　　　　　　　　　　　　　　　　　　　　　　　平成28年調査

性 所得金額階級	総　数	同居の 子のみ あり	同居・ 別居の 子あり	別居の 子のみ あり	同一 家屋	同一 敷地	近隣 地域	同　一 市区町村	その他の 地　域	居住場所 不　詳	子なし	不　詳
総　　　数	30 454	7 179	4 910	11 118	344	486	1 880	3 013	4 954	441	4 824	2 423
40万円未満	785	234	164	230	9	17	46	66	91	–	108	50
40 ～ 60	1 649	438	320	596	14	29	123	179	225	27	191	104
60 ～ 80	3 026	736	468	1 114	34	51	164	295	525	45	458	251
80 ～ 100	2 728	657	418	997	30	46	179	264	432	45	430	226
100 ～ 120	2 043	463	300	777	16	25	124	230	344	38	345	158
120 ～ 140	1 746	409	256	601	23	28	87	185	256	22	316	163
140 ～ 160	1 501	314	218	591	24	35	89	157	256	31	279	99
160 ～ 180	1 406	293	202	543	10	25	107	154	226	21	236	132
180 ～ 200	1 496	348	230	519	18	11	130	140	185	34	281	119
200 ～ 240	2 853	559	456	1 129	34	53	189	297	520	36	489	219
240 ～ 280	2 209	456	312	856	17	40	138	199	428	32	381	204
280 ～ 320	1 587	297	205	682	28	25	91	190	327	22	273	131
320 ～ 360	989	201	139	397	26	17	45	84	219	8	187	66
360 ～ 400	699	125	104	300	10	16	45	91	121	17	126	44
400 ～ 500	1 127	276	160	440	11	13	79	124	195	18	166	84
500 ～ 600	579	126	111	227	7	8	37	68	99	8	90	24
600 ～ 700	372	86	52	153	3	2	30	38	71	9	62	20
700 ～ 800	179	41	37	59	–	4	7	16	32	1	28	14
800 ～ 900	134	28	24	51	6	1	15	8	20	1	27	5
900 ～ 1000	93	12	22	40	–	3	8	9	18	3	15	3
1000万円以上	399	78	82	168	10	14	35	39	66	4	49	21
所 得 な し	2 852	1 000	630	649	17	24	110	181	298	19	287	286
男	13 731	2 991	2 021	5 155	141	211	817	1 385	2 427	173	2 447	1 117
40万円未満	126	35	22	40	–	2	11	13	14	–	23	6
40 ～ 60	274	60	43	93	1	5	14	38	33	1	57	21
60 ～ 80	523	124	87	153	1	10	18	40	75	8	106	53
80 ～ 100	514	120	70	161	6	6	19	48	71	11	115	49
100 ～ 120	551	116	79	189	6	7	30	60	76	10	109	59
120 ～ 140	628	122	95	183	10	6	34	46	81	5	146	82
140 ～ 160	588	102	74	235	7	15	36	65	90	21	128	49
160 ～ 180	651	134	89	261	–	12	52	80	112	4	101	66
180 ～ 200	756	189	106	247	10	4	61	59	101	12	154	61
200 ～ 240	1 765	336	247	728	12	30	132	186	346	22	320	135
240 ～ 280	1 639	338	220	643	10	24	96	150	353	11	294	144
280 ～ 320	1 262	245	148	562	20	21	67	168	271	15	211	96
320 ～ 360	808	156	107	331	20	17	34	71	187	3	155	59
360 ～ 400	561	106	78	238	6	10	35	77	96	14	102	36
400 ～ 500	951	243	125	377	8	7	63	100	185	14	135	72
500 ～ 600	483	111	96	179	7	7	23	51	84	7	76	22
600 ～ 700	306	75	41	134	3	2	24	33	63	9	40	17
700 ～ 800	147	29	34	47	–	4	3	12	27	1	26	11
800 ～ 900	99	24	17	36	4	–	11	7	15	–	19	4
900 ～ 1000	71	9	18	30	–	3	6	7	14	–	11	3
1000万円以上	342	59	74	147	10	13	34	33	57	1	42	20
所 得 な し	685	258	151	143	–	7	15	43	74	4	79	53
女	16 723	4 187	2 889	5 964	203	275	1 063	1 628	2 527	268	2 377	1 306
40万円未満	660	198	142	190	9	15	35	53	77	–	85	45
40 ～ 60	1 375	378	277	504	13	24	109	141	192	25	134	83
60 ～ 80	2 503	612	380	961	33	41	146	255	449	37	352	198
80 ～ 100	2 214	538	348	836	24	41	160	217	361	33	315	177
100 ～ 120	1 491	348	221	588	9	18	94	170	268	27	236	99
120 ～ 140	1 117	287	161	418	12	22	53	139	175	18	170	81
140 ～ 160	913	212	144	356	16	20	53	92	165	10	151	50
160 ～ 180	756	159	113	282	10	13	55	74	114	17	135	66
180 ～ 200	740	159	124	271	8	7	69	81	84	23	127	58
200 ～ 240	1 088	223	209	402	22	23	57	111	175	14	170	84
240 ～ 280	571	118	92	212	8	17	43	49	75	21	87	61
280 ～ 320	325	52	57	120	7	4	24	23	55	7	62	34
320 ～ 360	182	45	32	66	6	–	11	13	31	5	32	7
360 ～ 400	138	18	26	62	3	6	11	14	25	2	25	8
400 ～ 500	175	34	35	64	3	5	16	24	10	4	31	12
500 ～ 600	96	16	15	48	–	1	14	17	15	1	15	2
600 ～ 700	66	11	11	19	–	–	6	5	8	–	21	4
700 ～ 800	33	13	2	12	–	–	4	4	4	–	2	4
800 ～ 900	35	4	7	15	3	1	4	1	5	1	8	1
900 ～ 1000	22	4	4	11	–	–	2	1	4	3	4	–
1000万円以上	57	19	9	21	–	1	1	6	9	3	7	1
所 得 な し	2 167	742	480	506	17	17	95	138	224	16	207	233

注：熊本県を除いたものである。

第112表　65歳以上の者のいる世帯の平均所得金額－平均世帯人員－平均有業人員，世帯構造別

平成28年調査

世帯構造	1世帯当たり		世帯人員1人当たり		有業人員1人当たり平均稼働所得金額（万円）	平均世帯人員（人）	平均有業人員（人）
	平均所得金額（万円）	平均可処分所得金額（万円）	平均所得金額（万円）	平均可処分所得金額（万円）			
総　　数	479.9	372.6	200.4	164.6	247.0	2.39	0.98
単　独　世　帯	193.7	167.7	193.7	167.7	162.8	1.00	0.21
男の単独世帯	244.3	209.2	244.3	209.2	195.1	1.00	0.31
女の単独世帯	170.5	149.2	170.5	149.2	134.0	1.00	0.16
核家族世帯	476.3	378.6	206.1	166.5	223.0	2.31	0.89
夫婦のみの世帯	410.9	339.1	205.5	169.5	201.4	2.00	0.55
夫婦と未婚の子のみの世帯	652.7	515.9	205.3	163.2	227.1	3.18	1.64
ひとり親と未婚の子のみの世帯	448.8	340.3	211.1	160.7	260.5	2.13	1.06
三世代世帯	893.5	712.1	178.6	144.9	271.2	5.00	2.53
その他の世帯	683.6	554.8	224.7	185.5	300.1	3.04	1.45

注：1）熊本県を除いたものである。
　　2）「平均可処分所得金額」には、金額不詳の世帯は含まない。

第113表　65歳以上の者のいる世帯の平均所得金額－平均有業人員，夫婦の年齢階級別

平成28年調査

夫婦の年齢階級	1世帯当たり		世帯人員1人当たり		有業人員1人当たり平均稼働所得金額（万円）	平均有業人員（人）
	平均所得金額（万円）	平均可処分所得金額（万円）	平均所得金額（万円）	平均可処分所得金額（万円）		
夫婦のみの世帯	410.9	339.1	205.5	169.5	201.4	0.55
夫65歳以上・妻60〜64歳	478.2	383.8	239.1	191.9	253.7	0.89
夫60〜64歳・妻65歳以上	407.3	352.9	203.7	176.4	225.7	1.05
夫婦とも65歳以上	396.3	329.8	198.1	164.9	179.5	0.47

注：1）熊本県を除いたものである。
　　2）「平均可処分所得金額」には、金額不詳の世帯は含まない。

626

第114表　65歳以上の者のいる世帯の1世帯当たり平均所得金額，世帯構造・所得の種類別

（単位：万円）　　　　　　　　　　　　　　　　　　　　　　　　　　　　　　　　　　平成28年調査

所得の種類	総　数	単独世帯	男の単独世　帯	女の単独世　帯	核家族世帯	夫　　婦のみの世帯	夫婦と未婚の子のみの世帯	ひとり親と未婚の子のみの世帯	三世代世　帯	その他の世　帯
総　　所　　得	479.9	193.7	244.3	170.5	476.3	410.9	652.7	448.8	893.5	683.6
稼　　働　　所　　得	242.7	33.6	60.3	21.4	199.1	111.3	371.7	275.4	684.8	435.1
雇　用　者　所　得	211.0	26.8	46.4	17.8	171.3	88.9	332.2	244.6	616.2	369.2
事　業　所　得	23.6	5.8	12.1	3.0	23.4	17.9	34.0	28.5	44.5	41.3
農　耕・畜　産　所　得	7.3	0.9	1.8	0.4	3.6	3.9	3.9	2.0	21.4	23.7
家　内　労　働　所　得	0.8	0.1	0.1	0.1	0.8	0.5	1.6	0.3	2.5	0.9
財　産　所　得	27.5	13.5	21.6	9.8	29.8	30.3	28.4	30.1	30.4	44.8
公　的　年　金・恩　給	188.2	132.7	146.8	126.2	222.8	245.2	222.2	127.3	153.8	183.5
公的年金・恩給以外の社会保障給付金	3.0	3.3	3.5	3.3	1.6	1.0	1.9	3.8	8.8	2.7
雇　用　保　険	0.8	0.1	0.1	0.1	0.7	0.5	1.2	1.0	2.1	1.2
児　童　手　当　等	0.8	0.0	0.0	－	0.0	－	0.1	0.1	6.2	0.7
その他の社会保障給付金	1.4	3.3	3.4	3.2	0.8	0.5	0.6	2.7	0.5	0.8
仕送り・企業年金・個人年金等・その他の所得	18.5	10.6	12.2	9.8	22.9	23.1	28.5	12.2	15.7	17.4
仕　　送　　り	0.7	1.0	0.1	1.4	0.4	0.3	0.6	0.4	1.7	0.6
企業年金・個人年金等	14.9	7.7	10.8	6.3	19.7	20.6	24.9	6.7	10.4	12.5
そ　の　他　の　所　得	2.8	1.8	1.3	2.1	2.8	2.2	3.0	5.2	3.7	4.3

注：熊本県を除いたものである。

第115表　65歳以上の者のいる世帯の1世帯当たり平均所得金額，世帯構造・所得五分位階級別

（単位：万円）　　　　　　　　　　　　　　　　　　　　　　　　　　　　　　　　　　平成28年調査

所得五分位階級	総　数	単独世帯	男の単独世　帯	女の単独世　帯	核家族世帯	夫　　婦のみの世帯	夫婦と未婚の子のみの世帯	ひとり親と未婚の子のみの世帯	三世代世　帯	その他の世　帯
総　　　　　数	479.9	193.7	244.3	170.5	476.3	410.9	652.7	448.8	893.5	683.6
第　　　　Ⅰ	126.4	118.9	126.3	116.5	140.1	140.9	142.2	136.2	137.7	133.2
第　　　　Ⅱ	270.6	251.1	257.5	246.7	277.2	278.7	276.4	270.3	268.6	277.6
第　　　　Ⅲ	423.7	409.0	410.2	407.3	421.9	417.1	434.3	429.4	436.5	434.3
第　　　　Ⅳ	646.5	614.3	616.1	612.9	641.4	627.3	653.4	648.3	664.9	648.7
第　　　　Ⅴ	1 324.0	1 397.6	1 608.7	1 134.3	1 299.0	1 525.5	1 193.7	1 235.5	1 271.5	1 495.0

注：熊本県を除いたものである。

第116表　65歳以上の者のいる世帯の1世帯当たり平均所得金額, 最多所得者の職業分類・所得五分位階級別

（単位：万円）　　　　　　　　　　　　　　　　　　　　　　　　　　　　　　　　　　　平成28年調査

所得五分位階級	総　数	管理的職業従事者	専門的・技術的職業従事者	事務従事者	販売従事者	サービス職業従事者	保安職業従事者	農林漁業従事者
総　　　　数	479.9	1 199.0	785.0	707.4	553.6	500.1	509.3	602.7
第　　Ⅰ	126.4	113.0	126.3	148.7	123.5	138.3	144.7	134.0
第　　Ⅱ	270.6	288.3	271.2	284.0	253.0	268.0	270.3	271.2
第　　Ⅲ	423.7	446.1	437.6	432.4	429.1	426.9	423.7	428.5
第　　Ⅳ	646.5	685.6	652.9	648.0	649.1	647.0	661.8	648.2
第　　Ⅴ	1 324.0	1 674.3	1 322.0	1 200.6	1 132.3	1 261.6	1 171.6	1 359.0

所得五分位階級	生産工程従事者	輸送・機械運転従事者	建設・採掘従事者	運搬・清掃・包装等従事者	分類不能の職業	不　詳	無　職
総　　　　数	597.1	592.6	603.6	421.9	550.2	537.9	302.7
第　　Ⅰ	128.1	139.5	135.6	137.9	146.4	126.8	123.9
第　　Ⅱ	279.1	285.2	266.1	267.9	274.7	270.3	270.0
第　　Ⅲ	430.7	442.8	433.6	420.5	434.6	418.1	415.8
第　　Ⅳ	658.0	643.8	649.0	622.9	651.8	653.3	628.8
第　　Ⅴ	1 136.9	1 171.7	1 229.9	1 129.1	1 314.3	1 293.5	1 253.9

注：熊本県を除いたものである。

第117表　65歳以上の者のいる世帯の1世帯当たり平均所得金額, 所得五分位階級・世帯業態別

（単位：万円）　　　　　　　　　　　　　　　　　　　　　　　　　　　　　　　　　　　平成28年調査

世帯業態	総　数	第　Ⅰ	第　Ⅱ	第　Ⅲ	第　Ⅳ	第　Ⅴ
総　　　　　　数	479.9	126.4	270.6	423.7	646.5	1 324.0
雇　用　者　世　帯	687.3	135.5	274.8	432.3	653.9	1 265.7
常　雇　者　世　帯	735.5	133.9	274.7	435.2	654.9	1 278.4
1月以上1年未満の契約の雇用者世帯	450.8	140.5	277.7	422.3	644.7	1 071.8
日々又は1月未満の契約の雇用者世帯	374.6	130.5	253.4	433.3	656.3	913.0
自　営　業　者　世　帯	630.9	133.1	265.8	431.2	647.1	1 597.5
そ　の　他　の　世　帯	313.6	124.0	270.4	415.9	630.9	1 232.7

注：1）熊本県を除いたものである。
　　2）世帯業態の「総数」には、世帯業態不詳を含む。

第118表　高齢者世帯数，世帯主の子との同別居状況・子への仕送りの有無・所得金額階級別

（世帯数1万対）　　　　　　　　　　　　　　　　　　　　　　　　　　　　平成28年調査

所得金額階級	総数	子あり	別居の子のみあり	同一家屋	同一敷地	近隣地域	同一市区町村	その他の地域	居住場所不詳	子なし	不詳
総　　数	2 807	1 686	1 666	55	77	292	452	714	76	780	341
50万円未満	50	34	34	1	2	7	10	12	1	12	4
50 ～ 100	318	184	184	7	7	40	54	64	10	93	40
100 ～ 150	353	191	189	4	9	31	60	75	10	123	39
150 ～ 200	367	197	197	10	9	37	51	79	12	116	54
200 ～ 250	346	206	204	8	11	32	56	86	11	91	50
250 ～ 300	298	181	181	4	8	34	42	82	9	76	41
300 ～ 350	293	184	181	2	8	27	46	92	6	76	34
350 ～ 400	215	141	140	4	6	18	38	71	3	50	24
400 ～ 450	134	85	82	1	3	14	22	40	2	33	17
450 ～ 500	92	54	54	3	3	7	17	23	1	29	9
500 ～ 550	68	51	50	1	2	9	13	21	3	11	7
550 ～ 600	63	39	38	2	2	7	7	19	1	20	4
600 ～ 650	39	28	27	2	1	3	10	11	1	8	3
650 ～ 700	24	16	15	1	－	2	4	8	0	6	2
700 ～ 750	22	14	13	0	1	3	3	5	1	5	3
750 ～ 800	16	10	10	－	0	2	2	3	1	5	1
800 ～ 850	12	7	6	1	0	1	1	1	1	3	3
850 ～ 900	11	8	8	2	0	1	1	4	－	2	0
900 ～ 950	10	6	5	－	1	2	1	3	－	3	2
950 ～ 1000	8	5	4	－	－	1	1	2	－	2	0
1000万円以上	66	45	44	2	3	10	13	14	2	16	5
子 へ の 仕 送 り あ り	39	39	37	1	1	7	9	18	1	0	－
50万円未満	0	0	0	－	－	－	－	0	－	－	－
50 ～ 100	4	4	4	－	0	0	1	1	0	－	－
100 ～ 150	2	2	2	－	－	－	1	1	0	－	－
150 ～ 200	4	4	4	－	－	1	0	2	－	－	－
200 ～ 250	3	3	3	1	－	1	1	1	－	－	－
250 ～ 300	4	4	4	－	0	0	0	3	－	－	－
300 ～ 350	5	5	5	－	0	2	2	1	0	－	－
350 ～ 400	0	0	0	－	－	－	－	0	－	－	－
400 ～ 450	2	2	2	－	－	1	0	1	－	0	－
450 ～ 500	2	2	2	－	－	－	0	2	－	－	－
500 ～ 550	3	3	3	－	－	0	0	2	－	－	－
550 ～ 600	2	2	2	－	－	2	0	0	－	－	－
600 ～ 650	1	1	1	－	－	－	－	1	－	－	－
650 ～ 700	－	－	－	－	－	－	－	－	－	－	－
700 ～ 750	2	2	1	－	－	－	－	1	－	－	－
750 ～ 800	－	－	－	－	－	－	－	－	－	－	－
800 ～ 850	－	－	－	－	－	－	－	－	－	－	－
850 ～ 900	0	0	0	－	－	－	－	0	－	－	－
900 ～ 950	1	1	1	－	－	－	－	1	－	－	－
950 ～ 1000	－	－	－	－	－	－	－	－	－	－	－
1000万円以上	3	3	3	－	－	0	1	2	－	－	－
子 へ の 仕 送 り な し	1 287	1 281	1 273	40	59	219	364	544	47	6	－
50万円未満	26	26	26	1	2	6	9	8	1	－	－
50 ～ 100	141	141	141	6	6	31	44	48	5	－	－
100 ～ 150	158	157	157	4	8	24	52	63	6	1	－
150 ～ 200	156	155	155	7	7	27	43	63	8	1	－
200 ～ 250	148	148	147	4	9	22	41	66	5	0	－
250 ～ 300	136	135	135	3	7	30	33	57	6	1	－
300 ～ 350	136	135	134	2	5	19	36	69	3	1	－
350 ～ 400	108	107	107	3	5	13	30	54	3	1	－
400 ～ 450	67	67	65	0	2	11	20	31	1	1	－
450 ～ 500	41	40	40	2	2	6	13	16	1	1	－
500 ～ 550	38	38	38	0	1	7	11	17	2	－	－
550 ～ 600	33	33	32	2	2	5	6	17	0	－	－
600 ～ 650	22	22	22	1	1	3	8	8	1	－	－
650 ～ 700	12	12	11	1	－	2	4	5	－	0	－
700 ～ 750	7	7	7	－	1	2	1	2	1	－	－
750 ～ 800	7	7	7	－	0	2	2	2	1	－	－
800 ～ 850	5	5	5	1	0	1	1	1	1	－	－
850 ～ 900	6	6	6	2	0	1	1	2	－	－	－
900 ～ 950	5	5	5	－	1	2	1	2	－	－	－
950 ～ 1000	2	2	2	－	－	1	1	2	－	－	－
1000万円以上	33	32	32	1	1	6	11	11	1	0	－

注：1）熊本県を除いたものである。
　　2）「子あり」には、同居の子のみあり、同居・別居の子ありを含む。
　　3）子への仕送りの有無の「総数」には、別居している子がいない、子への仕送りの有無不詳を含む。

第119表　高齢者世帯数，公的年金-恩給の総所得に占める割合・所得金額階級別

（世帯数1万対）　　　　　　　　　　　　　　　　　　　　　　　　　　平成28年調査

所得金額階級	総　数	受給なし	受給あり	20%未満	20～40	40～60	60～80	80～100	100%
総　　数	2 807	104	2 703	95	194	289	335	325	1 465
50万円未満	50	8	43	0	0	1	1	2	38
50 ～ 100	318	22	295	1	3	7	11	23	250
100 ～ 150	353	30	322	5	8	22	24	26	238
150 ～ 200	367	11	357	3	17	21	26	41	249
200 ～ 250	346	8	339	4	15	29	40	38	212
250 ～ 300	298	3	295	3	18	27	36	44	168
300 ～ 350	293	5	288	1	16	24	43	48	156
350 ～ 400	215	4	211	7	13	24	41	45	81
400 ～ 450	134	3	131	3	13	19	37	28	32
450 ～ 500	92	1	91	3	11	21	29	12	15
500 ～ 550	68	1	67	1	11	17	17	7	13
550 ～ 600	63	0	62	4	8	21	15	5	9
600 ～ 650	39	1	39	1	11	16	6	2	3
650 ～ 700	24	1	23	1	5	9	5	3	0
700 ～ 750	22	1	21	3	8	8	1	0	0
750 ～ 800	16	－	16	3	5	6	1	1	1
800 ～ 850	12	0	12	2	4	3	0	1	1
850 ～ 900	11	1	10	2	5	2	0	－	0
900 ～ 950	10	－	10	3	4	4	－	－	－
950 ～ 1000	8	1	7	2	4	1	－	－	－
1000万円以上	66	4	63	41	15	6	0	－	－

注：1）熊本県を除いたものである。
　　2）「受給なし」には、公的年金-恩給受給の有無不詳を含む。

第120表　高齢者世帯数，所得五分位階級・可処分所得の総所得に占める割合別

（世帯数1万対）　　　　　　　　　　　　　　　　　　　　　　　　　　平成28年調査

可処分所得の総所得に占める割合	総　数	第　Ⅰ	第　Ⅱ	第　Ⅲ	第　Ⅳ	第　Ⅴ
総　　数	2 807	1 104	904	502	190	107
70%未満	78	28	16	10	5	19
70～80	162	44	47	30	17	24
80～90	770	165	267	225	87	26
90～100	1 096	540	390	122	30	13
100%	202	172	30	－	－	－
不　詳	499	155	155	115	49	25

注：熊本県を除いたものである。

第121表　児童のいる世帯数，児童数・有業人員・所得五分位階級別

（世帯数1万対）　　　　　　　　　　　　　　　　　　　　　　　　　平成28年調査

有 業 人 員 所得五分位階級	総　数	1　人	2　人	3人以上
総　　　　数	2 325	1 045	965	314
第　　Ⅰ	149	70	64	15
第　　Ⅱ	225	124	77	24
第　　Ⅲ	475	210	200	64
第　　Ⅳ	749	318	332	99
第　　Ⅴ	727	323	291	113
0　　　　人	36	22	11	2
第　　Ⅰ	12	8	3	0
第　　Ⅱ	11	5	6	1
第　　Ⅲ	8	6	2	0
第　　Ⅳ	3	2	1	1
第　　Ⅴ	1	1	－	－
1　　　　人	779	360	317	102
第　　Ⅰ	75	34	35	6
第　　Ⅱ	104	59	35	10
第　　Ⅲ	187	90	72	26
第　　Ⅳ	253	113	105	35
第　　Ⅴ	161	64	70	26
2　　　　人	1 186	476	539	171
第　　Ⅰ	51	22	22	6
第　　Ⅱ	87	44	31	12
第　　Ⅲ	232	86	113	33
第　　Ⅳ	411	152	205	54
第　　Ⅴ	405	171	169	65
3　人　以　上	293	169	90	34
第　　Ⅰ	10	5	3	2
第　　Ⅱ	18	11	6	1
第　　Ⅲ	43	27	13	4
第　　Ⅳ	80	49	22	9
第　　Ⅴ	143	77	47	19
不　　　　詳	30	18	8	4
第　　Ⅰ	2	1	1	－
第　　Ⅱ	5	5	0	0
第　　Ⅲ	4	2	1	1
第　　Ⅳ	2	2	0	0
第　　Ⅴ	17	9	5	3

注：熊本県を除いたものである。

第122表　児童のいる世帯数，世帯主の年齢（10歳階級）・所得金額階級別

（世帯数1万対）　　　　　　　　　　　　　　　　　　　　　　　　　　　　　　　　平成28年調査

所得金額階級	総　数	29歳以下	30〜39歳	40〜49	50〜59	60〜69	70〜79	80歳以上	（再　掲）65歳以上	（再　掲）75歳以上
総　　数	2 325	77	659	983	336	136	97	36	207	78
50万円未満	2	−	1	−	0	−	−	−	−	−
50 〜 100	30	3	6	11	7	1	1	−	2	1
100 〜 150	55	2	16	25	8	4	1	−	3	−
150 〜 200	58	2	17	25	8	4	1	1	4	2
200 〜 250	74	5	22	28	8	6	4	0	7	2
250 〜 300	69	6	20	28	8	3	2	2	4	3
300 〜 350	90	7	29	35	9	7	4	−	8	2
350 〜 400	96	8	30	36	14	6	1	1	5	1
400 〜 450	128	8	49	47	13	5	5	1	8	3
450 〜 500	141	11	56	48	14	7	3	2	8	2
500 〜 550	166	7	65	66	16	7	4	1	8	2
550 〜 600	124	5	46	52	12	3	4	2	8	4
600 〜 650	160	5	59	66	18	7	4	1	8	3
650 〜 700	141	2	48	65	15	7	3	1	7	3
700 〜 750	142	3	46	60	22	6	3	2	9	3
750 〜 800	115	1	30	53	21	5	4	2	8	3
800 〜 850	103	0	31	43	17	4	5	2	10	5
850 〜 900	93	2	20	43	16	7	5	1	12	3
900 〜 950	87	0	13	45	15	6	5	2	10	4
950 〜 1000	58	−	9	27	12	6	2	3	9	3
1000 〜 1100	96	1	11	49	16	8	9	2	14	8
1100 〜 1200	73	−	13	34	13	5	6	1	10	5
1200 〜 1500	127	0	13	63	27	12	6	4	19	7
1500 〜 2000	68	1	5	25	21	6	7	3	14	5
2000万円以上	29	−	1	10	7	2	7	1	10	4

注：1）熊本県を除いたものである。
　　2）年齢階級の「総数」には、年齢不詳を含む。

第123表　乳幼児のいる世帯数，末子の保育者等の状況（複数回答）・所得金額階級別

（世帯数1万対）　　　　　　　　　　　　　　　　　　　　　　　　　　　　　　　　平成28年調査

所得金額階級	総　数	施設利用なし	父母のみ	祖父母、祖父母と父母	施設利用あり	認可保育所	認可外保育施設	幼稚園	認定子ども園	その他	保育者等不詳
総　　数	897	309	269	40	530	284	20	163	64	33	25
100万円未満	7	2	2	0	4	2	1	2	−	0	0
100 〜 200	34	8	6	2	24	14	1	7	3	0	2
200 〜 300	53	21	18	2	28	18	1	5	4	2	2
300 〜 400	91	30	27	3	53	32	1	10	9	4	3
400 〜 500	136	53	46	7	75	42	1	24	9	4	4
500 〜 600	130	49	45	4	68	35	2	24	7	9	4
600 〜 700	124	43	41	2	74	34	4	28	8	2	4
700 〜 800	99	37	30	7	59	29	2	21	8	2	2
800 〜 900	72	20	18	2	49	24	2	18	5	2	1
900 〜 1000	41	13	10	3	24	13	3	6	3	2	1
1000万円以上	111	34	25	9	71	42	3	18	9	4	2

注：熊本県を除いたものである。

第124表　乳幼児のいる世帯数，末子の保育所（施設）利用の有無・乳幼児数・所得金額階級別

（世帯数1万対）　　　　　　　　　　　　　　　　　　　　　　　　　　　　　　　　　平成28年調査

乳幼児数 所得金額階級	総　数	保育所（施設） 利用なし	保育所（施設） 利用あり	認可保育所	認可外 保育施設	両方	保育者等不詳
総　　数	897	567	305	284	20	－	25
100万円未満	7	4	3	2	1	－	0
100 ～ 200	34	18	15	14	1	－	2
200 ～ 300	53	32	18	18	1	－	2
300 ～ 400	91	54	34	32	1	－	3
400 ～ 500	136	90	42	42	1	－	4
500 ～ 600	130	89	37	35	2	－	4
600 ～ 700	124	81	38	34	4	－	4
700 ～ 800	99	67	30	29	2	－	2
800 ～ 900	72	44	27	24	2	－	1
900 ～ 1000	41	24	16	13	3	－	1
1000万円以上	111	65	44	42	3	－	2
1　人	643	407	218	201	17	－	18
100万円未満	5	4	1	1	1	－	0
100 ～ 200	26	14	11	10	1	－	1
200 ～ 300	37	21	14	14	1	－	2
300 ～ 400	65	39	24	23	1	－	3
400 ～ 500	94	64	27	26	1	－	3
500 ～ 600	89	58	27	26	1	－	3
600 ～ 700	80	53	26	22	4	－	2
700 ～ 800	74	52	21	19	2	－	2
800 ～ 900	60	38	21	19	2	－	1
900 ～ 1000	29	16	13	10	3	－	1
1000万円以上	82	48	32	31	2	－	1
2　人	229	145	78	76	3	－	6
100万円未満	2	0	1	1	－	－	－
100 ～ 200	8	4	4	4	－	－	1
200 ～ 300	12	10	3	3	－	－	－
300 ～ 400	22	13	9	9	0	－	－
400 ～ 500	37	23	13	13	－	－	1
500 ～ 600	38	29	8	7	1	－	1
600 ～ 700	41	26	12	12	0	－	2
700 ～ 800	22	13	10	10	－	－	－
800 ～ 900	11	5	6	5	0	－	－
900 ～ 1000	10	7	3	3	0	－	－
1000万円以上	26	16	10	10	0	－	0
3 人以上	25	16	8	8	1	－	1
100万円未満	－	－	－	－	－	－	－
100 ～ 200	0	－	0	0	－	－	－
200 ～ 300	3	2	1	1	－	－	0
300 ～ 400	3	2	1	1	－	－	1
400 ～ 500	6	3	3	3	－	－	－
500 ～ 600	4	2	2	2	－	－	－
600 ～ 700	3	2	0	0	－	－	－
700 ～ 800	2	2	－	－	－	－	－
800 ～ 900	1	1	－	－	－	－	－
900 ～ 1000	2	2	－	－	－	－	－
1000万円以上	3	1	2	1	1	－	－

注：熊本県を除いたものである。

（2－1）

第125表　乳幼児のいる世帯数，末子の保育所（施設）利用の有無・父母の就業状況・所得金額階級別

（世帯数1万対）　　　　　　　　　　　　　　　　　　　　　　　　　　　　　　　平成28年調査

父母の就業状況 所得金額階級	総　数	保育所（施設）利用なし	保育所（施設）利用あり	認可保育所	認 可 外 保育施設	両方	保育者等不詳
総　　　　　数	897	567	305	284	20	－	25
100万円未満	7	4	3	2	1	－	0
100 ～ 200	34	18	15	14	1	－	2
200 ～ 300	53	32	18	18	1	－	2
300 ～ 400	91	54	34	32	1	－	3
400 ～ 500	136	90	42	42	1	－	4
500 ～ 600	130	89	37	35	2	－	4
600 ～ 700	124	81	38	34	4	－	4
700 ～ 800	99	67	30	29	2	－	2
800 ～ 900	72	44	27	24	2	－	1
900 ～ 1000	41	24	16	13	3	－	1
1000万円以上	111	65	44	42	3	－	2
父 の み 仕 事 あ り	387	352	25	23	2	－	11
100万円未満	2	1	－	－	－	－	0
100 ～ 200	8	6	2	2	－	－	1
200 ～ 300	21	19	2	2	－	－	1
300 ～ 400	42	37	3	3	1	－	2
400 ～ 500	69	62	4	4	－	－	3
500 ～ 600	65	58	4	4	－	－	2
600 ～ 700	60	56	3	3	0	－	1
700 ～ 800	45	42	2	2	－	－	1
800 ～ 900	30	28	1	1	－	－	1
900 ～ 1000	14	13	－	－	－	－	1
1000万円以上	34	30	4	2	1	－	－
父 母 と も 仕 事 あ り	452	192	249	233	16	－	12
100万円未満	4	2	2	2	0	－	－
100 ～ 200	13	6	6	5	1	－	1
200 ～ 300	22	10	11	10	1	－	1
300 ～ 400	39	14	25	24	1	－	1
400 ～ 500	63	26	36	36	－	－	2
500 ～ 600	63	30	30	28	2	－	2
600 ～ 700	60	25	32	29	4	－	3
700 ～ 800	52	24	27	25	2	－	1
800 ～ 900	41	15	26	23	2	－	0
900 ～ 1000	24	9	15	13	2	－	－
1000万円以上	73	32	39	38	2	－	2

注：熊本県を除いたものである。

634

（2－2）
第125表　乳幼児のいる世帯数，末子の保育所（施設）利用の有無・父母の就業状況・所得金額階級別

（世帯数1万対）　　　　　　　　　　　　　　　　　　　　　　　　　　　　　　　　　　　平成28年調査

父母の就業状況 所得金額階級	総数	保育所（施設） 利用なし	保育所（施設） 利用あり	認可保育所	認 可 外 保育施設	両方	保育者等不詳
母 の み 仕 事 あ り	41	11	29	27	2	－	1
100万円未満	1	1	1	0	0		－
100 ～ 200	11	4	6	6	－	－	0
200 ～ 300	7	1	6	6	－	－	1
300 ～ 400	7	1	6	6	－	－	0
400 ～ 500	4	1	3	2	1	－	－
500 ～ 600	2	1	2	2	－	－	－
600 ～ 700	3	0	2	2	－	－	－
700 ～ 800	2	1	1	1	－	－	－
800 ～ 900	0	0	－	－	－	－	－
900 ～ 1000	2	0	1	0	1	－	－
1000万円以上	2	1	2	2	－	－	－
そ の 他	16	12	3	3	－	－	1
100万円未満	0	0	－	－	－	－	－
100 ～ 200	3	2	1	1	－	－	－
200 ～ 300	3	2	0	0	－	－	－
300 ～ 400	3	1	0	0	－	－	1
400 ～ 500	2	2	－	－	－	－	－
500 ～ 600	1	0	1	1	－	－	－
600 ～ 700	1	1	0	0	－	－	0
700 ～ 800	0	－	0	0	－	－	－
800 ～ 900	1	1	－	－	－	－	－
900 ～ 1000	1	1	－	－	－	－	－
1000万円以上	2	2	－	－	－	－	－
（再 掲）母に仕事あり	495	204	278	259	18	－	13
100万円未満	5	2	3	2	1	－	－
100 ～ 200	23	10	12	12	1	－	1
200 ～ 300	29	12	16	16	1	－	1
300 ～ 400	47	16	30	29	1	－	1
400 ～ 500	66	26	38	37	1	－	2
500 ～ 600	65	31	32	30	2	－	2
600 ～ 700	63	25	35	31	4	－	3
700 ～ 800	54	25	28	26	2	－	1
800 ～ 900	42	15	26	23	2	－	0
900 ～ 1000	26	10	16	13	3	－	－
1000万円以上	75	33	41	39	2	－	2

注：1）熊本県を除いたものである。
　　2）「その他」には、父母とも仕事なし及び父母の仕事の有無不詳を含む。

第126表　児童のいる世帯の平均所得金額－平均世帯人員－平均有業人員，世帯構造別

平成28年調査

世　帯　構　造	1世帯当たり		世帯人員1人当たり		有業人員1人当たり平均稼働所得金額（万円）	平均世帯人員（人）	平均有業人員（人）
	平均所得金額（万円）	平均可処分所得金額（万円）	平均所得金額（万円）	平均可処分所得金額（万円）			
総　　　　　　　数	707.6	551.6	173.2	137.6	357.8	4.09	1.81
核　家　族　世　帯	680.3	533.0	179.8	142.8	390.6	3.78	1.67
夫婦と未婚の子のみの世帯	712.6	562.4	183.7	146.3	399.7	3.88	1.72
ひとり親と未婚の子のみの世帯	317.5	264.1	117.2	97.8	233.4	2.71	1.11
三　世　代　世　帯	847.8	673.8	156.4	126.3	268.3	5.42	2.45
そ　の　他　の　世　帯	633.5	426.0	142.9	101.7	262.8	4.43	1.87

注：1）熊本県を除いたものである。
　　2）「平均可処分所得金額」には、金額不詳の世帯は含まない。
　　3）「総数」には、単独世帯を含む。

第127表　児童のいる世帯の平均所得金額－平均世帯人員－平均有業人員－平均児童数，市郡別

平成28年調査

市　　　郡	1世帯当たり		世帯人員1人当たり		有業人員1人当たり平均稼働所得金額（万円）	平均世帯人員（人）	平均有業人員（人）	平均児童数（人）
	平均所得金額（万円）	平均可処分所得金額（万円）	平均所得金額（万円）	平均可処分所得金額（万円）				
総　　　　　数	707.6	551.6	173.2	137.6	357.8	4.09	1.81	1.71
市　　　　　部	708.3	553.9	174.9	138.9	361.8	4.05	1.79	1.70
大　　都　　市	740.9	584.7	192.7	155.9	406.7	3.85	1.71	1.62
そ　の　他　の　市	695.9	541.9	168.5	132.8	345.8	4.13	1.83	1.73
人口15万人以上の市	700.9	541.6	175.0	137.3	369.3	4.01	1.74	1.72
人口15万人未満の市	691.2	542.1	162.8	129.0	325.6	4.25	1.91	1.73
郡　　　　　部	701.0	529.3	158.3	125.8	322.1	4.43	1.94	1.85

注：1）熊本県を除いたものである。
　　2）「平均可処分所得金額」には、金額不詳の世帯は含まない。

第128表　児童のいる世帯の平均所得金額－平均世帯人員－平均有業人員，世帯主の年齢（10歳階級）別

平成28年調査

| 世帯主の年齢階級 | 1世帯当たり | | 世帯人員1人当たり | | 有業人員1人当たり平均稼働所得金額（万円） | 平均世帯人員（人） | 平均有業人員（人） |
	平均所得金額（万円）	平均可処分所得金額（万円）	平均所得金額（万円）	平均可処分所得金額（万円）			
総　　　　数	707.6	551.6	173.2	137.6	357.8	4.09	1.81
29 歳 以 下	448.5	354.1	128.3	105.7	283.8	3.50	1.50
30 ～ 39 歳	591.3	466.8	154.1	124.2	354.3	3.84	1.58
40 ～ 49	721.8	561.1	184.1	144.3	394.7	3.92	1.73
50 ～ 59	811.6	617.6	198.1	154.6	377.3	4.10	2.02
60 ～ 69	770.6	616.5	145.2	120.4	231.9	5.31	2.56
70 ～ 79	978.4	772.0	177.6	143.9	281.2	5.51	2.39
80 歳 以 上	1 071.8	751.5	182.5	128.3	329.5	5.87	2.37
（再掲） 65歳以上	940.6	730.9	168.4	134.4	269.7	5.58	2.45
（再掲） 75歳以上	1 024.8	796.2	179.0	141.2	306.6	5.73	2.33

注：1）熊本県を除いたものである。
　　2）「平均可処分所得金額」には、金額不詳の世帯は含まない。
　　3）「総数」には、年齢不詳を含む。

第129表　平均所得金額－平均世帯人員－平均有業人員，児童の有－児童数－無別

平成28年調査

| 児童の有－児童数－無 | 1世帯当たり | | 世帯人員1人当たり | | 有業人員1人当たり平均稼働所得金額（万円） | 平均世帯人員（人） | 平均有業人員（人） |
	平均所得金額（万円）	平均可処分所得金額（万円）	平均所得金額（万円）	平均可処分所得金額（万円）			
総　　　　数	545.4	416.4	212.2	170.9	311.4	2.57	1.30
児 童 の い る 世 帯	707.6	551.6	173.2	137.6	357.8	4.09	1.81
1 人	694.9	545.7	199.6	159.5	344.8	3.48	1.83
2 人	702.3	546.5	164.5	129.2	364.0	4.27	1.78
3 人以上	766.2	590.5	138.4	107.0	382.7	5.53	1.82
児 童 の い な い 世 帯	496.3	381.9	235.1	187.6	289.1	2.11	1.14

注：1）熊本県を除いたものである。
　　2）「平均可処分所得金額」には、金額不詳の世帯は含まない。

第130表　児童のいる世帯の平均所得金額－
　　　　　平均世帯人員－平均有業人員，末子の年齢階級別

平成28年調査

末子の年齢階級	1世帯当たり		世帯人員1人当たり		有業人員1人当たり平均稼働所得金額（万円）	平均世帯人員（人）	平均有業人員（人）
	平均所得金額（万円）	平均可処分所得金額（万円）	平均所得金額（万円）	平均可処分所得金額（万円）			
総　　　　　数	707.6	551.6	173.2	137.6	357.8	4.09	1.81
3 歳 未 満	636.8	512.2	156.4	128.2	351.7	4.07	1.66
3 　～　 5歳	690.5	533.0	160.8	126.8	366.3	4.30	1.74
6 　～　 8	696.5	542.4	167.3	132.5	363.4	4.16	1.75
9 　～　 11	747.6	577.5	178.3	139.3	369.1	4.19	1.84
12 　～　 14	754.4	572.4	187.4	144.2	367.3	4.02	1.87
15 　～　 17	744.4	580.4	196.5	157.0	334.5	3.79	2.02

注：1）熊本県を除いたものである。
　　2）「平均可処分所得金額」には、金額不詳の世帯は含まない。

第131表　児童のいる世帯の有業人員１人当たり平均稼働所得金額，

勤めか自営かの別－勤め先での呼称・性・年齢（10歳階級）別

（単位：万円）　　　　　　　　　　　　　　　　　　　　　　　　　　　　　　　　　　　　　　　平成28年調査

性 年　齢　階　級	総　　数	会社・ 団体等 の役員	役員以外 の雇用者	正　規　の 職　員　・ 従　業　員	非正規の 職　員　・ 従　業　員	パート・ アルバイト	その他	自営業主	家　族 従業者	内職・ その他
総　　　　　　数	357.8	594.1	353.0	477.3	108.5	86.7	204.3	365.0	134.2	133.9
19　歳　以　下	26.6	－	24.0	66.7	10.0	10.2	－	11.0	2.2	13.7
20　～　29　歳	173.2	354.8	163.0	220.5	71.5	56.1	163.8	182.8	60.9	122.6
30　～　39	329.6	452.2	328.5	419.0	103.8	86.8	181.7	310.8	144.9	170.9
40　～　49	407.6	661.6	398.1	540.0	115.2	95.7	201.4	438.5	188.6	167.1
50　～　59	502.3	795.3	497.1	622.0	152.9	130.7	233.2	462.3	143.5	210.7
60　歳　以　上	224.2	445.1	203.9	268.5	170.4	104.1	267.6	233.1	82.5	26.9
（再掲）65歳以上	194.6	445.4	143.4	173.1	131.7	90.7	209.0	204.6	76.7	27.1
男	500.1	696.6	508.3	540.2	179.4	85.8	296.9	400.4	184.5	313.2
19　歳　以　下	29.0	－	27.0	69.4	9.9	10.3	－		2.2	－
20　～　29　歳	236.9	522.4	226.1	267.8	90.1	60.6	222.1	231.5	79.1	199.2
30　～　39	461.3	532.9	474.7	481.7	258.5	200.3	279.6	348.6	221.9	399.8
40　～　49	582.9	759.8	581.4	591.9	308.0	249.9	325.4	518.9	250.5	654.6
50　～　59	636.1	915.7	657.1	678.8	273.4	209.9	318.0	418.4	253.1	536.3
60　歳　以　上	301.9	520.7	278.1	338.8	241.3	142.2	308.1	261.2	120.5	51.1
（再掲）65歳以上	260.7	498.4	192.6	233.9	174.3	106.2	237.3	233.0	118.9	48.4
女	179.3	284.6	169.1	293.0	96.8	86.8	156.8	214.6	117.1	48.4
19　歳　以　下	24.0	－	20.7	62.6	10.0	10.1		11.0	－	24.3
20　～　29　歳	104.5	42.1	97.3	138.1	63.1	54.3	125.4	18.2	51.7	12.9
30　～　39	172.2	259.2	160.4	252.2	94.3	84.7	151.1	154.7	102.5	75.7
40　～　49	199.7	270.2	192.3	371.2	103.2	93.1	161.4	123.3	173.6	50.5
50　～　59	254.9	484.1	218.9	365.1	135.2	125.0	187.9	670.6	119.3	42.9
60　歳　以　上	115.3	210.6	106.4	146.1	90.2	82.7	122.4	96.2	72.7	3.1
（再掲）65歳以上	99.5	260.3	77.8	66.5	81.5	80.5	87.7	92.4	62.2	0.2

注：１）熊本県を除いたものである。
　　２）勤めか自営かの別の「総数」には、勤めか自営か不詳を含む。
　　３）勤めか自営かの別の「役員以外の雇用者」には、勤め先での呼称不詳を含む。
　　４）勤め先での呼称の「その他」には、労働者派遣事業所の派遣社員、契約社員、嘱託、その他の呼称を含む。
　　５）年齢階級の「総数」には、年齢不詳を含む。

第132表　1世帯当たり平均所得金額－全世帯の平均所得金額を100としたときの指数,　児童の有無・世帯業態別

平成28年調査

世　帯　業　態	1世帯当たり平均所得金額（万円）			全世帯の平均所得金額を100としたときの指数		
	総　　数	児童のいる世帯	児童のいない世帯	総　　数	児童のいる世帯	児童のいない世帯
総　　　　　　　　数	545.4	707.6	496.3	100.0	129.7	91.0
雇　用　者　世　帯	661.8	713.1	635.0	121.3	130.8	116.4
常　雇　者　世　帯	689.0	722.5	669.6	126.3	132.5	122.8
1月以上1年未満の契約の雇用者世帯	416.2	470.0	408.4	76.3	86.2	74.9
日々又は1月未満の契約の雇用者世帯	323.8	395.4	311.2	59.4	72.5	57.1
自　営　業　者　世　帯	622.1	724.4	592.7	114.1	132.8	108.7
そ　の　他　の　世　帯	308.1	524.9	300.6	56.5	96.2	55.1

注：1）熊本県を除いたものである。
　　2）世帯業態の「総数」には、世帯業態不詳を含む。

第133表　児童のいる世帯の1世帯当たり平均所得金額,　世帯業態・所得五分位階級別

（単位：万円）

平成28年調査

所得五分位階級	総　　数	雇用者世帯	常雇者世帯	1月以上1年未満の契約の雇用者世帯	日々又は1月未満の契約の雇用者世帯	自営業者世帯	その他の世帯
総　　　　　数	707.6	713.1	722.5	470.0	395.4	724.4	524.9
第　　　　Ⅰ	135.2	136.2	137.4	130.8	124.5	135.8	128.2
第　　　　Ⅱ	276.1	280.9	281.3	278.8	267.2	267.0	258.0
第　　　　Ⅲ	446.9	449.8	451.1	421.8	440.6	431.7	433.9
第　　　　Ⅳ	660.6	661.5	661.2	670.3	764.5	657.8	632.5
第　　　　Ⅴ	1 177.4	1 131.9	1 132.0	1 150.8	881.0	1 543.1	1 223.5

注：1）熊本県を除いたものである。
　　2）世帯業態の「総数」には、世帯業態不詳を含む。

第134表　世帯数－1世帯当たり平均金額,
拠出金等の種類・世帯人員別

平成28年調査

世　帯　人　員	拠　出　金	所　得　税	住　民　税	固定資産税	社会保険料	企業年金・個人年金等掛　金
		当該拠出金等のある世帯数（世帯数1万対）				
総　　　　　数	9 487	7 105	7 553	6 680	8 926	2 058
1　　　　　人	1 936	999	1 083	1 062	1 717	230
2　　　　　人	3 212	2 256	2 522	2 398	3 015	505
3　　　　　人	2 068	1 754	1 828	1 508	1 983	557
4　　　　　人	1 446	1 336	1 354	1 060	1 407	479
5　　　　　人	541	499	502	415	527	187
6　人　以　上	283	260	265	236	277	101
		当該拠出金等のある1世帯当たり平均金額（単位：万円）				
総　　　　　数	106.9	31.4	25.4	13.9	62.6	27.9
1　　　　　人	47.5	18.1	15.9	10.2	29.0	24.1
2　　　　　人	88.4	27.5	20.2	14.5	49.0	28.3
3　　　　　人	140.5	37.5	29.3	14.1	77.1	29.3
4　　　　　人	164.7	37.3	33.0	13.5	94.4	26.7
5　　　　　人	169.3	36.8	33.6	16.3	96.9	27.3
6　人　以　上	204.3	42.1	36.8	22.2	107.4	33.1

注：1）熊本県を除いたものである。
　　2）「当該拠出金等のある1世帯当たり平均金額」には、金額不詳の世帯は含まない。

第135表　世帯数－1世帯当たり平均金額,
拠出金等の種類・世帯業態別

平成28年調査

世　帯　業　態	拠　出　金	所　得　税	住　民　税	固定資産税	社会保険料	企業年金・個人年金等掛　金
		当該拠出金等のある世帯数（世帯数1万対）				
総　　　　　数	9 487	7 105	7 553	6 680	8 926	2 058
雇　用　者　世　帯	5 576	5 006	5 081	3 599	5 372	1 589
常　雇　者　世　帯	5 060	4 623	4 669	3 273	4 890	1 498
1月以上1年未満の契約の雇用者世帯	463	348	374	293	436	81
日々又は1月未満の契約の雇用者世帯	54	35	37	34	46	10
自　営　業　者　世　帯	1 063	755	855	864	973	260
そ　の　他　の　世　帯	2 604	1 245	1 494	2 037	2 373	197
		当該拠出金等のある1世帯当たり平均金額（単位：万円）				
総　　　　　数	106.9	31.4	25.4	13.9	62.6	27.9
雇　用　者　世　帯	140.6	32.4	29.3	13.1	81.8	27.0
常　雇　者　世　帯	149.5	34.0	30.9	13.5	85.7	27.1
1月以上1年未満の契約の雇用者世帯	62.9	13.7	12.8	9.3	45.7	23.3
日々又は1月未満の契約の雇用者世帯	42.2	14.2	9.0	8.6	29.2	44.3
自　営　業　者　世　帯	126.3	57.6	29.9	21.4	54.9	33.8
そ　の　他　の　世　帯	45.0	13.3	11.2	12.0	27.3	27.1

注：1）熊本県を除いたものである。
　　2）「総数」には、世帯業態不詳を含む。
　　3）「当該拠出金等のある1世帯当たり平均金額」には、金額不詳の世帯は含まない。

第136表　世帯数－1世帯当たり平均金額，拠出金等の種類・世帯類型－児童のいる世帯－65歳以上の者のいる世帯別

平成28年調査

世　帯　類　型	拠　出　金	所　得　税	住　民　税	固定資産税	社会保険料	企業年金・個人年金等掛　　金
	当該拠出金等のある世帯数（世帯数1万対）					
総　　　　　　数	9 487	7 105	7 553	6 680	8 926	2 058
高　齢　者　世　帯	2 605	1 186	1 452	2 013	2 359	88
母　子　世　帯	107	66	63	26	101	18
そ　の　他　の　世　帯	6 775	5 852	6 038	4 641	6 466	1 951
（再掲）児童のいる世帯	2 267	2 065	2 082	1 461	2 195	727
（再掲）65歳以上の者のいる世帯	5 013	3 102	3 495	4 058	4 662	721
	当該拠出金等のある1世帯当たり平均金額（単位：万円）					
総　　　　　　数	106.9	31.4	25.4	13.9	62.6	27.9
高　齢　者　世　帯	44.8	19.9	11.9	13.8	22.7	31.8
母　子　世　帯	45.3	10.7	10.9	10.6	33.9	18.9
そ　の　他　の　世　帯	136.1	34.1	29.0	14.0	78.4	27.8
（再掲）児童のいる世帯	155.6	36.5	32.2	13.7	87.7	27.1
（再掲）65歳以上の者のいる世帯	79.1	27.6	19.6	15.1	44.8	29.0

注：1）熊本県を除いたものである。
　　2）「その他の世帯」には、「父子世帯」を含む。
　　3）「当該拠出金等のある1世帯当たり平均金額」には、金額不詳の世帯は含まない。

第137表　世帯数－1世帯当たり平均金額，拠出金等の種類・世帯主の年齢（10歳階級）別

平成28年調査

世帯主の年齢階級	拠　出　金	所　得　税	住　民　税	固定資産税	社会保険料	企業年金・個人年金等掛　　金
	当該拠出金等のある世帯数（世帯数1万対）					
総　　　　　　数	9 487	7 105	7 553	6 680	8 926	2 058
29　歳　以　下	236	208	205	25	219	61
30　～　39　歳	902	818	825	366	865	241
40　～　49	1 497	1 367	1 382	924	1 447	490
50　～　59	1 585	1 424	1 448	1 145	1 531	569
60　～　69	2 295	1 706	1 843	1 857	2 120	408
70　～　79	1 844	1 032	1 217	1 474	1 726	183
80　歳　以　上	1 127	549	632	889	1 018	106
（再掲）65歳以上	4 302	2 496	2 862	3 458	3 979	473
（再掲）75歳以上	1 988	997	1 181	1 582	1 818	185
	当該拠出金等のある1世帯当たり平均金額（単位：万円）					
総　　　　　　数	106.9	31.4	25.4	13.9	62.6	27.9
29　歳　以　下	70.8	15.0	16.6	8.4	52.3	18.6
30　～　39　歳	114.5	23.4	25.2	12.2	72.0	24.0
40　～　49	152.3	35.5	31.9	12.1	88.0	27.9
50　～　59	175.2	44.9	37.3	13.9	97.6	29.4
60　～　69	98.3	30.1	22.2	13.0	55.1	29.5
70　～　79	62.8	21.5	15.7	15.4	35.2	25.7
80　歳　以　上	58.8	25.4	16.4	16.2	32.6	31.3
（再掲）65歳以上	68.7	25.5	17.3	14.9	37.8	28.0
（再掲）75歳以上	59.0	24.0	16.0	15.8	33.2	29.4

注：1）熊本県を除いたものである。
　　2）「総数」には、年齢不詳を含む。
　　3）「当該拠出金等のある1世帯当たり平均金額」には、金額不詳の世帯は含まない。

第138表　世帯数－１世帯当たり平均金額,
拠出金等の種類・所得五分位階級別

平成28年調査

所得五分位階級	拠　出　金	所　得　税	住　民　税	固定資産税	社会保険料	企業年金・個人年金等掛　　金
	当該拠出金等のある世帯数（世帯数１万対）					
総　　　　　数	9 487	7 105	7 553	6 680	8 926	2 058
第　　　　Ⅰ	1 576	330	450	930	1 296	106
第　　　　Ⅱ	1 914	1 097	1 325	1 269	1 749	203
第　　　　Ⅲ	1 997	1 750	1 841	1 329	1 937	338
第　　　　Ⅳ	2 000	1 941	1 950	1 454	1 961	578
第　　　　Ⅴ	2 000	1 986	1 987	1 698	1 983	833
	当該拠出金等のある１世帯当たり平均金額（単位：万円）					
総　　　　　数	106.9	31.4	25.4	13.9	62.6	27.9
第　　　　Ⅰ	14.3	4.8	3.2	7.4	10.6	17.6
第　　　　Ⅱ	35.8	5.7	6.1	8.7	25.8	21.7
第　　　　Ⅲ	70.8	10.3	11.7	10.7	46.5	24.2
第　　　　Ⅳ	123.4	18.5	22.6	12.3	76.9	25.0
第　　　　Ⅴ	292.0	79.4	59.4	25.4	130.8	34.2

注：1）熊本県を除いたものである。
　　2）「当該拠出金等のある１世帯当たり平均金額」には、金額不詳の世帯は含まない。

第139表　世　帯　数, 世帯業態・拠出金の有－拠出金額階級－無別

（世帯数１万対）　　　　　　　　　　　　　　　　　　　　　　　　　　　　　平成28年調査

拠出金の有－拠出金額階級－無	総　　数	雇用者世帯	常雇者世帯	1月以上1年未満の契約の雇用者世帯	日々又は1月未満の契約の雇用者世帯	自営業者世　帯	その他の世　帯	不　詳
総　　　　　数	10 000	5 742	5 191	492	59	1 093	2 894	271
拠　出　金　あ　り	9 487	5 576	5 060	463	54	1 063	2 604	243
10万円未満	895	203	150	44	9	69	566	58
10 ～ 20	623	154	110	37	7	82	349	38
20 ～ 30	468	146	113	29	4	72	231	19
30 ～ 40	470	198	153	41	3	56	200	16
40 ～ 50	400	164	126	36	2	48	179	9
50 ～ 60	354	172	138	32	2	41	134	7
60 ～ 70	313	185	167	18	1	36	88	3
70 ～ 80	322	209	188	21	1	34	74	4
80 ～ 90	274	182	164	16	3	35	52	5
90 ～ 100	231	166	154	11	1	29	35	1
100 ～ 110	205	154	145	9	0	22	27	2
110 ～ 120	191	144	139	4	1	21	25	1
120 ～ 130	192	148	139	8	1	19	24	1
130 ～ 140	181	146	142	4	1	17	17	1
140 ～ 150	150	119	112	7	－	13	16	2
150 ～ 200	595	500	482	17	1	52	43	1
200 ～ 250	350	301	296	5	－	29	18	2
250 ～ 300	209	182	179	3	－	12	14	1
300万円以上	415	336	332	4	－	57	20	2
不　　　詳	2 649	1 766	1 632	116	18	320	491	72
拠　出　金　な　し	513	166	131	29	5	30	289	28

注：熊本県を除いたものである。

第140表　世帯数，世帯類型－児童のいる世帯－65歳以上の者のいる世帯・拠出金の有－拠出金額階級－無別

（世帯数1万対）　　　　　　　　　　　　　　　　　　　　　　　　　　　平成28年調査

拠出金の有－拠出金額階級－無	総　数	高齢者世帯	母子世帯	その他の世帯	（再掲）児童のいる世帯	（再掲）65歳以上の者のいる世帯
総　　数	10 000	2 807	129	7 065	2 325	5 261
拠出金あり	9 487	2 605	107	6 775	2 267	5 013
10万円未満	895	597	18	281	59	718
10 ～ 20	623	387	9	227	40	504
20 ～ 30	468	237	11	219	44	344
30 ～ 40	470	205	11	254	49	326
40 ～ 50	400	172	5	223	35	274
50 ～ 60	354	126	5	222	44	227
60 ～ 70	313	83	5	225	61	164
70 ～ 80	322	71	5	245	74	157
80 ～ 90	274	42	2	230	66	126
90 ～ 100	231	32	2	197	64	101
100 ～ 110	205	23	1	180	61	85
110 ～ 120	191	17	1	173	67	78
120 ～ 130	192	14	0	177	64	61
130 ～ 140	181	13	－	168	67	56
140 ～ 150	150	10	－	139	54	51
150 ～ 200	595	19	2	574	242	193
200 ～ 250	350	12	－	339	125	110
250 ～ 300	209	6	－	202	78	55
300万円以上	415	37	1	377	145	142
不　　詳	2 649	499	28	2 122	828	1 240
拠出金なし	513	202	22	290	58	248

注：1）熊本県を除いたものである。
　　2）「その他の世帯」には、「父子世帯」を含む。

第141表　世帯数，所得五分位階級・拠出金の有－拠出金額階級－無別

（世帯数1万対）　　　　　　　　　　　　　　　　　　　　　　　　　　　平成28年調査

拠出金の有－拠出金額階級－無	総　数	第Ⅰ	第Ⅱ	第Ⅲ	第Ⅳ	第Ⅴ
総　　数	10 000	2 000	2 000	2 000	2 000	2 000
拠出金あり	9 487	1 576	1 914	1 997	2 000	2 000
10万円未満	895	684	183	23	4	2
10 ～ 20	623	312	254	47	9	1
20 ～ 30	468	136	248	68	14	2
30 ～ 40	470	84	248	113	22	2
40 ～ 50	400	38	195	146	20	1
50 ～ 60	354	21	135	161	34	3
60 ～ 70	313	11	81	175	42	4
70 ～ 80	322	4	66	174	68	9
80 ～ 90	274	3	31	138	95	7
90 ～ 100	231	－	14	110	94	13
100 ～ 110	205	1	13	73	101	16
110 ～ 120	191	1	3	43	123	21
120 ～ 130	192	1	3	29	130	30
130 ～ 140	181	－	2	20	130	29
140 ～ 150	150	－	3	14	97	35
150 ～ 200	595	0	2	30	265	298
200 ～ 250	350	－	0	4	47	299
250 ～ 300	209	－	0	2	9	197
300万円以上	415	－	－	4	8	404
不　　詳	2 649	280	431	622	687	629
拠出金なし	513	424	86	2	1	－

注：熊本県を除いたものである。

（2－1）

第142表　世帯数，課税の状況・世帯類型－児童のいる世帯－

65歳以上の者のいる世帯・所得金額階級別

（世帯数1万対）　　　平成28年調査

世帯類型 所得金額階級	全世帯数	住民税 課税世帯	住民税 5千円未満	住民税 5千円以上	所得税 課税世帯	（再掲）住民税課税世帯	
						住民税 5千円未満	住民税 5千円以上
総　　　　　　　数	10 000	7 553	86	6 135	7 105	43	5 587
50万円未満	97	5	1	4	6	－	1
50 ～ 100	523	46	2	38	26	0	13
100 ～ 150	647	129	5	103	96	3	59
150 ～ 200	694	251	16	187	184	9	111
200 ～ 250	729	369	12	288	294	4	196
250 ～ 300	644	422	15	351	336	5	246
300 ～ 350	697	579	15	469	503	9	391
350 ～ 400	623	559	11	473	509	7	418
400 ～ 450	565	518	5	420	496	3	390
450 ～ 500	477	450	1	368	442	0	353
500 ～ 600	881	848	1	697	840	1	682
600 ～ 700	765	744	1	605	739	1	596
700 ～ 800	631	621	0	494	621	0	493
800 ～ 900	492	483	0	395	484	－	395
900 ～ 1000	370	367	－	299	367	－	298
1000万円以上	1 164	1 162	－	946	1 162	－	945
高　齢　者　世　帯	2 807	1 452	51	1 209	1 186	21	951
50万円未満	50	2	1	1	1	－	1
50 ～ 100	318	16	1	12	9	0	4
100 ～ 150	353	35	2	27	21	－	13
150 ～ 200	367	107	13	71	64	7	32
200 ～ 250	346	146	7	109	101	1	63
250 ～ 300	298	177	11	146	121	3	90
300 ～ 350	293	240	10	203	187	6	156
350 ～ 400	215	191	4	171	160	2	140
400 ～ 450	134	120	0	105	110	0	94
450 ～ 500	92	86	0	77	84	－	73
500 ～ 600	131	126	1	114	124	0	111
600 ～ 700	63	61	0	50	61	0	50
700 ～ 800	38	37	－	32	37	－	32
800 ～ 900	23	22	0	19	22	－	19
900 ～ 1000	18	18	－	16	18	－	16
1000万円以上	66	66	－	57	66	－	56
母　子　世　帯	129	63	0	49	66	0	43
そ　の　他　の　世　帯	7 065	6 038	34	4 877	5 852	22	4 592
50万円未満	47	3	－	3	5	－	1
50 ～ 100	196	30	1	26	16	－	9
100 ～ 150	280	91	3	74	72	3	46
150 ～ 200	303	140	3	113	115	2	78
200 ～ 250	365	216	5	173	187	4	128
250 ～ 300	324	232	4	195	201	2	148
300 ～ 350	387	324	5	254	301	3	224
350 ～ 400	402	361	7	297	342	4	273
400 ～ 450	427	394	4	312	383	3	292
450 ～ 500	382	361	1	290	355	0	278
500 ～ 600	744	717	1	579	711	1	568
600 ～ 700	701	681	1	554	676	1	545
700 ～ 800	591	582	0	460	583	0	459
800 ～ 900	469	461	－	376	462	－	376
900 ～ 1000	352	349	－	282	349	－	281
1000万円以上	1 096	1 094	－	888	1 095	－	887

注：1）熊本県を除いたものである。
　　2）「全世帯数」には、非課税世帯及び課税の有無不詳の世帯を含む。
　　3）「その他の世帯」には、「父子世帯」を含む。
　　4）「住民税課税世帯」には、住民税額不詳の世帯を含む。

（2−2）

第142表　世帯数，課税の状況・世帯類型－児童のいる世帯－65歳以上の者のいる世帯・所得金額階級別

（世帯数1万対）　　平成28年調査

世帯類型 所得金額階級	全世帯数	住民税 課税世帯	住民税 5千円未満	住民税 5千円以上	所得税 課税世帯	（再掲）住民税課税世帯	
						住民税 5千円未満	住民税 5千円以上
（再掲）児童のいる世帯	2 325	2 082	5	1 651	2 065	4	1 598
50万円未満	2	－	－	－	1		
50 ～ 100	30	3	－	3	3	－	0
100 ～ 150	55	20	1	14	15	1	6
150 ～ 200	58	19	1	14	17	0	8
200 ～ 250	74	36	1	28	34	1	21
250 ～ 300	69	43	0	34	43	0	26
300 ～ 350	90	74	1	54	73	0	51
350 ～ 400	96	83	1	65	81	0	62
400 ～ 450	128	120	1	93	117	1	88
450 ～ 500	141	134	1	103	131	0	99
500 ～ 600	290	277	0	220	278	0	218
600 ～ 700	301	292	－	230	292	－	227
700 ～ 800	257	253	－	204	252	－	203
800 ～ 900	196	193	－	160	193	－	160
900 ～ 1000	145	144	－	113	144	－	113
1000万円以上	392	392	－	317	392	－	316
（再掲）65歳以上の者のいる世帯	5 261	3 495	71	2 865	3 102	32	2 450
50万円未満	53	2	1	1	2	－	1
50 ～ 100	371	26	2	19	13	0	7
100 ～ 150	429	51	3	41	34	1	18
150 ～ 200	479	145	14	101	86	7	46
200 ～ 250	498	223	9	168	157	2	97
250 ～ 300	441	271	13	222	192	5	139
300 ～ 350	441	350	13	294	279	7	224
350 ～ 400	367	324	10	280	277	6	233
400 ～ 450	286	255	4	214	233	3	188
450 ～ 500	211	197	1	168	190	－	157
500 ～ 600	365	350	1	300	341	1	288
600 ～ 700	290	281	1	233	279	1	229
700 ～ 800	211	208	0	165	208	0	164
800 ～ 900	183	179	0	150	179	－	150
900 ～ 1000	148	147	－	119	147	－	119
1000万円以上	488	487	－	391	486	－	390

注：1）熊本県を除いたものである。
　　2）「全世帯数」には、非課税世帯及び課税の有無不詳の世帯を含む。
　　3）「住民税課税世帯」には、住民税額不詳の世帯を含む。

第143表　世　帯　数，課税の状況・世帯業態別

（世帯数1万対）　　　　　　　　　　　　　　　　　　　　　　　　　　　　　　　　　　　平成28年調査

世　帯　業　態	全世帯数	住民税課税世帯	住民税5千円未満	住民税5千円以上	所得税課税世帯	（再掲）住民税課税世帯 住民税5千円未満	（再掲）住民税課税世帯 住民税5千円以上
総　　　　　数	10 000	7 553	86	6 135	7 105	43	5 587
雇　用　者　世　帯	5 742	5 081	22	4 116	5 006	17	3 950
常　雇　者　世　帯	5 191	4 669	18	3 770	4 623	14	3 649
1月以上1年未満の契約の雇用者世帯	492	374	4	317	348	3	277
日々又は1月未満の契約の雇用者世帯	59	37	–	28	35	–	24
自　営　業　者　世　帯	1 093	855	10	688	755	4	586
その他の世帯	2 894	1 494	50	1 245	1 245	21	987
不　　　　　詳	271	123	4	87	98	2	63

注：1）熊本県を除いたものである。
　　2）「全世帯数」には、非課税世帯及び課税の有無不詳の世帯を含む。
　　3）「住民税課税世帯」には、住民税額不詳の世帯を含む。

第144表　世　帯　数，課税の状況・所得五分位階級別

（世帯数1万対）　　　　　　　　　　　　　　　　　　　　　　　　　　　　　　　　　　　平成28年調査

所得五分位階級	全世帯数	住民税課税世帯	住民税5千円未満	住民税5千円以上	所得税課税世帯	（再掲）住民税課税世帯 住民税5千円未満	（再掲）住民税課税世帯 住民税5千円以上
総　　　　　数	10 000	7 553	86	6 135	7 105	43	5 587
第　　　　Ⅰ	2 000	450	25	345	330	12	194
第　　　　Ⅱ	2 000	1 325	41	1 070	1 097	18	807
第　　　　Ⅲ	2 000	1 841	18	1 515	1 750	11	1 404
第　　　　Ⅳ	2 000	1 950	2	1 584	1 941	2	1 565
第　　　　Ⅴ	2 000	1 987	0	1 620	1 986	–	1 617

注：1）熊本県を除いたものである。
　　2）「全世帯数」には、非課税世帯及び課税の有無不詳の世帯を含む。
　　3）「住民税課税世帯」には、住民税額不詳の世帯を含む。

第145表　世　帯　数，課税の状況・世帯主の年齢（5歳階級）別

（世帯数1万対）　　　　　　　　　　　　　　　　　　　　　　　　　　　　　　　　　　平成28年調査

世帯主の年齢階級	全世帯数	住民税課税世帯	住民税5千円未満	住民税5千円以上	所得税課税世帯	(再掲)住民税課税世帯 住民税5千円未満	住民税5千円以上
総　　　　数	10 000	7 553	86	6 135	7 105	43	5 587
19 歳 以 下	16	1	–	1	2	–	1
20 ～ 24 歳	83	35	1	24	37	1	23
25 ～ 29	202	169	0	129	168	–	122
30 ～ 34	393	345	1	262	343	1	254
35 ～ 39	542	480	0	388	475	0	375
40 ～ 44	770	685	1	556	682	1	541
45 ～ 49	786	697	3	561	685	3	539
50 ～ 54	816	721	3	576	708	3	553
55 ～ 59	839	727	2	588	716	2	559
60 ～ 64	1 015	832	5	700	791	2	646
65 ～ 69	1 389	1 012	20	846	915	7	738
70 ～ 74	1 037	668	21	548	584	13	455
75 ～ 79	908	549	17	453	448	6	360
80 歳 以 上	1 204	632	11	504	549	4	421
(再掲)65歳以上	4 538	2 862	68	2 351	2 496	31	1 974
(再掲)75歳以上	2 111	1 181	28	958	997	11	781

注：1）熊本県を除いたものである。
　　2）「全世帯数」には、非課税世帯及び課税の有無不詳の世帯を含む。
　　3）「総数」には、年齢不詳を含む。
　　4）「住民税課税世帯」には、住民税額不詳の世帯を含む。

第146表　世　帯　数，世帯主の年齢（10歳階級）・所得税額階級別

（世帯数1万対）　　　　　　　　　　　　　　　　　　　　　　　　　　　　　　　　　　平成28年調査

所得税額階級	総　　数	29歳以下	30～39歳	40～49	50～59	60～69	70～79	80歳以上	(再掲)65歳以上	(再掲)75歳以上
全　　世　　帯	10 000	301	935	1 557	1 655	2 404	1 945	1 204	4 538	2 111
所 得 税 課 税 世 帯	7 105	208	818	1 367	1 424	1 706	1 032	549	2 496	997
5万円未満	1 572	34	104	171	190	484	384	205	870	376
5 ～ 10	1 187	63	162	218	186	299	179	81	425	160
10 ～ 15	673	29	95	119	126	174	89	41	214	78
15 ～ 20	461	14	75	110	104	96	48	15	111	30
20 ～ 25	332	9	44	86	78	66	31	19	81	34
25 ～ 30	196	2	24	50	52	43	16	11	50	15
30 ～ 35	175	2	18	44	56	33	11	12	39	17
35 ～ 40	140	1	16	39	41	23	15	6	31	13
40 ～ 45	110	1	14	30	33	19	8	5	22	10
45 ～ 50	79	–	4	21	29	16	6	2	16	6
50 ～ 60	166	3	11	50	58	25	13	7	30	12
60 ～ 70	96	1	8	22	35	21	6	4	18	7
70 ～ 80	87	2	4	21	33	17	7	3	17	5
80 ～ 90	66	–	4	21	26	12	2	1	10	2
90 ～ 100	53	1	3	15	19	8	4	3	11	5
100万円以上	335	4	24	80	111	71	30	15	82	29
不　　詳	1 374	46	209	273	246	300	182	119	471	198

注：1）熊本県を除いたものである。
　　2）「総数」には、年齢不詳を含む。

第147表　世　帯　数，世帯主の年齢（10歳階級）・住民税額階級別

（世帯数1万対）　　　　　　　　　　　　　　　　　　　　　　　　　　　　　　　　　　　平成28年調査

住民税額階級	総　数	29歳以下	30～39歳	40～49	50～59	60～69	70～79	80歳以上	（再　掲）65歳以上	（再　掲）75歳以上
全　世　帯	10 000	301	935	1 557	1 655	2 404	1 945	1 204	4 538	2 111
住 民 税 課 税 世 帯	7 553	205	825	1 382	1 448	1 843	1 217	632	2 862	1 181
5万円未満	1 336	19	49	98	126	429	441	175	897	373
5 ～ 10	904	26	76	114	103	274	184	128	463	217
10 ～ 15	735	34	88	111	126	198	112	67	287	119
15 ～ 20	581	30	77	117	91	142	85	38	202	74
20 ～ 25	471	17	91	92	78	110	61	22	138	50
25 ～ 30	420	12	76	116	83	86	31	15	94	26
30 ～ 35	352	6	60	89	87	62	33	14	76	26
35 ～ 40	284	4	41	86	78	48	16	10	46	19
40 ～ 45	217	3	34	64	59	35	13	10	41	17
45 ～ 50	165	2	12	42	56	39	9	6	32	9
50万円以上	756	3	48	192	281	146	55	30	143	54
不　　詳	1 332	50	174	261	278	273	178	117	442	196

注：1）熊本県を除いたものである。
　　2）「総数」には、年齢不詳を含む。

第148表　世　帯　数，世帯業態・社会保険料額階級別

（世帯数1万対）　　　　　　　　　　　　　　　　　　　　　　　　　　　　　　　　　　　平成28年調査

社会保険料額階級	総　数	雇用者世帯	常雇者世帯	1月以上1年未満の契約の雇用者世帯	日々又は1月未満の契約の雇用者世帯	自営業者世帯	その他の世帯	不　詳
全　世　帯	10 000	5 742	5 191	492	59	1 093	2 894	271
支　払　い　あ　り	8 926	5 372	4 890	436	46	973	2 373	208
5万円未満	535	103	71	26	6	40	362	29
5 ～ 10	599	119	83	28	7	77	367	37
10 ～ 15	393	105	83	19	3	61	203	24
15 ～ 20	322	104	81	21	2	46	160	12
20 ～ 25	347	125	97	26	2	54	153	14
25 ～ 30	327	147	115	29	3	39	133	7
30 ～ 35	362	162	130	29	3	46	146	9
35 ～ 40	359	176	138	37	1	45	133	4
40 ～ 45	320	181	154	26	1	37	97	5
45 ～ 50	266	165	144	19	2	29	68	4
50 ～ 60	531	381	351	28	1	50	93	7
60 ～ 70	459	363	339	21	2	46	46	4
70 ～ 80	415	327	309	16	1	44	44	1
80 ～ 90	395	316	305	11	1	51	26	2
90 ～ 100	360	309	295	14	1	28	21	2
100万円以上	1 709	1 503	1 467	35	1	130	74	3
不　　詳	1 225	786	727	49	9	150	246	44

注：熊本県を除いたものである。

第149表　世帯数，世帯類型－児童のいる世帯－65歳以上の者のいる世帯・社会保険料額階級別

（世帯数1万対）　　　　　　　　　　　　　　　　　　　　　　　　　　　　　　　　　　平成28年調査

社会保険料額階級	総　数	高齢者世帯	母子世帯	その他の世帯	（再掲）児童のいる世帯	（再掲）65歳以上の者のいる世帯
全　世　帯	10 000	2 807	129	7 065	2 325	5 261
支払いあり	8 926	2 359	101	6 466	2 195	4 662
5万円未満	535	361	13	161	36	431
5 ～ 10	599	413	6	180	28	537
10 ～ 15	393	233	4	156	35	324
15 ～ 20	322	173	6	143	27	245
20 ～ 25	347	175	6	165	35	254
25 ～ 30	327	140	6	181	30	224
30 ～ 35	362	149	7	206	41	240
35 ～ 40	359	126	8	226	53	226
40 ～ 45	320	99	6	215	51	182
45 ～ 50	266	60	6	201	51	139
50 ～ 60	531	76	6	448	138	231
60 ～ 70	459	31	6	422	156	175
70 ～ 80	415	22	1	392	165	145
80 ～ 90	395	12	1	381	173	117
90 ～ 100	360	11	1	349	158	106
100万円以上	1 709	28	3	1 678	668	494
不　詳	1 225	248	15	963	351	592

注：1）熊本県を除いたものである。
　　2）「その他の世帯」には、「父子世帯」を含む。

第150表　世帯数，世帯主の年齢（10歳階級）・社会保険料額階級別

（世帯数1万対）　　　　　　　　　　　　　　　　　　　　　　　　　　　　　　　　　　平成28年調査

社会保険料額階級	総　数	29歳以下	30～39歳	40～49	50～59	60～69	70～79	80歳以上	（再掲）65歳以上	（再掲）75歳以上
全　世　帯	10 000	301	935	1 557	1 655	2 404	1 945	1 204	4 538	2 111
支払いあり	8 926	219	865	1 447	1 531	2 120	1 726	1 018	3 979	1 818
5万円未満	535	5	17	24	36	119	175	160	413	258
5 ～ 10	599	4	12	16	19	157	225	165	516	269
10 ～ 15	393	3	11	24	16	99	160	78	312	154
15 ～ 20	322	5	12	16	24	100	114	49	236	104
20 ～ 25	347	8	16	27	22	99	127	48	243	107
25 ～ 30	327	9	14	26	32	109	93	43	205	83
30 ～ 35	362	16	20	32	37	110	93	53	220	95
35 ～ 40	359	12	20	39	38	107	97	46	202	87
40 ～ 45	320	14	23	41	45	101	64	32	157	56
45 ～ 50	266	14	32	34	36	77	49	24	121	44
50 ～ 60	531	25	87	76	86	151	73	34	191	66
60 ～ 70	459	21	90	93	72	109	49	25	135	47
70 ～ 80	415	11	85	92	77	91	38	21	104	38
80 ～ 90	395	4	75	116	69	85	32	13	84	26
90 ～ 100	360	6	62	101	87	64	32	9	69	22
100万円以上	1 709	13	134	479	612	299	105	67	286	116
不　詳	1 225	48	154	210	221	241	201	150	485	247

注：1）熊本県を除いたものである。
　　2）「総数」には、年齢不詳を含む。

第151表　世　帯　数，所得五分位階級・社会保険料額階級別

（世帯数1万対）　　　　　　　　　　　　　　　　　　　　　　　　　　　　　　　　　平成28年調査

社会保険料額階級	総　　数	第　　I	第　　II	第　　III	第　　IV	第　　V
全　　世　　帯	10 000	2 000	2 000	2 000	2 000	2 000
支　払　い　あ　り	8 926	1 296	1 749	1 937	1 961	1 983
5万円未満	535	394	109	25	6	1
5 ～ 10	599	358	180	44	11	5
10 ～ 15	393	117	182	68	17	10
15 ～ 20	322	76	157	58	22	10
20 ～ 25	347	62	177	82	20	7
25 ～ 30	327	48	143	100	26	10
30 ～ 35	362	24	157	135	38	8
35 ～ 40	359	21	119	156	49	15
40 ～ 45	320	8	102	142	52	16
45 ～ 50	266	8	63	126	57	12
50 ～ 60	531	4	73	290	134	30
60 ～ 70	459	4	30	219	171	35
70 ～ 80	415	1	12	110	235	57
80 ～ 90	395	0	5	50	264	76
90 ～ 100	360	1	2	28	235	96
100万円以上	1 709	－	3	29	346	1 331
不　　詳	1 225	170	237	275	277	266

注：熊本県を除いたものである。

第152表　社会保険料のある世帯の1世帯当たり平均社会保険料額－総所得に占める割合，世帯主の年齢（10歳階級）・社会保険料の種類別

平成28年調査

社会保険料の種類	総　　数	29歳以下	30～39歳	40～49	50～59	60～69	70～79	80歳以上	（再　掲）65歳以上	（再　掲）75歳以上
社会保険料のある世帯の1世帯当たり平均社会保険料額（単位：万円）										
社　会　保　険　料	62.6	52.3	72.0	88.0	97.6	55.1	35.2	32.6	37.8	33.2
医　療　保　険	25.3	18.0	25.4	30.7	35.1	26.5	17.5	15.2	18.9	15.6
年　金　保　険	28.5	30.2	42.1	48.4	53.5	19.8	6.9	7.7	8.7	7.4
介　護　保　険	6.6	0.2	0.3	5.1	5.6	7.2	10.1	9.2	9.4	9.6
雇　用　保　険	2.3	3.9	4.3	3.8	3.5	1.7	0.7	0.5	0.8	0.6
社会保険料のある世帯の1世帯当たり平均社会保険料額の総所得に占める割合（単位：％）　社会保険料のある世帯の総所得										
平均所得金額（単位：万円）	586.2	425.6	594.5	707.2	790.8	573.8	441.8	410.0	465.0	422.9
総所得に占める割合	100.0	100.0	100.0	100.0	100.0	100.0	100.0	100.0	100.0	100.0
社　会　保　険　料	10.7	12.3	12.1	12.4	12.3	9.6	8.0	8.0	8.1	7.9
医　療　保　険	4.3	4.2	4.3	4.3	4.4	4.6	4.0	3.7	4.1	3.7
年　金　保　険	4.9	7.1	7.1	6.8	6.8	3.5	1.6	1.9	1.9	1.8
介　護　保　険	1.1	0.0	0.0	0.7	0.7	1.3	2.3	2.2	2.0	2.3
雇　用　保　険	0.4	0.9	0.7	0.5	0.4	0.3	0.2	0.1	0.2	0.1

注：1）熊本県を除いたものである。
　　2）「総数」には、年齢不詳を含む。
　　3）「社会保険料のある世帯の1世帯当たり平均社会保険料額」には、金額不詳の世帯は含まない。

第153表　社会保険料のある世帯の1世帯当たり平均社会保険料額－総所得に占める割合，所得五分位階級・社会保険料の種類別

平成28年調査

社会保険料の種類	総　数	第　Ⅰ	第　Ⅱ	第　Ⅲ	第　Ⅳ	第　Ⅴ
社会保険料のある世帯の1世帯当たり平均社会保険料額（単位：万円）						
社　会　保　険　料	62.6	10.6	25.8	46.5	76.9	130.8
医　療　保　険	25.3	4.1	11.9	20.8	30.6	50.0
年　金　保　険	28.5	2.3	6.9	17.5	37.1	66.8
介　護　保　険	6.6	4.0	6.4	6.5	6.1	9.0
雇　用　保　険	2.3	0.2	0.7	1.6	3.1	5.0
社会保険料のある世帯の1世帯当たり平均社会保険料額の総所得に占める割合（単位：%）　社会保険料のある世帯の総所得						
平均所得金額（単位：万円）	586.2	133.4	274.6	430.6	653.6	1 241.6
総所得に占める割合	100.0	100.0	100.0	100.0	100.0	100.0
社　会　保　険　料	10.7	8.0	9.4	10.8	11.8	10.5
医　療　保　険	4.3	3.1	4.3	4.8	4.7	4.0
年　金　保　険	4.9	1.8	2.5	4.1	5.7	5.4
介　護　保　険	1.1	3.0	2.3	1.5	0.9	0.7
雇　用　保　険	0.4	0.1	0.2	0.4	0.5	0.4

注：1）熊本県を除いたものである。
　　2）「社会保険料のある世帯の1世帯当たり平均社会保険料額」には、金額不詳の世帯は含まない。

第154表　世帯数，世帯類型－児童のいる世帯－65歳以上の者のいる世帯・固定資産税額階級別

（世帯数1万対）

平成28年調査

固定資産税額階級	総　数	高齢者世帯	母子世帯	その他の世帯	（再掲）児童のいる世帯	（再掲）65歳以上の者のいる世帯
全　　世　　帯	10 000	2 807	129	7 065	2 325	5 261
固定資産税課税世帯	6 680	2 013	26	4 641	1 461	4 058
2万円未満	312	161	1	150	23	249
2　～　4	782	340	3	440	72	580
4　～　6	947	335	5	607	126	644
6　～　8	783	235	4	544	158	472
8　～　10	741	180	2	559	198	385
10　～　12	640	128	4	508	215	290
12　～　14	457	100	2	355	171	223
14　～　16	306	61	2	243	94	148
16　～　18	184	49	1	134	47	116
18　～　20	128	34	－	94	29	81
20　～　30	391	113	－	278	85	241
30万円以上	399	129	1	269	67	295
不　　詳	610	149	2	459	177	335

注：1）熊本県を除いたものである。
　　2）「その他の世帯」には、「父子世帯」を含む。

第155表　世　帯　数，世帯主の年齢（10歳階級）・固定資産税額階級別

（世帯数1万対）　　　　　　　　　　　　　　　　　　　　　　　　　　　　　　　　平成28年調査

固定資産税額階級	総　数	29歳以下	30〜39歳	40〜49	50〜59	60〜69	70〜79	80歳以上	（再　掲）65歳以上	（再　掲）75歳以上
全　　世　　帯	10 000	301	935	1 557	1 655	2 404	1 945	1 204	4 538	2 111
固定資産税課税世帯	6 680	25	366	924	1 145	1 857	1 474	889	3 458	1 582
2万円未満	312	2	6	10	32	88	89	84	226	129
2 〜 4	782	1	12	53	87	251	244	135	520	246
4 〜 6	947	2	20	89	151	315	234	137	560	255
6 〜 8	783	3	33	100	143	233	164	107	412	176
8 〜 10	741	7	63	133	130	199	142	67	327	136
10 〜 12	640	3	61	154	127	144	99	54	234	99
12 〜 14	457	1	56	95	86	100	82	37	181	78
14 〜 16	306	1	25	59	68	73	51	30	121	55
16 〜 18	184	–	10	32	30	50	41	22	93	42
18 〜 20	128	–	6	19	21	36	27	19	64	30
20 〜 30	391	1	14	47	79	119	86	45	197	83
30万円以上	399	–	6	32	59	128	102	71	252	116
不　　　詳	610	6	54	102	130	122	115	82	271	138

注：1）熊本県を除いたものである。
　　2）「総数」には、年齢不詳を含む。

653

第156表　世帯数－1世帯当たり平均貯蓄額，世帯主の年齢（10歳階級）・貯蓄の有無－貯蓄額階級別

（世帯数1万対）　　　　　　　　　　　　　　　　　　　　　　　　　　　　　　　　　　　平成28年調査

貯蓄の有無－ 貯蓄額階級	総　　数	29歳以下	30～39歳	40～49	50～59	60～69	70～79	80歳以上	（再　掲） 65歳以上	（再　掲） 75歳以上
総　　　　　　数	10 000	301	935	1 557	1 655	2 404	1 945	1 204	4 538	2 111
貯　蓄　が　な　い	1 495	46	136	269	245	339	292	167	644	303
貯　蓄　が　あ　る	8 026	245	767	1 233	1 337	1 934	1 541	969	3 634	1 687
50万円未満	472	70	75	80	54	81	70	41	158	78
50 ～ 100	351	38	50	67	52	58	53	33	119	60
100 ～ 200	786	46	127	139	117	147	115	94	302	150
200 ～ 300	592	30	96	106	92	105	100	62	221	117
300 ～ 400	631	16	82	124	115	124	104	67	248	119
400 ～ 500	330	12	55	72	50	58	51	32	118	51
500 ～ 700	937	11	99	161	174	211	169	112	407	186
700 ～ 1000	578	4	48	111	104	128	112	70	249	117
1000 ～ 1500	871	4	53	124	165	229	187	108	430	196
1500 ～ 2000	465	–	13	58	85	134	109	66	259	109
2000 ～ 3000	628	1	12	59	105	217	148	85	352	154
3000万円以上	876	–	11	60	140	319	213	133	528	238
貯蓄額不詳	510	11	47	73	84	121	109	65	243	114
不　　　　　　詳	479	9	32	55	73	131	111	68	260	122
1世帯当たり平均貯蓄額(万円)	1 031.5	154.8	403.6	652.0	1 049.6	1 337.6	1 274.5	1 237.0	1 283.6	1 239.2

注：1）熊本県を除いたものである。
　　2）年齢階級の「総数」には、年齢不詳を含む。
　　3）「1世帯当たり平均貯蓄額」には、不詳及び貯蓄あり額不詳の世帯は含まない。

第157表　世帯数－1世帯当たり平均貯蓄額，世帯業態・貯蓄の有無－貯蓄額階級別

（世帯数1万対）　　　　　　　　　　　　　　　　　　　　　　　　　　　　　　　　　　　平成28年調査

貯蓄の有無－ 貯蓄額階級	総　　数	雇用者世帯	常雇者世帯	1月以上1年 未満の契約の 雇用者世帯	日々又は1月 未満の契約の 雇用者世帯	自営業者世帯	その他の世帯
総　　　　　　数	10 000	5 742	5 191	492	59	1 093	2 894
貯　蓄　が　な　い	1 495	805	688	97	21	166	469
貯　蓄　が　あ　る	8 026	4 681	4 282	365	34	864	2 290
50万円未満	472	295	257	32	6	37	130
50 ～ 100	351	224	207	15	2	35	83
100 ～ 200	786	502	458	40	4	78	190
200 ～ 300	592	381	354	26	1	65	130
300 ～ 400	631	406	379	25	2	70	137
400 ～ 500	330	221	205	15	2	37	65
500 ～ 700	937	566	519	43	4	98	246
700 ～ 1000	578	343	321	21	0	62	160
1000 ～ 1500	871	494	451	42	1	94	261
1500 ～ 2000	465	248	226	21	2	43	164
2000 ～ 3000	628	316	278	34	4	69	231
3000万円以上	876	400	361	35	4	114	348
貯蓄額不詳	510	285	267	16	2	61	146
不　　　　　　詳	479	256	221	30	5	64	135
1世帯当たり平均貯蓄額(万円)	1 031.5	902.6	908.9	856.2	734.9	1 168.2	1 257.9

注：1）熊本県を除いたものである。
　　2）世帯業態の「総数」には、世帯業態不詳を含む。
　　3）「1世帯当たり平均貯蓄額」には、不詳及び貯蓄あり額不詳の世帯は含まない。

第158表　世帯数－1世帯当たり平均貯蓄額，世帯構造・貯蓄の有無－貯蓄額階級別

（世帯数1万対）　　　　　　　　　　　　　　　　　　　　　　　　　　　　　　平成28年調査

貯蓄の有無－貯蓄額階級	総　数	単独世帯	男の単独世帯	女の単独世帯	核家族世帯	夫婦のみの世帯	夫婦と未婚の子のみの世帯	ひとり親と未婚の子のみの世帯	三世代世帯	その他の世帯
総　　数	10 000	2 253	993	1 260	6 332	2 572	3 055	704	698	717
貯蓄がない	1 495	489	247	243	817	267	392	158	94	94
貯蓄がある	8 026	1 663	703	960	5 225	2 181	2 540	504	558	580
50万円未満	472	186	94	92	242	75	121	46	17	27
50 ～ 100	351	113	55	58	200	68	104	28	18	20
100 ～ 200	786	186	88	98	504	181	271	51	49	48
200 ～ 300	592	125	49	76	396	149	208	39	40	31
300 ～ 400	631	120	43	78	422	137	246	38	45	44
400 ～ 500	330	60	25	34	223	74	134	15	20	27
500 ～ 700	937	164	71	93	637	264	321	52	64	71
700 ～ 1000	578	108	40	68	380	151	201	29	50	39
1000 ～ 1500	871	149	58	91	584	270	268	46	68	69
1500 ～ 2000	465	86	38	47	310	144	133	33	34	35
2000 ～ 3000	628	113	43	70	417	230	150	38	47	51
3000万円以上	876	147	64	83	590	310	225	55	65	75
貯蓄額不詳	510	107	35	72	320	128	158	33	41	42
不　　　　詳	479	101	43	57	289	124	123	42	46	43
1世帯当たり平均貯蓄額(万円)	1 031.5	771.1	744.4	792.7	1 094.8	1 343.5	923.9	930.9	1 109.1	1 225.8

注：1）熊本県を除いたものである。
　　2）「1世帯当たり平均貯蓄額」には、不詳及び貯蓄あり額不詳の世帯は含まない。

第159表　世帯数－1世帯当たり平均貯蓄額，世帯類型－児童のいる世帯－65歳以上の者のいる世帯・貯蓄の有無－貯蓄額階級別

（世帯数1万対）　　　　　　　　　　　　　　　　　　　　　　　　　　　　　　平成28年調査

貯蓄の有無－貯蓄額階級	総　　数	高齢者世帯	母子世帯	その他の世帯	（再掲）児童のいる世帯	（再掲）65歳以上の者のいる世帯
総　　数	10 000	2 807	129	7 065	2 325	5 261
貯蓄がない	1 495	423	48	1 023	339	745
貯蓄がある	8 026	2 229	77	5 721	1 907	4 216
50万円未満	472	107	19	346	122	176
50 ～ 100	351	73	5	274	92	140
100 ～ 200	786	196	12	578	239	348
200 ～ 300	592	141	8	443	176	255
300 ～ 400	631	150	5	476	195	292
400 ～ 500	330	70	2	257	115	139
500 ～ 700	937	257	5	675	253	481
700 ～ 1000	578	147	3	428	154	300
1000 ～ 1500	871	265	4	602	179	501
1500 ～ 2000	465	157	2	306	78	294
2000 ～ 3000	628	216	2	411	84	406
3000万円以上	876	303	2	571	102	598
貯蓄額不詳	510	148	8	354	118	285
不　　　　詳	479	155	4	321	79	300
1世帯当たり平均貯蓄額(万円)	1 031.5	1 221.6	327.3	969.9	679.9	1 265.8

注：1）熊本県を除いたものである。
　　2）「その他の世帯」には、「父子世帯」を含む。
　　3）「1世帯当たり平均貯蓄額」には、不詳及び貯蓄あり額不詳の世帯は含まない。

第160表 世帯数，貯蓄の有無－貯蓄額階級・

（世帯数1万対）

所得金額階級	総　　数	貯蓄がない	貯蓄がある	50万円未満	50～100	100～200	200～300	300～400
総　　　　数	10 000	1 495	8 026	472	351	786	592	631
50万円未満	97	34	59	14	7	8	3	3
50 ～ 100	523	171	315	54	23	45	27	23
100 ～ 150	647	202	395	54	34	48	35	35
150 ～ 200	694	175	475	48	25	65	44	34
200 ～ 250	729	135	550	47	30	62	43	41
250 ～ 300	644	111	502	35	26	44	37	40
300 ～ 350	697	105	559	40	27	59	45	41
350 ～ 400	623	86	508	27	21	51	42	38
400 ～ 450	565	73	465	32	35	46	32	35
450 ～ 500	477	61	390	23	20	45	35	28
500 ～ 550	482	52	411	16	14	54	37	35
550 ～ 600	399	50	336	12	15	34	29	30
600 ～ 650	404	45	342	15	12	35	28	35
650 ～ 700	361	38	311	14	17	27	25	23
700 ～ 750	357	34	312	11	12	38	21	27
750 ～ 800	273	20	242	7	10	20	17	27
800 ～ 850	270	20	242	7	4	20	17	27
850 ～ 900	222	15	199	3	4	15	15	21
900 ～ 950	211	14	190	2	2	12	12	17
950 ～ 1000	159	8	145	1	2	10	7	12
1000 ～ 1100	275	15	252	4	5	16	10	19
1100 ～ 1200	200	11	183	1	1	7	12	13
1200 ～ 1500	364	9	341	2	3	19	15	18
1500 ～ 2000	197	7	182	1	1	4	4	5
2000万円以上	128	2	121	1	1	2	1	5

注：熊本県を除いたものである。

所得金額階級別

平成28年調査

400～500	500～700	700～1000	1000～1500	1500～2000	2000～3000	3000万円以上	貯蓄額不詳	不　　詳
330	937	578	871	465	628	876	510	479
2	5	5	2	0	1	4	6	4
6	30	18	18	12	14	12	32	37
16	33	28	30	10	19	14	38	50
19	50	26	33	26	30	39	36	44
18	55	37	61	25	43	45	42	44
21	61	34	58	28	36	48	33	31
22	60	34	57	43	46	57	27	33
17	63	35	57	31	36	60	30	29
19	59	27	55	17	36	47	25	27
17	42	28	41	22	26	37	25	26
23	51	28	41	21	25	36	29	20
16	36	23	36	21	28	34	21	14
19	54	27	29	19	21	29	19	17
14	43	28	33	21	23	25	17	13
16	42	26	35	22	20	26	17	11
10	33	21	31	14	12	26	14	12
14	37	20	29	13	21	24	9	8
8	24	20	23	12	19	27	8	9
10	25	20	25	9	20	21	16	6
5	19	13	20	11	13	21	9	5
10	33	16	31	21	31	40	15	8
5	23	20	30	17	16	28	9	6
14	38	28	56	23	46	63	17	14
7	11	11	31	19	28	52	10	8
1	7	5	9	7	17	62	5	4

第161表　世　帯　数，　貯蓄の有無－

（世帯数1万対）

世　帯　業　態 所得五分位階級	総　　数	貯蓄がない	貯蓄がある	50万円未満	50～100	100～200	200～300	300～400
総　　　　　　　数	10 000	1 495	8 026	472	351	786	592	631
第　　　　Ⅰ	2 000	593	1 270	173	89	169	111	97
第　　　　Ⅱ	2 000	338	1 557	118	83	161	121	118
第　　　　Ⅲ	2 000	257	1 646	95	84	182	138	124
第　　　　Ⅳ	2 000	205	1 722	65	72	170	130	158
第　　　　Ⅴ	2 000	102	1 831	21	23	103	91	135
雇　用　者　世　帯	5 742	805	4 681	295	224	502	381	406
第　　　　Ⅰ	530	172	309	58	27	46	36	20
第　　　　Ⅱ	799	190	568	83	50	83	57	47
第　　　　Ⅲ	1 219	195	961	81	69	139	100	88
第　　　　Ⅳ	1 570	167	1 344	57	59	147	109	134
第　　　　Ⅴ	1 625	81	1 498	16	19	89	79	117
常　雇　者　世　帯	5 191	688	4 282	257	207	458	354	379
第　　　　Ⅰ	394	121	237	44	22	32	32	15
第　　　　Ⅱ	659	157	471	70	42	71	49	41
第　　　　Ⅲ	1 077	172	850	75	66	127	90	79
第　　　　Ⅳ	1 487	159	1 273	52	58	141	104	128
第　　　　Ⅴ	1 573	79	1 451	16	19	87	78	115
1月以上1年未満の契約の雇用者世帯	492	97	365	32	15	40	26	25
第　　　　Ⅰ	113	40	63	13	5	12	3	4
第　　　　Ⅱ	125	28	88	11	7	10	8	6
第　　　　Ⅲ	130	21	103	4	3	12	9	8
第　　　　Ⅳ	75	7	65	4	1	5	5	6
第　　　　Ⅴ	49	2	46	0	0	2	2	1
日々又は1月未満の契約の雇用者世帯	59	21	34	6	2	4	1	2
第　　　　Ⅰ	22	11	10	1	1	2	1	0
第　　　　Ⅱ	15	5	9	2	1	1	0	0
第　　　　Ⅲ	12	2	9	2	－	1	0	1
第　　　　Ⅳ	8	2	6	1	0	0	－	－
第　　　　Ⅴ	2	1	1	－	－	－	－	－
自　営　業　者　世　帯	1 093	166	864	37	35	78	65	70
第　　　　Ⅰ	211	54	143	14	8	22	16	10
第　　　　Ⅱ	233	39	178	12	9	20	12	16
第　　　　Ⅲ	224	32	180	4	6	14	18	16
第　　　　Ⅳ	196	29	161	4	8	14	11	16
第　　　　Ⅴ	230	12	202	3	3	9	8	12
そ　の　他　の　世　帯	2 894	469	2 290	130	83	190	130	137
第　　　　Ⅰ	1 137	330	745	95	49	95	53	60
第　　　　Ⅱ	882	95	744	19	21	54	47	47
第　　　　Ⅲ	524	28	477	10	8	28	18	17
第　　　　Ⅳ	220	9	204	4	4	8	8	7
第　　　　Ⅴ	130	6	120	2	1	6	3	5
不　　　　　　　詳	271	55	191	10	9	15	15	19
第　　　　Ⅰ	122	36	72	6	4	8	6	7
第　　　　Ⅱ	87	13	67	2	3	4	5	7
第　　　　Ⅲ	32	2	28	1	1	1	3	2
第　　　　Ⅳ	15	0	13	1	0	2	1	1
第　　　　Ⅴ	14	3	11	－	－	－	0	1

注：熊本県を除いたものである。

貯蓄額階級・世帯業態・所得五分位階級別

平成28年調査

400～500	500～700	700～1000	1000～1500	1500～2000	2000～3000	3000万円以上	貯蓄額不詳	不　　詳
330	937	578	871	465	628	876	510	479
44	123	78	85	48	65	71	115	138
60	169	100	170	94	122	144	97	105
66	199	109	181	86	112	172	98	97
87	232	138	186	107	121	155	102	74
72	214	152	248	131	209	335	98	66
221	566	343	494	248	316	400	285	256
12	26	11	15	8	12	10	30	49
26	47	28	48	19	19	26	37	41
44	113	57	89	34	42	41	65	63
75	197	116	137	78	78	80	77	59
64	184	130	205	109	165	245	76	45
205	519	321	451	226	278	361	267	221
7	19	9	12	5	9	6	24	37
21	36	23	36	14	16	20	33	31
40	99	52	72	28	30	31	60	55
73	186	111	133	74	67	70	75	55
63	180	126	198	105	156	234	75	44
15	43	21	42	21	34	35	16	30
5	6	1	3	2	3	3	5	10
4	10	5	11	5	3	4	3	9
3	13	5	16	6	10	10	5	6
2	10	5	4	3	9	9	2	3
1	4	4	7	4	9	9	1	1
2	4	0	1	2	4	4	2	5
–	2	–	–	1	–	1	1	2
0	1	–	1	–	0	2	0	1
1	0	0	0	1	2	0	0	1
–	1	–	0	1	2	1	–	1
–	–	–	–	–	0	1	–	0
37	98	62	94	43	69	114	61	64
8	14	11	11	6	5	7	11	13
5	24	12	18	10	11	16	13	16
10	25	13	22	5	13	22	12	13
8	18	12	18	7	16	18	11	6
6	18	13	25	15	25	50	14	17
65	246	160	261	164	231	348	146	135
21	72	51	54	32	46	52	65	62
28	90	56	94	60	86	98	42	42
11	57	37	67	44	56	106	19	19
4	15	9	29	21	26	54	13	7
2	12	6	16	7	17	37	6	4
6	26	13	22	10	13	14	19	25
3	11	6	6	1	3	2	9	14
2	8	4	9	5	6	5	6	7
2	5	1	4	3	2	3	2	2
–	2	0	2	1	1	2	1	1
–	0	2	1	–	2	3	1	0

貯蓄額階級・世帯業態・所得五分位階級別

第162表　世　帯　数，貯蓄の有無－

（世帯数1万対）

世帯構造 所得五分位階級	総　数	貯蓄がない	貯蓄がある	50万円未満	50～100	100～200	200～300	300～400
総　　　数	10 000	1 495	8 026	472	351	786	592	631
第　　　I	2 000	593	1 270	173	89	169	111	97
第　　　II	2 000	338	1 557	118	83	161	121	118
第　　　III	2 000	257	1 646	95	84	182	138	124
第　　　IV	2 000	205	1 722	65	72	170	130	158
第　　　V	2 000	102	1 831	21	23	103	91	135
単　独　世　帯	2 253	489	1 663	186	113	186	125	120
第　　　I	1 204	364	778	126	60	97	65	59
第　　　II	577	80	471	43	31	52	32	28
第　　　III	271	30	233	14	18	27	18	22
第　　　IV	126	12	111	2	4	7	7	8
第　　　V	75	3	70	1	0	3	2	2
男　の　単　独　世　帯	993	247	703	94	55	88	49	43
第　　　I	390	159	212	54	22	27	17	10
第　　　II	272	50	207	26	14	31	14	11
第　　　III	189	25	158	13	15	22	10	13
第　　　IV	86	12	72	1	4	6	5	7
第　　　V	57	2	54	1	0	2	2	2
女　の　単　独　世　帯	1 260	243	960	92	58	98	76	78
第　　　I	815	205	566	72	38	69	47	50
第　　　II	304	30	264	17	17	22	18	17
第　　　III	82	6	75	2	2	5	8	9
第　　　IV	41	0	39	1	1	1	2	2
第　　　V	18	2	16	－	－	1	－	－
核　家　族　世　帯	6 332	817	5 225	242	200	504	396	422
第　　　I	662	194	407	39	24	62	40	32
第　　　II	1 224	215	944	63	46	96	79	77
第　　　III	1 477	189	1 216	73	56	133	103	86
第　　　IV	1 545	153	1 341	54	57	133	108	128
第　　　V	1 422	66	1 317	13	17	80	67	99
夫　婦　の　み　の　世　帯	2 572	267	2 181	75	68	181	149	137
第　　　I	336	88	218	17	13	29	22	19
第　　　II	739	90	609	23	21	57	49	43
第　　　III	702	50	619	22	19	45	36	33
第　　　IV	449	28	408	12	11	35	24	27
第　　　V	346	10	328	1	4	16	18	16
夫婦と未婚の子のみの世帯	3 055	392	2 540	121	104	271	208	246
第　　　I	151	41	95	9	5	16	12	9
第　　　II	273	68	192	20	13	26	20	19
第　　　III	634	115	487	44	30	75	55	43
第　　　IV	988	115	841	37	44	93	75	95
第　　　V	1 009	53	926	11	12	61	47	81
ひとり親と未婚の子のみの世帯	704	158	504	46	28	51	39	38
第　　　I	175	66	94	14	6	17	6	5
第　　　II	211	57	143	20	12	13	10	15
第　　　III	142	24	111	7	6	13	12	10
第　　　IV	109	9	92	5	2	5	9	6
第　　　V	67	2	63	1	1	4	2	2
三　世　代　世　帯	698	94	558	17	18	49	40	45
第　　　I	27	9	13	－	1	1	3	1
第　　　II	58	16	38	3	1	4	3	4
第　　　III	102	18	75	4	4	11	8	6
第　　　IV	168	24	133	3	7	19	8	11
第　　　V	344	28	299	7	5	14	18	24
そ　の　他　の　世　帯	717	94	580	27	20	48	31	44
第　　　I	107	25	71	7	4	10	4	4
第　　　II	141	27	104	9	5	10	7	9
第　　　III	150	20	122	5	7	11	10	10
第　　　IV	161	16	137	5	4	12	6	10
第　　　V	159	6	146	1	1	6	4	10

注：熊本県を除いたものである。

貯蓄額階級・世帯構造・所得五分位階級別

平成28年調査

400～500	500～700	700～1000	1000～1500	1500～2000	2000～3000	3000万円以上	貯蓄額不詳	不　　詳
330	937	578	871	465	628	876	510	479
44	123	78	85	48	65	71	115	138
60	169	100	170	94	122	144	97	105
66	199	109	181	86	112	172	98	97
87	232	138	186	107	121	155	102	74
72	214	152	248	131	209	335	98	66
60	164	108	149	86	113	147	107	101
24	71	52	53	28	37	41	66	61
18	42	32	51	27	38	50	26	26
11	25	10	22	13	14	26	12	8
5	15	9	16	12	11	13	2	3
2	10	5	7	6	13	17	2	2
25	71	40	58	38	43	64	35	43
6	14	9	12	7	10	10	13	18
7	18	13	18	11	12	19	13	16
7	18	7	14	9	8	15	6	6
5	11	6	8	8	4	7	1	2
1	10	4	6	4	9	13	1	2
34	93	68	91	47	70	83	72	57
18	57	43	41	21	27	31	53	43
11	24	20	33	15	26	31	13	11
4	7	2	8	5	6	11	5	2
0	4	2	8	4	7	6	1	1
1	1	1	1	2	4	4	0	0
223	637	380	584	310	417	590	320	289
15	42	20	26	15	25	28	40	61
35	108	59	105	59	77	80	61	65
47	150	86	132	65	85	130	71	72
71	181	109	140	78	86	113	83	51
56	157	107	180	94	144	240	65	40
74	264	151	270	144	230	310	128	124
8	23	11	19	9	15	16	19	31
22	74	39	79	41	63	60	39	40
17	90	46	76	43	63	95	33	33
18	45	30	50	31	44	58	23	12
9	32	25	46	20	45	82	15	8
134	321	201	268	133	150	225	158	123
4	10	3	3	2	5	6	11	15
7	17	11	16	10	8	8	15	13
27	52	34	43	12	16	23	33	32
51	121	74	83	39	32	45	51	32
44	121	78	123	69	89	143	48	30
15	52	29	46	33	38	55	33	42
3	9	5	5	4	6	6	10	15
6	16	8	10	7	7	11	6	11
2	8	6	13	9	6	12	6	7
2	15	5	7	8	10	10	8	7
2	4	5	11	5	10	15	2	2
20	64	50	68	34	47	65	41	46
0	1	2	1	1	0	0	1	5
3	4	4	4	2	0	4	3	4
3	8	5	7	1	5	6	8	9
4	19	12	12	5	11	11	9	11
10	32	27	44	25	31	43	21	17
27	71	39	69	35	51	75	42	43
5	9	5	5	4	3	3	9	11
4	14	5	9	7	7	10	8	10
5	16	8	21	7	7	10	7	8
7	16	9	17	12	13	18	8	8
5	15	13	17	7	21	35	10	7

第163表　世　帯　数，貯蓄の有無－貯蓄額階級・世帯類型－

（世帯数1万対）

世帯類型 所得五分位階級	総　数	貯蓄がない	貯蓄がある	50万円未満	50～100	100～200	200～300	300～400
総　数	10 000	1 495	8 026	472	351	786	592	631
第　Ⅰ	2 000	593	1 270	173	89	169	111	97
第　Ⅱ	2 000	338	1 557	118	83	161	121	118
第　Ⅲ	2 000	257	1 646	95	84	182	138	124
第　Ⅳ	2 000	205	1 722	65	72	170	130	158
第　Ⅴ	2 000	102	1 831	21	23	103	91	135
高齢者世帯	2 807	423	2 229	107	73	196	141	150
第　Ⅰ	1 104	307	722	79	41	98	61	66
第　Ⅱ	904	86	768	18	22	62	52	52
第　Ⅲ	502	21	461	7	7	28	18	21
第　Ⅳ	190	6	179	3	2	6	7	8
第　Ⅴ	107	3	99	－	0	2	2	2
母子世帯	129	48	77	19	5	12	8	5
第　Ⅰ	49	27	20	5	1	4	1	1
第　Ⅱ	55	17	36	11	3	3	5	3
第　Ⅲ	18	3	14	2	1	2	1	1
第　Ⅳ	5	0	5	－	－	1	1	0
第　Ⅴ	1	－	1	－	－	1	－	－
その他の世帯	7 065	1 023	5 721	346	274	578	443	476
第　Ⅰ	847	258	528	89	47	67	50	30
第　Ⅱ	1 041	234	753	88	58	96	64	62
第　Ⅲ	1 480	233	1 172	86	76	152	119	102
第　Ⅳ	1 805	199	1 538	62	69	163	122	150
第　Ⅴ	1 891	100	1 731	21	23	100	89	133
（再掲）児童のいる世帯	2 325	339	1 907	122	92	239	176	195
第　Ⅰ	149	55	84	12	4	17	9	6
第　Ⅱ	225	64	150	27	10	24	19	16
第　Ⅲ	475	95	363	40	30	63	49	36
第　Ⅳ	749	84	643	31	36	86	60	73
第　Ⅴ	727	41	667	12	11	49	39	64
（再掲）65歳以上の者のいる世帯	5 261	745	4 216	176	140	348	255	292
第　Ⅰ	1 353	376	876	88	53	118	73	76
第　Ⅱ	1 334	176	1 081	39	38	92	73	80
第　Ⅲ	1 004	82	869	24	23	66	45	50
第　Ⅳ	755	68	655	16	17	45	38	43
第　Ⅴ	815	42	735	10	8	28	27	42

注：1）熊本県を除いたものである。
　　2）「その他の世帯」には、「父子世帯」を含む。

児童のいる世帯－65歳以上の者のいる世帯・所得五分位階級別

平成28年調査

400～500	500～700	700～1000	1000～1500	1500～2000	2000～3000	3000万円以上	貯蓄額不詳	不　　詳
330	937	578	871	465	628	876	510	479
44	123	78	85	48	65	71	115	138
60	169	100	170	94	122	144	97	105
66	199	109	181	86	112	172	98	97
87	232	138	186	107	121	155	102	74
72	214	152	248	131	209	335	98	66
70	257	147	265	157	216	303	148	155
25	77	51	58	30	34	38	63	75
27	91	54	105	64	83	92	46	49
12	60	31	68	37	54	92	23	21
5	20	8	22	21	25	44	9	5
1	8	3	13	4	19	38	7	6
2	5	3	4	2	2	2	8	4
0	1	1	–	–	2	0	4	2
2	3	0	2	1	–	0	2	1
0	0	1	2	1	0	1	1	0
–	1	0	–	–	0	1	1	–
–	–	–	0	–	–	–	–	–
257	675	428	602	306	411	571	354	321
19	44	26	27	18	29	33	49	61
31	75	47	63	30	39	52	49	55
53	139	77	112	47	57	78	73	76
82	211	130	165	86	96	110	92	69
71	206	149	235	127	189	297	91	61
115	253	154	179	78	84	102	118	79
3	9	3	3	2	3	2	10	10
5	14	5	9	4	1	4	12	11
23	36	18	21	4	8	9	27	17
46	101	58	58	22	18	17	36	23
38	92	69	88	46	55	71	33	19
139	481	300	501	294	406	598	285	300
32	96	63	68	38	45	47	79	101
38	128	79	136	82	106	122	69	77
27	105	65	123	62	85	141	52	53
21	81	43	80	60	72	104	36	31
21	71	50	93	52	98	184	50	38

（2－1）

第164表　世　帯　数，貯蓄の有無－

（世帯数1万対）

世帯構造 世帯主の年齢階級	総　数	貯蓄がない	貯蓄がある	50万円未満	50～100	100～200	200～300	300～400
総　　　　　数	10 000	1 495	8 026	472	351	786	592	631
29 歳 以 下	301	46	245	70	38	46	30	16
30 ～ 39 歳	935	136	767	75	50	127	96	82
40 ～ 49	1 557	269	1 233	80	67	139	106	124
50 ～ 59	1 655	245	1 337	54	52	117	92	115
60 ～ 69	2 404	339	1 934	81	58	147	105	124
70 ～ 79	1 945	292	1 541	70	53	115	100	104
80 歳 以 上	1 204	167	969	41	33	94	62	67
（再 掲）65歳以上	4 538	644	3 634	158	119	302	221	248
（再 掲）75歳以上	2 111	303	1 687	78	60	150	117	119
単 　独 　世 　帯	2 253	489	1 663	186	113	186	125	120
29 歳 以 下	164	27	133	48	26	24	14	8
30 ～ 39 歳	124	22	97	19	9	15	10	7
40 ～ 49	213	53	154	17	18	16	10	10
50 ～ 59	275	72	193	14	11	18	14	17
60 ～ 69	502	116	359	31	16	34	24	22
70 ～ 79	526	119	383	34	16	36	26	29
80 歳 以 上	449	80	344	23	16	41	26	27
（再 掲）65歳以上	1 286	269	948	76	41	101	65	73
（再 掲）75歳以上	712	135	541	42	26	62	38	42
男 の 単 独 世 帯	993	247	703	94	55	88	49	43
29 歳 以 下	104	14	87	32	16	18	7	6
30 ～ 39 歳	80	17	61	10	6	11	5	4
40 ～ 49	131	34	91	11	11	9	6	6
50 ～ 59	164	49	108	11	5	12	7	7
60 ～ 69	253	68	173	17	8	17	12	9
70 ～ 79	170	48	115	11	5	13	8	8
80 歳 以 上	91	16	67	1	4	9	3	4
（再 掲）65歳以上	406	100	282	22	14	35	16	18
（再 掲）75歳以上	170	35	123	6	6	17	5	6
女 の 単 独 世 帯	1 260	243	960	92	58	98	76	78
29 歳 以 下	60	13	46	16	10	6	8	2
30 ～ 39 歳	44	5	36	9	3	5	5	3
40 ～ 49	82	19	63	6	7	7	4	4
50 ～ 59	111	23	85	4	6	7	7	10
60 ～ 69	249	48	186	14	8	17	11	13
70 ～ 79	356	71	268	23	12	23	18	21
80 歳 以 上	358	64	277	21	13	32	23	24
（再 掲）65歳以上	881	169	667	54	27	66	48	55
（再 掲）75歳以上	542	100	418	35	20	45	32	36
核 　家 　族 　世 　帯	6 332	817	5 225	242	200	504	396	422
29 歳 以 下	118	15	100	17	11	21	14	8
30 ～ 39 歳	763	107	634	53	38	106	82	72
40 ～ 49	1 181	184	957	57	44	111	87	101
50 ～ 59	1 054	133	877	33	31	70	63	75
60 ～ 69	1 479	173	1 230	36	33	90	65	82
70 ～ 79	1 173	140	962	30	30	65	59	57
80 歳 以 上	563	66	465	15	13	42	27	27
（再 掲）65歳以上	2 602	297	2 158	63	63	163	124	134
（再 掲）75歳以上	1 089	131	892	29	25	71	61	58

注：1）熊本県を除いたものである。
　　2）年齢階級の「総数」には、年齢不詳を含む。

貯蓄額階級・世帯構造・世帯主の年齢（10歳階級）別

平成28年調査

400～500	500～700	700～1000	1000～1500	1500～2000	2000～3000	3000万円以上	貯蓄額不詳	不　　詳
330	937	578	871	465	628	876	510	479
12	11	4	4	–	1	–	11	9
55	99	48	53	13	12	11	47	32
72	161	111	124	58	59	60	73	55
50	174	104	165	85	105	140	84	73
58	211	128	229	134	217	319	121	131
51	169	112	187	109	148	213	109	111
32	112	70	108	66	85	133	65	68
118	407	249	430	259	352	528	243	260
51	186	117	196	109	154	238	114	122
60	164	108	149	86	113	147	107	101
5	1	0	1	–	0	–	5	4
6	13	4	5	1	1	1	6	5
8	17	10	11	8	12	7	9	6
8	21	14	20	15	14	18	9	11
12	35	26	37	22	34	45	21	27
11	37	26	40	21	29	45	33	24
10	39	28	35	19	23	31	25	24
28	97	71	98	57	71	102	70	69
14	56	38	59	28	38	57	41	37
25	71	40	58	38	43	64	35	43
2	1	0	1	–	0	–	3	3
3	9	3	4	1	1	1	4	1
6	10	7	6	6	5	4	3	6
5	15	6	9	9	8	11	4	7
5	15	15	17	11	12	24	10	12
2	15	4	13	6	8	15	8	7
3	5	5	8	6	7	8	4	8
7	26	18	33	20	22	36	15	24
4	12	6	16	8	11	16	8	13
34	93	68	91	47	70	83	72	57
3	–	–	–	–	–	–	2	1
3	4	1	1	–	–	1	2	3
2	7	3	5	3	7	3	6	0
3	6	8	11	6	6	7	5	4
7	20	11	20	12	21	20	11	15
9	22	22	27	15	21	30	25	17
7	34	23	27	13	15	23	21	16
21	71	53	65	37	50	66	55	45
10	44	32	42	20	27	41	33	24
223	637	380	584	310	417	590	320	289
8	9	2	3	–	1	–	6	4
48	79	42	47	12	10	8	38	22
57	129	85	102	44	39	48	54	40
30	123	70	107	52	72	96	55	44
37	131	78	150	90	143	217	79	76
29	110	72	125	77	106	142	61	71
15	58	30	49	37	46	79	27	32
67	250	142	265	171	232	350	134	147
27	105	59	104	65	92	144	52	67

（2－2）

第164表　世　帯　数，貯蓄の有無－

（世帯数1万対）

世　帯　構　造 世帯主の年齢階級	総　　数	貯蓄がない	貯蓄がある	50万円未満	50～100	100～200	200～300	300～400
夫 婦 の み の 世 帯	2 572	267	2 181	75	68	181	149	137
29　歳　以　下	43	4	37	6	2	10	6	2
30　～　39　歳	121	12	105	9	6	15	16	14
40　～　49	158	17	136	8	9	16	12	9
50　～　59	299	31	255	10	6	20	18	17
60　～　69	784	78	673	18	18	45	39	37
70　～　79	783	84	655	15	17	44	39	38
80　歳　以　上	385	41	321	8	10	32	19	19
（再　掲）65歳以上	1 664	170	1 404	34	39	108	80	83
（再　掲）75歳以上	736	81	610	15	17	50	43	39
夫婦と未婚の子のみの世帯	3 055	392	2 540	121	104	271	208	246
29　歳　以　下	68	9	57	9	7	9	7	6
30　～　39　歳	583	72	495	38	30	84	62	55
40　～　49	864	120	718	33	30	82	65	84
50　～　59	604	71	510	15	19	40	33	51
60　～　69	553	67	454	13	9	35	22	33
70　～　79	295	40	235	9	8	15	14	14
80　歳　以　上	89	12	71	4	1	5	5	3
（再　掲）65歳以上	667	82	545	20	13	38	33	36
（再　掲）75歳以上	215	29	172	10	4	13	12	12
ひとり親と未婚の子のみの世帯	704	158	504	46	28	51	39	38
29　歳　以　下	7	1	5	2	1	2	0	－
30　～　39　歳	59	22	34	7	2	6	4	2
40　～　49	160	47	103	16	5	13	10	8
50　～　59	151	30	112	8	6	10	12	7
60　～　69	142	28	103	5	6	10	4	11
70　～　79	96	16	73	6	5	6	6	5
80　歳　以　上	90	13	73	2	2	4	3	4
（再　掲）65歳以上	271	45	210	9	11	18	11	15
（再　掲）75歳以上	138	21	110	4	4	8	6	7
三　世　代　世　帯	698	94	558	17	18	49	40	45
29　歳　以　下	4	1	3	－	1	1	1	－
30　～　39　歳	25	4	19	1	2	5	1	1
40　～　49	93	20	69	3	3	5	4	7
50　～　59	171	23	137	3	4	15	11	11
60　～　69	203	25	163	7	5	12	9	10
70　～　79	128	17	102	2	3	7	9	12
80　歳　以　上	73	4	64	1	1	4	5	4
（再　掲）65歳以上	299	35	243	7	7	18	19	22
（再　掲）75歳以上	133	13	111	3	3	6	11	7
そ　の　他　の　世　帯	717	94	580	27	20	48	31	44
29　歳　以　下	14	3	10	5	－	1	2	－
30　～　39　歳	23	3	17	1	1	2	3	1
40　～　49	70	12	53	3	3	7	5	6
50　～　59	155	18	130	4	6	14	4	12
60　～　69	221	25	181	7	4	11	8	10
70　～　79	117	17	93	4	4	7	6	6
80　歳　以　上	119	16	96	3	3	7	4	9
（再　掲）65歳以上	350	43	284	12	9	20	13	20
（再　掲）75歳以上	176	24	143	4	5	11	7	13

注：1）熊本県を除いたものである。
　　2）年齢階級の「総数」には、年齢不詳を含む。

貯蓄額階級・世帯構造・世帯主の年齢（10歳階級）別

平成28年調査

400～500	500～700	700～1000	1000～1500	1500～2000	2000～3000	3000万円以上	貯蓄額不詳	不　詳
74	264	151	270	144	230	310	128	124
2	4	0	3	–	–	–	2	1
5	14	8	10	0	2	2	4	4
8	16	13	15	7	6	9	8	5
9	36	25	32	12	26	31	13	13
22	73	40	82	50	88	122	39	33
18	76	45	94	56	78	92	41	45
11	45	20	33	20	29	54	21	23
43	170	86	179	108	162	229	85	90
20	78	39	75	37	63	98	37	45
134	321	201	268	133	150	225	158	123
6	5	2	0	–	1	–	4	2
43	63	33	36	11	7	5	29	16
44	102	68	76	33	29	32	42	25
18	75	38	63	34	37	53	34	22
11	47	34	60	30	47	81	33	32
10	25	20	25	18	21	42	13	21
3	5	5	8	8	8	11	3	5
19	57	41	65	43	51	94	34	41
5	17	13	18	16	16	28	9	14
15	52	29	46	33	38	55	33	42
–	–	–	–	–	–	–	0	1
1	2	2	1	1	1	2	4	2
4	11	4	11	4	4	8	4	10
3	12	7	12	6	10	12	8	9
4	11	5	8	9	8	13	7	10
1	8	7	6	4	7	7	6	6
2	8	5	8	9	9	14	3	4
5	23	15	20	19	19	28	15	16
2	10	8	11	11	13	18	6	7
20	64	50	68	34	47	65	41	46
–	1	–	–	–	–	–	0	–
1	2	1	1	–	1	1	2	2
5	8	11	6	4	5	2	7	4
5	16	9	22	9	9	13	10	12
4	21	13	17	12	18	27	10	15
4	11	10	13	5	8	10	8	9
2	6	6	9	4	7	12	5	4
8	26	22	31	14	21	32	18	21
3	10	12	14	7	10	17	7	9
27	71	39	69	35	51	75	42	43
0	0	1	–	–	–	–	0	1
0	5	0	0	1	–	1	1	3
2	7	6	4	3	2	2	3	4
8	14	11	16	10	10	13	10	7
4	24	11	25	11	23	31	12	14
7	11	4	9	6	5	16	8	7
5	9	6	15	5	10	11	8	7
15	34	14	37	17	27	44	22	23
7	14	8	19	9	13	20	13	10

第165表　世帯数，貯蓄の有無－

（世帯数1万対）

住居の種類 所得五分位階級		総　数	貯蓄がない	貯蓄がある	50万円未満	50～100	100～200	200～300	300～400
総　　　　数		10 000	1 495	8 026	472	351	786	592	631
第	I	2 000	593	1 270	173	89	169	111	97
第	II	2 000	338	1 557	118	83	161	121	118
第	III	2 000	257	1 646	95	84	182	138	124
第	IV	2 000	205	1 722	65	72	170	130	158
第	V	2 000	102	1 831	21	23	103	91	135
持　　ち　　家		7 355	780	6 231	221	207	532	425	492
第	I	1 197	240	873	66	46	110	74	74
第	II	1 401	165	1 165	46	40	100	81	93
第	III	1 450	149	1 230	47	44	111	89	85
第	IV	1 571	138	1 374	44	56	125	106	122
第	V	1 736	87	1 588	18	21	86	76	119
民　間　賃　貸　住　宅		1 446	376	1 006	163	85	147	91	80
第	I	414	182	204	71	22	26	19	12
第	II	323	87	220	49	26	37	19	14
第	III	322	60	250	28	25	46	32	22
第	IV	251	38	206	13	10	29	13	24
第	V	137	10	127	2	2	9	8	8
社宅・公務員住宅等の給与住宅		233	25	199	15	13	23	15	19
第	I	21	8	11	1	3	2	1	0
第	II	31	7	23	6	2	5	2	3
第	III	47	4	41	5	6	8	5	5
第	IV	64	5	57	2	2	5	4	5
第	V	70	2	67	1	－	2	3	5
都市再生機構・公社等の公営賃貸住宅		600	207	355	47	31	47	34	26
第	I	248	110	125	22	12	24	12	8
第	II	150	53	85	8	10	9	9	4
第	III	116	30	79	12	6	8	8	8
第	IV	61	13	45	4	3	4	3	5
第	V	25	1	21	－	0	3	2	1
借　間・そ　の　他		366	105	235	25	16	37	26	15
第	I	120	52	57	12	7	7	6	3
第	II	95	26	64	9	5	10	11	4
第	III	66	15	46	2	4	9	4	4
第	IV	53	10	40	2	1	7	4	2
第	V	32	3	29	0	－	3	2	2

注：熊本県を除いたものである。

貯蓄額階級・住居の種類・所得五分位階級別

平成28年調査

400～500	500～700	700～1000	1000～1500	1500～2000	2000～3000	3000万円以上	貯蓄額不詳	不　詳
330	937	578	871	465	628	876	510	479
44	123	78	85	48	65	71	115	138
60	169	100	170	94	122	144	97	105
66	199	109	181	86	112	172	98	97
87	232	138	186	107	121	155	102	74
72	214	152	248	131	209	335	98	66
247	752	477	735	402	550	792	401	343
30	100	61	71	39	58	65	80	83
44	139	82	151	88	106	125	71	71
47	152	91	151	74	101	162	75	70
69	180	111	151	86	103	140	84	59
57	181	132	212	115	181	300	91	60
45	99	51	71	34	41	43	58	64
4	8	4	7	4	6	3	16	28
9	14	8	10	3	4	10	16	17
13	31	11	12	6	6	4	14	12
10	29	17	19	13	11	9	8	7
7	17	11	22	7	14	17	2	1
11	27	13	20	13	11	12	7	9
0	1	0	1	–	–	–	1	2
1	1	1	1	–	0	–	0	1
2	4	1	1	2	–	–	2	2
3	11	3	9	5	1	2	3	2
4	10	7	8	5	10	10	2	2
15	36	28	28	9	15	16	24	37
7	6	11	5	4	1	3	11	13
4	10	7	6	1	6	5	5	11
2	9	5	10	1	4	3	3	7
1	9	5	3	1	3	2	2	3
1	2	0	4	1	1	3	1	3
13	23	9	17	8	12	14	20	25
3	7	2	1	1	1	1	7	11
2	5	2	2	1	5	3	4	5
2	4	1	7	1	1	3	4	6
3	3	3	4	2	3	2	4	3
2	4	1	3	2	3	5	1	1

第166表　世　帯　数，世帯主の教育・貯蓄の有無－貯蓄額階級別

（世帯数1万対）　　　　　　　　　　　　　　　　　　　　　　　　　　　　　　　　　　　　平成28年調査

貯蓄の有無－ 貯蓄額階級	総　数	卒　業	小学・中学	高校・旧制中	専門学校・ 短大・高専	大学・大学院
総　　　　　　数	10 000	8 704	1 458	3 616	1 012	2 413
貯　蓄　が　な　い	1 495	1 211	351	554	138	141
貯　蓄　が　あ　る	8 026	7 117	1 030	2 880	834	2 214
50万円未満	472	398	95	168	55	74
50 ～ 100	351	301	56	137	36	64
100 ～ 200	786	691	134	286	95	157
200 ～ 300	592	526	73	218	80	140
300 ～ 400	631	547	92	238	64	142
400 ～ 500	330	297	41	114	42	93
500 ～ 700	937	828	115	346	105	242
700 ～ 1000	578	516	72	209	58	166
1000 ～ 1500	871	776	100	302	80	277
1500 ～ 2000	465	421	53	183	33	145
2000 ～ 3000	628	572	56	226	55	228
3000万円以上	876	806	69	267	75	379
貯蓄額不詳	510	437	75	184	56	106
不　　　　　　詳	479	376	78	182	40	58

注：1）熊本県を除いたものである。
　　2）教育の「総数」には、在学中、在学したことがない、教育不詳を含む。
　　3）教育の「卒業」には、卒業学校不詳を含む。

第167表　世帯数，貯蓄の増減状況－減額理由（複数回答）・所得金額階級別

（世帯数1万対）　　　　　　　　　　　　　　　　　　　　　　　　　　　　　　　　　　　平成28年調査

所得金額階級	総　数	貯蓄が増えた	変わらない	貯蓄が減った	日常の生活費への支出	土地・住宅の購入費	入学金、結婚費用、旅行等の一時的な支出	株式等の評価額の減少	その他	不　詳
総　　　　数	10 000	1 158	3 599	4 008	2 710	277	1 007	476	1 100	1 234
50万円未満	97	5	37	35	27	1	4	5	7	21
50 ～ 100	523	16	188	187	144	3	19	14	45	132
100 ～ 150	647	22	227	236	181	5	42	13	58	162
150 ～ 200	694	31	242	282	219	11	52	21	74	140
200 ～ 250	729	36	276	307	224	11	63	33	81	110
250 ～ 300	644	37	213	303	213	16	64	32	95	91
300 ～ 350	697	52	254	310	220	16	73	44	77	82
350 ～ 400	623	54	219	282	211	15	73	39	71	68
400 ～ 450	565	50	207	249	172	24	59	36	70	59
450 ～ 500	477	53	170	201	138	16	50	23	61	53
500 ～ 550	482	58	183	200	132	15	58	22	57	41
550 ～ 600	399	52	143	172	106	15	49	23	41	32
600 ～ 650	404	57	155	155	100	14	44	16	45	37
650 ～ 700	361	61	125	149	97	11	44	20	47	26
700 ～ 750	357	53	131	149	93	16	36	16	43	25
750 ～ 800	273	46	102	98	55	10	33	10	30	27
800 ～ 850	270	49	107	103	59	10	32	8	34	12
850 ～ 900	222	46	77	84	46	6	34	10	28	15
900 ～ 950	211	37	74	86	54	11	30	9	27	14
950 ～ 1000	159	37	64	48	24	4	17	6	14	11
1000 ～ 1100	275	62	106	90	53	11	31	10	30	17
1100 ～ 1200	200	48	78	61	33	9	23	11	15	12
1200 ～ 1500	364	99	119	124	64	11	41	26	27	23
1500 ～ 2000	197	64	56	61	30	8	26	16	12	16
2000万円以上	128	35	48	36	16	8	9	12	9	9

注：1）熊本県を除いたものである
　　2）「貯蓄が減った」には、減額理由不詳を含む。

671

第168表　世帯数，貯蓄の有無－貯蓄額階級・貯蓄の増減状況－減額階級別

（世帯数１万対）　　　　　　　　　　　　　　　　　　　　　　　　　　　　　　　　　　　　平成28年調査

貯蓄の増減状況－減額階級	総数	貯蓄がない	貯蓄がある	50万円未満	50～100	100～200	200～300	300～400
総　　数	10 000	1 495	8 026	472	351	786	592	631
貯蓄が増えた	1 158	－	1 158	29	32	78	66	75
変わらない	3 599	607	2 962	218	132	323	226	256
貯蓄が減った	4 008	313	3 670	203	174	361	277	286
50万円未満	670	62	606	100	87	110	49	43
50 ～ 100	630	22	606	30	28	102	74	64
100 ～ 200	931	28	899	20	28	68	88	94
200 ～ 300	436	8	428	5	8	23	17	34
300 ～ 400	249	4	242	3	2	8	10	8
400 ～ 500	90	1	89	1	0	4	2	7
500 ～ 700	176	1	175	1	1	6	5	5
700 ～ 1000	50	0	49	－	－	1	2	2
1000 ～ 1500	73	1	71	0	0	1	2	2
1500万円以上	68	1	66	1	1	0	1	2
減額不詳	636	183	437	42	19	37	29	25
不　　詳	1 234	575	236	23	14	25	22	14

貯蓄の増減状況－減額階級	400～500	500～700	700～1000	1000～1500	1500～2000	2000～3000	3000万円以上	貯蓄額不詳	不　詳
総　　数	330	937	578	871	465	628	876	510	479
貯蓄が増えた	57	142	99	148	88	121	184	38	－
変わらない	120	365	207	321	141	222	279	153	30
貯蓄が減った	144	414	262	386	228	282	404	250	26
50万円未満	28	48	32	36	23	20	20	13	2
50 ～ 100	34	74	48	54	26	33	25	14	1
100 ～ 200	44	138	89	102	66	68	73	21	3
200 ～ 300	14	56	41	64	38	49	64	16	1
300 ～ 400	6	33	16	34	27	32	57	7	2
400 ～ 500	4	11	5	13	7	14	20	1	－
500 ～ 700	4	12	13	27	21	27	44	9	0
700 ～ 1000	1	2	4	8	4	5	20	2	0
1000 ～ 1500	0	1	2	8	6	12	32	4	－
1500万円以上	2	5	2	5	2	6	30	9	－
減額不詳	9	35	10	33	8	17	21	153	16
不　　詳	9	15	10	16	8	3	9	69	423

注：熊本県を除いたものである

（2－1）

第169表　世　帯　数，貯蓄の有無－

（世帯数1万対）

世　帯　業　態 貯蓄の増減状況－ 減　額　理　由	総　　数	貯蓄がない	貯蓄がある	50万円未満	50～100	100～200	200～300	300～400
総　　　　　　　数	10 000	1 495	8 026	472	351	786	592	631
貯 蓄 が 増 え た	1 158	－	1 158	29	32	78	66	75
変 わ ら な い	3 599	607	2 962	218	132	323	226	256
貯 蓄 が 減 っ た	4 008	313	3 670	203	174	361	277	286
日常の生活費への支出	2 710	231	2 462	159	127	246	183	192
土地・住宅の購入費	277	18	256	10	8	21	23	24
入学金、結婚費用、旅行等の一時的な支出	1 007	47	956	43	37	85	72	76
株式等の評価額の減少	476	1	473	2	1	6	9	10
そ　の　他	1 100	80	1 013	51	44	110	84	82
不　　　　詳	1 234	575	236	23	14	25	22	14
雇 用 者 世 帯	5 742	805	4 681	295	224	502	381	406
貯 蓄 が 増 え た	914	－	914	23	28	64	56	62
変 わ ら な い	2 146	379	1 747	128	88	209	152	158
貯 蓄 が 減 っ た	2 101	174	1 913	134	101	218	165	180
日常の生活費への支出	1 369	131	1 228	104	71	145	104	116
土地・住宅の購入費	179	10	166	7	6	15	19	19
入学金、結婚費用、旅行等の一時的な支出	624	33	588	37	24	64	58	56
株式等の評価額の減少	190	1	189	0	1	3	4	7
そ　の　他	585	44	538	34	26	65	48	52
不　　　　詳	581	252	107	10	8	11	8	6
常 雇 者 世 帯	5 191	688	4 282	257	207	458	354	379
貯 蓄 が 増 え た	876	－	876	21	26	60	54	60
変 わ ら な い	1 954	334	1 600	111	82	191	139	149
貯 蓄 が 減 っ た	1 867	149	1 708	116	92	197	153	165
日常の生活費への支出	1 193	110	1 076	88	63	130	95	106
土地・住宅の購入費	161	9	149	7	6	14	18	17
入学金、結婚費用、旅行等の一時的な支出	568	29	536	31	22	57	56	52
株式等の評価額の減少	169	1	168	0	1	3	4	6
そ　の　他	517	39	475	30	23	57	43	48
不　　　　詳	493	205	97	8	7	10	7	5
1月以上1年未満の契約の雇用者世帯	492	97	365	32	15	40	26	25
貯 蓄 が 増 え た	37	－	37	1	1	4	2	2
変 わ ら な い	173	37	136	14	5	17	12	8
貯 蓄 が 減 っ た	208	21	184	14	8	19	11	14
日常の生活費への支出	156	18	136	13	6	13	8	10
土地・住宅の購入費	16	1	16	0	－	1	1	1
入学金、結婚費用、旅行等の一時的な支出	49	3	45	4	2	6	2	4
株式等の評価額の減少	19	－	18	－	－	－	0	0
そ　の　他	61	4	56	3	2	7	4	4
不　　　　詳	75	40	9	2	1	1	1	1

注：1）熊本県を除いたものである。
　　2）「貯蓄が減った」には、減額理由不詳を含む。

674

貯蓄額階級・世帯業態・貯蓄の増減状況－減額理由（複数回答）別

平成28年調査

400～500	500～700	700～1000	1000～1500	1500～2000	2000～3000	3000万円以上	貯蓄額不詳	不　　詳
330	937	578	871	465	628	876	510	479
57	142	99	148	88	121	184	38	–
120	365	207	321	141	222	279	153	30
144	414	262	386	228	282	404	250	26
97	274	186	251	144	199	249	155	17
11	31	16	32	15	21	33	11	3
41	113	72	117	62	82	108	48	5
7	31	30	64	47	71	179	16	1
37	118	77	107	69	82	96	58	7
9	15	10	16	8	3	9	69	423
221	566	343	494	248	316	400	285	256
46	122	80	120	69	94	123	27	–
83	221	128	170	75	105	136	94	20
89	217	132	198	101	115	138	126	14
58	133	89	120	62	76	73	78	10
7	20	10	22	5	9	18	8	3
28	70	43	68	36	37	35	31	3
3	17	13	32	19	24	55	11	0
25	62	36	59	29	34	37	32	3
3	7	4	5	3	1	3	37	222
205	519	321	451	226	278	361	267	221
45	119	78	117	65	87	119	27	–
80	198	120	157	70	93	120	91	20
78	195	120	171	88	97	120	115	11
50	116	79	101	55	63	61	70	8
5	18	9	21	4	8	15	8	3
26	67	42	60	32	31	31	29	3
2	15	13	29	17	19	48	10	–
22	55	33	49	24	30	31	30	2
3	7	4	5	2	1	3	35	191
15	43	21	42	21	34	35	16	30
1	2	2	3	4	7	5	1	–
3	21	7	14	4	12	15	3	0
9	20	12	25	12	15	15	10	3
7	16	10	18	7	10	9	7	3
2	2	1	2	2	1	3	–	–
2	3	2	7	4	4	3	1	0
1	2	1	3	2	4	5	1	0
3	7	3	9	4	4	5	2	1
0	0	–	–	1	–	0	2	26

（2－2）

第169表　世　帯　数，貯蓄の有無－

（世帯数1万対）

世　帯　業　態 貯蓄の増減状況－ 減　額　理　由	総　　数	貯蓄がない	貯蓄がある	50万円未満	50～100	100～200	200～300	300～400
日々又は1月未満の契約の雇用者世帯	59	21	34	6	2	4	1	2
貯 蓄 が 増 え た	1	－	1	－	－	－	－	－
変 わ ら な い	19	8	11	2	1	2	1	1
貯 蓄 が 減 っ た	26	5	21	3	1	2	1	1
日常の生活費への支出	20	4	17	3	1	2	1	1
土地・住宅の購入費	1	0	1	－	－	－	－	－
入学金、結婚費用、旅行等の一時的な支出	7	1	6	1	1	1	－	－
株式等の評価額の減少	3	－	3	－	－	－	－	0
そ　　の　　他	7	1	7	1	1	1	0	－
不　　　　　詳	13	7	1	1	－	－	－	－
自 営 業 者 世 帯	1 093	166	864	37	35	78	65	70
貯 蓄 が 増 え た	110	－	110	1	1	6	5	9
変 わ ら な い	391	55	333	20	13	30	22	32
貯 蓄 が 減 っ た	436	40	392	14	20	39	34	27
日常の生活費への支出	283	27	254	11	15	27	21	19
土地・住宅の購入費	36	2	33	1	1	3	2	2
入学金、結婚費用、旅行等の一時的な支出	90	4	85	1	6	6	5	6
株式等の評価額の減少	51	－	51	1	－	1	2	1
そ　　の　　他	132	13	116	5	5	13	13	7
不　　　　　詳	156	71	29	2	1	3	4	1
そ の 他 の 世 帯	2 894	469	2 290	130	83	190	130	137
貯 蓄 が 増 え た	130	－	130	5	3	8	5	4
変 わ ら な い	990	164	819	66	29	78	49	58
貯 蓄 が 減 っ た	1 342	82	1 253	50	45	95	68	69
日常の生活費への支出	969	59	906	39	36	69	51	49
土地・住宅の購入費	61	4	56	2	1	3	3	3
入学金、結婚費用、旅行等の一時的な支出	274	9	265	5	7	14	9	12
株式等の評価額の減少	224	1	222	1	0	1	3	2
そ　　の　　他	358	19	338	10	12	31	20	21
不　　　　　詳	432	223	88	9	5	9	7	6
不　　　　　詳	271	55	191	10	9	15	15	19
貯 蓄 が 増 え た	4	－	4	－	－	0	0	0
変 わ ら な い	73	10	62	4	1	5	3	8
貯 蓄 が 減 っ た	129	17	112	4	7	8	10	9
日常の生活費への支出	88	14	74	4	5	5	8	7
土地・住宅の購入費	3	1	1	－	－	－	－	0
入学金、結婚費用、旅行等の一時的な支出	19	1	18	－	1	1	－	2
株式等の評価額の減少	10	－	10	－	－	1	－	－
そ　　の　　他	25	3	21	1	1	1	3	1
不　　　　　詳	65	29	13	1	0	1	2	1

注：1）熊本県を除いたものである。
　　2）「貯蓄が減った」には、減額理由不詳を含む。

貯蓄額階級・世帯業態・貯蓄の増減状況－減額理由（複数回答）別

平成28年調査

400～500	500～700	700～1000	1000～1500	1500～2000	2000～3000	3000万円以上	貯蓄額不詳	不　　詳
2	4	0	1	2	4	4	2	5
－	1	－	－	－	0	－	－	－
－	2	0	－	1	0	1	1	－
1	1	－	1	1	3	3	1	－
1	1	－	1	0	3	3	1	－
－	－	－	－	－	0	1	－	－
－	－	－	1	0	1	1	0	－
－	－	－	－	－	2	1	－	－
1	1	－	0	1	1	1	－	－
0	－	－	－	－	－	－	－	5
37	98	62	94	43	69	114	61	64
7	11	12	13	8	8	25	4	－
11	40	20	40	16	35	37	18	3
17	46	29	40	18	25	50	31	4
11	28	21	25	11	16	28	21	2
3	4	2	4	4	2	3	1	0
3	13	9	9	3	5	15	4	1
－	3	3	8	2	7	23	1	－
2	14	9	11	5	6	13	10	2
3	2	2	1	1	0	2	7	57
65	246	160	261	164	231	348	146	135
4	9	7	15	11	18	34	6	－
22	96	54	103	47	77	101	38	6
36	135	93	136	101	134	209	81	7
26	102	72	98	67	100	145	51	4
1	7	3	6	6	10	11	1	－
9	28	19	37	21	39	54	13	－
3	10	14	21	26	39	98	3	1
9	36	32	36	32	38	45	16	1
3	6	5	8	5	2	3	20	121
6	26	13	22	10	13	14	19	25
－	－	0	0	0	1	1	0	－
3	8	5	8	2	5	5	3	1
3	17	8	12	7	8	8	11	1
2	10	5	8	4	7	3	6	－
－	－	－	1	－	－	0	0	－
0	2	1	3	2	2	3	0	－
1	1	1	2	0	1	3	1	－
0	5	1	2	2	3	1	－	1
0	0	0	1	0	－	0	4	23

（2－1）

第170表　世　帯　数，貯蓄の有無－

（世帯数1万対）

世帯構造 貯蓄の増減状況－ 減額理由	総　数	貯蓄がない	貯蓄がある	50万円未満	50～100	100～200	200～300	300～400
総　　　　　数	10 000	1 495	8 026	472	351	786	592	631
貯蓄が増えた	1 158	－	1 158	29	32	78	66	75
変わらない	3 599	607	2 962	218	132	323	226	256
貯蓄が減った	4 008	313	3 670	203	174	361	277	286
日常の生活費への支出	2 710	231	2 462	159	127	246	183	192
土地・住宅の購入費	277	18	256	10	8	21	23	24
入学金、結婚費用、旅行等の一時的な支出	1 007	47	956	43	37	85	72	76
株式等の評価額の減少	476	1	473	2	1	6	9	10
その他	1 100	80	1 013	51	44	110	84	82
不　　詳	1 234	575	236	23	14	25	22	14
単　独　世　帯	2 253	489	1 663	186	113	186	125	120
貯蓄が増えた	233	－	233	15	19	29	17	15
変わらない	864	203	655	104	43	77	51	45
貯蓄が減った	798	85	711	58	46	73	51	57
日常の生活費への支出	555	65	490	48	34	47	35	42
土地・住宅の購入費	27	2	25	1	2	1	3	4
入学金、結婚費用、旅行等の一時的な支出	141	5	136	8	8	12	8	12
株式等の評価額の減少	93	－	93	1	－	2	1	1
その他	219	22	197	14	13	27	11	14
不　　詳	358	201	64	9	5	7	6	4
男の単独世帯	993	247	703	94	55	88	49	43
貯蓄が増えた	137	－	137	8	13	20	8	8
変わらない	397	117	277	55	21	36	23	16
貯蓄が減った	314	45	267	28	18	29	16	18
日常の生活費への支出	211	32	178	24	14	17	12	14
土地・住宅の購入費	14	1	14	1	1	1	1	2
入学金、結婚費用、旅行等の一時的な支出	42	3	38	3	3	5	1	4
株式等の評価額の減少	46	－	46	－	－	－	1	－
その他	84	12	72	6	4	11	5	4
不　　詳	145	85	22	3	2	3	2	1
女の単独世帯	1 260	243	960	92	58	98	76	78
貯蓄が増えた	96	－	96	7	6	9	9	6
変わらない	467	86	378	49	21	41	27	29
貯蓄が減った	484	40	444	30	28	44	35	39
日常の生活費への支出	344	33	312	25	20	30	23	28
土地・住宅の購入費	12	1	11	0	1	－	2	2
入学金、結婚費用、旅行等の一時的な支出	100	2	98	5	4	7	7	8
株式等の評価額の減少	48	－	48	1	－	2	0	1
その他	135	10	125	8	8	16	7	10
不　　詳	213	116	42	6	3	4	4	3
核家族世帯	6 332	817	5 225	242	200	504	396	422
貯蓄が増えた	794	－	794	11	12	42	46	53
変わらない	2 212	333	1 861	96	72	204	152	175
貯蓄が減った	2 641	184	2 437	123	109	244	185	186
日常の生活費への支出	1 778	133	1 631	98	79	172	119	121
土地・住宅の購入費	198	12	183	8	5	17	18	16
入学金、結婚費用、旅行等の一時的な支出	712	34	674	30	25	62	54	52
株式等の評価額の減少	328	1	326	1	1	3	7	7
その他	710	47	658	30	26	71	58	53
不　　詳	683	300	133	11	6	14	13	7

注：1）熊本県を除いたものである。
　　2）「貯蓄が減った」には、減額理由不詳を含む。

貯蓄額階級・世帯構造・貯蓄の増減状況－減額理由（複数回答）別

平成28年調査

400～500	500～700	700～1000	1000～1500	1500～2000	2000～3000	3000万円以上	貯蓄額不詳	不　　詳
330	937	578	871	465	628	876	510	479
57	142	99	148	88	121	184	38	–
120	365	207	321	141	222	279	153	30
144	414	262	386	228	282	404	250	26
97	274	186	251	144	199	249	155	17
11	31	16	32	15	21	33	11	3
41	113	72	117	62	82	108	48	5
7	31	30	64	47	71	179	16	1
37	118	77	107	69	82	96	58	7
9	15	10	16	8	3	9	69	423
60	164	108	149	86	113	147	107	101
9	24	16	23	16	21	23	6	–
22	73	39	58	25	35	48	35	7
27	64	48	65	41	57	73	52	1
17	46	34	42	26	43	45	30	1
0	2	2	3	2	2	3	0	–
8	9	10	14	10	14	17	7	0
3	6	8	11	10	13	36	3	–
7	16	14	23	13	20	15	11	0
1	3	6	3	4	0	2	14	93
25	71	40	58	38	43	64	35	43
4	15	11	14	10	9	15	2	–
11	29	12	17	11	13	18	13	4
10	26	16	25	17	20	29	15	1
6	15	10	15	10	16	19	7	1
–	1	2	1	1	2	1	0	–
2	3	1	4	3	3	5	1	0
1	4	4	7	6	8	15	0	–
3	6	6	9	5	5	4	4	0
–	1	1	2	1	0	1	5	38
34	93	68	91	47	70	83	72	57
5	10	6	9	6	11	8	4	–
11	44	26	40	14	22	30	22	3
17	38	31	40	24	37	45	37	–
11	31	24	27	16	27	26	23	–
0	1	–	3	0	0	2	–	–
6	6	9	11	7	11	12	6	–
1	2	4	4	4	5	22	2	–
4	10	8	14	8	14	11	7	–
1	2	5	1	3	–	1	9	54
223	637	380	584	310	417	590	320	289
42	108	68	109	62	86	128	27	–
78	235	133	210	92	144	179	91	18
98	287	175	255	153	184	278	160	20
68	184	121	168	96	129	174	102	13
9	23	10	20	11	15	22	9	3
27	84	50	82	44	53	76	36	4
3	23	17	46	30	51	125	12	1
24	83	49	67	49	48	63	38	5
6	8	4	11	4	2	5	42	251

（2－2）

第170表　世　帯　数，貯蓄の有無－

（世帯数１万対）

世帯構造 貯蓄の増減状況－ 減額理由	総　数	貯蓄がない	貯蓄がある	50万円未満	50～100	100～200	200～300	300～400
夫婦のみの世帯	2 572	267	2 181	75	68	181	149	137
貯蓄が増えた	250	－	250	3	4	11	12	14
変わらない	856	83	765	31	24	75	60	56
貯蓄が減った	1 162	59	1 095	36	37	91	69	63
日常の生活費への支出	773	41	726	28	32	59	42	44
土地・住宅の購入費	71	4	67	1	－	6	5	4
入学金、結婚費用、旅行等の一時的な支出	262	4	258	7	3	14	12	12
株式等の評価額の減少	186	0	185	1	0	1	3	2
その他	311	14	296	8	8	27	24	19
不詳	304	124	71	5	3	5	8	4
夫婦と未婚の子のみの世帯	3 055	392	2 540	121	104	271	208	246
貯蓄が増えた	486	－	486	8	6	28	30	36
変わらない	1 081	177	896	45	37	108	78	100
貯蓄が減った	1 215	96	1 111	65	59	128	96	107
日常の生活費への支出	812	70	737	50	38	95	64	67
土地・住宅の購入費	115	7	106	7	5	11	12	11
入学金、結婚費用、旅行等の一時的な支出	392	24	364	18	20	43	35	37
株式等の評価額の減少	121	1	119	0	1	2	4	4
その他	324	25	297	15	15	33	30	30
不詳	273	119	47	3	2	7	4	3
ひとり親と未婚の子のみの世帯	704	158	504	46	28	51	39	38
貯蓄が増えた	58	－	58	1	2	4	4	3
変わらない	276	73	200	19	12	21	15	19
貯蓄が減った	264	29	231	23	13	25	19	16
日常の生活費への支出	193	22	168	20	8	18	13	11
土地・住宅の購入費	11	1	10	－	－	1	1	1
入学金、結婚費用、旅行等の一時的な支出	58	6	52	5	2	4	6	3
株式等の評価額の減少	21	－	21	－	－	－	－	1
その他	75	8	66	7	4	11	4	5
不詳	107	56	15	3	1	2	1	1
三世代世帯	698	94	558	17	18	49	40	45
貯蓄が増えた	62	－	62	0	1	2	2	4
変わらない	260	32	225	7	8	22	14	15
貯蓄が減った	280	26	252	8	8	21	23	24
日常の生活費への支出	186	18	166	6	6	14	17	17
土地・住宅の購入費	30	3	26	1	0	2	2	2
入学金、結婚費用、旅行等の一時的な支出	89	6	83	2	2	8	6	8
株式等の評価額の減少	23	－	23	－	0	1	1	1
その他	79	8	70	2	2	6	8	9
不詳	96	37	19	1	1	3	1	2
その他の世帯	717	94	580	27	20	48	31	44
貯蓄が増えた	69	－	69	2	－	5	1	4
変わらない	263	39	221	11	8	20	10	21
貯蓄が減った	289	18	270	13	11	22	18	19
日常の生活費への支出	192	15	176	6	8	14	11	12
土地・住宅の購入費	23	1	22	0	1	0	1	2
入学金、結婚費用、旅行等の一時的な支出	65	2	63	4	2	4	4	4
株式等の評価額の減少	31	－	31	－	－	0	0	1
その他	91	3	87	5	3	7	7	5
不詳	96	37	20	1	1	1	2	1

注：1）熊本県を除いたものである。
　　2）「貯蓄が減った」には、減額理由不詳を含む。

680

貯蓄額階級・世帯構造・貯蓄の増減状況－減額理由（複数回答）別

平成28年調査

400～500	500～700	700～1000	1000～1500	1500～2000	2000～3000	3000万円以上	貯蓄額不詳	不　詳
74	264	151	270	144	230	310	128	124
11	28	19	37	23	30	48	12	－
25	98	54	96	44	83	94	25	7
34	134	75	130	76	116	165	68	8
23	90	51	86	46	82	103	40	5
2	8	3	7	6	9	14	2	0
6	35	19	39	22	28	48	12	－
3	10	8	28	15	33	75	7	－
11	42	27	30	24	28	35	14	1
4	4	2	6	1	2	3	23	109
134	321	201	268	133	150	225	158	123
29	75	46	65	32	49	66	15	－
47	114	69	93	38	45	71	51	8
57	129	85	107	60	54	87	77	9
39	78	59	68	39	37	52	50	5
6	14	6	12	4	5	7	6	3
20	43	30	37	18	19	22	21	3
0	11	9	16	12	14	41	5	1
11	36	17	32	19	14	23	21	2
1	3	1	3	2	1	2	14	107
15	52	29	46	33	38	55	33	42
1	5	3	7	6	7	14	0	－
6	23	10	20	10	16	14	14	3
7	24	15	17	17	15	26	15	4
6	17	11	13	10	10	19	12	4
2	2	1	1	－	1	1	0	－
2	5	2	5	4	5	7	3	0
0	2	1	1	3	4	9	0	－
2	5	4	5	5	5	5	4	1
1	1	0	1	－	－	0	4	36
20	64	50	68	34	47	65	41	46
2	4	7	11	7	6	15	2	－
9	28	20	28	11	22	25	16	3
9	31	22	30	15	20	24	16	2
6	19	17	18	10	15	12	8	2
1	2	3	4	1	2	4	1	0
3	13	7	12	4	11	7	2	1
－	1	2	2	3	3	8	0	0
3	7	8	7	3	7	6	2	1
－	1	1	－	1	0	0	7	41
27	71	39	69	35	51	75	42	43
5	6	8	6	3	8	18	3	－
10	30	14	26	13	21	27	11	2
10	33	17	35	19	21	29	22	2
6	24	14	23	12	13	19	15	1
1	3	0	5	1	1	4	1	－
3	8	5	9	4	5	8	3	－
1	1	3	5	4	4	10	2	－
3	11	7	9	5	8	11	7	－
2	2	－	2	1	0	1	6	39

（2－1）

第171表　世帯数，貯蓄の有無－貯蓄額階級・世帯類型－児童のいる世帯－

（世帯数1万対）

世帯類型 貯蓄の増減状況－ 減額理由	総　数	貯蓄がない	貯蓄がある	50万円未満	50～100	100～200	200～300	300～400
総　　　　　数	10 000	1 495	8 026	472	351	786	592	631
貯 蓄 が 増 え た	1 158	－	1 158	29	32	78	66	75
変 わ ら な い	3 599	607	2 962	218	132	323	226	256
貯 蓄 が 減 っ た	4 008	313	3 670	203	174	361	277	286
日常の生活費への支出	2 710	231	2 462	159	127	246	183	192
土 地・住 宅 の 購 入 費	277	18	256	10	8	21	23	24
入学金、結婚費用、旅行等の一時的な支出	1 007	47	956	43	37	85	72	76
株式等の評価額の減少	476	1	473	2	1	6	9	10
そ の 他	1 100	80	1 013	51	44	110	84	82
不 詳	1 234	575	236	23	14	25	22	14
高 齢 者 世 帯	2 807	423	2 229	107	73	196	141	150
貯 蓄 が 増 え た	121	－	121	2	1	7	4	6
変 わ ら な い	970	132	833	52	25	79	51	65
貯 蓄 が 減 っ た	1 260	78	1 173	43	42	100	76	73
日常の生活費への支出	877	59	812	36	33	74	52	54
土 地・住 宅 の 購 入 費	48	3	44	1	0	2	4	3
入学金、結婚費用、旅行等の一時的な支出	234	4	231	4	4	13	9	12
株式等の評価額の減少	201	0	201	1	－	1	3	2
そ の 他	335	19	315	10	12	32	23	17
不 詳	456	212	102	10	5	9	10	7
母 子 世 帯	129	48	77	19	5	12	8	5
貯 蓄 が 増 え た	9	－	9	1	1	2	0	1
変 わ ら な い	53	26	26	7	2	5	2	1
貯 蓄 が 減 っ た	48	8	39	10	1	5	6	3
日常の生活費への支出	33	6	27	8	1	3	3	2
土 地・住 宅 の 購 入 費	2	－	2	－	－	1	0	－
入学金、結婚費用、旅行等の一時的な支出	19	3	16	3	0	2	4	1
株式等の評価額の減少	2	－	2	－	－	－	－	0
そ の 他	11	1	9	3	0	1	1	－
不 詳	19	15	2	1	－	－	－	－

注：1）熊本県を除いたものである。
　　2）「貯蓄が減った」には、減額理由不詳を含む。

65歳以上の者のいる世帯・貯蓄の増減状況－減額理由（複数回答）別

平成28年調査

400～500	500～700	700～1000	1000～1500	1500～2000	2000～3000	3000万円以上	貯蓄額不詳	不　詳
330	937	578	871	465	628	876	510	479
57	142	99	148	88	121	184	38	－
120	365	207	321	141	222	279	153	30
144	414	262	386	228	282	404	250	26
97	274	186	251	144	199	249	155	17
11	31	16	32	15	21	33	11	3
41	113	72	117	62	82	108	48	5
7	31	30	64	47	71	179	16	1
37	118	77	107	69	82	96	58	7
9	15	10	16	8	3	9	69	423
70	257	147	265	157	216	303	148	155
3	11	8	16	12	15	27	7	－
25	109	54	108	50	77	103	37	5
38	131	79	133	90	121	168	79	8
27	94	58	88	60	86	104	46	5
2	4	2	4	4	8	10	1	－
9	28	17	35	20	29	42	10	－
3	8	10	30	20	33	84	7	－
11	40	26	30	28	36	39	12	1
4	6	5	9	5	2	5	25	142
2	5	3	4	2	2	2	8	4
0	1	1	0	1	0	0	－	－
0	2	1	1	0	－	1	3	1
2	2	1	3	1	2	1	3	0
1	2	0	1	1	1	0	3	0
1	－	－	－	－	－	－	－	－
1	1	－	1	1	－	－	2	－
－	0	－	1	－	1	－	－	－
－	0	0	1	－	1	－	2	－
－	－	－	－	－	－	－	1	2

65歳以上の者のいる世帯・貯蓄の増減状況－減額理由（複数回答）別

（2－2）

第171表　世帯数，貯蓄の有無－貯蓄額階級・世帯類型－児童のいる世帯－

（世帯数1万対）

世帯類型 貯蓄の増減状況－ 減額理由	総数	貯蓄がない	貯蓄がある	50万円未満	50～100	100～200	200～300	300～400
その他の世帯	7 065	1 023	5 721	346	274	578	443	476
貯蓄が増えた	1 029	－	1 029	25	30	69	62	68
変わらない	2 576	449	2 103	159	105	238	174	190
貯蓄が減った	2 701	227	2 457	150	131	255	195	210
日常の生活費への支出	1 800	166	1 623	115	93	169	128	136
土地・住宅の購入費	228	15	210	10	8	18	19	22
入学金、結婚費用、旅行等の一時的な支出	753	40	709	36	33	71	58	63
株式等の評価額の減少	272	1	270	1	1	5	6	8
その他	754	60	689	38	32	77	60	65
不詳	759	347	132	11	9	15	12	8
（再掲）児童のいる世帯	2 325	339	1 907	122	92	239	176	195
貯蓄が増えた	410	－	410	8	7	25	27	32
変わらない	871	172	693	49	35	105	63	72
貯蓄が減った	864	85	772	62	47	105	84	88
日常の生活費への支出	580	64	512	49	32	74	54	58
土地・住宅の購入費	90	5	82	6	5	12	13	9
入学金、結婚費用、旅行等の一時的な支出	317	26	290	19	16	40	33	31
株式等の評価額の減少	55	1	54	0	1	2	3	4
その他	225	22	200	15	10	28	29	24
不詳	179	82	32	4	2	5	1	3
（再掲）65歳以上の者のいる世帯	5 261	745	4 216	176	140	348	255	292
貯蓄が増えた	320	－	320	4	3	14	9	15
変わらない	1 822	240	1 571	78	49	141	95	124
貯蓄が減った	2 320	150	2 156	80	79	177	136	142
日常の生活費への支出	1 614	117	1 486	66	60	126	94	100
土地・住宅の購入費	129	9	120	2	1	5	6	10
入学金、結婚費用、旅行等の一時的な支出	475	15	460	8	10	26	19	26
株式等の評価額の減少	330	1	329	1	0	2	5	6
その他	640	37	600	22	22	54	41	40
不詳	799	354	169	15	8	16	16	12

注：1）熊本県を除いたものである。
　　2）「その他の世帯」には、「父子世帯」を含む。
　　3）「貯蓄が減った」には、減額理由不詳を含む。

65歳以上の者のいる世帯・貯蓄の増減状況－減額理由（複数回答）別

平成28年調査

400～500	500～700	700～1000	1000～1500	1500～2000	2000～3000	3000万円以上	貯蓄額不詳	不　　詳
257	675	428	602	306	411	571	354	321
54	131	90	132	75	105	157	31	－
95	254	152	213	90	145	175	113	24
104	281	182	250	137	159	235	167	18
69	178	128	161	83	112	145	107	11
9	27	13	29	11	13	23	10	3
31	84	55	81	42	53	66	36	5
4	22	20	33	27	37	95	9	1
26	77	51	76	41	45	56	44	5
5	9	5	7	4	1	4	43	279
115	253	154	179	78	84	102	118	79
29	67	44	55	25	38	39	14	－
42	92	53	59	23	24	34	44	6
44	91	56	64	29	21	29	51	8
28	55	39	39	19	14	16	33	5
6	9	4	9	2	1	2	5	3
18	40	22	22	15	10	8	15	2
0	6	5	7	5	5	12	2	0
9	26	12	14	5	9	6	11	3
1	3	1	1	1	1	－	9	65
139	481	300	501	294	406	598	285	300
7	29	25	40	32	39	89	14	－
53	199	111	193	92	157	200	79	11
72	243	156	255	163	206	302	146	14
50	170	117	176	106	145	186	91	10
6	14	7	16	9	15	25	3	0
15	55	32	73	39	59	79	18	1
4	15	19	41	34	51	139	12	1
21	67	53	66	50	62	73	28	3
7	11	8	13	7	3	8	46	275

（2-1）

第172表　世　帯　数，貯蓄の有無－貯蓄額階級・

（世帯数1万対）

世帯主の年齢階級 貯蓄の増減状況－ 減額理由	総数	貯蓄がない	貯蓄がある	50万円未満	50～100	100～200	200～300	300～400
総　数	10 000	1 495	8 026	472	351	786	592	631
貯蓄が増えた	1 158	–	1 158	29	32	78	66	75
変わらない	3 599	607	2 962	218	132	323	226	256
貯蓄が減った	4 008	313	3 670	203	174	361	277	286
日常の生活費への支出	2 710	231	2 462	159	127	246	183	192
土地・住宅の購入費	277	18	256	10	8	21	23	24
入学金、結婚費用、旅行等の一時的な支出	1 007	47	956	43	37	85	72	76
株式等の評価額の減少	476	1	473	2	1	6	9	10
その他	1 100	80	1 013	51	44	110	84	82
不詳	1 234	575	236	23	14	25	22	14
29歳以下	301	46	245	70	38	46	30	16
貯蓄が増えた	85	–	85	11	13	19	11	9
変わらない	116	27	89	36	14	16	12	2
貯蓄が減った	78	11	67	22	11	11	7	4
日常の生活費への支出	49	7	42	14	7	6	3	2
土地・住宅の購入費	8	0	8	1	2	2	2	0
入学金、結婚費用、旅行等の一時的な支出	22	1	21	7	4	5	1	1
株式等の評価額の減少	1	–	1	–	–	0	–	–
その他	16	2	14	6	2	2	1	1
不詳	22	9	4	1	–	0	0	–
30～39歳	935	136	767	75	50	127	96	82
貯蓄が増えた	221	–	221	7	6	20	19	23
変わらない	366	88	275	32	21	54	39	28
貯蓄が減った	291	28	260	34	22	51	36	31
日常の生活費への支出	199	20	176	28	18	37	21	20
土地・住宅の購入費	42	1	38	4	2	7	7	7
入学金、結婚費用、旅行等の一時的な支出	88	5	82	10	8	16	14	7
株式等の評価額の減少	10	–	10	–	1	1	0	1
その他	75	8	65	7	5	14	10	9
不詳	56	20	12	2	1	2	2	–
40～49歳	1 557	269	1 233	80	67	139	106	124
貯蓄が増えた	282	–	282	4	7	14	17	16
変わらない	617	137	472	36	25	60	40	53
貯蓄が減った	521	59	459	39	32	61	48	53
日常の生活費への支出	319	41	278	31	21	35	30	34
土地・住宅の購入費	42	4	37	2	2	6	4	4
入学金、結婚費用、旅行等の一時的な支出	188	19	168	12	9	22	22	20
株式等の評価額の減少	34	1	33	0	1	1	1	2
その他	138	17	121	10	7	21	18	14
不詳	137	74	20	1	3	3	1	2
50～59歳	1 655	245	1 337	54	52	117	92	115
貯蓄が増えた	238	–	238	3	3	11	9	14
変わらない	637	109	522	27	22	53	34	47
貯蓄が減った	608	51	553	22	26	52	46	53
日常の生活費への支出	372	37	333	16	18	33	29	33
土地・住宅の購入費	42	2	40	1	1	2	3	4
入学金、結婚費用、旅行等の一時的な支出	215	9	205	6	7	19	17	23
株式等の評価額の減少	60	–	60	–	–	1	2	1
その他	165	13	152	3	6	14	13	15
不詳	172	85	24	4	2	2	2	1

注：1）熊本県を除いたものである。
　　2）年齢階級の「総数」には、年齢不詳を含む。
　　3）「貯蓄が減った」には、減額理由不詳を含む。

世帯主の年齢（10歳階級）・貯蓄の増減状況－減額理由（複数回答）別

平成28年調査

400～500	500～700	700～1000	1000～1500	1500～2000	2000～3000	3000万円以上	貯蓄額不詳	不　詳
330	937	578	871	465	628	876	510	479
57	142	99	148	88	121	184	38	–
120	365	207	321	141	222	279	153	30
144	414	262	386	228	282	404	250	26
97	274	186	251	144	199	249	155	17
11	31	16	32	15	21	33	11	3
41	113	72	117	62	82	108	48	5
7	31	30	64	47	71	179	16	1
37	118	77	107	69	82	96	58	7
9	15	10	16	8	3	9	69	423
12	11	4	4	–	1	–	11	9
8	6	2	2	–	0	–	3	–
1	2	1	1	–	–	–	2	–
3	2	1	1	–	1	–	4	0
3	1	1	0	–	1	–	4	0
–	1	–	–	–	–	–	0	–
1	1	–	–	–	–	–	1	–
–	–	–	1	–	–	–	0	–
0	1	–	–	–	–	–	1	–
–	–	0	–	–	–	–	3	9
55	99	48	53	13	12	11	47	32
21	46	25	27	8	8	5	6	–
19	27	11	15	2	2	3	21	4
15	25	12	11	3	2	3	17	4
9	14	9	4	2	1	1	11	3
1	4	1	2	0	–	–	2	3
8	8	2	3	1	1	–	6	1
0	3	1	2	–	1	0	–	–
4	5	2	4	1	–	1	2	2
0	0	0	1	0	–	–	3	24
72	161	111	124	58	59	60	73	55
12	39	35	46	26	27	28	11	–
30	65	43	44	14	19	16	25	8
28	56	33	33	19	12	15	30	3
16	31	20	18	11	7	6	17	0
5	5	1	4	1	–	1	2	0
8	22	14	13	8	5	2	9	1
1	4	3	5	4	3	7	1	–
5	14	7	6	3	4	3	10	0
2	1	1	–	–	–	0	7	43
50	174	104	165	85	105	140	84	73
8	26	15	36	26	35	48	5	–
21	71	44	65	28	35	48	27	7
21	76	44	64	30	34	44	42	4
14	43	29	37	15	21	21	24	2
1	4	3	8	2	2	7	2	–
8	30	17	25	14	13	15	12	2
1	7	5	10	6	7	18	2	–
6	24	13	22	10	9	4	13	0
–	2	1	0	1	1	0	9	63

（2－2）

第172表　世　帯　数，貯蓄の有無－貯蓄額階級・

（世帯数1万対）

世帯主の年齢階級 貯蓄の増減状況－ 減　額　理　由	総　　数	貯蓄がない	貯蓄がある	50万円未満	50～100	100～200	200～300	300～400
60　～　69　歳	2 404	339	1 934	81	58	147	105	124
貯 蓄 が 増 え た	187	–	187	1	2	9	5	8
変 わ ら な い	761	104	651	33	20	50	39	53
貯 蓄 が 減 っ た	1 116	71	1 038	42	33	83	57	61
日常の生活費への支出	816	52	760	32	28	63	40	44
土地・住宅の購入費	82	5	77	2	1	3	5	6
入学金、結婚費用、旅行等の一時的な支出	240	5	234	6	3	9	8	11
株式等の評価額の減少	159	0	158	1	–	0	2	2
そ の 他	322	17	303	12	10	27	18	21
不 詳	339	164	57	5	3	5	5	2
70　～　79　歳	1 945	292	1 541	70	53	115	100	104
貯 蓄 が 増 え た	85	–	85	1	1	5	2	4
変 わ ら な い	649	86	560	33	16	47	40	40
貯 蓄 が 減 っ た	895	61	827	29	32	57	51	55
日常の生活費への支出	618	48	566	25	23	42	35	41
土地・住宅の購入費	38	4	34	0	1	1	2	2
入学金、結婚費用、旅行等の一時的な支出	170	3	166	3	5	6	7	10
株式等の評価額の減少	143	–	143	–	0	1	2	3
そ の 他	242	15	225	9	9	16	13	12
不 詳	316	146	69	7	3	6	8	5
80　歳　以　上	1 204	167	969	41	33	94	62	67
貯 蓄 が 増 え た	60	–	60	2	0	1	3	2
変 わ ら な い	453	58	394	21	14	43	22	32
貯 蓄 が 減 っ た	500	33	464	15	17	45	33	29
日常の生活費への支出	336	26	309	13	12	30	24	19
土地・住宅の購入費	23	1	22	0	–	1	1	1
入学金、結婚費用、旅行等の一時的な支出	83	4	80	1	1	8	4	4
株式等の評価額の減少	69	0	68	1	–	1	1	0
そ の 他	142	8	134	4	4	16	12	9
不 詳	191	76	51	3	2	6	4	4
（再　掲）65　歳　以　上	4 538	644	3 634	158	119	302	221	248
貯 蓄 が 増 え た	240	–	240	3	3	12	7	11
変 わ ら な い	1 539	200	1 331	71	40	120	81	104
貯 蓄 が 減 っ た	2 051	130	1 909	71	70	155	117	122
日常の生活費への支出	1 436	100	1 327	59	52	113	82	87
土地・住宅の購入費	104	7	97	1	1	4	5	7
入学金、結婚費用、旅行等の一時的な支出	394	11	383	7	7	20	14	19
株式等の評価額の減少	313	1	312	1	0	2	5	5
そ の 他	565	33	530	20	20	49	36	34
不 詳	708	314	154	13	7	14	15	11
（再　掲）75　歳　以　上	2 111	303	1 687	78	60	150	117	119
貯 蓄 が 増 え た	90	–	90	2	1	4	4	2
変 わ ら な い	756	96	656	38	24	62	41	53
貯 蓄 が 減 っ た	923	63	854	31	31	73	63	57
日常の生活費への支出	618	49	566	26	23	50	42	39
土地・住宅の購入費	42	4	38	0	1	1	2	3
入学金、結婚費用、旅行等の一時的な支出	161	5	157	2	4	11	6	8
株式等の評価額の減少	140	0	138	1	0	1	3	2
そ の 他	252	14	237	8	6	26	21	16
不 詳	342	143	86	6	4	11	9	7

注：1）熊本県を除いたものである。
　　2）年齢階級の「総数」には、年齢不詳を含む。
　　3）「貯蓄が減った」には、減額理由不詳を含む。

世帯主の年齢（10歳階級）・貯蓄の増減状況－減額理由（複数回答）別

平成28年調査

400～500	500～700	700～1000	1000～1500	1500～2000	2000～3000	3000万円以上	貯蓄額不詳	不　詳
58	211	128	229	134	217	319	121	131
4	14	13	19	16	31	63	5	–
17	80	42	80	38	72	95	32	6
35	114	72	123	79	113	159	67	6
29	83	56	86	57	87	109	46	4
2	12	6	12	8	9	9	2	0
8	23	21	35	21	31	47	12	1
2	7	9	21	14	31	63	5	0
9	34	21	39	24	29	42	17	2
2	4	2	7	2	0	3	17	119
51	169	112	187	109	148	213	109	111
3	5	5	13	7	10	24	4	–
18	70	37	68	34	57	73	26	4
26	90	67	102	64	79	115	59	7
20	64	48	68	37	56	70	36	4
2	3	1	4	1	6	11	1	–
4	17	11	30	14	25	28	7	–
2	6	8	20	16	17	60	6	1
6	26	25	23	22	26	27	11	1
3	4	3	5	3	2	2	19	101
32	112	70	108	66	85	133	65	68
1	5	5	7	6	8	16	4	–
14	50	29	47	24	35	44	20	1
14	52	34	51	33	41	70	30	2
7	37	23	38	23	26	42	16	2
1	1	3	2	3	3	5	1	–
4	13	6	11	5	7	14	2	–
1	4	5	5	7	11	31	1	–
5	14	10	13	9	14	19	5	0
3	4	3	3	2	1	3	11	64
118	407	249	430	259	352	528	243	260
6	21	15	29	23	29	70	11	–
43	167	90	162	81	134	174	64	7
63	210	136	227	147	186	278	128	12
44	150	101	159	97	129	175	80	9
4	12	5	12	8	15	21	2	0
13	43	27	64	32	49	73	15	0
3	15	17	40	32	49	131	12	1
17	59	44	60	47	54	68	24	2
7	10	7	12	7	3	7	40	240
51	186	117	196	109	154	238	114	122
2	7	7	12	8	12	24	5	–
20	81	45	81	38	61	80	32	4
25	91	61	98	59	79	129	56	5
17	65	40	70	35	53	73	34	4
1	3	3	3	3	7	9	1	–
5	21	10	27	11	19	26	6	–
2	8	9	16	14	17	62	5	1
8	24	18	20	20	27	34	9	1
3	6	4	5	5	1	5	21	113

第173表　貯蓄の減った世帯数，貯蓄の減額階級・所得五分位階級・貯蓄の減額理由（複数回答）別

（世帯数1万対）　　　　　　　　　　　　　　　　　　　　　　　　　　　　　平成28年調査

所得五分位階級 貯蓄の減額理由	総数	50万円未満	50〜100	100〜200	200〜300	300〜400	400〜500	500〜700	700〜1000	1000〜1500	1500万円以上	減額不詳
総　数	4 008	670	630	931	436	249	90	176	50	73	68	636
日常の生活費への支出	2 710	506	474	619	265	155	51	93	22	33	25	468
土地・住宅の購入費	277	13	17	43	31	24	11	32	17	19	31	38
入学金、結婚費用、旅行等の一時的な支出	1 007	128	165	265	145	77	25	52	15	17	14	104
株式等の評価額の減少	476	29	36	89	76	59	30	55	19	29	24	29
そ　の　他	1 100	149	169	276	139	87	30	56	10	22	13	150
第　　I	756	177	121	128	66	27	14	20	5	5	7	185
日常の生活費への支出	583	141	102	98	49	19	7	11	2	3	4	145
土地・住宅の購入費	21	1	1	2	3	2	0	2	2	1	2	4
入学金、結婚費用、旅行等の一時的な支出	120	22	22	25	18	7	2	8	0	1	1	15
株式等の評価額の減少	54	3	5	10	12	6	4	5	2	2	1	4
そ　の　他	186	36	23	38	22	9	6	7	1	3	1	39
第　　II	888	181	153	197	87	54	12	33	8	17	8	138
日常の生活費への支出	634	135	118	141	59	35	9	19	3	10	3	102
土地・住宅の購入費	41	2	4	7	3	2	1	7	2	3	3	7
入学金、結婚費用、旅行等の一時的な支出	195	27	38	50	21	16	6	9	3	4	3	19
株式等の評価額の減少	102	7	8	21	16	15	5	9	4	7	4	7
そ　の　他	247	46	48	52	31	18	2	12	1	5	1	32
第　　III	871	160	143	215	85	54	21	39	9	13	16	117
日常の生活費への支出	612	123	104	156	52	33	13	24	4	6	6	92
土地・住宅の購入費	67	4	4	13	7	6	3	7	3	4	8	8
入学金、結婚費用、旅行等の一時的な支出	221	40	37	60	28	13	4	9	1	3	2	23
株式等の評価額の減少	116	12	9	24	12	14	8	15	3	5	6	8
そ　の　他	245	36	43	64	25	19	8	15	2	5	2	27
第　　IV	811	109	136	215	100	48	18	37	13	14	10	110
日常の生活費への支出	508	77	99	129	58	29	9	14	6	8	5	75
土地・住宅の購入費	71	4	4	14	10	6	2	10	6	2	5	9
入学金、結婚費用、旅行等の一時的な支出	231	26	38	69	32	18	6	9	5	2	3	22
株式等の評価額の減少	96	5	9	17	20	10	6	12	3	6	4	4
そ　の　他	229	22	36	65	33	19	9	10	2	3	2	28
第　　V	683	43	77	175	98	66	25	48	15	24	28	85
日常の生活費への支出	374	30	50	95	47	39	13	25	6	6	8	54
土地・住宅の購入費	78	2	4	7	9	8	5	6	5	8	13	10
入学金、結婚費用、旅行等の一時的な支出	239	12	29	61	46	23	7	19	5	7	4	25
株式等の評価額の減少	108	3	5	17	16	14	7	14	6	9	9	7
そ　の　他	192	9	19	57	28	22	6	13	4	6	6	23

注：1）熊本県を除いたものである。
　　2）貯蓄の減額理由の「総数」には、減額理由不詳を含む。

第174表　貯蓄の減った世帯数，貯蓄の減額階級・世帯業態・貯蓄の減額理由（複数回答）別

（世帯数1万対）　　　　　　　　　　　　　　　　　　　　　　　　　　　　　　　　　　　　平成28年調査

世帯業態 貯蓄の減額理由	総　数	50万円 未　満	50〜 100	100〜 200	200〜 300	300〜 400	400〜 500	500〜 700	700〜 1000	1000〜 1500	1500万 円以上	減　額 不　詳
総　　　　　　数	4 008	670	630	931	436	249	90	176	50	73	68	636
日常の生活費への支出	2 710	506	474	619	265	155	51	93	22	33	25	468
土地・住宅の購入費	277	13	17	43	31	24	11	32	17	19	31	38
入学金、結婚費用、旅行等の一時的な支出	1 007	128	165	265	145	77	25	52	15	17	14	104
株式等の評価額の減少	476	29	36	89	76	59	30	55	19	29	24	29
そ　　の　　他	1 100	149	169	276	139	87	30	56	10	22	13	150
雇　用　者　世　帯	2 101	366	334	511	217	123	42	86	25	38	27	332
日常の生活費への支出	1 369	278	242	314	119	78	21	43	8	17	7	242
土地・住宅の購入費	179	10	13	28	19	14	8	20	11	13	15	26
入学金、結婚費用、旅行等の一時的な支出	624	86	99	175	85	43	12	26	8	11	5	73
株式等の評価額の減少	190	11	14	35	27	22	10	25	7	13	9	17
そ　　の　　他	585	80	94	157	70	41	15	25	5	10	5	84
常　雇　者　世　帯	1 867	320	298	457	192	109	38	77	22	34	25	298
日常の生活費への支出	1 193	240	211	275	104	67	18	37	7	15	7	212
土地・住宅の購入費	161	9	12	27	16	13	8	17	10	11	13	25
入学金、結婚費用、旅行等の一時的な支出	568	76	92	158	77	39	12	24	8	11	4	68
株式等の評価額の減少	169	10	13	32	22	17	9	23	6	13	8	16
そ　　の　　他	517	66	84	141	63	37	13	20	4	9	4	75
1月以上1年未満の契約の雇用者世帯	208	44	32	48	21	13	4	8	3	4	3	28
日常の生活費への支出	156	36	28	35	13	10	2	6	1	2	−	24
土地・住宅の購入費	16	1	1	1	2	1	0	3	2	2	2	2
入学金、結婚費用、旅行等の一時的な支出	49	9	7	16	7	3	0	3	0	0	1	3
株式等の評価額の減少	19	1	1	3	4	4	1	2	1	0	1	1
そ　　の　　他	61	13	8	13	7	4	2	4	1	1	1	8
日々又は1月未満の契約の雇用者世帯	26	3	4	7	4	1	0	0	0	−	−	6
日常の生活費への支出	20	2	3	5	3	1	0	0	−	−	−	6
土地・住宅の購入費	1	−	−	−	1	−	−	−	−	−	−	0
入学金、結婚費用、旅行等の一時的な支出	7	0	1	1	1	1	−	−	0	−	−	2
株式等の評価額の減少	3	0	1	−	1	1	−	−	−	−	−	−
そ　　の　　他	7	1	1	3	1	−	−	0	0	−	−	1
自　営　業　者　世　帯	436	59	66	96	61	33	10	16	8	10	10	67
日常の生活費への支出	283	46	48	64	37	18	4	8	2	3	5	46
土地・住宅の購入費	36	2	2	5	4	3	1	4	4	2	4	4
入学金、結婚費用、旅行等の一時的な支出	90	8	17	18	19	8	2	3	1	1	2	9
株式等の評価額の減少	51	3	3	12	12	7	2	4	1	3	3	3
そ　　の　　他	132	16	14	28	23	14	3	4	2	3	4	20
そ　の　他　の　世　帯	1 342	222	216	305	144	85	35	70	17	23	29	196
日常の生活費への支出	969	165	174	228	100	55	23	40	11	12	13	148
土地・住宅の購入費	61	1	2	10	8	6	2	8	2	4	11	7
入学金、結婚費用、旅行等の一時的な支出	274	30	47	68	38	22	10	21	5	4	6	20
株式等の評価額の減少	224	15	19	40	35	28	17	25	10	13	12	9
そ　　の　　他	358	48	57	87	41	30	11	27	3	9	4	39
不　　　　　　詳	129	23	13	19	15	7	3	5	1	1	1	42
日常の生活費への支出	88	17	9	13	8	4	2	3	−	0	0	32
土地・住宅の購入費	3	0	−	1	0	−	−	−	−	−	1	1
入学金、結婚費用、旅行等の一時的な支出	19	4	2	3	2	3	1	2	−	1	−	2
株式等の評価額の減少	10	1	0	1	3	2	2	1	−	−	−	1
そ　　の　　他	25	4	3	4	5	1	1	0	−	−	−	6

注：1）熊本県を除いたものである。
　　2）貯蓄の減額理由の「総数」には、減額理由不詳を含む。

第175表　貯蓄の減った世帯数，貯蓄の減額階級・世帯構造・貯蓄の減額理由（複数回答）別

（世帯数1万対）　　　　　　　　　　　　　　　　　　　　　　　　　　　　　　　　　　　平成28年調査

世帯構造／貯蓄の減額理由	総数	50万円未満	50～100	100～200	200～300	300～400	400～500	500～700	700～1000	1000～1500	1500万円以上	減額不詳
総　数	4 008	670	630	931	436	249	90	176	50	73	68	636
日常の生活費への支出	2 710	506	474	619	265	155	51	93	22	33	25	468
土地・住宅の購入費	277	13	17	43	31	24	11	32	17	19	31	38
入学金、結婚費用、旅行等の一時的な支出	1 007	128	165	265	145	77	25	52	15	17	14	104
株式等の評価額の減少	476	29	36	89	76	59	30	55	19	29	24	29
その他	1 100	149	169	276	139	87	30	56	10	22	13	150
単独世帯	798	182	135	145	69	34	18	36	8	10	10	151
日常の生活費への支出	555	136	109	100	40	20	10	19	3	4	4	111
土地・住宅の購入費	27	1	1	5	3	1	1	3	1	2	4	4
入学金、結婚費用、旅行等の一時的な支出	141	25	26	34	16	8	3	11	1	2	2	11
株式等の評価額の減少	93	6	8	15	15	11	8	12	5	4	4	6
その他	219	45	33	42	23	14	7	15	2	4	1	32
男の単独世帯	314	78	45	63	24	12	7	17	4	4	6	55
日常の生活費への支出	211	57	32	43	13	6	5	8	1	2	3	41
土地・住宅の購入費	14	1	0	2	2	1	1	2	1	1	2	2
入学金、結婚費用、旅行等の一時的な支出	42	11	5	11	5	－	3	4	－	1	1	4
株式等の評価額の減少	46	3	4	7	6	4	5	8	2	2	3	2
その他	84	20	11	18	7	6	2	5	0	2	0	12
女の単独世帯	484	105	90	83	44	22	11	19	4	6	4	96
日常の生活費への支出	344	79	77	56	27	14	5	11	2	2	1	70
土地・住宅の購入費	12	1	1	3	1	0	－	1	0	1	2	2
入学金、結婚費用、旅行等の一時的な支出	100	15	21	24	12	8	3	7	1	1	2	7
株式等の評価額の減少	48	3	4	7	9	7	3	4	2	3	1	5
その他	135	25	21	24	16	8	5	10	2	2	1	20
核家族世帯	2 641	419	419	637	295	179	59	111	35	51	40	397
日常の生活費への支出	1 778	320	309	420	183	112	31	56	16	23	14	293
土地・住宅の購入費	198	10	12	31	22	17	8	24	13	14	19	28
入学金、結婚費用、旅行等の一時的な支出	712	89	123	185	101	57	17	31	11	11	9	77
株式等の評価額の減少	328	21	23	62	53	44	18	34	13	23	15	22
その他	710	86	116	188	94	60	18	29	7	14	6	92
夫婦のみの世帯	1 162	180	172	280	135	88	28	55	15	26	18	165
日常の生活費への支出	773	134	121	195	84	53	15	26	7	12	6	119
土地・住宅の購入費	71	2	5	11	7	8	2	8	6	7	9	6
入学金、結婚費用、旅行等の一時的な支出	262	22	43	67	39	28	9	16	4	5	4	26
株式等の評価額の減少	186	16	11	36	31	24	10	19	6	13	8	11
その他	311	37	57	80	38	31	8	16	2	6	2	35
夫婦と未婚の子のみの世帯	1 215	187	205	298	139	74	24	50	15	20	19	184
日常の生活費への支出	812	143	154	184	86	47	13	26	7	9	7	135
土地・住宅の購入費	115	8	7	19	14	8	5	16	4	6	10	20
入学金、結婚費用、旅行等の一時的な支出	392	59	67	105	56	24	7	13	5	5	5	45
株式等の評価額の減少	121	4	11	22	20	16	6	12	5	9	6	9
その他	324	37	50	90	48	25	8	11	5	5	2	43
ひとり親と未婚の子のみの世帯	264	53	42	59	21	17	6	5	5	5	3	48
日常の生活費への支出	193	42	34	40	13	12	3	3	2	2	1	40
土地・住宅の購入費	11	0	0	2	2	1	0	－	3	1	1	1
入学金、結婚費用、旅行等の一時的な支出	58	8	12	14	6	6	0	2	2	1	0	6
株式等の評価額の減少	21	1	1	4	2	4	2	2	2	1	1	1
その他	75	13	9	19	8	4	2	2	－	2	1	14
三世代世帯	280	30	37	76	33	21	7	15	3	7	9	43
日常の生活費への支出	186	20	28	53	21	14	5	9	1	3	3	29
土地・住宅の購入費	30	1	3	3	3	3	1	2	1	3	4	5
入学金、結婚費用、旅行等の一時的な支出	89	8	10	26	13	8	3	6	2	3	1	10
株式等の評価額の減少	23	1	2	5	4	2	2	2	1	2	3	1
その他	79	7	10	23	9	6	2	5	0	2	3	12
その他の世帯	289	39	39	73	39	15	7	15	3	5	9	45
日常の生活費への支出	192	30	29	47	21	9	5	9	1	3	4	35
土地・住宅の購入費	23	0	1	3	3	2	2	2	2	1	4	2
入学金、結婚費用、旅行等の一時的な支出	65	6	6	19	15	3	2	5	1	1	2	6
株式等の評価額の減少	31	1	3	7	5	3	3	6	1	－	2	1
その他	91	10	10	24	13	7	3	7	1	3	2	13

注：1）熊本県を除いたものである。
　　2）貯蓄の減額理由の「総数」には、減額理由不詳を含む。

第176表　貯蓄の減った世帯数，貯蓄の減額階級・世帯類型－児童のいる世帯－65歳以上の者のいる世帯・貯蓄の減額理由（複数回答）別

（世帯数１万対）　　　平成28年調査

世帯類型／貯蓄の減額理由	総　数	50万円未満	50〜100	100〜200	200〜300	300〜400	400〜500	500〜700	700〜1000	1000〜1500	1500万円以上	減額不詳
総　　数	4 008	670	630	931	436	249	90	176	50	73	68	636
日常の生活費への支出	2 710	506	474	619	265	155	51	93	22	33	25	468
土地・住宅の購入費	277	13	17	43	31	24	11	32	17	19	31	38
入学金、結婚費用、旅行等の一時的な支出	1 007	128	165	265	145	77	25	52	15	17	14	104
株式等の評価額の減少	476	29	36	89	76	59	30	55	19	29	24	29
そ　　の　　他	1 100	149	169	276	139	87	30	56	10	22	13	150
高　齢　者　世　帯	1 260	233	189	265	132	80	28	61	15	18	19	219
日常の生活費への支出	877	173	146	193	81	51	16	31	7	6	7	166
土地・住宅の購入費	48	1	2	10	5	4	2	6	2	4	6	6
入学金、結婚費用、旅行等の一時的な支出	234	29	40	63	31	21	8	14	3	3	4	18
株式等の評価額の減少	201	15	11	40	33	25	13	24	9	10	8	12
そ　　の　　他	335	51	47	77	41	30	9	22	3	6	3	46
母　子　世　帯	48	15	7	7	4	3	0	－	0	1	－	11
日常の生活費への支出	33	11	4	5	2	2	－	－	0	－	－	9
土地・住宅の購入費	2	－	－	1	0	－	－	－	0	1	－	－
入学金、結婚費用、旅行等の一時的な支出	19	4	4	3	2	2	－	－	－	－	－	3
株式等の評価額の減少	2	－	－	0	1	1	－	－	－	－	－	－
そ　　の　　他	11	3	2	2	0	－	0	－	－	－	－	4
そ　の　他　の　世　帯	2 701	422	434	659	300	166	62	116	34	54	49	406
日常の生活費への支出	1 800	322	325	421	182	102	34	62	14	26	19	294
土地・住宅の購入費	228	12	15	33	26	20	9	26	15	15	25	33
入学金、結婚費用、旅行等の一時的な支出	753	95	120	198	112	54	18	39	11	13	10	83
株式等の評価額の減少	272	15	25	48	42	33	17	31	10	19	16	17
そ　　の　　他	754	95	120	198	97	57	21	34	7	16	9	100
（再掲）児童のいる世帯	864	160	149	205	90	44	14	28	6	12	11	144
日常の生活費への支出	580	120	111	128	51	31	8	13	2	5	4	108
土地・住宅の購入費	90	8	8	17	10	5	4	11	4	3	5	15
入学金、結婚費用、旅行等の一時的な支出	317	57	61	83	38	17	5	7	1	4	1	44
株式等の評価額の減少	55	3	6	10	11	8	2	5	1	4	2	3
そ　　の　　他	225	32	39	60	28	12	6	8	1	3	2	34
（再掲）65歳以上の者のいる世帯	2 320	365	353	538	252	150	57	112	30	44	48	371
日常の生活費への支出	1 614	275	273	384	158	94	34	62	15	20	18	283
土地・住宅の購入費	129	3	7	19	16	13	6	14	5	9	21	17
入学金、結婚費用、旅行等の一時的な支出	475	46	71	127	75	43	15	32	10	9	8	38
株式等の評価額の減少	330	22	23	64	52	37	22	38	14	19	19	21
そ　　の　　他	640	86	89	159	78	54	18	40	8	16	10	83

注：1）熊本県を除いたものである。
　　2）「その他の世帯」には、「父子世帯」を含む。
　　3）貯蓄の減額理由の「総数」には、減額理由不詳を含む。

693

第177表　貯蓄の減った世帯数，貯蓄の減額階級・世帯主の年齢（10歳階級）・貯蓄の減額理由（複数回答）別

（世帯数1万対）　　　平成28年調査

世帯主の年齢階級／貯蓄の減額理由	総数	50万円未満	50～100	100～200	200～300	300～400	400～500	500～700	700～1000	1000～1500	1500万円以上	減額不詳
総数	4 008	670	630	931	436	249	90	176	50	73	68	636
日常の生活費への支出	2 710	506	474	619	265	155	51	93	22	33	25	468
土地・住宅の購入費	277	13	17	43	31	24	11	32	17	19	31	38
入学金、結婚費用、旅行等の一時的な支出	1 007	128	165	265	145	77	25	52	15	17	14	104
株式等の評価額の減少	476	29	36	89	76	59	30	55	19	29	24	29
その他	1 100	149	169	276	139	87	30	56	10	22	13	150
29歳以下	78	33	11	13	2	2	1	2	–	–	–	14
日常の生活費への支出	49	22	9	6	1	–	–	–	–	–	–	11
土地・住宅の購入費	8	1	1	3	0	–	–	2	–	–	–	1
入学金、結婚費用、旅行等の一時的な支出	22	9	4	4	0	1	0	1	–	–	–	2
株式等の評価額の減少	1	0	–	–	1	–	–	–	–	–	–	0
その他	16	4	5	3	0	1	0	0	–	–	–	2
30～39歳	291	74	65	47	23	11	3	6	3	2	2	55
日常の生活費への支出	199	59	48	27	13	5	1	2	1	0	1	41
土地・住宅の購入費	42	5	4	7	5	3	1	5	3	1	1	7
入学金、結婚費用、旅行等の一時的な支出	88	22	22	15	6	1	2	1	0	0	–	19
株式等の評価額の減少	10	1	2	2	3	1	–	1	–	–	1	0
その他	75	17	17	14	6	3	1	1	1	–	0	13
40～49歳	521	111	86	127	52	30	7	13	5	6	3	82
日常の生活費への支出	319	82	57	66	25	19	3	4	2	2	0	59
土地・住宅の購入費	42	3	2	7	5	3	2	5	3	2	2	7
入学金、結婚費用、旅行等の一時的な支出	188	31	35	54	25	13	1	3	1	2	0	23
株式等の評価額の減少	34	4	4	6	6	6	1	3	1	2	–	2
その他	138	26	28	33	16	9	3	3	0	1	–	19
50～59歳	608	68	87	171	80	37	13	32	8	12	8	91
日常の生活費への支出	372	49	63	98	47	21	7	16	2	8	2	60
土地・住宅の購入費	42	1	3	8	5	3	3	3	4	3	5	5
入学金、結婚費用、旅行等の一時的な支出	215	15	29	63	39	18	4	13	4	4	2	24
株式等の評価額の減少	60	2	5	11	8	8	3	11	2	4	1	4
その他	165	13	21	56	27	10	5	6	1	3	0	24
60～69歳	1 116	141	161	281	129	86	35	59	17	32	31	145
日常の生活費への支出	816	118	129	215	87	62	22	38	9	15	13	109
土地・住宅の購入費	82	2	3	8	7	9	4	13	3	9	15	9
入学金、結婚費用、旅行等の一時的な支出	240	19	31	65	38	20	11	19	7	8	7	17
株式等の評価額の減少	159	5	9	31	24	22	13	14	6	15	13	11
その他	322	35	44	82	42	31	10	21	5	9	7	36
70～79歳	895	154	145	194	96	54	17	38	13	11	16	157
日常の生活費への支出	618	109	114	141	58	31	10	22	6	3	7	118
土地・住宅の購入費	38	1	2	5	6	3	1	3	3	2	6	7
入学金、結婚費用、旅行等の一時的な支出	170	22	30	42	24	16	4	10	3	2	3	14
株式等の評価額の減少	143	11	11	27	25	16	8	16	7	4	8	10
その他	242	33	34	60	31	19	5	12	4	5	3	36
80歳以上	500	91	75	99	54	29	14	26	4	9	8	92
日常の生活費への支出	336	68	55	65	34	17	8	11	2	4	2	71
土地・住宅の購入費	23	1	2	4	3	3	1	1	1	3	2	2
入学金、結婚費用、旅行等の一時的な支出	83	9	13	22	12	7	4	6	1	2	0	7
株式等の評価額の減少	69	6	5	12	10	7	5	10	2	4	2	6
その他	142	20	21	29	17	13	5	11	1	3	2	19
（再掲）65歳以上	2 051	337	317	461	219	129	52	100	26	36	43	332
日常の生活費への支出	1 436	254	246	338	137	81	29	54	13	14	17	254
土地・住宅の購入費	104	3	6	15	13	10	4	11	4	7	17	14
入学金、結婚費用、旅行等の一時的な支出	394	40	64	104	59	35	13	28	8	6	8	29
株式等の評価額の減少	313	21	22	61	50	35	20	36	12	19	18	21
その他	565	78	78	137	67	49	17	35	7	12	9	74
（再掲）75歳以上	923	168	139	183	99	53	22	44	11	13	17	173
日常の生活費への支出	618	120	103	124	57	32	12	21	5	5	6	133
土地・住宅の購入費	42	2	2	6	6	4	1	3	4	3	5	7
入学金、結婚費用、旅行等の一時的な支出	161	20	25	39	24	14	6	12	2	3	3	14
株式等の評価額の減少	140	10	9	23	23	16	10	20	6	6	6	12
その他	252	39	34	54	33	22	7	16	2	5	4	36

注：1）熊本県を除いたものである。
　　2）年齢階級の「総数」には、年齢不詳を含む。
　　3）貯蓄の減額理由の「総数」には、減額理由不詳を含む。

第178表　世帯数−1世帯当たり平均借入金額，世帯主の年齢（10歳階級）・借入金の有無−借入金額階級別

（世帯数1万対）　　　　　　　　　　　　　　　　　　　　　　　　　　　　　　　　　　　　平成28年調査

借入金の有無−借入金額階級	総　数	29歳以下	30〜39歳	40〜49	50〜59	60〜69	70〜79	80歳以上	（再掲）65歳以上	（再掲）75歳以上
総　　　数	10 000	301	935	1 557	1 655	2 404	1 945	1 204	4 538	2 111
借入金がない	6 233	210	456	665	816	1 658	1 476	952	3 415	1 644
借入金がある	2 933	70	434	817	753	542	226	91	593	182
50万円未満	140	8	18	18	24	38	27	7	59	17
50 〜 100	157	6	16	29	31	45	19	11	54	20
100 〜 200	243	12	25	37	61	74	24	11	70	20
200 〜 300	179	4	18	29	57	48	18	5	48	11
300 〜 400	139	4	13	21	48	31	16	6	39	11
400 〜 500	98	4	2	23	29	29	9	3	23	7
500 〜 700	191	4	10	40	58	54	16	8	53	14
700 〜 1000	201	3	15	49	71	41	17	5	46	12
1000 〜 1500	373	1	42	120	113	66	21	9	61	16
1500 〜 2000	328	2	47	132	89	36	17	4	37	11
2000 〜 3000	491	13	134	198	90	36	17	3	37	11
3000万円以上	301	8	78	96	59	36	13	12	43	19
借入金額不詳	92	2	16	25	21	8	11	8	25	13
不　　　　　詳	834	20	45	75	87	204	243	160	529	286
1世帯当たり平均借入金額(万円)	430.1	263.4	865.7	862.1	581.6	251.9	131.4	138.9	163.4	137.6

注：1）熊本県を除いたものである。
　　2）年齢階級の「総数」には、年齢不詳を含む。
　　3）「1世帯当たり平均借入金額」には、不詳及び借入金あり額不詳の世帯は含まない。

第179表　世帯数−1世帯当たり平均借入金額，世帯業態・借入金の有無−借入金額階級別

（世帯数1万対）　　　　　　　　　　　　　　　　　　　　　　　　　　　　　　　　　　　　平成28年調査

借入金の有無−借入金額階級	総　数	雇用者世帯	常雇者世帯	1月以上1年未満の契約の雇用者世帯	日々又は1月未満の契約の雇用者世帯	自営業者世帯	その他の世帯
総　　　数	10 000	5 742	5 191	492	59	1 093	2 894
借入金がない	6 233	3 123	2 740	347	36	593	2 325
借入金がある	2 933	2 249	2 134	99	16	404	259
50万円未満	140	97	81	14	1	10	31
50 〜 100	157	99	87	10	2	29	25
100 〜 200	243	167	152	13	3	39	34
200 〜 300	179	129	119	9	1	30	17
300 〜 400	139	95	87	7	1	27	16
400 〜 500	98	73	67	6	1	16	9
500 〜 700	191	133	123	8	2	39	17
700 〜 1000	201	154	145	7	2	26	20
1000 〜 1500	373	305	299	6	−	42	23
1500 〜 2000	328	272	263	8	0	40	14
2000 〜 3000	491	424	416	7	0	47	18
3000万円以上	301	235	233	2	0	50	16
借入金額不詳	92	65	61	2	2	9	17
不　　　　　詳	834	370	317	46	7	97	310
1世帯当たり平均借入金額(万円)	430.1	576.4	620.5	147.9	128.6	584.7	98.2

注：1）熊本県を除いたものである。
　　2）世帯業態の「総数」には、世帯業態不詳を含む。
　　3）「1世帯当たり平均借入金額」には、不詳及び借入金あり額不詳の世帯は含まない。

第180表　世帯数－1世帯当たり平均借入金額，世帯構造・借入金の有無－借入金額階級別

（世帯数1万対）　　　　　　　　　　　　　　　　　　　　　　　　　　　　　　　　　　平成28年調査

借入金の有無－ 借入金額階級	総　数	単独世帯	男の単独 世　帯	女の単独 世　帯	核家族世帯	夫婦のみの 世　　帯	夫　婦　と 未婚の子 のみの世帯	ひとり親と 未婚の子 のみの世帯	三世代 世　帯	その他の 世　帯
総　　　　　　　数	10 000	2 253	993	1 260	6 332	2 572	3 055	704	698	717
借 入 金 が な い	6 233	1 734	721	1 013	3 681	1 799	1 406	476	360	458
借 入 金 が あ る	2 933	287	187	100	2 175	543	1 470	162	276	195
50万円未満	140	38	19	19	85	33	38	14	7	10
50 ～ 100	157	26	17	9	104	41	45	18	16	12
100 ～ 200	243	42	23	19	158	53	81	24	22	21
200 ～ 300	179	22	14	8	121	39	69	13	21	16
300 ～ 400	139	24	16	8	87	30	49	8	17	12
400 ～ 500	98	9	6	4	69	19	42	8	10	9
500 ～ 700	191	21	12	9	136	48	80	8	20	14
700 ～ 1000	201	15	9	6	154	43	95	16	20	12
1000 ～ 1500	373	28	20	8	282	70	198	14	38	25
1500 ～ 2000	328	18	14	4	270	51	207	12	27	13
2000 ～ 3000	491	20	17	2	403	55	339	9	41	26
3000万円以上	301	14	13	1	240	43	185	12	28	19
借入金額不詳	92	11	7	4	66	17	43	5	9	6
不　　　　　　　詳	834	232	84	148	475	230	179	66	62	64
1世帯当たり平均借入金額(万円)	430.1	108.8	188.3	44.1	520.2	249.8	794.0	288.3	635.5	423.3

注：1）熊本県を除いたものである。
　　2）「1世帯当たり平均借入金額」には、不詳及び借入金あり額不詳の世帯は含まない。

第181表　世帯数－1世帯当たり平均借入金額，世帯類型－児童のいる世帯－65歳以上の者のいる世帯・借入金の有無－借入金額階級別

（世帯数1万対）　　　　　　　　　　　　　　　　　　　　　　　　　　　　　　　　　　平成28年調査

借入金の有無－ 借入金額階級	総　　数	高齢者世帯	母 子 世 帯	その他の世帯	（再　掲） 児童のいる世帯	（再　掲） 65歳以上の者の い　る　世　帯
総　　　　　　　数	10 000	2 807	129	7 065	2 325	5 261
借 入 金 が な い	6 233	2 221	83	3 928	964	3 808
借 入 金 が あ る	2 933	229	36	2 669	1 245	868
50万円未満	140	35	5	99	30	67
50 ～ 100	157	24	6	127	46	68
100 ～ 200	243	29	7	208	59	96
200 ～ 300	179	15	2	163	48	66
300 ～ 400	139	15	1	123	37	58
400 ～ 500	98	7	1	90	29	36
500 ～ 700	191	22	1	168	56	72
700 ～ 1000	201	18	3	181	62	69
1000 ～ 1500	373	19	2	352	154	102
1500 ～ 2000	328	8	3	316	174	62
2000 ～ 3000	491	9	2	480	329	73
3000万円以上	301	12	1	288	180	66
借入金額不詳	92	17	2	73	41	32
不　　　　　　　詳	834	357	9	468	116	585
1世帯当たり平均借入金額(万円)	430.1	67.7	184.1	569.7	947.6	216.8

注：1）熊本県を除いたものである。
　　2）「その他の世帯」には、「父子世帯」を含む。
　　3）「1世帯当たり平均借入金額」には、不詳及び借入金あり額不詳の世帯は含まない。

第182表　世帯数,

（世帯数1万対）

所得金額階級	総　　数	借入金がない	借入金がある	50万円未満	50～100	100～200	200～300	300～400
総　　　　数	10 000	6 233	2 933	140	157	243	179	139
50万円未満	97	79	6	1	1	2	0	0
50 ～ 100	523	388	53	11	2	6	3	3
100 ～ 150	647	473	74	13	13	9	5	6
150 ～ 200	694	509	97	11	16	17	9	2
200 ～ 250	729	531	113	15	10	20	9	8
250 ～ 300	644	478	107	11	12	17	7	8
300 ～ 350	697	506	132	11	11	15	17	10
350 ～ 400	623	430	142	11	15	17	9	13
400 ～ 450	565	369	154	9	12	16	12	6
450 ～ 500	477	287	154	6	8	14	12	10
500 ～ 550	482	273	180	8	10	11	14	12
550 ～ 600	399	223	152	7	5	13	11	4
600 ～ 650	404	215	166	5	7	12	10	6
650 ～ 700	361	193	151	4	7	10	11	5
700 ～ 750	357	177	158	2	6	9	7	6
750 ～ 800	273	127	132	3	5	5	7	3
800 ～ 850	270	138	122	2	1	6	5	5
850 ～ 900	222	102	110	1	2	5	4	2
900 ～ 950	211	90	111	3	3	9	5	5
950 ～ 1000	159	75	77	1	2	5	4	3
1000 ～ 1100	275	133	130	1	2	11	5	4
1100 ～ 1200	200	106	86	1	1	3	4	4
1200 ～ 1500	364	166	180	2	5	9	4	9
1500 ～ 2000	197	100	86	1	0	2	2	1
2000万円以上	128	62	58	–	1	1	2	2

注：熊本県を除いたものである。

借入金の有無－借入金額階級・所得金額階級別

平成28年調査

400～500	500～700	700～1000	1000～1500	1500～2000	2000～3000	3000万円以上	借入金額不詳	不　詳
98	191	201	373	328	491	301	92	834
0	–	0	–	–	0	–	2	12
0	6	4	4	3	4	1	5	81
1	5	1	6	1	6	4	5	99
4	6	4	7	7	4	4	6	88
5	7	5	5	7	10	7	5	85
7	10	4	10	7	8	3	4	59
6	9	10	9	14	8	8	4	59
5	10	13	13	5	22	7	4	51
4	9	16	15	16	24	8	6	41
7	10	10	19	17	25	10	7	36
5	8	10	24	22	37	14	6	28
5	11	11	20	20	29	12	4	24
4	10	11	26	21	36	14	4	23
4	10	14	19	20	29	16	3	18
6	15	9	23	20	33	18	4	22
6	9	11	24	17	25	11	6	14
6	8	6	21	16	25	18	2	10
4	8	7	16	18	29	8	5	10
3	2	6	18	14	25	18	1	9
5	7	6	12	10	14	9	0	7
4	7	11	18	20	26	19	3	11
2	4	7	14	10	16	16	2	8
4	10	14	28	24	33	35	3	18
3	8	8	17	12	12	20	1	11
0	2	3	7	8	9	22	1	8

第183表 世 帯 数，借入金の有無−

（世帯数1万対）

住 居 の 種 類 所得五分位階級	総　　数	借入金がない	借入金がある	50万円未満	50〜100	100〜200	200〜300	300〜400
総　　　　　　数	10 000	6 233	2 933	140	157	243	179	139
第　　　　Ⅰ	2 000	1 481	236	36	31	34	17	13
第　　　　Ⅱ	2 000	1 464	337	37	33	50	34	24
第　　　　Ⅲ	2 000	1 279	575	33	39	55	43	39
第　　　　Ⅳ	2 000	1 050	836	23	37	55	51	30
第　　　　Ⅴ	2 000	959	949	11	18	49	34	34
持　　ち　　家	7 355	4 295	2 462	77	90	154	120	103
第　　　　Ⅰ	1 197	867	155	18	16	17	8	7
第　　　　Ⅱ	1 401	1 020	244	18	18	29	20	18
第　　　　Ⅲ	1 450	891	450	16	20	32	24	26
第　　　　Ⅳ	1 571	748	732	15	21	32	36	23
第　　　　Ⅴ	1 736	769	880	10	14	43	32	30
民　間　賃　貸　住　宅	1 446	1 078	255	37	39	49	36	18
第　　　　Ⅰ	414	319	44	10	10	10	4	3
第　　　　Ⅱ	323	244	52	10	8	10	10	3
第　　　　Ⅲ	322	232	69	10	11	12	11	7
第　　　　Ⅳ	251	180	59	6	8	14	9	4
第　　　　Ⅴ	137	103	31	0	2	3	1	2
社宅・公務員住宅等の給与住宅	233	173	51	3	8	10	3	5
第　　　　Ⅰ	21	15	3	0	1	0	−	1
第　　　　Ⅱ	31	23	6	0	−	4	0	0
第　　　　Ⅲ	47	32	15	2	4	3	2	2
第　　　　Ⅳ	64	52	8	0	2	2	1	1
第　　　　Ⅴ	70	51	19	0	2	1	1	1
都市再生機構・公社等の公営賃貸住宅	600	445	87	14	15	17	14	6
第　　　　Ⅰ	248	195	21	6	3	4	2	0
第　　　　Ⅱ	150	109	20	4	5	5	3	0
第　　　　Ⅲ	116	82	23	3	4	4	6	2
第　　　　Ⅳ	61	42	16	1	4	3	3	1
第　　　　Ⅴ	25	17	7	−	0	−	0	2
借　間・そ　の　他	366	242	79	9	6	13	6	6
第　　　　Ⅰ	120	85	14	1	1	2	3	2
第　　　　Ⅱ	95	68	15	4	2	2	1	2
第　　　　Ⅲ	66	42	18	3	1	3	1	1
第　　　　Ⅳ	53	28	20	1	2	3	2	1
第　　　　Ⅴ	32	19	12	0	0	2	−	0

注：熊本県を除いたものである。

借入金額階級・住居の種類・所得五分位階級別

平成28年調査

400〜500	500〜700	700〜1000	1000〜1500	1500〜2000	2000〜3000	3000万円以上	借入金額不詳	不　　詳
98	191	201	373	328	491	301	92	834
6	18	9	17	12	16	10	18	283
17	22	19	23	26	26	16	11	199
19	36	45	62	52	97	35	21	146
24	60	61	123	109	164	77	23	114
31	56	68	148	129	188	163	19	92
81	162	183	359	312	467	279	76	598
4	13	8	17	12	15	9	12	175
13	16	16	22	24	25	16	9	137
17	27	39	62	50	90	31	16	108
20	55	55	117	104	158	73	22	92
27	51	65	142	122	179	149	17	87
8	14	9	8	6	12	10	8	114
1	2	1	–	–	–	–	1	51
1	4	2	1	0	1	–	1	27
2	5	1	1	1	4	2	3	21
3	0	3	5	2	1	2	1	12
1	3	2	2	3	5	7	1	3
2	3	1	3	3	5	3	2	9
–	–	–	–	–	–	–	1	3
1	0	–	–	1	–	–	–	2
–	1	0	–	–	–	–	1	–
–	1	0	0	0	1	–	–	4
1	1	1	3	2	4	3	–	1
4	7	2	1	0	1	1	4	68
1	1	–	–	–	0	–	2	32
1	1	–	–	–	0	–	1	21
1	2	0	–	–	1	–	1	11
1	2	2	–	0	–	–	0	3
1	1	–	1	–	–	1	–	1
3	6	6	2	6	6	7	3	44
–	1	0	–	0	0	1	2	21
1	1	1	1	1	–	–	–	12
–	1	4	–	1	2	1	0	6
1	2	0	1	3	3	2	–	4
1	1	0	1	2	1	3	1	1

（2－1）

第184表　世　帯　数，貯蓄の有無－

（世帯数1万対）

世帯業態 借入金の有無－ 借入金額階級	総　数	貯蓄がない	貯蓄がある	50万円未満	50～100	100～200	200～300	300～400
総　　　　　　数	10 000	1 495	8 026	472	351	786	592	631
借入金がない	6 233	868	5 292	302	197	449	324	356
借入金がある	2 933	465	2 420	153	142	301	240	252
50万円未満	140	36	99	21	10	15	9	8
50 ～ 100	157	34	121	15	12	21	12	10
100 ～ 200	243	60	179	23	19	28	14	15
200 ～ 300	179	30	144	10	9	16	14	17
300 ～ 400	139	35	100	9	6	14	10	9
400 ～ 500	98	16	80	4	6	9	10	7
500 ～ 700	191	36	151	8	4	22	10	17
700 ～ 1000	201	24	174	6	7	21	16	18
1000 ～ 1500	373	43	326	13	14	28	37	42
1500 ～ 2000	328	31	293	12	15	33	31	27
2000 ～ 3000	491	64	422	23	28	61	47	49
3000万円以上	301	28	269	7	9	30	30	29
借入金額不詳	92	27	63	2	2	4	0	3
不　　　　　　詳	834	162	314	17	12	36	28	23
雇用者世帯	5 742	805	4 681	295	224	502	381	406
借入金がない	3 123	419	2 664	167	110	241	178	185
借入金がある	2 249	317	1 898	120	109	243	193	212
50万円未満	97	21	72	16	7	9	7	7
50 ～ 100	99	19	78	13	6	16	7	7
100 ～ 200	167	40	124	15	14	19	7	11
200 ～ 300	129	20	106	9	7	11	10	15
300 ～ 400	95	21	71	6	4	12	6	7
400 ～ 500	73	13	59	2	4	5	9	7
500 ～ 700	133	22	108	5	4	17	8	13
700 ～ 1000	154	16	136	5	5	16	10	17
1000 ～ 1500	305	34	269	9	12	24	31	37
1500 ～ 2000	272	23	246	11	13	27	28	24
2000 ～ 3000	424	49	372	22	23	57	43	42
3000万円以上	235	18	214	6	9	24	25	23
借入金額不詳	65	19	43	2	2	3	－	2
不　　　　　　詳	370	69	119	7	5	19	11	8
常雇者世帯	5 191	688	4 282	257	207	458	354	379
借入金がない	2 740	345	2 362	142	97	212	160	167
借入金がある	2 134	288	1 817	109	105	231	184	207
50万円未満	81	18	62	14	6	8	6	6
50 ～ 100	87	16	69	11	5	15	6	6
100 ～ 200	152	32	116	13	13	19	6	11
200 ～ 300	119	17	99	8	6	10	9	15
300 ～ 400	87	20	65	6	4	11	5	7
400 ～ 500	67	12	54	1	4	5	8	7
500 ～ 700	123	19	102	4	3	17	8	12
700 ～ 1000	145	15	129	3	5	14	10	16
1000 ～ 1500	299	33	263	9	12	23	30	36
1500 ～ 2000	263	22	239	10	12	27	28	24
2000 ～ 3000	416	47	366	22	23	55	41	42
3000万円以上	233	18	212	6	9	24	25	23
借入金額不詳	61	17	41	2	2	3	－	2
不　　　　　　詳	317	55	103	5	5	16	9	5
1月以上1年未満の契約の雇用者世帯	492	97	365	32	15	40	26	25
借入金がない	347	65	275	20	11	26	17	17
借入金がある	99	21	76	10	4	12	9	5
50万円未満	14	3	10	3	1	1	1	1
50 ～ 100	10	1	9	1	1	2	1	1
100 ～ 200	13	5	8	1	1	0	1	－
200 ～ 300	9	2	6	1	0	1	1	－
300 ～ 400	7	2	5	1	－	1	1	0
400 ～ 500	6	1	5	1	－	0	1	－
500 ～ 700	8	2	5	0	0	0	1	1
700 ～ 1000	7	－	7	1	－	2	－	0
1000 ～ 1500	6	0	6	1	－	1	0	0
1500 ～ 2000	8	1	7	1	0	1	0	0
2000 ～ 3000	7	2	6	1	－	2	1	－
3000万円以上	2	0	1	－	－	－	－	－
借入金額不詳	2	0	2	－	－	0	－	1
不　　　　　　詳	46	11	14	1	－	3	1	3

注：熊本県を除いたものである。

貯蓄額階級・世帯業態・借入金の有無－借入金額階級別

平成28年調査

400～500	500～700	700～1000	1000～1500	1500～2000	2000～3000	3000万円以上	貯蓄額不詳	不詳
330	937	578	871	465	628	876	510	479
174	595	372	605	346	507	747	318	73
142	310	191	240	102	107	114	126	48
5	8	6	3	3	2	4	4	5
7	11	7	9	3	5	4	4	2
10	20	11	13	12	7	7	2	4
9	19	10	14	6	8	5	8	5
2	13	7	11	8	5	3	3	4
3	8	8	9	4	5	3	4	2
4	17	12	22	6	10	11	5	4
12	24	19	23	7	9	8	5	3
16	43	32	42	19	11	16	13	4
18	50	30	28	13	13	9	13	4
34	55	29	33	11	16	17	17	5
19	37	16	28	10	16	24	12	4
2	2	4	5	-	2	2	35	2
15	32	15	26	17	15	15	66	357
221	566	343	494	248	316	400	285	256
100	307	190	308	163	233	326	155	40
114	251	149	182	80	79	70	96	34
4	7	4	2	3	2	2	2	3
5	6	5	5	2	2	2	3	2
8	16	7	8	7	6	5	2	3
5	16	8	10	4	5	3	3	4
2	9	5	8	6	3	1	2	1
2	6	5	7	3	4	2	3	3
2	11	10	16	5	7	8	4	3
9	18	17	18	5	8	6	3	2
13	37	25	34	16	10	10	11	2
16	43	25	25	11	7	4	10	3
30	51	26	28	7	14	13	15	3
17	32	13	20	10	12	14	10	3
1	1	2	1	-	1	0	29	2
6	9	3	4	5	3	5	34	182
205	519	321	451	226	278	361	267	221
89	271	174	272	146	200	290	142	33
111	240	144	175	75	76	66	93	29
4	5	4	2	3	2	1	2	1
5	6	3	4	2	2	1	3	2
6	14	7	8	7	5	5	2	3
5	15	7	10	3	4	3	3	3
2	8	4	7	5	3	1	2	2
2	5	5	5	2	4	2	3	1
2	10	9	15	5	7	7	4	2
8	17	16	18	5	7	6	3	2
13	37	25	33	16	10	9	10	2
16	41	25	24	10	7	4	10	3
30	49	26	28	7	14	13	15	3
17	32	12	20	10	12	13	10	3
1	1	2	1	-	0	0	28	2
6	8	3	3	4	1	4	32	159
15	43	21	42	21	34	35	16	30
11	33	16	35	15	30	32	12	7
3	10	5	6	4	3	3	3	2
0	2	-	0	0	-	0	-	1
-	-	2	1	0	0	-	-	-
1	1	-	-	0	0	-	0	-
-	1	0	-	1	1	-	1	0
-	1	1	0	1	0	-	-	0
-	1	-	2	1	-	-	0	-
-	1	1	1	-	-	1	-	0
0	1	1	0	0	1	0	-	-
1	1	0	1	1	-	-	1	1
-	2	0	1	1	-	0	0	-
-	1	-	0	-	0	-	-	-
0	-	0	-	-	-	1	0	-
-	-	-	-	-	-	-	0	-
1	0	0	1	1	1	0	1	21

（2−2）

第184表　世　帯　数，貯蓄の有無−

（世帯数1万対）

世帯業態　借入金の有無−借入金額階級	総数	貯蓄がない	貯蓄がある	50万円未満	50〜100	100〜200	200〜300	300〜400
日々又は1月未満の契約の雇用者世帯	59	21	34	6	2	4	1	2
借入金がない	36	9	27	5	2	3	1	1
借入金がある	16	9	5	1	—	1	—	1
50万円未満	1	—	1	—	—	—	—	—
50 〜 100	2	2	1	—	—	—	—	—
100 〜 200	3	3	0	0	—	—	—	—
200 〜 300	1	0	1	—	—	—	—	0
300 〜 400	1	—	1	—	—	0	—	0
400 〜 500	1	0	0	—	—	—	—	—
500 〜 700	2	1	—	—	—	—	—	—
700 〜 1000	2	1	1	0	—	—	—	—
1000 〜 1500	—	—	—	—	—	—	—	—
1500 〜 2000	0	0	—	—	—	—	—	—
2000 〜 3000	0	—	0	—	—	—	—	—
3000万円以上	0	—	0	—	—	0	—	—
借入金額不詳	2	2	0	—	—	—	—	—
不　　　　詳	7	3	2	1	0	—	—	—
自 営 業 者 世 帯	1 093	166	864	37	35	78	65	70
借入金がない	593	71	514	16	16	41	32	41
借入金がある	404	79	317	18	19	35	32	26
50万円未満	10	3	7	2	1	1	1	—
50 〜 100	29	4	25	1	2	3	4	3
100 〜 200	39	7	31	5	2	6	5	1
200 〜 300	30	5	25	1	1	3	2	1
300 〜 400	27	8	19	2	1	2	2	1
400 〜 500	16	2	14	2	1	2	1	1
500 〜 700	39	12	27	1	1	3	1	3
700 〜 1000	26	3	22	1	1	3	3	1
1000 〜 1500	42	8	34	3	2	3	4	4
1500 〜 2000	40	7	32	1	2	5	2	2
2000 〜 3000	47	10	35	1	4	2	3	5
3000万円以上	50	9	41	1	0	3	5	5
借入金額不詳	9	3	6	—	—	1	—	3
不　　　　詳	97	16	33	3	0	2	2	3
そ の 他 の 世 帯	2 894	469	2 290	130	83	190	130	137
借入金がない	2 325	345	1 956	109	64	156	103	114
借入金がある	259	62	191	15	14	21	14	12
50万円未満	31	11	19	3	2	4	1	1
50 〜 100	25	9	16	2	4	2	1	—
100 〜 200	34	11	23	3	3	2	1	2
200 〜 300	17	5	11	0	1	1	1	1
300 〜 400	16	6	10	1	1	0	1	1
400 〜 500	9	2	6	—	0	1	1	—
500 〜 700	17	2	15	3	—	2	0	1
700 〜 1000	20	4	16	1	1	1	3	1
1000 〜 1500	23	2	21	1	1	1	2	2
1500 〜 2000	14	0	14	—	—	1	1	1
2000 〜 3000	18	4	14	—	1	2	2	1
3000万円以上	16	1	14	1	0	3	0	1
借入金額不詳	17	4	13	1	0	—	—	0
不　　　　詳	310	62	142	6	6	13	13	10
不　　　　詳	271	55	191	10	9	15	15	19
借入金がない	192	33	157	9	7	11	12	16
借入金がある	21	7	14	—	1	2	1	0
50万円未満	2	1	—	—	—	—	—	—
50 〜 100	4	2	1	—	0	—	—	—
100 〜 200	2	1	1	—	—	1	0	—
200 〜 300	2	—	2	—	—	1	—	—
300 〜 400	1	—	1	—	1	—	—	—
400 〜 500	—	—	—	—	—	—	—	—
500 〜 700	2	—	2	—	—	0	—	—
700 〜 1000	1	—	0	—	—	—	—	—
1000 〜 1500	3	—	3	—	—	—	0	0
1500 〜 2000	2	1	1	—	—	—	—	—
2000 〜 3000	2	2	0	—	—	—	—	—
3000万円以上	—	—	—	—	—	—	—	—
借入金額不詳	2	0	1	—	—	0	0	—
不　　　　詳	57	16	20	0	0	1	3	2

注：熊本県を除いたものである。

貯蓄額階級・世帯業態・借入金の有無－借入金額階級別

平成28年調査

400～500	500～700	700～1000	1000～1500	1500～2000	2000～3000	3000万円以上	貯蓄額不詳	不　　詳
2	4	0	1	2	4	4	2	5
1	4	–	1	2	3	3	1	–
1	0	0	0	0	1	1	–	2
–	0	–	0	–	–	–	–	1
–	–	–	–	–	–	1	–	0
–	–	–	–	–	0	–	–	–
–	–	–	–	0	–	–	–	1
1	–	–	–	–	–	–	–	–
–	–	0	–	–	–	–	–	–
–	–	–	–	–	–	–	–	–
–	–	–	–	–	0	–	–	–
–	–	–	–	–	–	–	–	–
0	–	–	–	–	–	0	0	2
37	98	62	94	43	69	114	61	64
17	58	37	60	30	50	85	32	8
18	38	24	32	12	16	25	20	8
0	0	1	1	–	–	–	1	–
1	4	1	2	–	1	1	1	1
1	2	2	2	2	0	1	0	1
2	2	1	3	1	3	2	4	1
1	3	1	2	2	1	1	1	1
–	2	3	1	1	1	0	1	1
1	4	2	5	1	2	2	–	1
2	4	1	2	0	1	2	2	0
2	3	3	4	2	0	3	2	1
1	6	3	1	2	4	2	2	2
4	3	3	3	1	1	4	2	1
2	5	3	6	0	2	7	1	0
1	–	–	–	–	–	–	4	0
2	3	1	2	1	2	3	9	48
65	246	160	261	164	231	348	146	135
52	209	135	222	146	211	322	116	23
8	20	14	24	9	11	19	9	6
1	1	2	0	–	1	2	2	1
1	1	1	2	1	1	0	–	0
1	3	1	2	2	1	1	–	1
1	2	1	1	0	0	1	1	1
–	1	1	1	0	1	1	0	1
1	0	0	1	0	0	1	–	1
1	2	1	1	1	1	1	1	–
–	2	2	3	1	0	0	1	1
1	3	2	3	1	–	4	0	–
2	2	1	2	0	2	3	1	–
–	2	0	2	2	1	0	–	0
–	1	0	2	–	2	3	1	–
0	1	2	3	–	1	2	2	–
5	17	11	15	9	9	7	21	106
6	26	13	22	10	13	14	19	25
4	21	10	16	8	13	14	15	2
2	1	3	1	1	–	–	1	1
–	1	–	0	–	–	–	–	1
–	–	–	1	–	–	–	–	–
1	–	–	–	–	–	–	–	–
1	0	–	–	–	–	–	0	–
–	–	–	–	0	–	–	–	1
–	–	2	–	–	–	–	–	–
–	–	1	0	–	–	–	–	–
–	–	–	–	0	–	–	–	–
–	–	–	0	–	–	–	–	–
0	4	1	4	1	0	0	3	21

（2－1）

第185表　世　帯　数，借入金の有無－

（世帯数1万対）

世 帯 構 造 世帯主の年齢階級	総　　数	借入金がない	借入金がある	50万円未満	50～100	100～200	200～300	300～400
総　　　　　　　　数	10 000	6 233	2 933	140	157	243	179	139
29　歳　以　下	301	210	70	8	6	12	4	4
30　～　39　歳	935	456	434	18	16	25	18	13
40　～　49	1 557	665	817	18	29	37	29	21
50　～　59	1 655	816	753	24	31	61	57	48
60　～　69	2 404	1 658	542	38	45	74	48	31
70　～　79	1 945	1 476	226	27	19	24	18	16
80　歳　以　上	1 204	952	91	7	11	11	5	6
（再　掲）65歳以上	4 538	3 415	593	59	54	70	48	39
（再　掲）75歳以上	2 111	1 644	182	17	20	20	11	11
単　　独　　世　　帯	2 253	1 734	287	38	26	42	22	24
29　歳　以　下	164	130	25	5	2	6	3	3
30　～　39　歳	124	95	23	2	2	5	3	3
40　～　49	213	149	54	4	3	4	3	4
50　～　59	275	179	80	6	6	12	7	7
60　～　69	502	384	63	11	9	10	3	3
70　～　79	526	427	27	7	2	3	2	3
80　歳　以　上	449	371	15	3	2	3	1	1
（再　掲）65歳以上	1 286	1 035	73	18	9	10	5	6
（再　掲）75歳以上	712	586	25	5	3	5	2	2
男　の　単　独　世　帯	993	721	187	19	17	23	14	16
29　歳　以　下	104	81	17	3	1	5	1	3
30　～　39　歳	80	60	17	1	2	2	2	3
40　～　49	131	84	39	2	2	2	2	1
50　～　59	164	105	50	2	3	6	4	6
60　～　69	253	187	42	5	6	6	3	1
70　～　79	170	134	16	4	2	2	1	2
80　歳　以　上	91	70	6	2	1	1	1	－
（再　掲）65歳以上	406	310	43	9	7	5	4	2
（再　掲）75歳以上	170	130	12	3	1	2	2	1
女　の　単　独　世　帯	1 260	1 013	100	19	9	19	8	8
29　歳　以　下	60	48	8	2	1	1	1	0
30　～　39　歳	44	34	5	1	－	2	1	－
40　～　49	82	65	15	2	0	1	1	3
50　～　59	111	74	30	4	3	7	3	1
60　～　69	249	196	22	6	3	4	0	1
70　～　79	356	293	11	3	0	1	1	1
80　歳　以　上	358	302	8	1	1	2	0	1
（再　掲）65歳以上	881	724	30	9	2	5	1	4
（再　掲）75歳以上	542	457	13	2	2	3	0	1
核　家　族　世　帯	6 332	3 681	2 175	85	104	158	121	87
29　歳　以　下	118	72	37	2	3	5	1	1
30　～　39　歳	763	337	393	14	13	20	15	10
40　～　49	1 181	446	681	13	23	28	21	16
50　～　59	1 054	479	523	13	17	36	36	28
60　～　69	1 479	1 004	367	23	27	49	35	21
70　～　79	1 173	894	139	17	14	16	11	9
80　歳　以　上	563	450	36	2	6	4	1	2
（再　掲）65歳以上	2 602	1 956	368	33	37	43	30	23
（再　掲）75歳以上	1 089	849	89	9	12	9	4	5

注：1）熊本県を除いたものである。
　　2）年齢階級の「総数」には、年齢不詳を含む。

706

借入金額階級・世帯構造・世帯主の年齢（10歳階級）別

平成28年調査

400～500	500～700	700～1000	1000～1500	1500～2000	2000～3000	3000万円以上	借入金額不詳	不　　詳
98	191	201	373	328	491	301	92	834
4	4	3	1	2	13	8	2	20
2	10	15	42	47	134	78	16	45
23	40	49	120	132	198	96	25	75
29	58	71	113	89	90	59	21	87
29	54	41	66	36	36	36	8	204
9	16	17	21	17	17	13	11	243
3	8	5	9	4	3	12	8	160
23	53	46	61	37	37	43	25	529
7	14	12	16	11	11	19	13	286
9	21	15	28	18	20	14	11	232
2	2	1	–	0	0	–	0	10
–	0	0	1	0	4	2	3	6
3	3	3	8	8	8	3	1	11
1	7	5	10	7	5	5	2	16
3	6	4	5	2	2	3	2	54
–	2	2	1	1	1	–	2	72
–	1	0	2	–	0	1	1	63
1	5	4	5	1	2	3	5	178
–	1	2	2	0	1	1	2	101
6	12	9	20	14	17	13	7	84
1	1	0	–	0	0	–	0	6
–	0	0	1	0	3	2	2	2
3	2	2	6	6	7	3	1	8
1	3	3	7	4	4	5	1	9
1	4	2	4	2	2	3	1	23
–	1	1	1	1	1	–	1	20
–	–	–	1	–	0	1	1	15
0	2	2	4	1	2	2	3	52
–	–	0	1	–	1	1	1	28
4	9	6	8	4	2	1	4	148
1	1	0	–	–	–	–	–	4
–	–	–	–	–	1	–	1	4
1	1	1	2	2	1	–	–	3
0	3	2	4	2	1	0	1	7
2	2	1	1	–	–	–	1	31
–	1	1	0	0	0	–	1	52
–	1	0	0	–	–	0	1	48
1	2	2	1	0	0	0	2	126
–	1	1	0	0	0	0	2	72
69	136	154	282	270	403	240	66	475
2	1	2	1	1	10	6	1	9
2	9	15	38	46	125	72	12	33
19	34	40	102	115	167	82	22	54
20	39	56	77	70	69	43	16	52
20	38	28	48	26	24	23	5	108
5	11	11	12	11	7	7	7	141
1	3	3	4	1	0	6	3	77
15	36	31	39	25	18	24	13	278
3	7	6	8	5	3	10	8	151

（2－2）

第185表　世帯数，借入金の有無－

（世帯数1万対）

世帯構造 世帯主の年齢階級	総　数	借入金がない	借入金がある	50万円未満	50～100	100～200	200～300	300～400
夫 婦 の み の 世 帯	2 572	1 799	543	33	41	53	39	30
29 歳 以 下	43	29	12	1	1	2	0	－
30 ～ 39 歳	121	76	39	4	3	4	2	1
40 ～ 49	158	72	80	1	4	5	4	4
50 ～ 59	299	140	145	4	6	13	12	9
60 ～ 69	784	559	175	12	17	20	14	9
70 ～ 79	783	609	75	11	9	8	5	6
80 歳 以 上	385	314	17	1	1	2	0	2
（再　掲）65歳以上	1 664	1 284	195	21	21	21	13	13
（再　掲）75歳以上	736	584	44	5	5	5	2	3
夫婦と未婚の子のみの世帯	3 055	1 406	1 470	38	45	81	69	49
29 歳 以 下	68	40	23	1	0	3	0	1
30 ～ 39 歳	583	226	335	8	10	13	12	7
40 ～ 49	864	277	551	8	14	16	13	10
50 ～ 59	604	238	338	8	7	18	21	18
60 ～ 69	553	347	165	8	8	23	18	10
70 ～ 79	295	212	47	4	3	6	4	3
80 歳 以 上	89	66	11	1	2	1	0	－
（再　掲）65歳以上	667	468	133	9	10	17	13	10
（再　掲）75歳以上	215	157	30	3	4	3	0	1
ひとり親と未婚の子のみの世帯	704	476	162	14	18	24	13	8
29 歳 以 下	7	3	3	0	2	0	－	－
30 ～ 39 歳	59	35	18	3	1	3	1	2
40 ～ 49	160	97	50	4	6	7	4	2
50 ～ 59	151	101	40	2	4	5	3	1
60 ～ 69	142	98	27	2	2	6	2	1
70 ～ 79	96	72	16	2	1	2	2	1
80 歳 以 上	90	70	8	1	2	1	1	－
（再　掲）65歳以上	271	203	40	4	5	5	4	1
（再　掲）75歳以上	138	108	15	1	3	2	1	－
三 世 代 世 帯	698	360	276	7	16	22	21	17
29 歳 以 下	4	0	4	－	－	－	－	－
30 ～ 39 歳	25	10	13	1	1	0	－	0
40 ～ 49	93	37	51	1	2	3	2	1
50 ～ 59	171	78	84	1	4	5	8	8
60 ～ 69	203	117	64	2	5	7	5	4
70 ～ 79	128	72	40	2	2	3	3	2
80 歳 以 上	73	45	20	1	2	3	2	2
（再　掲）65歳以上	299	171	91	4	5	9	8	6
（再　掲）75歳以上	133	80	39	2	3	3	4	3
そ の 他 の 世 帯	717	458	195	10	12	21	16	12
29 歳 以 下	14	9	4	1	0	1	0	－
30 ～ 39 歳	23	14	6	0	－	－	－	－
40 ～ 49	70	33	31	－	1	2	3	－
50 ～ 59	155	80	66	4	3	7	6	6
60 ～ 69	221	152	48	3	3	8	4	4
70 ～ 79	117	83	20	1	1	1	1	1
80 歳 以 上	119	87	20	1	2	2	1	－
（再　掲）65歳以上	350	253	61	4	3	8	5	4
（再　掲）75歳以上	176	129	28	1	2	2	1	1

注：1）熊本県を除いたものである。
　　2）年齢階級の「総数」には、年齢不詳を含む。

708

借入金額階級・世帯構造・世帯主の年齢（10歳階級）別

平成28年調査

400～500	500～700	700～1000	1000～1500	1500～2000	2000～3000	3000万円以上	借入金額不詳	不　詳
19	48	43	70	51	55	43	17	230
1	0	1	1	1	1	2	1	3
1	1	2	4	3	9	6	1	6
1	8	3	11	14	16	8	1	5
6	11	16	23	19	14	10	3	14
8	20	15	25	10	10	9	4	50
2	6	5	5	4	4	4	6	99
0	2	1	1	－	0	3	2	54
6	21	16	20	11	10	12	10	184
1	3	2	3	1	2	5	6	107
42	80	95	198	207	339	185	43	179
1	1	0	0	1	9	4	0	5
1	8	11	34	42	115	65	11	22
15	24	31	88	96	148	71	17	35
11	26	34	49	49	52	31	13	27
10	16	12	22	14	13	10	1	42
3	4	5	4	5	2	3	1	35
1	1	2	2	0	－	1	－	12
7	13	13	14	10	7	9	1	66
1	3	3	4	3	1	3	1	28
8	8	16	14	12	9	12	5	66
－	0	0	－	－	0	－	－	1
－	0	2	1	1	2	2	0	6
3	2	5	2	5	3	3	3	13
3	3	7	5	3	3	2	0	10
1	1	2	1	1	2	4	0	17
1	1	1	4	2	0	－	－	7
－	0	－	1	1	－	2	1	12
2	2	3	5	3	2	3	1	28
1	0	1	1	2	0	2	1	15
10	20	20	38	27	41	28	9	62
－	－	－	－	0	2	1	0	－
－	1	－	1	0	4	2	2	3
0	2	4	7	7	12	7	3	5
5	7	5	15	8	9	6	1	9
1	6	6	8	6	7	6	－	22
2	2	4	5	3	6	3	1	16
1	2	1	2	2	1	2	1	8
3	7	7	12	8	11	8	3	37
2	3	3	4	3	4	3	2	15
9	14	12	25	13	26	19	6	64
－	－	0	0	－	－	0	1	1
0	－	－	2	0	1	2	－	3
1	1	2	3	3	12	3	0	5
1	5	5	11	4	7	4	2	10
4	4	3	6	2	2	4	1	20
1	2	0	2	2	3	3	1	13
1	2	2	1	1	1	3	2	12
3	5	3	5	4	5	9	3	36
2	3	2	2	2	3	5	2	19

第186表　65歳以上の者のいる世帯数－1世帯当たり平均貯蓄額，
世帯構造・貯蓄の有無－貯蓄額階級別

（世帯数1万対）　　　　　　　　　　　　　　　　　　　　　　　　　　　　　平成28年調査

貯蓄の有無－ 貯蓄額階級	総　数	単独世帯	男の単独 世　帯	女の単独 世　帯	核家族世帯	夫婦のみの 世　　帯	夫　婦　と 未婚の子 のみの世帯	ひとり親と 未婚の子 のみの世帯	三世代 世　帯	その他の 世　帯
総　　　　　　　　数	5 261	1 286	406	881	2 776	1 695	689	393	637	562
貯　蓄　が　な　い	745	269	100	169	320	175	84	61	83	73
貯　蓄　が　あ　る	4 216	948	282	667	2 298	1 429	562	306	514	456
50万円未満	176	76	22	54	71	35	21	15	14	15
50 ～ 100	140	41	14	27	68	40	14	14	15	16
100 ～ 200	348	101	35	66	175	109	40	26	41	32
200 ～ 300	255	65	16	48	135	81	33	20	35	21
300 ～ 400	292	73	18	55	144	84	37	23	43	33
400 ～ 500	139	28	7	21	74	45	19	9	18	20
500 ～ 700	481	97	26	71	267	174	58	35	60	57
700 ～ 1000	300	71	18	53	152	89	43	20	47	29
1000 ～ 1500	501	98	33	65	279	181	68	31	63	61
1500 ～ 2000	294	57	20	37	177	109	45	24	32	27
2000 ～ 3000	406	71	22	50	245	164	52	28	45	45
3000万円以上	598	102	36	66	369	232	96	41	61	66
貯蓄額不詳	285	70	15	55	142	87	36	19	39	35
不　　　　　　　詳	300	69	24	45	159	91	43	25	39	33
1世帯当たり平均貯蓄額(万円)	1 265.8	898.7	975.1	862.7	1 445.3	1 495.9	1 445.9	1 224.2	1 146.1	1 353.7

注：1）熊本県を除いたものである。
　　2）「1世帯当たり平均貯蓄額」には、不詳及び貯蓄あり額不詳の世帯は含まない。

第187表　65歳以上の者のいる世帯数，世帯構造・貯蓄の増減状況－
減額理由（複数回答）別

（世帯数1万対）　　　　　　　　　　　　　　　　　　　　　　　　　　　　　平成28年調査

貯蓄の増減状況－ 減　額　理　由	総　数	単独世帯	男の単独 世　帯	女の単独 世　帯	核家族世帯	夫婦のみの 世　　帯	夫　婦　と 未婚の子 のみの世帯	ひとり親と 未婚の子 のみの世帯	三世代 世　帯	その他の 世　帯
総　　　　　　　数	5 261	1 286	406	881	2 776	1 695	689	393	637	562
貯　蓄　が　増　え　た	320	56	24	32	161	77	50	34	58	45
変　わ　ら　な　い	1 822	470	142	327	913	550	215	148	235	203
貯　蓄　が　減　っ　た	2 320	516	160	356	1 311	833	324	155	257	235
日常の生活費への支出	1 614	362	114	248	928	577	234	117	169	156
土地・住宅の購入費	129	14	6	8	69	40	25	5	26	20
入学金、結婚費用、旅行等の一時的な支出	475	91	23	68	254	176	57	21	82	47
株式等の評価額の減少	330	63	26	37	219	151	53	15	20	28
そ　　の　　他	640	139	40	99	353	215	90	47	72	76
不　　　　　　　詳	799	244	79	165	390	234	100	56	87	78

注：1）熊本県を除いたものである。
　　2）「貯蓄が減った」には、減額理由不詳を含む。

第188表　65歳以上の者のいる貯蓄の減った世帯数，
世帯構造・貯蓄の減額階級別

（世帯数1万対）　　　　　　　　　　　　　　　　　　　　　　　　　　　　　　　平成28年調査

貯蓄の減額階級	総　数	単独世帯	男の単独世　帯	女の単独世　帯	核家族世帯	夫婦のみの世　帯	夫　婦　と未婚の子のみの世帯	ひとり親と未婚の子のみの世帯	三世代世　帯	その他の世　帯
総　　　　数	2 320	516	160	356	1 311	833	324	155	257	235
50万円未満	365	105	37	67	205	140	38	27	26	28
50 ～ 100	353	85	22	63	203	121	56	25	35	31
100 ～ 200	538	92	31	61	315	198	79	38	71	60
200 ～ 300	252	47	12	35	141	97	33	12	29	35
300 ～ 400	150	22	7	15	94	63	22	10	20	14
400 ～ 500	57	12	5	7	33	20	8	5	6	7
500 ～ 700	112	25	9	16	60	39	17	5	14	12
700 ～ 1000	30	6	2	4	19	10	6	2	2	2
1000 ～ 1500	44	6	1	4	28	18	6	4	6	5
1500 ～ 2000	16	2	2	1	9	5	4	1	3	2
2000 ～ 3000	18	3	0	3	8	4	3	－	2	5
3000万円以上	14	1	1	0	7	4	3	0	3	2
減　額　不　詳	371	110	31	80	190	115	49	26	38	33

注：熊本県を除いたものである。

第189表　65歳以上の者のいる世帯数－1世帯当たり平均借入金額，
世帯構造・借入金の有無－借入金額階級別

（世帯数1万対）　　　　　　　　　　　　　　　　　　　　　　　　　　　　　　　平成28年調査

借入金の有無－借入金額階級	総　数	単独世帯	男の単独世　帯	女の単独世　帯	核家族世帯	夫婦のみの世　帯	夫　婦　と未婚の子のみの世帯	ひとり親と未婚の子のみの世帯	三世代世　帯	その他の世　帯
総　　　　数	5 261	1 286	406	881	2 776	1 695	689	393	637	562
借　入　金　が　な　い	3 808	1 035	310	724	2 069	1 305	479	285	332	372
借　入　金　が　あ　る	868	73	43	30	412	204	143	65	247	136
50万円未満	67	18	9	9	37	22	10	5	6	6
50 ～ 100	68	9	7	2	39	22	10	6	13	7
100 ～ 200	96	10	5	5	49	21	20	8	22	16
200 ～ 300	66	5	4	1	32	14	13	5	19	10
300 ～ 400	58	6	2	4	26	13	10	3	16	10
400 ～ 500	36	1	0	1	18	7	8	4	8	8
500 ～ 700	72	5	2	2	38	22	14	3	18	11
700 ～ 1000	69	4	2	2	37	17	13	7	19	10
1000 ～ 1500	102	5	4	1	48	23	16	8	35	16
1500 ～ 2000	62	1	1	0	28	11	11	6	25	8
2000 ～ 3000	73	2	2	0	20	10	7	3	34	16
3000万円以上	66	3	2	0	26	12	9	5	24	13
借入金額不詳	32	5	3	2	15	10	1	3	8	4
不　　　　詳	585	178	52	126	295	186	67	42	57	54
1世帯当たり平均借入金額（万円）	216.8	33.8	79.5	12.6	164.6	115.9	215.7	283.1	624.7	409.7

注：1）熊本県を除いたものである。
　　2）「1世帯当たり平均借入金額」には、不詳及び借入金あり額不詳の世帯は含まない。

第190表　児童のいる世帯数，貯蓄の有無－

（世帯数1万対）

借入金の有無－ 借入金額階級	総　　数	貯蓄がない	貯蓄がある	50万円未満	50～100	100～200	200～300	300～400
総　　　　　数	2 325	339	1 907	122	92	239	176	195
借入金がない	964	147	808	52	37	87	51	72
借入金がある	1 245	169	1 065	68	54	147	122	123
50万円未満	30	7	22	6	1	4	2	1
50 ～ 100	46	9	35	8	2	8	1	5
100 ～ 200	59	14	46	8	5	10	6	4
200 ～ 300	48	9	38	3	2	3	4	5
300 ～ 400	37	12	24	2	1	4	5	2
400 ～ 500	29	4	25	1	1	2	3	3
500 ～ 700	56	10	46	1	1	9	4	6
700 ～ 1000	62	5	57	1	2	7	5	7
1000 ～ 1500	154	15	138	6	5	11	19	20
1500 ～ 2000	174	15	158	8	7	21	17	17
2000 ～ 3000	329	41	287	18	19	44	35	30
3000万円以上	180	15	162	4	7	21	21	22
借入金額不詳	41	13	26	1	0	3	－	2
不　　　　　詳	116	22	35	2	1	6	3	1

注：熊本県を除いたものである。

第191表　児童のいる世帯数，世帯業態・貯蓄の増減状況－減額理由（複数回答）別

（世帯数1万対）　　　　　　　　　　　　　　　　　　　　　　　　　　平成28年調査

貯蓄の増減状況－ 減　額　理　由	総　　数	雇用者世帯	常雇者世帯	1月以上1年 未満の契約の 雇用者世帯	日々又は1月 未満の契約の 雇用者世帯	自営業者 世　　帯	その他の 世　帯	不　詳
総　　　　　数	2 325	1 974	1 903	62	9	244	98	9
貯蓄が増えた	410	370	361	9	0	32	7	0
変わらない	871	742	716	22	4	94	33	2
貯蓄が減った	864	727	700	23	4	91	43	4
日常の生活費への支出	580	485	463	18	3	62	30	3
土地・住宅の購入費	90	75	73	2	－	11	4	1
入学金、結婚費用、旅行等の一時的な支出	317	273	263	9	－	27	18	－
株式等の評価額の減少	55	46	45	1	－	7	1	－
その他	225	185	178	6	0	28	12	0
不　　　　　詳	179	135	126	8	1	27	14	3

注：1）熊本県を除いたものである。
　　2）「貯蓄が減った」には、減額理由不詳を含む。

貯蓄額階級・借入金の有無－借入金額階級別

平成28年調査

400～500	500～700	700～1000	1000～1500	1500～2000	2000～3000	3000万円以上	貯蓄額不詳	不　　詳
115	253	154	179	78	84	102	118	79
36	106	64	83	44	58	73	46	8
79	145	89	94	33	26	28	57	11
3	3	0	0	–	1	1	1	–
2	4	1	2	1	1	0	1	1
2	4	3	2	2	1	0	–	–
4	6	3	4	0	1	1	2	1
1	3	2	2	1	1	1	0	1
1	2	4	3	1	1	1	1	0
2	5	5	5	1	3	3	2	0
6	6	8	8	1	3	1	2	0
7	22	14	18	5	3	3	6	1
12	27	14	16	7	4	4	6	2
25	44	24	18	6	5	7	10	2
15	21	11	16	7	3	6	9	2
1	0	1	0	–	–	0	18	2
1	2	1	1	1	1	2	15	60

第192表　世帯数－1世帯当たり平均貯蓄額，児童の有－児童数－無・貯蓄の有無－貯蓄額階級別

（世帯数1万対）　　　　　　　　　　　　　　　　　　　　　　　　　　　　　　　　　　平成28年調査

貯蓄の有無－ 貯蓄額階級	総　数	児童のいる世帯	1　人	2　人	3人以上	児童の いない世帯
総　　　　　　数	10 000	2 325	1 045	965	314	7 675
貯　蓄　が　な　い	1 495	339	151	134	53	1 156
貯　蓄　が　あ　る	8 026	1 907	858	800	249	6 119
50万円未満	472	122	61	42	19	350
50 ～ 100	351	92	34	40	17	260
100 ～ 200	786	239	113	99	28	546
200 ～ 300	592	176	76	81	20	416
300 ～ 400	631	195	84	88	23	437
400 ～ 500	330	115	54	48	13	214
500 ～ 700	937	253	109	112	32	683
700 ～ 1000	578	154	61	69	24	424
1000 ～ 1500	871	179	83	68	27	692
1500 ～ 2000	465	78	39	30	9	387
2000 ～ 3000	628	84	41	38	5	544
3000万円以上	876	102	57	32	13	774
貯蓄額不詳	510	118	46	53	19	392
不　　　　　詳	479	79	35	31	12	400
1世帯当たり平均貯蓄額（万円）	1 031.5	679.9	737.6	635.0	622.7	1 140.2

注：1）熊本県を除いたものである。
　　2）「1世帯当たり平均貯蓄額」には、不詳及び貯蓄あり額不詳の世帯は含まない。

第193表　世帯数－1世帯当たり平均借入金額，児童の有－児童数－無・借入金の有無－借入金額階級別

（世帯数1万対）　　　　　　　　　　　　　　　　　　　　　　　　　　　　　　　　　　平成28年調査

借入金の有無－ 借入金額階級	総　数	児童のいる世帯	1　人	2　人	3人以上	児童の いない世帯
総　　　　　　数	10 000	2 325	1 045	965	314	7 675
借　入　金　が　な　い	6 233	964	476	371	117	5 269
借　入　金　が　あ　る	2 933	1 245	515	553	177	1 688
50万円未満	140	30	17	9	4	110
50 ～ 100	157	46	27	14	5	112
100 ～ 200	243	59	29	21	9	184
200 ～ 300	179	48	27	13	7	132
300 ～ 400	139	37	20	12	4	103
400 ～ 500	98	29	18	8	3	68
500 ～ 700	191	56	26	23	7	135
700 ～ 1000	201	62	28	27	7	139
1000 ～ 1500	373	154	65	68	22	219
1500 ～ 2000	328	174	68	82	24	154
2000 ～ 3000	491	329	114	166	50	161
3000万円以上	301	180	64	87	28	121
借入金額不詳	92	41	14	21	6	51
不　　　　　詳	834	116	54	42	20	718
1世帯当たり平均借入金額（万円）	430.1	947.6	773.6	1 099.0	1 063.7	267.7

注：1）熊本県を除いたものである。
　　2）「1世帯当たり平均借入金額」には、不詳及び借入金あり額不詳の世帯は含まない。

第194表　世帯数－1世帯当たり平均貯蓄額，手助けや見守りを要する者の有－日常生活の自立の状況－無・貯蓄の有無－貯蓄額階級別

（世帯数1万対）　　　　　　　　　　　　　　　　　　　　　　　　　　　　　　平成28年調査

貯蓄の有無－貯蓄額階級	総数	手助けや見守りを要する者のいる世帯	何らかの障害等を有するが，日常生活はほぼ自立しており独力で外出できる	屋内での生活はおおむね自立しているが，介助なしには外出できない	屋内での生活は何らかの介助を要し，日中もベッド上での生活が主体であるが座位を保つ	1日中ベッド上で過ごし，排せつ，食事，着替において介助を要する	不詳	手助けや見守りを要する者のいない世帯
総数	10 000	1 163	437	424	143	108	52	8 837
貯蓄がない	1 495	180	82	54	19	15	10	1 315
貯蓄がある	8 026	917	329	348	115	88	38	7 109
50万円未満	472	52	25	15	4	7	1	420
50 ～ 100	351	42	19	17	2	2	2	310
100 ～ 200	786	77	32	21	13	8	3	709
200 ～ 300	592	49	17	20	8	4	1	542
300 ～ 400	631	62	22	20	10	6	4	569
400 ～ 500	330	32	9	13	3	6	1	297
500 ～ 700	937	105	38	41	11	12	3	831
700 ～ 1000	578	67	23	28	8	6	3	510
1000 ～ 1500	871	104	40	39	11	10	4	766
1500 ～ 2000	465	63	17	27	9	6	2	403
2000 ～ 3000	628	76	27	27	10	7	4	553
3000万円以上	876	121	36	53	17	9	7	755
貯蓄額不詳	510	66	24	27	9	3	3	444
不詳	479	66	25	22	9	5	5	413
1世帯当たり平均貯蓄額(万円)	1 031.5	1 157.1	980.5	1 321.9	1 335.6	994.9	1 165.9	1 015.3

注：1）熊本県を除いたものである。
　　2）手助けや見守りを要する者が1世帯に複数いる場合は、日常生活の自立の状況の介助を要する割合が高い方に計上した。
　　3）「1世帯当たり平均貯蓄額」には、不詳及び貯蓄あり額不詳の世帯は含まない。

第195表　世帯数，手助けや見守りを要する者の有－日常生活の自立の状況－無・貯蓄の増減状況－減額理由（複数回答）別

（世帯数1万対）　　　　　　　　　　　　　　　　　　　　　　　　　　　　　　平成28年調査

貯蓄の増減状況－減額理由	総数	手助けや見守りを要する者のいる世帯	何らかの障害等を有するが，日常生活はほぼ自立しており独力で外出できる	屋内での生活はおおむね自立しているが，介助なしには外出できない	屋内での生活は何らかの介助を要し，日中もベッド上での生活が主体であるが座位を保つ	1日中ベッド上で過ごし，排せつ，食事，着替において介助を要する	不詳	手助けや見守りを要する者のいない世帯
総数	10 000	1 163	437	424	143	108	52	8 837
貯蓄が増えた	1 158	73	27	30	6	10	0	1 085
変わらない	3 599	390	149	141	49	35	17	3 209
貯蓄が減った	4 008	533	190	201	69	49	23	3 475
日常の生活費への支出	2 710	379	137	143	48	36	15	2 331
土地・住宅の購入費	277	33	10	16	4	3	1	245
入学金、結婚費用、旅行等の一時的な支出	1 007	96	36	35	14	7	5	911
株式等の評価額の減少	476	61	18	26	10	3	3	414
その他	1 100	170	53	61	26	21	9	930
不詳	1 234	167	71	53	18	14	12	1 067

注：1）熊本県を除いたものである。
　　2）手助けや見守りを要する者が1世帯に複数いる場合は、日常生活の自立の状況の介助を要する割合が高い方に計上した。
　　3）「貯蓄が減った」には、減額理由不詳を含む。

第196表　貯蓄の減った世帯数，貯蓄の減額階級・手助けや見守りを要する者の有無・貯蓄の減額理由（複数回答）別

（世帯数1万対）　　　　　　　　　　　　　　　　　　　　　　　　　　　　　　　　　　　平成28年調査

手助けや見守りを要する者の有無　貯蓄の減額理由	総　数	50万円未　満	50〜100	100〜200	200〜300	300〜400	400〜500	500〜700	700〜1000	1000〜1500	1500万円以上	減　額不　詳
総　　　数	4 008	670	630	931	436	249	90	176	50	73	68	636
日常の生活費への支出	2 710	506	474	619	265	155	51	93	22	33	25	468
土地・住宅の購入費	277	13	17	43	31	24	11	32	17	19	31	38
入学金、結婚費用、旅行等の一時的な支出	1 007	128	165	265	145	77	25	52	15	17	14	104
株式等の評価額の減少	476	29	36	89	76	59	30	55	19	29	24	29
そ　　の　　他	1 100	149	169	276	139	87	30	56	10	22	13	150
手助けや見守りを要する者のいる世帯	533	98	77	105	53	37	13	28	5	9	12	95
日常の生活費への支出	379	74	66	72	34	24	9	17	3	5	2	72
土地・住宅の購入費	33	2	2	4	3	4	2	4	1	1	5	5
入学金、結婚費用、旅行等の一時的な支出	96	7	12	26	15	10	5	7	2	2	1	8
株式等の評価額の減少	61	4	4	11	9	7	6	7	2	3	3	6
そ　　の　　他	170	23	20	42	19	14	5	13	1	5	4	22
手助けや見守りを要する者のいない世帯	3 475	571	553	826	383	212	78	148	45	64	55	541
日常の生活費への支出	2 331	431	408	547	231	130	42	76	19	27	23	396
土地・住宅の購入費	245	11	16	39	28	20	9	28	17	18	26	33
入学金、結婚費用、旅行等の一時的な支出	911	121	153	239	130	66	20	45	13	15	12	97
株式等の評価額の減少	414	25	32	78	67	53	25	48	17	27	20	23
そ　　の　　他	930	126	148	234	120	72	25	42	9	17	8	128

注：1）熊本県を除いたものである。
　　2）「手助けや見守りを要する者のいる世帯」には、日常生活の自立の状況が不詳のみの世帯を含む。
　　3）貯蓄の減額理由の「総数」には、減額理由不詳を含む。

第197表　世帯数－1世帯当たり平均貯蓄額，入院者－通院者のいる世帯・貯蓄の有無－貯蓄額階級別

（世帯数1万対）　　　　　　　　　　　　　　　　　　　　　　　　　　　　　　　　　　　　　　平成28年調査

貯蓄の有無－ 貯蓄額階級	全　世　帯	入院者のいる世帯	通院者のいる世帯
総　　　　　　数	10 000	323	6 797
貯　蓄　が　な　い	1 495	60	930
貯　蓄　が　あ　る	8 026	242	5 540
50万円未満	472	13	265
50 ～ 100	351	9	212
100 ～ 200	786	23	490
200 ～ 300	592	14	386
300 ～ 400	631	23	412
400 ～ 500	330	9	217
500 ～ 700	937	32	640
700 ～ 1000	578	13	407
1000 ～ 1500	871	21	641
1500 ～ 2000	465	19	343
2000 ～ 3000	628	21	479
3000万円以上	876	25	693
貯蓄額不詳	510	17	354
不　　　　　　詳	479	22	328
1世帯当たり平均貯蓄額(万円)	1031.5	931.3	1153.4

注：1）熊本県を除いたものである。
　　2）「1世帯当たり平均貯蓄額」には、不詳及び貯蓄あり額不詳の世帯は含まない。

第198表　世帯数，入院者－通院者のいる世帯・貯蓄の増減状況－減額理由（複数回答）別

（世帯数1万対）　　　　　　　　　　　　　　　　　　　　　　　　　　　　　　　　　　　　　　平成28年調査

貯蓄の増減状況－ 減額理由	全　世　帯	入院者のいる世帯	通院者のいる世帯
総　　　　　　数	10 000	323	6 797
貯　蓄　が　増　え　た	1 158	20	667
変　わ　ら　な　い	3 599	110	2 337
貯　蓄　が　減　っ　た	4 008	141	2 947
日常の生活費への支出	2 710	100	2 021
土地・住宅の購入費	277	6	205
入学金、結婚費用、旅行等の一時的な支出	1 007	27	705
株式等の評価額の減少	476	12	377
そ　　の　　他	1 100	52	823
不　　　　　　詳	1 234	53	846

注：1）熊本県を除いたものである。
　　2）「貯蓄が減った」には、減額理由不詳を含む。

第199表　世帯数，最多所得者の仕事の有－勤めか自営かの別－勤め先での呼称－無・貯蓄の有無－貯蓄額階級別

（世帯数1万対）　　　　　　　　　　　　　　　　　　　　　　　　　　　　　　　平成28年調査

貯蓄の有無－貯蓄額階級	総数	仕事あり	会社・団体等の役員	役員以外の雇用者	正規の職員・従業員	非正規の職員・従業員	パート・アルバイト	その他	自営業主	家族従業者	内職・その他	仕事なし
総　　数	10 000	7 050	416	5 326	4 020	1 305	707	598	1 093	77	102	2 695
貯蓄がない	1 495	1 006	33	772	501	271	168	103	166	14	18	437
貯蓄がある	8 026	5 712	368	4 314	3 348	965	496	468	864	59	79	2 134
50万円未満	472	341	16	278	185	94	62	32	37	4	4	122
50 ～ 100	351	268	11	213	166	48	25	22	35	4	4	75
100 ～ 200	786	596	24	479	376	102	56	46	78	5	6	175
200 ～ 300	592	458	15	367	294	72	38	34	65	5	5	118
300 ～ 400	631	485	27	378	307	71	40	31	70	4	4	128
400 ～ 500	330	266	13	208	173	35	18	17	37	3	4	57
500 ～ 700	937	684	40	526	424	102	47	55	98	6	10	230
700 ～ 1000	578	414	23	320	266	54	27	27	62	3	4	151
1000 ～ 1500	871	609	49	444	338	107	53	54	94	9	10	243
1500 ～ 2000	465	299	20	228	176	53	26	27	43	2	5	157
2000 ～ 3000	628	399	33	283	202	81	34	47	69	4	7	218
3000万円以上	876	533	71	329	238	91	37	54	114	6	9	330
貯蓄額不詳	510	360	25	260	203	57	34	23	61	5	8	131
不　　詳	479	331	16	240	171	69	43	26	64	4	5	124

注：1）熊本県を除いたものである。
　　2）仕事の有無の「総数」には、仕事の有無不詳を含む。
　　3）「仕事あり」には、勤めか自営か不詳を含む。
　　4）勤めか自営かの別の「役員以外の雇用者」には、勤め先での呼称不詳を含む。
　　5）勤め先での呼称の「その他」には、労働者派遣事業所の派遣社員、契約社員、嘱託、その他の呼称を含む。

第200表　世帯数，最多所得者の仕事の有－勤めか自営かの別－勤め先での呼称－無・借入金の有無－借入金額階級別

（世帯数1万対）　　　　　　　　　　　　　　　　　　　　　　　　　　　　　　　平成28年調査

借入金の有無－借入金額階級	総数	仕事あり	会社・団体等の役員	役員以外の雇用者	正規の職員・従業員	非正規の職員・従業員	パート・アルバイト	その他	自営業主	家族従業者	内職・その他	仕事なし
総　　数	10 000	7 050	416	5 326	4 020	1 305	707	598	1 093	77	102	2 695
借入金がない	6 233	3 857	216	2 907	1 990	917	503	414	593	44	74	2 194
借入金がある	2 933	2 705	173	2 076	1 800	276	133	143	404	24	20	208
50万円未満	140	111	4	92	59	33	19	14	10	0	2	28
50 ～ 100	157	132	5	94	65	29	16	13	29	2	1	22
100 ～ 200	243	213	8	160	121	39	20	19	39	2	4	28
200 ～ 300	179	162	11	118	95	23	12	10	30	2	1	15
300 ～ 400	139	125	7	88	68	21	7	13	27	2	1	14
400 ～ 500	98	91	4	69	54	15	7	7	16	1	1	7
500 ～ 700	191	175	12	121	101	20	8	12	39	1	1	15
700 ～ 1000	201	185	13	141	122	19	11	9	26	1	3	15
1000 ～ 1500	373	354	31	274	251	23	11	12	42	5	1	16
1500 ～ 2000	328	317	20	252	238	14	5	9	40	2	2	9
2000 ～ 3000	491	476	27	397	378	19	8	11	47	3	2	13
3000万円以上	301	287	28	207	196	11	4	7	50	2	0	13
借入金額不詳	92	77	4	61	51	10	4	5	9	1	3	13
不　　詳	834	488	27	343	230	112	71	41	97	9	8	292

注：1）熊本県を除いたものである。
　　2）仕事の有無の「総数」には、仕事の有無不詳を含む。
　　3）「仕事あり」には、勤めか自営か不詳を含む。
　　4）勤めか自営かの別の「役員以外の雇用者」には、勤め先での呼称不詳を含む。
　　5）勤め先での呼称の「その他」には、労働者派遣事業所の派遣社員、契約社員、嘱託、その他の呼称を含む。

第201表　平均所得金額－平均世帯人員－平均有業人員，生活意識別

平成28年調査

生　活　意　識	1世帯当たり		世帯人員1人当たり		有業人員1人当たり平均稼働所得金額（万円）	平均世帯人員（人）	平均有業人員（人）
	平均所得金額（万円）	平均可処分所得金額（万円）	平均所得金額（万円）	平均可処分所得金額（万円）			
総　　　　　数	545.4	416.4	212.2	170.9	311.4	2.57	1.30
苦　　し　　い	450.7	344.1	169.4	137.6	250.4	2.66	1.33
大　変　苦　し　い	397.3	299.9	147.5	119.7	218.5	2.69	1.35
や　や　苦　し　い	488.4	374.2	185.1	149.8	273.5	2.64	1.31
普　　　　　通	617.1	470.8	250.8	199.6	362.4	2.46	1.25
ゆ　と　り　が　あ　る	1 053.1	788.0	441.3	336.1	625.8	2.39	1.32
や　や　ゆ　と　り　が　あ　る	973.8	740.5	403.5	312.1	570.9	2.41	1.34
大　変　ゆ　と　り　が　あ　る	1 647.4	1 206.8	754.3	575.8	1 094.3	2.18	1.17

注：1）熊本県を除いたものである。
　　2）「平均可処分所得金額」には、金額不詳の世帯は含まない。

第202表　世帯数，世帯類型－児童のいる世帯－65歳以上の者のいる世帯・生活意識別

（世帯数1万対）

平成28年調査

生　活　意　識	総　　　　　数	高齢者世帯	母　子　世　帯	その他の世帯	（再　掲）児童のいる世帯	（再　掲）65歳以上の者のいる世帯
総　　　　　数	10 000	2 807	129	7 065	2 325	5 261
苦　　し　　い	5 650	1 460	106	4 084	1 441	2 943
大　変　苦　し　い	2 337	587	58	1 692	623	1 217
や　や　苦　し　い	3 314	873	48	2 392	818	1 726
普　　　　　通	3 838	1 219	21	2 599	783	2 092
ゆ　と　り　が　あ　る	511	128	1	382	101	226
や　や　ゆ　と　り　が　あ　る	451	111	1	339	94	199
大　変　ゆ　と　り　が　あ　る	60	17	－	44	7	27

注：1）熊本県を除いたものである。
　　2）「その他の世帯」には、「父子世帯」を含む。

第203表　世帯数，世帯主の仕事の有－勤めか自営かの別－勤め先での呼称－無・生活意識別

（世帯数1万対）　　　　　　　　　　　　　　　　　　　　　　　　　　　　　　　　　平成28年調査

生活意識	総数	仕事あり	会社・団体等の役員	役員以外の雇用者	正規の職員・従業員	非正規の職員・従業員	パート・アルバイト	その他	自営業主	家族従業者	内職・その他	仕事なし
総　　数	10 000	6 406	400	4 684	3 519	1 163	620	543	1 116	73	98	3 312
苦　し　い	5 650	3 604	145	2 665	1 894	770	435	334	665	50	58	1 874
大変苦しい	2 337	1 485	55	1 068	729	338	196	142	305	23	24	768
やや苦しい	3 314	2 119	90	1 596	1 165	431	239	192	360	26	33	1 106
普　　通	3 838	2 426	192	1 772	1 411	360	170	190	392	21	38	1 310
ゆとりがある	511	375	63	247	214	33	15	18	59	1	2	127
ややゆとりがある	451	333	53	225	195	30	13	17	49	1	1	111
大変ゆとりがある	60	43	10	22	19	3	2	1	11	−	1	17

注：1）熊本県を除いたものである。
　　2）仕事の有無の「総数」には、仕事の有無不詳を含む。
　　3）「仕事あり」には、勤めか自営か不詳を含む。
　　4）勤めか自営かの別の「役員以外の雇用者」には、勤め先での呼称不詳を含む。
　　5）勤め先での呼称の「その他」には、労働者派遣事業所の派遣社員、契約社員、嘱託、その他の呼称を含む。

第204表　世帯人員（6歳以上），日常生活への影響の有－日常生活影響の事柄（複数回答）－無・生活意識別

（人員10万対）　　　　　　　　　　　　　　　　　　　　　　　　　　　　　　　　　平成28年調査

生活意識	総数	日常生活に影響のある者	日常生活動作	外出	仕事・家事・学業	運動	その他	日常生活に影響のない者	不詳
総　　数	92 741	12 338	4 766	4 543	5 314	4 292	1 689	78 561	1 842
苦　し　い	54 088	7 723	3 033	2 780	3 437	2 636	1 127	45 219	1 146
大変苦しい	22 526	3 484	1 410	1 236	1 620	1 105	582	18 501	541
やや苦しい	31 563	4 239	1 623	1 544	1 818	1 530	545	26 719	605
普　　通	34 206	4 058	1 506	1 534	1 686	1 407	494	29 500	648
ゆとりがある	4 446	557	227	229	190	249	68	3 841	48
ややゆとりがある	3 957	486	194	204	168	223	49	3 425	46
大変ゆとりがある	490	71	33	25	22	27	20	416	2

注：1）熊本県を除いたものである。
　　2）世帯人員には、入院者は含まない。
　　3）「日常生活に影響のある者」には、日常生活影響の事柄不詳を含む。

第205表　世帯人員（6歳以上），健康意識・生活意識別

（人員10万対）　　　　　　　　　　　　　　　　　　　　　　　　　　　　平成28年調査

生活意識	総　数	よ　い	まあよい	ふ つ う	あ ま り よくない	よくない	不　詳
総　　　　　数	92 741	18 395	16 483	44 626	10 509	1 633	1 096
苦　　し　　い	54 088	9 937	9 138	26 365	6 830	1 145	673
大 変 苦 し い	22 526	4 077	3 539	10 836	3 130	618	326
や や 苦 し い	31 563	5 860	5 599	15 529	3 700	527	347
普　　　　　通	34 206	7 285	6 335	16 489	3 282	431	384
ゆ と り が あ る	4 446	1 173	1 010	1 771	397	58	38
や や ゆ と り が あ る	3 957	1 036	897	1 601	336	54	32
大 変 ゆ と り が あ る	490	137	113	170	61	3	6

注：1）熊本県を除いたものである。
　　2）世帯人員には、入院者は含まない。

第206表　世帯人員（12歳以上），こころの状態（点数階級）・生活意識別

（人員10万対）　　　　　　　　　　　　　　　　　　　　　　　　　　　　平成28年調査

生活意識	総　数	0 ～ 4 点	5 ～ 9	10～14	15点以上	不　詳
総　　　　　数	87 583	59 980	15 382	6 097	2 028	4 095
苦　　し　　い	50 915	33 001	9 719	4 022	1 486	2 687
大 変 苦 し い	21 224	12 899	4 284	1 938	797	1 305
や や 苦 し い	29 691	20 101	5 436	2 084	689	1 382
普　　　　　通	32 452	23 794	5 065	1 818	493	1 282
ゆ と り が あ る	4 215	3 185	598	256	49	127
や や ゆ と り が あ る	3 743	2 823	540	218	46	116
大 変 ゆ と り が あ る	473	363	58	38	3	11

注：1）熊本県を除いたものである。
　　2）世帯人員には、入院者は含まない。

第207表　有業人員（15歳以上），健康状態・性・生活意識別

（人員10万対）　　　　　　　　　　　　　　　　　　　　　　　　　　　　　　　平成28年調査

性 生 活 意 識	総　　数	自覚症状・ 生活影響・ 通院ともなし	自覚症状・ 生活影響・ 通院ともあり	自覚症状・ 生活影響・ 通院いずれかあり	不　　詳
総　　　　　　数	49 302	25 131	2 551	20 465	1 154
苦　　し　　い	28 481	14 237	1 594	11 954	695
大 変 苦 し い	11 899	5 877	703	4 988	330
や や 苦 し い	16 582	8 360	891	6 966	365
普　　　　　通	18 247	9 632	814	7 386	415
ゆ と り が あ る	2 574	1 262	143	1 125	44
や や ゆ と り が あ る	2 304	1 121	121	1 019	43
大 変 ゆ と り が あ る	270	141	22	106	1
男	27 445	14 372	1 350	11 061	662
苦　　し　　い	15 634	8 094	845	6 313	383
大 変 苦 し い	6 387	3 288	336	2 581	182
や や 苦 し い	9 248	4 806	509	3 731	201
普　　　　　通	10 298	5 524	434	4 089	251
ゆ と り が あ る	1 512	754	71	659	28
や や ゆ と り が あ る	1 342	661	59	595	27
大 変 ゆ と り が あ る	170	93	12	64	1
女	21 857	10 759	1 201	9 405	492
苦　　し　　い	12 847	6 144	749	5 641	312
大 変 苦 し い	5 512	2 590	368	2 407	148
や や 苦 し い	7 334	3 554	382	3 234	164
普　　　　　通	7 949	4 108	380	3 296	164
ゆ と り が あ る	1 062	508	72	467	15
や や ゆ と り が あ る	962	460	62	425	15
大 変 ゆ と り が あ る	100	48	10	42	－

注：1）熊本県を除いたものである。
　　2）世帯人員には、入院者は含まない。

第208表　65歳以上の者のいる世帯数，生活意識・世帯構造別

（世帯数1万対）　　　　　　　　　　　　　　　　　　　　　　　　　　　　平成28年調査

世帯構造	総数	苦しい	大変苦しい	やや苦しい	普通	ゆとりがある	ややゆとりがある	大変ゆとりがある
総数	5 261	2 943	1 217	1 726	2 092	226	199	27
単独世帯	1 286	671	297	374	556	59	52	8
男の単独世帯	406	215	100	115	168	23	19	3
女の単独世帯	881	456	197	259	388	37	32	4
核家族世帯	2 776	1 541	600	940	1 113	123	108	15
夫婦のみの世帯	1 695	894	329	565	719	82	70	12
夫婦と未婚の子のみの世帯	689	416	169	247	245	28	26	2
ひとり親と未婚の子のみの世帯	393	231	102	128	149	13	12	1
三世代世帯	637	409	187	222	208	20	17	3
その他の世帯	562	323	133	190	215	24	22	2

注：熊本県を除いたものである。

第209表　高齢者世帯数，世帯主の公的年金-恩給受給の有－公的年金受給の種類（複数回答）－無・生活意識別

（世帯数1万対）　　　　　　　　　　　　　　　　　　　　　　　　　　　　平成28年調査

生活意識	総数	公的年金・恩給受給あり	公的年金受給の種類（複数回答）										公的年金・恩給受給なし
			基礎年金	基礎年金と厚生年金	基礎年金と共済年金	基礎年金と厚生年金と共済年金	国民年金	福祉年金	厚生年金	共済年金	恩給	その他	
総数	2 807	2 748	455	1 476	238	177	72	－	303	63	24	96	57
苦しい	1 460	1 416	295	756	90	68	32	－	158	22	9	44	43
大変苦しい	587	561	160	280	30	17	12	－	57	5	4	20	25
やや苦しい	873	856	135	476	60	51	20	－	102	16	5	24	18
普通	1 219	1 206	146	650	136	100	34	－	130	35	12	48	12
ゆとりがある	128	126	15	70	12	9	7	－	14	6	3	4	2
ややゆとりがある	111	109	12	60	11	9	5	－	13	5	2	4	2
大変ゆとりがある	17	17	3	10	1	0	1	－	1	1	1	－	2

注：1）熊本県を除いたものである。
　　2）公的年金・恩給受給の有無の「総数」には、公的年金・恩給受給の有無不詳を含む。
　　3）「公的年金・恩給受給あり」には、公的年金・恩給受給の種類不詳を含む。

第210表　世帯数，児童の有－児童数－無・所得五分位階級・生活意識別

（世帯数1万対）　　　　　　　　　　　　　　　　　　　　　　　　　　　　　　　　　平成28年調査

所得五分位階級 生活意識	総数	児童のいる世帯	1人	2人	3人以上	児童の いない世帯
総数	10 000	2 325	1 045	965	314	7 675
苦しい	5 650	1 441	637	599	204	4 210
大変苦しい	2 337	623	276	252	95	1 714
やや苦しい	3 314	818	361	347	110	2 496
普通	3 838	783	360	324	99	3 055
ゆとりがある	511	101	49	41	11	410
ややゆとりがある	451	94	45	39	9	358
大変ゆとりがある	60	7	4	3	1	53
第　Ⅰ	2 000	149	70	64	15	1 851
苦しい	1 410	124	55	54	14	1 287
大変苦しい	738	75	37	28	10	662
やや苦しい	673	48	19	26	4	624
普通	553	23	13	9	0	530
ゆとりがある	36	2	1	1	－	34
ややゆとりがある	31	2	1	1	－	29
大変ゆとりがある	5	－	－	－	－	5
第　Ⅱ	2 000	225	124	77	24	1 775
苦しい	1 240	188	105	64	20	1 052
大変苦しい	527	102	54	36	13	425
やや苦しい	713	86	51	27	7	627
普通	713	37	20	13	4	676
ゆとりがある	47	1	－	1	－	47
ややゆとりがある	44	1	－	1	－	43
大変ゆとりがある	4	－	－	－	－	4
第　Ⅲ	2 000	475	210	200	64	1 525
苦しい	1 169	359	153	156	49	811
大変苦しい	468	177	78	73	26	291
やや苦しい	701	181	75	83	23	520
普通	756	111	53	44	14	645
ゆとりがある	75	5	4	1	1	70
ややゆとりがある	69	5	4	1	1	64
大変ゆとりがある	5	－	－	－	－	5
第　Ⅳ	2 000	749	318	332	99	1 251
苦しい	1 080	459	182	210	67	621
大変苦しい	364	166	61	76	29	198
やや苦しい	715	292	121	133	38	423
普通	833	270	125	115	30	563
ゆとりがある	87	20	10	8	3	67
ややゆとりがある	76	20	10	8	3	56
大変ゆとりがある	11	－	－	－	－	11
第　Ⅴ	2 000	727	323	291	113	1 273
苦しい	751	311	141	116	54	440
大変苦しい	240	101	46	38	17	138
やや苦しい	511	210	95	78	37	301
普通	983	342	148	144	51	640
ゆとりがある	266	73	34	32	8	193
ややゆとりがある	231	65	30	29	6	166
大変ゆとりがある	35	7	4	3	1	28

注：熊本県を除いたものである。

第211表　世帯数，入院者−通院者−手助けや見守りを要する者のいる世帯・所得五分位階級・生活意識別

（世帯数1万対）　　　　　　　　　　　　　　　　　　　　　　　　　　　　　　　　　　　　平成28年調査

所得五分位階級 生活意識	全　世　帯	入院者のいる世帯	通院者のいる世帯	手助けや見守りを 要する者のいる世帯
総　　　　　数	10 000	323	6 797	1 163
苦　　し　　い	5 650	205	3 909	714
大　変　苦　し　い	2 337	100	1 607	328
や　や　苦　し　い	3 314	106	2 302	387
普　　　　通	3 838	105	2 555	400
ゆ　と　り　が　あ　る	511	13	333	49
や　や　ゆ　と　り　が　あ　る	451	12	296	42
大　変　ゆ　と　り　が　あ　る	60	1	37	7
第　　　　　Ⅰ	2 000	69	1 326	306
苦　　し　　い	1 410	52	953	224
大　変　苦　し　い	738	28	490	118
や　や　苦　し　い	673	24	463	106
普　　　　通	553	16	355	76
ゆ　と　り　が　あ　る	36	1	19	6
や　や　ゆ　と　り　が　あ　る	31	1	16	5
大　変　ゆ　と　り　が　あ　る	5	−	3	1
第　　　　　Ⅱ	2 000	72	1 419	276
苦　　し　　い	1 240	49	875	171
大　変　苦　し　い	527	25	374	79
や　や　苦　し　い	713	24	501	92
普　　　　通	713	22	507	95
ゆ　と　り　が　あ　る	47	1	37	10
や　や　ゆ　と　り　が　あ　る	44	1	34	9
大　変　ゆ　と　り　が　あ　る	4	−	3	1
第　　　　　Ⅲ	2 000	58	1 341	215
苦　　し　　い	1 169	36	795	131
大　変　苦　し　い	468	19	313	58
や　や　苦　し　い	701	17	481	73
普　　　　通	756	20	500	76
ゆ　と　り　が　あ　る	75	2	46	8
や　や　ゆ　と　り　が　あ　る	69	2	44	6
大　変　ゆ　と　り　が　あ　る	5	−	2	2
第　　　　　Ⅳ	2 000	57	1 311	167
苦　　し　　い	1 080	35	731	95
大　変　苦　し　い	364	14	251	38
や　や　苦　し　い	715	20	480	57
普　　　　通	833	20	527	66
ゆ　と　り　が　あ　る	87	2	53	7
や　や　ゆ　と　り　が　あ　る	76	2	46	5
大　変　ゆ　と　り　が　あ　る	11	−	7	2
第　　　　　Ⅴ	2 000	68	1 401	199
苦　　し　　い	751	34	557	93
大　変　苦　し　い	240	14	180	35
や　や　苦　し　い	511	20	377	59
普　　　　通	983	27	667	87
ゆ　と　り　が　あ　る	266	6	178	19
や　や　ゆ　と　り　が　あ　る	231	6	156	17
大　変　ゆ　と　り　が　あ　る	35	1	21	1

注：熊本県を除いたものである。

（2－1）

第212表　世帯数，貯蓄の有無－貯蓄額階級・

（世帯数1万対）

生活意識 借入金の有無－借入金額階級	総数	貯蓄がない	貯蓄がある	50万円未満	50～100	100～200	200～300	300～400
総数	10 000	1 495	8 026	472	351	786	592	631
借入金がない	6 233	868	5 292	302	197	449	324	356
借入金がある	2 933	465	2 420	153	142	301	240	252
50万円未満	140	36	99	21	10	15	9	8
50 ～ 100	157	34	121	15	12	21	12	10
100 ～ 200	243	60	179	23	19	28	14	15
200 ～ 300	179	30	144	10	9	16	14	17
300 ～ 400	139	35	100	9	6	14	10	9
400 ～ 500	98	16	80	4	6	9	10	7
500 ～ 700	191	36	151	8	4	22	10	17
700 ～ 1000	201	24	174	6	7	21	16	18
1000 ～ 1500	373	43	326	13	14	28	37	42
1500 ～ 2000	328	31	293	12	15	33	31	27
2000 ～ 3000	491	64	422	23	28	61	47	49
3000万円以上	301	28	269	7	9	30	30	29
借入金額不詳	92	27	63	2	2	4	0	3
不詳	834	162	314	17	12	36	28	23
苦しい	5 650	1 251	4 085	351	264	529	383	375
借入金がない	3 271	701	2 518	209	139	290	205	200
借入金がある	1 856	417	1 398	130	118	213	162	161
50万円未満	103	34	66	17	7	11	6	5
50 ～ 100	114	33	78	11	11	14	8	5
100 ～ 200	174	54	116	19	17	21	12	10
200 ～ 300	127	28	94	8	7	11	11	13
300 ～ 400	95	34	58	7	6	9	7	6
400 ～ 500	64	15	47	4	5	7	7	5
500 ～ 700	118	33	82	7	4	14	7	13
700 ～ 1000	125	20	102	6	5	16	12	11
1000 ～ 1500	217	37	177	12	11	21	22	28
1500 ～ 2000	206	26	176	9	13	25	21	16
2000 ～ 3000	305	57	245	21	24	42	31	28
3000万円以上	153	24	125	6	7	20	16	18
借入金額不詳	57	24	31	1	1	2	0	2
不詳	523	133	169	13	7	26	16	14
大変苦しい	2 337	751	1 422	178	119	210	137	126
借入金がない	1 261	403	827	104	63	102	68	66
借入金がある	819	269	526	68	53	95	64	54
50万円未満	52	20	30	9	3	5	4	1
50 ～ 100	52	24	26	5	3	5	3	2
100 ～ 200	92	37	52	9	8	12	6	5
200 ～ 300	52	17	32	4	1	4	6	3
300 ～ 400	49	25	22	4	2	4	3	1
400 ～ 500	32	9	22	3	3	4	2	1
500 ～ 700	58	23	33	3	1	6	4	4
700 ～ 1000	47	11	34	4	2	6	4	4
1000 ～ 1500	77	19	57	6	7	9	5	10
1500 ～ 2000	77	14	60	5	5	9	7	5
2000 ～ 3000	138	37	99	13	12	19	15	13
3000万円以上	64	16	46	2	4	11	6	7
借入金額不詳	29	16	13	1	1	1	0	0
不詳	257	79	68	6	4	13	6	6
やや苦しい	3 314	500	2 663	173	145	319	245	249
借入金がない	2 010	298	1 691	105	77	188	137	134
借入金がある	1 037	148	872	61	65	118	98	107
50万円未満	51	13	36	8	4	6	2	4
50 ～ 100	62	9	53	7	7	9	5	3
100 ～ 200	82	16	64	10	9	9	6	5
200 ～ 300	75	11	62	4	7	7	5	11
300 ～ 400	46	8	36	4	3	5	5	5
400 ～ 500	32	6	25	0	2	3	4	4
500 ～ 700	59	9	49	4	3	8	4	9
700 ～ 1000	78	9	68	2	3	10	8	7
1000 ～ 1500	140	18	120	6	4	13	17	18
1500 ～ 2000	129	12	116	4	8	16	14	11
2000 ～ 3000	168	20	146	8	13	23	16	16
3000万円以上	88	8	79	5	3	8	10	12
借入金額不詳	28	8	17	－	－	1	－	2
不詳	266	54	101	7	3	13	10	8

注：熊本県を除いたものである。

生活意識・借入金の有無－借入金額階級別

平成28年調査

400～500	500～700	700～1000	1000～1500	1500～2000	2000～3000	3000万円以上	貯蓄額不詳	不詳
330	937	578	871	465	628	876	510	479
174	595	372	605	346	507	747	318	73
142	310	191	240	102	107	114	126	48
5	8	6	3	3	2	4	4	5
7	11	7	9	3	5	4	4	2
10	20	11	13	12	7	7	2	4
9	19	10	14	6	8	5	8	5
2	13	7	11	8	5	3	3	4
3	8	8	9	4	5	3	4	2
4	17	12	22	6	10	11	5	4
12	24	19	23	7	9	8	5	3
16	43	32	42	19	11	16	13	4
18	50	30	28	13	13	9	13	4
34	55	29	33	11	16	17	17	5
19	37	16	28	10	16	24	12	4
2	2	4	5	－	2	2	35	2
15	32	15	26	17	15	15	66	357
203	479	286	364	176	211	186	278	314
105	308	188	249	130	172	162	161	52
89	154	91	105	42	33	21	80	41
3	7	2	1	1	1	2	4	4
5	8	5	4	2	2	1	3	2
6	9	5	7	5	4	1	1	4
7	8	4	7	3	5	2	6	4
1	6	4	3	4	2	1	2	3
2	4	4	3	1	1	1	3	2
3	10	4	12	2	2	2	3	3
6	15	9	11	4	3	1	4	3
9	20	14	18	8	2	2	10	3
12	30	16	13	6	5	2	7	4
23	23	15	15	4	4	4	11	3
11	14	7	9	2	4	4	8	4
2	－	1	2	－	0	－	19	2
10	17	7	11	4	5	3	37	221
67	148	91	104	42	47	37	115	164
35	94	64	75	30	37	32	58	30
30	48	24	26	11	10	4	39	24
0	2	0	0	0	－	1	2	3
2	2	2	1	－	1	－	1	2
3	4	1	2	1	1	－	1	3
3	2	1	3	0	2	1	4	3
1	3	1	1	1	1	－	1	1
0	3	2	0	－	－	－	2	1
1	3	2	6	1	0	0	2	2
3	3	2	2	1	1	－	2	2
3	4	3	3	2	1	0	3	2
3	10	5	4	2	1	0	4	2
7	8	3	2	2	1	2	3	2
3	4	2	1	－	1	－	5	2
0	－	－	1	－	－	－	9	－
2	6	2	3	1	1	1	18	109
136	331	195	260	133	163	149	163	150
70	213	124	174	100	135	130	103	21
59	106	67	79	31	23	17	41	18
3	5	2	1	0	1	1	1	1
3	5	4	3	2	1	1	2	－
3	6	4	4	4	3	1	1	2
4	7	4	4	3	3	1	2	2
1	3	4	2	3	1	1	1	2
2	2	2	3	1	1	1	1	1
1	7	2	6	1	1	1	1	1
3	12	7	9	3	2	1	2	1
5	16	11	14	6	1	2	7	2
9	20	11	10	4	3	2	3	1
16	15	12	13	2	3	2	7	1
7	10	5	7	2	3	4	3	2
1	－	1	1	－	0	－	11	2
7	11	4	7	3	5	3	19	111

（2－2）

第212表　世帯数，貯蓄の有無－貯蓄額階級・

（世帯数1万対）

生活意識 借入金の有無－ 借入金額階級	総数	貯蓄がない	貯蓄がある	50万円未満	50～100	100～200	200～300	300～400
普通	3 838	233	3 455	112	81	244	194	244
借入金がない	2 603	159	2 424	85	54	151	110	152
借入金があ る	950	47	897	23	22	84	73	84
50万円未満	33	2	30	4	3	4	3	3
50 ～ 100	41	1	40	4	2	7	4	4
100 ～ 200	62	6	56	4	2	7	2	4
200 ～ 300	49	2	46	1	2	4	3	4
300 ～ 400	41	1	39	1	1	5	2	3
400 ～ 500	30	2	28	0	0	2	4	2
500 ～ 700	65	4	60	1	1	7	3	4
700 ～ 1000	66	4	62	0	1	5	4	7
1000 ～ 1500	133	6	127	0	2	6	12	14
1500 ～ 2000	108	5	102	2	2	8	10	10
2000 ～ 3000	162	7	154	2	3	17	16	18
3000万円以上	126	4	122	1	2	9	12	9
借入金額不詳	34	3	31	1	1	2	－	1
不　　　詳	285	28	135	3	5	8	11	8
ゆ と り が あ る	511	10	486	9	7	14	15	13
借入金がない	359	7	350	8	3	8	9	4
借入金があ る	127	1	125	1	3	5	5	7
50万円未満	3	1	3	－	1	0	－	－
50 ～ 100	2	－	2	－	－	0	－	0
100 ～ 200	8	0	7	－	0	－	－	1
200 ～ 300	3	－	3	1	－	0	－	－
300 ～ 400	4	－	3	－	－	0	0	0
400 ～ 500	4	－	4	－	－	－	－	－
500 ～ 700	9	－	9	－	－	1	－	0
700 ～ 1000	10	－	10	－	－	－	－	1
1000 ～ 1500	23	0	23	0	1	－	2	1
1500 ～ 2000	15	－	15	0	－	1	0	0
2000 ～ 3000	23	0	23	－	1	2	1	2
3000万円以上	22	－	22	－	－	1	2	1
借入金額不詳	1	－	1	－	－	－	－	－
不　　　詳	26	1	10	－	0	1	1	1
や や ゆ と り が あ る	451	8	431	7	6	12	13	12
借入金がない	316	6	309	6	3	8	7	3
借入金があ る	113	1	112	1	3	4	5	7
50万円未満	3	－	3	－	1	0	－	－
50 ～ 100	2	－	2	－	－	0	－	0
100 ～ 200	7	0	7	－	0	－	－	1
200 ～ 300	3	－	3	1	－	0	－	－
300 ～ 400	3	－	3	－	－	0	0	0
400 ～ 500	4	－	4	－	－	－	－	－
500 ～ 700	9	－	9	－	－	1	－	0
700 ～ 1000	10	－	10	－	－	－	－	1
1000 ～ 1500	21	0	21	0	1	－	2	1
1500 ～ 2000	12	－	12	0	－	1	0	0
2000 ～ 3000	20	0	19	－	1	1	1	2
3000万円以上	18	－	18	－	－	1	2	1
借入金額不詳	1	－	1	－	－	－	－	－
不　　　詳	22	1	10	－	0	1	1	1
大 変 ゆ と り が あ る	60	2	56	2	1	2	2	1
借入金がない	43	1	41	2	1	0	2	1
借入金があ る	14	1	14	－	－	1	1	－
50万円未満	1	1	－	－	－	－	－	－
50 ～ 100	0	－	0	－	－	0	－	－
100 ～ 200	0	－	0	－	－	－	－	－
200 ～ 300	－	－	－	－	－	－	－	－
300 ～ 400	1	－	0	－	－	－	－	－
400 ～ 500	－	－	－	－	－	－	－	－
500 ～ 700	－	－	－	－	－	－	－	－
700 ～ 1000	1	－	1	－	－	－	－	－
1000 ～ 1500	2	－	2	－	－	－	1	－
1500 ～ 2000	3	－	3	－	－	－	－	－
2000 ～ 3000	3	－	3	－	－	1	－	－
3000万円以上	4	－	4	－	－	－	－	－
借入金額不詳	－	－	－	－	－	－	－	－
不　　　詳	3	－	1	－	－	0	－	－

注：熊本県を除いたものである。

生活意識・借入金の有無－借入金額階級別

平成28年調査

400～500	500～700	700～1000	1000～1500	1500～2000	2000～3000	3000万円以上	貯蓄額不詳	不詳
113	424	265	456	260	356	499	209	150
61	268	168	323	195	290	426	140	21
47	142	89	118	53	59	63	41	7
2	1	3	2	3	1	1	0	1
2	4	2	5	1	2	2	1	−
4	10	5	5	6	3	4	1	−
2	11	5	5	2	3	3	2	1
1	6	2	7	4	2	2	2	1
1	4	4	5	3	2	2	1	−
2	7	9	8	5	7	5	2	1
5	8	9	11	2	5	5	1	−
7	22	16	23	8	7	9	2	0
5	19	10	13	6	6	6	6	0
11	29	13	15	5	10	8	6	2
7	21	9	17	8	9	13	3	0
−	2	3	3	−	1	2	16	−
5	14	8	15	11	8	10	28	123
13	34	27	51	30	61	191	23	15
8	19	16	33	22	45	159	17	1
6	13	11	17	7	15	30	5	0
−	1	0	−	−	−	1	−	−
−	0	−	0	−	0	1	0	−
1	1	1	1	0	1	2	0	−
−	0	−	2	−	0	−	0	−
−	1	1	1	−	−	0	−	0
−	0	−	1	−	2	1	−	−
−	0	−	2	0	1	4	−	−
1	1	1	2	1	1	3	−	−
1	2	2	2	3	2	5	2	−
1	1	4	1	1	2	1	0	−
0	3	1	3	1	2	5	1	−
1	3	0	2	−	3	8	1	−
−	−	−	−	−	0	0	1	−
−	1	−	1	1	1	2	1	14
13	31	23	45	28	53	169	20	13
8	17	13	29	20	41	140	14	1
5	12	9	15	7	12	27	5	−
−	1	0	−	−	−	1	−	−
1	1	1	1	0	1	2	0	−
−	0	−	2	−	0	−	0	−
−	1	0	1	−	−	0	−	−
−	0	−	1	−	2	1	−	−
−	0	−	2	0	1	4	−	−
1	1	1	2	1	1	2	−	−
1	2	2	2	3	2	4	2	−
1	1	3	1	1	1	1	0	−
0	3	1	3	1	1	4	1	−
1	2	0	1	−	2	8	1	−
−	−	−	−	−	0	0	1	−
−	1	−	1	1	1	2	1	12
1	3	4	6	2	8	22	3	2
−	2	3	4	2	4	19	2	−
1	1	2	2	0	3	2	0	0
−	−	−	−	−	−	−	−	−
−	−	−	−	−	−	−	−	−
−	−	−	0	−	−	−	−	−
−	−	0	−	−	−	−	−	0
−	−	−	−	−	−	−	−	−
−	0	−	−	−	0	0	−	−
−	−	1	−	−	1	1	−	−
−	0	−	0	−	1	1	−	−
1	1	−	1	−	1	−	0	−
−	−	−	−	−	−	−	−	−
−	−	−	−	−	−	0	0	2

729

第213表　貧困率－中央値－貧困線，年次・全世帯－子ども－子どもがいる現役世帯別

全 世 帯 － 子 ど も － 子どもがいる現役世帯	昭和60年 (1985)	63 ('88)	平成3年 ('91)	6 ('94)	9 ('97)	12 (2000)	15 ('03)	18 ('06)	21 ('09)	24 ('12)	27 ('15)
相対的貧困率（単位：%）	12.0	13.2	13.5	13.8	14.6	15.3	14.9	15.7	16.0	16.1	15.7
子 ど も の 貧 困 率	10.9	12.9	12.8	12.2	13.4	14.4	13.7	14.2	15.7	16.3	13.9
子どもがいる現役世帯	10.3	11.9	11.6	11.3	12.2	13.0	12.5	12.2	14.6	15.1	12.9
大 人 が 一 人	54.5	51.4	50.1	53.5	63.1	58.2	58.7	54.3	50.8	54.6	50.8
大 人 が 二 人 以 上	9.6	11.1	10.7	10.2	10.8	11.5	10.5	10.2	12.7	12.4	10.7
名　目　値（単位：万円）											
中 　 央 　 値	216	227	270	289	297	274	260	254	250	244	244
貧 　 困 　 線	108	114	135	144	149	137	130	127	125	122	122
実　質　値（昭和60年基準）（単位：万円）											
中 　 央 　 値	216	226	246	255	259	240	233	228	224	221	211
貧 　 困 　 線	108	113	123	127	130	120	116	114	112	111	106

注：1）平成6年の数値は、兵庫県を除いたものである。
　　2）平成27年の数値は、熊本県を除いたものである。
　　3）貧困率は、ＯＥＣＤの作成基準に基づいて算出している。
　　4）等価可処分所得金額不詳は含まない。

（5－1）

第214表　世帯員の相対度数分布－累積度数分布，年次・全世帯－子ども－子どもがいる現役世帯・等価可処分所得金額階級（名目値）別

（単位：％）

等価可処分所得金額階級	昭和60年(1985)	63('88)	平成3年('91)	6('94)	9('97)	12(2000)	15('03)	18('06)	21('09)	24('12)	27('15)
全 世 帯 員					相対度数分布						
総　　　数	100.0	100.0	100.0	100.0	100.0	100.0	100.0	100.0	100.0	100.0	100.0
40万円未満	1.2	1.2	1.4	1.5	1.1	2.0	1.7	1.4	1.4	1.5	1.2
40 ～ 60	2.0	1.7	1.4	1.3	1.3	1.5	1.8	1.9	2.2	2.5	2.7
60 ～ 80	2.9	3.1	1.8	1.7	1.9	2.1	2.3	3.0	3.1	3.2	3.1
80 ～ 100	4.1	3.9	2.8	2.4	2.3	3.0	3.1	3.5	3.7	3.9	3.7
100 ～ 120	4.9	4.7	3.0	2.5	2.9	3.3	3.8	4.2	4.4	4.4	4.2
120 ～ 140	6.1	5.8	4.0	3.6	3.4	4.0	4.4	4.8	4.8	4.7	4.7
140 ～ 160	6.8	6.3	4.9	4.0	3.9	4.3	4.7	5.0	5.0	5.1	5.4
160 ～ 180	7.6	6.7	5.1	4.4	4.1	4.9	5.5	5.3	5.4	5.7	5.8
180 ～ 200	8.1	7.0	5.6	4.6	4.7	5.1	5.6	5.7	5.9	6.3	6.0
200 ～ 240	15.3	13.6	11.3	10.7	9.9	10.9	11.4	11.6	11.3	11.7	11.9
240 ～ 280	12.1	11.4	11.3	11.0	10.4	10.2	11.3	10.5	9.9	10.2	10.4
280 ～ 320	8.7	9.4	10.5	9.9	9.3	8.9	9.3	9.2	9.2	8.9	9.1
320 ～ 360	6.3	6.6	8.2	8.5	8.8	8.2	7.7	7.8	7.0	7.4	7.1
360 ～ 400	4.2	5.1	6.8	7.1	7.1	6.3	6.2	6.2	6.1	5.9	5.6
400 ～ 500	5.3	7.3	10.8	12.3	13.2	11.4	10.3	9.5	9.9	9.7	9.0
500 ～ 600	2.2	2.9	4.9	6.8	7.2	6.3	5.2	5.0	4.9	4.3	4.9
600 ～ 700	0.9	1.3	2.7	3.4	3.7	3.3	2.6	2.5	2.6	2.3	2.2
700 ～ 800	0.4	0.7	1.2	1.6	1.9	1.6	1.2	1.2	1.3	1.0	1.0
800 ～ 900	0.2	0.3	0.6	0.9	1.0	0.9	0.7	0.7	0.6	0.5	0.6
900 ～ 1000	0.2	0.2	0.4	0.5	0.6	0.5	0.3	0.3	0.3	0.2	0.3
1000万円以上	0.5	0.7	1.0	1.4	1.4	1.3	0.7	0.8	0.8	0.7	0.9
					累積度数分布						
総　　　数	・	・	・	・	・	・	・	・	・	・	・
40万円未満	1.2	1.2	1.4	1.5	1.1	2.0	1.7	1.4	1.4	1.5	1.2
40 ～ 60	3.3	3.0	2.8	2.8	2.4	3.5	3.5	3.3	3.6	4.0	4.0
60 ～ 80	6.2	6.1	4.7	4.5	4.3	5.6	5.8	6.3	6.7	7.2	7.1
80 ～ 100	10.3	10.1	7.4	6.8	6.6	8.6	8.9	9.8	10.4	11.2	10.9
100 ～ 120	15.2	14.7	10.5	9.3	9.5	11.9	12.8	13.9	14.9	15.5	15.0
120 ～ 140	21.3	20.5	14.5	12.9	13.0	15.9	17.1	18.8	19.6	20.2	19.7
140 ～ 160	28.1	26.8	19.4	17.0	16.8	20.3	21.8	23.8	24.7	25.3	25.1
160 ～ 180	35.7	33.6	24.5	21.4	20.9	25.2	27.3	29.1	30.1	31.0	31.0
180 ～ 200	43.9	40.5	30.1	26.0	25.7	30.3	33.0	34.7	36.0	37.3	37.0
200 ～ 240	59.1	54.1	41.4	36.7	35.6	41.2	44.3	46.3	47.3	49.0	48.9
240 ～ 280	71.2	65.5	52.7	47.7	45.9	51.3	55.7	56.8	57.3	59.3	59.3
280 ～ 320	80.0	74.9	63.2	57.7	55.3	60.2	65.0	66.0	66.5	68.1	68.4
320 ～ 360	86.2	81.4	71.4	66.1	64.0	68.4	72.7	73.7	73.5	75.5	75.5
360 ～ 400	90.4	86.6	78.3	73.3	71.2	74.7	78.9	79.9	79.7	81.4	81.1
400 ～ 500	95.6	93.9	89.1	85.5	84.3	86.2	89.3	89.4	89.6	91.1	90.1
500 ～ 600	97.9	96.8	94.0	92.3	91.5	92.4	94.5	94.4	94.5	95.3	95.0
600 ～ 700	98.7	98.1	96.7	95.7	95.2	95.7	97.1	97.0	97.0	97.6	97.2
700 ～ 800	99.1	98.7	97.9	97.3	97.0	97.4	98.3	98.2	98.4	98.6	98.2
800 ～ 900	99.4	99.1	98.6	98.2	98.0	98.2	99.0	98.9	98.9	99.1	98.8
900 ～ 1000	99.5	99.3	99.0	98.6	98.6	98.7	99.3	99.2	99.2	99.3	99.1
1000万円以上	100.0	100.0	100.0	100.0	100.0	100.0	100.0	100.0	100.0	100.0	100.0

注：1）平成6年の数値は，兵庫県を除いたものである。
　　2）平成27年の数値は，熊本県を除いたものである。
　　3）等価可処分所得金額不詳は含まない。

（5－2）

第214表　世帯員の相対度数分布－累積度数分布，年次・全世帯－子ども－子どもがいる現役世帯・等価可処分所得金額階級（名目値）別

（単位：％）

等価可処分所得金額階級	昭和60年(1985)	63('88)	平成3年('91)	6('94)	9('97)	12(2000)	15('03)	18('06)	21('09)	24('12)	27('15)
子　ど　も											
					相対度数分布						
総　　　　数	100.0	100.0	100.0	100.0	100.0	100.0	100.0	100.0	100.0	100.0	100.0
40万円未満	0.9	1.0	1.1	1.1	1.1	1.9	1.2	0.7	1.1	1.1	1.1
40 ～ 60	1.7	1.5	1.1	1.0	1.1	1.4	1.7	1.4	2.1	2.6	2.7
60 ～ 80	2.5	3.1	1.7	1.5	1.5	1.9	2.3	3.1	2.9	3.3	2.5
80 ～ 100	4.0	3.9	2.8	1.9	2.1	3.0	2.8	3.4	3.7	4.3	3.5
100 ～ 120	5.2	4.9	3.0	2.3	2.9	2.9	3.6	4.1	4.8	4.4	3.6
120 ～ 140	7.0	6.6	4.5	3.5	3.2	4.1	4.2	5.0	4.6	4.8	3.7
140 ～ 160	8.0	7.1	5.8	4.5	4.0	4.9	5.4	5.3	4.9	4.8	4.8
160 ～ 180	9.5	8.1	6.0	5.3	4.8	5.7	6.3	5.8	5.6	5.6	6.0
180 ～ 200	9.7	8.2	6.8	5.5	5.5	5.7	6.3	5.9	5.7	7.3	6.2
200 ～ 240	17.8	16.0	13.8	13.1	12.1	12.9	12.9	13.2	12.1	12.1	12.4
240 ～ 280	12.6	12.5	13.6	14.4	13.0	12.5	12.8	12.4	11.1	12.2	13.1
280 ～ 320	7.9	9.6	12.2	12.1	11.5	10.7	11.4	10.7	11.8	10.4	11.2
320 ～ 360	5.1	5.8	8.3	9.2	10.5	9.0	8.4	8.7	7.9	8.3	8.9
360 ～ 400	2.9	3.9	6.1	6.8	7.3	6.3	5.9	6.3	6.3	6.1	6.1
400 ～ 500	3.0	4.6	7.9	9.8	11.0	9.3	8.5	7.9	8.7	7.6	7.5
500 ～ 600	1.1	1.5	2.5	4.2	4.3	4.0	3.3	3.6	3.5	2.9	4.0
600 ～ 700	0.4	0.6	1.3	1.8	1.9	1.7	1.6	1.1	1.6	1.2	1.4
700 ～ 800	0.2	0.3	0.5	0.7	0.7	0.8	0.6	0.3	0.5	0.4	0.4
800 ～ 900	0.1	0.2	0.3	0.3	0.4	0.3	0.4	0.3	0.3	0.2	0.3
900 ～ 1000	0.1	0.1	0.2	0.2	0.2	0.1	0.1	0.2	0.2	0.1	0.1
1000万円以上	0.3	0.5	0.6	0.8	0.7	0.7	0.3	0.5	0.5	0.3	0.4
					累積度数分布						
総　　　　数	・	・	・	・	・	・	・	・	・	・	・
40万円未満	0.9	1.0	1.1	1.1	1.1	1.9	1.2	0.7	1.1	1.1	1.1
40 ～ 60	2.6	2.5	2.2	2.1	2.2	3.3	2.9	2.1	3.2	3.7	3.8
60 ～ 80	5.1	5.7	3.9	3.6	3.7	5.2	5.2	5.2	6.1	7.0	6.3
80 ～ 100	9.1	9.6	6.6	5.5	5.8	8.2	8.0	8.6	9.8	11.3	9.8
100 ～ 120	14.2	14.5	9.6	7.8	8.6	11.1	11.6	12.6	14.6	15.7	13.4
120 ～ 140	21.2	21.1	14.1	11.3	11.9	15.2	15.8	17.7	19.2	20.5	17.1
140 ～ 160	29.2	28.2	19.9	15.8	15.9	20.1	21.2	23.0	24.1	25.3	21.9
160 ～ 180	38.7	36.4	26.0	21.1	20.7	25.8	27.5	28.8	29.8	30.9	27.9
180 ～ 200	48.4	44.5	32.8	26.6	26.2	31.5	33.8	34.7	35.5	38.2	34.1
200 ～ 240	66.2	60.6	46.6	39.7	38.3	44.4	46.7	47.9	47.6	50.3	46.5
240 ～ 280	78.8	73.1	60.2	54.1	51.3	56.9	59.6	60.3	58.7	62.5	59.6
280 ～ 320	86.7	82.6	72.4	66.2	62.8	67.6	71.0	71.0	70.5	72.9	70.9
320 ～ 360	91.8	88.4	80.6	75.4	73.3	76.6	79.4	79.7	78.4	81.2	79.7
360 ～ 400	94.7	92.3	86.7	82.2	80.6	83.0	85.2	86.1	84.7	87.3	85.9
400 ～ 500	97.7	96.9	94.6	92.0	91.6	92.3	93.7	94.0	93.4	94.9	93.4
500 ～ 600	98.8	98.4	97.1	96.2	95.9	96.3	97.0	97.6	96.9	97.8	97.4
600 ～ 700	99.2	99.0	98.4	97.9	97.8	98.0	98.6	98.7	98.5	99.0	98.8
700 ～ 800	99.4	99.3	98.9	98.6	98.6	98.9	99.2	99.0	99.0	99.4	99.2
800 ～ 900	99.6	99.4	99.2	99.0	99.0	99.2	99.6	99.3	99.3	99.7	99.5
900 ～ 1000	99.7	99.5	99.4	99.2	99.3	99.3	99.7	99.5	99.5	99.7	99.6
1000万円以上	100.0	100.0	100.0	100.0	100.0	100.0	100.0	100.0	100.0	100.0	100.0

注：1）平成6年の数値は，兵庫県を除いたものである。
　　2）平成27年の数値は，熊本県を除いたものである。
　　3）等価可処分所得金額不詳は含まない。

（5－3）

第214表　世帯員の相対度数分布－累積度数分布，年次・全世帯－
子ども－子どもがいる現役世帯・等価可処分所得金額階級（名目値）別

（単位：％）

等価可処分所得金額階級	昭和60年(1985)	63('88)	平成3年('91)	6('94)	9('97)	12(2000)	15('03)	18('06)	21('09)	24('12)	27('15)
子どもがいる現役世帯											
					相対度数分布						
総　　　　　数	100.0	100.0	100.0	100.0	100.0	100.0	100.0	100.0	100.0	100.0	100.0
40万円未満	0.7	1.0	0.9	1.0	0.9	1.6	1.1	0.5	1.1	1.1	1.0
40 ～ 60	1.6	1.4	1.0	1.0	0.9	1.3	1.6	1.3	2.1	2.4	2.6
60 ～ 80	2.4	2.9	1.4	1.3	1.4	1.7	2.0	2.4	2.6	3.1	2.4
80 ～ 100	3.8	3.6	2.5	1.7	1.9	2.8	2.6	3.0	3.2	3.8	3.1
100 ～ 120	5.1	4.5	2.9	2.1	2.6	2.6	3.4	3.7	4.7	4.1	3.3
120 ～ 140	6.7	6.3	4.1	3.4	3.0	3.9	3.9	4.3	4.5	4.4	3.5
140 ～ 160	7.9	7.0	5.3	4.2	3.9	4.8	5.2	4.9	4.6	4.8	4.6
160 ～ 180	9.2	8.0	5.8	4.9	4.6	5.5	6.3	5.6	5.1	5.1	5.6
180 ～ 200	9.6	8.1	6.6	5.2	5.3	5.7	6.2	5.9	5.6	7.1	6.1
200 ～ 240	17.7	15.8	13.6	13.0	11.6	12.7	12.8	13.3	12.4	11.9	12.1
240 ～ 280	12.8	12.6	13.5	14.3	13.2	12.6	13.1	12.5	11.0	12.5	13.2
280 ～ 320	8.4	9.9	12.4	12.0	11.5	10.8	11.1	10.6	11.8	10.5	11.4
320 ～ 360	5.4	6.1	8.7	9.4	10.6	9.4	8.9	9.3	8.1	8.6	9.1
360 ～ 400	3.1	4.3	6.7	7.1	7.8	6.5	6.4	6.9	6.7	6.6	6.7
400 ～ 500	3.4	5.2	8.7	10.7	12.1	10.1	9.0	8.7	9.2	8.5	8.3
500 ～ 600	1.1	1.7	2.8	4.5	4.6	4.2	3.4	4.2	4.0	3.2	4.1
600 ～ 700	0.4	0.6	1.4	1.8	2.0	1.8	1.5	1.3	1.8	1.3	1.6
700 ～ 800	0.2	0.3	0.6	0.8	0.8	0.8	0.6	0.3	0.5	0.4	0.4
800 ～ 900	0.1	0.1	0.2	0.4	0.4	0.4	0.5	0.3	0.4	0.3	0.3
900 ～ 1000	0.1	0.1	0.3	0.1	0.2	0.1	0.2	0.2	0.2	0.1	0.1
1000万円以上	0.3	0.5	0.6	0.7	0.7	0.7	0.2	0.5	0.4	0.2	0.3
					累積度数分布						
総　　　　　数	・	・	・	・	・	・	・	・	・	・	・
40万円未満	0.7	1.0	0.9	1.0	0.9	1.6	1.1	0.5	1.1	1.1	1.0
40 ～ 60	2.4	2.4	1.9	2.0	1.7	2.9	2.6	1.8	3.1	3.4	3.6
60 ～ 80	4.7	5.2	3.4	3.3	3.1	4.6	4.7	4.2	5.7	6.6	6.0
80 ～ 100	8.6	8.9	5.9	5.0	5.0	7.3	7.2	7.2	8.9	10.4	9.2
100 ～ 120	13.6	13.4	8.7	7.1	7.6	9.9	10.6	10.9	13.6	14.5	12.5
120 ～ 140	20.4	19.7	12.8	10.5	10.6	13.8	14.5	15.2	18.1	18.9	16.0
140 ～ 160	28.3	26.7	18.2	14.8	14.5	18.6	19.8	20.1	22.7	23.6	20.6
160 ～ 180	37.5	34.7	23.9	19.7	19.2	24.1	26.0	25.8	27.9	28.8	26.3
180 ～ 200	47.1	42.7	30.5	24.9	24.5	29.8	32.2	31.7	33.4	35.9	32.4
200 ～ 240	64.7	58.5	44.2	37.9	36.0	42.6	45.0	45.0	45.8	47.8	44.4
240 ～ 280	77.5	71.1	57.7	52.3	49.2	55.2	58.2	57.5	56.8	60.3	57.7
280 ～ 320	85.9	81.0	70.0	64.3	60.7	66.0	69.2	68.1	68.6	70.8	69.1
320 ～ 360	91.3	87.1	78.8	73.7	71.4	75.3	78.1	77.4	76.7	79.4	78.2
360 ～ 400	94.4	91.4	85.5	80.9	79.2	81.8	84.6	84.4	83.5	86.1	84.9
400 ～ 500	97.7	96.6	94.2	91.6	91.3	91.9	93.6	93.1	92.6	94.5	93.2
500 ～ 600	98.9	98.3	96.9	96.1	95.8	96.1	97.0	97.3	96.7	97.8	97.3
600 ～ 700	99.3	98.9	98.3	97.9	97.8	98.0	98.6	98.6	98.5	99.0	98.9
700 ～ 800	99.5	99.2	98.9	98.7	98.7	98.8	99.2	99.0	99.0	99.4	99.3
800 ～ 900	99.6	99.4	99.1	99.1	99.1	99.2	99.6	99.3	99.3	99.7	99.6
900 ～ 1000	99.7	99.5	99.4	99.3	99.3	99.3	99.8	99.5	99.6	99.8	99.7
1000万円以上	100.0	100.0	100.0	100.0	100.0	100.0	100.0	100.0	100.0	100.0	100.0

注：1）平成6年の数値は、兵庫県を除いたものである。
　　2）平成27年の数値は、熊本県を除いたものである。
　　3）等価可処分所得金額不詳は含まない。

733

（5－4）

第214表　世帯員の相対度数分布－累積度数分布，年次・全世帯－子ども－子どもがいる現役世帯・等価可処分所得金額階級（名目値）別

（単位：％）

等価可処分所得金額階級	昭和60年(1985)	63('88)	平成3年('91)	6('94)	9('97)	12(2000)	15('03)	18('06)	21('09)	24('12)	27('15)
大　人　が　一　人											
					相対度数分布						
総　　　　数	100.0	100.0	100.0	100.0	100.0	100.0	100.0	100.0	100.0	100.0	100.0
40万円未満	2.9	3.7	5.0	6.0	9.4	8.3	7.6	7.7	3.3	2.7	2.3
40 ～ 60	9.3	9.5	7.6	6.9	7.5	6.7	9.6	8.8	8.2	8.4	8.4
60 ～ 80	16.4	15.3	9.8	10.4	9.7	10.4	14.6	17.0	15.4	13.8	13.5
80 ～ 100	19.3	14.8	9.8	8.6	10.0	14.6	10.1	9.6	8.1	16.0	12.4
100 ～ 120	12.7	10.6	11.7	9.3	11.6	10.1	11.8	7.9	12.1	12.8	13.3
120 ～ 140	7.8	10.1	9.5	8.9	11.0	8.5	9.9	14.7	11.8	12.3	7.8
140 ～ 160	5.5	10.1	11.4	9.8	7.3	6.7	5.9	9.2	9.6	7.5	9.1
160 ～ 180	6.5	7.2	6.4	7.3	6.3	6.8	5.1	7.7	8.4	7.5	9.5
180 ～ 200	3.2	3.5	6.2	4.7	5.5	4.0	2.6	5.1	3.4	6.0	5.4
200 ～ 240	4.8	5.4	7.1	7.5	5.8	8.8	7.1	5.7	4.9	5.3	4.7
240 ～ 280	4.9	3.6	4.3	5.9	5.6	6.2	5.5	1.8	4.0	3.9	4.8
280 ～ 320	3.6	2.1	4.6	4.6	1.8	1.7	1.8	1.0	2.4	0.3	2.5
320 ～ 360	1.0	1.3	1.9	3.0	1.5	1.2	1.8	2.0	0.2	－	1.5
360 ～ 400	0.6	0.7	1.0	1.6	1.7	2.3	2.5	0.3	1.4	0.9	1.4
400 ～ 500	1.1	0.5	2.3	3.8	2.9	2.8	1.6	0.3	4.7	1.6	1.4
500 ～ 600	－	0.7	0.4	0.7	1.3	0.1	1.4	0.7	0.3	0.7	0.8
600 ～ 700	0.2	0.4	0.7	－	－	0.3	－	－	0.3	0.1	0.7
700 ～ 800	－	0.2	－	0.5	1.0	－	－	－	－	－	－
800 ～ 900	－	0.4	－	－	－	0.1	1.0	－	1.2	－	0.7
900 ～ 1000	0.4	－	0.2	0.2	－	－	－	0.7	－	－	－
1000万円以上	－	－	0.2	－	－	0.2	－	－	0.2	－	－
					累積度数分布						
総　　　　数	・	・	・	・	・	・	・	・	・	・	・
40万円未満	2.9	3.7	5.0	6.0	9.4	8.3	7.6	7.7	3.3	2.7	2.3
40 ～ 60	12.2	13.2	12.6	12.9	17.0	15.0	17.3	16.5	11.6	11.2	10.7
60 ～ 80	28.5	28.5	22.4	23.3	26.7	25.5	31.8	33.5	27.0	25.0	24.1
80 ～ 100	47.8	43.4	32.1	31.9	36.7	40.1	41.9	43.0	35.0	40.9	36.5
100 ～ 120	60.5	54.0	43.8	41.2	48.3	50.2	53.8	50.9	47.1	53.8	49.9
120 ～ 140	68.2	64.1	53.3	50.2	59.3	58.7	63.7	65.6	58.9	66.1	57.6
140 ～ 160	73.7	74.2	64.8	60.0	66.6	65.4	69.6	74.8	68.6	73.6	66.7
160 ～ 180	80.3	81.4	71.2	67.3	72.9	72.2	74.7	82.5	77.0	81.0	76.2
180 ～ 200	83.5	84.9	77.4	72.0	78.4	76.2	77.3	87.6	80.4	87.1	81.6
200 ～ 240	88.3	90.2	84.4	79.6	84.3	85.0	84.4	93.3	85.3	92.4	86.3
240 ～ 280	93.2	93.8	88.8	85.5	89.9	91.2	89.9	95.1	89.3	96.3	91.1
280 ～ 320	96.8	95.9	93.4	90.2	91.7	92.9	91.7	96.0	91.7	96.6	93.5
320 ～ 360	97.7	97.2	95.3	93.1	93.2	94.1	93.5	98.1	91.9	96.6	95.1
360 ～ 400	98.4	97.9	96.3	94.8	94.9	96.4	96.0	98.3	93.3	97.5	96.5
400 ～ 500	99.4	98.4	98.6	98.6	97.7	99.2	97.6	98.6	98.0	99.1	97.9
500 ～ 600	99.4	99.1	99.0	99.3	99.0	99.3	99.0	99.3	98.3	99.9	98.7
600 ～ 700	99.6	99.5	99.7	99.3	99.0	99.7	99.0	99.3	98.6	100.0	99.3
700 ～ 800	99.6	99.6	99.7	99.8	100.0	99.7	99.0	99.3	98.6	100.0	99.3
800 ～ 900	99.6	100.0	99.7	99.8	100.0	99.8	100.0	99.3	99.8	100.0	100.0
900 ～ 1000	100.0	100.0	99.8	100.0	100.0	99.8	100.0	100.0	99.8	100.0	100.0
1000万円以上	100.0	100.0	100.0	100.0	100.0	100.0	100.0	100.0	100.0	100.0	100.0

注：1）平成6年の数値は、兵庫県を除いたものである。
　　2）平成27年の数値は、熊本県を除いたものである。
　　3）等価可処分所得金額不詳は含まない。

（5－5）

第214表　世帯員の相対度数分布－累積度数分布，年次・全世帯－子ども－子どもがいる現役世帯・等価可処分所得金額階級（名目値）別

（単位：％）

等価可処分所得金額階級	昭和60年 (1985)	63 （'88）	平成3年 （'91）	6 （'94）	9 （'97）	12 (2000)	15 （'03）	18 （'06）	21 （'09）	24 （'12）	27 （'15）
大人が二人以上					相対度数分布						
総数	100.0	100.0	100.0	100.0	100.0	100.0	100.0	100.0	100.0	100.0	100.0
40万円未満	0.7	0.9	0.8	0.9	0.6	1.4	0.8	0.2	1.0	0.9	0.9
40 ～ 60	1.5	1.2	0.8	0.8	0.7	1.1	1.2	0.9	1.7	2.0	2.3
60 ～ 80	2.1	2.6	1.2	1.1	1.1	1.4	1.5	1.7	1.9	2.4	1.8
80 ～ 100	3.6	3.4	2.3	1.6	1.7	2.4	2.3	2.7	3.0	3.0	2.6
100 ～ 120	4.9	4.4	2.6	1.9	2.4	2.4	3.0	3.5	4.3	3.5	2.7
120 ～ 140	6.7	6.2	4.0	3.3	2.8	3.7	3.7	3.8	4.1	3.8	3.3
140 ～ 160	7.9	6.9	5.2	4.1	3.8	4.8	5.2	4.7	4.3	4.6	4.3
160 ～ 180	9.3	8.0	5.8	4.9	4.6	5.4	6.3	5.5	5.0	5.0	5.4
180 ～ 200	9.7	8.2	6.6	5.2	5.3	5.8	6.3	6.0	5.7	7.2	6.1
200 ～ 240	17.9	16.0	13.8	13.2	11.7	12.8	13.1	13.6	12.8	12.4	12.5
240 ～ 280	12.9	12.7	13.7	14.5	13.4	12.8	13.4	13.0	11.3	13.1	13.7
280 ～ 320	8.5	10.1	12.5	12.2	11.8	11.1	11.4	11.1	12.3	11.1	12.0
320 ～ 360	5.4	6.2	8.9	9.6	10.9	9.6	9.2	9.7	8.6	9.2	9.5
360 ～ 400	3.1	4.4	6.9	7.2	8.0	6.6	6.6	7.2	7.0	7.0	7.0
400 ～ 500	3.4	5.3	8.8	10.9	12.4	10.3	9.3	9.1	9.4	9.0	8.7
500 ～ 600	1.2	1.7	2.8	4.6	4.6	4.4	3.5	4.4	4.2	3.4	4.3
600 ～ 700	0.4	0.6	1.4	1.9	2.0	1.9	1.6	1.4	1.9	1.3	1.7
700 ～ 800	0.2	0.3	0.6	0.8	0.8	0.8	0.6	0.4	0.5	0.4	0.4
800 ～ 900	0.1	0.1	0.2	0.4	0.4	0.4	0.4	0.3	0.3	0.3	0.3
900 ～ 1000	0.1	0.1	0.3	0.1	0.2	0.1	0.2	0.2	0.3	0.1	0.1
1000万円以上	0.3	0.5	0.6	0.7	0.8	0.7	0.2	0.6	0.4	0.3	0.3
					累積度数分布						
総数	・	・	・	・	・	・	・	・	・	・	・
40万円未満	0.7	0.9	0.8	0.9	0.6	1.4	0.8	0.2	1.0	0.9	0.9
40 ～ 60	2.2	2.1	1.7	1.7	1.3	2.5	2.0	1.1	2.7	2.9	3.2
60 ～ 80	4.4	4.7	2.9	2.8	2.5	3.9	3.5	2.8	4.6	5.4	5.0
80 ～ 100	8.0	8.2	5.3	4.3	4.1	6.2	5.8	5.5	7.6	8.4	7.6
100 ～ 120	12.9	12.6	7.9	6.3	6.5	8.6	8.8	9.0	11.9	11.9	10.3
120 ～ 140	19.6	18.8	11.9	9.6	9.3	12.3	12.4	12.8	16.0	15.7	13.6
140 ～ 160	27.6	25.7	17.1	13.7	13.2	17.0	17.6	17.5	20.3	20.3	18.0
160 ～ 180	36.8	33.7	22.8	18.5	17.7	22.5	24.0	23.0	25.3	25.3	23.4
180 ～ 200	46.5	41.9	29.4	23.8	23.0	28.3	30.3	29.0	31.0	32.5	29.5
200 ～ 240	64.4	57.9	43.2	36.9	34.7	41.1	43.4	42.7	43.8	44.9	42.0
240 ～ 280	77.3	70.6	56.9	51.5	48.1	54.0	56.8	55.7	55.1	58.0	55.7
280 ～ 320	85.7	80.7	69.5	63.7	59.9	65.1	68.2	66.8	67.4	69.1	67.7
320 ～ 360	91.2	86.9	78.4	73.3	70.8	74.7	77.5	76.5	76.0	78.3	77.2
360 ～ 400	94.3	91.3	85.2	80.5	78.8	81.3	84.1	83.7	83.0	85.3	84.2
400 ～ 500	97.7	96.6	94.0	91.4	91.1	91.7	93.4	92.8	92.4	94.2	92.9
500 ～ 600	98.9	98.3	96.9	96.0	95.8	96.0	96.9	97.2	96.6	97.6	97.2
600 ～ 700	99.3	98.9	98.3	97.9	97.8	97.9	98.5	98.6	98.5	99.0	98.9
700 ～ 800	99.5	99.2	98.9	98.7	98.6	98.8	99.2	99.0	99.0	99.4	99.3
800 ～ 900	99.6	99.4	99.1	99.1	99.1	99.2	99.6	99.3	99.3	99.7	99.6
900 ～ 1000	99.7	99.5	99.4	99.3	99.2	99.3	99.8	99.4	99.6	99.7	99.7
1000万円以上	100.0	100.0	100.0	100.0	100.0	100.0	100.0	100.0	100.0	100.0	100.0

注：1）平成6年の数値は、兵庫県を除いたものである。
　　2）平成27年の数値は、熊本県を除いたものである。
　　3）等価可処分所得金額不詳は含まない。

735

第Ⅳ編　用　語　の　解　説

世帯

世帯とは、住居及び生計を共にする者の集まり又は独立して住居を維持し、若しくは独立して生計を営む単身者をいう。

世帯主

世帯主とは、年齢や所得にかかわらず、世帯の中心となって物事をとりはかる者として世帯側から報告された者をいう。

世帯員

世帯員とは、世帯を構成する各人をいう。ただし、社会福祉施設に入所している者、単身赴任者（出稼ぎ者及び長期海外出張者を含む。）、遊学中の者、別居中の者、預けた里子、収監中の者を除く。

世帯構造

世帯構造は、次の分類による。

1　単独世帯
　(1)　住み込み又は寄宿舎等に居住する単独世帯
　　　住み込みの店員、あるいは学校の寄宿舎・寮・会社などの独身寮に単身で入居している者をいう。
　(2)　その他の単独世帯
　　　世帯員が一人だけの世帯であって、その世帯員の居住場所が (1) 以外の者をいう。
2　核家族世帯
　(1)　夫婦のみの世帯
　　　世帯主とその配偶者のみで構成する世帯をいう。
　(2)　夫婦と未婚の子のみの世帯
　　　夫婦と未婚の子のみで構成する世帯をいう。
　(3)　ひとり親と未婚の子のみの世帯
　　　父親又は母親と未婚の子のみで構成する世帯をいう。
3　三世代世帯
　　　世帯主を中心とした直系三世代以上の世帯をいう。
4　その他の世帯
　　　上記 1 ～ 3 以外の世帯をいう。

世帯業態

世帯業態は、次の分類による。

1　雇用者世帯
　(1)　常雇者世帯
　　　最多所得者が 1 年以上の契約又は雇用期間について別段の定めなく雇われている者の世帯をいう。
　　① 　会社・団体等の役員の世帯
　　　　最多所得者が会社又は団体等を経営、代表する役職についている者の世帯をいう。
　　② 　一般常雇者世帯
　　　　最多所得者が個人業主、会社、団体、官公庁に雇われている者の世帯をいう。

ア 契約期間の定めのない雇用者世帯

最多所得者が雇用期間について別段の定めなく個人業主、会社、団体、官公庁に雇われている者の世帯をいう。

イ 契約期間が1年以上の雇用者世帯

最多所得者が雇用期間について1年以上契約して個人業主、会社、団体、官公庁に雇われている者の世帯をいう。

⑵ 1月以上1年未満の契約の雇用者世帯

最多所得者が形式のいかんを問わず1月以上1年未満の契約によって雇われている者の世帯をいう。

⑶ 日々又は1月未満の契約の雇用者世帯

最多所得者が形式のいかんを問わず日々又は1月未満の契約によって雇われている者の世帯をいう。

2 自営業者世帯

最多所得者が事務所、工場、商店、飲食店等の事業を行っている者の世帯をいう。

3 その他の世帯

最多所得者が上記に該当しない世帯をいう。したがって、最多所得者が全く働いていない世帯（利子、家賃、配当金、年金、恩給等で所得を得ている世帯）が含まれる。

4 不詳

最多所得者の就業状況が不詳の世帯、及び最多所得者に仕事がなく世帯を構成する者に仕事ありの者がなく、これに仕事の有無が不詳の者がいる世帯をいう。

世帯類型

世帯類型は、次の分類による。

1 高齢者世帯

65歳以上の者のみで構成するか、又はこれに18歳未満の未婚の者が加わった世帯をいう。

2 母子世帯

死別・離別・その他の理由（未婚の場合を含む。）で、現に配偶者のいない65歳未満の女（配偶者が長期間生死不明の場合を含む。）と20歳未満のその子（養子を含む。）のみで構成している世帯をいう。

3 父子世帯

死別・離別・その他の理由（未婚の場合を含む。）で、現に配偶者のいない65歳未満の男（配偶者が長期間生死不明の場合を含む。）と20歳未満のその子（養子を含む。）のみで構成している世帯をいう。

4 その他の世帯

上記1～3以外の世帯をいう。

世帯種

世帯種は、次の分類による。

1 国保加入世帯

国民健康保険の被保険者が一人でもおり、かつ、他の医療保険の被保険者又は被扶養者がいない世帯をいう。

739

2　被用者保険加入世帯

　　全国健康保険協会管掌健康保険（協会けんぽ）、組合管掌健康保険、船員保険の被保険者若しく
は共済組合の組合員又はその被扶養者が一人でもおり、かつ、他の医療保険の被保険者がいない世
帯をいう。

3　国保・被用者保険加入世帯

　　上記の国民健康保険の被保険者及び被用者保険の被保険者又はその被扶養者がそれぞれ一人でも
おり、かつ、後期高齢者医療制度の被保険者がいない世帯をいう。

4　後期高齢者医療制度加入世帯

　　後期高齢者医療制度の被保険者が一人でもおり、かつ、他の医療保険の被保険者又は被扶養者が
いない世帯をいう。

5　国保・後期高齢者医療制度加入世帯

　　上記の国民健康保険の被保険者及び後期高齢者医療制度の被保険者がそれぞれ一人でもおり、か
つ、他の医療保険の被保険者又は被扶養者がいない世帯をいう。

6　被用者保険・後期高齢者医療制度加入世帯

　　上記の被用者保険の被保険者又はその被扶養者及び後期高齢者医療制度の被保険者がそれぞれ一
人でもおり、かつ、国民健康保険の被保険者がいない世帯をいう。

7　国保・被用者保険・後期高齢者医療制度加入世帯

　　上記の国民健康保険の被保険者、被用者保険の被保険者又はその被扶養者及び後期高齢者医療制
度の被保険者がそれぞれ一人でもいる世帯をいう。

8　その他の世帯

　　上記1～7以外で加入保険不詳の者がいない世帯をいう。

9　不詳

地域ブロック

　　地域ブロックは、次の分類による。

1	北海道	北海道
2	東　北	青森県・岩手県・宮城県・秋田県・山形県・福島県
3	関東Ⅰ	埼玉県・千葉県・東京都・神奈川県
4	関東Ⅱ	茨城県・栃木県・群馬県・山梨県・長野県
5	北　陸	新潟県・富山県・石川県・福井県
6	東　海	岐阜県・静岡県・愛知県・三重県
7	近畿Ⅰ	京都府・大阪府・兵庫県
8	近畿Ⅱ	滋賀県・奈良県・和歌山県
9	中　国	鳥取県・島根県・岡山県・広島県・山口県
10	四　国	徳島県・香川県・愛媛県・高知県
11	北九州	福岡県・佐賀県・長崎県・大分県
12	南九州	熊本県・宮崎県・鹿児島県・沖縄県

市郡

市郡は、次の分類による。

1 大都市

21大都市（東京都区部、札幌市、仙台市、さいたま市、千葉市、横浜市、川崎市、相模原市、新潟市、静岡市、浜松市、名古屋市、京都市、大阪市、堺市、神戸市、岡山市、広島市、北九州市、福岡市、熊本市）をいう。

2 その他の市

21大都市以外の市をいう。

3 郡部

上記1〜2以外をいう。

医療保険加入状況

医療保険加入状況は、次の分類による。

1 国民健康保険

いずれの被用者保険にも加入できない農林漁業者や商店経営などの自営業者が加入している。

また、医師、土木建築業、理容業など、同種の事業又は業務に従事する者で組織される国民健康保険組合に加入している場合も含む。

国民健康保険は、次の各制度への加入をいう。

① 市町村

市町村（特別区）が運営し、地域内の一般住民を対象としているものに加入している場合をいう。

② 組合

同種の事業又は業務に従事するもので組合を設立し、その組合員を対象とするものに加入している場合をいう。

2 被用者保険

被用者保険は、次の各制度への加入をいう。

⑴ 全国健康保険協会管掌健康保険（協会けんぽ）

主として民間会社（中小企業）に勤務する者が加入している。

なお、臨時的に雇用される者や季節的業務に雇用される者なども含む。

⑵ 組合管掌健康保険

主として民間会社（大企業）に勤務する者が加入している。

⑶ 共済組合

国の機関や地方自治体、公立・私立の学校、教育委員会、警察に勤務する者が加入している。

⑷ 船員保険

船員として5トン以上の船舶の所有者に使用される者が加入している。

被用者保険加入者は、次の分類による。

① 本人

保険証・組合員証で「被保険者」とされている者をいう。

② 家族

　保険証・組合員証で「被扶養者」とされている者をいう。

3　後期高齢者医療制度

　「75歳以上の者」及び「65歳以上75歳未満で一定の障害があり都道府県広域連合の認定を受けた者」が加入している。

4　その他

　上記1～3のいずれにも加入していない者をいう。

仕事の有無

1　仕事あり（有業）

　平成28年5月中に所得を伴う仕事をしていたことをいう。ただし、同月中に全く仕事をしなかった場合であっても、次のような場合は「仕事あり」とする。

⑴　雇用者であって、平成28年5月中に給料・賃金の支払いを受けたか、又は受けることになっていた場合（例えば、病気で休んでいる場合）

⑵　自営業者であって、自ら仕事をしなかったが、平成28年5月中に事業は経営されていた場合

⑶　自営業主の家族であって、その経営する事業を手伝っていた場合

⑷　職場の就業規則などで定められている育児（介護）休業期間中であった場合

2　仕事なし（無業）

　上記1以外をいう。なお、ダフ屋、かけ屋などの仕事は、正当な仕事とは認められないので、仕事なしとする。

有業者構成

　有業者構成とは、平成28年5月中の世帯主及び世帯員の所得を伴う仕事の有無による組合せをいう。

平均有業人員

　世帯における仕事あり（有業）の世帯人員

$$平均有業人員 = \frac{有業者数}{世帯数}$$

有業率

　世帯員のうち仕事あり（有業）の者の割合

$$有業率 = \frac{有業者数}{世帯人員} \times 100$$

勤めか自営かの別

　勤めか自営かの別は、次の分類による。

1　一般常雇者（契約期間の定めのない雇用者）

　雇用期間について別段の定めなく個人業主、会社、団体、官公庁に雇われている者をいう。

2　一般常雇者（契約期間が1年以上の雇用者）

　雇用期間について1年以上契約して個人業主、会社、団体、官公庁に雇われている者をいう。

3　1月以上1年未満の契約の雇用者

4　日々又は1月未満の契約の雇用者

5　会社・団体等の役員

　　会社・団体・公社などの役員（重役・理事など）をいう。例えば、株式会社の取締役・監査役、合名会社や合資会社の代表社員、組合や協会の理事・監事、公社や公団の総裁・理事・監事などである。

6　自営業主

　　商店主、工場主、農業主、開業医、弁護士、著述家など一定の店舗、工場、事務所などにおいて事業を行っている者をいう。

7　家族従業者

　　自営業主の家族であって、その経営する事業を手伝っている者をいう。

8　内職

　　家庭において、収入を得るため仕事をしている者をいう。

9　その他

　　上記1～8以外の者をいう。

10　勤めか自営か不詳

　　仕事はあるが、勤めか自営かの別が不詳である者をいう。

勤め先での呼称

勤め先での呼称は、次の分類による。

1　正規の職員・従業員

　　一般職員又は正社員などと呼ばれている者をいう。

2　パート、アルバイト

　　就業の時間や日数に関係なく、勤め先で「パートタイマー」「アルバイト」又はそれに近い名称で呼ばれている者をいう。

　　「パート」か「アルバイト」かはっきりしない場合は、募集広告や募集要領又は雇用契約の際に言われたり、示された呼称による。

3　労働者派遣事業所の派遣社員

　　労働者派遣法に基づく労働者派遣事業所に雇用され、そこから派遣されて働いている者をいう。

　　この法令に該当しないものは、形態が似たものであっても「労働者派遣事業所の派遣社員」とはしない。

4　契約社員

　　専門的職種に従事させることを目的に契約に基づき雇用されている者又は雇用期間の定めのある者をいう。

5　嘱託

　　労働条件や契約期間に関係なく、勤め先で「嘱託職員」又はそれに近い名称で呼ばれている者をいう。

6　その他

　　上記1～5以外の者をいう。

なお、上記2～6の者をまとめて「非正規の職員・従業員」として表章している。

就業時間

就業時間とは、平成28年5月16日から22日の1週間に仕事をした時間をいう。

就業希望の有無

就業希望の有無とは、仕事なしの者で就業希望があるかないかをいう。

希望する仕事の形

希望する仕事の形とは、就業希望がある者の最も希望する仕事の形態をいう。

すぐには就けない理由

すぐには就けない理由とは、就業希望がありながらも、すぐに仕事に就けない場合の理由（出産・育児、介護・看護のため、又は健康に自信がない等）をいう。

住居の種類

住居の種類は、次の分類による。

1　持ち家
　世帯主又は世帯員名義の住宅をいう。

2　民間賃貸住宅
　民間の賃貸住宅をいう（社宅を除く）。

3　社宅・公務員住宅等の給与住宅
　社宅及び国、地方公共団体の公務員住宅をいう。

4　都市再生機構・公社等の公営賃貸住宅
　都市再生機構・公社等の賃貸住宅をいう。

5　借間・その他
　上記1～4以外のものをいう。

家計支出額

家計支出額とは、平成28年5月中の家計上の支出金額（飲食費（外食費・し好品費を含む。）、住居費、光熱・水道費、被服費、保健医療費、教育費、教養娯楽費、交際費、冠婚葬祭費、その他の諸雑費など）をいい、税金、社会保険料は含まない。

別居の親・子への仕送り額

別居の親・子への仕送り額とは、平成28年5月中の家計上の支出金額のうち、別居している親（入院、入所など）又は子（学業など）へ仕送りをしている金額をいう。

公的年金-恩給受給状況

公的年金-恩給の受給状況は、次の分類による。

1　基礎年金
　現年金制度（昭和61年4月）の適用を受ける者が国民年金から受給しているもので、老齢、障害、死亡の状況により、老齢基礎年金、障害基礎年金、遺族基礎年金の3種類がある。

2 　基礎年金と厚生年金

　　現年金制度の適用を受ける者が基礎年金と厚生年金とを受給している場合をいう。

3 　基礎年金と共済年金

　　現年金制度の適用を受ける者が基礎年金と共済年金とを受給している場合をいう。

4 　基礎年金と厚生年金と共済年金

　　現年金制度の適用を受ける者が被用者年金の一元化法により基礎年金と厚生年金と共済年金の職域年金相当部分を受給している場合をいう。

5 　国民年金

　　旧制度の適用を受ける農家や商店の者等、また、家庭の主婦（国民年金の保険料を納付していた者のみ）、又はその遺児等が受給している場合をいう。

6 　福祉年金

　　旧制度発足時に年金制度に加入できなかった者が受給している場合をいう。

7 　厚生年金

　　民間の会社等に勤めていた者又はその遺族が受給している場合をいう。

8 　共済年金

　　国や地方の公務員、私立学校の教職員、農林漁業団体の職員であった者又はその遺族が受給している場合をいう。

9 　恩給

　　旧軍人や官吏であった者又はその遺族が受給している場合をいう。

10 　その他

　　上記1～8以外の公的年金・恩給を受給する者（国会議員互助年金、戦傷病者戦没者遺族年金、旧令共済組合の年金など）をいう。

11 　受給していない

　　上記1～10のいずれも受給していない場合をいう。

公的年金加入状況

公的年金加入状況は、次の分類による。

1 　国民年金第1号被保険者

　　20歳以上60歳未満で下記2～3に該当しない者をいう。自営業者、農林漁業従事者、学生及び厚生年金に加入していない雇用者などがこれにあたる。被用者年金制度の老齢（退職）年金を受けられる者で希望して加入している場合や60歳以上の者で年金受給資格を得るために任意加入している場合も含む。

2 　国民年金第2号被保険者

　　民間会社に勤務する者や船員である者、国の機関や地方自治体、公立・私立の学校、教育委員会、警察、農林漁業団体に勤務する者で被用者年金制度の加入者をいう。

3 　国民年金第3号被保険者

　　夫又は妻が国民年金第2号被保険者で、その夫又は妻に扶養されている20歳以上60歳未満の者をいう。

4 　加入していない

　　上記1～3のいずれにも加入していない者をいう。

経済上の地位

経済上の地位は、次の分類による。

1 最多所得者

調査日（平成28年6月2日）前1年間に最も多く所得を得た者をいう。

2 生計補助者

最多所得者以外の者で、仕事ありの者をいう。

3 被扶養者

最多所得者以外の者で、仕事なしの者をいう。

4 不詳

最多所得者以外の者で、仕事の有無が不詳の者をいう。

児童

児童とは、18歳未満の未婚の者をいう。

乳幼児

乳幼児とは、就学前（平成22年4月以後出生）の者をいう。

育児にかかった費用

育児にかかった費用とは、平成28年5月中に乳幼児に関してかかった保育費、医療費、家具・寝具等の費用、衣服費、衛生費、乳児にかかる費用(ミルク代、離乳食代、紙おむつ代等)、小遣い、おもちゃ代、運動用具代等の費用をいい、ミルク代、離乳食代以外の飲食費、光熱水道費、住居費などは含まない。

家族形態

家族形態は、次の分類による。

1 単独世帯

世帯に1人だけの場合をいう。

2 夫婦のみの世帯

配偶者のみと同居している場合をいう。

3 子と同居

(1) 子夫婦と同居

(2) 配偶者のいない子と同居

未婚の子、配偶者と死別・離別した子及び有配偶であるが、現在配偶者が世帯にいない子と同居している場合をいう。

4 その他の親族と同居

子と同居せず、子以外の親族と同居している場合をいう。

5 非親族と同居

上記1～4以外で、親族以外と同居している場合をいう。

子との同別居状況

子との同別居状況は、次の分類による。

1 同居の子のみあり

　同一家屋に居住し、かつ同一生計にある子のみあり、他に別居の子がいない場合をいう。

2 同居・別居の子あり

　同居の子と共に別居の子がある場合をいう。

3 別居の子のみあり

　同居の子がいなく別居の子がある場合をいい、最も近くに住んでいる子の居住場所により次の分類による。

　(1) 同一家屋

　　子と同一の家屋に住んでいるが、生計が別の場合をいう。

　(2) 同一敷地

　　子の住居が同一敷地内の別棟にあり、生計が別の場合をいう。

　(3) 近隣地域

　　子の住居が同じ町内会であったり、回覧板が回される程度の範囲の地域にある場合をいう。

　(4) 同一市区町村

　　子の住居が (2) 又は (3) に該当せず、同一市区町村内にある場合をいう。

　(5) その他の地域

　　上記 (1) ～ (4) 以外の地域をいう。

　(6) 居住場所不詳

4 子どもなし

　同居の子、別居の子が共にない場合をいう。

5 不詳

　同居の子がなく、別居の子の有無が不詳の場合をいう。

手助けや見守りを要する者

　手助けや見守りを要する者とは、在宅の6歳以上の世帯員であって、障害や身体機能の低下などで歩行・移動、着替え、洗面、食事、排せつ、入浴等に際して何らかの手助けや見守りを必要とする者や、意思疎通が困難な者、介護保険法による「要介護」「要支援」の認定を受けている者などをいう。

教育

教育とは、次の分類による。

1 卒業・在学の状況

　(1) 卒業

　　下記2の (1) ～ (6) の学校を卒業し、調査日現在は在学していない者をいう。

　(2) 在学中

　　調査日現在、下記2の (1) ～ (6) の学校に在学中の者をいう。休学中の場合や仕事をしながら通学している場合も含む。

　(3) 在学したことがない

　　下記2の (1) ～ (6) の学校に在学したことがない場合や小学校を中途退学した者をいう。

2 学校の種類

学校とは、小学校、中学校、高等学校、短期大学、大学などの学校をいい、それぞれ入学資格や在学年数が同等でこれらの学校の卒業に相当する資格が得られるものをいう。原則として予備校、洋裁学校、料理学校、語学学校などの各種学校、専修学校、職員・社員の研修所、養成所、訓練所などは含まない。

(1) 小学・中学

小学校、中学校、中等教育学校の前期課程、国民学校の初等科・高等科、尋常小学校、特別支援学校（盲学校、ろう学校、養護学校）の小学部・初等部・中学部、高等小学校、通信講習所普通科、青年学校普通科、実業補習学校などをいう。

(2) 高校・旧制中

新制の高等学校、中等教育学校の後期課程、特別支援学校（盲学校、ろう学校、養護学校）の高等部、准看護師養成所、旧制の中学校・高等女学校・実業学校、青年学校本科、陸海軍工員養成所、師範学校予科又は師範学校一部（3年修了のもの）、鉄道教習所中等部・普通部（昭和24年までの卒業者）、通信講習所高等科、陸軍幼年学校、海軍甲種・乙種飛行予科練習生、保育士養成所（旧制中学校卒業を入学資格とする修業年限2年以上の課程のもの）、専検合格者、実検合格者、専修学校高等課程・各種学校（中学校卒業を入学資格とする修業年限3年以上の課程のもの）などをいう。

(3) 専門学校

専修学校専門課程・各種学校（高等学校卒業を入学資格とする修業年限2年以上の課程のもの）、看護師養成所などをいう。

(4) 短大・高専

短期大学、工業高等専門学校、商船高等専門学校、航空大学校（昭和46年から平成元年7月までの卒業者）、旧制の高等学校・大学予科・専門学校・高等師範学校、師範学校本科、高等通信講習所本科、陸軍士官学校、海軍兵学校、水産講習所本科（昭和27年までの卒業者）などをいう。

(5) 大学

大学、水産大学校、防衛大学校、防衛医科大学校、海上保安大学校本科、航空大学校（昭和45年までの卒業者と平成元年11月からの卒業者・現在在学中の者）、放送大学（全科履修生のみ）、国立工業教員養成所などをいう。

(6) 大学院

大学院、法科大学院をいう。

所得

「平成28年調査」の所得とは、平成27年1月1日から12月31日までの1年間の所得をいう。

所得の種類

所得の種類は、次の分類による。

1 稼働所得

雇用者所得、事業所得、農耕・畜産所得、家内労働所得をいう。

(1) 雇用者所得

世帯員が勤め先から支払いを受けた給料・賃金・賞与の合計金額をいい、税金や社会保険料を含む。

なお、給料などの支払いに代えて行われた現物支給（有価証券や食事の支給など）は時価で見積もった額に換算して含めた。

(2) 事業所得

世帯員が事業（農耕・畜産事業を除く。）によって得た収入から仕入原価や必要経費（税金、社会保険料を除く。以下同じ。）を差し引いた金額をいう。

(3) 農耕・畜産所得

世帯員が農耕・畜産事業によって得た収入から仕入原価や必要経費を差し引いた金額をいう。

(4) 家内労働所得

世帯員が家庭内労働によって得た収入から必要経費を差し引いた金額をいう。

2　財産所得

世帯員の所有する土地・家屋を貸すことによって生じた収入（現物給付を含む。）から必要経費を差し引いた金額及び預貯金、公社債、株式などによって生じた利子・配当金から必要経費を差し引いた金額（源泉分離課税分を含む。）をいう。

3　社会保障給付金

公的年金・恩給、雇用保険、児童手当等、その他の社会保障給付金をいう。

(1) 公的年金・恩給

世帯員が公的年金・恩給の各制度から支給された年金額（2つ以上の制度から受給している場合は、その合計金額）をいう。

(2) 雇用保険

世帯員が受けた雇用保険法による失業等給付をいう。

(3) 児童手当等

世帯員が受けた児童手当、児童扶養手当、特別児童扶養手当等をいう。

(4) その他の社会保障給付金

世帯員が上記(1)～(3)以外から受けた社会保障給付金（生活保護法による扶助など）をいう。ただし、現物給付は除く。

4　仕送り

世帯員に定期的又は継続的に送られてくる仕送りをいう。

5　企業年金・個人年金等

公的年金以外で世帯員等が一定期間保険料（掛金）を納付（支払い）したことにより年金として支給された金額をいう。

6　その他の所得

上記1～5以外のもの（一時的仕送り、冠婚葬祭の祝い金・香典、各種祝い金等）をいう。

所得に占める割合

各所得をそれぞれの世帯の総所得で除した構成比をいう。

所得五分位階級

全世帯を所得の低いものから高いものへと順に並べて5等分し、所得の低い世帯群から第Ⅰ・第Ⅱ・第Ⅲ・第Ⅳ及び第Ⅴ五分位階級とし、その境界値をそれぞれ第Ⅰ・第Ⅱ・第Ⅲ及び第Ⅳ五分位値（五分位境界値）という。

基礎的所得の種類

世帯が得た所得を所得の種類別に分類したとき、最も金額の多いものをいう。基礎的所得の割合とは、これを世帯の総所得で除した構成比である。したがって、基礎的所得の割合が100%ということは、その世帯の所得が1種類の所得のみによって構成されているということである。

等価所得

等価所得とは、世帯の所得を世帯人員の平方根で割って調整したものをいう。

可処分所得

可処分所得とは、所得から所得税、住民税、社会保険料及び固定資産税を差し引いたものであり、「所得」はいわゆる税込みで、「可処分所得」は手取り収入に相当する。

等価可処分所得

等価可処分所得とは、世帯の可処分所得を世帯人員の平方根で割って調整したものをいう。

中央値

中央値とは、所得を低いものから高いものへと順に並べて二等分する境界値をいう。

課税の状況

課税の状況は、次の分類による。
1　住民税課税世帯
　　住民税を課税されている者が一人でもいる世帯をいう。
2　所得税課税世帯
　　所得税を課税されている者が一人でもいる世帯をいう。

拠出金

拠出金とは、世帯で支払った所得税、住民税、社会保険料及び固定資産税を合算したものをいう。

所得税

所得税とは、雇用者にあっては平成27年分の給料、賃金、賞与から源泉徴収された額の合計額をいい、自営業、農業などを行っている者にあっては平成27年分の確定申告により課税された額の合計額をいう。また、配当金などについても所得税を納めた場合は、これに含める。

住民税

住民税とは、都道府県民税と市区町村民税を合算したものをいい、平成28年度の課税状況による。

社会保険料

社会保険料とは、医療保険、年金保険、介護保険、雇用保険を合算したものをいう。
1　医療保険
　　医療給付を受けるために支払った保険料（掛金）をいう。

2　年金保険

　　公的年金給付を受けるために支払った保険料（掛金）をいう。

3　介護保険

　　介護保険の給付を受けるために支払った保険料（掛金）をいう。

4　雇用保険

　　失業等給付を受けるために支払った保険料（掛金）をいう。

固定資産税

　固定資産税とは、個人所有の土地・建物に対する平成27年度の固定資産税額をいう。ただし、事業に関するものは含まない。

企業年金・個人年金等掛金

　将来年金として受け取るために、世帯員の勤務している企業等で加入している年金制度に対する掛金及び世帯員個人が保険会社等と契約を結び支払った掛金をいう。

貯蓄

　貯蓄とは、①ゆうちょ銀行、銀行、信用金庫、農業協同組合などの金融機関への預貯金、②生命保険、個人年金保険、損害保険、簡易保険のこれまでに払い込んだ保険料（掛け捨て保険は除く。）、③株式、株式投資信託、債券、公社債投資信託、金銭信託・貸付信託、④その他の預貯金（財形貯蓄、社内預金等）の世帯員全員の平成28年6月末日現在の合計額をいい、貯蓄の種類ごとには金額は把握していない。

　なお、自営業者世帯の場合は、事業用の貯蓄を含み、株式などの有価証券は、平成28年6月末日現在の時価に換算している。

借入金

　借入金とは、土地・家屋の購入、耐久消費財の購入、教育資金などに充てるために借り入れた金額の合計をいう。自営業者世帯の場合は、事業用の借入金を含む。

稼働者構成

　稼働者構成とは、稼働所得を得ている世帯主及び世帯員の組合せをいう。

公的年金・恩給受給者のいる世帯

　公的年金・恩給受給者のいる世帯とは、公的年金・恩給を受給している者が一人でもいる世帯をいう。

生活意識

　生活意識とは、調査日現在での暮らしの状況を総合的にみてどう感じているかの意識を、世帯主又は世帯を代表する者が、次の5区分で回答したものである。

1　大変苦しい

2　やや苦しい

3　普通

4　ややゆとりがある

5　大変ゆとりがある

貧困率

貧困率とは、OECDの作成基準に基づいて算出した次のものをいう。また、「大人」とは18歳以上の者、「子ども」とは17歳以下の者をいい、「現役世帯」とは世帯主が18歳以上65歳未満の世帯をいう。

なお、算出に用いている「所得」には、現金給付として受給した社会保障給付金が含まれるが、社会保障給付金の現物給付等は含んでいない。

1　相対的貧困率

　　貧困線に満たない世帯員の割合をいう。貧困線とは、等価可処分所得の中央値の半分の額をいう。

2　子どもの貧困率

　　17歳以下の子ども全体に占める、貧困線に満たない17歳以下の子どもの割合をいう。

3　「子どもがいる現役世帯」の貧困率

　⑴　「大人が一人」の貧困率

　　　現役世帯のうち「大人が一人と17歳以下の子どものいる世帯」に属する世帯員の中で、貧困線に満たない当該世帯の世帯員の割合をいう。

　⑵　「大人が二人以上」の貧困率

　　　現役世帯のうち「大人が二人以上と17歳以下の子どものいる世帯」に属する世帯員の中で、貧困線に満たない当該世帯の世帯員の割合をいう。

名目値

名目値とは、その年の等価可処分所得をいう。

実質値

実質値とは、その年の等価可処分所得を昭和60年（1985年）を基準とした消費者物価指数（持家の帰属家賃を除く総合指数（平成27年基準））で調整したものをいう。

入院者

入院者とは、病院、診療所又は介護保険施設に入院又は入所している者をいう。

有訴者

有訴者とは、世帯員（入院者を除く。）のうち、病気やけが等で自覚症状のある者をいう。

通院者

通院者とは、世帯員（入院者を除く。）のうち、病気やけがで病院や診療所、あんま・はり・きゅう・柔道整復師に通っている者をいう。

日常生活に影響のある者

日常生活に影響のある者とは、世帯員（入院者、6歳未満の者を除く。）のうち、健康上の問題で日常生活（日常生活動作・外出・仕事・家事・運動など）に影響のある者をいう。

有訴者率

人口千人に対する有訴者数

$$有訴者率＝\frac{有訴者数}{世帯人員}×1,000$$

通院者率

人口千人に対する通院者数

$$通院者率＝\frac{通院者数}{世帯人員}×1,000$$

日常生活に影響のある者率

人口（6歳以上）千人に対する日常生活に影響のある者数

$$日常生活に影響のある者率＝\frac{日常生活に影響のある者数}{6歳以上の世帯人員}×1,000$$

健康状態

健康状態とは、世帯員（入院者、6歳未満の者を除く。）のうち、自覚症状、日常生活影響、通院のあり・なしによる次の分類である。

健康状態の分類

8分類

1 自覚症状あり・日常生活影響あり・通院あり
2 自覚症状あり・日常生活影響あり・通院なし
3 自覚症状あり・日常生活影響なし・通院あり
4 自覚症状あり・日常生活影響なし・通院なし
5 自覚症状なし・日常生活影響あり・通院あり
6 自覚症状なし・日常生活影響あり・通院なし
7 自覚症状なし・日常生活影響なし・通院あり
8 自覚症状なし・日常生活影響なし・通院なし

普段の活動ができなかった日数

普段の活動ができなかった日数とは、世帯員（入院者、6歳未満の者を除く。）のうち、過去1か月間に健康上の問題で床についたり、普段の活動ができなかった（仕事・学校を休んだ、家事ができなかった等）日数の合計をいう。

こころの状態

こころの状態には、K6という尺度を用いている。K6は米国のKesslerらによって、うつ病・不安障害などの精神疾患をスクリーニングすることを目的として開発され、一般住民を対象とした調査で心理的ストレスを含む何らかの精神的な問題の程度を表す指標として広く利用されている。

「神経過敏に感じましたか」「絶望的だと感じましたか」「そわそわ、落ち着かなく感じましたか」「気

分が沈み込んで、何が起こっても気が晴れないように感じましたか」「何をするのも骨折りだと感じましたか」「自分は価値のない人間だと感じましたか」の6つの質問について5段階（「まったくない」（0点）、「少しだけ」（1点）、「ときどき」（2点）、「たいてい」（3点）、「いつも」（4点））で点数化する。合計点数が高いほど、精神的な問題がより重い可能性があるとされている。

要介護者

　要介護者とは、介護保険法の要介護と認定された者（①要介護状態にある65歳以上の者、②要介護状態にある40歳以上65歳未満の者であって、その要介護状態の原因となった心身の障害が特定疾病によるもの）のうち、在宅の者をいう。

要支援者

　要支援者とは、介護保険法の要支援と認定された者（①要介護状態となるおそれがある状態にある65歳以上の者、②要介護状態となるおそれがある状態にある40歳以上65歳未満の者であって、その要介護状態となるおそれのある状態の原因となった心身の障害が特定疾病によるもの）のうち、在宅の者をいう。

介護を要する者

　介護を要する者とは、介護保険法の要支援又は要介護と認定された者のうち、在宅の者をいう。

要介護度の状況

　要介護度の状況とは、「要介護認定等にかかる介護認定審査会による審査及び判定の基準等に関する省令（平成18年3月14日厚生労働省令第32号）に定められている「要介護認定等基準時間」により分類されたものをいう。

　要介護認定等基準時間の分類
- 　直接生活介助 − 入浴、排せつ、食事等の介護
- 　間接生活介助 − 洗濯、掃除等の家事援助等
- 　ＢＰＳＤ関連行為 − 徘徊に対する探索、不潔な行為に対する後始末等
- 　機能訓練関連行為 − 歩行訓練、日常生活訓練等の機能訓練
- 　医療関連行為 − 輸液の管理、じょく瘡の処置等の診療の補助等

1　要支援1

　　上記5分野の要介護認定等基準時間が25分以上32分未満である状態又はこれに相当する状態

2　要支援2

　　要支援状態の継続見込期間にわたり継続して常時介護を要する状態の軽減又は悪化の防止に特に資する支援を要すると見込まれ、上記5分野の要介護認定等基準時間が32分以上50分未満である状態又はこれに相当する状態

3　要介護1

　　上記5分野の要介護認定等基準時間が32分以上50分未満である状態又はこれに相当する状態

4　要介護2

　　上記5分野の要介護認定等基準時間が50分以上70分未満である状態又はこれに相当する状態

5　要介護3

　　上記5分野の要介護認定等基準時間が70分以上90分未満である状態又はこれに相当する状態

6　要介護4

　　上記5分野の要介護認定等基準時間が90分以上110分未満である状態又はこれに相当する状態

7　要介護5

　　上記5分野の要介護認定等基準時間が110分以上である状態又はこれに相当する状態

介護が必要となった主な原因

介護が必要となった主な原因は、次の分類による。

1　脳血管疾患（脳卒中）

　　脳出血、脳こうそく、くも膜下出血、その他の脳血管疾患及びその後遺症などをいう。

2　心疾患（心臓病）

　　狭心症、心筋こうそく、不整脈、心筋炎、その他の心臓疾患をいう。

3　悪性新生物（がん）

　　すべての部位のがん（白血病を含む）及び肉腫をいう。

4　呼吸器疾患

　　肺気腫、肺炎、気管支炎、胸膜疾患などをいう。

5　関節疾患

　　関節リウマチ、何らかの原因による関節炎、関節症、腰痛症をいう。

6　認知症

　　認知症（アルツハイマー病等）をいう。

7　パーキンソン病

8　糖尿病

　　糖尿病及び糖尿病性腎症、糖尿病性網膜症などの合併症をいう。

9　視覚・聴覚障害

　　緑内障、網膜はくり、難聴などをいう。

10　骨折・転倒

　　屋内外を問わず、何らかの原因で骨折又は転倒したものをいう。

11　脊髄損傷

　　外傷に伴って脊髄の挫傷、断裂、血行障害により脊髄の機能が傷害されたものをいう。

12　高齢による衰弱

　　特にこれといった病気と診断されてないものの、老いて体の機能が衰弱したものをいう。

13　その他

　　1～12以外の傷病をいう。

14　不明

　　原因がわからないものをいう。

日常生活の自立の状況

日常生活の自立の状況の区分は、「障害高齢者の日常生活自立度（寝たきり度）判定基準」による。

日常生活の自立の状況の期間

日常生活の自立の状況の期間とは、当該日常生活の自立の状況になってからの期間をいう。

介護サービスの種類と内容

サービスの種類	サービスの内容
訪問系サービス	・訪問介護 居宅で訪問介護員等から受ける入浴、排せつ、食事等の介護その他の日常生活上の世話をいう。 ・訪問入浴介護 居宅で浴槽を提供されて受ける入浴の介護をいう。 ・訪問看護 居宅で看護師等から受ける療養上の世話と必要な診療の補助をいう。 ・訪問リハビリテーション 居宅で理学療法士等から受ける日常生活の自立を助けるための理学療法、作業療法その他必要なリハビリテーションをいう。 ・介護予防訪問介護(※介護予防・日常生活支援総合事業における訪問系サービスを含む) 居宅で介護予防を目的として介護福祉士等から受ける入浴、排せつ、食事等の介護その他の日常生活上の支援をいう。 ・介護予防訪問入浴介護 居宅で介護予防を目的として浴槽を提供されて受ける入浴の介護をいう。 ・介護予防訪問看護 居宅で介護予防を目的として看護師等から受ける療養上の世話と必要な診療の補助をいう。 ・介護予防訪問リハビリテーション 居宅で介護予防を目的として理学療法士等から受ける理学療法、作業療法その他必要なリハビリテーションをいう。 ・夜間対応型訪問介護 夜間において、巡回や通報などによる夜間専用の訪問介護をいう。 ・定期巡回・随時対応型訪問介護看護 定期的な巡回訪問により、又は随時通報を受け行う訪問介護と訪問看護をいう。
通所系サービス	・通所介護 老人デイサービスセンター等に通って受ける入浴、排せつ、食事等の介護その他の日常生活上の世話と機能訓練をいう。 ・通所リハビリテーション 介護老人保健施設、病院、診療所等に通って受ける日常生活の自立を助けるための理学療法、作業療法その他必要なリハビリテーションをいう。 ・介護予防通所介護(※介護予防・日常生活支援総合事業における通所系サービスを含む) 介護予防を目的として老人デイサービスセンター等に通って受ける入浴、排せつ、食事等の介護その他の日常生活上の支援と機能訓練をいう。 ・介護予防通所リハビリテーション

	介護予防を目的として介護老人保健施設、病院、診療所等に通って受ける理学療法、作業療法その他必要なリハビリテーションをいう。 ・認知症対応型通所介護 認知症の要介護者が、老人デイサービスセンター等に通って受ける入浴、排せつ、食事等の介護その他の日常生活上の世話と機能訓練をいう。 ・介護予防認知症対応型通所介護 認知症の要支援者が、介護予防を目的として老人デイサービスセンター等に通って受ける入浴、排せつ、食事等の介護その他の日常生活上の支援と機能訓練をいう。
短期入所サービス	・短期入所生活介護 特別養護老人ホームや老人短期入所施設に短期間入所して受ける入浴、排せつ、食事等の介護その他の日常生活上の世話と機能訓練をいう。 ・短期入所療養介護 老人保健施設、介護療養型医療施設等に短期間入所して受ける看護、医学的管理下の介護と機能訓練その他必要な医療と日常生活上の世話をいう。 ・介護予防短期入所生活介護 介護予防を目的として特別養護老人ホームや老人短期入所施設に短期間入所して受ける入浴、排せつ、食事等の介護その他の日常生活上の支援と機能訓練をいう。 ・介護予防短期入所療養介護 介護予防を目的として老人保健施設、介護療養型医療施設等に短期間入所して受ける看護、医学的管理下の介護と機能訓練その他必要な医療と日常生活上の支援をいう。
居住系サービス （グループホーム）	・認知症対応型共同生活介護 認知症の要介護者が、共同生活を営む住宅で受ける入浴、排せつ、食事等の日常生活上の世話及び機能訓練をいう。 ・介護予防認知症対応型共同生活介護 認知症の要支援者が、共同生活を営む住宅で介護予防を目的として受ける入浴、排せつ、食事等の日常生活上の世話及び機能訓練をいう。
小規模多機能型サービス等	・小規模多機能型居宅介護 「訪問」「通い」「泊まり」のサービスを1か所で提供するサービスをいう。 ・介護予防小規模多機能型居宅介護 介護予防を目的として「訪問」「通い」「泊まり」のサービスを1か所で提供するサービスをいう。 ・複合型サービス（訪問看護及び小規模多機能型居宅介護） 訪問看護と小規模多機能型居宅介護の複数のサービスを組み合わせた複合型事業所が、看護と介護サービスの一体的な提供を医療ニーズの高い要介護者に対して行うサービスをいう。

配食サービス	調理が困難な高齢者に対して、定期的に居宅を訪問して栄養のバランスのとれた食事を提供するサービスをいう。
外出支援サービス	移送用車両により、利用者の居宅と在宅福祉サービス、介護予防・生きがい活動支援事業を提供する場所、医療機関等との間の送迎を行い、また、ショッピングセンター等での移動支援のための拠点を整備し、各種情報の提供や電動スクーター、車いすの貸出等を行うサービスをいう。
寝具類等洗濯乾燥消毒サービス	寝具類等の衛生管理のための水洗い及び乾燥消毒等を行うサービスをいう。

介護サービスの費用

　介護サービスの費用とは、平成28年5月中に事業者に支払った以下のサービスに対する費用の総額をいう。

　訪問介護、訪問入浴介護、訪問看護、訪問リハビリテーション、介護予防訪問介護、介護予防訪問入浴介護、介護予防訪問看護、介護予防訪問リハビリテーション、夜間対応型訪問介護、定期巡回・随時対応型訪問介護看護、通所介護、通所リハビリテーション、介護予防通所介護、介護予防通所リハビリテーション、認知症対応型通所介護、介護予防認知症対応型通所介護、短期入所生活介護、短期入所療養介護、介護予防短期入所生活介護、介護予防短期入所療養介護、認知症対応型共同生活介護、介護予防認知症対応型共同生活介護、小規模多機能型居宅介護、介護予防小規模多機能型居宅介護、複合型サービス（訪問看護及び小規模多機能型居宅介護)、配食サービス、外出支援サービス、寝具類等洗濯乾燥消毒サービス。

介護費用の負担力

　介護費用の負担力とは、介護を要する者（あるいは配偶者）が、平成28年5月中の介護費用の負担方法を、次の3区分で回答したものをいう。
　1　介護費用は介護を要する者（あるいは配偶者）の収入を充てた。
　2　介護費用は介護を要する者（あるいは配偶者）の貯蓄を充てた。
　3　介護費用は介護を要する者（あるいは配偶者）以外の者の収入・貯蓄を充てた。

主な介護者

　主な介護者とは、「介護を要する者」を主に介護する者（配偶者、子などの家族や親族等と訪問介護事業者）をいう。

従たる介護者

　従たる介護者とは、「主な介護者」以外の介護する者（訪問介護事業者を除く）をいう。

介護者の組合せ

　介護者の組合せは、次の者の組合せによる。

1 事業者

　訪問介護事業者が、「洗顔」から「話し相手」までの16項目のそれぞれの介護内容の介護を行っている場合をいう。

2 主な介護者

　主な家族等介護者が、「洗顔」から「話し相手」までの16項目のそれぞれの介護内容の介護を行っている場合をいう。

3 その他の者

　主な家族等介護者以外の家族等介護者が、「洗顔」から「話し相手」までの16項目のそれぞれの介護内容の介護を行っている場合をいう。

参考
世帯類型（旧定義）

1 高齢者世帯

　男65歳以上、女60歳以上の者のみで構成するか、又はこれらに18歳未満の未婚の者が加わった世帯をいう。

2 母子世帯

　死別・離別・その他の理由（未婚の場合を含む。）で、現に配偶者のいない20歳以上60歳未満の女（配偶者が長期間生死不明の場合を含む。）と20歳未満のその子（養子を含む。）のみで構成している世帯をいう。

3 父子世帯

　死別・離別・その他の理由（未婚の場合を含む。）で、現に配偶者のいない20歳以上65歳未満の男（配偶者が長期間生死不明の場合を含む。）と20歳未満のその子（養子を含む。）のみで構成している世帯をいう。

4 その他の世帯

　上記1〜3以外の世帯をいう。

◆職業分類（仕事の種類）一覧表

分　類　項　目	仕　事　の　種　類
管理的職業従事者	◇管理的公務員（議会議員、知事、市・区・町・村長、局・部・課・所長など）　◇会社・独立行政法人等の役員・管理職員（会社社長・取締役、工場長、支店長、所長、部・課長、理事長・理事・監事、駅長・区長など） ◇その他の管理的職業従事者
専門的・技術的職業従事者	◇研究者（自然科学系、人文・社会科学系など）　◇農林水産技術者、製造技術者（食品、電気・電子・電気通信、機械、自動車、輸送用機器、金属、化学など）　◇建築・土木・測量技術者◇情報処理・通信技術者（システムコンサルタント、システム設計者、情報処理プロジェクトマネージャ、ソフトウェア作成者、システム運用管理者、通信ネットワーク技術者など） ◇医師、歯科医師、獣医師、薬剤師、保健師、助産師、看護師、准看護師、診療放射線技師、臨床工学技士、臨床検査技師、理学療法士、作業療法士、視能訓練士、言語聴覚士、歯科衛生士、歯科技工士、栄養士、あん摩マッサージ指圧師、はり師、きゅう師、柔道整復師　◇社会福祉専門職業従事者（福祉相談指導専門員、福祉施設指導専門員、保育士など）　◇裁判官、検察官、弁護士、弁理士、司法書士、公認会計士、税理士、社会保険労務士、金融・保険専門職業従事者、教員、宗教家、著述家、記者、編集者、美術家、写真家、映像撮影者、デザイナー、音楽家、舞台芸術家　◇その他（図書館司書、学芸員、カウンセラー、個人教師、職業スポーツ従事者、通信機器操作従事者など）
事務従事者	◇一般事務従事者（庶務、人事、企画、受付・案内、電話応接、総合事務員、秘書など）　◇会計事務従事者、生産関連事務従事者、営業・販売事務従事者　◇外勤事務従事者（集金人、調査員など）　◇運輸・郵便事務従事者、事務用機器操作員（パーソナルコンピュータ操作員、データ・エントリー装置操作員、電子計算機オペレーターなど）
販売従事者	◇商品販売従事者（小売店主・店長、卸売店主・店長、販売店員、商品訪問・移動販売、再生資源回収・卸売、商品仕入外交員）◇販売類似職業従事者（不動産仲介・売買人、保険代理・仲立人（ブローカー）、有価証券売買・仲立人、金融仲立人、質屋店主・店員など）　◇営業職業従事者（食料品、化学品、医薬品、機械器具営業、通信・システム、金融・保険、不動産など）

分　類　項　目	仕　事　の　種　類
サービス職業従事者	◇家庭生活支援サービス職業従事者（家政婦（夫）、家事手伝いなど）◇介護サービス職業従事者（介護職員（医療・福祉施設等）、訪問介護従事者）　◇保健医療サービス職業従事者(看護助手、歯科助手など)◇生活衛生サービス職業従事者（理容師、美容師、美容サービス従事者、浴場従事者、クリーニング職、洗張職）◇飲食物調理従事者（調理人、バーテンダー）　◇接客・給仕職業従事者（飲食店主・店長、旅館主・支配人、飲食物給仕従事者、身の回り世話従事者、接客社交従事者、芸者、ダンサー、娯楽場等接客員）◇居住施設・ビル等管理人（マンション・アパート・下宿、寄宿舎・寮、ビル、駐車場）◇その他（旅行・観光案内人、物品一時預り人、物品賃貸人、広告宣伝員、葬儀師、火葬作業員など）
保安職業従事者	◇自衛官（陸上・海上・航空自衛官、防衛大学校・防衛医科大学校学生）　◇司法警察職員（警察官、海上保安官など）◇その他（看守、消防員、警備員など）
農林漁業従事者	◇農業従事者（農耕、養畜、植木職、造園師など）　◇林業従事者（育林、伐木・造材・集材など）　◇漁業従事者（漁労船の船長・航海士・機関長・機関士、海藻・貝採取、水産養殖など）
生産工程従事者	◇生産設備制御・監視従事者、製品製造・加工処理従事者（製銑・製鋼・非鉄金属製錬、鋳物製造・鍛造、金属工作、金属プレス、鉄工・製缶、板金、金属彫刻・表面処理、金属溶接・溶断、化学製品生産、窯業・土石製品生産、食料品生産、飲料・たばこ生産、紡織・衣服・繊維製品生産、木・紙製品生産、印刷・製本、ゴム・プラスチック製品生産など）　◇製品検査従事者（金属材料、金属加工・溶接・溶断、化学製品、窯業・土石製品、食料品、飲料・たばこ、紡織・衣服・繊維製品、木・紙製品、印刷・製本、ゴム・プラスチック製品など）、◇機械組立設備制御・監視従事者、機械組立従事者、機械整備・修理従事者、機械検査従事者（はん用・生産用・業務用機械器具組立、電気機械器具組立、自動車組立、輸送機械組立、計量計測機器・光学機械器具組立）◇生産関連・生産類似作業従事者

分　類　項　目	仕　事　の　種　類
輸送・機械運転従事者	◇鉄道運転従事者　◇自動車運転従事者（バス、乗用自動車、貨物自動車など）　◇船舶・航空機運転従事者（船長※・航海士※・運航士※・船舶機関長※・機関士※、水先人、航空機操縦士〔※の仕事のうち漁労船の場合は農林漁業従事者の分類項目〕）　◇その他の輸送従事者（車掌、鉄道輸送関連業務従事者、甲板員、船舶技士、船舶機関員など◇定置・建設機械運転従事者（発電員、変電員、ボイラー・オペレーター、クレーン・ウインチ運転、ポンプ・ブロワー・コンプレッサー運転、建設・さく井機械運転、採油・天然ガス採取機械運転など）
建設・採掘従事者	◇建設躯体工事従事者（型枠大工、とび職、鉄筋作業従事者）◇建設従事者（大工、ブロック積・タイル張、屋根ふき、左官、畳職、配管など） ◇電気工事従事者（送電線・配電線・通信線架線・敷設、電気通信設備工事など）　◇土木作業従事者（土木、鉄道線路工事、ダム・トンネル掘削）　◇採掘従事者（採鉱員、石切出、砂利・砂・粘土採取など）
運搬・清掃・包装等従事者	◇運搬従事者（郵便・電報外務員、船内・沿岸荷役、陸上荷役・運搬、倉庫作業、配達員、荷造）　◇清掃従事者（ビル・建物清掃員、ハウスクリーニング職、道路・公園清掃員、ごみ・し尿処理、産業廃棄物処理など） ◇包装従事者　◇その他の運搬・清掃・包装等従事者
分類不能の職業	上記以外

日本標準職業分類（平成21年12月統計基準設定）

参考

都道府県別人口（日本人）

都 道 府 県	日本人人口 （千人）
全　　　　国	123 323
北　海　道	5 334
青　　森	1 292
岩　　手	1 265
宮　　城	2 314
秋　　田	1 010
山　　形	1 109
福　　島	1 894
茨　　城	2 864
栃　　木	1 939
群　　馬	1 928
埼　　玉	7 168
千　　葉	6 137
東　　京	13 201
神　奈　川	8 989
新　　潟	2 278
富　　山	1 051
石　　川	1 141
福　　井	773
山　　梨	819
長　　野	2 061
岐　　阜	1 987
静　　岡	3 626
愛　　知	7 320
三　　重	1 777
滋　　賀	1 391
京　　都	2 561
大　　阪	8 674
兵　　庫	5 442
奈　　良	1 349
和　歌　山	951
鳥　　取	567
島　　根	685
岡　　山	1 898
広　　島	2 801
山　　口	1 385
徳　　島	747
香　　川	965
愛　　媛	1 368
高　　知	719
福　　岡	5 052
佐　　賀	825
長　　崎	1 361
熊　　本	…
大　　分	1 152
宮　　崎	1 093
鹿　児　島	1 632
沖　　縄	1 425
（再掲）	
東京都区部	9 032
札　幌　市	1 950
仙　台　市	1 075
さいたま市	1 259
千　葉　市	958
横　浜　市	3 662
川　崎　市	1 461
相　模　原　市	712
新　潟　市	804
静　岡　市	696
浜　松　市	780
名　古　屋　市	2 246
京　都　市	1 440
大　阪　市	2 619
堺　　市	828
神　戸　市	1 503
岡　山　市	712
広　島　市	1 182
北　九　州　市	949
福　岡　市	1 525
熊　本　市	…

注：1）日本人人口は、総務省統計局（平成
　　　28年6月1日現在）の人口推計方法
　　　にもとづいて厚生労働省政策統括官
　　　（統計・情報政策担当）で推計した。
　　2）全国は熊本県を除いた数値である。

性・年齢階級別人口（日本人）

（単位：千人）

年 齢 階 級	総　　　数	男	女
総　　　　数	123 323	59 351	63 972
0　～　4　歳	4 613	2 332	2 281
5　～　9	5 415	2 781	2 634
10　～　14	5 832	3 013	2 818
15　～　19	6 055	3 035	3 019
20　～　24	4 852	2 423	2 429
25　～　29	5 002	2 476	2 526
30　～　34	6 079	2 986	3 093
35　～　39	7 388	3 664	3 724
40　～　44	9 243	4 555	4 688
45　～　49	8 878	4 342	4 536
50　～　54	8 021	3 935	4 085
55　～　59	7 789	3 807	3 981
60　～　64	8 677	4 181	4 497
65　～　69	10 949	5 283	5 666
70　～　74	8 001	3 711	4 290
75　～　79	6 800	3 100	3 701
80　～　84	5 186	2 168	3 018
85　歳　以　上	4 378	1 479	2 900
（再掲）			
6　～　9　歳	4 356	2 233	2 124
12　～　14　歳	3 561	1 852	1 710
65　歳　以　上	35 315	15 741	19 575
70　歳　以　上	24 366	10 457	13 909
75　歳　以　上	16 365	6 746	9 619

注：1）熊本県を除いた数値である。
　　2）「総数」には、年齢不詳を含む。

消費者物価指数

平成27年（2015）＝100

調　査　年	調 査 対 象 年	消費者物価指数 （持家の帰属家賃 を除く総合指数）
昭和　61　年	昭和　60　年　1985	86.4
62	61　　　1986	86.7
63	62　　　1987	86.6
平成　元　年	63　　　1988	87.0
2	平成　元　年　1989	89.0
3	2　　　1990	91.7
4	3　　　1991	94.8
5	4　　　1992	96.3
6	5　　　1993	97.4
7	6　　　1994	97.9
8	7　　　1995	97.6
9	8　　　1996	97.6
10	9　　　1997	99.2
11	10　　　1998	99.9
12	11　　　1999	99.5
13	12　　　2000	98.6
14	13　　　2001	97.7
15	14　　　2002	96.6
16	15　　　2003	96.3
17	16　　　2004	96.3
18	17　　　2005	95.9
19	18　　　2006	96.2
20	19　　　2007	96.3
21	20　　　2008	97.8
22	21　　　2009	96.4
23	22　　　2010	95.6
24	23　　　2011	95.4
25	24　　　2012	95.4
26	25　　　2013	95.8
27	26　　　2014	99.0
28	27　　　2015	100.0

出典：総務省　平成27年基準　消費者物価指数

平成25年　国民生活基礎調査報告書　修正表

＊　網掛け部分については正しい数値に置き換えている。

第1巻　第Ⅱ編結果の概要　131ページ

第1表　各種世帯別にみた世帯の状況

平成25年

	全 世 帯	高齢者世帯	母 子 世 帯	児　童　の　いる世帯	65歳以上の者のいる世帯
世帯数（千世帯）	50 112	11 614	821	12 085	22 420
全世帯に占める割合（%）	100.0	23.2	1.6	24.1	44.7
平均世帯人員（人）	2.51	1.52	2.65	4.01	2.40
平均有業人員（人）	1.22	0.28	0.91	1.68	0.92
仕事ありの者がいる世帯の割合（%）	72.8	22.7	83.3	95.5	52.0
平均家計支出額（万円）	23.3	18.8	17.8	26.8	22.8

注：1）「平均有業人員」とは、世帯における仕事ありの平均世帯人員をいう。
　　2）「家計支出額」とは、平成25年5月中の家計上の支出金額（飲食費（外食費・し好品費を含む。）、住居費、光熱・水道費、被服費、保健医療費、教育費、教養娯楽費、交際費、冠婚葬祭費、その他諸雑費など）をいい、税金・社会保険料は含まない。

764

定価は表紙に表示してあります。

平成31年1月10日　発行

平 成 28 年

国民生活基礎調査（全4巻）

第　1　巻（訂正版）

編　集	厚生労働省政策統括官(統計・情報政策、政策評価担当)
発　行	一般財団法人　厚生労働統計協会
	郵便番号　103-0001
	東京都中央区日本橋小伝馬町4番9号
	小伝馬町新日本橋ビルディング3階
	電　話　03―5623―4123
印　刷	大 和 綜 合 印 刷 株 式 会 社